Das Buch

«Wie profundes Wissen auch eine dunkle Epoche erhellen kann, so daß ihr Formenreichtum und ihre Eigenart plastisch hervortreten, zeigt Heinrich Fichtenaus jüngstes Werk. Fichtenau bringt in den ‹Lebensordnungen› die Ernte eines ganzen Forscherlebens ein. Eigene Reflexionen, souveräne Benützung der Literatur und aussagekräftige Quellenbeispiele haben sich zu einer spannenden Einheit verbunden.
Auch der nicht spezialisierte Leser folgt dem abwechslungsreichen Text ohne Schwierigkeiten und gewinnt fast spielerisch neue Einsichten. Selbst der Fachmann ist erstaunt, zu vernehmen, daß das 10. Jahrhundert als goldenes Zeitalter angeschaut worden ist – nicht als tiefstes finsteres Mittelalter wie in der Moderne.»

Neue Zürcher Zeitung

«Er unterrichtet seinen Leser ebenso kundig wie geduldig über den Friedenskuß wie über die Priesterehe, über die Klosterkost wie über die Bücherbeschaffung, über Hülsenfrüchte wie über Betrug und Familie, führt ihn durch schwarze und weiße Magie, dann schließlich zur Friedensbewegung des 10. Jahrhunderts. Daß dies nicht zufällig geschieht und daß hier durchaus moderne Fragestellungen immer wieder aufscheinen, zeigt eher die Souveränität des Kenners als des modischen Betrachters.
Und indem der Leser, verfangen in der Spannung von erdachter Welt und realem Sein, in über 570 Seiten von der Ordnung zur Verwirrung wandert, öffnet sich ihm die Fülle historischer Darstellungsmöglichkeiten. So betrachtet sind die Kapitel Beiträge zur politischen, zur rechts-, sozial-, religions-, geistes-, kultur- und – wenn man denn so will – mentalitätsgeschichtlichen Forschung.»

Historische Zeitschrift

Der Autor

Heinrich Fichtenau, geb. 1912 in Linz, seit 1950 Professor für Geschichte des Mittelalters an der Universität Wien, von 1962 bis zu seiner Emeritierung 1983 auch Vorstand des Instituts für österreichische Geschichtsforschung. Er ist Verfasser mehrerer Bücher zur mittelalterlichen Kulturgeschichte, u. a. ‹Mensch und Schrift im Mittelalter› (1946), des in mehrere Sprachen übersetzten Werkes ‹Das karolingische Imperium› (1949), zuletzt ‹Ketzer und Professoren. Häresie und Vernunftglaube im Hochmittelalter› (1992).

Heinrich Fichtenau:
Lebensordnungen des 10. Jahrhunderts
Studien über Denkart und Existenz im einstigen Karolingerreich

Deutscher
Taschenbuch
Verlag

dtv

Die Originalausgabe erschien 1984 im Verlag Anton Hiersemann, Stuttgart, als Band 30 (I und II) der Monographien zur Geschichte des Mittelalters. In Verbindung mit Friedrich Prinz herausgegeben von Karl Bosl.

Mai 1992
Deutscher Taschenbuch Verlag GmbH & Co. KG,
München

ISBN 3-7772-8432-7
Umschlaggestaltung: Celestino Piatti
Motiv: Kalenderblatt ‹Die Monate› aus dem Fuldaer Sakramentar
(Stiftung Preußischer Kulturbesitz, Handschriftenabteilung)
Gesamtherstellung: C. H. Beck'sche Buchdruckerei,
Nördlingen
Printed in Germany · ISBN 3-423-04577-9

Inhalt

Einleitung 1

ORDO

I. Ordnung als Rangordnung 11
«Ordo» und «ordines» 11. – Ranglisten von Städten und Kirchen 18. – Kirchliche Rangstreitigkeiten 21. – Apostolizität und kirchlicher Vorrang 24. – Der Abtprimat 29. – Sitzordnung geistlicher Versammlungen 32. – Klösterliche Rangordnungen 35. – Rangfragen im weltlichen Bereich 39.

II. Soziale Gesten, ein Teil der «Sitte» 48
Die Sitte und ihre Zeichen 48. – Sitte und Brauchtum 51. – Einzelne Gesten: Ungnade und Gnade 53, Erniedrigung 54, Lehens- und Friedenskuß 57. – Schenken und Lobpreis des Schenkers 60. – Totenklage 62. – Buße 65. – Gesten mit Mütze, Stock, Stab und Lanze 67, mit geistlichen Amtszeichen 73.

III. Repräsentation (als Erweis des «Standes») 74
Das Entgegenkommen 75. – Huldigung und Pflichtprozessionen 79. – Gefolge 81. – Speisegemeinschaften 83. – Tischsitte 88. – Weltliche Standeszeichen: Kleider, Schmuck, Waffen, Pferde 92. – Geistliche Standeszeichen 96. – Kultische Repräsentation 101.

FAMILIA

I. Familie und Sippe 113
Groß- oder Kleinfamilie 114. – Cognatio 118. – Heiratspolitik 125. – Eheverbote 130.

II. Hausherrschaft 134
Familia und Familie 134. – Das Haus 139. – Die Frau im Haus 140. – Eheformen 142. – Abwertung der Frau 145. – Ihre tatsächliche Stellung 148. – Die Söhne 154. – Priesterehe und Priestersöhne 160.

III. Das familiäre Modell 165
Die klösterliche Familia 165. – Familienbildung in der Familia 169. – Die höfische Familia 175. – Bruderschaften 176. – Geistliche Verwandtschaft 178. – Familiäre Formen des Rangdenkens 180.

NOBILITAS

I. Der Edle 185
«Adelig» und «nobilis» 185. – Edles Wesen 190. – Der «honor»: Amt, Land, Leute 194. – Die Ahnen 199. – Geistliche Sorge 203. – Fidelität, Vasallität, Lehenswesen 209.

II. Der König 216
Königtum und Nobilität 216. – Sakrale Fundierung 219. – Verwaltung des Reiches 225. – Kaisertum 226. – Eigenschaften des Herrschers 228. – Der König im Krieg 233. – Die Ratgeber 237. – Die Königin 239.

III. Der Bischof 248
Herkunft und Verwandtschaft 248. – Familienpolitik und Familienherrschaft 254. – Bischofseinsetzungen 260. – Der Bischof als Herr 266. – Weltliche Tätigkeiten innerhalb der Stadt 272, im Rahmen von Lehensverhältnis und Reichsdienst 275. – Der waffentragende Bischof 281. – Kirchliche Sorgepflichten 283. – Öffentliches Sterben 288.

IV. Weltlicher Klerus 293
Weltklerus 293. – Das Domkapitel 298. – Aachener Regeln und Wirklichkeit: Kanoniker 300. – Kanonissen 304. – Mönchtum und Laien 309: Laienäbte, Lehenswesen, Vogtei 310. – Kriegswesen 317. – Abt und Bischof 321.

RELIGIO

I. Eremiten und Reformer 327
Eremitentum 327. – Heiligung 332. – Mönchsreform 334. – Reformer und Konservative 338. – Ritualismus 345.

II. Klösterliche Lebensordnung 347
Gruppenbildung: «Nutriti» und «conversi» 348, Priestermönche 353. – Groß- und Kleinklöster 355. – Klosterbauten: Die Rolle des Feuers und Lichtes 358, Kloster und Außenwelt 361. – Betrachtung und Gebet 365. – Arbeit 367. – Klosterkost 369.

III. Bildung und Schule im Kloster 376
Der Sinn des Lernens 376. – Alte und neue Vorbilder 378. – Bücherbeschaffung 380. – Antikes Bildungsgut 383. – Gelehrtenstolz 387. – Wandernde Schüler 389. – Die «artes liberales» 390.

VULGUS

I. Volksglaube 399
«Inbelle vulgus» und «vulgus indoctum» 399. – Religiöse Volksbildung 400. – Unglaube und Aberglaube 402. – Gott und Gottesurteile 405. – Teufel und Dämonen 409.

– Götter und Geister 412. – Naturphänomene 417. – Weiße und schwarze Magie 419. – Heilige und Reliquien 425.

II. Bäuerliche Existenz 437

Haus und Haustiere 438. – Ackergerät 442. – Weide und Wald 445. – Feldbau: Getreide, Wein, Hülsenfrüchte 449. – Großherrschaften und Kleinbetriebe 455. – Incastellamento 460. – Burgherrschaften in Frankreich 465. – Bauerntum und Burgen in Deutschland 468.

III. Schichtung und Mobilität 472

Freies und unfreies Bauerntum 472. – Pächter und Minderfreie 479. – Arme 482. – Knechte und Sklaven 485. – Ihre Aufstiegsmöglichkeiten 490.

CONFUSIO

I. Unordnung und öffentliche Zwangsmittel 499

Klagen über allgemeine Unordnung 500. – Emotivität und Panik 505. – Konflikt von Normen 507. – Weltliche Zwangsmittel 511. – Exkommunikation, Anathem, Interdikt 513. – Antiklerikalismus, Areligiosität 519. – Glaubenssuche: Judaisierende und Ketzer 523.

II. Lüge und Betrug 527

Literarische Wahrheit und Erfindung 527. – Die List 530. – Treue und Untreue 534. – Eidbruch und Meineid 538. – Betrug und Familie 541.

III. Unrechte Gewalt 544

Krieg und Fehde 544. – Mittel der Repression 546. – Mord und Totschlag 556. – Räuber und «Räuber» 559. – Friedensbewegung 564.

Ausblick 567

Register 573

EINLEITUNG

Gegen Ende des zweiten Jahrtausends ist es an der Zeit, daß Historiker darüber Rechenschaft geben, wie es am Ende des ersten um die Menschen Europas bestellt war. Man wird an dem vorliegenden Buch ermessen können, wie sehr sich Leben, Handeln und Motivationen seither geändert haben, und doch auch gewisse Konstanten finden: Nicht alles fließt, und schon damals haben sich manche getäuscht, die in die Veränderlichkeit der Menschen ihre Hoffnungen setzten.

Auch einigen Fachkollegen mag eine solche Zusammenschau mehrerer Teilaspekte eines als «dunkel» langezeit gemiedenen Zeitraumes willkommen sein. Fernziel wäre eine vergleichende Gesamtdarstellung der Zustände in jenen Ländern, die gerade aus der Gemeinsamkeit des Karolingerreiches entlassen waren und ihre Eigenständigkeit zu entfalten begannen. Vorerst mag es genügen, Problemstellungen und Ergebnisse der deutschen, französischen und italienischen Forschung zusammenzusehen, stärker als dies sonst vielfach der Fall ist. Hier weiterzuarbeiten, wird eine Aufgabe Jüngerer sein.

Zeitlicher Rahmen ist das zehnte und frühe elfte Jahrhundert. Das so oft berufene Jahr 1000 leitete keine wirkliche Wende ein; erst Generationen später kam die Entwicklung rasch in Fluß. Zwei volle Jahrhunderte oder einen noch größeren Zeitraum zur Grundlage der Darstellung zu machen, ist methodisch nicht unbedenklich. Ein solches Bild verliert an Schärfe, es wird detailreich, aber verwaschen («flau» nennt das der Fotograf). Natürlich kommt es nicht nur auf die Eigenart des geschilderten Zeitraumes an. Vieles, das hier zu lesen ist, wird man auch in anderen Jahrhunderten finden.

Geschichte läßt sich aus verschiedensten Blickwinkeln darstellen, die einander ergänzen. Hier sollen die Versuche gezeigt werden, das menschliche Dasein und vor allem die Beziehungen zur Umwelt einer strengen und dauernden Ordnung zu unterwerfen. Angesichts des sehr großen Themas kann es sich nur um einige Beispiele handeln, wobei es um zweierlei geht: Einerseits um Gruppen und Institutionen, von denen die Forschung annimmt, daß es sie wirklich gegeben hat, und anderseits um die Vorstellung, die man damals von ihnen hatte. Leitbilder von einst, Verkürzungen und Veränderungen dessen, was wir als Realität ansehen, werden heute nicht mehr belächelt oder mit Ärger übergangen. So irreal uns derartiges scheint, so reale Wirkungen hat es damals ausgelöst. Mit unvollständigem Wissen und unzureichenden Mitteln versuchte man die Umwelt zu begreifen und in Ordnung zu bringen. Ordnung will Kontinuität, im Gegensatz zu dem steten Wandel der Erscheinungen; sie braucht feste Formen vor allem im sozialen Bereich, einen Kanon von Verhaltensweisen. Damit wird Sicherheit und Vertrauen geweckt und die Welt weniger als Wirrsal empfunden. Das Fremdartige, Unerwartete, Neue kann bedrohlich sein und die mühsam aufgerichtete, wenig gefestigte «legitime Ordnung»[1] gefährden. Was man damals leidvoll erfuhr und in neueren Darstellungen oft eher am Rande vermerkte, war der Konflikt verschiedener Ordnungsprinzipien. Nur aus der Ferne scheinen Weltsicht und Sozialstruktur jener Zeit monolithisch «geschlossen». Manches an ihren Problemen hat mit äußeren Nöten nichts zu tun.

Das zehnte Jahrhundert hatte auch seine lichten Seiten und wurde rückschauend manchmals als goldenes Zeitalter gelobt[2]. Später sah man hier materiellen und moralischen Verfall, sozusagen die Konkursmasse des Karolingerreiches[3]. Neuere Forschungen haben gezeigt, wie sehr diese Epoche auf den meisten Gebieten der karolingischen verbunden ist[4]. Das rechtfertigt auch die Einschränkung unserer Studien auf das einst fränkisch beherrschte Europa: Deutschland, Frankreich, Oberitalien sowie die Randgebiete Mittelitalien und Katalonien, für die es moderne Monographien gibt[5]. Die oft beklagte Quellenarmut dieses Jahrhunderts ist ja ein Märchen aus jener Zeit, die von den Urkunden, vor allem den «Privaturkunden», keinen Gebrauch machte. Leider sind sie landschaftlich sehr ungleich verteilt und betreffen sie mehr die Mittelschichten als die Masse der Bevölkerung. So wissen wir allzu wenig über die

---

1 Max Weber, Wirtschaft und Gesellschaft (5. Aufl., Studienausg. 1976) 16 ff.

2 Beispiele zitiert Helmut Lippelt, Thietmar von Merseburg. Mitteldeutsche Forschungen 72 (1973) 84, vgl. unten 328.

3 Dabei haben Erfahrungen der eigenen Zeit, wie es nicht anders sein konnte, eine Rolle gespielt. Wenn Jacques Flach im ersten Band seiner Origines de l'ancienne France (Paris 1886, 1969) «la dissolution de la société en France» (im 10. und 11. Jahrhundert) schilderte, stand er unter dem Eindruck der letzten Jahre des Second Empire. Auf den Verfall des Kaiserreiches sollte ein neues Königtum folgen, wie Flach es im dritten, den Capetingern gewidmeten Band schildern wollte. Als er erschien (1904), hatte sich die Situation freilich schon sehr gewandelt.

4 Das wird in dem vorliegenden Buch immer wieder zum Ausdruck kommen. Generell betrachtet Carlrichard Brühl «die Geschichte des 10. Jahrhunderts als eine Spätphase der fränkischen Geschichte». Brühl, Die Anfänge der deutschen Geschichte. Sitzungsberichte d. wiss. Ges. d. J. W. Goethe-Universität Frankfurt a. M. 10 (1972) Nr. 5, 173.

5 Pierre Toubert, Les structures du Latium médiéval. (Bibliothèque des Ecoles françaises d'Athènes et de Rome 221, Rom 1973). Pierre Bonnassie, La Catalogne du milieu du Xe à la fin du XIe siècle. Publications de l'Université Toulouse-Le Mirail, série A, 23 und 29 (Toulouse 1975, 1976).

»kleinen Leute«, ihren Alltag und ihre Vorstellungen. Zum Teil gilt dies auch für die Weltlichen höheren Standes. Eine «Geschichte der Mentalitäten», als Aufgabe der Forschung von französischen Historikern in den letzten Jahrzehnten mit Recht postuliert, muß Stückwerk bleiben, wo die Quellen allzu wenig berichten. Das Programm als solches konkretisiert, was diffus schon früher – etwa bei Max Weber und Oswald Spengler – vorhanden war; eine Schultradition hat sich hieraus allerdings nicht entwickelt[6].

Letztlich ist alle Geschichte zugleich Geschichte von Mentalitäten[7]. Was dieses Wort betrifft, sollte es nicht «zerredet» werden. Es wurde in diesem Buch ebenso wenig wie andere Wörter verwendet, die kaum zu definieren und in Gefahr sind, zu Schlagworten zu werden[8]. Schade wäre es auch, wenn Mentalitätenforschung allzu abstrakt betrieben würde[9] und damit in den Fehler der «Geistesgeschichte» von einst verfiele. Mit Recht hat man davor gewarnt, die enge Verbindung mentaler und realer Erscheinungen zu vergessen[10].

Da es sich um keine Monographie über das zehnte Jahrhundert handeln kann, und auch um keine Gesamtdarstellung seiner Sozialordnungen, wird der Leser so manches vermissen oder ungenügend behandelt finden. Bewußt wurde darauf verzichtet, die Fülle des Schrifttums über die betreffenden Spezialgebiete auszubreiten; besser schien es, signifikante Quellenstellen zu zitieren. Das bedingt manche Unschärfe der Darstellung. Wahrscheinlich wird es beides geben müssen: Die straffe Gedankenführung des Handbuchs, und eher diskursiv eingestellte «Studien», bei denen die Nähe zu den einzelnen Aussagen der Vergangenheit gewahrt bleibt.

Am Beginn der Untersuchungen stehen Beispiele für das Ordnungsdenken.

---

6 Mehrfach wurde in Deutschland über das Thema referiert, eine praktische Anwendung in größerem Umfang ist selten. Am ehesten ist hier Arno Borst, Lebensformen im Mittelalter (1973) zu nennen.

7 Alphonse Dupraz, D'une histoire des mentalités. Revue Roumaine d'Histoire 9 (1970) 385.

8 So wurde z. B. das Wort «Struktur» nicht gebraucht, ebenso der häufig mit «Mentalität» zusammengebrachte Begriff «archaisch», der andererseits als Epochenbegriff verwendet wird. Jean Cazeneuve, La mentalité archaïque (Collection A. Colin 354, Paris 1961). Die Herausgeber der Zeitschrift für historische Forschung 1 (1974) 1 unterscheiden ein «archaisches» Zeitalter (bis zum 11. oder 12. Jahrhundert) von einem «alteuropäischen» (etwa 12. bis 18. Jahrhundert), dies wohl nach Dietrich Gerhard, Alte und neue Welt in vergleichender Geschichtsbetrachtung (1962) 40 ff.

9 In diese Richtung weist das Buch von Rolf Sprandel, Mentalitäten und Systeme (1972).

10 Georges Duby, Hommes et structures (Le savoir historique 1, Paris, Den Haag 1973) 362.

Aus ihnen ergibt sich, wie sehr es in der Realität verwurzelt war und einen Teil dieser Realität mitbestimmte. Hier handelt es sich weder um hochfliegende Ideen noch um einen bloßen Erweis der Macht; eher war es ein Versuch, jedem das Seine zuzuweisen und dies in der Gemeinschaft sinnfällig zum Ausdruck zu bringen. Dahinter stand eine gewaltige zivilisatorische Leistung, eine «Umformung des Triebhaushaltes und des Verhaltens»[11]. Im kleinen Rahmen jenseits der modernen Massengesellschaft konnte das Ordnungsstreben so intensiv sein, daß innerhalb der Gruppe jedem ein Rang zustand, dauernd oder als veränderliches Sozialprestige. Derlei hatte natürlich auch praktische Gründe, ähnlich der berühmten Hackordnung des Hühnerhofes. Daneben vermittelte eine solche Staffelung ein Gefühl der Geborgenheit, die Welt schien «in Ordnung».

In Zeiten einer geringen Fähigkeit weiter Kreise zur Abstraktion war der sinnfällige Ausdruck der Ordnungen überaus wichtig. Es gab Institutionen, aber man «erkannte» sie an den Menschen, die ihre Träger waren; es gab das Recht als solches, doch nicht so sehr als Summe von Rechtssätzen[12], sondern in Sprüchen und Zeremonien war es lebendig. Vor allem gab es die Sitte, ein praktisches Wissen um das richtige – «geziemende» – Verhalten in allen Angelegenheiten des täglichen Lebens. Wer diese Spielregeln nicht kannte oder nicht befolgen wollte, minderte seinen Rang, ja schloß sich selbst aus der Gruppe aus. Vieles davon wirkt auch heute noch nach, mehr oder minder sinnentleert und von manchen abgelehnt.

Nach einigen Beispielen aus den weiten Gebieten von Zeremoniell, Ritual und Brauchtum des zehnten Jahrhunderts soll als erstes Ordnungsgefüge die Familie behandelt werden, in dem weiteren Sinn der damaligen Zeit als «familia». Hier ist die Quellenlage besonders ungünstig; Versuche, für eine so frühe Zeit zu statistischen Werten zu gelangen, mußten sehr mangelhaft bleiben[13]. Zum Teil wirkt hier eine vorgefaßte Meinung nach, der zufolge die Familie der «Feudalzeit» grundsätzlich andersartig als jene der bürgerlichen Epoche gewesen sein müsse. So werden die Quellen über mehreres erneut zu befragen sein: über die Formen der Hausgemeinschaft, Stellung und Ansehen der Frau, über den weiteren Familienverband der «Sippe». Wie sehr das Familiäre eine Lebensmacht war, zeigt sich auch daran, daß es als Modell für andere Ordnungen diente.

Über die staatlichen Ordnungen wurde schon so viel gesagt, daß Wieder-

---

[11] Norbert ELIAS, Über den Prozeß der Zivilisation 2 (8. Aufl. 1982) 7.

[12] Hermann KRAUSE, Königtum und Rechtsordnung. Zeitschrift f. Rechtsgeschichte, Germanist. Abt. 82 (1965) 22.

[13] Zur methodischen Kritik solcher Arbeiten vgl. TOUBERT (oben Anm. 5) 1, 735 f.

holungen unnütz erscheinen. Man weiß, daß diese Institutionen von Königtum und Adel getragen wurden und sieht die wechselseitige Einflußnahme beider Bereiche aufeinander, wobei für die einen das Königtum und für die anderen der Adel den maßgebenden Faktor bildet. Uns geht es hier nur um eine Teilfrage, wie weit beides im Denken der Zeit als eine höhere Einheit gesehen wurde. Es handelt sich um den Begriff der «nobilitas», der meistens dem Adel gleichgesetzt wird. Doch sollte man zwischen «Adel» als klar abgegrenztem, eindeutig definiertem Stand und dem Wesen des «Edlen» unterscheiden lernen. In diesen Rahmen stellt sich auch das Königtum und wenigstens zum Teil die Geistlichkeit. Beides ist natürlich nicht allein aus dieser Sicht zu erklären und zu beschreiben.

Alle mittelalterlichen Ordnungen haben eine gewisse Eigenständigkeit und daneben einen mehr oder minder großen Deckungsbereich. Spricht man von Nobilität, muß man Königtum, Klerus und Familienwesen mitdenken. Zwischen den Bereichen und ihren Verhaltensnormen konnte es Pflichtenkollisionen geben; noch fehlten allzumeist jene radikalen Denker, die das alles voneinander reinlich scheiden wollten. Die «Welt» machte an der Klosterpforte nicht halt, vom Kloster aus suchte man Weltliche zu erziehen[14]. Feudale und andere Bindungen verknüpften die Großgruppen untereinander, man hatte kaum ein Bedürfnis der Scheidung des Klerus von der Laienschaft, der «Kirche» von den «Gläubigen»; alle zusammen waren «die Christenheit».

Als eigenständige Ordnung hatte sich das Mönchtum von der «Welt» distanziert, eine geistliche Familie bildend, unter Negation dessen, was für den Edlen hohen Wert besaß. Hier war ein sehr großes Thema abzuhandeln, ohne den Rahmen des Buches zu sprengen. Das konnte höchstens zum Teil gelingen. Wo die Forschung so sehr fortschreitet, kam es nicht darauf an, neue Akzente zu setzen, sondern anhand der Quellen über das Gebiet kurz zu referieren. Wie auch sonst wurde versucht, die Dinge nicht so sehr mit den Augen des Forschers, als aus der Sicht der Menschen von damals zu betrachten. Daß es Differenzen in den Anschauungen gab, ist selbstverständlich. Man hat sich abgewöhnt, diese Differenzen in moralisierender Weise von dem Standpunkt wortgewaltiger Träger des Reformgedankens aus zu sehen. Was sie wollten, war in seiner Art großartig, das wird man anerkennen müssen. Es bedeutete aber in erster Linie eine Veränderung von Sitte und Landesbrauch. An beidem pflegte man zäh festzuhalten, nicht nur im weltlichen Bereich.

Den Geistlichen wurde eine – zumeist bescheidene – literarische Bildung zu-

---

[14] Für Cluny vgl. Barbara Rosenwein, Rhinoceros Bound (Philadelphia 1982). Jean Leclercq, Pour une histoire de la vie à Cluny. Revue d'histoire ecclésiastique 57 (1962) 794.

teil, innerhalb oder auch neben der religiösen. Laienbildung war mit geringen Ausnahmen nichtliterarisch. Sie bestand in Kenntnissen des praktischen Lebens, einer rudimentären Weltsicht und einem ebensolchen Glaubensgut. Das alles wurde in der Familie tradiert, für den religiösen Bereich sollte dazu – sekundär – eine Unterweisung durch den lokalen Klerus kommen. Den Bemühungen, den Volksglauben der kirchlichen Lehre anzugleichen, verdanken wir die Aufzeichnung der Abweichungen von ihr, und ähnliches gilt für die kirchliche Sittenlehre. Da wir so wenig über die Masse der Bevölkerung jener Zeit wissen, sind das kostbare Zeugnisse über Denken und Handeln von Angehörigen der Mittel- und Unterschichten jenseits des materiellen Bereichs. Man hat sich abgewöhnt, hier von Aberglauben zu sprechen, oder von einem heiligen Vätererbe. Man hat auch begonnen, Parallelen zu Aussagen der Völkerkunde zur Kenntnis zu nehmen; die oft schwierig zu entscheidende Frage, ob es sich um eine Kontinuität von der Antike oder von der germanischen Zeit her handelt, wird dadurch weniger wichtig.

So mancher Fachkollege gäbe gerne unser Wissen um den Volksglauben für eine bessere Kenntnis der wirtschaftlichen Verhältnisse hin, unter denen die Bevölkerung damals lebte. Die Zeit der großen Polyptycha war im 10. Jahrhundert vorbei, Urkunden bieten nur für einige Landschaften einen teilweisen Ersatz. Eher erfährt man immer noch etwas über Großherrschaften, vor allem geistliche, als über kleinere Grundbesitzer und ihre Leute. Man kann versuchen, die vorhandenen Quellen gleichsam von unten zu betrachten, um ihnen Aussagen über das Bauerntum zu entnehmen. Methodisch anfechtbar wäre es, aus späterer, quellenreicherer Zeit auf das 10. Jahrhundert zurückzuschließen.

Über Ordnung und Ordnungen handelt das erste Kapitel des Buches, der Unordnung soll das letzte gewidmet sein. Beides gehört wie Licht und Schatten zueinander, das Streben nach Klarheit und Vollkommenheit ebenso wie seine sehr unvollkommene Verwirklichung. Auch eine «geschlossene» Gesellschaft birgt in sich Spannungen, dem Denken fehlt die Einheitlichkeit – oder Unmenschlichkeit – eines durchgehenden Systems. Noch streben die Teile des Ganzen nicht mit aller Macht auseinander, immerhin zeigen sich Sprünge in ihm; Symptome dafür sind vereinzelte Ketzergruppen, der übersteigerte Gebrauch kirchlicher Machtmittel, die Formalisierung moralischen Verhaltens und anderes. Übergangen wurde hier der vielberufene Chiliasmus, weil sich nicht deutlich erkennen läßt, ob es ihn wirklich gegeben hat.

Vor hundert Jahren gab es die populäre Darstellungsart der «Kultur- und Sittengeschichte». Ihr konnte man entnehmen, wie sehr seit der Aufklärung der allgemeine Fortschritt die finsteren Zeiten von einst hinter sich ließ. Vieles, das bürgerlichem Wesen unverständlich war, wurde damals mit Dummheit, Sittenlosigkeit und roher Barbarei einer überwundenen Epoche erklärt. Derartiger

Unfug hat aufgehört, doch blieb die Kulturgeschichte eine nicht sehr angesehene Disziplin. Es ist an der Zeit, sich ihr wieder stärker zuzuwenden. Die Voraussetzungen dazu sind günstig, ist doch der Stolz auf die eigene Zeit und ihre Fortschritte sehr gemindert. Wir wissen, daß wir wenig Grund dazu haben, auf das Andersartige des Mittelalters herabzusehen. So können wir seine Motivationen studieren, ohne uns zu erregen. Oft werden wir finden, daß die Menschen so handelten, wie sie glaubten handeln zu sollen, ob das nun Gutes oder Schlimmes zur Folge hatte.

Die Arbeit an dem vorliegenden Buch ging, vor allem wegen beruflicher Belastungen, nur langsam vonstatten. Dadurch bedingte Ungleichmäßigkeiten konnten nicht völlig getilgt werden. Dem Verlag Anton Hiersemann sei bestens gedankt für großes Verständnis angesichts einiger Probleme der Druckfassung. Bestens danke ich für das Mitlesen der Korrekturen den Universitätsassistenten Univ.-Doz. Dr. Georg Scheibelreiter und Dr. Anton Scharer.

Wien, Ostern 1984 Heinrich Fichtenau

ORDO

I.

Ordnung als Rangordnung

Daß die Welt ein wohlgeordneter Kosmos ist, lernte der Schüler aus dem Buch Genesis und auch an eindrucksvollen Beispielen aus dem traditionellen Lehrgang der «artes liberales». Feinde der gottgewollten Ordnung waren der Teufel und jene Menschen, die ihm anhingen. Bei ihnen lag die Ursache, wenn schlimme Zustände herrschten sowohl im zwischenmenschlichen Bereich wie durch Himmelserscheinungen, Seuchen und Hungersnöte. Nur langsam machte man sich mit der christlichen Lehre vertraut, daß die wichtigste Auseinandersetzung zwischen den Mächten des Guten und des Bösen in der menschlichen Seele stattfand; das Moment der Schuld war auch im Rechtswesen noch wenig ausgeprägt, so daß man sogar die Meinung vertreten konnte, es habe vor der Mitte des 12. Jahrhunderts nicht den Begriff der Strafe, sondern als Gegenmittel gegen «objektive Entordnungen» eine Art «Wiedergutmachungszauber» gegeben[1]. Ordnung war in erster Linie äußere (wir würden sagen: «äußerliche»), stark formalistische Ordnung, auch aus dem einfachen Grund, daß man innere Qualitäten nicht sehen und nicht «begreifen» konnte. Ein Widerspruch zwischen innerem Wesen und äußerer Haltung, also geheuchelte Tugend, war damals noch selten oder wurde selten erkannt, da man allzumeist dem Gehaben der Mitmenschen traute. Übrigens wird die ständige Übung einer durch die Sitte vorgeschriebenen Haltung in ihrer pädagogischen Wirkung nicht zu unterschätzen sein. Auch das, was wir als bloße Etikette abtun, besaß eine den Menschen formende Kraft.

Ordnung (ordo) umgriff die «ordines», wie man schon in der Antike ständische Gruppen bezeichnete[2]. Senatoren, Ritter, städtische Korporationen usw. waren durch Tracht und Abzeichen kenntlich, institutionell verankert und klar voneinander abgegrenzt, während bei den Weltlichen im früheren Mittelalter diese Momente niemals völlig zutrafen[3]. Auch im Mönchtum handelte es sich

---

[1] Viktor ACHTER, Die Geburt der Strafe (1951) 9 ff.

[2] Yves CONGAR, Les laïcs et l'ecclésiologie des «Ordines». In: I laici nella societas christiana dei secoli XI e XII (Pubblicazioni dell'Università Cattolica, Contributi 3, Varia 5, Mailand 1968) 84. Luise MANZ, Der Ordo-Gedanke (Vierteljahrschrift für Sozial- und Wirtschaftsgesch. Beiheft 33, 1937) 2. Georges DUBY (unten Anm. 5).

[3] «Il serait . . . illusoire d'imaginer un *ordo* homogène où chaque individu occuperait,

bei dem Begriff «ordo» zuerst um eine Lebensart, und erst später wurde der «ordo Cluniacensis» zum rechtlich fundierten Klosterverband[4]. Gerne begnügte man sich aber damit, die Christenheit in Großgruppen einzuteilen, nach ihren wichtigsten Funktionen für die Gesellschaft. Im letzten Jahrzehnt haben Quellen des zehnten und früheren elften Jahrhunderts, die darüber handeln, sehr starke Beachtung gefunden[5]. Derlei gab es schon im alten Indien und Iran, bei Ioniern, Römern, Kelten, Skandinaviern usw.[6] Die übliche Scheidung in Priester, Krieger und landbebauende Leute zeigt ihre Unschärfe schon darin, daß in ihr Handel und Gewerbe nicht aufscheinen; doch gewann sie gerade am Beginn des Hochmittelalters größere Nähe zur sozialen Realität dadurch, daß sich damals ein Bauerntum – bestehend aus Freien und Unfreien, die zu einer

---

par rapport aux autres *ordines*, une position identique.» Elisabeth MAGNOU-NORTIER, La société laïque et l'Eglise dans la province ecclésiastique de Narbonne (zone zispyrénéenne) de la fin du VIIIe à la fin du XIe siècle (Publications de l'Université de Toulouse-Le Mirail, série A, 20, Toulouse 1974) 219, ein Satz, der gewiß nicht nur für Südfrankreich Geltung hat.

4 Jacques HOURLIER, Cluny und der Begriff des religiösen Ordens, in: Cluny, herausg. v. Helmut RICHTER (Wege d. Forschung 241, 1975) 50 ff.

5 Aus dem Schrifttum der letzten Jahre sei zitiert: Georges DUBY, Les trois ordres ou l'imaginaire du féodalisme (Paris 1978; deutsch: Die drei Ordnungen. Das Weltbild des Feudalismus, 1981). Dazu die Stellungnahme von Otto Gerhard OEXLE, Die «Wirklichkeit» und das «Wissen». Historische Zeitschrift 232 (1981) 67-83. Claude CAROZZI, Rhétorique et idéologie: la tripartition sociale au XIe siècle. Annales ESC 33 (1978) 683 ff. O. G. OEXLE, Die funktionale Dreiteilung der «Gesellschaft» bei Adalbero von Laon. Frühmittelalterliche Studien 12 (1978) 1 ff., Wiederabdruck in: Ideologie u. Herrschaft im Mittelalter (Wege d. Forschung 530, 1982) 421 ff. Vgl. ebenda 408 ff. die «Bemerkungen» von Jacques LE GOFF. Ottavia NICCOLI, I sacerdoti, i guerrieri, i contadini (Turin 1979; auf die Neuzeit hin ausgerichtet). Pierre BONNASSIE, Idéologie tripartite et révolution féodale. Le Moyen Age 86 (4e série 35, 1980) 251 ff. Siehe auch die nächste Anm. Weiteres Schrifttum verzeichnet Tilman STRUVE, Pedes rei publicae. Historische Zeitschrift 236 (1983), bes. 12 Anm. 11.

6 Georges DUMÉZIL, L'idéologie tripartite des Indo-Européens (Brüssel 1958). Derselbe, Mythes et épopées 1 (Paris 1968), zitiert nach DUBY, Trois ordres 16 f. Vgl. Wolfgang P. SCHMID in: Wort u. Begriff Bauer (siehe die nächste Anm.) 224. Michel ROUCHE, De l'Orient à l'Occident. Les origines de la tripartition fonctionelle et les causes de son adoption par l'Europe chrétienne à la fin du Xe siècle. In: Occident et Orient au Xe siècle. Actes du IXe congrès de la Société des Historiens médiévistes de l'Enseignement supérieur public (Publications de l'Université de Dijon 57, Paris 1979) 31 ff. Jacques LE GOFF, Les trois fonctions indo-européennes, l'historien et l'Europe féodale. Annales ESC 34 (1979) 1187 ff. (mit weiteren Literaturangaben).

gemeinsamen Gruppe wurden – zu konsolidieren begann[7]. Hin und wieder hat man übrigens versucht, die drei «ordines» zu unterteilen und damit der Realität anzunähern.

Diese Dreiheit, die schon durch die Reihenfolge der aufgezählten Gruppen – die Priester voran, die Bauern als Letzte – eine gewisse Wertung erkennen läßt, mußte mit der Tatsache übereingestimmt werden, daß nach christlicher Anschauung alle Menschen gleich sind. Adalbero von Laon wählte den Ausweg, daß er die Gleichheit der göttlichen, die Ungleichheit der menschlichen Ordnung zuschrieb[8]. Ähnlich leitete Rather von Verona die letztere von der «Ungleichheit der Sitten», d. h. des Gewohnheitsrechtes, ab. Dabei wagte er den Satz, daß manche anderen Menschen in solcher Weise unterstellt sind, daß oftmals der Bessere dem Schlechteren dienen muß[9]. Solche Gesellschaftskritik blieb vereinzelt und auch Rather leugnete nicht, daß diese Zustände aus Gottes Willen und dem Sündenfall Adams abzuleiten seien, wie dies Hincmar von Reims unter Berufung auf Gregor d. Gr. ausgeführt hatte[10]. Deutlicher wurde Rather unter Berufung auf Isidor von Sevilla anderswo, wenn er sagte, daß die Knechtschaft eine Frucht der Sünde, das Herrentum zur Aufrechterhaltung der Ordnung notwendig sei[11].

Die absolute Notwendigkeit einer hierarchischen Ordnung, auch jenseits des positiven Rechtes, ergab sich aus der mittelalterlichen Rezeption von neuplatonischem Gedankengut. Schon Paulus hatte von den «ordines» der Auferstande-

---

[7] Wort und Begriff Bauer. Herausg. v. R. WENSKUS, H. JANKUHN, K. GRINDA (Abhandlungen d. Akademie d. Wiss. Göttingen 89, 1975).

[8] Adalbero von Laon, Carmen ad Rotbertum regem, unten Anm. 24, 18 v. 240 ff. CONGAR, Les laïcs 95. Im «Apologeticus» Abbos von Fleury, MIGNE PL 139, 464 ist von den «agricolae» die Rede: «insudant agriculturae et diversis artibus in opere rustico». Im Sinne der kämpferischen Haltung seines Klosters gegenüber dem Weltklerus griff Abbo auf jene Dreigliederung der «ordines» zurück, die seit Gregor d. Gr. Bischöfe, Mönche und Laien schied. Jetzt hatten aber nicht mehr die Bischöfe den ersten Rang inne, sondern das Mönchtum: der «beste» Ordo ist der ihre. DUBY, Die drei Ordnungen (oben 12 Anm. 5) 134 ff. und vorher Eckhard HEGENER, Politik und Heilsgeschichte: «Carmen ad Rotbertum regem.» Mittellateinisches Jahrbuch 9 (1973) 32.

[9] Rather, Praeloquia I, 10 (22), MIGNE PL 136, 166: «inaequalitate morum faciente aliis alios intantum suppositos, ut plerumque aliqui dominentur etiam melioribus.»

[10] Opusculum LV capitulorum; D. E. LUSCOMBE, Conceptions of Hierarchy before the Thirteenth Century. In: Soziale Ordnungen im Selbstverständnis des Mittelalters (Miscellanea mediaevalia 12/1, 1979) 2 f.

[11] Praeloquia I, 14 (29), MIGNE PL 136, 175.

nen geschrieben[12], also eine gruppenweise Gliederung der Menschen im Jenseits, wohl parallel zu der irdischen, angenommen; später wurden die Ordnungen der himmlischen Hierarchie das Primäre und als Muster für die irdischen Großgruppen angesehen. Es gibt Engel und Erzengel, sagt Gregor d. Gr., also Unterschiede der Vollmacht und Rangordnung bei den ihrer Natur nach gleichartigen Engeln. Das zeigt, daß die geschaffenen Wesen nicht in Gleichheit leben und regiert werden können. Hincmar, der im Kloster St.-Denis Übersetzungen des Pseudo-Dionysius studierte[13], zitierte diesen Satz[14] und führte die Parallelen zwischen Welt und Überwelt in seinen Werken weiter aus. Die Wirkung des Areopagiten ist im 10. und 11. Jahrhundert nicht erloschen: Abt Maiolus von Cluny las sein Werk[15], Adalbero von Laon bezog sich auf ihn[16] und zahlreich sind die Zeugnisse für eine Zusammenschau von himmlischen und irdischen «ordines». Im Paradies erstrahlen die (neun) Chöre der Engel, es glänzt die Hoheit der Patriarchen, der «ordo» der Propheten, der Chor der Apostel, usw.[17]

Eine solche Schau war freilich eher Männern der Kirche beschieden als schlichten Laien. Sie stellten sich das Jenseits ebenfalls als eine Stufenordnung vor, wobei Bischöfe und Mönche zu oberst standen – der heilige Bischof, Mönch oder Eremit war sozusagen der Normaltypus des Heiligen –, dann die Weltlichen folgten, mit wenigen als heilig verehrten Großen, während die «kleinen Leute» froh sein konnten, in dienender Position in das Paradies zu gelangen. Aus dem Jahre 940 ist die Vision eines Mädchens namens Flothilde überliefert, das eine Hörige des Klosters Avenay a. d. Marne (mit einem Petruspatrozinium) war. Sie hörte, wie die Gottesmutter Maria Petrus bat, ihr diese Magd zu schenken – wohl zur persönlichen Dienstleistung im Himmel[18].

Verglich man die drei Großgruppen miteinander, so war es den Geistlichen klar, daß sie ihrem Rang nach vor der Laienschaft kamen. Innerhalb des Kle-

---

12 1 Cor. 15, 22 f.: «Omnes vivificabuntur, unusquisque autem in suo ordine.» MANZ, Ordo-Gedanke 10.

13 Er war ein Schüler Hilduins von St. Denis, der die ersten Übersetzungen des Pseudo-Dionysius anfertigte. LUSCOMBE a. a. O. 2.

14 Opusculum LV capitulorum, MIGNE PL 126, 326 c. 12.

15 Jacques HOURLIER, Saint Odilon, abbé de Cluny (Bibliothèque de la Revue d'Histoire ecclésiastique 40, 1964) 45.

16 LUSCOMBE, Conceptions 6. Carmen ad Rotbertum (unten Anm. 24) 16 v. 218.

17 Gerhard von Augsburg, Vita Oudalrici c. 9, MGH SS 4, 397.

18 Appendice II zu: Les annales de Flodoard ed. Ph. LAUER (Paris 1905) 171. Über Flothilde vgl. auch Heinrich FICHTENAU, Gentiler und europäischer Horizont an der Schwelle des ersten Jahrtausends. Römische historische Mitteilungen 23 (1981) 242 f.

rus entwickelten Teile des Mönchtums eine starke Tendenz dazu, sich neben und sogar über den Weltklerus zu setzen; das hing mit praktischen Fragen zusammen, vor allem mit jener der Exemtion der Klöster von der Gewalt des Diözesanbischofs. In diesem Zusammenhang wurde bereits Fleury erwähnt[19]. Rather von Verona, den wir für Standesfragen immer wieder zitieren müssen, ergriff heftig die Partei des Mönchtums, dem er selbst angehört hatte, bevor er Bischof wurde: Mit Recht regieren im Himmel die Mönche zusammen mit Gott und sitzen sie zu Gericht über die Welt, da sie lieber (im Himmel) den Besitzern von Reichtümern gebieten, als (vorher auf Erden) selbst Reichtum besitzen wollen[20]. Nicht nur die Laien, auch die Weltgeistlichen sind begütert und stehen nach Rather darum unter der (himmlischen) Herrschaft des Mönchtums. Eine seltsame Vorstellung, die erklärlicher wird, wenn man annimmt, daß eine andere Anschauung populär war: Daß Gott mit den (heiligen) Bischöfen zusammen über die Welt herrschte und Gericht hielt.

Aus einer vergleichenden Wertung der «ordines» konnte man trotz Rather gewiß keine reale Herrschaft eines Standes über den anderen ableiten. Doch ging es um das Ansehen und damit um die «soziale Existenz»[21], die eine gewisse Autorität über die nachgeordneten Gruppen vermittelte. Und dies um so mehr, je weniger dieses Ansehen einer Großgruppe institutionell gestützt war. Die Bischöfe hatten seit konstantinischer Zeit[22] einen bestimmten Rang unter den staatlichen Würdenträgern des Römerreiches besessen; jetzt waren manche von ihnen zu Befehlsempfängern von Grafen herabgesunken, das Sozialprestige des Weltklerus bildete keine gesicherte Größe[23]. Es hatte seinen guten Sinn, wenn Bischof Adalbero von Laon die Stellung des Weltklerus vor den Augen eines den Mönchen zugetanen Königs und seines Hofes und gegenüber dem Mönchtum der Cluniazenser mit polemischen Mitteln verteidigte. Als Aristo-

---

[19] Oben 13 Anm. 8.

[20] Praeloquia II, 4 (8), MIGNE PL 136, 224: «iure cum deo principantur et iudicant de mundo, malentes aurum habentibus imperare quam aurum habere.» Die Vorstellung der «Mitregierung» der Heiligen ist biblisch, vgl. 2 Tim. 2, 12.

[21] Norbert ELIAS, Die höfische Gesellschaft (Soziologische Texte 54, 1969) 139.

[22] Josef Andreas JUNGMANN, Symbolik der katholischen Kirche (Symbolik d. Religionen 6, 1960) 21.

[23] Dies gilt ebenso für Frankreich wie für Italien. Über die Bischöfe schreibt Rather, Praeloquia III, 6 (12), MIGNE 136, 227: «Dii sunt, domini sunt, ... ianitores paradisi sunt ...» und anderseits III, 7 (14) a. a. O. 228: «Sed tacti sumus ..., spreti sumus, impulsi sumus, versati sumus ...» usw. Von der rhetorischen Übersteigerung wird man beide Male absehen müssen.

krat spottete er zugleich über ein barbarisches Berufskriegertum, das glaubte, sich «miles» nennen zu dürfen[24].

Neben dem Ansehen der gesamten Gruppe war dasjenige des einzelnen in ihr von hoher Bedeutung. Auch in einer Genossenschaft sind nicht alle Mitglieder gleichwertig. Einem Grundzug menschlichen Wesens entspricht es, daß die Jünger Christus fragten, wer von ihnen im Himmel – und schon in seiner irdischen Existenz? – der Größte sei[25]. Man konnte es mit der Feststellung eines Ersten unter den Gleichen bewenden lassen oder die Mitglieder der Gruppe nach ihrem Rang ordnen, ihr also eine «Binnengliederung» geben. Die Tendenz dazu war stets vorhanden; wie weit sie verwirklicht wurde, hing von Verschiedenem ab, natürlich auch von der Überschaubarkeit des betroffenen Personenkreises und den angewendeten Kriterien. Innerhalb des Weltklerus waren diese Kriterien schon früh festgelegt worden, die Ämter fest organisiert, und ein Ausbrechen aus den traditionellen Ordnungen war nicht leicht. Was die Welt der Laien betraf, deren familiäre Gruppierungen sich stets wandelten und in der das persönliche Ansehen einen hohen Stellenwert hatte, konnte es keine dauernde Durchgliederung geben, die der kirchlichen vergleichbar war. Daran hat auch das Lehenswesen nicht sehr viel geändert.

Christus hat die Apostel in gleicher Weise ausgewählt, einem von ihnen jedoch eine hervorragende Stellung gegeben: Damit begründete Papst Leo d. Gr. und ihm folgend Hincmar von Reims die Tatsache, daß innerhalb des «ordo generalis» der Priester die Würden (dignitas) verschieden sind[26]. Keiner Begründung bedurfte es, daß die Dignitäre sich bemühten, ihren Rang zu «repräsentieren», und zwar immer und überall. In einer Zeit, der abstraktes Denken große Mühe verursachte, mußte sich der Rang an Äußerlichkeiten zeigen, er «bestand» gleichsam aus ihnen. Der Zeitkritiker Atto, Bischof von Vercelli, schilderte jene Prälaten, die auf Darstellung und Anerkennung ihrer Stellung

---

24 Carmen ad Rotbertum regem. Adalbéron de Laon, Poème au roi Robert, ... par Claude Carozzi (Les classiques de l'histoire de France au moyen âge 32, Paris 1979) 8 v. 95 ff., dazu Fichtenau, Soziale Mobilität (unten 97 Anm. 118) 16 ff.

25 Auf das Himmelreich bezogen bei Matth. 18, 1, allgemein (quis eorum maior esset) Marc. 9, 34, Luc. 9, 46 und 22, 25 f., wo Christus die Frage in den weltlichen Bereich verweist: «Vos autem non sic!»

26 Leo d. Gr. zitiert durch Hincmar, Opusculum, Migne PL 126, 326 c. 13: «Etsi ordo ... generalis est omnibus sacerdotibus, non tamen communis dignitas omnibus, quia et inter beatissimos apostolos in similitudine honoris fuit quaedam discretio potestatis, et cum omnium par esset electio, uni tamen datum est, ut caeteris praemineret.» Das zielt nicht auf den Primat Petri, sondern will begründen, daß es «sacros ordines in coelo et in terra» (vorher 325) und (konkret) Bischöfe über den Priestern gibt.

(honor) bedacht waren: Sie wollten als Gelehrte erscheinen, als Erste begrüßt werden, beim Mahl die besten Plätze einnehmen, sie begehrten den Vorsitz (primas cathedras) in (kirchlichen) Versammlungen[27]. Ähnlich schrieb später Petrus Damiani über den Klerus des elften Jahrhunderts: «Sie lieben den besten Platz beim Mahl, den ersten Stuhl in der Synagoge (d. h. dem kirchlichen Versammlungslokal) und die Begrüßungen der Menge, und wollen von den Menschen Rabbi genannt werden»[28]. Die biblischen Anklänge in beiden Fällen stempeln den Klerus zu modernen Pharisäern und zeigen, was sich in einem Jahrtausend kaum verändert hatte: Ehre braucht Ehrenbezeugungen, den sozialen Rang gibt es kaum ohne Gruß- und Sitzordnung. Es genügt nicht, derlei mit dem Schlagwort einer «Verweltlichung des Klerus» abzutun. Es dürfte sich um ein menschliches Grundphänomen handeln, das auch im Denken der Jünger Christi schon seinen Platz hatte. Vielleicht tritt es um so stärker hervor, je weniger gesichert die Position dessen ist, dem solche Ehrungen gelten. Auch Rangkämpfe wird es vor allem dort geben, wo der Rang im Einzelfall nicht «von oben» eindeutig festgelegt ist, oder wo die Macht fehlt, den bestehenden Kanon festzuhalten. In Rom und in Byzanz herrschte wenigstens zeitweise ein straffes Regiment, dessen Autorität «jedem das Seine» zumaß; labil war die Situation der Pharisäerpartei, die das Neue Testament schildert, und jene des Klerus in italienischen Städten des 10. Jahrhunderts.

Im alten Rom gab es für die Mitglieder verwaltender Gremien ein Verzeichnis (album), in dem sie in einer bestimmten Reihenfolge (certus ordo) aufschienen. Diese war bestimmend dafür, in welcher Folge die Mitglieder ihre Plätze einnahmen und ihre Stimmen abgaben[29]. Die Etikette am Kaiserhof verlangte ebenfalls – wenigstens in Byzanz – eine schriftliche Festlegung; aus dem 9. und 10. Jahrhundert sind «taktika» erhalten, nach denen der Zeremonienmeister die Plätze an der Tafel des Kaisers und an den Nachbartischen verteilte. Die imperiale Ordnung, auch jene bei Tisch, war ein Abbild der göttlichen Weltordnung, und Gott war es eigentlich, der durch den Kaiser Rang und Würden verlieh[30]. Für die unabhängige Stellung der Ottonen war es wichtig, daß Liutprand von Cremona in Konstantinopel am Tisch des Kaisers wü-

---

[27] De pressuris ecclesiasticis II, Migne PL 134, 82.

[28] Opusculum XXII, PL 145, 466 c. 2. Es handelt sich um ein wörtliches Zitat von Matth. 23, 6 f.; auch Atto (vgl. die vorige Anm.) hatte diese Stelle im Auge.

[29] B. Kübler in Pauly-Wissowa-Kroll-Mittelhaus, Realencyclopädie d. classischen Altertumswissenschaft 35 (XVIII/1, 1939) 930 f., s. v. «ordo».

[30] Les listes de préséance byzantines des IXe et Xe siècles (ed. Nicolas Oikonomides, Paris 1972), bes. 84, vgl. die Rezension durch E. Patlagean in den Studi medievali III. Serie 19/1 (1978) 531 f.

tend dagegen protestierte, daß er hinter einen bulgarischen Gesandten «zurückgesetzt» wurde[31].

Was die hohe Geistlichkeit betrifft, so bezog sie nach der Würde ihrer Amtssitze an der kaiserlichen Tafel ihre Plätze; ein Heiliger, der Erzbischof Epiphanios von Zypern, soll die schriftliche Ordnung dafür aufgestellt haben, die dann Konstantin VII. Porphyrogennetos (913-959), der kaiserliche Verfasser des berühmten Zeremonienbuches, revidierte. Sie galt auch jenseits der Hoftafel, z. B. im Heeresdienst der Prälaten[32]. Daß sich Kaiser und Patriarch schon am Beginn des 10. Jahrhunderts mit dem Thema beschäftigten, hatte seinen guten Grund: Es war zu einer Prügelei zwischen östlichen Kirchenfürsten und den Prälaten der ehemaligen Präfektur Illyricum gekommen; «es schien uns unter aller Würde, daß die Diener (Gottes) am Altar um den Ehrenvorrang streiten»[33].

Wenn derartiges selbst in Byzanz passierte, konnte es im Westen nicht besser sein. Hier gab es spätantike Listen von Städten, nach Provinzen geordnet. Noch im Hochmittelalter wurden sie abgeschrieben[34], weil man aus ihnen den Rang der Kirchen ebenso wie Alter und Ansehen der eigenen Stadt oder Landschaft ersah. Freilich war das eher eine Fundgrube von Material, als eine strenge Richtschnur für den eigenen «honor». Als es z. B. um das Ansehen von Châlons-sur-Marne ging, schrieb Fulbert von Chartres an den Elekten von Soissons: «Damit Ihr das Ansehen der Kirche von Châlons nicht schmälert, sollt Ihr wissen, daß diese Stadt in der alten Beschreibung der provincia Belgica II hinter Reims den dritten Rang einnimmt»[35]. Wir werden noch mehrmals darauf zurückkommen, daß solche Auseinandersetzungen auf historischer Basis keine bloße Vorliebe geistlicher Gelehrter waren, sondern sehr reale Folgen haben konnten. Wahrscheinlich hatte der Bischof von Soissons gemäß der

---

[31] Legatio Constantinopolitana c. 19, Opera ed. Joseph Becker (MGH SS rerum Germanicarum, 3. Aufl. 1915) 185.

[32] Heinrich Gelzer, Ungedruckte ... Texte der Notitiae episcopatuum. In: Abhandlungen d. philos.-philol. Cl. d. kgl. Bayerischen Akademie d. Wiss. 21 (1901) 543. (Freundlicher Hinweis von Univ.-Prof. Dr. Otto Kresten, Rom.)

[33] Gelzer a. a. O. 544. Für die spätere Zeit vgl. Jean Darrouzès, Listes synodales et Notitiae. Revue des Etudes Byzantines 28 (1970) 57 ff. (Hinweis von O. Kresten).

[34] MGH Auct. ant. 9, 552 ff.

[35] The letters and poems of Fulbert of Chartres ed. Fr. Behrends (Oxford 1976) 62 Nr. 34. Vgl. MGH AA 9, 590 (Notitia Galliarum): «Provincia Belgica secunda: (1) Metropolis civitas Remorum. (2) Civitas Suessionum. (3) Civitas Catalaunorum.» Insgesamt werden hier 12 Städte aufgezählt, so daß die Erwähnung an dritter Stelle ehrenvoll war. Die «Notitia Galliarum» entstand zwischen 390 und 413, Th. Mommsen, MGH AA 9, 553.

Notitia Galliarum als Oberhirte der zweiten Kirche der Belgica II das Recht, die Weihe des Erzbischofs von Reims vorzunehmen[36].

Wenn die Notitia eine «Belgica prima» von einer «secunda» schied, so hatte im Mittelalter auch dies Rangcharakter; «primates (sunt) qui primas sedes tenent», heißt es bei Pseudo-Isidor, d. h. Trier, Metropole der Belgica I, hatte den Primat über Reims[37]! Es ist nicht verwunderlich, daß Hincmar von Reims anderer Meinung war und sich diese durch das Papsttum bestätigen ließ.

Im Vordergrund antiken Denkens standen nicht Länder bzw. Provinzen, sondern «civitates», Städte mit ihrem Umland. Wenn manches davon bei Dichtern weiterlebte, etwa als «Romvergleich»[38] karolingischer und nachkarolingischer Zeit, so ist auch da etwas von dem Rangdenken deutlich. Nicht um ein «anderes», sondern um das «zweite» Rom handelte es sich seit der Mitte des 10. Jahrhunderts in den bekannten und berüchtigten Trierer Geschichtsquellen, und ein Jahrhundert später hat man sogar Münzen geprägt mit der Inschrift «Sanctus Petrus – secunda Roma»[39]. Das war Material für die Rangstreitigkeiten mit Reims, ebenso wie die um 1000 ausgebildete Trierer Gründungssage: Trebeta, Sohn des Ninus, habe die Stadt Trier erbaut, also ein Zeitgenosse Abrahams, während sich Reims erst auf Remus, den Bruder des Romulus, zurückführen konnte. Neben den heidnischen Altersvorrang trat der «apostolische» durch zwei Schüler des heiligen Petrus, wovon noch zu reden sein wird.

Wie sehr das Ansehen des Bischofs von dem seiner Stadt abhing, erfahren wir bei Hincmar von Reims: Bischöfe, so sagt er, dürfen nicht ihren Amtssitz in Burgen oder unansehnlichen Siedlungen haben, da dies zum Verfall der Bischofswürde führen würde; sie sollen nach einer «ehrbaren» Stadt (honorabilem urbem) tituliert werden[40]. Er gibt die Meinung der römischen Kirche wieder, während man auf weltlich-germanischer Seite solche Bedenken erst erlernen mußte.

Weltlichem Denken entsprach es, eine Rangordnung der Stämme herbeizuführen und dabei den eigenen womöglich zu oberst zu setzen. Letzteres war dabei das eigentlich Wichtige[41]. Bei Otto III. zeigt sich dagegen ein Anknüpfen an die, wie wir sagen würden, kulturelle Bedeutung der Reichsländer:

---

[36] Charles Pfister, Etudes sur le règne de Robert le Pieux (Paris 1885) 195.

[37] Horst Fuhrmann, Studien zur Geschichte mittelalterlicher Patriarchate II, Zeitschrift f. Rechtsgeschichte, Kanon. Abt. 40 (1954) 13, 23 f.

[38] Der Ausdruck u. a. bei Egon Boshof, Köln, Mainz, Trier. Die Auseinandersetzung um die Spitzenstellung des deutschen Episkopats in ottonisch-salischer Zeit. In: Jahrbuch des Kölnischen Geschichtsvereines 49 (1978) 29 ff.

[39] Boshof a. a. O. 32. Das Folgende a. a. O. 31.

[40] Opusculum LV capitulorum, Migne PL 126, 331 c. 15.

[41] Vgl. u. a. Fichtenau (oben 14 Anm. 18) 227 ff.

Bekannt sind die Miniaturen, auf denen dienende Frauengestalten hintereinander einherschreiten. Es sind Verkörperungen der Roma, Gallia, Germania und Sclavinia, oder die Italia tritt an die Stelle der Roma[42].

Gemeinsam war Geistlichen wie Weltlichen die hohe Bewertung alter Herkunft. Trier und Reims haben wir in diesem Zusammenhang bereits erwähnt. So wie Romulus der Begründer Roms war, erbaute der vertriebene Remus mit seinen Anhängern Reims, das damit zu einer Art Bruderstadt von Rom wurde[43]. Nach römischer Anschauung folgte der kirchliche Rang einer Stadt ihrem weltlichen, das Ansehen des Metropoliten von Reims sollte durch diese Geschichtsklitterung also demjenigen des apostolischen Stuhles angenähert werden[44]. Die Beziehungen zwischen den beiden Städten und ihren kirchlichen Oberhäuptern waren nach den Angaben Flodoards in seiner Reimser Kirchengeschichte ebenfalls «uralt»: «Es steht fest, daß das Volk von Reims (populus Remorum) mit jenem der Römer schon in ältester Zeit in fester Freundschaft verbunden war» – weil Caesar schrieb, der Stamm der «Remi» habe den Römern Treue und Freundschaft geschworen. Schon der Apostel Petrus habe für Reims einen Erzbischof, den heiligen Sixtus, ordiniert[45]. Einfacher war es, einem Erzbistum die Patina des Alters durch päpstliche Verfügung zukommen zu lassen, wie dies im Falle Magdeburg 967 bei Johann XIII. gelungen ist[46].

---

[42] Darüber vgl. zuletzt Helmut BEUMANN, Kaiser Otto III. In: Das Evangeliar Ottos III., Begleitband (1978) 145. «Gallia» meint den «lotharingischen» Teil des ottonischen Reiches, früher bezog sich das Wort auf den Westen des Karlsreiches. – Kurt RUPPERT, Das Herrscherbild der ottonischen Zeit (112. Bericht des Historischen Vereins Bamberg 1976) 22 versucht eine historische Abfolge an die Stelle des Rangprinzips zu setzen: Römerreich – Karolingerreich – Ottonisches Reich, und das slawische «Hoffnungsgebiet».

[43] Aline POENSGEN, Geschichtskonstruktionen des frühen Mittelalters zur Legitimierung kirchlicher Ansprüche in Metz, Reims und Trier (Diss. Marburg/L. 1971) 7 f.

[44] POENSGEN a. a. O.

[45] Flodoard, Historia Remensis ecclesiae I c. 2 f., MGH SS 13, 413 f.; jetzt auch (als anastatischer Neudruck der Edition Reims 1854) in: Revue du Moyen Age latin 37 (1981) bis 40 (1984).

[46] «Concessimus, ut non posterior sit cęteris urbibus metropolitanis, sed cum primis prima et cum antiquis antiqua inconvulsa permaneat.» Urkundenbuch des Erzstifts Magdeburg 1 (ed. Fr. ISRAEL u. W. MÖLLENBERG, 1937) 73 f. Nr. 52. JAFFÉ-LÖWENFELD Reg. Pont. 3715, Harald ZIMMERMANN, Papstregesten 911-1024 (J. F. BÖHMER, Regesta Imperii II/5, 1969) 418. Vgl. Horst FUHRMANN, Einfluß und Verbreitung der pseudoisidorischen Fälschungen 2 (Schriften d. MGH 24/2, 1973) 395 und ders., Deutsches Archiv 22 (1966) 168 f.; Helmut BEUMANN, Die Bedeutung Lotharingiens für die ottonische Missionspolitik im Osten. In: Wissenschaft vom Mittelalter (1972) 407. Nach Pseudoisidor sollte die «primatiale» Stellung jenen Metropolitansitzen

Vom Vorrang einer Stadt und ihres Bischofs innerhalb der betreffenden Provinz ging der Weg weiter zur Oberaufsicht über ein «Land». Eine derart erweiterte Stellung kam in der Würde des Metropoliten zum Ausdruck und führte daneben zu einem eigenen, aus dem Vorrang abgeleiteten Titel, jenem des «Primas» (Galliens, Germaniens oder eines anderen Landes). Pseudo-Isidor hatte ihn zu der Stellung eines Über-Metropoliten aufwerten wollen, während im 10. Jahrhundert «kaum mehr als ein Vorrang auf Synoden» von diesem Programm übriggeblieben ist[47]. Auch daraus ließen sich politisch bedeutsame Rechte ableiten. Im Falle von Trier – das ja, wie wir gehört haben, über der Metropole Reims stehen sollte[48] – wurde daraus der Vorsitz auf «gallischen» und «germanischen» Synoden, wenigstens solange kein päpstlicher Legat zur Stelle war[49]. Wenn der Erzbischof dort «als Zweiter nach dem Kaiser oder König» seinen Sitz einnahm, förderte dies das Ansehen sehr; noch wichtiger war der Vorsitz, also die Leitung und Steuerung des Ablaufs der Synode, sowie das Recht, als erster seine Rechtsmeinung darzulegen (primatus sententiam edicendi) und die Synodalbeschlüsse zu verkünden[50].

Indirekt mit dem Primat verbunden war das natürliche Recht des höchsten und ersten geistlichen Würdenträgers in jedem der Reiche, den König zu weihen. Der bekannte Streit der rheinischen Erzbischöfe im Jahre 936 um das Krönungsrecht[51] steht anscheinend zeitlich vor möglichen Versuchen[52], in Rom

---

vorbehalten bleiben, die als Städte schon in heidnischer Zeit eine solche Stellung besessen hatten. FUHRMANN (oben Anm. 37) 23.

47 Horst FUHRMANN, Studien zur Geschichte mittelalterlicher Patriarchate III, Zeitschrift f. Rechtsgesch. Kanon. Abt. 41 (1955) 106 Anm. 37. Zu Pseudo-Isidor vgl. a. a. O. 171 ff. und FLICHE (unten Anm. 53) 329.

48 Oben 19; EWIG, Kaiserl. u. apostol. Tradition (unten Anm. 74) 75 ff.

49 Johann XIII. 969; JAFFÉ-LÖWENFELD Reg. 3736, BÖHMER-ZIMMERMANN Reg. 456. FUHRMANN, Studien (oben Anm. 47) 107. Egon BOSHOF, Das Erzstift Trier und seine Stellung zu Königtum u. Papsttum im ausgehenden 10. Jh. (Studien u. Vorarbeiten zur Germania Pontificia 4, 1972) 49 ff. Vgl. die nächste Anmerkung.

50 Das Privileg Johanns XIII. für Magdeburg von 968, eine Fälschung (aus der Zeit Ottos III.?), J.-L. Reg. † 3729, B.-Z. Reg. † 451, führt das noch weiter aus: «te tuosque successores ... in sedendo, in iudicando, in confirmando, in subscribendo, in sententiis dandis omnique ęcclesiastico ordine primatum habere volumus.» Zu dem Privileg Johanns XIII. für Trier vgl. unten 31.

51 Widukind von Corvey II c. 1 ed. P. HIRSCH-H. E. LOHMANN, MGH SS rerum Germanicarum (5. Aufl. 1935) 65 f. Vgl. zuletzt BOSHOF, Erzstift Trier 21 f.

52 Beumann nimmt ein verlorenes Privileg Johanns XII. von 962 für Erzbischof Wilhelm von Mainz an, das diesem den Primat zusammen mit dem Krönungsrecht zusprach. BEUMANN (oben Anm. 46) 402. Michael F. LA PLANTE, A deperditum for

den Primat bestätigt zu erhalten. Offen liegt der Zusammenhang, bei besserer Quellenlage, dagegen im Westfrankenreich zutage, wo schon im 9. Jahrhundert Reims und Sens um den Primat stritten und Silvester II. dann Reims das Krönungsrecht zusprach, zusammen mit dem Primat[53].

Wie man sich angesichts der konkurrierenden Ansprüche in Rom aus der Affäre zog, mutet seltsam an: Kirchenfürsten erhielten so große Rechte, daß die Forschung Mühe hat, zu zeigen, inwieweit diese Vorrechte einander nicht ausschlossen[54]. So erhielt z. B. Erzbischof Dietrich von Trier durch Benedikt VII. am 18. Januar 975 die Bestätigung des Primats seiner Kirche, und im März desselben Jahres bestätigte der Papst dem mächtigen Willigis von Mainz dieselbe Würde, zusammen mit dem Krönungsrecht[55]. Man muß einen «Kurswechsel» des Papstes annehmen, wenn man diese beiden Tatsachen miteinander vereinen will[56]. Und im Jahre 981 bewilligte derselbe Benedikt VII. dem Erzbischof Giselher von Magdeburg, er solle «in der Ordnung des Stehens und Sitzens und bei allen Beratungen über kirchliche Angelegenheiten» den Erzbischöfen von Mainz, Trier und Köln «in allem gleich» (aequalis) sein[57]. Wohl mit Recht hat man gesagt, daß hier «implizit sämtliche Primate aufgehoben» wurden[58].

Vielleicht hätte es eines Papstes nach der Art Gregors VII. bedurft, um jenseits der Alpen eine strenge kirchliche Ordnung ins Werk zu setzen. Die unsichere Reaktion auf Probleme der Rangordnung hatte aber auch allgemeine, in der Epoche liegende Gründe. Man hatte wenig Sinn für Fragen der Kanonistik, und es war eine Übergangszeit zwischen der früheren, vorwiegend episkopal orientierten, und der primatialen späteren Kirchlichkeit. Dazu kam im Reich das Schwanken zwischen monarchischer und oligarchischer Gestalt der Herrschaft, zusammen mit personellen Verstrickungen. Der Mainzer Standpunkt wurde durch die Nähe zum Königtum unterstrichen, andererseits konnten die Päpste nicht einfach über die «historische» Begründung der Trierer Ansprüche hinwegsehen. Magdeburg zu fördern, war der Lieblingswunsch Ottos I.

Mainz in 962?, Archiv f. Diplomatik 25 (1979, ersch. 1982) 21 ff. bezweifelt die Möglichkeit eines solchen Deperditums.

53 Zusammengefaßt bei Percy E. Schramm, Der König von Frankreich 1 (1939) 114 f. Augustin Fliche, La primatie des Gaules depuis l'époque carolingienne jusqu'à la fin de la querelle des investitures. Revue Historique 173 (1934) 329 ff.

54 Vgl. etwa Fuhrmann, Studien 3, 106 Anm. 37; Beumann a. a. O. 397.

55 J.-L. Reg. 3783, B.-Z. Reg. 538 (sedendi ... primatum); J.-L. Reg. 3784, B.-Z. Reg. 542 (in ... synodo habenda ceteris omnibus ... praemineas).

56 Beumann a. a. O. 406.

57 A. a. O. 407. J.-L. 3808, B.-Z. Reg. 600. Vgl. auch oben 20 Anm. 46.

58 Beumann a. a. O. 407, vgl. aber Ewig (unten Anm. 74) 81.

Schließlich ist es zu einer Art von Neutralisierung des Primats gekommen, die ihn entwertete. Bei Burchard von Worms wird nichts von diesen Rechten gemeldet; im elften Jahrhundert haben dann Magdeburg, Trier, Mainz und auch Salzburg das gemeinsame rituelle Vorrecht erhalten, daß dem Erzbischof ein Kreuz vorangetragen werden sollte[59], was an ein Begräbnis der ganzen Sache erinnert.

Für Italien übte natürlich der Papst als Bischof von Rom den Primat aus, und so konnte es dort nur um den ehrenvollen zweiten Platz auf den Synoden gehen. War der Kaiser zur Stelle, saß er zur Rechten des Papstes; blieb er der Versammlung fern, lebte die alte Streitfrage wieder auf, ob dieser Platz dem Erzbischof von Mailand, jenem von Ravenna oder aber dem Patriarchen von Aquileja zustehe[60]. In Arles, wo man den Primat für Gallien als altes Privileg ansah, das zu Unrecht vergessen wurde, behauptete man, den zweiten Platz hinter dem Oberhaupt der römischen Kirche innezuhaben[61]. Der Weg dazu war freilich schon längst versperrt: Erzbischof Ansegis von Sens war 876 durch Johann VIII. zum päpstlichen Vikar und Primas in Gallien «und Germanien» erhoben worden[62]. Das Vikariat (in Gallien) wurde für Sens wohl 986 erneuert[63], als Reims aus dem Feld geschlagen schien. Der päpstliche Vikar hatte den ersten Platz auf Synoden inne und galt als Zwischeninstanz bei Appellationen an den Papst[64]. Vikariat und Primat waren insofern nahe miteinander verwandt, als mit beiden der Vorrang auf kirchlichen Versammlungen eines Landes verbunden war. Im Jahre 937, nach dem Streit der rheinischen Erzbischöfe um das Krönungsrecht, wurde Friedrich von Mainz zum päpstlichen Vikar für «Germanien» ernannt[65].

Was bisher geschildert wurde, entspricht dem Ordnungsdenken des alten Römerreiches und der aus ihm erwachsenden römischen Kirche. Daneben, und ursprünglich nicht im Sinn einer Konkurrenz dazu steht der Versuch, die kirchliche Organisation aus rein christlichen, aus dem Neuen Testament und der Apostelgeschichte abgeleiteten Kategorien zu begreifen. Die Weisung Christi

---

59 Albert Michael KOENIGER, Burchard I. von Worms u. die deutsche Kirche seiner Zeit (Veröff. d. kirchenhistor. Seminars München, 2. R. Nr. 6, 1905) 84.

60 Noch in einem Bericht über die römische Synode von 1047, J.-L. Reg. 4141, wird der Streit um den Stuhl zur Rechten des Papstes Clemens II. geschildert und eine Regelung (zugunsten Ravennas) getroffen. MIGNE PL 142, 581 f.

61 In der Fälschung auf den Namen Johanns XIII., J.-L. Reg. † 3743, B.-Z. Reg. † 465, MIGNE PL 135, 998 ff. Nr. 33. Vgl. auch unten 518 mit Anm. 68.

62 J.-E. Reg. 3032, MGH Epistolae VII, 315 f.

63 B.-Z. Reg. 654 (nach einer Erwähnung bei Gerbert von Aurillac usw.).

64 BOSHOF (oben Anm. 38) 20.

65 Leo VII., J.-L. Reg. 3613, B.-Z. Reg. 137.

an die Apostel zur Mission aller Völker und schon vorher die Aussendung der Jünger regte zu dem Gedanken an, daß – dank der hohen Bedeutung der Sache – dabei keineswegs der Zufall gewaltet haben könne: Man mußte nach einem Plan, der von Gott gewollt war, die Weltmission begonnen und weitergeführt haben. Die Apostel missionierten nicht in unorganisierter Weise (confuse), sondern jeder ging gemäß der Anweisung des heiligen Geistes hinaus, um ein Volk oder mehrere zu lehren[66]. Wie das im einzelnen geschah, darüber gibt es griechische, syrische und lateinische Quellen[67]. Ein Text vom Beginn des 10. Jahrhunderts[68] berichtet, in welcher Weise die Mission «aller» Völker der Erde aufgeteilt wurde: Andreas zog nach Achaia, die Apostel Thomas und Bartholomäus betreuten Indien, Matthäus missionierte in Äthiopien, Simon und Judas gingen ins Perserreich, Johannes nach «Asien» (Asia minor), Petrus und Paulus nach Rom, Philippus nach Illyrien, während Jakobus d. Ä. und d. J. in Samaria und Judäa blieben.

Es war klar, daß die bedeutendsten Kirchen – etwa die alten Patriarchate – von Aposteln begründet sein mußten. Auch unter diesen gab es, so hören wir, Rangunterschiede. Sie einigten sich deshalb darüber, wer von ihnen der Erste sein solle[69]. Diesen recht «episkopalistisch» klingenden Satz finden wir in der Kanonessammlung des Bischofs Burchard von Worms, während anderswo der päpstliche «principatus» aus der Schlüsselgewalt Petri abgeleitet wurde[70]. Was Konstantinopel betrifft, so war es schwierig, für diese gegenüber Rom weitaus jüngere Kirche einen mit der Ewigen Stadt gleichwertigen Rang zu konstruieren. Man verwendete dazu den Apostel Andreas, dessen Position aufgewertet wurde und den man zum Gründer des Bistums erhob: Im Evangelium erscheint

---

66 Remigius von Auxerre (?), Tractatus de dedicatione ecclesiae, Migne PL 131, 845.

67 Die komplizierte Quellenlage zeigt (für die Reisen des Apostels Andreas) Richard A. Lipsius, Die apokryphen Apostelgeschichten und Apostellegenden 1 (1883) 608 ff. Als ein Beispiel solcher «Ordnungen» der Mission sei erwähnt: «Breviarium apostolorum ex nomine vel locis, ubi praedicaverunt, orti vel obiti (!) sunt», dessen Handschriften in das 9. Jahrhundert zurückreichen. Edition bei Theodor Schermann, Prophetarum vitae fabulosae ... (Bibliotheca Teubneriana, 1907) 207 ff.

68 Abbo von St.-Germain des Prés, Sermo V, Migne PL 132, 772 f.

69 «Beati etiam apostoli inter se statuerunt, ut episcopi singularum scirent gentium, quis inter eos primus esset ... Nam et inter beatos apostolos quaedam fuit discretio.» Sie bestimmen, daß Petrus «principatum teneret apostolatus»; Pseudo-Anaclet bei Burchard von Worms, Decretum I, 159; Migne PL 140, 595 und Max Kerner, Studien zum Dekret des Bischofs Burchard von Worms (Aachener Diss., Mainz 1970) 54 f., mit Verweis auf die sog. Canones Apostolorum (um 400) c. 35.

70 Abbo von Fleury-sur-Loire an die Mönche von St.-Martin in Tours, Migne PL 139, 423 ep. 5.

Andreas als der Erste, den Christus einlud, sein Jünger zu werden; Andreas war es, der seinen Bruder Petrus Christus zuführte, er hatte also die Anciennität und damit den höheren Rang voraus[71].

Derartige Kunststücke der Bibelforschung konnten natürlich nur in wenigen Fällen die kirchenpolitischen Interessen stützen. So arbeitete man mit dem Begriff der «Apostelschüler», oder man erweiterte den Apostelbegriff auf die Jünger Christi, die dann wieder eine große Zahl zumeist legendärer Schüler hatten. Schlimmstenfalls konnte man behaupten, wie es in Le Mans geschehen ist, der heilige Begründer des Bistums habe zwar erst in nachapostolischer Zeit gelebt, sei aber ähnlich wie Paulus von Gott zum Apostel gemacht worden[72].

Als es um die Königserhebung Ottos des Großen ging, führte der Erzbischof von Trier als Argument für den Vorrang seiner Kirche ins Treffen, sie sei sozusagen vom heiligen Petrus begründet[73]. Er bezog sich damit auf die Trierer Legende von der Aussendung dreier Schüler dieses Heiligen, der sie mit seinem Stab investiert und so die Apostolizität des Bistums legitimiert haben soll[74]. Zahlreich sind die Legenden, mit denen gallischen Bistümern eine ähnliche altehrwürdige «Abstammung» bescheinigt wurde[75]. Erfunden oder doch ausgebaut hat man sie, um damit den Rang der betreffenden Kirche zu erweisen. So schreibt etwa Flodoard[76], der Erste der Apostel, Petrus, habe der Stadt Reims als ersten Bischof den heiligen Sixtus gesandt und ihr damit den Primat von ganz Gallien gegeben[77]. Nicht nur in Sens hat man anders gedacht; nach Rodulfus Glaber[78] ist seit alten Zeiten Lyon die Trägerin des wahren Lichtes (des Glaubens) im größten Teil Galliens, weil dorthin die

---

71 Francis DVORNIK, The Idea of Apostolicity in Byzantium and the Legend of the Apostle Andrew (Cambridge Mass. 1958) 3.

72 Klaus SCHREINER, Discrimen veri ac falsi. Archiv f. Kulturgesch. 48 (1966) 28 f.

73 Siehe oben Anm. 51. Es hieß, daß Trier «antiquior sedes esset et tamquam a beato Petro apostolo fundata».

74 Aus der reichen Literatur sei besonders genannt Eugen EWIG, Kaiserliche und apostolische Tradition im mittelalterlichen Trier. In: EWIG, Spätantikes und fränkisches Gallien 2 (Beihefte d. Francia 3/2, 1979) 67 ff.

75 Eine (unvollständige) Aufzählung findet sich u. a. bei Adso von Montierender, Vita s. Mansueti I c. 3, MIGNE PL 137, 623. Schrifttum u. a. bei POENSGEN (oben Anm. 43) 26 f.

76 Flodoard (oben Anm. 45) IV c. 1, MGH SS 13, 556, der hier einen Brief des Erzbischofs Fulco von Reims im Auszug wiedergibt.

77 Im Gegensatz dazu sandte nach Adso (oben Anm. 75) der heilige Petrus den Sinicius nach Reims.

78 Raoul Glaber, Histoires ed. M. PROU (Collection de textes ... Paris 1886) 131 § 21 (V c. 4).

ersten Glaubensboten durch den heiligen Polycarp entsandt wurden, einen Schüler des Apostels Johannes. In Aquitanien blühten derartige Legenden in der zweiten Hälfte des 10. Jahrhunderts besonders zahlreich: Ausgehend von der Fabel, Petrus habe dem heiligen Fronto seinen Stock zur Begründung der Kirche von Périgueux mitgegeben und ihn zum Bischof seines Heimatlandes gemacht, wurden mehrere Heilige Aquitaniens zu Sendboten Petri gestempelt[79]. Nur auf einen von ihnen soll hier näher eingegangen werden.

Zuerst bei Gregor von Tours taucht der Name eines gewissen Martialis auf, der in Limoges Missionar und Bischof gewesen sei[80]. Er wurde im 9. Jahrhundert zu einem Heiligen stilisiert und vom dritten Jahrhundert in das erste zurückversetzt, als angeblicher Beauftragter des heiligen Petrus für Limoges. An chronologischen Unstimmigkeiten pflegte man sich nur dann zu stoßen, wenn die Wahrung eigener Interessen zur Kritik anregte[81]. Im zehnten Jahrhundert wurde das Grab Martials zu einem angesehenen Wallfahrtsort, sein Kloster gewann Reichtum und Ansehen[82]. Es sollte noch gesteigert werden durch eine (zweite) Lebensbeschreibung[83], von einem angeblichen Zeitgenossen «Aurelian»: Martial war hier ein Freund des heiligen Petrus, der diesem nach

---

79 Joseph-Claude Poulin, L'Idéal de Sainteté dans l'Aquitaine carolingienne d'après les Sources hagiographiques (Québec 1975) 9 f.

80 Historia Francorum I c. 30, MGH SS rerum Merovingicarum 1, 48. Auch zum Folgenden vgl. Daniel Callahan, The Sermons of Adémar of Chabannes ... Revue bénédictine 86 (1976) 252 ff. sowie Henri Leclercq, Artikel «Limoges» im Dictionnaire d'archéologie chrétienne et de liturgie 9/1 (Paris 1930) 1109-1120, 1130-1155.

81 Oskar Hirzel, Abt Heriger von Lobbes 990-1007 (Beiträge zur Kulturgesch. des Mittelalters u. d. Renaissance 8, 1910) 35 machte auf die «historischen» Klarstellungen dieses Abtes aufmerksam: Judas Quiriacus lebte über 300 Jahre nach dem Todes des heiligen Stephanus und war darum nicht dessen Großneffe; der hl. Servatius konnte 400 Jahre nach Christus kaum mit Maria verwandt sein; der Trierer «Apostelschüler» Maternus hat an der Synode von Arles (316) unter Papst Silvester I. teilgenommen, kann also nicht fast 300 Jahre alt geworden sein. Heriger, Gesta episcoporum Leodiensium c. 20, MGH SS 7, 172. Über die Trierer Legende vgl. Herigers Brief bei Migne PL 139, 1134 f. Mit Trier indirekt verbunden (über Helena) ist Judas Cyriacus; Servatius ist der Heilige von Maastricht (dem Nachbarbistum).

82 Ein Gegner der Verehrung Martials als Apostel sagte, sie sei von Abt und Mönchen des Klosters erfunden worden «causa pecuniae, qua abundant, et causa elationis ac superbiae». Ademar von Chabannes, Epistola de apostolatu s. Martialis, Migne PL 141, 91.

83 Nicht von Ademar von Chabannes, obwohl man ihm vorwarf, den Kult erfunden zu haben; die Vita II dürfte eine Generation vor seiner Geburt schon um 955 entstanden sein, Leclercq a. a. O. 1139 f.

Rom folgte und Gallien von Limoges aus missionierte. Damit war er fast schon ein Apostel; der weiteren Entwicklung kam auch zugute, daß seit dem 9. Jahrhundert Missionäre ganzer Länder immer häufiger als Apostel bezeichnet wurden[84].

Im Jahre 1029 wurde auf einer Synode das Aposteltum Martials feierlich bestätigt[85], freilich gegen den Willen der zuständigen Bischöfe und unter Druck durch den Herzog Wilhelm von Aquitanien. Es war für die Angelegenheit günstig, daß Wilhelm seine Herrschaft durch eine Art «Landesheiligtum» festigen wollte, und außerdem hatte Martial schon am Beginn der Gottesfriedensbewegung eine Rolle gespielt. Im Jahre 994 war der Heilige gleichsam Zeuge und Bürge für die Beschlüsse einer Synode von Limoges. Dort wurden seine Reliquien feierlich ausgestellt und von einer Menge von Großen besichtigt, die «aus ganz Aquitanien» herbeigeeilt waren, «zusammen mit Bischöfen und einer unendlich großen Volksmenge»[86]. Leiter der Propaganda für die Rangerhöhung Martials war Ademar von Chabannes, von dem seine Gegner behaupteten, er habe für diese Tätigkeit von den Mönchen Geld erhalten[87]. Es war ein zäher Kampf, und erst im Jahre 1031 wurden alle Gegner des Apostelkandidaten zum Schweigen gebracht.

Die Argumente, die von beiden Seiten in der Diskussion gebraucht wurden, sind charakteristisch für diese Art kirchenpolitisch-historischen Rangdenkens. Martial wurde aus der Reihe der Apostelschüler herausgenommen und zum Schüler Christi (und Mitschüler Petri) gestempelt. So wie Petrus zu den «Italikern», Andreas nach Griechenland delegiert wurde, war es auch mit Martial und Gallien[88]. Erst nach ihm kamen die Heiligen Martin und Hilarius; Martial bekehrte die Aquitanier, er gründete die Kirchen von Tours, Poitiers, Clermont und sogar – durch seinen Abgesandten Dionysius – Paris[89]. Apostel sind die 72 von Christus ausgesandten Jünger, zu denen auch Martial gehört;

---

[84] Hans Ulrich RUDOLF, Apostoli gentium (Göppinger Akademische Beiträge 42, 1971) 64 ff. – In der großen Bibel des Martialklosters aus der zweiten Hälfte des 10. Jahrhunderts findet sich ein ganzes Blatt mit Verwünschungsformeln gegen Feinde der Abtei, ein Zeichen der kämpferischen Gesinnung, die dort herrschte. Lester K. LITTLE, La morphologie des malédictions monastiques. Annales ESC 34 (1979) 43 f.

[85] LECLERCQ a. a. O. 1142.

[86] Darüber zuletzt Hartmut HOFFMANN, Gottesfriede und Treuga Dei (Schriften d. MGH 20, 1964) 27 f., 217. Ademar, Sermo 36, ebenda 258.

[87] Ademar, Epistola de apostolatu (1028) a. a. O. 92.

[88] Ademar, Epistola de apostolatu a. a. O. 90, 94 f., 110 f.

[89] A. a. O. 99.

Apostel sind ferner alle, die als Erste in einem Land predigten, so wie Martial[90].

Die Aufnahme in die Gruppe der Apostel genügte nicht; es bedurfte noch der Festsetzung eines Ranges in ihr, der «Binnengliederung». Der Ort dafür war die liturgische Nennung in den Heiligenlitaneien[91]. In Limoges rezitierte man den Namen Martials an vierzehnter Stelle (hinter Matthias oder Paulus, jedenfalls vor Markus und Lukas). Das führte zu der Protestdemonstration eines Gegners: Er rief den Namen Martial an rangminderer Stelle der Litanei aus[92].

Die Gegner des angeblichen Apostels hatten es schwer, da der Herzog auf der anderen Seite stand und in einer Rede auf der Synode von 1031 den Heiligen als «Patron der Aquitanier» feierte[93]. Man wandte sich gegen die Erweiterung des Apostelbegriffes und den Unsinn des Versuches, alle 72 Jünger als Apostel und ihre Begräbnisstätten als Apostelsitze zu deklarieren. Für das Bistum Limoges und seinen Patron, den Ersten der Märtyrer Stephanus, ergebe sich eine Rangminderung; ja auch der heilige Petrus werde durch die Neubewertung Martials herabgesetzt[94].

Die Konsequenzen der Rangerhöhung Martials waren nicht unbedeutend. Schon bisher hatte er eine arge Konkurrenz des Bistumsheiligen Stephan bedeutet. Nun, im Jahre 1031, ging es um einzelne praktische Folgen der allgemeinen Anziehungskraft des Heiligen: kirchliche Handlungen wie Taufen, weltliche wie Freilassungen von Knechten, die das Martialkloster mehr und mehr an sich gezogen hatte. Die «Stätte des Apostels» begann den Dom und

---

90 A. a. O. 98 f.

91 Ademar, Commemoratio abbatum Lemovicensium, MIGNE PL 141, 84. Ders., Ep. de apostolatu a. a. O. 109.

92 «audiens nos in litaniis nomen Martialis in choro apostolorum canere . . . deinceps quartum in ordine confessorum elata voce proferret, qui quartum decimum (quartus decimus?) in ordine apostolorum pronuntiatum (pronuntiatus?) fuerat.» A. a. O.

93 Joannes D. MANSI, Sacrorum conciliorum . . . collectio 19 (Reprint 1960) 521.

94 Schreiben des Bischofs Jordan von Limoges an Papst Benedikt VIII. (1024 Frühjahr), B.-Z. Reg. 1274, MIGNE PL 141, 1159 f. nach MANSI, Conc. 19, 392 ff. Die erbetene Rückantwort traf wohl wegen des Todes Benedikts nicht ein. Nach dem ersten Sieg der «apostolischen» Partei gab ihr Johann XIX. recht, «cum . . . apostoli nomen non sit numeri, sed suffragii»: «(Martialem) apostolum nominari posse definimus.» J.-L. Reg. 4092 (1031), MANSI a. a. O. 418, MIGNE a. a. O. 1150. Die Echtheit des Schreibens wurde u. a. durch H. LECLERCQ bezweifelt, LECLERCQ a. a. O. 1148. Man beachte aber die recht vorsichtige Formulierung, die gewiß nicht ganz den Wünschen Ademars – er soll der Fälscher sein – entsprochen hat. Die Verehrung Martials als Apostel beschränkt sich bis heute auf die Diözese Limoges.

seine Kanoniker aus dem Denken der Bevölkerung zu verdrängen. Schließlich einigte man sich darauf, daß die Großen des Limousin weiterhin ihre Söhne zur Taufe in den Dom bringen sollten; den übrigen Täuflingen dienten die anderen Kirchen, die größte Zahl von Taufhandlungen sollte aber in St.-Martial stattfinden[95].

Eine weitere Folge der Martialverehrung hätte sein können, daß sich sein Kloster, als «die erste Kirche Galliens», an die Spitze eines klösterlichen Verbandes setzte. Dies ist unterblieben[96], wohl auch deswegen, weil etwa um die gleiche Zeit bereits Cluny und sein «König»[97], der Abt Odilo, zur Stelle war. Außerdem gab es Fleury, mit seiner großen Ausstrahlungskraft. Nach Gerbert von Aurillac hatte es den Ehrenplatz unter den Klöstern Galliens inne, «wegen der Verehrung des Vaters Benedikt» und als Ort seiner Reliquien[98].

Das führt hinüber zur Frage des Abtprimates in Gallien, der in Gerberts Zeit dem Kloster Fleury bestätigt wurde. Hier herrschten keine klaren Verhältnisse. Nikolaus II. bestätigte dem Abt von Montecassino, daß er – vielleicht sogar für die Gesamtkirche – den obersten Platz unter den Äbten einnehmen und als Erster seine Rechtsmeinung (sententia) kundgeben solle[99]. Alexander II. verbriefte darauf Fleury, daß sein Abt «der erste der Äbte Galliens» sei[100]. Schon Gregor V. hatte 996 den Primat der gallischen Äbte Fleury zugesprochen[101]. Die Urkunde ist echt[102]; sie spricht von einem «ordo»

---

95 Mansi a. a. O. 543.

96 Ein lombardischer Abt sagte über die Mönche des Martialklosters «ipsos esse vitiosos, superbos, aestimantes se solos admirabiles et omnibus congregationibus monachorum superiores quasi reges». Ademar, Epistola de apostolatu, Migne PL 141, 91. Die Worte fielen in einer Versammlung von Mönchen aus Angoulême und Brantôme, an der auch Weltgeistliche aus Limoges (oder dem Limousin) teilnahmen, a. a. O.

97 Adalbero, Carmen ad Rotbertum ed. Carozzi 8 v. 114: «rex Oydelo Cluniacensis.»

98 Die Briefsammlung Gerberts von Reims bearb. v. F. Weigle (MGH Die Briefe d. deutschen Kaiserzeit 2, 1966) 99 Nr. 69 (986).

99 J.-L. Reg. 4397, Migne PL 143, 1306 Nr. 3.

100 J.-L. Reg. 4708, Migne PL 146, 1375; echt nach Hans Hirsch, Untersuchungen zur Geschichte des päpstlichen Schutzes, Mitteilungen des Instituts f. österr. Geschichtsforschung 54 (1942) 431.

101 Druck: Johannes Ramackers, Papsturkunden in Frankreich, N. F. 6: Orléanais (Abhandlungen d. Akademie d. Wiss. Göttingen, philol.-hist. Kl. 3. F. 41, 1958) 49 ff. Nr. 2. B.-Z. Reg. 777.

102 Ramackers a. a. O. 47 ff., dort auch über die den Primat enthaltende Fälschung auf den Namen Gregors IV. (829), J.-E. Reg. † 2570 (wohl kurz vor 1072 entstanden).

der Weltgeistlichen, der keine Rechte im Kloster haben solle. Das verweist auf den Abt Abbo, der damals in Rom die Privilegierung erwirkte; er war es ja, der drei «ordines» von Laien, Weltgeistlichen und Mönchen unterschied[103]. Hohe Weltgeistliche versuchten im Jahre 1007, das Privileg Gregors V. für Fleury zu verbrennen[104]. Wenn ein Erzbischof von Sens und ein Bischof von Orléans so handelten, wußten sie, daß es um weit mehr ging als um eine Frage des Protokolls.

Zu wirklicher Klarheit ist man bei alledem nicht gelangt. So erzählte man z. B. in Sens, der dortige Erzbischof Seguin habe den Abtprimat der Erzdiözese von Sens dem Abt des Klosters St.-Pierre-le-Vif in Sens zugesprochen[105]. Das war im Sinne eines Aufsichtsrechtes des Episkopats über das Mönchtum gedacht; dieses konnte anderseits, wenn die Praxis es erforderte, aus seiner Mitte einen Ranghöchsten bestimmen, wie dies z. B. eine Versammlung der Äbte der Erzdiözese Reims getan hat[106]. Im wesentlichen waren es jedenfalls Päpste, die über den «theoretischen» Abtprimat Aussagen machten.

In Deutschland war dabei allzumeist von Fulda die Rede, im Sinne der Bonifatius-Tradition; auf sie berief man sich auch in Mainz, um den Titel eines päpstlichen Vikars für den Erzbischof zu erlangen. Im Jahre 969 verlieh Johann XIII. dem Abt von Fulda das Recht des «ersten Sitzes» (primatus sedendi), als hoher Würdenträger (archimandrita) sollte er angesehen und um Rat gefragt werden[107]. Das hatte für Versammlungen in «Gallien» und «Germanien» zu gelten, also im linksrheinischen wie im rechtsrheinischen Teil des

---

103 Oben Anm. 8.

104 B.-Z. Reg. 1026.

105 Odorannus de Sens, Opera omnia ed. R.-H. Bautier u. M. Gilles (Sources d'histoire médiévale 4, Paris 1972) 98: «Decrevit etiam ut abba eiusdem monasterii in conventu abbatum vel clericorum (= Weltgeistliche) post episcopum primus sedeat et inter ceteros eiusdem episcopatus abbates primatum teneat.» Zur Datierung vgl. B.-Z. Reg. † 573.

106 Richer, Histoire de France ed. R. Latouche 2 (2. Aufl. 1964) 40 (III, 32): «... primas constitutus est ... Quo praesidente et praelaturae dignitatem tenente, alii circum dispositi sunt», d. h. sie bildeten einen Kreis um ihn. Vgl. Konrad Lübeck, Der Primat der Fuldaer Äbte im Mittelalter. Zeitschrift f. Rechtsgesch., Kanon. Abt. 33 (1944) 284 Anm. 33. Auch auf einer Bischofssynode, bei jener schon erwähnten in Limoges 1031, «fuerunt ... dispositae in modum coronae sedes episcoporum», Mansi 19, 508. Siehe auch unten 32.

107 J.-L. Reg. 3739, B.-Z. Reg. 462. Aus der Literatur sei zitiert: Lübeck (siehe die vorige Anm.) und Rudolf, Apostoli gentium (oben Anm. 84) 161 ff. Beumann (oben Anm. 46) 405 erwägt die Möglichkeit eines verlorenen Privilegs für Fulda von 962.

Ottonenreiches. Als Silvester II. 999 das Vorrecht bestätigte, sprach er nur von der «Germania». Man kann daran denken, daß für den Aquitanier Gerbert der Begriff «Gallia» einen viel weiteren Sinn haben mußte[108]. Daß er die Sache für wichtig genug hielt, um sich selbst mit ihr zu beschäftigen, wird auch sonst deutlich: Silvester folgte nicht dem Formular seiner Vorgänger Johann XIII. und Johann XV.[109], sondern wir finden hier eine neue, wohlüberlegte Formulierung.

Der «erste Sitz» mußte nicht der Vorsitz auf Äbtesynoden sein, von denen für Deutschland Nachrichten fehlen[110]. «Wo immer die Äbte zusammenkommen», heißt es bei Johann XIII., und hier wird man auch und vor allem an Synoden des deutschen Hochklerus, Bischöfe und Äbte, denken[111]. Der «primatus sedendi» konnte hier für die Kurie der Äbte gelten. Wahrscheinlich hielt er seiner Bedeutung nach die Mitte zwischen einem «ziemlich farb- und kraftlosen Ehrenvorrang» und dem, was angeblich Silvester II. durch die Einfügung zweier Worte («sive iudicandi») aus ihm machte, eine Jurisdiktionsgewalt über andere Klöster[112]. Bestenfalls mochte es sich um eine Schiedsgerichtsbarkeit handeln, eher jedoch um einen Nachhall dessen, was auf der bischöflichen Seite für wichtig gehalten wurde. Johann XIII. interpretierte 969 den «primatus sedendi» des Erzstiftes Trier[113]: der Erzbischof sollte auf kirchlichen Versammlungen als erster seine Sentenz kundtun. Aus einer Frage des Protokolls wurde damit ein nicht unbedeutender politischer Anspruch. Wenn der Erzbischof von Trier oder, für die versammelten Äbte, der Abt von Fulda seine Rechtsmeinung verkündet hatte, war es für die weiteren Redner schwieriger, einen konträren Standpunkt zu vertreten. Mit Recht hat man in der Angelegenheit des Fuldaer Primats einen Widerhall des Kampfes der rheinischen Erzbischöfe um den Primat in «Gallien» und Germanien gesehen[114]. «Oberhaupt

---

[108] J.-L. Reg. 3907, B.-Z. Reg. † 896: «Inter omnia Germaniae cenobia primum ordinem sedendi sive iudicandi et concilium habendi tibi tuisque successoribus attribuimus.» Die Verunechtung betrifft nicht diesen Passus.

[109] J.-L. Reg. 3853, B.-Z. Reg. 723.

[110] «Der Fall ist niemals praktisch geworden», Beumann a. a. O. 404. Vgl. Fuhrmann, Studien (oben Anm. 47) 106 Anm. 37.

[111] Wo es sich nicht um reine Bischofssynoden handelte, wurde die Teilnahme der Äbte leider nur kurz vermerkt, während die Bischöfe einzeln aufgezählt werden. So in Erfurt 932, Ingelheim 948 usw. MGH Constitutiones 1, 3 Nr. 2, 14 Nr. 6. Vgl. aber unten zu Frankfurt 1027 und Bamberg (?) 1020, S. 33 f. mit Anm. 125.

[112] Lübeck, Primat (oben Anm. 106) 291.

[113] Oben 21 mit Anm. 49.

[114] Beumann, Bedeutung Lotharingiens (oben Anm. 46) 397.

und Beherrscher des gesamten deutschen Benediktinerordens zu werden»[115] hat Fulda – das damals den Bestrebungen von Cluny sehr fernstand – gewiß nicht erstrebt.

Der kirchliche Primat in der oben geschilderten Form war zeitgebunden und hat nach dem 10. Jahrhundert nur mehr eine bescheidene Existenz geführt, etwa im Titel des Abtes von Fulda, der sich bis 1803 als Primas von Gallien und Germanien bezeichnete[116]. Zeitlos war, daß es auf Versammlungen eine Sitzordnung gab und daß sich nach ihr die Rednerliste richtete[117]. Mit der Bestimmung eines Vorsitzenden der Versammlung oder einer ihrer Kurien war ja nicht alles getan, und ohne bestimmte Abfolge konnten Debatten und Abstimmungen leicht in einem Chaos enden. Das waren praktische Erfordernisse und sind es noch heute; fremd ist uns dagegen die Anschauung geworden, daß die Gliederung der irdischen Gesellschaft Spiegelung einer himmlischen sei. Diese «Schau» der himmlischen Heerscharen war nicht nur Visionären zugänglich; in kleinem Ausmaß konnte sie in jeder Kirche stattfinden. Als ein Neubau der Marienkirche von Cambrai geweiht werden sollte, ordnete der Diözesanbischof zusammen mit dem Abt des Klosters eine Menge von Reliquien, die man für den Festtag zusammengeholt hatte, wie wenn es sich um eine geistliche Versammlung handelte. Als «Vorsitzender» hatte der Reliquienschrein des Hauptheiligen auf der «cathedra» des Bischofs seinen Platz. Er galt als «pontifex summus», zu dessen beiden Seiten «heilige Bischöfe» – vertreten durch ihre Überreste – postiert wurden. Dann kamen die Übrigen, «d. h. die Märtyrer, die Bekenner und die Jungfrauen, jeder nach seinem Rang (ordo), wie es sich ziemte». Sie alle bildeten einen Kreis[118], in dessen Mitte sich wahrscheinlich der Hauptaltar der Kirche befand. Es war eine Art Synode der Heiligen von Cambrai, die zu diesem feierlichen Anlaß einberufen wurde. Die kreisförmige Anordnung gab es auch sonst bei kirchlichen Versammlungen[119].

---

[115] Lübeck a. a. O. Daß schon in der Wendung «archimandrita consultior ... permaneat» von J.-L. 3739 (969) eine Vorstufe des «primus ordo ... iudicandi» von 999 gegeben ist, hätte Lübeck nicht entgehen sollen. Vgl. auch oben Anm. 107.

[116] Oder genauer «Primas durch Gallien und Germanien», Lübeck a. a. O. 301.

[117] Typisch für Synodalakten ist z. B. die Erzählung von dem Beginn der Synode von Trosly (909): «facta sollemniter salutatione omnibusque ut mos est ordine residentibus ...». Migne PL 132, 676. – Auf der Frankfurter Synode von 1027, von der gleich zu reden sein wird, wurden die Bischöfe «per ordinem» einer nach dem anderen aufgerufen und befragt. Vita Godehardi episcopi prior des Wolfhere c. 33, MGH SS 11, 192.

[118] Gesta episcoporum Cameracensium III c. 49, MGH SS 7, 484.

[119] Oben Anm. 106, doch gab es auch andere Möglichkeiten, wie die Frankfurter Synode von 1027 zeigt, s. unten.

Was die irdischen Teilnehmer solcher Versammlungen betrifft, so waren von alters her recht einfache Prinzipien einer Rangordnung in Geltung: Bischöfe sollten nach dem Zeitpunkt ihrer Weihe gereiht werden[120]. Wie das bei den Äbten war, läßt sich nicht klar erkennen, doch dürfte nicht das Datum ihres Amtsantrittes, sondern jenes des Eintretens ins Kloster maßgebend gewesen sein. Wenn Bischöfe und Äbte zusammen tagten, wurden letztere natürlich «zurückgesetzt». Eine genaue Sitzordnung ist uns von einer deutschen Generalsynode in Frankfurt 1027 überliefert, bei der auch der Kaiser anwesend war[121]. Es ist nicht uninteressant, zu sehen, wie die allgemeinen Grundsätze mit den lokalen Gegebenheiten übereingestimmt wurden.

Die bischöfliche «cathedra» im Osten der Kirche nahm, wie es sich gehörte, der Erzbischof Aribo von Mainz ein, obwohl er in der verhandelten Streitsache – es ging um Gandersheim – Partei war: in der Apsis der Kirche zu sitzen, erwies das geistliche Herrenrecht; um dieses ging es ja im Gandersheimer Streit[122]. Im Westchor stand der Königsthron Konrads II., flankiert von den Sitzen der Erzbischöfe von Köln und Magdeburg. Ein glücklicher Zufall wollte es, daß Pilgrim von Köln 1021, Huntfrid von Magdeburg 1023 ordiniert worden war, so daß man ohne Proteste zu befürchten den Kölner zur Rechten und den Magdeburger zur Linken des Herrschers placieren konnte. Neben ihnen saßen ihre Suffragane, soweit sie bei der Synode anwesend waren, nach absteigendem Weihealter, also jeweils der zuletzt Ordinierte am weitesten vom Kaiser entfernt. Im Osten bildete der Mainzer den Mittelpunkt, neben ihm saßen zu beiden Seiten seine Suffragane, wieder nach dem Ordinationsdatum, jedoch nach diesem abwechselnd in absteigender Linie: Rechts die Bischöfe von Straßburg (1001), Bamberg (1007), Würzburg (1018), Hildesheim (1022) und Worms (1025), links jene von Augsburg (1006), Paderborn (1009), Verden (1014) und Halberstadt (1023). Der «Älteste» von ihnen, Werner von Straßburg, leitete – da der Mainzer wie gesagt Partei war – den Gerichtstag, der «Zweitälteste», Bruno von Augsburg, wurde als erster Zeuge aufgerufen.

An dem Bericht ist vor allem zu beachten, daß dem Bischof von Straßburg «diese Position (honor) auf Grund seines Primats gebührte», d. h. daß es eine Art «Weiheprimat» gab, mit dem Rechte verbunden waren. Daß der Kaiser seinen Thron im Westen hatte, mag eher auf seine Funktion als Schützer der

---

120 Vgl. Burchard von Worms, Decretum I c. 55 f., Migne PL 140, 563 f.

121 Vita Godehardi prior (oben Anm. 117) c. 31, S. 190.

122 Thangmar, Vita Bernwardi episcopi Hildesheimensis, AA SS Boll. Oct. XI, 1001 c. 22, vorher MGH SS 4, 764 c. 13 (vgl. unten Anm. 152): «Dominus Osdagus ... episcopalem cathedram ad absidem altaris poni praecepit, hac tuitione locum ac regimen sibi defendens ...».

Kirche, als auf seine Stellung als Laie zurückzuführen sein; der Autor unseres Berichtes scheint ihn nicht eigentlich zu diesem «ordo» gerechnet zu haben, da er erwähnt, von den Laien habe nur der Schwertträger Konrads II. an der Synode teilgenommen[123]. Immerhin war der Westteil der Kirche jener, der das geringste Ansehen genoß, und es war nicht von vornherein Erzbischöfen zuzumuten, hier Platz zu nehmen. Aber die «Königsnähe» hat sicherlich diesen Nachteil wettgemacht. Auch wird der Herrscherthron sicher nicht im Bereich des Westeingangs, sondern in der Nähe des Querschiffs[124] errichtet worden sein, was allein schon aus Gründen der Akustik anzunehmen ist. Auch das nördliche und das südliche Querschiff waren besetzt, so daß sich doch eine Art Kreisform ergab. Im Süden, dem «besseren» Teilbereich, saßen «Bischöfe aus anderen (Kirchen-)Provinzen»: Verdun, Mantua, Oldenburg, Schleswig. Der Nordchor war den Äbten von Fulda, Hersfeld, Mainz, Bleidenstadt (bei Wiesbaden), Schwarzach (a. Rh.) und Würzburg zugeteilt[125].

Wahrscheinlich wurde diese Sitzordnung am Hofe des Erzbischofs von Mainz entworfen, denn dieser konnte mit ihr zufrieden sein. Köln und Magdeburg spielten Nebenrollen, während der Mainzer Hochklerus dominierte: Man saß

---

[123] MGH SS 11, 190. Er saß zu Füßen des Kaisers. Im gleichen Satz wird erwähnt, daß Mönche, königliche Kapellane und bischöfliche Kleriker, «die das verdienten», vor den Bischöfen saßen (assidebant, also wohl auf bescheidenen Sitzgelegenheiten), während andere hinter den sitzenden Bischöfen standen (consistebant), was auf die Dauer gewiß nicht angenehm war. Auch hier blieb anscheinend nichts dem Zufall überlassen.

[124] Die Synode fand in der Salvatorkirche (vollendet vor 874) statt, Rekonstruktion des Grundrisses bei Edgar LEHMANN, Der frühe deutsche Kirchenbau (Forschungen zur deutschen Kunstgeschichte 27, 1938) 112, Tafel 37 Nr. 108.

[125] Während im Südchor der Weiheälteste in der Mitte saß, flankiert von den Jüngeren, bleibt bei den Äbten das angewendete Prinzip unsicher. Es fällt auf, daß der Abtprimas von Fulda als Erster genannt ist, gefolgt von dem ebenfalls exemten Hersfeld. Das entspricht der Reihung der Zeugen in der Prunkausfertigung eines Diploms für Benedikt VIII. vom April 1020, DH. II. 427, B.-Z. Reg. 1221, wo nach den Bischöfen zuerst wieder der Abt Richard von Fulda, dann der ebenfalls zu 1027 genannte Arnold von Hersfeld unterschrieben hat. Da etwa um dieselbe Zeit eine Synode in Bamberg stattfand, B.-Z. Reg. 1213, ist anzunehmen, daß das Diplom die Reihung des dort versammelten hohen Klerus wiedergibt. Fulda hatte also wohl auch in Frankfurt 1027 den besten Platz unter den Äbten inne, auch wenn Abt Richard nicht im Zentrum, sondern als Flügelmann erwähnt wird. Vielleicht hat Wolfhere, der Verfasser des Berichtes, in Unkenntnis des angewandten Reihungsprinzips Fulda und Hersfeld zuerst genannt. Für die Urkunden vgl. (allgemein) Heinrich FICHTENAU, Die Reihung der Zeugen in Urkunden des frühen Mittelalters. Mitteilungen des Instituts f. österr. Geschichtsf. 87 (1979) 301 ff.

vor dem Hauptaltar in dem erhöhten Altarraum (super gradus), gegenüber dem thronenden Herrscher. Die kanonischen Vorschriften wurden befolgt und zugleich betonte man den eigenen Vorrang. Dieses Kunststück wurde dadurch kompliziert, daß man die kanonischen Regeln mit jenen der Sitzordnung einer Hoftafel kombinierte: Von den Bischöfen sollte der Würdigste in der Mitte, immer sollte der Ranghöhere näher dem Zentrum als der Niedrigere sitzen; der Zweite hatte seinen Platz zur Rechten und niemals zur Linken des Ersten. An solchen Formalismen erkennt man das Denken des geistlichen Aristokratentums.

Es hat auch Fälle gegeben, in denen andere Prinzipien an die Stelle jenes des Weihealters traten. Noch in den Anfängen des Zeitalters der Kirchenreform kam es auf einer Generalsynode in Pavia 1046 zu einem Disput über den Platz des Bischofs von Verona. Man beschloß, daß er zur Rechten des Patriarchen von Aquileja sitzen solle; hinfort müsse die Stadt (urbs) Verona auf Synoden und Konzilien den zweiten Platz (sedem) neben Aquileja innehaben[126]. Man könnte meinen, es handle sich um die Reihung von römischen Stadtgottheiten in einem Tempel, und nicht um eine Versammlung von Bischöfen. Hier überdeckte das wachsende Selbstbewußtsein oberitalienischer Städte das kirchliche Herkommen, der Bischof war der Vertreter seiner Stadt, in neuem Sinne ein «episcopus civitatis». Natürlich konnte man auch dabei an die alte Rangordnung der spätrömischen (Bischofs-)Städte anknüpfen, es gab ja nicht bloß die «Notitia Galliarum». Man konnte auch auf Beispiele aus einer noch höheren Sphäre verweisen, auf die Streitigkeiten um den Stuhl zur Rechten des Papstes und damit den zweiten Rang in der Gesamtkirche oder wenigstens der Kirche Italiens[127]. Auch der Primat, von dem wir einiges berichtet haben, war ein Primat der Bischofsstadt, nicht eine persönliche Ehrenstellung wie etwa die Ernennung zum päpstlichen Vikar.

Das Thema der Rangordnungen im Weltklerus des 10. und frühen 11. Jahrhunderts ist zu groß, als daß es in monographischer Form dargestellt werden könnte. Für unsere Untersuchung kam es nur darauf an, einige Beispiele herauszuheben, die zeigen, daß diese Dinge eine große und vielfältige Rolle im Denken der geistlichen Oberschichten gespielt haben. Man könnte meinen, bei den Mönchen sei dies völlig anders gewesen. Doch gab es im Kloster so manche Probleme der «Binnengliederung».

In Parallele zum Weihealter der Bischöfe befahl der heilige Benedikt eine Rangordnung seiner Mönche nach dem Datum ihrer Profeß. Der Eintritt ins Kloster war eine Art Neugeburt; wer zur zweiten Stunde eines Tages aufge-

---

[126] MGH Constitutiones 1, 94 Nr. 48.

[127] Oben Anm. 60.

nommen wurde, sollte hinfort «jünger» sein als jener, der zur ersten Tagesstunde eingetreten war[128]. Der Abt war berechtigt, diese Ordnung zu ändern, natürlich nicht willkürlich, sondern aus gutem Grund: Er belohnte den verdienstvollen Lebenswandel, oder er «degradierte» (degradaverit) den Nachlässigen[129]. Lohn und Strafe hatten nur dann Sinn, wenn sie vor der Gemeinschaft deutlich wurden. Die Brüder schritten «secundum ordines», nach ihrem wirklichen oder korrigierten Profeßalter, zum liturgischen Friedenskuß, zur Kommunion, zum Psalmengesang; sie standen in dieser Reihenfolge beim Chorgebet[130]. Wer zu spät kam, mußte als Letzter stehen[131]. Das Verhältnis von «maior» und «minor», «senior» und «iunior» kam auch in der Grußpflicht der Jüngeren zum Ausdruck, die Älteren ihren Platz anbieten mußten und sich erst setzen durften, bis der Ältere das befohlen hatte[132]. Das Grüßen gilt noch heute als militärisches Erziehungsmittel, mit einem immerhin beträchtlichen Unterschied: Es wird nicht von Angehörigen des gleichen Dienstgrades untereinander verlangt. In der Sprache unserer Zeit könnte man von einer hochgradigen Ritualisierung des Sozialverhaltens reden, die in Cluny ihren Höhepunkt erreichte, aber schon in der Regel des heiligen Benedikt ihre Grundlage hatte. Dahinter stand der Gedanke, daß die Erziehung des inneren Menschen und seine Disziplinierung von einem ebenso intensiven Training auf dem Gebiet der äußeren Formen begleitet werden müsse; man hat im ganzen Mittelalter und nicht nur hier in Kauf genommen, daß sich das Hauptgewicht auf die «Äußerlichkeiten» verschob, die Form den Inhalt gefährdete. Von jenem «Ritualismus», der in Cluny die gesamte Existenz des Mönches bestimmte, wird noch zu reden sein[133].

Die Probleme begannen dort, wo die nach dem «Alter» geordnete Gruppe der Laienmönche mit dem Priestertum konfrontiert wurde. Trat ein Priester in eines der Klöster des heiligen Benedikt ein, konnte ihm der Abt den zweiten Platz (nach seinem eigenen) zusprechen; tat er es nicht, so galt das Profeßalter[134]. Erhielt ein vom Abt ausgesuchter Laienmönch die Weihen, sollte er sich vor Hochmut hüten und den seinem Profeßalter entsprechenden Platz ein-

---

[128] Regula s. Benedicti c. 63, 8 ed. R. HANSLIK, Benedicti regula (Corpus scriptorum ecclesiasticorum latinorum 75, 2. Aufl. 1977) 161: «... iuniorem se noverit illius esse, qui prima hora venit diei, cuiuslibet aetatis aut dignitatis sit ...».

[129] 62, 6; 63, 7, p. 158, 160.

[130] 63, 4 p. 160.

[131] 43, 4 f. p. 117 (über die Nokturn).

[132] 63, 15 - 63, 17, a. a. O. 162.

[133] Unten 335 f.

[134] 60, 4 f., a. a. O. 164.

nehmen, sofern ihn der Abt nicht «beförderte»[135]. Man merkt den Texten an, daß sie für Sonderfälle eine Regelung vorsahen. Anders war die Lage, als die Priestermönche immer zahlreicher wurden und eine Gruppe in der Gruppe bildeten[136]. Das Ansehen des Priestertums bewirkte, daß schließlich in Cluny bei der Prozession im Chor der Kirche die Priestermönche vorangingen, gefolgt von den Diakonen, den Subdiakonen, den Inhabern niederer Weihen und schließlich von den Laienmönchen[137]. Die Gruppe zerfiel in Untergruppen, deren jede nach dem Profeßalter in sich gegliedert und den anderen vor- oder nachgeordnet war. Auch das Mönchtum verfiel hier einer «Hierarchisierung» und wir können angesichts solcher schon früh vorhandener Tendenzen besser verstehen, daß sich dieses Mönchtum als eigener «ordo» neben den Weltklerus zu stellen suchte.

Außerhalb des Chores lassen die Prozessionen der Cluniazenser kein solches Prinzip deutlich werden; hier wirkten auch praktische Notwendigkeiten mit. Die Wirkung auf die Laienschaft wurde durch das Mittragen oder Vorantragen kultischer Gegenstände erhöht, und durch das Prinzip der Abwechslung in den Personengruppen: Kinder, Mönche nach ihrem «ordo», am Schluß oder vor ihnen der Abt mit seinem Stab[138]. Besser kamen die Ordnungsprinzipien bei den Sitzplätzen zum Ausdruck, wo man «unterhalb» oder «oberhalb» seines Nebenmannes sitzen konnte[139]. Auch die Reihenfolge des Stehens war wenigstens zum Teil geregelt, und hier findet sich wiederum die Anschauung, die mittleren Plätze seien die «höchsten»[140], diesmal sogar übertragen auf die

---

135 62, 1 - 7, p. 154.

136 Das Folgende nach Wolfgang Teske, Laien, Laienmönche und Laienbrüder in der Abtei Cluny. 1. Teil. Frühmittelalterliche Studien 10 (1976) 298 ff., der sich vielfach auf die unter Abt Hugo in den siebziger Jahren des 11. Jahrhunderts entstandenen Consuetudines des Bernhard (von Cluny) stützt. Das Problem bestand natürlich schon früher.

137 Teske a. a. O. 302.

138 Vgl. z. B. den «Liber tramitis» (Consuetudines von Cluny, sogenannte «Consuetudines Farfenses») ed. P. Dinter, L. tr. aevi Odilonis abbatis (Corpus consuetudinum monasticarum ed. K. Hallinger 10, 1980) 23 c. 13, 4; 41 c. 31, 3, wo zwischen Brüdern und Abt die «conversi qui nesciunt cantare» eingeschoben sind.

139 Consuetudines monasticae ed. B. Albers 4 (Monte Cassino 1911) 148 c. 11 (Fruttuaria).

140 Liber tramitis ed. Dinter 90 c. 58, 2: «Convenientes autem in atrio ante ianuam monasterii stent ordinatim ut venerunt, in medio seniores sicut mos est in choro stare.» Consuetudines monast. ed. Albers 4, 45 c. 44: «stent maiores pueri in medio et minores sicut sunt priores ex utraque eorum parte recta linea», also nach dem zu beiden Flügeln hin absteigenden Oblationsalter, ähnlich wie bei der Frankfurter Synode nach dem Weihealter.

«pueri». Das waren die im Kloster aufgezogenen und zum Mönchtum bestimmten Knaben, die einer strengen Disziplin unterworfen wurden. Als «schriftlich Gebildete» (litterati) wurden sie vielfach höher eingestuft als die «conversi», Laienmönche, die einst weltlichen Standes gewesen waren[141]. Auch hier zeigt sich eine Scheidung in zwei Gruppen, zu der als dritte die «gebildeten» und daher des liturgischen Gesanges mächtigen Mönche (cantores) kamen[142].

Die strenge Rangordnung im Kloster hat sich also vielfach gewandelt, ohne daß sie als Grundprinzip aufgegeben wurde. Immer gab es Menschen, die sich ihr nicht einfügten; sie mußten deshalb nicht unbedingt in die «Welt» zurückkehren. Mönche waren als Verwalter des Klosterbesitzes an einem Meierhof tätig, ja sie dienten manchmal als Kapellane bei einem geistlichen oder weltlichen Großen; wer andere Formen der Askese bevorzugte, konnte sich als Eremit zeitweise von dem gemeinsamen Leben zurückziehen. Eremitische Tendenzen im Kloster konnten anderseits das System in Frage stellen: Der Mitbegründer von Gorze als Reformkloster, Abt Johannes I., der aus dem Eremitentum kam, warf sich Verzeihung flehend Mitbrüdern zu Füßen, «die in der Rangordnung die allerletzten waren», ja er nahm im Chor nicht den ihm gebührenden Platz als Erster ein, sondern den letzten[143]. Als Grund wird «Demut des Herzens» angegeben, und diese Motivation war sicherlich besonders wichtig für einen Mann, der einst das Leben eines begüterten Weltlichen geführt hatte. Auch in der Regel des heiligen Benedikt spielt die Demut eine wichtige Rolle, aber hier gerät sie nicht in Konflikt mit einer vorgegebenen strengen Ordnung, die Johannes durch sein Verhalten durchbrochen hat.

---

141 Fruttuaria, Consuet. monast. ed. Albers 4, 55 c. 46: Am Gründonnerstag «stent ... litterati simul et conversi simul, et conversi inferius litteratis». Am Markustag, a. a. O. 82 c. 54, gehen in der Prozession zuerst die Träger von Weihwasserkessel und Kreuz, «post crucem conversi ac post eos pueros (!) et tum demum iuniores fratres ... ac deinde priores, ultimus abbas». Hier war die Prozession in «aufsteigender» Linie geordnet, so wie dies noch heute in der katholischen Kirche der Fall ist. Das «ältere Konversentum» ist von dem «jüngeren» geschieden worden; zur Einführung in den ganzen Problemkreis vgl. Herbert Grundmann, Adelsbekehrungen im Hochmittelalter. Conversi und nutriti im Kloster. In: Grundmann, Ausgewählte Aufsätze 1 (1976) 125 ff. Kassius Hallinger, Gorze-Kluny 1 (Studia Anselmiana 22, Rom 1950) 522 f. und die ausführliche Darstellung von Wolfgang Teske, Laien, Laienmönche und Laienbrüder (oben Anm. 136). Frühmittelalterliche Studien 10 (1976) 248 ff., 11 (1977) 288 ff. Vgl. auch unten 348 ff.

142 Teske a. a. O. 10, 293 ff.

143 Johannes von St. Arnulf in Metz, Vita Iohannis Gorziensis, MGH SS 4, 358 c. 76: «quod et ipsis, qui longe ultimi ordine erant, eum frequenter fecisse percepimus.» A. a. O 355 c. 64: «locum ordinis sui in choro, quem superiorem tenebat, ... in ultimum usque commutavit.»

Im Bereich des Laientums waren die Ordnungsprinzipien niemals so radikal durchgebildet und sie wurden auch kaum schriftlich niedergelegt; sie gehörten zur «Sitte», von der wir nur gelegentlich aus Bemerkungen geistlicher Schriftsteller erfahren. Hier fehlten die Rangsysteme der Spätantike als Basis fast vollkommen, und die geringe Institutionalisierung staatlicher Gewalt ließ manches im Unklaren. Darin konnte, anders gesehen, auch eine Stärke liegen: Die Labilität der Rangverhältnisse förderte den Willen zu Leistungen im Rahmen der Gesamtheit und sie entsprach auch am besten den fortwährenden Verwandlungen der Zusammensetzung «edler» Familien, die mit jeder Heirat und dem Tod ihres Oberhauptes eine andere Gestalt annahmen. Wie weit in den Mittelschichten oder unter den Unfreien auf Herrenland sich wandelnde Rangunterschiede herrschten, wissen wir nicht. Geht man von neuzeitlichen Verhältnissen aus, die wir so viel besser studieren können, ist es nicht unwahrscheinlich, daß schon damals im ländlichen Bereich eine soziale Wertung innerhalb der Gruppe ebenso wie zwischen den Gruppen bestanden hat. Ein Fingerzeig in dieser Richtung könnte die Tatsache sein, daß in Freisinger Traditionen eine kleine Gruppe von Männern zu erkennen ist, die der «familia» des Bistums angehörten, Unfreie, die aber doch als «Repräsentationszeugen» eine besondere Stellung innehatten[144].

Wie sehr Rangfragen den ganzen Tagesablauf des höfischen Adels der Neuzeit beherrschen konnten, ist in den letzten Jahren aus mehreren Untersuchungen deutlich geworden. Der Herrscher beschäftigte damit die unruhige Nobilität, er band sie an sich und bestimmte durch Gunst oder Ungunst, Verleihung oder Entzug von differenzierenden Gnadenerweisen ihre soziale Lage innerhalb der höfischen Gesellschaft. Aber auch jenseits der Höfe konnten Rangfragen und Zeremoniell höchst wichtig erscheinen[145]. Hier war es nicht der Herrscher, der das Sozialprestige zumaß, sondern die Gruppe der Standesgenossen, zu denen zumeist auch die Geistlichkeit zählte. Wie weit kirchliche Zensuren dieses Prestige verändern konnten, ist schwer zu sagen. Oft war die Wirkung von Exkommunikationen gering, weil die Standesgenossen des Sünders die Gemeinschaft mit ihm aufrecht erhielten.

---

[144] Günther FLOHRSCHÜTZ, Die Freisinger Dienstmannen im 10. und 11. Jahrhundert. Beiträge zur altbayerischen Kirchengeschichte 25 (1967) 33 ff. Es läßt sich nicht nachweisen, daß es sich dabei um bischöfliche Ministerialen (im älteren Sinne) handelt.

[145] Ein schönes Beispiel bringt Gerd TELLENBACH, Mentalität. In: Geschichte, Wissenschaft, Gesellschaft, Festschrift f. Clemens BAUER (1974) 28 aus dem Roman von Tommasi di Lampedusa, Il gattopardo («Der Leopard»): Der Fürst verbringt eine schlaflose Nacht, weil man ihm beim Essen in der Statthalterei einen falschen Platz gegeben hat.

Auf der Synode von Jonquières im Jahre 909 fand die Rekonziliation einer Grafenfamilie statt, die vorher feierlich verflucht worden war. Man machte den Katalog der Fluchformeln von einst durch konträre Segensformeln wieder wett, wobei es heißt: «Gott segne die Arbeit eurer Hände und mache euch zum Haupt (caput), nicht zu den Letzten (cauda), und ihr sollt immer oben (supra) und nicht unten (subtus) sein.» Vorher und nachher kommen gute Wünsche für das Gedeihen der gräflichen Landwirtschaft. Kaum handelt es sich in diesem Zusammenhang um eine primär politische, viel eher um die gesellschaftliche Stellung im Lande[146]. Hier zeigt sich die Unsicherheit weltlicher Rangpositionen; die Grafenfamilie konnte an die unterste Schwelle ihres «ordo» zurückgereiht werden, tatsächlich oder wenigstens im Wunschdenken des Klerus.

Ein anderes Beispiel, das in Einzelprobleme und in das Hofleben hinüberführt: Karl von Lothringen soll König werden, aber der Erzbischof von Reims wirft ihm eine Mesalliance vor. Wie könnte es der «große Herzog» Hugo Capet ertragen, so läßt Richer[147] den Erzbischof sagen, daß eine Frau aus einer Familie seiner «milites» Königin wird und über ihn herrscht? Wie sollte Hugo einer Frau den höheren Rang zumessen (capiti suo praeponet), deren Standesgenossen und sogar Übergenossen (pares et etiam maiores) vor ihm das Knie beugen und (beim Besteigen des Pferdes) ihre Hände (als Stütze) unter seine Füße breiten?

Die Standesgrenzen mußten gewahrt werden, sonst war die Existenz des Königtums gefährdet. Auf der Synode von Limoges, in der es um die Apostolizität des Martial ging, brachte Abt Odalrich ein Beispiel: Wenn jemand den hier anwesenden König (Robert) nicht unter den Königen, sondern unter den ihnen unterworfenen Grafen aufzählte, dann würde man ihn entweder für einen Bauern (rusticus) oder aber für einen böswilligen Verächter des Königs halten. In dem ersten Falle könne der König der bäuerlichen Einfalt leicht verzeihen, in dem zweiten werde er wegen der Nichtachtung seiner Person in Zorn geraten[148].

Eine Minderung der Position innerhalb der Gruppe konnte aus den verschiedensten Gründen eintreten. Einer davon war die unebenbürtige Heirat.

---

146 Mansi, Sacr. conc. ... collectio 18 A, 261 f. Vgl. unten 517, auch über Fluchformeln.

147 Richer (oben 30 Anm. 106) IV, 11 ed. Latouche 2, 162. Zur Sache vgl. die These von Johanna Maria van Winter, Uxorem de militari ordine sibi imparem, in: Miscellanea mediaevalia Jan Frederik Niermeyer (Groningen 1967) 113 ff.

148 Mansi, Conc. 19, 511. Der «königliche Zorn» war im ganzen Mittelalter nicht eine bloße Gemütsregung, sondern eine Haltung, die praktische Konsequenzen haben mußte.

Sie minderte nicht nur das Prestige des einzelnen, sondern war schlimm für die ganze Familie, für ihre «Getreuen» und «Freunde». Ein ähnliches, vielleicht noch schlimmeres Unglück war jede Duldung einer Mißachtung des Ranges, den man einnahm. Wer sich herabsetzen ließ, ohne feindselig zu reagieren, war seines Ranges nicht wert. Die Spielregeln galten allerdings nur innerhalb der Gruppe, ein Bauer konnte keinen Edlen beleidigen.

König und Königin wurden durch ihre Rangerhöhung aus der bisherigen Sphäre herausgehoben und verblieben doch in ihr; das konnte Anlaß zu Konflikten geben, wenn Familienmitglieder oder bisherige «Freunde» nicht jene Förderung erhielten, auf die sie Anspruch zu haben glaubten. Als Heinrich II. einst an einer Reihe von Bischöfen vorüberschritt, erhoben sie sich alle bis auf einen, Bischof Megingaud von Eichstätt. Er rechtfertigte sich vor ihnen mit den Worten: «Ich bin der ältere Verwandte (des Herrschers), und den Älteren zu ehren lehren die heidnischen ebenso wie die heiligen Schriften»[149]. Grund solcher Haltung war wohl auch die Tatsache, daß der Bischof die Leistungen an den Hof wie die anderen mittragen mußte, und er nannte im vertrauten Kreis den Herrscher deshalb einen Verrückten. Megingaud war ja der Blutsverwandte und Gefährte (socius etiam genere) Heinrichs, der ihn sozusagen zu einem armen Pfarrer gemacht habe[150] – statt den Verwandten besonders zu begünstigen.

Heimliches Murren und eine gelegentliche Geste der Unzufriedenheit konnte ein Fürst übersehen, solange man ihn nicht darauf aufmerksam machte. Ernster war der Fall, als der Großvater Thietmars von Merseburg den – ihm feindlich gesinnten – Herzog Hermann, den Regenten in Sachsen während der Abwesenheit des Kaisers, bei diesem wegen «contemptus» verklagte: Hermann sei bei der Tafel «in der Mitte der Bischöfe auf dem Platz des Kaisers gesessen» und habe in dessen Bett geschlafen. Wie es von Otto I. erwartet wurde, geriet er über den Bericht in Zorn. Der Graf von Stade, Thietmars Ahne, war ein Verwandter des Kaisers und erlangte darum dessen Gnade, während der Erzbischof von Magdeburg dafür bestraft wurde, daß er Herzog Hermann liturgische Ehren erwiesen hatte[151]. Vergleichbar damit ist eine andere Erzählung

---

[149] Anonymus Haserensis, De episcopis Eichstetensibus c. 24, MGH SS 7, 260.

[150] A. a. O. c. 23.

[151] Thietmar von Merseburg, Chronicon ed. W. Holtzmann-W. Trillmich (Ausgewählte Quellen ..., Frh. vom Stein-Gedächtnisausg. 9, 1957) 67 übersetzt «und wahrte (obtinuit) als sein Verwandter die kaiserliche Gnade ...». Der innere Zusammenhang ist aber doch wohl der oben angedeutete. Thietmar II, 28, ed. R. Holtzmann (MGH SS rerum German. n. s. 9, 1935) 74. Gerd Althoff, Das Bett des Königs in Magdeburg. Festschrift B. Schwineköper (1982) 143 ff. zeigt Parallelfälle. Vgl. auch unten OIII Anm. 8.

Thietmars: In der Pfalz zu Werla hatte man die Tafel für die Schwestern des eben verstorbenen Otto III. gedeckt. Doch Ekkehard von Meißen, ein Kandidat für das Königtum, nahm zusammen mit anderen auf den mit Teppichen geschmückten Stühlen Platz, die für die Prinzessinnen und ihr Gefolge vorbereitet worden waren[152]. Während der Vertreter des Königs in Sachsen, Herzog Hermann, immerhin noch der Meinung sein konnte, er sei im Recht, handelte es sich bei Ekkehard um die Vorwegnahme herrscherlicher Rechte. In den Augen der Zeitgenossen bedeutsam waren beide Fälle, sonst hätte Thietmar von ihnen nicht berichtet.

Wie sehr Rangfragen auch Frauen erregten, dafür ist der Gandersheimer Streit ein gutes Beispiel, als dessen «Zündstoff» Thangmar[153] die Kaisertochter Sophie bezeichnete. Daß Frauen wußten oder zu wissen glaubten, was sich ziemte, hatte sich schon in der römischen Spätantike gezeigt. Damals tagte nach dem etwas spöttischen Bericht der Historia Augusta[154] ein «Frauensenat», der «Gesetze» beschloß, wie jede einzelne Dame sich zu kleiden habe und wem sie den Vortritt überlassen solle; welche von ihnen im Wagen fahren, welche ein Pferd besteigen dürfe, oder sich mit einem Maultier, ja gar mit einem Esel zufriedengeben müsse. Wenn im Nibelungenlied der Streit der Königinnen auf dem Weg in das Münster zu argen Konsequenzen führt, so war das auch für das 10. Jahrhundert ein durchaus möglicher Konfliktfall. Die Problematik der Präzedenz war ja im Bereich des Herrschertums in ein neues Stadium getreten, seit die karolingische Einherrschaft oder Vorherrschaft des Ältesten nicht mehr existierte.

Regino von Prüm[155] sah den Niedergang nach dem Tode Karls III. im Anschluß an ein Geschichtswerk der augusteischen Zeit als Problem der Führungsschwäche: Es gab fähige Herrscher, aber keiner von ihnen zeichnete sich gegenüber den anderen so aus, daß sie sich ihm freiwillig unterordneten. Wir

---

[152] A. a. O. V, 4, p. 224. Die eine der beiden kaiserlichen Prinzessinnen, Sophie, bewies ihre Empfindlichkeit in Rangfragen dadurch, daß sie sich weigerte, durch den Bischof von Hildesheim den Schleier als Kanonisse in Gandersheim zu empfangen, «indignum aestimans nisi a palligero (dem Erzbischof Willigis von Mainz) consecrari». Thangmar, Vita Bernwardi c. 22 (oben Anm. 122) 1001, vorher MGH SS 4, 764 c. 13, danach jetzt Hatto KALLFELZ in: Lebensbeschreibungen einiger Bischöfe des 10.-12. Jahrhunderts (Ausgewählte Quellen ..., Frh. vom Stein-Gedächtnisausg. 22, 1973) 294 c. 13.

[153] A. a. O.

[154] Historia Augusta, Heliogabal 4, 3 f., Zitat bei André CHASTAGNOL, Les femmes dans l'ordre sénatorial, Revue Historique 262 (103, 1979) 24 Anm. 101.

[155] Das Folgende nach Heinz LÖWE, Regino von Prüm und das historische Weltbild der Karolinger. In: H. LÖWE, Von Cassiodor zu Dante (1973) 162 Anm. 51.

haben schon darauf hingewiesen, daß labile Situationen eine besondere Wahrung von Rang und Ehre geraten erscheinen ließen. Es gab jetzt «reges Francorum» im Osten und Westen des alten Reiches. Wollte man miteinander auskommen, durfte die allgegenwärtige Rangfrage nicht gestellt werden; so vertraut uns der Begriff der Gleichheit ist, so schwierig fügte er sich in das damalige Denken. Als Karl der Einfältige und Heinrich I. 921 den Bonner Vertrag schlossen, taten sie es auf einem Schiff am Rhein, also im Niemandsland zwischen beiden Reichen und in einer Form, die das Zeremoniell auf ein Minimum beschränkte. Immerhin mußte eine schriftliche Ausfertigung des Vertrages hergestellt werden, in der Karl und seine Bischöfe vor Heinrich und den seinen genannt sind[156]. Das war für Heinrich I. erträglich, da er im Gegensatz zu Karl erst vor kurzem an die Regierung gelangt war; das Dokument spiegelt aber doch auch eine gewisse Überlegenheit des Karolingers gegenüber dem Sachsen wider. Auf der Ingelheimer Synode des Jahres 948, wo es um den Reimser Kirchenstreit und damit um ein zwischenstaatliches Problem ging, mußte die Ranggleichheit der beiden Könige Otto I. und Ludwig IV. einen für alle sinnfälligen Ausdruck finden: Sie nahmen beide nebeneinander und gleichzeitig Platz[157].

Ludwig war neun Jahre jünger als Otto und wurde 936 kurz vor diesem zum König gekrönt. Saß er zur Rechten oder, wie eher anzunehmen ist, zur Linken des Sachsen, der übrigens sein Schwager war? Darüber wird nichts berichtet, aber man nahm derartige Dinge so ernst, daß man glauben konnte, der Anlaß zu einem Mord sei aus ihnen erwachsen. Von einem anderen Zusammensein Ottos d. Gr. mit Ludwig IV. erzählte man in Frankreich die folgende Geschichte: Die beiden Könige hatten auf einem Ruhebett Platz genommen, und zwar so, daß Otto näher zum Kopfende saß. Herzog Wilhelm Langschwert von der Normandie war der Beratung nicht zugezogen worden und wollte die Freundschaft zwischen beiden Monarchen stören; er verschaffte sich Einlaß und behauptete, es zieme sich nicht, daß der (westfränkische) König den «unteren»,

---

[156] MGH Constitutiones 1, 1 Nr. 1. Herwig WOLFRAM, Lateinische Herrschertitel im 9. u. 10. Jh., in: Intitulatio II, Mitteilungen des Instituts f. österr. Geschichtsforschung Erg.-Bd. 24 (1973) 127 ff.

[157] Flodoard, Annales ed. Ph. LAUER, Les annales de F. (Collection de textes ... Paris 1905) 111: «ingressis gloriosis regibus Othone ac Ludowico et simul residentibus ... exurgens Ludowicus rex e latere et consessu domni regis Othonis ...». War der «consessus» ein gemeinsamer Sitz? Gian Andri BEZZOLA, Das ottonische Kaisertum in der französischen Geschichtsschreibung (Veröffentlichungen des Instituts f. österr. Geschichtsforschung 18, 1956) 35 f. nimmt an, daß beide Herrscher den Tagungsraum gleichzeitig betraten, was gut möglich, aber nicht beweisbar ist.

irgend jemand anderer aber den «oberen» Platz innehabe. Otto sei daraufhin aufgestanden und habe seinen Platz Ludwig überlassen, neben dem dann – näher dem Fußende des Diwans – Wilhelm Platz nahm. Zwar habe Otto den Herzog seinen Zorn nicht merken lassen, sich aber bei französischen Großen über die Mißachtung seiner Person beklagt. Darauf beschlossen sie angeblich, den Normannen zu ermorden[158].

Ob die ganze Sache erfunden ist oder nur die Verknüpfung der Anekdote mit dem Mordkomplott, ist nicht sehr wichtig. Wesentlich erscheint die Tatsache, daß man es für möglich hielt, daß eine derartige Ehrenkränkung (contemptus) durch Blut gerächt wurde. Beachtung verdient daneben, daß hier schon die Anschauung vom «rex superiorem non recognoscens» angedeutet wird; der König von Frankreich hat keinen Oberherrn – nichts an der höfischen Etikette darf den Anschein erwecken, als wäre das anders. Auch das ottonische Kaisertum hat zu keiner Veränderung dieser Lage geführt; so redet etwa Adalbero von Laon von «den beiden Ersten», wobei einer als König, der andere als Kaiser regiere[159].

Die Sitzordnung bei «zwischenstaatlichen» Konferenzen war nur ein Sonderfall; für gewöhnlich sah man den Regenten, vor allem bei der Tafel, den ersten Platz einnehmen. Daß die Speisegemeinschaft so wichtig schien, mutet uns fremdartig an; die Hoftafel der neuzeitlichen Monarchen ist oder war nur eine Gelegenheit neben anderen, die Nähe des Regenten zu suchen. Urtümliches Herrentum band dagegen Menschen vor allem dadurch an sich, daß es ihnen Nahrung und Trank bot. Der Herr thronte beim Mahl wie ein König[160], der König erwies so sein Herrentum. Selbstverständlich bestimmte der Hausherr die Tischordnung[161] und war der Ehrenplatz, etwa jener des Gastes, zur Rech-

---

[158] Richer II, 30 ff., Latouche 1, 172 ff. Der Normannenherzog könnte im Sinne der Erzählung mit dieser Handlung zugleich auch die Position des «secundus a rege» reklamiert haben, vgl. unten 45.

[159] Carmen ad Rotbertum v. 278, ed. Carozzi 20: «Nam primi duo sunt: alter regit, imperat alter.»

[160] Im «Ruodlieb», jener kostbaren Quelle über den Alltag der Weltlichen aus der zweiten Hälfte des 11. Jahrhunderts, wird vom «solium altius» gesprochen, von wo man die anderen überblicken konnte und von ihnen gesehen wurde, während sie an mehreren Tischen speisten. The Ruodlieb ed. G. B. Ford (Leiden 1966) 96 f. (XVI, v. 28 ff.). Zur Datierung in das letzte Drittel des 11. Jahrhunderts vgl. Fritz Peter Knapp in dem Nachwort zu seiner Übersetzung (Reclam Bd. 9846, 1977) 228. Vgl. auch unten 90.

[161] A. a. O. 26 f. (p. 96): «Ruotlieb disposuit sedilia, seu (statt: sciens?) bene in quo quisque loco sedeat sibi certificato . . .». Vgl. unten 90 Anm. 78.

ten des Gastgebers[162]. Dieses Brauchtum ist für das Abendland nicht spezifisch, es läßt sich u. a. auch aus der Bibel belegen[163].

Wer auf dem «solium» thronte, hatte die Kommandogewalt, den «dominatus» über die Hausgenossen inne[164]. Er wies ihnen dadurch ihre soziale Stellung im Hause zu, daß er sie anderen vor- oder hinter anderen zurückreihte. So läßt sich verstehen, was in den Cambridger Liedern erzählt wird: Ein Schwindler behauptete, er sei im Himmel gewesen; Erzbischof Heriger von Mainz (913-927) fragte ihn, welche Ehre ihm Gott dort erwies, d. h. wo er seinen Platz angewiesen bekommen habe. Die Antwort lautete: «In einer Ecke»[165].

Wenn wir die mächtige Stellung eines Höflings kennzeichnen wollen, bietet es sich an, ihn als «die rechte Hand» des Regenten zu bezeichnen. Damals hieß es, er sei «der Zweite nach dem König» (secundus a rege)[166]. Wen der König sich zur Seite setzte, der hatte die Schlüsselposition inne – eine nichtschriftliche, unbürokratische Art der Ernennung. Sie konnte auf kürzestem Wege rückgängig gemacht werden, wenn ein anderer Günstling den Platz des ersten einnahm. Hatte der «secundus a rege» eine machtvolle Position inne, konnte man sagen, der König übertreffe ihn nur darin, daß er auf dem erhöhten Sitz throne[167].

---

[162] A. a. O. XIII (XI), 11 (p. 86): «Non tamen in solio voluit residere supremo, sed subiective matris dextrim velut hospes . . .».

[163] Etwa Luc. 14, 8 ff. das Gleichnis von dem Mann, der bei einem Hochzeitsmahl den besten Platz einnimmt und vom Hausherrn «zurückgesetzt» wird; die Mutter zweier Jünger bittet Jesus (Matth. 20, 21) «ut sedeant hi duo filii mei unus ad dexteram tuam, et unus ad sinistram»; Hebr. 8, 1 f.: «Talem habemus pontificem, qui consedit in dextera sedis magnitudinis in caelis», usw.

[164] Ruodlieb XIII (XI) 13 nimmt nicht auf dem «solium supremum» Platz, «atque . . . sibi (der Mutter) permisit dominatum».

[165] Carmina Cantabrigiensia (Die Cambridger Lieder) ed. K. STRECKER (MGH, 1926) 66 Nr. 24 Str. 9: «Honore quali te deus celi habuit ibi? Ubi sedisti? Respondit homo: Angulo uno.»

[166] Karl BRUNNER, Oppositionelle Gruppen im Karolingerreich (Veröffentlichungen des Instituts f. österr. Geschichtsforschung 25, 1979) 31 f., ebendort 28 mit Anm. 109 über die Herkunft aus der Spätantike. Vgl. auch K. BRUNNER, Die fränkischen Fürstentitel im 9. u. 10. Jahrhundert, in: Intitulatio II (oben Anm. 156) bes. 186 f.

[167] Anonymus Haserensis c. 35, MGH SS 7, 264, über Bischof Gebhard von Eichstätt, den späteren Papst Viktor II.: «Eo tempore cum secundus a rege esset, rexque eum solo regni solio praecederet . . .», was natürlich eine Übertreibung darstellt. Unter den möglichen Übersetzungen der Stelle gibt nur die oben gewählte einen wirklichen Sinn. Das Wortspiel «solo . . . solio» hat der Autor kaum selbst erfunden.

Der zweitbeste Platz war der zur Linken des Herrn. Einmal hören wir, daß beide Sitze neben dem König für annähernd gleichrangig gehalten wurden. Karl der Einfältige hatte einen Günstling namens Hagano, der nicht dem Kreis der Großen entstammte. Der König ließ ihn zu seiner Linken Platz nehmen, zum Zorn des rechts vom Herrscher sitzenden Herzogs Robert, des späteren Gegenkönigs. Beide saßen «pariter», was mit «sur le même rang» übersetzt wurde; Robert erklärte es als seiner unwürdig, daß ein Mann aus der Mittelschicht ihm gleichgestellt werde (sibi aequari)[168].

Was die übrigen Plätze betrifft, sind wir nicht über eine Rangordnung unterrichtet. Wenn es sie gab, dann jedenfalls nicht in schriftlicher Form und nicht als dauernde «Hofrangliste». Ganz allgemein wird man sagen dürfen, daß drei Gruppen in der Nähe des Königs verweilen durften: Die Großen (potentes, principes, proceres), die Träger königlicher Ämter – meist der ersten Gruppe entnommen – und schließlich jene, denen der Herrscher seine Huld zuwandte, auch wenn sie geringeren Standes waren. Ein Beispiel für Spannungen, die dabei entstehen konnten, haben wir eben kennengelernt.

Man sollte glauben, daß das Rangordnungsdenken der Weltlichen seinen zweiten Schwerpunkt im Kriegswesen hatte. Dazu hätte es jener festen Organisationsformen und jener Kommandostruktur bedurft, die einst das römische Militär besessen hatte. Wo es keine Berufsoffiziere gab, übten die Träger ziviler Ämter und die Großen die Befehlsgewalt, und hier mischten sich verschiedene Gesichtspunkte, die keine generelle Norm möglich machten. Dazu kam, daß die Rangverhältnisse im Krieg keineswegs so eindeutig sichtbar waren wie bei der Hoftafel: Schon längst übte der Herrscher und übten die Großen nicht mehr das Recht des «Vorstreites» aus, und es ist kaum anzunehmen, daß sie ihrem Rang entsprechend die marschierenden – damals eher reitenden oder auf Karren fahrenden – Kolonnen anführten.

Militärische Elemente übten dagegen eine gewisse Wirkung bei den Versuchen, durch das Lehenswesen Ordnung in die Zusammenhänge zwischen Königtum und Oberschichten zu bringen. Wo der Große oder der Günstling zum Vasallen wurde, oftmals dauernd bevorzugt durch den Empfang eines Lehens, begann eine Institutionalisierung und Ständebildung, die freilich höchst unvollkommen blieb. Stände im Rechtssinn hat es in dem von uns behandelten Zeitraum nicht gegeben; sie traten erst im späten 11. Jahrhundert in den Städten Oberitaliens hervor[169]. Auch eine Lehenshierarchie bestand im Frankreich der frühen Capetinger nicht eigentlich, da die Mehrfachvasallität das

---

168 Richer I, 16 ed. LATOUCHE 1, 40.

169 Hagen KELLER, Adelsherrschaft und städtische Gesellschaft in Oberitalien (Bibliothek des Deutschen Historischen Instituts in Rom 52, 1979) 194.

System verwirrte[170]. Anderswo hat das Lehenswesen noch weniger jene gestaltende Kraft besessen, die dazu nötig war, ein System in die Wirklichkeit zu übertragen. Immerhin rangierten die vom König direkt belehnten Großen an erster Stelle und suchten sie Schwächere zu ihren eigenen Vasallen zu machen, also zu zweitrangigen Gewalten hinunterzudrücken. Anderen, wie z. B. Atto-Adalbert von Canossa, gelang der Aufstieg vom bischöflichen Vasallen zum Markgrafen mit eigenen Vasallen gräflicher Abstammung[171]. Bei Rather von Verona kann man lesen, daß sich Große zwar gerne Bistumsgüter geben ließen, aber die Lehenshuldigung an den Bischof verweigerten, um nicht ihren Rang als unmittelbare Vasallen des Königs zu verlieren[172]. Von Fragen des aristokratischen Sozialprestiges wird noch zu reden sein.

Das Lehenswesen der früheren Zeit, also vor seiner «Versachlichung» und «Verdinglichung», tendierte zu einer personalen Rangordnung. Dafür bedarf es ebenso wenig der Beispiele wie für die andere Feststellung, daß diese Ordnung stets unvollkommen blieb. In reiner Gestalt existierte sie nur in den Köpfen einiger Theoretiker späterer Zeit, mit denen wir uns hier nicht befassen müssen. Wenn es schon im kirchlichen Bereich nicht gelungen ist, eine klar definierte Rangordnung bis in alle Einzelheiten festzulegen, so war das noch viel weniger im weltlichen der Fall. Für die allermeisten Menschen genügte es ja auch, zu wissen, wer ihre Obrigkeit war: ein edler Herr, ein Graf, ein Bischof oder Abt. Rangfragen innerhalb der Oberschichten haben nur diese betroffen.

---

170 Jean-François LEMARIGNIER, Le gouvernement royal aux premiers temps capétiens (987-1108) (Paris 1965) 172.

171 KELLER a. a. O. 323 über den Grafen Gerald von Aurillac und Herzog Wilhelm von Aquitanien, a. a. O. 344 f. über Atto-Adalbert.

172 A. a. O. 340.

II.

Soziale Gesten, ein Teil der «Sitte»

Im Jahre 953 erhielt Köln einen neuen Erzbischof. Es handelte sich um einen Königssohn und den Bruder des regierenden Herrschers; sicherlich hätte er nach Gutdünken schalten und walten können, aber Brun «ermittelte überall sorgfältig, was er zu tun habe und auf welche ‚consuetudines' er sich stützen solle»[1]. Man wird das Wort «consuetudo» hier ziemlich weit fassen; es bedeutet das gute alte Herkommen auf dem Gebiet des Rechtes und der Verwaltung, den Landesbrauch, die «Sitten und Gebräuche» in ihren festen Formen. Ihre Befolgung erwartete man von dem neuen Oberhirten als Teil dessen, «was er zu tun hatte». Wahrung der gebührenden Rangordnung war nur ein kleiner Ausschnitt des umfassenden Denkens «in Ordnungen», das sich durch Handlungen realisierte.

Recht und Ordnung muß sein. In der «geschlossenen» Gesellschaft liegt der Schwerpunkt nicht auf den Rechtszwängen, die nur im Extremfall zur Geltung kommen, sondern in den Ordnungszwängen: Wer die Spielregeln des Zusammenlebens nicht befolgt, schließt sich selbst aus der Gruppe aus oder er stößt doch so sehr auf den Widerstand aller Gutgesinnten, daß ihm das Leben zwischen ihnen schwer wird. Das ist wirksamer als eine Infamieerklärung, wie sie z. B. in Trosly (909) angedroht wurde[2]. Entweder fand die Laienschaft Verfügungen über Klerus und Kirchengut der Sitte gemäß und «in Ordnung», dann nützten Drohungen wenig; oder es gelang, die «consuetudo» in mühsamer Kleinarbeit gemäß dem kanonischen Recht zu ändern – erst dann verlor der Bedrücker des Klerus seinen «guten Ruf» in der Gruppe und konnte man ihn mit rechtlichen Mitteln von ihr trennen.

Wußte der Einzelne, «was er zu tun hatte» (quid agendum sibi esset), und richtete er sich danach, erleichterte das wichtige Entscheidungen ebenso wie die alltägliche Existenz. Nach den Regeln der Sitte zu handeln, dämpfte spontane Affekte und ordnete sie einer sozialen Kontrolle unter. Die Reaktionen wurden formalisiert und verloren ihren zufällig-individuellen Charakter. Das war

---

1 Ruotgers Lebensbeschreibung des Erzbischofs Bruno von Köln ed. I. Ott (Scriptores rerum German. n. s. 10, 1951) 12 c. 12.

2 Mansi, Sacrorum conciliorum . . . collectio 18 A, 278. Es handelt sich um ein Zitat nach einem angeblichen Pastoralschreiben Papst Alexanders I.

besonders für Mönche wichtig. Aus dem Umkreis von Gorze erfahren wir, daß die demütige Durchführung der klösterlichen Bräuche (consuetudines) zur Ruhe des Geistes führe[3], was an die stoische Apathie erinnert. Und schließlich war die geistliche oder «edle» Zucht ein Merkmal der Differenzierung zwischen den sozialen Bereichen: Wir haben schon gehört, daß man dem Bauern verzieh, was in höheren Sphären als Zuchtlosigkeit geahndet werden mußte.

Den Cluniazensern haben Historiker einen Vorwurf gemacht, der ebenso für fast alle Menschen dieser Zeit gelten könnte: Daß sie die Innerlichkeit nicht schätzten und das Wesen des geistlichen Lebens zu einer bloß äußerlichen Schau (outward show) von Ritual und Zeremoniell machten[4]. Das setzt einen Gegensatz zwischen Innen und Außen, «stillem Kämmerlein» und ostentativem Frömmlertum voraus, den es damals für die meisten Christen nicht gegeben hat. «Zwischen Form und Absicht zeremoniösen Verhaltens besteht kein Abstand; jeder meint, was er tut, und wer es nicht tun will, bleibt fern. So stiftet Zeremoniell Gemeinschaft»[5]. Nur wenige Gesellschaftskritiker der damaligen Zeit haben den Tatbestand der Heuchelei erfaßt.

Unter solchen Voraussetzungen gab es sehr selten eine Abwertung der «bloßen Äußerlichkeiten» des Verhaltens und der Erscheinung. Die Geste, das Kleid, die Waffe wurde zum Bedeutungsträger, zum «Zeichen» im Sinne Augustins: «Ein Zeichen ist nämlich eine Sache, die außer ihrer sinnfälligen Erscheinung aus ihrer Natur heraus (!) noch einen anderen Gedanken nahelegt»[6]. Daß so ziemlich alles seinen Hintersinn hat oder haben kann, war nicht nur die Meinung symbolistisch orientierter Theologen, sondern auch ihrer weltlichen Zeitgenossen. Es lag nahe, im zwischenmenschlichen Bereich ebenfalls Zeichen sprechen zu lassen; wer sie richtig zu deuten und zu verwenden wußte, besaß ein Stück Bildung, und nicht das unwesentlichste.

Damals mußte die Deutung wenigstens für die Mitglieder jener Gruppe klar

---

[3] Cons. Einsidlenses, eine Bearbeitung der «altgorzischen» Sandrat-Cons. bei ALBERS, Consuetudines monasticae 5, 73 (Prolog).

[4] Raffaello MORGHEN, Monastic Reform and Cluniac Spirituality, in: Cluniac Monasticism ed. N. HUNT (London 1971) 19.

[5] Arno BORST, Lebensformen (oben 3 Anm. 6) 485.

[6] De doctrina christiana II, 1, 1. Zitat nach Dieter HARMENING, Superstitio (1979) 109. Wertvolle Hinweise auf die moderne Theorie der Zeichen und vor allem der Gebärden gibt Ruth SCHMIDT-WIEGAND, Gebärdensprache im mittelalterlichen Recht. Frühmittelalterl. Studien 16 (1982) 363 ff. Hier S. 375 die Feststellung, «daß die Gebärdensprache grundsätzlich das Gleiche zu leisten vermag, wie die Sprache in Worten, ja daß durch die Kombination verschiedener Funktionen von Ausdruck und Appell mit der Grundfunktion der Darstellung ein sehr viel größerer Empfängerkreis angesprochen werden kann ...».

sein, die von der Sache betroffen waren; heute ist sie oft sehr schwierig. Man denke z. B. an die Diskussion der Historiker über die Ereignisse von Ponthion im Jahre 754: Was meinte der Papst damit, daß er sich vor dem König zu Boden warf, und was bedeutete die Handreichung Pippins? Die Schwierigkeit lag darin, daß relativ wenige Verhaltensweisen immer wieder und mit variabler Bedeutung angewendet wurden. Vollzog Stephan II. eine «Kommendation», die «Unterwerfung der Kirche unter den Rechtsschutz des fränkischen Königs», wie einst Johannes Haller meinte[7], oder handelt es sich um einen untechnischen Gebrauch der Geste, ein Flehen um Hilfe? Damals sollte es solche Zweifel nicht gegeben haben, denn eine Geste verfehlte ihren Zweck, wenn sie falsch oder gar nicht verstanden wurde. Dasselbe gilt für Gegenstände, die man als «Bedeutungsträger», vor allem für solche Gesten, verwendete: Hier war die Auswahl zwischen den möglichen Bedeutungen einer und derselben Sache groß, und ein Stab z. B. konnte Stütze, Amtszeichen, gelegentlich auch irgendein Gut oder Amt «sein», das man durch ihn übermittelte. Geste und Sache waren zumeist miteinander verbunden, was eine nähere Bestimmung des Gemeinten erlaubte. Daß dabei Außenstehenden nicht immer alles klar war, läßt sich an verschiedenen Beispielen zeigen. Bekannt ist die bei Richer und Thietmar von Merseburg überlieferte Geschichte, daß nach dem mißglückten Überfall auf Otto II. im Jahre 978 die Franzosen den Adler auf der Pfalz zu Aachen in eine andere Himmelsrichtung drehten. Die Geste richtete sich gegen die Deutschen, das war klar, aber ihr Sinn wird zweifach gedeutet: Thietmar meinte, der Adler sollte sich dem eigenen Reich, also dem Westen, zuwenden; nach Richer hätte er drohend ins Nachbarreich, also nach Osten, geschaut[8].

In der politischen Sphäre konnte jede Kleinigkeit zum Träger einer Bedeutung gestempelt werden. Wieder bei Richer von St.-Remi lesen wir von Verhandlungen Ottos II. mit Hugo Capet (981); beim Abschied läßt Otto absichtlich sein Schwert auf dem Stuhl liegen und bittet den Herzog, es aufzunehmen. Ein französischer Bischof bemerkt die Gefahr, daß Hugo dadurch zum »Schwertträger« des Kaisers werden könnte und reißt es ihm aus der Hand[9]. Es handelt sich um eine jener – meist erfundenen – Lehranekdoten, die zeigen sollten, wie sehr man auf der Hut sein mußte gegenüber Freunden und Feinden, um nicht in eine Falle zu geraten.

Man pflegt Ritual, Zeremoniell und Brauchtum voneinander zu scheiden, gemäß der neueren Trennung zwischen der Kirche, d. h. dem Klerus, der höfischen Sphäre – die vom Bürgertum nachgeahmt wurde – und dem «schlichten

---

[7] Haller, Das Papsttum 1 (2. Aufl. 1951) 420.

[8] Thietmar III c. 8 ed. Holtzmann 106. Richer III c. 71 ed. Latouche 2, 88.

[9] Richer III, 85, ed. Latouche 2, 108.

Volk», den unteren Klassen. Im Mittelalter gingen die drei Bereiche der Gestik oft ineinander über, etwa bei einer Herrschererhebung. Cluniazensischer Ritualismus fand seinen dauernden Niederschlag nicht in einem Rituale, sondern in schriftlichen «Consuetudines», und ungeschriebene «Gewohnheiten» beherrschten den Alltag der Weltlichen. Wir würden die meisten von ihnen dem Brauchtum zurechnen, doch ist dabei Vorsicht geboten. Wenn es der Ehre des Mannes (honestas virilis) widersprach, sich im Damensattel aufs Pferd zu setzen[10], zeigt diese Begründung, daß hier eine Art Standesehre der Edlen im Spiel war. Niemals wäre ein Knecht in die Lage gekommen, im Damensattel zu Pferde zu sitzen. «Sitte» war vor allem eine Sache von Oberschichten. Sie hatte die Tendenz, sich zu verfestigen und zu komplizieren, vor allem an Herrscherhöfen, die damit ihre Bedeutung von den Höfen der Großen abgrenzten. Sitte war zumeist Stammes- oder Landessitte, Zeremoniell konnte importiert werden. Am stärksten zeigte sich das bei Otto III., wenn er nach altem «römischen Brauch» (consuetudo Romanorum), wie Thietmar berichtet, allein vor einem halbrunden Tisch sitzend speiste[11].

Fließend waren die Grenzen zwischen kirchlichem Ritual und geistlichem Brauchtum. In Cambrai war es z. B. üblich, daß der neugeweihte Bischof die Domglocke selbst läutete, um die Übernahme des «episcopium» – also in erster Linie des Bischofsgutes – zu verkünden. Während seiner Regierung ertönte die Glocke zur Vesper nur dann, wenn der Bischof in der Stadt weilte[12]. Es handelt sich um ein Herrschaftszeichen eigener Art und einen lokalen Brauch, der immerhin das ganze Mittelalter hindurch Bestand hatte. Trotzdem: Einmal wurde er erfunden, und die romantische Vorstellung, daß Brauchtum uralt sei, ist von der historischen Volkskunde schon längst korrigiert worden. Gewiß muß man stets prüfen, ob es sich um wirklich Neues handelt oder um Älteres, das in modifizierter Form wieder auftaucht. Als Otto II. dem Domkapitel von Magdeburg das Recht freier Wahl des Erzbischofs gab, «befestigte» er die Verleihung mit der Schenkung eines Buches, das sein Porträt und das der Kaiserin Theophanu enthielt. Während des Gottesdienstes nach der Predigt wurde die kaiserliche Urkunde verlesen und auch das Buch zeigte der Erzbischof vor[13]. Inmitten einer feierlichen Handlung, die mit der Verfluchung eventueller Verletzer des kaiserlichen Gebots und dem «Amen! fiat! fiat!» des Kirchenvolkes

---

[10] Bernhard von Angers, Miracula s. Fidis, MIGNE PL 141, 147 c. 12: «asinino tergo more insedit femineo, versis ex uno latere cruribus ... posthabuit honestatem virilem.»

[11] IV, 47 ed. HOLTZMANN 184.

[12] Gesta episcoporum Cameracensium I c. 91, MGH SS 7, 438 mit Anm. 44.

[13] Thietmar III, 1 ed. HOLTZMANN 97 f.

schloß, mußte das Buch mehr als nur ein Zeichen herrscherlicher Huld bedeuten. Gehen wir fehl, wenn wir vermuten, daß der Erzbischof die Bildseiten aufschlug und das Herrscherpaar gleichsam gegenwärtig sein ließ? Kaiserbilder in der Kirche sind ein bekanntes Thema spätrömisch-byzantinischer Staatssymbolik.

Manchmal läßt sich überhaupt der Sinn von Gesten, die gewiß nicht sinnlos waren, nur mehr erraten. Wir haben schon davon gesprochen, welche verschiedenen Rollen der Stock als Symbol spielen konnte. Wenn die Mönche von Fleury bei der Osterprozession die Kirche verließen, wurden an sie Stöcke ausgeteilt, und zugleich zogen sie die Kapuzen über den Kopf; solange mußten sie das Haupt bedeckt halten, als sie die Stöcke trugen[14]. Vielleicht hat man auf das «Pilgertum» der Seelen zu Gott hinweisen wollen, jedenfalls wurde erreicht, daß die Zuschauer etwas zu sehen und zu meditieren bekamen. Was bedeutet es, um noch ein Beispiel anzuführen, daß die Anhänger der Friedensbewegung im Jahre 1033 «durch die Hand der Bischöfe den (Bischofs)stab himmelwärts erhoben, die Arme zu Gott ausstreckten und einmütig ‚Friede! Friede!' riefen»? Wir wären auf Vermutungen angewiesen, gäbe nicht Rodulfus Glaber die – wohl authentische – Lösung, daß es sich um «ein Zeichen des ewigen Vertrages» mit Gott handle[15]. Nicht die Richtung «zu Gott hin» wurde auf diese Weise angedeutet, sondern der Stab übernahm wieder einmal die Rolle des Trägers einer Willenserklärung. Daß die erhobenen Hände, die antike Gebetsgeste, zugleich wieder den ursprünglichen Sinn erhielten, Waffenlosigkeit und friedliche Gesinnung anzudeuten, wird den Beteiligten vielleicht bewußt gewesen sein.

Hier haben wir einen sicheren Beleg für eine Neuerung vor uns; da es die Sache vor der Gottesfriedensbewegung nicht gab, konnte es auch keinen zeichenhaften Ausdruck für sie geben. Diese Zeichensprache beherrschte und erweiterte man mit einer Leichtigkeit, die uns fremd ist. Ein Bischof hatte sich beim König beschwert, daß man ihm eine «villa» – einen Meierhof – entfremdet hatte. Nach Untersuchung des Falles setzte ein Beauftragter des Königs den Bischof allen sichtbar wieder in den Besitz des Hofes, indem er die Tür der dortigen Kirche berührte[16]. Daß daneben eine Urkunde über die Sache angefertigt wurde, hat sicherlich auf die Zuschauer weniger Eindruck gemacht. Oder: Der Bischof von Metz reitet nach Gorze; zum Zeichen der Ehrfurcht vor diesem

---

[14] Consuetudines monasticae 5 ed. ALBERS 149; zur Datierung vgl. unten 334 Anm. 27.

[15] Rodulfus Glaber, Historiae IV c. 5 ed. PROU (Collection de textes ... Paris 1886) 104 § 16. Über das «pactum pacis» von Auxerre vgl. zuletzt HOFFMANN, Gottesfriede (oben 27 Anm. 86) 54 ff. Vgl. auch unten 565.

[16] Jacques FLACH, Les origines de l'ancienne France 3 (1904, 1969) 382 f. Anm. 3.

Musterkloster steigt er bei einem Wegkreuz vom Pferd und geht ohne Schuhe weiter[17]. Die Geste ist uralt und konnte doch immer wieder neu erfunden werden. Auch Thietmar von Merseburg war ein solcher «Erfinder»: Ein Priester gab ihm ein Verzeichnis seiner Sünden und Thietmar legte es auf den Reliquienbehälter in der Eigenkirche dieses Mannes, um die Hilfe der Heiligen bei der Sündenvergebung zu sichern. «Ich habe niemals gehört oder gesehen, daß jemand das tat», fügt Thietmar seinem Bericht treuherzig hinzu[18].

Es ist also unmöglich, das sich stets wandelnde, vielfältige Brauchtum in ein System zu pressen. Nur beiläufig kann man auch den Umkreis dessen beschreiben, was alles dazu zu rechnen ist. Wir haben unsere Beispiele aus dem Bereich der Gestik im weiteren Sinn, also der – unkomplizierten – Handlungen gewählt, aber auch Worte und ebenso Objekte konnten im Mittelpunkt stehen. Kompliziertere Abläufe haben zumeist all dies vereint.

Wie diese Beispiele zeigen, handelt es sich um sehr Verschiedenartiges; doch gibt es im Bereich der Gestik gewisse Zentren häufig wiederkehrender ähnlicher Erscheinungen. Man denke etwa an die Bedeutung der Körperhaltung, die Verschiedenes signalisiert: Stolz und Demut, Kraft und Hinfälligkeit – etwa des Bettlers –, Gunst und Ungnade usw. In unserer eigenen Zeit handelt es sich allzumeist um spontanen Ausdruck; damals war die Ausdrucksform oft typisiert, «ritualisiert», entpersönlicht oder wie man dieses Phänomen sonst noch bezeichnen will. Das gilt in höchstem Maß für den Monarchen auf der einen und den Mönch auf der anderen Seite; von beiden wurde überindividuelles Gebaren in der Öffentlichkeit stärker als von Aristokraten und Weltgeistlichen verlangt.

Heinrich II. trifft mit dem Erzbischof Heribert von Köln zusammen, der ihm vor allem am Beginn seiner Regierung politische Schwierigkeiten bereitet hat und darum in Ungnade ist. Ein himmlisches Traumgesicht läßt den Herrscher sein Unrecht erkennen, aber er spielt die Rolle des ungnädigen Monarchen weiter, macht «mit Vorbedacht» (ex industria) ein finsteres Gesicht und verlangt von Heribert eine sehr große Geldsumme. Auf dessen Klagen über ungerechte Behandlung hin wird der ungnädige zum gnädigen Kaiser, er steigt vom Thron herab, umarmt und küßt den Erzbischof. Unnötig ist es für den Chronisten in diesem Falle, zu erwähnen, was sonst oft registriert wurde: die «facies hilaris» des Kaisers, der bis dahin «ein Gesicht gemacht hatte» und es sozusagen durch ein anderes ersetzte[19].

---

17 «discaltiatus», d. h. er zog die Reitstiefel aus (und Sandalen an?). Johannes von St. Arnulf in Metz, Vita Iohannis Gorziensis MGH SS 4, 365 c. 99.

18 Thietmar VIII, 10 ed. Holtzmann 504 f.

19 Lantbert von Deutz, Vita Heriberti Coloniensis MGH SS 4, 749 c. 10. Fernand

Nach der Regel des heiligen Benedikt sollte der Mönch sich vor allem in Demut üben. Deren höchster, zwölfter Grad war es, wenn er «nicht nur mit dem Herzen, sondern auch durch den Körper(ausdruck) denen, die ihn betrachteten, stets seine Demut» anzeigte. Dazu gehörte es, immer den Kopf zu neigen und die Augen zu Boden zu senken[20]. Wer den Kopf gesenkt hält, macht sich kleiner und deutet seine «Geringheit» an. Ein schönes Beispiel dafür bietet ein Blatt des Registrum Gregors d. Gr. in der Trierer Stadtbibliothek (um 984)[21]: Der Schreiber Gregors ist auf der Abbildung kleiner als sein Herr, er steht gebückt und blickt von unten auf seinen Vorgesetzten. Gebückt schreiten auch die vier Frauengestalten, die in einigen Handschriften die Teile des Reiches Ottos III. verkörpern[22]. Klein sind die Nebenfiguren der meisten mittelalterlichen Gemälde dargestellt, in einer Jahrtausende alten Tradition. Die Rangverhältnisse mußten ihren graphischen Ausdruck finden. Wenn es galt, die Verkündigung der frohen Botschaft an die Hirten von Bethlehem zu schildern, ergab es sich von selbst, daß die größte und zentrale Figur der Engel war, mittelgroß der Empfänger der Botschaft dargestellt wurde, eine Standesperson mit rotem Mantel, Hemd, verzierter Hose und Halbstiefeln, während hinter ihm und am kleinsten zwei nur mit Hemden bekleidete barfüßige Hirten zu sehen sind[23]: Es leuchtete ein, daß sich Gottes Engel nicht direkt an das gemeine Volk wenden konnte; der Oberhirte war dazu da, seinen Leuten zu vermitteln, was Gott durch seine Diener verkündete.

Eine andere Geste der Selbstverkleinerung ist der Kniefall, der vor allem Knechten zukam, die vor ihrem Herrn nicht stehen sollten; aber auch Freie fielen vor ihrem «senior» auf die Knie. Der Kommendationsritus, der die Vasallität begründet, verlangt anderes, den «Handgang»; er ist, als alter Verknechtungsritus[24], wenigstens in späterer Zeit mit dem Eintritt ins Lehensver-

---

VERCAUTEREN, Avec le sourire . . ., in: Mélanges Rita LEJEUNE 1 (Gembloux 1969) 45 ff. hat auf das häufige Vorkommen von «hilaris, hilari vultu» usw. anläßlich von Schenkungen hingewiesen. «Il semble que, dès une haute antiquité, le rire ou le sourire aient été traductions de bienveillance et aide de la part des Dieux.» A. a. O. 55 Anm. 3.

20 Reg. 7, 62 f. ed. HANSLIK (2. Aufl.) 55 f.

21 Letzte Abb. in: Die Zeit der Ottonen und Salier (1973) Abb. 118 (zu S. 129).

22 Oben 20.

23 Perikopenbuch Heinrichs II. von der Reichenau (Cod. lat. Monac. 4452 fol. 8 v.), letzte Abb. in: Die Zeit d. Ottonen u. Salier Abb. 138 S. 147. Vgl. unten S. 93, 477.

24 Vgl. unten 493 Anm. 97 und Heinrich MITTEIS, Lehnrecht und Staatsgewalt (1933) 31.

hältnis verknüpft worden. Man wurde zum Lehensmann dadurch, daß man die gefalteten Hände in diejenigen des Herrn gab, wie dies seit dem achten Jahrhundert bezeugt ist[25]. Lag es nicht nahe, diese Geste mit einem Kniefall zu verbinden? Soweit es sich um Angehörige der Reichskirche handelt, berichten die Quellen des 10. Jahrhunderts[26] davon nichts. Die Berichte sind aber so kurz gehalten, daß sie einen Kniefall nicht ausschließen. Wenn der König bei der Zeremonie nicht stand, sondern saß, wäre es unschicklich gewesen, vor ihm stehend den Kommendationsritus zu vollziehen[27]. Daß Lehensleute ganz allgemein das Knie vor dem Herrn zu beugen hatten, wird wenigstens in Frankreich für unseren Zeitraum bezeugt[28]. Sicherlich hat man in den Oberschichten die nicht nur in Europa geltende Regel befolgt, daß das Haupt des Geringeren niemals jenes des «Höheren» überragen dürfe. Stand dieser, durfte man nicht sitzen, wie schon der heilige Benedikt seine Mönche gelehrt hatte[29], und auch ein slawischer Fürst des 10. Jahrhunderts pflegte sich an diesen Grundsatz der Sitte zu halten[30].

Die ärgste «Erniedrigung» scheint mit dem Fußfall verbunden zu sein. Und doch galt er keineswegs als solche, sonst hätten sich nicht Personen höchsten Standes dieses Mittels bedient: Papst Stephan II. 754 vor Pippin, Papst Leo VIII. vor Otto dem Großen im Jahre 964[31], der Erzbischof von Mainz auf einer

---

25 Vgl. die Quellenzitate bei François-Louis GANSHOF, L'origine des rapports féodo-vassaliques, in: I problemi della civiltà carolingia (Settimane di Studio 1, Spoleto 1954) 30 sowie LE GOFF (unten Anm. 35) 687 (354 f.).

26 Zusammengestellt durch Monika MINNINGER, Von Clermont zum Wormser Konkordat (Forschungen zur Kaiser- u. Papstgesch. des Mittelalters 2, 1978) 23 ff.

27 Das war später (bald nach 1221) die Anschauung wenigstens des sog. Auctor vetus de beneficiis: «Si autem dominus sedeat, homo genua flectat ante illum pro praebendo hominium.» Zitat nach Georg WAITZ, Deutsche Verfassungsgeschichte 6 bearb. v. G. SEELIGER (1896) 66 Anm. 1.

28 Rodulfus Glaber (oben Anm. 15) I, 2, ed. PROU 7 § 5 erzählt, der Graf Heribert von Vermandois habe seinen Sohn geschlagen, weil dieser stehend den Kuß des Königs empfing, «seniorem inquiens et regem erecto corpore osculaturum non debere suscipere quandoque scito». Vgl. auch Richer über das Beugen des Knies vor dem Herzog Hugo Capet, oben 40 mit Anm. 147.

29 Oben 36 mit Anm. 132.

30 Thietmar V, 10, ed. HOLTZMANN 232, über Herzog Mieszko I. von Polen.

31 Liutprand von Cremona, Historia Ottonis (ed. J. BECKER in MGH SS rerum German. 3. Aufl. 1915) 173 c. 18. Hier und anderswo heißt es «pedibus .. provolutus», «prostratus», «pedetenus acclinatur», was nicht immer die volle Proskynese bedeuten muß.

Synode vor dem Bischof von Hildesheim und dieser vor dem Kaiser (1027)[32], Heinrich II. seinerseits sogar mehrmals vor den Bischöfen, die 1007 über die Gründung des Bistums Bamberg berieten[33]. Es war eine Geste der eindringlichen Bitte, keine Aufgabe der eigenen Ehre oder Stellung. Was einem passieren konnte, wenn der Fußfall vergeblich blieb, erfuhr der Mainzer Erzbischof 1027: er wurde ausgelacht, nichts weiter. Im Mönchtum scheint die Übertragung der liturgischen «prostratio» auf die zwischenmenschliche Sphäre einen Teil jener Gebärdensprache gebildet zu haben, die von den Cluniazensern dann zu einem unüberbietbaren Höhepunkt geführt wurde[34].

Neben der Gestik der «Erniedrigung» ist natürlich jene des Handganges von Wichtigkeit. Über ihn gibt es eine reiche Literatur[35], so daß wir uns hier auf einige ergänzende Bemerkungen beschränken können.

Dudo von St.-Quentin[36] erzählt, daß man den sterbenden Normannenherzog Richard fragte, wer seine Nachfolge antreten solle. Er bestimmte zu ihr seinen gleichnamigen Sohn, dem die anderen Söhne (als Lehensleute) «anstelle ihrer Herzen ihre Hände in die seinen geben» sollten. Hier mag es sich um eine Anspielung auf die brüderliche Liebe handeln. Auch sonst finden sich Anzeichen einer inneren Bindung, von der Le Goff vermutet, es handle sich um eine «symbolique parentale»: Die Vasallen würden so zu Mitgliedern der herrschaftlichen «Familie»[37]. Carlo Guido Mor hat, den Gedanken weiterführend,

---

[32] Wolfhere von Hildesheim, Vita Godehardi prior, MGH SS 11, 191 c. 32.

[33] Thietmar VI, 32 ed. Holtzmann 312 f.: «humiliatus solotenus prosternitur».

[34] «Ekkehard (von St. Gallen) aber fiel dem König zu Füßen und richtete sich schweigend wieder auf. Und der Vater (Otto II.) sagte: ‚Was begehrst du?'» Ekkehard IV., Die Geschichten des Klosters St. Gallen, übers. v. H. Helbling (Die Geschichtsschreiber d. dt. Vorzeit 3. Gesamtausg. 102, 1958) 220 c. 133. Ekkehard IV., Casus s. Galli (St. Galler Klostergeschichten) ed. u. übers. v. H. F. Haefele (Ausgew. Quellen z. dt. Gesch., Frh. vom Stein-Gedächtnisausg. 10, 1980) 256 c. 133. Über die Gebärdensprache vgl. unten 336 und oben Anm. 6.

[35] Vgl. das Literaturverzeichnis bei Minninger (oben Anm. 26) und die für unsere Fragestellung besonders wichtige Studie von Jacques Le Goff, Le rituel symbolique de la vassalité, in: Le Goff, Pour un autre Moyen Age (Paris 1977) 349 ff., vorher erschienen unter dem Titel: Les gestes symboliques dans la vie sociale: Les gestes de la vassalité, in: Simboli e simbolologia. Settimane ... Spoleto 23/2 (1975, Spoleto 1976) 679 f.

[36] Gesta Normanniae ducum III, Migne PL 141, 755. Zitiert durch P. Guilhiermoz, Essai sur l'origine de la noblesse en France au moyen âge (Paris 1902) 203 Anm. 30. Der Text «manibus illorum eius manibus vice cordis datis» läßt verschiedene Übersetzungen zu.

[37] Le Goff a. a. O. 399, 415.

auf die Parallele von Gatten- und Lehenstreue verwiesen[38]. Derartiges läßt sich nicht streng beweisen, aber es ist gewiß erwägenswert, wenigstens solange man die familiäre Bindung und natürlich auch den Lehenskuß nicht nur von der affektiven, sondern ebenso von der gesellschaftlichen Seite her sieht. Rather von Verona weist einmal darauf hin, daß Bindungen entweder durch Furcht oder durch Liebe bedingt sind und fährt fort: «Wofür soll dich jemand lieben, dem du nichts geben (conferre) kannst?»[39] Das klingt zynisch, ist aber kaum so gemeint. Es wäre müßig, darüber zu streiten, ob die Zuneigung des Kindes zu seinen Eltern von vornherein gegeben ist, oder ob sie aus dem erwächst, was es an Schutz, Nahrung und Belehrung empfängt – beide Bereiche gehören zusammen. Ein Schutz- und Treueverhältnis mit materiellem Substrat ist auch die Ehe vor allem in jenen Zeiten gewesen, da individuelle Zuneigung zu ihrer Begründung keineswegs ausreichte, ja zumeist erst mit ihr beginnen konnte.

Es gehört zu den Ergebnissen der Verhaltensforschung, daß das Einzelwesen einen gewissen Freiraum braucht und es übelnimmt, wenn ihm jemand «zu nahe tritt», der nicht in besonderer Weise mit ihm verbunden ist. Um den König besteht ein solcher Freiraum in verstärktem Maß. Wen er durch Handgang und Lehenskuß eines engen Kontaktes würdigt, der gehört zu ihm auch in gefühlsmäßiger Weise, ob er nun in die königliche Familie eintritt oder nicht. Erst später ist das Lehenswesen eine Art Geschäftsverbindung geworden.

Was den Lehenskuß betrifft, so ist es allerdings fraglich, ob er im 10. Jahrhundert schon ein Teil der mit dem Eintritt in die Vasallität verbundenen Gestik war. Als ältestes deutsches Beispiel gilt allgemein eine Erzählung aus St. Gallen zu dem Jahre 971; Otto I. sagte dem erwählten Abt Notker: «So wirst du endlich der Meine», nahm ihn durch die Geste des Handgangs (unter seine Lehensleute) auf und küßte ihn[40]. Vorher hatte Otto den Gesandten des Klosters den Friedens- oder Freundschaftskuß nicht gewährt, weil sie seinen Wünschen Widerstand leisteten, dann waren sie mit Ausnahme Notkers zum Kuß zugelassen worden. Vielleicht wird die Stunde dafür noch kommen, sagte Otto und meinte damit, daß er sich die Möglichkeit offenhielt, Notker im Sinne der St. Gallener Mönche anstelle seines eigenen Kandidaten doch noch zum Abt zu machen. Muß es sich dabei um den «Kuß der Vasallenhuldigung» gehandelt

---

38 Simbolologia e simboli nella vita giuridica, in: Simboli e simbolologia, Settimane ... Spoleto 23/1, 19.

39 Rather, De contemptu canonum c. 4, Migne PL 136, 491.

40 «manibusque receptum osculatus est». Casus s. Galli c. 133; Helbling und Haefele (oben Anm. 34) übersetzen «empfing ihn mit den Händen». Minninger a. a. O. 26 ff. Le Goff a. a. O. 358.

haben[41] und nicht um ein Nachholen der freundschaftlichen Geste, die an den anderen bereits vollzogen worden war?

Hier küßt der Herrscher den Untergebenen, während in dieser Zeit und auch später das Umgekehrte berichtet wird: Der Lehensmann küßt den Fuß oder das Knie seines Herrn[42]. Ein fester Bestandteil der Kommendation war diese Geste der Unterordnung damals kaum, eher ein allgemeines Herrenrecht, das auch auf Lehensleute angewendet werden konnte. Die Geste ist ja sehr alt und wurde nicht nur in der Antike von unterworfenen Feinden verlangt. Es wird kein Zufall sein, daß Herzog Tassilo 787 den Kniekuß leisten mußte[43] und der Normannenherzog Rollo angeblich (im Jahre 911) den Fußkuß hätte leisten sollen[44]. Mit den Füßen des Herrn beschäftigten sich zwar auch Vasallen – wenn sie ihm in den Sattel halfen[45] –, vor allem aber Knechte: Den verkleideten Hugo Capet erkannte man daran, daß ihm Diener mit gebeugtem Knie die Stiefel auszogen und andere die Füße massierten[46].

Man kann also annehmen, daß der Handgang die primäre Lehensgeste war, die mit anderen Requisiten mittelalterlicher Zeichensprache angereichert werden konnte. Der Kuß von Mund zu Mund gehörte in dem von uns behandelten Zeitraum noch kaum zu diesen Zeichen; es konnte ihn nur unter Gleichgestellten geben, ebenso wie den – zwischen Militärs mancher Länder oder Damen der Gesellschaft heute noch beliebten – Wangenkuß. Wenn Könige freundschaftlich zusammentreffen, küssen sie einander; das weiß ebenso Richer wie der Dichter des «Ruodlieb»[47]. Nach dieser Zeremonie fordert der eine der beiden Könige seine Bischöfe auf, dasselbe zu tun (?) und küßt dann «nach der

---

41 So HELBLING a. a. O. 222 Anm. 820, was der allgemein geltenden Meinung entspricht.

42 MITTEIS, Lehnrecht u. Staatsgewalt 498, mit Beispielen (Anm. 141), die Frankreich und Italien betreffen. In Deutschland ist der «Lehnskuß» nach 971 durch lange Zeit (bis zu Lothar III.) nicht mehr bezeugt, MINNINGER a. a. O. 28.

43 Hibernicus exul, MGH Poetae lat. 1, 399 v. 99 f. und MITTEIS, Lehnrecht 68 Anm. 178.

44 MITTEIS a. a. O. 498 Anm. 141.

45 Vgl. Richer IV, 11, oben 40 mit Anm. 147.

46 Richer III, 88 ed. LATOUCHE II, 112. Den Herrn erkennt man an der «Erniedrigung» seiner Diener: Kniebeuge und Sitzen (auf dem Boden) «unterhalb» des Herrn (pedes sedentis subsidendo confricabant). Ferdinand LOT, Les derniers Carolingiens (Paris 1891, 1975) 125 f. Anm. 2 verweist auf die Erwähnungen dieser Dienstleistung in Chansons de Geste und höfischen Romanen; «elle exista encore en Russie au milieu de ce siècle».

47 Ruodlieb V, 27 ff. ed. FORD 44, auch zum Folgenden.

Reihe» (ex ordine) alle Äbte. Über eine Versöhnung zwischen dem Karolinger König Lothar und Hugo Capet (Juni 985) berichtet Gerbert von Aurillac mit den kurzen Worten: «Am 18. Juni hat Herzog Hugo den König und die Königin geküßt»[48].

Der Versöhnungskuß war eine Sonderform des allgemeinen Friedenskusses, den man gewiß nicht nur von der Liturgie her kannte. Wo zwei Fremde zusammentrafen, gab es nach urtümlicher Vorstellung zwischen ihnen auf keinen Fall ein gleichgültiges Verhalten, sondern nur die Alternativen von Friede oder Unfriede; zu einer mußte man sich sofort entscheiden. Gab man den Friedenskuß, garantierte man das Unterbleiben von Feindseligkeiten und eventuelle Gastfreundschaft im eigenen Haus. In Klöstern wurde der Fremdling mit einem Kuß empfangen[49]. Die «pax» der Benediktsregel war wohl von Anbeginn die angedeutete Umarmung mit angedeutetem Wangenkuß zwischen den Mönchen; in Cluny wurde sie an die Laien in der Kirche von einem der Brüder weitergegeben[50]. Der geistliche Friede sollte sich auf das Kirchenvolk übertragen.

Kaum im Sinne des heiligen Benedikt war es, daß herrschaftliche Elemente in das Kußzeremoniell des Cluniazensertums eingingen. Im späten 11. Jahrhundert und vielleicht schon früher hat man in Fruttuaria (Piemont) den Abt auf die gleiche Stufe mit dem König oder einem großen Lehensherrn gestellt: Er durfte von niemandem einen (brüderlichen) Kuß empfangen; am Gründonnerstag bei der «caritas»-Zeremonie sollte ein Diakon sich auf seinen Befehl neben ihn setzen und – wieder auf Befehl – sein Knie küssen. Wurde ein Mönch wegen schwererer Vergehen bestraft und wieder in die Gemeinschaft aufgenommen, hatte er den Fuß des Abtes zu küssen[51] – eine Geste der Unterwerfung, die ansonsten, etwa nach der Bischofsweihe, dem Papst geleistet wurde[52].

---

[48] Briefsammlung Gerberts (oben 29 Anm. 98) 90 Nr. 59. Ähnlich heißt es über die Versöhnung Kaiser Heinrichs II. mit dem Erzbischof von Köln: «Tum trino foederantur osculo sub Trinitatis testimonio.» Lantbert von Deutz, Vita Heriberti Coloniensis, MGH SS 4, 749 c. 10.

[49] Reg. s. Benedicti 53, 5 ed. Hanslik (2. Aufl.) 136.

[50] Liber tramitis (oben 37 Anm. 138) 60 c. 44.

[51] Consuet. Fruct. ed. Albers, Consuet. monast. 4, 158 c. 12, 127 c. 2, 131 c. 2, 153 c. 12.

[52] Ordo XXXVI § 37 bei Michel Andrieu, Les Ordines Romani du Haut Moyen Age 4 (Louvain 1956) 202, wiederabgedruckt (zu Vergleichszwecken) bei Cyrille Vogel u. Reinhard Elze, Le Pontifical Romano-Germanique du dixième siècle, Le texte 2 (Città del Vaticano 1963) 150; in diesem Pontificale ist bei der Bischofsweihe («secundum Gallos») nur von dem liturgischen Friedenskuß die Rede, a. a. O. Bd. 1, 223 Nr. 63.

Fruttuaria stand unter dem Einfluß von St.-Bénigne zu Dijon, dessen Abt Wilhelm ein sehr straffes Regiment eingeführt hatte. Viel eher entsprach es der Benediktsregel, wenn im gorzischen Mönchtum der Brauch aufkam, am Gründonnerstag den Dienst an den Armen sowohl durch die Fußwaschung zu leisten als auch bei der Spendung von Geld und Kleidern ihnen die Hand zu küssen[53]. Christliche Nächstenliebe und mönchische Demut sollten die übliche Ordnung von Herrentum und Knechten vergessen lassen. Mitglieder der Reichskirche haben unseres Wissens nur dem König den Handkuß geleistet[54].

Auch die Spenden hatten eine Bedeutung, die über ihren materiellen Wert hinausging; sie waren, wie der Handkuß, Zeichen einer bestimmten Gesinnung. Der Ethnologe weiß, daß das Geschenk vor allem die positive Beziehung zum Beschenkten anzeigt. Mit der Zeit wird dieser Sinn verflacht zu dem, was Duby «les générosités nécessaires» nannte[55]. Das Element der persönlichen Devotion des Untergebenen und jenes der Huld des Oberen wurde aber immer wieder neu belebt. Dabei konnte es zu originellen Bräuchen kommen. Ekkehard IV. von St. Gallen erzählt folgendes: Als Konrad II. und Kaiserin Gisela 1030 in Ingelheim Ostern feierten, wurde er als Leiter der Choralmusik «nach der Sitte» belohnt: Man befahl ihm, «die Füße des Reiches (= des Kaisers) aufzusuchen, und er nahm die Unzen Goldes auf, die man hineingesteckt hatte»; Gleiches geschah bei der Kaiserin[56]. Der Mainzer Schulmeister und Kantor Ekkehard mußte in den Schuhen des Kaiserpaares seine Belohnung suchen, ein Spiel, das die Umstehenden zum Lachen brachte, und zugleich den «braven Untertan» ohne Verletzung der Ehrerbietung in enge Berührung mit dem Herrscherpaar brachte. Merkwürdig ist die innere Verwandtschaft dieser Geschichte mit einer anderen, die Helgaud vom Hofe Roberts des Frommen erzählt: Bei einem Frühstück befahl dieser, Arme einzulassen; einer von ihnen aß unter der Tafel, zu Füßen des Königs sitzend, was dieser ihm zusteckte. Der Mann sah dabei ein goldener Zierat am Gewand des Herrschers, schnitt es ab und lief davon – ohne daß vom Zorn Roberts berichtet wird: Auch er ließ sich sozusagen ausplündern[57].

---

53 «Sandrat-Consuetudines», Consuetudines monast. ed. Albers 5, 57 c. 44.

54 Ekkehard, Casus s. Galli c. 146, Helbling 240, Haefele 282.

55 Georges Duby, Guerriers et paysans (Paris 1973) 68 f. Die deutsche Übersetzung (Krieger und Bauern, 1977) stellt «bestenfalls eine Rohübersetzung» dar, Joachim Ehlers in der HZ 231 (1980) 152.

56 Ekkehard c. 66, Helbling 126, anders Haefele 142.

57 Helgaud de Fleury, Vie de Robert le Pieux (Epitoma regis Rotberti Pii) ed. R.-H. Bautier u. G. Labory (Sources d'histoire médiévale 1, Paris 1965) 64 c. 5. Vgl. unten 94 mit Anm. 103.

Königliche Armenfürsorge war für gewöhnlich anderer Art, aber auch bei ihr stand der zeichenhafte Charakter im Vordergrund, nicht die materielle Hilfe für die unterste Schicht der Bevölkerung; die Armen im ganzen Reich zu kleiden und zu verköstigen hätte die Möglichkeiten des Königtums weit überschritten. «Die Hilfe für die Armen war ritualisiert und nichts als eine symbolische Geste in dem Ablauf einer Liturgie»[58]. Robert der Fromme, von dem wir eben berichteten, veranstaltete an hohen Festtagen große Armenspeisungen; im Alltag begleiteten ihn auf seinen Reisen zwölf Arme, «die er besonders liebte». Sie zogen vor ihm her, freudig Gott lobend und den König preisend[59] – eine wirksame und nicht allzu kostspielige Form der Herrschaftspropaganda. Der Sohn des Emporkömmlings Hugo Capet hatte gegenüber dem karolingischen Herrschertum so manches aufzuholen, und dazu verhalf ihm neben anderem auch die Nähe zum Mönchtum und den «heiligen Armen», wie sein Biograph sie nennt. Helgaud vergleicht die zwölf Armen Roberts mit den zwölf Aposteln – was den Herrscher in die Nähe Christi stellt[60].

In Nachfolge des römischen Systems der Arbeitslosenfürsorge hat man im merowingischen Gallien die «matricula» übernommen, eine Liste von Personen, die an den Stadt- und einem Teil der Landkirchen Unterstützungen bezogen. Im 9. Jahrhundert war die Einrichtung versteinert, die «matricularii» zählten kaum mehr zu den wirklich Armen[61]. Ihre Zahl betrug meist 12, manchmal 18 oder 24, und man bediente sich dieser Männer an den Bischofskirchen auch für die Zeremonie der Fußwaschung am Gründonnerstag[62]. Von Weltlichen wurde die Institution übernommen, so auch durch den französischen Königshof. Daneben gab es Massenspeisungen, die sicherlich bedeutende Opfer für eine königliche oder bischöfliche Hofhaltung verlangten. Letzten Endes hatten auch sie eher symbolischen Charakter, da sie nur an Festtagen die Not linderten. Helgaud spricht von der Verköstigung von 300 bis 1000 Armen in den königlichen Städten, von 100 oder 200 Broten, die man täglich während der Fastenzeit am Hof Bedürftigen reichte, von dreihundert Armen, die König Robert am Grün-

---

[58] Duby, Guerriers et paysans 261.

[59] Helgaud c. 21, ed. Bautier-Labory 104.

[60] Duby a. a. O.

[61] Michel Rouche, La matricule des pauvres, in: Etudes sur l'histoire de la pauvreté 1 (Publ. de la Sorbonne, Etudes 8, Paris 1974) 107.

[62] Pierre-André Sigal, La pauvreté dans les textes hagiographiques, in: Etudes (Anm. 61) 1, 151. Auch in Cluny gab es 18 «pauperes praebendarii», die hier durch 25 Tage im Jahr verpflegt wurden, Weihnachts- und Ostergeschenke bekamen. Wenn sie die Nocturn nicht mit den Mönchen feierten, wurde ihnen die Weinration gestrichen. Willibrord Witters in Etudes 1, 207.

donnerstag persönlich mit Nahrungsmitteln und Geld versorgte; dasselbe tat er mit hundert «armen Geistlichen»[63]. Daß diese Zahlen keine Übertreibung sein müssen, zeigt die Gebetsverbrüderung einer Synode in Dortmund (1005), wonach die beteiligten Bischöfe beim Tode eines von ihnen jeweils 300 Arme speisen sollten, das Herrscherpaar sogar 1500 Denare für das Seelenheil des Verstorbenen zu spenden und ebenso viele Arme zu verköstigen hatte[64]. Damit sind die finanziellen Möglichkeiten der Teilnehmer umschrieben; viel mehr konnte man wenigstens von Bischöfen kaum erwarten. Wenn es eine Hungersnot gab und damit den Zustrom von Fremden in die Stadt, reichten die Mittel eines Bischofs kaum aus, die Not zu verringern[65].

Schenkfreudigkeit (largitas) war eine allgemeine Regententugend; schenkfreudig gegenüber den Armen zu sein, ziemte dem christlichen Herrscher und machte ihn populär[66]. Im Tagesablauf des Regenten oder der Regentin sollte die Armenpflege – sicherlich zumeist «ritueller» Art – ihren festen Platz haben[67]. Gab es für ihn denn nicht Wichtigeres zu tun, war es nicht vernünftiger, diese Agenden an Untergeordnete zu delegieren? Man hätte diese Frage kaum verstanden. War es doch eine sehr wichtige Aufgabe des Regenten, dem Bild zu entsprechen, das man sich seit vielen Jahrhunderten von dem guten Herrscher machte. Wenn dieses Bild «stimmte», war man bereit, Entscheidungen und Wünsche des Königs wenn irgend möglich zu befolgen, da sie von einem «rex iustus» stammten. Für den Regenten gab es kaum eine private Sphäre; die Handlungen des Tagesablaufs mußten beispielgebend für die Mitmenschen – vor allem jene am Hofe – sein, und so kann man sagen, daß es nicht verschwendete Zeit war, wenn ein Herrscher Arme betreute.

Stirbt der Betreuer der Armen, ändert sich ihre bis dahin passive Rolle für

---

[63] Helgaud c. 21, ed. Bautier-Labory 102, 104.

[64] MGH Constitutiones 1, 58 Nr. 28. Vgl. unten 207.

[65] Vgl. Anselm von Lüttich, Gesta episcoporum Leodiensium MGH SS 7, 209 f. c. 37, wo der Bischof wiederum 300 Leute – diesmal wohl durch eine längere Zeit – zu ernähren verspricht, im übrigen die Bürger zur Hilfe aufruft.

[66] Anstatt vieler Beispiele vgl. nur die Cambridger Lieder (oben 45 Anm. 165) 35 Nr. 11 (modus Ottinc) Str. 7 (über Otto III.): «semper suos pauperes respexerat, inde pauperum pater fertur.» A. a. O. 50 Nr. 17 Str. 6 (über Heinrich II.): «Quis cesar tam largus fuit pauperibus?»

[67] So berichtet Widukind von Corvey, daß Otto d. Gr. vor seinem Tod die Messe hörte und «pauperibus iuxta morem manus porrexit», ed. Hirsch-Lohmann (oben 21 Anm. 51) 152 (III, 75). Die Königin Mathilde pflegte die Messe zu hören, dann Krankenbesuche zu machen, dann «pauperibus manum porrexit», dann empfing sie voll Freigebigkeit Gäste, deren es immer welche gab. Widukind III, 74, a. a. O. 150.

kurze Zeit und sie sind die Träger der Totenklage. In Köln gab es im 11. Jahrhundert und angeblich schon zur Zeit des heiligen Kunibert (gest. um 663) eine Einrichtung, deren Herkunft aus der fränkischen «matricula» deutlich ist: Zwölf Pfründen für Arme im Hospital bei der Kapelle des heiligen Lupus, dazu vier geistliche Pfründen, die allesamt «Schreipfründen» (schryprouen) hießen[68]. Ihre (weltlichen) Inhaber hießen noch im Jahre 1475 «fratres lugentes», man nannte sie «Schreibrüder» oder «Klagebrüder»[69]. Eine Miniatur des Jahres 1248 zeigt sie, heftig gestikulierend[70]. Da sie schon im 11. Jahrhundert die Totenwache für den verstorbenen Erzbischof zu halten hatten, ist die Sache klar: Ähnlich orientalischen Klageweibern übernahmen die zwölf Brüder eine offizielle Funktion; sie symbolisierten gleichsam das arme Volk, das dem Verstorbenen nachtrauerte. Daß sie schon vorher die Träger des Bischofslobes hätten sein können, nach dem Vorbild König Roberts von Frankreich, hat man in Köln anscheinend nicht begriffen oder man hätte derartiges als allzu grobe Propaganda empfunden.

Wie die Existenz von «matricularii» die reale Armenpflege nicht hinderte, hat sie auch die Totenklage nicht monopolisiert. Als im Jahre 1012 Erzbischof Walthard von Magdeburg auf dem Giebichenstein verstarb, kam dem Leichenzug die klagende Bauernschaft (plangens familia) entgegen; in einem Dorf stieß man auf die vollzählig versammelte weinende Geistlichkeit, eine große Menge von Juden und von Waisen, deren «Vater» er war. Die Menge zeigte öffentlich durch Lamentieren ihren Schmerz (dolorem lamentando manifestat). In der Domkirche waren die «Freunde» des Erzbischofs – vor allem Verwandte im weiten Sinn – und die «hereditarii», wohl Erbgutbesitzer, versammelt, und sie empfingen den Leichnam «mit trauernd erhobenen Händen»[71]. Die Geste des Gebetes und der Waffenlosigkeit kann also auch Traurigkeit bedeuten, ihr Sinn wurde durch die Umstände ihrer Anwendung klar.

Nachdem Thietmar von Merseburg dies erzählt hat, findet er es an der Zeit, zu zeigen, daß er mit der aus der Antike herkommenden Topik der Trauer ver-

---

[68] Siegfried HAIDER, Das bischöfliche Kapellanat 1 (MIÖG Erg.-Bd. 25, 1977) 355 nach dem Text bei Theodor Joseph LACOMBLET, Die zwölf Almosenbrüder des hl. Lupus zu Cöln, in: Archiv f. d. Gesch. des Niederrheins 2 (1857) 60 ff. Eine zweite Fassung, gedruckt bei Otto OPPERMANN, Rheinische Urkundenstudien 1 (Bijdragen ... Utrecht 7, 1922) 436 f. enthält diesen Passus nicht. Eine ausführliche Inhaltsangabe beider Texte bei Friedrich Wilhelm OEDIGER, Die Regesten der Erzbischöfe von Köln im Mittelalter 1 (1954) 24 f. Nr. 46.

[69] HAIDER a. a. O. 125 mit Anm. 54.

[70] HAIDER a. a. O., Titelbild.

[71] Thietmar VI, 73, ed. HOLTZMANN 362.

traut ist: Wer hätte nicht geklagt bei einem solchen Anblick? Sätze dieser Art finden sich bei vielen Autoren; dort, wo sie konkreter werden, sollte man sie nicht von vornherein als wertlos bezeichnen. Ein Graf stirbt; «da war die Trauer der Vasallen (militum), das Geschrei der Dienerschaft, häufiges Rufen der Weiber»[72] – das ist durchaus wörtlich zu nehmen und nicht, wie der Herausgeber an dieser Stelle vermerkt, ein bloßes Klischee. Klagen und Schreien war fester Bestandteil des Begräbniszeremoniells und wurde nur langsam durch die Trauermusik verdrängt.

Bei dem Begräbnis des vorletzten karolingischen Königs im Jahre 986 gab es beides, die musikalische und die außermusikalische Klage. Der Vortrag der Sänger wurde durch ihre Tränen gestört; unter Wehklagen trug ein Geistlicher Krone und Insignien des Verstorbenen im Leichenzug, dem klagend (cum lamentis) die Weltlichen folgten – die königlichen Vasallen freilich, die ihnen voranschritten, durften sich darauf beschränken, ein trauriges Gesicht zu zeigen. Daß sie dem Rang nach (suo ordine) gereiht waren, wird besonders vermerkt[73].

Das Lamento des durch Richer nicht näher bezeichneten Geistlichen wird kein Klagegeschrei, sondern eher eine rezitativisch vorgetragene Darstellung der Flüchtigkeit alles Irdischen gewesen sein. Die weltlichen Großen hatten als Standespersonen ihre Würde zu wahren; die laute Totenklage enthielt ein Element der Maßlosigkeit, das eher dem niederen Volk zugebilligt wurde. Wollte ein großer Herr seiner Trauer ganz besonderen Ausdruck geben, so mußte er sich anderer Mittel bedienen. König Heinrich III. fand sie in einer Übertragung des Bußrituals auf das Trauerzeremoniell. Als seine Mutter Gisela verstarb, kleidete er sich als Büßer, mit nackten Füßen; mit kreuzförmig ausgetreckten Armen sank er auf die Erde, netzte mit Tränen den Boden (der Kirche), vollzog öffentlich Buße (publicam poenitentiam egistis) und bewegte alle Anwesenden zu Tränen[74]. Es handelt sich um keinen Sonderfall insoferne, als Heinrich auch

---

[72] Richer IV, 94, ed. Latouche 2, 300 f.

[73] A. a. O. III, 110, ed. Latouche 2, 142. Im übrigen glich das Begräbnis in vielem dem eines modernen Fürsten: Der Tote wurde von den Ersten des Reiches auf den Schultern getragen, auf einer mit kostbaren Stoffen und königlichen «insignia» geschmückten Bahre; voran ging der Klerus mit Evangelienbüchern und Kreuzen. «Die Überlieferung zum früh- und hochmittelalterlichen Herrscherbegräbnis harrt ... noch weitgehend der Bearbeitung.» Lothar Bornscheuer, Miseriae regum (1968) 2 Anm. 12.

[74] Die Briefe des Abtes Bern von Reichenau ed. F.-J. Schmale (Veröffentlichungen d. Kommission f. geschichtl. Landeskunde in Baden-Württemberg A 6, 1961) 54 Nr. 24.

bei anderen Gelegenheiten die christliche Einstellung zur herrscherlichen Würde durch «Kontrastzeremonien» betonte; außerdem hatte es einen Konflikt zwischen Mutter und Sohn gegeben[75]. Daß der Gedanke mitspielte, Heinrich habe dabei Schuld auf sich geladen, ist möglich[76].

Die öffentliche Buße des Sünders bestand darin, daß er vor dem Tor der Kirche «Tag und Nacht seine Sünden beweinte», mit nackten Füßen, waffenlos und in wollenem Kleid[77]. Dazu kamen weitere Disziplinar- und Speisevorschriften je nach Schwere des Verbrechens, das es zu sühnen galt. Ungegürtet und mit nackten Füßen gingen die Knechte am Herrenhof, die es zu keinem «Amt» gebracht hatten, und die Schweinehirten; aber auch Asketen, zum Zeichen ihrer Verneinung der «Welt» und ihrer Annehmlichkeiten. Wenn ein König auf dem Gipfel des Glückes, nach einem Sieg über seine Feinde, mit nackten Füßen in der Prozession einherging und «Kyrie eleison» sang, wie es von Heinrich III. berichtet wird[78], mußte das außerordentlichen Eindruck auf die Zuschauer machen. Es war eine dem Laien zugängliche und seinem Stand angemessene Handlung, die zugleich den halbgeistlichen Charakter des Herrschertums betonte. So war schon Otto III. in Gnesen eingezogen, ein Pilger, der doch der Kaiser blieb.

Wie manches andere konnte auch das Barfußgehen Verschiedenes bedeuten, je nach der Situation, in die diese Geste eingebettet war. Barfuß – oder wenigstens in Sandalen[79] – ging der Mönch von Fruttuaria in der Fastenprozession[80] zum Zeichen besonderer Askese in dieser Vorbereitungszeit; barfuß zog der Verbrecher zum Galgen, als «armer Sünder» seine Schuld büßend. Eine Geste der Unterwerfung bedeutete es, als eine Delegation der belagerten Stadt Tivoli vor Otto III. erschien, in der Rechten das Schwert, in der Linken eine Rute, und nahezu unbekleidet[81]. Etwas anderes war es, als nach dem Tode eines heiligmäßigen Bischofs von Utrecht die Leute dieser Stadt an seinem Sterbeort

---

75 Wipo, Tetralogus v. 169 ff. Die Werke Wipos ed. H. Bresslau (MGH SS rerum German. 3. Aufl. 1915) 80 f. und dazu Bresslau a. a. O. Einl. XIV.

76 So könnte man auch die folgenden Worte Berns deuten: «Sic flendo, sic poenitendo domini sacerdotibus ... satisfecistis et misericordiam divinam placastis.» A. a. O.

77 Regino von Prüm, De synodalibus causis et disciplinis ecclesiasticis II, 6 ed. F. G. A. Wasserschleben (1840, 1964) 216 f. (nach der Synode von Tribur 895).

78 Bern a. a. O. 60 Nr. 27.

79 Edmond-René Labande, Spiritualité et vie littéraire de l'Occident (Reprint London 1974) XII 340 macht darauf aufmerksam, daß «nudis pedibus» auch «in offenen Sandalen» heißen kann.

80 Consuetudines monasticae 4, 33 Nr. 33.

81 Thangmar, Vita Bernwardi ed. Kallfelz (oben 42 Anm. 152) 316 c. 23.

«mit nackten Füßen und gewaffneten Händen» erschienen. Weinend forderten sie von den Mönchen des dortigen Klosters und den bischöflichen Vasallen die Herausgabe der Leiche[82]. Für die Zeremonie von Tivoli wird uns die Erklärung gegeben, daß die Bürgerschaft dem Kaiser die Wahl freistellte, sie mit dem Schwert oder durch die Rute zu bestrafen. Die Bürger von Utrecht baten und drohten zugleich mit Waffengewalt; fast wäre es zu einem Gefecht zwischen ihnen und Vasallen des Bistums gekommen.

Zu der Geste tritt das erklärende Wort, das Zweifel über ihren Sinn nicht aufkommen läßt – sofern solche Erklärungen überliefert sind. Natürlich gab es auch in der Geste selbst Möglichkeiten feinerer Differenzierung, die kaum beschrieben wurden: Wahrscheinlich haben die Leute von Tivoli ihre Schwerter im Gegensatz zu den Utrechtern nicht am Griff gefaßt, sondern an der Klinge: Es durfte sich um kein «gezücktes Schwert» handeln.

Das Schwert in der Scheide stellte den alltäglichen Normalfall dar, das «nackte Schwert» war im Frieden vor allem ein Symbol des Gerichts. Als im Jahre 1026 ein Aufstand gegen Konrad II. in Ravenna zusammengebrochen war, «erschienen die überlebenden Ravennaten in härenen Gewändern, barfuß und mit bloßen Schwertern vor dem König, wie ihr Recht es von besiegten Bürgern verlangt ...»[83]. Eine ähnliche Handlung spielte sich im folgenden Jahr in Rom ab, wo die Unterwerfung unter das Gericht des Kaisers je nach dem Stand verschieden symbolisiert wurde: Die Freien kamen auch hier barfuß und mit bloßen Schwertern, die Unfreien mit dem Strick um den Hals «wie zum Gehängtwerden»[84]. Es war in beiden Fällen der Aufzug von Verbrechern, die zur Hinrichtung geführt wurden. Die Schwerter bedeuteten das Richtschwert, das keiner Scheide bedarf.

Gegenstände der Kleidung und Bewaffnung konnten Objekt der Gestik auch

---

[82] Thietmar IV, 37 ed. HOLTZMANN 175.

[83] Wipo, Gesta Chuonradi imperatoris c. 13, Die Werke Wipos ed. H. BRESSLAU (MGH SS rerum German., 3. Aufl. 1915) 35, die Übersetzung nach W. TRILLMICH in: Quellen des 9. u. 11. Jahrhunderts zur Gesch. d. Hamburgischen Kirche u. des Reiches (Frh. vom Stein-Gedächtnisausg. 11, 1961) 569.

[84] Wipo c. 16 ed. BRESSLAU 37; wörtlich heißt es «mit geflochtenen Weidenruten um den Hals», die wohl billiger und leichter anzufertigen waren als Stricke. Mit einem Strick um den Hals erschien einer der Großen, auf den König Hugo böse war, und trug dabei eine Mönchskutte; Hugo von Farfa, Destructio Farfensis monasterii c. 11, MGH SS 11, 537. Die Geste wurde in diesem Falle reich belohnt: Der vornehme Büßer wurde zum Aufseher aller königlichen Klöster in Tuszien und der Mark von Fermo bestellt. Fast alle Äbte jener Klöster «erniedrigten» sich daraufhin vor ihrem Vogt (cui ... humiliati sunt), d. h. sie huldigten ihm; a. a. O.

insofern sein, als es etwas bedeutete, wenn man sich ihrer entledigte. Das gilt von den Schuhen, vom Wehrgurt und Schwert, manchmal auch von Stock und Mütze. Man ist daran gewöhnt, die Menschen des früheren Mittelalters ohne Kopfbedeckung abgebildet zu sehen, bloß der König trägt – im Gegensatz zur Wirklichkeit – allzumeist seine Krone. Tatsächlich gab es auch für ihn eine Alltagskleidung: Karl der Einfältige z. B. trug eine Mütze (pilleus) und stützte sich wahrscheinlich auf einen Stock[85]; bei Liutprand von Cremona erscheint der «König der Franken» – gemeint ist Otto I. – im Gegensatz zum langhaarigen Basileus «mit einer Mütze auf dem Kopf» (pileatus) und «schön geschoren«[86], d. h. seine Haare sind gekürzt. In St. Gallen steht Otto d. Gr. «mit der Rechten auf den Stock gestützt»; er läßt ihn fallen, um die Reaktion der Mönche zu prüfen[87]. Hatte sich schon Karl der Große nach der Art seines Volkes gekleidet, so unterschied sich auch der Aufzug späterer Herrscher nicht grundsätzlich von dem ihrer Zeitgenossen. Diese pflegten in der Kirche mit Stock und Mütze zu stehen; bei der Verlesung des Evangeliums nahmen sie die Mütze ab und legten sie den Stock auf den Boden[88]. Stock und Mütze oder Hut waren noch lange Zeit Würdezeichen des Mannes; in einigen ländlichen Gegenden sind sie es heute noch, während im städtischen Bürgertum modische Requisiten (Spazierstock, Zylinder usw.) an ihre Stelle traten und dann verschwanden. Mützen mit Ohrenklappen (pillea aurita) trugen auch Mönche[89].

In erster Linie war die Mütze ein Kälte- oder Regenschutz, der Stock eine Stütze und im Notfall Waffe gegen Wölfe oder «böse Menschen». Beides wurde in die Gestik einbezogen und erlangte Symbolwert, der Stock bzw. Stab in überaus hohem Maß, die Mütze gelegentlich: Man nahm sie ab als Zeichen der Ehrerbietung vor einem Höheren. Einmal war es anscheinend nahe daran, daß dieser bescheidene Gegenstand eine Königskrone symbolisierte: Wiederum Richer berichtet von dem niedriggeborenen Günstling Karls des Einfältigen, der

---

85 Richer I, 15 ed. Latouche 1, 38 und II, 31 p. 172, wo Otto d. Gr. «baculo innixus» bei einer Unterredung steht. Das Tragen des Stockes war Richer wohl als Sitte des Königs von Frankreich vertraut.

86 Legatio Constantinopolitana c. 40, ed. J. Becker, Die Werke Liudprands von Cremona (MGH SS rerum German. 3. Aufl. 1915) 197.

87 Ekkehard c. 146, nach Helbling 240, Haefele 283.

88 Etienne Delaruelle, La culture religieuse des laïcs en France aux XIe et XIIe siècles, in: I laici nella 'societas christiana'dei secoli XI e XII (Miscellanea del Centro di studi medievali 5, Mailand 1968) 559, wohl nach dem Pontificale Romano-Germanicum 94, 23 f., ed. Vogel, Elze 1, 335. Dort wird den beiden Gesten eine rein geistliche Deutung gegeben.

89 Richer III, 37, ed. Latouche 2, 46.

Mann habe zum Zorn der Großen oftmals in aller Öffentlichkeit dem König die Mütze vom Kopf genommen und sich selbst aufgesetzt[90].

Über den Stock oder Stab als Hilfsmittel der Gestik und Objekt der Symbolik ist schon so viel berichtet worden[91], daß es hier nur einiger Ergänzungen bedarf. Für eine Epoche, die man eher als «Holzzeit» denn als Eisenzeit bezeichnen könnte, wäre es verwunderlich, wenn nicht Hölzer dazu verwendet worden wären, Verschiedenartiges auszudrücken. Die Reihe reicht vom bescheidenen Zweiglein, der «festuca», über Stock, Boten- und Bischofsstab bis zum Kurz- und Langzepter und der päpstlichen «ferula». Diese mußte Papst Benedikt V. bei seiner Absetzung im Jahre 964 selbst zerbrechen und dem Volk in diesem Zustand vorzeigen[92]. Die «festuca» diente als Symbol der Hingabe (Auflassung) eines Grundstückes, oder besser, sie «war» in diesem Augenblick das Grundstück, und ihre Überreichung ließ das Rechtsgeschäft zustandekommen. Vorerst bildete das Zweiglein und in ähnlicher Weise eine Erdscholle einen kleinen Teil des liegenden Gutes, das seinen Besitzer wechselte; doch in den oberitalienischen «libri feudorum» und anderswo spielte die Provenienz eine immer geringere Rolle, es kam weit mehr auf den Gestus des Weg- oder Zuwerfens oder Überreichens an, als auf das dabei verwendete Holzstück. Auf einem Placitum der Königsboten Ottos III. klagte im Jahre 998 das Kloster S. Vincenzo am Volturno auf Rückgabe einer «cella», eines Filialklosters, aus dem ein Graf Rainald die Mönche hinausgeworfen und durch Nonnen ersetzt hatte. Als das Urteil erfolgt war, ergriff der Graf einen Zweig (virga) und übergab, auch durch mündliche Erklärung (consona voce), das Klösterlein an den Abt von S. Vincenzo; dasselbe taten darauf jene Helfer des Grafen, die den Räumungsbefehl vollzogen hatten[93]. Hier wurden die Erklärungen der unterlegenen Partei zu Protokoll genommen; anderswo ist das nicht bezeugt, doch kann man annehmen, daß es solche Erklärungen der Symbolhandlung gegeben hat. Es kam ja bei Grundstücksangelegenheiten ganz besonders darauf an, daß keine Unklarheit bei den Zeugen zurückblieb.

Die gleiche Rolle konnte der Stock, auch der Stock des Königs, übernehmen. Konrad II. stellte 1029 den Nonnen von Obermünster in Regensburg einen Meierhof zurück und erklärte in seiner Urkunde darüber, er habe das Kloster

---

90 Richer I, 15, ed. LATOUCHE 1, 38.

91 Vgl. besonders die Monographie von Karl v. AMIRA, Der Stab in der germanischen Rechtssymbolik (Abhandlungen d. kgl. Bayerischen Akademie d. Wiss., philos.-philol. u. hist. Kl. 25/1, 1909, 1911). Vgl. oben 50.

92 Liutprand, Hist. Ottonis c. 22, ed. BECKER 175.

93 J.-F. BÖHMER-M. UHLIRZ, Die Regesten des Kaiserreiches unter Otto III. (Regesta Imperii II/3, 1956) 678 Nr. 1262. Als Druckort ist dort nachzutragen MANSI, Sacrorum conciliorum . . . coll. 19, 230 ff.

durch seinen Stock mit dem Hof investiert «und den Stock zu ewigem Zeugnis (der Sache) dort zurückgelassen»[94]. Im Augenblick der Rechtshandlung verkörperte der Stock diesen Hof. Er wurde dann nicht mehr seiner alltäglichen Verwendung zugeführt, sondern erhielt eine neue Bedeutung als dauerndes Zeichen der kaiserlichen Willensentscheidung, war also sicherlich mehr als ein museales Erinnerungsstück. Ein derartiger Bedeutungswandel ist uns fast völlig fremd geworden, er schwingt noch mit etwa bei der Schlüsselübergabe anläßlich eines Besitzwechsels. Vertrauter ist die Sache Kindern, die gerne Gegenständen vorübergehend ein neues Wesen verleihen. Da wird der Stuhl zum Reitpferd, dann zum Automobil, und ist bald wieder eine Sitzgelegenheit. Einst stand nicht das spielerische Element im Mittelpunkt, sondern die Möglichkeit, auf solche Art unanschauliche Vorgänge anschaulich zu machen und zu begreifen.

Der Bischofsstab ist fürs erste eine Stütze, in der Ostkirche noch heute in der Form des Krückstockes gebildet; er ist weiter der Stab des guten Hirten, «baculus (virga) pastoralis»; er ist ein Amtszeichen der Römischen Kirche und verkörpert in entscheidenden Situationen dieses Amt: Beim Tode des Bischofs wird er an den Kaiser gesandt und von diesem an einen Kandidaten seiner Wahl gegeben[95]. Daß es dabei mehr auf die Handlung, als das dabei verwendete Objekt ankam, zeigt der Fall des kaiserlichen Kanzlers Heribert, der durch Otto III. in Gegenwart des Papstes Silvester II. mit dessen «Petersstab» als Erzbischof von Köln investiert wurde[96]. Während der Regierung eines Bischofs war der Stab das geeignete Zeichen für Willenserklärungen verschiedener Art. So erhielt Thietmar von Merseburg durch den Erzbischof von Magdeburg «mit seinem Stab» die Pfarrechte über vier Burgen und ein Dorf, und dieser vollzog ein Gegengeschäft mit dem Bischof von Meißen, indem beide (vorübergehend) die Stäbe tauschten.[97]. Die Hingabe des Stabes konnte auch länger dauern, sie

---

[94] DK. II. 139, dazu Amira (oben Anm. 91) 150 u. Harry Bresslau, Handbuch d. Urkundenlehre f. Deutschland u. Italien II/1 (2. Aufl. 1915) 72: «Nichts liegt vor, was diesen Vorgang an sich als einen besonders gearteten anzusehen veranlassen könnte»; er meint, daß diese Form der Investitur hier nur deshalb erwähnt wird, weil entgegen der Regel die Nonnen den Stock behalten wollten.

[95] Vgl. z. B. Vita Burchardi episcopi (Wormatiensis), MGH SS 4, 834 c. 4.

[96] Lantbert von Deutz, Vita Heriberti c. 6, MGH SS 4, 744. Die Deutung der päpstlichen Ferula als Petersstab lag für die rheinische Geistlichkeit besonders nahe angesichts der Bedeutung der Maternus-Legende für Trier (und Köln), vgl. oben 25 mit Anm. 74. Schon um 967/969 hatte Ruotger in seiner Vita Brunonis berichtet, Brun von Köln habe den «baculus» des heiligen Petrus in seine Bischofsstadt geschafft. Ruotger, Vita Brunonis ed. Ott (oben Anm. 1) 31 c. 31. Fichtenau, Beiträge zur Mediävistik 1 (1975) 141 f.

[97] Thietmar VII, 24 und 52, ed. Holtzmann 426, 464.

war dann ein Unterpfand für die Aufrechterhaltung einer Willenserklärung. So soll im Zuge der Verhandlungen über die Gründung des Bistums Bamberg der Bischof Heinrich von Würzburg eine Vereinbarung mit dem König «insgeheim durch Übergabe seines Stabes» an diesen bekräftigt haben[98], und von einem französischen Bischof erzählte man folgende Geschichte: Im Rausch versprach er einem Mönch eine Abtei; man entwendete den Bischofsstab, und am nächsten Morgen erschien vor dem ernüchterten Oberhirten der neue Abt, mit schönem Dank für die Belehnung, zu deren Zeugnis er den Stab vorwies. «Nolens volens» mußte der Bischof seine Zustimmung geben[99].

Auch hier haben Worte die Handlung stets begleitet, nur selten sind sie jedoch überliefert. Auf einer römischen Synode des Jahres 1001 überreichte Silvester II. dem Bischof Bernward von Hildesheim die päpstliche Ferula mit Worten, die Bernwards Begleiter Thangmar aufgezeichnet hat[100]. Es handelt sich um die Wiedereinsetzung in die bischöflichen Rechte über das Stift Gandersheim. In ähnlicher Weise gab 1007 Erzbischof Willigis von Mainz dem Bischof dessen Rechte über Gandersheim zurück, indem er Bernward seinen Bischofsstab überreichte, mit den Worten: «Lieber Bruder und Mitbischof, ich erkläre meinen Verzicht auf diese Kirche und überreiche dir im Angesicht Christi, im Angesicht unseres Herrn Königs und unserer Mitbrüder diesen meinen Hirtenstab, den ich in Händen halte, zum Zeichen dafür, daß fortan weder ich noch einer meiner Nachfolger in dieser Sache einen Anspruch oder eine Forderung erheben kann»[101]. So hat man die Worte des Erzbischofs wiedergegeben, und sie können nicht viel anders gelautet haben. Die Symbolhandlung wurde in ihrer Bedeutung erklärt, und es konnte nicht schaden, auf ihre Öffentlichkeit – als unbedingtes Erfordernis des Rechtslebens – hinzuweisen.

Der Bischofsstab war ein Teil der Amtstracht seines Trägers; im königlichen Bereich ist seine Parallele das Zepter, das bei feierlichen Anlässen und wohl besonders in Italien Verwendung fand, wo man es schon in der Spätantike als kaiserliches Insigne gekannt hatte. Von den beiden damals verwendeten Formen des Kurz- und des Langzepters ist die zweite für das 10. Jahrhundert die wichtigere gewesen; das Kurzzepter scheint erst um das Jahr 900 eine Rolle

---

98 Thietmar VI, 30, ed. Holtzmann 310 f., Übersetzung nach Trillmich 275.

99 Letald von St.-Mesmin in Micy, Miracula s. Maximini c. 19, Migne PL 137, 805. Vielleicht handelt es sich um eine Erfindung des Klosters im Kampf gegen den Bischof von Orléans oder um eine Wanderanekdote; jedenfalls muß sie den Lesern möglich erschienen sein.

100 Thangmar (oben 42 Anm. 152), MGH SS 4, 769 c. 22.

101 A. a. O. 777 c. 43, Übersetzung nach H. Kallfelz (oben a. a. O.) 345.

gespielt zu haben[102]. Die «aurea virga» des Königs von Frankreich wird einmal dem Langstab des Kantors verglichen, der eher als Stütze denn zur Zeichengebung – gewiß nicht zum Taktgeben – diente[103]. Um den zeichenhaften Gebrauch des Langzepters oder eines Ersatzstückes handelt es sich, wenn wir erfahren, daß Otto d. Gr. im Jahre 967 mit Hilfe eines vergoldeten Stabes den Erzbischof von Ravenna mit den Gütern eines seiner Feinde belehnte[104]. Ein goldenes Zepter diente dem gleichen Herrscher zur Belehnung des Unterkönigs Berengar und seines Sohnes Adalbert. Sie empfingen das «regnum Italicum» mit dem Zepter aus seiner Hand[105]. Dieses verblieb dann bei Otto; es handelt sich also um keine Insignienverleihung[106].

Das Thema des zeichenhaften Gebrauches von Stöcken und Stäben konnte hier nur gestreift werden; zuletzt sei noch daran erinnert, daß in diesen Zusammenhang auch die militärische Fahne gehört, als Fahnenlanze, deren Tuch vorerst nur ein Erkennungszeichen war. Bei der Belagerung einer Burg wurde, wenn wir Thietmar glauben dürfen, einem von Heinrich II. belehnten Grafen von gegnerischer Seite jene Lanze geraubt, die das Investitursymbol gebildet hatte. Mit «süßen Versprechungen» wollte er sie von der Burgbesatzung zurückerwerben, was jedoch nicht gelang. So ging er traurig weg, «ohne Lehen und ohne Feldzeichen»[107]. Kaum ist zu glauben, daß das Lehen wirklich dauernd an dem Besitz der Fahnenlanze «hing», eher könnte es sich um eine Strafe für die Sorglosigkeit des Grafen handeln, der die Fahne ohne Wachen vor seinem Zelt aufgepflanzt hatte. Immerhin handelte es sich um einen Stab besonderer Art, ein dauerndes Symbol militärischer Kommandogewalt, und noch bis in das vorige Jahrhundert galt es als schmachvoll, die Fahne an den Feind zu verlieren. In einem Diplom für das Kloster Gorze sagte Otto II., am Tage der Schlacht gegen die Sarazenen (beim Säulenkap, 982) habe «unter unserer Fahne, d. h. dem kaiserlichen Feldzeichen» ein Graf Konrad «angesichts des ganzen Heeres» für seinen Todesfall den Kaiser zum Vollstrecker seines Testaments gemacht[108]. Die Fahne oder vielmehr «der Fahn» (sub fanone

---

102 Percy E. SCHRAMM, Herrschaftszeichen und Staatssymbolik 1 (Schriften d. MGH 13/1, 1954) 264.

103 André de Fleury, Vie de Gauzlin, abbé de Fleury ed. R.-H. BAUTIER et G. LABORY (Sources d'histoire médiévale 2, Paris 1969) 86 § 47 b: «Aurea virga notat, quid rex pro iure sequatur; Innixus longo cantor dat signa bacillo ...».

104 BÖHMER-ZIMMERMANN, Papstregesten, Reg. 416.

105 Liutprand, Legatio (oben Anm. 86) 178 f. c. 5, zitiert bei Reinhard ELZE, Insegne del potere sovrano e delegato, Settimane ... Spoleto 23/2 (1975, Spoleto 1976) 581.

106 ELZE a. a. O.

107 Thietmar V, 21, nach TRILLMICH 217.

108 DO. II. 280.

nostro) als weltliches und als geistliches Zeichen wurde gerade im 10. Jahrhundert modern. In Augsburg trug man am Palmsonntag in der Prozession «cruces et fanones»[109], in Rom «crucem et vexilla», nicht zu verwechseln mit den in Rom ebenfalls bei diesem Anlaß gebrauchten Drachenbannern. Sie waren besonders bei den Normannen als schreckerregende Feldzeichen beliebt[110]. Militärische und geistliche «Feldzeichen» rückten einander nahe, wozu der alte Gedanke einer «militia Christi» seinen Beitrag leistete. Zwischen den mitgetragenen Kreuzen und den Kirchenfahnen bestand anfangs eine nahe Verwandtschaft, da es sich bei diesen letzteren um lange Stäbe handelte, die «an den Enden in Kreuze ausgehen, darunter an Querstangen kleine Fahnentücher»[111].

Wie nahe kirchliche und militärische Fahnen im Denken dieser Zeit einander waren, zeigt der Versuch, zu einem neuartigen Feldzeichen zu gelangen. Nach dem Bericht des Rodulfus Glaber befestigte Gottfried von Anjou vor einer kriegerischen Unternehmung an seiner Fahnenlanze das Siegel des heiligen Martin, dessen Stift er Wiedergutmachung aller Schäden gelobt hatte, und errang durch die Hilfe seines neuen Patrons den Sieg[112]. Es war eine Geste, die nicht wieder begegnet, weil sie unter besonderen Voraussetzungen – nach Verhandlungen mit dem Klerus in der von Gottfried belagerten Stadt Tours – zustandekam. Für uns ist die Erzählung wertvoll, weil sie zeigt, wie man im Rahmen der vorgegebenen Denkschemata doch Raum zum Experiment hatte. Das ganze Fahnenwesen war damals noch «werdendes Brauchtum», nicht erstarrt wie in unserer Zeit. Zu den Besonderheiten gehört auch die «Heilige Lanze», siegbringend wegen der in ihr enthaltenen Reliquie und wegen dieser kniefällig verehrt. Darüber braucht hier nicht geschrieben zu werden[113].

---

109 Gerhard, Vita Oudalrici c. 4, MGH SS 4, 391 c. 4. Carl ERDMANN, Die Entstehung des Kreuzzugsgedankens (Forschungen zur Kirchen- u. Geistesgesch. 6, 1935) 36.

110 Pont. Rom.-Germ. (oben Anm. 52) 2, 49 Nr. 190 und 54 Nr. 206 («sequendo vexillum quod ante eos portatur» schließen sich die Sängerknaben der Prozession an). A. a. O. 115 Nr. 407: «. . . deinde scola, deinde milites draconarii, id est qui signa portant». Über das Drachenbanner oder Drachenzeichen, einen Windsack in Drachenform, vgl. SCHRAMM, Herrschaftszeichen 2 (1955) 659 ff., über kirchliche Fahnen seine Bemerkung a. a. O. 645 und ihre Ergänzung Bd. 3 (1956) 1105 sowie noch immer ERDMANN, Kreuzzugsgedanke 35 ff.

111 ERDMANN a. a. O. 37.

112 Historiae ed. PROU (oben Anm. 15) V, 2, S. 129 § 19. Die Deutung ERDMANNS a. a. O. 43 von «sigillum» als Fahne halte ich für unrichtig.

113 Aus dem reichen Schrifttum vgl. bes. SCHRAMM, Herrschaftszeichen 2, 501 ff. Eine

Viel behandelt wurde die Überreichung von Amts- und Würdezeichen, bei der weniger die sehr schlichte Gestik, als das Objekt und die gesprochenen Worte im Mittelpunkt standen. Neben der Herrscherweihe sind es die geistlichen Ämter, die durch Übergabe von Zeichen ihres Inhalts veranschaulicht werden sollten: Der Ostiarius erhielt die Kirchenschlüssel, der Lektor das Buch und so weiter, bis zum Stab des Bischofs, zu dem später der Ring trat. Die päpstliche Verleihung klerikaler Ehrenrechte – für Äbte das Tragen bischöflicher Sandalen und gewisser Gewänder bei der Meßfeier – erfolgte schriftlich[114]; im Bereich des Hochklerus konnte das genügen, und das «Volk» verstand von diesen sublimen Ausformungen römischen Rangdenkens auf jeden Fall wenig. Eher mußte es auffallen, wenn z. B. dem Erzbischof von Trier nach dem Vorbild jenes von Ravenna eine purpurne Reitdecke sowie ein Vortragekreuz bewilligt wurde[115]. Doch hier stehen wir schon im Bereich der Repräsentation und damit bei einem Thema, das noch weniger als jenes der Gestik ausgeschöpft werden kann.

Einweisung Heinrichs II. in die Herrschaft über das Reich durch Übergabe der Heiligen Lanze, SCHRAMM a. a. O. 504, würde deren germanischen Charakter betonen, scheint aber doch zweifelhaft schon auf Grund des Wortlautes bei Thangmar, Vita Bernwardi c. 38, MGH SS 4, 775 und wegen der These Richard DRÖGEREITS von der viel späteren Entstehung des zweiten Teiles der Quelle (ab c. 37 oder 40?). DRÖGEREIT, Die Vita Bernwardi und Thangmar, in: Unsere Diözese. Zs. d. Ver. f. Heimatkunde im Bistum Hildesheim 28 (1959) 2 ff., Wiederabdruck in: DRÖGEREIT, Sachsen – Angelsachsen – Niedersachsen 1 (1978) 169 ff. Die Lanze war das letzte noch fehlende Insigne, und die Fürsten übergaben Heinrich «zugleich mit der Heiligen Lanze die Herrschaft und Königsgewalt», wie KALLFELZ (oben Anm. 152) 337 die Worte «cum dominica hasta» usw. übersetzt.

[114] Vgl. etwa BÖHMER-ZIMMERMANN, Papstregesten Nr. 683, 723, 732.

[115] B.-Z. Reg. 538.

III.

Repräsentation (als Erweis des «Standes»)

Erst in moderner Zeit konnte es den Typus des «Bürgerkönigs» geben; wenn der mittelalterliche Monarch sein Ansehen und damit die Führungsgewalt behalten wollte, mußte er seine überragende Stellung immer wieder dem Volk anschaulich machen. Auch bei den Großen des Reiches konnte er seinen Rückhalt verlieren, wenn man am Hof auf Glanz und Glorie verzichtete: Man war nicht gewohnt, Sein und Schein zu trennen und hinter diesem einen «bloßen Schein» zu wittern, auf den ein Mächtiger nicht angewiesen ist. Die Darstellung der Würde fiel mit dieser zusammen, so daß es fast keine private Sphäre des Monarchen gab; selbst auf der Jagd in den Wäldern war er nur selten ohne Gefolge, das von ihm besondere Leistungen als Weidmann erwartete. Die Incognito-Reise war noch nicht erfunden, und auch die Pilgerfahrt blieb eine Art Staatsaktion.

Ähnliches galt für den Edelmann. Er konnte sich nicht nur der Landwirtschaft und, wenn es verlangt wurde, dem militärischen Dienst widmen. Wollte er nicht zum Großbauern herabsinken, mußte er seine adelige Art und hervorragende Leistung in stetem Wettbewerb mit Gleichgestellten erweisen. Es kam dabei sowohl auf die Mannestugend an als auf den Aufwand, den man zu treiben imstande war. Daß dieser Aufwand bescheiden anmutet gegenüber jenem, den das spätere Mittelalter verlangte, hängt mit den geringeren materiellen Möglichkeiten der Zeit zusammen, nicht mit einer anders gearteten Einstellung.

Was die Prälaten betraf, so saßen sie sicher im Amt, solange sie das Wohlwollen ihres Königs und die Hochachtung der Untergebenen genossen. Auch sie mußten jedoch repräsentieren, um diese Achtung zu erhalten; sie hatten daneben für eine Art «himmlische Repräsentation» Sorge zu tragen: Dem Ruhme Gottes sollten prächtige Kirchen und feierliche Prozessionen dienen, und auch dem Ruhm des oder der Stadtheiligen mußte größte Aufmerksamkeit gewidmet werden in Konkurrenz zu den Nachbarstädten und deren Bischöfen oder Klöstern. Dieses Streben brachte Farbe in den grauen Alltag, es führte zu dauernden architektonischen Leistungen, und es kostete viel Geld, das man in unserer Zeit anderen Zwecken zuführen würde. Für himmlischen und irdischen Glanz der Herrschaft Leistungen zu erbringen, gehörte zu den Standespflichten des Untergebenen. Nur der Eremit war in der Lage, sich allen Zwängen der Gesellschaft zu entziehen. Sein Gotteslob war anderer Art, äußerste Entsagung anstelle des üblichen Aufwands.

Die Darstellung der sozialen Stellung des Großen verlangte persönlichen Einsatz, materielle Mittel und strenge Befolgung der geltenden Sitte. Erst dadurch erlangte man jene Würde und Achtung, die weder durch Taten noch durch Freigebigkeit allein zu erlangen war. Die Sitte blieb in großen Zügen konstant, im einzelnen wurde sie von Epoche zu Epoche verfeinert. Man weiß, wie dürftig sich etwa das höfische Brauchtum der fränkischen Zeit gegenüber dem späteren burgundischen oder spanischen Zeremoniell ausnimmt. Schon im zehnten Jahrhundert war dieses Brauchtum jedoch ein empfindlicher Wertmesser, dessen Zeiger sehr rasch ausschlugen. Was wir als Kleinigkeit werten, eine gelegentliche Nichtachtung der geltenden Regeln, konnte höchste Bedeutung haben. Charakteristisch ist eine Geschichte, die Ekkehard IV. von St. Gallen erzählt: Bischof Salomo von Konstanz begegnete einmal zufällig den Kammerboten des Königs; «er grüßte sie als erster und wartete umsonst, ob sie ihn etwa wiedergrüßen würden. Da er ihnen Boten nachschickte, die die Sache in Ordnung bringen sollten, weigerten sie sich Frieden zu machen». Er flieht, die Kammerboten wollen ihn fangen, schließlich gebietet der König Frieden[1].

Bischof Salomo hat den Kammerboten jene Ehre erwiesen, die ihnen oder vielmehr ihrem königlichen Herrn zukam. Nun lag es an ihnen, seine Stellung als Kirchenfürst anzuerkennen. Wenn sie das nicht taten, minderten oder vernichteten sie sein Sozialprestige; es war eine Art Kriegserklärung, und vergebens versuchte der Bischof, «Frieden zu machen». Natürlich standen massive Gegensätze von Interessen hinter dieser Haltung; es war der Kampf um die Macht im Bodenseegebiet.

Im Normalfall wurde die Begegnung zweier Großer nicht dem Zufall überlassen, ihr Zeremoniell war vorherbestimmt. Der westfränkische König sollte im Jahre 924 am Grenzfluß, der Loire, mit dem Herzog Wilhelm von Aquitanien zusammenkommen; Boten gingen von einer Seite zur anderen und es wurde Nacht, bis die Modalitäten des Zusammentreffens vereinbart waren. Endlich ließ sich Wilhelm auf das andere Ufer übersetzen, wobei er anscheinend auf seinem Pferd sitzen blieb. Dort erst stieg er ab und ging auf den König zu, der ihn zu Pferde erwartete. Als beide vor einander standen, oder vielleicht gar vom Pferd herab gab König Rudolf dem Herzog den Friedenskuß. Damit war das Wichtigste geschehen, der überlegene Rang des westfränkischen Königs anerkannt, und man trennte sich, um am nächsten Morgen mit den

---

[1] Zitat nach der Übersetzung Helblings (oben 56 Anm. 34) 38 f. c. 12. Genauer heißt die Stelle «pacem salutando prior ... exspectat», d. h. es handelt sich um ein Angebot, Frieden zu machen (Haefele übersetzt deshalb frei «er hoffte ... auf eine Versöhnung», S. 36).

Verhandlungen im einzelnen zu beginnen[2]. «In der Art der Begegnung sind bereits Rechtsinhalte zum Ausdruck gekommen»[3].

Wie man empfangen wurde, war so wichtig, daß schon Nuancen Verstimmung hervorrufen konnten: In St. Gallen beschwerte sich ein Bischof von Verona, daß man ihm bei seinem Empfang ein geringwertiges Evangelienbuch entgegengetragen und ihm zum Meßopfer einen silbernen (und keinen vergoldeten) Kelch gegeben habe[4]. Während sich hier die Mönche keiner Schuld bewußt waren, dürfte es Absicht gewesen sein, daß Herzog Hugo d. Gr. einen Grafen Erluin, der sich über den Grafen von Flandern beschwert hatte, nachlässig behandelte, «wie einen aus seiner Jungmannschaft». Erluin zog daraufhin zum Normannenherzog Wilhelm, «der befahl, ihn mit ehrenvollem Aufwand (honorifico apparatu) zu beherbergen und ihm alles Nötige mit großer Ehrerbietung (cum magno cultu) zu geben»[5]. Ehre ist Ehrung, sie muß fortwährend «aktualisiert» werden, um zu bestehen. Ostentative Geringschätzung vernichtet die soziale Position an einem Fürstenhof; auch abgesehen von sonstigen politischen Notwendigkeiten muß der Mann von Stand, dem derartiges passiert, einen neuen Rahmen für seine Existenz suchen, und auf Vergeltung für die angetane Schmach sinnen.

Das Wort «Entgegenkommen» wird heute nur mehr bildlich verstanden und doch war einst die wichtigste Form der Ehrung, dem zu Feiernden entgegenzuziehen. Darüber gibt es ein reiches Schrifttum[6] und so sei hier nur der Unterschied zwischen Ost und West hervorgehoben: Bei den Ottonen galt als königliches Reservatrecht, was im Westen auch Grafen gewährt wurde. Bekannt ist der Zorn Ottos d. Gr., als der Erzbischof von Magdeburg das reservate Zeremoniell auf Hermann Billung anwendete: Er führte den Herzog an der Hand in den Dom, während alle Glocken geläutet wurden[7]. Für Berengar II., der zur

---

2 Les annales de Flodoard ed. Ph. LAUER (Collection de textes, Paris 1905) 20: «Willelmus transiens ad Rodulfum . . . equo desiliens ad regem equo insidentem pedibus accessit; quem postquam rex osculatus est, utrimque discessum (est).» Nach einer Woche kommt es zur Lehensmannschaft Wilhelms.

3 Heinrich BÜTTNER, Heinrichs I. Südwest- und Westpolitik (1964) 34 Anm. 21.

4 Ekkehard c. 8, HELBLING 32, HAEFELE 30.

5 Dudo von St.-Quentin, Gesta Normanniae ducum 3, MIGNE PL 141, 677 (die Ausgabe von J. LAIR, Caen 1865, war mir nicht zugänglich).

6 Hinweise bei Carlrichard BRÜHL, Fodrum, Gistum, Servitium regis (Kölner Histor. Abhandlungen 14, 2 Bde. 1968) 1, 167 Anm. 209.

7 Thietmar II, 28 ed. HOLTZMANN 74. BRÜHL a. a. O. 168. Walter SCHLESINGER, Zur Geschichte der Magdeburger Königspfalz. Blätter f. dt. Landesgeschichte 104 (1968) 17 f. (auch zum Folgenden). Vgl. oben 41 mit Anm. 151.

Unterwerfung bereit war, ließ Otto den Hof eine Meile vor Magdeburg antreten, d. h. er anerkannte Berengars Königtum, demütigte ihn aber nach der Einholung durch dreitägiges Warten auf eine Audienz[8]. An Festtagen war es Brauch, daß Otto durch den Magdeburger Klerus in feierlicher Prozession mit Kreuzen, Reliquien und Rauchfässern zur Kirche geleitet wurde; «bei der Rückkehr in seine Wohnräume ließ er sich und seinem großen Gefolge von Priestern, Herzogen und Grafen viele Kerzen voraustragen»[9].

In Frankreich konnte der Graf von Chartres den Mönchen eines dortigen Klosters befehlen, ihn «mit einer Prozession in das Kloster aufzunehmen»[10]. Als Graf Wilhelm von Angoulême 1027 aus dem Heiligen Land zurückkehrte, zog ihm der Klerus «in weißen Gewändern und mit verschiedenartigem (kirchlichem) Schmuck» samt einer Volksmenge eine Meile weit entgegen, und alle stimmten Lobgesänge und Antiphonen an «wie es Brauch ist»[11]. Herzog Wilhelm II. (V.) von Aquitanien wurde durch eine Prozession «der ganzen Stadt» Limoges empfangen (1021). Die Mönche des dortigen Klosters kamen mit Evangelien und Rauchfässern «so, wie der Herzog von ihnen immer empfangen wird»[12]. Wilhelm investierte bei dieser Gelegenheit den neuen Bischof der Stadt mit dem Hirtenstab, wie es dem Herrn einer Landeskirche zustand. «Wohin er auch kam und wo immer er eine Versammlung abhielt, konnte man eher glauben, einen König vor sich zu haben als einen Herzog ...»[13].

Über den herrscherlichen «adventus» und den damit verbundenen «occursus», das zeremonielle Entgegenkommen, sind wir gut unterrichtet[14]. Wir haben hier ein Beispiel dafür vor uns, daß es sich um einen doppelten Vorgang handelt: Der Repräsentation steht etwas gegenüber, das man als «Rekognition» bezeichnen könnte, die Huldigung durch die Beherrschten. Während man seit der französischen Revolution den Begegnungen des Regenten mit dem «Volk» einen eher patriarchalisch-säkularen Charakter gab, stand vorher die trium-

---

[8] Widukind III 10, ed. HIRSCH-LOHMANN 109 f. Anders ALTHOFF (oben 41 Anm. 151).

[9] THIETMAR II 30, ed. HOLTZMANN 76, TRILLMICH 67.

[10] Fulbert von Chartres an Abbo von Fleury (1004) ed. Fr. BEHRENDS, The letters and poems of Fulbert of Chartres (Oxford 1976) 6 Nr. 1.

[11] Ademar von Chabannes, Chronicon III, 65, ed. J. CHAVANON, Adémar de Chabannes, Chronique (Collection de Textes, Paris 1897) 190.

[12] A. a. O. III, 57, S. 182 f.

[13] A. a. O. III, 41, S. 163.

[14] Vgl. zuletzt Martin HEINZELMANN, Translationsberichte und andere Quellen des Reliquienkultes (Typologie des sources du moyen âge occidental 33, Turnhout 1979) 66 ff. (mit Literaturangaben). Peter WILLMES, Der Herrscher-«Adventus» im Kloster des Frühmittelalters (Münstersche Mittelalterschriften 22, 1976).

phale und sakrale Seite im Vordergrund; der «adventus Augusti» und Christi Einzug in Jerusalem am Palmsonntag bildeten letzten Endes die Muster dafür, beide innerlich miteinander vergleichbar[15]. Es handelte sich nicht um die Glorifizierung der Person des Fürsten, sondern um die Darstellung der Herrschaftsverhältnisse im Rahmen der allgemeinen Ordnung. Für den Regenten und für seine Untergebenen bestand die Notwendigkeit, durch eine «Staatsrepräsentation»[16] Bestehen und Wesen des politischen Systems immer wieder klarzumachen. Es scheint, daß in Augsburg, Würzburg, Speyer und Trier während der ersten Hälfte des 11. Jahrhunderts «Prozessionsstraßen» angelegt wurden, die bei Festkrönungen für Umzüge von Kirche zu Kirche den Rahmen bildeten[17]. In Zeiten geringer Abstraktionskraft mußte der herrscherliche «splendor» und die Devotion der Untertanen immer wieder sichtbar und damit begreifbar gemacht werden. Wir sehen nur die politische Seite der Sache, wenn Heinrich II. mit König Robert von Frankreich 1023 in Mouzon in Gegenwart vieler Großer zusammentraf; ein Chronist behauptet, die meisten der Bischöfe und Herzöge «aus verschiedenen Herkunftsländern» seien hier erschienen, «um die kaiserliche Würde zu bestaunen, der ein so großer Ruf vorausging»[18]. Man hat gesagt, in dieser Gesellschaft habe jede Handlung im Zusammensein der Menschen ihren Prestigewert erhalten[19]; die eine oder die andere war besonders geeignet dazu und wurde darum zur «Schau» dieses Prestiges ausgebaut. Dies konnte – wie bei den Prozessionen – besonders in der Nähe geistlicher, d. h. liturgischer oder quasi-liturgischer Abläufe geschehen.

Damit fällt auch Licht auf den Sinn «nur-kirchlicher» Prozessionen, wie sie sich bis in die Gegenwart erhalten haben. Auch sie machen Herrenrechte deutlich: Es sind die Rechte Christi oder des Heiligen, der z. B. bei der Reliquientranslation von der neuen Gemeinde als ihr Patron anerkannt wird und ihren Schutz übernimmt[20]. Daneben werden Rechte klerikalen Herrentums auf diesem Wege anerkannt: Im Jahre 995 klagte der Bischof von Verona, daß Geistliche seiner Stadt seine Synoden nicht besuchten «und auch nicht zu seiner Prozession kommen wollten». Sie wurden zu Gehorsam verpflichtet; auch «in

[15] HEINZELMANN a. a. O. 68.

[16] Der Ausdruck stammt von Percy E. SCHRAMM, Kaiser, Könige und Päpste 1 (Beiträge zur allg. Gesch. 1, 1968) 43.

[17] Werner NOACK, Stadtbaukunst und geistlich-weltliche Repräsentation im 11. Jahrhundert, in: Festschrift Kurt BAUCH (o. J.) 29 ff.

[18] Gesta episcoporum Cameracensium III, 37, MGH SS 7, 480.

[19] ELIAS, Zivilisation (oben 4 Anm. 11) 188.

[20] HEINZELMANN a. a. O. 66.

processionis honore», also dem bischöflichen Prozessionsrecht, unterstanden sie dem Diözesanbischof, nicht direkt dem Patriarchen von Aquileja[21].

Die Disziplinargewalt des Bischofs über den Klerus seiner Diözese mußte immer wieder «erwiesen» werden, ähnlich wie in merowingischer Zeit Konzilien bestimmten, daß der Pfarrklerus die kirchlichen Hauptfeste zusammen mit dem Bischof feiern mußte, bei Strafe der Exkommunikation oder der Absetzung[22]. Aus diesen Reisen des Klerus scheinen sich jene Pflichtprozessionen von Pfarrgeistlichkeit und Gläubigen entwickelt zu haben, die seit dem 10. Jahrhundert mehrfach bezeugt sind: Bischof Goderic von Auxerre (918-933) befahl, daß zu Pfingsten alle (?) Laien und Priester der Diözese mit ihren Pfarrkreuzen in der Kathedralkirche zusammenkommen sollten[23]; in Trier scheint die Sache ähnlich gewesen zu sein, jedenfalls sprach man 1072 von der Menge der Wallfahrer aus den umliegenden Dörfern, die mit Kreuzen dorthin zu kommen pflegten[24]. Das Recht, Prozessionen zu organisieren, stand stets dem Bischof zu, und er konnte ihnen auch neue Ziele setzen, vor allem dann, wenn es galt, zugunsten von Klöstern Wallfahrten einzurichten. Das hatte gewiß vorwiegend praktische Gründe, ging es doch nicht an, eine übergroße Menschenmenge in der Stadt zu versammeln. Prozessionen zum Kloster bedeuteten dessen materielle Förderung, denn die Teilnehmer brachten Oblationen – vor allem in der Gestalt von Kerzenwachs – mit, einen Rekognitionszins an den geistlichen Herrn[25], der jetzt «dem Heiligen» der betreffenden Abtei zugute kam. Derartige Rechte haben z. B. Tournus (949), Bèze (1008) und die Abtei Mettlach (931-941) erhalten, wo diese Prozession, 1830 verboten, bis in die Tage des Kulturkampfes gedauert hat[26].

---

[21] Mansi, Sacrorum conciliorum ... collectio 19, 198.

[22] Synode von Clermont (535) c. 15, MGH Concilia 1, 69; erweitert in Mâcon (583) c. 10, a. a. O. 157: «Ut presbyteri, diaconi ... episcopo suo oboedienti devotione subiaceant et non alibi dies feriatos nisi in episcopi sui obsequio liceat tenere aut caelebrare ...». Ursmer Berlière, Les processions des croix banales, in: Académie royale de Belgique, Bulletins de la classe des lettres et des sciences morales et politiques, 5e série t. 8 (1922) 428.

[23] Berlière a. a. O. 423.

[24] Historia martyrum Treverensium, nach Nikolaus Kyll, Pflichtprozessionen und Bannfahrten im westlichen Teil des alten Erzbistums Trier, in: Rheinisches Archiv 57 (1962) 137 f., vgl. 74 ff.

[25] Nicht oder nicht primär an den Grundherrn, wie Kyll a. a. O. 60 meint, und schon gar nicht an den Heiligen als Lehensherrn, a. a. O. 61.

[26] Berlière a. a. O. 432 f., Kyll a. a. O. 24, 66, 151. Die Pflichtprozessionen dauerten in Trier bis 1784, Kyll a. a. O. 153; hinfort handelte es sich um einen Volksbrauch.

Gegen die weiten Fußmärsche scheint es kaum Widerstände in der Bevölkerung gegeben zu haben, erstaunlich für unser modernes Denken auch deshalb, weil sie mit dem Zahlen von Steuern verbunden waren. Wallfahrten unterbrachen den Alltag, erweiterten den Horizont und verstärkten den Zusammenschluß der Gemeinde; vor allem aber dürften sie das Bewußtsein vermittelt haben, durch die Ehrung des geistlichen Oberhirten beziehungsweise des Heiligen dessen Schutz und Wohlwollen zu erlangen. Bedenkt man die prekäre Lage der Landbevölkerung, nicht nur in Hungerjahren, wird man die Bereitschaft verstehen, dem Herrn zu geben, was des Herrn war. Als religiöses Verdienst hat wohl kaum gegolten, was vor allem Pflicht der Gläubigen gewesen ist.

Soviel zur «Rekognition» geistlicher Herrschaft. Dienten die Züge der Wallfahrer auch ihrer «Repräsentation», über die praktischen Ziele hinaus? Es scheint so, wenn man sich daran erinnert, mit welcher Begeisterung volkreiche Aufzüge im Mittelalter geschildert werden. Pilgerströme brachten der Bischofstadt wirtschaftlich Gutes, sie vermehrten das Prestige, und Massenwallfahrten zum Heiligen eines Klosters machten ihn berühmt; sein Ansehen wurde in alle Welt hinausgetragen, und mit dem Prestige des Heiligen war das seines Klosters fast identisch.

Das waren Dinge weit jenseits der alltäglichen Sphäre. Aber auch in dieser brauchte ein Herr zahlreiche Menschen um sich, sowohl zu konkreten Zwecken, als auch, um die Würde seines Hauses zu wahren und zur Schau zu stellen. Ohne eine entsprechende Menge (multitudo) konnte nach der Anschauung Hincmars von Reims der königliche Hofhalt nicht zweckmäßig und ehrenvoll (honeste) bestehen: Die Menschen waren der Schmuck der Pfalz[27], ähnlich wie schon Tacitus erklärt hatte, bei den Germanen sei das Gefolge im Frieden eine Zier, im Kriege biete es Schutz[28]. Bezeichnend ist der Wandel, der in den letzten beiden Jahrhunderten den Sprachgebrauch von Worten wie «ornamentum» und «decus» betroffen hat: Man mißt einer zahlreichen Begleitung heute eine bloß dekorative Funktion im Sinne von unnötigem Pomp zu. Uns ist fast völlig das Gefühl dafür verloren gegangen, daß einst die Einsamkeit des Vornehmen seine Machtlosigkeit bedeutete, während sich die Vorstellungen von Macht, Würde und Ansehen mit einer Vielzahl von Dienern verbanden, die zur Stelle waren und Aufträge empfingen. Zu den Menschen gehörten Pferde, die ihnen Beweglichkeit gaben, und deren edle Rasse den «ornatus» vermehrte[29]; von ihnen wird noch zu reden sein.

---

27 De ordine palatii c. 25, MGH Capit. 2, 526, vgl. 525 c. 22: «De honestate seu ... specialiter ornamento regali ...». De ord. pal. ed. u. übers. v. Th. Gross u. R. Schieffer (MGH Fontes iuris 3, 1980) 78, 72.

28 Germania c. 13: «in pace decus, in bello praesidium».

29 Rather, Dialogus confessionalis c. 34, Migne PL 136, 428 schildert eine Hofhal-

Was wir als «Grundherrschaft» bezeichnen, war vor allem eine Herrschaft über Menschen – «decus» und «praesidium» erschienen wichtiger als wirtschaftliche Erträgnisse, die sich kaum verkaufen ließen. Man hat darauf hingewiesen, daß z. B. in Latium Burgsiedlungen nach unökonomischen Gesichtspunkten angelegt wurden – und z. T. mißlungen sind –, wobei das strategische Moment und auch das Prestige des Menschenreichtums («far gente») im Vordergrund stand[30]. Auch der Klerus war gewiß nicht frei von Prestigedenken und der Freude an einem zahlreichen Gefolge. Für so manche Prälaten dürfte die Schilderung gelten, die Abbo von Fleury in einem Brief an den Abt Bernhard von Beaulieu hinterlassen hat: «Ich weiß, daß dich jetzt die lärmende Schar deiner Verwandten umgibt, der Heerhaufen der Vasallen (milites), die Menge der Freunde»[31]. Und umgekehrt schätzte der weltliche Herr ebenso wie der geistliche den Dienst «sehr edler Kleriker und Kukullenträger», neben der «edlen, unendlichen, überaus schönen» Menge des weltlichen Gefolges[32].

Zur Repräsentation gehörte auch hier eine «Rekognition», nicht als aktives Handeln, sondern als bewundernder Lobpreis des Gesehenen. Als der Herzog Gisulf I. von Salerno auf dem Seeweg mit großem Aufwand (apparatus) nach Terracina kam, um mit Johann XII. zusammenzutreffen, da wunderten sich die den Papst begleitenden Römer sehr angesichts der vielen Edlen und der «gloria» des Fürsten, und sie sagten: «Jetzt haben wir mehr gesehen, als man uns erzählt hat»[33]. Der Augenschein hatte die Fama noch übertroffen. Kein Wunder, daß beide Parteien – nach der schlichten Denkart des Chronisten – daraufhin ein Bündnis miteinander schlossen: Der unteritalienische Fürst hatte dem römischen Stadtadel und vor allem der Familie Alberichs bewiesen, daß er ein akzeptabler Partner war. Der soziale Rang konnte auf diese Weise bestätigt und noch erhöht werden. Das zeigt auch eine andere Erzählung, ebenso

---

tung, wo «equorum generosissimorum mille modis discrepans hinnitus» zum «ornatus» gerechnet wurde, während Möbel, Vorhänge usw. zum «apparatus» gehörten. Nicht bei P. E. Schramm, Beiträge zur allg. Gesch. 3, 186 ff., der zahlreiche Belege für «ornatus» und «apparatus» publiziert hat. Über die repräsentative Bedeutung des Gefolges vgl. auch Karl-Bernhard Knappe, Repräsentation und Herrschaftszeichen (Münchener Beiträge zur Mediävistik u. Renaissanceforschung 17, 1974) 13 f., 75 ff.

30 Toubert, Latium (oben 2 Anm. 5) 1, 356.

31 Aimoin v. Fleury, Vita Abbonis, bis zur geplanten Neuausgabe noch zu zitieren nach Migne PL 139, 399 c. 10. Über «propinqui» und «amici» als Schichten der Sippe vgl. unten 120 f., 124.

32 Rather a. a. O.

33 Chronicon Salernitanum ed. Ulla Westerbergh (Acta Universitatis Stockholmiensis, Studia lat. Stockh. 3, Stockholm 1956) 171 Nr. 167.

wenig wörtlich zu nehmen wie die vorige, aber doch charakteristisch für die Denkart der Zeit: Im Hause des Markgrafen Adalbert II. von Tuszien sah König Ludwig (III.) im Jahre 905 eine so große Menge «eleganter» Vasallen und einen solchen Aufwand, daß er von Neid ergriffen wurde und zu seinen Leuten sagte, Adalbert sei eher als König denn als Markgraf zu bezeichnen; nur dem Namen nach (nomine solummodo) sei er ihm, Ludwig, unterlegen (inferior, also auch «untergeordnet»). Die Markgräfin habe, wird weiter berichtet, diese Äußerung bekanntgemacht und daraufhin seien die Großen Italiens dem König untreu geworden[34].

Ein stattliches Gefolge von Bewaffneten sollte auch auf Reisen den Vornehmen umgeben, als Schutz gegen etwaige Überfälle und ebenso als «Ruhmestitel»[35]. Man reiste «in edler Art» (nobiliter) und «ehrenvoll» (honorifice), man steigerte seine Bedeutung durch Zahl und Pracht des Gefolges[36]. Wenn ein Bischof eine Synode besuchte, tat er gut daran, nicht nur Geistliche als seine Begleitung zu wählen; eine «sehr ziemliche» (decentissima) Schar von Geistlichen und Vasallen umgab z. B. den Bischof Godehard von Hildesheim, als er zur Frankfurter Synode von 1027 reiste, wo der Gandersheimer Streit verhandelt wurde[37].

Daß es auch so etwas wie ein liturgisches Gefolge gab, kann hier nur kurz angemerkt werden. Wenn sich etwa ein die Messe zelebrierender Bischof mit zahlreichen Geistlichen umgab, so geschah dies offiziell zur Ehre Gottes. Daß andere Gründe dabei mitspielten, zeigen synodale Bestimmungen, die gegen eine Vielzahl von Kapellanen und Diakonen bei solchen Gelegenheiten gerichtet sind. Es gab Äbte, wie jenen des Martialklosters in Limoges, die es den Bischöfen gleichtun wollten; so bestimmte 1031 die (zweite) Synode dieser Stadt, daß Bischöfe bis zu sieben Diakone bei der Feier von Hochfesten verwenden durften, Äbte «und andere Priester» höchstens drei, wozu im Martialkloster noch ein Kapellan kam[38]. Auch an solchen anscheinend unbedeutenden Dingen wurde der Rang und das Ansehen eines Prälaten gemessen.

Einem Herrn zu «folgen» bedeutete, daß man sich nicht selbst verpflegen mußte, sondern die tägliche Nahrung und vielfach auch Gebrauchsgüter – Kleider, Waffen, Pferde – aus seiner Hand empfing. Im Idealfall speiste das

---

[34] Liutprand, Antapodosis ed. BECKER, Die Werke Liudprands (MGH SS rerum German. 3. Aufl. 1915) 54 c. 39.

[35] P. VAN LUYN, Les milites dans la France du XIe siècle, IV. Le Moyen Age 4. série 26 (1971) 204, mit Beispielen.

[36] A. a. O.

[37] Wolfhere, Vita Godehardi episcopi (I), MGH SS 11, 190 c. 31.

[38] MANSI, Sacrorum conciliorum . . . collectio 19, 545.

Gefolge zusammen mit seinem Herrn; der «Waltharius» schildert die Menge von Essen und Trinken, das Goldgeschirr, die Wandteppiche der Königshalle, in der 100 Speiseplätze für das Gefolge einen attraktiven Rahmen bildeten[39]. Essen und Trinken spielt, wie man weiß, in der urtümlichen Gesellschaft eine sehr große Rolle, und dies nicht nur, weil in ihr oft der Mangel regiert. Es bindet die Menschen aneinander, die aus der gleichen Schüssel essen und aus demselben Becher trinken. Das mittellateinische Wort «companio» bedeutet einen Menschen, der das gleiche Brot ißt wie man selbst; von ihm ist einerseits der Kompagnon, anderseits der «copain» und der Kumpel abgeleitet[40]. Man war in besonderer Weise seinem Herrn verbunden, wenn er das Essen austeilte, wie dies an kleineren Herrenhöfen geschehen konnte. Das tat z. B. der Bischof Udalrich von Augsburg[41] und ähnlich Mathilde, die Witwe Heinrichs I., in ihren Klöstern und mit ihrer Dienerschaft[42]. Im familiären Kreis war derlei eine Selbstverständlichkeit, im politischen Ausdruck patriarchalischer Herrschaft. Daß das Krönungsmahl des römisch-deutschen Königs an das Ende der Gesamthandlung gestellt war, bedeutete eine Minderung seiner Bedeutung gegenüber germanischem Brauch, wo noch in isländischen Quellen das «Erbmahl» im Kreis der Gefolgsleute den Herrschaftsantritt einleitete[43]. Derartiges ist gewiß nicht allein germanisch; man mag da an Christi Verheißung denken, daß seine Jünger in seinem Reich mit ihm zusammen an seinem Tische essen und trinken würden[44].

Das Mahl an einem Fürstenhof sollte nicht nur Sättigung bringen, sondern auch eine Augenweide bieten. Zu ihr zählte neben prunkvoller Ausstattung die Menge der Speisen, die ja etwa am deutschen Königshof wirklich beträchtlich war[45]. Vor allem aber repräsentierte die Hoftafel die «erstrangige» Position

---

[39] KNAPPE, Repräsentation (oben Anm. 29) 22.

[40] Karl HAUCK, Rituelle Speisegemeinschaft im 10. u. 11. Jahrhundert (Studium Generale 3, 1950) 612.

[41] Gerhard, Vita Oudalrici episcopi, MGH SS 4, 391 c. 4: «Apposita cum gaudio sumpsit et cum eo manentibus maxima hilaritate distribuit ... Unicuique enim praebebat quod eum libentissime sumere aestimabat.»

[42] Vita Mathildis antiquior, MGH SS 10, 579 c. 11. Vgl. unten 89 mit Anm. 71.

[43] Irmgard LATZKE, Hofamt, Erzamt und Erbamt im mittelalterlichen deutschen Reich (Diss. Frankfurt 1970) 26.

[44] Luc. 22, 29 f. Auf die Stelle machte Eugen EWIG aufmerksam: EWIG, Zum christlichen Königsgedanken im Frühmittelalter, in: EWIG, Spätantikes u. fränkisches Gallien 1 (1976) 3.

[45] Im Jahre 968 betrug der Tagesverbrauch des Hofes 1000 Schweine und Schafe, 1000 Malter Getreide, 8 Rinder usw.; BRÜHL, Fodrum (oben Anm. 6) 175 f., der auf das geringere Gewicht der Tiere gegenüber dem gegenwärtigen Durchschnitt und

des Regenten. Vielleicht am besten illustriert dies eine durch Liutprand von Cremona vermerkte Anekdote: Wido von Spoleto wollte westfränkischer König werden. Sein Seneschall sollte in Metz für «Nahrungsmittel königlicher Art» sorgen, und der dortige Bischof stellte sie «nach der Sitte der Franken» reichlich zur Verfügung. Der Hofbeamte schlug ihm jedoch ein Privatgeschäft vor: Um den Preis eines Pferdes wolle er bewirken, daß sich König Wido mit einem Drittel des vorgesehenen Aufwandes begnüge. Der Bischof antwortete: «Es ziemt sich nicht, daß wir von einem König regiert werden, der sich um zehn Silbermünzen (dragmis) ein armseliges Essen besorgt.» Daraufhin seien die Franken von Wido abgefallen und hätten sie Odo (von Paris) zum König gewählt[46]. Wer diese Geschichte weitererzählte, hat es jedenfalls für möglich gehalten, daß die Entscheidung für oder gegen einen künftigen Herrscher nach solchen Gesichtspunkten erfolgte. Und auch für Bischöfe scheint am ottonischen Hof ähnliches gegolten zu haben: An diesem Hof berichtete Liutprand von Cremona über byzantinische Bischöfe, daß sie an einer schmucklosen Tafel sitzend Zwieback essen, reich an Geld, arm an Dienern und (Tafel-)Gerät[47]. Das widersprach adeliger Art ebenso, wie Liutprands weitere Nachricht, daß diese Bischöfe selbst einkauften und ihre eigenen Speisemeister waren. Schon damals hat es also neben den königlichen Hofämtern auch bischöfliche gegeben, die dann etwa im Hofrecht des Burchard von Worms zu finden sind[48].

Das Herrentum mußte sich nach außen durch Dienerschaft und jenen materiellen Aufwand manifestieren, der ein Nachweis seiner politischen Potenz war – wenn bei den griechischen Bischöfen volle Schatztruhen[49] für diesen Nachweis genügten, so war dies bereits Ausdruck eines «modernen» und intellektuellen Denkens. Die alltäglichen gemeinsamen Mahlzeiten an einem weltlichen oder geistlichen Hof hielten das Ansehen des Herrn aufrecht. Daneben bedurfte es von Zeit zu Zeit stärkerer Impulse in Gestalt festlicher Gelage, von denen man gerne erzählte – die mündliche Propaganda trug weiter und

---

auf die hohen Schlachtverluste aufmerksam macht. Es wäre noch anzumerken, daß «tausend» öfters, und vielleicht auch im Bericht des Annalista Saxo, eine unbestimmte sehr große Zahl bedeutet. Der Annalist beruft sich auf eine schriftliche Vorlage, MGH SS 6, 622 Z. 41 ff. Mit Heusinger glaubt BRÜHL a. a. O. 170, daß das königliche Gefolge (außerhalb der Heerzüge) «mehrere, die Tausend überschreitende Hunderte» betrug, auch zur Zeit der Ottonen und Salier, a. a. O. 524.

46 Antapodosis 18 c. 16.

47 Legatio c. 63, a. a. O. 210 f.

48 MGH Constitutiones 1, 643 Nr. 438 c. 29.

49 Liutprand a. a. O. 210 c. 63.

schmückte aus, was dabei an materiellem Aufwand geleistet worden war. Im Feiern von Festen standen die Geistlichen den weltlichen Großen kaum nach[50].

Ein Festmahl diente auch der Aufnahme in eine Gemeinschaft oder der Herstellung freundschaftlicher Bindungen zwischen Gleichgestellten. Die Speisegemeinschaft führte ein quasi-verwandtschaftliches oder quasifamiliäres Verhältnis herbei[51]. Zwei Herren führen gegeneinander eine Fehde; man söhnt sich aus, es kommt zu einer Schwurfreundschaft und der eine lädt den anderen zum «convivium» ein. Es folgt die Gegeneinladung des anderen, die er gegen den Willen seiner Vasallen annimmt, denn es wäre gegen die Sitte (nefas), sie abzulehnen. Drei Tage dauert dieses zweite Gelage, und dann gibt der Gastgeber «mit großem Gefolge, heiter und liebenswürdig» dem Gast das Geleit[52]. Auf geistlicher Seite war es ähnlich, als Thietmar von Merseburg in die Tischgemeinschaft der Magdeburger Domherren aufgenommen wurde: Zwei Tage lang tafelte man, wohl auf Kosten seines Vaters, eines Grafen von Walbeck[53]. Umgekehrt äußerte sich der Bund zwischen Klerus und Vasallen der Kirche von Reims gegen den Erzbischof Gerbert darin, daß niemand mit ihm speisen oder seinen Gottesdienst besuchen wollte[54]. Hier wird das Gefolge aktiv und verstößt sozusagen seinen Herrn, indem es die liturgische und die Speisegemeinschaft mit ihm aufhebt. So besorgte eine «coniuratio» ähnliches wie die «excommunicatio» von Seite des kirchlichen Oberen.

Während das Essen ein relativ kurzes Vergnügen ist, kann man das vom Trinken nicht immer sagen. «Lange und viel, ja fast bis zum Morgenlicht saß man beisammen», heißt es über das Gelage eines Bischofs aus reicher Familie

---

50 Den neugeweihten Priestern pflegte der Papst ein «convivium» zu geben; Pontificale Romano-Germanicum (oben 59 Anm. 52) 2, 150 = Andrieu, Les Ordines (a. a. O.) 4, 200 Nr. 28. Regino von Prüm hielt es (ebenso wie später Burchard von Worms, III c. 83) für nötig, ein Konzil von Karthago zu zitieren, nach dem Bischöfe und (sonstige) Geistliche Gastmähler nur dann in Kirchen veranstalten sollten, wenn Gastfreundschaft dies nötig machte. De synodalibus causis (oben 65 Anm. 77) I c. 56, S. 49 f. In Cluny gab es am Ostersonntag ein Mahl mit nur zwei Gängen, dessen geistlicher Sinn erklärt wird (non tantum pro gula vel ebrietate, usw.) Liber tramitis (oben 37 Anm. 138) 90 f. c. 58, 3. Über klösterliche Kost vgl. unten 369 ff.

51 Hauck, Speisegemeinschaft (wie oben Anm. 40) 612.

52 Alpert von St. Symphorian in Metz, De diversitate temporum II c. 12, MGH SS 4, 715. Ähnlich a. a. O. I c. 8, S. 704 das Familienbündnis mit häufigen Einladungen und Gegeneinladungen.

53 So Lippelt, Thietmar (oben S. 2 Anm. 2) 58 zu der Stelle IV, 16 (ed. Holtzmann 150). Über die Gelage von Gilden vgl. unten 86.

54 Die Briefsammlung Gerberts ed. Weigle (oben 29 Anm. 98) 212 Nr. 181.

mit Geistlichen wie Weltlichen; «zuviel und mehr als zuviel widmete er sich einer Beschäftigung, die zu anderer Zeit hätte stattfinden sollen». Denn als die Gäste gegangen oder an Ort und Stelle eingeschlafen waren, wollte der fromme Bischof die Nokturn beten, und dabei traf ihn ein Schlaganfall[55]. So berichtet die Sache wenigstens sein geistlicher Biograph. In dem verschlüsselten «Polypticum» Attos von Vercelli wird geschildert, wie bei einem Gelage Musik durch die Stadt tönt, die Wirte alles tun «um die Nüchternheit zu verscheuchen» und wie «ein unanständiges Lachen» über schlüpfrige Geschichten zu hören ist, Anreiz zu Schlimmerem. So weltlich ging es in Oberitalien zu, während von einer Kaufmannsgilde in Nordbrabant gemeldet wurde, daß ihre Mitglieder «sozusagen feierlich der Trunkenheit frönen»[56].

Man ist sich nicht einig darüber, ob die Gelage solcher Gilden mit ihrem Ritual kultische Wurzeln haben. Klar liegen diese Zusammenhänge bei dem sogenannten «Minnetrinken» zutage, das – «Minne» hieß ursprünglich «Gedächtnis» – einem Gedenken an Jenseitige galt, im Wesen ähnlich den geistlichen «caritas»-Bräuchen[57], bei denen man auf einen Heiligen den Becher leerte. Neben den Zusammenhängen mit der germanischen Sitte stehen jene mit dem antiken Totenmahl und der christlichen «agape»[58]: Man sieht das letzte Abendmahl Christi mit seinen Jüngern und die frühchristliche Liturgie als Weiterbildung des antiken Totengedächtnisses. Zugleich ist es ein Herrenmahl, wovon noch zu sprechen sein wird.

Die rauheren, zur Trunkenheit führenden Formen des Minnetrinkens hat

---

[55] Konstantin von St. Symphorian in Metz, Vita Adalberonis (II.) episcopi, MGH SS 4, 669 c. 29.

[56] Polypticum, nach der Übersetzung des c. 8 durch Georg GOETZ in den Abhandlungen der Sächsischen Akademie d. Wiss. phil.-hist. Kl. 37/2 (1922) 60 c. 8. – HAUCK, Speisegemeinschaft 613 nach Alpert von Metz (1021/1024) über die «mercatores Tielenses», De div. II c. 20, MGH SS 4, 719: «in celebrioribus festis quasi sollempniter ebrietati inserviunt».

[57] Immer noch lesenswert sind die Sätze bei J. u. W. GRIMM, Deutsches Wörterbuch 6 (1885) 2239. Über die «caritas in refectorio» vgl. Bernhard BISCHOFF, Caritas-Lieder, in: BISCHOFF, Mittelalterliche Studien 2 (1967) 56 ff., wo zwischen «caritas»- und Minnetrinken geschieden wird. Vgl. weiter Gerd ZIMMERMANN, Ordensleben und Lebensstandard (Beiträge zur Gesch. d. alten Mönchtums ... 32, 1973) 42 ff. Georg SCHREIBER, Deutsche Weingeschichte (1980) 365 f.

[58] «Nous touchons ici à l'un des rites les plus universels, les plus graves et les plus obscurs de l'antiquité classique et de l'antiquité chrétienne.» Henri LECLERCQ, Artikel «Agape» in: F. CABROL-H. LECLERCQ, Dictionnaire d'archéologie chrétienne et de liturgie 1 (Paris 1924) 775.

man auf kirchlicher Seite nach dem Vorbild des Ambrosius stets abgelehnt[59]. Die Ermahnungen scheinen wenig befolgt worden zu sein, denn Hincmar von Reims, Regino von Prüm und noch Burchard von Worms haben sie in ihre Werke aufgenommen. An den Gedächtnistagen der Toten und auch sonst sollte kein Priester sich betrinken; zum Minnetrinken für die Seele des Verstorbenen oder zu Ehren von Heiligen durfte er nicht auffordern oder andere zwingen, und auch nicht «sich auf Bitten anderer vollaufen lassen (ingurgitare)»[60]. Das Trinken auf Kommando, auch zu Ehren Verstorbener, hat sich bekanntlich hier und dort bis in die Gegenwart erhalten.

Die andere, sittsame Form des Minnetrinkens übte man vor allem in Klöstern. In Fleury leerte man den Becher «in amore patris Benedicti»[61], in Cluny trank man dreimal zu Ehren der heiligen Trinität[62]. Auch christliche Regenten folgten dem Brauch: Otto I. befahl in Regensburg einen Minnetrunk zu Ehren des heiligen Emmeram[63] und der heilige Wenzel soll die Verschwörer, die mit dem Dolch im Gewande ein Gastmahl feierten, zu einem Trunk auf den heiligen Michael und eine christliche Sterbestunde aufgefordert haben[64]. Der Gedanke, die eigenen Mörder zu einer Art vorverlegter Totenfeier zu veranlassen, entbehrt nicht einer gewissen Dramatik.

Die rein irdische Speisegemeinschaft bindet die Lebenden aneinander, die kultische erweitert den Kreis auf Angehörige der jenseitigen Welt. Dabei gibt es zwei Möglichkeiten: Der Herr lädt sein Gefolge ein, oder Gleichgestellte bekräftigen ihre Zusammengehörigkeit, auch über das Grab hinaus. Die Feier des Herrenmahles – zu dem immer noch Christus einlädt – wurde zum zentralen Teil der christlichen Liturgie, ihr Ort ist das Gotteshaus. Für Heilige war daneben kein Platz. Auch wenn «der Heilige» ideeller Herr eines Klosters war, konnte die Tischgemeinschaft mit ihm nicht über jene mit den «armen Seelen» hinausgehen: Ihm und ihnen opferte man in gleicher Art. Daneben hat es natürlich noch andere Zeichen der Gemeinschaft mit den Toten gegeben[65], so wie es andere Formen der Heiligenverehrung gab.

---

[59] Texte bei Adolph Franz, Die kirchlichen Benediktionen im Mittelalter 1 (1909, 1960) 287 f.

[60] Regino ed. Wasserschleben (oben 65 Anm. 77) I, 216, S. 108. Burchard von Worms, Decretum II c. 161 übernimmt wörtlich den Text, der zuerst bei Hincmar, Capitula I, 14 (Migne PL 125, 776) auftritt. Migne PL 140, 652.

[61] Um 1005: Franz, Benediktionen 1, 291 Anm. 1.

[62] Liber tramitis (oben 37 Anm. 138) 91 c. 58, 3.

[63] Arnold von St. Emmeram, Miracula s. Emmerammi, MGH SS 4, 552 (I c. 7).

[64] Gumpold von Mantua, Vita Venceslavi ducis c. 18, MGH SS 4, 220.

[65] So wurden z. B. in Cluny die Essenportionen der Verstorbenen weiter verteilt,

Wir haben gesehen, daß Essen und Trinken nicht nur der Stillung elementarer Bedürfnisse diente, sondern Gemeinschaft stiftete, die geltende Ordnung bestätigte und sie immer neu vor Augen stellte. Speisegemeinschaften konnten aber auch das Moment der Zucht betonen, gerade dort, wo ein Unmaß nahelag. Die «Tischzucht», rudimentär stets vorhanden, ist in der nachkarolingischen Epoche entscheidend gefördert worden und hat schließlich einen wichtigen Teil ritterlicher Art gebildet.

Zum Wesen des Gastmahls gehörte, daß der Gastgeber ein heiteres und freundliches Benehmen an den Tag legte[66]. Böse Menschen, wie etwa Boleslav, der Bruder des heiligen Wenzel, waren ihrer Natur nach dazu unfähig und mußten es wenigstens äußerlich imitieren[67]. Die aus Urzeiten überkommene Freude an reichlich vorhandenem Essen und Trinken war der Ursprung solcher Heiterkeit. Dazu kam die positive Haltung, die der Hausherr gegenüber Freunden einzunehmen hatte im Gegensatz zur «gravitas», dem finsteren Gesicht, das der Herr zeigen mußte, wenn er jemandem ungnädig gesinnt war.

Die asketische Tendenz, die in vielen Viten von Geistlichen zum Ausdruck kommt, suchte nicht die Sitte zu ändern, sondern mit tieferem Inhalt zu füllen. Wenn Brun von Köln fastete, so war er fröhlicher als die Fröhlichsten unter den Teilnehmern des Mahles[68]; er handelte damit im Sinne der biblischen Anweisung, die ein «ostentatives» Fasten verbot. Hrotsvith von Gandersheim schildert ein Gelage voll Fröhlichkeit, bis der Schlaf die Teilnehmer übermannt. Der fromme Herzog freilich verbringt die Nacht im Gebet[69], d. h. er nimmt an der Trunkenheit (ebrietas) seiner Gäste nicht teil und hat vorher wohl nur äußerlich die allgemeine Heiterkeit (laetitia) mitgemacht. Vor dem Gastmahl hatte er die Armen, die er für gewöhnlich an seinem Tisch zu speisen pflegte, mit eigener Hand gesättigt[70] und damit seine christliche Gesinnung demon-

---

jedoch an Arme gegeben. Darüber vgl. zuletzt Joachim Wollasch, Neue Methoden der Erforschung des Mönchtums im Mittelalter, Histor. Zeitschr. 225 (1977) 561.

[66] Über die «iucunditas» bzw. «hilaritas», die der Herr hier zu zeigen hatte, auch wenn Schmerz oder Sorge ihn bedrückten, vgl. Hatto Kallfelz, Das Standesethos des Adels im 10. und 11. Jahrhundert (phil. Diss. Würzburg 1960, 1961) 68 f.; Udalrich von Augsburg, oben Anm. 41 (cum gaudio, maxima hilaritate); Alpert von Metz, oben Anm. 52 (cum laetitia et iocunditate Baldricus deducit abeuntem); Arnold von St. Emmeram, oben Anm. 63, läßt Otto d. Gr. «ore iucundo» die Michaelsminne befehlen (er tat es auf sächsisch, «saxonizans»). An den meisten Stellen, in denen von Gastlichkeit die Rede ist, finden sich derartige Aussagen.

[67] «amicos sub hylaritatis specie invitavit». Gumpold (oben Anm. 64) 219 c. 18.

[68] Kallfelz a. a. O. 70.

[69] Hrotsvithae Opera ed. H. Homeyer (1970) 108, Gongolfus v. 223 f.

[70] A. a. O. 107 v. 213 ff.

striert. Die fromme Geste kehrt in der Lebensbeschreibung der Königin Mathilde wieder, ausgeweitet auf das Dienstpersonal: Im Kloster aß Mathilde erst, nachdem sie den Nonnen «alles verteilt» hatte, im weltlichen Rahmen betreute sie ebenso die Kranken, die sie pflegte, und ihre Dienerschaft[71]. Ließ sich die Bevorzugung der Armen und Kranken noch mit der Sitte vereinen – wer sie aufnimmt, nimmt nach dem Bibelwort Christus auf –, so war das anders bei dem Dienstpersonal. Ob Mathilde tatsächlich so handelte oder ob es sich um eine Erfindung des Vitenschreibers handelt, ist weniger wichtig als die Tatsache, daß hier die Herrschaftsordnung durchbrochen scheint, deren Erweis eine Hoftafel nicht zuletzt dienen sollte. Wir erinnern uns an jenen Abt Johannes von Gorze, der beim Chorgebet nicht den ersten, sondern den letzten Platz einnehmen wollte[72]; solche «franziskanisch» anmutende Züge weisen weit voraus in Zeiten, denen das Ordnungsgefüge fragwürdig geworden war.

Es dürfte kein Zufall sein, daß wir über Tischsitten einer zweiten Herrscherin Bescheid wissen, die überdies Mathildes Schwiegertochter war: Das «feine Benehmen» wurde vor allem durch Geistliche und durch Frauen gefördert. Kaiserin Adelheid, so erfahren wir, hielt bei einer Tafel, die sie für Klerus und Laien gab, das Messer so in der Hand, wie wenn sie weiteressen wollte und verlängerte damit im Interesse der Teilnehmer die Speisezeit[73]. Die Sitte gebot also, mit dem Essen aufzuhören, wenn der Herr oder die Herrin dies tat – so wie dies bei Hoftafeln noch in unserem Jahrhundert der Brauch war oder ist. Im allgemeinen sind die Nachrichten über die «Tischzucht» im 10. Jahrhundert recht dürftig. Nur nebenbei erfahren wir z. B. aus der Vita des Grafen Gerald von Aurillac, daß er niemand zum Trinken zwang, manchmal Gästen ein Frühstück gab – man pflegte im Normalfall bis gegen Mittag nüchtern zu bleiben – und selbst niemals vor der dritten Tagesstunde etwas zu sich nahm[74]. Man wird aber annehmen können, daß patriarchalische Sitten vorherrschten: Essen an einer langen Tafel aus gemeinsamen Schüsseln, Trinken aus dem kreisenden Becher. Bei Hofe wollte man auf die Unterhaltung durch Gaukler und Musikanten nicht immer verzichten und wir erfahren über Konrad I., daß er sie zum Ärger der Mönche auch im Kloster St. Gallen bei der Tafel ihre Künste treiben ließ[75]. In den Kanonessammlungen wird Priestern verboten, unnütze Geschichten vorzutragen oder vorzusingen. Auch sollten sie

---

[71] Vita ant. c. 11, MGH SS 10, 579. Vgl. oben 83 mit Anm. 42.

[72] Oben 38 mit Anm. 143.

[73] Odilo von Cluny, Epitaphium Adelheidae ed. H. PAULHART, Mitteilungen des Instituts f. österr. Geschichtsforschung Erg.-Bd. 20/2 (1962) 46 c. 1.

[74] Odo von Cluny, Vita Geraldi comitis, MIGNE PL 133, 651 (I, 13).

[75] Ekkehard IV. ed. HAEFELE 44 c. 16.

nicht «schimpflichen Späßen mit (Vorführungen von) Bären und Tänzerinnen» zusehen[76].

Aus einer anderen Welt scheint der «Ruodlieb» zu stammen, jenes lehrhafte Gedicht aus der zweiten Hälfte des 11. Jahrhunderts, das man damals als eine Art Handbuch des «guten Tones» verwenden konnte. Sein geistlicher Verfasser idealisiert ganz gewiß die tatsächlichen Zustände, doch wird die Tendenz zu einer Verfeinerung und teilweisen «Privatisierung» der Tischsitten deutlich. In Ruodliebs Haus gibt es noch den Hochsitz des Herrn, doch läßt er auf ihm – schon im Sinne des Damenkultes? – die Mutter Platz nehmen. Es gibt dort keine gemeinsame Tafel, sondern Tischchen, an denen je zwei der Eingeladenen sitzen[77]. Das ist hier so bei einem Familientag zur Beratung einer Eheangelegenheit – man könnte daran denken, daß es schwierig war, eine Rangordnung unter den Sippengenossen herzustellen –, aber auch bei dem Mahl zu Ehren des heimgekehrten Sohnes: Ruodlieb hat einen einzigen «conviva», seinen Neffen, mit dem er Brot, Schüssel und Becher teilt; Tischgenosse der Mutter ist ihre Dohle[78]. Die Mutter dirigiert das Dienstpersonal und sendet Speisen und Getränke an die einzelnen Tische. Im Gegensatz zur Königin Mathilde werden hier die Gäste nicht durch die Herrin bedient, und ebenso gilt das für die Dienerschaft. Daß die Gastgeberin sitzt, anstatt um das Wohl der Gäste besorgt umherzulaufen, gehört noch in unserem Jahrhundert zum «guten Ton».

Die Speisegemeinschaft ist hier nicht aufgehoben, aber doch gelockert in einer Weise, die kaum der alltäglichen Realität entsprach. Auch als Programm ist die Sache interessant, als Versuch, traditionelle Formen zu verlassen und zu einem neuen Stil zu gelangen. In der Gruppe kleinste Untergruppen zu bilden, erinnert schon an die «Tischdame» der Neuzeit. Allein zu speisen, war damals wohl nicht erwünscht, auch wenn byzantinische Bischöfe das taten[79]. Nicht einmal der Kaiser saß in Konstantinopel bei der Hoftafel allein. Als Liutprand an dem «langen, aber nicht breiten Tisch» des Kaisers einen der unteren Plätze zugewiesen erhalten hatte, sandte ihm Nikephoros Phokas als versöhnliche Geste

---

76 Wie oben 87 Anm. 60.

77 The Ruodlieb ed. G. B. FORD (oben 44 Anm. 160) 96 f. (XVI, v. 26 ff.)

78 XIII, 18 ff., FORD S. 86. In beiden Fällen werden die Tische nach dem Essen weggeräumt, was zusätzlich dafür spricht, daß sie nicht allzu groß waren. Da Ruodlieb (XIII, 12) «zur Rechten der Mutter wie ein Gast» saß, scheinen die Eßtischchen immerhin eine gewisse Rangordnung ermöglicht zu haben. Dafür spricht auch XVI, 26 ff.: Ruodlieb wies «die Sitze zu, so gut er es wußte, auf welchem für ihn bestimmten Platz ein jeder sitzen sollte, wobei er je zwei Herren einen Tisch zu besetzen gab ...» (Übersetzung nach KNAPP a. a. O. 149). Vgl. oben 44 Anm. 160.

79 Legatio c. 63, ed. BECKER 211. Vgl. oben 84, über Otto III. oben 51 mit Anm. 11.

ein Fleischstück, von dem er selbst gegessen hatte[80]. Freilich war dieser Kaiser einst ein General gewesen, schlicht und den Umgang mit Vielen gewohnt.

Vom Trinken wird in dem uns erhaltenen Teil des «Ruodlieb» nur dann gesprochen, wenn es gilt, ein neuartiges Zeremoniell vorzuführen. Ein Mann bäuerlichen Standes bewirtet einen Ritter; nach dem Essen und der Handwaschung wird Wein gebracht, den der Hausherr vorkostet und dem Gast reicht. Dieser gibt den Becher an die Hausfrau weiter und trinkt erst nach ihr[81]. Bei Ruodliebs Verlobungsfeier erfahren wir nur, daß die Diener, die den Damen Kissen in ihre Kemenaten nachtrugen, zur Belohnung einen Becher Wein erhielten, den sie kreisen ließen und leer mit einer Verbeugung dem Mundschenk zurückgaben[82]. Die Trinkgemeinschaft ist etwas, das der Dichter nicht kennt oder besser nicht kennen will. Im Umgang mit Alkohol zeigt sich besonders die ritterliche Zucht, das neue «zivilisierte» Verhalten.

Hier und anderswo ist das Neue im «Ruodlieb» ein Heraustreten aus der bisherigen Gewohnheit und ihre Ersetzung durch etwas, das besser oder vielmehr «schicklicher» sein wollte. Die Sitte wird, so lange sie nicht in Frage steht, von den meisten Völkerschaften unreflektiert befolgt; auf die Frage nach dem Warum erhält der Ethnologe die Auskunft, das sei immer so gewesen, oder: die Götter hätten es befohlen[83]. Erst die Reflexion gibt dem Experiment den Raum frei, einem spielerischen Wesen, das jedoch durchaus ernst gemeint ist: «Es schafft Ordnung, ja es ist Ordnung»[84]. Was von dem Experimentieren bleibt, ist eine neue, feiner strukturierte Form des Brauchtums, mit Hinneigung zum Zeremoniell. Die komplizierteren Spielregeln sind nicht mehr allen zugänglich, sie festigen den Zusammenhalt der Gruppe und grenzen sie nach außen ab. Seiner Art nach gehört der «Ruodlieb» an den Beginn einer neuen Epoche, die gerade an solchen Kleinigkeiten zu erkennen ist. Es sind Dinge, die bis heute ihren Stellenwert haben, ohne daß man darüber nachdenkt, wo sie herkommen[85].

Das gilt von den sozialen Bräuchen ebenso wie von dem Bereich des Aussehens und seiner Stilisierung. Wenn wir uns diesem Gebiet zuwenden, haben wir die Tatsache zu beachten, daß im Gegensatz zu der heute angestrebten

---

80 A. a. O. 185 f. c. 19 ff.

81 VII, 19 ff., ed. FORD 67.

82 XIV, 12 ff., S. 90.

83 Claude LEVI-STRAUSS, Anthropologie structurale (Paris 1958) 25.

84 Johan HUIZINGA, Homo ludens (3. Aufl. o. J.) 17.

85 «Même dans notre société, les manières de table, les usages sociaux, les règles vestimentaires ... sont observées ... sans que leur origine et leur fonction réelles aient fait l'objet d'un examen réfléchi.» LEVI-STRAUSS a. a. O.

Uniformität der Kleidung und des Auftretens damals beides Rang und Stand signalisieren wollte.

Im vergangenen Jahrhundert bildete die Schilderung von Kleidermoden einen anziehenden Teil der sogenannten Kulturgeschichte, und auch heute ist man nur selten über diese deskriptive Einstellung hinausgekommen. Nötig wäre eine «Archäologie der Zeichen sozialer Differenzierung»[86], die auf einem Teilgebiet, dem der Mönchstrachten, schon in Angriff genommen wurde. Durch die Kleidung war vor allem der Geistliche vom Weltlichen unterschieden; so konnte Rather von Verona schreiben, man brauche einen Mann erst gar nicht zu fragen, welchem «ordo» er angehöre, wenn man seine Kleider, den Bart «und die übrigen Anzeichen des weltlichen Lebens» an ihm gesehen habe[87]. Sprache, Sitten und Tracht machten zusammen die Identität eines Volkes aus[88]. Von diesen prinzipiellen Feststellungen wird man für die Praxis einiges abstreichen müssen: Auch Geistliche liebten manchmal modische Veränderungen ihrer Standestracht, und Rodulfus Glaber klagte über die Annahme aquitanischer Moden durch die Franken[89]. Es fällt nicht schwer, Gründe für derartiges aufzufinden. Im Klerus blieb man den weltlichen Dingen oftmals verbunden, und so auch dem modischen Wesen. Die aquitanische Tracht kam zusammen mit den Günstlingen der Königin Konstanze zu den Franken – sie zeigt an, daß die Landschaften zusammenzuwachsen begannen, vorerst im Bereich der höfischen Oberschicht.

Die Amtstracht des Geistlichen zeigt eine Anzahl von Abstufungen des Ranges, die in den höchsten Bereichen durch päpstliche Verleihung von Bekleidungsstücken – etwa des Palliums – geregelt wurden. Bei den Weltlichen gab es derlei nicht, oder wir wissen wenigstens nichts über die feineren Schattierungen der Trachten. Primärer Unterschied zwischen Hoch und Niedrig war die Bewaffnung, sekundärer der Aufwand für die Bekleidung. Dazu kam natürlich die Art ihrer Pflege: man konnte ärmlich, aber sauber und ehrbar gekleidet sein und damit sein Prestige innerhalb der Gruppe erhöhen. Eine Amtstracht hat es für das Königtum gegeben, die ähnlich dem Ornat des Priesters nur zu besonderen Gelegenheiten Verwendung fand. Widukind von Corvey behauptet, Otto d. Gr. habe stets einheimische Tracht und niemals eine fremde

---

86 Duby, Hommes et structures 356.

87 Die Briefe des Bischofs Rather von Verona, ed. F. Weigle (MGH Die Briefe d. deutschen Kaiserzeit 1, 1949) 22 Nr. 3.

88 Liutprand, Legatio c. 51, ed. Becker 203, wobei die «vestes» – anscheinend das Wichtigste – nochmals angeführt werden.

89 III, 9, ed. M. Prou (oben 52 Anm. 15) 89 c. 40.

getragen[90]; Königsinsignien zählten jetzt zu ihr, und im Volk stellte man sich den Herrscher mit einem Diadem und nicht mit der Mütze auf dem Kopf vor[91]. Dem Königtum suchten es weltliche Fürsten auch auf diesem Gebiet gleichzutun, was schon im neunten Jahrhundert begonnen hatte. Ob es weiter «unten» Ansätze zu Amtstrachten gegeben hat, muß offen bleiben. Denkbar ist es durchaus, und wir haben schon darauf hingewiesen, wie sehr sich der Oberhirte auf einer Miniatur von seinen «gewöhnlichen» Standesgenossen unterscheidet[92].

Adeliger Art ziemte es, sich durch besondere Eigenschaften, Auftreten und Kleidung von der Menge zu unterscheiden. Vor allem war das Schwert ein Standeszeichen, das auch dort getragen wurde, wo man seiner kaum bedurfte. Qualität und Verzierungen der Waffe mußten dem Rang ihres Trägers entsprechen; das Schwert des Normannenherzogs Wilhelm war bei seinen Kriegern so bekannt, daß er es aussenden konnte, um Ruhe zu stiften. Als es plündernden Truppen überbracht wurde «als Zeichen seines Kommens» (zu einem Strafgericht), «beugten sie das Haupt und verneigten sich vor dem Eisen». Wie der Hut des Landvogts vertrat es den Gerichtsherrn, und es kündete zugleich von dessen großartiger Stellung: Sechs Pfund Gold sollen für den Griff und die Tauschierung aufgewendet worden sein[93].

Für derartige Sonderanfertigungen waren gewiß Worte wie «kunstreich» und «wunderbar» nicht unangebracht[94], und selbst der nüchterne Liutprand von Cremona konnte Truppen als «sehr schön» mit Waffen ausgestattet bezeichnen[95]. In Katalonien gab es Waffensammler; dort war vor der Jahrtausendwende die Waffe das einzige Luxusobjekt im Besitz des Adeligen[96]. Anderswo stellte der Vornehme schon längst auch auf andere Weise seinen hohen Rang zur Schau. So besaß z. B. der Markgraf Boso von Tuszien ein Wehrgehänge «von wunderbarer Länge und Breite, aus Gold und strahlend von vielen wertvollen Steinen»[97]. Mit Goldschmuck zu imponieren, war in Italien allgemeine Sitte der Großen, und es bedurfte kostbarer Steine, um ihren Prunk zu übertreffen[98]. So sehr hing die soziale Stellung des Vornehmen von diesem

---

[90] II, 36, ed. Hirsch-Lohmann 97, mit bewußter Änderung von Einhards Text, dem er ansonsten hier folgt.

[91] So etwa in der Visio Karoli (III., um 900), unten 558 Anm. 57.

[92] Oben 54, über die Tracht der Vornehmen vgl. unten 94 mit Anm. 102.

[93] Dudo von St.-Quentin (oben Anm. 5), Migne PL 141, 672, MGH SS 4, 97.

[94] Dudo a. a. O.

[95] Antapodosis V, 7, S. 134.

[96] Bonnassie, La Catalogne (oben 2 Anm. 5) 1, 297.

[97] Liutprand, Antapodosis IV, 12, S. 110.

[98] A. a. O. II, 20, S. 46.

Schaugepränge ab, daß er auch im Felde nicht auf Goldschmuck verzichten konnte. Als sich der Markgraf Adalbert von Ivrea von Ungarn umzingelt sah, legte er den Schwertgurt, die Armreifen und den übrigen wertvollen «apparatus» ab und zog das schlichte Gewand eines «miles» an[99]. Im Norden, bei den Sachsen, war der Halsschmuck (torquis) das vornehmste Zeichen des Adels; zusammen mit den Waffen deponierte ihn der aufständische Königssohn Thangmar auf dem Altar[100], als Zeichen der Ergebung.

Wie der Goldschmuck, war auch der Kleiderluxus nicht auf Italien beschränkt. Im Verlauf des neunten Jahrhunderts haben sich die Großen des Reiches anscheinend nach kaiserlichem Vorbild ausstaffiert: Karl der Große hatte an Festtagen – und wohl nur an diesen – ein golddurchwebtes Gewand, Schuhe mit edlen Steinen und einen Mantel mit goldener Spange getragen[101]. Gegen Ende desselben Jahrhunderts trug ein Vornehmer Mantel und Spange gleicher Art, ein kostbares (golddurchwirktes?) Gewand, einen Gürtel mit Edelsteinschmuck und an den Beinen goldene Schnürbänder. «Der Hochmut (elatio) des kostbaren Gewandes» gehörte, so meinte der Erzähler, zu den Dingen, die bei anderen Völkern nicht zu finden seien[102]. Das kapetingische Königtum hat diesen Prunk wahrscheinlich noch übertroffen; Robert der Fromme kleidete sich in ein «goldenes Gewand» und trug Kniebänder (oder eine Mantelbordüre), für die sechs Unzen Gold verwendet worden waren[103]. Daß sich Graf Gerald auch an Festtagen in Wollstoffe oder Leinen hüllte, war als außergewöhnlich besonderer Erwähnung wert und Zeichen seiner großen Frömmigkeit[104].

---

[99] A. a. O. II, 62, S. 65.

[100] Widukind II, 11, ed. Hirsch-Lohmann 77. Vgl. I, 5, S. 6: «adolescentem ... oneratum multo auro, torque aurea simulque armillis aureis». Über «torques» als Herrschaftszeichen vgl. Schramm, Herrschaftszeichen (oben 71 Anm. 102) 1, 184 ff., als (sakrales) Würdezeichen 177 f.

[101] Einhard, Vita Karoli Magni c. 23 ed. Pertz-Waitz in MGH SS rerum German. (1911, 1940) 28.

[102] Abbo, Bella Parisiacae urbis II, v. 606 ff., 600, 611. Abbon, Le siège de Paris par les Normands ed. H. Waquet (Les classiques de l'hist. de France 20, 1964) 112. Geschildert wird die Kleidung der «Francia», aber es handelt sich nach v. 602 ff. um eine männliche Persönlichkeit. Mit goldenen Bändern zusammengehaltene Strümpfe trägt der Kaiser im Lothar-Evangeliar der Bibliothèque Nationale in Paris (ms. lat. 266), Abb. bei Jean Hubert, Jean Porcher, Fritz Volbach, Die Kunst d. Karolinger (1969) 147 Abb. 133.

[103] Helgaud von Fleury (oben 60 Anm. 57) 64 c. 5. Es handelt sich um ein Gastmahl, bei dem ein Bettler unter dem Tisch saß, also gewiß keine ganz feierliche Gelegenheit. Vgl. oben 60.

[104] Odo von Cluny, Vita Geraldi (oben Anm. 74) I c. 16, Migne PL 133, 653.

Zum Bereich der Rang- und Würdezeichen gehörte natürlich auch und vor allem das Pferd. Edle Pferde rechnete Hincmar unter die «ornamenta» ähnlich Kleidern und Edelmetall[105], und das galt nicht bloß für Weltliche. Als man einem gefangenen Bischof Schmach antun wollte, sattelte man für ihn ein billiges Pferd[106]. Teil der Askese des heiligen Bischofs Adalbert von Prag war es, daß er nicht ein rassiges, schnelles, mit Gold und Silber geschmücktes Pferd ritt, sondern «nach Art der Bauern» einen Hanfstrick als Zaumzeug bevorzugte[107]. Im Gegensatz dazu werden uns italienische Bischöfe geschildert, die auf «sächsischen Sätteln» sitzen, vergoldete Zügel in der Hand, während die Trense aus Silber gefertigt ist. Für Pferde solcher Prälaten gab es einen goldenen Halsschmuck, der zusammen mit dem silbernen Zaumzeug so schwer wog, daß man die stärksten Tiere auswählen mußte, um ihn zu tragen[108]. Vielleicht ist hier rhetorische Übertreibung mit im Spiel; glaubwürdig klingt die Bemerkung, daß man nicht täglich auf demselben edlen Pferd reiten wollte, sondern öfter ein anderes den Zuschauern vor Augen führte[109].

Von der Güte des Schwertes, der Stärke und Zuverlässigkeit des Streitrosses konnte das Leben des Reiterkriegers abhängen; für ihn war Pferdzucht weit mehr als eine Freizeitbeschäftigung, und mit Recht ließ man sich Pferde viel kosten[110]. Anders sollte es eigentlich bei den Geistlichen sein. Aber unterlagen sie nicht ähnlich wie die Weltlichen einem gewissen Zwang, ihr Ansehen und das ihres Amtes immer wieder unter Beweis zu stellen? Das demütige Einherschreiten des heiligen Adalbert hat man in seinem Bistum Prag nicht verstanden, und auch in Oberitalien wäre ein solcher Bischof wahrscheinlich verlacht worden. Dem landfremden Außenseiter Rather hat man in Verona große Schwierigkeiten bereitet. Er konnte nicht auf reich geschmückten Rassepferden reiten und in einem goldverzierten Bett in seidenen Kissen liegen oder auf einem Schemel sitzen, über den ein «gotischer Teppich» gebreitet war[111]. Kaum

---

Odo hebt hervor, daß der Graf dabei «der alten Sitte folgte», im Gegensatz zu den modernen «Söhnen Belials» und ihrer Zuchtlosigkeit.

105 De ord. pal. c. 27, MGH Capit. 2, 526; ed. Gross, Schieffer (oben Anm. 27) 80.

106 Ekkehard IV., Casus s. Galli c. 18, ed. Haefele 48.

107 Adalberti Pragensis vita prior ed. H. Karwasińska (Mon. Pol. Hist. ser. II, 4/1, Warschau 1962) 13 c. 8.

108 Rather von Verona, Praeloquia V, 9 und V, 12, Migne PL 136, 294, 296. Wenn von «frenis Germanicis» und «aureis torquibus» die Rede ist, könnte man an einen Import der «torques»-Mode aus Sachsen denken, wie bei den Sätteln.

109 A. a. O. 295 c. 12.

110 Bei Andreas von Fleury (oben 71 Anm. 103) c. 8 S. 42 ist von einem Pferd im Wert von 10 Pfund, c. 14 S. 46 von einem solchen um 100 solidi die Rede.

111 A. a. O. 294 c. 10. Daß der «honor» eines Geistlichen durch die «geziemende»

wurde er deshalb oder nur deshalb zum Moralisten. Aber die Wirkung seiner Ermahnungen auf die Zeitgenossen wäre sicherlich größer gewesen, hätte man von der Freiwilligkeit seiner Askese überzeugt sein können.

Der «apparatus», nur unvollkommen mit «Aufwand» zu übersetzen, war ein «appareil de l'ostentation»[112], was sich wiederum kaum mit dem abwertenden Ausdruck «Schaugepränge» verdeutlichen läßt. Zur Schau gestellt wurde primär nicht der Reichtum, sondern die hervorragende Stellung, die Unterscheidung von der Menge. Natürlich übte daneben der Prunk des Großen einen Anreiz auf Männer geringeren Standes aus, in seine Dienste zu treten: wer Gold zur Schau stellte, konnte kein Geizhals sein und mußte Dienste gebührend belohnen. Wenn man so dachte, wird das auch für Prälaten gegolten haben, die ja auch ihre Vasallen besaßen. Gerade in Italien kam es sehr darauf an, daß ein Bischof ein stattliches Kontingent davon aufbieten konnte. Die Klagen über die Verschleuderung von Bistumsgut an Weltliche bezeugen weniger die Liederlichkeit oder Unfähigkeit der hohen Geistlichen als die Tatsache, daß sie so wie ihre laikalen Verwandten gezwungen waren, über ihre Verhältnisse zu leben.

Ein wesentlicher Teil der Standesordnung war die klare Distinktion zwischen Weltlichen, Weltgeistlichen und Mönchen; Kirchenväter und Konzilien hatten befohlen, daß jedermann die Tracht seines Standes zu tragen hatte. Was aber dann, wenn man vornehm und geistlich zugleich war? Sollte jede Spur der angeborenen Nobilität zugunsten des Amtes verschwinden? Die biblische Forderung, ein neuer Mensch zu werden, war ein Ziel, das sich nicht für jedermann realisieren ließ. Oft blieb man, was man war, und man blieb es gerne als Mitglied einer angesehenen Familie. Das sollte – in geringerem oder höherem Maß – auch in der Kleidung zum Ausdruck kommen. Auch Mönche gab es, deren Kukullen durch Farbe und Qualität des Stoffes aus der Menge hervorragten, ja es gab Äbte, die überhaupt das Mönchsgewand anzuziehen vermieden. Das stellte Odo von Cluny fest, und wetterte gegen jene, die sich ihres «körperlichen Adels» rühmten und entgegen dem Gebot des Apostels «secundum carnem» lebten[113]. «Fleisch» hieß in diesem Zusammenhang alles Weltliche.

Wer weltliche Tracht anlegte, obwohl er ein Geistlicher war, beging nach

Gestalt seines Bettes zum Ausdruck kam, ergibt sich aus der ersten Lebensbeschreibung des hl. Adalbert: Dieser sah zwei Betten im Traum, «uterque scilicet, ut decuit, multum honoris gerens, sed lectulus suus (Adalberts) omnem gloriam alterius longe precellens». Vita prior ed. Karwasińska 36 c. 24.

112 Duby, Guerriers et paysans (oben 60 Anm. 55) 147.

113 Collationes II, 7, Migne PL 133, 554.

Odos Meinung ein Verbrechen; es entsprach alten Synodalbestimmungen, solche Leute aus der Kirche auszuschließen[114]. Ganz so scharf konnte man in der Praxis nicht sein, denn für längere Ritte eigneten sich geistliche Gewänder wenig. Der heilige Benedikt hatte für Mönche, die auf Reisen geschickt wurden, Reithosen bewilligt; in Cluny wurden sie allen gegeben, da sich ja nicht voraussagen ließ, wer von den Mönchen dieses Kleidungsstück benötigen würde[115]. Außerdem brauchte man eine Kopfbedeckung, und hier bot sich die Mütze der Weltlichen an – Liutprand von Cremona erregte in Byzanz Unwillen, als er so einherritt, obwohl der Kaiser in der Nähe war[116]. Wenn man immer wieder Priestern befahl, auf der Reise die Stola als Zeichen ihres Amtes zu tragen[117], so deutet das darauf hin, daß sie sich ansonsten wenig von anderen Reisenden unterschieden. Die berühmte Satire Adalberos von Laon, der den weltlich-kriegerischen Aufzug eines zum Cluniazenser und gleichzeitig zum «miles» gewordenen Mönchs schildert[118], übersteigerte Tendenzen, die stets lebendig waren. Er trägt eine Pelzmütze, einen geschlitzten Rock, lange Hosen, einen Gürtel und Waffen. Daß er ein schnelles Pferd reitet, versteht sich von selbst.

Bischof Adalbero mußte wissen, welch großen Wert man in Cluny auf die «vestis regularis» legte, die cluniazensische Tracht, von der es keinerlei Abweichung geben sollte[119]. Wenn er einen Cluniazenser nach Tracht und Gehaben als «miles» schildert, bedeutet dies, daß sich Cluny vom eigentlichen und richtigen Mönchtum getrennt hat. Adalbero gehörte dem mächtigen Grafenhaus an, das Gorze favorisierte, und es ist möglich, daß hier die Verschiedenheit der Mönchstrachten von Gorze und Cluny eine Rolle spielte[120]. In Gorze pflegte man zur Arbeit die eine, zum Gebet die andere der beiden Kukullen zu tragen, die der heilige Benedikt seinen Mönchen zugestanden hatte. Die Cluniazenser trugen dagegen beide Kleider übereinander: die weite und langärme-

---

114 Regino, De synodalibus causis (oben 65 Anm. 77) I, 320, S. 153, nach Arles II c. 25.

115 Liber tramitis ed. Dinter 211 c. 145.

116 Legatio c. 37, S. 195 (cum pileatus equitarem).

117 Etwa Rather, Die Briefe ... ed. Weigle 133 Nr. 25.

118 Carmen ad Rotbertum regem (oben 16 Anm. 24) ed. Carozzi 8 v. 96 ff. Vgl. unten Anm. 131, und H. Fichtenau, Soziale Mobilität in Quellen des 10. und frühen 11. Jahrhunderts. In: Wirtschafts- und sozialhistorische Beiträge (Festschrift Alfred Hoffmann, 1979) 16 f.

119 Odo, Collationes III, 22, Migne PL 133, 606: Dem Träger einer bläulichen Kukulle sagt ein Abt, er kenne ihn nicht, solange er nicht das der Regel entsprechende Gewand anlege.

120 Hallinger, Gorze-Kluny (oben 38 Anm. 141), 1, 56 Anm. 15.

lige, zur Feier bestimmte Kukulle war jetzt das Überkleid, die andere, schlichte, wurde zum Untergewand[121].

Die Frage, «inwieweit diesen äußeren Formen ein symbolischer Sinn beigelegt wurde, welche geistig-religiöse Haltung sich darin ausspricht»[122], ist gewiß berechtigt; leider geben die Quellen auf sie keine befriedigende Antwort. Man wird darauf hinweisen können, daß sich jede Reform durch Neueinführungen zu profilieren sucht: Das Andersartige der Tracht könnte primär sein, die symbolische Ausdeutung – wenn es eine gegeben hat – den Tatsachen nachfolgen. Zwei Kleider übereinander zu tragen, war im übrigen schon längst bei Weltgeistlichen Sitte. Nahm man einem Priester die Kasel ab und dazu Stola und Manipel, so galt er damit nur mehr als Diakon[123]. Freilich war das Meßgewand eine reine Amtstracht, die weite Kukulle bestenfalls ein «liturgisches» Gewand im weiteren Sinn; im Gegensatz zum Meßgewand[124] bestand kein kanonisches Verbot, es zu anderen Zwecken zu benützen. Im allgemeinen sah man weiße Gewänder als Zeichen der Keuschheit und des himmlischen Glanzes an[125]; sie zeigten eine Standeserhöhung und «feierliche Freude» an[126], wie sie dem Weltpriester zukam, während das schwarze Kleid (des Mönchs) eine «Erniedrigung» (humiliatio), d. h. Demut und Trauer andeutete[127]. Leinene Gewänder standen dem Weltlichen und Weltgeistlichen zu, das grobe Wolltuch dem Mönch. In St. Gallen nahm man es übel, als ein vornehmer Wohltäter des Klosters, der königliche Kapellan Salomo – später Bischof von Konstanz – im leinenen Kleid die Klausur betrat. Es nützte nichts, daß er darauf hinweisen konnte, daß auch der Abt von St. Gallen, der königliche Erzkapellan Grimald, so gekleidet im Kloster umhergegangen war[128].

Wer sich zu den «Standespersonen» zählte, hatte oftmals das Bedürfnis, dies in seiner Kleidung auszudrücken; es mag auch sein, daß eine vornehme Familie darauf sah, daß ihre geistlichen Mitglieder nicht ganz auf ein «standesgemäßes» Auftreten verzichteten. Im Mönchtum trug die Färbung der Kukullen und ihr

---

121 Hallinger a. a. O. 2, 704 f.

122 Theodor Schieffer in seiner Rezension von Hallingers Werk, wiederabgedruckt in: Cluny, herausg. v. H. Richter (Wege d. Forschung 241, 1975) 83.

123 So auch die Synode von Limoges II (1031), Mansi, Sacrorum conciliorum ... collectio 19, 540.

124 So auch Rather, Die Briefe ... ed. Weigle 131 Nr. 25.

125 Pontificale Rom.-Germ. ed. Vogel, Elze 2, 175 Nr. 18.

126 Hucbald von St. Amand, Vita s. Rictrudis, Migne PL 132, 837 c. 9.

127 A. a. O., wobei es sich in diesem Fall um eine Nonne handelt.

128 Ekkehard IV., Casus s. Galli c. 3, ed. Haefele 20, 22.

feines Material dazu bei[129], diese Elite zu kennzeichnen, aber immerhin blieb man im Rahmen der vorgeschriebenen Standestracht. Beim Weltklerus wird man sich ein Verfließen der Grenzen zur laikalen Gewandung vorstellen. Rather sagt ausdrücklich, daß Bischöfe Kleider des Laienstandes trugen und dazu «barbarische» Kopfbinden (? redimicula), zur Schande des Priesterstandes[130]. Aus den Reithosen waren lange Beinkleider geworden, die mit einer Fibel verziert und von einem Gürtel gehalten waren – beides natürlich aus Gold, zum Zorn der Armen[131]. Daß ein solcher Mann feinste Gewebe bevorzugte, wird an gleicher Stelle gesagt. Vielleicht eine nicht ganz glaubhafte Satire ist es, wenn Rather in seiner Schilderung fortfährt: «Einige kann man sehen, die statt des Mantels einen Pelz, statt der Bischofsmütze eine ungarische Pelzkappe, statt des Bischofsstabes ein Zepter tragen»[131].

Rather war ein bitterer Spötter wie Adalbero von Laon; ab und zu sind ähnliche Dinge aber ganz nebenbei auch bei durchaus seriösen Autoren zu lesen, etwa in den Briefen Gerberts von Aurillac. Er teilte einmal dem Abt seines Heimatklosters mit, der Reimser Erzbischof werde an Abt Gerald von Aurillac ein leinenes «sagum» senden, kunstfertig hergestellt (operosum) – also jenen keltisch-germanischen Mantel, der mit einer Fibel zu schließen war; eine andere Sendung betrifft ein golddurchwebtes Gewand (vestem auro textam) und eine «phrygische» Stola «zusammen mit anderen Dingen der gleichen Art»[132]. Übertrieben, aber nach alledem gewiß nicht völlig unrichtig war die Aussage Rathers über sich und seine Standesgenossen: Wir haben uns der weltlichen Sitte sosehr angepaßt, daß sozusagen nur mehr das rasierte Kinn, die Tonsur und der Zölibat den Bischof von den Laien unterscheidet[133].

Bartlosigkeit und Tonsur waren wichtige Standeszeichen, aber auch sie waren nicht ganz außer Frage gestellt. Hier trennte die Sitte Ost- und Westkirche, und noch auf einer Synode in Limoges 1031 referierte man die Argumente der Byzantiner gegen die Bartlosigkeit: Sie widerspreche der Würde des Mannes, dem Gott – im Gegensatz zur Frau – den Bart «als Zierde» gegeben habe; Christus habe einen Bart getragen, usw. Auf der Gegenseite verwies man auf Petrus als den «Urheber dieser Sitte» (der Bartlosigkeit) und auf die Notwen-

---

[129] Ernst Sackur, Die Cluniacenser (2. Aufl. 1894) 1, 21 f. nach Odo von Cluny, Coll. 2 u. 3.

[130] Praeloquia V, 6, Migne PL 136, 290 f.

[131] A. a. O. 295 c. 11. Eine Pelzmütze trug auch der zum «miles» gewordene Mönch bei Adalbero von Laon, oben Anm. 118.

[132] Briefsammlung (oben 29 Anm. 98) 40 Nr. 17, 63 Nr. 35.

[133] Praeloquia V, 18, a. a. O. 303.

digkeit, Geistliche von den Laien auch in körperlicher Hinsicht zu scheiden[134]. Den Griechen genügte dafür die Tonsur des (ganzen) Hauptes, im Westen verlangte man (Teil-)Tonsur (corona) und Bartlosigkeit wenigstens für die Inhaber kirchlicher Ämter[135]. Zehn Jahre vor der Synode hatte der Herzog Wilhelm von Aquitanien einen Bischof von Limoges «gewählt» und befohlen, ihm den Bart zu segnen und dann zu rasieren, worauf er den neuen Bischof mit dem Stab in sein Amt investierte[136].

Man wird sich die Geistlichen des 10. Jahrhunderts im Normalfall nicht «glattrasiert» vorzustellen haben. Die Regel des heiligen Benedikt weiß noch nichts von Haar- und Bartschur; im 9. Jahrhundert war sie allgemein üblich, allerdings höchstens alle zwei Wochen. Die Consuetudines der Cluniazenser verlangten eine Rasur vor besonderen Feiertagen[137]. Auch im Weltklerus scheint man nur zu besonderen Anlässen Haar und Bart geschoren zu haben: Von dem Bischof Burchard von Worms, dem berühmten Kanonisten, wird berichtet, daß er vor seinem Tode Nacken, «corona» und Bart rasieren ließ, saubere Kleider anlegte und eine Abschiedsrede hielt[138]. Wenn später Kartäuser und Zisterzienser die Schurtage auf sechs bis sieben im Jahr beschränkten, so zeigt das, wie lästig den Mönchen eine Tätigkeit war, für die man sicherlich keine wirklich geeigneten Klingen zur Verfügung hatte.

Wenn der Mönch den Bart, die «Zierde des Mannes», opfern mußte, wurde er damit gleichsam zu einem Neutrum. Dem entsprach bei den Cluniazensern die bodenlange Tracht und die «weibliche» Form der Arbeit in Küche und Garten. Die westliche Sitte, den Bart kurz zu tragen, mag dazu beigetragen haben, daß der durch Wochen oder Monate gewachsene Stoppelbart den Unterschied zwischen dem Stand des Geistlichen und jenem des Weltlichen weiter verwischte. An Festtagen erschien man geschoren und priesterlich gekleidet im Dom; wenigstens an diesen Tagen und wenigstens äußerlich war dann die Forderung, ein «anderer Mensch» zu werden, erfüllt.

Wenn der geistliche Würdenträger so sein Amt «repräsentierte», tat er es in einem Gebäude, das als «Haus Gottes» seinerseits eine hohe repräsentative Funktion hatte. Architektur ist besser als alles andere geeignet, Bedeutungen zu versinnbildlichen. Man hat die Dome der Salierzeit oft mit «Gottesburgen» verglichen; vor allem ist der Turm stets ein Herrschaftszeichen gewesen, erst sekundär wurde er zum Glockenträger. Bis zur Jahrtausendwende handelte es

---

134 Mansi, Sacrorum conciliorum . . . collectio 19, 534 f.

135 Synode von Bourges 1031 c. 7, Mansi a. a. O. 504.

136 Ademar von Chabannes, Chronicon III, 57 ed. Chavanon 182 f.

137 Zimmermann, Ordensleben (oben Anm. 57) 126 f.

138 Vita Burchardi MGH SS 4, 845 c. 22.

sich um ein Zeichen des Königs – und so auch des Himmelsherrschers –, seither mehrten sich die Türme des Adels[139]. Vielleicht repräsentierte der steinerne Kirchturm nicht nur Gott, sondern auch den Bischof, der ihn hatte erbauen lassen.

Das Kirchengebäude selbst war stets ein Ort verschiedenartiger, sehr oft auch geheimer Bedeutungen. Der Wissende konnte sich an ihnen erbauen, der Unwissende ahnte, daß hier Besonderes versinnbildlicht war. Eine Exegese für das Volk hat man hier nicht betrieben, im Gegenteil. Geheimnisvolles geschah vor allem bei der Kirchweihe, wenn der Bischof von der linken Ostecke des Raumes bis zur rechten Ecke im Westen und von der rechten im Osten zur linken im Westen das Alphabet auf den Boden schrieb oder vielmehr mit dem Bischofsstab zeichnete[140]. Die Herkunft der Zeremonie, ob heidnisch oder christlich, ist umstritten; zu ihrem Sinn wird man den Glauben rechnen können, daß im Alphabet alle nur möglichen Gebete und Beschwörungen enthalten sind, anderseits Gott nach der Offenbarung Johannis das Alpha und das Omega ist. Ein gelehrter Kommentator verwies darauf, daß die kreuzförmige Gestalt des Geschriebenen auf Christus deutet, die vier Ecken die Himmelsrichtungen darstellen, in die die Glaubensbotschaft dringt, verkörpert durch das Alphabet[141]. Das konnte der durchschnittliche Laie nicht wissen, als Zuseher der Zeremonie war er jedoch sicher von ihrer hohen und geheimnisvollen Bedeutung überzeugt.

Gott ist die Ordnungsmacht in dieser Welt, und er hat alles in ihr nach Maß, Zahl und Gewicht festgesetzt[142]. Maß und Zahl hatten seit je die Baukunst bestimmt; was für den profanen Bereich galt, mußte in besonderer Weise im Hause Gottes Anwendung finden, als eine Art architektonischen Gotteslobes neben dem liturgischen[143]. So schien die Kirche von Cluny II (948-981), in deren Bausystem die Zahl sieben und ihr Vielfaches oft wiederkehrt, die sieben

---

139 DUBY, Hommes et structures 303.

140 Pontificale Romano-Germanicum ed. VOGEL, ELZE (oben 59 Anm. 52) 1, 83 Nr. 33 c. 8.

141 Pseudo-Remigius von Auxerre, De dedicatione ecclesiae, MIGNE PL 131, 850 ff. Ähnlich, aber kürzer ist die Ausdeutung in dem Schreiben eines Priesters Gerhard an Erzbischof Friedrich von Mainz aus dem Jahre 937, Edition bei Friedrich LOTTER, Der Brief des Priesters Gerhard ... (Vorträge u. Forschungen Sonderbd. 17, 1973) 121 c. 9.

142 Sap. 11, 21: «Omnia in mensura et numero et pondere disposuisti.»

143 Vgl. dazu etwa Carol HEITZ, Symbolisme et architecture. Les nombres et l'architecture religieuse du Haut Moyen Age. In: Simboli e simbolologia nell'alto Medioevo. Settimane ... Spoleto 23 (1975, Spoleto 1976) bes. 406, 417. HEITZ bietet Beispiele für Kirchen- und Klosterbau: Centula-St. Riquier ist durch die Zahl 7, der Bauriß aus St. Gallen durch die Zahl 40 gekennzeichnet, a. a. O. 404. Über die

Gaben des heiligen Geistes ehren zu wollen[144]. Man kann annehmen, daß die Mönche davon wußten, sich daran erbauten und theologisch gebildete Besucher darauf hinwiesen – falls diese nicht, durch Zählen der Altäre, Säulen, Fenster usw., selbst den Schlüssel gefunden haben.

Anders scheint es wenigstens zum Teil am Beginn des elften Jahrhunderts geworden zu sein. Man hat aus Bernwards Kirche St. Michael in Hildesheim, aus Cluny III usw. sehr komplizierte Zahlenstrukturen errechnet, deren esoterische Art außer Frage steht, falls es sich nicht um moderne Überinterpretation handelt[145]. Derartiges hatte nichts mit «Repräsentation» nach außen zu tun und sollte höchstens die göttliche Weisheit in sich selbst spiegeln. Daneben gab es weiterhin den früheren Typus; und gerade Bernward von Hildesheim hat auch etwas für eine volkstümliche biblische Symbolik im Rahmen des Kirchengebäudes getan.

Es ist schade, daß wir aus schriftlichen Quellen kaum über die Intentionen der Bauherren unterrichtet sind. Eine Ausnahme macht der Bericht des Mönches Arnold von St. Emmeram in Regensburg über die Erbauung der dortigen Krypta durch den Abt Ramwold nach dem Ende des Bürgerkrieges im Jahre

---

symbolische Bedeutung dieser beiden Zahlen vgl. Heinz MEYER, Zahlenallegorese (1975) 133 ff., 160. Über die «heiligen Zahlen» im Bereich des Klosterplans von St. Gallen vgl. vor allem Walter HORN in: W. HORN und Ernest BORN, The Plan of St. Gall 1 (Berkeley, Los Angeles 1979) 118 ff., mit weiteren Literaturangaben. – Über den Plan erschien seither: Günter NOLL, The origin of the so-called plan of St. Gall. Journal of Medieval History 8 (1982) 191 ff., der die These aufstellt, es handle sich um «the original plan of the Anglo-Saxon Cathedral monastery of Christ Church in Canterbury» (a. a. O. 220), dessen Entwurf in den Jahren 668-690 zustandegekommen sei. Dazu wird von berufenerer Seite Stellung zu nehmen sein. Bis dahin wird das Werk von HORN und BORN als das Standardwerk über diesen Gegenstand gelten und zitiert werden müssen.

[144] Kenneth J. CONANT, Observations on the practical talents and technology of the medieval Benedictines, in: Cluniac monasticism in the Central Middle Ages ed. N. HUNT (London 1971) 83.

[145] Für St. Michael sind es u. a. die Tetraederzahlen. H. ROGGENKAMP in H. BESELER u. H. ROGGENKAMP, Die Michaelskirche in Hildesheim (1954) 121 ff. HEITZ a. a. O. 408. In Cluny III fand man neben der Sieben und der Hundert die Zahlen 532 und 531, erstere «the year-count of a solar-lunar cycle, ... symbolic of time and the liturgical calendar», letztere die Summe der «vollkommenen Zahlen» 6, 28 und 496, «augmented by the monad» (!). Kenneth J. CONANT, Cluny Studies 1968-1975, in: Speculum 50 (1975) 386 (auf Grund von Ausgrabungen der Medieval Academy of America). – Über das Schrifttum zur geistlichen Zahlensymbolik unterrichtet Hennig BRINKMANN, Mittelalterliche Hermeneutik (1980) 86 ff. Das breit gestreute

976[146]: Da der Abt die heilige Trinität verehrte und den Glauben der vier Evangelien festhielt, ist hier die Zahl drei und die Vier vertreten; zweifach sind die (Doppel-)Säulen, die die Krypta stützen, weil sie die doppelte Liebe – zu Gott und zum Nächsten – versinnbildlichen. Die fünf Altäre entsprechen den fünf Büchern Mosis ebenso wie den fünf Sinnen, die man zur Wahrung der Klugheit gebrauchen soll. Hier handelt es sich wahrscheinlich um eine authentische Interpretation; daneben wird man in ähnlicher Art ohne Schwierigkeit in die gegebenen Zahlenverhältnisse «erbauliche» Bedeutungen hineininterpretiert haben. Für den Gebildeten, der ja ein Theologe zu sein pflegte, tat sich hier eine «Schau» des Gotteshauses auf, die weit über die Bewunderung der Bauleistung und ihrer Formenschönheit hinausging.

Wenn auch das Kloster eine Welt für sich bildete, seine Kirche war ebenso wie die Bischofskirche für Kleriker und Laien erbaut. Als der Abt Wilhelm von Volpiano im Jahre 1001 die Kirche von St.-Bénigne in Dijon fertiggestellt hatte, konnte man an ihr acht Türme, drei Kapellen, 120 Glasfenster und 371 Säulen bewundern; der Kirchenraum war 100 Meter lang und 26 Meter breit[147]. Ein Laie, der an Holz- und Fachwerkbauten gewöhnt war, mußte derartiges als ungeheuren Aufwand empfinden, wie er keinem Irdischen, sondern nur Gott und den Heiligen zustand. Dazu kam die Ausstattung der Gotteshäuser mit Kunstwerken, von deren Wirkung auf die Zeitgenossen wir uns nur eine schwache Vorstellung machen. Ob es nun wahr ist, daß König Robert der Fromme Freudentränen vergoß, als er die nach einem Brand neu ausgestattete Kirche von Fleury-sur-Loire sah[148], oder eine Erfindung des Andreas von Fleury – jedenfalls mußte sie seinen Lesern glaubhaft sein. In vielfältiger Weise wußte man solche Wirkungen zu erzielen, durch großflächige Malerei, das vollplastische Heiligenbild, die Bilderhistorie als Erzguß, die Bauplastik. Man bildete auch das Schlimme ab, «als ein mehr oder minder bewußtes Abbild der Unordnung in der Welt», um sich von ihr durch den Sieg des Allmächtigen zu befreien[149]. Auch das war ein Mittel zum Ruhm Gottes und gehörte zu dem vielfältigen Aufwand, der zugleich dem Amt des Bischofs, dem Erbauer der Kirche und vielleicht auch seiner Familie Ehre bereitete[150].

Interesse an dem ganzen Problemkreis bezeugen die zahlreichen Arbeiten der Sammelbände «Mensura»: Maß, Zahl u. Zahlensymbolik im Mittelalter (Miscellanea mediaevalia 16/1, 1983 und 16/2, 1984).

146 Memoria s. Emmerammi c. 40, MGH SS 4, 568.

147 Bernard LEBLOND, L'accession des Normands de Neustrie à la culture occidentale (Paris 1966) 92.

148 Vie de l'abbé Gauzlin ed. BAUTIER-LABORY (oben 00 Anm. 103) 136 c. 66.

149 MAGNOU-NORTIER, La société laïque ... de Narbonne (oben 12 Anm. 3) 439 f.

150 DUBY, Guerriers et paysans 189.

Wir sehen in den romanischen Kirchen den behauenen Stein, in seltenen Fällen auch die Wandmalerei jener Zeit. Kaum stellen wir uns vor, welche Rolle damals kirchliche Textilien spielten, besonders natürlich zu Festzeiten, aber auch im Alltag. Derartiges war auch der einzige Luxus in den Wohnungen der Reichen, deren Mobiliar sich sonst kaum von dem ärmerer Schichten unterschied[151]. Leichte, mit Ösen an Schnüren hängende Vorhänge aus Wolle oder Leinen schmückten z. B. in Cluny die Wände, später wurde zur Fastenzeit der Altarraum vom Hauptteil der Kirche mit einem sehr großen durchsichtigen Gewebe, dem «Hungertuch», abgetrennt. Am Karsamstag wurden vor dem «Triumphbogen» (ante arcum principalem) «goldgewebte» Heiligenbilder in Holzrahmen aufgestellt. Teppiche schmückten die Kirche und besonders die Sitzbänke[152]. Erhalten sind Vorhänge in der Form von Illusionsmalerei, die kaum einen Begriff von der einstigen Wirkung des Raumes geben kann.

Ähnlich pflegte man die Räume des Klosters zu Festzeiten zu schmücken[153]. Daß es als eine Schande galt, wenn eine Abtei ohne Teppiche blieb, erfahren wir aus einem Brief an Gerbert von Aurillac. In Fleury hatte ein unrechtmäßig eingesetzter Abt gehaust und bei seinem Abzug anscheinend alles mitgenommen, was von Wert und transportfähig war. Nun bat der Scholaster des Klosters den einflußreichen Gerbert, sich beim Königspaar für eine Restitution zu verwenden: Nicht Gold und Silber verlangten die Mönche, sondern «das, was zu entbehren eine Schande ist. Wir reden von den Vorhängen, Teppichen und ähnlichem»[154]. Hier zeigt sich, daß selbst in dem Reformkloster Fleury ein einigermaßen weltlicher Begriff von dem herrschte, was als «dedecus» galt. Der heilige Benedikt, dessen Leib man hier verehrte, hatte jedenfalls keine solche Vorliebe für dekorative Textilien gezeigt. Der Gedanke, daß auch ein Kloster repräsentative Aufgaben habe, war ihm fremd.

Zum dekorativen Schmuck der Kirche gehörte genügend Licht, um ihn bewundern zu können. Wenn uns romanische Kirchen keinen sehr hellen Eindruck machen, so ist dies durch den Vergleich mit späteren Kirchenbauten bedingt. Damals war man gerade dazu übergegangen, anstelle der Tücher, mit denen man die Fenster bespannt hatte, Glasfenster einzusetzen. Noch im späten 10. Jahrhundert schrieb der Abt von Tegernsee, daß bisher seine Kirche alte Tücher statt der Glasfenster hatte und jetzt erst die Sonnenstrahlen bis auf den Fuß-

---

151 BONNASSIE, La Catalogne (oben 2 Anm. 5) 1, 497 f.

152 HALLINGER, Gorze-Kluny 2, 916. Liber tramitis (oben 37 Anm. 138) 83 f. c. 57, 1. Die «tabulas cum imaginibus sanctorum auro textas» fasse ich nicht als Holztafeln auf, jedenfalls fiel im Spätmittelalter unter den Begriff «tabula» z. B. das auf einen Rahmen gespannte Pergament mit Schriftproben.

153 Liber tramitis 16 c. 12, 1.

154 Die Briefsammlung Gerberts von Reims ed. WEIGLE 170 Nr. 143.

boden der Kirche dringen konnten; darüber freuten sich alle und bewunderten «die Verschiedenartigkeit des ungewöhnlichen Werkes». Ein Graf hatte bemalte Glasfenster gestiftet[155]. Aber was waren die mehrfarbigen Sonnenkringel auf dem Paviment gegenüber dem wunderbaren Anblick, wenn die Kirche in hundert Lichtern erstrahlte! Im Jahre 1003 gab es in der Abteikirche von Prüm 22 Radleuchter: Einen großen «in Form einer Haube» über dem Hauptaltar, «aus Gold und Edelsteinen gefügt»; einen weiteren vor diesem Altar, mit Glöckchen, die wahrscheinlich durch die Luftbewegung unter den brennenden Kerzen zum Klingen gebracht wurden; sieben silberne Radleuchter und dazu 13 kleine, an versilberten Ketten (?) hängend, zwei davon aus vergoldetem Silber, in ihrer Mitte eine Patene aus Kristall. Dazu kamen neun Lampen, zwei davon aus Gold, und 14 Leuchter: Dreizehn aus Silber, einer «groß, (aus Erz) gegossen, mit der Darstellung von Löwen», die natürlich ihre erbauliche Bedeutung hatten[156].

An Festtagen mußte dieses Zusammenspiel von Lichtern, leuchtendem Edelmetall und funkelnden Steinen eine Wirkung entfalten, die weit über jene hinausging, die heute ein Weihnachtsbaum auf unsere Kinder zu haben pflegt. Freude sollte in die Herzen einziehen über Geburt und Auferstehung des Herrn und die Feste der Heiligen. Dem dienten ebenso akustische Mittel, der Schall der Glocken und der geistlichen Gesänge. Daß diese letzteren dazu beitrugen,

---

155 Die Tegernseer Briefsammlung herausg. v. K. STRECKER (MGH Epistolae selectae 3, 1925) 25 Nr. 24. In Blei gefaßte Glasfenster gab es seit dem 9. Jahrhundert; figurale Fenster verfertigte man vielleicht schon in der zweiten Hälfte des gleichen Jahrhunderts, sie sind zuerst für Frankreich bezeugt. Emile LESNE, Histoire de la propriété ecclésiastique en France 3 (1936) 104 ff. Vgl. auch unten 361 mit Anm. 70 f.

156 Urkundenbuch zur Geschichte der ... mittelrheinischen Territorien herausg. v. H. BEYER 1 (1860) 718 f. Nr. 3. Weitere Beispiele bei LESNE Bd. 3 (1936) 219 f. In Cluny brannten in der Weihnachtsnacht auf den Radleuchtern (coronae) 463 Kerzen und dazu noch jene auf fünf hohen Kerzenständern (columpnae cereorum). Liber tramitis 19 c. 13, 1. André VAUCHEZ, La piété populaire au moyen âge, in: VAUCHEZ, Religion et société dans l'Occident médiéval (Reprint Turin 1980) 325 fragt: «Dieu n'est-il pas ressenti par les fidèles, avant tout, comme lumière, ce qui, après tout, n'est pas tellement éloigné des conceptions savantes du Pseudo-Denys et de l'abbé Suger?» Eine «Lichtmetaphysik» ist aber doch nicht identisch mit dem Zusammenklang verschiedener Faktoren, der damals das Wesentliche an der kirchlichen Prachtentfaltung gebildet haben dürfte. Sie sollte mit allen verfügbaren Mitteln die Seele zu Gott erheben, was als Zweck den Ruhm des Heiligen, seines Klosters usw. mit einschließen konnte. Sicherlich spielte schon vor Suger das Licht dabei eine bedeutende Rolle.

das Meßopfer «mit großem Jubel des Herzens und der Stimme» zu feiern, wird mehrfach bezeugt, auch dadurch, daß die entgegengesetzte Stimmung und Haltung geschildert wird: Der Bischof von Chartres wurde durch einen Adeligen bedrängt; er befahl, daß zum Zeichen der Trauer die Glocken, jene Bringer der Fröhlichkeit, schweigen und die Geistlichen bei der Meßfeier «in erbarmungswürdiger Art» ihre Stimme senken sollten[157].

Der Aufwand, dessen es bedurfte, um einen solchen wahrhaft überirdischen Eindruck zu erzielen, war sehr groß. Am einfachsten zu beschaffen war das Wachs für die Kerzen. Abhängige Leute brachten es als Abgabe an den Dom oder das Kloster ein, oft sogar als alleinigen Zins (cerocensuales). Edelmetalle und kostbare Steine hat man sich eher schenken lassen, als daß man sie aus den Erträgnissen der eigenen Wirtschaft erwerben konnte. Hier waren das Prestige der betreffenden Kirche und der Ruhm ihres Heiligen ebenso wichtig wie Beziehungen zu Großen und deren Freude an dem Schenken erlesener Gegenstände. Von König Robert heißt es: «Er erfreute sich an Reliquien, die er mit Gold und Silber schmückte, an geistlichen Gewändern, kostbaren Kreuzen, Kelchen aus gutem Gold, Rauchfässern, die erlesene Gerüche verströmten, und an silbernen Kannen für die Handwaschung des Priesters». Helgaud von Fleury, der dies schrieb, hatte besonderes Verständnis für jene Haltung. War er doch der Schatzmeister seines Klosters, und ein Mann, der nicht nur um des kultischen Zweckes willen Pretiosen anfertigen ließ. Von ihm stammte ein silberner Stab mit edlen Steinen und «einem leuchtenden Kristall auf der Spitze», den Helgaud als Dirigent des Kirchenchors verwendete[158].

Man hat die Sache manchmal so dargestellt, als hätten die «kleinen Leute» ihr Gold und Silber in die Klöster getragen. Aber sie hatten – mit Ausnahme einiger am Handel Beteiligter in Gegenden wie Oberitalien oder Katalonien – kaum jemals die Möglichkeit, in den Besitz solcher Schätze zu gelangen; auf Könige und Fürsten kam es an. Von Heinrich II. berichtet Ademar von Chabannes, er habe Teile seines Schatzes im Gesamtgewicht von 100 Pfund Gold an Cluny geschenkt: ein Zepter, einen Reichsapfel, ein «goldenes» Kaisergewand, eine Krone und ein Kruzifix[159]. Solche einzigartige Stücke hat man nicht nur aufgehoben, sondern in der Prozession mitgetragen; anderes wurde umge-

---

157 Fulbert von Chartres ed. F. Behrends (oben 77 Anm. 10) 182 Nr. 100.

158 Helgaud von Fleury ed. Bautier-Labory (oben 60 Anm. 57) 66 f. c. 7, 18 mit Anm. 4. Vgl. oben 71 mit Anm. 103.

159 Ademar, Chron. III, 37, ed. Chavanon 160. Den Reichsapfel beschreibt ausführlich Rodulfus Glaber I, 5 (23), ed. Prou 22. Die Richtigkeit der Angaben bis in Einzelheiten wurde durch die Neuausgabe des Liber tramitis von Cluny bestätigt: Kassius Hallinger, Consuetudo. In: Untersuchungen zu Kloster und Stift (Veröff. d. M. Planck-Instituts f. Gesch. 68 = Studien zur Germania Sacra 14, 1980) 155 f.

schmolzen oder kam schon in Barrenform nach Cluny, wie der Schmuck jener gefallenen Sarazenen, die «nach ihrer Sitte» mit Gold und Silber behängt in den Kampf gezogen waren. Abt Odilo ließ aus diesen Votivgaben ein Ciborium über dem Petersaltar des Klosters anfertigen[160]. Auch Münzen wurden eingeschmolzen, so jene 100 Goldsolidi, die Dietrich II., Bischof von Orléans († 1021) für einen Meßkelch verwenden ließ, «weil er ein Gedächtnis seines Namens haben wollte»[161] – eine Form der «memoria», die sich nur der Angehörige einer reichen Familie leisten konnte.

Wenn wir nach den Gründen für einen solchen liturgischen Luxus fragen, so wird in erster Linie natürlich der Gedanke an das Heil im Diesseits und Jenseits zu nennen sein. Ein Königssohn erkrankt; die Mutter spendet der Domkirche ein massiv goldenes Kruzifix, der Vater ein sechzig Pfund schweres Silbergefäß. Nur kurz und wie selbstverständlich wird dazu vermerkt, daß der Sohn – Robert der Fromme – daraufhin wieder gesundete[162]. Häufiger noch ist die Schenkung für das Seelenheil, die alle Art von Kirchenschmuck, z. B. auch Teppiche und Wandbehänge[163] umfassen konnte. Es fördert das Ansehen des Gotteshauses, wenn es reich geschmückt ist, und das Ansehen des Spenders, dessen Name ruhmvoll genannt wird. Dazu kommt eine Faszination durch glänzende, spiegelnde, funkelnde Objekte, die uns heute, in der Zeit einer dauernden Reizüberflutung, schon fast abhanden gekommen ist. Schon Angilbert nannte Centula eine «ecclesia fulgentissima»[164] und ähnliche Worte kehren in der Beschreibung von Kircheninventar immer wieder. Dabei handelte es sich nicht immer um Edelmetall. In Fleury gab es einen Lettner mit Tafeln, die aus spanischem Kupfer gegossen wurden und durch Säulen voneinander getrennt waren; «achtzehn spiegelblanke Metallplatten wurden außerdem in Zwischenräumen am Paneel, dem fortlaufenden Säulenpostament, angebracht»[165]. Überall gab es silberne oder goldene Antependien, oft mit Edelsteinen geschmückt; für die Vergoldung der Schauseite des Altars der Kirche von St.-Aignan in Orléans wurden z. B. fünfzehn Pfund guten Goldes verwendet[166].

---

[160] Rodulfus Glaber a. a. O. 110 c. 22.

[161] Helgaud von Fleury, Vita Roberti c. 15, ed. Bautier-Labory 86.

[162] Ebenda 84 c. 15.

[163] Ebenda 86 c. 15: «pallia tria preciosa in ornatu ęcclesie, pro sua suorumque filiorum salute».

[164] Darauf verweist Heitz, Symbolisme (oben Anm. 143) 391.

[165] Andreas von Fleury, Vita Gauzlini abbatis (oben 71 Anm. 103) 134 c. 65 b, Inhaltsangabe nach Sackur, Cluniazenser 2, 402. Von den Kupferplatten wird gesagt, daß sie «ad instar speculi effigiem mentiebantur intuentis».

[166] Sackur a. a. O. 403 und Helgaud, Vita Roberti c. 22, ed. Bautier-Labory 108. Vgl. Bonnassie, La Catalogne (oben 2 Anm. 5) 1, 393.

Die Freude an Glanz und Glitzern wurde gerechtfertigt durch theologische Explikationen. Daß die Kreuze in der Kirche mit Gold, Silber und Edelsteinen geschmückt werden, geht auf die Apostel zurück, so versichert uns Ademar von Chabannes, und er gibt dafür eine symbolische Ausdeutung: Das Gold bedeutet die geistliche Weisheit, das Silber die Beredsamkeit, die Edelsteine sind die verschiedenen Tugenden[167]. Im Pontificale Romano-Germanicum[168] wird eine «benedictio crucis metallizatae» gegeben, in der sich die Ausdrücke für den Glanz häufen: Das Gold ist das Strahlen des «splendor» der zweiten göttlichen Person, es funkelt die Glorie der Passion am Kreuz, dort leuchtet das Erlösungswerk, im «splendor» des Kristalls erblicken wir die Reinigung unseres Lebens. Hier und an ähnlichen Stellen wird das Kreuzesholz zum triumphalen Symbol und Herrschaftszeichen des Gottkönigs Christus.

Wenn man die Kirchen mit Kostbarkeiten füllte, hatte man – was häufig vergessen wird – auch eine, ja die einzige finanzielle Rücklage für Zeiten erhöhten Geldbedarfes. Man kann das sicher nicht zur Begründung des kirchlichen Luxus heranziehen, doch hatte man die Wahl, Spenden von Edelmetall oder Kunstgegenständen allen sichtbar zu machen, oder im Schatzgewölbe zu verwahren – zu allermeist hat man sich für die erstere Möglichkeit entschieden. Kostbarkeiten dienten der Repräsentation, bis sie einem noch wichtigeren Zweck zugeführt wurden.

Widukind von Corvey fügte in sein Werk eine rhetorische «deliberatio» Heinrichs I. vor dem Ungarnkrieg ein, bei der es um die Frage ging, ob man den Schatz der Kirchen für den Ungarntribut «ausplündern» oder aber gegen Gottes Feinde Krieg führen solle[169]. Alltäglicher Not hatte anderswo der Rückgriff auf kirchliche Prunkstücke ein Ende zu machen: Wenn, wie wir hörten, Robert der Fromme in der Kirche von St.-Aignan in Orléans ein Antependium vergolden ließ, so hat seine Witwe das Gold wieder abnehmen lassen und sieben Pfund davon für das Kirchendach verwendet, das übrige aber «unter jene ausgeteilt, denen sie es schuldete»[170]. Häufig griff man den Kirchenschatz

---

[167] Ademar, Sermones, zitiert von CALLAHAN, The Sermons ... (oben 26 Anm. 80) 291.

[168] Ed. VOGEL, ELZE 1, 160 f. Nr. 40 c. 105. Auf die Stelle machte DELARUELLE (oben 67 Anm. 88) 557 aufmerksam.

[169] I, 38, ed. HIRSCH-LOHMANN 55.

[170] Helgaud, wie oben Anm. 166. Die Wendung «in quibus debuit distribuit» ist anscheinend bewußt doppeldeutig durch einen Nachsatz; BAUTIER-LABORY übersetzen «la reine le distribua à ceux à qui elle devait le distribuer, car elle était pleine de sollicitude pour les églises ...». Es könnte sich auch um Schulden der Konstanze bei hohen Geistlichen gehandelt haben.

bei Hungersnöten an, wenn die Landbevölkerung hilfesuchend in den Bischofsstädten und bei den «Heiligen» bzw. ihren Reliquien zusammenströmte[171]. Eigentlich sollte aus dem Kirchenschatz neben der Armenfürsorge nur der Rückkauf von Gefangenen und die Vergrößerung von Friedhöfen bestritten werden; doch haben Bischöfe auch aus rein wirtschaftlichen Gründen[172] das gehortete Edelmetall wieder in Umlauf gebracht. Bücher, Pelze, Goldschmiedearbeiten begannen in Italien schon seit dem späteren 10. Jahrhundert als eine Art Ersatzgeld den Besitzer zu wechseln[173], vor allem für Landkäufe, und kirchliche Vorräte dienten manchmal dem gleichen Zweck. Atto von Vercelli schrieb, es sei sinnlos, den Kirchenschatz beisammenzuhalten, wenn auswärtige Gewalten anstelle von Zahlungen, die ihnen zustanden, Kornspeicher und Weinkeller leerten und sich an Klerikern und Knechten schadlos hielten[174].

So wandelte der kirchliche «apparatus» häufig seine Gestalt, wenn auch oft langsamer als jener der weltlichen Großen. Er war ja nicht für ferne Generationen, sondern vor allem für die Zeitgenossen bestimmt und Zeitmoden unterworfen. Dazu kamen asketische Tendenzen, die sich gegen den Kirchenprunk richteten; noch hatten sie nicht die Kraft, das Bestehende zu ändern, selbst wenn ein Odo von Cluny sie formulierte[175]. Erst im 12. Jahrhundert, und vor allem seit Bernhard von Clairvaux, wird die Idee der Armut und Schlichtheit des wahren Christentums, auf den Kult und seine Objekte bezogen, zu einer Realität gestaltet[176].

Wenn man damals auf Kirchenprunk verzichtete, so betraf das bloß einen Teil der Gotteshäuser; auch war dieser Prunk nur eines von verschiedenen Mitteln, die Herrschaft des Himmelskönigs darzustellen. Es blieben die liturgischen Worte, begleitet von streng geregelten Gesten des Zelebranten und seiner Helfer. Sie gaben der Unterwerfung unter Gott und der Bitte um Schutz und Hilfe

---

171 «Tunc in expensis egenorum distracta sunt ecclesiarum ornamenta dispertitique thesauri ... excessit nimietas egenorum in plerisque locis thesauros ecclesiarum.» Rodulfus Glaber IV, 4, 13, ed. Prou 102.

172 Cinzio Violante, Studi sulla cristianità medioevale, racc. da P. Zerbi (Mailand 1972) 330 f.

173 David Herlihy, Treasure Hoards in the Italian Economy, 960-1139. In: Herlihy, The Social History of Italy and Western Europe, 700-1500 (Reprint London 1978) I, 8.

174 De pressuris ecclesiasticis 3, Migne PL 134, 87 f.

175 Kassius Hallinger, The spiritual life of Cluny, in: Cluniac monasticism (oben Anm. 144) 45 f.

176 Martine Peaudecerf in: Etudes sur l'histoire de la pauvreté (oben 61 Anm. 61) 1, 225. Eine noch stärkere Reaktion gegen den kirchlichen Repräsentationsaufwand gab es bekanntlich im Ketzertum.

Ausdruck, aber auch dem Denken in innerkirchlichen Ordnungen. Die Zisterzienser setzten anstelle des Prunks ein Pathos der Schlichtheit; die Strenge der Lebensordnung des heiligen Benedikt und die Rangordnung im Kloster haben sie akzeptiert und noch gesteigert.

FAMILIA

I.

Familie und Sippe

Vielen Gruppenbildungen und Institutionen haben die Mediävisten mehr Aufmerksamkeit geschenkt, als dem geschichtlichen Wesen der Familie. Diese schon von Marc Bloch beklagte Tatsache sollte nicht erwähnt werden ohne Hinweis darauf, daß sich die Lage seit dem Beginn der siebziger Jahre bessert: In Frankreich[1] und Italien[2] hat man das Thema in seiner Gesamtheit aufgegriffen, in Deutschland im Rahmen der Adelsforschung einen Teilaspekt weitergeführt, auf den man schon bald nach dem Ende des Zweiten Weltkrieges aufmerksam geworden war[3]. Daß die Erforschung nichtfamiliärer Lebensordnungen im Vordergrund stand und noch steht, liegt im Wesen unserer modernen Gesellschaft begründet. Zwar spielt die Familie weiterhin ihre natürliche Rolle, sie bestimmt aber nicht mehr das Denken so sehr wie in Zeiten, da die anderen Ordnungen, vor allem die staatlichen, weniger reich ausgebildet waren. Man hat deshalb von der «familiären Mentalität» des frühen Mittelalters gesprochen[4]: Für sie steht die Familie im Zentrum der Existenz und sie

---

[1] Georges DUBY, Structures familiales dans le moyen âge occidental. XIIIe Congrès international des Sciences historiques (Moskau 1970) und die dort S. 7 verzeichneten Arbeiten. 1972 erschien ein Heft der Annales ESC über «Famille et société»; es wollte «accorder à la famille droit de cité au sein du discours historique» (Vorwort, p. 800). 1974 publizierte die «Collection Hier» die Arbeit von Jacques HEERS, Le clan familial au moyen âge, die einem Teilaspekt des Themas gewidmet ist. Im gleichen Jahr fand in Paris ein Colloquium «Famille et parenté» statt, dessen Akten 1977 (in der Collection de l'Ecole Française de Rome, 30) erschienen sind, unter dem Titel «Famille et parenté dans l'Occident médiéval». Vgl. auch Jean-Claude MAIRE-VIGUEUR, A propos d'un colloque sur «Famille et parenté». Studi medievali ser. III, 16 (1975) 407 ff.

[2] Il matrimonio nella società altomedievale. Settimane ... Spoleto 24 (1976, Spoleto 1977).

[3] Karl SCHMID, Zur Problematik von Familie, Sippe und Geschlecht, Haus und Dynastie beim mittelalterlichen Adel. Zeitschrift für Geschichte des Oberrheins 105 (1957) 1 ff. Wiederabdruck in: SCHMID, Gebetsgedenken und adeliges Selbstverständnis im Mittelalter (1983) 183 ff. Vgl. die weiteren Arbeiten des Verfassers und anderer, besonders Wilhelm Störmer und Karl Ferdinand Werner.

[4] Arnold ANGENENDT, Das geistliche Bündnis der Päpste mit den Karolingern. Historisches Jahrbuch 100 (1980) 26.

dient als Modell für das Begreifen weiterer Ordnungen, vor allem der klösterlichen.

Von den sogenannten primitiven – in Wahrheit recht komplizierten – Gesellschaften hat man festgestellt, daß sie auf persönlichen Beziehungen der Individuen zueinander begründet sind; selbst dann, wenn diese über weite Räume zerstreut leben, werden die sozialen Bindungen bei derartigen Gesellschaften nach der Art von «direkteren Beziehungen» konstruiert, «deren Muster ganz allgemein die Verwandtschaft ist»[5]. Nicht eine biologische Verwandtschaft, sondern die Vorstellung des Verwandtseins spielt hierbei und auch in den familiären Bindungen die Hauptrolle[6].

Nach Art der Familie lebende Gruppen unterscheiden sich also von der Verwandtenfamilie, und diese selbst ist etwas anderes als die Gemeinschaft der in einem Haushalt Lebenden. In diesem letzten Fall kann es sich um eine «Großfamilie» handeln, etwa unter dem Kommando eines Patriarchen, oder um die «Kleinfamilie» von Ehegatten, Kindern und eventuell dem einen oder anderen Verwandten. Die Sache wird kompliziert dadurch, daß in einem Haushalt nicht nur Verwandte leben können, doch davon später.

Vor allem die Frage «Groß- oder Kleinfamilie?» hat Uneinigkeit zwischen den Sozialhistorikern geschaffen. Fürs erste schien den meisten Forschern der patriarchale Großverband zum Zeitalter des Feudalismus zu passen, die Kleinfamilie zu einer bürgerlichen Epoche; auch Ethnologen waren darauf aus, die Großfamilie in Europa festzustellen. Marc Bloch meinte, im 11. Jahrhundert hätten in Bayern «bis zu fünfzig Personen» unter einem Dach zusammengelebt; erst im dreizehnten Jahrhundert seien Kleinfamilien anstelle der «vastes parentèles» von einst festzustellen[7]. Blochs einziger Beleg für solche bayrische Wohngemeinschaften entstammt den Niederaltaicher Annalen, die folgendes berichten: In Reichenhall, wo das Kloster Besitz hatte, führten zwei Brüder

---

[5] Claude Levi-Strauss, Anthropologie structurale (Paris 1958) 400.

[6] In der Diskussion auf der Tagung «Famille et parenté» wies der Ethnologe S. Dreyfus-Gamelon darauf hin, daß auch der moderne Verwandtschaftsbegriff nicht dem biologischen entspricht, indem er Nicht-Blutsverwandte (die Adoptierten) einschließt und die Unehelichen z. T. ausschließt; «la filiation, c'est avant tout une idéologie». Kongreßakten, oben Anm. 1, S. 150. Eine quasi-biologische Verwandtschaft der Ehegatten wurde aus der Vorstellung abgeleitet, daß sie «una caro» seien. Matth. 19, 6, zurückgehend auf Gen. 2, 23.

[7] Marc Bloch, La société féodale 1 (Paris 1939) 216 mit Anm. 1. Blochs Ausführungen scheiden nicht die Verwandtenfamilie von der Hausfamilie, eine Unklarheit, die z. T. noch heute zu treffen ist. Die Ausdrücke «famille large» und «famille étroite» bezieht Bloch auf die Verwandtenfamilie. Vgl. auch Régine Hennebicque, Structures familiales et politiques au IXe siècle. Revue Historique 265 (1981) 289 ff.

eine Fehde gegen ihren Onkel; zusammen mit Helfern, die sie gesammelt hatten, töteten sie ihn und verbrannten «seine sechs Söhne mit deren Kleinkindern und der übrigen Menge verschiedenen Geschlechtes und Alters, nicht weniger als fünfzig Menschen, alle zusammen in einem einzigen Haus»[8].

Lebten sie dort dauernd zusammen, oder hatten sie sich angesichts der drohenden Gefahr dorthin geflüchtet? Die Worte «omnes simul in una domo» scheinen dafür zu sprechen, daß dies ein außergewöhnlicher Zustand war. Daß es in dem «vicus» Reichenhall ein Haus gab, das groß genug war, fünfzig Personen mehr als ein Notquartier zu bieten, darf wohl bezweifelt werden. Sollte es sich aber um eine Art «Arbeiterwohnhaus» des Klosters an der bekanntesten Stätte bayrischer Salzgewinnung gehandelt haben, dann dürfte man den Fall schon gar nicht verallgemeinern. Denn dieser Beleg steht allein und man muß weit gehen, um Spuren von Großfamilien aufzufinden. In stärkerem Ausmaß wurden sie z. B. für die Picardie festgestellt, seit dem 10. Jahrhundert allerdings bereits im Rückgang begriffen[9]. Das Zusammenleben mehrere Generationen hatte dann Sinn, wenn aus irgend einem Grund Erbteilungen des Bodens vermieden werden sollten[10]. Wie die urbariellen Aufzeichnungen der Epoche zeigen, hat man in den kirchlichen Grundherrschaften den Normalfall in der Kleinfamilie auf einem eigenen «mansus» erblickt und es hingenommen, wenn zwei oder gar drei solche Familien eine Hufe bewirtschafteten[11]. Das geschah

---

8 Annales Altahenses zu 1037, MGH SS 20, 792.

9 Robert FOSSIER, La terre et les hommes en Picardie jusqu'à la fin du XIIIe siècle 1 (Paris 1968) 262 ff., der zum Erweis der Großfamilie die Konsentienten der Urkunden heranzieht und den Konsens als rechtskonstitutiv ansieht. Anderseits gibt es auch von Einzelnen oder Ehepaaren ohne Konsentienten ausgestellte Urkunden, a. a. O. 263. Der urkundliche Konsens sollte in überregionalem Zusammenhang untersucht werden, um zu sehen, wie weit sich die Sitte erstreckt. Man kann aus ihr einen stärkeren familiären Zusammenhalt erkennen und hätte zu prüfen, ob Beweise vorliegen, daß dieser die Form der Wohngemeinschaft hatte. Für die Picardie ergibt sich, daß die familiäre Bindung in unsicheren Gegenden stärker war als in jenen, in denen die öffentliche Ordnung ungebrochen blieb, a. a. O. 269. Vgl. auch BONNASSIE, La Catalogne (oben 2 Anm. 5) 1, 266.

10 HEERS, Clan familial (oben Anm. 1) 138 mit Verweis auf das mir nicht zugängliche Buch von H. DUSSOURD, Au même pot et au même feu (Moulins 1962).

11 Ludolf KUCHENBUCH, Bäuerliche Gesellschaft und Klosterherrschaft im 9. Jahrhundert. Studien zur Sozialstruktur der Familia der Abtei Prüm (Vierteljahrschrift f. Sozial- u. Wirtschaftsgesch., Beiheft 66, 1978; künftig zitiert als: KUCHENBUCH, Prüm). Der Autor, der sich besonders auf das Prümer Urbar von 893 stützt, aber auch Westfränkisches einbezieht, unterscheidet zwei Typen: Einen westfränkischen, bis zu den Ardennen (im Prümer Urbar) reichenden, der «mehrere Gattenfamilien

zumeist infolge von Teilungen auf Grund der Quasi-Erblichkeit des bäuerlichen «mansus». Für den Herrn war es wohl vorteilhafter, Männer in ihren kräftigen Jahren als leistungspflichtige Partner zu haben, als die Abgaben einer größeren Zahl von Personen von einem Patriarchen einzufordern – soweit es einen solchen angesichts der damaligen geringen, kaum dreißig Jahre übersteigenden Lebenserwartung überhaupt gab.

Wenn für die Bewohner der Picardie seit dem elften Jahrhundert eine «neue Mentalität» postuliert wurde, die einerseits im Profitstreben, anderseits in der «Niederlage der Großfamilie» und Hinwendung zur Kleinfamilie bestehe[12], kann dies jedenfalls nicht verallgemeinert werden; umgekehrt war es in Katalonien nach 1030 nicht mehr ungewöhnlich, daß vier oder fünf Brüder mit ihren Frauen und Kindern einen einzigen Haushalt «à pot et à feu» bildeten, statt das Erbe zu teilen[13]. Die Zeiten waren unsicher geworden, und darum rückte man zusammen. In Latium brachte die Begründung von Burgdörfern (das «incastellamento») die Notwendigkeit mit sich, in dem ummauerten Raum mit familiären Verbänden anstelle der Kleinfamilien zu rechnen; wahrscheinlich ist, daß sie «Häuser» mit gemeinsamer Haushaltung bildeten. Ein Familienoberhaupt hat hier die Verantwortung für mehrere miteinander verwandte Kleinfamilien übernommen, oder eine Brüdergemeinschaft tritt als Vertragspartner auf[14] – ein vorübergehender Zustand, der sich aus den Wohn- und Arbeitsbedingungen der neuen Siedlung ergab. Die Großfamilie ist eher eine Ausnahme als jener Normalfall, den man früher in ihr gesehen hat[15]. Ähnliches ergibt sich für andere Regionen Italiens, soweit sich vor einer systematischen Aufarbeitung der Quellen überhaupt eine Ansicht äußern läßt[16]. Immerhin gibt es hier noch Möglichkeiten, weiterzukommen, während anderswo die Quellenbasis zu schmal ist, um für das Bauerntum Aussagen zu treffen.

---

vereinenden Erbengemeinschaft», und einen östlichen, mit einem einzigen Inhaber des Mansus. A. a. O. 93 f. Für St.-Germain-des-Prés, in dessen Polyptychon von Herdstellen (foci) gesprochen wird, kommt KUCHENBUCH zu dem Schluß: «Der mansus hat – der Tendenz nach – soviele foci, wie er socii hat.» A. a. O. 91. «Der mehrfach besetzte mansus trägt ... in sich den Keim seiner Auflösung», a. a. O. 92.

12 FOSSIER, Picardie 1, 256 ff.

13 BONNASSIE, La Catalogne 2, 548.

14 TOUBERT, Latium (oben 2 Anm. 5) 1, 714 f.

15 TOUBERT a. a. O. 711 f., im Gegensatz zu Gino LUZZATTO, I servi nelle grandi proprietà ecclesiastiche italiane nei secoli IX e X (Senigallia 1909) 164 ff.; jetzt in: LUZZATTO, Dai servi della gleba agli albori del capitalismo (Bari 1966).

16 Massimo MONTANARI, L'alimentazione contadina nell'alto medioevo. Studi medievali 3. Serie 17/1 (1976) 127 f. – MONTANARIS gleichnamiges Buch (Neapel 1979) war mir in Wien nicht zugänglich.

Erst für spätere Zeiten wird das anders, bis hin zu jener Fülle von Nachrichten, die wir aus einem schlichten Pyrenäendorf dank der Inquisition besitzen. In seinem berühmten Buch über Montaillou hat E. Le Roy Ladurie feststellen können: «Eine und dieselbe Familie erweitert sich, dann wird sie zur Kernfamilie, erweitert sich neuerlich, und so fort»[17]. Es scheint, daß dieser Satz allgemeinere Gültigkeit besitzt und die Geschichte der bäuerlichen Familie besser kennzeichnet, als die statische Betrachtungsweise.

Man wird also wahrscheinlich mit dem Normalfall einer «Zwei-Generationen-Familie» zu rechnen haben: Das Elternpaar und seine Kinder, vielleicht zeitweise verstärkt um unverheiratete Geschwister[18] und die Mutter des Ehemanns, ja auch Enkelkinder[19] – alle jedoch als Einzelpersonen, unter der Kommandogewalt des Hausvaters. Werden die Kinder erwachsen, kann sie der Herr in seine Hausdienerschaft eingliedern, oder er gibt ihnen Land zur Familiengründung. Es ist eine Zellteilung der Kleinfamilie, die dann ungehindert vor sich geht, wenn es genug Boden gibt, und das war damals zumeist der Fall. Daß es trotzdem in manchen Gegenden eine Art Übervölkerung und daneben unbebautes Ackerland gab, ist eine noch nicht endgültig geklärte Erscheinung, die uns hier nicht zu beschäftigen braucht.

Wo der Herr nicht die absolute Verfügungsgewalt über Grund und Boden hatte, erhob sich das Problem der Vererbung des Landstückes, auf dem sich die Bauernfamilie zu Hause fühlte. Vor allem in Italien hatte man nach der Ungarnzeit zu wenig Leute für den Wiederaufbau; freigelassene Knechte erhielten Pachtverträge, die zwar auf Zeit geschlossen waren, praktisch jedoch oft zur Erblichkeit führten. Hier und auch anderswo konnte man nach dem Tode des Vaters die Erbteilung vermeiden, indem man auf dem Besitz eine «Gesellschaft» von Kleinfamilien gründete – wenn dort wirklich alle genug Subsistenzmittel hatten. Realistischer war es zumeist, einem Sohn die Nachfolge zuzuteilen, während die anderen abwandern mußten. Man kennt das Problem der «Linienbildung» aus der adeligen Sphäre dieser Zeit[20], aber es tritt auch im Bauerntum auf[21]. Am dringendsten war eine Lösung natürlich dann, wenn mit dem Besitz eines Eigengutes die soziale Stellung der Familie gegeben war – es zu teilen,

---

17 Emmanuel Le Roy Ladurie, Montaillou, village occitan de 1294 à 1324 (Paris 1975) 80 f.

18 Duby, Guerriers et paysans (oben 60 Anm. 55) 44 f.

19 Kuchenbuch a. a. O. 93.

20 Vgl. z. B. Georges Duby, La Société aux XIe et XIIe siècles dans la région mâconnaise (Paris 1953) 263 ff. Bonnassie, La Catalogne 2, 547 ff. Karl Schmid, Zur Problematik (oben Anm. 3). Vito Fumagalli, Terra e società nell'Italia padana (Turin 1976) 124 ff.

21 Fumagalli a. a. O. 127, Bonnassie a. a. O.

hätte ein Absinken in eine niedrigere Sphäre bedeutet, weil vielfach die damit verknüpften Leistungen nicht mehr zu erbringen waren. Der Freie, der nicht mehr zum Aufgebot und «placitum» des Grafen erschien, ebenso wie der Vornehme, der keinen Königsdienst leisten konnte, schaltete sich selbst aus; er wurde zum Bauern und früher oder später mußte er sich einem Herrn unterstellen. Im Westen, wo diese Dinge eine geringe oder gar keine Rolle spielten, lasteten – in einer latenten oder offenen Bürgerkriegssituation – die Lehenspflichten in ähnlicher Weise auf den Mittelschichten. Die «coseigneurie», die Söhnegemeinschaft am Erbe, konnte dort für eine Generation verzögern, was schließlich unabwendbar war: Einen Teil der Söhne mit Apanagen abzufinden, und dem Ältesten Allod und Lehen zu übertragen bzw. übertragen zu lassen.

Die feste Erbfolge, die seit dem 10. Jahrhundert immer deutlicher wird, gab der Kleinfamilie gleichsam eine neue Dimension: Das «Geschlecht» oder die «Linie» überdauerte Generationen und hatte mehr oder minder feste Besitzmittelpunkte, nach denen man sich jetzt benennen konnte. Hat damit etwas völlig Neues begonnen, wie man durch einige Zeit meinte, hat das «Denken in Mannesstämmen» den früheren unbestimmten Begriff der Verwandtschaft im weiteren und weitesten Sinne, unter Einschluß oder sogar Betonung der Mutterseite, verdrängt und ersetzt? Zu einem Staat, in dem der karolingische Herrscher dominierte, schien das «kognatische», den weiteren Verband der Sippe betonende Denken ebenso zu passen, wie zur nachkarolingischen Verfestigung des Lehenswesens das «agnatische» von Familie und Linie.

In Deutschland, Frankreich und Italien wurden «Libri memoriales» angelegt, Bücher für das geistliche Gedächtnis von Lebenden und Verstorbenen in Klöstern und Domstiften. Sie zeigen, daß sich die innere Bindung ziemlich weit über das hinaus erstrecken konnte, was wir als Verwandte bezeichnen würden. Aufgenommen wurden allerdings auch «Freunde», was nicht nur politischen Alliierten gleichzusetzen ist, sondern ebenso einer Erweiterung der Verwandtschaft über die Sippe hinaus; irgendwelche Prinzipien dafür, wie weit man den Kreis faßte, lassen sich nicht erkennen[22]. Diese Quellengruppe hatte ihren Höhepunkt in der ersten Hälfte des 10. Jahrhunderts. Etwa um das Jahr 1000[23] hat man jene Veränderung der Familienstruktur und der Vorstellungen von ihr

[22] Karl SCHMID, Zur Problematik (oben Anm. 3) bes. 20 ff.

[23] Georges DUBY, Une enquête à poursuivre: La noblesse dans la France médiévale. Revue historique 85 (226), 1961, p. 9, spricht von Indizien für eine «mutation qui affecta, aux alentours de l'an mil, les structures de la famille aristocratique en Occident et ses représentations dans la conscience collective». Zitiert von MAIRE-VIGUEUR, A propos d'un colloque sur «Famille et parenté» (oben Anm. 1) 414, der den Wandel mit dem «avènement de la féodalité» zusammensieht.

angesetzt, und damit den Übergang vom «kognatischen» zum «agnatischen» Personenverband. Das geschah nicht mit einem Schlag, es bereitete sich schon lange vor: Bei der Aristokratie karolingischer Prägung, dann bei kleineren Gewaltträgern, etwa den Burgherren des Mâconnais und im lombardischen Tiefland[24].

Inzwischen hat man differenziert zwischen der steigenden tatsächlichen Bedeutung der agnatisch orientierten Familie oder Linie, und dem agnatischen Denkmodell. Dieses findet sich schon im Frühmittelalter neben dem kognatischen, freilich von diesem oft überdeckt; und umgekehrt hat das agnatische Modell nicht gänzlich das kognatische beseitigen können[25]. Agnatisches Denken stand früh schon dort im Vordergrund, wo es etwas im Mannesstamm zu vererben gab, das wesentlich das Ansehen der Familie bestimmte. Vor allem bei den Herrscherdynastien war dies der Fall, und daneben bei den «Familienklöstern» schon des 7. und 8. Jahrhunderts[26], etwa in Lothringen oder Bayern. In Zeiten des Niederganges karolingischer Staatlichkeit wurde bei Ämtern und Lehen die Erblichkeit immer wichtiger, und sie bestimmte auch die Bannherrschaften mit festem, d. h. befestigtem Mittelpunkt.

Daneben erhielt sich im Denken der weitere, ins Unbestimmte verfließende Personenverband – wenn man von einem solchen überhaupt sprechen darf, wo es sich um keine rechtliche faßbare Erscheinung handelt, sondern eher um einen Ausdruck des Zusammengehörigkeitsgefühls. Und auch ihn faßte man von Fall zu Fall in verschiedener Art: Der Personenkreis war anders in den Eintragungen der Gedenkbücher, als in literarischen Aufzählungen von Verwandten, oder

---

[24] Fumagalli, Terra e società 130. Cinzio Violante in «Famille et parenté» (oben Anm. 1) 94 f.

[25] Wilhelm Störmer, Früher Adel 1 (Monographien zur Gesch. d. Mittelalters 6, 1, 1973) 89 f. Derselbe, Adel und Ministerialität im Spiegel der bayerischen Namengebung. Deutsches Archiv 33 (1977) 112 f. Ebenda Anm. 106 die Rechtfertigung des Gebrauches des Wortes «kognatisch» in weiterem Sinne; es handelt sich nicht nur um «die Verwandtschaft der angeheirateten Frau» (K. Schmid, oben Anm. 3, 22), sondern um die Verwandtschaft überhaupt, gemäß dem vorwiegenden Wortgebrauch des Mittelalters für das Wort «cognatio». Viele Beispiele für diesen gibt Hartmut Hoffmann, Zur Geschichte Ottos des Großen, Deutsches Archiv 28 (1972) 61 ff. «Agnatisch» meint den Mannesstamm und damit den engeren Begriff, bei dem die Erbfolge im Vordergrund steht.

[26] Friedrich Prinz, Bayerns Adel im Hochmittelalter. Zeitschrift f. bayerische Landesgeschichte 30 (1967) 58. Vgl. auch D. A. Bullough, Early medieval social grouping: The terminology of kinship. Past and Present 45 (1969) 5 ff. sowie 17, wo auf agnatische Züge im bayrischen Hochadel des 8. Jahrhunderts hingewiesen wird (nach Vinogradoff).

– worüber wir leider wenig wissen – bei dem tatsächlichen Aufgebot von Freunden und Verwandten im Fall der Fehde bzw. äußeren Bedrohung. Neben den Blutsverwandten oder dem, was man dafür jeweils hielt, gab es ja Familienbündnisse[27] mit der Pflicht zu «Rat und Hilfe»[28]. Ebenso wie das Bündnis und noch stärker brachte die Erinnerung an eine bestehende Blutsverwandtschaft die Hilfepflicht mit sich. Man brauchte nur die – objektiv falsche – Überzeugung zu aktualisieren, daß Blutsverwandte «ein Fleisch und Blut» seien und deshalb auch stets dasselbe Ziel erstreben müßten[29].

So erklärt sich der proteushafte Charakter dessen, was man mit einem Fachwort als «Sippe» bezeichnet hat, und der wiederholte Versuch von Rechtshistorikern, dieses schwer definierbare Phänomen zum Verschwinden zu bringen. Seinen Schwerpunkt hatte es ja auch gar nicht im Bereich des Rechtes, sondern in demjenigen der «Verwandtschaftsmoral», wenn ein solcher Begriff statthaft ist, und der aus ihr resultierenden gegenseitigen Verpflichtung. Gegenseitig war diese ja auch im Falle der Gedenkbücher, denn die Lebenden sollten für die Toten beten, die Verstorbenen für die Lebenden bei Gott intervenieren. Zu den Verwandten konnten auch in diesem Falle «Freunde» treten, die den Kreis der Verwandten vergrößerten.

Das gegenseitige Bindungsverhältnis schuf moralische und daneben auch rechtliche Zwänge; im Fall der Blutrache, die es im 10. Jahrhundert noch gab, geriet diese Moral in Konflikt mit dem geltenden Recht und der Lehre der Kirche. Es war eine Haltung, die ihrerseits eine quasireligiöse Begründung hatte: Man konnte sündigen «in despectione propinquorum»[30], wobei der weiteste Begriff von Verwandtschaft gebraucht wurde; noch bei Thomas von Aquino ist «pietas» «eine Art von Gerechtigkeit, die den Anspruch von Verwandten und Freunden auf Unterstützung ... begründete ...»[31]. Man konnte

---

27 Dazu vgl. etwa BLOCH, Société féodale 1, 192.

28 Vgl. etwa den Brief Gerberts von Aurillac an Bischof Arnulf von Orléans, Die Briefsammlung Gerberts ed. WEIGLE 227 ff. Nr. 190: «Procul ergo esto omnis fraus et dolus, pax et fraternitas hic adesto, ut qui alterum ledit, utrumque leserit ... Sit itaque inter nos ... auxilium in commune et consilium ... sit nobis cor unum et anima una.» Freunde waren «ein Herz und eine Seele», wenn schon nicht «una caro» wie die Blutsverwandten (siehe die nächste Anm.).

29 «Ubi enim est una caro et unus sanguis, ibi et unus affectus.» Die Briefsammlung Gerberts 202 Nr. 175.

30 Pontificale Romano-Germanicum ed. VOGEL, ELZE (oben 59 Anm. 52) 2, 16.

31 Wolfgang REINHARD, Nepotismus. Zeitschrift f. Kirchengeschichte 86 (1975) 161. Thomas, Summa theologica 2 II q. 101, mit der Conclusio von art. 3: «Pietas, specialis est virtus, qua quis officium et cultum exhibet parentibus et patriae et consanguineis.»

die Verachtung der (weiteren) Verwandtschaft und die Verachtung der gesamten Welt- oder doch Sozialordnung in einem Atemzug nennen und damit fast gleichsetzen[32]. Während Freundschaftsbündnisse des Eides bedurften[33], um ihre Verletzung zur Sünde zu stempeln, war unter Verwandten Eintracht und Hilfepflicht «naturgemäß» gegeben. Neben der genealogischen, rechtlich-moralischen und quasireligiösen Seite wird man wie gesagt die praktische nicht vergessen dürfen, die in Zeiten fehlender oder nur beschränkt wirksamer Staatsgewalt sehr wichtig war. Dramatischer Höhepunkt der Hilfepflicht war die Fehde; im Alltag der landwirtschaftlich orientierten Existenz brauchte man Mitarbeit und Unterstützung, wo die eigenen Möglichkeiten nicht ausreichten, und zwar im Diesseits ebenso wie im Jenseits. Versagten die Helfer, war das eine Schande für den ganzen Verband; kam eines seiner Mitglieder zu hohen Ehren, wirkte das positiv auf das Ganze zurück[34].

Den Kreis möglicher Helfer sehr weit zu ziehen, war das natürliche Interesse jeder Sippe, die sich das leisten konnte. Denn die Zusammengehörigkeit mußte sich den Gemütern dadurch einprägen, daß man miteinander Umgang hatte, d. h. einander einlud, miteinander jagte und reiste. Atto von Vercelli beschreibt in seinem «Polypticum», daß man bei Gelagen einander zu beschenken pflegte, Eheverbindungen knüpfte, Taufpatenschaften übernahm und Schwurfreundschaften schloß[35].

Das Lehenswesen brachte andere Möglichkeiten sozialer Bindung, diejenigen der Sippe ergänzend und wohl auch zurückdrängend. Die Pflicht zu «Rat und Hilfe» erscheint auch und vor allem in den Vasalleneiden, und es mochte wirksamer sein, seine Vasallen oder den Lehensherrn aufzurufen, als Verwandte und Freunde. Wahrscheinlich kam in den meisten Fällen beides zusammen; das alte «kognatische» Denken ist jedenfalls nicht ausgestorben. Es zeigt sich weiterhin z. B. im Lob der eigenen Sippe oder eines Großen, das nicht auf die Verwandten von Mutterseite verzichten konnte. Im Gegenteil, oft wird die mütterliche Seite bevorzugt genannt, weil ein berühmter Ahn in diesem Teil des

---

[32] «Omnis ordo omnisque cognatio detestatur», Erzbischof Wilhelm von Mainz in seinem berühmten Beschwerdeschreiben an Papst Agapet II. (955), Böhmer-Zimmermann Reg. 249, Ph. Jaffé, Monumenta Moguntina (1866) 348 Nr. 18. Vgl. unten 276 Anm. 128.

[33] So auch in dem oben Anm. 28 zitierten Brief Gerberts: «Quod etiam in sacris per data verba, si vestrę sublimitati placet, confirmandum fore censeo . . .».

[34] Bei Wipo, Gesta (oben 66 Anm. 83) 17 c. 2 erklärt der ältere Konrad, daß bei Uneinigkeit die Familie «in famam ignaviae et invidiae» geraten würde, während er glaube, «si in uno de nobis hic honor coadunatus remanserit, ut alter eiusdem honoris participatione ulterius quodammodo non careat».

[35] Atto ed. Goetz (oben 86 Anm. 56) 60 c. 7.

Stammbaumes zu finden ist[36]. Die väterliche Verwandtschaft wird nicht ausgebreitet, sondern es geht um Gestalten, die das Ansehen fördern. Wenn Widukind von Corvey die Abstammung der Königin Mathilde bespricht, nennt er zuerst den Namen ihres Vaters, dann geht er auf die Taten eines Bruders dieses Vaters ein, und tut sogleich den Sprung zurück zum «Spitzenahn»: «Und diese waren aus dem Geschlecht des großen Herzogs Widukind», dessen Heldentaten dann gerühmt werden[37]. Als sich Anselm von Besate (am Ticino) darum bewarb, Kapellan Heinrichs III. zu werden, zählte er seine «geistlichen Ahnen» auf: zuerst die Bischöfe seiner Verwandtschaft von Vaterseite, dann jene von Seite der Mutter[38].

Derartige Nachweise hervorragender Abstammung verkürzten den Umfang der «cognatio»; daneben gab es ausführlichere Genealogien, nach Art jener, die der gleiche Anselm später nachholte[39]: An der Spitze steht der Großvater seines Großvaters, von dem er nur den Namen weiß; er wird angeführt, weil einer seiner Söhne Erzbischof, ein Enkel Bischof war. Anselm zählt dann sechs Brüder und zwei Neffen seines Urgroßvaters auf; nur von einem gibt es etwas zu berichten, nämlich, daß seine geistliche Laufbahn durch einen frühen Tod in Jerusalem beendet wurde. Hier hilft die vornehme Heirat des Urgroßvaters weiter: Seine Gattin war die Tochter einer Schwester jenes Adalbert-Atto, der die Burg Canossa erbaute und das nach ihr benannte Grafenhaus begründete. Mit der Geschichte dieses Hauses werden wir dann bekanntgemacht, als handelte es sich um nahe Verwandte des Autors. Weniger erfahren wir vom Großvater und seinen drei Brüdern sowie vom Vater und dessen fünf Brüdern, deren einer Bischof war. Wieder ist es die Heirat des Vaters, mit der sich Eindruck machen ließ, denn Anselms Großvater mütterlicherseits hatte einen Bischof und einen Erzbischof als Brüder.

Nicht so sehr auf die Verwandtschaft kam es also an, sondern eher darauf, mit wem man verwandt sein wollte. Das konnte von Fall zu Fall wechseln, und wir können uns Anselm von Besate vorstellen, wie er einen anderen Stammbaum beschreibt: Jenen der kriegerischen und nicht der geistlichen Berühmtheiten, die es im Umkreis seiner Verwandten gegeben hatte. Sicherlich hat sich einer oder der andere jener Weltlichen, deren Namen er anführt, einmal im Kampf hervorgetan; aber darauf wollte der künftige Kapellan damals nicht zu sprechen kommen.

---

36 Störmer, Früher Adel 1, 89 f. Duby, Hommes et structures (oben 3 Anm. 10) 277.

37 Widukind I, 31, S. 44.

38 Rhetorimachia I, 14 ed. K. Manitius, Gunzo, Epistola ad Augienses und A. v. B., Rhetorimachia (MGH Quellen zur Geistesgesch. d. Mittelalters 2, 1958) 127 f.

39 A. a. O II, 2, S. 140 ff.

Anders ist das etwa in dem Bericht des Mönchs Ademar von Chabannes[40]: Sein Vater war der Großneffe eines Bischofs und Bruder des Propstes von St.-Martial (in Limoges), mehr gab es da nicht zu berichten. Ademars Mutter hatte drei Brüder, zwei davon waren «strenuissimi duces» (Anführer), von robustem Körperbau und kriegerischer Gesinnung. Der dritte Bruder, Propst auch er, war ein getreuer und kluger Ratgeber eines Abtes, der zusammen mit einem Bruder «sehr kraftvoll» die Mark beschützte, ähnlich wie schon ihr Vater eine Burg gegen König Robert «sehr kraftvoll» verteidigt hatte. Hier wird, wie man sieht, die Beschreibung der Verwandtschaft ausgedehnt auf zwei «sehr wackere Fürsten» (principes), in deren Dienst ein Onkel Ademars gestanden hatte. Mühelos wird hier der Übergang von den Verwandten zu hochgestellten «Freunden» vollzogen. Sie gehörten zu den Protektoren der Familie und wurden zusammen mit dieser rühmend genannt. Auch hier haben Frauen nur die Rolle, ein genealogisches Band herzustellen; immerhin nennt Ademar den Namen seiner Mutter, während bei Anselm von Besate alle Frauen anonym bleiben.

So konnte auch in den Zeiten, da die Sohnesfolge im agnatischen Sinne aktuell wurde, der Ruhm edler Abstammung nicht auf die angeheirateten Verwandten verzichten. Auch aus praktischen Gründen hatte das agnatische Prinzip seine Grenzen. Ein Beispiel bietet die Sippe der Walbecker Grafen und Thietmars von Merseburg. Sie hatte zwei Burgen und ein Familienkloster in gemeinsamem Besitz. Die Tendenz zur Spaltung in zwei Linien war vorhanden[41], eine Gütertrennung hätte aber die gemeinsame Position in unruhigen Zeiten geschwächt. Außerhalb der agnatischen Struktur bewegte sich oft das Denken in Königsfamilien, trotz der Tendenz zur Vererbung der Würde an den Ältesten. Heiraten waren ja ein wesentliches Element dynastischer Politik – ein Mittel, das freilich nicht immer seinen Zweck erfüllte. Das mußte Königin Hemma erfahren, als sie nach dem Tode ihres Gatten in Laon gefangen war. Damals schrieb sie an die Kaiserin Theophanu: «Auch ich hatte eine Sippe (genus), eine Würde (dignitas) und den Titel der Königin. Jetzt bin ich sozusagen ohne Sippe und ohne Würde und werde mit jeder Schmach bedeckt . . .». Schon vorher hatte sie geklagt, die Anschuldigungen gegen den Bischof (Adalbero von Laon) gereichten ihr und ihrem ganzen «genus» zur Schande[42]. Ihre burgundischen Verwandten waren fern, die Mutter, Kaiserin Adelheid, hatte hinter Theophanu zurücktreten müssen. Als verwitwete Königin hätte Hemma die Regentschaft für ihren Sohn führen oder unter seinen Schutz treten können; da sich der Sohn in diesem Falle gegen die Mutter stellte, wäre es Sache

40 Chronicon III, 45, ed. CHAVANON 167 f.

41 LIPPELT, Thietmar (oben S. 2 Anm. 2) 47.

42 Die Briefsammlung Gerberts ed. WEIGLE 146 Nr. 119 (988), 127 Nr. 97 (986/987).

der Sippe gewesen, Ansehen und materielle Rechte zu wahren, die Hemma vorenthalten wurden. Ohne Verwandte und Freunde wurde sie, wie sie selbst schreibt, zur Magd (ancilla), sie war fremder Gebotsgewalt unterworfen.

Was hier als «genus» erscheint, heißt anderswo «generatio» und ist der «cognatio» gleichzusetzen[43]. Verwandte und Lehensleute hatten die Pflicht, einen Schimpf oder eine Ungerechtigkeit zu sühnen, die einem von ihnen angetan worden war. Hier sehen wir die Sippe in Aktion und erfahren einiges über ihre Zusammensetzung. In unserem Zusammenhang ist es weniger wichtig, ob es sich um die alte Pflicht zur Blutrache handelt, von der jetzt zu reden sein wird, oder um ein gütliches Verfahren (compositio). Den Mechanismus der Rache lernen wir, zurückprojiziert ins 7. Jahrhundert, in einer Erzählung über einen Bischof von Lüttich kennen. Zwei Brüder haben den Knechten (famuli) des Bischofs Böses getan, und seine Schutzbefohlenen (clientes) und Verwandten (cognati) beschließen, Rache zu üben. Sie überfallen die Brüder und töten sie; der «nächste Verwandte» (proximus affinis) wird «Erbe» der Rachepflicht, und nun muß der Bischof sterben[44]. Sachkundig hat der Verfasser seine Vorlage ausgestaltet. Er war selbst Bischof von Lüttich und hatte wahrscheinlich im Bereich seiner Grundholden ebenso mit Rachefällen zu tun wie sein Amtskollege Burchard von Worms, der durch sie in einem einzigen Jahr 35 Knechte einbüßte. Burchard setzte sich dafür ein, daß statt der Rache das Kompositionsverfahren zum Zug kam. Die Täter sollten mit den Verwandten (proximis) des Getöteten Frieden schließen und Wergeld geben, von dem ein Teil den «Freunden» des Toten zukommen sollte. Hier sehen wir, daß solche «Freundschaft» einen bestimmten Personenkreis umfaßte, mit ähnlichem Sühnerecht wie die nahen Verwandten[45].

Doch zurück zu den Oberschichten. Prestigedenken und materielle Interessen

---

[43] H. Hoffmann (oben Anm. 25) 64.

[44] Stephanus (Bischof von Lüttich 903-920), Vita Landiberti episcopi Traiectensis, lectio 9, MGH SS rerum Meroving. 6 ed. B. Krusch u. W. Levison (1913) 388 f. beruht auf der ältesten Vita Landiberti c. 11, ebenda 364 f. Bei Stephan vertreten «clientes et cognati, qui erant prosapia nobilissimi» die Sache des Bischofs, während die Vita I nur von «amici pontificis» spricht. Eine Erweiterung ist es auch, daß die Helfer die Rache «communi consilio deliberant»; der Gegenschlag wird in der Vita I von einem «proprius consanguineus» der Ermordeten geführt, der ein großes Gefolge von «pueri» hat. Bei Stephan ist es der «proximus affinis», der «hereditatem ... suscepit criminis, persecutionis quippe successionem ...». Er holt sich «ob consanguineorum necem» Genossen (socios), die «hostilem cuneum» bilden und in das Haus des Bischofs eindringen, um ihn zu ermorden, a. a. O. 390. – Über Blutrache vgl. auch unten 510 ff.

[45] Burchards Hofrecht, MGH Constitutiones 1, 643 c. 23, vgl. 641 c. 9.

gingen Hand in Hand bei der Heiratspolitik: Es konnte kein Beharren auf dem einmal erreichten Stand geben, sondern jede Heirat brachte eine Chance oder eine Gefahr mit sich. Es handelte sich immer um die «Einheirat» der Frau in die Familie des Mannes, nicht umgekehrt, also um keine direkte Stärkung des militärischen Potentials. Von Vorteil für die Sippe war hier – neben der Chance, Erben zu erlangen – entweder das Heiratsgut der Braut oder das hohe Ansehen ihrer Familie oder beides zusammen. Umgekehrt brachten Mißheiraten eine Minderung im materiellen wie ideellen Bereich. So wird ein ideales Ehepaar beschrieben: Der Mann ist voll (kriegerischer) Kraft, von guter Familie und ebenmäßiger Gestalt, und er besitzt Weisheit; die Frau ist ebenfalls wohlgestaltet, aus gutem Haus, sie besitzt Reichtum und gute Sitten[46].

Stets war es eine Angelegenheit der «consanguinei et amici», über eine Brautwahl zu entscheiden[47]. Daneben hatte natürlich auch der Lehensherr ein Interesse daran, die Heiraten seiner Lehensleute zu beaufsichtigen und zu steuern[48]. Sein eigenes Ansehen war mit jenem seiner Vasallen verbunden, und leicht konnte einer von ihnen durch die Verwandten seiner Frau in eine andere Einflußsphäre geraten. Nicht immer integrierte sich die Frau in die Familie des Mannes; war sie adeliger oder reicher als er, konnte es sein, daß sie auf ihn herabsah: «Ihre adelige Herkunft und ihr Reichtum machte sie hochmütig ... ‚Nichts ist unerträglicher, als eine reiche Frau' (Iuvenal)»[49]. Die Frau, um die es sich hier handelt, wird von dem geistlichen Chronisten für das Wiederaufflammen einer Fehde zwischen zwei Grafenfamilien verantwortlich gemacht, die durch Heirat mit einander verbunden waren.

Die Heiratspolitik des Adels war auch jene des Königtums. Auf den einfachsten Nenner bringt sie Thietmar von Merseburg, wenn er berichtet, der spätere König Heinrich I. habe um die Erbtochter eines Grafen «wegen ihrer Schönheit und der Nützlichkeit der Erbschaft und des Reichtums» geworben; später habe er weniger Liebe zur Gattin, als zu Mathilde gefühlt, wegen deren «Schönheit und Besitz», worauf er sich von seiner Frau trennte[50]. Von so schlichten Erwägungen reicht die Motivation für Heiraten über den Gewinn

---

46 Hucbald von St.-Amand, Vita s. Rictrudis c. 5 (geschrieben 907), MIGNE PL 132, 834: «In viro enim virtus, genus, pulchritudo et sapientia ... inerat, in uxore autem pulchritudo, genus, divitiae et mores, qui magis quam caetera quaerendi sunt, habebantur.»

47 Ruodlieb (oben 44 Anm. 160) XVI, 20. STÖRMER, Früher Adel 1 (oben Anm. 25) 72, a. a. O. 73 ff. auch über Mißheiraten.

48 BLOCH, Société féodale 1, 349 f.

49 Alpert von St. Symphorian in Metz, De diversitate temporum II, 9, MGH SS 4, 714.

50 Thietmar I, 5 und I, 9, ed. HOLTZMANN 8, 14.

von Ansehen bis zur ausgeklügelten Gleichgewichtspolitik zwischen den Herrscherhäusern. Daß Gerberga, Schwester Ottos d. Gr., einen Karolinger heiratete, brachte dem sächsischen Haus, das sich über Königin Mathilde auf Widukind zurückführte, auch noch die Verwandtschaft mit Karl dem Großen[51]. Daß eine andere Schwester Ottos den Herzog Hugo von Francien zum Gatten hatte, bedeutete das notwendige Gegengewicht; beides trug seine Früchte, als die eine Schwester Regentin für den König Lothar, die andere Verwalterin des kapetingischen Hauses wurde, und Ottos Bruder Brun durch neun Jahre (956-965) dank dieser verwandtschaftlichen Beziehungen «fast ebenso sehr Regent Frankreichs, wie Herzog ... von Lothringen war»[52].

Wenn Heiratspolitik darauf abzielte, höherrangige Gattinnen der Sippe einzuverleiben, so mußte man einmal an der Spitze der «Familie der Könige», bei dem byzantinischen Herrscherhaus, anlangen. Daß Otto II. eine Prinzessin aus der Dynastie der Makedonen ehelichen sollte, sehen wir im Lichte des Erwerbs des Kaisertums und der Auseinandersetzung in Unteritalien um die Abgrenzung der Machtsphären zwischen Ost und West. Doch hat sich anscheinend auch ein Herrscher für seinen Sohn um eine Makedonin beworben, der gewiß solche Interessen nicht vertreten mußte: Hugo Capet, im Jahr nach dem Antritt seiner Regierung als König. Er begründete seinen Wunsch mit den kirchlichen Heiratsverboten, die König Robert daran hinderten, eine gleichrangige (parem) Gattin zu finden[53]. Daß der neugebackene König von Frankreich im Rang tiefer stand als seine Vorgänger, und daß ein neues Ehebündnis mit den Ottonen gegen das kanonische Recht verstoßen hätte, läßt den Wunsch begreiflich erscheinen, zu wiederholen, was den Ottonen – scheinbar – geglückt war.

Theophanus Vorfahren konnten nicht dazu benützt werden, die «Heiligkeit» der Dynastie zu verstärken, wie dies andere Prinzessinnen getan hatten: Königin Mathilde, die «sancta mater»; Aeda, Oda und Edgitha, die Nachfahrin des heiligen Oswald[54]. Theophanus Konflikt mit Adelheid ist bekannt, und auch sonst scheint sie zu jenen Damen gehört zu haben, deren Integration in die Familie des Gatten nicht geglückt ist. Jenseits der offiziellen Sphäre pflegte man sie «die griechische Kaiserin» oder kurz und bündig «die Griechin» zu nennen. Theophanu blieb eine Fremde in Sachsen und wohl auch in Italien, wo sie als «Imperator» aufzutreten versuchte[55]. Ein Geschichtsschreiber will

---

[51] Lot, Derniers Carolingiens (oben 58 Anm. 46) 52.

[52] Lot a. a. O. 19.

[53] Die Briefsammlung Gerberts ed. Weigle 139 Nr. 111.

[54] Lippelt, Thietmar (oben S. 2 Anm. 2) 175.

[55] Brun von Querfurt, Vita secunda Adalberti Pragensis episcopi c. 12, ed. J. Karwasińska in Monumenta hist. Pol. s. n. 4 fasc. 2 (1969) 13. Honorantiae civitatis

von dem Bischof Dietrich von Metz, der nach der Katastrophe am Säulenkap 982 zusammen mit Theophanu in Rossano wartete, folgendes gehört haben: Auf Gerüchte über die Niederlage hin habe die Kaiserin in frecher und echt weiblicher Art ihre Landsleute, die Griechen, in den Himmel erhoben und ihren Gatten geschmäht, dessen Kriegstüchtigkeit so sehr gelobt worden sei und der sich doch so leicht habe besiegen lassen[56].

Durch konsequente Heiratspolitik konnte es einem Aufsteiger gelingen, sich und seine Nachkommen in die Oberschicht einzugliedern. Rodulfus Glaber berichtet, wie Otto-Wilhelm, Sohn des Rebellen Adalbert (und Enkel Berengars II.), «licet advena» in Burgund zu hohem Ansehen kam. Seine Mutter heiratete in zweiter Ehe Herzog Heinrich von Burgund, er selbst vermählte sich mit der Schwester eines Bischofs von Langres, der ihn unterstützte, der Witwe des Grafen von Mâcon. Von seinen Söhnen war der eine Graf von Mâcon, der andere Graf in Burgund; die älteste Tochter heiratete den Grafen Landerich von Nevers, der Otto-Wilhelm bei seiner Rebellion gegen König Robert II. zu Hilfe kam. Eine weitere Tochter war die Gattin des Herzogs Wilhelm V. von Aquitanien, eine andere mit dem Grafen der Provence vermählt, und Otto-Wilhelms Sohn, der Graf «von Burgund», war der Schwiegersohn des Herzogs der Normandie, Richard II.[57]. Kein Wunder, daß der so vielfach abgesicherte Otto-Wilhelm zu einem militärisch-politischen Faktor wurde, der das burgundische Königtum bedrohte und gegen den auch Kaiser Heinrich II. praktisch machtlos war.

Hier liegt freilich ein besonderer Fall vor: Persönliche Tüchtigkeit einte sich mit berühmter Abstammung von einem Gegner des sächsischen Hauses, das daran war, sich das machtlose burgundische Königtum einzuverleiben. Auch hätte Otto-Wilhelm ohne die burgundischen Besitzungen seiner Mutter kaum jene Ausgangsbasis besessen, die er brauchte, um seinen Aufstieg zu beginnen. Eine Koalition von Verwandten wie diese hatte natürlich nur begrenzte Lebensdauer; immerhin reichte ihre Frist aus, um Otto-Wilhelms Nachkommen in

---

Papiae c. 21, MGH SS 30/2, 1458. Odilo von Cluny, Epitaphium Adelheidis (oben 89 Anm. 73) 35 c. 7 (8): «tercius ex Greca genitus Otto». Für die Echtheit des «männlichen» Imperatortitels der Theophanu hat sich Herwig WOLFRAM, Lateinische Herrschertitel im 9. u. 10. Jh., in: Intitulatio II, Mitteilungen des Instituts f. österr. Geschichtsforschung Erg.-Bd. 24 (1973) 96 ausgesprochen. Vgl. unten 239 Anm. 114.

56 Alpert von St. Symphorian in Metz, Libellus de episcopis Mettensibus, MGH SS 4, 698. Alpert glaubte allerdings, daß die Schlacht gegen die Byzantiner geschlagen worden sei, doch stimmt der Ort («Rohsan») und die Rolle des Metzer Bischofs – der Otto II. dabei half, von einem byzantinischen Schiff freizukommen – mit anderswo berichteten Fakten überein.

57 Rodulfus Glaber ed. PROU III, 2, p. 57 § 6. Vgl. BOUCHARD (unten Anm. 70) 280.

der Bourgogne zu verankern, und mehr noch: Einer seiner Enkel wurde der Stammvater der Könige von Kastilien, eine seiner Enkelinnen die Gattin Kaiser Heinrichs III.

Familiäre Bindungen sicherten die Existenz vor allem dort, wo die staatliche Gewalt fragwürdig geworden war. Im Mâconnais beispielsweise zeigt sich dies in nachkarolingischer Zeit in den Zeugenlisten, es waren größere Gruppen als früher, zwischen denen solche Bindungen oder auch Konflikte bestanden[58]. Während hier das ungeteilte Erbe als einigendes Band wirkte, war in Sachsen das Gegenteil der Fall. Jeder Todesfall konnte hier, wo auch Frauen erbten, und zwar vor den Verwandten des Vaters, zu Erbstreitigkeiten führen; Konflikte zwischen «cognati» waren die Regel, Einigkeit eher eine Ausnahme[59]. Hier wie anderswo war die Begründung von Verwandtschaften oft der letzte Versuch, Interessenkonflikte zu überbrücken. Was Frieden und Freundschaft wiederbringen sollte, mochte hin und wieder noch größere Zwistigkeiten schaffen[60].

Waren zwei Sippen durch Heirat miteinander verbunden, konnte sich das auf die Namengebung der Nachkommenschaft auswirken, die ein zusätzlicher Integrationsfaktor wurde. Im zehnten Jahrhundert, das muß vorausgeschickt werden, trat die Namensvariation (Chlodwig, Chlothar, usw.) zurück hinter der Nachbenennung, der Repetition eines (ganzen) Namens, der bei den Vorfahren Brauch war. Das mußte sich keineswegs nach der agnatischen Seite auswirken. Am ehesten in Herrscher- und Hochadelsfamilien (Otto I., Otto II., Otto III.) bezeichnete man den erbberechtigten Ältesten mit dem Namen des Vaters oder Großvaters[61] – während anderswo gerne Namen aus der adeligen Familie der Mutter übernommen wurden, manchmal sogar in überwiegendem Ausmaß[62]. Wo man sich der «Leitnamen» bediente, kennzeichneten sie

---

58 Duby, Société ... Mâconnais 264 f.

59 Karl J. Leyser, Rule and Conflict in an Early Medieval Society (Ottonian Saxony) (London 1979) 10 f.

60 Vgl. die Doppelheirat zwischen zwei Grafensippen am Niederrhein, die eine lange Fehde zwischen ihnen nicht verhindern konnte: Alpert von Metz, De diversitate (oben Anm. 49) 702 ff., der sogar meint, das Freundschaftsbündnis sei von vornherein «dolo potius quam ut ullius verae amicitiae fidem servarent» geschlossen worden. A. a. O. 702 (I, 1).

61 Als man den sterbenden Normannenherzog Richard I. (996) fragte, welcher seiner Söhne sein Nachfolger werden solle, antwortete er (nach Dudo v. St.-Quentin, oben 76 Anm. 5, col. 755): «Qui fungitur meo nomine ... dux et comes haeresque erit haereditatis meae.» Zitiert bei Guilhiermoz, Essai sur l'origine ... (oben 56 Anm. 36) 202 Anm. 30.

62 Ein Beispiel (Canossa) bringt z. B. Fumagalli, Terra e società (oben Anm. 20) 129.

die Familie nach außen. Es scheint, daß daneben anderes wiederholt gebrauchtes Namengut dem Umkreis jener Personen entnommen wurde, mit denen man sich verwandtschaftlich und freundschaftlich verbunden fühlte. Auch daran kann man die Gemeinsamkeiten von Sippen erkennen, aber es geht nicht an, auf dieser Basis eine Abgrenzung von Sippen oder Sippengruppen versuchen zu wollen[63]. Man denke auch daran, daß der Wunsch, mit einer berühmten Familie verwandt zu sein, Pate stand bei der «Ansippung», der Verwendung von fremdem Namengut für die eigene Familie; das bekannteste Beispiel dafür sind die Merowingernamen bei den Karolingern. Dabei konnte es sich um die «Aneignung» einer Verwandtschaft handeln, oder um die Aufwertung bestehender, vielleicht aber weit hergeholter Verwandtschaftsbeziehungen[64].

Leider wissen wir kaum etwas darüber, wie weit Frauen bei der Namengebung – wir wollen die Neuschöpfung «Namenpolitik» vermeiden – eine Rolle gespielt haben. Wenn die Mutterseite dabei betont wurde, können wir das auf einen wahrscheinlichen Einfluß der Frau zurückführen. So etwa in dem Falle der Königin Gerberga, der Schwester Ottos d. Gr. und Gattin Ludwigs «des Überseeischen» in Frankreich: Der Älteste trug, wie es kaum anders sein konnte, einen Karolingernamen, nämlich Lothar. Nach der Geburt von Zwillingen wählte man für sie die Namen Karl – es war der spätere Karl von Niederlothringen – und Heinrich (er starb sehr bald). Eine Tochter wurde Mathilde benannt, d. h. zwei Kinder Gerbergas trugen die Namen ihrer Eltern – man weiß, welche Rolle die Benennung nach dem Großvater im Denken der Frühzeit spielte.

Die Konzentration auf Erbbesitz und erbliche Ämter bzw. Lehen ließ, wie wir schon andeuteten, die agnatische Seite immer stärker hervortreten und

---

Vgl. K. Schmid, Zur Problematik ... (oben Anm. 3) 22 f. Karl Ferdinand Werner, Liens de parenté et noms de personne. In: Famille et parenté (1977) 28. A. a. O. 25 verweist Werner darauf, daß die Rolle der Frauenseite bei der Namengebung und ihre Wichtigkeit für die «nobilitas» jenseits des Germanentums schon in der späteren Kaiserzeit festzustellen ist, vgl. Heinzelmann ebenda 21. – Gegen Werners Methode, auf Grund der Leitnamen eine Adelskontinuität zu erschließen, wendet sich Constance Bouchard, The Origins of the French Nobility: A Reassessment. American Historical Review 86 (1981) 505 ff. Ihr Hinweis, daß im 10. Jahrhundert bei den Oberschichten auch eine freie Namengebung zu finden ist, ohne Nachbenennung nach Verwandten, muß an dieser Stelle wiederholt werden.

63 Dies versuchte in seiner letzten Arbeit der früh verstorbene Hans-Walter Klewitz, Namengebung und Sippenbewußtsein in den deutschen Königsurkunden des 10. bis 12. Jahrhunderts. Archiv für Urkundenforschung 18 (1944) 34 ff.

64 Reinhard Wenskus, Zum Problem der Ansippung. Festgabe O. Höfler (Philologica Germanica 3, 1976) 645 ff., dort auch die frühere Literatur.

führte zu einer gewissen Monotonie der Namengebung – vielleicht mit ein Grund zu der Doppelnamigkeit, die sich später durchsetzte. In Katalonien hat man schon im letzten Jahrzehnt des 10. Jahrhunderts Herren nach ihrer Burg benannt[65] und so in neuer Weise voneinander geschieden. Das «Adelsgeschlecht» in einem moderneren Sinn begann, an die Stelle des vielfältigen und verschiedenen Zwecken zugeordneten Großaufgebots von Verwandten zu treten, ohne es freilich für alle diese Zwecke ersetzen zu können. –

Wir haben bisher noch nicht von den kirchlichen Lehrmeinungen zum Thema der Verwandtschaft gesprochen. Ehen zwischen Verwandten waren verboten; wer jemanden «de propria cognatione» zur Frau nahm, sollte dem Anathem verfallen. Freilich: Nur dann, wenn man von der Verwandtschaft wußte, konnte man straffällig werden[66]. Alle verschiedenartigen Bestimmungen über die Grade verbotener Verwandtschaft sind nur Ausdeutungen des Grundgedankens, interessant dafür, wie weit die Geistlichkeit den Rahmen möglichen Wissens um Verwandtschaft gezogen hat. Auf der Koblenzer Synode von 922 war es der fünfte Grad[67], auf jener von Bourges 1031 sollte sich das Verbot auf den «sechsten oder siebenten» Grad der Verwandtschaft erstrecken[68], eine Formulierung, deren Unsicherheit für sich spricht. Burchard von Worms schrieb, Isidor (Pseudoisidor) habe wohl deshalb den siebenten Grad genannt, weil er die Verwandtschaft ausschließen wollte soweit man überhaupt zurückdenken könne[69]. Das ist sicher richtig, doch war die Verschärfung der Ehehindernisse bis zum siebenten Grad der kanonischen Zählung schon durch Synoden der ersten Hälfte des 9. Jahrhunderts propagiert worden; erst 1215 hat man vom siebenten auf den vierten Grad zurückgeschaltet[70]. Das geschah in einer Zeit, für die kaum mehr Großverwandtschaften, sondern Geschlechter und Linien

---

65 Bonnassie, La Catalogne 1, 285. Umgekehrt konnten Ortsnamen das Primäre sein und eine Art «Nachbenennung» zu Doppelbenennungen führen: «Ratpot de Ratpotingen» (980, im Ebersberger Chartular) ist nicht der Ortsgründer, sondern «durch entsprechende Personennamengebung wird hier das ‚Haus' und dessen Alter besonders betont». Störmer, Adel und Ministerialität (oben Anm. 25) 93.

66 Regino ed. Wasserschleben 286 f. (II, 185-187, nach Synodalakten des 6. und 7. Jahrhunderts).

67 MGH Constitutiones 1, 629 c. 1.

68 Mansi, Sacrorum conciliorum ... collectio 19, 505 c. 17. Der siebte Grad auch bei Abbo von Fleury, Apologeticus, Migne PL 139, 463, und anderswo.

69 Decretum VII, 9, Migne PL 140, 781. Koeniger, Burchard I. (oben 23 Anm. 59) 158.

70 Auf dem vierten Laterankonzil, c. 50, Mansi 22, 1038. Zur Verschärfung der Eheverbote vgl. zuletzt Constance B. Bouchard, Consanguinity and Noble Marriage in the Tenth and Eleventh Centuries. Speculum 56 (1981) 269 f.

maßgebend waren. Um die Schwierigkeiten zu ermessen, die sich aus dem kirchlichen Gebot ergaben, muß man bedenken, daß neben der Blutsverwandtschaft auch die Schwägerschaft und die «geistliche Verwandtschaft» als Ehehindernisse galten, so daß z. B. die Familie des Taufpaten und jene des Täuflings als Verwandte galten, zwischen denen keine Ehen geschlossen werden durften.

Trotzdem hat man sich wenigstens in der Hocharistokratie, die so sehr im Lichte der Öffentlichkeit stand, um Einhaltung der Bestimmungen bemüht, sofern nicht ganz besondere Gründe dagegen sprachen. Daß es sich bei ihrer Verletzung um Sünde handelte, wurde weniger zur Kenntnis genommen. Heinrich II. klagte 1005 auf einer Dortmunder Synode, daß man Heiraten trotz Verwandtschaft im dritten (kanonischen) Grad als erlaubt betrachte[71]. Um einen vierten Grad der Verwandtschaft ging es bei dem berühmten Hammersteinschen Ehehandel. Bischof Gerald von Cambrai wollte wegen unerlaubter Verwandtschaft eine Eheschließung zwischen zwei Familien verbieten, doch ließ er auf den Rat seiner Mitbischöfe «unwillig» davon ab. Sie beriefen sich auf die Anweisung Gregors d. Gr. für die Missionare in England, im Interesse der Verbreitung des Glaubens Ehen von im vierten oder fünften Grad Verwandten zu dulden[72]. Der fromme König Robert II. wurde durch den Erzbischof von Bourges mit seiner Cousine Berta getraut; einem päpstlichen Protest zum Trotz dauerte die Ehe weiter. Sie wurde später geschieden, wohl aus anderen als den kanonischen Gründen[73], und der König verheiratete sich neuerlich.

So wie es eine Heiratspolitik gegeben hat, existierte auch eine Art «Scheidungspolitik», die in den kanonischen Verboten ihren Grund oder auch ihr Alibi hatte. Man konnte mit ihnen die eigenen Handlungen begründen, wenn

---

71 Konstantin v. St. Symphorian, Vita Adalberonis (II), MGH SS 4, 663 c. 16. Koeniger a. a. O. 159.

72 Gesta episcoporum Cameracensium III, 10, MGH SS 7, 469.

73 So Georges Duby, Medieval Marriage (The Johns Hopkins Symposia in Comparative History 11, Baltimore-London 1978) 47. Anders Bouchard a. a. O. 276: «That this divorce on grounds of consanguinity was not simply a convenient way out for Robert and Bertha is indicated by the fact that Robert repeatedly attempted – perhaps even after he remarried – to rejoin Bertha.» Wenn die Wiederverheiratung einen politischen Grund hatte, liegt es nahe, dasselbe bei der Scheidung anzunehmen. Die neue Ehe mit Konstanze bedeutete ein «renversement des alliances» und brachte Robert einen Thronerben, auf den er bis dahin vergebens gewartet hatte. Duby, Le chevalier, la femme et le prêtre (Paris 1981) 86 hat auf die kurzzeitige Verbindung des letzten Karolingerkönigs Ludwig V. mit Konstanzes Mutter hingewiesen und man kann die Frage stellen, ob die Tochter dieser von den Bischöfen zur Königin geweihten (und dann vom Gatten verstoßenen) Frau nicht eine Brücke zur alten Dynastie schaffen sollte.

es sich um die Zurückdrängung von Gegnern handelte: Heinrich II. hat auf diese Weise seinen Opponenten Herzog Hermann II. von Schwaben geschwächt, indem er zuerst die Ehe der Tochter Hermanns mit Konrad von Kärnten als unkanonisch anfocht, und dann mit dem gleichen Argument Hermanns Vetter Graf Otto von Hammerstein dem Verderben überlieferte[74].

Was hat kirchliche Versammlungen des 9. Jahrhunderts bewogen, immer wieder Bestimmungen zu verkünden, deren Befolgung so schwierig war? Kaum ein generelles «Machtstreben der Kirche»; richtig ist anderseits, daß damals die Ehegesetzgebung eine Sache weltlichen Rechtes war, und dieses Feld mit kanonischen Mitteln kontrolliert werden sollte. In kirchlichen Kreisen wußte man um die Möglichkeit erbbiologischer Schädigungen durch Ehen von nahen Verwandten[75], aber auch das bietet nur eine teilweise Erklärung. Die Bibelstellen, auf die man sich bei den Verboten berufen konnte, reichten schon gar nicht aus für eine wirkliche Begründung. In großen Zusammenhängen gesehen, haben wir eine Ausweitung der in der Völkerkunde ebenso wie im antiken Recht bekannten Verbote der Endogamie vor uns. Diese Verbote, ob sie nun religiös begründet waren oder nicht, erfüllten eine wichtige gesellschaftliche Funktion: «Die Exogamie bietet das einzige Mittel zur Aufrechterhaltung der Gruppe als Gruppe und dazu, ihre Zersplitterung ... zu vermeiden, welche der Brauch der Verwandtenehen mit sich bringen würde .... Diese würden die soziale Gruppe in eine Menge von Familien aufspalten, die geschlossene Systeme bilden, Monaden ohne Türen und Fenster ...»[76].

Man könnte daran denken, daß die stets vorhandenen Tendenzen zur Zergliederung des Reiches zu einer Provinzialisierung, oder sogar Atomisierung der führenden Schichten hätten fortschreiten können, und daß die geistlichen Mitglieder dieser Schichten unternahmen, was sie konnten, um diesen Vorgang einzudämmen. Das sind Dinge, die sich freilich nicht mit Sicherheit behaupten

---

[74] Oben Anm. 71 und zum Ganzen Robert HOLTZMANN, Geschichte der sächsischen Kaiserzeit (3. Aufl. 1955) 470 f.

[75] Kanon 8 der Synode von Trosly (909) zitiert Texte des 9. Jahrhunderts, die u. a. auf die Sündhaftigkeit der Ehen zwischen Verwandten und (als Strafe dafür) auf Verunstaltungen der Nachkommenschaft hinweisen. MANSI, Sacr. conc. ... collectio 18 A, 287. Über die Quellen wäre die ungedruckte Arbeit von Gerhard SCHMITZ, Das Konzil von Trosly, Bd. 1 u. 2 (Diss. Tübingen, Teildruck: Deutsches Archiv 33, 1977, 340 ff., bes. 380 f.) zu vergleichen.

[76] Claude LEVI-STRAUSS, Les structures élémentaires de la parenté (Paris 1949) 593. Der Codex Theodosianus III, 12 (De incestis nubtiis) beschränkt die Heiratshindernisse auf Geschwisterkinder und die Frau oder Witwe des Bruders. Theodosiani libri XVI ed. Th. MOMMSEN-P. KRÜGER I 2 (1954) 150 f. Vgl. allgemein das Reallexikon f. Antike u. Christentum 4 (1959) Sp. 685 ff.

lassen. Im zehnten Jahrhundert haben die kirchlichen Eheverbote jedenfalls dazu beigetragen, den oberen Schichten neues Blut zuzuführen. Sie haben sowohl einer Provinzialisierung als einer Abschließung nach unten entgegengewirkt[77].

[77] BOUCHARD a. a. O. 287.

II.

Hausherrschaft

Für die römischen Juristen bedeutete das Wort «familia» einerseits das Gesamtvermögen eines Mannes – man denke daran, daß auch die Sklaven zu den Sachwerten gehörten –, anderseits «eine Mehrzahl von Personen, die von Natur aus oder auf Grund des Rechtes einem Einzigen untersteht»[1]. Er, der «pater familias», übte in seinem Haus Herrenrechte aus (in domo dominium): über Frau und Kinder, über Neffen und Nichten, alle jene, die in seinem Haus lebten oder leben mußten, weil sie keine andere Existenzmöglichkeit hatten. Zur «familia» gehörten weiters die «famuli»[2] im engeren Sinn, das ebenso der Gebotsgewalt des Herrn unterstehende Dienstpersonal. Stirbt der Hausvater, geht seine Gewalt mit dem Erbe an jene über, die jetzt eigene «familiae» bilden[3].

Was hier klar und hart ausgesprochen wurde, hat man nicht nur in der Antike, sondern auch im Mittelalter für so selbstverständlich und unabänderlich gehalten, wie den Weg der Sonne oder den Wechsel der Jahreszeiten. Das Herrenrecht hatte sich insoweit gemildert, daß der Hausvater nicht mehr der Herr über Leben und Tod war; er sollte in seinem Knecht seinen Bruder sehen und die Familie zu christlichem Lebenswandel anleiten. Schon von urtümlichen Zeiten her besaßen auch die «Untertanen» des Herrn gewisse Freiräume, die ihre Existenz erträglicher machten: Das enge Zusammenleben aller verringerte den sozialen Abstand; die Notwendigkeit eines freiwilligen Zusammenspiels mußten

---

[1] Ulpian in Dig. 50, 16, 195, 2: «Iure proprio familiam dicimus plures personas, quae sunt sub unius potestate aut natura aut iure subiectae, ut puta patrem familias, matrem familias, filium familias, filiam familias ... nepotes et neptes et deinceps. Pater autem familias appellatur, qui in domo dominium habet ...». Corpus iuris civilis 1 ed. Th. Mommsen, P. Krüger (1902) 864 f.

[2] Der enge etymologische Zusammenhang der beiden Worte ist unbestritten; wahrscheinlich ist «famulus» von «familia» abgeleitet, doch besteht auch die umgekehrte Möglichkeit. Thesaurus linguae latinae VI 1 (1912-1926) col. 234, sowie R. Leonhard in Pauly-Wissowa, Realencyclopädie d. class. Altertumswissenschaft VI 2 (1909) Sp. 1983.

[3] Ulpian a. a. O. 865. Ebenso steht es mit dem Freigelassenen, «nam et hic sui iuris effectus propriam familiam habet». A. a. O.

Herr und Sklaven erkennen, das «Haus» wurde zu ihrer gemeinsamen Sache. «Die seelische Teilnahme der unfreien Hausgenossen» wurde schon in der Odyssee «als ein hoher Gemütswert empfunden»[4]. Ähnliches galt natürlich von den Söhnen und Töchtern des Hausherrn und den sonstigen Familienmitgliedern im engeren Sinn, vor allem von der Frau des Hauses. Wie wir noch sehen werden, verfügte sie über eine beschränkte Kommandogewalt im Haus und damit über den größten der erwähnten Freiräume.

Im engsten Sinne, der Nähe zu «famulus» entsprechend, wurde das Wort «familia» in der Antike auf Haussklaven und Haustiere angewendet[5]. Eine weitere Bedeutung erfaßte die Summe der Hausbewohner, also Hausherr, Familienmitglieder und Gesinde. Man übertrug den Begriff auf Gebiete jenseits der Sphäre des Hauses und meinte damit ein Kollegium von Sklaven oder auch Freien, wie es Gladiatoren, Münzer usw. bildeten[6]. Schließlich findet sich, auch bei Ulpian, eine Erstreckung auf die weitere, nicht unter einem einzigen Herrn stehende Verwandtschaft, Agnaten und Kognaten, also einen Teil der «gens» oder diese im ganzen[7]. Was fehlt, ist die Familie in dem heute gebräuchlichen Sinn, der engere Kreis der Verwandten ohne das Dienstpersonal, das ja auch nur mehr selten anzutreffen ist.

Man hat geglaubt, daß dieser dem unseren entsprechende Familienbegriff erst im 11./12. Jahrhundert zu finden sei, «während im früheren Mittelalter ‚familia' in erster Linie das Gesinde meint ...»[8]. Aus diesen Jahrhunderten besitzen wir vor allem Quellen von geistlichen Grundherrschaften, in denen der Familienbegriff auf den Inhaber und sein Personal übertragen wird, die «familia» eines Klosters usw. Sie bestand der Hauptsache nach in Familien landbebauender Leute, zum Teil mit eigenem Personal; neben der «familia» stehen die «familiae»[9]. Eine Familie ohne Dienstboten war der Normalfall im kleinbäuerlichen Bereich, in dem die Hausherrschaft des Vaters ebenso bestand

---

[4] Hermann STRASBURGER, Zum antiken Gesellschaftsideal (Abhandlungen d. Heidelberger Akademie d. Wiss., phil.-hist. Kl., Jg. 1976, 4. Abh.) 26, 54.

[5] Vgl. die Nachweise im Thesaurus a. a. O. 238 f. und besonders das Zitat aus Columella (9, 11, 3): Nach dem Tode des Herrn beginnt die «familia» der Bienen uneins zu werden.

[6] A. a. O. 239 f.

[7] A. a. O. 240 f., dort auch über weiteren Gebrauch im übertragenen Sinn: das «corpus philosophorum, rhetorum», die Christenheit usw.

[8] K. SCHMID, Zur Problematik ... (oben 113 Anm. 3) 49.

[9] Arnold ANGENENDT, Taufe und Politik im frühen Mittelalter. Frühmittelalterliche Studien 7 (1973) 162 Anm. 101. Auch in den «Statuta» Adalhards (822, ed. L. LEVILLAIN in der Zs. Le Moyen Âge 13, 1900, 358) c. 7 scheint die «weitere» Bedeutung vorzuliegen, wenn der Müller Vieh haben soll «unde et ipse et omnis familia

wie in den höheren Sphären: Der unfreie Bauer regierte in seiner Hütte und auf seinen Feldern – auch wenn tatsächlich alles dem Herrn gehörte – als «pater familias», er kommandierte Frau und Kinder, eventuell unverheiratete Verwandte. In relativ seltenen Fällen kamen dazu Knechte, selbstverständlich «unbehauste», also solche ohne Haus und Hof. Wenn z. B. die Abtei Werden a. d. Ruhr um 900 «tres familias cum rure suo» geschenkt erhält, und zwei weitere, die beide auf einer einzigen Hufe sitzen[10], können wir vermuten, daß es sich um «moderne», gesindelose Familien handelt. Freilich wird in den Verzeichnissen von Besitz und Einkünften geistlicher Herrschaften das Wort «familia» relativ selten gebraucht, und wenn, dann zumeist in jenem übertragenen Sinn, für den der Schutzheilige der geistlichen Kommunität zum «pater familias» wurde.

Wie gesagt ist nicht nur von der «familia», sondern manchmal auch von den «familiae» einer geistlichen Herrschaft die Rede, die an einem und demselben Ort ihr Herrschaftszentrum haben[11]. Die «familiae», in einem konkreten Gebrauch des Wortes, scheinen vor der geistlichen «familia» dagewesen zu sein[12]. Man hat also behauste Knechte (servi casati) als Herren ihres Hauses akzeptiert, ihre Gebotsgewalt anerkannt und damit einen Partner wirtschaftlicher Art besessen. Die Leistungspflicht an die Grundherrschaft erfaßte alle Angehörigen des bäuerlichen Haushaltes, doch verantwortlich für sie war der «Haushaltsvorstand». In den Besitzverzeichnissen wird entweder nur sein Name genannt, oder er steht an erster Stelle (A. cum uxore B. et filiis C., D.)[13].

---

eius possit vivere». Denn diese «familia» soll Schweine und Hühner züchten, Mühlsteine und sonstiges Material herbeischaffen – sie wird also nicht nur die Familie im heutigen Sinn umfaßt haben.

[10] Rudolf KÖTZSCHKE, Rheinische Urbare II: Die Urbare d. Abtei Werden a. d. R. (Publikationen d. Ges. f. Rheinische Geschichtskunde 20, 1906) 43. Ebenso steht es mit Fulda, Hersfeld und Corvey, in deren Quellen der Begriff «familia» «als eine Kern- bzw. Gattenfamilie» aufzufassen ist, «die aus den Ehepartnern und ihren Kindern besteht». KUCHENBUCH, Prüm (oben 115 Anm. 11) 77, ebenda 78 ff. Beispiele aus Prüm für «mancipia» solcher bäuerlicher Familien. Dazu vgl. auch Karl KROESCHELL, Haus und Herrschaft im frühen deutschen Recht (Göttinger rechtswiss. Studien 70, 1968) 32 f.

[11] In einem Besitzverzeichnis des Klosters Farfa findet sich unter der Überschrift «De familiis sanctae Mariae» die Aufzählung «De hominibus in Forcone ad Rium», der andere folgen («Qui resident ad Volubrum» usw.). I. GIORGI, U. BALZANI, Il regesto di Farfa 5 (Biblioteca della R. Società Romana di st. patria, Roma 1892) 254 f.

[12] KROESCHELL 32 mit dem Hinweis: «Etwa in den fuldischen Quellen hat sich dieser Sprachgebrauch bis gegen das Jahr 1000 erhalten.»

[13] «Der ‚pater' als verwandtschaftlich unbezeichnetes, Verwandtschaft bezeichnendes Ego, als Familienvorstand und Inhaber von ‚mansus' und ‚sors' bis zu seinem Tod,

Ganz selten finden sich Bestimmungen darüber, was der Mann, was die Frau und was das Ehepaar gemeinsam zu arbeiten hat[14]. Die höhere Bewertung des Mannes hat hier nicht nur «vaterrechtliche», sondern auch wirtschaftliche Gründe: Seine Arbeitsleistung ist größer als jene der verheirateten Frau, die, mitbedingt durch die Aufzucht der Kinder, weniger Zins zahlt als der Mann oder eine Unverheiratete[15].

Ob und wie weit die Söhne ein Mitspracherecht hatten, geht aus den Quellen nicht hervor. Daß sie, wenn sie erwachsen waren, ein eigenes Haus erhalten sollten, als Basis einer Familiengründung, war der erwünschte Normalfall. Er hing freilich von den wirtschaftlichen Möglichkeiten ab: Es konnte sein, daß Eltern und verheiratete Kinder gemeinsam eine Hufe bestellen[16] und auch zusammen wohnen mußten. In den ausführlicheren Aufzeichnungen des Klosters Farfa werden jeweils alle Familienmitglieder genannt, die zusammen hausen und wirtschaften. Während hier und in dem Besitzverzeichnis des Klosters S. Giulia in Brescia im Durchschnitt fünf Personen eine Bauernfamilie bilden[17], gibt es Einzelfälle mit zehn oder noch mehr Personen. Häufig handelt es sich dabei um den Haushalt eines «scario»; man hat in ihm eine Art Anschaffer oder Meier gesehen[18], doch ergibt sich vom Wort her eher ein Zusammenhang mit den Scharmannen und St. Maximin in Trier. Hier bedeutete «scaram facere» Botendienste für den Herrn[19]. Die Scharmannen waren, um ihren Aufgaben genügen zu können, «deutlich reicher begütert» als die anderen Bauern[20] und ähnliches wurde über die «scariones» von Farfa festgestellt[21]. Man kann

---

als bevorzugter Erbe; alle diese Elemente beweisen eine diese Familienstruktur kennzeichnende Vorrangstellung des Mannes.» KUCHENBUCH a. a. O. 87, ebenda 83 über die praktische Vererbbarkeit des «mansus».

14 KÖTZSCHKE, Rhein. Urbare II (Werden) 17 f.

15 A. a. O. 19.: «Femina nupta debet quattuor den., innupta sex, vir debet octo.»

16 KUCHENBUCH a. a. O. 91 f.

17 LUZZATTO (oben 116 Anm. 15) 28.

18 LUZZATTO a. a. O. 36: «alla direzione dei lavori sono addetti tre ‚scariones' ...» (auf Besitzungen des Klosters Farfa).

19 KUCHENBUCH 323 ff., dort auch die früheren Ansichten über die Bedeutung der «scararii».

20 A. a. O 326: Sie besaßen bis zu vier Mansen. Es handelt sich um die «jüngeren», sozusagen hauptberuflichen Scharmannen.

21 Sie besitzen mehr Land und z. T. haben sie (anscheinend nicht mit ihnen verwandte) Knechte unter sich: LUZZATTO 36 und Regesto di Farfa 5, 262: «Ad Sanctum Severum (folgen die Namen von zwei Familien). Istos tenet Otolfus scario.» In S. Giulia wird die Botenfunktion durch «aldiones» ausgeübt, «qui tantummodo epistolas et mandata portant». LUZZATTO 29.

annehmen, daß der übernormal große Besitz solcher bäuerlicher Klosterministerialen mehr Menschen erhalten konnte als üblich, daß anderseits dieser Besitz unteilbar war, weil er zu ihrem Amt gehörte. In der «casa» des Farfa gehörenden «scario» Otolf lebten wohl aus diesem Grunde seine beiden verheirateten Söhne mit ihren fünf Kindern, insgesamt elf Personen. Besondere Gründe dürfte es auch gehabt haben, wenn einmal in einem Haushalt neben dem Ehepaar 17 Verwandte (nepotes) summarisch genannt sind[22]. Es ist möglich, daß es sich in diesen Einzelfällen um Dreigenerationenfamilien unter Leitung des Großvaters handelt, neben hunderten von Kleinfamilien. Wie weit die Gebotsgewalt des «scario» über die Verwandten in seinem Haushalt ging, läßt sich nicht sagen. Wenn er unterwegs war, mußte er diese Gewalt doch wohl an einen oder mehrere seiner Söhne delegieren.

In der Kleinfamilie übte jedenfalls eine solche Gewalt der Hausvater aus, der zusammen mit Frau und Kindern das Land bebaute und die Hütte bewohnte, die zumeist nur einen einzigen Raum aufwies. Die körperliche Nähe der Familienmitglieder war ein starkes Element der Bindung, während man ein inniges Gefühlsleben hier nicht erwarten kann. Noch in der beginnenden ritterlichen Sphäre des «Ruodlieb» fällt zwischen Mutter und Sohn kein Wort, das gefühlsbetont wäre – es wäre gegen die Sitte gewesen, diese Dinge herauszustellen. Schon von der indogermanischen Vorform des Wortes «Vater» hat man festgestellt: Sie «ist ein Begriff aus dem Bereich rechtlicher Ordnung. Weder die biologische noch die sentimentale Seite reicht aus, den alten Vaterbegriff zu bestimmen»[23]. Im Neuen Testament ist der Hausvater der «oikodespotes»[24], der absolute Herr über das Haus in einem Sinne, dem der humoristische Klang des Wortes «Haustyrann» gänzlich fehlte. Dieses Haus konnte eine Bauernhütte sein, oder die Pfalz eines Großen – aristokratische Ordnungen unterschieden sich in ihrer Grundstruktur nur wenig von bäuerlichen. Hier begann sich anderseits durch die Vielzahl des Dienstpersonals die räumliche Einheit des Wohnens aufzulösen, obwohl die adelige «familia» immer noch im modernen Sinn «familiäre» Elemente enthielt: Etwa wenn Personennamen des Gesindes nach denen des Herrn und seiner engeren Verwandtschaft gewählt wurden[25].

Wir stehen hier bei den verschiedenen Bedeutungen des Wortes «Haus», die ebenso wie jene von «familia» schon in der Antike vorgeprägt wurden[26].

---

22 Regesto di Farfa 5, 254 (Otolf), 263.

23 Jost TRIER, Vater. Zeitschrift f. Rechtsgesch., Germanist. Abt. 65 (1947) 259. Otto BRUNNER, Das «Ganze Haus» und die alteuropäische Ökonomik. In: BRUNNER, Neue Wege der Verfassungs- u. Sozialgesch. (2. Aufl. 1968) 112 f.

24 BRUNNER a. a. O. 112.

25 STÖRMER, Adel u. Ministerialität (oben 119 Anm. 25) 90.

26 Thesaurus linguae lat. V 1 (1909-1934) Sp. 1954 ff.

«Domus» ist der Wohnort im engsten ebenso wie im weitesten Sinn, man kann die ganze Welt als Wohnsitz (domus) der Menschen bezeichnen; daneben, in übertragener Bedeutung, nimmt der Begriff den Sinn von «familia» an, er meint die Dienstboten, oder die Kleinfamilie, oder den weiteren Kreis der Verwandten. Von da geht der Weg zum Adels- und Herrscherhaus späterer Zeiten. Man hat die Herrschaft des Adels und des Königs als «Hausherrschaft» verstanden[27] – ein Bereich, der uns hier nicht zu beschäftigen braucht. Uns geht es um die Situation innerhalb der Kleinfamilie. Daß wir dabei fast nur von den Oberschichten etwas sagen können, ist in der traurigen Quellenlage begründet, oder besser gesagt in dem geringen Interesse der damaligen Zeit an dem Leben der «kleinen Leute». Das hat sich seither nur zum Teil geändert.

Bei «Haus» und «Familie» handelte es sich im Mittelalter um volkstümliche, nicht klar und einfach zu definierende Begriffe, wie wir sie immer wieder antreffen. Mit wenigen Wörtern suchte man in urtümlichen Zeiten eine Fülle von Erscheinungen der Außenwelt zu bezeichnen, und auch später blieb der zunehmende Wortschatz hinter der immer stärkeren Differenzierung dieser Erscheinungen zurück; auch den Juristen unserer Tage ist es nicht gelungen, in ihrem Bereich ein System gegeneinander klar abgegrenzter, eindeutiger Begriffe zu schaffen. Popularbegriffe sind Chiffren, deren jeweilige Bedeutung aus dem Zusammenhang hervorgeht, in dem sie gebraucht werden. Die Bedeutungen decken sich teilweise, ohne klare Abgrenzung. Dafür ein Beispiel: Rodulfus Glaber berichtet[28] von dem Haus eines Edlen, in dem Grenzsteine durch die Luft zu fliegen pflegten. Das war ein Vorzeichen übler Art für die dort wohnende Familie (illius domus familia). Wir glauben, eine «Hausfamilie» – die im Haus lebende Kleinfamilie – vor uns zu haben, hören aber dann von Grenzstreitigkeiten mit Nachbarn, deren Gründe in dem reichen Besitz des Ehepaares von deren (beiderseitigen) Eltern her lagen; sie wurden von Söhnen und Neffen des Paares ausgefochten. Es kam zu einem «Krieg» mit der Gegenpartei, wobei elf Söhne und Neffen «aus dem genannten Hause» erschlagen wurden. In der Folge gab es «unzählige Tötungen (von Mitgliedern) jener Familie», die Fehde dauerte mehr als dreißig Jahre. Im Gang der Ereignisse und der Erzählung ist die «Hausfamilie» zum fehdeführenden Großverband angewachsen, aus dem Wohnsitz ist ein «Haus» als Summe von Personen geworden. Die Familienbande und aus ihnen resultierende Verpflichtungen verkörperten sich im ge-

---

[27] Vgl. dazu die polemische Stellungnahme von KROESCHELL (oben Anm. 10). Milder urteilt hier W. OGRIS im Handwörterbuch zur deutschen Rechtsgeschichte 1 (1971) Sp. 2025: Es besteht «noch Unklarheit» über die «Bedeutung des Hauses als Grundlage für die Herrschaftsbildung».

[28] Rodulfus Glaber ed. PROU II, 10 (21), p. 48.

meinsamen Wohnort, und an dieser Lebensgemeinschaft hielt man sprachlich durch den Begriff «Haus» fest, der seine reale Bedeutung als gemeinsamer Ort aller verloren hatte.

Soviel als Vorbemerkung zu der Frage: Was sagen die Quellen über die innere Struktur der Familie aus? Wir beginnen mit der rechtlichen Stellung der Gattin gegenüber dem Gatten.

Sie steht unter dem Schutz des Gatten und ist in seiner Gewalt. Wenn die Gattin den Gatten vor Gericht anklagen wollte, müßte sie erst aus seiner Gewalt – zeitweise – entlassen werden. Sie erlangt die Verfügungsberechtigung über sich selbst, wenn sie nicht mehr im Haushalt des Eheherrn lebt, sondern ihrer Familie zugeführt wird[29]. Im «Ruodlieb» wird die Braut mit Worten und Symbolen daran erinnert, daß ihr eheliche Untreue den Kopf kosten kann[30]. Hier hat ein Geistlicher in halb spielerischer Form an das Tötungsrecht des betrogenen Gatten erinnert, das aus der Volkssitte bis heute nicht ganz geschwunden ist. Der Kanonist Regino von Prüm gibt kommentarlos den Satz eines römischen Juristen wieder, der Gatte habe das Recht, die in seinem Haus beim Ehebruch ertappte Gattin umzubringen[31]. Von einem konkreten Fall, daß der Mörder der Gattin straflos blieb, wird unseres Wissens aus dem 10. und 11. Jahrhundert nicht berichtet. Thietmar von Merseburg klagt im Gegenteil darüber, daß Ehebrecherinnen weder nach altsächsischer Sitte verstümmelt, noch gemäß dem Alten Testament gesteinigt, noch nach dem alten (Römischen) Recht enthauptet werden: «Heute ... herrscht überall ... Freiheit zur Sünde, und so treiben nicht nur viele verführte Mädchen, sondern auch manche verheiratete Frauen schon zu Lebzeiten ihres Mannes Ehebruch ... Heute gibt es keine harte Strafe mehr dafür, und so kommt die neue Mode, wie ich fürchte, bei vielen immer mehr in Übung»[32].

---

[29] Regino, De synodalibus causis ed. Wasserschleben 259 (II, 115) zitiert eine Entscheidung Papst Nikolaus I. im Ehehandel Lothars II.

[30] Im Ruodlieb XIV (XV) 65 ff., ed. Ford 91 überreicht der «sponsus» der «sponsa» einen auf dem Griff seines Schwertes ruhenden Goldring mit dem Hinweis darauf, daß es sich um ein Symbol ihrer Treuebindung handle; «hanc servare mihi debes aut decapitari». Um die Sache noch eindrucksvoller zu machen, hat er vorher das Schwert «am Stufensockel» (Knapp) gewetzt («am Ahnenstein»: Langosch).

[31] Regino a. a. O. II, 147, S. 270.

[32] Chronicon VIII, 3 ed. Holtzmann 494 ff., die Übersetzung nach Trillmich 443. – Barmherziger als Bischof Thietmar urteilte über Ehebrecherinnen die Synode von Tribur 895: Will der betrogene Ehemann die Gattin töten, hat sie der Bischof aufzunehmen und alles ihm Mögliche zu tun, daß sie nicht dieses Schicksal erleidet. Der Gatte ist auf die Schwäche des weiblichen Geschlechts und darauf hinzuweisen, daß

Man könnte sogar fragen, ob sich nicht bei der «modernen Jugend» von damals umstürzlerische, auf Gleichberechtigung zielende Gedankengänge feststellen ließen. Denn jene junge Dame, die im «Ruodlieb» so drastisch über ihre Treuepflicht belehrt wird, erinnert ihren künftigen Gatten daran, daß diese Pflicht auch umgekehrt gelten solle: «Sag, warum soll ich dir eine bessere Treue bewahren, als du mir? ... Fern sei, daß ich mich in solchem Vertrag dir verbinde ...». Worauf der junge Mann antwortet: «Es geschehe, Geliebte, wie du willst», und ihr verspricht, die Frau dürfe ihm im Fall seiner ehelichen Untreue ihrerseits den Kopf abschlagen[33].

Der geistliche Verfasser des Gedichtes stellt die Einseitigkeit der Treuepflicht zur Diskussion und hofft, damit erzieherisch zu wirken im Sinne einer moralischen Verpflichtung auch des Mannes. Solche Versuche konnten wirksam werden in einer Zeit, die eine gegenseitige Treuepflicht zwischen Lehensherr und Lehensmann in den Vordergrund zwischenmenschlicher Beziehungen stellte. Es mag kein Zufall sein, daß Damen damals ihren Gatten anscheinend mit «mi senior», «mein Lehensherr», anredeten[34]. Damit war das Herrentum des Mannes gewahrt, ein Vertrauensverhältnis gekennzeichnet und damit auch der soziale Abstand zwischen Mann und Frau vermindert – sie war sozusagen ein Vasall und konnte mit dem Gatten «von Mann zu Mann» reden.

Noch hatte er das Recht, die Gattin zu verstoßen, ohne eine kirchliche Instanz damit beschäftigen zu müssen; erst im 12. Jahrhundert wurde die Scheidung zu einem Begriff des Kirchenrechts. Heirat und Scheidung sah man als Beziehungen und Gütertransaktionen zwischen zwei Familien an. Die Scheidung war perfekt, wenn die Mitgift der Frau wieder an ihre Sippe zurückging. Kirchliche Stellen mochten, wie wir gesehen haben, mit dem Hinweis auf zu nahe kanonische Verwandtschaft beruhigt werden, und damit wurde auch das Verbot der Wiederverheiratung hinfällig. Das Eheleben Roberts des Frommen von Frankreich nahm man in Rom mit Grollen auf, aber er wurde niemals exkommuniziert, und ernstliche Schwierigkeiten erwuchsen ihm nach der Schei-

---

die eheliche Treue ebenso für ihn gilt, wie für die Frau. MGH Capitularia 2, 239 f. c. 46. Cyrille Vogel, Les rites de la célébration du mariage, in: Il matrimonio nella società altomedievale, Settimane ... Spoleto 24/1 (1976, Spoleto 1977) 461.

33 Ruodlieb a. a. O. 70 ff., die Übersetzung nach Knapp 133.

34 Hrotsvith von Gandersheim, Dulcitius VII, 1. Opera ed. Homeyer (oben 88 Anm. 69) 272. Vgl. Gesta episcop. Camerac. I, 117, MGH SS 7, 453: «suique senioris» (Gatten). Dhuoda spricht sowohl von ihrem «dominus», als auch von ihrem «senior» in der Praefatio ihres (841/843 entstandenen) Manuale. Dhuoda, Manuel pour mon fils, ed. P. Riché (Sources chrétiennes 225, Paris 1975) 84, 86.

dung von seiner ersten Gattin nur dadurch, daß er ihre Güter in seiner Hand behielt[35].

Die Frau lebte im Haus des Vaters, bis er sie an ein anderes «Haus», das des Gatten, und in dessen Gewalt übergab. Zwei Momente waren wichtig, um eine voll anerkannte Ehe zu stiften: Ihre Öffentlichkeit – Verträge bedürfen der Publizität – und die Übergabe der «dos» im Sinne einer Gabe des Bräutigams an die Braut, hervorgegangen aus einer Zahlung an deren Sippe[36]. Die Öffentlichkeit war mit dieser Zahlung und vor allem dadurch gewährleistet, daß das Mädchen vom Vater im Beisein der Familien dem Bräutigam übergeben wurde – eine Vollehe konnte also, wenigstens nach kirchlicher Anschauung im Frankenreich[37], nur mit dem Konsens des Vaters oder seines Stellvertreters als «Muntwalt» der Braut geschlossen werden. Anderseits hat Papst Nikolaus I. den Konsens der Ehegatten in den Mittelpunkt zu rücken versucht: Der beiderseitige Wille zur Ehe sei die Hauptsache, ohne ihn alles andere wirkungslos[38]. Zwar wird auch hier die Zustimmung «derer, in deren Gewalt sie (die Brautleute) sind», erwähnt, aber nun war doch ein großer Schritt auf dem Wege zur Selbstbestimmung und Gleichberechtigung der Eheleute getan.

Die Erklärung des Papstes ist noch nicht wirklich zum Tragen gekommen; vielfältig wie die äußeren Handlungen waren auch die Anschauungen über Voraussetzungen und Wesen der Ehe[39]. Auch urtümliche Elemente waren immer noch vorhanden. Wenn sich die kirchlichen Rechtssammlungen ausführlich mit dem Frauenraub beschäftigen, so sind dies nicht bloß alte Bestimmungen, die man gedankenlos mitschleppte; Otto d. Gr. mußte sich mit der tatsächlich geltenden Sitte ernsthaft auseinandersetzen[40]. Neben der Vollehe gab es andere Formen von Verbindungen, vielleicht auch noch die viel diskutierte «Friedelehe» merowingischer und karolingischer Zeit, die nur bei Vornehmen bezeugt ist, vom Klerus gleichgesetzt mit dem Konkubinat und damit abgewertet[41]. Im zehnten Jahrhundert scheint es jedenfalls nicht mehr üblich ge-

---

35 Duby, Medieval Marriage (oben 131 Anm. 73) 46, 52.

36 Paul Mikat, Dotierte Ehe – rechte Ehe (Rheinisch-westfälische Akademie d. Wiss., Geisteswiss., Vorträge G 227, 1978) 38.

37 Willibald M. Plöchl, Geschichte des Kirchenrechts 1 (2. Aufl. 1960) 402.

38 Jaffé-Ewald Reg. 2812, Mansi, Sacrorum conciliorum ... collectio 15, 402 f. c. 3.

39 Colin Morris in der Besprechung von Dubys Buch, English Historical Review 94 (1979) 591.

40 Frankfurt 951, MGH Constitutiones 1, 17 Nr. 8. Über einen Fall von Frauenraub berichtet Thietmar von Merseburg, Chronicon VII, 4, ed. Holtzmann 402 f., unten 152, über einen anderen siehe unten Anm. 51.

41 Karl Schmid, Heirat, Familienfolge, Geschlechterbewußtsein. In: Il matrimonio

wesen zu sein, Nebenfrauen zu haben[42]; war man hier ein Stück vorangekommen, so lag eine kirchliche Ehegesetzgebung doch noch in weiter Ferne. Vorerst war man zufrieden, wenn die rechte Ehe – auch – vor dem Priester geschlossen wurde. Im römischen Pontifikale heißt es: «Nachdem die Frau dem Mann verlobt wurde und gemäß dem Gesetz die ‚dos' erhalten hat, soll sie mit dem Gatten (maritus) in die Kirche gehen», worauf der Bischof über sie Gebete spricht[43]. Die Heirat hat also schon vor dem Betreten der Kirche stattgefunden, bestenfalls vor der Kirchentür[44], oder in dem Haus des Bräutigams. Wenn Bischof Udalrich von Augsburg die Visitationsfragen stellte, «ob sie (die Geistlichen) über das gebotene Maß hinaus (supra modum) sich an Trinkgelagen und Festmählern beteiligten, ob sie an Streit(gesprächen) und Wettkämpfen, ob sie an weltlichen Eheschließungen teilnehmen»[45], dann handelte es sich um solche Hochzeitsfeiern, von denen sich der Pfarrklerus fernhalten sollte.

Im Osten hatte Kaiser Leon VI. (886-912) den Empfang der kirchlichen Segnung zur Bedingung für jede Eheschließung erhoben; der Westen kannte einen derartigen Zwang bis zum Konzil von Trient nicht[46]. Gültig blieb eine zivile Eheschließung auch ohne den Priester, aber sie wurde verboten: Burchard

---

(oben Anm. 32) 1, 112. Einst sah der Rechtshistoriker Herbert Meyer in der Friedelehe der Germanen «eine freie Ehe, insofern die Frau den Gatten wählt und nicht unter seiner Gewalt steht». MEYER, Friedelehe und Mutterrecht. Zeitschrift f. Rechtsgesch., Germanist. Abt. 47 (1927) 278. Auch nach dieser These handelt es sich nicht um eine «emanzipierte», d. h. «freigelassene» Frau: «Sie ist ein dienendes Glied ihres väterlichen Hauses und bleibt auch während der Ehe diesem und ihrer Sippe zugehörig ...». Zur Kritik vgl. bes. MIKAT, Dotierte Ehe 50 ff. Suzanne FONAY WEMPLE, Women in Frankish Society (Philadelphia 1981) 12 ff.

42 Regino, De synodalibus causis II, 99, ed. WASSERSCHLEBEN 252, zitiert hier das Toletanum I, nach dem exkommuniziert war, wer neben der Gattin eine Konkubine hielt, nicht jedoch jener Mann, der unverheiratet im Konkubinat lebte; die Hauptsache sei, «ut unius mulieris, aut uxoris aut concubinae, ut ei placuerit, sit coniunctione contentus». Hier bliebe auch Platz für die Friedelehe. Daß auch im 11. Jahrhundert Geistliche die Konkubinen – wenigstens der Fürsten – nicht völlig verdammten, zeigt Rodulfus Glaber, Hist. IV c. 7 ed. PROU 108 f.: Daß die normannischen Herzoge von Konkubinen abstammten (so auch Wilhelm, der spätere Eroberer), solle man nicht allzusehr als verdammenswert betrachten, da dies auch bei den Söhnen Jakobs und bei dem großen Kaiser Konstantin der Fall gewesen sei.

43 Le Pontifical ... (oben 59 Anm. 52) 2, 429 (nach der Hittorpschen Hs.) und dazu VOGEL, Les rites (oben Anm. 32) 1, 452.

44 VOGEL a. a. O.

45 Gerhard, Vita Oudalrici c. 6, MGH SS 4, 395.

46 VOGEL a. a. O. 399.

von Worms schrieb öffentliche Buße dafür vor[47]. Wie weit diese Bestimmungen praktiziert wurden, läßt sich nicht sagen. Im 9. Jahrhundert nannte Jonas von Orléans die kirchliche Forderung, daß die Brautleute «incorrupti» in den Ehestand treten sollten, als Grund dafür, daß sehr selten (perraro) die Brautpaare die kirchliche Benediktion bei der Meßfeier empfingen[48]. Die alte Forderung nach Virginität der Braut hat z. B. im sächsischen Adel dazu geführt, daß Mädchen in ihrem dreizehnten Lebensjahr verheiratet wurden oder in dem gleichen Alter Frauen ihrem Gatten den ersten Sohn schenkten[49]. Einen Durchbruch zugunsten der kirchlichen Eheschließung brachte das 12. Jahrhundert mit der offiziellen Lehre vom sakramentalen Charakter der Ehe, in den die Momente von Konsens und Vertrag hineingenommen wurden. Was draußen blieb, war die alte praktische Gleichsetzung von Heirat und Hausstandsgründung[50]. Daß der Vater den Sohn in den Stand versetzte, ein «Haus» zu führen, der Herr dem Knecht eine Hufe zur Familiengründung gab, war keine Sache des kirchlichen Rechtes. Für dieses lag das Moment des Vertrages nicht in dem Bündnis zweier Sippen, sondern im Konsens der Ehepartner. Dieser war früher oft eine Formalität gewesen[51], jetzt wurde er geheiligt, er erhielt sakramentalen Charakter.

Durch solche Veränderungen, die sich schon im «Ruodlieb» ankündigen, hat sich die Stellung der Frau im Hause des Mannes gehoben, wenn auch nicht bis zur Gleichberechtigung. Treibende Kraft dabei war der Klerus, und das scheint auf den ersten Blick verwunderlich angesichts der geringen Meinung, die seit

---

[47] A. a. O. 444.

[48] A. a. O. 434 f. mit Verweis auf Jonas, De institutione laicali II, 2, MIGNE PL 106, 170 f. Dort wird ferner ausgesagt, daß Kinder aus nicht benedizierten Ehen nach weltlichem Erbrecht hinter jenen aus benedizierten zurückstehen auch dann, wenn beide Eltern Freie sind. Von Konkubinat ist dabei nicht die Rede.

[49] Thietmar von Merseburg, Chronicon VII, 3 und IV, 39, ed. HOLTZMANN S. 400, 176.

[50] Um nur ein Beispiel zu nennen, sei auf die Definition der Ehe (germanischer Zeit) als «das die Hausgemeinschaft begründende Verhältnis» verwiesen; «erst indem die Frau in das Haus des Mannes gelangte, wurde die das Wesen der Ehe kennzeichnende Hausgemeinschaft hergestellt». Heinrich BRUNNER, Deutsche Rechtsgeschichte 1 (2. Aufl. 1906) 94, 98.

[51] So berichtet Thietmar von Merseburg, Chronicon IV, 40 f. ed. HOLTZMANN 176 f. von dem Beschluß eines Grafen, seinen Sohn mit einem adeligen Mädchen zu verloben; auf einer Versammlung der «familiares» der beiden Familien gibt der Vater des Mädchens für sie das Eheversprechen, ohne daß von ihrem Konsens berichtet wird. Der Kaiser (Otto III.) wendet sich gegen den Pakt, darauf entführt der Grafensohn seine Braut, die sich widersetzt und schreit (reluctantem et clamantem vi

altersher Geistliche von den Frauen hatten. Am häufigsten wurde sie begründet mit dem unweisen Verhalten Evas gegenüber der Schlange, dem Hauptbeispiel mangelnder weiblicher Festigkeit des Charakters, wozu weitere Vorwürfe, etwa jener weiblicher List und Tücke kamen[52]. Schon die Welt des Alten Testaments war eine Männerwelt, und daran hatte sich wenig geändert. Die Sammlung von etwa 150 000 Belegen über Personen der Karolinger- und Ottonenzeit ergab, daß kaum 10 % davon Frauen betreffen[53]. So gesehen, ist es ein gutes Ergebnis, daß von den Heiligen der ersten Hälfte des 10. Jahrhunderts 23,4 % und in der zweiten Hälfte desselben Jahrhunderts 16,2 % Frauen waren[54]. Dazu kam, daß das Problem des Zölibats der Geistlichen den Strenggesinnten eine antifeministische Propaganda nahelegte. Nicht zuletzt gilt für unseren Bereich, was die Ethnologen für fast alle Gesellschaftsbildungen festgestellt haben: Daß auf Grund körperlicher Vorgänge die Frau als unrein galt, weniger im moralischen Bereich als im magisch-religiösen[55].

In der Fastenzeit des Jahres 966 richtete Rather von Verona an den Klerus seiner Diözese einen Hirtenbrief, in dem es unter anderem heißt: «Keine Frau soll an den Altar herantreten oder den Kelch des Herrn berühren»[56]. Es galt als Sünde, wenn ein Geistlicher derartiges zuließ; in den Beichtfragen an den Pfarrklerus, die Regino bietet, liest man, der Bischof oder sein Vertreter habe festzustellen, ob ein Pfarrer «gestatte, daß Frauen an den Altar treten und, daß es unerlaubt sei, den Kelch des Herrn zu berühren»[57]. Die Grundlage solcher Bestimmungen war ein Schreiben, das angeblich Papst Leo IV. um die Mitte des 9. Jahrhunderts verfaßte[58]. Auch Atto von Vercelli zitiert – nach Theo-

---

auferens). Bevor es deshalb zu kriegerischen Auseinandersetzungen kommt, befragt man (c. 42, S. 180 f.) die Entführte; sie gibt die gewünschte Antwort, sie wolle lieber bleiben als ins Vaterhaus zurückkehren.

52 Als ein Beispiel für viele sei Anselm von Lüttich, Gesta episcoporum Leodiensium c. 59 zitiert, MGH SS 7, 224: «. . . ex muliebris instabilitate animi . . . varium est enim et mutabile animal faemina, uti ipsa est mille fraudum commentatrix versutissima . . .». Vgl. Vergil, Aeneis IV, 569.

53 Karl Ferdinand WERNER, Problematik und Ergebnisse des Forschungsvorhabens PROL. Quellen u. Forschungen aus ital. Archiven u. Bibliotheken 57 (1977) 78.

54 Jane TIBBETTS SCHULENBURG, Sexism and the celestial gynaeceum. Journal of Medieval History 4 (1978) 122.

55 Jean POIRIER, La femme dans les sociétés archaïques. In: La femme (Recueil de la Société Jean Bodin 11, 1959) 15, 20.

56 Die Briefe des Bischofs Rather ed. WEIGLE 131 Nr. 25.

57 Regino De synodalibus causis ed. WASSERSCHLEBEN 23 (I, 44).

58 JAFFÉ-EWALD Reg. 2659. Paul Willem FINSTERWALDER, Die sogenannte Homilia Leonis IV. . . ., Zeitschrift f. Rechtsgesch., Kanonist. Abt. 27 (1938) 639 ff.

dulf von Orléans – diese Meinung, mit dem Zusatz, daß die Frauen der Schwäche ihres Geschlechts eingedenk sein sollen[59]. Atto war immerhin damit einverstanden, daß ältere fromme Frauen die Opfergaben für den Priester vorbereiteten und das Pflaster der Kirchen sauber hielten[60].

Einen generellen Antifeminismus hat vor allem der heilige Hieronymus propagiert, obwohl er von adeligen Damen umgeben war, die seine rauhe Art bewunderten[61]. Auch dieser Tonfall fand seine Nachahmer: «O Brüder, saget, wen verdirbt nicht die unfromme und perverse Denkweise der Frauen?»[62] In dem vorliegenden Fall gilt die Exklamation dem Schema «Gattin als böse Ratgeberin», angewendet auf Herzog Giselbert von Lothringen, den seine Gemahlin Gerberga, Schwester Ottos d. Gr., zum Aufstand gegen den König bewogen haben soll. Wer Frauen nur Böses zutraute, konnte in ihnen bald die Quelle jeglichen Übels sehen. Wer hat das Aussterben der regierenden Linie der Karolinger verschuldet? Die ehebrecherische Gattin Lothars, die ihn († 986) und seinen Sohn Ludwig († 987) vergiftete[63]. Wer war die Ursache dafür, daß Graf Wilhelm von Angoulême nach seiner Rückkehr aus Jerusalem starb? Eine «schadenstiftende Frau» hatte böse Künste geübt – was drei Zeuginnen bestätigten; daß der Graf, dem der Fall vorlag, die angebliche Übeltäterin nicht foltern ließ, sondern «verschonte», wird kommentarlos wiedergegeben[64].

Man kann von einer frauenfeindlichen Topik bei manchen Autoren, auch Historikern, sprechen; sie kann in den Dienst politischer Tendenzen treten, indem sie Wahrheit und Verleumdungen vermengt, die der Autor gehört oder vielleicht sogar erfunden hat. Zu den Fällen dieser Art gehört wahrscheinlich auch der Bericht Liutprands von Cremona über das römische Weiberregiment, das durch die Herrschaft Ottos des Großen beendet wurde. In neuerer Zeit hat

---

59 Atto, Capitulare c. 11 f., MIGNE PL 134, 30.

60 Atto, Epistolae, MIGNE 134, 114 f. Nr. 8.

61 Marie-Thérèse d'ALVERNY, Comment les théologiens et les philosophes voyent la femme. In: La femme dans les civilisations des Xe-XIIIe siècles. Actes du colloque ... Poitiers ... 1976 (Publications du C. E. S. C. M. 8, Poitiers 1977) 20 f. = Cahiers de civilisation médiévale 20 (1977) 110.

62 Iocundus, Translatio s. Servatii c. 78, MGH SS 12, 124. Robert KONRAD, De ortu et tempore Antichristi (1964) 109.

63 Ademar von Chabannes, Chronicon ed. CHAVANON 150 (III, 30). Von wem das Gift kam, an dem Ludwig gestorben sein soll, wird nicht ausdrücklich gesagt, ergibt sich aber aus dem Zusammenhang.

64 Ademar III, 66 p. 191. Von dem Baskenherzog Bernhard Wilhelm († 1010) schreibt Ademar (III, 39 p. 162): «Bernardo insidiis muliebribus, maleficis artibus corpore fatescente, vitae (so!) privato, Santius ... dux ... extitit.» Vgl. unten 422 f.

man die Tätigkeit der Theophylakt-Sippe für Rom und seine Klöster positiver zu sehen begonnen; Marozia dürfte trotzdem keine Heilige gewesen sein, auch wenn man jetzt vermutet, daß sie nach der päpstlichen Annullierung ihrer Ehe mit Hugo von der Provence Nonne geworden sei[65]. Jedenfalls ist große Vorsicht geboten in Fällen wie diesem, da man nur die eine Seite hört, die andere keine historiographische Rechtfertigung hinterlassen hat. Solche Vorsicht haben die modernen Historiker vor allem im vergangenen Jahrhundert nicht immer walten lassen; mancher Satz liest sich, wie wenn er mittelalterlicher Herkunft wäre[66].

Öfters hat man in den letzten Jahrzehnten die negative Stellungnahme mittelalterlicher Autoren gegenüber den Frauen übernommen und so mancher von ihnen damit Unrecht getan. Auch handelt es sich bei solchen abschätzigen Aussagen fast immer um die vornehme verheiratete Frau, die als politische Intrigantin und «böse Ratgeberin», oder als Ehebrecherin geschildert wird. Ehrenvoll schneiden zumeist Witwen ab, höchstes Lob wird den Dienerinnen Gottes gezollt, die ihren geistlichen Beruf ernst nehmen. Wenn eine von ihnen zur Feder greift, wie Hrotsvith von Gandersheim, hat sie über mangelndes Ansehen in der männlich bestimmten Welt nicht zu klagen. Konform mit ihrer Umgebung und als Ausdruck geistlicher Bescheidenheit schreibt sie in dem Vorwort zu ihren «Gesta Ottonis» über die Gebrechlichkeit des weiblichen Geschlechtes und sein geringes Wissen[67]. Nichts von dieser Gebrechlichkeit erfahren wir in der Schilderung weiblicher Heiliger als Typus der «virago», etwa bei Flodoard; es gibt die «Frau mit männlichem Herzen», ja auch die «gute Rat-

---

[65] Bernard Hamilton, The House of Theophylact and the promotion of the religious life among women in tenth century Rome. In: Hamilton, Monastic Reform, Catharism and the Crusades (Reprint London 1979) IV, 210 f. Zur Bewertung Alberichs vgl. den großen Artikel von Girolamo Arnaldi, Alberico di Roma, im Dizionario biografico degli Italiani (Rom 1960) 647 ff.

[66] Über Konstanze, die aquitanische dritte Gattin König Roberts des Frommen, schreibt z. B. – unter deutlichem Einfluß des Rodulfus Glaber – Pfister, Etudes sur le règne de Robert le Pieux (oben 19 Anm. 36) 73: «Les reines qui aiment les honneurs extérieurs attachés au pouvoir, considèrent bientôt leur fils comme un ennemi . . .» usw.

[67] Hrotsvith, Opera ed. Homeyer (oben 88 Anm. 69) 386: «quanto sexus fragilior scientiaque minor, tanto venia erit facilior . . .»; noch im gleichen Satz folgt der für ein Vorwort unumgängliche «Auftragstopos». Übrigens berichtet Hrotsvith ohne Hinweis auf einen nötigen Konsens der Braut von einer Auswahlsendung zweier angelsächsischer Prinzessinnen für Otto (I.), «ut sibi, quam vellet, sponsam licito sociaret». Gesta v. 117, S. 410.

geberin»[68]. Rather von Verona weist darauf hin, daß im Alten Testament von Frauen berichtet wird, die den Sieg errangen, als alle Männer von Furcht ergriffen waren, und daß seither vielen Frauen die Siegespalme zufiel, die (im Kampf gegen das Böse) ihre weibliche Schwäche vergessen hatten[69].

Am besten wird man daran tun, den negativen Aussagen von Geistlichen nicht alleinigen Glauben zu schenken, sondern zu sehen, welchen Freiraum den Frauen damals im Rahmen der geltenden Ordnung gegeben war. Voraussetzung war und blieb, daß die Frau in zweiter Linie stand, also die «Hausfrau» nach dem «Hausherrn» kam und seiner Gebotsgewalt unterstellt war – wenn sie nicht an die Stelle des Abwesenden oder Verstorbenen zu treten hatte. Dann konnte, wie wir noch sehen werden, aus der Frau die Herrin werden, die im Haus und über das Haus Verfügungsrechte hatte. Hier und dort besaß die Frau auch neben dem Gatten ein Recht der Mitbestimmung über dessen Besitz und die alleinige Entscheidung über das Heiratsgut und ihr Erbe. Die Bestimmungen darüber sind landschaftlich verschieden und sie konnten sich von Generation zu Generation ändern. So hat im Mâconnais vor der Jahrtausendwende die Frau ihr Erbe selbst verwaltet, nachher war es der Gatte, der diese Verwaltung besorgte[70]. Römisches Recht und Germanenrechte boten die Möglichkeit persönlichen Besitzes von Frauen, auch innerhalb der Ehe[71], und wenigstens zum Teil haben sie als Ehefrauen die Rechtsfähigkeit für Gütertransaktionen besessen. Man hat von ehelichen «Herrschaftsgemeinschaften» an Eigenbesitz, Vogteien und Lehen gesprochen; Doppelbelehnungen gab es im späteren zehnten Jahrhundert vereinzelt im Westen des Reiches und später in Frankreich[72]. An eine Frau allein, die Schwiegertochter des Kastellans von Cambrai, hat der Bischof dieser Stadt eine «villa» geliehen mit der Auflage, für ihn Textilarbeiten zu übernehmen und ihren Gatten dazu zu bestimmen, seine feindselige

---

[68] Marie Luise PORTMANN, Die Darstellung der Frau in der Geschichtsschreibung des früheren Mittelalters (Basler Beiträge zur Geschichtswissenschaft 69, 1958) 21: «femina virilis animi, virago profundi consilii, consiliatrix altioris ingenii». Vgl. auch Alpert von St. Symphorian in Metz, De diversitate temporum I, 3, MGH SS 4, 703 über Liutgardis, Äbtissin des Klosters Elten a. Rh.: «Prudentiam in ea laudari non est necesse, cum non solum ex palatio ad eam, sed etiam ex longinquis regionibus magnus numerus hominum ad suarum rerum capiendum consilium confluxisset.»

[69] Rather, Praeloquia II, 3, MIGNE PL 136, 191. PORTMANN a. a. O. 22.

[70] DUBY, Hommes et structures 412 f., vgl. 409 f.

[71] David HERLIHY, Land, Family and Women in Continental Europe, 701-1200. Traditio 18 (1962) 91, Reprint in: HERLIHY, Social History (oben 109 Anm. 173) VI, 91.

[72] Thilo VOGELSANG, Die Frau als Herrscherin im hohen Mittelalter (Göttinger Bausteine zur Geschichtswissenschaft 7, 1954) 54.

Haltung gegen den Bischof aufzugeben[73]. Frauenfreundlich waren die Rechtsanschauungen besonders in Katalonien, sei es unter Einfluß westgotischen Rechts, sei es als Folge des Männermangels, den die beginnende Rückeroberung maurischer Territorien verursachte: Die verheiratete Frau hatte volle Verfügungsgewalt über ihre Güter und dazu ein Mitspracherecht über jene ihres Gatten. In den Urkunden wird darum zum mindesten ihr Konsens verzeichnet, meistens ist die Gattin neben dem Gatten als Miturheberin der Rechtsverfügung genannt[74]. Nicht anders war es z. B. im Falle des Markgrafen Bonifaz von Canossa, als er in erster Ehe eine reiche Erbin geheiratet hatte: Sie nahm an seiner Herrschaft teil, und es sind gemeinsame Verfügungen des Ehepaares bekannt[75].

Man hat jüngst bemerkt, daß seit dem 10. Jahrhundert in Katalonien Zunamen für Frauen auftauchen, die ein Lob ihrer äußeren Erscheinung (Bella, Elegancia, Graciosa, Miravella) oder ihrer sittlichen Persönlichkeit (Bona, Fidela, Pura) bedeuten, manchmal auch eines zärtlichen Beigeschmacks nicht entbehren (Passarella, Torterella, Amada, Carissima usw.)[76]. Hier könnte es sich schon um Anfänge jenes Damenkultes handeln, der dann im benachbarten Südfrankreich seine besondere Heimstätte hatte und in der Art des Lehensverhältnisses die (verheiratete) Frau zur «Herrin» des (unverheirateten) Mannes erhob. Auch wenn es sich nur um ein vom Gatten mehr oder minder geduldetes Spiel handelte, setzte es doch eine freiere Stellung der Frau voraus, die sich bis zu ihrer Dominanz im gesellschaftlichen Leben des adeligen Hauses steigern konnte. Sicherlich wird man hier den schönen Schein von den harten Realitäten des Lebens zu unterscheiden haben.

Kein Spiel, sondern eine Notwendigkeit adeligen Lebens war der Aufwand zum Zweck der Repräsentation, den nicht nur der Herr, sondern auch die Frau des Hauses zu treiben hatte. Ihr «herrliches» Leben wird einmal zu frommen Zwecken abwertend geschildert: Jungfrauen sollen sich nicht in die Fesseln der Ehe begeben, sich nicht (als Ehefrauen) an der Weite der Besitzungen freuen, nicht an den Scharen von Knechten und Mägden Gefallen haben und nicht an

---

[73] Gesta episcoporum Cameracensium I, 117, MGH SS 7, 453. Die «feminea opera» sind im Normalfall Textilarbeiten, unten Anm. 79, die unter der Leitung der Frau des Hauses oder auch durch diese selbst ausgeführt wurden. Sie werden hier als «obsequium» bezeichnet, in Nähe zur Lehensterminologie. Die Leihe der (vorher durch den Kastellan usurpierten) «villa» war übrigens ebenso wenig ein Erfolg wie die Verpflichtung zum Wirken für den Bischof.

[74] Bonnassie, La Catalogne (oben 2 Anm. 5) 1, 274, 277 mit Anm. 92.

[75] Vogelsang a. a. O. 56.

[76] Bonnassie a. a. O. 277.

dem Schmuckwerk verschiedener Art, das zum (adeligen) Aufzug gehört; sie sollen nicht über die Heerscharen jener froh sein, die ihnen in verschiedener Form zu Diensten sind[77] – worunter auch schon unverheiratete junge Herren gemeint sein können, die der Dame des Hauses ergeben waren. Bezeichnend ist die Schilderung des Treibens in einem Kloster, das Weltliche besetzt hatten: Da übten sich junge Leute – Söhne von Vasallen? – im Waffenspiel, Weberinnen lärmten an ihren Webstühlen, Männer versammelten sich, und die Herrin (domina) schritt einher, begleitet von der Heerschar ihrer Dienerinnen (pedissequae, «Zofen»)[78]. «Domina» und «Dame» sind dasselbe Wort.

Hier klingt schon an, was innerhalb des Hauses die Hauptaufgabe der edlen Frau war: Nicht die Kindererziehung und nicht die «private» Küche, sondern die Befehlsgewalt über alle jene Mägde, die diese Bereiche und andere – besonders die Herstellung von Textilien – betreuten. Ihre Tätigkeit glich eher jener einer Abteilungsleiterin in einem Betrieb, als dem bürgerlichen Hausmütterchen, das heute den Zorn der Feministinnen erregt. Wenn von «Frauenarbeit» die Rede ist, war damit vor allem das Textil- und das Schneidergewerbe gemeint, beziehungsweise die Überwachung der dafür eingesetzten Facharbeiterinnen[79]. Dazu kam die Aufsicht über einen Großküchenbetrieb für die Hofhaltung und z. B. auch für jene Bauarbeiter, die der Hausherr – etwa für einen Wehrbau – verpflichtet hatte[80].

Es lag wohl in den meisten Fällen an der Frau selbst, ob sie sich mit diesem Aufgabenkreis zufrieden gab, oder ob sie über ihn hinausgriff. Letzteres wurde

---

77 Abt Johannes von St. Arnulf in Metz, Vita Glodesindis, MIGNE PL 137, 215 c. 3.

78 Letald von St.-Mesmin in Micy, Miracula Maximini c. 23, MIGNE PL 137, 807. Daß Frauen die «matronarum pompae», andere Gold und Edelsteine in ihrer Dummheit für das Höchste halten, berichtet die Vita prior des hl. Adalbert von Prag c. 1, ed. H. KARWASIŃSKA (Monumenta Poloniae, ser. nova IV 1, 1962) 4.

79 Alpert von St. Symphorian in Metz, De diversitate temporum I, 2, MGH SS 4, 702 heißt es von der Burgherrin Adela: «Nos vero scimus, eam ad opera multa esse sollertem, magno ingenio, et numerosas cubicularias ad varietatem textrilium rerum instructas habere, et in preciosis vestibus conficiendis pene omnes nostrarum regionum mulieres superare.» Ähnlich (Ebbo?,) Vita Burchardi Wormatiensis episcopi c. 12, MGH SS 4, 837 über die «opera muliebria» unter der Leitung von Burchards Schwester Mathilde.

80 Bei Richer III, 8 ed. LATOUCHE II, 16 läßt der Graf des Hennegau in Mons, wo auch seine Gattin weilt, Bauten aufführen. Spione, als Tagelöhner verkleidet, «ante dominam ... cum latomis et caementariis bis cibati sunt ...». Sie gelangen auch in das Schlafzimmer der Gräfin und in das Kinderzimmer und studieren Kommen und Gehen des Dienstpersonals.

ihr allein schon durch die Tatsache nahegelegt, daß ein Mann in «gehobener Position» sehr oft auf Reisen war, und daß dann die Frau für ihn Entscheidungen zu treffen hatte, nach denen sich auch die Lehensleute richteten. Wir hören von einer Gräfin, die während der Abwesenheit des Gatten eine Burg erbaute, und von einer anderen, die während der Gefangenschaft ihres Mannes gemäß seinem Auftrag seine Burgen verteidigen und keineswegs – auf seine Befreiung hoffend – ausliefern sollte. In Katalonien hat sich eine Frau an der Verwaltung von drei Grafschaften beteiligt und diese nach dem Tode des Gatten anstelle ihrer minderjährigen Söhne selbst «regiert». Eine andere nahm an der Eroberung einer Stadt teil, baute dort einen Turm und ließ sich das Kommando der neuen Kastellanie übertragen. Bei der Belagerung von Merseburg durch den Polenherzog haben sich Frauen aktiv an der Verteidigung der Oberburg beteiligt[81]; ähnliches gab es schon in der Zeit der Normanneneinfälle.

Auch in Friedenszeiten hatten Damen Rechte, die über das «Haus» hinausgingen. Sicherlich hatten nicht nur Königinnen die Befugnis, bei ihrem Gemahl zugunsten Dritter vorstellig zu werden. Daß ein Bischof von Cambrai die Gattin seines Widersachers günstig stimmen wollte, um durch sie ihn selbst zu neutralisieren, wurde schon berichtet. Auch sonst waren es häufig Geistliche, die im Konflikt mit Weltlichen die Unterstützung von deren Frauen fanden. In einzelnen Fällen konnte das so weit gehen, daß die Frau gegen den Willen des Mannes handelte: Als die Pfalzgrafen Erchanger und Bertold den Bischof Salomo III. von Konstanz gefangen hatten, wurde er auf eine Burg gebracht, wo sich Erchangers Gattin aufhielt. Sie bereitete dem Gefangenen einen ehrenvollen Empfang, speiste mit ihm und gab ihm Hoffnung auf seine bevorstehende Befreiung[82].

Bedeutend war die politische Rolle der unverheirateten Frau. Hatte das eine oder andere Stammesrecht verlangt, daß sie einen Vormund haben sollte, so war man damit im fränkischen Bereich weniger streng[83]; in Sachsen waren

---

[81] Chronicon Namnetense ed. R. MERLET, Chronique de Nantes (Paris 1896, Colletion de textes 19) 123 c. 42 über Aremburgis, Gattin des Grafen Guerech von Nantes, der am Hof weilte: «castrum Ancenisii composuit» (Ancenis, Loire-Inferieure). Gerbert übermittelte die Anweisung des gefangenen Grafen Gottfried von Verdun an seine Gattin: «Castra omnia sic tenete, sic defendite, ut nullam in his habeant partem adversarii vestri ...» usw. Die Briefsammlung Gerberts ed. WEIGLE 79 Nr. 50. Für Katalonien vgl. BONNASSIE, La Catalogne 1, 276 f. (Ermessend) und 277 (Guidinild). Thietmar VII, 23 ed. HOLTZMANN 425: «propugnacula attingentes lapidibus viros adiuvant, ignem inpositum, quia defecit aqua, medone (Met) extingunt ...».

[82] Ekkehard IV., Casus s. Galli c. 18, ed. HAEFELE 46.

[83] Hans THIEME, Die Rechtsstellung der Frau in Deutschland. In: La femme (Rec.

Gütertransaktionen von Unverheirateten durchaus üblich[84], und unverheiratete Damen konnten Burgherrinnen sein: Reinilda, die «domina» der Burg (urbs) Altenbeichlingen, mußte dem Herrscher (Heinrich II.) versprechen, ohne sein Wissen und seinen Rat niemals einen Gatten zu wählen – was einen Verwandten Thietmars von Merseburg nicht daran hinderte, sie zu entführen[85]. Im Gegensatz zu anderen Fällen, von denen Thietmar erzählt, wurde diese adelige Dame also nicht nach dem Ratschluß ihrer Sippe vermählt, stand sie nicht unter der Gewalt des Vaters. Sie war «selbmündig», besaß sie doch ein «festes Haus», das ihr wohl als Erbe zugefallen war. Daß sich der König um (Witwen und) Waisen in seinem Reich anzunehmen hatte, war wohl die rechtliche Grundlage des Versprechens gewesen, das Reinilda ihm geben mußte. Mit der Schutzpflicht des Herrschers war ein Ausweg gefunden, in einer «Männerwelt» unverheirateten Frauen einen gewissen Aktionsraum zu belassen. Den Königsschutz konnte ein Herrscher natürlich nur dort wirksam ausüben, wo es sich um eine Landschaft handelte, in der er selbst über Macht und Besitz verfügte.

Alleinstehende Damen waren im weltlichen Bereich selten. Zwar gab es in diesen gefährlichen Zeiten viele Witwen[86], doch war es für sie weitaus das beste, sich wieder zu vermählen. Es spricht für eine gewisse Freizügigkeit, daß das auch gegen den Willen des Sohnes aus erster Ehe geschehen konnte, ja es gab Frauen, die schon zu Lebzeiten des Gatten eine zweite Ehe schlossen[87]. Derartiges ereignete sich in Sphären, die über eine Kritik durch die Oberschicht erhaben waren. Weiter «unten» dachte man anders, wenigstens in Aquitanien, wo Witwen von Lehensleuten anscheinend als eine Art Zubehör ihres Lehensgutes aufgefaßt wurden. Aus dem früheren 11. Jahrhundert ist der Vertrag des Herzogs Wilhelm von Aquitanien mit einem seiner Großen erhalten, in

Soc. J. Bodin 11, 2, 1962) 361. François-L. GANSHOF, ebenda 10. HERLIHY, Land, Family and Women (oben Anm. 71) 90 f.

84 Beispiele bei LEYSER, Rule and Conflict (oben Anm. 59) 60 f.

85 Thietmar, Chronicon VII, 4, ed. HOLTZMANN 402.

86 Für Sachsen vgl. LEYSER, Rule and Conflict 52 ff., 57 f., der auf die fortwährenden Grenzkriege verweist.

87 Eadgyfu, eine angelsächsische Königstochter, begab sich gegen den Willen ihres Sohnes König Ludwig IV. zu einem seiner Gegner, dem Grafen Heribert von Vermandois, «qui suscipiens eam ducit in coniugem». Flodoard, Annales (zu 951), ed. LAUER (oben 43 Anm. 157) 132. – Der junge Ludwig V. wurde von seinem Vater nach Aquitanien gesandt, um dort durch die Heirat mit der reichen Erbin Adelheid Fuß zu fassen. Letzteres gelang nicht, Ludwig kehrte allein nach dem Norden zurück, während seine Gattin Adelheid eine neue (dritte) Ehe mit einem Grafen von Arles einging. LOT, Derniers Carolingiens 129.

dem der Herzog (nach dem Tode eines Lehensträgers) erklärt, er werde dessen «honor» und Gattin dem Vertragspartner Hugo («Chiliarchus» von Lusignan) übergeben[88].

Was die Frauen der unteren Schichten betrifft, wird über sie in den Quellen wenig ausgesagt. Auch hier hatte die Frau einen spezifischen Kreis von Aufgaben neben denen des Mannes, es gab Männerarbeit und Frauenarbeit. Als der fromme Graf Gerald von Aurillac eine Frau hinter dem Pflug gehen sah, soll er sie nach dem Grund dafür befragt haben. Er erfuhr, daß ihr Mann krank war und sonst niemand Hilfe leisten konnte. Darauf gab ihr der Graf Geld, um einen Lohnarbeiter zu mieten; sie sollte nicht Männerarbeit (opus virile) leisten müssen[89]. Frauensache war die Bestellung des Gartens, die Versorgung des Viehs, Teilnahme an der Erntearbeit und der Nutzung des Waldes, Zubereitung von Speise und Trank und natürlich auch der Umkreis der «opera textilia», von der Ernte der Faserpflanzen bis zur Kleidererzeugung. Die Bauersfrau war mehr als der Mann mit Arbeiten im Haus beschäftigt und hatte weniger Schwerarbeit als er zu leisten[90]. Nach dem Tode des Mannes, wenn Söhne vorhanden waren, konnte die Frau an seine Stelle treten; sie wurde in den Verzeichnissen als Inhaberin des «mansus» geführt[91]. Oder ein Sohn übernahm die Bauernwirtschaft, gründete eine Familie und hatte die Mutter und eventuell noch andere Verwandte in seinem Haus[92].

Hier stellte sich das Problem der jüngeren Söhne. Ein Glücksfall war es, wenn der Herr jedem von ihnen eine Hufe gab, um einen Hausstand zu gründen; andernfalls konnten sie am Herrenhof beschäftigt werden, was wahrscheinlich als sozialer Abstieg galt. Auch in dieser Sphäre gab es ja Ranginter-

---

88 Conventum inter Guillelmum Aquitanorum comes (so!) et Hugonem Chiliarchum, ed. Jane MARTINDALE in English Historical Review 84 (1969) 542: «Conventum habemus, ut demus illi honorem et uxorem Ioscelini.» Daß es sich um einen Eheplan handelt, geht aus den Worten «honorem nec uxorem Ioscelini possideat» hervor. Neben der Witwe Joscelins von Parthenay, einer vielleicht vom Herzog lehenrührigen Burg (MARTINDALE a. a. O. 533 mit Anm. 5) war auch eine Tochter des Vizegrafen von Thouars als mögliche Braut für Hugo im Gespräch, MARTINDALE a. a. O.

89 Odo von Cluny, Vita Geraldi c. 21, MIGNE PL 133, 656.

90 So KUCHENBUCH, Prüm (oben 115 Anm. 11) nach den Polyptycha, besonders jenem von Prüm (893), 109.

91 KUCHENBUCH a. a. O. 86 f. Für Italien vgl. z. B. GIORGI-BALZANI, Regesto di Farfa 5, 259: «In Pretorio ... Donatula cum filiis suis Astulfus, Aiulus, Ursulus, Ermetruda, cum casa et substantia.» A. a. O. 270: «Duo focularia absentes, et unus focularis cum una muliere vidua et filio I.»

92 A. a. O. 259: «Liuttulus cum uxore sua Audisinda et matre sua Boniperga et sorore sua Benedicta, cum casa et substantia.»

schiede: Da kam der Mann vor der Frau, der Ältere vor dem Jüngeren, der Verheiratete vor dem Ledigen[93]. Es war ein allgemeiner, von der Antike herkommender Brauch, den minderen Rang des «unbehausten» und deshalb unverheirateten Dienstpersonals durch eine Rückstufung im Alter auszudrücken: Der Dienende war ein «Knabe» (puer) in ähnlicher Weise, wie in den ehemaligen Kolonien der «boy», ein Hausangestellter unbestimmten Alters[94]. Seit Isidor von Sevilla war man daran gewöhnt, daß das Knabenalter vom siebten bis zum vierzehnten Jahr dauerte, und nur selten wurde der Begriff bis zum 28. Jahr ausgeweitet[95]. Großjährig wurde man bei den Franken mit 12 oder 15 Jahren[96]. Das Wort «puer» konnte auch als Ausdruck dafür gelten, daß es sich um keine eigenständige Persönlichkeit handelte. So war es z. B. bei den fränkischen «pueri regis» gewesen, die man gewiß nicht als «Königsknaben» bezeichnen sollte[97], eher als königliche Funktionäre nach Art jener der Lex Burgundionum[98]. Später hat man in ähnlicher Weise das Wort «tiro» verwendet. Es bezeichnete Vasallen, die dem Herrn in seinem Hause dienten, «tirones domus» waren[99], und nicht Neulinge oder Schüler. Dieselbe Funktion erfüllte der Begriff «iuvenis», der den Gegensatz zum «senior», ihrem Herren, und die Bezogenheit auf diesen umschrieb[100]. Diese Worte bedeuteten aber auch,

---

93 KUCHENBUCH a. a. O. 93.

94 So sagt schon Ambrosius, De Abraham I 9, 82 ed. C. SCHENKL im Corpus scriptorum ecclesiasticorum latinorum 32/1, 554: «Disce hinc, quod etiam senioris aetatis servuli pueri dicantur a dominis vel a quibusque potioribus ... Inde et pueros dicimus, quando et servulos significamus, non aetatem exprimentes, sed condicionem ...».

95 Adolf HOFMEISTER, Puer, iuvenis, senex. Zum Verständnis der mittelalterlichen Altersbezeichnungen. In: Papsttum und Kaisertum, Festschrift Paul KEHR (1926) 289 ff. Hofmeister geht auf den «sozialen» Inhalt des Begriffs «puer» nicht ein.

96 François-L. GANSHOF, Le statut de la femme dans la monarchie franque, in: La femme (Rec. Soc. J. Bodin 11/2, 1962) 10.

97 Pactus legis Salicae ed. K. A. ECKHARDT, MGH Leges nationum Germanicarum IV 1 (1962), Register 313.

98 «Am nächsten scheinen die salischen sacebarones den pueri regis der Lex Burgundionum zu stehen, ‚qui multam per pagos exigunt' ... Offenbar verwendete der (fränkische) König damals vorzugsweise seine pueri als sacebarones und war es noch außergewöhnlich, daß ein Freier sich in ein solches Dienstverhältnis begab ...». Heinrich BRUNNER-Claudius v. SCHWERIN, Deutsche Rechtsgeschichte 2 (2. Aufl. 1928) 207 mit Anm. 19.

99 P. GUILHIERMOZ, Essai sur l'origine de la noblesse en France au moyen âge (Paris 1902) 245 Anm. 8 gibt dafür mehrere Beispiele.

100 Bei Odo von Cluny reitet der Graf Gerald von Aurillac aus, und «iuvenes ... seniorem praeibant». MIGNE PL 133, 656 (I, 22), GUILHIERMOZ a. a. O. Ebendort die

daß es sich um Unverheiratete, also um Jung-Gesellen im alten Sinne des Wortes handelte[101]. Ebenso aufschlußreich ist das Wort «Dienstmädchen» für weibliche Hausangestellte jeglichen Alters. Es gab sie noch in unserem Jahrhundert, und sie haben ihr ganzes Leben bei der «Herrschaft» verbracht. Dienende Mägde wurden zu Mädchen rückgereiht, wie schon die «puellae milituniae« der Lex Salica[102].

Es ist bezeichnend, daß in der Lex Salica der «puer regius» dort auftritt, wo er für einen Frauenraub die Todesstrafe verdient[103]. Was die Sippenhäupter als Verbrechen ansahen, war für die «Jungen» eine ehrenhafte Mutprobe; eine Anschauung, die sich dann – in kultivierterer Weise – in der höfischen Galanterie fortsetzte[104]. Unbehauste Söhne bildeten jene unruhigen, zu kriegerischen Unternehmungen und Aufständen bereiten Jungmannschaften, von deren Untaten wir immer wieder hören. Als der älteste Sohn und Mitkönig Roberts des Frommen, Hugo, keine eigene Herrschaft zugestanden bekam, begann er «zusammen mit einigen Jünglingen seines Alters» – er war damals siebzehn Jahre alt – gegen den Vater eine Fehde zu führen, indem er Güter der Eltern verwüstete[105].

Ähnlich war schon das Verhalten Liudolfs von Schwaben, der nach der zweiten Heirat seines Vaters Otto «mit Unterstützung schlechter Menschen, und vor allem von ‚iuvenes' aus Franken, Sachsen und Bayern»[106] den Aufstand begann. In diesem Falle hat es sich gewiß nicht nur um Siebzehnjährige gehandelt. Übrigens wurde Liudolf, nach Thietmar[107], auch Dudo genannt, so

Gleichsetzung von «iuvenes» mit «regis satellites». Für das 12. Jahrhundert vgl. Duby, Hommes et structures du moyen âge 213 ff.

101 «Bacheliers», Guilhiermoz a. a. O. 244. In der deutschen Klassik hatte «Bube» oft eine stark negative Bedeutung ähnlich dem Wort «Schurke», was die Brüder Grimm daher erklären, daß «der trosz von armen dienern dem laster und der ausschweifung blosz gestellt war», Deutsches Wörterbuch 2 (1860) 460. Es reicht aber wohl aus, als Hintergrund die Verachtung des Gesindes (als «Gesindel») im Herrentum des 18. Jahrhunderts zu sehen.

102 Vgl. K. A. Eckhardt im Register seiner Edition 313.

103 Pactus leg. Sal. a. a. O. 60 f., 13 § 7.

104 Duby, Marriage (oben 131 Anm. 73) 105. Ders., Le chevalier ... (oben a. a. O. Anm. 73) 45 f.

105 Rodulfus Glaber, Hist. III, 9, 32 f., ed. Prou 81 f.: «cernens se nil dominii rei peculiaris preter victum et vestitum ex regno ... posse mandare ...», «iunctis secum aliquibus suae aetatis iuvenibus, cepit infestari ac diripere ad libitum res genitorum».

106 Continuatio Reginonis zu 953. Reginonis ... chronicon ed. F. Kurze, MGH SS. rerum Germanicarum (1890) 166.

107 II, 5, ed. Holtzmann 44 mit Anm. 3.

wie Thangmar oft Tammo hieß, Heinrich der Zänker als Hezilo auftritt[108] – es sind familiäre Rufnamen, oft aus der Kinderzeit stammend, wie die Lallworte[109] Dudo und Tammo. Keineswegs soll behauptet werden, daß Mangel an Respekt vor derartigen Unruhestiftern die Geschichtsschreiber dazu brachte, sie nicht mit ihrem vollen Namen zu bezeichnen. Die Nennung mit einem Kurznamen ist nicht auf jüngere Söhne beschränkt, aber sie paßt immerhin recht gut zu der sozialen Stellung der «iuvenes».

Liudolf hatte bei den «Jungen» aus drei Herzogtümern Unterstützung gefunden. Ernst von Schwaben sammelte «ein großes Heer von ‚iuvenes'», fiel damit in Burgund ein und baute Verschanzungen mit Wall und Graben[110]. Derartige Unternehmungen konnten nicht allein von Freunden und Gefolgsleuten eines Prinzen durchgeführt werden; es mußte ein brachliegendes militärisches Potential vorhanden sein, das nach Aktivierung strebte und sich gerne von einem «jungen» Anführer aufbieten ließ. Kriegerische Taten gehörten zum Leben der Junggesellen ebenso, wie friedliche Arbeit zu dem der Männer mit Haus und Hof. Im Waltharilied will der Hunnenherrscher seinen treuen Gefolgsmann verheiraten und ihm die nötigen Mittel «auf dem Land und im Haus» dafür zur Verfügung stellen. Mit höflichem Dank lehnt der Held ab: Als Verheirateter muß er Häuser bauen und sich mit dem Feldbau beschäftigen; als Junggeselle will er Tag und Nacht seinem Herrn weiterhin zu Diensten sein[111]. Zum Selbstverständnis eines Vertreters dieser Gruppe gehörte es, die eigene Lebensform, die ungesicherte militärische Existenz, höher einzuschätzen als ein «ziviles» Leben. Was Walthari nicht hindert, später in der Heimat seine Hiltgund zu ehelichen und nach dem Tode des Vaters dreißig Jahre lang in glücklicher Weise die Aquitanier zu regieren.

Solange der Sohn im Haus des Vaters blieb, unterstand er dessen Gebotsgewalt. War er wehrhaft geworden, konnte er in die Mannschaft eines Herrn eintreten und auf Belohnung mit einem «honor» hoffen; oder der Vater teilte ihm sein Erbe zu, ermöglichte ihm also die Hausstandsgründung; oder der Sohn

---

108 Bei Richer III, 97 ff., ed. Latouche 2, 122 ff.

109 Dieter Geuenich, Die Personennamen der Klostergemeinschaft von Fulda im früheren Mittelalter (Münstersche Mittelalterschriften 5, 1976) 54 f. Ein Graf Ricfridus wurde Dodo genannt, MGH Poetae 5/2, 295 Nr. 26. Als Lallnamen aus Fulda zählt Geuenich a. a. O. auf: Babo, Dedi, Lul, Zazo und auch Pippin (Lallform mit Suffix). Dazu kämen die vielen Azzo, Atto usw.

110 Wipo, Gesta Chuonradi imp. c. 19, ed. H. Bresslau, Die Werke Wipos, MGH SS rerum German. (^{3}1915) 39. Vgl. unten 554.

111 (Ekkehard I. von St. Gallen, † 973), Waltharius v. 136 ff., MGH Poetae lat. VI/1 ed. K. Strecker 29 f. Dazu Kurt Ranke in: Wort u. Begriff «Bauer» (oben 13 Anm. 7) 208.

folgte dem Vater nach dessen Tod in seinem Besitz nach. Die «Abschichtung» von Söhnen durch den Vater konnte nur erfolgen, wo genügend Land vorhanden war; etwa in Sachsen, besonders im Osten des Landes, gab es dafür reiche Möglichkeiten[112]. Nach dem Tode des Vaters konnten die Söhne gleiche Anteile an dem väterlichen Besitz erhalten, was rasch zur Zerstückelung des Grundbesitzes führte[113], oder – um dies zu vermeiden – es kam zu einer Besitzgemeinschaft der Brüder, die z. B. im Mâconnais immer beliebter wurde[114]. So konnte man einigermaßen seinen Stand wahren, während die Gütertrennung oft zum Absinken der Inhaber in die bäuerliche Sphäre führte. Bezahlt wurde eine solche gemeinsame Existenz damit, daß niemand «Herr im Haus» war, eine Heirat nicht zur Hausstandsgründung führte. Es konnte sich nur um eine zeitweise Lösung des Problems der «Übervölkerung» eines Besitztums handeln; entweder verzichtete man in der zweiten Generation auf die Heirat, oder man mußte in der Fremde sein Glück versuchen. Was den bäuerlichen Bereich betrifft, oft mit faktischer Erblichkeit des «mansus», sind in dem erhaltenen Material nur selten Fälle zu treffen, in denen mehrere Brüder nach dem Tode des Vaters miteinander wirtschafteten. Jedenfalls war einer von ihnen vor dem Herrn für das Ganze verantwortlich[115] und man kann annehmen, daß er deshalb eine gewisse Befehlsgewalt ausübte.

Wollte man in den Oberschichten den Besitz zusammenhalten und jene Stellung bewahren, die man in der Gesellschaft einnahm, bot sich dazu als Mittel die Bevorzugung des ältesten Sohnes an; dies um so mehr, als Lehen im Gegensatz zum Eigenbesitz unteilbar waren, aber auch nicht einer Brüdergemeinschaft gegeben wurden. Der Älteste war alleiniger Verwalter des Familienbesitzes, und als solcher folgte er dem Vater meist ohne Schwierigkeiten als Inhaber der Ämter und sonstigen Lehen nach: Die edle Sippe begann sich zum «Haus» zu verengen. Um Erbteilungen zu vermeiden, kam es zu einer Beschränkung der vollen (dotierten) Ehen auf ein oder zwei Söhne, und zu einem Ausscheiden der verheirateten Töchter aus dem Familienbesitz. Sie erhielten Fahrhabe als Mitgift und konnten keine weiteren Ansprüche stellen[116]. Noch blieben die jünge-

---

[112] Leyser, Rule and Conflict 59.

[113] Georges Duby, L'économie rurale et la vie des campagnes dans l'Occident médiéval 1 (Paris 1962) 113 f.

[114] Duby, Société ... Mâconnais 269. Für Deutschland außer Bayern, wo die Brüdergemeinschaft nicht nachweisbar ist, fehlen nähere Untersuchungen. Störmer, Adel u. Ministerialität (oben 119 Anm. 25) 120 Anm. 135.

[115] «Gauderisi cum matre sua et quatuor fratribus suis, cum casa et substantia.» Giorgi-Balzani, Regesto di Farfa 5, 263.

[116] Duby, Guerriers et paysans (oben 60 Anm. 55) 194. Derselbe, Le mariage dans la

ren Söhne. Soweit es anging, sollten sie Geistliche werden, was Schenkungen an die betreffende Kirche oder an das Kloster voraussetzte; auch ihre Erbansprüche waren damit abgegolten. So bestimmte der Vater, oder auch ein Familienrat über das Schicksal der jungen Generation, in Übereinstimmung mit der allgemeinen Überzeugung, daß das Gemeinwohl der Familie vor dem Eigennutz ihrer Mitglieder zu gehen hatte.

Dieses Gemeinwohl war freilich gleichsam verkörpert im Familienoberhaupt; dessen Ansehen und Wohlergehen zu fördern, sollten alle zusammenwirken. Das erstreckte sich auch auf die jenseitige Welt, und so mancher Familienvater hat das Erbe beträchtlich verkleinert, um reichlich Stiftungen für das Heil seiner Seele zu machen[117]. Wollte man eine Geschichte des Familiensinnes schreiben, käme man wahrscheinlich zu merkwürdigen Ergebnissen. Ein katalanischer Vasall hat sterbend seinem gräflichen Herrn das Schicksal seines Pferdes, seines Sohnes und seiner Gattin ans Herz gelegt, in dieser Reihenfolge[118]. Die berühmte Satire des Bischofs Adalbero von Laon über die Cluniazenser zeigt einen zum Krieger gewordenen Mönch, der heimkommt, vom Pferd springt und nach dem Vorgesetzten, seinem «Ernährer», und dann nach dem Sohn und der Gattin ruft, ebenfalls in dieser Reihenfolge[119]. Das besondere Interesse des Mannes an seinem Pferd war selbstverständlich, hing doch sein Leben in Notsituationen von dem Verhalten des Tieres ab; der Sohn war der Erbe, die Frau hatte mit seiner Geburt ihre Hauptschuldigkeit getan, jetzt stand sie in letzter Linie.

Töchter hat man in sehr jungen Jahren, mit ihrer formellen Zustimmung, zur Ehe bestimmt; Söhne wurden als Kinder zu Geistlichen erzogen, und nach ihrer Großjährigkeit konnten sie – was ganz selten geschah – die geistliche Gemeinschaft wieder verlassen und in die Welt zurückkehren. Es gab daneben noch die Möglichkeit, daß Mädchen oder Witwen im Haus blieben und hier als Nonnen lebten; im Pontificale Romano-Germanicum sind die Worte ver-

---

société du haut moyen âge. In: Il matrimonio nella società altomedievale (Settimane ... Spoleto 24/1 (1976, Spoleto 1977)) 22.

117 Bonnassie, La Catalogne (oben 2 Anm. 5) 1, 273.

118 A. a. O. 295.

119 Carmen ad Rotbertum regem (oben 16 Anm. 24) 8 v. 94. Carozzi übersetzt wie üblich «praesul» mit «Bischof». Es könnte aber auch der Abt sein, der etwas despektierlich «bona nutrix» genannt wird; als Nährvater könnte dieser «pater» durchaus bezeichnet werden. «Nutrix» wäre eine (bewußt) schlechte Übersetzung dieses Begriffs. Die alte Edition von G.-A. Hückel in: Mélanges d'histoire du Moyen Age 3 (Univ. de Paris, Bibl. de la Fac. des Lettres 13, Paris 1901) 138 gibt «bona nutrix» mit «Haushälterin» wieder (bonne ménagère). Zur ganzen Geschichte vgl. u. a. Fichtenau, Soziale Mobilität (oben 97 Anm. 118) 16.

zeichnet, die der Bischof bei der «Konsekration» dieser sogenannten «Hausnonnen» spricht[120]. Damit ersparte man sich Schenkungen an ein Nonnenkloster, und auch den Betroffenen wird der Aufenthalt im Schoß der Familie zumeist sympathischer gewesen sein als kösterliche Zucht in der Fremde. Das Ansehen der Sippe oder des Geschlechtes hob sich durch Mitglieder geistlichen Standes, und so konnten alle zufrieden sein. Von Nonnen und Kanonissen in geistlichen Stiftungen edler Familien wird noch zu reden sein.

Für die jüngeren überzähligen Söhne gab es kaum ein solches Verbleiben in der Familie. Zu stark war die gemeinschaftsbildende Kraft des Benediktinertums, als daß es einen «Hausmönch» hätte geben können; der Eremit wiederum zeichnete sich durch radikale Abkehr von der etablierten Gesellschaft aus, und ein asketisches Dasein in weltlichem Rahmen zu führen, ist schwierig gewesen. Der Nutzen eines Mönchs für die Familie bestand in den Gebeten, die er für sie sprach und auch in der – zumeist geringen – Chance, einmal Abt zu werden und seinen Angehörigen dann Gutes zu tun.

Besser stand es mit dem Weltgeistlichen. Er war ein schriftkundiger, im Lateinischen bewanderter Anwärter auf geistliche Pfründen und Ehrenstellen, und wenn sich das Gewicht der Interventionen durch die Gunst des Königs verstärkte, konnte man in ihm einen künftigen Archidiakon oder Bischof sehen. Wirkliche Bedeutung hatte eine Familie fast nur dann, wenn sich die weltlichen und die geistlichen Ämter in ihrem Besitz die Waage hielten, wenn zum Eigenbesitz weltliche und geistliche Lehen kamen. Ein Mann im Kirchendienst eröffnete für die Familie weite Perspektiven und fühlte sich sehr oft als ihr Exponent auf vorgeschobenem Posten. Oft führte er – etwa als Domkanoniker – eine Art Herrenleben, mit eigenem Haus und Dienstpersonal, und die Reformer hatten große Mühe, derartiges zu unterbinden. Der Zwang zur Repräsentation, den wir früher geschildert haben, übertrug sich auf die geistlichen Mitglieder bedeutender Familien, ein Kapitel, von dem noch zu sprechen sein wird. Was zu einem Herrenleben gehörte und was der Geistliche nicht haben sollte, waren Frau und Kinder: das «Haus» benötigt die «Hausfrau».

---

[120] «Consecratio virginum quae a saeculo conversae in domibus suis susceptum castitatis habitum privatim observare voluerint.» Pontificale Romano-Germanicum ed. Vogel, Elze (oben 59 Anm. 52) 1, 51 Nr. 23. Delaruelle, Culture religieuse (oben 67 Anm. 88) 556. Gilles G. Meersseman, I penitenti nei secoli XI e XII, in: I laici (zitiert ebenda) 308 machte darauf aufmerksam, daß es auch «asceti domestici» gab, die teils einzeln «in domibus suis» lebten, teils untereinander nach Art von Bruderschaften in Verbindung standen. Vgl. auch G. G. Meersseman, Ordo fraternitatis (3 Bde., Italia sacra 24-26, Rom 1977) 1, 281: Für Frankreich sind Hausnonnen bis in das beginnende 10. Jahrhundert bezeugt, für Deutschland bis zur Mitte des 11. Jahrhunderts, für Italien bis zum Beginn des dreizehnten.

Der Beruf des Geistlichen ohne geistliche Berufung, die Spannung zwischen kirchlichem Amt – mit dem alten Gebot, ehelos zu leben – und der Tatsache, daß der Weltklerus nicht aus der «Welt» ausgeschieden war, sondern in ihr wirken mußte, die Kraft der Familie als Lebensordnung – all das wirkte zusammen, um hier eine echte Konfliktsituation zu erzeugen, die man nicht bloß mit einer «Sittenlosigkeit des Klerus» erklären kann. Die geltende Sitte stufte den Ehelosen tiefer als den Verheirateten ein, und die männliche Virginität besaß keinen Prestigewert. Man war gewohnt, nicht nach geschriebenen Gesetzen aus ferner Zeit, sondern nach dem Landesbrauch zu leben, und dieser war dem Zölibat des Weltklerus nicht günstig.

In einem Rundschreiben an die Geistlichen seiner Diözese zählt Rather von Verona jene Tage auf, an denen sie sich des Verkehrs enthalten sollen[121]. In dem Gedicht vom «Unibos» hat der Pfarrer eine «uxor nobilis», die auch als «Priesterin» (presbiterissa) bezeichnet wird[122]. Von acht katalanischen Geistlichen des 10. Jahrhunderts sind Testamente erhalten; vier davon – ein Bischof von Barcelona und drei Priester – haben für ihre Frauen und Kinder gesorgt[123]. Von dem Erzbischof Robert von Rouen (990-1037) wird berichtet, daß er bei seinem Tode Frau und Kinder zurückließ; Burchard III. von Lyon war sicher, Erzbischof Arnulf von Tours wahrscheinlich verheiratet[124]. Kaum wird es sich dabei um «rechte», dotierte Eheverbindungen gehandelt haben, aber doch um allgemein bekannte, öffentlich eingegangene Minderehen, die von kirchlicher Seite als Konkubinat bezeichnet wurden. Papst Benedikt VIII. klagte 1022 auf einer Synode in Pavia, daß Geistliche öffentlich und «mit Aufwand» (pompatice) Umgang mit Frauen hätten, und nicht vorsichtig (caute); sie seien hartköpfiger als die weltlichen Ehebrecher[125]. Der Sinn solchen Handelns konnte nur sein, diese Verbindungen und damit die betreffenden Frauen aufzuwerten und zu betonen, daß es Ehen waren, die in Übereinstimmung mit dem Herkommen geschlossen waren. Ähnlich agierten die Mönche von Farfa, die ein weltliches Leben begonnen hatten: Nicht heimlich verkehrten sie mit ihren Konkubinen, sondern nach Art einer Ehefrau führte ein jeder seine Geliebte mit sich[126]. Von Atto von Vercelli erfahren wir, daß Geistliche zusammen mit Frauen wohnen, speisen und in der Öffentlichkeit erscheinen; sie bestimmen,

---

[121] Die Briefe ... ed. WEIGLE 136 Nr. 25.

[122] Ed. in: Karl LANGOSCH, Waltharius, Ruodlieb, Märchenepen (3. Aufl. 1967) 262 Str. 43, 274 Str. 96.

[123] BONNASSIE, La Catalogne 1, 261.

[124] SACKUR, Cluniacenser (oben 99 Anm. 129) 2, 26 f. Anm. 5.

[125] MGH Constitutiones 1, 72 Nr. 34, BÖHMER-ZIMMERMANN Reg. 1249.

[126] Hugo von Farfa, Historia destructionis mon. Farf., MGH SS 11, 535 c. 6.

daß diese Frauen «ihrem Haus und dem ganzen Dienstpersonal (cunctae familiae) und der Fahrhabe vorgesetzt sein sollen», ja sie setzen sie als Erbinnen ein[127].

Der Versuch, «ein Haus zu führen», fand bei den weltlichen Gewalten manchmal Unterstützung, oder doch ein gewisses Verständnis. Atto von Vercelli klagte, daß Geistliche, die ihr Bischof deshalb ermahnte, sich weltlichen Gewalten unterstellten und – gegen die Kanones und den Lehenseid – diesen statt dem Bischof dienten[128]. Als jener Abt Hildeprand von Farfa, der ebenso wie seine Mönche eine öffentliche Ehe geschlossen hatte, vor Otto d. Gr. den Besitz der Abtei einklagte, wurde er abgewiesen. Dies geschah nicht wegen der Heirat und der Verschleuderung von Klostergut, sondern wurde mit der ordnungsgemäßen Wahl seines Gegners, des Abtes Johannes, begründet. Hildeprand sollte aus Gründen seines Alters zwei Landgüter zu seiner Versorgung erhalten[129]. Aus der Chronik von Farfa erfahren wir dazu, daß bei der Gerichtsverhandlung auch Inga, die Gattin Hildeprands, anwesend war und daß auch sie ein Landgut – vielleicht eines der beiden in dem Diplom genannten – vom Kaiser erhielt[130].

Dieses Problem ließ sich, da von Kindern der beiden nicht die Rede ist, mit einem Ausgleich lösen; schlimmer stand es um die Liquidierung der Herrschaft des Campo, der den Hildeprand aus den Gütern von Farfa verdrängt, ebenfalls geheiratet und viele Klostergüter unter seine Verwandten ausgeteilt hatte. Er war Vater von sieben Töchtern und drei Söhnen, «die er alle aus dem Besitz des Klosters dotierte»[131]. Damit kommen wir zu den realen Gründen des Eheverbotes, Gründen, die in der Polemik der Strenggesinnten völlig hinter den ideellen zurücktraten: Für mönchische Gemeinschaften handelte es sich um Sein oder Nichtsein, für den Weltklerus um seine Existenz als Stand neben den weltlichen Sozialgruppen, für die Gesamtkirche um ihr materielles Substrat in einer Zeit, die als solches fast nur den Grundbesitz kannte[132].

---

[127] Rundschreiben Attos an die Geistlichen seiner Diözese, Migne PL 134, 116 Nr. 9.

[128] Migne PL 134, 117 Nr. 9. Suzanne Fonay Wemple, Atto of Vercelli (Temi e testi 27, Rom 1979) 113 mit Anm. 23. Im gleichen Brief schreibt Atto, daß sich verheiratete Geistliche damit rechtfertigten, daß sie keine Subsistenzmittel zur Verfügung hätten und von der Arbeit ihrer Frauen leben müßten, a. a. O. 117 f.

[129] DO. I. 405, Ravenna 971, nach Sickel ein außerhalb der Kanzlei stilisiertes Stück.

[130] Hugo, Hist. destr. mon. Farfensis c. 13, MGH SS 11, 538. Es handelte sich nach Hugo um Güter des Klosters Farfa, die Hildeprand und Inga auf Lebenszeit erhielten.

[131] Hugo a. a. O. 535 c. 6.

[132] Toubert, Latium (oben 2 Anm. 5) 1, 729 ff. sieht den Zölibat als Teil einer

Gleiches gilt für kirchliche Ämter und Zehenteinkünfte; auch sie waren in Gefahr, Bestandteil von Familienvermögen mit erblichen Inhabern zu werden, ähnlich weltlichen Lehen. Im Extremfall konnte es neben den Sippen von Weltlichen sogar solche von Geistlichen geben, gestützt auf derartige Einkünfte. Der Archidiakonat von Pistoia wurde im 10. und 11. Jahrhundert als erbliches Amt von einer und derselben Familie ausgeübt, er vererbte sich vom Vater auf den Sohn. Es war eine anfangs geistliche Dynastie, die dann zu einer weltlichen, den «Arcidiaconi» wurde, aber etliche mit dem Amt verbundene Rechte weiterhin behielt[133]. Dem Domstift von Arezzo stand ein Viertel der Güter und Einkünfte für den Unterhalt seiner Mitglieder zu. «Reich geworden, nahmen sie Frauen und zeugten mit ihnen Söhne, und teilten die Kirche unter sich auf.» Sie mieteten einen Mönch, der den Kirchendienst besorgen sollte und sandten zu den Terminen, an denen die Gläubigen ihre Opfergaben darzubringen hatten, Diener in die Kirche, um die Gaben abzuholen. Später hatten den Kirchendienst «custodes» inne: Ein Priester Petrus mit mehreren Söhnen, unter ihnen Salomo, ebenfalls ein Priester, der ein Viertel der Oblationen besaß; er teilte es unter seine Söhne, darunter einen Kleriker, und seine Neffen auf. Ein anderes Viertel besaß Salomos Bruder, der Kleriker Andreas, das er an zwei Söhne, einen Kleriker und einen Laien, vererbte. Die Buchführung über die Aufsplitterung der Kustodenpfründen füllt im Druck mehr als eine Seite; neben Laien finden sich immer wieder Kleriker – eventuell Minoristen und daher nicht zum Zölibat verpflichtet – und auch Priester. So konnte der Priester Johannes das Erbe einem Sohn, dem Priester Gerhard, weiterreichen, dieser vererbte es einem Kleriker, dieser einem Laien, alles in direkter Linie[134].

Solche Beispiele besagen nicht, daß der Klerus ganz allgemein das Gebot der Ehelosigkeit mißachtete. Man hat in den Urkunden des Klosters Farfa, trotz der oben geschilderten Mißstände, nur wenige verheiratete Priester gefunden[135]. Das muß nicht unbedingt für eine Befolgung des Zölibatsgebotes spre-

---

Bevölkerungspolitik der Kirche «comme Malthus l'a bien vu d'un point de vue général», was aber doch wohl zu weit geht.

[133] So Sabatino FERRALI in der Diskussion der Tagung «Il matrimonio», Settimane ... Spoleto 24/1 (1976, Spoleto 1977) 558.

[134] Chronik des Capitels zu Arezzo, in: Harry BRESSLAU, Handschriftliches aus Italien. Neues Archiv 5 (1880) 443 ff.

[135] TOUBERT, Latium 1, 781: In 1204 Urkunden treten nur 25 geistliche Konkubinarier auf. Bedenken gegen den Wert dieser Statistik hat Hartmut HOFFMANN angemeldet, Der Kirchenstaat im hohen Mittelalter. Quellen u. Forschungen aus ital. Arch. u. Bibl. 57 (1977) 16, der auf die größere Zahl von Priestersöhnen in diesen Urkunden verweist.

chen, es kann auch sein, daß man sich scheute, die Tatbestände urkundlich zu fixieren. Es handelte sich um kein nach weltlichem Recht strafbares Vergehen, aber wir dürfen annehmen, daß das Bewußtsein, die geistlichen Gesetze verletzt zu haben, immerhin vorhanden war. Man kannte die Kanones und lehnte sie als Richtschnur des Lebens nicht grundsätzlich ab; man war aber der Meinung, sie seien unmöglich in allen Punkten zu erfüllen. Der Knecht wie der Große, der Dumme wie der Weise, der Laie ebenso wie der Papst – keiner kümmere sich um das kanonische Recht, sagt Rather von Verona[136] in rhetorischer Übertreibung. Es war nicht nur eine Anklage, sondern auch die Rechtfertigung eigenen Handelns, denn Rather hatte sein Bistum verlassen und entgegen den Kanones ein anderes erhalten. Er hatte mit dem Kaiser zusammen die Burg Garda belagern müssen, und hatte Konzilsbeschlüsse gegen den Waffengebrauch ebenso wie auch andere verletzt[137]. Als sich vor der genannten Burg ein anderer Geistlicher über diese Kriegsdienstleistung beschwerte, hat ihm Rather vorgehalten: So wie das kanonische Recht das Waffentragen verbietet, verbietet es auch den Verkehr mit Frauen[138].

In solch einer Spannung zwischen Sein und Sollen lebten auch die Weltlichen, die keine Feinde erschlagen, keine noch so entfernten Verwandten ehelichen und keine Geldgeschäfte abschließen durften. Auch bei den Weltlichen gab es Söhne aus illegitimen Verbindungen, und sie waren besonders in den Herrscherhäusern achtbare Persönlichkeiten; noch Wilhelm der Eroberer hat sich selbst als Bastard bezeichnet[139]. Ähnlich scheint man vielfach über die Priestersöhne gedacht zu haben. Sie im Beruf des Vaters nachfolgen zu lassen, war durch das kanonische Recht verboten, aber in den Augen der meisten Zeitgenossen anscheinend tragbar. Erst Dekretisten und Dekretalen des späten 12. und frühen 13. Jahrhunderts bewirkten eine völlige Abwertung der illegitimen Geburt von Geistlichen, und auch die Unehelichen weltlichen Standes wurden seit der Betonung des sakramentalen Charakters der Ehe scheel angesehen[140].

Atto von Vercelli hat uns andererseits eine Schilderung hinterlassen, wie Geistliche in der Sorge für Frau und Kinder in Rechtshändel hineingeraten

---

[136] Rather, ep. 16 ed. Weigle, Die Briefe ... 80 ff.

[137] A. a. O. 82.

[138] A. a. O. Der Gedanke kehrt bei Rather in der Geschichte wieder, wie zwei Geistliche einander Vorwürfe machen; er kennzeichnet sie mit «unum lorica, alterum amica pro tempore utentem». Die Briefe ... 84 Nr. 16.

[139] «Ego Wilhelmus cognomine Bastardus.» Philippe Lauer, Le règne de Louis IV d'Outremer (Paris 1900) 92.

[140] Bernhard Schimmelpfennig, Zölibat und Lage der Priestersöhne vom 11. bis 14. Jahrhundert. Historische Zeitschrift 227 (1978) 1 ff.

konnten – durch ihre ungesicherte Stellung waren diese Priesterfamilien auch Erpressungen von seiten städtischer Unterbeamter ausgesetzt. Verheiratete Priester konnten gegen ihre Bedränger bei Mächtigen Schutz finden und wurden dann unter Umständen zur «Waffe der Feinde» (des Bischofs). Sie waren bereit, Gebannte loszusprechen und Gegner ihrer Gönner zu bannen, nach deren Gebot an jedem Ort und zu jeder Zeit Messen zu lesen und Taufen vorzunehmen[141]. Was man brauchte, war ein willfähriger Niederklerus, der mithalf, die Bischofssitze in der Einflußsphäre der betreffenden Familie in die Hand zu bekommen, oder wenigstens in der Stadt das entscheidende Wort auch gegen den Willen des Bischofs zu sprechen. Das politische Schwergewicht lag natürlich anderswo, vor allem bei dem Zusammenspiel weltlicher und geistlicher Mitglieder einer hochgestellten Sippe. Wir werden noch Gelegenheit haben, das weit ausgebreitete Geflecht solcher Beziehungen an einem Beispiel zu studieren: Bischof Adalbero II. von Metz aus dem Haus der Ardennergrafen war sozusagen mit allen Großen seiner Zeit und Umgebung verwandt[142]. Hier gingen die Interessen von Bischof, Graf und Herzog Hand in Hand, stammten doch alle drei aus derselben Familie.

Zu alledem paßt recht gut, daß der Biograph Adalberos II. von Metz erzählt, dieser habe «über tausend» Priester geweiht und dabei «niemand verachtet», sondern Priestersöhnen die Weihen erteilt, während die anderen Bischöfe dies aus Hochmut oder Dummheit abgelehnt hätten[143]. Zu der Herzogsherrschaft, die Adalberos Vater, dann seine Mutter, dann sein Bruder innehatten, kam die Verankerung im Klerus: Auf den wichtigsten Bischofssitzen, aber auch bei der niederen Geistlichkeit. In dem einst so unruhigen Land herrschte durch die Tätigkeit dieser Adels- und Bischofssippe jetzt Ruhe und Ordnung. Wem die Art dieser Ordnung nicht behagte, weil er zu den Strenggesinnten gehörte, der konnte sich in das Kloster Gorze zurückziehen, das Bischof Adalbero I. von Metz wiederbegründet hatte. Auch er gehörte zur Familie der Ardennergrafen.

---

[141] MIGNE PL 134, 117 ep. 9.

[142] Vgl. unten 255 f. und die Stammtafeln bei Heinz RENN, Das erste Luxemburger Grafenhaus (963-1136). Rheinisches Archiv 39 (1941) 45, 50 und die Falttafel.

[143] Konstantin von St. Symphorian in Metz, Vita Adalberonis MGH SS 4, 667 c. 24. Daß der Bischof über tausend (ultra mille fere) Priester ordinierte, ist entweder eine Übertreibung («mille» bedeutet oft «eine sehr große Zahl») oder dadurch erklärlich, daß Priestersöhne und andere, die nach den Kanones nicht zum Klerikat zugelassen waren, nach Metz gingen und hier aufgenommen wurden.

III.

Das familiäre Modell

Wo die Familie das allen geläufige Prinzip des Zusammenlebens war, konnte es nicht ausbleiben, daß nach ihrem Muster auch andere Gruppenbildungen begriffen wurden. Bei dieser Übertragung familiären Denkens auf weitere Gebiete wurden auch Empfindungen und Emotionen angeregt. Die Bindung zwischen Familienmitgliedern hatte so hohen Gemütswert, daß sie als unzerreißbar angesehen wurde; dieser Wert sollte auf nichtfamiliäre Gruppen übertragen werden und sie festigen. Abhängigkeit war eine harte Realität, und sie wurde gemildert, wenn der Ranghöhere sich «väterlich» um den Nachgeordneten annahm und dieser «wie ein Sohn» zu ihm aufblickte. Es wurde schon darauf hingewiesen, daß das Denkmodell «Familie» bei den verschiedensten Völkerschaften zur Erklärung und Verstärkung sozialer Beziehungen verwendet wurde[1]. Hierbei bildet das mittelalterliche Europa keine Ausnahme; Anregungen dazu hat auch die Spätantike gegeben, vor allem im geistlichen Bereich.

Nicht erst der Christ hatte «Brüder» im übertragenen Sinn, aber im Christentum wurde dieser Wortgebrauch allgemein. Als «Vater» sollte nach Matth. 23,9 nur Gott bezeichnet werden; Menschen handeln bei Paulus «wie ein Vater», der gleichnishafte Charakter des Ausdrucks wird betont. So tritt der Bischof als Vater erst in der äthiopischen Version eines apokryphen Apostelbriefes auf; der Oberhirte repräsentierte gleichsam Gottvater, und so ließ sich die Bezeichnung vertreten[2]. Besonders bedurfte derjenige, der Vater, Mutter und Brüder verließ, um dem Herrn nachzufolgen, einer «neuen Familie», und er fand sie, freilich in unvollständiger Gestalt: Im Kloster gab es einen Vater und Brüder, aber keine Mutter. Auch in der realen Familie war diese mehr für die ersten Lebensjahre des Knaben zuständig, nachher hatte er von dem Vater und den älteren Brüdern zu lernen. So wurde später in den Frauenklöstern die Oberin nicht «Mutter», sondern «Vater» (mit weiblichem Suffix, «abbatissa»)

---

[1] Oben 114 mit Anm. 5.

[2] E. Neuhäusler, Der Bischof als geistlicher Vater (1964) 45 f., 79. Über den Bischof als «Vater» in kaiserlichen Texten und in der germanischen Herrscherurkunde vgl. Ernst Jerg, Vir venerabilis (Wiener Beiträge zur Theologie 26, 1970) 278 ff.

genannt. «Die Kraft dieses Wortes drückt die Hochschätzung in Furcht und Liebe aus, in Ehrfurcht und Zuneigung»[3].

Der Abt, heißt es in der Benediktsregel, handelt im Kloster als Stellvertreter Christi[4]. Wirklicher «pater familias» ist Christus. Er zieht den zu seinem Gesinde gehörigen Hirten zur Rechenschaft, wenn die Schafe keinen Nutzen erbringen[5]. Später hat man als den eigentlichen Herrn des Klosters den Heiligen angesehen, dessen Patronat es unterstellt war, ohne daß man nun den himmlischen Beschützer als Vater der Mönche angesehen hätte. Das blieb dem Abt vorbehalten. Auch weitete sich der Klosterverband nach unten aus, er wurde ergänzt um die unfreie Dienerschaft und dann auch um Freie im Verband der klösterlichen Gemeinschaft, und diese Weltlichen wurden zur «familia» im engeren Sinn des Wortes. Ein herrschaftliches Moment trat jetzt stark hervor, aber es wurde weiterhin gemildert durch die Forderung nach familiärer Behandlung der Untergebenen: Die Vorgesetzten sollen durch ihre Stellung nicht stolz werden, sie sollen die Nachgeordneten nicht unterdrücken, sondern anstelle eines Vaters ihnen in gemäßigter Weise befehlen, was befohlen werden muß[6]. Das gilt nicht nur für die Mönche, sondern für die gesamte «familia»; der Abt ist zum «pater monasterii» geworden[7]. Was die Mönche betrifft, so gilt ihnen eine besondere Sorge des Abtes: er hat sie zu erziehen, ist ihr «pater spiritualis»[7]. Dem gleichen Zweck diente die gegenseitige Kontrolle der «Brüder», ohne daß man in ihr das Grundmuster der mönchischen Gemeinschaften erblicken kann[8].

---

[3] Atto von Vercelli, epistola 8, MIGNE PL 134, 114.

[4] Reg. II, 2 ed. HANSLIK (2. Aufl.) 21.

[5] A. a. O. 22 (II, 7): «Sciatque abbas culpae pastoris incumbere, quidquid in obibus pater familias utilitatis minus potuerit invenire.»

[6] Odilo von St.-Médard in Soissons, Predigt, MIGNE PL 132, 633. Die Untergebenen «humiliter vice filiorum pareant».

[7] Regino von Prüm, Chronicon ed. Fr. KURZE, MGH SS rerum German. (1890) 41 f. (zu 746). Wenn man später sagte, unter dem Krummstab sei gut wohnen, mag dieses «familiäre» Moment neben anderem ein Grund dafür gewesen sein. Ähnliches, in abgeschwächter Form, galt vom Bischof: Udalrich von Augsburg «liebte die Mönche, Weltgeistlichen und Nonnen, die ihn aufsuchten, nach der Art von Söhnen», gab ihnen Speise und geistliche Lehren. Gerhard, Vita Oudalrici c. 3, MGH SS 4, 390. Bischof Walpodo von Lüttich «senioribus filium, iuvenibus fratrem, adolescentibus se patrem ex(h)ibebat». Anselm von Lüttich, Gesta episcoporum Leodiensium c. 32, MGH SS 7, 207. Hier sieht man schon die rhetorische Verflachung der ursprünglich eine reale Bindung wiedergebenden Aussage.

[8] Jean-François LEMARIGNIER in: Ferdinand LOT, Robert FAWTIER, Histoire des institutions françaises au moyen âge 3 (1962) 30 hat von einer «société de contrôle

Bevor wir weiter über die geistliche «familia» sprechen, soll eine – allerdings vereinzelte – Quelle über die Anredeformen in einer weltlichen Bauernwirtschaft angeführt werden; sie zeigt, daß im kleinen Kreis eine Übertragung familiärer Bezeichnungen durchaus möglich oder üblich war. Im «Ruodlieb» liest man die Erzählung von einem jungen Verwalter, der nach dem Tode des Herrn eine Verbindung mit dessen Witwe eingeht. «Diener und Dienerinnen pflegten ihn nun Vater zu nennen, er dagegen hieß sie seine Kinder»[9]. Man kann vermuten, daß es ähnliches schon zur Zeit des heiligen Benedikt gab, so daß die «familiäre» Auffassung der sozialen Beziehungen im Kloster auch von hier aus gerechtfertigt schien. Der Bischof war dagegen nicht primär der «Vater», sondern entweder der Hirte seiner Herde, oder ein Funktionär in Parallele zum einstigen römischen Beamtentum, oder «dominus episcopus», ein Herr in Analogie zu den weltlichen Oberschichten.

Neben dem herrschaftlichen Moment gab es im Benediktinerorden auch ein genossenschaftliches, aber keineswegs egalitäres. Wir haben bereits gesehen, welche Rolle hier das Rangdenken spielte, mit dem Profeßalter als Kriterium. Auch in der Anrede wurde die Ungleichheit der Brüder betont: Keiner durfte nach der Regel den anderen mit seinem bloßen Namen anreden, er sollte als Rangjüngerer den Älteren «nonnus», dieser den Jüngeren «frater» nennen[10]. Es war ein umgangssprachlicher und vielleicht zeitgebundener Ausdruck, mit dem man den Respekt vor dem Älteren zu bekunden hatte. Die spätere Verbreitung des Wortes scheint relativ gering, und vielleicht wurde es hauptsächlich durch Rückgriffe auf die Regel am Leben erhalten. Hier fehlte die Nähe zur wirklichen Familie, denn eine besondere Anrede für ältere Brüder ist jenseits des Ordens nicht bekannt.

Die Ungleichheit setzte sich nach unten fort in der Dienerschaft. Für sie gab es den Sammelnamen «familia», doch wäre es zu kühn, anzunehmen, es habe sich um eine Art Familie in unserem Sinne gehandelt. Dagegen sprachen schon die Größenverhältnisse; war es schwierig, einen Abt als «Vater» von hundert oder mehr Mönchen anzusehen, so gab es zwischen ihm und dem Klostergesinde sowie den untertänigen Bauern kaum mehr eine persönliche Verbindung. Freilich war ja auch nicht ein Abt oder Bischof Inhaber der Herrschaft, sondern der Heilige, und ihm «gehörte» ihr Personal (familia sancti N.). Hier kann man nur mehr von dem erweiterten Begriff, als einem Kollektiv unter einheit-

---

mutuel» gesprochen und das «sociale foedus», von dem einmal Odo von Cluny spricht, als «contrat social» übersetzt.

[9] Ruodlieb VI, 109 f., die Übersetzung nach Knapp 85.

[10] Reg. Ben. 63, 11 f. ed. Hanslik (2. Aufl.) 161.

licher Leitung, ausgehen. Es unterschied sich nur wenig, vielleicht durch erhöhte Sorgepflicht des Inhabers, von den Herrschaften der Weltlichen.

Innerhalb dieses Verbandes brauchte es eigentlich kein hierarchisches Prinzip zu geben; immerhin kannte man hier «meliores»[11], eine Spitzengruppe ohne feste Umgrenzung. Wir erinnern uns, daß in dem Verzeichnis von Farfa bei einigen Orten am Anfang «scariones» mit großer Familie genannt sind, und haben sie mit den «Scharmannen» von Prüm zusammengestellt, die zu Botendiensten für den Abt verpflichtet waren[12]. Ein «scario» konnte, obwohl selbst unfrei, Knechte unter sich haben[13]. Im zehnten Jahrhundert gab es auch freie Inhaber von Kirchenlehen mit der Verpflichtung, für die Oberen eines Klosters «zu reiten oder einen anderen Dienst zu leisten»[14]. Einst hatte man verlangt, daß wenigstens für die «inneren Dienste» des Klosters – Kellerei, Wäscherei, Krankenhaus usw. – Mönche oder Novizen verwendet werden sollten[15], doch ließ sich das nicht mehr aufrecht erhalten. Handwerker im Kloster und Aufseher von Meierhöfen wurden oft wohlhabende Leute, die sich die Freiheit erkauften und schon seit dem elften Jahrhundert einen «gehobenen» Lebensstil ritterlicher Art anstrebten[16].

So kann es nicht verwundern, daß von den meisten Forschern auch die Vasallen des Klosters zu seiner «familia» gerechnet werden[17], gemäß der Aussage eines Teiles der Quellen, während andere mit dem Wort einen engeren Begriff

---

11 «Inter famulos et unus e melioribus eorum» wollte ein Herr im Kloster Vendôme leben. Zitat nach Ursmer Berlière, La Familia dans les monastères bénédictins du Moyen Age. Académie Royale de Belgique, Classe des Lettres et des Sciences morales et politiques, Mémoires série II t. 29/2 (Brüssel 1931) 15.

12 Oben 137 f. mit Anm. 18 ff.

13 Oben 137 Anm. 21.

14 Brevis, quem Adalhardus senex ... anno ... 832 ... fieri iussit, ed. L. Levillain, Les statuts d'Adalhard. Le Moyen Age, 2e série 4 (13, 1900) 363 (A). Das Ms. A ist am Ende des 10. Jahrhunderts geschrieben worden, Levillain a. a. O. 336.

15 Adalhard (alle Hss.) a. a. O. 352, mit der Begründung «ne contradicere quicquam audeant».

16 François-L. Ganshof, Etude sur les ministeriales en Flandre et en Lotharingie (Brüssel 1926) 42. Berlière, Familia 14, weist darauf hin, daß Freie auch deshalb in den Klosterdienst eintraten, um ihre spätere Altersversorgung zu sichern.

17 So etwa Philippe Dollinger, L'évolution des classes rurales en Bavière (Publications de la Faculté des Lettres de l'Université de Strasbourg 112, Paris 1949) 243. Eine deutsche Übersetzung erschien 1982 unter dem Titel «Der bayerische Bauernstand vom 9. bis zum 13. Jahrhundert». Vgl. Berlière, Familia 3; Kuchenbuch, Prüm (oben 115 Anm. 11) 393 usw.

verbinden[18]. Das Vasallitätsverhältnis band den «Mann» ja an den «Senior» in einer Weise, die als eine Art fiktiver Verwandtschaft aufgefaßt wurde[19]. Schließlich konnte in weitestem Sinne auch ein vornehmer Gönner des Klosters zu seinen Familiaren oder seiner «familia» gerechnet werden.

Ansehen innerhalb der immer mehr differenzierten «familia» gab anfangs noch der (freie oder unfreie) Rechtsstand, doch wurde die Scheidung langsam verwischt, die Abhängigen wurden (als «Hörige») einander stark angenähert. Wenn Ämter und Besitz in hohem Maß das Prestige des Edelmannes bestimmten, so war dies in kleinstem Rahmen ähnlich bei der klösterlichen Dienerschaft. Auch Schuster und Schneider waren «Amtspersonen», sie ragten aus der Menge der unbehausten Knechte im Kloster hervor; dies auch deswegen, weil sie in vielen Fällen für ihre Tätigkeit mit einem Landstück belohnt wurden, das sie bebauen und als Grundlage für eine Familiengründung verwenden konnten. Bei Freien gab es auch die Möglichkeit, daß diese Voraussetzung durch ihre Familie geschaffen wurde[20]. Wir haben gesehen, daß die Ehe damals viel weniger von der religiösen, als von der wirtschaftlich-sozialen Seite her gesehen wurde; Heirat und Hausstand waren für dieses Denken fast identisch. Es wurde auch schon gesagt, daß der Verheiratete ein höheres Sozialprestige genoß, als der Junggeselle. Er wurde damit zum Hausvater und stieg vom «praebendarius», dem Arbeiter gegen Unterkunft und Verpflegung, zum Selbstversorger auf, der seine Abgaben leistete. Das gilt für den gewöhnlichen Unfreien, der eine Hufe zugeteilt erhielt, ebenso wie für den Handwerker, Hirten oder sonstigen Amtsinhaber im Kloster[21]. Wo es sich um einen Meier handelte, der die Aufsicht

---

18 Dollinger a. a. O., mit Quellenzitaten.

19 Ein in der französischen Forschung seit Flach, Origines 2 (vgl. oben 2 Anm. 3) 495 immer wieder geäußerter Gedanke, vgl. etwa Bloch, Société féodale 1, 346 (der Lehensherr als «parent supplémentaire»), 2, 244 (Reste einer «parenté artificielle»); Duby, Marriage 99 («fictitious family») usw. Die Entsprechung der respektvollen, aber informellen Bezeichnung «senior» (der Ältere, «der Alte») wäre «iunior», doch hatte dieses Wort eher die Bedeutung «unbehaust», oben 155. An seine Stelle tritt ein Wort der Herrschaftsterminologie, «homo». Vgl. oben 54, 56 f. mit Anm. 37 f. und unten 209 ff.

20 Berlière, Familia 15 zitiert einen Fall aus dem Kloster Vendôme (um 1037): «Un enfant est reçu ‚in familia' afin d'être instruit dans quelque office de la domesticité, mais comme ‚ingenuus et liber', contre donation; si plus tard il veut se marier, on lui donnera 4 arpents de terre.»

21 Ein Beispiel aus S. Giulia (Brescia): Auf der «curtis» Rivarolo «est porcarius I, cum oxora (uxore) sua, cum infantis VI, et habet sortem I pro annona et vestimenta». Inventari altomedievali (Fonti per la storia d'Italia 104, 1979) 77. Das

über behauste Leute zu üben hatte, war er ihnen von vornherein an Ansehen überlegen und hatte die Chance zu weiterem Aufstieg.

Im Gefolge der antiken Landwirtschaft war die karolingische auf frei disponible, d. h. nicht auf einer Hufe angesiedelte Arbeitskräfte angewiesen. Das Bedürfnis verringerte sich zusehends im 10. Jahrhundert, war aber doch noch vorhanden; so gab es neben den Familien der «behausten» Knechte (servi casati) jenen anderen Teil der «familia», der keine Möglichkeit zu einer Familiengründung hatte – nur für unser heutiges Denken ein paradoxer Zustand, der damals als selbstverständlich empfunden wurde.

Ein römischer Sklave hatte überhaupt nicht die Möglichkeit zu heiraten, er konnte nur eine Lebensgemeinschaft (contubernium) eingehen, unter der Aufsicht seines Herrn und Eigentümers. Die unfreie Dienerschaft des 10. Jahrhunderts konnte vollgültige Ehen schließen, mit dem Moment der Öffentlichkeit und einer kleinen «dos», doch blieb das Recht des Herrn gewahrt; er hatte die Heirat zu konzedieren, und konnte für sie Land zur Verfügung stellen[22]. Was war dann, wenn ihm Interesse oder Möglichkeiten dazu nicht gegeben waren? Hat man Ehen ohne wirtschaftliche Basis zugelassen? Wir erfahren darüber so gut wie nichts, wie denn überhaupt die Hausdienerschaft (servi non casati) in den an sich schon spärlichen Quellen meistens übergangen wird. Leute, die keine gemessenen Zinse und Dienste zu erbringen hatten, waren für die meisten Besitzverzeichnisse uninteressant. Ohne generelle Aussagen treffen zu können, dürfen wir feststellen, daß der Boden für solche Eheschließungen nicht günstig gewesen sein dürfte. Die freie Verfügbarkeit über das Hausgesinde wurde auch durch Heiraten innerhalb der «familia» eingeschränkt. Mit ihnen war anscheinend das Anrecht auf ein Zusammenleben verbunden, denn umgekehrt sollten Ehepaare nicht getrennt werden, was damals noch einer Auflösung der Ehe

---

Regestum Farfense 5, 260 verzeichnet «in Pretorio ... Substantia Grossuli, quae (!) est infra casam cocus». Dazu Luzzatto, I servi (oben 116 Anm. 15) 37. Zwei andere Ministerialen, ein Pferdeknecht und einer der Gärtner, lebten «infra casam in Forcone», also auf dem dortigen Klosterhof, mit ihren Gattinnen. Das war auf solchen Höfen wohl leichter möglich, als im Kloster selbst. Reg. di Farfa 5, 258. Musterhaft hatte, nach dem Inventar von 831, Abt Angilbert von St.-Riquier (Centula) das Dienstpersonal des Klosters untergebracht: Zusammen mit Händlern und Klostervasallen (und deren Bediensteten?), eventuell auch freien Handwerkern, bewohnten die «famuli» 2500 (!) Hütten außerhalb des umzäunten Klostergebietes, sicherlich auch mit Frauen und Kindern. Dazu vgl. Lesne, Propriété ecclésiastique (oben 105 Anm. 155) 6, 195 f. Das Beispiel hat, soweit wir wissen, nicht Schule gemacht und konnte es auch kaum: Nur ein sehr reicher Abt, wie dieser «Schwiegersohn» Karls des Großen, konnte ein derartiges Großprojekt realisieren.

22 Kuchenbuch (oben 115 Anm. 11) 259.

gleichkam[23]. Wahrscheinlich wollte man weniger auf die Gefühle der Ehepartner Rücksicht nehmen, als auf den Verlust an Sozialprestige durch den Abstieg von Verheirateten zu Unverheirateten. Der Unterschied zwischen Ehefrau und Konkubine wurde mit jenem zwischen einer Freien und einer Unfreien verglichen[24]. Gegen anerkannte Ehen innerhalb der Hausdienerschaft könnte man als Argument auch anführen, daß in kirchlichen Besitzverzeichnissen und Urkunden Unfreie – abgesehen von Inhabern von Ämtern – so gut wie nie familienweise angeführt werden. Man notierte zuerst die Namen der Männer und in der Folge jene aller Frauen mit ihren Kindern[25].

Cinzio Violante hat darauf hingewiesen, daß die landlosen Unfreien keine legale Familie bilden können, auch wenn ihnen die Möglichkeit zur Ehe vor dem Priester gewahrt ist: Sie gehören zu den beweglichen Gütern, während die «servi casati» ein Teil des Landes sind, auf dem sie sitzen[26] – als Familie, im gemeinsamen Haus. Es hat auch Fälle gegeben, in denen landlose Knechte in-

---

23 Burchard von Worms, Decretum IX, 19, MIGNE PL 140, 818: «Si servum et ancillam dominus amborum in matrimonium coniuxerit, et postea liberato servo vel ancilla non potest redimi qui in servitio est, ideo matrimonia non solvantur.» Für Italien im 10. Jahrhundert nimmt Charles VERLINDEN eine «rebarbarisation» an, mit «contubernium» und Trennung von Familienmitgliedern. In: Il matrimonio (Settimane... Spoleto 24/2, Spoleto 1976) 591. Für Konkubinate spricht Regino De synodalibus causis ed. WASSERSCHLEBEN II, 219 p. 261: «Si servus suam ancillam concubinam habuerit, si ita placet, potest, illa dimissa, parem suam ancillam domini sui accipere.» Die Stelle ist auch deshalb nicht unwichtig, weil sie die Rangunterschiede innerhalb der Unfreien deutlich macht: Die Magd eines Knechtes steht so tief unter ihm, daß die Frage entschieden werden mußte, ob er nach ihr eine mit ihm Gleichrangige als Lebensgefährtin haben kann. Über die Trennung von Ehepaaren vgl. Regino a. a. O. 122, p. 261 f. Die Bezugsstellen stammen aus dem Kapitel 7 f. der Synode von Verberie (753) und dem Codex Theodosianus.

24 Burchard, Decretum IX, 1, MIGNE 140, 815 (nach Leo d. Gr.): «Itaque aliud est uxor, aliud concubina, sicut aliud est ancilla, aliud libera.» Burchard hat a. a. O. IX, 3, col. 816 die Forderung aufgenommen, daß jeder Laie «cuiuscunque conditionis» eine öffentliche Ehe mit dem Segen des Priesters schließen sollte. Das findet sich bei Regino noch nicht.

25 KUCHENBUCH 260 macht auf einen Prekarievertrag (von 866) aufmerksam, in dem 13 alleinstehende Männer und 12 Frauen, davon fünf mit Kindern, übergeben werden; viele Namen dieser Gruppe deuten auf Verwandtschaft, so daß legitime Ehen vielleicht nicht möglich gewesen wären. Für Canelle Secco, einen Hof des Klosters S. Giulia in Brescia, werden aufgezählt (Inventari ... 56) «prebendarii infra curte masculi maiores IIII, feminas IIII, infantes VIII, boves IIII, vitulam I, porcos XIII» usw.

26 La società milanese nell'età precomunale (Bari 1953, 1974) 106.

nerhalb der Umzäunung des Klosters eine Hütte bewohnten, als «hagustaldi», Hagestolze, Unverheiratete, vielleicht in «Wartestellung» bis zur Zuteilung eines Landstückes, das ihnen die Familiengründung erlaubte[27]. Viel öfter wohnte das klösterliche Dienstpersonal in Massenquartieren, hier die Männer, dort die Frauen mit den (kleineren) Kindern. Das wurde gewiß nicht als unsozial angesehen, hatten doch auch die Mönche ihren Schlafsaal, und selbst ein Bischof pflegte im selben Raum wie andere Geistliche zu schlafen[28]. Es mochte als Fortschritt gelten, wenn die Schlafräume unmittelbar neben den Arbeitsräumen der einzelnen «Ämter» lagen, die Krankenpfleger im Spital, die Gärtner neben dem Klostergarten untergebracht waren. Diese Verteilung auf kleinere Einheiten zeigt die Kopie, die für St. Gallen von einem Klosterplan angefertigt wurde. «Alle Personen mit der gleichen Aufgabe in einem Raum: Dies legt nahe, daß sie keine Familien gehabt haben»[29].

Durch die Wohn- und Arbeitsverhältnisse der Hausdienerschaft erklärt sich auch zum Teil, was wir in einem Besitzverzeichnis des Klosters Farfa finden. Dieses besaß in den Abruzzen einen Gutshof Forcone, innerhalb dessen (infra casam) Handwerker, Gärtner und ein Pferdehirte lebten, insgesamt zwölf «homines manuales», zwei davon mit ihren Frauen. Dazu kamen 55 Mägde, von denen man angenommen hat, daß es sich um Textilarbeiterinnen handelte[30]. Zusammen mit den 12 Inhabern von «Ämtern» werden in gleicher Zahl «männ-

---

[27] Kuchenbuch a. a. O. 257 (für Prüm).

[28] Unten 182.

[29] Kuchenbuch a. a. O. 343. Auf dem – von der Reichenau stammenden – Plan ist auch eine «domus famuliae quae cum servitio advenerit» eingezeichnet, d. h. ein Haus «für die Diener ... die beim Aufenthalt des Herrschers oder eines Beauftragten am Ort mitverpflegt werden mußten». Bernhard Bischoff, Die Entstehung des St. Galler Klosterplanes in paläographischer Sicht, in: Bischoff, Mittelalterliche Studien 1 (1966) 47 f. Vgl. die Abbildungen und Kommentare bei Horn u. Born, Plan of St. Gall (oben 102 Anm. 143), z. B. Bd. 2, 156. Nach Horn a. a. O. 1, 13 Anm. 1 und 2, 156 sei «domus» die Bezeichnung für den gemeinsamen Aufenthaltsraum, nicht für das ganze Haus.

[30] Luzzatto, I servi (oben 116 Anm. 15) 83. Da alle zusammen in zwei Gruppen geteilt werden, «gute» und «mittelmäßige» Arbeiterinnen (mancipia quae bene, bzw. quae mediocriter laborant), ist es nicht sicher, daß jene drei von ihnen, die als «ancillae dei» aufscheinen, «s'occupaient sans doute de l'entretien de l'église», wie Charles Verlinden meinte: L'esclavage dans l'Europe médiévale 2 (Brügge 1977) 100. Es mag sich um Freie handeln, die sich dem Kloster als «mancipia» selbst tradiert hatten und eine bescheidene Altersversorgung erarbeiteten; eine von den dreien wird als «vetulana» bezeichnet. Das Verzeichnis der Leute von Forcone ist gedruckt im Regestum Farfense 5, 258. Vgl. oben 170 Anm. 21.

liche Kinder», nach den Frauen 13 «weibliche Kinder» genannt. Bei wenigen Kindern, im ganzen sieben, wird der Vater angegeben – stets ist es einer der «Amtsinhaber». Die anderen Kinder werden durch den Namen ihrer Mütter näher bezeichnet; in acht bis zehn Fällen ist dieser Name einer der oben genannten Frauen. Man darf also annehmen, daß es sich um ihre Kinder handelt. Da wie schon gesagt auf der ganzen Liste nur zwei Gattinnen von «homines manuales» genannt sind, scheinen die anderen unverheiratet gewesen zu sein. Von den Ehelosen haben sich vielleicht nur zwei, der Schmied und der Pferdehirte, zu ihren Söhnen bekannt; fünf Kinder hatte der Gärtner Ursus mit seiner Frau Proda.

Als Rest bleiben ein Söhnchen und vier Töchter von Frauen, die nicht unter den 55 Arbeiterinnen erscheinen. Man kann hier an eine Vermutung Dom Berlières denken, daß in den Klöstern Waisenkinder oder Kinder von Kranken in die Hausdienerschaft aufgenommen wurden[31]. Was auch immer das Schicksal der Mütter gewesen sein mag, man kannte ihre Namen, sie hatten also wohl zu den Mägden des Gutshofes gehört. Möglich wäre auch, daß die eine oder die andere einen «behausten» Knecht geheiratet und ihr Kind auf dem Gutshof zurückgelassen hätte.

Das vorliegende Material ist so gering, daß es verwegen wäre, aus ihm allgemeine Schlüsse abzuleiten. Immerhin gibt es einige Hinweise: Auf einem Klosterhof scheint das Dienstpersonal ebenso wenig Möglichkeiten zur Familiengründung besessen zu haben, wie im weltlichen Bereich[32] und wie es noch heute bei Landarbeitern der Fall ist. Man ist wahrscheinlich nicht nur in Farfa an das Problem der unehelichen Kinder des Dienstpersonals mit einer recht nüchternen Einstellung herangetreten; sie hat sich in späteren Jahrhunderten wenigstens teilweise geändert, unter dem Eindruck der kanonischen Ehegesetzgebung.

In der Sphäre des unfreien Dienstpersonals wiederholt sich in verstärktem Ausmaß, was bei den Oberschichten anzutreffen ist. Es wurde bereits auf die Liberalität gegenüber Bastarden hingewiesen, und auf interne Heiratsbeschränkungen der Mittelschichten. Bei seiner Untersuchung von fünfzig reichen Familien des Mâconnais hat Georges Duby Beispiele dafür erbracht: Ein Mann hat sechs Söhne, zwei davon heiraten; von den sechs Söhnen eines anderen wird nur einer verehelicht. Die Zahl der Enkel übersteigt kaum jene der Kin-

---

[31] Berlière, Familia 15.

[32] Fred Schwind in: Das Dorf der Eisenzeit u. des frühen Mittelalters (Abhandlungen d. Akad. d. Wiss. Göttingen, phil.-hist. Kl. 3. F. Nr. 101, 1977) 484 mit Anm. 242 über die vorherrschende Ehelosigkeit als Charakteristikum der «mancipia» auf den grundherrschaftlichen Wirtschaftshöfen.

der[33]. Hier findet man «Mädchen, die im Kreis der Familie altern, und alte Knaben (vieux garcons) ohne Bindung». Sie hatten es besser als die Weberinnen von Forcone und wenigstens zum Teil die dortigen «Ministerialen» in Haus und Garten. Mönche oder Nonnen konnten nicht alle werden oder wollten es auch nicht; nur zwei «ancillae dei» haben sich in Forcone befunden, fromme Mägde ohne Schleier und geistliche Gemeinschaft, Unfreie ohne «Mitgift» an das Kloster. Wenn die Bauernhufe zu klein war, um alle Familienmitglieder zu ernähren, blieb der Ausweg, als Dienstpersonal auf dem Herrenhof unterzukommen. Man lebte innerhalb der «familia», aber ohne Familie. Ähnlich wie für Mönche und Nonnen war auch hier ein Ersatz für den natürlichen Verband geschaffen, eine Gemeinschaft, in der man mit Gleichgestellten vereint war, mit Menschen, die im Leben auf dieser Welt zu kurz gekommen waren und auf die jenseitige hoffen konnten, in der die Geringsten die Größten sein werden.

Hat es ein Ausbrechen aus diesem engen Lebenskreis gegeben? So wie es vazierende Mönche und in die Welt zurückgekehrte Nonnen gab, fehlte es auch nicht an flüchtigem Dienstpersonal. Unfreie zählten dann zu den Gesetzlosen, sie sanken zum «fahrenden Volk» ab, dem wohl auch Freie angehörten, die unter die Räder des Schicksals gekommen waren. Zufällig erfahren wir von einem Armen, der mit seiner Frau und sechs Kindern den ganzen Winter im Freien verbrachte, unter einem überhängenden Felsen; er war ein Neuankömmling und hatte nirgends Gastfreundschaft gefunden[34]. Auch wenn die Geschichte erfunden sein sollte, hat man sie doch als möglich erachtet. Ein einzelner Mensch konnte sich eher als Wanderarbeiter durchschlagen und Aufnahme finden, als eine achtköpfige Familie, auch wenn sie – wie es in dem vorliegenden Fall erzählt wird – tugendhaft war und die nächste Pfarrkirche aufsuchte. Zur Familie gehörte Grund und Boden, so wie die unfreie Familie zu Grund und Boden gehörte. –

Die geistliche Großherrschaft war, wie wir sagten, kaum anders als die weltliche organisiert. So konnte das Wort für ihr Personal auch in den weltlichen Bereich eindringen und kann man in dem Begriff «familia» eine Grundstruktur der Sozialgeschichte sehen[35]. Das in unserem Sinn familiäre Denken trat auch im geistlichen Bereich oft zurück hinter einer Betonung von Rang und

---

[33] Société . . . Mâconnais 8 f.

[34] Letald von St.-Mesmin in Micy, Miracula Maximini c. 44, MIGNE PL 137, 818.

[35] Karl BOSL, Die «familia» als Grundstruktur der mittelalterlichen Gesellschaft. Zeitschrift f. bayerische Landesgesch. 38 (1975) 403 ff. Derselbe, Die Grundlagen der modernen Gesellschaft im Mittelalter 1 (Monographien zur Gesch. des Mittelalters

Stand und damit der Scheidung in Hoch und Niedrig. In der Aachener Kanonikerregel von 816 wurde die «familia» mit den Niedrigen (viles personae) gleichgesetzt; man warnte davor, daß diese Leute unter Ausschluß der Vornehmen in die Gemeinschaft aufgenommen würden[36]. An gleicher Stelle erfahren wir, ein der «familia» entnommener Kanoniker, deshalb eben erst freigelassen, sei sets in Gefahr, von seinen Vorgesetzten geprügelt oder gar in den Stand des Knechtes zurückversetzt zu werden. Aus Klöstern wird derartiges nicht berichtet. Auch hier trat aber das herrschaftliche Element manchmal stark hervor. Selten wurde das Bild des Vaters gebraucht, eher das des Hirten, der seine Herde ohne egoistische Bestrebungen weiden und ihr «mit dem Wort der Predigt» geistliche Speise zuteilen sollte[37].

Nicht auf die Niedriggeborenen beschränkte sich der Begriff «familia» im Haushalt, beziehungsweise am Hof des Mächtigen. Neben der eigentlichen Dienerschaft standen hier Angehörige der Mittel- und Oberschichten, die einem Herrn militärische, politische und auch Hofdienste leisteten. Sie waren ehrenvolle, oft nur mehr symbolische Verpflichtungen; hier wurde der Pferdeknecht zum Marschall. In dieser Atmosphäre wurde der Herr selten als «Vater» empfunden, am ehesten noch findet sich derartiges in Dichtung und rhetorischer Prosa. So bezeichnet z. B. das Waltharilied die Jünglinge (adolescentes) Hagen und Walter als «nutriti» (also etwa «Ziehsöhne») Attilas. Es ist ein Ausdruck, der im französischen Epos als «no(u)rri» wiederkehrt[38]. Wenn ein Geschichtsschreiber glaubte, pathetisch werden zu müssen, konnte er die Großen eines Reiches dem König versprechen lassen, sie wollten ihm, dem Vater, der sie nach Art einer Familie (familiariter) ernährte, bis zum Tode die Treue halten[39]. Hofpoeten mochten die Königin als «süße Mutter» feiern, wie es in den Cambridger Liedern geschieht[40]. Daneben gibt es die übliche Topik, die den Herrscher etwa als Vater des Frankenreiches oder des Vaterlandes bezeichnete. Bei Rodulfus Glaber hören wir, der römische Erdkreis sei gleichsam ein Haus,

---

4/1, 1972) 179-190 (Kapitel «Der abhängige Personalverband der ‚Familia'») und weitere Arbeiten.

36 MGH Concilia II/1, 399 c. 119.

37 A. a. O. 403 c. 123. Über den geistlichen «nutritor» des Novizen im Kloster vgl. Pierre Riché in der Diskussion der Tagung Famille et Parenté (oben 113 Anm. 1) 61.

38 Flach, Origines (oben 2 Anm. 3) 2, 456. Auf die (stark umstrittene) Bedeutung der Hausgefolgschaft muß hier nicht eingegangen werden.

39 Gesta episcoporum Cameracensium I, 97, MGH SS 7, 440, wo auch das Wort «familia» für das Gefolge des Herrschers (Otto II.) gebraucht wird.

40 Ed. K. Strecker in MGH, 97 Nr. 41 Z. 15.

das den Kaisern (Karl d. Gr. und Ludwig d. Fr.) zu Diensten war, voll Freude über das Wohlergehen des Vaters[41]. Familiäre Gleichnisse sind aus der Geschichtsschreibung nicht wegzudenken, wo es um die Schilderung von Eintracht und Frieden geht[42].

Konkreteren Inhalt hat es, wenn etwa Thietmar von Merseburg von «confratres» spricht. Das sind nicht die «geistlichen Mitbrüder» im allgemeinen, sondern die Bruderschaft, in deren Gemeinschaft (fraternitatis consortium) Thietmar durch ein zweitägiges «großes und allen sehr willkommenes» Gastmahl aufgenommen wurde[43]. Es handelt sich um das Domkapitel von Magdeburg, dessen Mitglieder als «geistliche Brüder» einander «caritas» erweisen mußten. Was dies ist, erfuhr Thietmar einst im Traum, als ihm ein verstorbener Kapitular Vorwürfe machte: «Warum habt ihr mich nicht (vor dem Tode) aufgesucht, warum habt ihr nicht den Psalter gesungen und nicht das Gedächtnis geleistet, das in (der Gebetsverbrüderung der Synode von) Dortmund zu finden ist?»[44] Er hat den Text dieser Beschlüsse in sein Werk aufgenommen, der als «decretum» von Heinrich II. und seiner Gattin Kunigunde, von drei Erzbischöfen und zwölf Bischöfen des Reiches ausging: Wenn einer von ihnen, also auch der König oder die Königin, sterben sollte, so hatten die anderen Mitglieder der Gebetsverbrüderung und auch die ihnen unterstellten Geistlichen Messen zu lesen bzw. für den Verstorbenen zehnmal den Psalter zu singen. Außerdem waren dann große Armenspeisungen fällig, die ebenso wie das gleichzeitig geforderte Anzünden von Lichtern dem Gedächtnis des Toten und der geistlichen Hilfe für ihn dienten: Auch Weltliche sollten in dankbarem Gebet um die Rettung seiner Seele bemüht sein[45].

Dieses Großaufgebot für das Seelenheil war so organisiert, daß die «confratres» selbst die geringsten, und ihre Untergebenen in absteigender Linie immer größere Leistungen zu erbringen hatten: Erzbischöfe, Bischöfe und auch ihr Domklerus zelebrierten eine einzige Messe, die übrige Priesterschaft deren drei, Diakone und Minoristen hatten jeder 1500 Psalmen zu singen. Es war ein Ordnungsprinzip ähnlich jenem, das den Klostervasallen geringe und den unfreien Mitgliedern der «familia» bedeutende Lasten aufbürdete. Freilich hatten die Großen auch in diesem Fall materielle Leistungen zu erbringen, die man von den «kleinen Leuten» nicht erwarten konnte. König und Königin sowie der Herzog von Sachsen hatten überhaupt nur derartige Verpflichtungen. Die

---

41 Historiae ed. PROU I, 1 p. 6 § 4.

42 A. a. O. I, 5 p. 20 § 21 (über die zum Christentum bekehrten Normannen).

43 Thietmar IV, 16, ed. HOLTZMANN 150. LIPPELT, Thietmar (oben S. 2 Anm. 2) 64 ff.

44 A. a. O. VII, 33, ed. HOLTZMANN 438. LIPPELT a. a. O. 67.

45 A. a. O. VI, 18, S. 294 ff.

doppelte Ausweitung der Gebetsverbrüderung nach «oben» und «unten», Regenten und Diözesanklerus einbeziehend, ist sekundär; ursprünglich hatten nur die «confratres» für einander zu beten, nicht erst im Falle des Todes eines von ihnen, sondern schon «zum Heil der Lebenden»[46].

Sozusagen den Normalfall der Gebetsverbrüderungen stellen die klösterlichen dar. Die Mönche waren durch die Regel brüderlich miteinander verbunden, und verbanden sich nun mit anderen zu einer «societas et fraternitas» – es ist der gleiche Ausdruck, der sich später ebenso bei der Bitte von Novizen um Aufnahme ins Kloster findet[47]. Während der Begriff «Gesellschaft» den Zweckverband auch im modernen Gebrauch kennzeichnet, ist uns das Wort «Bruderschaft» fast abhanden gekommen. Es war kaum mit Gefühlswerten im Sinne brüderlicher Liebe belastet; man wäre sonst nicht auf den Gedanken verfallen, das Gebet für den Mitbruder einem Substituten zu überlassen. Diese zwischenmenschliche Bindung war auch keine Lebensgemeinschaft wie jene der Mönche eines Klosters, und von dem Wesen der Familie blieb nur das Moment der Verpflichtung zur Hilfeleistung, besonders in Notsituationen. Es konnte, in «gemessener» Form, beliebig weit ausgedehnt werden, auch auf Weltliche oder den Herrscher.

Von hier war es nicht weit zu den Zweckverbänden von Weltlichen, «die man im Volk Gilden oder Bruderschaft nennt»[48]. Den ersten Ausdruck findet man eher bei den – in der Form von Schwurverbänden von der karolingischen Obrigkeit bekämpften – Einungen zu weltlichen Zwecken, den zweiten als vorwiegend religiöse Vereinigungen etwa in Italien, wo wir aus Modena das Statut einer Bruderschaft besitzen, die über hundert Männer und Frauen umfaßte.

---

[46] Vgl. etwa einen Text aus dem Bistum Ivrea aus der ersten Hälfte des 10. Jahrhunderts, gedruckt bei MEERSSEMAN, Ordo Fraternitatis 1 (oben 159 Anm. 120) 96 f.: Ein «consortium» von Priestern beschließt, daß jedes seiner Mitglieder wöchentlich zwei Messen «pro salute vivorum» singt oder durch einen Vertreter singen läßt, und zehn im Todesfall eines Mitbruders. Aus einem weiteren Punkt erfährt man, daß auch Laien, darunter Frauen, Zugang zu der Bruderschaft hatten; sie opferten Geld für Lichter zum Seelenheil von Lebenden und Verstorbenen.

[47] Karl SCHMID und Joachim WOLLASCH, Societas et fraternitas. Frühmittelalterliche Studien 9 (1975) 3 Anm. 4.

[48] «Collectae, quas geldonias vel confratrias vulgo vocant.» Hincmar von Reims, zitiert bei HAUCK, Speisegemeinschaft (oben 83 Anm. 40) 614. Über die kontroversen Fragen eines sakralen oder profanen Ursprunges des Gildenwesens vgl. zuletzt Helmuth STRADAL, Artikel «Gilde» im Handwörterbuch zur deutschen Rechtsgeschichte 1 (1971) 1687 ff.

Sie gaben Geld für Kerzen in der Domkirche, als «Seelgerät»; ihr Statut läßt erkennen, daß man die ewige Seligkeit als Tischgemeinschaft verstanden hat[49].

Hier ist das familiäre Element nur mehr schwach, es tritt jedenfalls hinter dem «gesellschaftlichen» zurück. Viel konkreter faßte man die Bindungen auf, die durch «geistliche Verwandtschaft» vermittelt wurden. Der Christ war ein im Geiste Wiedergeborener, und als solcher besaß er neben den leiblichen Eltern einen geistlichen Vater bzw. eine geistliche Mutter (compater, commater): Der Taufpate übernahm die Verantwortung für die christliche Erziehung des Täuflings, er war sein «Ernährer» und «pater spirit(u)alis». Darum konnte die geistliche Verwandtschaft auch zu einem Ehehindernis werden. Nach Justinian kann nichts so sehr väterliche Liebe hervorrufen und als rechter Grund für Eheverbote gelten, als eine solche Verbindung, durch die die beiden Seelen unter Vermittlung Gottes miteinander verbunden (copulatae) werden[50].

Da auch Geistliche einen Taufpaten hatten und Taufpate sein konnten, überkreuzten einander beide Bereiche des geistlichen «Familienlebens»: Durfte ein Mönch einen anderen «Vater» als den Abt haben, durfte es den geistlichen «Sohn» eines Mönchs geben? Auf einer Zusammenkunft der Äbte der Reimser Kirchenprovinz in Mont-Nôtre-Dame (972/973) erhob der Abt von St.-Rémi Vorwürfe gegen solche Mönche: Einen Sohn oder eine Tochter zu haben, sei Unzucht. Darauf verbot der Metropolit Mönchen die Annahme von Patenschaften[51]. Für Reformer mochte es nicht weniger wichtig erscheinen, die klösterliche Brüdergemeinschaft aus den Bindungen der Kompaternität zu lösen, als aus jenen der biologischen Verwandtschaft.

---

[49] Druck bei Meersseman, Ordo fraternitatis 1, 98 f.; a. a. O. 99: «ad epulas beatorum inter convivia angelorum ...». Die Bruderschaft muß seit der Mitte des 10. Jahrhunderts bestanden haben. Eine ähnliche «societas» von Männern und Frauen gab es im 10. Jahrhundert in Tours, Meersseman a. a. O. 101 ff. (Namen und oft Berufsangaben; «gente modesta e di umile condizione», 106).

[50] Codex Iustinianus ed. P. Krüger 5, 4, 26. 2, S. 197. Über die geistliche Verwandtschaft vgl. die ausführlichen Darlegungen von Angenendt, Das geistl. Bündnis (oben 113 Anm. 4) 10 ff.

[51] Richer III, 35 ed. Latouche 2, 42 ff. Die Stelle ist falsch verstanden worden. Lot meint, der Abt habe den Mönchen vorgeworfen «de s'appeler entre eux ‚compères' (et non frères)» und beklagt in diesem Zusammenhang den «esprit pueril et formaliste du moyen âge». Les derniers Carolingiens 71. Isolde Schröder, Die westfränkischen Synoden von 888 bis 987 und ihre Überlieferung (MGH Hilfsmittel 3, 1980) 291 schreibt: «Man verbietet den Mönchen, sich gegenseitig als compater zu bezeichnen.» Vielleicht gab es damals auch den erweiterten und verflachten Gebrauch des Wortes (wie im Deutschen später «Gevatter» zur Anredeform wurde), aber dieser ist hier kaum gemeint.

Was wir als Übertragung eines Begriffes ansehen, konnte als die eigentliche, nämlich spirituelle, Realität verstanden werden, während das Vergängliche nur ein Gleichnis zu sein schien. Ähnliches begegnet bei dem alten Gedanken, daß das Verhältnis des Bischofs zu seiner Kirche nach Art einer Ehe aufzufassen sei: Im 9. Jahrhundert haben die Pseudoisidorischen Dekretalen den Übergang eines Bischofs in eine andere Diözese als Verbrechen der Unzucht und des Ehebruches erklärt[52]. Während der Bischofsring ein (römisches) Würdezeichen war (signum pontificalis honoris), das keiner Erklärung bedurfte, spricht am Ende des 9. Jahrhunderts das Pontifikale von Aurillac von einem «Ring der Treue (oder: des Glaubens)», durch den dem Bischof die Kirche anvertraut wird; sie ist freilich nicht seine «Braut», sondern diejenige Christi, die er behüten muß[53]. Es sollte bis zum 12. Jahrhundert dauern, daß der Bischofsring zum Ehering wurde, den der Bischof «anstelle Christi» trug. Später haben Kanonisten die geistliche Ehe des Bischofs als Grundlage für die Definition seiner Stellung und seiner Rechte benützt.

Die Kirche als Braut Christi, die Kirche als Mutter der Gläubigen sind zwei Vorstellungen, die von altersher nebeneinander einhergehen[54]. Es machte nichts aus, wenn daneben gelegentlich Rom als die Mutter der Kirchen oder der Bischöfe[55] bezeichnet wurde; hier handelte es sich um ein Gleichnis, das die Vorstellung vom «Haupt» und «Angelpunkt» (cardo) ergänzte, ohne zu konkreten Folgerungen aus dieser Aussage zu gelangen. Familiäre Gleichnisse durchziehen das patristische Schrifttum ebenso wie dasjenige späterer Jahrhunderte. So konnte sich Hrotsvith von Gandersheim auf einen Brief des heiligen Hieronymus stützen, wenn sie die Mutter von drei Märtyrerinnen erklären ließ, sie sei jetzt die «Schwiegermutter des himmlischen Königs» geworden[56]. Das familiäre Wesen setzte sich ja in den Himmel hinein fort, und es hat zu Unrecht Verwunderung hervorgerufen, feststellen zu müssen, «daß ... ein transferierter Heiliger seine Verwandten nachzog». Man ließ z. B. im Jahre 839 die hl. Feli-

---

[52] Zitate bei Jean GAUDEMET, Note sur le symbolisme médiéval: Le mariage de l'évêque. In: GAUDEMET, La société ecclésiastique dans l'Occident médiéval (Reprint London 1980) X 74 f. Anm. 2. Weitere Literatur bei FUHRMANN, Pseudoisidor. Fälschungen (oben 20 Anm. 46) 2, 290 Anm. 2.

[53] GAUDEMET a. a. O. 72 Anm. 9, 73 ff. (auch zum Folgenden). Verena LABHART, Zur Rechtssymbolik des Bischofsringes (Rechtshistor. Arbeiten 2, 1963).

[54] Vgl. die zusammenfassende Darstellung durch J. SCHMID in dem Artikel «Heilige Brautschaft» im Reallexikon für Antike und Christentum 2 (1954) 546 ff., 554 ff.

[55] So im Decretum Burchards, vgl. Max KERNER, Studien zum Dekret des Bischofs Burchard von Worms (Diss. Aachen 1969; Mainz 1970) 84.

[56] Marianne SCHÜTZE-PFLUGK, Herrscher- und Märtyrerauffassung bei Hrotsvit von Gandersheim (Frankfurter Historische Arbeiten 1, 1972) 19.

citas von Rom nach Sachsen übertragen, in der nächsten Generation einen ihrer Söhne, und 1014 die Hälfte der Gebeine dreier anderer Söhne dieser Heiligen[57].

Das Begriffsfeld der Familie wurde auch dazu benützt, um Rangunterschiede zu verdeutlichen. Bischof oder Abt als geistlicher «Vater», Weltgeistliche oder Ordensleute als «Söhne» sind gebräuchliche Anredeformen. Der «heilige Vater» pflegte auch Könige als «geliebtester Sohn» anzusprechen[58]; es war ein Ausdruck des Ehrenvorranges und quasi-familiärer Verbundenheit, doch konnte hierokratisches Denken an ihn anknüpfen. Daß Geistliche hohen Ranges durch den Papst auch als «Brüder» angeredet werden konnten[59], zeigt, wie wenig es sich um ein rationales oder gar juridisch fundiertes System handelte. Wohl aber ist es möglich, daß von hier praktische Impulse zur Bewältigung von Rangproblemen ausgingen. Derartiges wird in einer vielleicht erfundenen Erzählung über das Zusammentreffen zwischen Otto dem Großen und Johann XII. im Februar 962 behauptet: Otto habe den Papst auffordern lassen, zu ihm in die Kaiserpfalz zu kommen. Eilig zusammengerufene päpstliche Würdenträger hätten entschieden, es sei billig, daß der Vater den Sohn aufsuche; worauf Johann der Aufforderung Ottos nachgekommen sei[60].

Hier überwiegt die «familiäre» Bindung das Rangdenken; nicht auf Über- oder Unterordnung kommt es an, sondern auf den Zusammenhalt, die Gemeinsamkeit. Eine heikle Frage wird so gelöst, daß das Prestige des Schwächeren gegenüber dem Stärkeren einigermaßen gewahrt bleibt. Vielleicht handelt es sich um eine «Lehranekdote», wie man solche Problemlösungen bezeichnen könnte, die in der höfischen Literatur öfters zu finden sind.

Von der «familia sancti Petri» und den päpstlichen Familiaren soll hier nicht die Rede sein, denn diese Begriffe spielen doch erst im Spätmittelalter eine wirkliche Rolle, auch wenn bereits der heilige Bonifatius die «familiaritas» mit

---

57 Klemens HONSELMANN, Reliquientranslationen nach Sachsen. In: Das erste Jahrtausend, Textbd. 1 (1962) 192.

58 So z. B. Johann IX. für Karl den Einfältigen 899, JAFFÉ-LÖWENFELD Reg. 3521, MIGNE PL 131, 31 Nr. 4, wobei der pluralis maiestatis des Ausstellers den Abstand vermehrt. Es handelt sich um «väterliche» Mahnungen (paterne hortamur) zugleich mit der Versicherung der Zuneigung (tuam in Christo amplectimur filiationem).

59 So bezeichnete noch Leo IX. 1052 den Erzbischof von Mainz als geliebten Sohn und geistlichen Bruder: J.-L. Reg. 4281, MIGNE 143, 696 Nr. 74. Heinrich FICHTENAU, Adressen von Urkunden. Römische Historische Mitteilungen 18 (1976) 29 Anm. 88, ebenda 28 f. über die Deutung der Bezeichnung «filius» durch Franz Dölger.

60 Translatio s. Cyriaci, AA SS Aug. II, 338. BÖHMER-ZIMMERMANN Reg. 298: «in legendärer Art».

dem Papst erlangen wollte[61]. Nur kurz soll die «Familie der Könige» gestreift werden, liegt über sie doch ein berühmter Aufsatz Franz Dölgers vor[62]. Er bezieht sich auf Byzanz und die byzantinische Sitte, Herrscher des Karolingerreiches und ihre Nachfolger als «Brüder» anzuerkennen. Im Abendland hat man derlei akzeptiert, aber nicht weitergebildet. Was ist der Grund dafür? «Es gibt keine Familie der Könige, weil das abendländische Mittelalter keinen Vater anerkennt; der Kaiser ist es sowenig wie der Papst»[63]. Wir haben allerdings gesehen, daß im familiären Denken eine solche Vollständigkeit nicht immer gefordert wird. Eher könnte man auf die Tatsache verweisen, daß die europäischen Fürsten wirklich miteinander verwandt waren in einer Weise, die das spirituelle Verwandtschaftssystem konkurrenzierte. Ottonen, Rudolfinger, späte Karolinger und Kapetinger waren Vettern oder Onkel und Neffe oder Schwäger – es hätte seltsam gewirkt, wenn sie einander als «Brüder» tituliert hätten. Wie lange die byzantinische Gewohnheit das höfische Denken bestimmte, dafür gibt es ein kurioses Beispiel aus der Vorgeschichte des Krimkrieges: Damals beklagte sich der neue Kaiser der Franzosen Napoleon III. bei dem Zaren Nikolaus I., daß ihm dieser den Titel eines Bruders versagte und ihn nur jenen eines Freundes gewährte[64].

Mit Recht hat man darauf hingewiesen, daß das Familienwesen im früheren Mittelalter der hauptsächliche Rahmen des Denkens und Handelns war; was über ihn hinausging, wurde sehr oft unter «familiären» Aspekten gesehen[65]. Viel stärker als heute lebte man in und mit der Familie, und darum wurde sie zur wichtigen Kategorie des Verstehens der Umwelt. Was sich seither geändert hat, kann man unter vielem anderen daran ermessen, daß Vetternwirtschaft und Nepotismus aus praktischen Tugenden zu Schimpfworten des politischen Lebens geworden sind, und daß man von Wohnungselend spricht, wenn mehr als zwei Personen einen Raum miteinander teilen. Einst lebte man sozusagen im Plural, und das gilt nicht nur für die Bauernhütte, sondern auch für die Herren.

---

[61] Darüber zuletzt ANGENENDT, Taufe u. Politik (oben 135 Anm. 9) 162 Anm. 101 und Theodor SCHIEFFER, Winfrid-Bonifatius (1954, 1972) 144, vgl. 301 über «die ansprechende Wiedergabe der ‚familiaritas' als ‚Hausgenossenschaft'» bei Johannes Haller.

[62] Wiederabgedruckt in: DÖLGER, Byzanz und die europäische Staatenwelt (1953) 34 ff.

[63] Arno BORST, Lebensformen im Mittelalter (1973) 488.

[64] Schreiben Napoleons III. vom 14. Januar 1853, Hinweise in: Akten zur Geschichte des Krimkriegs Serie I Bd. 1 (1980) 98 Anm. 5 und Heinrich FRIEDJUNG, Der Krimkrieg und die österreichische Politik (1911) 10.

[65] Vgl. die stärkere Formulierung der Tatsache bei ANGENENDT, Taufe und Politik 165. Zum Lehenswesen vgl. oben 57 f.

Auf dem Plan aus St. Gallen ist für den Abt ein geräumiges Haus vorgesehen und trotzdem sind in seinem Schlafraum neun Betten eingezeichnet[66]; das war nicht asketische Bescheidung, sondern ganz allgemein wollte man auch nachts seine Leute zur Hand haben[67]. Wir legen keinen Wert darauf, mit vielen Menschen in einem Speisesaal zu essen, und noch weniger mögen wir die Nächte in einem Schlafsaal verbringen. Für den Mönch war es dagegen eine Strafe, allein sein zu müssen. Familie, «familia» und ihre Anverwandten vermittelten das, was heute für Kinder das Wichtigste ist: Menschliche Nähe und Geborgenheit.

[66] Horn u. Born (oben 102 Anm. 143) 3, 50 c. 104, mit der Beischrift «lecti hic». Vgl. die Interpretation a. a. O. 1, 310, 318.

[67] Daß Priester und Kleriker «cubiculo episcopi et secretioribus quibuslibet obsequiis ... assistant», verlangte die Synode von Pavia 850 c. 1 und nach ihr Burchard von Worms, Decretum I, 103 als Sicherung des bischöflichen Lebenswandels: «episcopum iugiter attendant, eiusque sanctae conversationis testes ... existant». Mansi, Sacrorum conciliorum ... collectio 14, 929 c. 1; Migne PL 140, 581; Koeniger, Burchard I. (oben 23 Anm. 59) 75. Vgl. auch unten 270 mit Anm. 97 f.

NOBILITAS

I.

Der Edle

Während noch vor wenigen Jahrzehnten einerseits das Königtum und anderseits das Lehenswesen im Brennpunkt des Interesses der deutschen Forschung standen, ist es jetzt die «Adelsforschung». Hier ergab sich so manche Diskussion über Existenz und Wesen des Adels, seine Herkunft aus der karolingischen Nobilität und seine Position im 10. Jahrhundert als Träger von Ämtern und Vorrechten. Gab es damals überhaupt einen Adel? Streng gesinnte Rechtshistoriker und rechtshistorisch orientierte Sozialhistoriker haben das geleugnet[1], im Sinne eines gewissen Begriffspurismus, der den Adel als einen mit Vorrechten begabten, nach unten abgeschlossenen Geburtsstand definiert. Der Abschluß nach unten tritt im hohen und späten Mittelalter zutage, während im zehnten Jahrhundert Hinweise auf derartiges nur in bestimmten Landschaften anzutreffen sind[2].

Für die Zeit vor dem 12. Jahrhundert könnte man, um solchen Bedenken Rechnung zu tragen, von einem «werdenden Adel» oder auch von einer Aristokratie sprechen. Daß es Oberschichten gab, die Herrschaftsrechte ausübten, wird man nur dann leugnen können, wenn man «Herrschaft» als freie und unbe-

---

1 Überaus zahlreiche Zitate aus dem Schrifttum zum Thema finden sich in dem stark polemischen Buch von Wilhelm SCHNEIDER, Wider die These von der «Adelsherrschaft» (Arbeiten zur alemannischen Frühgeschichte 9, 1980). Vgl. auch den Literaturbericht durch Gabriele VON OLBERG, Freie, Nachbarn und Gefolgsleute (Germanistische Arbeiten zu Sprache u. Kulturgesch. 2, 1983) 6 ff., die Schneiders Buch nicht kennt.

2 In Sachsen minderte der Adelige seinen Stand, der eine Freie ehelichte; in den sächsischen Adelsstiftungen hatten nur adelige Damen Platz, während Nichtadelige sie bedienten. Darüber zuletzt Michel PARISSE, Les chanoinesses dans l'Empire germanique (IXe-XIe s.), Francia 6 (1978) 126. Hauptstelle: Rudolf von Fulda, Translatio s. Alexandri, jetzt auch in: Quellen zur Gesch. d. sächsischen Kaiserzeit (Ausgew. Quellen, Frh. vom Stein-Gedächtnisausg. 8, 1977) 14. Tendenzen zu einer Abschließung zeigten sich auch in Namengebung und Heiratsverhalten bayrischer Sippen karolingischer Zeit; STÖRMER, Früher Adel (oben 119 Anm. 25) 1, 29 ff. Zur Namengebung vgl. aber auch Erich ZÖLLNER in der Zeitschrift f. bayerische Landesgesch. 38/1 (1975) 361 f.

schränkte Gewalt auffaßt[3]. Jede mittelalterliche Herrschaft war beschränkt, sie stand vor allem unter Gott und dem Recht, und auch der Unfreie war deshalb nicht gänzlich rechtlos. Etwas anderes wäre es, zu fragen, ob man den Begriff Herrschaft auf eine familiär gegliederte Schicht im ganzen beziehen kann, während doch immer nur einzelne ihrer Mitglieder sie ausübten. Marc Bloch hat für das «erste Feudalzeitalter» die Existenz eines Adels als juridische «Klasse» geleugnet, aber doch das Bestehen einer adeligen «classe sociale» angenommen[4]. Eine solche Anschauung wird jedenfalls nicht durch die Quellen gestützt: Sie geben keine eindeutige Auskunft auf die Frage, ob der nicht erbberechtigte Sohn eines Burgherrn (seigneur châtelain) in Frankreich als adelig angesehen wurde[5] – was natürlich auch mit dem damaligen Gebrauch des Wortes «nobilis» zusammenhängt, von dem gleich zu reden sein wird.

Unsere Untersuchung betrifft diese Problemkreise nur am Rande. Während die meisten Forscher nach begrifflicher Klarheit streben, soll es unsere Aufgabe sein, mittelalterlichen «Popularbegriffen» in ihrem Bedeutungsreichtum und in ihrer Verschwommenheit nachzugehen. Sie sind noch nicht Produkte eines Intellektualismus, der Emotionales ausklammert, und erfassen darum tiefere Schichten der Persönlichkeit. Viele dieser Begriffe haben Wertcharakter, zum Teil in «schichtenspezifischer» Art. Ruhm und Ehre kann nicht von Knechten erstrebt werden, ihnen fehlen dazu die Voraussetzungen. Wir werden im folgenden mit Wortinhalten zu tun haben, die unter dem Sammelbegriff «nobilis» in den Quellen erscheinen. Vorerst werden über diesen ein paar Worte zu sagen sein.

«Nobilis» wird zumeist[6] mit «adelig» übersetzt. Dagegen ist nichts einzuwenden, wenn man dem Wort seine alte Bedeutungsbreite beläßt. Bei den Brü-

---

[3] Vgl. dazu SCHNEIDER a. a. O. 43.

[4] La société féodale 2, 9.

[5] Philippe CONTAMINE, Einleitung zu: La noblesse au moyen âge, Essais à la mém. de Robert BOUTRUCHE (Paris 1976) 23. Léopold GENICOT, Naissance, fonction et richesse ..., in: GENICOT, La noblesse dans l'Occident médiéval (Reprint London 1982) II 87 f.

[6] Anders z. B. SCHNEIDER a. a. O. 5 ff. – Nach der Niederschrift dieses Kapitels wurde mir das Buch von Jean-Pierre POLY und Eric BOURNAZEL zugänglich: La mutation féodale (X[e]-XIIe siècles) (Nouvelle Clio 16, Paris 1980). Hier wird auf S. 164 in wenigen Sätzen zusammengefaßt, was von der «mentalen» Seite des Begriffes «noblesse» zu sagen ist. «La noblesse, cette aura mysterieuse, n'est donc pas à proprement parler un groupe social. Elle est d'abord la justification des maîtres à leur propre dominance héréditaire. A ce titre, elle est bien affaire d'opinion ...» usw.

dern Grimm[7] ist Adel «ein vorzug des standes und geschlechts ..., dann aber würde und hoheit»; adelig heißt «edelgeboren, von adel ... noch richtiger aber trennen wir von bloßen vorzügen des standes die des innern menschen ... ein vornehmer mann ist darum kein edler ...». Verwiesen wird auf Ausdrücke wie «Adel der Seele» und auf das Sprichwort «Adel sitzt im Gemüte, nicht im Geblüte».

Seit der Aufklärung standen die «bloßen» Vorzüge des Standes weit unter den geistigen Qualitäten, die den Edlen kennzeichnen, wie dies schon im Mittelalter ähnlich von kirchlicher Seite propagiert worden war: Gott gibt nichts auf irdische Vorzüge[8], er kennt keine Unterschiede zwischen Adeligen und Nichtadeligen. Die himmlische Glorie stellt den irdischen Adel in den Schatten; er wurde nicht von der Natur, sondern vom Ehrgeiz geschaffen[9]. Adelige haben unedel, viele Nichtadelige haben edel gehandelt[10]. Durch die Sünde wird der Herr zum Knecht, durch die Gerechtigkeit der Knecht zum Herrn[11].

Es ist also zweierlei zu unterscheiden: die «nobilitas carnis», das edle Geblüt, und der geistige Adel, die «animi mores»[12]. Hat nun der Mann edler Herkunft eine Art Anwartschaft auf den geistigen Adel? Angesichts der kirchlichen Kritik hat das niemand ausdrücklich zu behaupten gewagt. Immerhin nennt manche Quelle beides in einem, wie wenn dies selbstverständlich wäre[13]. Über den geistigen Adel hat dann später, im 13. Jahrhundert, ein Autor einen ganzen Traktat geschrieben. Mit der Gründlichkeit der Scholastik unterschied er zwischen Menschen, die unwissentlich geistigen Adel besitzen, solchen, die von diesem Adel wissen und ihn doch nicht in Handlungen umsetzen, und schließlich Menschen, die «vollkommen adelig» sind, weil sich bei ihnen Besitz und Wissen eint und die «nobilitas animi» ihr ganzes Wirken bestimmt[14]. Es genügt

---

[7] Jacob und Wilhelm GRIMM, Deutsches Wörterbuch 1 (1854) 176 f.; 3 (1862) 25 f.

[8] 1 Cor. 1, 26 ff. Klaus SCHREINER, Zur biblischen Legitimation des Adels, Zeitschrift f. Kirchengesch. 85 (1974) 317 ff.

[9] Odo von Cluny, Collationes III, 30, MIGNE PL 133, 613.

[10] Rather von Verona, Qualitatis coniectura c. 3, MIGNE PL 136, 525 f.

[11] Arnold von St. Emmeram, Miracula s. Emmerammi I c. 3, MIGNE PL 141, 1000.

[12] Beides zusammen empfiehlt einen Kandidaten für die Erhebung zum Erzbischof bei Richer ed. LATOUCHE I, 162 (II, 25). Voll asketischer Strenge spricht dagegen Johannes von St. Arnulf in Metz, Vita Iohannis Gorziensis, MGH SS 4, 339 c. 7 von der «carnis vana ac tumescens et in morem fumi vanescens ... nobilitas».

[13] Thietmar VI, 65, ed. HOLTZMANN 354 f.: «Nobiles genere et moribus amavit, ignobiles autem non contempsit ...».

[14] M. L. COLKER, De nobilitate animi. Medieval Studies 23 (1961) 53: «Perfecte autem nobiles sunt qui eam (sc. nobilitatem animi) habent et cognoscunt et secundum eam nobiliter operantur.»

also nicht, die beiden anderen Arten des Adels zu besitzen: den körperlichen (Abstammung und edle Erscheinung), und die «nobilitas fortune», worunter der Autor Herrschaft (dominium), Ruhm und Reichtum versteht[15].

Solcher Adel umfaßt den ganzen Menschen, es ist die «adelige Art» im Gegensatz zu dem auf Abstammung und Herrschaft verengten Begriff der Rechtshistoriker. Wer nicht «edel» handelt, verliert den Anspruch auf das Epitheton «nobilis», und umgekehrt kann es so mancher beanspruchen, der keine alten Ahnen nachzuweisen vermag[16]. Bei allen diesen Aussagen handelt es sich um den Einzelmenschen, während «Adel» im modernen Sinn des Wortgebrauchs stets auf Familien bezogen ist[17]. Und weiter: Dieses «Edelsein» ist steigerungsfähig, und das ist etwas anderes als der höhere oder tiefere Rang in der gruppenmäßig gegliederten Adelsgesellschaft. In den Urkunden des Mâconnais ebenso wie bei dem Chronisten Rodulfus Glaber – und nicht nur dort – ist «nobilis», nach der Formulierung von G. Duby, «ein Komparativ»: Ein Mann ist «edler» als der andere[18]. Für eine frühere Epoche wurde die Meinung vertreten, daß «die Abstufungen, die sich in der Steigerung von ‚nobilis – nobilior – nobilissimus' widerspiegeln, als Grade einer höheren oder geringeren Adelsqualität zu verstehen sind ...», wobei der Adel blutsmäßig aufgefaßt wird[19]. Wenn in manchen Quellen neben «nobiles» auch «praenobiles» oder «nobilis-

---

15 A. a. O. 57, 60.

16 «Ut enim virtus plerosque vulgares nobilitat, sic nobilitas sine virtutibus multos nobiles degenerat.» Wipo, Gesta Chuonradi, Prologus (ed. BRESSLAU p. 4). «Nemo enim nobilis nisi quem virtus nobilitat.» Wolfhere, Vita Godehardi episcopi prior, MGH SS 11, 170 c. 1. Es handelt sich um einen antiken Topos vom «Seelenadel»: Ernst Robert CURTIUS, Europäische Literatur u. lateinisches Mittelalter (7. Aufl. 1969) 188. Auch Topoi können Lebensmacht besitzen; im vorliegenden Fall scheint neben der kirchlichen Literatur auch der gallorömische Episkopat in seinem Verhaltenskanon die Brücke zum Mittelalter geschaffen zu haben. Die «aristokratische Ideologie» senatorischer Familien reichte bis in die römische Republik zurück und «fand ihren Ausdruck in einer Reihe von längst kanonisierten ‚virtutes'». Martin HEINZELMANN, Bischofsherrschaft in Gallien (Beihefte der Francia 5, 1976) 234. Vgl. unten 203, 493 Anm. 98.

17 Karl Ferdinand WERNER, Artikel «Adel» im Lexikon des Mittelalters 1 (1977) 119, vgl. ebenda: «‚Persönlicher Adel', eine Erscheinung der Verfallszeit, ist ein Widerspruch in sich.» Wiederabdruck in: WERNER, Vom Frankenreich zur Entfaltung Deutschlands u. Frankreichs (1984) 12.

18 Société ... Mâconnais 131, 134.

19 Josef FLECKENSTEIN, Die Entstehung des niederen Adels und das Rittertum. In: Herrschaft und Stand (Veröff. d. Max Planck-Instituts f. Gesch. 51, 1977) 18, über die merowingisch-karolingische Zeit.

simi» auftreten, so handelt es sich um eine gesellschaftliche Qualifikation von Personen[20], die keinen Rangcharakter hat oder haben muß. Derartige Epitheta sind auch oft einer gewissen Inflation unterworfen und schon darum wird man mit ihnen vorsichtig umgehen müssen. So werden etwa im Mirakelbuch der hl. Fides (Ste.- Foy de Conques) «nobiles» aus verschiedensten Gegenden angeführt, ohne daß der Autor über die Position und Verwandtschaften dieser Männer in ihrer Heimat orientiert gewesen sein kann[21]. Selten werden Leute aus der doch gewiß breiten Mittelschicht (mediocres) genannt und man hat den Eindruck, daß die Quellen eine Schwarz-Weiß-Technik bevorzugen. So konnte man sagen, daß in Katalonien um 1000 zwei voneinander völlig verschiedene «Klassen» existierten. Die Angehörigen der einen wurden als «maximi», «maiores» oder «nobiles» bezeichnet, während sich die andere aus «minimi», «minores» bzw. «inferiores» zusammensetzte[22]. Aber nicht nur Menschen konnten «nobiles» sein; man freute sich an diesem Wort so sehr, daß ein Autor es in verschiedenen Abwandlungen zur rhetorischen Figur der Paronomasie gebrauchte: Im gleichen Satz wird «nobilis» für den König, für eine Burg und für eine Abtei gebraucht[23]. Wenn man in späteren Jahrhunderten sogar von «nobilissima vina» schrieb[24] («ein edler Tropfen»), dann wird völlig deutlich, wohin der Weg dieses Wortes damals und dann wieder im 19. Jahrhundert führte. An seinem Ende steht der Allerweltsgebrauch ohne tiefere Bedeutung.

Man wird das «nobile castrum» also kaum als «Adelsburg» oder die «nobilis abbatia» als Adelskloster übersetzen können, den «nobilis vir» als Adeligen im engeren Sinne bezeichnen. Man kann dieses «mot passe-partout» (M. Bloch) fast immer mit «edel» wiedergeben; doch damit ist wenig getan. Es gilt, die Worthülse wieder mit den Bedeutungen zu füllen, die der Popularbegriff in seiner Anwendung auf Menschen einst hatte. Wir sprechen dabei nicht über den

---

20 Störmer, Früher Adel 1, 28 über das fränkische Bayern.

21 Jane Martindale, The French Aristocracy in the Early Middle Ages. Past and Present Nr. 75 (Mai 1977) 31. Das letzte im «Liber de miraculis sancte Fidis» genannte Datum ist 1037, doch muß sich das meiste schon um 1000 abgespielt haben: Pierre Bonnassie in der Diskussion der Tagung «Structures féodales et féodalisme», Rom 1978 (erschienen in der Collection de l'Ecole française de Rome 44, Rom 1980) 54. Der Begriff tritt auch als Superlativ auf: «nobilissimus quidam nomine Adimarus de Avalena», Migne PL 141, 143 c. 10.

22 Bonnassie, La Catalogne 2, 781.

23 Helgaud von Fleury, Vita regis Rotberti ed. Bautier-Labory 114 c. 23: «Castrum ... nobiliter constructum ... abbatiam a se factam nobilis (rex) nobilem et per secula reddidit illustrem.»

24 Brief des vazierenden Klerikers Ivo von Narbonne (1243), MGH SS 28, 231.

Adel dieses oder jenes Jahrhunderts und auch nicht über eine Oberschicht, sondern über die Vorstellung oder Vorstellungen, die man vom «Edelmann», dem höheren Menschentum hervorragender Personen (und Familien) hatte. Streng genommen ist es die Vorstellung jener Geistlichen, die zur Feder griffen, aber wir können der Meinung sein, daß dieses Bild auch bei anderen Gruppen dasselbe war. Vor allem galt es wohl innerhalb jener Oberschicht, aus der sich dann der Adel (im strengen Sinn) rekrutierte. Man hatte vorerst ein noch unscharfes Leitbild, das sich zur Zeit der Ausbildung des Standes zu einem Standesideal und Lebensreglement konkretisierte.

Den «Adel des Geistes» konnte es nur in einem edel gebauten Körper geben. Zum Leitbild gehörte, daß der Edle «schön» oder «von eleganter Statur» war[25]. Dazu kam ein Benehmen, das «anziehend» war und nicht «abstoßend», bildete doch der Herr den Mittelpunkt eines großen Kreises von Menschen. Auch als Amtsträger hatte er allen Grund, sich die Untergebenen zu Freunden zu machen. Er mußte sich auf seine Leute verlassen können wie jener Herzog Eberhard von Franken, über den Widukind schrieb, seine Vasallen hätten zu ihm gehalten, bereit zu jedem Frevel, weil Eberhard «von heiterem Gemüt» war, «leutselig gegen die Geringeren, verschwenderisch im Geben ...»[26]. Die Worte «affabilis» und «iucundus» kehren häufig wieder als Qualitätszeichen der führenden Persönlichkeit[27]. An höfische Lebensformen erinnert es, wenn Thietmar seinen Vorgänger «weise im Rat, unterhaltsam im geselligen Kreis» nennt[28]. Wir stehen schon im Bereich der «mâze», wenn wir erfahren, daß die Königin Mathilde niemals «über das Maß hinaus» (ultra modum) trauerte oder lachte, und wenn ein Graf dafür gelobt wird, daß seine Rede durch «medio-

---

[25] Da es für unseren Zeitraum fast nur Beschreibungen des Aussehens von Geistlichen gibt, müssen diese herangezogen werden. Vgl. etwa Gerhard, Vita s. Oudalrici MGH SS 4, 385 c. 1: «statura ... eligans»; Thietmar VI, 36 ed. Holtzmann 318 über seinen Vorgänger in Merseburg: «Fuerat enim egregius et statura et facie.» Größere Ansprüche wurden in dieser Beziehung an Weltliche gestellt, wie die erste Vita des hl. Adalbert von Prag zeigt: Er sollte «pre nimia pulchritudine» dem weltlichen Stand zugeführt werden. Vita prior ed. Karwasińska (oben 150 Anm. 78) 5 c. 2. Von schöner Gestalt war natürlich auch der Heilige. Poulin, Idéal de sainteté (oben 26 Anm. 79) 48. Vgl. auch oben 125 Anm. 46, unten 228 Anm. 53.

[26] Widukind II 7, Übersetzung nach Bauer, Rau in: Quellen zur Geschichte d. sächs. Kaiserzeit (Ausgew. Quellen, Frh. vom Stein-Gedächtnisausg. 8, 1977) 95.

[27] Beispiele bringt Kallfelz, Standesethos (oben 88 Anm. 66) 69.

[28] Thietmar VI, 36, ed. Holtzmann 318 f.: «sapiens in consilio, iocundus in concilio», ein Wortspiel, das in der zweiten Fassung aufgegeben ist zugunsten von «sapiens in consilio, iocundus in colloquio».

critas» und «discretio» gemäßigt wurde[29]. Alles sollte im Rahmen der Sitte geschehen und jenem «decet» entsprechen, das man häufig in Spruchform von sich gab und dessen Befolgung allseits überwacht wurde[30].

Die Zucht der Umgangsformen im täglichen Leben ließ erwarten, daß sich der Edle auch im Krieg richtig benehmen würde. Hier hatte sich etliches geändert. Zwar gab es auch jetzt noch den urtümlichen Typus des Helden, der «mit eigener Hand eine unglaubliche Menge» von Feinden um ihr Leben bringt[31], doch war jetzt anderes wichtiger: In Grenzsituationen kühles Blut zu bewahren, anderen ein Beispiel überlegten und disziplinierten Handelns zu geben. Daß man das Kriegshandwerk «disciplina militaris» nannte, betont dieses Element. Ungeordnete Haufen, die wild drauflos schlugen, hatten keinen militärischen Wert. Als die Normannen nach Prüm kamen, trat ihnen das «unedle Volk» (ignobile vulgus) entgegen und wurde abgeschlachtet «wie das Vieh», weil ihm die «disciplina militaris» fremd war[32]. Das Landesaufgebot büßte seinen Wert ein, man benötigte kleine schlagkräftige Kontingente von Edelleuten.

«Virtus», Mannhaftigkeit, war für den Römer vor allem Kriegstüchtigkeit, und die vornehmste aller Tugenden. Zu dieser «virtus» traten andere «virtutes»; sie nahmen erst langsam eine auch Philosophen befriedigende Gestalt an. Hier und auch bei den Germanen war der Krieg gewiß nicht der Vater aller Dinge, immerhin wurde durch ihn der Mann auf die ernsteste Probe gestellt. Leichter als in jeder zivilen Wirksamkeit konnte man Qualitäten feststellen, die wesentlich schienen, höher war ihre Publizität: Von Kriegstaten hörten und schrieben sogar Klosterschüler gerne; durch sie erlangte man «unsterblichen» Ruhm, ohne sie war das Leben öde und prosaisch.

---

[29] Vita c. 10, MGH SS 4, 290, Kallfelz 69. Alpert von St. Symphorian in Metz, De diversitate temporum I, 11, MGH SS 4, 705. Die «mâze» wird hier schon zur «mittelmâze».

[30] In Hrotsviths «Pelagius» v. 210 ff., ed. Homeyer 139, sagen die Ratgeber des Kalifen von Cordoba: «Non decet ergo tuum, princeps fortissime, sceptrum ...»; im «Gallicanus» spricht der Chor der «principes»: «Decet tuam, imperator egregie, dignitatem ...», a. a. O. 245. Zahlreich sind die mittelalterlichen Arengen von Urkunden, die derartiges formulieren. Es betrifft in besonderem Maß, aber gewiß nicht ausschließlich den Herrscher.

[31] Konrad der Rote bei Widukind III, 17, S. 113. Es handelt sich um eine Ausnahmesituation: Durch den Schlachtentod des Freundes ergrimmt, wütet er «wie ein reißendes Tier».

[32] Regino von Prüm, Chronicon ed. F. Kurze in MGH SS rerum German. (1890) 118.

Berühmt zu werden, gilt heute als Wunsch nicht ganz ausgereifter Persönlichkeiten; jedenfalls ist es keine solche Notwendigkeit wie es dies für junge Krieger von einst war. Sie mußten ihren «Adel» erweisen, und konnten das – solange sie nicht Güter oder ein Amt zu verwalten hatten – nur durch militärische Tüchtigkeit. Die Sucht nach Bewährung erfüllte in manchen Fällen völlig das Denken. Ein Beispiel: Als Herzog Hermann in Sachsen große Kriegstaten vollbrachte, verärgerte dies den Ekkard, Sohn Liudolfs, so sehr, «daß er gelobte, noch Größeres zu leisten oder nicht mehr weiterzuleben»[33]. In Übersteigerung kommt hier zum Ausdruck, was tatsächlich eine Notwendigkeit für den «Edlen» war: Sich an anderen zu messen und sie wenn möglich zu übertreffen, eine Aufgabe, die heute nur noch der Sportler auf sich nimmt. Es gab keine Preise und keine fixe Rangordnung, doch wog das Ansehen schwer: Dem Berühmten strömten Leute zu, er qualifizierte sich für Ämter und Lehen, seine Stimme wurde von den Großen gehört, und seine Töchter hatten bessere Heiratschancen. In einem solchen Gesamtzusammenhang sollte man die Dinge sehen, ebenso wie der Kriegsruhm nicht isoliert von den anderen Formen der Bewährung betrachtet werden kann. Die Epen – das Waltharilied und dann die Chansons de geste – bieten nur einen kleinen Ausschnitt des adeligen Lebens, und das in überhöhter, einseitiger Form. Wenn es Leute gab, deren wichtigstes Streben es war, in ehrenvoller Weise andere zu verwunden oder umzubringen, dann wurden diese Helden doch kaum maßgebend für das Wesen des Edelmannes. Er war universeller angelegt, als solche Figuren erkennen lassen[34].

Bewährung fand man auch in der «praktischen Wissenschaft, d. h. der Verwaltung all der zum Hause gehörenden Angelegenheiten»[35]. Es war das Wissen eines Großbauern, der selbst nicht arbeitete, aber von den verschiedensten Tätigkeiten und landwirtschaftlichen Notwendigkeiten etwas verstand. Es mochte nicht leicht sein, damit vor den Augen von «Fachleuten» zu bestehen und sie zu übertreffen. In erster Linie stand dabei der Ackerbau und die Viehzucht, dann zählte man die Leitung des Gesindes auf und die «verschiedenen Techniken, die für den verschiedenartigen Hausrat nötig sind»[36]: Man sollte

[33] Widukind II, 4, übersetzt nach BAUER, RAU 93.

[34] Das übersah Marc BLOCH, Société féodale 2, 16 ff.

[35] Johannes von St. Arnulf in Metz, Vita Iohannis Gorziensis, MGH SS 4, 340 c. 11: «In ea parte actualis scientiae vel rerum omnium domesticarum amministracione quam strenuus, cautus, et ingenio caeteris propemodum hominibus praestantiori emicuerit, . . .».

[36] A. a. O.: «. . . ut agro, pecore, familia . . . locupletatus, deinde in artium diversarum, quae ad variam supellectilem usui sunt, exercitio et dispositione quantum valuerit . . .».

wissen, wie man eine Mühle erbaut, wie ein Backofen, eine Weinkelter usw. ohne Materialverluste betrieben wird. Noch gab es keinen Adel «ohne Halm und Ar», und dieser stand bis tief in die Neuzeit an Ansehen hinter dem begüterten, auf seinen Gütern sitzenden, zurück. Noch heute erhöht es das Prestige des Landedelmannes, wenn er sich um seinen Besitz selbst kümmert, obwohl er das vielleicht vom materiellen Standpunkt aus nicht nötig hätte.

Ist das Arbeit? Aus den mittelalterlichen Quellen erfahren wir, daß die Arbeit mehr eine Sache von Knechten als von Freien sei; daß keinesfalls Bauern den Müßiggang pflegen dürfen, und anderseits hervorragende Krieger, die später ins Kloster eintreten, dort zu Knechtsdiensten verpflichtet sein sollen[37]. Trotzdem geht es nicht an, zu sagen, ein Privileg der Krieger und des Klerus sei der Müßiggang gewesen[38]. «Labor» ist die primitive, «knechtische» Handarbeit, nicht Arbeit überhaupt; wenn in italienischen Königsurkunden und anderswo von «laboratores» gesprochen wurde, so meinte das landwirtschaftliche Arbeiter[39]. Im Gegensatz zur Knechtsarbeit steht der Müßiggang und stehen auch die Leistungen des kunstfertigen Handwerkers, Verwaltungstätigkeiten aller Art usw. – wobei für «geistige Arbeit» ein eigener Begriff fehlte. Der landbesitzende Krieger, dessen Güter zum Lebensunterhalt nicht ausreichten, konnte sich Müßiggang am wenigsten leisten: er trat in den Dienst eines Größeren, der ihm militärische oder sonstige Aufgaben zuwies. Es lag an dem Senior, ob er seinen Mann müßig herumsitzen ließ; wahrscheinlich galt schon damals die militärische Grundregel, eine Truppe niemals stillsitzen zu lassen. Das Ziel eines solchen Mannes war es jedenfalls, durch Aktivitäten eine materielle Besserstellung zu erwirken. Für jüngere Söhne, die bisher keine Möglichkeit zur Hausstandsgründung hatten, gilt dies natürlich in verstärktem Maß.

Wenn Ademar von Chabannes einen angesehenen Mann schildert, dann redet er von seinem reichen väterlichen Erbe, dem «honor», wobei er (Eigen-) Kirchen und Landgüter nennt; dazu kommen «große Scharen von Vasallen (militum), die von ihm Lehen haben». Der «honor» war ursprünglich das Amt, dann das Amt mit allem Zubehör, also etwa dem Grafengut, und jetzt – nicht nur bei Ademar – handelte es sich um den gesamten Komplex von Rech-

---

[37] Rather, Praeloquia I, 11 (26), MIGNE PL 136, 172: «Labor vero magis servituti quam libertati videtur congruere . . .». Bei der zweiten Aussage handelt es sich um die Argumentation von Gegnern Roberts von Molesmes, der die körperliche Arbeit für seine Mönche reaktivierte. Zitat bei LEBLOND, L'accession des Normands (oben 103 Anm. 147) 119.

[38] DUBY, Guerriers et paysans 192.

[39] Darüber vgl. auch D. A. BULLOUGH im English Historical Review 93 (1978) 431; Wort u. Begriff Bauer (oben 13 Anm. 7) passim.

ten[40]. Das Wort, das in seiner Hauptbedeutung Ehre und Ansehen eines Vornehmen meinte, war aus guten Gründen diesem Wandel unterworfen: Am Besitz des Amtes, der Lehen und natürlich auch des Erbgutes hing die materielle Existenz und die soziale Bewertung des Inhabers. Der «honor» eines Königs bestand aus Amt und Würden ebenso wie aus der Achtung, die er genoß, der Ehrerbietung der Untertanen, aus seiner Ehre[41], die immer wieder in Ehrungen zum Ausdruck gebracht werden mußte.

Für die Champagne hat man festgestellt, daß mit dem Wort «nobilis» am häufigsten die Kennzeichnung des Edlen als «reich» verbunden war[42]. Heute ist man nicht der Meinung, daß beide Begriffe zusammengehören. Sie haben sich eben gewandelt: Geistiger Adel im modernen Sinn braucht keinen Aufwand, und auch der moderne Reichtum ist eine eher abstrakte, in Guthaben und Beteiligungen bestehende Macht, nicht primär «ostensibler Reichtum» im Rahmen einer notwendigen Repräsentation. An der Vielzahl des Gefolges und der «familia» ließ sich dieser Wert ebeno messen wie an der militärischen Qualität, zu der ausgezeichnete Pferde, Waffen und Wehrbauten gehörten. Bloßes Schaugepränge war sinnlos ohne die vom Herrn immer und überall verlangte Freigebigkeit. Er mußte spenden, wo es notwendig war, und dies in reichlichem Ausmaß. Sparsamkeit, die spätere Bürgertugend, war eine Schande für diese

---

[40] François-Louis GANSHOF, Das Lehnswesen im fränkischen Reich, in: Studien zum mittelalterlichen Lehenswesen (Vorträge u. Forschungen 5, 1960) 46. In dem Conventum inter Guillelmum Aquitanorum comes (!) et Hugonem Chiliarchum ed. Jane MARTINDALE, The English Historical Review 84 (1969) 538 ff. hat das Wort die weite Bedeutung, MARTINDALE a. a. O. 537. Bei Regino von Prüm, Chronicon ed. KURZE 150 f. (zu 906) werden die «honores» zweier Brüder mit dem Besitz (possessio) zweier Abteien gleichgesetzt.

[41] Wolfgang STÜRNER, «Salvo debito honore et reverentia». Zeitschrift f. Rechtsgesch. Kanonist. Abt. 54 (1968) 18 f. Beide Seiten des Begriffes zeigt u. a. der Brief des Grafen Otto II. von Chartres an König Robert bei Fulbert von Chartres ed. BEHRENDS (oben 18 Anm. 35) 154 Nr. 86: «honorem quem dederas mihi tollere nisus es ... honorem meum defendendo aliqua tibi ingrata commisi ... Magis eligerem honoratus mori, quam vivere dishonoratus.» Auch für diesen Satz stimmt die Bemerkung des Editors: «Throughout this passage the writer is playing on ‚honour' in its double meaning of benefice and respect.» Wenn Rather von Verona über die «honoratiores» der Stadt spricht, WEIGLE, Die Briefe Rathers 17 Nr. 1, wird das (ebenda Anm. 7) mit «angesehene Veroneser Bürger» wiedergegeben. Zugleich handelt es sich um die «begüterten», jene mit größerem «honor».

[42] Michel BUR, La formation du comté de Champagne. Mémoires des Annales de l'Est 54 (1977) 419.

Oberschichten[43]. Man konzedierte die Anhäufung von Sachwerten für Notfälle – den Getreidespeicher, der sich bei einer Mißernte für die Armen öffnete –, alles übrige sollte wieder «unter die Leute kommen». Es war noch nicht üblich, Geld zu horten in dieser ländlichen Gesellschaft, und wenn man es eingenommen hatte, suchte man es oft in Imposanteres umzuwandeln[44].

Edle Art und edles Metall, beide jenseits der Alltagswelt des Durchschnittsmenschen stehend, beflügelten sein Denken und waren für ihn in tieferem Sinne miteinander verwandt. Der geistliche Empfänger einer versifizierten Heiligenvita schreibt dem Autor, das Gedicht gleiche einem himmlischen Schatz: Während dem siebenfach geläuterten Gold das helle Silber zulacht, hat der Autor in vornehmer Art (nobiliter) das edle Leben der edlen Rictrud in edle Worte gefaßt[45]. Gold und Silber waren Zeichen sozialer Differenzierung[46] und erst in zweiter Linie materielle Werte. Die Lauterkeit (claritas) des Edelmetalls und sein Glanz symbolisierten die adelige Art und hatten «Signalcharakter»: Wo man bei Weltlichen Gold und Silber öffentlich zu sehen bekam, sollte es sich um Vornehme handeln.

In einer ländlichen Gesellschaft mußte der Reichtum allerdings fast ausschließlich andere Formen haben. Noch bei Burchard von Worms haben Reiche bloß doppelt soviel Buße zu zahlen wie ein Armer und etwa siebenmal soviel wie ein «ganz Armer»[47], das Einkommensgefälle ist hier also nicht sehr hoch angesetzt. Reichtum bedeutete fürs erste den Besitz einer Menge von nicht intensiv bebautem Land, und die Gebotsgewalt über jene Leute, die von diesem Land ernährt wurden; es gab geringe landwirtschaftliche Überschüsse und wenig Möglichkeiten, sie gewinnbringend zu verkaufen. Anders wurde das, wo Handel und Gewerbe blühten und zu einer Bildung von Betriebskapital führten. Vom Luxus der Vornehmen erfahren wir deshalb besonders aus italienischen Quellen, zusammen mit Anzeichen für die Bedeutung der Geldwirtschaft. Aus Rom konnte ein Chronist im 10. Jahrhundert berichten, daß dort die

---

[43] Thietmar VIII, 13 ed. HOLTZMANN 508 (an seinen Nachfolger): «Non rogo te, ut sis parcus, quia dedecus est; sed hoc ingemino, ne nimium largus . . .». KALLFELZ, Standesethos (oben 88 Anm. 66) 20.

[44] DUBY, Société . . . Mâconnais 34.

[45] Johannes von St.-Amand, Vita s. Rictrudis, MGH Poetae lat. V/3, 595. Über die repräsentative Bedeutung der edlen Metalle vgl. oben 93 f., 106 f.

[46] MARTINDALE (oben Anm. 12) 26.

[47] Burchard, Decretum XIX, 22, MIGNE PL 140, 983: Ein siebenwöchiges Fasten kann der Reiche mit 20 solidi ablösen, der Arme mit 10, «si autem multum pauper fuerit, det solidos tres». Vgl. XIX, 15, a. a. O. 982.

«Königin Geld» Adel und Schönheit verleihe[48]. Anderswo war man erst auf dem Wege zu einer gewissen Wohlhabenheit. Noch am Beginn des 11. Jahrhunderts waren in Katalonien die Burgen eng und schlecht möbliert, kaum besser oder sogar geringer als Bauernhäuser; den einzigen Luxus bildeten Waffen und edle Pferde[49], als Rangsymbole und militärische Notwendigkeiten.

Wer sein Ansehen erhöhen wollte, brauchte mehr Leute und für diese mehr bebautes Land; unbebautes brachte ja wenig ein und der Herr konnte es am besten für die Jagd verwenden. Wichtiger als eine volkreiche «familia» war das Gebot über zahlreiche Vasallen. In unruhigen Zeiten konnten sie Druck auf benachbarte Gewalten ausüben oder doch das Gleichgewicht mit ihnen aufrecht erhalten, in ruhigen verstärkten sie das politische Gewicht ihres Seniors am Königs- oder Herzogshof: Er konnte dieses militärische Potential zur Verfügung stellen und damit die Anwartschaft auf neue Verleihungen sichern. Beliebt war es, Schwachen Teile ihrer Vasallität abspenstig zu machen, mit Versprechungen oder auch manchmal mit Gewalt. Objekt dieser Politik waren öfter geistliche Herrschaften; am weitesten ging das in Cambrai nach dem Tod des dortigen Bischofs. Im Jahre 1012 kam es zu einer Art Staatsstreich seines Kastellans, er brachte die einheimischen Vasallen um ihre bischöflichen Lehen und ersetzte sie durch Fremde. Nach der Ansicht des Chronisten geschah das nicht aus bloßen Gründen des Machterwerbs; der Kastellan tat es, «um durch sie gepriesen zu werden und den Ruhm einer guten Meinung (über seine Person) bis zu den Barbaren zu verbreiten»[50].

Was die Jagd betraf, so wurde sie unter den Zeichen des Reichtums angeführt[51], war aber kein alleiniges Herrenrecht; erst seit dem 12. Jahrhundert

---

48 Robert S. LOPEZ, Some tenth century towns. Mediaevalia et Humanistica 9 (1955) 5, leider ohne Quellenangabe.

49 BONNASSIE, La Catalogne 1, 297.

50 Gesta episcoporum Cameracensium I, 120, MGH SS 7, 454.

51 Rather von Verona, Praeloquia I, 17, MIGNE PL 136, 179: «Dic, rogo, in quibus rebus constant divitiae tuae? In possessionibus, inquis, praediorum, servorum, ancillarum, equorum, boum, ceterorumque pecudum; in obsecundatione obsequentium, delectatione canum et accipitrum, abundantia vestium, utensilium, frumenti, vini et olei, armorum, argenti, auri atque gemmarum.» Belegstellen für das Jagdvergnügen bietet SPRANDEL, Mentalitäten (3 Anm. 9) 68. A. a. O. wird die Jagd als «Manifestation einer herrschaftlichen Stellung» bezeichnet, was jedoch nur für die «öffentliche» Jagd gilt: Johann XII. wurde von seinen Feinden vorgeworfen, er habe «venationem ... publice exercuisse», Liutprand von Cremona, Historia Ottonis c. 10, ed. BECKER, Opera 167. Den Meiern von St. Gallen lastete man an, daß sie «glänzende Waffen» trugen (dazu vgl. unten 495 Anm. 104), «Hörner mit anderem

gab es Jagdverbote für Nichtadelige. Von allen Beschäftigungen des Vornehmen wird einzig die Jagd als vergnüglich bezeichnet. Daneben war sie Waffenübung und ein Teil der gesellschaftlichen Aktivitäten. Man empfing Gäste, hielt mit ihnen Besprechungen ab und ging mit ihnen auf die Jagd, so wie es heute Diplomaten tun. Wenn das Müßiggang war, dann immerhin eine seiner anstrengendsten Formen. Denn hier besorgte man schon damals die politischen Geschäfte.

Da bebaubarer Boden noch in Fülle vorhanden war, mußte man nicht seine Produktion an Sachgütern zu steigern trachten, sondern konnte man als das Wichtigste die Zahl der Menschen ansehen, die auf ihm lebten. Die Menge der Diener machte den Herrn aus, an ihr schied man «pauper» und «potens»[52]. Dabei sollte dieser Herr nicht ein Neureicher sein. Im Normalfall war Reichtum ererbt, der Mächtige war «reich durch Erbgut» (a paterna hereditate dives), wie man den Namen des Bischofs Udalrich von Augsburg interpretierte[53]. Das allein konnte freilich nicht genügen; es bedurfte der persönlichen Verdienste, um angesehen zu sein. Das Gefolge trat dem Herrn selten geschlossen gegenüber, nur nach außen war es eine solidarische Gruppe, die das Ansehen und die Position des Herrn verteidigte und erweiterte. Vasallen des sächsischen Markgrafen hätten fast den Bischof von Halberstadt gefangen, weil dieser

---

Klang als die übrigen Landbewohner» bliesen und Hunde nicht nur zur Kleinwildjagd, sondern zur Bärenhetze abrichteten – anscheinend lauter Herrenrechte. Ekkehard, Casus s. Galli c. 49, ed. Haefele 108. Daß auch die Herrenjagd daneben durchaus materielle Gründe hatte, zeigt u. a. der Ausgleich des Grafen Guerech von Nantes mit einem Großen, der widerrechtlich Bären, Eber und Hirsche gejagt hatte: Er sollte in Zukunft die Hälfte der Jagdbeute an den Grafen abliefern. Chronicon Namnetense ed. R. Merlet (Collection de textes 19, Paris 1896) 122 c. 42. Natürlich war die Herrenjagd auch kriegerisches Training; von Otto I. heißt es, «pace et otio vacans se venationibus exercitavit». Cont. Reginonis (Regino v. Prüm ed. Kurze 174) zu 964. Widukind I, 39 behauptet, daß Heinrich I. bei einer einzigen Jagd vierzig «und mehr» Tiere «gefangen» habe. Das gehörte zu der «eminentia», der «Größe» des Königs, mit der er «alle übertraf», wie auch bei den Kampfspielen. Dazu Hauck, Tiergärten (unten 223 Anm. 29) 43: Spätantike Kaiser haben sich als Massentöter wilder Tiere «bewährt»; noch Gratian soll (im Zirkus) hundert Löwen auf einmal erlegt haben, wozu er gewiß behender Bogenspanner bedurfte.

52 Karl Bosl, Potens und pauper. In: Bosl, Frühformen der Gesellschaft im mittelalterlichen Europa (1964) 106 ff. Vgl. auch die Schilderung bei Duby, Economie rurale 98 usw.: Der «potens» war ein Mann «qui faisait manger les autres», «le généreux».

53 Gerhard, Vita Oudalrici, MGH SS 4, 384.

einem Kleriker des Grafen einen Jagdfalken weggenommen hatte: das wurde als Beleidigung des gemeinsamen Herrn gewertet[54].

Ehre ging nie bloß den Einzelmenschen an; ihre Verletzung führte zu einer Kettenreaktion, und wenn der König nicht dazwischenfuhr, wie er es in dem eben angeführten Fall tat, war der Ausbruch einer Fehde nahe. Man hat die Haltung der Weltlichen in geistlichen Kreisen als Hochmut gescholten, doch ohne Erfolg, selbst in schwierigen Zeiten[55]. Das war die Außenseite, im Inneren wird oft genug Furcht vor jeder Minderung des labilen Sozialprestiges bestimmend gewesen sein. Umgekehrt wurde jeder mißtrauisch betrachtet, der es zu etwas brachte, und auch innerhalb der Familien gab es den «Neid»[56], die Furcht, schlechter als ein anderer abzuschneiden. Ein Hang zum Kampf mit allen Mitteln machte sich geltend. Rather von Verona bezeugt, daß in Oberitalien selbst bei Domherren nur ein sehr mächtiger, sehr reicher und sehr «wilder» Mensch Aussicht hatte, eine so hohe Stellung wie jene des Bischofs zu erlangen[57]. Gewiß gab es friedfertige, besonnene, auf das Gemeinwohl bedachte Große; sie konnten im Zusammenwirken mit der Zentralgewalt die Ruhe im Lande sichern, so lange dieses Zusammenspiel funktionierte. War der Herrscher abwesend, etwa als Konsequenz der deutschen Italienpolitik, oder gab es zwei rivalisierende Dynastien wie in Frankreich, dann konnten die «wilden», staatsfernen Kräfte ihre Rang- und Machtkämpfe fast ungehindert austragen. Derartiges gab es auch unter Otto III. am Niederrhein, wo zwei Familien und ihre Bündnispartner um Vorrang und «potentatus» stritten; im Hintergrund stand auf der einen Seite der Kaiser, auf der anderen der Erzbischof von Köln[58]. Am Beginn des Jahrhunderts hatte es die berühmte Fehde zwischen Babenbergern und Konradinern in Mainfranken gegeben, die mit «unstillbarem Haß» geführt wurde und aus einem Wettstreit der beiden

---

54 Thietmar, Chronicon ed. HOLTZMANN VI, 96 ff., p. 388 ff.

55 Während der Invasionen am Beginn des 10. Jahrhunderts schrieb Remigius von Auxerre, man sehe trotzdem «nonnullos dei potentia in superbiam abuti», usw. MIGNE PL 131, 965. Gegen die Arroganz der Hochgestellten wettert oftmals Rather, z. B. Praeloquia I, 10, MIGNE PL 136, 166 f.

56 Als Otto I. den Markgrafen Hermann Billung einsetzte, hatte dieser alle verlangten Qualitäten, aber durch die neue Stellung «erregte Hermann den Neid nicht allein der übrigen Fürsten, sondern auch seines Bruders Wichmann». Widukind von Corvey II, 4 übers. v. BAUER, RAU in Quellen zur Gesch. . . . 8, 93.

57 Liber apologeticus c. 6, MIGNE PL 136, 637 f.

58 Alpert v. St. Symphorian in Metz, De diversitate temproum I, 1, MGH SS 4, 702: «. . . summis opibus inter se de potentatu contendebant», wozu auch ein Scheinfriede gehörte, «dolo pocius quam ut ullius verae amiciciae fidem servarent». Vgl. unten 551 mit Anm. 30.

Familien, mit Lobeserhebungen über die eigene Sippe, hervorgegangen war: Beide Parteien priesen ihre «nobilitas carnis», die große Zahl der Verwandten, die Größe der Herrschaftsgebiete[59], und bald kam es zu Mord und Totschlag.

Das mutet recht «altgermanisch» an; die Lobrede auf die eigene Größe gab es bei den Angelsachsen als ein gewissen Regeln unterworfenes Brauchtum[60]. In der Antike hat man nicht das Selbstlob gepflegt, sondern die Lobrede auf andere; auch sie bedurfte des Verweises auf die Ahnen. Das erklärte ein Autor des 10. Jahrhunderts seinen Lesern vom Standpunkt des christlichen Moralisten aus: Der Stammbaum gleicht einem wirklichen Baum, dessen Zweige bereits dürr sind. Man bewundert nicht sie, sondern ihre immer noch frische Wurzel. Wer das tut, zeigt allerdings, daß er zu jenen gehört, die nur fleischliche (weltliche) Dinge kennen. Und doch vergeht der Adel des Blutes wie Rauch. Für den Christen kommt es allein auf seine persönlichen Taten an, nicht auf jene der Vorväter; genug Beispiele dafür gibt es, daß ein Hirte oder ein Fischer von Gott zur Regierung erhoben, Macht und Adel vernichtet worden sind[61].

Wir sind gewohnt, den adeligen Stammbaum, d. h. die Summe der adeligen Ahnen, dem Begriff «Adel» zugrundezulegen, ähnlich wie es in den alten Monarchien bestimmter Ahnenzahlen bedurfte, um gewisse Hofämter oder Stiftplätze erlangen zu können. Das ist hier nicht gemeint, wie überhaupt der damaligen Zeit die Formalisierung des Standesdenkens noch fremd war. Es geht um jene Ahnen, die man bewundern kann, um den Ruhm von Vorfahren, die einen Teil des Ruhmes der eigenen Persönlichkeit ausmachen. In diesem Sinne sind die stereotypen Wendungen zu verstehen, die über die Herkunft einer Person aussagen[62]. So ist auch die Meinung Isidors von Sevilla aufzufassen, edel

---

[59] Regino von Prüm, Chronicon ed. Kurze 145 (zu 897): «... de nobilitate carnis, de parentum numerosa multitudine, de magnitudine terrenae potestatis ultra, quam decet, se extollunt, in mutuis caedibus prorumpunt».

[60] Levin L. Schücking, Heldenstolz und Würde im Angelsächsischen. Abhandlungen d. philol.-hist. Kl. d. Sächsischen Akademie d. Wiss. 42 (1934) Nr. 5, S. 8 ff. Ebenda 11 f. zählt Schücking auf, was die Gründe des Selbstgefühls angelsächsischer Helden sind: Vornehme Abkunft, ein gewisser Nationalstolz, Kriegerstolz, Sängerstolz, Stolz auf Besitz, wobei «die Besitzer hervorragender Dinge und Eigenschaften stets, wie selbstverständlich, als auf diese stolz bezeichnet werden». Die stärkste Quelle des Stolzes war jedoch der Ruhm, a. a. O. 14.

[61] Johannes von St. Arnulf in Metz, Vita Iohannis Gorziensis, MGH SS 4, 339 c. 7. Rather von Verona geht einen anderen Weg zum gleichen Ziel, indem er einen Grafensohn vorführt, dessen Urgroßahn Wahrsager, Bäcker, Masseur, Vogelsteller, Fischverkäufer, Töpfer, Geflügelmäster oder Mauleseltreiber gewesen ist. Praeloquia I, 10, Migne PL 136, 167, vgl. unten 495 f.

[62] Vgl. oben 124 Anm. 44 «prosapia nobilissimi»; «ex clara nobilium stirpe prodiens»,

(oder adelig) sei jemand, der «einen Namen» habe und dessen Familie (genus) man kenne[63]. Genauer: «gewußt wird» und, so können wir hinzufügen, wissenswert ist. Das erinnert an Dialoge zwischen Normannen, die Dudo von St.-Quentin wiedergibt. Sie stellen einander «Fragen nach Herkunft, Bedeutung und nach der Schätzung, die sie bei den anderen genießen»[64]. Diese Schätzung durch die Mitmenschen macht den Wert einer Persönlichkeit aus, und in sie hat man auch den «Wert» der Vorfahren hineingenommen, die in dem Nachkommen weiterleben. Mit seinen eigenen Qualitäten «repräsentiert» der Lebende seine Ahnen und so ist es verständlich, daß man sagen konnte, die Bezeichnung als «nobilis, nobilissimus» beziehe sich in erster Linie auf deren Ruhm[65].

Wir haben im vorigen Abschnitt gesehen, daß Autoren der damaligen Zeit in recht subjektiver Weise unter ihren Ahnen und deren Sippengenossen auszuwählen pflegten. Bevorzugt wurden Träger geistlicher und weltlicher Ämter, Kriegshelden, kluge Ratgeber, Jerusalempilger, reiche Erbinnen aus berühmter Familie – eine bunte Mischung von Menschen, denen eines gemeinsam war: Ihr Ruhm oder «Ruf». Diesen Begriff erklären die Brüder Grimm «in dem sinne, daß mit der sich verbreitenden kunde eine bestimmte meinung, eine wertschätzung, ein urtheil sich verknüpft ... dieses urtheil, meinung der engeren oder weiteren umgebung, wird als an der ganzen person ... haftend, wie ein theil ihres wesens gedacht»[66].

Die Summe solcher Personen scheint gemeint, wenn von edler Abkunft gesprochen wird. Es ließ sich zeigen, daß es verschiedene Möglichkeiten gibt, eine Summe von Personen in einer Gesamtheit zusammenzufassen, die man heute

---

Vita s. Simeonis († 1016) ed. P. GOLINELLI, Studi medievali 3ª serie 20/2 (1979) 749; «generosa nata est prosapia», d. h. sie hatte eine Herkunft im Sinne des «genus» bei Isidor, siehe die nächste Anm.; Vita s. Hunegundis, MIGNE PL 137, 51 c. 3.

63 «Nobilis, non vilis, cuius et nomen et genus scitur.» Etymologiae X, 184 ed. W. M. LINDSAY 1 (Scriptorum class. bibl. Oxoniensis, Oxford 1911, ohne Paginierung). Zitiert u. a. bei Karl BOSL, Leitbilder und Wertvorstellungen des Adels von der Merowingerzeit bis zur Höhe der feudalen Gesellschaft. Sitzungsberichte d. Bayerischen Akademie d. Wiss., phil.-hist. Kl. 1974 H. 5, 12.

64 August NITSCHKE, Beobachtungen zur normannischen Erziehung im 11. Jh. Archiv f. Kulturgeschichte 43 (1961) 274.

65 CONTAMINE in: La noblesse (oben 186 Anm. 5) 21. Bern von Reichenau rühmt die Abstammung Heinrichs III. und schreibt: «De talium parentum propagine ... radicis pulcritudinem quasi in virgulto retinetis, dum tantos patres moribus et vita incessanter repraesentatis.» Die Briefe Berns (oben 64 Anm. 74) 55 f. Nr. 26.

66 Deutsches Wörterbuch 8 (1893) 1395.

als «Sippe» bezeichnet. Eine von ihnen zielt auf den Nachweis ab, daß es sich um eine «nobilis prosapia» handelt, um ein «genus», von dem man «weiß». Jedenfalls müssen wir uns des Unterschiedes zwischen einst und jetzt auch auf diesem Gebiet bewußt bleiben: Der Adelige hat heute eine bestimmte Zahl von Ahnen, berechnet vom Zeitpunkt einer Nobilitierung (Briefadel) oder dem erwiesenen Beginn adeliger Lebensführung (Uradel). Damals gewährte nicht eine herrscherliche Kanzlei das Recht der Titelführung; «nobilis» war, wer von Zeitgenossen so bezeichnet wurde. Eine entferntere Parallele dazu sind die Heiligen, die ohne päpstliche Erlaubnis von den Gläubigen als solche angesehen wurden. Das gilt z. B. für Brun, Erzbischof von Köln und Bruder Ottos des Großen, der bis heute in dieser Diözese als Heiliger verehrt wird. Von ihm sagt sein Biograph Ruotger: «Seine hehren Taten sind noch frisch im Gedächtnis (factorum memoria recens est), und keiner aus seinem Volk, dem Wahrheit und Treue heilig sind, wird jemals aufhören, von ihm zu sprechen»[67]. Solche Formulierungen hätten auch auf einen Weltlichen gepaßt. Wie wichtig der Ruhm oder Ruf für die Oberschichten dieser Zeit war, kann man übrigens auch daraus ersehen, daß dieser Begriff zur Namengebung verwendet wurde[68].

Von dem rhetorischen Element in den Heiligenviten wurde schon gesprochen und auch davon, daß der Popularbegriff «nobilis» nach einer Ausweitung und Steigerung verlangte. Bei generalisierenden Aussagen wird man besonders vorsichtig sein müssen; die «edle Abkunft» kann zum Topos verkümmern. Die besonders vornehme Herkunft des Königssohnes Brun hat Ruotger rhetorisch überhöht: «Seine Vor- und Vorvorfahren (attavorum eius attavi) waren alle seit Menschengedenken von höchstem Adel (nobilissimi). Schwerlich fände sich einer in ihrer Sippe (stirpe), der nicht vornehm, oder einer, der entartet gewesen wäre. Er aber übertraf sie alle in jeder Beziehung . . .»[69]. Anderseits zeigt gerade diese Stelle, daß hier ein Ausnahmefall geschildert werden sollte, d. h. daß die «stirps» des Edlen normalerweise nicht nur aus hervorragenden Erscheinungen bestand, ja den einen oder anderen Unwürdigen (degener) aufweisen konnte. Und weiters, daß Ahnenruhm allein nicht genügte; eigene Taten mußten zu ihm treten, um die «nobilitas» zu rechtfertigen. Wahrscheinlich

---

67 Vita Brunonis c. 14, Übersetzung nach H. KALLFELZ in: Lebensbeschreibungen einiger Bischöfe (Ausgew. Quellen, Frh.-vom-Stein-Gedächtnisausg. 22, 1973) 197.

68 So auch «Hrot-svith»: im (oder durch) Ruhm stark, was Hrotsvith von Gandersheim mit «clamor (Ruf!) validus» wiedergab. Opera ed. HOMEYER 233. Eine Abschwächung der Bedeutsamkeit von Namen wird als Zeiterscheinung zu berücksichtigen sein.

69 Vita Brunonis c. 2, nach KALLFELZ 183.

galt als «degener» sowohl ein Missetäter als auch der Faule ohne irgendwelche Leistungen[70].

Es entspricht dem Selbstverständnis der Epoche, daß nicht nur Sippen und Einzelne, sondern sogar ganze Stämme eine edle Abkunft bescheinigt erhielten. Entweder ließ man sie aus einer hochberühmten «stirps» hervorgehen – die Franken z. B. konnten als Nachfahren der Trojanerkönige angesehen werden[71] – oder aus ebenso berühmten Stämmen: Nach Widukind waren die Sachsen entweder Wikinger, oder Griechen aus dem Heer Alexanders des Großen; sei dem wie immer, fährt er fort, zweifellos handelt es sich um einen alten und edlen Stamm[72]. Der Tatenruhm dieser Vorfahren kam dem ganzen Sachsenvolk und damit jedem seiner Mitglieder zugute.

Damit gelangen wir in den Bereich von Heilsvorstellungen, die nicht bloß germanischer Herkunft sind und dort am stärksten weiterlebten, wo das urtümliche Denken den geringsten Umformungen unterworfen war. Bei dem Sachsen Widukind hat man den Gedanken des «Sippenheils» festgestellt, das auch und vor allem die Königssippe betrifft[73]. Ähnliches findet sich bei den Normannen; Dudo von St.-Quentin gibt einen Dialog wieder, in dem ein westfränkischer Graf einen Normannen fragt: «Welches Heil, welches Glück, welche Fähigkeiten (oder: Mittel) hast du und hat der Ursprung deines Geschlechtes?»[74] Die Frage nach der «origo» hat auch Widukind gestellt und beantwortet. Wie wir eben gehört haben[75], führt er sie nicht auf einen mythi-

---

70 In seinem absichtlich schwierigen Latein schrieb Atto von Vercelli, Polypticum 17, ed. GOETZ (oben 86 Anm. 56) 24 c. 17, selten oder nie erwachse aus einem «torpidum genus» eine «digna speties», und auch aus einem «expectabile (genus)» könne ein «nequam» hervorgehen. Hier scheint die schlaffe, untätige Haltung der Sippe und die Nichtsnutzigkeit des Einzelmenschen einer «würdigen» Lebensführung gegenübergestellt, einer solchen, die in Familien zu Hause ist, von denen man etwas erhoffen kann.

71 Hucbald von St. Amand, Vita Rictrudis, MIGNE PL 132, 830 c. 1: «ex regali Troianorum . . . prosapia».

72 I, 2 mit dem Zusatz, daß der Volksstamm bei zwei antiken Autoren erwähnt werde. Vgl. unten Anm. 75.

73 Helmut BEUMANN, Widukind von Korvei (Veröffentlichungen d. Histor. Kommission f. Westfälische Landes- u. Volkskunde 6, 1950) 240, 253.

74 Gesta Normanniae ducum III, MIGNE PL 141, 706: «Cuius sospitatis, cuiusque prosperitatis vel cuius facultatis, tu et origo tui generis?» Die Antwort lautet, ohne auf die «origo generis» einzugehen: «Salubris sum incolumitatis locupletatisque, felicitatis atque sufficientis ubertatis.»

75 Vgl. den Text zur Anm. 72. Die Stelle (I, 2) beginnt mit den Worten: «Et primum quidem de origine statuque gentis pauca expediam.» Zur Bedeutung dieses und der

schen «Spitzenahn» zurück, von dem das Heil und Glück ausgeht, sondern auf eine Summe von Menschen, deren Taten bekannt sind.

Im fränkischen Bereich sind diese Dinge zurückgetreten hinter anderem, und wir haben schon angedeutet, daß der senatorische Adel in Gallien altrömische Tugenden dem Frühmittelalter vermittelte. Sie galten, christlich modifiziert, im Hochklerus des Frankenreiches weiter, und gingen in die Bischofsviten der Merowingerzeit ein[76]. Wenn die edle Abkunft und das edle Wesen dieser Männer geschildert wurde, stand ihre «nobilitas» im Deckungsbereich stoischer und christlich-eremitischer Haltung, ohne die verschiedenen anderen Elemente völlig auszuschalten. Für die Weltlichen hat es eine eigenständige christliche Laienethik noch nicht gegeben. Man war auf das angewiesen, was in der Bibel stand, befolgte aber eher die Landes- und Stammessitte. Wesen und Einzelheiten eines späteren «ritterlichen Tugendsystems» sind umstritten, immerhin bildete sich seit dem 11. Jahrhundert ein neues Ethos weltlicher Waffen- und Herrschaftsträger heraus.

Vorher mochte man sich, wenn man besonders christlich leben wollte, das Mönchtum zum Muster nehmen, wie das Ludwig der Fromme und die aquitanischen Fürstenspiegel getan hatten[77]. Dabei konnte es sich nur um eine Individualethik handeln, ohne Bezug auf Herkunft und Sippe, und in starkem Gegensatz zu der kriegerischen «virtus» der Heldenepik. Wir können annehmen, daß dieses Leitbild nur sehr wenige unter den Vornehmen wirklich innerlich bestimmt hat, da es fortwährend zu Konflikten führen mußte. Tatsächlich hat uns die mönchische Historiographie dieses Zeitraumes nur sehr selten Bilder von Großen überliefert, die solchen Idealen nachlebten oder nachgelebt haben sollen. Im wesentlichen ist es Otto III. bei Brun von Querfurt[78], Robert der Fromme bei Helgaud von Fleury und der Graf Gerald von Aurillac in der durch Abt Odo von Cluny verfaßten Lebensbeschreibung. Daß die Persönlichkeit des Kaisers auf diese Art nur sehr unvollkommen erfaßt wird, braucht nicht gesagt zu werden, und ähnliches gilt von König Robert. Bleibt der Graf von Aurillac,

---

folgenden Kapitel vgl. Karl HAUCK, Haus- und sippengebundene Literatur mittelalterlicher Adelsgeschlechter. Mitteilungen d. Instituts f. österr. Geschichtsforschung 62 (1954) 127, 131.

[76] HEINZELMANN, Bischofsherrschaft (oben Anm. 16) 189 ff. Georg SCHEIBELREITER, Der Bischof in merowingischer Zeit (Veröffentlichungen des Instituts f. österr. Geschichtsforschung 27, 1983) 16 ff.

[77] Hans Hubert ANTON, Fürstenspiegel und Herrscherethos in der Karolingerzeit (Bonner Historische Forschungen 32, 1968) 355.

[78] Vita quinque fratrum (Benedicti et Iohannis sociorumque suorum) ed. J. KARWASIŃSKA (Monumenta Poloniae Historica s. II/4/3, Warschau 1973) 47.

der «in weltlicher Tracht dem Mönchsleben (religionis proposito) diente», im geheimen eine Tonsur trug, sein Schwert niemals berührte usw.[79] Wenn Odo von Cluny auf diese Weise ein allgemeiner gültiges Ideal schaffen wollte, so ist ihm dies kaum gelungen; jedenfalls erfahren wir nichts derartiges. Frömmigkeit konnte zumeist erst im Alter wirklich den Lebensstil bestimmen, wenn man ein solches Alter überhaupt erreichte, das die Möglichkeit zur Besinnung auf das künftige Leben gab. Dem Eintritt ins Kloster konnten persönliche Taten und Erfahrungen, aber auch wirtschaftliche und soziale Krisen den Boden bereiten. Was Odo von Cluny tatsächlich erreichte, war, daß ein Teil seiner Verwandten in den Orden eintrat, und auch der «hochberühmte Räuber» Aimoin, Anführer von vierzig Banditen, ging auf sein Zureden ins Kloster[80].

Zwischen weltlichen Pflichten und geistlicher Sorge hat man allzumeist einen Mittelweg gesucht und Stiftungen an Kirchen gemacht. Der Gedanke, das Seelenheil mit Grund und Boden zu erkaufen, wurde unter Verwendung von Bibelstellen oftmals recht plump ausgesprochen, doch war für die Menschen von damals die Sache nicht ganz so einfach. Was man suchte, war die geistliche Hilfeleistung durch «oratores», hauptamtlich mit dem Gebet Befaßte. Für ihren Lebensunterhalt mußte durch Zuwendungen der Laien gesorgt werden, so wie man auch selbst, wenigstens als Begüterter, erst nach einer Schenkung ins Kloster eintreten konnte. Wenn die frommen Stiftungen zumeist mit der Auflage verbunden waren, für bestimmte Personen zu beten, war das eine Art geistlicher Nachbarschaftshilfe: Der Mönch hatte primär seine eigene Seele zu retten, aber seine geistlichen Verdienste befähigten ihn, dasselbe für weniger fromme Mitmenschen zu versuchen. Man konnte meinen, daß dieses Gebet besondere Kraft gewann, wenn es sich um Verwandte und Freunde handelte.

Wer es sich leisten konnte, tat am besten, ein Kloster zu gründen, denn der Stifter und seine Familie standen zuoberst im Rang der Empfänger von Gebetshilfe. Dort konnte man sich auch begraben lassen, möglichst nahe beim Altar, dort hatten kinderlose Ehepaare eine «spirituelle Nachkommenschaft»[81], allzu kinderreiche eine Versorgungsmöglichkeit für Söhne oder Töchter. Altar und Ahnengräber waren der Ruhepunkt in den fortwährenden Wandlungen

---

[79] Migne PL 133, 639 ff., besonders II, 16 (679), II, 3 (671 f.). J. Fechter, Cluny, Adel und Volk (Diss. Tübingen, 1966) 54 ff. zählt die mönchischen Züge in der Vita Geraldi auf und sieht in ihnen «ein umfassendes Tugendsystem», was wohl übertrieben sein dürfte.

[80] Joachim Wollasch, Parenté noble et monachisme réformateur. Revue Historique, année 104, t. 264 (1980) 4, 7. Über die Bedeutungen des Wortes «Räuber» in den Quellen vgl. unten 559 f.

[81] Parisse, Les chanoinesses (oben Anm. 2) 118.

von Besitz und Zusammensetzung der Sippe. Kanonische Bestimmungen verlangten, das Dotationsgut für das Kloster dem Bischof zu übergeben, aber war es nicht Leichtsinn, das Familiengut so sehr zu schwächen? Sehr viele Klöster wären niemals gestiftet worden, hätte man diese Pflicht tatsächlich einhalten müssen. Wenn um die Jahrtausendwende in Oberitalien besonders viele Familienklöster gegründet wurden[82], so war, bei steigenden materiellen Mitteln, der Hauptgrund eine Art Nachholbedarf an geistlichem Schutz innerhalb der Oberschicht. Man wollte Fürsprecher haben gegen das Böse in dieser und in jener Welt. Noch rascher ging die Entwicklung in Sachsen, wo zwischen 919 und 1024 für Frauen 36 geistliche Häuser gegründet wurden[83]. In manchen Gegenden des einstigen Frankenreiches war die Blüte solcher Stiftungen freilich schon vorbei; viele kamen in die Hand von Bischöfen, großen Abteien oder in königlichen Besitz, was ein Desinteresse der einstigen Stifterfamilien zur Folge hatte[84].

Man ist versucht, das geistliche Gedächtnis an die Verstorbenen so aufzufassen, wie es für den Historiker wertvoll ist: Als Gegenmittel gegen das Vergessenwerden. Die Lebensbeschreibung der heiligen Odilia berichtet, ihr habe ein Mann drei junge Baumstämmchen gebracht mit der Bitte, sie in die Erde zu pflanzen. Spätere Geschlechter sollten sich bei ihrem Anblick seiner erinnern[85]. Das ist etwas ganz anderes als die Verantwortlichkeit für das Schicksal von Seelen im Jenseits. Weltliches Gedächtnis und geistliches Totengedenken spielten sich auf zwei völlig verschiedenen Ebenen ab. Beides konnte nebeneinander bestehen: Bischof Udalrich von Augsburg lebte in der Erinnerung des Volkes durch Spielleute fort[86] und war ein kanonisierter Heiliger. Als solcher hatte er freilich Fürbitten nicht mehr nötig, im Gegenteil, er wurde zum Helfer für die Lebenden, die ihn anriefen. Udalrichs Vorgänger Adalbero war da ein schwierigerer Fall; er erschien einem Domherrn mit der Aufforderung, den Mitbrüdern die Ableistung der festgesetzten Gebetshilfe einzuschärfen. Wären sie darin saumselig, müßten sie vor Gott Rechenschaft ablegen[87]. Um was es ging, soll auch ein Eremit in Afrika ausgesprochen haben, der die Wichtigkeit des Klosters Cluny für die Christenheit damit begründete, daß man dort am besten die Befreiung der Seelen von der Herrschaft des Teufels ins Werk setze[88].

---

82 Cinzio VIOLANTE in: Famille et parenté (oben 113 Anm. 1) 94.

83 LEYSER, Rule and Conflict (oben 128 Anm. 59) 63.

84 Für Bayern: STÖRMER, Adel u. Ministerialität (oben 119 Anm. 25) 112.

85 Ludwig ZOEPF, Das Heiligen-Leben im 10. Jahrhundert (1908, 1973) 227 f.

86 ZOEPF a. a. O. 238.

87 Gerhard, Vita Oudalrici c. 1, MGH SS 4, 388.

88 Rodulfus Glaber ed. PROU V, 1 (13), p. 125. Cluniazensische Legenden aus der Zeit

Cluny hat die geistliche Hilfe für Lebende und Verstorbene besonders betrieben. Ihr diente auch die oftmalige Anrufung der Heiligen im Gebet und der Trunk ihnen zu Ehren[89], als Teil der Heiligenverehrung. Dieses «caritas»-Trinken hatte mit dem Gebet und liturgischen Opfer zugunsten der «armen Seelen» gemeinsam, daß urtümliche, schon vorchristliche Anschauuungen eine Rolle spielten. Dazu gehörte der Wunsch, mit Überirdischen in besonderer Weise verbunden, am besten jedoch mit ihnen verwandt zu sein. Der Gedanke war für den Christen dieser Zeit nicht so abwegig, denn einen nicht kanonisierten, aus der Volksmeinung erstandenen Heiligen konnte man durchaus zum Verwandten haben. Wenn sich am Grab eines Abtes oder Mönchs aus der Stifterfamilie Wunder ereigneten, tat man alles, um ihm höchste Ehre zukommen zu lassen. Dasselbe galt natürlich für heiligmäßige Bischöfe: Im Jahre 982 kamen die Brüder Folquin und Regenwala aus Lotharingien in das Kloster St.-Bertin, um der Erhebung der Gebeine des Bischofs Folquin von Thérouanne beizuwohnen, der ein Bruder ihres Großvaters war. Für das Gedenken an dieses Ereignis sorgte Folquin, ein Sohn des eben genannten Mannes gleichen Namens, als Mönch von St.-Bertin[90].

Auch wenn es sich nicht um Heilige handelte, brauchte man Verwandte im Himmel, da man hoffte, von ihnen einst dort empfangen und umsorgt zu werden[91]. Schlimm wäre es gewesen, wenn einer der Verwandten nicht zur ewigen Ruhe in Gott gelangt wäre. Dem vorzubeugen, bedurfte es reichlicher Gebetshilfe.

In Cluny läutete man alle Glocken, wenn am Montag der ersten Fastenwoche für die verstorbenen Verwandten der Mönche und die Familiaren des Klosters die Messe gefeiert wurde. Nachher erhielten die Mönche im Refektorium zum Gedächtnis (pro illorum defunctorum amore, als «Minne») reich-

---

des Abtes Odilo (994-1048) über die Befreiung von Seelen aus dem Feuer sind wiederabgedruckt bei Barbara Rosenwein, Feudal War and Monastic Peace. Viator 2 (1971) 141 ff. Die erste erklärt den Zweck des Allerseelenfestes, daß es «pro requie omnium fidelium animarum» abgehalten werde. Die Ruhe (in Gott) muß erst «erbetet» werden. Die Einführung des Festes erfolgte nach allgemeiner Annahme 998, nach Hourlier, St. Odilon (oben 14 Anm. 15) jedoch eher 995. Einen Totenkult hat es in Cluny schon vor diesem Datum gegeben.

89 Vgl. etwa die im Liber tramitis ed. Dinter im Register s. v. «caritas» ausgeworfenen Stellen, S. 340, und oben 86 f.

90 Gesta abbatum Sithiensium, MGH SS 13, 627 c. 104. Der «sanctification de toute une famille aristocratique» dienten auch Lebensbeschreibungen ihrer geistlichen Mitglieder: Fabienne Cardot, Le pouvoir aristocratique et le sacré au haut moyen-âge. Le Moyen Age 89 (1983) 173 ff., Zitat 193.

91 Anselm von Besate, Rhetorimachia II, 4, ed. Manitius (oben 122 Anm. 38) 146 ff.

licher als sonst Essen und Trank aufgetragen[92]. Ähnliches gab es zum Gedenken der Wohltäter des Klosters am Jahrestag ihres Todes[93]. Mitglieder verschiedener Sippen wurden hier zu einer «künstlichen Familie», die neben den Lebenden auch die Toten umfaßte[94]. Ständig wuchs die Gemeinschaft, auch als Speisegemeinschaft: Wenn in Cluny ein Mönch starb, wurde die für ihn bestimmte Ration einem Armen gegeben, der für den Verstorbenen beten sollte[95]. Anderswo ging man weniger systematisch vor, doch der Grundgedanke war der gleiche. So hören wir aus der Zeit um 1016 von der Reichenau, daß dort nach dem Tode eines genannten Mönchs während eines Monats täglich für ihn eine Messe gelesen werden sollte; dazu gab es sehr große Armenspeisungen[96].

Das aristokratische Element wird in den Gebetsverbrüderungen deutscher Bischöfe deutlich: Drei Erzbischöfe und ein Dutzend Reichsbischöfe verbanden sich auf der Dortmunder Synode, von der schon berichtet wurde[97]. König und Königin waren in den Bund eingeschlossen. Als ein prominentes Mitglied des Bundes, der Erzbischof von Bremen, verstorben war, soll Heinrich II. zwar den Todesfall beklagt, aber zugleich seiner Freude darüber Ausdruck gegeben haben, daß es jetzt (im Himmel) einen Intervenienten (für ihn) gebe[98]. Das irdische Großaufgebot an Leistungen zugunsten des Verstorbenen sollte dessen Heil ja auch und vor allem zu dem Zweck sichern, daß er seinerseits für die Lebenden bei Gott und den Heiligen eintrat.

Wenn Thietmar seiner Chronik Nachrufe auf bedeutende Persönlichkeiten einfügte, so tat er dies nicht, um deren Ruhm zu fördern, sondern zu geistlichen Zwecken: «Es ist die Fürbitte der Verstorbenen, die Thietmar als Lohn für seine Form der Memoria erwartet». Ähnliches gilt für die sechs Sündenbekenntnisse des Autors in seinem Werk; sie sollten Fürbitten der Leser provozieren[99]. Man

---

92 Liber tramitis (oben 37 Anm. 138) 55 f. c. 42, 2. Vgl. 284 f. c. 206 f.

93 A. a. O. 58 c. 43, 2.

94 Otto Gerhard Oexle, Memoria und Memorialüberlieferung im früheren Mittelalter. Frühmittelalterliche Studien 10 (1976) 84, 88.

95 Oexle a. a. O. 93. Joachim Wollasch, Neue Methoden (oben 88 Anm. 65) 561 mit dem Hinweis auf die wirtschaftlichen Folgen dieser Sitte: Sie trug im 12. Jahrhundert wesentlich zum Niedergang Clunys bei.

96 «ita ut in prima die pascantur pauperes C, in tercia CC, in septima CCC, in tricesima CCCC», zusammen also 1000. Die Briefe des Abtes Bern 34 Nr. 8.

97 Thietmar, Chronicon VI, 18, ed. Holtzmann 294 ff. und oben 62, 176.

98 VI, 89, S. 380, mit dem Zusatz «recordationem eius summopere faciens», was mit «und feierte in Andacht sein Gedenken» übersetzt wird. Es handelt sich eher um die im Totenbund zugesagten Leistungen: «MD denarios ... erogent et totidem pauperes pascant.»

99 Lippelt, Thietmar (oben S. 2 Anm. 2) 132.

hat in Thietmars Bemühungen um ein Gedächtnis sogar «ein Hauptmotiv seiner Geschichtsschreibung» gesehen, und eine Art «Seelsorge durch Gedächtnispflege und Fürbitte»[100]. Wenn das richtig ist, so betraf es fürs erste einen sehr kleinen Kreis von Personen, die Thietmar schilderte oder die sein Buch lasen. Dazu kamen aber auch jene, mit denen er «in einer Bruderschaft verbunden» war: Nicht durch seine Werke, sondern durch ihre Verdienste hoffte er, einst Gott schauen zu dürfen. Wenig Gutes habe er auf Erden getan, stets jedoch sei er der Toten eingedenk[101] – deren Gegenleistung nicht ausbleiben konnte.

Umstritten ist Thietmars Anteil[102] an dem «Merseburger Totenbuch», das eine Fülle geistlicher und weltlicher Großer verzeichnet; man hat als seine Vorlage ein verlorenes «Reichsnekrolog» angesehen, das aus Familienaufzeichnungen der Liudolfinger und der sächsischen Dynastie erwachsen ist[103]. Ein Nekrolog verzeichnet Verstorbene nach ihrem Todestag, an dem man für jeden einzelnen von ihnen beten konnte; der andere Typus, das «Gedenkbuch», bietet Namenlisten von Lebenden und Verstorbenen in ihrem natürlichen Zusammenhang der sozialen Gruppierung von Konvent, Sippe, «Freundschaft» usw. Es ist eine schwierige Quellengruppe für den Historiker, während man es sich damals mit ihr leicht machen konnte, indem man kumulativ aller jener Personen gedachte, die in einem Buch enthalten waren[104]. In karolingischer Zeit hatte man versucht, Gedenkbücher nach «Ständen» zu ordnen: vor oder nach den Mönchsgemeinden kamen die Mitglieder der Königsfamilie, Bischöfe, Äbte, Priester, Laien; bald überwogen jedoch Familien- und Sippenverbände, «die Anlage der Gedenkbücher wird geradezu überwuchert von Einträgen natürlicher Gemeinschaften»[105]. Der erste Typus, das Nekrolog, hat sich im 11. Jahrhundert ganz durchgesetzt, und es wäre wohl allzu simpel, diesen Wandel mit «wachsendem Individualismus» der Zeit erklären zu wollen. Eher hängt er mit einer größeren Gewissenhaftigkeit der Mönche ihrer Aufgabe gegenüber zusammen. In Cluny, wo man wahrlich nicht wenige Tote zu ver-

---

[100] A. a. O. 200 f.

[101] IV, 75, S. 218, dazu LIPPELT 198.

[102] Hansjörg WELLMER, Persönliches Memento im deutschen Mittelalter. (Monographien zur Gesch. d. Mittelalters 5, 1973) 45, 62 ff.

[103] Gerd ALTHOFF, Unbekannte Zeugnisse vom Totengedenken der Liudolfinger. Deutsches Archiv 32 (1976) 370 ff.

[104] WELLMER a. a. O. Einl. S. IX; WOLLASCH, Neue Methoden (oben 88 Anm. 65) 562 f. über die Masse der Eintragungen (in Cluny mehr als 18 000).

[105] Karl SCHMID, Über das Verhältnis von Person und Gemeinschaft im frühen Mittelalter. Frühmittelalterliche Studien 1 (1967) 245. Wiederabdruck in: SCHMID, Gebetsgedenken (oben 113 Anm. 3) 383.

zeichnen hatte, machte man die Eintragung nach dem Sterbetag zum Prinzip[106].

Neben dem organisierten Gedächtniswesen gab es als eine Art Ergänzung das literarische, wobei es dem Zufall überlassen blieb, wer der Aufforderung nachkam, für den Verstorbenen Gebete zu verrichten. Die kürzeste Form ist die Grabschrift in mehr oder minder gewählter, lateinischer Form und als solche für Oberschichten bestimmt. Als ein Beispiel für viele sei eine einzige genannt, erhalten wie fast alle nicht in monumentaler, sondern in handschriftlicher Form. Sie bezieht sich wahrscheinlich auf den Grafen Kunibert von Lomello, und erwähnt, daß Otto III. an seinem Begräbnis teilnahm[107]. An ihrem Schluß wird der Leser aufgefordert, Gott um die Begnadigung des Toten anzuflehen. Das erinnert an die Sitte, bei dem irdischen Herrscher um Gnade oder Gnadenerweisungen für einen Schützling zu bitten. Nun sollten Intervenienten den himmlischen König gnädig stimmen. Der Text ist auch in anderer Weise charakteristisch: Er zeigt, wie das «öffentliche Klagen» um den Verstorbenen seine feste literarische Form hatte; als Topos wird man es ansehen, daß nicht nur das Volk dieser Sitte[108] nachkam, sondern daß auch die Vornehmen (proceres) um ihn weinten (fleverunt). Weiters zeigen sich einige neue Akzente im Bild des Edlen dadurch, daß er der städtischen Nobilität angehörte; Kuniberts Sohn wurde in Pavia zum Stadtgrafen bestellt. Von der Kriegstüchtigkeit des Verstorbenen wird nicht gesprochen; «virtus» tritt als Begriff im Zusammenhang mit der Wahrung von Rechten der Bürger auf. So beginnt sich die Welt hier zu wandeln. Freigebigkeit ist weiterhin eine Tugend, doch hören wir nichts von Vasallen. Neu ist die Betonung, die der Wahrhaftigkeit des Grafen gegeben wird. Sie bezieht sich allerdings nur auf die Freunde – was den Leser nachdenklich stimmt. Wie es mit listenreichem Vorgehen im allgemeinen bestellt war, werden wir noch zu erörtern haben[109]. Die Stadt war weniger ein Ort kraftvollen militärischen Vorgehens als klugen Verhandelns.

Solche Feststellungen berühren sich mit dem Begriffsfeld, das nunmehr zu erörtern ist: «fides, fidelis». Im Zusammenhang mit dem Lehenswesen wurden die Begriffe viel erörtert, sie können hier kurz abgetan werden. «Fides» bezeichnet den Gottesglauben und die Treue gegen den irdischen Herrn; man kann «fidelis» gegenüber Christus, dem irdischen Herrscher[110] und gegenüber einem Angehörigen der Oberschicht sein. Das Vertrauensverhältnis ist zwei-

---

[106] Liber tramitis ed. DINTER 286 c. 208.

[107] MGH Poetae lat. 5/3, 636 Nr. 2.

[108] Siehe oben 63 f.

[109] Unten 531 ff.

[110] Herbert HELBIG, Fideles dei et regis. Archiv für Kulturgeschichte 33 (1951) 275 ff.

seitig, als «(neuer) Bund» mit Gott oder eine Bindung an Menschen, mit denen man im Normalfall nicht verwandt war. Ein wesentliches Moment ist, daß es sich keinesfalls um Gleichgestellte handelt, sondern ein Ranggefälle zwischen den beiden Partnern deutlich wird. Noch eine zwischenmenschliche Bindung wird geschaffen, neben jener von Verwandtschaft und «Freundschaft», der patriarchalen Gewalt über die Knechte, dem militärisch-politischen Gehorsam gegenüber dem König oder seinem Amtsträger. Die Fidelität ist etwas von alledem und nichts ganz.

Ein neuer Abschnitt in ihrer Geschichte begann, als im Jahre 858 Karl der Kahle und seine «fideles» einander Eide leisteten[111]. König und Große seines Reiches stehen hier fast auf gleicher Ebene, und er schwört, als «getreuer König» (fidelis rex) seine Getreuen in Schutz zu nehmen. Ebenso wichtig ist die Definition der Mannespflichten: Durch sein Amt und mit seiner Person wird der «fidelis» dem König ein Helfer (adiutor) sein, ohne Trug und Verführung (dolositate aut seductione), mit Rat und Hilfe (consilio et auxilio). Ebenso will der Herrscher seinen Getreuen ohne Falsch in Gerechtigkeit «bewahren», ihm «honores» zukommen lassen (oder: ihn ehren; honorabo) und ihm «Erbarmen» erweisen, soweit das zulässig ist. Gemeint ist hier vor allem die Erfüllung von Bitten um Gunsterweisungen.

Der Kampf um die Macht in der Form höfischer Intrigen, die Kunst der Desinformation und Abwerbung von Anhängern – das alles sollte ersetzt werden durch Wahrhaftigkeit und freundschaftliche Hilfeleistung, wie sie später der Graf von Lomello geübt hat. Wie das geschehen mußte, wird erstmals in einem solchen Zusammenhang 858 erläutert. Der Getreue ist ein Ratgeber, er informiert seinen Herrn nach bestem Wissen und schlägt geeignete Maßnahmen vor, an deren Durchführung er sich beteiligt. Darüber hinaus hat er Unterstützung zu leisten gemäß seinen Möglichkeiten. Auf allen Ebenen, moralisch, politisch, militärisch und finanziell, hat er sein Schicksal mit dem des übergeordneten Partners verbunden.

Ein Getreuer zu sein, war nicht Privileg der Oberschichten, setzte aber, wie man sieht, disponible Mittel voraus. Als Karl der Große befahl, seine Untertanen müßten ihm als König einen Fidelitätseid schwören, betraf das Gebot auch Knechte, aber nur jene, die als «honor» Lehen und Ämter (ministeria) innehatten, oder als Vasallen einen «honor» besaßen mit Pferden und Waffen[112]. Es handelt sich um die unfreien Inhaber vor allem klösterlicher «Ämter», die Anfänge der Ministerialität. Man muß sich das vor Augen halten,

---

[111] MGH Capitularia 2, 296 Nr. 269. Robert Boutruche, Seigneurie et féodalité 1 (Paris 1959) 201, 369 Nr. 53.

[112] MGH Capit. 1, 67 Nr. 25 c. 4.

wenn man eine im wesentlichen negative Definition der Fidelitätspflichten bei Fulbert von Chartres[113] liest: Ausführlich wird erklärt, was alles der Mann nicht tun darf, das dem Herrn schaden könnte; sehr kurz heißt es dann, auf diesen Gebieten habe er auch Rat und Hilfe zu leisten. Einige Forscher haben darum den negativen Charakter der Treuepflichten hervorgehoben[114]. Daß Fulbert diese eine Seite der Sache so sehr betonte, hatte seinen Grund wahrscheinlich in der Person des Adressaten seines Schreibens: Zur Stellungnahme war er durch Herzog Wilhelm «den Großen» von Aquitanien aufgefordert worden, der ein sehr harter Herr gegenüber seinen Leuten war. Dem Hugo Chiliarchus von Lusignan sagte er: «Du bist so sehr meine Kreatur (tantum ex me tu es), daß ich dir befehlen könnte, einen Bauern zu deinem Senior zu machen, und du müßtest es tun ... Du bist der Meine, um meinen Willen zu tun»[115]. Neben der Tendenz zu annähernder Gleichstellung von Herr und Mann gab es also auch die umgekehrte, ein Auftrumpfen des Herrenrechtes. Solches Despotentum zu mildern, konnte Fulbert nicht hoffen; aber er gab dem Herzog wenigstens nicht neue Gründe für seine Haltung an die Hand. Richtig ist, daß um diese Zeit die Fidelität viel von ihrem ethischen Gehalt eingebüßt hatte, und dies nicht nur wegen ihrer Verbindung mit dem Lehen. Da in Frankreich unsichere Zeiten herrschten, hat man diese Form der Bindung auch jenseits der Lehenssphäre überbelastet und zugleich formalisiert, man schwor sozusagen alle Tage, treulich zu handeln. Da war es schon viel, wenn durch den Eid eine Art Stillhalteabkommen geschlossen wurde. Geistliche klagten, es sei unmöglich, die Vielzahl der Eide zu halten, die sie schwören mußten[116].

---

[113] The letters and poems of Fulbert ed. BEHRENDS (oben 18 Anm. 35) 90 ff. Nr. 51 (vor Mitte 1021). Das gelehrte, formaljuridische Element in Fulberts «scholastischer Definition» der Lehenspflichten betont Alfons BECKER, Form und Materie. Historisches Jahrbuch 102 (1982) 325 ff., dort (360 f.) auch ein Wiederabdruck des Textes nach einer alten Edition.

[114] Heinrich MITTEIS, Lehnrecht und Staatsgewalt (1933) 531 f.: «Den Ausgangspunkt bildet das Unterlassen von vertragswidrigen Handlungen, das Meiden jeder Schädigung des Herrn. Das ist der Hauptinhalt der Treupflicht. An diese primäre haben sich später sekundäre Unterlassungspflichten angeschlossen ... Hierin liegt schon der Übergang zur Herausbildung allgemeiner positiver ... Pflichten ...». Ähnlich François-Louis GANSHOF, Les relations féodo-vassaliques aux temps post-carolingiens, in: Settimane ... Spoleto 2, 1954 (Spoleto 1955) 78. Beispiele negativer Aussagen über Lehenspflichten aus den Lehenseiden gibt BECKER (siehe die vorige Anm.) 338 ff.

[115] Conventum inter Guillelmum ... ed. MARTINDALE (oben Anm. 40) 544, 543.

[116] Siehe unten 539. Zur Sache vgl. auch LATOUCHE in seiner Edition Richers 2, 190 Anm. 1.

Man hat gemeint, Rat und Hilfe seien aus dem Gut abzuleiten, das der Lehensmann empfangen hatte, nicht aber aus dem Treueid, und sich dabei auf Fulbert berufen[117]. Das steht dort nicht zu lesen und ist auch kaum wahrscheinlich für die Großen, die ihrem Herrscher Rat und Hilfe zu leisten geschworen haben. Wenn z. B. der Erzbischof Arnulf von Reims an die Könige Hugo und Robert von Frankreich schriftlich ein Treueversprechen samt Versprechen von Rat und Hilfe abgab[118], so ist das ein politischer Akt gewesen, der sich gewiß nicht aus den königlichen Lehen der Reimser Kirche ableiten ließ. Dann wäre auch die feierliche Form kaum am Platze gewesen, der Einsatz des eigenen Seelenheils im Angesicht Gottes und der himmlischen Heerscharen, und die Unterschriften des Klerus als «Zeichen des Segens oder des Fluches» über den oder die Subskribenten.

Hier sollte der Eid sein hohes Gewicht zurückerhalten, wie er es zu Anfang besessen hatte. Der Eid eines Erzbischofs an die beiden Könige stand nicht im Zeichen einer «Freundschaft von Ungleichen», und er war keine knechtische Unterwerfung unter den allmächtigen Herrn. In der Mitte zwischen beidem haben sich die meisten Fidelitätsverhältnisse bewegt. Selbst jener Herzog Wilhelm von Aquitanien, der in brutaler Weise einen Lehensmann an seine Nichtigkeit erinnerte, konnte – wenn es die politische Situation erforderte – dem gleichen Vasallen sagen: Wenn du meinen Willen (in einer Heiratssache) befolgst, «dann wirst du vor allen anderen (Freunden) mit Ausnahme meines Sohnes mein Freund sein». Wunschgemäß trat der Lehensmann von einer Heirat zurück, angeblich «wegen seiner Liebe und Treue (zum Herzog)»[119]. Man wird bei dem Vorgehen des Herzogs bedenken müssen, daß die Ehe nicht Sache von Einzelmenschen war, sondern beide Familien anging, die des Vasallen und die des «senior». Dieser stand nicht allein, sondern hatte Verwandte, zu denen der Mann in eine soziale Beziehung trat. Bald nach dem Jahre 840 hatte eine besorgte Mutter ihren Sohn ermahnt, er solle die Verwandten seiner Herren fürchten, lieben, verehren und ihnen Lehensfolge (obsequium) leisten[120]. Wahr-

---

117 Jean-François LEMARIGNIER, Structures monastiques et politiques dans la France ... in: Settimane ... Spoleto 4, 1956 (1957) 380 mit Anm. 81 und nach ihm MINNINGER, Von Clermont zum Wormser Konkordat (oben 55 Anm. 26) 13 f.

118 Text bei Richer IV, 60, ed. LATOUCHE 2, 246.

119 Conventum ... 542: «Fecitque Ugo quod praecipit ei comes, et propter eius amorem fidelitatemque mulierem in occulto dimisit.» Von beiden Seiten, auch von der des Mannes, wird die Tatsache umgangen, daß Eingriffe in die freie Gattenwahl dem Herrn nur einem Unfreien gegenüber zustehen, und die Sache aus der bestehenden Freundschaft («Liebe») erklärt.

120 Dhuoda, Liber manualis ed. P. RICHÉ (Sources chrétiennes 225, Paris 1975) III, 8, S. 166: «Ad propinquos seniorum tuorum.»

scheinlich mutete das schon damals ziemlich altväterisch an, immerhin zeigt sich, daß es hier noch keine «Versachlichung» oder gar «Verdinglichung» der Beziehung gegeben hat.

Daß die Vasallität und mit ihr das Lehenswesen beschränkter wirksam waren, als man früher anzunehmen pflegte, wurde durch neuere Forschungen klar. Seit etwa 930 hat man die Großen des Mâconnais nicht mehr als Vasallen, sondern als Getreue des Königs bezeichnet; ihre Pflichten waren unbestimmt, und der König hatte über sie keine Gerichtsrechte[121]. In Teilen Südfrankreichs soll es damals überhaupt keine Vasallität gegeben haben[122], in der Picardie gab es sie, doch hat dort das Lehen keine Rolle gespielt[123]. Der Glaube an eine «pyramidale» Gestalt der feudalen Gesellschaft in Frankreich wurde schon vor einiger Zeit zerstört[124] und es fragt sich ganz allgemein, ob man das zehnte Jahrhundert einer «époque féodale» zurechnen soll. Daß in Deutschland, wo karolingische Ordnungen in der ottonischen Zeit weiter bestanden, das Lehenswesen diese Institutionen erfaßt, aber nicht wirklich verändert hat, ist bekannt. Wenigstens teilweise anders war es in Italien, wo es zu einer starken Differenzierung innerhalb der Oberschichten kam, die sich auch in Kategorien von Vasallen ausdrückte. Die enge Verbindung von persönlichem und sachlichem Element, Vasallität und Lehen, war dort erst seit dem zweiten Viertel des 11. Jahrhunderts gegeben[125]. Schon vorher hatte die Vasallität einen wesentlichen Gesichtspunkt sozialer Bewertung gebildet. Jener Adalbert (Atto) von Canossa, der den Sprung vom bischöflichen Vasallen zum Herrn über

---

[121] Duby, Société ... Mâconnais 141.

[122] So Elisabeth Magnou-Nortier, Foi et fidelité (Publications de l'Université Toulouse-Le Mirail série A, 28, Toulouse 1976). Dieselbe, La société ... Narbonne (oben 12 Anm. 3) 647 usw. Die These von der westfränkischen «monarchie contractuelle» betont sehr stark die «freundschaftliche» und nicht «herrschaftliche» Seite der Fidelität. Vgl. auch dieselbe, Nouveaux propos sur «Foi et fidelité», Francia 7 (1979) 549 f. – Für die Provence hat Jean-Pierre Poly festgestellt, daß die Rolle des Lehenswesens keineswegs bedeutend war. Poly, La Provence et la Société féodale (879-1166) (Paris 1976), vgl. Paolo Cammarosano, Le strutture feudali nell'evoluzione dell'Occidente mediterraneo. Studi medievali, s. III, 22 (1981) 841 f.

[123] Fossier, La terre et les hommes (oben 115 Anm. 9) 2, 546 f.

[124] Lemarignier, Le gouvernement royal (oben 47 Anm. 170), bes. 172. Cammarosano a. a. O. 838 gibt eine Äußerung Bonnassies auf der Tagung Structures féodales (Rom 1976, oben Anm. 21) wieder: «Comme Jean-Pierre Poly, ... je tiens pour ‚plus que douteux' le caractère féodal des sociétés septentrionales à l'époque carolingienne et post-carolingienne.» Structures féodales 55.

[125] Darüber zuletzt Toubert in der Diskussion der Tagung Structures féodales 46: In Latium erst im dritten Viertel dieses Jahrhunderts.

Vasallen mit gräflicher Abstammung geschafft hatte[126], ist einer von diesen Aufsteigern, deren Unterschriften auf Urkunden, in Kapitalbuchstaben, ein hohes Selbstgefühl zu verraten scheinen[127].

Faßt man die Dinge zusammen, ergibt sich für das 10. Jahrhundert noch ein Vorwalten des persönlichen Moments über das sachliche, so wie persönliche und vor allem familiäre Bindungen das Fundament urtümlicher Gesellschaften sind[128]. Quasi-familiär war die Ausdrucksweise, wenn man von einem «senior» statt von einem «dominus» sprach. Im Wortgebrauch und damit in der Bewertung der Institution gab es regionale Verschiedenheiten: In Salzburger Quellen des 10. Jahrhunderts wird für die vasallitische Bindung das Wort «knechtlich» (servilis) gebraucht[129] und im Deutschen fehlt eine Parallelbildung zu dem romanischen «senior – seigneur – signore»[130]. An seine Stelle trat der «Herr». Beide Worte wurden nicht nur auf das Vasallitätsverhältnis bezogen: Auch die Gattin redete vom Gatten als «senior» oder «Herr»[131], und ebenso der Kapellan vom Bischof[132]. Man wird regionale Verschiedenheiten nicht überbewerten, doch gab es etwa die westfränkische Form von Lehensverhältnissen, die man als zweiseitige Vertragsverhältnisse aufgefaßt hat, im Gegensatz zu jenen der Zeit Karls des Großen[133] und auch des Ottonenreiches.

Das sachliche Substrat des Lehenswesens hatte eine Wirkung, die man nicht vermuten würde: es hielt, oft durch mehrere Generationen, die Familien zusammen. Während Eigengut geteilt sein will, muß das Lehen ganz bleiben, es bildet den natürlichen Mittelpunkt einer festen Erbfolge. Allod wird zum Seelenheil des Besitzers an Kirchen geschenkt, das Lehen wird von solchen Schen-

---

[126] KELLER, Adelsherrschaft (oben 46 Anm. 169) 344 f., oben S. 47.

[127] Caterina SANTORO, Le sottoscrizioni dei signori di Canossa. In: Studi ... in onore di C. MANARESI (Mailand 1953) 261 ff., bes. 269 f. und die Abbildungen 20 ff.

[128] Claude LÉVI-STRAUSS, Anthropologie structurale (Paris 1958) 400, und öfter. Zur «parenté artificielle» im Lehenswesen vgl. oben 169 Anm. 19.

[129] Karl PIVEC, Servus und servitium in den frühmittelalterlichen Salzburger Quellen. In: Festgabe Harold STEINACKER (1955) 61 f.

[130] «Mi ere» (von «herro») und «mi senior» nennt Brun von Querfurt König Heinrich II.; Brunonis Querfurtensis epistola ad Henricum regem ed. H. KARWASIŃSKA in: Monumenta Poloniae Historica s. n. IV/3 (Warschau 1973) Nr. 2, S. 103, 101. Als seinen «senior» bezeichnet Brun auch den heiligen Petrus, a. a. O. 97.

[131] Oben 141 mit Anm. 34.

[132] So läßt Thietmar VI, 88, ed. HOLTZMANN 378, den Erzbischof Lievizo von Bremen sagen: «Aetheldago (Lievizos Vorgänger) seniori meo servi vice famulabar.» Zu «servus» vgl. oben Anm. 129. Diese und ähnliche Stellen bei Siegfried HAIDER, Das bischöfliche Kapellanat 1 (MIÖG Erg.-Bd. 25, 1977) 98 Anm. 22 f.

[133] MAGNOU-NORTIER, Foi et fidelité, passim.

kungen im Normalfall nicht betroffen. Man kann anderseits den Erbbesitz in Parallele zu den Lehen sehen, als leistungspflichtig auch nach einer Übertragung. Auf diese Weise wird Allod als Eigenkirche der Familie durch Schenkung an diese Kirche nicht wirklich entfremdet[134].

Die volle Ausbildung des Lehenswesens in den Kerngebieten des einstigen Frankenreiches, besonders zwischen Rhein und Loire, hat den dortigen Oberschichten große Chancen geboten, während anderswo Amt und Allod im Vordergrund blieben, etwa in Sachsen, Mittelitalien, Aquitanien und Katalonien[135]. Die schlimmen Zustände im Westen begünstigten eine Ausbildung der Mehrfachvasallität[136], während sie in Deutschland zu den Ausnahmen zählte. Das Gewicht des Lehensverhältnisses verlagerte sich vom Menschlichen auf das Wirtschaftliche, von einer spontanen Bindung zu technischen Feinheiten und einer mechanischen Folgeordnung. Das «zweite Feudalzeitalter» hatte begonnen.

---

134 Hartmut HOFFMANN, Von Cluny zum Investiturstreit. Archiv f. Kulturgeschichte 45 (1963) 167.

135 BOUTRUCHE, Seigneurie et féodalité 1 (oben Anm. 111) 182 f.

136 LEMARIGNIER, Gouvernement royal 60 verweist in diesem Zusammenhang auf «l'apparition des châtellenies».

II.

Der König

«Auch das Königtum ist seinem Wesen nach gesteigerter Adel, der König ist der ‚erste Edelmann' einer ‚gekrönten Republik'.» Dieser Satz von Heinrich Mitteis[1] wird illustriert durch Widukinds Rechtfertigung des Dynastiewechsels: Glück (fortuna) und sehr edles Wesen (nobilissimi mores) sind Heinrich I. zuteil geworden[2]. Eine edle Sippe mit hervorragenden Ahnen, persönliche Tugenden, Reichtum und Erfolg qualifizieren zum Herrscher, und diese Qualifikation wird von Angehörigen der Führungsschicht bei Wahl und Umritt des deutschen Königs feierlich anerkannt. Der westeuropäischen Forschung, die sehr lange die mittelalterliche Geschichte vom Königtum her gesehen hat, ist dessen adelige Basis nicht selbstverständlich; man erwog, daß vielleicht die Monarchie ein Modell für die Nobilität gewesen sei, oder beide, Monarchie und Aristokratie, parallele Wege gingen[3]. Sicherlich haben Königtum und Hofleben eine erzieherische Wirkung auf die führende Schicht ausgeübt, aber das war doch wohl sekundär. Dafür ein Beispiel: Man weiß, daß Karl der Große die Tracht eines edlen Franken zu tragen pflegte, und erst unter seinen Nachfolgern Vornehme des Reiches begannen, den königlichen ähnliche Gewänder anzulegen[4]. Otto der Große hat, abgesehen von Festtagen, stets einheimische Tracht getragen, im Bewußtsein der Wurzeln, von denen sich seine Herrschaft nicht allzu weit entfernen sollte.

Solche Dinge scheinen nebensächlich und waren doch sehr wichtig in einer Zeit, die einen abstrakten Staatsbegriff erst mühsam erlernen mußte. Bis dahin «verkörperte» der Herrscher das Reich, er war sozusagen die Quintessenz all der Edlen, die es trugen. Daher spielte die körperliche Makellosigkeit eine sehr große Rolle, daher mußte das Benehmen des Regenten in allem und jedem

---

[1] Heinrich Mitteis, Formen der Adelsherrschaft im Mittelalter. In: Mitteis, Die Rechtsidee in der Geschichte (1957) 643 f.

[2] Widukind von Corvey, Res gestae I, 25, ed. Hirsch-Lohmann 38.

[3] Leopold Genicot, Recent research on the medieval nobility. In: The medieval nobility ed. T. Reuter (Europe in the Middle Ages. Selected Studies 14, Amsterdam 1978) 24. Vgl. auch die nächste Anm.

[4] Oben 94 mit Anm. 102. Über die Einflüsse des Königtums auf das adelige Wesen vgl. zuletzt Léopold Genicot, La noblesse médiévale. Tijdschrift voor geschiedenis 93 (1980) 343 f.

der einheimischen Sitte entsprechen, mußten seine Willensentscheidungen wenigstens den Anschein erwecken, von «guten Ratgebern» aus dem Kreis der Führungsschichten vorbereitet zu sein. Anderseits gab es für ihn Freiheiten, die man Regierenden heute übel nimmt, etwa Vetternwirtschaft und Nepotismus zu betreiben. In einem Preisgedicht auf Konrad II. wird nicht getadelt, sondern gelobt, daß er «die Sache von Verwandten und Freunden mit aller Kraft und soweit es möglich war, nicht anders als seine eigenen Angelegenheiten zu unterstützen suchte»[5]. Familiensinn in solcher Art zu erweisen, war dem Edlen durchaus angemessen.

Freilich war das Königtum die wichtigste jener Institutionen, die das Familien- und Parteidenken transzendieren und dem allgemeinen Frieden, wenn schon nicht immer dem allgemeinen Wohl, dienen sollten. Deswegen konnte, mußte aber nicht unbedingt ein Gegensatz zwischen Königtum und großen Familien bestehen, die recht ähnliche Aufgaben durch den König zugewiesen erhielten. Manche haben auch ohne die Könige den Frieden im Land gewahrt und sind so zu «principes» ihrer Region aufgestiegen. Ohne die Beteiligung von Sippe und «Freunden» waren solche Leistungen selten möglich; wie auch die Verwalter eines Amtes vom König erwarteten, daß er Sippengenossen und «Freunde» mit all ihren Mitteln zur Bewältigung der staatlichen Aufgaben einsetzte. Der König und seine Familie regierten zusammen mit den Großen und deren Familien oder Sippen. So sah die Sache wenigstens im Idealfall aus; welche Rolle interne Zwistigkeiten spielten, sowohl im Königshaus wie innerhalb der großen Familien, braucht nicht gesagt zu werden. Man pflegte derlei zu beklagen und nahm es als Gottes Schickung hin. Verübelt hat man den Herrschern stets die Heranziehung von Einzelgängern, hinter denen nicht eine angesehene Familie stand.

Dort, wo das Königtum noch intakt war, hat es an dem stets starken Wandel innerhalb der Oberschichten aktiven Anteil genommen. Trotz der Erblichkeit der Ämter mußte der neu antretende Graf durch den König ernannt werden; ein weites Feld eröffnete sich hier auf den Italienzügen. Auch im Westen konnte die Gnade des Herrschers differenzierend wirken, aber hier waren ihr doch sehr starke Grenzen gesetzt, in einer Monarchie, die weitgehend auf Absprachen mit den Großen beruhte. Die neuen Könige Hugo Capet und Robert mußten es sich gefallen lassen, daß ihre Legitimität und damit ihre Befugnis zur Amtseinsetzung von Grafen verneint wurde[6].

---

5 Cambridger Lieder ed. STRECKER 3 Nr. 3, Str. 5a. Es ist nicht ganz klar, ob sich dieses Lob auf die Regierungszeit Konrads oder die Jahre vorher bezieht, wahrscheinlich ist jedoch ersteres.

6 In einer Handschrift der Chronik Ademars von Chabannes (ed. CHAVANON III,

König und Königshof wirkten vorbildlich für die Aristokratie, wenn auch in verschiedenem Grad je nach deren «Königsnähe» und der Stärke des Herrschertums. Im neunten Jahrhundert war diese Nähe so sehr gegeben, daß – etwa bei Dhuoda – der Hof «für diese höchste Herrenschicht schlechthin das gesellschaftliche Forum war»[7]. Vieles ist von hier ausgegangen, vielleicht auch die Sitte der Namengebung durch Nachbenennung, die im 10. Jahrhundert in der Oberschicht gebräuchlich wurde[8]. Für diese Zeit konnte es scheinen, als sei die Aristokratie «eine Emanation des Königtums»[9]. Auch wenn die Großen des Westens das kaum waren, so haben sie doch nach Art der Karolinger gelebt[10].

In Sachsen begann das Königtum seinen Weg als eine Adelssippe unter anderen, und es mußte den Genossen von einst erst die nötige Furcht vor der «königlichen Zuchtrute» beibringen[11]. Daß die Dynastie über ihr Stammland hinauswuchs und daß auswärtige Prinzessinnen anstelle der Töchter einheimischer Großer in das Königshaus eingegliedert wurden, machte die Distanz des Ranges, ja die Kluft offenbar, die sich da auftat. Es war ein großer Lernprozeß: Auf der Seite der Ottonen das Hineinwachsen in überregionale, karolingische und damit europäische Aufgaben; bei den Adelssippen die Verpflichtung, in einem kaum mehr sächsischen Herrscher ihren Herrn und den Träger ihrer politischen Identität zu sehen. Am ehesten fand man sich damit in Notzeiten ab. Im Bürgerkrieg lernten einige, wenn schon nicht alle, daß es besser sei, «mit einem ‚rex iustus' zugrunde zu gehen, als gegen das Recht zusammen mit den eigenen Verwandten zu siegen»[12].

Für die Großen der anderen Stammesgebiete waren solche Einsichten schwieriger. Ein Beispiel: Arnulf, Sohn des Bayernherzogs Arnulf «des Bösen», wurde durch die Ehe seiner Schwester mit Heinrich, dem Bruder Ottos d. Gr., in die

---

34 p. 156 Note t) wird berichtet, bei der Belagerung von Tours durch die Könige hätten diese einen Grafen des Périgord fragen lassen: «Quis te comitem mandavit?», worauf die Antwort kam: «Quis te regem constituit?» Einen etwas abweichenden Text (nach der Hs.) bietet Ferdinand Lot, Etudes sur le règne de Hugues Capet (Paris 1903) 352.

7 Störmer, Früher Adel 2, 260.

8 A. a. O. 1, 40.

9 Duby, Guerriers et paysans 47 f.

10 Duby a. a. O. 190.

11 Auf die Stelle bei Widukind über den «regiae disciplinae terror» (I, 39, vgl. II, 36) hat Leyser, Rule and Conflict 85 in diesem Zusammenhang hingewiesen.

12 Liutprand, Antapodosis IV, 23 ed. Becker, Opera 116 (zu 939). Der «rex iustus» verkörpert das Ordnungsprinzip gegenüber der Willkür des Tyrannen, und auch gegenüber den ungerechten, weil dem Staat abträglichen Familienbindungen (Qui quamquam . . . affinitatis linea iungerentur . . . usw.).

Herrscherfamilie einbezogen und erhielt vom König das Pfalzgrafenamt in Bayern; dies alles, obwohl er sich noch 937/38 am Kampf gegen Otto beteiligt hatte. Als Heinrich 953 im Aufstand Liudolfs seinem königlichen Bruder zu Hilfe eilte, wurde Arnulf mit der Verwaltung Bayerns betraut, schloß sich den Rebellen an und verwüstete Augsburg. In Regensburg belagert, fiel dieser Mann, der sich innerlich niemals mit dem sächsischen Königtum ausgesöhnt hatte. Sein Sohn warnte die Ungarn vor dem Herankommen des königlichen Heeres, blieb aber nach der Lechfeldschlacht unbehelligt, und erst die Beteiligung am Aufstand Heinrichs des Zänkers brachte ihm Haft ein; vielleicht war er sogar wie sein Vater bayrischer Pfalzgraf, bis zum Jahre 976[13].

Die Lebensgeschichte des Pfalzgrafen Arnulf zeigt, daß die Opposition gegen das Königtum nicht in einem Beiseitestehen ihren Ausdruck finden konnte, sondern daß sie der Machtpositionen bedurfte, die nur eben dieses Königtum geben konnte. Man hatte, wie der hier angeführte Fall weiterhin dartut, auch nicht immer die einfache Wahl zwischen dem Königshaus und den eigenen Verwandten; Arnulf hätte sich damit rechtfertigen können, daß sein Schwager Heinrich, ebenso wie dann Liudolf, berechtigte Ansprüche innerhalb des Königshauses verteidigte. Diese innere Opposition war nicht völlig zu trennen von der äußeren; Verwandtschaften schufen den Übergang. Für den «rex iustus» zu kämpfen, auch gegen Verwandte, war ein schönes Ziel. Man mußte vorerst aber zu der völligen Überzeugung gelangt sein, daß tatsächlich der König die gerechte Sache vertrat.

Adelsopposition und leer ausgegangene Söhne standen wider die Königsherrschaft und die Unteilbarkeit des Reiches. Zentrifugale Tendenzen hat es immer gegeben, und das Königtum benötigte gegen sie ideelle Stützen. Wo der Begriff des Staates kaum ausgebildet war, konnte jener der Staatsräson keine Hilfe bieten; noch unverständlicher wäre damals die Aussage moderner Historiker gewesen, daß der König im Sinne der geschichtlichen Entwicklung handelte. Was man damals verstand und sehr ernst nahm, war eine sakrale Fundierung der Herrschaft.

Das eindrucksvollste Mittel dazu war die Aachener Königsweihe Ottos d. Gr., des «von Gott Erwählten», durch zwei Erzbischöfe. Festkrönungen verknüpften christliche Hochfeste immer wieder mit der Regierung der Dynastie, wie überhaupt der ostentative Kirchenbesuch und sonstige Erweis der Frömmigkeit des Herrschers einen hohen politischen Gehalt hatte. In ähnlicher Lage war das kapetingische Königtum, wo in der zweiten Generation diese Dinge sehr stark hervorgekehrt wurden: Die Lebensbeschreibung Roberts «des Frommen» ist

---

13 Wilhelm Störmer, Die Wittelsbacher als Pfalzgrafen von Bayern. In: Die Wittelsbacher im Aichacher Land (Festschrift 1980) 65 f.

ganz nach Art einer Heiligenvita stilisiert und man hat in ihr den Text für eine künftige liturgische Lesung an den Gedenktagen für den königlichen Heiligen gesehen[14]. Damit stehen wir bei den schriftlichen, wenigstens teilweise traditionsbedingten Spiegelungen des neuen Gottesgnadentums, einer Propaganda durch geistliche Kreise, deren Wirkung nicht ganz leicht abzuschätzen ist. Im allgemeinen trat diese Wirkung erst mit zeitlicher Verspätung ein, sie betraf den bereits verstorbenen Herrscher. Für die Zeitgenossen war es wichtiger, daß die kaiserlichen Gewänder den geistlichen glichen, daß die heilige Lanze im Besitz der Dynastie war und daß – wenigstens nach der gängigen Anschauung – seit Otto III. der König Kanoniker an Domkirchen sein konnte[15]. Der Herrscher war kein Geistlicher und auch kein bloßer Laie, er stand zwischen oder über den beiden Sphären. Im Aachener Liuthar-Evangeliar (um 990) thront der Kaiser in der Mandorla zwischen den Evangelistensymbolen; über ihm schwebt Gottes Hand, deren Finger sein Haupt zu berühren scheinen. Aachen war – damals oder wenigstens in staufischer Zeit – eine Stätte von Königskanonikaten[16]. Die Mandorla war eine Form des Nimbus, die vor allem dem Bild Christi ziemte. Später wurde es üblich, auf Christus bezügliche Bibelstellen auf den Herrscher umzumünzen. Noch trat derartiges bloß vereinzelt auf[17]. «Heilig» oder «sehr heilig» (sanctissimus) wurde Otto I. durch Liutprand von Cremona genannt[18], was nicht unbedingt eine byzantinische Reminiszenz sein muß.

---

[14] Claude CAROZZI, Le roi et la liturgie chez Helgaud de Fleury. In: Hagiographie, Culture et Sociétés (Actes du Colloque ... Nanterre ... 1979, Paris 1981) 417 ff.

[15] Josef FLECKENSTEIN, Rex canonicus. Festschrift P. E. SCHRAMM 1 (1964) 67 vertritt die Anschauung, daß Otto III. das Königskanonikat ins Leben rief, daß es vor ihm jedoch Vorstufen dazu gab. Manfred GROTEN, Von der Gebetsverbrüderung zum Königskanonikat, Historisches Jahrbuch 103 (1983) 1 ff. läßt den Herrscher in ottonisch-salischer Zeit nur als «frater» der Kanoniker im Sinne von Gebetsverbrüderungen gelten.

[16] «Nos N. divina favente clementia Romanorum rex huius ecclesiae beate Mariae Aquensis canonicus ...». Percy E. SCHRAMM u. Florentine MÜTHERICH, Denkmale der deutschen Könige und Kaiser (1) (1962) 154 Nr. 103 (eine der späteren Eintragungen in das Liuthar-Evangeliar) und Abb. 103.

[17] Vgl. z. B. eine Widmung an Otto III., in der er «rex (illustrissime) regum» genannt wird, MGH Poetae lat. V/3, 633 Nr. 4. Über «christus domini» für den König vgl. die Belege bei FLECKENSTEIN, Rex canonicus 69 Anm. 50.

[18] Z. B. Historia Ottonis c. 10, 17, ed. BECKER, Opera 166, 172. Über den Gebrauch von «sanctus» in den karolingischen Kanzleien vgl. den Anhang VII bei Walther KIENAST, Deutschland und Frankreich in der Kaiserzeit 3 (Monographien zur Gesch. d. Mittelalters 9/3, 1975) 676 ff. Robert II. d. Fromme wird in seiner Vita als

Das führt zurück zu den literarischen Quellen, die immer wieder auf Bezüge zur Heiligkeit oder dem «Heil» des Königtums durchforscht wurden. Man wird hier zu scheiden haben zwischen Erzählungen über Werke ostentativer Frömmigkeit gemäß der Anschauung von den Verpflichtungen des «vicarius Christi» einerseits, und einem urtümlichen Schichten des Denkens entstammenden Glauben an das besondere Heil, oder Charisma, oder «Glück» eines Großen. Daß es sich dabei nicht um eine nur-germanische, sondern eine recht allgemeine Erscheinung handelt, ist nunmehr unbestritten; in Anwendung auf das Königtum findet sie sich z. B. auch im Alten Testament. Auf alle Fälle wird man das Wort «Heil» beibehalten und nicht mit «Heiligkeit» verwechseln dürfen, ähnlich wie «sacer» nicht «sanctus» bedeutet[19]. Der Heilige hat zumeist Prüfungen zu erdulden, während dem mit Heil Begabten alles gut ausgeht[20]. Verlockend mußte es sein, sich einem solchen Manne zu unterstellen, umso mehr, wenn er König war.

Sehr stark treten diese Bezüge bei Widukind von Corvey hervor, überhaupt nicht bei Thietmar von Merseburg, der anderseits betont, daß dem Herrscher besondere himmlische Weisungen geschickt werden[21]. Hier zeigt sich ein simples Christentum ähnlich jenem, das über dem Kaiser die Hand Gottes abbildete. Auch die vorchristliche Heilskraft mußte es sich gefallen lassen, als Wille Gottes christlich modifiziert zu werden: Das Kriegsglück (prosperitas belli) verläßt den Herrscher von der Stunde an, da er seiner Mutter Unrecht tut[22].

In Frankreich hat man nach dem Absinken des karolingischen Königtums mehrfach versucht, die sakrale Seite der Monarchie dem Volk vor Augen zu stellen. Weniger als zwei Monate vor der Aachener Königserhebung Ottos d. Gr., am 19. Juni 936, wurde der eben in die Heimat zurückgeführte Exulant

---

«sanctissimus vir», Herzog Richard I. von der Normandie bei Dudo von St.-Quentin mehrfach als «dux sanctissimus» bezeichnet. Kienast a. a. O. 679, 682.

19 P. Vauchez in der Diskussion der Tagung Famille et parenté (oben 113 Anm. 1) 411.

20 Anstelle von Verweisen auf das zahlreiche Schrifttum sei hier nur eine Stelle aus der Vita Bercharii des Adso von Montierender zitiert (Migne PL 137, 669 c. 2): Die Eltern des Heiligen waren reich, aber – «quod longe est excellentius» – sie waren auch dadurch von den Menschen ihrer Umgebung unterschieden, daß sie das Privileg «des glücklichen Erfolges» (felicium proventuum) hatten.

21 Etwa Chronicon II, 24 ed. Holtzmann 68, wo ein Engel mit gezogenem Schwert dem König die Einsetzung Geros zum Erzbischof von Köln gebietet. Ähnlich II, 26 und Thietmars Nutzanwendung II, 27 p. 72: «ut scias, lector, quod celestis gratia imperatori semper aperiret, quid sibi in humanis fieri placeret.»

22 Vita Mathildis reginae II (um 1010), MGH SS 4, 292 c. 13.

Ludwig IV. durch den Erzbischof von Reims in Anwesenheit von zwanzig Bischöfen in Laon zum König geweiht. Ein vornehmer Mönch des Klosters Baume sah damals in einer Vision den heiligen Martin, der ihm erzählte, er sei eigens aus Rom (?) gekommen, weil seine Anwesenheit bei der Feier nötig sei[23]. Der damals fünfzehnjährige König und seine Nachfolger scheinen wenig aus eigenem dazugetan zu haben, die sakralen Bezüge ihrer Herrschaft zu erweisen. Während Otto d. Gr. öfters fastete und dann «unter der Krone» ging, waren Festkrönungen bei den westfränkischen Karolingern wenig gebräuchlich[24].

Der Aufbau der französischen «Königsmystik» beginnt mit Helgaud von Fleury und seiner berühmten Aussage, die göttliche Gnade habe der Hand Roberts II. Heilkraft verliehen: Wenn er Wunden berührte und über sie das Kreuzeszeichen machte, seien Schmerzen und Krankheit verschwunden[25]. Später soll Philipp I. die Skrofeln geheilt haben, und noch in der Zeit der Restauration erschienen seine Nachfolger als «rois thaumaturges». Marc Bloch hat angenommen, daß schon mit Robert diese Reihe heilender Könige beginnt[26], doch muß das unsicher bleiben. Was wir vor uns haben, ist eine Heiligenvita, und zu dieser gehören Wunderheilungen: König Robert soll z. B. einem Blinden das Augenlicht wiedergegeben haben[27]. Derlei bleibt völlig im christlichen Bereich; urtümliche Vorstellungen vom Heil des Königs könnten eher hinter einer Aussage Richers über Hugo Capet vermutet werden. Während die Wahlrede des Erzbischofs und der Eid Hugos anläßlich seiner Erhebung durchaus «realpolitisch» anmuten, wird über die Regierungsanfänge berichtet, der König habe «mit glücklichem Erfolg» alles geordnet; und als Antwort auf sein Glück (ut beatitudini suae responderet), erhoben (levatus) durch viele Erfolge (multo successu rerum secundarum), habe er sich großer Frömmigkeit befleißigt[28].

Vorchristliche Anschauungen von Heil und Glück hervorragender Menschen erscheinen bei Autoren des 10. Jahrhunderts teils in alter, teils in verchristlichter Form, ohne daß wir sagen könnten, wie weit sie literarische Floskeln sind und wie weit hinter ihnen ein volkstümlicher Glaube an besondere Kräfte einzelner Menschen steht. Beides schließt einander nicht aus, und es kann sogar sein, daß Topoi alte Vorstellungen am Leben erhalten oder ihre Erneuerung

---

[23] Vita s. Adegrini confessoris ..., zit. bei LAUER, Louis IV d'Outre-Mer (oben 163 Anm. 139) 15 Anm. 3.

[24] Percy E. SCHRAMM, Der König von Frankreich 1 (1939) 121.

[25] Vie de Robert le Pieux ed. BAUTIER-LABORY 128 c. 27.

[26] Les rois thaumaturges (Nachdruck Paris 1961) 36 ff., dazu BAUTIER-LABORY a. a. O. Anm. 11.

[27] Vie de Robert 76 c. 11.

[28] Richer ed. LATOUCHE 2, 164 (III, 12).

bewirken. Ein gutes Beispiel dafür ist die Verbindung von Herrscherlob und Paradiesesidee[29].

Bei Isaias steht zu lesen, wie im Reich des Messias Wolf und Lamm, Gepard und Bock friedlich zusammenwohnen (11,6). Um den Herrn kann nur Friede herrschen, ähnlich wie heiteres Wetter (serenitas) den Monarchen umgibt. In der Zeit des Hellenismus schrieb man über derartige «Paradiese»; sie haben sich im Aachener Tiergarten Karls des Großen wieder konkretisiert. «Und wenn du willst», redet Walahfrid den Herrscher an, «werden die Löwen glücklich springen ... die Tiger werden kommen und die gezähmten Schlangen und sich in die gemeinsame Weide der Rinder und Schafe teilen; alle Tiere weilen friedlich beisammen ...»[30]. Gewiß wird man für den Aufbau herrscherlicher Tiergärten auch die Freude an dem Betrachten von Wildtieren, besonders exotischen, mitverantwortlich machen. Nicht zu leugnen ist, daß eine schriftlich tradierte Topik hier konkrete Form angenommen und wiederum Autoren angeregt hat, auf diese Weise die Größe des Herrschers darzustellen.

Dazu kommt Byzantinisches. Liutprand von Cremona konnte die Frage des oströmischen Kaisers bejahen, ob die Ottonen einen Tierpark hätten. Nach Widukind erhielt der König von Gesandten der Römer, Griechen und Sarazenen Tiere, die den Sachsen bis dahin unbekannt waren: Löwen, Kamele, Affen und Strauße[31]. Tatsächlich kamen zwei Löwen als Geschenk Hugos des Großen aus Frankreich, ein Kamel schenkte der Polenherzog Mieszko dem sechsjährigen Otto III.[32] Tiergärten gab es bei vielen bedeutenden Pfalzen, auch jener von Pavia, und italienische Große wie Markgraf Bonifaz von Tuszien (Canossa) hielten Löwen – wohl als Zeichen ihrer Macht[33], in Nachahmung des herrscherlichen Tierparks. Das geschah vielleicht ohne Wissen um seine Bedeutung für die Vorstellung von den «übernatürlichen» Gaben des Regenten.

Will man die sakralen und allgemein-«numinosen» Bezüge des Herrschertums auf einen gemeinsamen Nenner bringen, so kann man sagen, daß sie seine Andersartigkeit, das Herausragen aus der Menge den geistlichen und weltlichen Großen – und auf sie kam es an – ausreichend verdeutlichten. Für uns ist das Herrschaftspropaganda, für den Menschen des Mittelalters war es ein Aufzei-

---

29 Das Folgende nach Karl HAUCK, Tiergärten im Pfalzbereich. In: Deutsche Königspfalzen 1 (Veröffentlichungen d. M. Planck-Instituts f. Gesch. 11/1, 1963) 30 ff.

30 Übersetzung nach HAUCK a. a. O. 41.

31 Widukind ed. HIRSCH-LOHMANN 135 (III, 56), HAUCK a. a. O. 52.

32 Flodoard ed. LAUER 130 (zu 951). Thietmar IV, 9, ed. HOLTZMANN 140.

33 Reinhard ELZE, Insegne del potere sovrano e delegato, Settimane ... Spoleto 23 (1975) Bd. 2 (Spoleto 1976) 586 f.

gen der richtigen, gottgewollten Ordnung. Die neuen Dynastien in Ost und West waren aus dem Adel ihrer Länder hervorgegangen und jetzt aus ihm herausgehoben: mit Ehrfurcht sollte man dem König nahen. Das konnte man am besten so begreifen, daß er voll Heil war, oder voll der Heiligkeit des Amtes, zu dessen Träger Gott ihn bestimmt hatte.

Sehr notwendig war es in verwirrten Zeiten, den Regenten als unantastbar zu bezeichnen und den ihm geleisteten Eid auf eine Höhe zu erheben, die den Eidbruch zum Sakrileg machte. Das war der Sinn der Synode von Hohenaltheim (916)[34], nach Eidbruch und Gewalttaten des Pfalzgrafen Erchanger gegen Konrad I. und den Bischof Salomo von Konstanz. Der König ist «christus domini», so wie der Bischof ein Gesalbter des Herrn, von dem der biblische Spruch galt: «Rühret nicht an meine Gesalbten!»[35] Erchanger und seine Helfer wurden zu Klosterhaft verurteilt, «weil sie gesündigt haben und gegen den Gesalbten des Herrn, den König, ihren Herrn, die Hand zu erheben versuchten»[36].

Von hier aus läßt sich auch besser begreifen, daß das Gebot des Königs «unscheltbar» war. Wie der Bischof hatte er zu seinem Amt auch Gottes Gnade empfangen; solange er nicht von Gott abfiel und zum Tyrannen wurde, konnte er nur gerecht und im Sinne der göttlichen Ordnung handeln. Daß er diese Gesinnung hatte, die Teil seines Amtes war, verkündigte der Herrscher immer wieder in den Eingangsworten seiner Urkunden, der Arenga. «In ihr wird verkündet: Ich handle im Rahmen der Aufgabe des christlichen Herrschers; ich handle für das Seelenheil, also nicht sündhaft; ich verwirkliche dabei Kirchenschutz und Staatswohl»[37]. Urkunden pflegten in Kirchen verlesen zu werden und man hat sie dem Volk in die Landessprache übersetzt. Wir haben hier ein wichtiges Mittel der Selbstdarstellung des Königs vor uns, wohl nicht weniger wichtig als die Festkrönungen. Noch pflegte man dem Gesehenen und Gehörten zu trauen; eine Kluft zwischen Sein und Schein wurde nur in seltenen Fällen den Zeitgenossen bewußt.

Moderne Verwaltung wird durch einen mehr oder minder anonymen Apparat möglichst gleichmäßig und ohne Ansehen der Person geübt. Sie ist unablässig am Werk und überall gegenwärtig, während der König und seine wenigen Amtsträger dort eingriffen, wo sie eben zur Stelle waren oder wohin sie

---

[34] Manfred HELLMANN, Die Synode von Hohenaltheim. In: Wege d. Forschung 1 herausg. v. H. KÄMPF (1956) 300 f. Text: MGH Constitutiones 1, 620 ff.

[35] 1 Par. 16, 22 und Ps. 104, 15: «Nolite tangere christos meos.»

[36] Kanon 21 von Hohenaltheim, a. a. O. 623.

[37] Hermann KRAUSE, Königtum und Rechtsordnung. Zeitschrift f. Rechtsgesch. German. Abt. 82 (1965) 95.

in Notfällen gerufen wurden. Es war eher ein «System von Aushilfen» zur Wahrung des Friedens, als eine geordnete Planung für das allgemeine Wohl[38]. Das persönliche Moment steht im Vordergrund: Man bringt seine Sache vor den König, der sie entscheidet, mit Ratgebern oder ohne sie; man bittet als «Getreuer» um Vergünstigungen und erhält sie persönlich – als Bischof, Abt oder Weltlicher – durch eine Königsurkunde zugesprochen, auch dann, wenn die Schenkung eine Institution betrifft. Daß diese Verwaltung kaum die Bevölkerung im ganzen erreichen konnte und sich fast immer auf Oberschichten beschränkte, ist klar. Wer nicht zu den Freien zählte, und das war die Majorität aller Untertanen, lebte ja überhaupt nicht im Bereich dieser Öffentlichkeit, sondern in der «familia» seines Herrn. Für ihn konnten generelle Bestimmungen des Königs über gute Behandlung gelten, die allen Herren mitgeteilt und kaum kontrolliert wurden. Dieser rudimentäre Charakter der staatlichen, d. h. königlichen Verwaltung hatte sein Gutes in Zeiten des Verfalles der Zentralgewalt: Dieser löste keine Anarchie aus, und der Großteil der Bevölkerung wurde von ihm erst dann betroffen, wenn unklare Machtverhältnisse in der betreffenden Landschaft mit Gewalt bereinigt wurden.

Daß der Niedergang im Westen sehr stark war, während im Osten Krisen der ottonischen Monarchie überwunden werden konnten, hat einen Grund in der königlichen Pflicht zur Freigebigkeit. Durch Jahrhunderte haben die Karolinger ihre Getreuen belohnen müssen, ohne daß ihr Besitz ausreichend ergänzt wurde. Im Osten profitierten die Ottonen von den Expansionsmöglichkeiten; auch waren hier die Großen noch nicht in der Lage, eine selbständige Herrschaft zu organisieren[39]. Man blieb konservativer, und die gegebene Herrschaftsform war hier ein «neukarolingisches Königtum»[40]. Fast ohne das Königtum kam man dagegen im Westen aus, wo kleinräumigere und intensivere Formen unter aristokratischer Führung das Feld beherrschten. Wäre dasselbe in Italien der Fall gewesen ohne seine Unterstellung unter die ottonische Herrschaft? Kaum, denn vor ihr hat trotz allen Auflösungserscheinungen das «italienische» Königtum an einer Hegemonie über die Großen des Landes festgehalten[41].

---

38 Gerd Tellenbach, Grundlagen der karolingischen Thronfolge. Frühmittelalterliche Studien 13 (1979) 245.

39 Hagen Keller, Zur Struktur der Königsherrschaft im karolingischen und nachkarolingischen Italien. Quellen u. Forschungen aus ital. Arch. u. Bibl. 47 (1967) 193.

40 Der Ausdruck wurde auf Deutschland angewandt durch Lemarignier, Gouvernement royal 168.

41 Giovanni Tabacco, L'allodialità del potere nel medioevo. Studi medievali 3ª serie XI/2 (1970) 588.

Über Italienpolitik und Kaisertum der Ottonen gibt es ein sehr großes und in einigem immer noch kontroverses Schrifttum; die Dinge sind so bekannt, daß zu ihnen nicht im einzelnen Stellung genommen werden muß. Daß es sich bei den Italienzügen um ein Phänomen handelt, das nicht monokausal begründet werden kann und weder gelobt noch getadelt werden sollte, ist heute zur überwiegenden Meinung geworden. Das Kaisertum Ottos des Großen wird einerseits in seinen nichtrömisch-hegemonialen Bezügen gesehen[42] und anderseits als Erneuerung des karolingischen «Romkaisertums». Beide Ideen oder eher Ideengruppen schließen einander nicht aus, beide können schon vor 962 nebeneinander bestanden haben. Auch über das Kaisertum Karls des Großen differierten die Meinungen jener Zeitgenossen, die Urkunden schrieben[43] und auch solche von Hofgelehrten. Vor dem Erwerb der Kaiserkrone mußte man einig sein über das, was zu tun war, während die Begründungen dafür verschieden sein konnten. Auch nachher mochte das Raisonnement nicht jene Klarheit aufweisen, die heute das Staatsrecht verlangt; es waren Zeiten, in denen man sich noch sehr oft mit dem Gedanken an den Willen Gottes beruhigte.

Während die Gestalt des Königs aus jener des Edlen hervorging, mit ihr stets eng verbunden blieb und ihrerseits zum Leitbild der Aristokraten wurde, war das kaiserliche Wesen keineswegs fest geprägt und verschiedenen Interpretationen zugänglich. Der Kaiser als Feldherr, als Großkönig, als Vogt der Christenheit und der römischen Kirche, das waren mögliche Formen, während andere – der imperiale Bauherr, der gelehrte Theologe oder Philosoph – in dieser Epoche zurücktraten. Wenn Thietmar schrieb, Otto I. habe auf Veranlassung seiner Gattin die «Stadt» Magdeburg begründet – tatsächlich handelte es sich um das Moritzkloster[44] –, so wollte er damit nicht einen «städtebauenden Kaiser» (polioúchos basileus) hellenistisch-römischer Prägung schildern. Es war ein Teil des allgemeinen Herrscherlobes, ähnlich wie bei Helgaud von Fleury die kirchlichen Neu- und Umbauten der Zeit Roberts II. als dessen Werk

---

[42] Vgl. vor allem die Arbeiten von Helmut BEUMANN, zuletzt: Imperator Romanorum, rex gentium. Zu Widukind III 76, in: Tradition als historische Kraft, hg. v. N. KAMP u. J. WOLLASCH (1982) 214 ff. Vgl. auch Herbert ZIELINSKI, Zur Aachener Königserhebung von 936. Deutsches Archiv 28 (1972) 216 ff.

[43] Heinrich FICHTENAU, «Politische» Datierungen des frühen Mittelalters. In: Intitulatio II herausg. v. H. WOLFRAM, Mitteilungen des Instituts f. österr. Geschichtsforschung Erg.-Bd. 24 (1973) 509 ff.

[44] Thietmar II, 3, ed. HOLTZMANN 40, a. a. O. 41 Anm. 13, mit Hinweis auf Widukind III, 76: «civitatem ... quam ipse magnifice construxit». Bei Widukind mag eine Erinnerung an die Antike gegeben sein.

ausgegeben werden[45]. Daß man sich gerne der antiken Herrschertopik bediente, geschah in Nachfolge der «karolingischen Renaissance»[46].

Das ottonische Kaisertum hat nach der einstigen Ranggleichheit zwischen Ost und West einen eindeutigen Vorrang des deutschen Herrschers begründet. Kein Wunder, wenn der König von Frankreich gelegentlich in die imperiale Sphäre gerückt wurde, wobei freilich der untechnische Gebrauch des Wortes «imperator» (Herrscher, oder Befehlshaber) zu beachten ist[47]. An das Kaisertum reichte es heran, wenn Robert II. als «Augustus» auftrat[48], anderseits freute sich Adalbero von Laon darüber, daß «das Reich» (imperium) durch Könige geschlagen worden sei; er suchte Kaisertum und Königsherrschaft möglichst auf derselben Stufe der politischen Ordnung zu sehen[49]. Der König von Frankreich war ein Herrscher besonderer Art, kein «gewöhnlicher» König. Das ließ sich

---

[45] Vie de Robert ed. BAUTIER-LABORY 130, 132 c. 28. Bekanntlich hat schon Prokop, De aedificiis im Dienste Justinians I. diese Arbeitsweise gepflegt.

[46] So z. B. Otto I. als «aurea spes orbis», er unterwirft die «barbara iura» (oder «gentes»), usw. MGH Poetae lat. V/3, 630 Nr. 1. Zu Widukinds Aussage, nach einer Krankheit sei Otto «ut sol lucidissimus post tenebras» erschienen, schrieb Karl WÜHRER, Romantik im Mittelalter (1930) 68: «Auch das Mittelalter verwendet wie die Romantik die Natur zur Darstellung der eigenen Gefühle und der Gefühle des Helden.» Falscher hätte man den Topos «Herrscher als Sonne» nicht interpretieren können, der schon im babylonischen Reich gebraucht wurde und der antiken Welt vertraut war. Näheres bei Heinrich FICHTENAU, Arenga (Mitteilungen des Instituts f. österr. Geschichtsforschung, Erg.-Bd. 18, 1957) 35 ff.

[47] Eine Sammlung der einschlägigen Quellenzitate bietet KIENAST, Deutschland u. Frankreich 3 (oben Anm. 18) 712 ff. Für das Wort «imperialis» hat Hartmut HOFFMANN Stellen gesammelt, die zeigen, daß es in Urkunden Ottos d. Gr. und anderen Quellen nicht immer «kaiserlich» bedeutet. Zur Geschichte Ottos d. Gr., Deutsches Archiv 28 (1972) 66 ff.

[48] Karl Ferdinand WERNER, Das hochmittelalterliche Imperium im politischen Bewußtsein Frankreichs. Historische Zeitschrift 200 (1965) 17. KIENAST a. a. O. Bd. 2 (1975) 497 mit Anm. 1400. Klaus LOHRMANN, Die Titel der Kapetinger (ungedruckte Diss. Wien 1976) 29 ff. Bernd SCHNEIDMÜLLER, Karolingische Tradition u. frühes französisches Königtum (Frankfurter Histor. Abhandlungen 22, 1979) 67, 177 f. Für den Augustustitel, den Empfängerdiktate von Urkunden des Königs Rudolf (923-936) aufweisen, vgl. Helmut BEUMANN, Unitas ecclesiae – unitas imperii – unitas regni. In: Nascita dell'Europa ..., Settimane ... Spoleto 27 (1979) (1981) 569 f. Anm. 149, dort auch weitere Literaturangaben.

[49] Carmen ad Rotbertum ed. CAROZZI 30 v. 395 f., zur Interpretation Louis HOLTZ in der Besprechung der Edition in Le Moyen Age 88 (1982) 482. Adalbero spielt auf ein Gefecht bei dem Rückzug Ottos II. nach dem Vorstoß auf Paris im Jahre 978 an.

auf verschiedene Art erweisen, und diesem Beweis diente auch der Name eines Augustus. Man hat diese antike Reminiszenz im zwölften Jahrhundert wieder aufgenommen, als schon die französische Königsmystik unter der Führung von St.-Denis solchen Anschauungen Rechnung trug. Natürlich lag es bei jeder literarischen Verherrlichung eines Königs nahe, Requisiten aus dem Bereich des antiken Kaisertums zu borgen. Daß es sich nicht allein darum handelte, zeigt sich an der Konkretisierung von «Augustus» in dem Namen des französischen Thronerben Philipp II. August.

Wenn aus der antiken Topik des Kaiserlobes einiges in die Aufzählungen der königlichen Tugenden eingeflossen ist, so deckt es sich wenigstens teilweise mit dem Bild, das man sich von dem Edlen als Mensch, Vorbild der Seinen und Träger öffentlicher Aufgaben machte. Tugenden wie die «clementia Caesaris» oder «pietas Augusti» waren primär Reaktionen auf eine politische Situation im Sinne weiser Zurückhaltung gewesen; schon in der Kaiserzeit wurden sie so verallgemeinert, daß sie auch auf mittelalterliche Könige paßten[50], und nicht nur auf sie. Hrotsvith macht keinen prinzipiellen Unterschied zwischen den Tugenden des Königs und jenen seiner Familienmitglieder: In der Sippe des Regenten ist «summa nobilitas» zu Hause und diese drückt sich, wie sie meint, in dem Namen der Kaiserin Adelheid aus[51]. Neben dem Bild des Edlen ist es dasjenige des christlichen Regenten, das sich naturgemäß im Schrifttum der geistlichen Autoren spiegelt; es wurde schon seit dem Beginn des neunten Jahrhunderts dem Herrscher auf Synoden und in «Fürstenspiegeln» nahegebracht.

Der König hatte schon in seinem Äußeren seine höchst adelige Art zu zeigen. Obwohl Robert der Fromme von seinem Biographen als ein Heiliger dargestellt wurde, mit demütigem Blick, mußte Helgaud doch die aristokratische Erscheinung (corporis elegantiam) des Königs betonen, seine hervorragende Größe, den «ehrbaren», d. h. nach der Mode der Großen geschnittenen Bart, und die Art, wie Robert die Krone zu tragen pflegte: An ihr erkannte man, daß er von Groß- und Urgroßeltern her aus königlichem Blute stammte[52]. Die Schönheit karolingischer Prinzen hat z. B. Regino mehrmals hervorgehoben[53]. Was Roberts königliche Ahnen betrifft, handelte es sich um seine Groß-

---

50 FICHTENAU, Arenga 41, 48.

51 SCHÜTZE-PFLUGK, Herrscher- u. Märtyrerauffassung (oben 179 Anm. 56) 88.

52 Vie de Robert ed. BAUTIER-LABORY 58 c. 1 f.

53 Chronicon, MGH SS rerum German. ed. KURZE 76 f. (zu 853) über Ludwig d. Fr., dessen Mönchung gewaltsam verhindert wurde, denn «erat ... ingentis pulchritudinis». A. a. O. 116 (zu 880) über Karlmann: «pulchritudo eius corporis insignis, vires quoque in homine admirabiles fuere; nec inferior animi magnitudine», womit dieser schon bei Einhard auftauchende Begriff der griechisch-römischen Adelsethik

mutter Hathui, Tochter Heinrichs I.; wieder einmal diente der «Weiberstamm» dazu, die Vornehmheit einer Familie zu erweisen. Zugleich hatte diese Verwandtschaft ihre Tücken, denn Roberts zweite Gattin Berta war ihrerseits eine Urenkelin Heinrichs I. und mit Robert im dritten Grade verwandt. Daß das Wagnis dieser Heirat unternommen wurde, deren Trennung das Papsttum forderte, hatte seinen Grund wahrscheinlich auch in Bertas karolingischer Abstammung: Ihr Großvater war Ludwig IV. Dem Ruhm der kapetingischen Könige suchte übrigens Helgaud dadurch zu dienen, daß er von ihrem italienischen, vielleicht sogar römischen Ursprung berichtete[54].

Der König war Mitglied einer altberühmten Familie und er blieb dieser Familie verbunden auch nach seiner Erhebung. Wir haben gesehen, daß noch Thomas von Aquino die Tugend der «pietas» auf das Verhältnis zu den Verwandten bezog, und daß man sündigte, wenn man sie verachtete[55]. Die Familie zu fördern bedeutete eine Vorwegnahme dessen, was man später als «Hausmachtpolitik» kennzeichnete, und konnte auch ohne Härten für die von solchen Aktionen Betroffenen geschehen, nach dem Prinzip des «do ut des». Als Otto d. Gr. die Güter seiner Familie im mittleren Elbegebiet arrondierte, indem er die Hersfelder Mönche von dort verdrängte, blieben sie still: Der Kaiser hatte für das Kloster ein Exemtionsprivileg erwirkt und Hersfeld besaß jetzt eine ähnliche Position wie Fulda, auf Kosten des zuständigen Diözesanbischofs[56]. Anderseits erwuchsen Schwierigkeiten daraus, daß Otto Forderungen von Familienmitgliedern nicht erfüllte, weil dies der Zentralgewalt schädlich gewesen wäre – eine Konfliktsituation, die stets bestand, hier jedoch sehr offen zutage trat.

Zur Familie kamen die «Freunde», deren Interessen der König berücksichtigen mußte. Nach Widukinds Erzählung hat ihnen Otto I. nichts abgeschlagen

---

wiederum erscheint. Zu «magnanimitas (magnitudo animi)» vgl. Heinz Löwe, Von Theoderich d. Gr. zu Karl d. Gr., Deutsches Archiv 9 (1952) 381 Anm. 109 und Helmut Beumann, Die Historiographie des Mittelalters als Quelle für die Ideengesch. d. Königtums, in: Beumann, Wissenschaft vom Mittelalter (1972) 230 ff. Über «elegantia» vgl. Regino a. a. O. 114, 116 (Arnulf von Kärnten). Vgl. auch oben 190 mit Anm. 25.

54 Lot, Les derniers Carolingiens 361 und Bautier-Labory 58 Anm 2. (gegen Pfister) fassen so die Worte «ab Ausonie partibus» auf, in Parallele zu dem angeblich trojanischen Ursprung der Merowinger.

55 Oben 120 mit Anm. 30 f.

56 Konrad Lübeck, Der Primat der Fuldaer Äbte im Mittelalter. Zeitschrift f. Rechtsgesch., Kanon. Abt. 33 (1944) 280. Jaffé-L. Reg. 3723, Böhmer-Zimmermann Reg. 437.

und er wahrte ihnen in «übermenschlicher Weise» die Treue[57]. Der Begriff «Freunde des Königs» scheint die Mitte zu halten zwischen seiner Verwandtschaft im weiteren Sinne und der ihm ergebenen Führungsschicht des Reiches. Als «Freundschaft» hatte man die fränkische Schwurfreundschaft bezeichnet; diese suchte «sippschaftliche Bindungen auf einen weiteren Kreis, auf nicht miteinander Verwandte zu übertragen»[58]. Eine andere Form ist im 9. Jahrhundert die «amicitia regis», wobei etwas wie eine Rangordnung kenntlich wird: Es gab den «Ersten unter den Freunden des Königs». Hier ist von einer Gleichheit der Partner nicht die Rede, der König ist den «Freunden» übergeordnet, die ihm ein Treuversprechen geben und dafür seine Huld und Gaben aus seiner Hand empfangen[59]. Im zehnten Jahrhundert, für das keine Untersuchung dieser Form der Bindung vorliegt, mag es nicht viel anders gewesen sein. Hier wird man auch berücksichtigen müssen, daß die Vasallität diese damals schon altertümliche Form überdeckt hat.

Damit stehen wir bereits im Bereich von «praktischen» Königstugenden, die weitgehend jenen des Edlen gleichkommen. Die Freigebigkeit gegenüber seinen Freunden und allen anderen, die in der Gnade des Herrschers standen, war eine von ihnen; auch Liutprand von Cremona nennt sie unter den Eigenschaften des Königs Hugo von Italien. Freilich bezieht sie sich hier nicht auf die Großen des Reiches, sondern sie tritt als Sorge für die Armen und die Kirchen auf[60]; dasselbe begegnet bei Helgaud von Fleury[61]. Vom Standpunkt des Geistlichen aus war es wichtiger, daß der König den Bischöfen die Sorge für die Armen wenigstens zum Teil abnahm und dem Klerus Gaben zukommen ließ, als daß er Weltliche damit bedachte.

Weiters rühmt Liutprand Hugos Wissen und Vorliebe für «Philosophen», womit er vorerst noch fast allein steht. Daß Otto d. Gr. in späteren Jahren Bücher lesen lernte und Otto II. einer gelehrten Disputation beiwohnte, mag als entfernte Parallele gelten[62]. Noch war es jedenfalls kaum soweit, daß man

---

57 II, 36, ed. Hirsch-Lohmann 96. Auch Heinrich von Bayern war seinen Freunden treu; er verheiratete eine Schwester seiner Frau mit einem Vasallen (miles), den er zu seinem Genossen und Freund machte, a. a. O. 97. Die Freunde des Königs werden getrennt von den Ratgebern aufgezählt III, 15 p. 112.

58 Reinhard Schneider, Brüdergemeine und Schwurfreundschaft (Historische Studien 388, 1964) 84 f.

59 A. a. O. 86 f.

60 Antapodosis ed. Becker, Opera 81 (III, 19).

61 Vie de Robert ed. Bautier-Labory, passim.

62 Widukind II, 36; Richer III, 56 ff., der in c. 58 (ed. Latouche 2, 68, 70) den Kaiser die Eingangsrede der Disputation von Ravenna 980 zwischen Gerbert von Aurillac und dem Scholaster von Magdeburg Ohtric halten läßt.

einen nicht schriftlich gebildeten König einen gekrönten Esel nennen konnte, wie das im 12. Jahrhundert zum Sprichwort wurde[63]. Neben dem Wissen Hugos nennt Liutprand Kühnheit, Stärke und Schlauheit (calliditas) des Herrschers, und damit steht er keineswegs allein: Ähnliches lobt z. B. Regino an Ludwig dem Deutschen[64]. Es handelt sich gewiß nicht um christliche Herrschertugenden; man erzählte, die Franken hätten einst Chlodwig zu ihrem Herrscher gewählt, weil er diese Eigenschaften und dazu die Gabe besessen habe, bei Beratungen kluge Vorschläge zu machen[65]. Im Kriege ergänzte die Schlauheit bestens die physische Kraft und das Draufgängertum. Wir werden noch zu zeigen haben, wie solche Begriffe, vor allem «ingenium», positiv gewertet werden konnten[66]. Als Tugend möchte man derartiges heute nicht bezeichnen, und schon damals gab es Autoren, die einem gegenteiligen Verhalten von Herrschern Lob zollten. Das war die Schlichtheit und Einfachheit des Wesens, jene «simplicitas», die im christlichen Bereich seit je als positiver Wert auftritt. Man verwendete den Begriff auch bei der Schilderung von Herrschertugenden, etwa für Ludwig II. (den Stammler) und für dessen Sohn Karl «den Einfältigen»[67]. Der schlichte und friedliebende Fürst war eine Gestalt, mit der andere Autoren des 11. Jahrhunderts wenig Freude hatten, und so wurde Karl zum dummen, einfältigen Herrscher gestempelt.

Als Spätling unter den Regententugenden erscheint dann im «Ruodlieb» die Weisheit des Königs, die auch der erste karolingische Fürstenspiegel gefordert hatte[68]. Der Begriff «sapientia» oder «sophia» stand einerseits stoischen Idea-

---

63 «Rex illiteratus asinus coronatus.» Herbert GRUNDMANN, Litteratus – illitteratus. In: GRUNDMANN, Ausgewählte Aufsätze 3 (Schriften d. MGH 25, 3, 1978) 52.

64 Liutprand, Antapodosis a. a. O. Regino, Chronicon ed. KURZE 112 (zu 876): «ut in filio non tantum paternos vultus, quantum animi subtilitatem artiumque ingenia recognosceres ...».

65 Odorannus von Sens, Opera (oben 30 Anm. 105) 76: «Chlodoveum, ingenio callidum, armis bellatorem strenuum et consilio prudentem Franci sibi regem statuunt.»

66 Unten 531 f.

67 Bernd SCHNEIDMÜLLER, Die «Einfältigkeit» Karls III. von Westfranken als frühmittelalterliche Herrschertugend. Schweizerische Zeitschrift f. Geschichte 28 (1978) 62 ff. Regino, Chronicon (zu 878, über Ludwig II.): «vir simplex ac mitis, pacis, iustitiae et religionis amator.» Richer ed. LATOUCHE 1, 34 (I, 14) über Karl: «... rex creatus, ad multam benivolentiam intendebat. Corpore prestanti, ingenio bono simplicique ...». SCHNEIDMÜLLER a. a. O. 64 f. Dazu käme Helgaud von Fleury ed. BAUTIER-LABORY 60 c. 2: Robert d. Fr. «amabat simplicitatem», womit hier jedoch die Schlichtheit des Auftretens in der Öffentlichkeit gemeint ist, was aus dem folgenden Satz hervorgeht.

68 Christian GÖTTE, Das Menschen- und Herrscherbild des rex maior im «Ruodlieb» (Medium aevum 34, 1981) 54 ff., vgl. ebenda 56 das Zitat aus Smaragdus, Via regia.

len nahe, anderseits umfaßte er das Wissen der schriftlichen Bildung, so wie Robert der Fromme als «sapientissimus litterarum» bezeichnet wurde[69]. Allzumeist schätzte man aber als weise den Mann mit praktischer Lebensklugheit, der in schwierigen Situationen Rat wußte. Die «Klugheit des Rates (oder: in der Ratsversammlung)» war etwas, das man ganz allgemein vom Edlen, und besonders vom Vasallen verlangte. Dabei blieb offen, ob schlichtes, christliches Mannestum oder schlaue «Kriegslist» den Einzelfall bestimmte.

Was stets galt, war der Gemeinplatz bzw. die Lebensregel über die Zweiteilung des herrscherlichen Verhaltens: Der König ist mild zu den Guten, hart zu den Bösen[70]. Das erinnert an die alte Schwurformel «Freund den Freunden, Feind den Feinden», doch hat die Scheidung der Umwelt in diese zwei Menschengruppen jetzt einer Bewertung im Sinne politischer Moral Platz gemacht; feindlich ist, wer sich der Königsherrschaft und damit dem «Staat» widersetzt. Er bekommt den königlichen «terror»[71] ebenso zu spüren, wie der Gefügige Gnade und Huld empfängt. Verbrechen gegen den Herrscher sind Sünde (peccatum)[72] – politische und religiöse Moral werden einander angenähert, ähnlich wie das Wort «fides» sowohl den christlichen Glauben wie die Vasallentreue bezeichnet. Wir erinnern uns, daß die Synode von Hohenaltheim das Anathem gegen alle ausgesprochen hatte, die etwas gegen den König unternehmen wollten, und einen Großen zusammen mit seinen Helfern verurteilte, weil sie gegen den König «gesündigt» hatten[73].

Solange es nicht üblich war, den Staat «transpersonal» zu sehen[74], bedurfte die Person des Herrschers jedes möglichen Schutzes; seine Entmachtung oder sein Tod konnte das Staatswesen in eine schwere Krise stürzen. Die Tatsache, daß Könige gefährlich lebten, sollte sich jeder zu Herzen nehmen, der nach der Herrscherwürde strebte. So steht es auf einem Epitaph für Ludwig IV. zu lesen[75]. Schon im Frieden waren Könige nicht sicher, selbst an heiliger Stätte

---

[69] Helgaud, Vie de Robert ed. BAUTIER-LABORY 60 c. 3.

[70] So z. B. Hrotsvith, Gesta Ottonis 14 ff. (ed. HOMEYER 406) über Heinrich I.: «Nam fuit immitis reprobis, blandus quoque iustis» usw. Für die Begriffspaare «blandus-severus», «amabilis-terribilis» usw. Beispiele bei KALLFELZ, Standesethos (oben 88 Anm. 66) 16 mit Anm. 69. Die Antithesen solcher Art sind «ein typischer Bestandteil des Herrscherlobes unserer Zeit», a. a. O.

[71] Widukind II, 36: Otto I. war «preter regiae disciplinae terrorem semper iocundus». Weitere Beispiele bei KALLFELZ a. a. O. 68.

[72] Widukind a. a. O.

[73] Oben Anm. 36.

[74] Zum Begriff vgl. Helmut BEUMANN, Zur Entwicklung transpersonaler Staatsvorstellungen. In: BEUMANN, Wissenschaft vom Mittelalter 135 ff.

[75] Druck bei LAUER, Règne de Louis IV (oben 163 Anm. 139) 313 Nr. 1.

konnte ihr Leben bedroht sein[76]. Zudem sollte der Herrscher ein tapferer Krieger sein, allen ein Vorbild, die für ihn stritten. Es ist klar, daß ein im Zentrum der Schlacht kämpfender König die ganze Wucht feindlicher Angriffe auf sich ziehen mußte und in äußerster Lebensgefahr schwebte. Sein eigentlicher Platz war wohl schon damals auf dem «Feldherrnhügel».

Noch konnte allerdings die Staatsräson die alte Vorstellung vom «Vorstreit» des Anführers nicht völlig aus der Welt schaffen. Sie ist z. B. bei Widukind zu finden, wenn er schreibt, in der Lechfeldschlacht habe Otto I. im fünften, dem «königlichen», Heerhaufen als Erster sein Pferd gegen die Feinde getrieben, «zugleich die Aufgabe des tapfersten Kriegers und des trefflichsten Feldherrn erfüllend». Daß er dabei die heilige Lanze trug und von einer Schar auserlesener Krieger[77] «wie ein Wall umgeben» wurde (vallatus), deutet an, daß der Vorstreit nur mehr symbolisch aufgefaßt wurde; immerhin blieb die Sache gefährlich genug.

Es scheint, daß kämpfende Truppen den Herrscher in ihrer Mitte wissen wollten, wobei es eher um die heilbringende Präsenz ging, als um seine individuelle Leistung als Krieger. Sehr deutlich wird derlei in einer Erzählung Reginos: Ein Bretonenherrscher war krank; er wollte seine Leute zum Kampf bewegen, indem er ihnen sein Feldzeichen gab und den Sieg versprach. Als sie ohne ihn nicht vorzurücken wagten, ließ er sich auf einer Tragbahre «vor der Schlachtreihe der Feinde aussetzen», und so errangen die Seinen den Sieg[78]. Das Feldzeichen besaß nicht jene charismatische Wirkung, die von der Person des Königs ausging. Anders war es wenigstens zum Teil mit der heiligen Lanze. Bei der Lechfeldschlacht hatte sie die Präsenz des Königs gleichsam zu ergänzen, und vorher mußte sie diese Gegenwart sogar einmal ersetzen. Im März 939 wurde ein Teil von Ottos Heer bei der Rheinüberquerung von den Lothringern angegriffen, während er selbst sich bei dem anderen Teil der Truppen befand. Widukind entschuldigt das Fernbleiben des Herrschers vom Ort des Kampfes damit, daß keine Schiffe zur Verfügung standen – ein einziges hätte genügt[79]. Liutprand berichtet hier von einem Gebet Ottos vor der heiligen Lanze, das zum Sieg führte. In wohlbedachter Weise wird Otto an dieser Stelle mit dem betenden Moses verglichen, der dem Heer gegen die Amalekiter zum

---

[76] So soll z. B. Otto I. in Rom seinem Schwertträger befohlen haben, das Schwert über sein Haupt zu halten, solange er bei den Apostelgräbern betete. Thietmar IV, 32, ed. Holtzmann 169 ff.

[77] III, 44, 47. Übersetzung nach Hirsch-Bauer-Rau in Ausgew. Quellen 8, 153, 157, wo allerdings «primus» mit «zuerst» übersetzt ist.

[78] Regino, Chronicon ed. Kurze 109 (zu 874).

[79] II, 17, ed. Hirsch-Lohmann 82.

Sieg half[80]. Bei beiden Autoren fehlt ein Hinweis darauf, daß es äußerst unklug gewesen wäre, wenn Otto durch persönliches Eingreifen in dieser Situation seine Sache und sein Leben aufs Spiel gesetzt hätte. Als wolle er die Tapferkeit der Königsfamilie außer Zweifel stellen, berichtet Liutprand anschließend, daß Ottos Bruder Heinrich bei diesem Treffen eine Menge Feinde tötete und am Arm verletzt wurde.

Im Bürgerkrieg war 923 der westfränkische (Gegen-)König Robert bei Soissons gefallen, von Lanzen der Anhänger des Karolingers Karl (des «Einfältigen«) durchbohrt; sein Sohn Hugo der Große rettete die Schlacht für die Sache der Herzoge von Francien und späteren Capetinger[81]. Es ist nicht uninteressant, zu sehen, wie Richer Flodoards Bericht ausschmückt, indem er gleichsam zwei Prinzipien einander gegenüberstellt: Auf der einen Seite steht der Karolinger, der zwar kämpfen will, aber von Klerus und Heerführern «gezwungen» wird, abseits zu bleiben, um nicht die Sache der Dynastie zu gefährden; nach frommen Ermahnungen an das Heer schaut er von einem Berg aus der Schlacht zu. Auf der anderen Seite sehen wir den Usurpator Robert, der einmal da, einmal dort unter den Feinden wütet, erst unerkannt, dann aber auf die Frage, wer er sei, sich zu erkennen gibt. Fünfzig Anhänger des Karolingers, die sich zu seinem Tod verschworen haben, stürzen sich auf ihn und töten ihn mit Lanzenstichen. Die Schlacht geht bei Richer zugunsten der legitimen Sache aus[82], und im Sinne politischer Vernunft, im Gegensatz zu dem alten, auf den König übertragenen Heldenideal.

Ebenfalls bei Richer steht zu lesen, wie Hugo Capet nach seiner Krönung das Verlangen begründete, seinen Sohn Robert zum Mitkönig zu erheben: Krieg gegen die Ungläubigen in Spanien stehe bevor, und es müsse zwei Könige geben, damit das Heer einen Anführer habe, wenn der eine von ihnen fallen sollte. Außerdem werde es nach dem Tod eines einzigen Herrschers im Land zu schweren Unruhen kommen[83]. Das waren gewichtige Gründe in einer Zeit personaler Herrschaftsauffassung. Bekannt ist die Begründung der Zerstörung der Herrscherpfalz von Pavia: Treue und Besitz enden mit dem Tode, und wenn es den König nicht mehr gibt, darf man sein Haus zerstören[84]. Mit Recht fiel dem Geschichtsschreiber Rodulfus Glaber auf, daß die Normannen besonders

---

80 Antapodosis IV, 24, ed. BECKER, Opera 117.

81 Flodoard, Annales ed. LAUER 13 (923). Auguste ECKEL, Charles le Simple (Bibliothèque de l'Ecole des Hautes Etudes 124, Paris 1899) 123 f.

82 Richer ed. LATOUCHE 1, 86 ff. (I, 45 f.)

83 A. a. O. 2, 164 (IV, 12).

84 Wipo, Gesta Chuonradi ed. BRESSLAU 30 c. 7. Vgl. unten 504 f. und die oben Anm. 74 zitierte Arbeit.

heftig gegen das Frankenreich wüteten, wenn ein Herrscher gestorben war[85]. Nach dem Tode des ostfränkischen Königs Ludwig III. (882) sollen die Normannen außer sich vor Freude gewesen sein und nicht mehr an den Krieg, sondern nur mehr an die Beute gedacht haben[86]. Persönliche Bindungen waren auch im Kampfgeschehen maßgebend; es gab keine wirkliche Disziplin einer einheitlich geschulten Truppe, sondern alles richtete sich nach dem Vorbild des Anführers. Nicht nur die Ungarn verzweifelten am Gelingen des Kampfes um ein Augsburger Stadttor, als ihr Vorstreiter gefallen war[87]. Nach dem «Verlust ihres Hauptes», in Verwirrung (errore) und Trauer verzichtete eine fränkische Heerschar auf den sicheren Sieg über eine abgeschnittene Einheit der Normannen[88].

Lehrreich ist auch in dieser Beziehung die Schlacht von Soissons, von der eben gesprochen wurde. Hätte König Robert vor seinem Tode die Möglichkeit gehabt, seinen Sohn Hugo zum Mitherrscher einsetzen zu lassen, wäre dieser der Sieger gewesen, da den Karolinger die lothringischen Truppen im Stich gelassen hatten. Hugos militärischer Erfolg wurde nicht ausgenützt; es heißt ausdrücklich, wegen des Todes des Königs habe man die Geschlagenen nicht verfolgt. Nicht Hugo wurde als neuer Herrscher gegen Karl den Einfältigen aufgestellt, sondern der Burgunder Rudolf[89]. Man konnte den Königssohn durch die Wahl ausschalten, obwohl er seine Tüchtigkeit eben bewiesen hatte. Die einzige wirkliche Garantie für eine kontinuierliche Regierung der Königsfamilie war, wie schon angedeutet, das Mitherrschertum. Selbst als ein dreijähriges Kind zum Mitregenten Ottos II. gewählt wurde (983), hat dies der Dynastie den Thron gerettet.

Mit der dynastischen Kontinuität war auch jene der Rechtsverleihungen wenigstens bis zu einem gewissen Grade verbunden. Die Rechte der Geistlichkeit blieben zumeist unangetastet. Wenn es sich bei dem Rechtsträger um einen Weltlichen handelte, so war er nicht sicher, ob ein Nachfolger im Reich sich an die Verfügung des Vorgängers gebunden fühlte[90]. Am wenigsten konnte der Sohn des Verstorbenen dabei Schwierigkeiten machen; es war eine Pflicht der Pietät, dem Willen des Vaters weiterhin Geltung zu verschaffen. Nicht immer

---

85 Rodulfus Glaber ed. PROU 19 § 20 (I, 5).

86 Regino ed. KURZE 119 (zu 882).

87 Gerhard von Augsburg, Vita Oudalrici, MGH SS 4, 401 c. 12.

88 Regino a. a. O. 92 f. (zu 867). Vgl. a. a. O. 126 (zu 887): «Exercitus amisso duce ad propria revertitur.»

89 Flodoard ed. LAUER 13 f.

90 KRAUSE, Königtum u. Rechtsordnung (oben 4 Anm. 12) 42 mit Verweis auf das Capitulare Ticinense (Pavia 998), MGH Constitutiones I, 50 Nr. 23.

hat sich diese Pietät soweit erstreckt, daß der junge König Freunde und Berater des Vaters zu den seinen machte. Immerhin bot sich so für die führenden Männer wenigstens eine Chance, während ein Fremder seine eigenen Leute auf alle Fälle gegenüber jenen des Vorgängers bevorzugte.

Die ständige Gefährdung des Königs und die Wechselfälle seiner Regierung gehörten zu den «miseriae regum»[91]; das Bewußtsein, sie nicht aus eigener Kraft überwinden zu können, moderierte das Gottesgnadentum und vertiefte die Religiosität so manches Regenten. Einst hatte die Flüchtigkeit des Irdischen antike Imperatoren der stoischen Philosophie nahegebracht; jetzt gab es den mönchisch-asketischen Lebensstil, der freilich nur einzelne Situationen und nicht das ganze Leben eines Königs beherrschen konnte. Dies gilt auch für Otto III. und für Robert II. von Frankreich, dessen «unvergleichliche Demut» sein Biograph rühmt[92]. Robert stützte sich auf Leute aus den Mittel- und Unterschichten, was auch Rodulfus Glaber besonders hervorhob[93], und auf die Mönche. Eine etwas andere Bedeutung scheint die Aussage Wipos zu haben, daß Konrad II. «ein Mann großer Demut» gewesen sei, klug, wahrhaftig und freigebig[94]. Hier dürfte eher Schlichtheit und Leutseligkeit des Königs gemeint sein, der auch selbst gegen Slawen kämpfte, bis zu den Hüften im Sumpfwasser stehend[95]. Öffentliche Bußzeremonien übte Heinrich III., worauf schon hingewiesen wurde[96]. Thietmar behauptete, Heinrich I. habe «auf einer Pilgerfahrt nach Rom die Mühen der Fußreise dem Reiten vorgezogen», um eine Schuld zu sühnen[97] – was als Fabel nichts über den König aussagt, jedoch zeigt, daß derlei für möglich gehalten wurde.

Für geistliche Historiographen gehörte Demut in den Tugendkatalog des Regenten und es scheint, daß man eine symbolische Geste dieser Art schon bei der Königsweihe sehen wollte. Das Mainzer Pontifikale (um 960) schreibt vor, daß sich der Erwählte dabei «demütig in Kreuzesform ganz ausstrecken» solle[98], also mit ausgebreiteten Armen und das Gesicht zum Boden gewendet. Daß der Klerus bestrebt war, den aristokratischen Stolz der Könige zu mil-

---

91 Bornscheuer, Miseriae regum (oben 64 Anm. 73).

92 Helgaud ed. Bautier-Labory 58 c. 1.

93 Rodulfus Glaber ed. Prou 56 (III, 2): «aut ex mediocri aut ex infimo genere». Vgl. unten Anm. 99.

94 Wipo, Gesta Chuonradi c. 2, ed. Bresslau, Opera, 20.

95 A. a. O. 53 c. 33.

96 Oben 64.

97 Thietmar I, 15, übers. v. Trillmich 21.

98 Darauf hat Bornscheuer a. a. O. 195 verwiesen. Es muß fraglich bleiben, ob es zu einer solchen Prostratio wirklich gekommen ist.

dern, gehörte zu seinem Amt. Gab sich ein König als Verächter irdischer Eitelkeit, konnte er daraus auch Nutzen ziehen, indem er den Großen ihr Monopol auf Ämter nahm. Robert hat, wie schon Ludwig d. Fr., versucht, Leute niederer Herkunft in den Hochklerus einzuführen[99]. Es heißt, daß dies den Zorn der Großen (primates) hervorrief, welche die Niedrigen (humiles) verachteten und ihresgleichen, nämlich stolze Menschen (superbos), erwählten[100]. Da für Demut und niedrige Geburt derselbe Begriff verwendet werden mußte, konnte man so dem Leser den Standpunkt des Herrschers begreiflich machen.

Dem Kirchenfürsten ziemte Demut, für weltliche Ratgeber des Königs war sie keine Voraussetzung. Die Chronisten hatten es aus diesem Grund leichter, die Heranziehung «niedriger» Ratgeber abzulehnen. Hier schien das Monopol der Oberschichten auf Nähe zum König zu Recht zu bestehen. Dem Herrscher einen Rat zu erteilen, waren vor allen anderen die Vasallen befugt; Rat und Hilfe (consilium et auxilium) waren ihre Pflicht[101]. Hinter der Formel verbergen sich verschiedenartige Möglichkeiten. Sie reichen vom Ratschlag «auf Anforderung» bis zum Wirken jener «consiliarii regis», die in italienischen Königsurkunden auftreten und, aus den mächtigsten Familien des Landes stammend, mehrfach eine beherrschende Rolle am Hofe spielten[102]. In Frankreich soll Hugo von Francien seine Huldigung an den zurückberufenen König Ludwig an die Bedingung geknüpft haben, daß dieser schwören müsse, seinen, Hugos, Ratschlägen zu folgen[103]. Die Gefahren, die sich aus einer solchen Stellung von Großen des Landes ergaben, waren wohl die Haupttriebfeder dafür, daß Könige anderswo eine Stütze suchten. Nach Brun von Querfurt folgte Otto II. den «kindischen Ratschlägen» seiner byzantinischen Gemahlin und er verwarf diejenigen der Großen[104]. Karl «der Einfältige» wurde von fast allen Grafen der Francia verlassen, weil er seinen aus den Mittelschichten stammenden Ratgeber Hagano nicht entlassen wollte[105]. Er mußte fliehen und man

---

99 Rodulfus Glaber ed. Prou 58 (III, 2) über Robert: «... rex, ut sapientissimus dei cultor semper fuit, humilium amator ...». Bei Freiwerden eines Bistums sorgte er dafür «ut utilis pastor, licet genere infimus, restitueretur ęcclesię potius quam nobilitatis eligeretur persona secularis pompę». Vgl. oben Anm. 93, unten S. 250.

100 A. a. O.

101 Oben 210.

102 In Trosly (909) versprechen die Bischöfe der Reimser Kirchenprovinz dem König, «de utilitate regni aliquid quaerenti» nach Wissen und Können ihren Rat zu gewähren. Mansi, Conciliorum ... collectio 18 A, 270 c. 1. Über die «consiliarii regis» vgl. besonders Keller, Königsherrschaft (oben Anm. 39) 123 ff.

103 Richer ed. Latouche 1, 130 (II, 4). Keller a. a. O. 183.

104 Vita altera s. Adalberti (oben 126 Anm. 55) 9 c. 10.

105 Flodoard ed. Lauer 2 (zu 920).

machte Robert zum Gegenkönig. Am stärksten war der Zorn gegen den Regenten, der neben Unedlen auch Frauen zu den Regierungsgeschäften heranzog, wie es in Lothringen Zwentibold (895-900) tat: Er wurde dadurch «allen verhaßt» und die Großen verließen ihn[106].

Schlimm war es auch, wenn ein Fürst gar keine Ratgeber bestellte und selbstherrlich (ad suum arbitrium) regierte. Es konnte geschehen, daß sich dann sogar seine Verwandten gegen ihn stellten und daß man ihn verjagte, «wie wenn er eine Tyrannis errichten wollte»[107]. Die Abneigung gegen allzu individuelles, nicht von anderen kontrolliertes und «beratenes» Gehaben ist charakteristisch für eine «geschlossene Gesellschaft», in der Konformität einen hohen Wert darstellt. Von dem letzten Karolingerkönig, Ludwig V., sagt Richer, daß er keine heimischen, sondern ausländische Kleider trug und nach Art der Jünglinge sich mit unnützem Zeug beschäftigte. Der Grund dafür war, daß er keinen Lehrer der Vätersitte (morum informatorem) besaß[108]. Ein solcher Fürst galt als abartig (degener) und schloß sich damit selbst von der Herrschaft aus.

Vorbildlich durch seine Tugenden, beraten von weisen Männern, war der König das, was die Weltlichen von ihm erwarteten. Vom Klerus wurden an ihn weitere Forderungen gestellt, wie sie am ausführlichsten durch die Synode von Trosly (909) formuliert wurden: Er hatte vor allem sich selbst zu regieren, d. h. seine Leidenschaften zu besiegen und die guten Sitten zu pflegen; der Gedanke läßt sich zurückverfolgen bis zu hellenistischen Königsspiegeln, und weiter über Xenophon nach Persien und Indien[109]. Der Klerus mußte dem Fürsten und er mußte dem Klerus gehorchen, jeweils nach Art der Materie, um die es sich handelte. Furchterregend (terribilis) gegenüber den Bösen, liebenswürdig (amabilis) gegen die Guten, hatte der Herrscher die Unterdrückten aufzurichten, die Armen zu trösten, den Witwen und Waisen ein Vogt zu sein. So geht es weiter, in Nachfolge der antiken Literatur und der Kirchenväter. Hatten die Römer dem Kaiser Octavianus Augustus einen Ehrenschild gespendet, auf dem als seine Haupttugenden neben der kriegerischen Kraft (virtus) «clementia, iustitia, pietas» bezeichnet wurden[110], so meinten die Bischöfe in Trosly, ihr König solle «pie, iuste et misericorditer» regieren. Wer im Gegenteil pietätlos, ungerecht und grausam herrsche, sei kein König, sondern ein Tyrann. Zitate aus Bibel und Kirchenvätern sollten die Aussagen untermauern. Schließlich

---

106 Regino ed. KURZE 148 (zu 900).

107 Ademar von Chabannes, Chronicon ed. CHAVANON 168 (III, 45).

108 Richer ed. LATOUCHE 2. 120 (III, 95).

109 FICHTENAU, Arenga 32.

110 A. a. O. 38 und die dort verzeichnete Literatur.

wurde noch ein irischer Traktat des siebten Jahrhunderts herangezogen, der unter dem Namen Cyprians verbreitet war[111].

Dieses für die «politische Theorie» des Frühmittelalters wichtige Werkchen führt aus, was die Herrschaft eines ungerechten Regenten für sein Land bedeutet. Nicht nur Krieg gibt es, sondern Mißernten, Kindersterblichkeit, Viehseuchen, Stürme und häufige Blitzschläge. Unter einer gerechten Regierung herrscht dagegen Ruhe in der Luft und im Meer, Fruchtbarkeit der Felder usw.[112] Der antike Gedanke einer engen Verbindung von Menschenwelt und Universum, von einer kosmischen Ordnung, die durch Unordnung im menschlichen Bereich gestört wird, von der Mittlerfunktion des Regenten zwischen Irdischen und Überirdischen war in wirren Zeiten, inmitten vielfachen Unglücks den Menschen durchaus geläufig. Erst wenige Jahre vor der Synode von Trosly war der Bürgerkrieg erloschen, und an die fortwährenden Plünderungen durch normannische Scharen hatte man sich im Norden und Westen Frankreichs fast schon gewöhnt. Es ist also kaum als Spitze gegen Karl den Einfältigen zu verstehen, daß die Synode den Herrscher in dieser Weise für Naturereignisse verantwortlich machte.

Während die Bischöfe in Trosly ausführlich vom König handelten, haben sie über die Königin geschwiegen. Wir mußten schon von der Abneigung geistlicher Kreise gegen eine allzu positive Einschätzung weiblicher Klugheit hören. Und doch wäre hier manches zu berichten gewesen. Die Frau hatte im «Haus», wie ebenfalls bereits erwähnt wurde, ihre eigene Aktionssphäre, und so war es auch im königlichen Haushalt. Sie hatte darüber hinaus die Möglichkeit, für den abwesenden oder verstorbenen Gatten politische Entscheidungen zu treffen[113]. Auch dies haben in reichem Maße Königinnen getan. Schon der Bezeichnung nach war «regina» mehr als ein Wort für die Frau des Königs, «imperatrix augusta» mehr als ein bloßer Ehrentitel. Volle Gewalt stand freilich nur dem Manne zu, und die «domina» erreichte nie die Stellung des «dominus». Vereinzelt hat man sogar von einer «domina dux» gesprochen: Judith, die für ihren Sohn Herzog Heinrich von Bayern regierte, wurde 965 so genannt, sie war ein «Herzog» wie Heinrich[114]. Und Theophanu trat im Jahre 990 in Ita-

---

[111] Pseudo-Cyprian, De duodecim abusivis saeculi. Näheres bei Max MANITIUS, Geschichte der lateinischen Literatur des Mittelalters 1 (1911) 107 f.

[112] MANSI, Sacrorum conciliorum ... collectio 18 A, 269.

[113] Oben 151.

[114] Rather von Verona, ed. WEIGLE, Die Briefe ... 119 Nr. 23: «... quibus dux domina pręcepit, quo me adiuvarent ...». A. a. O. 121 Nr. 24: «ducum nostrorum» (Judith und Heinrich). «Beatrix domina dux» (von Oberlothringen), eine

lien nicht nur als «von Gottes Gnaden Kaiserin (und) Augusta», sondern sogar als «Theophanius, von Gottes Gnaden Kaiser (und) Augustus» auf[115]. Volle Gewalt konnte die Frau nur als Mann üben.

Hatte die Herrscherin dieselbe Stellung wie ein Mitkönig inne, war sie im vollen Sinne eine «Mitregentin»? Man hat dies bejaht auf Grund der Tatsache, daß sie vor allem in Italien als «consors regni» bezeichnet wurde, also als »Gefährtin der Herrschaft» des Königs, und daß dieselben Worte für einen Mitkönig gebraucht worden sind[116]. Sicherlich geht es aber zu weit, hier von «originären Souveränitätsrechten» zu sprechen, die jenen des königlichen Gatten gleich seien[117]. Wir haben bereits gehört, wie schwierig es für das Denken der damaligen Zeit war, mit dem Problem der Gleichheit gekrönter Häupter fertig zu werden; eine Gleichheit der Rechte von Mann und Frau konnte es noch weniger geben, nur den Freiraum der Gattin dort, wo er vom Gatten als ihrem Herrn gebilligt war, oder eine Notsituation ihr Handeln verlangte. Natürlich kam es dann auf die Herrscherin an, wie weit sie diesen Rahmen ausfüllen wollte oder konnte. Nach dem Tode Ottos II. ist dabei die Byzantinerin Theophanu bis an die Grenze des Möglichen gegangen; vorher sind von ihr keine Regierungshandlungen bezeugt, auch wenn sie im Hinblick auf ihre Herkunft als «Mitkaiserin» Ottos und «consors» im Imperium und «den Reichen» bezeichnet wurde[118].

In den Rahmen der vorgegebenen Aufgaben fügte sich die Tätigkeit der Königin als Intervenientin: Bittsteller wandten sich an sie, vor allem geistliche; deren Sache zu vertreten, war eine Art beratender Tätigkeit. Es war nur eine Frage der Terminologie, ob man eine Königsurkunde auf die Intervention hin, auf Bitten oder, was selten war, auf den Rat der Königin[119] ausstellte. «Kluge

---

Schwester des Hugo Capet, wird nach dem Tode des Gatten Friedrich von Oberlothringen (983) so bezeichnet. Die Briefsammlung Gerberts ed. WEIGLE 58 Nr. 32, weitere Nennungen im Register s. v. «Beatrix». Über «Kaiser» Theophanu vgl. oben 126 mit Anm. 55.

[115] D. Theophanu 1 und 2 in MGH DD. O. III., S. 876.

[116] Paolo DELOGU, «Consors regni»: un problema carolingio. Bullettino dell'Istituto storico italiano per il medio evo 76 (1964) 48 ff. (seit Ludwig d. Fr.); Thilo VOGELSANG, Die Frau als Herrscherin im hohen Mittelalter (Göttinger Bausteine 7, 1954) 30 (Robert d. Fr. 991). Während Vogelsang eine Mitregentschaft der Frau auch für Frankreich annimmt, wo für die Königin selten eine derartige Bezeichnung auftritt, lehnt sie Delogu als juridisch faßbare Institution für das karolingische Italien ab.

[117] Carlo Guido MOR, Storia politica d'Italia: L'età feudale 2 (Mailand 1952) 43.

[118] DO. II. 76. VOGELSANG a. a. O. 25.

[119] MGH DD. Rud. 76 (Rudolf III. von Burgund 994): «per consilium dilecte coniu-

und verantwortungsbewußte Beraterin des Fürsten zu sein, erscheint als die vornehmste Aufgabe seiner Gemahlin»[120]. Auch jenseits der Urkunden, in historiographischen Quellen, wird derlei bei Herrscherinnen gelobt: Der sterbende König Heinrich I. dankt seiner Gattin Mathilde, daß sie ihn besänftigte, wenn er zornig war, und daß sie ihm nützlichen Rat spendete[121]. Wipo zählt die Berater Konrads II. auf und fährt fort: «Über alle diese hinaus war seine geliebte Gattin Gisela stark an Klugheit und Rat»[122]. Nicht zufällig sind es Quellen aus Deutschland, die hier zitiert werden, während westliche Geschichtsschreiber derartiges wenig schätzten. Die reiche Interventionstätigkeit Hemmas, der Gattin Lothars, in Frankreich seit 966, hat kein solches Lob gefunden[123].

Als «Hausfrau» hatte die Königin die Verwaltung des Hofes und Königshauses wenigstens zum Teil zu beaufsichtigen. Im späteren 9. Jahrhundert war es ihre Sache, auf die «Ehrbarkeit» der Pfalz (honestas palatii) zu achten, worunter weniger eine Sittenaufsicht als die Überwachung des anständigen und sauberen Aussehens der Gebäude und Auftretens der Dienerschaft zu verstehen ist. Denn daneben wird der «königliche Schmuck» (ornamentum regale) genannt, also wohl jener Aufwand, dessen das fürstliche Prestige bedurfte: Teppiche, Tafelgeschirr und dergleichen; dazu kamen Geschenke an die Vasallen, mit Ausnahme von Verpflegung und Pferden. Für das alles war unter Leitung der Königin im einzelnen der Kämmerer zuständig[124]. Wie man sieht, übte sie Befehlsgewalt nicht nur über Knechte aus, sondern auch über Freie, in diesem Falle über einen mächtigen «Beamten» der Hofverwaltung. War er doch zugleich der Verwalter des königlichen Schatzes, im Rang höher als Seneschall,

---

gis nostre ...». Daß es sich bei den in Urkunden erwähnten Interventionen nicht um bloße Formalien handelte, zeigt sich u. a. daran, daß die Erwähnung der Königin Kunigunde in den Urkunden Heinrichs II. nach dessen Konflikt mit ihrer Familie sehr stark zurückging: In ihren ersten Jahren hat man ihren Namen in 41 von 97 Diplomen gefunden, in der folgenden Zeit nur mehr in 16 von 113 Urkunden Heinrichs II. Heinz Renn, Das erste Luxemburger Grafenhaus (Rheinisches Archiv 39, 1941) 90.

120 M. Bernards, Die Frau in der Welt und die Kirche während des 11. Jahrhunderts. Sacris erudiri 20 (1971) 52, mit Verweis auf Wipo c. 4.

121 (Jüngere) Vita Mathildis (vor 1006), c. 8, MGH SS 4, 288.

122 Wipo, Gesta Chuonradi ed. Bresslau 24 c. 4.

123 Lot, Les derniers Carolingiens 54.

124 Hincmar, De ordine palatii c. 22, MGH Capitularia 2, 525; ed. Gross, Schieffer 74 ff.

Mundschenk und Marschall. Bei den Kämmerern handelt es sich um Leute, die daneben schon zur Zeit Karls d. Gr. mit dem Amt eines Heerführers, eines Königsboten oder eines Beisitzers im Hofgericht betraut wurden[125].

Odorannus von Sens behauptet, die Königin Konstanze, Gattin Roberts des Frommen, habe von ihrem Gemahl die Verfügungsgewalt über alle königlichen Rechte und Besitzungen erhalten. Jedenfalls war es Konstanze, die dem Odorannus Gold aushändigte, als er den Auftrag hatte, in seinem Kloster einen Schrein für die Reliquien des heiligen Savinian anzufertigen[126]. Vielleicht war am französischen Hof die Königin mit der Oberaufsicht über die Verwendung und den Verbleib der materiellen Güter betraut. In Roberts Lebensbeschreibung wird Konstanze als Widerpart ihres Gatten vorgeführt, der sich bestehlen ließ, während sie die Entfremdung kostbarer Dinge – eines goldenen Gewandsaumes, von Silberblech der königlichen Lanze, eines silbernen Leuchters – nicht duldete[127].

In Deutschland mit seinem «Reisekönigtum» scheint die Herrscherin wenigstens zeitweise mitverantwortlich gewesen zu sein für die Verlegung der Hofhaltung und deren technische Probleme. In der Tegernseer Briefsammlung ist ein – leider unvollständiges – Schreiben der Kaiserin Adelheid erhalten, in dem sie Anweisungen für die Aufnahme des Hofstaates in Würzburg gibt. Wahrscheinlich war sie damals noch Regentin für Otto III.[128]. Die Königin besaß wohl schon seit karolingischer Zeit ihren eigenen Hofstaat und nahm für ihn das Gastungsrecht in Anspruch, wenn sie – etwa durch einen Italienzug – von ihrem königlichen Gatten getrennt war; ebenso standen ihr die Königspfalzen zur Verfügung[129]. Hier schaltete und waltete sie mit Hilfe ihr zugeteilter Funktionäre, von denen wir für diese Zeit freilich wenig wissen. Gelegentlich

---

125 A. a. O. und Josef FLECKENSTEIN, Karl d. Gr. und sein Hof. In: Karl d. Gr. 1 (Persönlichkeit u. Geschichte, herausg. v. H. BEUMANN 1965) 33 f.

126 Chronicon ed. BAUTIER-GILLES (oben 30 Anm. 105) 102: «(Robertus) propriam coniugem magis quam eatenus dilexit et sub eius nutu omnia iura regalia et quaecumque possidere videbatur manere disposuit.» Vgl. 106 die Übergabe von 13 solidi durch die Königin. – Wipo, Gesta Chuonradi c. 4, S. 25, hebt unter den Fähigkeiten der Königin Gisela hervor, sie sei «summos honores bene tractare perita» gewesen. Bezieht sich das auf die Reichsgüterverwaltung?

127 Vie de Robert ed. BAUTIER-LABORY 64 c. 5, 72 c. 9, 74 c. 10. Vgl. auch oben 108 mit Anm. 170. Konstanze kommt in der Vita überhaupt nur im Zusammenhang mit ihrer Sorge um und für Edelmetalle vor.

128 Die Tegernseer Briefsammlung (Froumund). MGH Epistolae selectae 3 ed. K. STRECKER (1925) 16 Nr. 16 (994 oder 995).

129 BRÜHL, Fodrum (oben 76 Anm. 6) 1, 156.

erfahren wir, daß Kunigunde, die Gattin Heinrichs II., einen eigenen Kämmerer und einen Mundschenk besaß[130].

Wir haben gesehen, welche Rolle das Moment der Repräsentation für die soziale Stellung der Oberschichten spielte; die Königin konnte hier keine Ausnahme bilden. Hemma, Tochter der Kaiserin Adelheid und Witwe des vorletzten Karolingerkönigs in Frankreich, klagte nach ihrer Entmachtung, daß sie einst über Tausende von Menschen geboten habe, und jetzt nicht einmal über niederes Hausgesinde (vernaculos comites) verfüge[131]. Solche Worte besagen nichts über den Charakter der Königin, sie gelten sicherlich weniger dem politischen Einfluß, als dem sozialen Stellenwert. Auch nach Hemmas Befreiung aus der Gefangenschaft wurde er nicht gehoben: Aus der Königinwitwe war eine Exkönigin geworden.

Als Witwe hatte eine Königin entweder für ihren minderjährigen Sohn die Regierung zu führen, oder sie stand unter der Kontrolle des neuen Herrschers, auch was den Aufwand und die Finanzen betraf. Daß der eigene Sohn hier eine gewisse Härte beweisen konnte, zeigt der bekannte Konflikt Ottos I. mit seiner Mutter. Dabei ging es nicht um die Zahl des Gefolges, sondern um ihre Zuwendungen an Klöster; daß auch eine verwitwete Königin solches Gefolge und «herrliche» Gewänder (herilia vestimenta)[132] benötigte, wird in den Lebensbeschreibungen durchaus anerkannt. Die fromme Mathilde trug bis zum Tode ihres Gatten zwei kostbare Armreifen (armillae), nachher nur mehr «etwas Gold» als Schmuck und ein leinenes Obergewand, das sich aber von einem Trauerkleid (lugubri veste) unterschied[133]. Während sich der Biograph die Königin neben dem Gatten bei offiziellen Anlässen «geschmückt mit Edelsteinen und Seide» vorstellte[134], ziemte ihr als Witwe ein einfacherer, aber doch immerhin königlicher Lebensstil. Finanziert wurde er im Normalfall aus dem Heiratsgut, jenen «dotales regiones«, die Mathilde bei dem Konflikt mit ihrem Sohn verlassen mußte, um ins Kloster zu gehen[135].

Um das Jahr 1000 gab es eine sächsische Tradition, nach der sich einst (936)

---

130 Paul Schubert, Die Reichshofämter und ihre Inhaber bis um die Wende des 12. Jahrhunderts. Mitteilungen des Instituts f. österr. Geschichtsforschung 34 (1913) 446.

131 Im Dezember 988. Die Briefsammlung Gerberts ed. Weigle 174 Nr. 147.

132 (Jüngere) Vita Mathildis reginae, MGH SS 4, 294 c. 16.

133 A. a. O.

134 A. a. O. 286 c. 5.

135 A. a. O. 291 c. 11. In der älteren Vita ist von den «dotales urbes» (= Burgen) die Rede und davon, daß sich Mathilde in eine Zelle auf den Familiengütern (patrimonium) zurückzog. MGH SS 10, 578 c. 8.

Mathilde dafür eingesetzt hatte, daß ihr jüngerer Sohn Heinrich anstelle Ottos I. zum König erhoben werden sollte[136]. Der tiefere Grund des Zwistes zwischen diesem und seiner Mutter war vielleicht ihr damaliger Versuch, in einer für das Reich überaus wichtigen Angelegenheit zu intervenieren – womit wir wieder bei dem Kapitel weiblichen Einflusses auf die hohe Politik angelangt sind. Von mittelalterlichen Historiographen wurde dieser Einfluß, wie wir sahen, gelobt oder getadelt, manchmal auch in Form von Anekdoten berichtet, die weiblicher Klugheit Beifall zollten. Nach Liutprand soll Berta, Tochter Lothars von Italien, gesagt haben, sie werde ihren Gatten durch ihre politische Erfahrung (scientia sua) entweder zum König oder zum Esel machen[137]. Hugo d. Gr. von Francien soll seine Schwester Emma, die Gattin des burgundischen Herzogs Rudolf, befragt haben, wen sie zum König wählen würde. Ihre Antwort lautete, sie wolle lieber das Knie ihres Gatten als das des Bruders küssen; Hugo habe daraufhin Rudolf den Königsthron «zu besitzen gestattet»[138]. Die Antwort wird als klug bezeichnet, obwohl eine Frau kaum in die Lage kam, einen Vasalleneid mit Kniekuß zu leisten. Die Anekdote deutet wohl an, daß diese Frau nicht nur höchst einflußreich war, sondern auch wie ein Mann dachte. Wenn Liutprand alles Schlimme von der älteren Theodora in Rom zu berichten weiß, so fügt er doch lobend hinzu, daß sie «in männlicher Art» die Stadtherrschaft erlangte[139]. Was die vorhin genannte Königin Emma betrifft, so hat sie kaum einen Lehenseid geleistet, aber einen solchen von einem Burghüter entgegengenommen[140], sicherlich in Vertretung ihres Gatten und nicht für sich selbst. Wenige Jahre vorher, als sich Rudolf nach Burgund begeben hatte, ließ er die Königin «zur Bewachung der Stadt Laon zurück», zusammen mit dem dortigen Grafen[141].

So wie es militärisch tüchtige Gräfinnen gab, haben auch Königinnen auf diesem Gebiet «ihren Mann gestellt». Willa, die Gattin Berengars, verschanzte

---

[136] Thietmar I, 21 ed. HOLTZMANN 28 mit Anm. 2 und K. SCHMID, Neue Quellen zum Verständnis des Adels im 10. Jh. Zeitschrift f. die Gesch. d. Oberrheins 108 (1960) 201 verweisen in diesem Zusammenhang auf die jüngere Vita Mathildis c. 6, a. a. O. 287: «desideravit ipsum regno potiri post obitum . . . Heinrici», was Thietmar verstärkt zu «eandem hoc summopere diu enituisse . . .» usw.

[137] Antapodosis I, 41. Opera ed. BECKER 29.

[138] Rodulfus Glaber, Historiae I, 2 ed. PROU 7 f.

[139] Antapodosis II, 48, ed. BECKER 58 f.: «non inviriliter».

[140] Flodoard (zu 933) ed. LAUER 56. Rudolf hatte vorher die Burg, Château-Thierry, belagert und es mag sein, daß sich der Burgvogt an die Königin um Fürbitte wandte.

[141] Flodoard (zu 927) a. a. O. 39.

sich auf einer Insel in einem kleinen oberitalienischen See[142] und erhielt nach fast zweimonatiger Belagerung durch Otto I. freien Abzug zugesichert. Man akzeptierte die Herrscherin als Befehlshaber in Notsituationen, wenn sie das Vertrauen der Truppenführer erringen konnte. Man akzeptierte sie ebenso als Regentin nach der Gefangennahme oder nach dem Tod des Gatten, wenn ein Kind zum Nachfolger bestellt wurde. Eine dauernde Frauenherrschaft war dagegen durchaus unüblich. Was Liutprand von der «monarchia» der älteren Theodora in Rom berichtet, ist übertrieben; wenn er behauptet, die Markgräfin Hermengard von Ivrea habe nach dem Tode des Gatten den Prinzipat von ganz (Ober-)Italien innegehabt[143], so wird das schon durch die Begründung für den Erwerb dieser Stellung als Satire gekennzeichnet.

In Deutschland haben Adelheid und Theophanu, in Frankreich die Königinnen Hemma, Witwe Lothars († 986) und Konstanze (nach dem Tode Roberts 1031) eine politische Schlüsselposition innegehabt und mit wechselndem Erfolg verteidigt. War kein Erbe zur Stelle, wie nach dem Tode Heinrichs II. im Jahre 1024, hatte seine Witwe die Wahl, an der Befestigung (corroboratio) der neuen Königsherrschaft mitzuwirken, oder ihr entgegenzuarbeiten. Kaiserin Kunigunde wählte den ersten Weg; indem sie die Reichsinsignien an Konrad II. auslieferte, «befestigte sie ihn, soweit dies weiblicher Autorität möglich ist, in der Regierung»[144]. In den acht Wochen bis zu Konrads Wahl hat Kunigunde «mit dem Rat ihrer Brüder» die Reichsregierung geführt und sie kam damit nach Wipos Aussage der «res publica» nach Kräften zu Hilfe[145]. Dabei bedurfte sie gewiß keiner «Geschlechtsvormundschaft»[146], denn auch Theophanu und Adelheid konnten ohne sie regieren. Tatsächlich war es eine interimistische Familienherrschaft, rechtlich ging die Funktion der Brüder nicht über jene von «Räten» hinaus. Die Kaiserin trat an die Stelle ihres Gatten und seines noch nicht bestellten Nachfolgers.

Theophanu und Adelheid regierten für einen Unmündigen; Königin Hemma ließ nach dem Tode Lothars 987 die Großen sowohl dem neunzehnjährigen König Ludwig, als auch ihr selbst Treue schwören[147]. Sie leitete selbst die Außenpolitik, die jetzt völlig geändert wurde. Nun lag im Westen wie im

---

[142] Lago di Orta, westlich des Lago Maggiore. Continuatio Reginonis ad 962, Regino ed. Kurze 171 mit Anm. 4, 172.

[143] Antapodosis III, 7, S. 77.

[144] Wipo c. 2, S. 19.

[145] A. a. O. 9 c. 1. Über die Staatsvorstellung, die an dieser Stelle zum Ausdruck kommt, vgl. Beumann in der oben Anm. 74 zitierten Arbeit S. 149.

[146] So Vogelsang, Die Frau als Herrscherin 29.

[147] Die Briefsammlung Gerberts ed. Weigle 104 f. Nr. 74.

Osten das Schicksal des Reiches in weiblichen Händen. Übrigens sollte im letzten Lebensjahr Lothars in Metz eine «Besprechung der Herrinnen» (colloquium dominarum) stattfinden, eine Konferenz der zwei Kaiserinnen mit der Herzogin Beatrix von Oberlothringen, Herzog Heinrich von Bayern und anderen Großen[148]. Jetzt schrieb Hemma ihrer Mutter Adelheid, diese sei die «Mutter aller Reiche», und ihr Rat werde von der Tochter durchaus befolgt werden; ein persönliches Zusammentreffen war geplant[149]. Daß Ludwig V. in ungestümer Art selbst zu regieren begann und dabei gegen seine Mutter Stellung bezog, hat die politische Landschaft neuerlich verändert und die Königsherrschaft der Capetinger vorbereitet.

Hat hier der Sohn gegen die Mutter Stellung bezogen, ja sie des Ehebruches bezichtigt, so wollte allem Anschein nach im Jahre 1033 Königin Konstanze ihren ungeliebten Sohn, König Heinrich, absetzen und durch seinen Bruder Robert ersetzen lassen[150]. Die Erhebung scheiterte, Konstanze ist schon 1034 gestorben. Bei aller Bedeutung, die für Ansehen und politische Stellung einer Frau die Kraft ihrer Persönlichkeit hatte, blieb sie doch ein «Ersatzmann» für den König, und nicht seine ebenbürtige Konkurrenz. Theophanu und Adelheid erkannte man an, weil der König noch minderjährig war; Hemma und Konstanze mußten scheitern, weil sie gegen einen volljährigen Herrscher auftraten.

So kann man sagen, daß die Königin eine politisch-militärische Stellung innehatte, die nicht deutlich definiert, aber praktisch ziemlich genau abgegrenzt war. Sie bildete eine Art Juniorpartner, der in Notfällen in die Aufgaben des Seniors eintrat, ansonsten seinen eigenen Bereich von Verpflichtungen wahrnahm. Die Herrschaft des Mannes, ein Postulat mittelalterlichen Ordnungsdenkens, blieb gewahrt, und doch ruhte die Regierung nicht auf zwei Augen allein. Die Königin hatte delegierte, und ihr von Natur aus zustehende Rechte und Pflichten; sie sorgte vor allem für die Kontinuität der Herrschaft, etwas, das in Zeiten mangelhafter Institutionalisierung von sehr hoher Bedeutung war. Wenn die Chronisten zumeist nur von den Hauptereignissen ihres Lebens

---

148 Gerbert a. a. O. 97 Nr. 66.

149 A. a. O. 105 Nr. 74.

150 Jan DHONDT, Une crise du pouvoir capétien. In: Miscellanea mediaevalia in mem. J. F. NIERMEYER (Groningen 1967) kommt a. a. O. 144 zu dem Schluß, daß Konstanze Heinrich absetzen und selbst die Macht ergreifen wollte. Das konnte sie aber doch nur nach der Wahl eines neuen Königs. Nach Rodulfus Glaber III, 9 ed. PROU 84 hatte Konstanze schon zu Lebzeiten ihres Gatten und im Gegensatz zu diesem ihren Sohn Robert als den Geeigneteren für die Regierung bezeichnet, wodurch Zwietracht zwischen den Brüdern entstand.

Notiz nahmen, so lag das in der Zeit begründet; es wurde gewiß nicht der Bedeutung gerecht, die sehr viele Herrscherinnen für die Reichsregierung und das weite Feld zwischenmenschlicher Beziehungen am Hofe hatten. Immerhin sind wir über Königinnen besser orientiert als über alle anderen Frauen, sofern sie nicht als Heilige einer Lebensbeschreibung für würdig erachtet wurden.

III.

Der Bischof

Im Jahre 1910 erschien das Buch von Aloys Schulte «Der Adel und die deutsche Kirche im Mittelalter», das noch heute hohes Ansehen genießt[1]. Hier werden für die Zeit vor dem Wormser Konkordat die ganz wenigen Fälle aufgezählt, in denen unfrei Geborene durch karolingische und deutsche Herrscher das Bischofsamt erhielten. Zwei dieser Fälle betreffen das neunte Jahrhundert, vier oder fünf die Regierung Heinrichs II. Erst im 13. Jahrhundert gab es in diesem Amt «Bürgerliche», so daß Schulte die These aufstellen konnte: «Für alle Jahrhunderte des Mittelalters seit Karl dem Großen darf somit wohl als Regel aufgestellt werden: Für das bischöfliche Amt wurden in erster Linie Freie, Edle als geeignet angesehen»[2]. Der Satz gilt noch heute unbestritten; erst vor wenigen Jahren hat man neuerlich eine Reihe von Bischöfen und Äbten, besonders aus Frankreich, aufgezählt, die als «nobiles» galten und von ihnen «eine kleine Gruppe von Ausnahmen» unterschieden[3]. Hier erhebt sich freilich die methodische Frage, ob die geistlichen Verfasser von Aussagen über Bischöfe einen sozialen Tatbestand darstellen wollten. Eher folgten sie einer literarischen Tradition, die in die Merowingerzeit zurückreicht und den Bischof sowohl «edel» als auch «schön» sein läßt[4], wozu als dritte Qualität der Reichtum tritt[5]. Jedenfalls erschienen solche Feststellungen wichtig, sie bezeugten, daß der Bischof die Forderungen eines allgemeinen adeligen Leitbildes erfüllte.

Was die soziale Realität betrifft, so stand es ganz außer Zweifel, daß der unfrei geborene, erst als Kleriker freigelassene Bischof nicht jene Autorität erlangen konnte, die er zu seinem Amt brauchte. Schon in der Antike hatte sich der Freigelassene zeitlebens vom Vollfreien unterschieden; mit Recht schrieb Thegan in seiner berühmten Invektive gegen Erzbischof Ebo von Reims: «Er

---

[1] 3. Aufl. 1958 (Kirchenrechtliche Abhandlungen 63/64).

[2] A. a. O. 72.

[3] Martindale (oben 189 Anm. 21) 35 f., besonders S. 36: «The small group of exceptions seems to prove that chroniclers and hagiographers were in fact employing realistic methods of social assessment ...».

[4] Poulin (oben 26 Anm. 79) 47 f.

[5] J. Kleinpaul, Das Typische in der Personenschilderung der deutschen Historiker des 10. Jahrhunderts (Diss. Leipzig 1897) 18 f.

(Kaiser Ludwig d. Fr.) hat dich zum Freien gemacht, nicht zum Edlen, was unmöglich wäre»[6]. Der Edle brauchte freie Leute als Ahnen, und einige von ihnen sollten sich irgendwie ausgezeichnet haben. Dem so stark ausgeprägten Rangdenken der Zeit widersprach es, wenn sozialer Aufstieg nicht schrittweise erfolgte, von Generation zu Generation. Schlimm war es, wenn «aus den untersten Knechten die höchsten Kirchenfürsten» genommen wurden. Thegan sagt nicht, daß das seinem hierarchischen Denken widerspricht, sondern er gibt praktische Gründe für seine Ablehnung an: Leute, die das Dienen gewohnt waren, werden auf hohen Posten streitsüchtig, hochmütig, sie wollen von allen gelobt werden – wir würden sagen, sie haben Kontaktschwierigkeiten aus einem Mangel an natürlichem Selbstbewußtsein, überkompensieren jenen und werden aggressiv. Wir erfahren hier nichts darüber, ob vielleicht das Verhalten der Umgebung derlei begünstigte. Man kann an eine Haltung kaum verhüllter Arroganz von «Edlen» denken, wenn sie von einem «Unedlen» Befehle entgegennehmen mußten. Mit Recht verweist Thegan darauf, daß auch die Familie des neuen Bischofs zum Problem werden konnte. Hat man diese Leute weiterhin als Domestiken zu behandeln gesucht? Thegan klagt, daß der zum Bischof Aufgestiegene seine Angehörigen zu Freien machen, ihre Töchter mit Edlen verheiraten will und ihre Söhne dem Studium zuführt, so daß sie dann die – ungebildeten – «edlen Greise» (senes nobiles) verachten und verlachen[7]. Die Störung der gewohnten Sozialordnung bringt naturgemäß Verhaltensprobleme mit sich.

Der Extremfall, daß ein Unfreier Bischof oder Erzbischof wurde, war wie gesagt sehr selten. Er zeigt aber mit aller Schärfe Schwierigkeiten auf, die auch Freie haben konnten, wenn sie Positionen besetzten, die nach Meinung der Oberschicht ihr selbst vorbehalten waren. Als Otto II. seinen Kanzler Willigis zum Erzbischof von Mainz machte, leisteten «viele» dagegen Widerstand wegen der geringen Herkunft (ob vilitatem ... generis) des Kandidaten[8]. Dessen Mutter war eine Freie, aber sie wird als «Arme» (paupercula) qualifiziert. Damit war die Tatsache angedeutet, daß sie nicht zur Oberschicht gehörte, deren Kennzeichen neben anderem die äußeren Voraussetzungen für einen gehobenen Lebensstil waren[9]. Ein «Armer» war ein Mann, der für seine Lauf-

---

6 Thegan, Vita Hludowici c. 44, MGH SS 2, 599.

7 A. a. O. 595 c. 20.

8 Thietmar III, 5, ed. Holtzmann 102 f.

9 Bosl, Potens und Pauper (oben 197 Anm. 52) 106 ff. hebt als Kriterium die Verfügungsgewalt über Menschen und Sachen hervor. Von der Mutter des Willigis erfahren wir nur, daß sie Vieh «in ihrem Hause» hatte und «quamvis paupercula,

bahn weder materielle Mittel (opes) noch eine Unterstützung durch Verwandte oder edles Blut (sanguine fretus) zur Verfügung hatte; das schrieb einer, der es wissen mußte, Bischof Fulbert von Chartres, der sich selbst als Armen bezeichnet, der aus dem Schmutz aufgestiegen sei[10]. Fulbert war vielleicht der Mitschüler Roberts des Frommen in Reims[11]. Jedenfalls ließ ihm der König Chartres zukommen, einen wichtigen Stützpunkt der Krone, im Rahmen einer Politik, die zielbewußt «kleine Leute» in solche Positionen hob. Voll Sarkasmus riet Adalbero von Laon, Vertreter der adelsstolzen Oberschicht, dem König Robert, Schafhirten und Seeleute zu Bischöfen zu machen, während ihre – aus der früheren Ära stammenden – Amtsbrüder nackt hinter dem Pflug gehen sollten[12]. So schuf sich Robert willige Helfer; man konnte natürlich sein Vorgehen mit anderen Gründen rechtfertigen, wie es Rodulfus Glaber tat: Der König haßte die Stolzen und liebte die Demütigen; er sorgte dafür, daß freiwerdende Bistümer einen nützlichen Hirten erhielten, auch wenn er ganz niedriger Abstammung war. Das schien ihm besser, als einen weltlich prunkenden Edlen wählen zu lassen[13].

Der berühmte Gerbert von Aurillac, später Papst Silvester II., nennt sich in einer Denkschrift einen bedürftigen Verbannten, weder durch eine angesehene Familie (genere), noch durch Reichtum unterstützt, der aber doch (bei der Wahl zum Erzbischof von Reims) vielen Wohlhabenden vorgezogen wurde, die durch edle Verwandtschaft Ansehen genossen[14]. Immer wieder sind es dieselben beiden Dinge, Reichtum und Verwandtschaft, die im Zusammenhang mit Bischofserhebungen angeführt werden. Man kann daran denken, daß es darauf ankam, den richtigen Personen Geschenke zu machen und einflußreiche Verwandte als Intervenienten zu gebrauchen. «Arm» war man dann, wenn man beides nicht hatte, oder auch, wenn man aus einem fernen Land stammte, aus dem keine Hilfe zu erwarten war. Ob Gerberts Familie in Aquitanien begütert war oder nicht, spielte in Reims und in Bobbio keine Rolle. Bei Gerbert kam hinzu, daß

---

tamen ... bona» war, a. a. O. Über die Herkunft des Willigis vgl. LIPPELT, Thietmar (oben S. 2 Anm. 2) 11 Anm. 32.

10 The letters and poems of Fulbert (oben 18 Anm. 35) 242 Nr. 132 v. 8 f. und ebenda Nr. 133 v. 1.

11 BEHRENDS in der Einleitung zur eben zitierten Edition, p. XVII.

12 Carmen ad Rotbertum ed. CAROZZI 4 v. 41 ff.

13 Rodulfus Glaber ed. PROU III, 2 (7), p. 58, vgl. oben 237 Anm. 99. Beide Stellen werden von SCHULTE a. a. O. 73 zitiert.

14 Nicht bei WEIGLE. Julien HAVET, Lettres de Gerbert (Collection de textes 6, Paris 1889) 229 Nr. 217: «nec genere nec divitiis adiutus, multis locupletibus et nobilitate parentum conspicuis praelatus».

er in sehr jungen Jahren ins Kloster St. Gerald in Aurillac eingetreten war, wo er seine eigentliche Heimstatt hatte; später waren ihm die einstigen Bindungen an Bekannte und weitschichtig Verwandte bloß eine schattenhafte Erinnerung[15].

Der Reichtum eines Bischofs brachte auch seinen Untergebenen manchen Vorteil. Adalbero II. von Metz, von dessen sehr bedeutender Familie wir schon gehört haben, löste die drückende und fast alljährliche Verpflichtung zum Dienst im kaiserlichen Heer für sich und seine Leute in Geld ab. Dazu zog er nach Aussage seines Biographen Steuereingänge nur zum kleineren, fast unbeträchtlichen Teil heran; das meiste kam aus den Einkünften des Erbgutes der Familie. Adalberos Lebensbeschreibung gibt auch Zeugnis von der Vermischung persönlicher Einnahmen mit denen des Bistums: Beides hat der Bischof nicht geschont, wenn es galt, Schutzbefohlenen – Armen, Witwen, Klöstern – damit zu helfen[16]. Nicht alle Bischöfe aus reicher Familie waren so großzügig, aber sie hatten immerhin die Möglichkeit, so zu handeln. Arme waren auf sich selbst angewiesen und mußten außerdem trachten, Verwandte zu versorgen. Vorbilder dafür gab es selbst im Papsttum: 985 wurde unter dem Einfluß der Crescentier Johann XV. Papst, ein Priestersohn aus Rom, der bald dem dortigen Klerus verhaßt wurde, «weil er alles, was er hatte und was er zu erwerben vermochte, an seine Verwandten austeilte». Des näheren ist nur bekannt, daß er einen Neffen zum «dux» von Ariccia erhob[17].

In manchen Fällen stand hinter beidem, der Zubuße aus Familienbesitz und der Gabe von Bistumsgut oder Ämtern an Verwandte, eine politische Notwendigkeit. Kaiser Heinrich II., der sich noch stärker auf die Leistungen des Klerus stützte als seine Vorgänger, ließ Thietmar fragen, ob er als künftiger Bischof von Merseburg bereit sei, dem Bistum mit einem Teil seines Eigengutes

---

[15] Die Briefsammlung Gerberts ed. Weigle 236 f. Nr. 194. Für die Frage von Gerberts Familie leider unergiebig ist Oscar G. Darlington, Gerbert, «obscuro loco natus». Speculum 11 (1936) 509 ff., 516 und Jean Leflon, Gerbert (Figures monastiques, St. Wandrille 1946) 1 ff. – Die Worte «quondam michi noti vel affinitate coniuncti» des Briefes übersetzt Harriet Pratt Lattin, The letters of Gerbert (New York 1961) 230 Nr. 196 mit «those once known to me and linked by ties of brotherhood», scheint sie also auf Mönche von Aurillac zu beziehen. Vielleicht hätte Gerbert dies eher durch die Worte «fraternitate coniuncti» ausgedrückt. An den Konvent (sanctum collegium vestrum) hatte Gerbert schon vorher Grüße gerichtet.

[16] Konstantin v. St. Symphorian, Vita Adalberonis, MGH SS 4, 666 f. c. 22. Über Adalbero und die Ardennergrafen vgl. oben 164, unten 255 f.

[17] Zitat bei Böhmer-Zimmermann, Papstregesten 258 Nr. 645. Über Nepotismus vgl. oben 120 mit Anm. 31.

zu Hilfe zu kommen[18]. Im gleichen Jahr gab Heinrich II. das dürftig ausgestattete Bistum Paderborn an Meinwerk, «der sowohl durch die Höhe seiner edlen Abkunft als auch durch die Menge seines Besitzes dafür geeignet war». Er sprach den Wunsch aus, der neue Bischof möge sich der Armut des Bistums erbarmen und ihr zu Hilfe kommen[19]. Wenn ein solcher Mann aus bester Familie Bistumsgut an Verwandte vergab, konnte das für das Bistum positive Folgen haben: Auch sie mochten in die eigene Tasche greifen, wo es nötig war, vor allem aber waren sie getreue Vasallen, auf die sich im Kriegsfall der Bischof verlassen konnte – was im Reichsdienst, und mehr noch in der Atmosphäre des Bürgerkrieges in Frankreich von Bedeutung war[20].

Vom Reichtum der Bischofssippe profitierten oft auch die Klöster der Diözese. Manche wurden aus deren Mitteln begründet, viele haben aus ihnen Schenkungen erhalten. Auch das Umgekehrte war der Fall, oft haben Bischöfe – und keineswegs nur solche mit ärmlichen Verwandten – ihrer Familie Klostergut zukommen lassen. So wird berichtet, daß Adalbero I. von Metz Brüder hatte, denen er nichts verleihen konnte, weil das Bistumsgut schon von seinen Vorgängern an Lehensleute ausgegeben worden war; er suchte darum bei jeder Gelegenheit, diesen Verwandten etwas zuzuwenden. Als Adalbero dem Kloster Gorze einen durch Todesfall des Inhabers freigewordenen Besitz restituieren sollte, schaltete sich einer der Brüder des Bischofs ein. Es kam zu einem Streit, den dieser mit den Worten an seine Verwandten beendete: «Ihr strengt euch vergebens an. Und wenn ich das halbe Bistumsgut diesen Mönchen gegeben hätte, würde ich ihnen nicht ein Fußbreit davon wegen einem von euch wegnehmen»[21].

In Laon schrieb ein Ire namens Malcalanus einen Traktat, der sich mit dem Problem der Bischofssippe befaßt[22]. Malcalanus war im Reformkloster Gorze ausgebildet worden und hatte durch den Bischof Rorico von Laon den Auftrag erhalten, ein herabgekommenes Kanonikerstift wieder in ein Kloster umzuwandeln. Dessen Besitz hatten bischöfliche Vasallen in der Hand, und seine Restitution war eine Lebensfrage für die Mönche des Malcalanus. Ein Mittel

---

18 Thietmar VI, 40, ed. Holtzmann 322 f. Lippelt, Thietmar 109.

19 Vita Meinwerci ed. F. Tenckhoff, Das Leben des B. Meinwerk, MGH SS rerum German. (1921) 17 f. c. 11. Lippelt a. a. O. Anm. 81.

20 Friedrich Prinz, Klerus und Krieg im frühen Mittelalter (Monographien zur Gesch. d. Mittelalters 2, 1971) 168 (mit Verweis auf Reims).

21 Johannes von St. Arnulf in Metz, Vita Iohannis Gorziensis, MGH SS 4, 368 c. 110, 369 c. 113 f.

22 Heinz Löwe, Dialogus de statu sanctae ecclesiae. Deutsches Archiv 17 (1961) 12 ff., Edition: 68 ff.

dazu sollte der Traktat sein, ein Dialog, bei dem er unter dem Decknamen Theophilus dem Bischof Rorico («Eutitius») gegenübersteht. Hier erfahren wir, daß es dessen Verwandte sind, die Bistumsgut innehaben. Eutitius erklärt: Bistumsgut ist Gottes Eigentum, aber wenn es der Bischof für seinen eigenen Lebensunterhalt verwenden darf, warum nicht auch für jenen seiner Verwandten? Bischofsgut soll zur Versorgung der Armen herangezogen werden, also doch wohl auch für (arme) Verwandte[23]?

Es ist eine damals populäre Anschauung, die damit wiedergegeben wird, und nicht «Sophisterei», wie der Reformer Theophilus-Malcalanus behauptet. Seine dialektische Schulung zeigt sich daran, daß er den unmittelbaren Lebensbedarf (cibum et vestitum) für die Verwandten ebenso wie für die Armen zugesteht, nicht aber liegendes Gut (predia et possessiones). Der Bischof akzeptiert das anscheinend, denn er fragt jetzt: Und was soll mit den bereits entgegen dieser Scheidung ausgegebenen Besitzungen geschehen? Theophilus entschlägt sich des Urteils und verweist auf Gott, den höchsten Richter. Damals, vielleicht im Jahre 962, war die Zeit noch nicht reif für eine radikale Lösung derartiger Probleme. Mehr Erfolg als eine Kampfansage versprach gutes Zureden, mit dem man manches erreicht hat.

Der eben angeführte Dialog erweiterte und vertiefte, was in kurzer Form schon karolingische Synoden ausgesprochen hatten: Kein Bischof darf Amtsgut an Verwandte schenken (condonare); wenn sie arm sind, soll er sie wie Arme versorgen, aber nicht ihretwegen seine Kirche berauben[24]. Ganz so einfach war die Sache natürlich nicht: Was als Lehen, als Prekarie oder – in Italien – durch einen Libellarvertrag an die Familie gelangte, war keine Schenkung im Rechtssinn und vielleicht haben die Bischöfe bei solchen Beschlüssen bewußt einen Weg offen gelassen, die kanonischen Forderungen mit der Wirklichkeit zu harmonisieren. Man kann auch nicht aus derartigen Synodalbeschlüssen den Satz begründen «Die Prälaten betrachteten das Kirchengut als Objekt der Ausbeutung»[25]. Er zeigt, wie fremd modernen Autoren die Voraussetzungen geworden sind, unter denen damals Bischöfe handelten, und wie die Schwarz-Weiß-Malerei der Kampfschriften des Reformertums das Denken von Historikern neuerer Zeit beeinflußt hat.

Der Weltklerus hatte seinen Namen davon, daß er im Gegensatz zum Mönchtum nicht aus der «Welt» ausgetreten war; er lebte weiterhin in seinem natürlichen Lebensraum, und dieser war in erster Linie von der Familie bestimmt. Kirchenamt und Familie hat man schon in der Spätantike sehr oft

---

[23] A. a. O. 73.

[24] Synode von Worms 868 c. 45 f., Mansi, Sacrorum conciliorum ... collectio 15, 877.

[25] Arnold Pöschl, Bischofsgut und mensa episcopalis 1 (1908) 176.

zusammengesehen, es gab eine tatsächliche Erblichkeit von Bischofsstühlen[26]. Wenig hat das mit einer Germanisierung der Kirche zu tun, viel mehr mit der Tatsache, daß der Staat als Hintergrund der persönlichen Existenz immer mehr verblaßte und mit ihm auch die kirchliche Organisation für ihre Funktionäre nicht die einzige oder doch beherrschende Lebensform sein konnte. In Gallien haben die Familien des senatorischen Adels die Kirche des Landes gleichsam getragen, und im Frankenreich der Karolinger hat ein Thegan nur ausgesprochen, was allgemeine Meinung der Oberschicht war.

Wie selbstverständlich es auch im frühen zehnten Jahrhundert schien, daß Verwandte für einen Bischof eintraten und er wiederum sie förderte, dafür gibt es ein besonders gutes Beispiel, da es einen Mann von lauterer Gesinnung und tadelloser Lebensführung betrifft: Udalrich von Augsburg, der spätere Heilige, entstammte einer Grafenfamilie, die mit dem Haus der Burchardinger in Schwaben verwandt war[27]. Herzog Burchard «und andere Verwandte» präsentierten den jungen Udalrich dem König Heinrich I. Wegen seiner Kenntnisse und – was sogar an erster Stelle genannt wird – wegen seiner gebieterischen Gestalt (herilitatem staturae) wurde Udalrich tatsächlich vom König als Lehensmann angenommen, und die Verwandten führten ihn in seine Bischofsstadt ein[28]. Im Bürgerkrieg verschanzte sich Udalrich mit seinen Leuten in der Burg Schwabmünchen, sein Bruder Dietpald brachte Entsatz; er fiel in der Lechfeldschlacht, zusammen mit anderen Verwandten Udalrichs[29]. Dietpalds Sohn Riwin erhielt vom König «die Grafschaften» der Familie übertragen, mit der Hauptburg Dillingen; für die Fortdauer der geistlichen Herrschaft in Augsburg wollte Udalrich sorgen, indem er einen anderen Neffen, Adalbero, schrittweise in sie einführte. Adalbero wurde zum Kommandanten der bischöflichen Vasallen, zu Udalrichs Stellvertreter im Hofdienst; er nahm die Treueide der bischöflichen Familiaren entgegen, ja schließlich durfte er sogar den Bischofsstab tragen. Das war zuviel. Bei einer Synode fuhren Udalrichs Amtsbrüder mit

---

[26] Beispiele bei Wolfgang Reinhard, Nepotismus. Zeitschrift f. Kirchengeschichte 86 (1975) 147 f., «bis hin zu kirchlicher Dynastiebildung».

[27] Das Folgende nach Gerhard, Vita Oudalrici c. 1, MGH SS 4, 387 ff.; vgl. Friedrich Zoepfl, Das Bistum Augsburg und seine Bischöfe im Mittelalter (1955) 62 f. Störmer, Früher Adel 2, 314 ff.

[28] «. . . secundum regis edictum potestativa manu vestituram sibi perfecerunt», Vita c. 1, was Kallfelz, Lebensbeschreibungen 59 mit den Worten übersetzt «und ließen ihm gemäß dem Befehl des Königs durch einen Bevollmächtigten die Investitur für das Bistum erteilen». Über die Bedeutung des Handganges in diesem Kontext vgl. Minninger, Von Clermont . . . (oben 55 Anm. 26) 25 f.

[29] SS 4, 399 c. 10, 402 c. 12.

schwerem Geschütz gegen ihn auf und belehrten ihn, daß derlei Häresie sei[30]. Der Bischof ließ sich damit nicht schrecken, und so versuchte man es mit einem Hinweis auf die Beispielsfolgen: Andere, deren Nepoten und Klerus würden ähnliches verlangen. Das sah Udalrich ein, und begnügte sich mit dem Versprechen, daß man nach seinem Tode den Adalbero zum Bischof wählen werde.

Hier handelt es sich um einen kleinen Kreis bischöflicher Verwandter: Aktiv treten Herzog Burchard, ein Bruder und zwei Neffen Udalrichs auf. Aber es gibt Fälle einer weiter ausgedehnten Sippe und ihres politischen Zusammenspiels. Ein schönes Beispiel dafür bieten die Ardennergrafen, die nach dem Tode ihres Ahnherrn Wigerich († zwischen 916 und 919) einen großen Aufschwung nahmen, gestützt auf das sächsische Kaiserhaus[31]. Die für den geistlichen Stand bestimmten Mitglieder der Sippe erhielten den Namen Adalbero; ihre Ausbildungsstätte und Warteposition war das Domkapitel von Metz. Ihm hat z. B. auch der berühmte Adalbero von Laon in seiner Jugend angehört[32]. Nicht von diesem Mann soll hier die Rede sein, sondern von seinem an sich unbedeutenden Onkel Adalbero II. von Metz (984-1005)[33], der im Gegensatz zu jenem im Zentrum des Geflechts familiärer Bindungen ein recht bequemes Leben führte, reich genug, um sich und die Seinen vom Kriegsdienst loszukaufen. Sein Vater war Friedrich, Herzog von Oberlothringen; als dieser 978 starb, verwaltete die Mutter das Herzogtum, dann wurde Adalberos Bruder Dietrich hier Herzog. Die Mutter, eine Tochter Hugos des Großen aus der späteren Familie der Capetinger, sorgte dafür, das Adalbero seine Position als Bischof von Verdun mit dem wichtigeren Metz vertauschen konnte – gegen die kanonischen Bestimmungen, die solch einen Wechsel nicht gestatteten. Ein gleichnamiger Vetter Adalberos II. war Erzbischof von Reims (969-989), ein anderer mußte sich mit einer Propstei zufriedengeben. Besser hatten es seine Neffen, der eben genannte Adalbero von Laon, Bischof Adalbero von Verdun (984-991) und Adalbero III. von Metz, der allerdings bei seiner Erhebung (1005) noch ein Kind und vielleicht fünf Jahre alt war. Die Ardennergrafen konnten damals ihre

---

[30] 408 f. c. 23.

[31] Michel PARISSE, La noblesse lorraine (Thèse Nancy II) 1 (Paris 1976) 19 ff., mit einer Karte des Wirkungsgebietes der Ardennergrafen, S. 22 bis. RENN, Luxemburger Grafenhaus (oben 241 Anm. 119). Der Band «La maison d'Ardennes, Xe-XIe siècles» (Actes des Journées lotharingiennes 1980, Publ. Sect. hist. de l'Institut Grand-Ducal de Luxembourg 95, 1981) ist mir nur aus der Rezension durch L. GENICOT bekannt, Revue d'histoire eccl. 78 (1983) 412 f. Vgl. auch oben 164, 251.

[32] Darüber vgl. DUBY, Die drei Ordnungen 27 f. und die vorige Anm.

[33] Das Folgende nach RENN und der Vita Adalberos von Konstantin von St. Symphorian, MGH SS 4, 658 ff.

zentrale Stellung in Metz nicht behaupten; ein Luxemburger, Bruder der Kaiserin Kunigunde, usurpierte das Bistum.

Adalbero II. von Metz war ein Vetter der Königin Kunigunde, auch darum ist er zu seinen Lebzeiten unbehelligt geblieben. Er war karolingischer Herkunft, ein Vetter – allerdings zweiten Grades – sowohl Ottos III. als auch Heinrichs II., ein Neffe des Hugo Capet und damit Vetter König Roberts II. Seine Feinde nannten den Bischof einen Säufer, stumpfsinnig (hebes) oder verrückt (vecors), aber seine kriegerischen Tugenden werden aus der Aufzählung jener Burgen klar, die er nach dem Zeugnis seines Biographen belagert und zur Ergebung gezwungen hat[34]. Sie schadeten der «familia» des Bistums, so heißt es, und keineswegs handelte Adalbero aus persönlichen Beweggründen. Das darf man durchaus glauben; was er tat, war zum Vorteil seines Amtes und seiner Familie, deren Hochburg dieses Bistum gewesen ist.

Wir können annehmen, daß Mittel- und Unterschichten in der Diözese Metz damals bessere Zeiten erlebten, als wenn hier ein Bischof «ohne Familie» regiert hätte, der nur seine eigenen Vasallen gegen Vergrößerungstendenzen weltlicher Herrschaften zu Hilfe rufen konnte. In erster Linie kam die Friedenswahrung, und erst in zweiter konnte man nach anderen Dingen fragen. Umgekehrt konnte die Familienpolitik in Zeiten des Bürgerkrieges natürlich dazu führen, daß die Mittel eines Bistums für Zwecke verwendet wurden, die eher destabilisierend wirkten. Schlimm war es auch, wenn eine solche Familienherrschaft – meist mit Hilfe des Königtums – gebrochen wurde. Von der Zeit nach Adalbero II. und dem Coup der Luxemburger haben wir schon gesprochen.

Ein zweites Beispiel wäre die Nachfolge des Erzbischofs Heriveus von Reims (900-922), der eine sehr aktive Burgenpolitik betrieben hatte. Er war dem Karolingerkönig im Kampf gegen die Robertiner treu zur Seite gestanden; jetzt setzte König Robert den Reimser Archidiakon Seulf, einen Einzelgänger, als neuen Erzbischof ein. Es kam zu schweren Auseinandersetzungen mit dem Bruder und dem Neffen des Heriveus um das Kirchengut, das die beiden als Lehen von diesem erhalten hatten. Seulf mußte sich dabei auf eine andere Grafenfamilie stützen, die schließlich von alledem den Nutzen hatte: Graf Heribert von Vermandois ließ sich von Seulf die Expektanz auf das Erzbistum für sein Söhnchen Hugo versprechen[35]. Nach dem baldigen Tode des Erzbischofs – angeblich durch Gift – wurden die Grafen tatsächlich in Reims installiert, wobei der Kirchenhistoriker Flodoard seine Lehen verlor. Er gibt die Begründung wieder, mit der ein recht unkanonisches Vorgehen gerechtfertigt werden sollte:

---

[34] A. a. O. 665 c. 20.

[35] Prinz, Klerus und Krieg 154 ff.

«Damit das Erzbistum nicht durch Außenstehende (extraneas personas) aufgeteilt werde», wurde der noch nicht einmal fünfjährige Hugo zum Erzbischof gewählt; für die geistlichen Dinge sollte der Bischof von Soissons sorgen, während nach dem Willen des Königs Graf Heribert die weltlichen Angelegenheiten «leiten und regieren» sollte[36]. Für die Betroffenen war der Umsturz schlimm, für den Großteil der Bevölkerung jedenfalls besser als anarchische Zustände, die tatsächlich zu einer Zerstückelung des Reimser «episcopatus» (im Sinne seiner Besitzrechte) und zum Niedergang der Stadt führen konnten. Kein Eiferer erhob sich dagegen, daß ein Weltlicher im Erzbistum regierte und hier «die Kirche in der Macht der Laien» war[37].

Bischof Abbo von Soissons, der für Heribert die «spiritualia» des Erzbistums verwaltete, war jenem «eng verbunden»[38]; man könnte ihn auch als den Strohmann des Grafen bezeichnen. Noch stärker zeigte sich das, als zum Nachfolger Abbos in dieser Funktion ein Flüchtling bestellt wurde, der von den Sarazenen vertriebene Bischof Ulrich von Aix. Heribert gab ihm eine Reimser Abtei und eine einzige Domherrenpfründe[39] als Lebensunterhalt; beinahe könnte man dies mit modernen Worten als ein «Angestelltenverhältnis» bezeichnen. Die mittelbare Herrschaft des Grafen sollte auch unter dem Pontifikat seines Sohnes Hugo weitergehen. Dazu ist es freilich nicht gekommen, Heriberts Konflikt mit dem König brachte ihm einen lange dauernden Rückschlag.

Vielfältig waren die Wege, auf denen die Machtübernahme Weltlicher in einem Bistum vorbereitet werden konnte. In Mailand wählte man z. B. 983 die wenig auffällige Form der Investitur der großen Vasallen mit Lehen aus kirchlichem Besitz; um das Volk zu beruhigen, reichten sie einen Teil davon an kleinere Lehensträger weiter. Leer ging dabei der Klerus von Mailand aus, der

---

36 Flodoard, Historia Remensis ecclesiae IV, 20, MGH SS 13, 578 (925). Manches wird ausführlicher berichtet in dem Schreiben des späteren Erzbischofs Artald bei Flodoard, Hist. Rem. IV, 35, a. a. O. 585 ff. Hier wird u. a. erzählt, daß Heribert in der erzbischöflichen Pfalz (sede) zusammen mit seiner Gattin residierte und über sechs Jahre lang nach seinem Gutdünken über das Bistumsgut verfügte.

37 Auguste Dumas in: Emile Amann – A. Dumas, L'Église au pouvoir des laïques (Histoire de l'Église 7, Paris 1948) 215 über die Metropoliten: «Ce n'étaient pas eux que la Providence destinait à restaurer la liberté de l'Église opprimée par les puissances laïques.» Was das Papsttum betrifft, so hat Johann X. 926 der Sache zugestimmt, Böhmer-Zimmermann Reg. 75.

38 Karl Ferdinand Werner, Untersuchungen zur Frühzeit des französischen Fürstentums. Die Welt als Geschichte 20 (1960) 87 ff. handelt über die Heribertiner, als deren «Erbfeind» er das Erzbistum Reims bezeichnet, a. a. O. 115.

39 Flodoard, Hist. Rem. eccl. c. 22, a. a. O. 579.

früher diese Lehen innegehabt hatte[40]. Eine andere Spielart war es, wenn im östlichen Pyrenäenraum um das Jahr 1000 Bischöfe echte Lehensleute der Grafen der Cerdaña und von Besalù waren[41]. Es gab noch weitere Umwege zur Macht: Man hat angenommen, daß Boso von der Provence und Rudolf (I.) von Burgund sich zu Königen weihen ließen, um Herren der Bistümer ihrer Länder zu werden[42]. In Burgund war später das Königtum sehr schwach; die Großen regierten, von denen Thietmar schreibt, daß ihnen die Bischöfe «wie ihrem König dienen und sich so des Friedens erfreuen»[43]. Ob diese Friedenswahrung unter dem Titel der Vogtei erfolgte, spielte dabei eine sekundäre Rolle. Die große Zeit der erblichen Edelvögte sollte in Deutschland erst nach dem Tode Heinrichs III. kommen; in Frankreich mußten Bischöfe, deren Sitz nicht in der Zone königlicher Macht lag, froh sein, wenn sie hochgestellte Beschützer fanden. So unterstellte sich der Bischof von Autun dem burgundischen Herzog, der Bischof von Le Mans dem Grafen von Anjou[44]. Wenn die Großen keinen der Ihren zum Bischof erheben ließen, so sorgten sie doch dafür, daß genehme Kandidaten gewählt wurden, vor allem solche, die dafür aus dem Kirchengut einen hohen Preis zu zahlen bereit waren.

Es ist sicher richtig, daß Kirchengut und Kirchenamt in vielen Fällen von Laien «usurpiert» wurden; man sollte aber doch in jedem Einzelfall versuchen, zu erkunden, ob nicht eine Schwäche bischöflicher Macht und Mittel die Unterstellung unter eine der großen Familien für die Zeitgenossen gerechtfertigt hat. Weitaus seltener als solche Fälle sind Proteste gegen sie überliefert. Auch andere Bischöfe dachten ähnlich realistisch wie Thietmar von Merseburg, und sie waren anscheinend zufrieden, wenn sie in bösen Zeiten eine immerhin erträgliche Existenz führen konnten. Umgekehrt hat es Bischöfe gegeben, die Grafenrechte entweder verliehen erhielten oder dort usurpierten, wo eine Kontinuität der Inhaber nicht bestand. Sie traten als subsidiärer Ordnungsfaktor ein, wo die weltliche Gewalt versagte[45]. Weder war die Kirche in den Händen

---

[40] Cinzio VIOLANTE, La società milanese nell'età precomunale (Bari 1953, 1974) 178 f., 188: «L'arcivescovo diventa quindi succubo di quella classe di cui è creatura.»

[41] MINNINGER, Von Clermont . . . (oben 55 Anm. 26) 20.

[42] LESNE, Propriété ecclésiastique (oben 105 Anm. 155) II/3, 41.

[43] Chronicon ed. HOLTZMANN VII, 30, S. 434 f.

[44] LESNE a. a. O. 42. Ebenda 44 ff. zum Folgenden.

[45] Für Burgund vgl. René POUPARDIN, Le Royaume de Bourgogne (Paris 1907) 325 f.; für die «civitas» (Stadt auf römischer Grundlage) in Deutschland Friedrich MERZBACHER, Die Bischofsstadt (Arbeitsgemeinschaft des Landes Nordrhein-Westfalen. Geisteswissenschaften. H. 93, 1961) 22.

der Laien, noch das Laientum in den Händen der Kirche, sondern innerhalb der Oberschichten bestand eine enge Bindung zwischen den Trägern geistlicher und weltlicher Gewalt. Sie vertrug sich nicht gut mit den Kanones, wohl aber mit den lebensmächtigeren Prinzipien der Königsherrschaft und der Familie als tragenden Elementen.

Königtum und große Familien waren viel weniger Antagonisten als Partner, die einander brauchten. Es wäre schwierig, nachzuweisen, daß die Aristokraten Frankreichs den König aus einem großen Teil des Landes verdrängt hätten; sie traten für ihn ein, wo er nicht zur Stelle war. In Gebieten geringer Königsmacht haben Herrscher mitgeholfen, solche Positionen von Familien zu begründen, und dies gewiß nicht gegen das Interesse des Königtums. Ein Beispiel bietet Ansfried, ein Neffe des Grafen von Toxandrien, einst ein tapferer Krieger, dann nach dem Tode der Gattin in frommer Zurückgezogenheit lebend. Gegen seinen Willen hat ihn Otto III. zum Bischof von Utrecht gemacht (995), ja «mit Gewalt», wie ein Chronist behauptet[46]. Anschließend gibt er ein Gedicht wieder, das diesen seltenen Berufswechsel nicht verdammt, sondern feiert.

Es gab in Europa Zonen vorwiegend bischöflicher, und solche vorwiegend weltlicher Herrschaft, wie etwa das ostdeutsche Kolonialland und das Loiregebiet[47]. Im Wettstreit der großen Familien einer Landschaft errang den ersten Platz, wer die jeweilige Schlüsselposition besetzen konnte. Um diese Stellung zu behaupten, war es wichtig, auch die komplementäre Position zu erlangen oder durch Familienmitglieder zu besetzen. Gab es nichts derartiges, so hat man es dort, wo dies möglich war, geschaffen: Katalanische Grafen bemühten sich um die Gründung von Diözesen, die sich mit ihren Amtsbezirken deckten. Sie hatten Erfolg; 956 wurde das Bistum Roda für die Grafen von Ribagorça, 1016 jenes von Besalù für einen Sohn des dortigen Grafen begründet, während die Grafen der Cerdaña die Bischofswürde erkaufen mußten[48]. Bischofs- und Grafenrechte glichen einander in juridischer Hinsicht immer mehr, und so war es auch mit den Begriffen: Mit «comitatus» meinte man in erster Linie Güter und nutzbare Rechte des Grafen, ähnlich wie «episcopatus» seltener das Bistum als dessen Amtsgut bezeichnete[49]. Insoferne ist es ungenau, von einem Verkauf

---

[46] Alpert von St. Symphorian in Metz, De diversitate temporum, MGH SS 4, 706 (I, 12). Ansfried war Graf von Brabant und sagte «iamque se senem, in militaribus armis omni tempore vitae suae versatum, clericatus officia suscipere omnino absurdum videri». Schließlich mußte er gehorchen, und er legte sein Schwert auf dem Altar nieder.

[47] Merzbacher a. a. O. 22 f.

[48] Bonnassie, La Catalogne 1, 179 f.

[49] Poupardin, Royaume de Bourgogne 431, 435, 440.

oder von der Vererbung eines Bistums zu sprechen; wenn z. B. der Vicecomes Wilhelm von Béziers diese Stadt zusammen mit dem «episcopatus und den Rechten (honor), die zur Stadt gehören» seiner Tochter vererbte[50], handelte es sich um die bischöflichen Güter, die er innehatte. Natürlich war mit ihrem Besitz ein maßgebender Einfluß auf die Besetzung des Bischofsstuhles verbunden. Juridisch ist er schwer faßbar. Während man sich über diese Dinge oft ereiferte, hat man sie vor kurzem als grundsätzlich harmlos hingestellt: Die Verfügung über den bischöflichen «honor» wurde zu einer bloßen Überwachung abgeschwächt, deren Art vielleicht einen Mißbrauch dargestellt habe[51]. Formal richtig mag es sein, daß in Lothringen im 10. Jahrhundert kein Laie Herr eines Bistums war und Laien bloß als Vögte auf Bistumsgut herangezogen wurden[52] – wir haben jedoch gesehen, wie Adalbero II. von Metz Bischof wurde und die Ardennergrafen tatsächlich das Bistum beherrschten, bis es ihnen durch ihre luxemburgischen Vettern abgenommen wurde.

Anderswo lag die Gewalt großer Familien über Bischofsgut und Bischofseinsetzungen offen zutage. Die Grafen von Barcelona waren die Herren von drei Bistümern; sie hatten das Recht der Nominierung und der Investitur der Elekten, wofür sie ein «Geschenk» in Gold oder Silber je nach dem «Wert» des Bistums zu erhalten hatten. Man beruhigte sich damit, daß formal alles in Ordnung war, hat man doch eine «Wahl» durch Klerus und Volk der Diözese durchgeführt[53]. Übrigens faßte man vor dem Investiturstreit den Begriff der kanonischen Wahl so auf, daß es viel weniger um ihre Freiheit ging als darum, daß ein Einheimischer Bischof wurde[54]. Was das Kirchenvolk als Wählerschaft betraf, so hatte sich dieser Kreis schon längst auf die Oberschicht verengt. Dort, wo nicht der König den Ton angab, dirigierte häufig einer der Großen die Wahlversammlung[55]. Ein Recht auf Prüfung und Billigung der Wahl sollte der Metropolit zusammen mit zwei Bischöfen seines Sprengels haben. An die Stelle des Metropoliten trat dabei vielfach der König, und auch die Mitbischöfe hat man nicht immer befragt. Fulbert von Chartres klagte in einem Schreiben an

---

50 Magnou-Nortier, Société ... Narbonne (oben 12 Anm. 3) 349.

51 A. a. O. 354 f.

52 Parisse, Noblesse lorraine (oben Anm. 31) 1, 67.

53 Bonnassie 1, 178.

54 Paul Schmid, Der Begriff der kanonischen Wahl in den Anfängen des Investiturstreits (1926).

55 Lesne, Propriété ecclésiastique II/3, 42 f. Von einer Volksmenge wurde Arnulf zum Erzbischof von Reims proklamiert, was man später bedauerte. Pfister, Etudes sur le règne de Robert le Pieux 180 f. mit Beispielen für die Verengung des Wählerkreises.

den Grafen von Troyes diesen an, dessen Günstling habe ohne königlichen Befehl und ohne Zustimmung der Bischöfe «Haus und Gut des Bischofs» von Meaux usurpiert, nach Versprechungen und Geldzahlungen an den Grafen[56].

Was die Wahl betraf, so war es einst die christliche Gemeinde gewesen, die ihren Hirten bestimmte. Dazu trat als zweite Seite der Medaille ein staatliches Aufsichtsrecht, eine Prüfung des Elekten nach politisch-administrativen Gesichtspunkten. Je mehr weltliche Wirkungsbereiche dem Bischof zuwuchsen, um so wichtiger wurde seine Idoneität auf diesem Gebiet; sie zu prüfen und Unbefähigte auszuschalten, war die Aufgabe der politisch aktiven Gewalten: König, Herzog, Graf und «Volk» im Sinne der führenden Schichten. In selbstverständlicher Weise erzählte Brun von Querfurt, wie nach dem Tode des Bischofs Thietmar von Prag (981) der Herzog und die Großen (maior populus) zur Bischofswahl zusammentraten. Es gab dabei verschiedene Meinungen, aber schließlich erhoben alle die Hand und erfüllten die Luft mit ihren Rufen – Adalbert, der spätere Heilige, war gewählt[57].

So sah ein Sachse die Bischofswahl in Gegenden, in denen kaum ein Domkapitel zur Stelle war; anderswo, im westfränkischen Bereich, konnte man bei derartigen Erzählungen in umgekehrter Weise auf die Weltlichen fast vergessen und nur den königlichen Konsens erwähnen[58]. Im Bürgerkrieg hatten die Bischöfe der Reimser Kirchenprovinz die Führung, und sie glaubten in Arnulf den geeigneten Kandidaten zu finden. Einen wesentlichen Anteil an seiner «politischen Idoneität» hatte die karolingische Abstammung Arnulfs, ähnlich wie die Herkunft Adalberts von den Slawnikingern. Das waren Dinge, über die nur die Großen urteilen konnten, Geistliche oder Weltliche oder beide zusammen, jedenfalls nicht die gesamte christliche Gemeinde.

Die Verengung der Wahl auf das Domkapitel war dort möglich, wo nicht allgemeinere Interessen der Herrschenden auf dem Spiel standen. Es braucht hier nicht näher ausgeführt zu werden, daß es genug derartige Wahlen gab, die freilich mehr den Willen der Führenden erfüllten, als daß sie wirkliche Wahlen waren. Oft glaubten Könige und Fürsten, ohne pseudokanonischen Umweg ein Ernennungsrecht ausüben zu können. Nur zwei Fälle seien dafür herausgegriffen: 1020 «erwählte» Herzog Wilhelm von Aquitanien einen Bischof von Limoges, nachdem die Großen des Landes über die Besetzungsfrage in Streit

---

56 The Letters ed. BEHRENDS 92, 94 Nr. 52.

57 Vita secunda b. Adalberti ed. KARWASIŃSKA 7 c. 8.

58 Anzeige der Wahl des Erzbischofs Arnulf von Reims (989), MIGNE PL 139, 1543: «Nos ... episcopi ... cum omni clero diversi ordinis, populo acclamante, orthodoxis regibus nostris consentientibus, eligimus nobis in presulem ...» (folgen die Tugenden des Königssohnes Arnulf).

geraten waren[59]. Wenige Jahre vorher befahl Heinrich II. nach dem Tode des Erzbischofs von Magdeburg, daß es keine Wahl eines Nachfolgers geben solle, sondern nur die Anzeige einer gemeinsamen Willensbildung des Domkapitels. Worauf allerdings Thietmar von Merseburg erklärte: «Mein Herr mag gebieten, was er will. Ihr aber hütet euch vor dem Verlust von Rechten ...» und zur Vornahme der Wahl aufrief[60]. Am einfachsten war es natürlich, was besonders unter Otto III. geschah, einen Abgesandten mit dem Bischofsstab des Verstorbenen an den Hof zu senden, den Willen des Herrschers zu erkunden und eine ihm entsprechende Wahl durchzuführen. So entging man der Gefahr, durch Wahrnehmung des kanonischen Rechtes die königliche Huld zu verlieren, was sehr konkrete Folgen haben konnte.

Im Jahre 979 hatte Otto II. an den Klerus von Magdeburg das Sonderrecht (ius speciale) der freien Wahl des Erzbischofs verliehen[61]; darauf spielte mit dem eben zitierten Satz Thietmar von Merseburg an, der Mitglied des Domkapitels von Magdeburg war. Die Wahl war wie gesagt ein Recht, das nicht allen Kirchen des Reiches verbrieft wurde[62]. Als Normalfall sah man auf königlicher Seite an, was auch für Magdeburg vor 979 gegolten hatte: daß der König mit päpstlicher Zustimmung dem Kathedralklerus einen «Verwalter» gab (provisorem praefecit)[61]. Das königliche Ernennungsrecht bestand seit jeher neben den kanonischen Forderungen. Der Kaiser der christlichen Spätantike ernannte seine Beamten, geistliche und weltliche; der fränkische König hatte durch seine Erhebung nicht viel mehr als einen Anspruch auf Herrschaft erhalten, und er mußte sie durch Einsetzung von Amtsträgern zu realisieren suchen. In Zeiten einer «unvollkommenen Organbildung» des Staates handelte es sich um physische Personen, denen ein Amtsauftrag zuteil wurde. Ein vom Klerus gewählter Bischof fühlte sich eher als dessen Mandatar, denn als königlicher «provisor», und daran konnte auch die nachträgliche Investitur am Hof wenig ändern. Noch mehr als in fränkischer Zeit brauchte in ottonischer der Herrscher die Bischöfe. Vielleicht muß man nicht auf «eigenkirchenrechtliche Vorstellungen» zurückgehen, um die Investitur mit dem Bischofsstab zu verstehen, die jetzt aufkam[63]. Der Bischof hatte der Mann des Königs zu sein, sein Getreuer, und nicht ein «episcopus civitatis», der nachträglich in Pflicht

---

[59] Ademar von Chabannes ed. CHAVANON 182 (III, 57).

[60] Thietmar VI, 62 ed. HOLTZMANN 352 f., Übersetzung nach TRILLMICH 311.

[61] DO. II. 207.

[62] Vgl. die Listen der Wahlprivilegien bei Leo SANTIFALLER, Zur Geschichte des ottonisch-salischen Reichskirchensystems. Sitzungsberichte d. phil.-hist. Kl. d. Österr. Akademie d. Wiss. 229/1 (2. Aufl. 1964) 51 ff.

[63] So zuletzt KERNER, Studien zum Dekret (oben 179 Anm. 55) 146.

genommen wurde. Wenn es Wahlprivilegien geben konnte, dann als königlichen Gnadenerweis, und keineswegs als Feststellung einer selbstverständlichen Tatsache.

Vom gregorianischen Standpunkt aus ist derlei ein Mißbrauch, doch hat das Papsttum des 10. Jahrhunderts diesen Zustand als gegeben hingenommen. Was man wollte, war eine Beschränkung des Ernennungsrechtes auf die Könige: Weiterhin sollte das alte Gewohnheitsrecht (prisca consuetudo) gelten, daß nur der König einem Geistlichen ein Bistum übertragen dürfe und die Weihe an eine königliche Erlaubnis gebunden sei[64]. Eine Aufrechterhaltung der bestehenden Ordnung war in schlimmen Zeiten dringend nötig, und der Bischof war in ihr ein wesentlicher, ja vielleicht der wesentlichste Faktor. Wenn ein Erzbischof oder etwa ein Herzog «seine» Bischöfe hatte, war mit der Reichskirche das Reich bedroht.

Wieder ist Thietmar von Merseburg zu zitieren, der wohl die allgemeine Anschauung wiedergibt, wenn er schreibt: Kaiser und Könige besetzen Bistümer als Stellvertreter Christi; dieser hat sie als die Ersten eingesetzt, und es wäre unsinnig, wenn Bischöfe nachgeordneten Gewalten unterstehen sollten. «Trotzdem habe ich vernommen, daß manche unter der Herrschaft von Herzögen und, noch schlimmer, sogar von Grafen schwere Beeinträchtigungen erleiden; nichts dürfen sie tun als was solchen Weltkindern (seculi amatoribus) zum Nutzen ist»[65]. Die geistlich legitimierte Königsherrschaft wird im Gegensatz zur «Welt» gesehen, sie ist grundsätzlich «gut», und daran kann auch gelegentliche Kritik einzelner Erscheinungen[66] nichts ändern. Thietmars generelle Anerkennung der königlichen Gewalt stand neben seiner «Befehlsverweigerung» im Sonderfall der Magdeburger Wahl, wo er sich im Recht wußte. Was er nicht wissen konnte, war, daß es sich hier um eine prinzipielle Haltung Heinrichs II. handelte, der das Wahlrecht eliminierte, wo er konnte[67]. Die Kirchen des Reiches hatten jetzt noch größere Lasten als bisher zu tragen und bedurften will-

---

[64] Johann X. (921), JAFFÉ-LÖWENFELD Reg. 3564, BÖHMER-ZIMMERMANN Reg. 56. Es handelte sich um eine Unterlassung der Wahl und die Bischofsweihe ohne diese durch den Kölner Erzbischof.

[65] I, 26, ed. HOLTZMANN 34 f., TRILLMICH 31.

[66] Etwa Thietmar VI, 35, ed. HOLTZMANN 316 über Adalbero, den Bruder der Königin Kunigunde, der als «immaturus iuvenis, plus timore regis quam amore religionis» zum Erzbischof von Trier gewählt wurde.

[67] Heinrich hat nur für Halberstadt das bestehende Wahlprivileg erneuert, 1023 aber ohne Rücksicht darauf das Bistum übertragen. In den anderen Fällen wurde der Wahlpassus entweder ausgelassen oder durch eine Vorbehaltsformel (salvo regis consensu) ergänzt. KERNER, Studien zum Dekret 167.

fähriger Diener des Kaisers. Schon in ottonischer Zeit deckte sich übrigens keineswegs immer Theorie und Praxis; so wurde z. B. im Jahre 981 der zum Erzbischof von Magdeburg gewählte Ohtric vom Kaiser nicht bestätigt[68]. Im Extremfall wurden sogar Gewaltmaßnahmen des Königs gegen die «familia» eines Bischofs für möglich gehalten, der in einer Wahlangelegenheit nicht dem Herrscher gehorsam war[69].

Schon in karolingischer Zeit hatten sich die Funktionen weltlicher und weltgeistlicher Amtsträger des Königtums an einander angeglichen, und das Lehenrecht wirkte bei dieser Assimilation mit. Unter den Ottonen erfolgte ein neuer «Schub» dieser Entwicklung, auf karolingischer Basis und über sie hinausgehend. Man hat von einer «Verstaatlichung der adligen Kirchenherrschaft» und von einer neuen «Einstaatung» der Kirche gegenüber den herzoglichen Gewalten gesprochen[70]. Dazu gehörten unter anderem die lehensmäßigen Formen der Investitur und auch das Ernennungsrecht. Vor allem bildete der König gegenüber renitenten Klerikern eine eigene Instanz neben der für solche Fälle zuständigen Synode; Geistliche konnten an ihn ebenso wie an den Bischof appellieren, und nicht nur dieser, sondern ebenso der König übte eine Zwangsgewalt zur Einhaltung der Ordensgelübde[71]. Es ging nicht um eine saubere Abgrenzung der Kompetenzen, sondern man war ein Hineinregieren des Herrschers in den Bereich weltlicher und geistlicher Organe gewohnt.

Man ließ sich das allzumeist gefallen, weil der Nähe des Königs seine Gunst zu entsprechen pflegte und eine Verminderung der gegenseitigen Beziehungen

---

68 Thietmar III, 13, ed. HOLTZMANN 112 f. Eine Liste von Eingriffen in frühottonischer Zeit bietet Friedrich LOTTER, Der Brief des Priesters Gerhard (Vorträge u. Forschungen, Sonderbd. 17, 1975) 81 f. Näheres für Frankreich in dem dort zitierten Buch von Pierre IMBART DE LA TOUR, Elections épiscopales dans l'Église de France du IXe au XIIe siècle (Paris 1890) passim.

69 Erzbischof Hermann von Köln soll dem König Karl III. (dem Einfältigen) in Gegenwart mehrerer Zeugen gesagt haben, er sei gezwungen gewesen, den Hilduin zum Bischof (von Lüttich) zu weihen; «nam si non fecisset, ... sibi vitam resque ecclesiasticas aufferret, omnemque familiam trucidaret ac illorum bona diriperet». MANSI, Sacrorum conciliorum ... collectio 18 A, 318 c. 2. Der Verlust der Königshuld hätte gewiß nicht zu Hinrichtungen, aber doch wohl zu Konfiskationen führen können. Hilduin hatte sich im Kampf um Lothringen auf die Seite Heinrichs I. geschlagen. Dieser sollte in dem Schreiben Karls III. an seine Bischöfe als Tyrann gekennzeichnet werden, der Gewalt an die Stelle des Rechts setzt. Darum die bewußte Übertreibung der vorgebrachten Entschuldigungsgründe.

70 MITTEIS, Formen d. Adelsherrschaft (oben 216 Anm. 1) 653. PRINZ, Klerus u. Krieg 175 Anm. 1.

71 KOENIGER, Burchard I. von Worms (oben 23 Anm. 59) 16.

mit Nachteilen erkauft war. Wenn sich Rather von Verona dem Leser als «Original» präsentieren wollte, als einer, der anders als seine Standesgenossen lebte, dann zählte er auf, was er alles dem Herrscher nicht leistete und was er nicht von diesem erbat. Auf der einen Seite stehen Servitien, Kriegs- und Hofdienst, auf der anderen die Appellation an den König, Bittgesuche und die Intervention für Rathers eigene Leute[72]. Was man für gewöhnlich vom Herrscher zu wollen pflegte, hat Leo von Vercelli in eine humoristisch angehauchte Kurzformel gebracht: Der Kaiser soll ihn sehr reich machen und ihm seine Feinde zu Füßen legen[73].

Derlei setzte voraus, daß der Herrscher die Macht dazu hatte und daß beide Teile von der Symbiose profitierten. Rathers reservierte Haltung entsprach den Umständen einer Zeit, in der ein unstabiles Herrschertum vielfach forderte, ohne geben zu können. Aus dem Gefängnis rief Rather dem König Hugo zu: «Das Kirchengut ist wie Feuer: Du kannst es nicht verschenken, nicht essen, nicht trinken . . .»[74]. Umgekehrt brachte es unter ottonischer Herrschaft reiche Früchte, ein «Hofbischof»[75] zu sein, wie man Leo von Vercelli genannt hat, den Vertrauten Ottos III. Daß Leo nach dem Tode des Kaisers ein Gleiches von Heinrich II. erwartete, war allerdings eine verfrühte Hoffnung. Vorbei war auch die Zeit, in der geistliche Machtpositionen mit einem Scherzwort vergeben wurden, wie durch Otto in dem berühmten einsätzigen Brief an Heribert von Köln, seinen «Archilogotheten» (Kanzler), im Jahre 998[76]. Hier hat Otto gegenüber einem seiner Vertrauten von früher Jugend her den absolutistischen Zug der ottonischen Kirchenherrschaft ironisiert. Zugleich wird die moderne, schriftliche Form der Ernennung vorweggenommen, ein «Dekret» tritt an die Stelle der mündlichen Willenserklärung. Ansonsten, und für die Öffentlichkeit wohl auch in diesem Fall, blieben die traditionellen Formen nach außen

---

72 Rather, Qualitatis coniectura c. 5, MIGNE PL 136, 527 f.: «Quid tali, inquiunt, episcopatus? Imperatori non servit, duci nequaquam, in exercitum nunquam, ad curtem rarissime, et si forte, non sponte . . . . Quo citius valet, diversorium repetit, librum receptat. De nulla re Caesarem appellat, nil ab eo quaerit, nulli suorum apud eius clementiam suffragat. Ecclesiae suae nihil acquirit . . .» usw.

73 Versus de Ottone et Heinrico, MGH Poetae V/2, 483 Nr. 19 Str. 14.

74 Praeloquia IV, 34, MIGNE PL 136, 284.

75 «episcopus de palatio». Hermann BLOCH, Beiträge zur Geschichte des Bischofs Leo von Vercelli. Neues Archiv 22 (1897) 79.

76 «Otto imperator sola dei gratia Heriberto archilogotetae gratiam et Coloniam et pallii cubitum unum», d. h. die Anwartschaft auf das Pallium. Percy Ernst SCHRAMM, «Bonmots» mittelalterlicher Kaiser. In: SCHRAMM, Kaiser, Könige u. Päpste 3 (1969) 300.

hin gewahrt; ihr Hauptakzent lag auf der Investitur. Heribert, schon als Kapellan ein königlicher Vasall[77], kommendierte sich vielleicht nochmals in den Schutz des Herrschers.

Jene Bischöfe Reichsitaliens, die nicht Landfremde wie Rather waren, stammten oft aus angesehenen Familien der bischöflichen Vasallität[78], denen der Ausverkauf der Königsrechte, besonders unter Berengar, zugute gekommen war. Insoferne handelte es sich nicht um einen Gegensatz zwischen Bischöfen und Nobilität und auch kaum um einen freien Entschluß Ottos I., sich gegen die Großen auf die Bischöfe zu stützen. Vielleicht war der Aufbau einer «Reichskirche» nach deutschem Muster gar nicht das Ziel ottonischer Politik, sondern eher ein Gleichgewicht bestehender Kräfte und die Förderung ihrer Rivalitäten. Sicherlich ergab sich in manchen Fällen eine Allianz mit oberitalienischen Bischöfen und ihre Förderung für den König von selbst. Alles in allem hatte der Hochklerus Italiens nicht die Vorteile, die der deutsche genoß, und auch nicht die ganze Fülle von Lasten wie dieser zu tragen. Heeresdienst und kirchliche Servitien gab es in beiden Ländern; von größerer Bedeutung als die italienischen waren die Leistungen der deutschen Prälaten. Sie waren noch härter zu tragen, als Heinrich II. hier die Zügel neuerlich anzog.

In Frankreich gab es nichts, das sich mit der ottonischen Reichskirche vergleichen ließe[79]. Wenn man für die Zeit Roberts des Frommen 19 «königliche Bistümer» gezählt hat[80], so bleibt doch zu bedenken, daß bei manchen ihre Verleihung durch den König nicht aus freier Entscheidung, sondern unter politischem Zwang erfolgte. Freilich ist auch der umgekehrte Fall möglich, daß eine Intervention des Herrschers den Kandidaten bestimmte, ohne daß die Quellen etwas von Einsetzung durch den König melden[81]. Am Hofe Roberts des Frommen hatten bis in seine letzten Zeiten Bischöfe das Übergewicht. Wir wissen aber – nicht nur aus den Klagen Adalberos von Laon –, daß der Herrscher gerne unbedeutende, von ihm abhängige Leute förderte, vor allem

---

77 Minninger, Von Clermont ... (oben 55 Anm. 26) 19 spricht von den Hofgeistlichen als «echten» Königsvasallen.

78 Vito Fumagalli, Il potere civile dei vescovi italiani al tempo di Ottone I, in: I poteri temporali dei vescovi in Italia ... (Bologna 1979) 77. Zu den folgenden Sätzen vgl. neben Fumagalli Roland Pauler, Das Regnum Italiae in ottonischer Zeit (Bibliothek des Deutschen Historischen Instituts in Rom 54, 1982) bes. 164 ff.

79 Reinhold Kaiser, Bischofsherrschaft zwischen Königtum und Fürstenmacht (Pariser Historische Studien 17, 1981).

80 Lemarignier, Gouvernement royal (oben 47 Anm. 170) 53 Anm. 51.

81 Olivier Guillot, Le comte d'Anjou et son entourage au XIe siècle 1 (Paris 1972) 199 Anm. 12.

Mönche[82]. Die neue Dynastie war der aristokratischen Familien nicht sicher, die Verbindungen zu den Karolingern und über die Grenzen hinweg nach dem Osten besaßen. Vertrauensvolle Zusammenarbeit zwischen Königen und Bischöfen, von der beide Teile profitierten, war weiterhin ein Kennzeichen der deutschen Reichskirche; sie hatte dann den Ansturm des Gregorianismus zu überstehen.

Im Namen seines Herrschers hat Brun von Köln erfolgreich die Politik betrieben, Angehörige der Hofkapelle oder seines Diözesanklerus zu Bischöfen zu machen. Das setzte voraus, daß der Wille des Königs und seines Herzogs Brun geachtet und gefürchtet wurde; dazu gehörte aber auch die materielle Grundlage für einen erfolgreichen Pontifikat. War man in Not, mußte der Herrscher aushelfen oder es blieb die Möglichkeit, bei einer der großen Familien Zuflucht zu suchen und sich ihrem politischen System einzugliedern.

Der König von Frankreich konnte eine solche Grundlage nicht bieten. Als König Lothar nach dem Tode Ottos II. Verdun belagert und erobert hatte, sollte die Stadt einen neuen Bischof namens Hugo erhalten. Nach seinem Einzug ließ er sich über die materielle Lage des Bistums berichten und erfuhr, daß die bischöflichen Meierhöfe zerstört worden waren. Da «bestieg er bald sein Pferd und kehrte zurück. Als er weggeritten war, erhoben die Unseren ohne königliche Bestimmung (sine regio dono) den Adalbero, Sohn der sehr edlen Herzogin Beatrix»[83] – es war Adalbero II., später Bischof von Metz, von dessen umfangreichen Familienbeziehungen wir bereits gesprochen haben[84]. Noch war Verdun in französischer Hand, aber auch unter ottonischer Herrschaft änderte sich für Bistum und Stadt wenig – man hatte seinen Frieden im Schutz der mächtigsten Familie des Landes. Wahrscheinlich wurden die bischöflichen Meierhöfe auf Kosten dieser Grafen- und Herzogsfamilie wieder aufgebaut, als Existenzgrundlage für den neuen Herrn. Während Hugo als Landfremder gefragt hatte, «wovon er leben solle», war das für einen Adalbero kein Problem.

Es hatte also seine guten Gründe, wenn man nicht nur die Nobilität der Abstammung, sondern auch den Reichtum eines Bischofs zu seinen Tugenden rechnete. Wer zu den Reicheren zählt, sagt Rather von Verona, gilt als der

---

82 PFISTER, Etudes (oben 19 Anm. 36) 194 führt dies aus und spricht von «Kreaturen» Roberts.

83 Gesta episcoporum Virdunensium, Cont. c. 4 f., MGH SS 4, 47. In Frankreich erhielt der Bischof nach dem Fidelitätseid das Bistum «zum Geschenk» (dono regis): Jean-François LEMARIGNIER, Les institutions ecclésiastiques en France . . ., in: F. LOT, R. FAWTIER, Histoire des institutions françaises au Moyen Age 3 (Paris 1962) 44.

84 Oben 255 f.

Klügere, wer mehr Landbesitz hat (massutior, von massa bzw. mansus), wird mehr gefeiert. Für sparsam zu gelten, wird so sehr verabscheut, daß es sogar als Eigenschaft von Mönchen dem Tadel unterliegt; dagegen lobt man laut die Freigebigkeit. Unbegründet erscheint die Existenz des Bischofs, der kein Geldsack (pecuniosus) ist[85].

Der Katalog lobenswerter Eigenschaften des Bischofs gleicht jenem der Tugenden des Edlen. Hier wie dort gibt es kritische Stimmen gegenüber einer allzu weltlichen Bewertung solcher Qualitäten, wie etwa die eben zitierten Äußerungen Rathers. Dieser selbst verachtete irdische Güter nicht völlig, jedenfalls wissen wir aus seiner Spätzeit, daß er genug Geld gesammelt hatte, um damit eine Abtei zu kaufen. Gegen den adeligen Stolz wandte man sich vor allem dann, wenn das Leben eines Angehörigen der Mittelschicht beschrieben werden sollte. So lobte Aimoin von Fleury in seiner Vita des Abtes Abbo, daß dieser nicht hochmütig durch seine Abstammung aus edlem Blut war, sondern – immerhin – aus einer seit Menschengedenken freien Familie stammte[86]. Der Verweis auf die Ahnen durfte nicht fehlen, und auch die geringere Abkunft ehrte (honestabat) den Geistlichen, vorausgesetzt, daß sie nichts mit dem Stande der Knechte zu tun hatte.

Das Selbstbewußtsein des Bischofs war vielfach ein «Familienbewußtsein». Daß Udalrich von Augsburg in seiner Jugend zwar seinem Onkel als (bischöflicher) Kämmerer diente, nicht aber dessen Nachfolger dienen wollte, weil er nicht hochgeboren war[87], ist dafür ein Beispiel. Einen anderen Grafensohn, dem Bischof Burchard von Worms, hat man «ein imponierendes Selbstbewußtsein» bescheinigt: «Er gehörte nicht zu jenen mittelalterlichen Autoren, die sich nicht namentlich zu ihrem Werk bekennen mochten»[88]. Ademar von Chabannes nannte sich als Verfasser seines Geschichtswerkes ebenfalls, obwohl er ein Mönch war, und er tat es im Zusammenhang mit der Aufzählung seiner bedeutenden Verwandten, Geistlicher wie Weltlicher[89].

Verfehlt wäre es freilich, die Bischöfe dieser Epoche nur als Exponenten ihrer Familien zu sehen. Das Bischofsamt war weit mehr eine Institution als das Grafenamt, es konnte sich nicht im Persönlichen oder Familiären erschöpfen. Wer es innehatte, sollte vor allem mit seiner Geistlichkeit und den Amtsbrüdern zusammensein. War er edler Abkunft, traten dazu Familie und Standes-

---

[85] Praeloquia V, 7, MIGNE PL 136, 291 f.

[86] Vita Abbonis c. 1, MIGNE PL 139, 388 f.

[87] Gerhard, Vita Oudalrici c. 1, MGH SS 4, 387: «tantae non fuit celsitudinis, ut suo se vellet applicuisse servitio.»

[88] FUHRMANN, Pseudoisidorische Fälschungen (oben 20 Anm. 46) 2, 445.

[89] Chronicon III, 45, ed. CHAVANON 167 f. Vgl. oben S. 123.

genossen. Selbst bei einem Mann wie Thietmar von Merseburg wurde neben einer «adeligen Solidarität» eine gewisse «Distanzierung von adeliger Rechtsauffassung und adeligen Ehrbegriffen» festgestellt. Die geistliche Gemeinsamkeit betraf natürlich noch nicht die Gesamtkirche[90], selten das Reich, oft die Kirchenprovinz. Konflikte zwischen den Lebensbereichen waren nicht ausgeschlossen. So machte z. B. Bischof Balderich von Lüttich von seinem Allod bedeutende Schenkungen an Kirchen und Klöster seiner Stadt trotz der Gefahr, daß seine zahlreiche Familie dadurch in Bedrängnis geraten würde[91]. Auch dort, wo ein Bischof nicht an den Nutzen der Familie dachte, blieb er freilich allzumeist von Vorstellungen und Verhaltensweisen seiner sozialen Gruppe geprägt. Das Leitbild des bischöflichen Standes war jenem der weltlichen Oberschicht sehr stark angenähert. Auf eine kurze Formel bringen das die beiden Lebensbeschreibungen Adalberts von Prag. Sie stellen fest, daß Einklang herrschte zwischen Adalberts Amt als Bischof und anderseits seiner edlen Art, seinem Reichtum, seinen Taten und seinem Lebensstil[92].

Vor allem gab es einen bischöflichen «Hof», wie es die Hofhaltungen weltlicher Großer gab. Das galt nicht nur für die bedeutenden Prälaten. Auch der Bischof von Carcassonne spricht so, «wie es ein kapetingischer König täte», von seinem Kämmerer, seinem Ökonom, seinem Seneschall und seinem Kellermeister[93]. Das war eine Rangfrage, ähnlich wie die Zahl des Gefolges den sozialen Stellenwert bestimmte. Vielfach haben Bischöfe von ihrem Klerus Lehenseide verlangt und ihn damit der Vasallität angenähert, und auch dem Mönchtum war derlei nicht ganz fremd. Odilo von Cluny führte stets ein großes Gefolge von Mönchen mit sich; er wirkte «als Gegenbild zu den Großen dieser Welt», aber war doch deren Denkart verbunden und suchte womöglich die Weltlichen zu übertreffen[94].

Eine Hofhaltung hatte ihr Zentrum in der Speisegemeinschaft. Für den geistlichen Sinn des Bischofsamtes hätte es genügt, wenn diese Gemeinschaft

---

90 Lippelt, Thietmar (oben S. 2 Anm. 2) 63 f., 124.

91 Anselm von Lüttich, Gesta episcoporum Leodiensium c. 31, MGH SS 7, 206.

92 Brun von Querfurt setzt in der Vita II die «nobilitas» an den Anfang, verzichtet auf die «actus» und fügt dafür die «alta scientia» ein, womit er den Kanones etwas näher kommt. Vita II ed. Karwasińska (mit Anm. 21: Vita I c. 7) 7 c. 8.

93 Magnou-Nortier, Société ... Narbonne (oben 12 Anm. 3) 365, ebenda über die Bischöfe des Narbonnais: «Apparantés, probablement pour la plupart, aux familles princières, ils continuaient de mener ... une vie princière.»

94 Peter Willmes, Der Herrscher-‚Adventus' im Kloster des Frühmittelalters (Münsterische Mittelalterschriften 22, 1976) 151. Über Lehenseide des Klerus an den Bischof vgl. unten 493 Anm. 97.

aus dem Domkapitel und dazu eventuell geistlichen Dignitären in der Stadt bestanden hätte. Aber es gab sehr oft durchreisende Fremde zu bewirten, Geistliche wie Weltliche, und dabei den Ruf des Bischofshofes zu wahren. Vielleicht hat man sogar den Weinbau besonders aus derartigen Prestigegründen gepflegt[95]. Neben der Gemeinsamkeit des Mahles und nach ihr handelte es sich um eine Trinkgemeinschaft, in der auch Angelegenheiten der Amtsgeschäfte verhandelt werden konnten. So hören wir z. B., daß ein «edler» Geistlicher am Hof des Bischofs von Orléans mit diesem über die Verleihung der Würde des Abtes in einem Kloster der Stadt verhandelte[96]. Selbst im Schlafgemach des Bischofs waren dienstliche Besprechungen durchaus möglich. Er pflegte ja nicht allein der Ruhe[97], sondern auch nachts sollte er Geistliche um sich haben[98]. Der persönliche, informelle Stil des Regierens weltlicher Großer hatte seine Parallele im bischöflichen Bereich.

Das Herrentum des Bischofs wird auch daran deutlich, daß er Empfänger und Geber von Geschenken ist: man «huldigt» ihm damit, und er gibt Zeichen seiner Huld an andere. Wir haben schon daran erinnert, daß der Sinn eines Geschenkes in seinem sozialen Wert liegen kann[99], als Symbol der Bindung an andere; er scheint hier im Vordergrund zu stehen. Wenn Bischöfe einander besuchten, kamen sie vom Gastgeber beschenkt[100] nach Hause. Es waren Ehrungen, die zugleich als Zeichen der Freigebigkeit und des Wohlstandes dem Geber selbst Ehre einbrachten. Das war etwas anderes als die «Geschenke» des Priesters an den Bischof, wenn er sich zur Synode einfand[101], oder der Zins, den er in einigen Fällen zahlen mußte, was durchaus gegen die Kanones verstieß und darum verboten wurde[102]. Auf weltlicher Ebene hatte derlei Parallelen in den Geschenken der Großen an den König und den «dona» oder «exemia» bäuerlicher Grundholden an den Abt, den Propst, den Pfarrer. Man hat auf ihren «devotionalen und rituellen Charakter» hingewiesen; erst wenn

---

[95] Vgl. die Rezension des Buches von L. DION, Histoire de la vigne et du vin en France (Paris 1959) durch Louis GAILLARD in der Revue d'histoire ecclésiastique 54 (1959) 933.

[96] Vgl. oben 70 mit Anm. 99.

[97] Auf verschiedenen Synoden wurde die Forderung erhoben, ein Bischof solle «immer auch in seinem Schlafgemach Kleriker als Zeugen seines Wandels um sich . . . haben». KOENIGER, Burchard I. von Worms 75 und oben 182 Anm. 67.

[98] Siegfried HAIDER, Das bischöfliche Kapellanat 1 (MIÖG Erg.-Bd. 25, 1975) 97.

[99] Oben S. 60.

[100] KLEINPAUL, Personenschilderung (oben 248 Anm. 5) 38 mit Anm. 77 (Nachweise).

[101] BERLIÈRE, Les processions (oben 79 Anm. 22) 429.

[102] Schon auf der Synode von Chalon-sur-Saône 813 c. 17, MGH Concilia 1, 277 c. 15, 17.

das gewohnte Geschenk zum Zins, der «porcus donativus» zum «porcus» schlechthin wird, handelt es sich um eine primär finanzielle Sache[103]. Aber auch durch sie wurden die Herrschaftsverhältnisse verdeutlicht.

Das konnte auch in umgekehrter Richtung von «oben» nach «unten» geschehen, wenn dafür genügend Mittel vorhanden waren. Sie standen nur den höchsten Kirchenfürsten so zur Verfügung, wie man es wünschen konnte. In Rom erhielt jeder neugeweihte Priester die geistlichen Gewänder vom Papst als Geschenk, dazu Gold oder Silber, Wein, Getreide und Öl[104]. Ähnliches wird von dem Erzbischof Heriveus von Reims berichtet, der als Neffe des Grafen aus dem vollen schöpfen konnte: Er brachte verliehene Güter an die Kirche zurück; im Überfluß war alles da, die Getreidespeicher waren gefüllt, «und auch mir», schreibt der Chronist, «wie den anderen Geistlichen, Kanonikern wie Mönchen und Nonnen ... schenkte er viele Güter»[105].

In derartigen Schilderungen nehmen die geistlichen Dinge im engeren Sinn meist den geringsten Platz ein, und das entsprach wohl der Realität. Die Sorge für das materielle Wohlergehen schien für alles andere die Voraussetzung, und sie erfüllte oft mehr als die geistlichen Pflichten den Bischof.

Was es für den neugeweihten Bischof von Lüttich zu tun gab, schildert in Stichworten Rather: «Ich werde inthronisiert, ich präsidiere (einer Versammlung), ich fange an zu tun, was getan werden muß, ich ziehe mit meinem Heerbann gegen die Feinde des Königs (Otto I.). Ich kehre zurück, empfange hier den, der mich geweiht hat (Brun von Köln), ich diene ihm, beschenke ihn, ... begleite ihn bei seiner Rückkehr in höchst dienstwilliger Weise (famulatissime) bis Maastricht ... Ich kehre zurück, durchziehe die Diözese, berate mit den bedeutenderen Geistlichen und Laien, was zu tun ist, will jedem sein Recht gewähren ...»[106] – hier begannen bereits Rathers Konflikte mit der Umwelt. Auch andere sind kaum zur Ruhe gekommen, wenn sie abwechselnd dem König, dem Erzbischof, dem Klerus und den Bürgern ihrer Stadt zur Verfügung stehen sollten.

Oft waren es kleine Plackereien, die den Alltag bestimmten. Wenn Rather in Verona einen seiner Kleriker oder Diener rufen ließ und dieser kam nicht, ließ er ihn mit Gewalt holen, durch sein niederstes Personal, die Stockknechte (baculares)[107]. Bischof Adalbero I. von Metz geriet in Streit mit dem Abt von

---

[103] KUCHENBUCH, Prüm (oben 115 Anm. 11) 153 ff.

[104] ANDRIEU, Ordines Romani 4, 195 ff. Pontificale Romano-Germanicum ed. VOGEL, ELZE 2, 150 c. 25.

[105] Flodoard, Historia Remensis ecclesiae IV, 11, 13, MGH SS 13, 575 f.

[106] Die Briefe Rathers ed. WEIGLE 49 f. Nr. 10.

[107] Die Briefe 187 Nr. 33.

Gorze über einen Hörigen des Klosters, der für Metzer Güter Verwalterdienste leistete; in Gorze hat man eine ausführliche Darstellung der Wechselrede geliefert. Anschließend erfahren wir, daß Adalbero dem Kloster einen Meierhof zurückgab, den sein Bruder von Gorze als Lehen hatte. Es kam zwischen den Mönchen und einem Verwalter des Bischofs zur Streitigkeiten über Getreidevorräte, die auf diesem Hof lagerten[108]. Rather behauptete, es gehöre zu den Pflichten des Bischofs, zu wissen, wieviel Zehentleute, wieviel Hufen, wieviel Scheffel Getreide und wieviel Wein man braucht, um eine bestimmte Anzahl von Geistlichen zu ernähren; unwissend sei der Hirte, dem nicht bekannt sei, wo die Weiden für seine Schafe liegen[109].

Zur Sorge für den Klerus trat jene um die bischöfliche «familia». Wenn es unter ihren Mitgliedern in Worms in einem einzigen Jahr 35 Morde und Totschläge gab, war dies «zum größten Schaden unserer Kirche», wie Bischof Burchard mit Recht schrieb[110]. Von der pastoralen Seite her ließ sich wenig tun, denn die Täter «rühmten sich mehr ihrer Handlungen und waren eher stolz auf sie, als daß sie irgendwelche Reue gezeigt hätten». Man kann annehmen, daß es sich vielfach um Blutrache handelte. Als Gerichtsherr fungierte ein vom Bischof ernannter Vogt, aber er konnte nicht hart durchgreifen: das Blutgericht stand dem Grafen im Wormsgau zu, einem Konradiner und damit einem Feind des Bischofs. Außerdem hätte eine häufige Verhängung der Todesstrafe mit der Zeit die «familia» stark reduziert – so blieb es bei Strafen «an Haut und Haar» und dem Versuch, die feindlichen Sippen an der Fortsetzung der Auseinandersetzung zu hindern. Das und vieles andere hat Burchard genau in seinem «Hofrecht» für den Wormser Bereich reglementiert. Als letzte Bestimmung setzte er Strafen für jeden fest, «der sich gegen seinen Lehensherrn, den Bischof, zusammen mit dessen Feinden beriet (consiliatus est)», also für Verschwörer «sei es gegen das Bischofsgut (honorem), oder gegen das Wohl des Bischofs»[111]. Und das, obwohl damals der Kampf um die Stadtherrschaft bereits durch Heinrich II. entschieden war und der einzige «gute» Konradiner sich anschickte, den Königsthron zu besteigen.

Wie ein weltlicher Großer sollte auch der Bischof die Strenge der Gerechtig-

---

[108] Johannes von St. Arnulf in Metz, Vita Iohannis abbatis Gorziensis c. 97 ff., MGH SS 4, 365 f.

[109] Die Briefe 76 Nr. 16.

[110] MGH Constitutiones 1, 643 c. 30. Heinrich Boos, Urkundenbuch d. Stadt Worms 1 (1886) 43 f. Boos, Geschichte d. rheinischen Städtekultur 1 (1897) 293 ff. Heinrich Büttner, Zur Stadtentwicklung von Worms. In: Aus Geschichte u. Landeskunde, Festschrift F. Steinbach (1960) 398 ff.

[111] Hofrecht c. 32, Const. 1, 644.

keit mit Milde paaren, wo sie am Platze war. Beide sind altrömische Tugenden, die dem Herrscher und den von ihm delegierten Beamten zustanden. Für sie gab es eine literarische Tradition durch die Jahrhunderte, und es blieb auch einiges von der alten Amtsauffassung lebendig. Ähnlich wie der Herrscher sollte auch der ideale Bischof gefürchtet wegen seiner Härte und geliebt wegen seiner Güte sein, er sollte seine Straf- und Zwangsgewalt durch Sanftmut mildern[112]. Im Handeln des Alltags mit seinen Zänkereien und widerstreitenden Interessen war es gewiß schwierig, eine solche Gesinnung immer wieder zu erweisen.

Mehr als die Weltlichen waren Bischöfe als Bauherren tätig. Was die Wehrbauten betraf, haben sie nicht wenige Burgen errichten lassen, und daneben hatten sie in ihren Städten vielfach die Sorge um den Mauerbau. Für Italien wurde festgestellt, daß oft den Bürgern das Geld und den Grafen das Interesse an dieser Tätigkeit mangelte, so daß sie dem Bischof verblieb[113]. In den rheinischen Städten war schon seit der zweiten Hälfte des 9. Jahrhunderts ähnliches der Fall; aus Worms besitzen wir die Mauerbauordnung, in der Bischof Thiedlach (891-914) den einzelnen Gruppen von Einwohnern bestimmte Abschnitte dieser beschwerlichen Arbeit zuwies[114]. Daß Mauern gegenüber bloßen Erdwällen und Palisadenzäunen ein erhöhtes Sicherheitsbewußtsein gaben und den Zuzug förderten, daß hier ein Sonderrechtsbezirk entstand und daß die ummauerte Stadt das Ansehen des Bischofs erhöhte, muß nicht näher ausgeführt werden.

Was die Kirchen betrifft, so hatte man es immer schon an einem Bischof zu rühmen gewußt, wenn er Neubauten ausführte und das Bestehende restaurieren ließ. Im zehnten Jahrhundert begann man, große Bischofskirchen zu errichten, wie etwa Notker in Lüttich eine Domkirche von 90 Metern Länge erbaute, zwanzig Meter länger und fast ebenso breit wie die heutige Kathedrale der

---

112 Flodoard, Hist. Rem. eccl. I, 11 (über den hl. Remigius), MGH SS 13, 422. Mit denselben Stilmitteln wird u. a. Bischof Notker von Lüttich gekennzeichnet: «Erat enim pauperibus mitis, superbis divitibus terribilis; bonis quibusque mansuetus, iniquis et factiosis hominibus metuendus» usw. Anselm von Lüttich, Gesta episcoporum Leodiensium c. 30, MGH SS 7, 206. Hier wird, ähnlich wie bei Burchard, die Sorge vor Umtrieben gegen die Bischofsherrschaft deutlich.

113 Eugenio Dupré-Theseider, Vescovi e città nell'Italia precomunale. In: Vescovi e diocesi in Italia ..., Atti del II convegno di storia della Chiesa in Italia, Roma 1961 (Padova 1964) 81.

114 Gedruckt bei F. Boos, Monumenta Wormaciensia (1893) 223 f. und Friedrich Keutgen, Urkunden zur städtischen Verfassungsgeschichte (1899) 23 Nr. 31. Zur Frage der Abfassungszeit Büttner (oben Anm. 110) 395.

Stadt[115]. Im elften Jahrhundert – und gewiß nicht, wie es Rodulfus Glaber deutet, mit chiliastischen Tendenzen zusammenhängend[116] – begann jene «Bauwut» der Prälaten, der wir großartige Werksleistungen wie die Dome der Salierzeit zu verdanken haben, die aber für das Wohlergehen der Bischofsstädte bedenklich werden konnte. Eher mochten sich bedeutende Klöster derartiges leisten, bei denen von allen Seiten Spenden zusammenflossen. Arg wirkte sich der Baueifer in einem kleinen Bistum wie Eichstätt aus: Unter dem Bischof Heribert (seit 1021) begann man, so erfahren wir aus einer späteren Quelle (um 1080), die alten Gebäude niederzureißen und neue zu erbauen. Heriberts Vorgänger waren mit bescheidenen Baulichkeiten zufrieden gewesen; er und seine Nachfolger haben entweder neue Kirchen oder neue Pfalzen oder auch neue Burgen erbaut und damit die ihnen dienstpflichtigen Leute in äußerste Armut versetzt. Statt der notwendigen landwirtschaftlichen Arbeiten mußten sie fast die ganze Zeit Steine aufmauern; trotzdem wurden die Servitien an den Bischof mit äußerster Strenge eingefordert[117].

«Die vornehmste, von Thietmar in seinen Nachrufen stets verzeichnete Tat eines Bischofs war der Bau oder Neubau seiner Kathedralkirche». Die Domweihe wurde zu einer Art Festversammlung des Reichsepiskopats, aber auch der weltlichen Großen. Schon in Halberstadt 992 waren drei Erzbischöfe, 16 Bischöfe und «alle Großen (primates) Sachsens» anwesend[118]. Daß bei der Bamberger Domweihe sozusagen die gesamte Reichskirche präsent war, ist nicht verwunderlich. Es sollen 36 Bischöfe gewesen sein, dazu kam «eine unglaubliche Menge von Geistlichen und Laien», die hier versammelt war; viele wurden wieder in die Gnade des Königs aufgenommen, die sich etwas hatten zuschulden kommen lassen[119].

Bauten steigerten das Prestige des Bischofs nicht nur gegenüber König und Amtskollegen, sondern auch bei jenen Schichten, aus denen sich die bischöflichen Vasallen rekrutierten. Kirchenlehen zu nehmen, war selbst für Grafen keine Schande, aber wer unter dem Bischof Kriegsdienste zu leisten hatte, gehorchte am liebsten einem Herrn, der «herrlich» regierte. Kirchengut an «milites» auszugeben, war in unruhigen Zeiten gewiß sehr notwendig, und außerdem

---

[115] Godefroid KURTH, Notger de Liège et la civilisation au Xe siècle 1 (Paris 1905) 157. – Zum Thema Kirchenbau vgl. die materialreiche Studie von Wolfgang GIESE, Zur Bautätigkeit von Bischöfen und Äbten des 10. bis 12. Jahrhunderts. Deutsches Archiv 38 (1982) 388 ff.

[116] Hist. ed. PROU III, 4 (13), p. 62.

[117] Anonymus Haserensis, MGH SS 7, 261 c. 29.

[118] LIPPELT, Thietmar 122 f. Thietmar IV, 18, ed. HOLTZMANN 152 f.

[119] Annales Quedlinburgenses zu 1012, MGH SS 3, 80.

brauchte man Vasallen für den Königsdienst als Kern des bischöflichen Aufgebotes. Manche Bischöfe taten dabei des Guten zuviel entweder durch die Beteiligung von Verwandten oder auch aus repräsentativen Gründen: Die Vielzahl weltlichen Gefolges hob das Ansehen und den politisch-militärischen Stellenwert eines Bischofs. So hieß es von dem Bischof Heribert von Auxerre (971-996): «Mehr als es gerechtfertigt war, machte er reiche Schenkungen an Vasallen (militibus), so sehr, daß ihm die Grafen Odo von Chartres und Heribert von Trécon wegen der Lehen, die er ihnen gegeben hatte, gehorchten»[120]. Dieses letzte Wort wird man nicht überbewerten dürfen; wir stehen hier im Bereich der «Mehrfachvasallität». Immerhin waren die beiden Grafen eine Bindung eingegangen, die ihnen eine Abstimmung ihrer politischen Linie mit dem Bischof von Auxerre zur Pflicht machte.

Heribert von Auxerre wurde zum Lehensherrn zweier Grafen, sein Nachfolger Hugo war selbst Graf von Chalon-sur-Saône: Als einziger Sohn des dortigen Grafen übernahm der Bischof «auf Befehl des Königs» die Ausübung der gräflichen Rechte[121]. Das war nichts Ungewöhnliches in Frankreich; Karl der Einfältige hatte Grafenrechte an den Bischof von Noyon gegeben, König Rudolf an jenen von Le Puy, Ludwig IV. den «comitatus Remensis» an Erzbischof Artold von Reims. Damit war die Erblichkeit der Grafschaften ausgeschaltet und der König hatte die Möglichkeit, die Ausübung der gräflichen Rechte des Bischofs durch seine eigenen Beamten überwachen zu lassen[122]. Wo immer geistliches und weltliches Amt in einer Hand vereint waren, fehlten die unerfreulichen Auseinandersetzungen zwischen beiden Gewalten, die oft in eine Teilung in «Bischofsstadt» und «Grafenstadt» mündeten[123], aber auch mit ihr manchmal nicht beendet waren. Da war es für die Einwohner besser, wenn

[120] Zitat bei GUILHIERMOZ, Essai sur l'origine de la noblesse en France 126 Anm. 5, nach den Gesta episcoporum Autissiodorensis ecclesiae c. 47. Später schrieb Petrus Damiani von der «liberalitas inhonesta», mit der Kirchengut und Zehnten an Vasallen ausgegeben wurden, daß sie Bedürftigen ihr Brot wegnehme und zu Verweigerungen der Zehentzahlung führe. Opusculum XX c. 3, MIGNE PL 145, 445 f.

[121] Rodulfus Glaber III, 2 (6), ed. PROU 57.

[122] PFISTER, Robert le Pieux (oben 19 Anm. 36) 204 f. LAUER, Louis IV (oben 163, 139) 51. Nach Pfister war Hugo zuerst Verwalter der Grafschaft Chalon und wurde dann erst Bischof von Auxerre.

[123] In Frankreich häufig sind Doppelstädte (ville comtale, ville episcopale), oft durch den Fluß getrennt. Für Deutschland ist Worms (vor 1015) ein Beispiel; vgl. auch Cambrai in den Gesta episcoporum Cameracensium I c. 71, MGH SS 7, 426, wo es schließlich dem Bischof gelang, zusammen mit seinen «amici» und «fideles» den Grafen zu vertreiben.

der geistliche Stadtherr unbeschränkt herrschte und nachts die Schlüssel der Stadttore unter seinem Kopfkissen verwahren konnte, wie dies von dem Erzbischof Arnulf von Reims berichtet wird[124]. Herr der Stadt war der Bischof auch in jenen Fällen, in denen der Graf, um nicht ganz verdrängt zu werden, in die bischöfliche Vasallität eintrat[125].

Vielfach scheint man, nicht nur in Frankreich, einen Unterschied gemacht zu haben zwischen dem «comitatus» im engeren Sinn, d. h. Gütern und nutzbaren Rechten, und der vollen Präsenz in der Grafschaft samt den Gerichtsrechten; es ist auch für Reims nicht völlig gesichert, daß der Erzbischof in diesem Vollsinn über die Grafenrechte verfügte[126]. Entscheidend wurde in bewegten Zeiten die Vorherrschaft in der Stadt, wie sie auch in Oberitalien in vielen Fällen dem Bischof zufiel. Von den Ungarn wurde Pavia verbrannt, Genua zerstört, ohne daß von den dortigen Grafen überhaupt die Rede ist. Damals traten Bischöfe als Leiter der Verteidigung hervor, und in der Folge verlor das Grafentum viel von seiner Bedeutung. Anderseits konnte sich Rather in Verona nicht gegen den Grafen durchsetzen; aus Parma erfahren wir zu 962 von der Rivalität zwischen Bischof und Graf – auch hier ist das Bild letztlich uneinheitlich[127].

In Deutschland konnte man es als einen Skandal ansehen, wenn ein Bischof das Amt des Herzogs oder auch des Grafen versah. Das berühmte Beschwerdeschreiben des Erzbischofs Wilhelm von Mainz an Papst Agapet II. (955)[128] brandmarkt das – bis dahin unerhörte – Vorgehen Ottos d. Gr., den Erzbischof Brun von Köln mit einem Herzogtum zu betrauen. Die Sache war auch Gutwilligen nicht geheuer[129]. Daß Wilhelm daneben Kritik an einem bischöflichen Grafentum übte, das es bis dahin in Deutschland kaum gab, scheint reine

---

124 Richer IV, 34 ed. Latouche 2, 196. Vgl. unten 541.

125 Flach, Origines 2 (oben 2 Anm. 3) 285.

126 Giovanni Tabacco, L'allodialità del potere nel medioevo. Studi medievali, III serie 11/2 (1970) 602 f.

127 Dupré-Theseider, Vescovi e città (oben Anm. 113) 67 ff.

128 Böhmer-Zimmermann Reg. 249, Druck: Philipp Jaffé, Monumenta Moguntina (Bibliotheca rerum Germanicarum 3, 1866) 348 Nr. 18: «Dux comesque episcopi, episcopus ducis comitisque sibi operam vindicat.» Vgl. oben 121 Anm. 32 und unten 543 mit Anm. 75.

129 Anselm von Lüttich, Gesta episcoporum Leodiensium, MGH SS 7, 201 c. 24: «... annuente Brunone archiepiscopo eodemque, ut aiunt (!), duce, cuius providentiae tunc temporis intererat universa huius regni (Lothringen, das alte «regnum Lotharii») negotia dispensare, Ottone imperatore primo circa alias regni partes occupato.» Bekannt ist die Rechtfertigung der Sache durch Ruotger, Vita Brunonis c. 23.

Polemik zu sein, aber vielleicht orientierte er sich dabei an französischen Verhältnissen. Erst unter Otto III. wurde die Verleihung von Grafenrechten an Bischöfe üblicher[130]. Frühe Fälle dieser Art betreffen Grenzgegenden wie Lüttich und Hildesheim. Hier hat Bischof Bernward als Schutz gegen Einfälle von Slawen die Mundburg errichtet und durch Otto die gräflichen Rechte in ihrem Umland erhalten[131]. Jetzt, unter dem häufig von Deutschland abwesenden Herrscher, war es nötig, eine solche Konzentration von Rechten einzuleiten.

Man könnte auch sagen: Wenn der Kaiser weiterhin, wie dies schon Otto II. begonnen hatte, die militärischen und finanziellen Kräfte der Reichskirche sehr stark in Anspruch nahm, mußte er die Zügel lockern und großzügig in seinen Verleihungen sein. Selten sind wir dabei über einen direkten Zusammenhang zwischen Heeresdienst und Schenkung unterrichtet, jedenfalls wurde durch derlei die Politik des Herrschers gegenüber dem Hochklerus wesentlich mitbestimmt. Es war nicht so wie in Frankreich, wo man ganz offen das Versprechen militärischer Hilfe von Gegenleistungen der Könige abhängig machte[132]. Auf mögliche geheime Abmachungen mit dem Kaiser deutet ein Hinweis: In dem berühmten Verzeichnis über die Anforderungen von Panzerreitern für den Krieg in Italien 981[133] lesen wir, daß der Bischof von Lüttich 60 Reiter zu stellen hatte; zwei Jahre später erhielt er durch Otto II. den Marktzoll in Visé verliehen «wegen seiner im Ausland (extra) wie im Inland (domique) erwiesenen Treue und Devotion gegenüber der Ausübung seiner Lehenspflichten (nostrae fidelitatis executionem)»[134]. Zwei Jahre darauf erschien Bischof Notker wiederum am Hof und es wurden ihm jetzt gräfliche Rechte in der Grafschaft Huy zugesprochen; dabei wird darauf hingewiesen, daß er «in allem ein getreuer Ausführender (exequutor) der Lehenspflicht gegen den Herrscher» sei[135]. Es war die erste derartige Verleihung unter der Regentschaft für Otto III.

---

[130] Siehe die Listen bei SANTIFALLER (oben Anm. 62) 106 ff.

[131] Richard DRÖGEREIT, Bischof Bernward von Hildesheim. Jahrbuch d. Ges. f. niedersächsische Kirchengeschichte 58 (1960) 7.

[132] So verlangte der Bischof von Orléans für das Versprechen des Kriegsdienstes an Hugo Capet und dessen Sohn Robert, daß der Abt von Fleury dem Neffen des Bischofs, Arnulf, jährlich 30 Scheffel Wein als Abgabe leisten müsse. Es handelte sich um eine Entschädigung dafür, daß Robert eine Burg Arnulfs im Interesse der Abtei zerstört hatte. LOT, Hugues Capet (oben 218 Anm. 6) 233 f.

[133] MGH Constitutiones 1, 632 f. Nr. 436 und Karl UHLIRZ, Jahrbücher des deutschen Reiches unter Otto II. und Otto III., 1 (1902) 247 f.

[134] DO. II. 308. KURTH, Notger de Liège (oben Anm. 115) 67 f.

[135] DO. III. 16. Mit derselben Begründung erhielt Lüttich 987 die Grafenrechte von Brugéron, DO. III. 45 und M. UHLIRZ in BÖHMER-UHLIRZ Reg. 991.

Durch den Reichsdienst in Italien und anderswo wurden die Bischöfe genötigt, eine starke Vasallität zu erhalten. Nur wenige von ihnen konnten es sich leisten, anstelle des Kriegsdienstes Geld zu schicken, wie es Adalbero II. von Metz als Sohn aus reichem Hause tun konnte. Aber auch sein Biograph klagte über den «kaum erträglichen» Umfang der Dienste; unerträglich fand er die «Geschenke», die an den Hof zu zahlen waren[136]. Eine Hochrechnung über den gesamten Bestand an Reitern und den Anteil der Geistlichen an ihrer Beistellung[137] ist schwierig zu erstellen, da man nicht weiß, wer alles den Truppendienst durch Zahlungen ersetzte. Auch handelt es sich bei dem Verzeichnis der Panzerreiter um eine Ergänzung des Heeres, vielleicht aus Bereichen, die vorher noch nicht oder nur wenig herangezogen worden waren. Diese Ergänzung, soviel läßt sich immerhin sagen, erfolgte im Jahre 981 zu drei Vierteln aus den Kontingenten des Hochklerus[138].

Wahrscheinlich wird man das nicht verallgemeinern dürfen. In Frankreich, wo gewiß die politische Lage ganz anders war, konnten sich die späten Karolinger fast nur auf bischöfliche Aufgebote stützen; sie besaßen ja kaum noch weltliche direkte Vasallen, die ihnen gehorchten[139]. Schon bei dem Ungarneinfall des Jahres 919 war Erzbischof Heriveus von Reims der einzige, der auf den Hilferuf des Königs hin mit angeblich 1500 Bewaffneten ausrückte[140]. Und noch um die Mitte des 11. Jahrhunderts schrieb ein Chronist, der größte Teil der Hilfsquellen (facultates) des Königreiches liege bei den Bischöfen und Äbten[141].

Die Last des Kriegsdienstes zu tragen, ist den Bistümern gewiß nicht leichtgefallen. Wie es zugehen mochte, wenn wieder einmal der bischöfliche Heerbann aufgerufen wurde, schildert uns eine etwas später geschriebene Quelle[142]:

---

[136] Konstantin von St. Symphorian in Metz, Vita Adalberonis c. 25, MGH SS 4, 667. Im Verzeichnis von 981 fehlt Metz, im Gegensatz zu Toul und Verdun.

[137] Karl Ferdinand WERNER, Heeresorganisation u. Kriegführung .... Settimane ... Spoleto 15 (1968) 825, Reprint in: WERNER, Structures politiques du monde franc (London 1979) III 825.

[138] Leopold AUER, Der Kriegsdienst unter den sächsischen Kaisern (I). Mitt. des Instituts f. österr. Geschichtsforschung 79 (1971) 379.

[139] LOT, Hugues Capet 232.

[140] Flodoard, Historia Remensis ecclesiae IV, 14, MGH SS 13, 577: «solus ... ex omnibus regni huius primatibus cum suis tantum ... regi occurrit». Das Aufgebot bezog sich nach Flodoard auf die «proceres Francorum».

[141] Anselm von St. Remi in Reims, Historia dedicationis ecclesiae s. Remigii (Zitat nach FLACH, Origines 3, oben 2 Anm. 3, 483 Anm. 1).

[142] Vita Balderici episcopi Leodiensis c. 27, MGH SS 4, 734 f. Vollendet 1053 durch

Gegen den aufständischen Grafen von (West-)Friesland mußte der Herzog Gottfried von Niederlothringen 1018 auf Befehl Heinrichs II. Truppen aufbieten. Bischof Balderich von Lüttich entschuldigte sein Fernbleiben von dem geplanten Zug mit Krankheit und der Tatsache, daß er in früheren Fällen den geforderten Dienst geleistet habe. Daraufhin warf ihm der Herzog voll Zorn Infidelität und Befehlsverweigerung (contemptus) vor, ja er behauptete, der Bischof wolle aus verwandtschaftlichen Rücksichten gegenüber den Feinden nicht mitziehen; innerlich stehe er auf der Gegenseite, Ehre und Wohlergehen des Kaisers seien ihm gleichgültig.

Balderich mußte den Befehl zum Ausmarsch geben und starb bald darauf, angeblich am gleichen Tag, an dem das kaiserliche Heer bei Vlaardingen in Holland eine schwere Niederlage erlitt. Auch einer seiner Nachfolger zeigte im Jahre 1046 wenig Lust, sich mit dem bischöflichen Heerbann in Holland einzufinden und auf Schiffe verladen zu lassen. Man kehrte um, eine Anklage beim Kaiser war die Folge und Bischof Wazo mußte 300 Pfund Silber als Buße bezahlen. Er hatte die kaiserliche Gnade verloren und erhielt bei Hofe nicht einmal einen Sitz angeboten[143].

Die militärische Kommandogewalt des Königs war also nicht unbeschränkt; wenigstens gegenüber Geistlichen verfügte er nur über finanzielle und moralische Druckmittel. Es minderte das Ansehen des Bischofs, wenn er zur Bezahlung der Bußsumme kirchliche Geräte einschmelzen lassen mußte, und es war für ihn eine Schande, nicht wie ein Herr und ein Gesalbter, sondern wie ein Diener behandelt zu werden. Man kann annehmen, daß sich der Huldverlust wenigstens indirekt auch auf die Sippe des Betreffenden und ihre Position gegenüber dem König und seinen Großen auswirkte[144].

Wenn ein Bischof seine «fideles ecclesiae», die bischöflichen Vasallen, nicht immer freudig dem König zur Verfügung stellte, so hatte das seinen Grund auch in der anderen Aufgabe, die sie zu erfüllen hatten: Der bischöflichen Friedenswahrung im engeren Bereich der Diözese und der damit verbundenen Lokal- und Regionalpolitik zu dienen. Schon jener Erzbischof Heriveus, der für

---

einen Mönch aus St. Jakob in Lüttich, dem mündliche Berichte zur Verfügung standen. Anderseits ist eine Tendenz zu rhetorischer Ausschmückung unverkennbar.

[143] Gesta episcoporum Leodiensium c. 66, MGH SS 7, 229. Wazo war es, dessen Hinweis auf seine Stellung als gesalbter Bischof bei dieser Gelegenheit den Kaiser zu den berühmten Worten veranlaßte: «Ego vero similiter sacro oleo ... sum perunctus.» A. a. O. 230.

[144] Die «soziale» Seite des Huldverlustes wird in der alten Untersuchung von Rudolf Köstler, Huldentzug als Strafe (Kirchenrechtl. Abh. hg. v. U. Stutz 62, 1910) kaum berücksichtigt.

den König gegen die Ungarn kämpfte, errichtete Burgen, die der Festigung bischöflicher Herrschaft im Reimser Territorium dienten; er rückte «mit den Seinen» zur Belagerung der Burg eines Grafen aus, der häufig der Reimser «familia» Schaden zufügte und auf Reimser Boden Verschanzungen errichtet hatte[145]. Es ist der später für Frankreich so typische Fall bewaffneter Territorialpolitik, mit Bau von Burgen und «Gegenburgen», Schadenstiften und Eingehen immer weiterer Allianzen. In unruhigen Gebieten gab es fast als Normalzustand jenen «einer regional ausgreifenden bischöflichen Stadtherrschaft, deren militärische Macht für eigene Zwecke eingesetzt wurde»[146]. So mancher Bischof mußte, wenn es darauf ankam, alle seine «Freunde», seine Sippe und die Vasallen aufbieten, etwa um einen weltlichen Großen in die Knie zu zwingen, der sich einer bischöflichen Burg bemächtigt hatte[147].

Das ließ sich kaum aus der Ferne bewerkstelligen. Der Bischof mußte selbst zur Stelle sein, in entscheidenden Situationen persönlich eingreifen und dazu wenigstens Verteidigungswaffen tragen. Am wenigsten Bedenken hatte man natürlich, im Kampf gegen die Ungläubigen eine aktive Rolle zu spielen. Im Jahre 1010 wurden in einer Schlacht am Fluß Guadiaro die Bischöfe von Barcelona, Gerona und Vich getötet, zusammen mit einem einzigen Grafen[148]. Kaum haben sie sich wehrlos abschlachten lassen. Ein Bischof von Urgel hat jedenfalls im Jahre 951 seinen Verwandten ein feuergehärtetes Schwert (spata ignea), einen Spieß, drei Panzerhemden und einen Schild vererbt[149]. In voller Rüstung werden wir uns wohl auch den Papst Johann X. vorzustellen haben, der sich rühmte, «sich selbst und seinen Körper» zur Verjagung der Sarazenen eingesetzt zu haben[150].

Waren das Ausnahmefälle, die durch die Extremsituation der Maurenkriege gerechtfertigt wurden? Wir würden es gerne annehmen, aber Bischöfe haben auch in lokalen Auseinandersetzungen Waffen getragen und eingesetzt. So etwa der Bischof Berengar von Cambrai, ein Landfremder, der viele Feinde unter den Einwohnern seiner Stadt hatte. Gegen sie führte er erfolgreich eine Fehde als Rache dafür, daß man einst die Stadttore vor ihm verschlossen hatte. Einen Karren voll mit Lanzen der Toten und Gefangenen ließ er zum Ruhm seines Sieges auf eines der bischöflichen Landgüter zu seinen Familiaren brin-

---

145 Flodoard, Hist. Remensis ecclesiae IV, 16, MGH SS 13, 577.

146 Prinz, Klerus u. Krieg 148.

147 Graf Theobald von Chartres und Blois, dem der Bischof von Laon die Burg La Fère-sur-Oise wieder abnehmen wollte; Lot, Derniers Carolingiens 24.

148 Bonnassie, La Catalogne (oben 2 Anm. 5) 1, 349.

149 A. a. O. 296.

150 Böhmer-Zimmermann Reg. 37 (915). Prinz a. a. O. 143 f. mit Anm. 96.

gen. Er selbst traf vor der Stadt einmal zwei dieser Feinde an, gab seinem Pferd die Sporen und jagte sie, «wobei seine Lanze fast ihre Schultern berührte», bis zum Immunitätsbezirk eines Klosters[151]. Bekannter ist das kriegerische Wesen des Papstes Johann XII. Von ihm behauptete Liutprand von Cremona in seiner Anklagerede vor dem Kaiser und «allen Römern», er sei dem kaiserlichen Heer «mit dem Schwert umgürtet, mit Schild, Helm und Panzer angetan, entgegengetreten ... Nur der Tiber, der ihn vom Heer trennte, verhinderte, daß er in diesem Aufzug gefangen wurde»[152].

Immerhin war das ein Punkt der Anklage, die zur Absetzung des Papstes führte (963). Man hat festgestellt, daß etwa seit der Mitte des Jahrhunderts das Bedürfnis nach einer Interpretation des bischöflichen Kriegertums zu erkennen ist, das weiterhin bestand[153], obwohl es mit dem kanonischen Recht nicht vereinbar war. Bekannt ist Ruotgers Antwort auf die Frage, «wieso ein Bischof (Brun von Köln) Politik trieb und sich mit dem gefährlichen Kriegshandwerk befaßte, obwohl er doch nur die Sorge für die Seelen übernommen hatte»: Brun tat es um der Friedenswahrung willen, und außerdem hat es das schon früher gegeben. Wer solche Einwände mache, gehöre zu denen, «die die göttliche Weltordnung nicht begreifen»[154]. Auch in Frankreich hat man hin und wieder den Konflikt der beiden Bereiche gespürt. Während z. B. Flodoard im Jahre 948 unbefangen von der Belagerung der Burg Mouzon durch die lothringischen Bischöfe berichtete, hat am Ende des Jahrhunderts Richer in diesem Zusammenhang nur von dem königlichen Heer gesprochen[155].

Geistliche Historiographen konnten sich auch damit helfen, daß sie einen alten Topos aus der Martinsvita des Sulpicius Severus erneuerten: Waffenlos reitet der Bischof im Kampfgetümmel, so etwa Udalrich von Augsburg; Pfeile umschwirren ihn, Steine werden geworfen, doch der mit der Stola anstelle des Panzers bewehrte Bischof bleibt unverwundet[156]. Weiß man, welch eine verheerende Wirkung der Tod des Anführers auf die soldatische Moral zu haben

---

151 Gesta episcoporum Cameracensium, MGH SS 7, 432 (I, 83 f.).

152 Historia Ottonis c. 11, Werke ed. Becker 168.

153 Prinz, Klerus u. Krieg 171, vorwiegend auf Deutschland bezogen.

154 Vita Brunonis c. 23, Übersetzung nach Kallfelz S. 213.

155 Flodoard, Annales ed. Lauer 116. Richer II, 83 ed. Latouche 1, 268 f. und 269 Anm. 3.

156 Prinz, Klerus u. Krieg 172. Gerhard, Vita Oudalrici c. 12, MGH SS 4, 401. Auch als Udalrich im Bürgerkrieg aus seiner Stadt weichen mußte und sich in Schwabmünchen verschanzte, bis er durch Truppen unter Führung seines Bruders schließlich entsetzt wurde, verharrte er «Tag und Nacht eifrig im Dienste Gottes», a. a. O. c. 10.

pflegte, wird man annehmen dürfen, daß sich nur sehr selten ein Kirchenfürst so exponierte. Eher konnte ein Priester oder Diakon für diesen gefährlichen Dienst ohne Waffe herangezogen werden, etwa als Fahnenträger bei den Kämpfen im Osten des Reiches[157].

Stimmen, die sich grundsätzlich gegen den Kriegsdienst des Klerus wandten, sind schon mehrmals angeführt worden[158]. Daß dabei italienische Bischöfe, die ja stark vom Reichsdienst betroffen waren, als die hauptsächlichen Kritiker auftraten, ist durchaus verständlich. Hier sei nur eine Aussage Rathers zitiert, der in recht sachlicher Weise über die praktische Moral des Veroneser Domkapitels handelt. In diesen Kreisen glaubte man einige verbotene Dinge dem Bereich der leichten Vergehen, also der «läßlichen Sünden», zuordnen zu können: Würfelspiel, Trinken, Falken- und Hundejagd; das geringste von ihnen sei jedoch der Kriegsdienst für einen Lehensherrn. Man begründete das damit, daß ein Lehensmann, der den Militärdienst verweigerte, den Lehenseid brach. Während auf Eidbruch schwere Strafe stand, gab es für den Kriegsdienst gar keine. War es nicht besser, wenn ein Priester im Harnisch kämpfte, als wenn er den Eid mißachtete[159]?

Die Jagd mit Falken oder einer Hundemeute war ein Herrenrecht, das Würfelspiel setzte Besitz voraus, und auch der Wein kostete Geld; es handelt sich um Dinge, die zum gehobenen Lebensstil von Edlen und Bürgern gehörten. Was Weltlichen ziemte, konnte für Weltgeistliche nicht ein arges Verbrechen sein, und so hat man auch den Kriegsdienst pardoniert. Mönchischen Kreisen war er vielfach zuwider. Adalbero I. von Metz, der Erneuerer des Klosters Gorze (933), wollte diesem nur so viel Besitz geben, daß der Abt nicht in die Lage kam, Land an Vasallen auszugeben, mit denen er in den Krieg ziehen müßte. Er sollte kein «servitium» leisten, sondern nur den Dienst an den Mitbrüdern und für das Ordensleben (religioni)[160].

Der König war interessiert an einer starken Vasallität des Hochklerus, und in vielen Fällen auch dieser Klerus selbst. Das Bistumsgut wurde nicht der Kirche entzogen, aber an die Stelle wirtschaftlichen Ertrags trat ein militärisch-politischer. Was jenseits dieser Sphäre verblieb, mußte vielen Anforderungen genügen: Für Bischofshof, Domkapitel, Kirchenbau, Armenpflege, Aufnahme von Gästen und – besonders in Italien – durchmarschierende Truppen des

[157] Auer, Kriegsdienst I (oben Anm. 138) 401 f.

[158] Zuletzt durch Minninger, Von Clermont ... 67 ff.

[159] Die Briefe ed. Weigle 85 f. Nr. 16.

[160] Zitat nach Sackur, Cluniacenser 1 (oben 99 Anm. 129) 152 f. Anm. 5. Damals handelte es sich freilich auch um eine praktische Notwendigkeit, Gorze nur kärglich auszustatten; Sackur a. a. O. 152 f.

Reichsheeres. Ohne bedeutende Schenkungen durch Gläubige, vor allem für die Armenpflege und den Kirchenbau, war das sehr oft zu wenig. Schenkungen hingen von der allgemeinen wirtschaftlichen Lage ab, von dem Ansehen des oder der Bistumsheiligen und ebenso von dem Prestige des Bischofs und seinen Familienbeziehungen. Wenn er ein Landfremder war und mit dem Domklerus wegen seiner Reformversuche verfeindet, wie Rather von Verona, konnte er nur Schmähungen und Anklagen ernten. Rather hat seinen eigenen Finanzen damit aufgeholfen, daß er Klerikern, die ihn öffentlich beschimpften, ihre Benefizien wegnahm und für sich selbst behielt. Ein anderer Anklagepunkt gegen ihn betraf den Verfall des Bischofspalastes von Verona. Aber die in ihm hausenden «Gäste», durchziehende deutsche Gesandte und Truppenführer, die man verpflegen mußte, war der Bischof auf diese Weise losgeworden[161]. Was die Armen anging, so befahl er der Geistlichkeit, sie zu ihren Mahlzeiten einzuladen[162]. Jenes Viertel der Einkünfte, das für Arme und Fremde bestimmt war[163], hat gewiß nicht für die gegebenen Anforderungen ausgereicht. Daß die Armenpflege auch sonst niemals den Umfang wirklicher Sozialfürsorge annehmen konnte, ist klar. Rather zitierte in diesem Zusammenhang einen Satz des heiligen Hieronymus, daß weder der Reichtum des Darius noch die Schätze des Krösus die Armen der Welt sättigen könnten[164]. Wenn ein Bischof wie Wazo von Lüttich während einer Hungersnot vorbildlich für die Stadtbewohner sorgte, dann geschah dies zum Teil aus eigenen Mitteln (de suo)[165].

Leicht war es für den Biographen dieses Bischofs, seine Freigebigkeit zu preisen und an anderen zu messen. Es fehlt dabei auch nicht der alte Topos von den Neidern, die sich darüber erregen, daß sie durch Ruhm und Tugend eines Mannes überwunden werden, der weniger mächtig als sie ist[166]. In diesem Bereich war die «liberalitas» nicht ganz dasselbe wie bei den Weltlichen: Sie sollte vor allem Armen und fremden Durchreisenden zugute kommen und nicht so sehr den Vasallen; an diese bischöfliches Gut zu verschenken, schien höchst bedenklich. Ein Jahrhundert früher hatte die Gastfreundschaft des Bischofs

---

[161] Fritz WEIGLE, Ratherius von Verona im Kampf um das Kirchengut 961-968. Quellen u. Forschungen aus italien. Archiven u. Bibl. 28 (1937/38) 21, über Rathers «unredliche und habsüchtige Amtsführung» a. a. O. 20. Die Briefe ... ed. WEIGLE 184 ff. Nr. 33.

[162] Rather, Die Briefe ed. WEIGLE 132 Nr. 25 (nach der Admonitio synodalis, WEIGLE 130 Anm. 1).

[163] A. a. O. 195 Nr. 25.

[164] Die Briefe ... 23 Nr. 3.

[165] Anselm von Lüttich, Gesta episcoporum Leodiensium, MGH SS 7, 221 c. 53.

[166] A. a. O. 211 c. 40.

Udalrich von Augsburg auch Geschenke an durchreisende Vasallen des Königs und Nahrung für Angehörige der Mittelschichten (liberi mediocres vel nobiliores) umfaßt[167]. Sachlich mochte sich nicht allzuviel ändern, doch setzte man jetzt andere Akzente bei der Beschreibung der Fakten.

Zum Unterschied von den Weltlichen sollte der Bischof nicht bloß anderen durch seine Haltung ein Vorbild sein, sondern er hatte auch die Sorge um ihre geistliche Erziehung. Noch war es kaum üblich, die geistliche Lesung so wie im Kloster als das Wichtigste an der Tischgemeinschaft zu sehen[168]. Manchmal tat sich aber ein Gegensatz zwischen den Tafelfreuden und der spirituellen Nahrung des Geistlichen auf. An dem Bischof Megingaud von Eichstätt (989-1014) tadelte man, daß er die liturgischen Gesänge oft abbrechen ließ, um bald zu Tisch zu kommen[169].

Belehren sollte der Bischof vor allem durch seine Predigt, ja er war der christliche Prediger schlechthin. Schon früher hatte sich dabei die Frage der Volkspredigt erhoben. Bischof Notker von Lüttich wurde dafür gepriesen, daß er das Volk in dessen eigener Sprache, den Klerus auf lateinisch belehrte und so «den Kindern Milch und den Starken solide Kost» bot[170]. Solid war diese Kost wohl auch insoferne, als man lateinische Predigten schriftlich auszuarbeiten pflegte, die volkssprachlichen anscheinend frei hielt – so ist es zu erklären, daß von ihnen kaum Spuren erhalten blieben[171].

Daß Bischöfe mit Missionierung und Pastorisierung des Kirchenvolkes ihrer Diözese beschäftigt waren, davon erfahren wir ansonsten wenig. Die ausführliche Schilderung der Tätigkeit Udalrichs von Augsburg umfaßt Angaben über den Inhalt seiner Predigten; gemeint sind wohl die lateinischen. Wichtiger noch schien seine Tätigkeit im bischöflichen Sendgericht; zur Ermahnung kam das

---

167 Gerhard, Vita Oudalrici c. 3, MGH SS 4, 390. Durch die Lage Augsburgs an der Straße nach Italien hatte diese Pflicht der Gastung besondere Bedeutung.

168 Lange Tischlesungen soll es am Hofe Bernwards von Hildesheim gegeben haben, doch ist nach Drögereit dieser Teil der Vita erst im 12. Jahrhundert entstanden. Vita Bernwardi c. 5 (oben 42 Anm. 152) ed. KALLFELZ 282: «ad mensam ... consedit, non pompatice quidem, sed religioso silentio cunctis ad lectionem ... intentis, quae inter coenandum non brevis legebatur.» Tischlesungen forderte man in Tours 813, MGH Concilia 2, 287 c. 5.

169 Anonymus Haserensis, MGH SS 7, 258 c. 17. Der Anonymus schrieb um 1080, also in einer empfindlicher gewordenen Zeit, verwertete aber doch wohl mündliche Traditionen.

170 Text bei KURTH, Notger de Liège 244 Anm. 6.

171 Pierre RICHÉ, Les écoles et l'enseignement dans l'Occident chrétien (Paris 1979) 323 mit Anm. 24.

strafende Eingreifen. Auf den Visitationsreisen Udalrichs wurden die «Klügeren und Glaubwürdigen» zusammengerufen und sagten unter Eid aus, was es für «Verstöße gegen Recht und Gesetz» gab[172]. Es war eine kirchliche Parallele zum Grafengericht und hatte wenig mit «innerer Mission» zu tun. Anders war es wenigstens zum Teil mit der Geistlichkeit am Bischofshof, «mochten es Mittelfreie oder solche von höherem Adel sein»: Sie erhielten nicht nur Speise und Trank, sondern der Bischof ließ sie auch belehren (docere praecepit)[173]. Die Pfarrgeistlichkeit, teilweise aus Unfreien bestehend, wurde dagegen – so weit wir wissen – nur mit Visitationsfragen bedacht.

Die Mittel, mit denen das Christentum der Domgeistlichkeit gefördert wurde, entsprachen dem Denken der Zeit. Von dem Bischof Walpoto von Lüttich wird berichtet, daß er großen Wert auf Fasten und Wachen hielt, und sich freute, wenn er einen Geistlichen in der Kirche wachend fand; solche Kleriker pflegte er hoch zu schätzen und er gab ihnen Ehrengeschenke[174]. Es mag sein, daß nicht immer religiöse Gründe für derartige Nachtwachen maßgebend waren, denn gewiß kannte man diese Vorliebe des Bischofs.

Die lebendigste Form der Belehrung von Klerus und Volk bildeten Sakramentenspendung und Liturgie. Wenn Udalrich von Augsburg auf seinen Visitationsreisen bis in die Nacht hinein die Firmung spendete, kam er mit der Menge in enge Berührung. Das Volk drängte sich wenigstens zu Festzeiten in der Domkirche und nahm teil an dem Gotteslob und der Darstellung religiöser Inhalte. Lang ist die Beschreibung, wie Udalrich die Fastenzeit und Ostern feierte[175]. Das alles war zugleich auch eine Darstellung der gottgewollten Ordnung, mit dem Bischof im Zentrum und den Diensten des Klerus. Daneben gab es den liturgischen Alltag und auch hier war der Bischof wichtig; an ihm lag es, alles Schlimme abzuwenden, das feindliche Gewalten den Frommen antun konnten. Wir kennen die Benediktion einer klösterlichen Speckkammer und eine gegen Getreideschädlinge; es gab Segnungen der Pilgerstöcke und Reisetaschen jener, die nach Rom ziehen wollten oder sollten[176].

Daneben steht das Ritual der Kirchweihe, wie sie ein Traktat beschreibt[177].

---

172 Gerhard, Vita Oudalrici c. 6, MGH SS 4, 394, Übersetzung nach Kallfelz 81. Der Ausdruck «norma rectitudinis» ist unübersetzbar und meint am ehesten die kanonischen Bestimmungen.

173 A. a. O. c. 3, MGH SS 4, 390.

174 Anselm von Lüttich, Gesta episcoporum Leodiensium c. 33, MGH SS 7, 207.

175 Vita c. 6, a. a. O.; c. 4, MGH SS 4, 391 ff.

176 Pontificale Romano-Germanicum 2 ed. Vogel, Elze 360 Nr. 208, 363 Nr. 214, 362 Nr. 212 (dazu vgl. unten Anm. 182).

177 Remigius von Auxerre (?), De dedicatione ecclesiae, Migne PL 131, 845 ff.

Dreimal klopft der Bischof mit seinem Stab an die Kirchentür, dann wird sie ihm aufgetan. Er beginnt nach Gebeten des Klerus mit dem Bischofsstab auf dem Boden der Kirche Buchstaben zu «schreiben», in der Reihenfolge des Alphabets, von einer Ecke bis zur schräg gegenüberliegenden, wovon bereits früher gesprochen wurde[178]. Das war für die Zuschauer gewiß sehr eindrucksvoll, ob sie nun den höheren Sinn der Sache kannten oder nicht. Es folgte die Wasserweihe mit Beimischung von Salz und Asche: Hier war das Wasser ein Symbol des christlichen Volkes, das Salz bedeutete die christliche Lehre, die Asche stand für die Passion Christi. Alles hatte eine tiefere Bedeutung, jede Geste, jeder Schritt, das Malen von Kreuzen an die Kirchenwände und anderes, das nach lokalen Bräuchen noch bedeutend ausgeweitet werden konnte[179]. In unserer heutigen Zeit steht man dieser Symbolik selten positiv gegenüber, auch im katholischen Klerus[180]. Andere haben aus der Liturgie sogar eine Tendenz zur Aggression herauslesen wollen[181].

Auf die Gefahr hin, Widerspruch zu wecken, muß hier gesagt werden, daß die liturgisch-rituelle Tätigkeit des Bischofs für das Kirchenvolk oft wichtiger war, als es eine verbale Pastorisierung sein konnte. Nehmen wir den Fall eines Mannes, der wegen einer sündhaften Tat von seinem Pfarrer zur Wallfahrt nach Rom verurteilt worden war. Er trat den weiten und gefahrvollen Weg wahrscheinlich leichter an, wenn ihn ein vom Bischof selbst gesegneter Stab begleitete[182]. Daß die Kirche ein heiliger Raum und eine Immunität war, nur Friedfertigen zugänglich, wurde jedem deutlich, der an einer Kirchweihe teilnahm oder dem man von ihrem geheimnisvollen Ritus erzählte. Zur Liturgie

---

[178] Oben 101.

[179] So bei der Weihe der Chorpartie von St. Martial in Limoges (1028). Inhaltsangabe (nach einer unedierten Schrift Ademars von Chabannes) bei LECLERCQ im Dictionnaire d'archéologie chrétienne et de liturgie 9/1 (1930) 1141.

[180] Vgl. etwa Cyrille VOGEL, Symboles cultuels chrétiens ... in: Simboli e simbolologia, Settimane ... Spoleto 23, 1975 (1976) 1, 198 f.: «Le symbolisme cultuel médiéval est artificiel, superficiel, malgré un cérémonial qui se veut imposant, mais qui, en fait, travestit et masque l'essentiel.»

[181] Barbara H. ROSENWEIN, Feudal War and Monastic Peace: Cluniac Liturgy as Ritual Aggression. Viator 2 (1971, ersch. 1972) 129 ff. Vgl. auch Lester K. LITTLE in Etudes sur l'histoire de la pauvreté (oben 61 Anm. 61) 1, 449 ff.

[182] Zur Sache vgl. Cyrille VOGEL, Le pèlerinage pénitentiel. In: Pellegrinaggi e culto dei santi ..., IV Convegno ... sulla spiritualità medievale, Todi 1961 (1963) 87. Die älteste «benedictio super capsellas et fustes et super eos qui cum his limina ac suffragia sanctorum apostolorum petituri sunt» findet sich im Pontificale Romano-Germanicum (oben Anm. 176) als Nr. 212.

gehört die Überzeugung von ihrem Sinn und ihrer Notwendigkeit; diese Überzeugung war damals auf beiden Seiten vorhanden.

Bei der Geistlichkeit ist wahrscheinlich die bloße Belehrung weniger wirksam gewesen als ein Vorleben geistlicher Tugenden durch ihren Oberhirten. Hier ist es schwierig, zu beurteilen, wie weit man Erzählungen trauen kann, die von harter Askese oder einem quasi-mönchischen Leben des Bischofs handeln. Die Lebensbeschreibungen wurden häufig von Mönchen verfaßt nach dem Vorbild der Viten heiliger Asketen von einst, und sie hatten einen eher erbaulichen als historischen Zweck. Manchmal wird man derartige Schilderungen übertrieben haben, aber ganz soll man sie sicherlich nicht eliminieren. Wenn da von einem härenen Bußgewand des Bischofs zu lesen ist, das er zeitweise zu tragen pflegte, oder sogar von Geißelungen, wird man zu fragen haben, wieweit sich auch sonst eine Beziehung zu mönchisch-asketischen Kreisen, etwa dem Umkreis von Gorze, erkennen läßt. Diese Dinge sollten, wie man zumeist erfährt, geheim gehalten werden, haben sich aber doch herumgesprochen.

Wichtiger war die Teilnahme an dem der Regel entsprechenden Stundengebet, ohne das die Gemeinschaft der Domkanoniker und ebenso jede andere vom Zerfall bedroht war. Hier erhob sich die Frage einer Vereinbarkeit von aktivem und beschaulichem Leben: Ein Bischof hatte so viel zu tun, daß auch der Frömmste nicht immer das Chorgebet mitmachen konnte. Selbst ein Wazo von Lüttich tat dies nur in der Fastenzeit gänzlich, ansonsten war er morgens und abends im Chor zu sehen[183]. Und dies trotz seines sonstigen frommen Lebenswandels: Man hatte ihn kaum dazu bringen können, die – kanonische – Wahl zum Bischof anzunehmen, er pflegte sich zu geißeln und trank in der Fastenzeit statt Wein Bier oder gar Wasser, was als harte Askese bezeichnet wird[184].

Wo nicht reine Tugend regierte, konnte auch der Kampf gegen eigene Untugenden eine vorbildliche Wirkung auf die Umgebung haben. Jener Bischof Walpoto von Lüttich, der ein Vielesser war – seine Korpulenz war angeblich nicht durch das «Fleisch» bedingt, sondern durch die Masse der Knochen –, aß für seine Statur immer noch wenig, und bei der Tafel ergriff er Platten mit den besten Stücken, wie wenn er davon essen wollte, schenkte aber diese Gerichte den Armen; er selbst klagte sich der Freßsucht an[185]. So sehr als Mensch konnte sich ein Bischof jenen zeigen, mit denen er zu Tische saß. Für das Volk mußte er Amtsperson bleiben und deren Würde wahren, auch und gerade dann, wenn sein Leibesumfang dabei störte.

---

[183] Anselm von Lüttich, Gesta episcoporum Leodiensium c. 52, MGH SS 7, 220.
[184] A. a. O. und 210 c. 39 (kanonische Resistenz), 218 c. 48 (Geißelung).
[185] Anselm, Gesta c. 33, a. a. O. 207.

Vorbild für Geistlichkeit und Volk sollte der Bischof stets sein, besonders aber in seinen letzten, schwersten Stunden. Dem Leben in der Öffentlichkeit entsprach ein öffentliches Sterben[186], das uns in den Viten gleichsam ritualisiert entgegentritt. Vor allem ist festzustellen, daß hier der Bischof von seinem bevorstehenden Tode weiß; Brun von Köln ließ sich auch durch Einwände seiner Umgebung nicht von diesem Wissen abbringen. Er machte sein Testament, ließ zwei gerade anwesende Bischöfe zu sich kommen und hielt ihnen eine erbauliche Rede. Dann nahm er den Leib des Herrn zu sich und hätte nun eigentlich sterben sollen. Man merkt die Verwunderung des Chronisten, daß Brun «nicht weniger als fünf Tage in der gleichen Schwäche des Körpers und Glut des Geistes» verharrte. Endlich erwachte er aus einer Bewußtlosigkeit und hatte nun Gelegenheit, eine zweite Rede zu halten, zu der er einen von ihm bestimmten Personenkreis von Höhergestellten (maiores) und dieser Ansprache Würdigen zusammenrief. Um Mitternacht verstarb der Erzbischof dann «unter Psalmengesang, Gebet und heftigem Weinen der Umstehenden»[187].

Der erbauliche Charakter der Vita wird in den beiden Reden sehr deutlich, die natürlich ebenso fiktiv sind wie die übliche Rede vor der Schlacht bei den Weltlichen. Man trachtete immerhin, die tatsächlichen Abläufe – die man gewiß immer wieder erzählte – mit dem Programm in Einklang zu bringen, das für den Tod eines geistlichen Großen vorgeschrieben war. Für Äbte war es ebenso angezeigt, der Sitte zu gehorchen: Abt Johannes von Gorze ließ durch Eilboten fünf Äbte zusammenrufen, dazu die Dignitäre des Domstiftes «und eine nicht kleine Menge Geringerer (minorum)». Sie traten einer nach dem anderen an sein Krankenbett, er küßte jeden, hielt eine Predigt über das Unglück dieser und das Glück der jenseitigen Welt, entließ die Menge, behielt die Äbte bei sich – und lebte noch vier Tage lang, was der Chronist so entschuldigt: «Was schadet es den Auserwählten, die zum ewigen Leben streben, daß sie manchmal hart (dure) sterben?»[188]

Die Ritualisierung des Sterbens ließe sich bis in die christliche und nichtchristliche Antike zurückverfolgen. Hier bot sich die tatsächliche und ebenso die literarische Gelegenheit, die Überlegenheit des Geistes oder des Glaubens über diese Welt und ihre Nichtigkeiten zu erweisen. Der Stoiker richtete seine letz-

[186] «Man starb immer öffentlich», stellt Philippe ARIÈS auch in seiner fast ausschließlich Spätmittelalter und Neuzeit gewidmeten «Geschichte des Todes» (2. Aufl. 1980) 30 fest und nennt als Beispiel den Tod der Madame de Montespan 1707: Sie verabschiedete sich von ihrer Dienerschaft und bat alle um Verzeihung.

[187] Ruotger, Vita Brunonis c. 43-45, Übersetzung nach KALLFELZ 249, 251.

[188] Johannes von St. Arnulf, Vita Iohannis Gorziensis, MGH SS 4, 337 f.

ten Worte an die Freunde gleicher Denkart, der Heilige vereinte Predigt und Beispiel, wie er es im Leben getan hatte. Nicht alle haben freilich diese Rolle durchgespielt; von dem heiligen Udalrich berichtet z. B. sein Biograph, daß er in seinen letzten Stunden unbedingt noch einmal seinen Neffen Graf Richwin sehen wollte, der am Kaiserhof weilte. Er hatte sich schon lange vorher einmal zum Sterben hingelegt, aber zu seinem Kummer kam der Tod nicht, und sein späterer Biograph tröstete den Bischof damit, daß es auch anderen schon so ergangen sei[189]. Vielleicht hätte ein mehr an hagiographischer Literatur geschulter Autor die Sache übergangen.

Was auf den Tod des Bischofs folgen konnte, schildert der Kanon 14 der Provinzialsynode von Trosly (909): «Unter den Unseren hat sich der schlimme Brauch eingebürgert, daß sofort nach dem Tode des Bischofs das Kirchengut durch Große (a potentioribus) eine Invasion erfährt, so wie wenn es Eigengut des Bischofs wäre – und selbst wenn dem so wäre, würde derlei gegen alles Recht geschehen»[190]. In der Zeit bis zur Einführung des neuen Bischofs sollen kirchliche Funktionäre das Bistumsgut zusammenhalten, so schreibt Atto von Vercelli; aber Weltliche brechen in Kornspeicher und Keller ein, das kirchliche Besitztum fällt ihrer Raubgier anheim[191]. Eine Urkunde Heinrichs II. meldet, daß in Italien derartige Bräuche herrschten und ihnen jüngst das verwaiste Bistum Cremona zum Opfer gefallen sei (1007)[192]. Einer bricht in die (Dom-) Kirche ein, ein anderer usurpiert das Gut des Domstifts (abbatiam)[193], und ein

---

189 Gerhard, Vita Oudalrici c. 27, MGH SS 4, 413.

190 Mansi, Sacr. conciliorum ... collectio 18 A, 302 f. c./4. Zur Sache Lesne, Propriété ecclésiastique (oben 105 Anm. 155) II/3, 49 f., vgl. VI, 17.

191 De pressuris ecclesiasticis III, Migne PL 134, 87 f.

192 DH. II. 172; «ein Vorgehen, das die transpersonalen Grundlagen der Stadtherrschaft ... in Frage stellte». Hagen Keller, Die Entstehung der italienischen Stadtkommunen als Problem der Sozialgeschichte. Frühmittelalterliche Studien 10 (1976) 177. Auch das Papsttum blieb von dieser «consuetudo» nicht völlig verschont. Eine römische Synode des Jahres 904 verbot, «ut obeunte sanctae Romanae ecclesiae sedis pontifice ipsum patriarchium depraedari soleat et ... etiam per totam civitatem et suburbana eius talis bacchatur praesumptio». Mansi, Sacr. conc.... collectio 18 A, 226 c. 11. Vgl. Reinhard Elze, Sic transit gloria mundi. In: Elze, Päpste – Kaiser – Könige und die mittelalterliche Herrschaftssymbolik (Reprint London 1982) IV, 1 ff. (vorher im Deutschen Archiv 34, 1978). Für den freundlichen Hinweis auf die Arbeit danke ich Friedrich Prinz.

193 Karl Blume, Abbatia (Kirchenrechtliche Abhandlungen 83, 1914) 56 verweist für diese Übersetzungsmöglichkeit auf DO. II. 95: «abbatias tam canonicas quam monachicas».

Vasall des verstorbenen Bischofs erklärt sich bereit zu beschwören, daß ihm dieser bestimmte Güter geschenkt habe[194].

Auf dem Boden des Reiches ist derartiges unüblich gewesen, außer in unsicheren Grenzgebieten. Aus Cambrai erfahren wir dank der Ausführlichkeit der dortigen Chronik, daß sogar auf das bloße Gerücht hin, Bischof Erluin sei in der Fremde verstorben, der Kastellan Walter die Stadtherrschaft an sich riß, die Bürger bedrückte, in die Bischofspfalz und in die Häuser der Domkanoniker einbrach und aus den Stallungen des Bischofs die Pferde wegführte[195]. Papst Gregor V. hat im Jahre 996 in seinem Privileg für Cambrai verboten, daß nach dem Tode des Bischofs oder eines Priesters dessen Besitz geplündert wurde[196]. Grund dafür war die Besetzung des Bistums durch Karl von Niederlothringen, als Otto II. auf einem Slawenfeldzug beschäftigt war und keinen Bischof ernennen konnte. Karl ließ das Bett seiner Gattin in dem Schlafgemach des Bischofs aufstellen, hielt auf Kosten des Kirchenschatzes Gastereien und verkaufte geistliche Pfründen. Er benahm sich wie ein Räuber (raptor), obwohl er ein Schützer (tutor, observator) des Bistums hätte sein sollen[197].

Hier sehen wir, wie schmal die Grenze zwischen legaler und illegaler Machtausübung in einem verwaisten Bistum sein konnte. Der Bischof von Cambrai hatte sich in der Stadt nicht gegen seine unbotmäßigen Vasallen durchsetzen können und war im Exil verstorben; zugleich drohte ein französischer Einfall, da sich König Lothar schon der Stadt Arras bemächtigt hatte. So beriefen Große des Landes als Sachwalter bis zur Neubesetzung des Bistums nach der Rückkehr des Kaisers den Herzog von Niederlothringen – ein durchaus korrektes Vorgehen, da Karl Lehensmann des Reiches und mit seinem königlichen Bruder verfeindet war. Dem Herzog stand, im Namen seines kaiserlichen Herrn, auch gewiß das Recht der Zwischennutzung des Bistumsgutes zu. Daß er darüber hinausging – wer wollte es ihm verbieten? Wir hören nichts von einer Rüge durch den zurückgekehrten Kaiser, und es dauerte noch siebzehn Jahre, von 979 bis 996, bis Gregor V. das Privileg für Cambrai erließ. Es hinderte im Jahre 1012 den Kastellan Walter nicht, wiederum als ein «Räuber» zu handeln. Auch er hatte einen Anschein von Recht für sich, konkrete Befugnisse, die er weit überschritt.

Im Normalfall verschenkte der sterbende Bischof seine persönliche Habe,

---

[194] Dialogus de statu sanctae ecclesiae (Laon, entstanden nach dem Tode des Erzbischofs Artold von Reims 961), oben Anm. 22, 76.

[195] Gesta episcoporum Camerac. II c. 118, 120, MGH SS 7, 453 f. (1012).

[196] Nach Böhmer-Zimmermann Reg. 757 sind die Domkleriker gemeint. Jaffé-Löwenfeld Reg. 3866.

[197] Gesta I c. 101, a. a. O. 443.

denn ein Testament blieb oft wirkungslos; solchen Verfügungen eines Toten fehlte oft die Autorität und sie fanden keine Zustimmung[198]. Für einen Brun von Köln mochte es genügen, schriftliche Anweisungen zu geben, die dann auch wirklich befolgt wurden. Nur dieses Testament ist im vollen Wortlaut in die Vita eingegangen[199]; anderswo erfahren wir von Schenkungen des sterbenden Bischofs an die am Totenbett versammelten Familiaren. Adalbero II. von Metz wurde, wie wir gehört haben, fern von seiner Stadt vom Schlag getroffen[200]; als er wieder sprechen konnte, begann er mit Stiftungen aus seinem Besitz. Er führte sie in Metz weiter, wohin man ihn brachte, «so, daß er von dem, was er besaß, nichts zurückbehielt; wenn trotzdem etwas übrig blieb, so ist das eher dem Geiz seiner Verwandten als seiner Sorglosigkeit zuzuschreiben»[201]. Die Herzogs- und Grafenfamilie hatte ihrem Mitglied während seiner Amtstätigkeit reiche Hilfsquellen zur Verfügung gestellt; jetzt war sie daran interessiert, daß die Seelgerätstiftungen des Sterbenden nicht unmäßig ausfielen. Daß der Abt Konstantin in diesen Sätzen seiner Vita Adalberos eine relativ milde Form der Kritik wählt, statt von «Räubern» zu sprechen, hängt mit zwei Dingen zusammen: Konstantins Kloster war die Begräbnisstätte des Bischofs, und der Abt selbst ein Mitglied von dessen weitverzweigter Sippe.

Wo es sich nicht um ein schriftlich ausgearbeitetes Testament, sondern um mündliche Verfügungen handelte, die von einem Sterbenden kamen, war eine gewisse Rechtsunsicherheit möglich. Wir haben gehört, daß nach dem Tode eines Kirchenfürsten ein Vasall behaupten konnte, er habe von ihm dieses oder jenes Gut empfangen. Man pflegte in aller Öffentlichkeit zu sterben, aber in einer solchen Situation voll von Gemütsbewegung und eiliger Improvisation blieb die rechtliche Zeugenschaft eine unsichere Sache.

Kirchliche Institutionen sind grundsätzlich «transpersonal», Bistum und Bistumsgut existieren als solche weiter auch ohne den Bischof. Hier kann man kaum von einer «unvollkommenen Organbildung» sprechen, und doch ist auch dieser Bereich in das Denken der Zeit hineingezogen worden. Wir werden noch hören, wie schwer die Krise des Staates nach dem Tod des Herrschers sein konnte, wie Heere nach dem Tode ihres Anführers auseinanderliefen – etwas von diesem Denken hat auch die Einstellung gegenüber den geistlichen Ober-

---

198 Darüber vgl. zuletzt Erich SCHRADER, Bemerkungen zum Spolien- und Regalienrecht. Zeitschrift f. Rechtsgesch., GA 84 (1967) 137 f.

199 Als c. 49. Freilich wurde es fern von Köln verfaßt mit der Begründung: «Da es mir Gott vielleicht nicht mehr verstatten wird, persönlich mit euch (den Dignitären der Kölner Kirche) darüber zu sprechen . . .». KALLFELZ 255.

200 Oben 86.

201 Vita c. 32, MGH SS 4, 670.

hirten bestimmt. Ein Bischof war der Spender von Sakramenten, ein Prediger und Künder liturgischen Gotteslobes, dazu wenn möglich ein lebendes Vorbild christlicher Tugenden; vor allem war er im Denken der Menschen ein Herr, einer jener Großen, denen man unterstand.

IV.

Weltlicher Klerus

Wir haben bereits früher darauf hingewiesen, daß die soziale Stellung der Oberschicht und ihre «edle» Art an ihrer Erscheinung gemessen wurde: Stattlicher Wuchs, geziemende Kleidung, der Schmuck von Zaumzeug und Waffen, ein edles Pferd waren solche Kennzeichen. Wir haben hinzugefügt, daß die höhere Geistlichkeit vielfach in ähnlicher Weise ihren Rang betonte, ebenso wie den Zusammenhang mit einer Familie, die sich derartiges leisten konnte und mußte[1]. Eine eigentliche Standestracht des Weltklerus hat es jenseits des liturgischen Bereiches nicht gegeben, und so war es ganz natürlich, die Position der Prälaten in dieser Weise zu kennzeichnen. Kein Bischof oder Dompropst hatte gelobt, in Armut zu leben, keinem stand das Ideal mönchischer Demut mit ihren zwölf Graden vor Augen. Wer als Herr gelten sollte, mußte sich «herrlich» kleiden. Natürlich gab es dabei gewisse Modifikationen; im Normalfall fehlten dem Geistlichen die Waffen, er vermied übertriebenen Prunk, sein Pferd war kein Streitroß. Der Papst pflegte auf einem weißen Zelter zu reiten, wenn er unter den Lobgesängen des Volkes durch seine Stadt zog[2].

Geistliche sollten keine Jagdhunde und keine Falken halten. Daß diese Bestimmungen immer wieder eingeschärft wurden[3], zeigt, wie wenig man sich an sie hielt. So tauschte etwa Bischof Gunzo von Eichstätt, der «über das rechte Maß hinaus» (ultra modum) der Jagd huldigte, einen Hof gegen ein Jagdrevier «in der Nähe von Ungarn», das dem Bistum keinerlei Leistungen erbrachte[4].

---

[1] Oben 72 ff.

[2] Pontificale Romano-germanicum ed. Vogel, Elze 2, 150 Nr. 26. Seit 1020 kam alljährlich ein gesattelter Schimmel als Zinsleistung des Bistums Bamberg an den Papst, J.-L. Reg. 4030, Zimmermann Reg. 1224. Pferde für Geistliche und Frauen sollten Paßgänger (Zelter) sein, mit langsamem und «würdigem» Schritt. Abgesehen von der Farbensymbolik war ein Schimmel auch insofern ein Pferd für friedliche Zwecke, als ihm jene Schreckwirkung fehlte, die ein schwarzes Streitroß begehrenswert machte. Über weiße und schwarze Pferde vgl. Anton Mayer, Das mantische Pferd in lateinischen Texten des Mittelalters. In: Liber floridus (Festschrift Paul Lehmann, 1950) 138, 144, 149.

[3] So etwa durch die Synode von Augsburg 952, Mansi, Sacrorum conciliorum ... collectio 18 A, 437 c. 2, vgl. c. 3 über das Würfelspiel.

[4] Anonymus Haserensis, MGH SS 7, 261 c. 25.

Zweimal erfahren wir, was sich wohl öfter begeben hat: daß ein Geistlicher in der Öffentlichkeit mit einem Falken auf der Faust erschien[5]. Mochte das Jagen an Werktagen noch hingehen, so mußte es an Feiertagen als Verfehlung gegen das Gebot Gottes dessen Eingreifen provozieren: Als ein Priester nach der Jagd die Sonntagsmesse feiern wollte, konnte er – so hören wir – plötzlich nur jene Laute von sich geben, mit denen er seine Hunde zu rufen pflegte. Ein anderer begeisterter Jäger klerikalen Standes wurde wahnsinnig und fand erst Heilung, als er in das Kloster Cluny eintrat[6].

Die Jagd war damals noch kein Vorrecht des Adels, aber als Sport mit kriegerischem Nebensinn blieb sie eine Sache gehobener Schichten, im Gegensatz zur schlichten Beschaffung von Frischfleisch durch die bäuerliche Bevölkerung. Ein kämpferisches Moment wohnte auch anderen Vergnügungen inne, vor allem dem Schachspiel, das damals aufkam und sogar im Kloster Freunde fand[7]. Man rechtfertigte die Beschäftigung mit diesem Spiel damit, daß keinerlei Betrügerei damit verbunden sei, keiner der Kämpfer (certator) auf einen Hinterhalt ausgehe. Es unterscheide sich damit von dem verderblichen Würfelspiel – daß dieses von Geistlichen getrieben wurde, wissen wir zur Genüge. Auf dem Schachbrett stehen einander das weiße und das rote «Volk» (populus) gegenüber, mit ihren Königen und Grafen, die das Ohr des Königs haben – es handelt sich um «Läufer». Was wir «Turm» nennen, ist eher ein Markgraf (bigis seu rochus), der «Springer» gilt als Reiter oder Ritter (eques), im Gegensatz zu dem bäuerlichen Fußvolk (pedites, ruris agmina). Wenn der Kampf beginnt, rücken die Bauern als erste aus und müssen den Krieg ertragen; es ist verboten zu fliehen. Wird eine Figur geschlagen, spricht der Autor von schweren Wunden, die sie empfängt, und von ihrem Fall. Im ganzen gesehen handelt es sich um «schreckliche Kriege» (horrida bella), um den Tod der Gegner, und nur der König stirbt nie. Das gehört zur politischen Philosophie dieses Spieles.

Nicht auf dem Schachbrett, sehr wohl aber in der harten Wirklichkeit bestand der Heerbann des Königs zum Teil aus Geistlichen beziehungsweise deren Vasallen. Der Bischof war als Lehensmann des Herrschers zur Heerfolge mit seinen Leuten verpflichtet, oft genug gegen die Interessen seiner Verwandten und zu ihrem Schaden[8]. Man sollte meinen, daß nur Weltliche als Vasallen in

---

5 Ebenda 259 c. 21. Thietmar VI, 96, ed. Holtzmann 388.

6 Odo von Cluny, Collationes II, 34, Migne PL 133, 579. Auch die von Thietmar erzählte Geschichte von dem Kleriker mit dem Falken spielt «in die sancto».

7 Der erste Beleg für die Verbreitung des Spieles in Mitteleuropa ist das «Schachgedicht aus Einsiedeln», geschrieben um die Mitte des 10. Jahrhunderts. Ihm sind die folgenden Ausführungen entnommen. MGH Poetae lat. V/3, 652 ff.

8 Erzbischof Adalbero von Reims aus dem Hause der Ardennergrafen mußte mit

Frage kamen; französische und italienische Bischöfe nahmen jedoch ihren Klerus in Lehenspflicht. Der Tod oder die Vertreibung des Bischofs brachte die Notwendigkeit einer Erneuerung der Lehen durch den Nachfolger mit sich. Kam er aus der Gegenpartei, bedeutete das oft den Ruin der geistlichen Lehensträger. Dem Geschichtsschreiber Flodoard gab ein Erzbischof von Reims Lehen, der nächste nahm sie ihm wieder weg und ließ ihn einsperren, weil er die kanonische Rechtmäßigkeit von dessen Wahl in Zweifel zog[9]. Ja, es gab Bischöfe, die Weihen nur dann durchführten, wenn der Betreffende einen Fidelitätseid schwor[10]. Bei dem nächsten Machtwechsel tat man gut daran, diesen Eid zu vergessen.

Wer sich einem Bischof nicht beugte, konnte zur Buße gezwungen werden oder «seine Huld zusammen mit allen Lehen» wurde ihm entzogen[11]. Man dachte in den Kategorien der Weltlichen, und das setzte sich fort bis hinunter zu den Niederkirchen: Kirchengut galt als Lehen (beneficium), für das dem Eigentümer Dienste zu leisten waren[12]. Darüber hinaus gab es die verbreitete Ansicht, daß man bei den ländlichen Kirchen, also auch bei den Pfarrkirchen, zwischen dem Altar und allem übrigen scheiden müsse: Der Altar gehöre dem Heiligen bzw. unterstehe dem Bischof, während Kirche und Kirchengut einen weltlichen oder geistlichen Herrn brauche. Die Oblationen der Gläubigen, so drückte es Abbo von Fleury aus, kamen auf diese Weise mehr den Pferden und Hunden von Laien zugute, als Durchreisenden, Witwen und Waisen oder der Reparatur der betreffenden Kirche[13].

Wenn für ein französisches Bistum die Zahl der Kirchen mit Einkünften – also ausschließlich der bloßen Kapellen – mit tausend angegeben wurde[14], dann

---

seinen Leuten im Dienst des Königs Lothar an der Belagerung von Verdun mitwirken; mehrere Mitglieder seiner Familie wurden dort gefangengenommen. Lot, Derniers Carolingiens 155.

[9] Flodoard, Historia Remensis eccl. IV, 13, 20 und 29, MGH SS 13, 576, 578 f., 582.

[10] So in Vercelli, wie Rodulfus Glaber in seiner Vita domni Willelmi abbatis (von Dijon) berichtet, ed. N. Bulst im Deutschen Archiv 30 (1974) 466 f. c. 4 (7).

[11] Vgl. die Aussage des Bischofs von Perugia auf der Lateransynode von 1001, Mansi, Sacr. conc. ... collectio 19, 277.

[12] Koeniger, Burchard I. von Worms (oben 23 Anm. 59) 43 behauptet sogar: «Jede Kirche samt ihrem Zubehör galt als ein Lehen ...», was durch seine Verweise auf Burchard, Decr. III, 30 und 168 nicht gestützt wird.

[13] Abbo von Fleury-sur-Loire, Epistola 14, Migne PL 139, 441. Dazu Sackur, Cluniacenser 2, 25 f.

[14] Abbo a. a. O. 442: «cumque in uno quolibet episcopio interdum mille sint ecclesiae ...». Die zitierte Stelle spricht von «ecclesiis parrochialibus».

mag das eine unbestimmte sehr große Zahl bedeuten. Wo der Klerus so zahlreich war, führte er kaum ein Herrenleben. Unter den Visitationsfragen des Bischofs an die ländliche Geistlichkeit hat Regino auch jene nach Meßkelch und Meßgewand aufgezeichnet: ob beides nicht einem Gastwirt oder Händler verpfändet sei[15]. Es gab die Möglichkeit, daß ein besitzloser Geistlicher als «Strohmann» für andere Güter kaufte, daß er Wucher trieb, daß er als Meier seines Herrn (sui senioris) Dienste verrichtete[16]. Nur ein Freier sollte nach den Kanones Priester werden können, aber die Bestimmung wurde umgangen oder gar nicht beachtet. Zur «Eigenkirche» der Weltlichen paßte der «Eigenpriester», ein Unfreier aus dem Verband der «familia». Keineswegs mußte es sich um Kirchen handeln, die «in die Macht der Laien» geraten waren[17]; umgekehrt haben Laien Oratorien erbaut oder ausgebaut, und für sie aus ihren Hörigen Priester weihen lassen. Die ländliche Seelsorge war vielfach durch solche Stiftungen zustandegekommen, während die Bischöfe zu ihrer Organisation kaum die Mittel hatten. Deshalb protestierte man auch so wenig gegen dieses System. Einmal wandte sich eine Synode gegen die Verleihung von Eigenkirchen durch ihre Besitzer an Priester ohne Zustimmung des Bischofs; es sollte auch keine willkürlichen Absetzungen geben, und keine Einbehaltung des Nachlasses verstorbener Priester[18]. Nichts hört man von ihrem freien oder unfreien Stand, nichts von ihrer Ausbildung an einer Dom- oder Klosterschule. Sie «studierten» eher bei einem Landgeistlichen[19], wenigstens dann, wenn es sich nicht um Eigenkirchen eines Klosters handelte. Die Mönche pflegten ihre Kirchen ja Weltgeistlichen zur Seelsorge zu übergeben.

Wer wirtschaftliches Talent besaß, konnte es auch als Besitzloser zu etwas bringen. So waren etwa in Oberitalien häufig Bischöfe gezwungen, Taufkirchen an mächtige Laien zu vergeben; oder sie verpachteten Kirchen an einen Geistlichen, der sie an Weltliche weitergab. Diese erlangten damit Bistumsgut und entledigten sich auf billige Weise der Verpflichtung, für den Gottesdienst zu sorgen[20]: Atto von Vercelli klagt über Leute, die als Habenichtse zu einer

---

15 Regino, De synodalibus causis ed. Wasserschleben 22 (I, 37).

16 A. a. O. c. 41 f., vgl. 52.

17 Darüber Toubert, Latium médiéval (oben S. 2 Anm. 5) 2, 883: «La diffusion de l'église privée au Xe siècle nous apparaît comme tout autre chose que le résultat d'un accaparement par les seigneurs laïcs d'un appareil religieux préexistant.»

18 Synode von Koblenz 922, MGH Constitutiones 1, 630 c. 9.

19 Koeniger, Burchard I. von Worms 22, Decretum II, 56, Migne 140, 636.

20 Jörg Jarnut, Bergamo 568-1098 (Vierteljahrschrift f. Sozial- u. Wirtschaftsgesch., Beiheft 67, 1979) 98 f. Hans Erich Feine, Kirchenreform und Niederkirchenwesen. Studi Gregoriani 2 (1947) 519 ff.

Kirche kommen und durch deren Güter (beneficiis) «wachsen». Solange sie bedürftig sind, geben sie sich keusch, und dann im Wohlstand schaffen sie sich Kebsweiber (meretrices) an. Diese schmücken sich, die Kirchen werden geplündert, die Armen (durch Pflichtabgaben) gequält[21]. Im frühen 10. Jahrhundert war fast die Hälfte aller Taufkirchen der Diözese Lucca in Laienhand, trotz eines generellen Verbotes, solche Kirchen an Laien zu Lehen zu geben[22]. Der Mangel an Leuten und besonders der Zwang, eine zahlreiche Vasallität zu unterhalten, schufen hier eine schlimme Lage, die freilich nicht überall derart gewesen ist.

In der Symbiose von höherem Klerus und weltlicher Oberschicht war diese sehr oft der gebende Teil. Es handelte sich vielfach auch weniger um Fragen des Eigentums bzw. der Nutzung als um solche nach dem Schutz und, damit verbunden, der Herrschaft, um Vasallität und Mannschaft, besonders für den Reichsdienst. In der «Grundherrschaft» waren Menschen zumeist wichtiger als Grund und Boden; der politisch-militärische Nutzen eines Gutes konnte mehr bedeuten als der wirtschaftliche. Auch wenn man «die Kirche» als Kleruskirche versteht, sollte man scheiden zwischen der Oberschicht und den «kleinen Leuten», die Taufkirchen betreuten, Schreiber- oder Meierdienste für weltliche Herren besorgten, durch wenige Knechte ihre Äcker bestellten und oft nach Familiengründung strebten. Nur der Herrendienst bot eine gewisse Möglichkeit, den engen Rahmen dieser halbbäuerlichen Existenz zu erweitern; zum Prälaten hat man es kaum je gebracht. Und doch waren diese wenig gebildeten, mit so manchen Untugenden behafteten Landgeistlichen das eigentlich tragende Element in der Christenheit. Was die Quellen von ihnen vermelden, sind allzumeist Negativa; das Positive kann man nur ahnen, es entzieht sich unserer Kenntnis wie so vieles aus jenen Mittel- und Unterschichten.

Was ein Bischof brauchte, war mehr und anderes als diese schlichten Gestalten. Für den Schutz seiner Stadt, für den Königsdienst und auch für bedeutende Schenkungen war die Verbindung zu der weltlichen Oberschicht unerläßlich. Das Verbindungsglied bildete vor allem der Domklerus.

Kirchliche Würden und Pfründen waren für die jüngeren Söhne aus solchen Familien stets attraktiv. Freilich konnten Lebensstil und Handlungen dieser Leute zunichte machen, was ihre Herkunft dem Bistum an Ansehen gab. Als Rather nach Verona kam, hatten Priester und Diakone das Gut der Kirche zum Großteil untereinander aufgeteilt, zum Schaden des Bischofs und der Inhaber niederer Weihegrade. Sie taten das, «um über die anderen zu herrschen» und «um Mittel zu dem Zweck zu gewinnen, ihren Söhnen Gattinnen und ihren Töch-

---

21 Atto, Epistola 9, MIGNE PL 134, 117.

22 Hagen KELLER, Adelsherrschaft ... in Oberitalien (oben 46 Anm. 169) 321.

tern Gatten, Weinberge und Felder zu erkaufen»[23]. Rather wollte den kanonischen Zustand wiederherstellen, daß die Einnahmen des Bistums in vier gleiche Teile geteilt werden sollten, ein Viertel für den Bischof, ein weiteres für den Klerus, das übrige für die Armenfürsorge und den Kirchenbau[24]. Die Verteilung wollte er selbst vornehmen, womit er eine Übersicht und die Kontrolle über die Schenkungen an das Domkapitel erhalten hätte. Sie überwogen ja alles andere und waren gegen Eingriffe des Bischofs abgesichert. Auch sonst pflegte man lieber Schenkungen an das Domkapitel oder einzelne seiner Mitglieder zu richten, als an den Bischof. Das hing teils mit verwandtschaftlichen Bindungen zusammen und teils mit der Ansicht, daß Gebete für das Seelenheil besser einer Körperschaft als einem einzelnen anvertraut wurden.

Rather ist mit seinem Versuch einer Reform des Domkapitels von Verona schon an der Vorfrage der Pfründenteilung gescheitert, und auch sehr viele andere Bemühungen um eine Besserung arger Zustände kamen nicht zum Ziel, ob sie nun den höheren oder den niederen Klerus betrafen. Einmal hat man sogar versucht, den gesamten Weltklerus zu reformieren: Voll Optimismus, wie er den Anfang der Regierung Ludwigs des Frommen kennzeichnet, glaubte man auf der Aachener Synode des Jahres 816, den Weltgeistlichen ein gemeinschaftliches und strenges Leben verordnen zu können. Diese sogenannte Aachener Regel[25], ein ganzes Buch von Exzerpten aus christlichen Autoren und Beschlüssen früherer Kirchenversammlungen, war praktisch überhaupt nicht auf den ländlichen Klerus der Taufkirchen anwendbar, ohne ihn von der Bevölkerung zu separieren und seine wirtschaftlichen Grundlagen zu gefährden. Eher kam man mit jenen Teilen des Weltklerus zurecht, denen eine gemeinsame Lebensführung schon bisher als mehr oder minder realisierbarer Idealzustand erschien. Im zehnten Jahrhundert waren es besonders Domstifte, in denen man die Zügel strenger anzog und das gemeinsame Leben der Kapitularen erneuerte. Das tat z. B. in Reims Erzbischof Adalbero (969-989), der das gemeinsame Leben der Domherren anordnete und durch mönchische Verhaltensweisen – etwa ein zeitweises Schweigegebot – verschärfte[26]. Adalbero war ein Verwandter jenes Adalbero I. von Metz, der Gorze wiederherstellen ließ; Strenge zog dort und anderswo in Lothringen ein, etwa in Lüttich, und im Jahre 966 beschwerten sich die Kanoniker der Aachener Marienkirche bei Otto I., daß sie nicht mehr den Lebensstil von Gorze pflegen und einen Mönch dieses Klosters

---

[23] Die Briefe . . . ed. WEIGLE Nr. 16, S. 77.

[24] A. a. O. 135 Nr. 25. Vgl. WEIGLE, Rather (oben 283 Anm. 161) 11.

[25] Zusammenfassend Josef SEMMLER, Die Beschlüsse des Aachener Konzils im Jahre 816. Zeitschrift f. Kirchengeschichte 74 (1963) 15 ff.

[26] Richer, Hist. III, 24, ed. LATOUCHE 2, 30, 32.

als Vorsteher haben wollten[27]. In Bremen lebten die Domherren bis 1013 «im Gewand von Kanonikern nach der Mönchsregel»[28]. Proteste gegen die quasimönchische Existenz gab es ähnlich wie in Aachen auch in Trier[29]. Unter Heinrich II. wurde Hildesheim den Kanonikern in Bamberg und anderswo[30] zum Vorbild halbmönchischen Lebens. Später entwickelten sich die Dinge in Italien, wo die Verlegung von Kathedralkirchen aus dem «suburbium» in die Stadt die gemeinsame Lebensweise begünstigte.

So war es allzumeist eine Reform gegen den Willen der Beteiligten und im Sinne höherer Prinzipien, die nicht immer nur geistlicher Art sein mußten: Heinrich II. förderte die Hildesheimer Richtung auch aus Sorge für das Gut der Domstifte, das Reichsgut war. Wenn die Kanoniker «nach Art der Laien» lebten, waren sie in Versuchung, das Gut ihrer Pfründen Familienangehörigen – Frau und Kindern, oder weiteren Verwandten – zukommen zu lassen[31]. Die gemeinsame Lebensweise schloß eine Familiengründung aus und verstärkte den institutionellen Charakter des Stiftes, das häufig auch «monasterium» genannt wurde. Aus der Bezeichnung für ein Kloster ist das deutsche Wort «Münster» hervorgegangen.

Seit der Jahrtausendwende mehrten sich in Deutschland die Bezüge auf die einstige «Aachener Regel» von 816, und zwar in allen Landschaften des Ottonenreiches[32]. Schon diese Regel stand unter dem Einfluß des Mönchtums, aber doch nicht mit jenem Rigorismus, der für Weltgeistliche unerträglich war. Während es im 10. Jahrhundert häufig dramatische Austreibungen «verweltlichter» Kanoniker und ihre zwangsweise Ersetzung durch Mönche gab[33], haben sich

---

[27] Josef SIEGWART, Die Chorherren- und Chorfrauengemeinschaften ... Mit einem Überblick über die deutsche Kanonikerreform des 10. u. 11. Jahrhunderts (1962) 109 Nr. 58. Vgl. auch DO. I. 316.

[28] Adam von Bremen, Gesta Hammaburgensis eccl. pont., MGH SS rerum German. ed. B. SCHMEIDLER I (3. Aufl. 1917) 35.

[29] SIEGWART (oben Anm. 27) 109 Nr. 57.

[30] A. a. O. 163 f.

[31] A. a. O. 154.

[32] Rudolf SCHIEFFER, Die Entstehung von Domkapiteln in Deutschland (Bonner Historische Forschungen 43, 1976) 255.

[33] Für Westfrankreich zusammenfassend LEBLOND, L'accession des Normands (oben 103 Anm. 147) 32 f. Vgl. LOT, Derniers Carolingiens 72 mit dem Hinweis auf die höhere Bewertung des Mönchtums. Eine Stellungnahme Ottos I. zu dem Protest der Kanoniker von St. Arnulf in Metz gegen ihre Austreibung bietet DO. I. 45 (942); hier war Adalbero I. von Metz am Werk, der Erneuerer des Klosters Gorze. In Deutschland kam es häufig zu einer Trennung von Domkloster und Domkapitel, SIEGWART a. a. O. 156.

später die Extreme laikalen und quasimönchischen Lebens in einer Mitte gefunden, oder es wurden sogar Kanoniker an die Stelle von Mönchen gesetzt[34]. Das mag hier oder dort mit persönlichen Vorlieben oder Interessen eines Bischofs, anderswo mit der verschiedenartigen Struktur von Kloster und Stift zusammenhängen: Das eine war im Normalfall Zentrum einer großen Gutswirtschaft, das andere paßte sich städtischen Bedingungen an und bedurfte keines ausgedehnten Verwaltungsapparats[35]. Man wird auch das steigende Ansehen der Lebensform nach der Aachener Regel dafür verantwortlich machen dürfen.

Wer nach dieser Regel lebte, der blieb weiterhin ein Herr, der Herrenrecht übte: über seine Diener, über sein Haus und seine Pfründe. Das erleichterte sehr den Eintritt von Söhnen aus großen Familien in einen solchen Lebenskreis[36]. Aber auch Einzelgänger konnten es hier weit bringen. Gerbert von Aurillac besaß als Dignitär des Domkapitels von Reims neben seiner Pfründe Stadthäuser und sogar Eigenkirchen, die er «durch feierliche und legitime Schenkungen gemäß der Landessitte erworben» hatte; seine Besitzungen kamen «von vielen»[37] und waren wohl zum Teil der Lohn für gute Dienste des vielfach verwendbaren Domscholasters. Ein anderer Stiftsscholaster, hier als «dydascalus» bezeichnet, war Herward[38], Kapellan und Notar Ottos I. und Ottos II., somit meist am Hofe tätig. Er hatte die Pfründe eines Schulmeisters an dem Stift Aschaffenburg inne, tatsächlich vertrat ihn meist ein Hilfslehrer. In seinem Aschaffenburger Haus lebten die Stiftsschüler, deren Lebensunterhalt der Schulmeister aus ihren Pfründen zu bestreiten hatte – er war also der

---

[34] So etwa in Bourges um die Jahrtausendwende, und in Poitiers. Dietrich CLAUDE, Topographie und Verfassung der Städte Bourges und Poitiers bis in das 11. Jahrhundert (Historische Studien 380, 1960) 181. Bekannt ist, daß Bischof Burchard von Worms, ähnlich wie Willigis von Mainz, Kanoniker- und Kanonissenstifte begründete bzw. reformierte, und nicht Klöster, vielleicht aus Sorge vor Exemtionsforderungen der Mönche. In Lüttich gab es bis zum Regierungsantritt des Bischofs Balderich (1008) neben acht Kanonikerkirchen kein Mönchskloster. Anselm von Lüttich, Gesta episcoporum Leodiensium c. 31, MGH SS 7, 207.

[35] LESNE, Histoire de la propriété ecclésiastique 6, 29.

[36] DUBY, Les chanoines réguliers ..., zuletzt in: DUBY, Hommes et structures 205.

[37] Die Briefsammlung ... ed. WEIGLE 205 f. Nr. 178.

[38] Über Herward vgl. zuletzt Josef FLECKENSTEIN, Die Hofkapelle der deutschen Könige 2 (Schriften d. MGH 16/2, 1966) 38 f., 121 f. Vorher Karl Heinrich REXROTH, Der Stiftsscholaster Herward von Aschaffenburg und das Schulrecht von 976. In: 1000 Jahre Stift u. Stadt A., 1 (= Aschaffenburger Jahrbuch 4/1, 1957) 205 ff., mit Wiederabdruck und Übersetzung der Urkunde des Erzbischofs Willigis von Mainz 976, Mainzer Urkundenbuch 1 herausg. v. M. STIMMING (1932) 134 Nr. 219.

Leiter eines Internats, zuständig auch für die Schuluniform: «Nur der Schulmeister soll ihnen (den Schülern) den Mantel, die Pelze und den Schaffellrock, die Strümpfe und die Schuhe geben.»

Aus Aschaffenburg erfahren wir auch, daß es ganze «Kanonikersippen» gegeben hat. Der Hilfslehrer geriet in Streit mit dem Kantor des Stiftes; die folgende Prügelei endete mit dem Tod eines Unschuldigen, nämlich eines Stiftsschülers, der ein Neffe des Kantors war. Und nun rückte die Sippe der beiden aus: Der Stiftskustos – er war der Vater des Kantors – «und noch viele mit ihnen blutsverwandte Kleriker mit den zu ihnen gehörenden Laien» belagerten den Hilfslehrer «in den Türmen der Kirche, um ihn zu töten». Erst am nächsten Tag befreite der zuständige Vogt den Verfolgten, fing die Bewaffneten (milites; Stiftsvasallen?) und zog ihre Güter ein. Der Kantor wurde durch den Erzbischof und eine Synode abgesetzt und geschoren, zur Buße wurde er in ein Kloster geschickt; die aufständische Sippe behielt ihre Kanonikate, wurde «jedoch durch den untersten Platz und dauernden Verlust des Stimmrechts» (im Kapitel) bestraft. Künftig sollten nicht mehr Vater und Sohn zugleich Kanoniker in Aschaffenburg sein können, und die Höchstzahl neu aufzunehmender Mitglieder einer Sippe wurde mit drei festgesetzt.

Was hier nicht verbessert wurde, war die oftmalige Abwesenheit des Schulmeisters Herward, ohne die es vielleicht gar nicht zu der Schlägerei gekommen wäre. Im Gegenteil, auf der gleichen Synode wurde ihm verbrieft, daß er das Recht haben sollte, «zur Ehre Gottes und des Stiftes für zwei, drei oder mehr Jahre auf Studienreise zu gehen, wobei seine Einkünfte ihm erhalten bleiben sollen», und dies zusätzlich zu seinem jährlichen Urlaub (annuam licentiam). Es war ein Lebensstil, den sich mancher Universitätslehrer unserer Tage gerne aneignen würde.

Die Vorfälle in Aschaffenburg, so zufällig sie waren, haben doch einen dauernden Niederschlag in den Beschlüssen von 976 gefunden; daß wir eine ausführliche Schilderung darüber besitzen, wie es zu ihnen kam, ist überaus wertvoll für die Erkenntnis des Lebens in einem Kanonikerstift zu Zeiten, da die Gemeinsamkeiten der Existenz fast aufgehoben waren. Manche Fragen bleiben offen, auch jene nach der Sippe, die hier so mächtig war. Aschaffenburg ist keineswegs ihre Gründung, es handelt sich wahrscheinlich um eine Stiftung Herzog Liudolfs von Schwaben[39]. Wir wissen nicht, ob ideelle oder materielle Überlegungen im Vordergrund standen, wenn man eine so enge Verbindung mit dem Kanonikerstift einging. In diesem Fall und auch sonst war zumeist beides gegeben: Das Interesse an einem geistlichen Zentrum der Sippe oder Fa-

---

[39] Hansmartin Decker-Hauff, Die Anfänge des Aschaffenburger Kollegiatstifts. In: 1000 Jahre Stadt u. Stift A. 142. Liudolfs Sohn Otto ist hier begraben.

milie, dessen Gebetshilfe vor allem ihren verstorbenen Mitgliedern zugute kam; und die wirtschaftliche Nutzung des Stiftsgutes, am einfachsten und verlockendsten in Form einer realen, aus Grund und Boden bestehenden Kanonikatspfründe. Sie konnte man z. B. in Frankreich vom Onkel auf den Neffen vererben und schließlich dem Allod zurechnen[40]. Hier waren neben jungen auch ältere Männer gut aufgehoben, wie jener Kustos von Aschaffenburg, der wohl erst als Witwer in den geistlichen Stand eintrat und an der Seite seines Sohnes, des Kantors, wirkte. Kaum stand der Gedanke an die Pfründe im Vordergrund, wenn ein Graf Fulco von Anjou, Vater des Grafen Gottfried Grisegonelle, in St. Martin in Tours die Kleidung eines Kanonikers trug und Psalmen sang, sich dem Spott der Großen des Landes aussetzend[41]. Auch bei den deutschen Königskanonikaten, die es wohl seit Otto III. gibt[42], wird man die wirtschaftliche Nutzung um diese Zeit nicht in den Vordergrund rücken. Otto hat die Pfründen des Aachener Marienstiftes verdoppelt[43], und ist hier sicherlich aus ideellen Gründen einer der «fratres» geworden.

Wenn bald nach der Jahrtausendwende die Aachener Regel neue Bedeutung erlangte, so hatte das seinen Grund wohl vor allem in ihrer Mäßigung. Mönchische Züge waren vorhanden, aber sie traten zurück hinter einem Lebensstil, der auch dem Edlen wohl anstand. Hier war nicht Demut die Hauptsache, sondern Gehorsam, nicht Armut, sondern das Maßhalten im Gebrauch der irdischen Güter. Man kleidete sich nicht in Wolle, wie die Mönche, sondern in Leinen so wie alle anderen; natürlich sollte der Kanoniker mehr auf die guten Sitten sehen als auf die Pracht der Kleidung[44]. Wenn sich der Laie im Alltag gerne auf einen Stock stützte, so scheint dies hier nicht anders gewesen zu sein: Die Regel verbot den Stock nur beim Chorgebet[45]. Kanoniker waren Fleischesser wie die Weltlichen und Weltgeistlichen; wenn die Stiftshöfe nicht genug davon lieferten, konnte der Bischof verpflichtet werden, ihnen Land für eine eigene Viehzucht zu geben[46]. Auch der Wein sollte, bei aller Mahnung zur Vorsicht, reichlich fließen, wo immer es anging; ansonsten mußte man sich zum Teil mit Bier begnügen[47]. Daß Kanoniker eigene Häuser besaßen, haben

---

40 Duby, Chanoines réguliers (oben Anm. 36) 205.

41 Guillot, Le comte d'Anjou (oben 266 Anm. 81) 1, 170 Anm. 172.

42 Vgl. oben 220 Anm. 15 und Fleckenstein, Hofkapelle 2, 153 ff.

43 Fleckenstein a. a. O. 154.

44 Aachener Regel, MGH Concilia 2 (Karol. 1) 397 c. 115, 404 c. 124, 405 c. 125.

45 A. a. O. 420 c. 145.

46 A. a. O. 402 c. 122.

47 Genaue Bestimmungen über die Mengen gibt c. 122, a. a. O. 401, noch vor jenen über die Fleischnahrung. Als Wazo, der spätere Bischof, Dompropst von Lüttich

wir schon gehört. Die Regel tolerierte das. Sie forderte nur, daß eine Mauer den Stiftsbezirk umgrenzen solle, und daß die Kanoniker hier keine Frauen empfingen[48]. Gemeinsame Mahlzeiten wurden nicht ausdrücklich verlangt; als Rest des Gemeinschaftslebens sollte das Chorgebet gehalten werden[49]. Wie es damit im 10. Jahrhundert aussehen konnte, davon gibt für Aschaffenburg die Urkunde von 976 einen Begriff: Der Schulmeister war auch an den höchsten Feiertagen nicht verpflichtet, an kirchlichen Veranstaltungen aktiv teilzunehmen. Nur an den Vorabenden dieser Kirchenfeste sollte er mit den älteren Schülern zusammen einen Text (lectionem) verlesen[50]. Daß er vom Chorgebet befreit war, erfahren wir nicht, obwohl das bei einer so großen Dispens von den liturgischen Pflichten anzunehmen wäre. Wahrscheinlich hat es keines gegeben.

Nur bedeutenden Familien gelang es, immer wieder Bischöfe und Äbte aus ihren Reihen zu stellen und damit ihre Positionen auch im geistlichen Bereich sicher zu verankern. Auf einer etwas tieferen Ebene konnten dieselbe Funktion Kanonikate erfüllen. Mehr als noch bei den Bischöfen gab es hier freilich Abstufungen des Ansehens und auch der wirtschaftlichen Bedeutung der betreffenden Pfründen. Am reichsten waren die Dignitäre von Domkapiteln bedacht, es folgten die Domherren, oft nur ein Dutzend an der Zahl[51]. Zwar galt es als fromme Tat, wenn ein Bischof die Domherren- oder Stiftspfründen vermehrte[52], doch geschah das oft mit allzu geringen Mitteln. Auch deshalb ließ der Lebensstil der Inhaber oft zu wünschen übrig. In dem kleinen Bistum Eichstätt fand der Bischof Heribert bei seinem Amtsantritt (1021) 70 Kanoniker vor und jagte an einem einzigen Tage zwanzig von ihnen davon. Die restlichen erhielten Pfarren[53]. Anderswo scheinen Bischöfe die Verleihung von Kanoni-

---

wurde, steigerte er die für das Kapitel bestimmte Weinmenge von 40 auf 140 Fuhren jährlich, und zwar auch in Jahren des Mißwachses. Von den 140 Fuhren sollte das Kapitel anderen Kirchen spenden, was nicht vertrunken wurde. Anselm von Lüttich, Gesta c. 46, MGH SS 7, 217.

48 A. a. O. 417 c. 142, 418 c. 144. Dazu Lesne, Propriété ecclésiastique 6, 24: In Toul lagen am Ende des 10. Jahrhunderts die Häuser der Kanoniker außerhalb des «claustrum».

49 A. a. O. 408 c. 131.

50 Rexroth a. a. O. 219, 230.

51 Beispiele für Südfrankreich gibt Magnou-Nortier, Société (oben 103 Anm. 149) 418: In Narbonne (911) bestand das Domkapitel aus 12 Personen, ähnlich war es in Carcassonne, Nîmes und Elne.

52 So Wazo von Lüttich, der größtenteils aus eigenen Mitteln dort in den zwei Stiften 25 Pfründen neu schuf. Anselm, Gesta episcoporum MGH SS 7, 230 c. 67.

53 Anonymus Haserensis, MGH SS 7, 261 c. 27.

katspfründen an Güterschenkungen durch die Familie des Postulanten gebunden zu haben. Doch hat Bischof Wazo von Lüttich stets, wenn solche Angebote gemacht wurden, geantwortet, er habe derartige Oblationen nicht nötig[54].

Viel mehr als im Mönchtum gab es bei den Kanonikern Unterschiede des Ansehens und der sozialen Stellung. Hatte man schon in der Spätantike eine Gewichtung der Provinzen und Bischofsstädte vorgenommen, so handelte es sich jetzt zusätzlich um das Sozialprestige des Titelheiligen und um jenes des Bischofs. Dazu kamen weiters Rangunterschiede innerhalb der Kanoniker je nachdem, ob sie Priester, Diakone oder Subdiakone waren. Nach der Aachener Regel durften z. B. Diakone in der Gegenwart von Priestern nur auf deren «Befehl» einen Sitz einnehmen, und die Subdiakone mußten stehen, wenn Diakone in der Nähe waren[55]. Dazu kam, z. B. in Verona zur Zeit Rathers, die Scheidung in Wohlhabende und Arme, da die Pfründen den oberen Rängen vorbehalten waren. Derlei förderte gewiß nicht den institutionellen Zusammenhalt, war aber den Weltlichen aus ihrer eigenen Sphäre vertraut. Angesehen war man dann, wenn es andere gab, die kein Ansehen genossen. Eine Gleichheit aller hat nicht einmal der heilige Benedikt von seinen Jüngern verlangt. Vielen wäre sie wohl als unbillige Härte erschienen. –

Das meiste von dem, was über die Kanoniker gesagt wurde, gilt auch von Kanonissen. «Gut zu speisen, sich reich zu kleiden, das entsprach dem aristokratischen Stil, der den Kanonissen vertraut war.» «Die Letzte beim Chorgebet und die Erste an der Tafel zu sein», wünschte Uta, eine Nichte der Kaiserin Kunigunde von Luxemburg[56]. Auf Benedikt von Aniane geht eine «Aachener Regel» für Frauen zurück[57], die eine solche Haltung modifizieren sollte. Dabei wird nicht völlig zwischen Kanonissen und Nonnen geschieden, und auch noch später gibt es hier verschwimmende Grenzen. Nach der Regel durften Kanonissen ihren Privatbesitz behalten, mußten jedoch vor dem Eintritt dafür Sorge tragen, daß die Güter durch einen Verwandten für sie verwaltet wurden[58]. Vorgeschrieben war ein gemeinsamer Schlafsaal und die gemeinsame Tafel im Refektorium, beides mit Ausnahmen für Kranke und Alte. Dabei sollten die Edlen (nobiles) sich nicht den Unedlen «vorsetzen» (se praeferant) und alle dasselbe an Nahrung erhalten: Drei Pfund Brot und drei Pfund Wein im Tag, in Gegenden ohne Weinbau anstatt dessen ein Pfund Wein und zwei Pfund

---

[54] Wazo bei Anselm von Lüttich a. a. O.

[55] MGH Concilia 2 (Karol. 1) 367 c. 77.

[56] Parisse, Chanoinesses (oben 185 Anm. 2) 117. Vgl. die (spätere) Vita Cunegundis c .7, MGH SS 4, 823: «ultima in choro, prima in convivio».

[57] MGH Conc. 2, 421 ff.

[58] A. a. O. 444 c. 9.

Bier. Wenn ein Stift arm war, sollten nur so viele Frauen aufgenommen werden, daß allen diese Getränke im angegebenen Ausmaß gereicht werden konnten. Gekleidet waren sie in Wollstoffe und Leinen; ihre Nähe zu den Nonnen wurde auch durch die Strenge der Klausur betont[59]. Anderseits durften die Kanonissen innerhalb dieser Klausur Dienerinnen halten. Auch hier gab es eine Stiftsschule, für die Erziehung junger Mädchen durch geistliche Lehrerinnen[60].

Soweit die Wunschvorstellungen der Aachener Regel, von denen die Wirklichkeit oft weit entfernt war. Noch im Jahre 1280 galt es als legitim, daß Kanonissen weder nach der Regel leben, noch eine Profeß ablegen, noch zusammen wohnen mußten; vor allem aber hatten sie die Möglichkeit, das Stift zu verlassen und sich zu verheiraten[61].

Man hat die Meinung vertreten, daß damals nur solche Mädchen heiraten durften, die bloß zur Erziehung, nicht aber als «religieuses» in einem Stift Aufnahme gefunden hatten[62]. Dagegen spricht allein schon die Parallele mit den Kanonikern: Bekannt ist, daß viele Familien beschlossen, ihre dem geistlichen Stand dienenden Söhne wieder weltlichen Aufgaben zuzuführen, wenn dies notwendig wurde. Es hat nicht nur Kanonissen, sondern auch Nonnen gegeben, die heirateten oder vielmehr verheiratet wurden[63]. Wir wissen nicht, wie weit es sich um dauernde Gelübde handelte[64], wenn Töchter aus gutem Haus in ein Kanonissenstift eintraten und es ist durchaus möglich, daß ihnen jeder Gewissenskonflikt erspart blieb, wenn die auf Zeit geschlossene Bindung an das Stift gelöst wurde.

Besonders Lothringen und Sachsen waren Landschaften, in denen Klöster und Stifte für Frauen blühten; in Sachsen gab es im zehnten und früheren elften Jahrhundert 26 Neugründungen[65]. Hier pflegte man überzählige Töch-

---

59 A. a. O. 445 ff. c. 10 ff., wobei stets von «monasterium» und «sanctimoniales» die Rede ist.

60 A. a. O. 452 ff. c. 22. Die spätere Königin Mathilde kam nach Herford «non inter sanctimoniales numeranda, sed ad quaedam utilia libris operibusque nutrienda», was sich wohl auf Weben, Sticken usw. bezieht. Vita Mathildis c. 2, MGH SS 10, 576. Parisse 123.

61 Parisse 108 f.

62 A. a. O. 123.

63 So berichtet Odo von Cluny in seinen Collationes (III, 21), Migne PL 133, 605, von zwei Nonnen, die zur Regelung von Privatangelegenheiten ihre Familie aufsuchen durften; sie kehrten nicht zurück, die eine von ihnen heiratete. An beiden erfüllte sich der Fluch der bösen Tat: Die eine erlitt Fehlgeburten, beide starben früh.

64 Parisse 124.

65 Parisse a. a. O. 118. Darunter befindet sich Alsleben (Diözese Halberstadt), wo

ter adeliger Familien zu deponieren, wie dies die Liudolfinger z. B. in Gandersheim taten. Dieses Stift bietet die besten Beispiele dafür, welche Probleme sich dabei ergeben konnten. Verschärft wurden sie durch den Streit zwischen dem Kleinbistum Hildesheim und dem übermächtigen Mainzer Erzbischof um die Frage der Exemtion des Stiftes[66]. Ottonische Prinzessinnen und Adelstöchter empfanden es nämlich als Schande, wenn der Hildesheimer und nicht der Mainzer in Gandersheim liturgische und sonstige Rechte ausübte.

In dem zeitgenössischen Teil der Vita des Bischofs Bernward von Hildesheim hat Thangmar den «Gandersheimer Streit» und die Haltung der Hauptbeteiligten gut gekennzeichnet: Hochgeborene junge Stiftsdamen, denen man allzu viele Freiheiten gewähren mußte, lockerten die Disziplin. «Und auch Sophie (die Schwester Ottos III.) begab sich gegen den heftigen Widerstand der (Äbtissin) Gerburg auf Betreiben des Erzbischofs Willigis an den Kaiserhof. Hier blieb sie ein Jahr oder zwei und schritt auf dem Pfad eines ungebundenen Lebens einher, was zu verschiedenen Gerüchten Anlaß gab»[67].

Sophie hatte keine Gelübde abgelegt, immerhin bei ihrer Aufnahme dem Bischof von Hildesheim «Unterwerfung und Gehorsam» versprochen. Die Einkleidung hatte er zusammen mit Willigis von Mainz durchgeführt – ein ungewöhnlicher Vorgang[68]. Er wies schon auf den Gandersheimer Streit voraus und zeigte dessen tieferen Grund: Bernwards Aufstieg zum Lehrer Ottos III. war mit Mißgunst von einer Hofclique betrachtet worden, der Willigis von Mainz und Sophie angehörten. Beide machten, nach dem zeitweisen Ausscheiden der Sophie aus dem Gemeinschaftsleben, den Romzug Ottos III. mit, beide waren häufige Intervenienten in kaiserlichen Urkunden[69]. Sophie war als präsumtive Nachfolgerin der kränklichen Äbtissin Gerburg die Anführerin, als sich bei der Einweihung der neuen Kirche ein Skandal ereignete: Die Stiftsdamen warfen dem Bischof Bernward während des Gottesdienstes die Opfergaben vor die Füße, mit «wilden Schmähworten» und «in unglaublichem Rasen»[70].

---

vielleicht Nonnen und Kanonissen nebeneinander lebten, wie dies SIEGWART (oben Anm. 27) 158 behauptet. Aus den Worten «regulari et canonicae religioni» des DH. II. 44, auf das sich Siegwart bezieht, wird sich das kaum ableiten lassen.

66 Über sie vgl. zuletzt Richard DRÖGEREIT, Bischof Bernward von Hildesheim. Jahrbuch d. Ges. f. niedersächsische Kirchengeschichte 58 (1960) 13 f.

67 Thangmar c. 14, KALLFELZ 299 (mit einigen Änderungen übernommen).

68 A. a. O. 297 c. 13.

69 Mathilde UHLIRZ, Das deutsche Gefolge Kaiser Ottos III. in Italien. In: Gesamtdeutsche Vergangenheit (Festschrift H. von SRBIK, 1938) 25 ff.

70 Thangmar a. a. O. 303, 305 c. 17.

In den Tagen vorher war Sophie «beständig an der Seite» des Erzbischofs und «wohnte mit ihm zusammen»[71]. In späteren Jahren sollte sie als Äbtissin von Gandersheim ähnlichen Ungehorsam an zwei ihrer Schutzbefohlenen erleben. Gegen ihren Willen flüchteten die beiden nach Mainz und traten dort in eine andere geistliche Gemeinschaft ein. Bischof Godehard von Hildesheim sandte ihnen ein Schreiben mit Ermahnungen zur Rückkehr nach – sie zerschnitten es vor den Augen des Boten und bedeuteten diesem, er solle schleunig zurückreiten, wenn ihm sein Leben lieb sei[72].

Eine solche Sprache konnten sich nur Damen erlauben, die wußten, daß ihre Sippe hinter ihnen stand. Es handelte sich um zwei Töchter eines Pfalzgrafen Ezzo und der Mathilde, einer Schwester Ottos III. und der Sophie. Ihrer hohen Abkunft gemäß genossen sie in Gandersheim allerhand Freiheiten und waren nicht an ihren Studienort gebunden. «Nach alter Sitte» verachteten sie den Bischof von Hildesheim «als Rangminderen» (inferiorem) und verletzten durch Hochmut die «Norm des heiligen Wandels»: Sie kamen schon vor ihrer Flucht nach Mainz zu Gastmählern des Erzbischofs, sie wohnten einige Zeit «in ziemlich familiärer Weise» bei ihm, was Sophie – wohl eingedenk ihrer eigenen Haltung – geschehen ließ. Als ihre beiden Nichten wieder einmal vom Erzbischof nach Mainz eingeladen wurden, gab sie ihnen – vielleicht in Vorahnung des Kommenden – ein stattliches Geleit mit: Vasallen, Geistliche und Dienerschaft. Sie alle wurden von den jungen Damen in Mainz entlassen und nach Hildesheim zurückgesandt. Wohl um zu zeigen, daß es ihnen um ein ehrenvolles Leben fern der «Provinz» ging, traten die beiden in Mainz in ein Nonnenkloster ein, das der Schwester des Erzbischofs unterstand; mit ihnen zusammen drei weitere Gandersheimer Ausreißerinnen, die unter dem Vorwand von Verwandtenbesuchen Gandersheim verlassen hatten[73].

Es gelang der Äbtissin Sophie nach einer Klage beim Kaiser, die Flüchtigen zurückzuschaffen; in Gandersheim sollten sie weiterhin ihr Leben verbringen, jedoch als Nonnen, d. h. in strenger Klausur, um ein neuerliches Entkommen zu verhindern. Aber nach ein paar Monaten wurden sie bei Nacht von einigen «Unbekannten» entführt und heimlich nach Mainz geschafft, wo sie mit Wissen des Erzbischofs verblieben[74]. Alles spricht dafür, daß Verwandte der fünf Unruhestifterinnen die Sache geplant und durchgeführt haben. Es lag im Interesse der Sippen, überzähligen Töchtern ein Dasein zu ermöglichen, das ihren Begriffen von Rang und Ehre entsprach. Die eine der beiden Nichten der Sophie

---

[71] A. a. O. 303.

[72] Wolfhere, Vita Godehardi episcopi prior, MGH SS 11, 189 c. 29.

[73] A. a. O. 188 f. c. 29.

[74] A. a. O. 192 f. c. 34.

starb später in Mainz, die andere wurde Äbtissin dort, wo sie nicht Kanonisse sein wollte: in Gandersheim[75].

Wir haben die Aktionen der Gandersheimer Damen ausführlicher geschildert, weil sie zeigen, daß ähnlich wie bei den Aschaffenburger Kanonikern auch in einem Frauenstift sehr kräftig ein weltliches Element zum Durchbruch kommen konnte. Jenes systematische psychische Training, das Benedikt von Nursia seinen Mönchen abverlangt hatte und das er mit kurzen Worten in seiner Regel kennzeichnete[76], konnte nicht durch die seitenweisen Väterzitate Benedikts von Aniane in den Aachener Regeln ersetzt werden. Dieser zweite Benedikt organisierte eher das geistliche Leben, als daß er imstande war, es zu vertiefen.

Der Wert des Kanonikertums für die karolingische und die nachkarolingische Epoche bleibt dennoch sehr groß. Es bildete den organisierten Kern des Weltklerus, aus dem sich sehr viele Dignitäre rekrutierten, und hat zum Selbstbewußtsein dieses Standes gegenüber Mönchen und Laien viel beigetragen. Mönche und Nonnen hatten die Verbindungen mit der «Welt» völlig aufzugeben; das Leben im Stift brachte keinen solchen Konflikt mit sich. Im Gegenteil, man war ein angesehenes Familienmitglied, wenn es sich um ein angesehenes Stift handelte. Daneben ging es um die Bewahrung und Vermehrung der Pfründen, die der Sippe zustanden, und natürlich um das Seelenheil ihrer Angehörigen. In diesem Bereich war das Mönchtum eine starke Konkurrenz und man kann daran erinnern, daß in Irland das Familienkloster der einzige Typ klerikalen Lebens war und sehr früh die Weltgeistlichkeit ganz aus dem Feld geschlagen hat. So weit wäre es auf dem Kontinent auch ohne die Kanoniker kaum gekommen. Es konnte aber sein, daß das Ansehen der Mönche in jene Höhe stieg, wie in der Ostkirche, und der Weltgeistliche zum wenig geehrten Popen wurde. Ansätze dazu hat es gegeben; man hat z. B. den Fall erörtert, wie es mit der Weihegewalt eines Bischofs stand, der ins Kloster ging[77]. Auch für Laien konnte das Ansehen von Klöstern und die «Heiligkeit» ihrer Insassen bedenklich werden. So kam es z. B., daß bedeutende Familien wie die Supponiden in Oberitalien nach sehr großen Schenkungen an Klöster ganz aus der Geschichte verschwanden[78]. Schenkungen an eine Domkirche, an ein Stift oder auch an

---

[75] A. a. O. 194 c. 36.

[76] «Saeculi actibus se facere alienum, nihil amori Christi praeponere, iram non perficere, ... malum pro malo non reddere, iniuriam non facere, sed et factas pacienter sufferre ...» usw., bis zu dem Kernsatz «voluntatem propriam odire». Regula ed. Hanslik (2. Aufl. 1977) 32 ff., IV 20-22, 29 f., 60. Vgl. a. a. O. 43 ff. das Kapitel VII «De humilitate».

[77] Beleg bei Sackur, Cluniacenser 1, 353.

[78] Fumagalli, Terra e società (oben 117 Anm. 20) 106.

einzelne Kanoniker entfremdeten das betreffende Gut nicht völlig der Familie, sie verstärkten im Gegenteil sehr oft deren Einfluß.

Das alles bleibt zu bedenken, wenn wir uns jetzt der Betrachtung des Verhältnisses von Mönchtum und Laienschaft zuwenden. Die Trennung der beiden Bereiche war eine Forderung, die häufig undurchführbar blieb. Am härtesten traf sie junge Leute, die anstelle ihrer Familie nun im Kloster einen «Vater» und «Brüder» haben sollten. Daß einen Klosterzögling die Sehnsucht nach seiner Familie packt, ist der Vorwurf des Gedichtes von der «Ecbasis captivi» und tritt als Sachverhalt auch sonst auf[79]. Rather von Verona ereiferte sich gegen die Verwandten, die dem Mönch schlimmer als alle anderen zusetzen und gab ihm Ratschläge, wie er sie in brüsker Form abweisen sollte[80]. Anderseits erinnerte sich Ekkehard IV. von St. Gallen wehmütig der guten alten Zeit, da fromme Laien in der Mönchskutte an Prozessionen teilnahmen, an der Klostertafel saßen und manchmal gegen die Regel verstießen, was eher mit Heiterkeit aufgenommen wurde: Ekkehard war alles andere denn ein Reformer[81]. Cluniazenser hatten weniger Sinn für solch ein gemütliches Beisammensein; sie waren gewohnt, gegen jene Mönche zu eifern, die «anstelle der Gemeinschaft mit den Mitbrüdern den häufigen Besuch der Verwandten und Freunde» pflegten[82]. Einerseits bestand die Gefahr, daß die Sippen ihre Mitglieder aus dem Kloster an sich zogen, anderseits konnte dieses «familisiert» werden: Dem Johannes von Gorze warf man vor, daß er sich zusammen mit seiner Mutter im Kloster häuslich eingerichtet habe, «besser als es zu Hause möglich war», und daß er den Klausurbereich zum «geneceum», zur Wohnstätte von Frauen, ge-

---

79 Ein Novize verläßt das Kloster «quia amor parentum eum vicit», begegnet einem Wolf und kehrt zurück: Vita quinque fratrum ed. J. Karwasińska, Mon. Pol. hist. n. s. IV/3 (1973) 72 f., c. 22. In St. Gallen war der Grafensohn Wolo ein schwieriger Disziplinarfall, «inquietus et vagus»; über sein Schicksal vgl. unten 521 mit Anm. 85. Ekkehard IV. ed. Haefele 96 ff. c. 43.

80 Die Briefe ... ed. Weigle 26 Nr. 3: «... dicite, quod antiqui solebant dicere: Quid mihi et vobis? Ego mortuus sum ...».

81 Sackur, Cluniacenser 2, 253. Ekkehard IV. ed. Haefele 264 c. 136: «Vidi egomet ante tempora ... monachorum scismatis (Reformbewegung) comites aliosque potentes, loci quoque milites ... pro delectatione crucem nobiscum per claustrum (Klausur) sequendi, iuvenes et senes, quosdam ad cingulum barbatos, monachicis indutos roccis ... In refectorio quoque octo de illis, qui tamen emeriti videbantur, circa abbatem et decanos ad mensam monachico consedisse habitu in die pasche vidi.» Einer von ihnen übertrug gewohnte Trinksitten auf die Mönchstafel und verletzte das Schweigegebot, aber man sah ihm gerne die rauhen Sitten nach, war er doch «manu fortis».

82 Odo von Cluny nach der Vita Odonis des Johannes, Migne PL 133, 76 (III, 2).

macht habe. Das Hausgesinde (familiam domus suae) hatte er mitgenommen, und es «diente zusammen mit der Mutter dem Kloster»[83]. Die Formulierung schließt nicht aus, daß auch die frühere «Herrschaft» auf solche Dienstleistungen rechnen konnte. Die Sache war für das Kloster Gorze jedenfalls von Vorteil, denn Johannes hatte den gesamten Familienbesitz dorthin tradiert[84]. Man sieht, daß selbst durch Strenggesinnte nicht alle Familienbindungen gelöst wurden. Auch Nepotismus war ihnen nicht fremd: Der gleichnamige Neffe Odilos von Cluny erhielt die (nach Breme verlegte) Abtei Novalese und hätte sie fast in Grund und Boden reformiert, so daß Konrad II. eingreifen mußte[85].

Nicht immer haben Familien, die ein Kloster oder Stift förderten, auf ihre Rechte verzichtet. Familienstiftungen gab man nur ungern aus der Hand, denn sie konnten – abgesehen von allen wirtschaftlichen Interessen – eine Sippe zusammenhalten und ihren eigentlichen Mittelpunkt bilden. Ein gutes Beispiel dafür ist die sächsische Propstei Walbeck, begründet durch den Großvater Thietmars von Merseburg. Dessen Onkel besaß die eine Hälfte des Stiftsgutes, die andere hatte Thietmar selbst inne, und schließlich wurde er hier Propst, nach Abfindung seines Vorgängers. Thietmar hatte deshalb Gewissensbisse, und auch wegen einer Bitte, die er leider seinem Bruder nicht abschlug: Dieser wünschte, daß seine eben verstorbene Gattin anstelle des ersten Walbecker Propstes in dessen Grab bestattet werden solle[86].

Abgesehen von solchen Unkorrektheiten konnten Eigenklöster und Eigenstifte in Deutschland selten über ihre Herren klagen. Anderswo herrschten rauhere Sitten, etwa in Katalonien, wo ein Graf von «seinem» Kloster sprach und die Mönche sich selbst als «seine Knechte in geistlichen und weltlichen Dingen» bezeichneten. Daß ein Großer seine Schwester zur Äbtissin machte, mag angehen; schlimmer war es, wenn seine Mätresse diesen Posten erhielt[87]. Von hier war es nur ein Schritt bis zu den Laienäbten, die ihr Kloster selbst regierten: Als «Graf und Abt», «Abtgraf» (abbicomes), «Erzabt» (archiabbas), «Abt und Lehensherr» (senior) oder einfach als der «Herr» (dominus, dominator) des Klosters[88]. Was in diesem Zusammenhang den laikalen «Erzabt» betrifft,

---

83 Johannes von St. Arnulf in Metz, Vita Iohannis Gorziensis c. 76, MGH SS 4, 358.

84 A. a. O. 350 c. 45.

85 Sackur, Cluniacenser 2, 201 f.

86 Thietmar VI, 43-46, ed. Holtzmann 328, 330.

87 Bonnassie, La Catalogne 1, 180. Für die Kirchenprovinz von Narbonne wird die Existenz eigenkirchlicher Rechte geleugnet, es habe nur Kontrollrechte gegeben: Magnou-Nortier, La société ... Narbonne (oben 12 Anm. 3) 355 f.

88 Karl Voigt, Die karolingische Klosterpolitik und der Niedergang des westfränkischen Königtums (Kirchenrechtl. Abhandlungen 90/91, 1917) 164. Lesne, Propriété eccl. (oben 105 Anm. 155) II/3, 15 Anm. 4.

so entstammte dieser Titel einer besonderen Situation: In Angers gab es ein Kloster und ein Stift; in beiden war vorerst Graf Fulco I. von Anjou Abt (929/30). Später konzedierte Fulco III. den Mönchen einen von ihnen als Abt, während die Kanoniker durch einen Laienabt regiert wurden. Beide waren und blieben Befehlsempfänger des Grafen, der als «Erzabt der beiden Äbte» bezeichnet wurde[89].

Den Reformern aller Zeiten war derlei ein Greuel. Auch abgesehen von kirchenrechtlichen Bedenken konnte es nicht erwünscht sein, wenn der Abt eines Klosters nicht ein «Vater der Mönche» und ihr Lehrer in geistlichen Dingen war, sondern einzig und allein ein Verwalter der Institution und ihrer Besitzungen. Anderseits konnte es Situationen geben, in denen nur ein Mächtiger das Kloster gegen äußere Anfechtungen schützen und den inneren Zusammenhalt nötigenfalls erzwingen konnte. Herzog Wilhelm I. von Aquitanien, der spätere Begründer von Cluny, erklärte 898 in einer Urkunde für St.-Julien in Brioude, er sei durch königliche Schenkung mit der Abtwürde betraut worden, «damit der Ort in allem sicherer sei»[90]. Nur ein Mächtiger wie Graf Balduin von Flandern hatte die Mittel, das Kloster St.-Bertin durch einen Wehrumgang (ambitum castelli) zu schützen[91]; das hätte er wohl nicht getan, wenn er nicht der Laienabt des Klosters gewesen wäre. Da Balduin die Abtwürde seinem Sohn vererbte, wurde dieser in anderer Weise zum Wohltäter des Klosters: Sterbend schenkte er ihm seinen goldenen Becher, sein Wehrgehenk zur Anfertigung eines Meßkelches und Armillen (Oberarmschmuck) für die zugehörige Patene[92]. Auch weiterhin empfing St.-Bertin durch die Grafen von Flandern reiche Schenkungen. Als einzige Konzession verlangte der «Abtgraf», daß seiner Gattin die Klausur geöffnet wurde, um am Heiligengrab beten zu können.

Man wird nicht immer die Gier nach geistlichem Besitz für die Existenz von Laienäbten verantwortlich machen können, noch weniger natürlich allein ihre Frömmigkeit. Auch andere Gründe konnte es geben: Wahrscheinlich hat der Vizegraf Fulco I. von Anjou den Grafentitel im Verkehr mit den Großen dadurch erhalten, daß er Laienabt in St.-Aubin war. Da in dieser Abtei die Weihe des Bischofs von Angers vollzogen wurde, hatte Fulco einen entscheidenden Einfluß auf die Besetzung des Bistums; er trat damit in ein Recht des

---

[89] Voigt a. a. O. 207.

[90] Voigt 169.

[91] Folcuin von Lobbes, Gesta abbatum Sithiensium, MGH SS 13, 627 c. 103. Balduin vererbte die Abtei seinem Sohn, dieser seinem Bruder, «et ita ecclesia ista pastore religioso viduata a laicis maritatis per modum haereditatis est possessa», wie ein späterer Zusatz richtig feststellt. Migne PL 136, 1259 c. 75.

[92] Folcuin, MGH 13, 627 c. 105.

Königs ein, St.-Aubin war ja eine königliche Abtei gewesen[93]. Es hob sicherlich das – bereits bedeutende – Ansehen Giselberts von Lothringen, daß er als «von Gottes Gnaden Graf, Markgraf und Abt» auftreten konnte[94]. Solchen Bezeichnungen haftete in den Augen der Reformer stets ein Makel an, und so konnte es das Prestige fördern, wenn der Laienabt selbst die Initiative zur Reform ergriff und den kanonisch richtigen Zustand wiederherstellte[95]. Nicht immer hat man dabei tatsächlich die Einflußnahme auf die Geschicke einer Abtei und auf die Wahl ihres Vorstehers aufgegeben. Etwa um die Mitte des 10. Jahrhunderts mehren sich die Fälle, in denen mächtige Familien Gebotsgewalt über Äbte hatten und tatsächlich über das Klostergut verfügten[96], vor allem dort, wo das Königtum wenig oder nichts zu sagen hatte.

Formal wurde so das Ärgernis beseitigt, daß als Äbte Laien regierten, die kaum die Regel des heiligen Benedikt kannten und «mit ihren Gattinnen, Söhnen und Töchtern, mit Vasallen (militibus) und Jagdhunden» inmitten der Mönche residierten[97]. Die ausführlichste Schilderung derartiger Zustände hat der Mönch Letald von St.-Mesmin in Micy hinterlassen: Sein Abt war durch einen Güterpropst des Bischofs von Orléans verdrängt worden und die Brüder mußten zusehen, wie Räumlichkeiten als Pferdestall okkupiert wurden. Es gab eine Falknerei, einen Hundezwinger, einen Fechtplatz für die Jungmannschaft; die Webstühle klapperten, und die Frau des Propstes (domina) ging mit ihrem Gefolge von Dienerinnen umher[98].

Um eine Abtei in der Hand zu behalten, verfiel man manchmal darauf, ein Familienmitglied in den Mönchsstand zu kommandieren und dann zum Abt wählen zu lassen. Graf Gottfried «Grisegonelle» von Anjou versuchte das mit vier Abteien zugleich; ihr Abt sollte sein Bruder Wido sein. In einer Urkunde bekannte dieser: «Ich habe mich dem Kriegsdienst für Christus unterzogen, indem ich die Last des Mönchtums auf mich nahm. Aber nicht so, wie es sich ziemte, habe ich die Gebote des Mönchtums befolgt (‚weil mich weltliche Geschäfte dar-

---

93 Guillot, Le comte d'Anjou 1, 133, 137 f., 195, 200.

94 Walther Kienast, Der Herzogstitel in Frankreich und Deutschland (1968) 379 mit Anm. 117.

95 Beispiele bei Voigt (oben Anm. 88) 207 ff. Franz Felten, Laienäbte in der Karolingerzeit. In: Mönchtum, Episkopat u. Adel ... (Vorträge u. Forschungen 20, 1974) 419. Felten, Äbte und Laienäbte im Frankenreich (Monographien zur Gesch. d. Mittelalters 20, 1980) 47 ff. (der Hauptteil reicht leider nicht über die Zeit Ludwigs des Frommen hinaus).

96 Felten, Laienäbte i. d. Karolingerzeit 429.

97 Synode von Trosly (909), Mansi, Sacrorum conciliorum ... collectio 18 A, 271 c. 3.

98 Letald von St.-Mesmin, Miracula s. Maximini c. 23, Migne PL 137, 807. Vgl. oben 150.

an hinderten.) ... Statt mein Möglichstes für das Wohlergehen der mir unterstellten Klöster zu tun, habe ich ihnen viele (Güter) entzogen und sie verfallen lassen ...»[99]. Eines dieser vier Klöster war das uns schon bekannte St.-Aubin in Angers. Als es für die Grafen von Anjou seine Rolle als Trittstein zum Aufstieg ausgespielt hatte, war es an einen Lehensmann (fidelis) des Abtgrafen Gottfried Grisegonelle gekommen[100], als Teil des Familienbesitzes, über den man frei verfügen konnte. Im Jahre 966 wurde die Abtei reformiert und erhielt einen Mönch «vorgesetzt», d. h. auch jetzt war keine Rede von einer freien Abtwahl, die nur als Zukunftsprogramm existierte. Während bisher Mönche neben Kanonikern in St. Aubin gelebt haben dürften, wurde es jetzt gänzlich zum Mönchskloster[101]. Erst im Jahre 1036 konnten die Mönche zum erstenmal ihren Abt selbst wählen.

Zwischen einem Laienabt und einem Mönchsabt konnte der Unterschied im Verzicht auf weltliche Hofhaltung und weltliche Gewandung bestehen. Auch diese hat ein Mann beibehalten, der auf das eidliche Versprechen hin, Mönch zu werden, vom König die Abtei St. Martial in Limoges als Abt erhalten hatte. «Keineswegs wie ein Mönch, sondern eher wie ein Kanoniker, ja wie ein Laie gekleidet, hatte er durch so viele (es waren 31) Jahre die Regierung des Klosters inne.» Erst drei Tage vor seinem Tode legte er das Mönchsgewand an und löste sich damit aus der Schuld des Meineides gegenüber dem König Lothar[102].

In den meisten Fällen waren es eben doch die reichen Güter der Abteien, Schenkungen Weltlicher, die nun Weltliche dazu bewogen, die Herrschaft über ein Kloster anzustreben. Der Umbau der alten Ordnungen bedurfte auch dieser Bausteine und es scheint in einigen Fällen, daß sie die wichtigsten waren. Hugo der Große, der Bedeutendste aus der späteren französischen Königsfamilie, war Laienabt von St.-Martin in Tours, Marmoutier, St.-Germain d'Auxerre, St.-Denis, Morienval, St.-Riquier (wo schon der Laienabt Angilbert unter Karl d. Gr. regiert hatte), St.-Valéry sowie wahrscheinlich auch von St.-Aignan in Orléans, St.-Germain-des-Prés und St.-Maur-des-Fossés[103]. Den beiden letzten Karolingern gehörten nur die Abteien St.-Vaast und St.-Amand[104] – was nicht heißen will, daß sie um so viel ärmer als ihre Rivalen waren. Noch immer gab es einen bedeutenden königlichen Landbesitz, dem die Capetinger

---

[99] Guillot, Le comte d'Anjou 1, 140 mit Anm. 46.

[100] A. A. O. 139.

[101] A. a. O. 146 f.

[102] Ademar von Chabannes, Commemoratio abbatum Lemovicensium, Migne PL 141, 82.

[103] Lauer, Le règne de Louis IV, 6. Lot, Derniers Carolingiens 184.

[104] Lot a. a. O. 182.

nichts Gleichartiges entgegenstellen konnten; dafür bildete die wirtschaftliche Macht der Abteien einen Ausgleich, und die direkte Lehensherrschaft über bedeutende Große senkte die Waage zu ihren Gunsten[105].

Daß es gerade in Frankreich so häufig Laienäbte gab, hatte seine Gründe vor allem in der politischen und militärischen Unsicherheit durch die Normanneneinfälle und Bürgerkriege. Freiheit der Abtwahl war eine schöne Sache, aber sie verlor ihren Wert, wenn niemand da war, das Stift oder Kloster zu schützen. Die burgundische Abtei Vézelay stand unter päpstlichem Schutz, und mußte sich am Ende des 9. Jahrhunderts trotzdem an den Grafen von Nevers wenden. Neben der Kirche ließ dieser eine Burg errichten; er stellte ihre Wachmannschaft bei und erhielt von dem Kloster dafür «Geschenke», die bald zu Steuern wurden. Der Graf behielt seinen Einfluß auch dann, als Cluny die Abtei reformierte: Man brauchte ihn zum Ausgleich gegen Ansprüche des Diözesanbischofs. An die Stelle der römischen Freiheit trat einerseits die «cluniazensische Knechtschaft», anderseits die «gräfliche Tyrannis»[106].

Diese Tyrannis vertrug sich also mit dem Reformertum, und Vézelay blieb nicht das einzige Kloster, in dem man über die bedächtige Haltung der Cluniazenser angesichts der harten Realität unzufrieden war. Tatsächlich blieb als Möglichkeit für den Herrn des Klosters eine bloß formale Wahrung bestehender Rechte, oder die völlig unbekümmerte Ausübung seiner Gewalt. In St.-Aubin (Angers) gab es zwischen 966 und 1027 sechsmal einen Wechsel in der Leitung des Klosters. In fünf Fällen stellte der Graf von Anjou eine Urkunde über die Einweisung des neuen Abtes in seine Rechte aus, «unbeschadet des Willens der Mönche»[107]. Niemals wich dieser Wille von dem des Grafen ab. Er hätte es auch anders machen können: Der Graf von Chartres erfuhr durch einen der Mönche seines Domklosters, daß der Abt im Sterben lag. Kurz entschlossen ernannte er diesen Mönch zum neuen Abt und investierte ihn später mit dem Abtstab. Alle Proteste gegen das eigenmächtige Vorgehen noch zu Lebzeiten des Vorgängers blieben vergeblich[108].

---

[105] Über Grundbesitz und Lehensleute der beiden gegnerischen Gruppen vgl. Lot a. a. O. 179 ff.

[106] Chronicon Vizeliacense IV, 215 ed. R. B. C. Huygens in: Corpus Christianorum, contin. mediaev. 42 (1976) 517, vgl. A.-A. Cherest ebenda 31 ff. Noch bedrohte der Graf von Nevers nicht die Freiheit der Abtwahl, das geschah erst 1106; a. a. O. 33.

[107] Guillot, Anjou 1, 152.

[108] Fulbert von Chartres an Abbo von Fleury 1004, The Letters ... of Fulbert ed. Behrends 2, 4 Nr. 1. Wahrscheinlich war der Graf über den Willen der Wahlberechtigten falsch informiert worden, jedenfalls hatte er verfrüht Boten abgesandt, die seinen Kandidaten «denuntiarent recipiendum magnifice sicut abbatem monachis et canonicis». A. a. O.

Vom Standpunkt des weltlichen Gewohnheitsrechtes aus geschah derlei durchaus als legitimer Akt. Schon karolingische Kapitularien bezeichneten nicht nur weltlichen Besitz, sondern auch Klöster mit den Fachwörtern für Lehensgut, so daß anzunehmen ist, daß man sich eines Unterschieds kaum mehr bewußt war[109]. Wenn im Osten und Süden des einstigen Frankenreiches die Ottonen ein Investiturrecht ausübten, das einer lehenrechtlichen Leihe ähnlich sah, so konnte im Westen ein Graf dasselbe tun. Er konnte auch ein Kloster, dessen Herr er war, einem anderen «als Lehen zugestehen», und dieser durfte es weiterverleihen. Daß damit die Gewalt verbunden war, in dem Kloster über dessen Leitung zu bestimmen, war bei solchem Denken nichts Ungehöriges[110]. Der Abt konnte ja nahezu unbeschränkt über das Klostergut verfügen und sollte für den weltlichen Herrn eine Nutzung für dessen Zwecke anstreben. Jede Belehnung mit Klostergut war an Gegenleistungen geknüpft. Wurden diese für das Kloster um so drückender, je weiter «unten» in der Rangordnung der Inhaber angesiedelt war? Auch ohne Weiterbelehnung konnte die Lage schlimm sein. Wir hören immer wieder von Stiften und Klöstern, die einst blühten, dann an Vasallen (milites) ausgetan wurden und verfielen[111].

Doch hat auch das Königtum in dieser Richtung Druck ausgeübt. Wir haben bereits gehört, daß besonders unter Kaiser Heinrich II. Reichsabteien sehr stark zu Servitien herangezogen wurden; zugleich mit der geistlichen Reform gab es eine Art indirekter Säkularisation von Kirchengut. Durch die Scheidung von Abtgut und Konventgut wurde es möglich, daß der Abt den Brüdern nur das Nötigste zuteilte und das meiste auf Befehl des Herrschers selbst beanspruchte, um daraus vasallitische Lehen für den Reichsdienst vergeben zu können[112]. Im Westen klagte Abbo von Fleury über jene «doctores» und «rectores», die ungerechte Gesetze schufen und damit eine Zweckentfremdung des Kirchengutes ermöglichten: Statt zum Unterhalt der Armen diente es den Bedürfnissen von Vasallen. Die Begründung dafür meinte man in der Tatsache zu finden, daß das Stiftungsgut (dos) einer Kirche nur für deren Altar und sonst nichts bestimmt sei. Diesen könne man mit sehr geringen Summen erhalten, das Übrige

---

109 Voigt, Klosterpolitik 218.

110 Synode von Limoges II (1031), Mansi, Sacrorum conciliorum ... collectio 19, 537, über das Kloster Beaulieu-en-Corrèze, das der Erzbischof von Bourges begründet hatte: «... occasione reperta comes Tolosanus coenobium ipsum suae potestati addixit et comiti Petracoricensi in beneficio largitus est. Ille quoque vicecomiti Combornensi concessit, qui nunc nobis laicalem personam imposuit.»

111 Gesta episcoporum Cameracensium II, 10, MGH SS 7, 458 (Honnecourt); II, 18 a. a. O. 460 (Arras); II, 19, a. a. O. (Lucheul, Pas).

112 Siegwart, Chorherren- u. Chorfrauengemeinschaften 153 mit weiterer Literatur.

– so glaubte man – gehöre nicht den geistlichen Oberen, sondern «irgend einem anderen Herrn»[113].

Die Nutzung geistlicher Besitzungen erfolgte später sehr oft unter dem Titel der Vogtei. Im zehnten Jahrhundert beginnt sich diese «Herrenvogtei» bereits hier und dort durchzusetzen, und die freie Vogtwahl, die in Herrscherurkunden Klöstern bestätigt wurde, war in solchen Fällen eine bloß theoretische Angelegenheit. Könige gaben, etwa in Bayern, Vogteien an Angehörige bedeutender Familien aus, und die Mönche hatten ihrer Wahl zuzustimmen[114]. Es ist begreiflich, daß Gründerfamilien von ihren Stiftungen durch keine Gewährung freier Vogtwahl zu trennen waren und daß sie vielfach wenigstens eine Art Schutzvogtei ausübten. Es konnte auch sein, daß die Mönche selbst ihre Unterstellung unter einen Herrenvogt hervorhoben, den sie als Mäzen benötigten, wie es im Kloster St. Andrea von Exalada gegenüber dem Grafen Miro von Carcassonne geschah, dem «Helfer, Schützer und Bereicherer» (ditator), den man bat, «seine Diener, die Mönche, zu schützen, zu protegieren und wenn nötig zu züchtigen»[115]. Je schlechter und unsicherer die Zeiten waren, umso mehr war man auf derartige Beschützer angewiesen. Heftig klagte man anderseits über Vögte, die Kirchengut wegnahmen, Gewaltakte gegen Mönche setzten, die Bauern in Armut stürzten und sich als Herren aufspielten. Wenn die Feinde abzogen, nahmen sie an sich, was übriggeblieben war, so daß Klöster teils verfielen, teils in äußerste Armut gestürzt wurden[116]. Man wird solche Tiraden nicht immer wörtlich nehmen dürfen. Aus der Tegernseer Briefsammlung wissen wir, daß die konkreten Beschwerdepunkte nicht immer Bezeichnungen rechtfertigten, wie man sie gerne gebrauchte: Räuber, Invasoren, Plünderer usw.[117]. Mit den «Räubern» hatte es ja überhaupt eine besondere Bewandtnis; es handelte sich unter Umständen um recht angesehene Weltliche. Wir hören z. B. von einem armen Klösterlein in der Gegend von Cambrai, daß

---

[113] Abbo, Epistola 14, MIGNE PL 139, 440 und Apologeticus, a. a. O. 465 f.: «error gravissimus, quo fertur altare esse episcopi, et ecclesia alterius cuiuslibet domini.» Im angeführten Schreiben wird eine solche Anschauung als Häresie bezeichnet.

[114] DOLLINGER. Classes rurales en Bavière (oben 168 Anm. 17) 63. STÖRMER, Früher Adel (119 Anm. 25) 2, 441 ff. (Tegernsee), 456 (zusammenfassend): «Die ‚neue' Vogtei scheint die Voraussetzung gewesen zu sein für die intensivere Heranziehung geistlicher Institutionen zu Reichsaufgaben.»

[115] MAGNOU-NORTIER, Société . . . Narbonne (oben 12 Anm. 3) 390.

[116] Abbo von Fleury, Collectio canonum, MIGNE PL 139, 476 f. c. 2.

[117] Tegernseer Briefsammlung ed. STRECKER (oben 242 Anm. 128) z. B. 141 Nr. 124. Anderseits wird mehrfach gesagt, daß ohne Präsenz des Vogtes Klostergut geraubt oder gestohlen wird.

dort ein bewaffneter Räuber namens Aldo innerhalb der Klausur sein Unwesen trieb. Man rief den Grafen (von Mons) herbei, aber der tat nichts, «weil er selbst ein Räuber war und daran gewöhnt, Räubern sein Wohlwollen zu erweisen»[118]. Wahrscheinlich war der Eindringling der Vogt des Klosters, der recht gut wußte, warum er sich nicht unbewaffnet inmitten der Mönche bewegte, mit denen er zu verhandeln hatte. Vielleicht wollte man verhindern, daß der Vogt im Kloster irgendwelche Anordnungen traf.

Wo der Herrscher noch wirklich regierte, war ein Kloster manchmal gleichsam in der Zange zwischen seinen Forderungen und den Wünschen anderer Gewalten. Häufig waren diese Forderungen militärischer Natur, und betrafen sie nicht allein die klösterlichen Vasallen. Auch ein Gerbert von Aurillac hatte als Abt von Bobbio persönlich die Verantwortung für die Verpflichtung des Klosters zum Reichskriegsdienst. Als Alternative zu seiner Bereitschaft zum Burgenbau, zur Versammlung des Heereskontingents usw. sah er nach dem Tode Ottos II. nur die Möglichkeit «sich unter das Joch von Tyrannen zu begeben». Damals hatte er die Abtei, in der ihm «nichts als der Abtstab und der apostolische Segen» verblieben war, schon verlassen[119]. Auch der Abt des Reformklosters Fleury-sur-Loire mußte sich mit kriegerischen Mitteln befreunden; eine Burg, die durch seine Feinde mitten im Berry und damit im Interessengebiet des Klosters errichtet worden war, «nahm er ein, zerstörte sie und machte sie dem Erdboden gleich»[120].

Viele Beispiele ließen sich anführen für die Verflechtung klösterlicher Existenz mit militärischen Dingen. Das galt vor allem an den Rändern der Christenheit, wo sehr oft Not am Mann war. Unter Sancho II., König von Navarra (970-994), «waren die Mönche des Landes, auch wegen des Mangels an Truppen, gezwungen, Kriegswaffen zu ergreifen»[121]. Als sich die Ungarn dem Kloster St. Gallen näherten, ließ Abt Engelbert an strategisch günstiger Stelle eine «Burg» bauen und aus Ersatzmaterial Waffen anfertigen. Er legte unter der Kutte einen Panzer an, der freilich nur aus Filz war, und befahl den Brüdern, dasselbe zu tun. Die Ungarn plünderten das Kloster, griffen aber die Verschanzung nicht an. Bei einem kleinen Scharmützel wurde durch die Kloster-

---

118 Gesta episcoporum Cameracensium III, 20, MGH SS 7, 472.

119 Die Briefsammlung Gerberts ed. Weigle 37 Nr. 14, 39 Nr. 16, 74 Nr. 45.

120 Vita Gauzlini ed. Bautier-Labory (oben 71 Anm. 103) 45 p. 84.

121 Rodulfus Glaber II, 9 ed. Prou 44 § 18. Entschuldigend wird hinzugefügt, daß die Religiosen mehr aus brüderlicher Liebe, denn aus Ruhmsucht zu kämpfen wünschten. Einem Mönch erschienen die Gefallenen im Traum als Selige. Sie sagten ihm, sie hätten «ob tutelam patrię (was an erster Stelle steht!) catholicęque plebis defensionem» den Tod gefunden. A. a. O. 45 § 19.

leute ein Ungar gefangen, den man später taufte[122]. Anderswo, im Kloster Farfa, hat man nicht nur einer Belagerung durch die Sarazenen standgehalten, sondern der Abt «ließ sie auf weite Strecken verfolgen, wobei viele getötet wurden»[123].

Militärische Gleichnisse für das religiöse Leben gab es schon in der Bibel, und auch die Benediktsregel mit ihrem halbmilitärischen Lebensstil kennt derartiges. Schon im Prolog ist von den «sehr starken und schön glänzenden Waffen des Gehorsams» die Rede, die derjenige ergreift, der dem König Christus als Soldat dienen will (militaturus)[124]. Während derlei einst durchaus als bildliche, der Realität ferne Ausdrucksweise verstanden wurde, brachte der Heidenkrieg Bilder und Wirklichkeit einander näher. So konnte man einen angeblichen Sarazenenkrieg der Cluniazenser unter «König Odilo» erfinden[125]. Zeittendenzen werden hier überhöht und karikiert dargestellt. Man braucht dabei nicht nur an die Kreuzzüge zu denken, die sich schon lange vorher angekündigt haben. In Cluny und Fleury kämpfte man für die Selbstbehauptung des Mönchtums an allen Fronten, vor allem gegenüber den Bischöfen, und das hat Adalbero von Laon nicht als einziger militärisch gedeutet. Odo von Cluny sah in dem heiligen Benedikt von Nursia den «Herzog (dux) der Mönche», und Odos Nachfolger Odilo wurde durch Abbo von Fleury zum «Fahnenträger des gesamten Mönchtums» (totius religionis) erhoben[126].

In einem Jahrhundert, in dem es Klöster gab, die Burgen oder befestigten Städten mit ihren Stadttürmen glichen[127], dürfen wir uns nicht wundern, wenn

---

[122] Ekkehard IV. ed. Haefele 114 ff. c. 51 ff.

[123] Hugo, Destructio monasterii Farfensis, MGH SS 11, 533 c. 3.

[124] Regula ed. Hanslik (2. Aufl.) 1 f., vgl. z. B. I, 5 a. a. O. 19, wo von jenen die Rede ist, die aus der Schlachtreihe der Brüder heraustreten und sich dem Einzelkampf widmen. Seit den Arbeiten Carl Erdmanns sind derartige Bezüge viel beachtet worden, doch findet sich eine Zusammenstellung von sehr vielen Belegen für die «militia (christiana)» schon bei Guilhiermoz, Essai (oben 56 Anm. 36) 440 ff. Adolf von Harnack, Militia Christi (1905) erschien im Jahre 1963 in zweiter Auflage.

[125] Adalbero von Laon, Carmen ... (oben 16 mit Anm. 24), vgl. oben 29 Anm. 97.

[126] Joachim Wollasch, Mönchtum des Mittelalters zwischen Kirche und Welt (Münstersche Mittelalter-Schriften 7, 1973) 160. Abbo, Epistola 8, Migne PL 139, 431.

[127] Hugo, Destructio MGH SS 11, 533 c. 2 über Farfa: «claustrum totius monasterii ex omni parte erat fortiter munitum et turritum ad instar fortis civitatis.» – Il «chronicon» di Benedetto monaco di S. Andrea del Soratte ed. G. Zucchetti. Fonti per la storia d'Italia 55 (1920) 168 über das Kloster Soratte (nördlich v. Rom, um 940): (Der Abt) «edificavit castrum ex utraque parte monasterii, et construxit turres ab introitus (sic) huius monasterii, firmus (sic) et stabilem perfecit».

auch Dinge der politischen Sphäre, ja solche der Schule unter militärischem Blickwinkel gesehen wurden. Auch ein Gelehrter, Gerbert von Aurillac, gefiel sich in einer solchen Diktion[128]. Neben «geistlichen Waffen», die den Mönch begleiteten, gab es die «Waffen der Schule», Bücher und anderes, die von Domschülern auf eine Reise mitgenommen wurden[129]. Vielleicht ist das Schachgedicht aus dem Kloster Einsiedeln, von dem wir schon gesprochen haben[130], ein Erzeugnis der Schule. Es zeigt die Freude an Schilderungen eines Kampfes, nicht ganz so blutrünstig und ausführlich wie das Waltharilied. Junge Leute, denen man die Schreibfeder anstelle von Schwert und Lanze in die Hand drückte, brauchten wenigstens auf der Ebene der Phantasie einen Ersatz für nicht begangene Heldentaten.

Übrigens ist es unsicher, ob Geistliche wirklich nur in Extremsituationen Waffen trugen und gebrauchten. Schon am Beginn der Gottesfriedensbewegung fanden es die Bischöfe Südfrankreichs für nötig, das Waffenverbot den Geistlichen erneut einzuschärfen[131]. Aber auch im Jahre 1023 muß es Weltgeistliche und Mönche gegeben haben, die bewaffnet waren. Damals haben Weltliche geschworen, daß sie einen Weltgeistlichen oder einen Mönch nicht «anfallen» würden, der keine «weltlichen Waffen» trug «und auch keinen, der mit ihnen (den Waffen) herumgeht, aber ohne Lanze und Schild»[132]. Daß zwischen voller Bewaffnung und teilweiser – also wohl Tragen eines Schwertes – geschieden wird, mußte seinen Sinn haben. Man kann daran denken, daß reisende Geistliche in unsicheren Gegenden eine Waffe mit sich trugen, die sie gegen Räuber, nicht aber gegen voll ausgerüstete Berufskrieger schützen sollte. Damit entsprach man wenigstens teilweise dem Verbot des Waffentragens.

Der Mönch sollte jenseits der «Welt» in einem geschützten Raum leben, der

---

128 So wird z. B. der Kaiserhof als «castra caesarea (caesaris)» bezeichnet. Die Briefsammlung ed. Weigle 67 Nr. 39 und 65 Nr. 37, wo sich Gerbert selbst in die militärische Hierarchie einbezieht, indem er fragt «an in Frantia velut miles succenturiatus pro castris cęsaris remaneam, an ... vos adeam» (der Adressat ist ein Hofmann).

129 Anselm von Lüttich, Gesta episcoporum Leod. 28, MGH SS 7, 205.

130 Oben Anm. 7.

131 «Charta de treuga et pace», wohl 975 durch den Bischof Wido von Le Puy (aus dem Hause der Grafen von Anjou) publiziert, c. 3, Text bei Ludwig Huberti, Studien zur Rechtsgeschichte der Gottesfrieden und Landfrieden 1 (1892) 123. Vgl. Hartmut Hoffmann, Gottesfriede (oben 27 Anm. 86) 16 ff.

132 «Clericum aut monachum arma saecularia non portantem non assaliam, neque ambulantem cum eis sine lancea et scuto, nec caballum eorum rapiam ...». Huberti a. a. O. 166 c. 2. Vgl. die Synode von Elne 1027, Huberti 240: «Neque ullo modo aliquis assaliret monachum vel clericum sine armis incedentem ...».

ihm die Möglichkeit gab, mit «geistlichen Waffen» seine Leidenschaften zu bekämpfen und die zwölf Stufen der Demut bis zur höchsten aufwärts zu steigen. Nicht immer war dieser Sonderbereich wirklich vorhanden. Kriegerische Ereignisse bildeten dafür den Hauptgrund, aber auch im Frieden war der Kampf widerstreitender Interessen, der «agonale» Stil im Wettbewerb der Familien und Cliquen etwas, das in die mönchische Existenz hineinragte. Das Schrifttum der Zeit hat diese Dinge immer wieder beklagt und wir sollten über solche Klagen nicht einfach hinweglesen. Es handelt sich nicht immer um bloße Topoi, und es hatte seinen guten Sinn gerade im Jahre 909, daß die Synode von Trosly zum Kampf gegen Hochmut und Neid aufrief, dem Haß und Zwietracht nachfolgen[133]. Wenn schon Benedikt den Hochmut zur größten Gefahr für den Mönch erklärt hatte, so galt das a fortiori im zehnten Jahrhundert. Immer wieder gibt es dafür Beispiele in den Chroniken; nicht oft ist es freilich so weit gekommen wie in Lobbes: Nachdem das Kloster durch neunzig Jahre keinen regulären Abt gehabt hatte, sollte es unter einem solchen reformiert werden. Dieser Mann, mit Namen Erluin, war jedoch niederer Abkunft. Die Mönche verachteten ihn deshalb, lebten mit ihm in Streit und ließen schließlich über ihn eine Art Strafgericht ergehen: Drei junge adelsstolze Mönche überfielen mit Zustimmung ihrer Verwandten den Abt nachts im Dormitorium und blendeten ihn[134].

Um Rang und Ansehen ging es nicht immer nur «verweltlichten» Gemeinschaften. In dem Musterkloster Fleury-sur-Loire gab es den Abt Gauzlin, von dem sein Biograph folgendes erzählt: «Indem er den Adel seiner Herkunft durch Zeichen der Bewährung verschönte, ließ er einen Turm aus Steinquadern bei dem Westteil des Klostergebäudes errichten»; die Steine kamen zu Schiff aus der Ferne. Auf die Frage, was für ein Werk denn da entstehe, antwortete Gauzlin: «Eines, das für ganz Gallien als Vorbild dienen soll»[135]. Es dürfte der Art dieses Mannes entsprochen haben, daß er wie ein Erzengel mit flammendem Schwert geschildert wird, für den Ruhm seines Klosters streitend: «Als Regent über Formationen (cuneis) von Vornehmen (procerum) hatte er in der Rechten das Gesetz, mit der Linken schwang er den flammenden Ruhm. Er eiferte den Taten jenes Makkabäers nach, der das Land seiner Väter durch Kriege vergrößerte. So wachte auch er über die Vergrößerung (ampliationem) seines Klosters, mit ganz ähnlicher Intention»[136].

---

[133] c. 15, Mansi, Sacrorum conciliorum . . . collectio 18 A, 306.

[134] Sigebert von Gembloux, Gesta abbatum Gemblacensium c. 14 f., MGH SS 8, 530 ff.

[135] Andreas von Fleury, Vita Gauzlini ed. Bautier-Labory 80 c. 44 a.

[136] A. a. O. 38 c. 3 a.

Gauzlin, angeblich ein illegitimer Fürstensohn[137], hat es später bis zum Erzbischof (von Bourges) gebracht. Dem Geist des Makkabäertums hatte sich schon Gauzlins Vorgänger Abt Abbo von Fleury (988-1004) verschrieben, der gegen den Diözesanbischof Arnulf von Orléans einen langen Streit um die Exemtion des Klosters durchfocht. Papst Gregor V. hat sie ihm schließlich bestätigt, und auch das Ehrenrecht des Primats über die Äbte Galliens zugebilligt[138]. Die Äbte von Fleury, so erfahren wir, wollten nur dem König dienen und nicht der Gewalt des Bischofs, an deren Ausübung «sich dieser über alles Maß erfreute». Er ließ Weinberge des Klosters besetzen, Abbo setzte dagegen eine Prozession mit Heiligenreliquien in Marsch[139]. Als später Bischof Fulco von Orléans gegen den Willen des Abtes Gauzlin nach Fleury kommen wollte, scheiterte er an den Klosterholden eines Dorfes: Unter Anrufung des heiligen Benedikt stürzten sie sich auf die Leute des Bischofs und verprügelten viele von ihnen «fast bis zum Totschlag». Daß der Bischof auf diese Weise «in die Flucht geschlagen» wurde[140], vermeldet der Chronist triumphierend und er verrät nicht, ob es sich wirklich um einen spontanen Volksauflauf handelte oder um ein Komplott. Es nimmt nicht wunder, daß man auf der bischöflichen Seite die Haltung Gauzlins als «superbia» qualifizierte[141]. Was wir heute unter «Hochmut» verstehen, ist eine Untugend. «Superbia» war die Ursünde Satans, der Gott nicht dienen wollte.

Bei einer anderen Gelegenheit hat ein Bischof gegen einen unbotmäßigen Abt noch gröberes Geschütz aufgefahren: Dessen unzüchtiger Lebenswandel sei, zusammen mit den bischöflichen Ermahnungen, der eigentliche Grund dafür, daß die Abtei St.-Vaast in Arras von der Gewalt des Bischofs von Cambrai frei sein wollte. Und außerdem: «Jeder, der das bischöfliche Joch abschütteln will, weigert sich, das Joch Christi zu tragen»[142]. Aber war das nicht zweierlei?

---

[137] Über diese Behauptung Ademars von Chabannes vgl. zuletzt Bautier-Labory in der zitierten Edition, 18 f.

[138] Oben 29 Anm. 101 f.

[139] Aimoin von Fleury, Miracula s. Benedicti I, 19 (33), Migne PL 139, 822 f. Zwar waren es nicht die Reliquien des hl. Benedikt von Nursia, die man für die Demonstration verwendete, doch ließ man die zusammenströmende Menge in dem Glauben, sie seien es. Vgl. das Zitat unten 429 Anm. 137.

[140] Andreas von Fleury, Vita ed. Bautier-Labory 50, 52 c. 18 a.

[141] «At si abbas in tantam superbiam intumuerit, ut ipsam quoque subiectionem canonicam vobis derogare contendat, superbię, cui non parcit deus, dei servus quomodo parcat, nescio.» Schreiben des Bischofs Fulbert von Chartres an Bischof Fulco von Orléans bei Bautier-Labory 156 Nr. 2 und in: The Letters ... of Fulbert ed. Behrends 18 Nr. 7.

[142] Gesta episcoporum Cameracensium I, 107, MGH SS 7, 447.

Der heilige Benedikt, dessen Reliquien man in Fleury verehrte, wäre wahrscheinlich erstaunt gewesen, hören zu müssen, daß sich seine Mönche unter das Joch der Bischöfe beugen sollten. In seiner Regel tritt der Bischof nur zweimal auf, als Wahrer einer gewissen Aufsichtsgewalt über die guten Sitten im Kloster. Daraus wurde eine geistliche Zwangsgewalt, und man versuchte, aus dem Recht auf Überprüfung der Abtwahl ein Ernennungsrecht zu machen[143]. Ein solches übte in Deutschland in vielen Fällen allerdings der König, doch gab es neben den königlichen auch bischöfliche Abteien und es war der Normalfall schon seit dem 9. Jahrhundert, daß ein Kloster entweder dem König oder dem Bischof unterstand. Ungehorsam konnte in beiden Fällen dieselbe Wirkung haben und es galt, was der Bischof von Perugia einem Abt androhte: «Wenn der Abt wegen irgend einer Sache mir widerspricht, werde ich ihn entweder zur Buße zwingen oder, wenn ich dazu nicht imstande bin, ihm meine Gnade und alle Lehen entziehen.» Die Begründung dafür lautete: «Das Kloster gehört zu meinem Bistumsgut (episcopatus)»[144]. Huldverlust brachte nicht nur am Königshof eine Gefährdung der materiellen Stellung mit sich. Weltliche Rechtsgewohnheiten galten auch für das geistliche Gut und für seine Inhaber.

Dazu gehörten im Westen Lehenseide, die ein Abt und jeder Geistliche leisten mußte, der vom König oder vom Bischof Güter oder anderes erhalten hatte. Ein Bischof konnte noch weiter gehen und den Lehenseid zur Bedingung der Benediktion eines Abtes machen. Im Falle Gauzlins von Fleury schlug Bischof Fulbert von Chartres eine vermittelnde Lösung vor: Wenn der Abt der kanonischen Forderung nach Unterwerfung unter den Diözesanbischof genügte, sollte dieser «die Eide und alles, was zum weltlichen Recht gehört, aus Liebe zum König beiseitelassen»[145].

Nicht überall herrschte eine solche Spannung zwischen einem Mönchtum, das sich als eigener «ordo» verstand, und den Bischöfen, denen es «nicht dienen» wollte; in Cluny hatte man im allgemeinen ein gutes Verhältnis zu den Bischöfen, und im ottonischen Deutschland konnte sich der Gegensatz wegen der dominierenden Rolle des Königtums nicht so sehr entwickeln. Daß es unter König Robert dem Frommen am Hof eine «Mönchspartei» gab, der er zeitweise alle seine Huld zuwandte, war eine besondere Situation und hat zu keiner entscheidenden Schwächung der Bischöfe geführt. Im Zusammenhang unserer Un-

143 Lotte Herkommer, Untersuchungen zur Abtsnachfolge unter den Ottonen ... (Veröff. d. Kommission f. geschichtl. Landesk. Baden-Württemberg, Reihe B, 75, 1973) 25.

144 Lateransynode von 1001, Mansi, Sacrorum conciliorum ... collectio 19, 277.

145 Letters ... of Fulbert ed. Behrends 18 Nr. 7. Dazu Pfister, Etudes sur le règne de Robert (oben 19 Anm. 36) 313.

tersuchung ist der Konflikt zwischen den beiden Gruppen an sich auch nicht sehr wichtig. Es sollte aber gezeigt werden, welche Denkart – auf beiden Seiten – zu einer solchen Verhärtung der Fronten führte. Auf beiden Seiten regierte ein Herrentum, das seinen ihm zukommenden Platz reklamierte, mit Mitteln des Rechtes und wenn nötig auch mit Gewalt.

RELIGIO

I.

Eremiten und Reformer

Religion ist dem Wortsinn nach Bindung (religio) an Überirdisches oder die Bindung durch dieses. So war in der Antike ein Ort, ein Tag, eine Handlung unter besondere Gebote und Verbote gestellt, «tabuisiert»[1]. Neben seiner allgemeineren Bedeutung hat das Wort schon in frühchristlicher Zeit auf Menschen Anwendung gefunden, die ihr Leben einer strengen Bindung an religiöse Ziele unterworfen hatten, herausgehoben aus der Umwelt, auf dem Wege zu Heil und Heiligung. «Religiosus» bedeutete in einer Zeit, da es wenig Ungläubige gab, selten den religiösen und daher frommen Laien, sondern allzumeist den Geistlichen und vor allem den Mönch. «Entrer en religion» heißt im Französischen noch heute «in einen Orden eintreten». Religiosen sind «Personen, die in einem Orden oder in einer religiösen Kongregation Gelübde abgelegt haben»[2]. Wenn der Erzbischof von Reims dem Abt von Cluny schrieb und dabei «religiosos vestri ordinis» nannte[3], so meinte er nicht die Frommen unter den Cluniazensern, sondern ganz allgemein Ordensangehörige. «Religio» bedeutete sehr oft das Ordensleben nach der Regel[4], das Gesetz für die Lebensform der Gebundenheit an Gott, an das Gebot des Abtes, an einen Ort und einen streng geregelten Tagesablauf.

Die Bindung der Religiosen erfolgt nach einer Lösung von «dieser Welt». In einer urtümlichen, aber weiterhin lebendigen Nebenform des Religiosentums wird diese Lösung fast pathetisch betont: Durch den Propheten, der in der Wüste von Heuschrecken und wildem Honig lebt, durch den christlichen Eremiten nach Art des Wüstenheiligen Antonius. Ins Abendländische übersetzt, ist es der heiligmäßige Einsiedler, der im «Unland» lebt, in den Wäldern oder den Sümpfen der Poebene. Die wilden Tiere tun ihm nichts – man wundert sich, wie zu Zeiten der Wolfsplage im frühen 10. Jahrhundert solche oberitalienische Eremiten überleben konnten. Im Gegenteil, während dieses Jahrhunderts stieg

---

1 Kobbert in Pauly-Wissowa-Kroll, Realencyclopädie d. class. Altertumswissenschaft II/1 (1914) s. v. «religio», col. 565-575.

2 Lexikon für Theologie u. Kirche 8 (1963) Sp. 1212.

3 Die Briefsammlung Gerberts . . . ed. Weigle 115 Nr. 87.

4 Flodoard, Annales ed. Lauer 60 (zu 934): «Religio regulae monachorum in quibusdam monasteriis per regnum Lothariense reparatur.»

ihre Zahl, so daß man es nicht als «finster», sondern als goldenes Zeitalter ansehen konnte: «Golden, sage ich, ist das Jahrhundert, das inmitten der Wildtiere von Bergen und Wäldern so viele Bürger des himmlischen Jerusalem ernährte»[5]. Und es wird geschildert, wie die Eremiten so viele wurden, daß sie «nicht alle dort (in den Bergen und Wäldern) wohnen konnten», sondern zusammenrückten und eine klösterliche Lebensweise akzeptierten.

Mehrmals hat sich in der Geschichte der Weg vom Einzelgänger dieser alternativen Lebensform zur Eremitengemeinschaft und von dort zum Mönchtum wiederholt, jener Weg, den auch der heilige Benedikt gegangen ist. Umgekehrt sonderten sich aus Klöstern Eremiten aus, die eine vollkommenere Lebensform als jene der Benediktiner suchten. Sie waren auch von Benedikt geduldet worden, solange sie sich den Geboten eines Abtes beugten, der wenigstens aus der Ferne die Kontrolle über ihre spirituelle Existenz behielt. Natürlich gab es auch völlige Einzelgänger, die ihren ganz persönlichen Lebensstil suchten. Weder die Verdammung dieser Querköpfe durch den heiligen Benedikt, noch die Ermahnungen Späterer[6] konnten daran etwas ändern.

Während für ein auskömmliches, wenn auch bescheidenes Leben der Mönche gesorgt war, setzte sich der Eremit bewußt einer Extremsituation aus: Er lebte in der Wildnis, niemand sorgte für seine Nahrung, seine Kleidung, für seinen Schutz vor Nässe und Kälte. Wer in das Kloster eintrat, vertauschte die gewohnten Formen sozialer Existenz mit einer anderen, streng geregelten, die durch die Gemeinsamkeit Schutz und Halt bot. Der Eremit betrieb, wie Benedikt schrieb, den «Einzelkampf» im Gegensatz zur «brüderlichen Ordnung der Schlacht»[7]. Er setzte damit gleichsam alles auf eine Karte; äußerste Ungeborgenheit, extreme Weltflucht – auch das Kloster war ein Ort der Betriebsamkeit – und vielleicht sogar das absolute Alleinsein sollten den Grund zur Heiligung des Asketen legen. Von allen oder fast allen Bindungen gelöst, wollte er ganz Gott gehören.

Zeitweiliges Alleinsein war im Kloster eine schlimme Strafe, dauernde Einsamkeit den Menschen dieser Epoche kaum erträglich. Wo ein ansprechbarer Nachbar fehlte, stellte sich nicht immer Gott als neuer Partner ein. Allzu oft waren es Dämonen, war es der Teufel selbst, mit dem man kämpfen mußte. Die geknechtete Physis rebellierte, die «Welt» kehrte in Form böser Geister

---

5 Petrus Damiani, Vita b. Romualdi c. 64, ed. G. Tabacco in Fonti per la storia d'Italia 94 (1957) 105 f.

6 Regula s. Benedicti I, 3 ff. ed. Hanslik (2. Aufl.) 18 f. Petrus Damiani, Vita Romualdi c. 24, ed. Tabacco 50 f.

7 Reg. I, 5, a. a. O. 19.

zurück. Nicht immer ist der Nahkampf mit ihnen so gut ausgegangen, wie es in Heiligenleben beschrieben wird.

Vielfach ist man von dieser extrem individuellen Form spirituellen Lebens abgegangen. Es war gut, in Stunden der Gefahr andere Eremiten rufen zu können, mit denen man beten und sich beraten konnte. Die Eremitengemeinde brachte eine gewisse Kontrolle durch andere und die Möglichkeit methodischen Vorgehens mit sich, daneben spornte sie zum Eifer an. Der heilige Romuald, Anführer einer solchen Asketengemeinde, schrieb zum Hausgebrauch einen Traktat «über die Schlacht gegen die Dämonen», mit praktischen Ratschlägen[8]. Er galt als «der Vater der vernünftigen (d. h.: vernünftig lebenden) Eremiten, die mit einem Gesetz leben»[9] – der Rückweg zur mönchischen Existenz hatte begonnen. Immerhin unterschieden sich solche Gemeinschaften schon äußerlich deutlich von dem auf Maßhalten bedachten Benediktinertum: «Alle schritten barfuß einher, alle waren ungepflegt, bleich und zufrieden mit der äußersten Dürftigkeit in allen Dingen. Einige hatten sich (in eine Zelle) einschließen lassen und schienen der Welt gestorben, so sehr, wie wenn sie schon im Grab gelegen hätten»[10]. Es ist kein Wunder, daß sich die Heiligen prozentuell viel mehr aus solchen Kreisen rekrutierten, als aus dem Mönchtum. Die geistlichen Einzelkämpfer waren ein fast perfektes Gegenbild des Edlen, die konsequenteste Verneinung seines Lebensstils und doch mit ihm verbunden durch das Bewußtsein, einer Elite anzugehören.

Wem eine solche Aussage überspitzt erscheint, der sei darauf verwiesen, daß es auch in der Einsiedlergemeinschaft des heiligen Romuald – nur über sie sind wir ausreichend unterrichtet – einmal recht weltlich zugegangen ist. Er schlug einen seiner Schüler, worauf dieser den Heiligen aus Rache homosexueller Handlungen bezichtigte. Alle eilten herbei und es wurden Rufe laut, man solle den unkeuschen Greis aufhängen, oder mitsamt seiner Hütte verbrennen. Der Anzeiger, der «von edler Geburt» war, wurde später Bischof von Nocera[11].

Die Einsiedlergemeinde hat damals davon abgesehen, die Drohungen wahr zu machen, und nur eine geistliche Strafe gegen Romuald verhängt: er sollte keinen Gottesdienst mehr halten dürfen. Man befand sich im «Unland» und damit in einer herrschaftsfreien Zone und hielt selbst Gericht, so wie es eine Sippe von Weltlichen jenseits der staatlichen Ordnungen getan hätte. Ähnliches gibt es auch heute, und nicht nur in außereuropäischen Ländern, als ein-

---

8 Vita ed. Tabacco 70 c. 33.

9 Brun von Querfurt, Vita quinque fratrum ed. Karwasińska 32 c. 2: «Romualdum patrem rationabilium heremitarum qui cum lege vivunt ...».

10 Petrus Damiani, Vita Romualdi ed. Tabacco 105 c. 64.

11 A. a. O. 91 f. c. 49.

fachsten Weg, die Ehre und das Ansehen der Gruppe zu wahren. Mag sein, daß Petrus Damiani die Geschichte erfunden hat, obwohl er sich ausdrücklich auf das Zeugnis des Heiligen beruft. Auch eine erfundene Geschichte mußte jedoch für die Leser glaubwürdig klingen, Lynchjustiz bei Gottes Einzelkämpfern immerhin als Möglichkeit denkbar sein.

Die Eremitengemeinde war grundsätzlich «herrschaftsfrei», d. h. sie hatte keinen Abt mit Befehlsgewalt, sondern nur einen geistlichen Berater. Sie kannte die Arbeit nicht, die der heilige Benedikt seinen Schülern zur Pflicht gemacht hatte, nach dem Vorbild der Apostel. Jeder konnte sich ernähren, wie er es vermochte, etwa Kastanien sammeln oder in einem Bach mit der Hand Fische fangen. So mancher, und das war besonders in rauheren Gegenden wichtig, erhielt auch Spenden von Weltlichen, die gerne heilige Männer umsorgten. Ein Leben auf den Höhen des Apennin, des französischen Zentralmassivs oder im Bayerischen Wald – dort lebte der Eremit Gunter, Graf von Käfernburg-Schwarzburg[12] – wäre ohne solche Unterstützung nicht immer möglich gewesen. Eremiten waren auch keineswegs an einen bestimmten Ort gebunden. Ermahnungen zur «stabilitas», wie sie Romuald aussprach, hat er selbst nicht befolgt. «Gunter der Eremit» gab sein Leben als Vorbild einer Einsiedlerkolonie zeitweise auf, um den Tschechen und Liutizen zu predigen, ja er war Gast am Hofe des Königs Stephan (des Heiligen) von Ungarn[13].

Die Einstellung der Zeitgenossen zum Eremitentum war sehr verschiedenartig und reichte von scheuer Ehrfurcht bis zu handgreiflicher Ablehnung. Bedeutende Männer versuchten sich an ihm mit Experimenten. Den heiligen Romuald von Ravenna «zog Otto (III.) mit Gewalt aus dem Eremos hervor und machte ihn zum Abt von (S. Apollinare in) Classe». Aber Romuald sah «seine Ruhe und Reinheit» gefährdet und «warf in Gegenwart des Kaisers den Abtstab weg»[14]. Schon vorher hatte sich Erzbischof Brun von Köln bemüht,

---

[12] Herbert Grundmann, Adelsbekehrungen im Hochmittelalter. In: Grundmann, Ausgewählte Aufsätze (Schriften d. MGH 25/1, 1976) 134 f. Gunter versuchte sich zuerst im Mönchsleben, dann «coepit desiderare altioris vitae callem incedere». A. a. O. 135.

[13] Grundmann a. a. O. Es gab den «prédicateur itinérant de type érémitique»: Gérard Gilles Meersseman, Eremitismo e predicazione itinerante dei secoli XI e XII, in: L'eremitismo in Occidente (Atti ... Mendola 1962, Pubblicazioni Univ. S. Cuore s. III var. 4, Miscellanea del CSM 4, Mailand 1965) 164 ff., mit Bibliographie. Über eremitische Seelsorge vgl. u. a. Hans Peter Laqua, Traditionen und Leitbilder bei dem Ravennater Reformer Petrus Damiani (Münsterische Mittelalterschriften 30, 1976) 103 ff.

[14] Brun, Vita quinque fratrum ed. Karwasińska 32 c. 2. Petrus Damiani (oben Anm. 10) 49 c. 23.

dem ungebundenen Leben der Eremiten dadurch ein Ende zu setzen, daß er sie zu Reklusen machte, also ihnen Klausen in der Nähe eines Klosters oder einer Kirche zuwies, betreut und kontrolliert durch den dortigen Klerus[15]. Ungebundene, «akephale» Eremiten hat man mit propagandistischen Mitteln bekämpft; es gibt in den Quellen den Typus des lächerlichen Eremiten, der zugleich ein roher, ungeschliffener Bauer ist. In den Argonnen lebte ein gewisser Lantpert, «in seinen Sitten und seinem Wissen völlig bäuerisch (rusticanus)», so daß viele sich des Lachens nicht enthalten konnten, die ihn sahen. Er starrte von Schmutz, pflegte nackt umherzugehen, hatte keinerlei Zeiteinteilung und seltsame Eßgewohnheiten[16]. Ein anderer Asket unfreier Herkunft war Heimerad oder Heimo, der im Dienst einer edlen Dame zum Priester geweiht wurde, dann nach Rom und Jerusalem Wallfahrten unternahm. Zurückgekehrt, sollte er in Hersfeld Mönch werden; er geriet in Streit mit Abt und Brüdern, wurde verprügelt und wanderte weiter. Als er dem Bischof von Paderborn unter die Augen trat, mit bleichem Gesicht und schlecht gekleidet, fragte dieser, «woher jener Teufel denn komme». Man bemerkte, daß der Mann liturgische Bücher bei sich hatte, aus denen er die Messe zu lesen pflegte; der Bischof sah sie durch, ließ sie ins Feuer werfen und ihren Besitzer verprügeln; letzteres geschah angeblich sogar auf Befehl der Kaiserin Kunigunde[17]. War sie böse darüber, daß sich Heimo in Hersfeld im Streit mit den Mönchen als Bruder des Kaisers bezeichnet hatte? War diese Behauptung eine Antwort auf Beschimpfungen, die sich gegen die niedrige Herkunft und bäuerische Art dieses Außenseiters richteten? Man könnte auch anders fragen: Wurden Asketen niederer Herkunft im Gegensatz zu Hochgeborenen von vornherein scheel angesehen? Das wäre wahrscheinlich zu viel gesagt. Hier und auch sonst war man von Anbeginn gegen jeden eingestellt, der aus dem Rahmen des Üblichen heraustrat. Später hat übrigens der Bischof Meinwerk von Paderborn seine allzu rasch gefaßte Meinung über Heimo bereut.

So konnte man den Asketen mit seiner ungewohnten Lebensform und Erscheinung als einen heldischen Einzelkämpfer gegen das Böse ansehen, oder als einen Don Quichote, vielleicht sogar als durchtriebenen Schwindler. Besser war es, so meinten die allermeisten, sich nicht zu überheben und in der Schlachtreihe (acies) zu verbleiben, von der der heilige Benedikt zu seinen Jüngern gesprochen hatte. Gemeinsam war beiden Gruppen, der mönchischen und der eremitischen, das Streben, den «alten Adam» zu überwinden, das egoistische Wesen abzu-

---

15 Vita Brunonis ed. Ott c. 33 p. 34. Dazu Grundmann a. a. O. 103: «Inwieweit ihm das gelungen ist, entzieht sich unserer Kenntnis.»

16 Johannes v. St. Arnulf in Metz, Vita Iohannis Gorziensis, MGH SS 4, 343 c. 22 f.

17 Ekkebert, Vita Haimeradi c. 7 ff., MGH SS 10, 600 f. Grundmann a. a. O. 110 f.

legen, um Gott in den Mittelpunkt zu stellen. Wie ein Kleid sollte dieses neue Menschentum «angezogen» werden (Col. 3,9 f.). Der Mönch tat dies schrittweise, «denn in allen Dingen, auch in den guten, ist all das ein Laster, was das Maß überschreitet»; an äußeren Dingen ist weder ein allzu schönes Gewand, noch ein sehr schäbiges der richtige Aufzug, überall ist Maßhalten geboten[18].

Dem Eremiten war solche Mittelmäßigkeit fremd, er wollte sein Ziel rasch und voll Leidenschaft (fervor) erringen. Man muß bedenken, daß lange das Ideal des Märtyrers, der sein Leben für den Glauben opfert, das höchste gewesen ist und als solches propagiert wurde. Im 10. Jahrhundert konnte man fast nur noch im Osten und in Spanien[19] das Martyrium erlangen. Das Eremitentum bot einen gewissen Ersatz für diese totale Opferbereitschaft. Wer bedachtsamer vorging, mochte mit einiger Befriedigung die Geschichte hören, die sich anscheinend von Byzanz aus im Abendland verbreitete: Wie ein Abt namens Johannes (Johannes Kolobos) nackt in die Wildnis zog, um ein Engel zu werden. Nach einer Woche kam er wieder, hungrig und desillusioniert[20]. Man war skeptisch gegenüber jenen, deren äußeres Gehaben die innere Vollendung allzu laut verkündete oder auch ersetzte. Man ging gegen Heuchler vor, die «die Form (formam) der Heiligkeit zur Schau stellen» (praetendunt, «vorschützen»)[21]. Sie konnten vom Volk als wirkliche Heilige angesehen werden, und das war schlimm in einer Zeit, da der Begriff der Heiligkeit der Definition entbehrte.

Man trachtete, diesen Begriff von den Lebenden zu entfernen und nur mehr Tote als heilig zu bewerten, wenn von ihren Gräbern Wunderheilungen oder ähnliches berichtet wurde. Man wollte auch diese Qualifikation nicht dem Volk überlassen, sondern autoritativ bestimmen: Die Anerkennung von Heiligenkulten wurde von Bischöfen und Synoden ausgesprochen, und im Jahre 993 hat Papst Johann XV. die Kanonisation des Bischofs Udalrich von Augsburg durchgeführt[22]. Daß das Papsttum später die Sache für sich allein in Anspruch

---

[18] Syrus, Vita Maioli, MIGNE PL 137, 757 f. (II, 7 f.).

[19] So im Jahre 923 die «virgo Eugenia», die in Cordoba ihr Grab hatte; Teilreliquien wanderten in verschiedene Teile Spaniens.

[20] Cambridger Lieder (oben 45 Anm. 165) 97 ff. Nr. 42. Der Text findet sich zusammen mit Gedichten und Schriften des Bischofs Fulbert von Chartres überliefert und könnte von diesem verfaßt sein. Vgl. Frederick BEHRENDS in: The Letters and Poems of Fulbert of Chartres (Oxford 1976) XXV Anm. 25, und die Edition ebenda 266 Nr. 153.

[21] Bern von Reichenau an Erzbischof Gero von Magdeburg, ed. SCHMALE (oben 64 Anm. 74) 21 Nr. 3.

[22] JAFFÉ-LÖWENFELD Reg. 3848, BÖHMER-ZIMMERMANN Reg. 714.

nehmen sollte, war damals noch nicht zu erkennen; für den Bischof Udalrich sollte es eine besondere Ehre sein, durch den höchstrangigen seiner Berufskollegen heiliggesprochen zu werden. Immer noch, bis in das Spätmittelalter hinein, hat es Volksheilige gegeben, verstorbene und auch lebende, denen der Klerus höchst mißtrauisch gegenüberstand.

Stets war der Heilige eine aus der Menge herausragende Erscheinung. Viele Eremiten, so manche Bischöfe, relativ wenige Mönche und sehr wenige Laien wurden als Heilige angesehen. Kein Wunder, da der Weltliche entweder von bäuerischer Art oder aber ein Krieger war. Odo von Cluny hat versucht, für den edlen Laien Möglichkeiten aufzuzeigen, wie er zum Heiligen werden konnte. Die Lebensbeschreibungen von Heiligen, sehr oft durch Mönche verfaßt, waren dem mönchischen Ideal zugetan und einer alten literarischen Machart verpflichtet. Manches erinnerte da an den Typus des östlichen Wüstenheiligen von einst, verwandt mit dem vorchristlichen und christlichen Gottesmann (theios anēr) und Wundertäter. Meistens stand aber die Aufzählung von Haltungen und frommen Werken im Vordergrund: Gebete, Nachtwachen, Fasten, Demut, Keuschheit, Mildtätigkeit usw. Die Liste ist bei Geistlichen recht ähnlich wie bei Laien[23]. Zwanglos fügte sich dem Bischof die weltliche Tätigkeit in diesen Zusammenhang ein; freilich hatte er es oft nötig, an seiner «privaten» Heiligung nachts zu arbeiten. Der vornehme Laie, etwa Graf Gerald von Aurillac, wurde in seiner Sorge um Recht und Gesetz, und als ein Lehensmann geschildert, der keine Doppelvasallität einging; er zog in den Krieg und trug dabei Sorge, daß niemand getötet wurde[24].

Der Kampf der Wüstenheiligen mit den Dämonen und die Askese bis an die Grenze der Selbstzerstörung erscheint hier ersetzt durch alltägliche Kleinarbeit, die Schritt um Schritt zur «aedificatio» führt, zur Erbauung einer neuen Persönlichkeit. Eine solche Tätigkeit in eine kollektive Ordnung gebracht zu haben, war das dauernde Verdienst Benedikts von Nursia. Jeder Abt in seiner Nachfolge hatte die Aufgabe, die «Fundamente des Ordenslebens» zu legen, und vermittels der Stufenleiter der Tugenden «geistliche Häuser in die Höhe wachsen zu lassen», die er «mit dem Schmuck der Weisheit deckte»[25]. Solche Vergleiche muten uns etwas abgeschmackt an ebenso wie das Wort «Erbauung». Es handelt sich um den Versuch, darzutun, wieviel Planen und konstruktive Arbeit, aber auch wieviel Schweiß in dieser eigentlichen Tätigkeit des Religiosen steckt. Man fügt sich einem vorentworfenen Programm, während der Eremit ohne geistliche Führung meinte, «er wolle dem folgen, was ihm (selbst)

---

[23] Poulin, Idéal de sainteté (oben 26 Anm. 79) 79 f., Tafeln E und F.

[24] Poulin a. a. O. 89 ff.

[25] Miracula s. Liutwini (Mettlach) über den Abt Ruthwich, MGH SS 15/2, 1264 c. 10.

am nützlichsten schien»[26]. Ein Konzept dieser Art konnte auch anders aussehen, als jenes, das Benedikt einem Großteil des abendländischen Mönchtums vorzeichnete. An die Stelle des extremen Individualismus östlicher Asketen und Wundertäter hätte der extreme Kollektivismus des ägyptischen Bauernsohnes und Exsoldaten Pachomius treten können. Hier waren die Klöster ummauerte Kasernen, und mit Trompetenschall marschierte man zur Arbeit aus. Pachomius stellte alles auf den Gehorsam ab, und der kam am sinnfälligsten in dem militärisch präzisen Funktionieren des Apparats zum Ausdruck. Auch durch die Gebote Benedikts wurde das Leben «reguliert», aber doch nur in den als wichtig empfundenen Dingen. Anderes konnte nach den Richtlinien, die in der Regel gegeben wurden, weiter ausgebaut werden; das war ein Feld der freien Gestaltung für jeden Abt. Nahm ein geborener Organisator wie Benedikt von Aniane die Sache in die Hand, dann wurden diese Mönchsgebräuche (consuetudines) vereinheitlicht und vermehrt; wenn derlei immer weiter getrieben wurde, geriet man neuerlich in die Nähe eines Exerzierreglements. In Cluny kam man so zu einem Tagesablauf komplizierter Art, als dessen Kennzeichen man den «Ritualismus» angesehen hat. Dicke Bände von «consuetudines» überliefern, was in den Klöstern seit dem elften Jahrhundert an Gebeten und Gesängen, Kniebeugen und Verneigungen, Nachtwachen und Prozessionen zu leisten war[27]. Dazu kam die strenge Einheitlichkeit der Tracht. Schon Benedikt von Aniane hatte Bestimmungen über die Länge der Mönchskutten und ähnliches erlassen.

In den letzten Jahren wurden die Forschungen über das Cluniazensertum bedeutend gefördert. Während man früher den Begriff «cluniazensisch» mit fast allem Reformertum in Klöstern des 10. Jahrhunderts zusammensah, wurde ein Gegensatz «Gorze-Cluny» als These der Ausgangspunkt für eine neue Durcharbeitung des Materials[28]. Seither haben einige Forscher die strengen Konturen der beiden Erscheinungen gemildert und den Gegensatz eher verschwimmen lassen[29]. Das «Reichsmönchtum» gorzischer Prägung und die clu-

---

[26] Petrus Damiani, Vita b. Romualdi ed. TABACCO 50 f. c. 24.

[27] Wichtigste Quelle für Cluny selbst ist der «Liber tramitis», oben 37 Anm. 138, aufgezeichnet zwischen 1027 und 1032 ebendort durch den Abt Hugo von Farfa (darum sog. «consuetudines Farfenses»). Die Zuschreibungen in der älteren Edition durch Bruno ALBERS, Consuetudines monasticae, sind zum Teil überholt. So hat z. B. ALBERS in Bd. 5 (1912) 137 ff. Consuetudines aus Fleury abgedruckt, die aber nicht dem 11., sondern dem 13. Jahrhundert angehören. Vgl. auch HALLINGER, Consuetudo (oben 106 Anm. 159).

[28] HALLINGER, Gorze-Kluny (oben 38 Anm. 141), bis heute das Standardwerk über den Gegenstand.

[29] So etwa Neithart BULST, Untersuchungen zu den Klosterreformen Wilhelms von

niazensische Reform «westlicher» Art hatten gemeinsame Wurzeln und das gemeinsame Ziel, einen Wildwuchs der Lebensführung durch strenge Ordnungen zu ersetzen. Es fragt sich auch, wann und wo der Begriff «Ritualismus» angebracht ist: bei Erscheinungen des elften, oder schon des zehnten, oder auch bei den Reglements des 9. Jahrhunderts. Dabei muß es sich nicht nur um jene Benedikts von Aniane handeln. Angilbert, Laienabt des Großklosters Centula-St. Riquier, teilte seine Mönche in Gruppen und Nachtwachen zu immerwährendem Gotteslob[30]. Es waren Zeittendenzen des 9. Jahrhunderts, die im zehnten erneuert wurden, und seit dem Ende dieses Jahrhunderts im cluniazensischen Bereich einen neuen Aufschwung erlebten[31]. Cluny stand nicht allein mit der Verlängerung des liturgischen Teiles des mönchischen Tagewerks. Hier bieten sich, auch dank der Überlieferung, jedenfalls die eindrucksvollsten Beispiele von «liturgischen Steigerungen» gegenüber der früheren Zeit: Schon unter Abt Odo sollte der Cluniazensermönch – soweit er nicht für andere Aufgaben bestimmt war – täglich 138 Psalmen rezitieren, mehr als dreimal soviel wie in früheren Zeiten[32]. Das war möglich dadurch, daß das Psalmengebet auch bei den verschiedensten nichtliturgischen Beschäftigungen nebenher gehen konnte, ja sollte. Das private Gebetsleben wurde zeitweise – vor allem an Festtagen und im Winter – ganz in den Bannkreis dieses dauernden Rezitierens hineingezogen; für die Arbeit, die Benedikt von Nursia seinen Mönchen abgefordert hatte, besaß man ausreichend Personal, so daß sie eher zu einem symbolischen Akt geworden ist.

Dazu kam eine Komplizierung der liturgischen Verrichtungen und ein sie begleitender Sachapparat mit Vorhängen, Polstern, Teppichen und Draperien,

---

Dijon (Pariser Histor. Studien 11, 1973) 192. Wollasch, Mönchtum (oben 318 Anm. 126) 154, mit Anm. 466. Noreen Hunt in Cluniac monasticism (unten 340 Anm. 59) 4.

30 Vgl. das Reglement Angilberts MGH SS 15/1, 178 Z. 30 ff. Die Idee der «laus perennis» kam aus dem christlichen Orient und wurde im Abendland zuerst im Kloster St. Maurice d'Agaune praktiziert. H. Leclercq im Dictionnaire d'archéologie chrétienne et de liturgie 1 (1924) 859 f.

31 Kassius Hallinger, Das Phänomen der liturgischen Steigerungen Klunys, in: Studia historico-ecclesiastica, Festschrift L. Spätling (Bibl. pont. Athenaei Antoniani 19, Rom 1977) 183 ff.

32 Kassius Hallinger, Zur geistigen Welt der Anfänge Klunys, in: Cluny (Wege d. Forschung 241, herausg. v. H. Richter 1975) 109. Schon im ausgehenden 9. Jahrhundert hatten die Mönche des Klosters Baume täglich 138 Psalmen zu absolvieren; Abt Berno von Baume wurde 910 der erste Abt von Cluny. Barbara H. Rosenwein, Feudal War and Monastic Peace, in: Viator 2 (1971) 132. Später vermehrte man die Zahl der Psalmen in Cluny sogar auf 170, a. a. O.

die auf- und abzumontieren waren. Wichtig schien eine geregelte Gestik verschiedenster Art: Neben Verbeugungen und Prostrationen, Umarmungen und Kniefällen gab es – nicht nur in Cluny, sondern wohl auch in St. Gallen[33] – eine ausgebildete Zeichensprache, mit der man sich in Zeiten verständigte, da allgemeines Schweigen vorgeschrieben war. Dabei konnte es sich auch um durchaus irdische Dinge handeln: «Als Zeichen für einen Käse schließe schräg beide Hände, wie einer, der einen Käse preßt.» «Als Zeichen für einen Laien halte das Kinn mit der Hand, für einen Bart, den in alter Zeit diese Art von Leuten nicht zu rasieren pflegte»[34].

Vorschriften gab es auf den allermeisten Gebieten, selbst auf dem der Emotionen. Am Karfreitag sollten in Fruttuaria (und Cluny) die Mönche nach Beendigung der Psalmen frei für Lesungen und Gebete sein, die «mit Tränen» zu verknüpfen waren[35]. Derlei war nicht bloß cluniazensisch; auch Romuald von Ravenna konnte weinen, «wann immer er wollte»[36], und selbst der sturmerprobte Bischof Udalrich von Augsburg predigte über die Passion Christi weinend und rührte damit manche seiner Zuhörer zu Tränen[37]. Das zehnte Jahrhundert war kein Zeitalter der Empfindsamkeit, eher eines der Routine geistlicher Praktiken. Zur rechten Zeit, etwa bei der Meßfeier, weinen zu können, zählte auch ein Thietmar von Merseburg zu den nachahmenswerten Eigenschaften[38]. Es handelte sich um eine asketische Kunstfertigkeit, die zeigte, wie sich der Wille den Körper untertan machen konnte. Dabei kam es auf die Stärke des Tränenflusses an: ob, so wie Widukind berichtet, das geistliche Gewand des Weinenden naß wurde, oder ob gar – wie bei Abt Odilo von Cluny – der Boden durch den Tränenfluß so aussah, wie wenn eine Welle über ihn hinweggegangen wäre[39].

Zur Normierung und Komplizierung des Tagesablaufs, zu den Vorschriften über die einzelnen Verhaltensweisen kamen strenge Kleiderordnungen. Wir haben oben[40] schon von den Verschiedenheiten der Mönchstracht gesprochen,

---

[33] Oben 56 Anm. 34. Nach Cluny kam die Zeichensprache aus Baume; SACKUR, Cluniacenser 1, 54. Walter JARECKI, Signa loquendi. Die cluniacensischen Signa-Listen (Saecula spiritualia 4, 1981).

[34] JARECKI a. a. O. 124 Nr. 17, 136 Nr. 82.

[35] Consuetudines monasticae ed. ALBERS 4, 59 c. 47.

[36] Petrus Damiani, Vita Romualdi ed. TABACCO 68 c. 31: «ut ... quamdiu vixit et quandocumque voluisset, uberes sibi lacrimę facillime fluerent ...».

[37] Gerhard, Vita Oudalrici c. 4, MGH SS 4, 391.

[38] Chronicon VIII, 11, ed. HOLTZMANN 506 f.

[39] Syrus, Vita Maioli II, 9, MIGNE PL 137, 758.

[40] S. 97 f.

die freilich nicht in allen Fällen ein sicheres Zeichen für die Zuordnung zu einem größeren Reformkreis darzustellen scheinen[41]. Man konnte eine enge, oder eine weite Kukulle tragen, oder die weite über die enge ziehen, was bei den Cluniazensern der Brauch war. Das weite Gewand ließ die Körperformen verschwinden und betonte mit der Fülle des Stoffes die Wohlhabenheit des Klosters; es war mehr in Gallien beliebt als in Mitteleuropa, wo engere Formen herrschten[42]. Die enge Kukulle war für die Arbeit geeignet, die weite für die Liturgie; wer beide übereinander trug, hatte es warm und betonte, daß er zu den «oratores«, den Betern, gehörte. Er zeigte damit auch, daß er voll in den Mönchsstand aufgenommen war: Die enge Kukulle erhielt man in Cluny als Novize noch nicht[43].

Streng achtete man auch darauf, daß die Mönchskutte die richtige Farbe hatte. Eine Reimser Synode beklagte, daß niemand ein Gewand anziehen wolle, das weißliche oder gelbliche Beimischungen der Wolle oder auch überhaupt deren natürliche (dunkle) Farbe habe; die Kukulle mußte künstlich schwarz gefärbt sein[44]. Der Charakter einer Uniform ging aber auch verloren, wenn Mönche als Farbe ein (dunkles) Blau bevorzugten, wogegen schon Odo von Cluny auftrat. Er erzählte die Geschichte, daß ein Mönch nach seinem Tode keine Ruhe fand, weil ihn der heilige Benedikt nicht als einen der Seinen anerkannt habe. Er meinte, es müsse sich bei dem Träger einer blauen Kutte um den Angehörigen eines anderen Ordens handeln[45].

Hier wird deutlich, für wie wichtig man die Abgrenzung der eigenen Lebensform gegenüber den nicht reformierten, der «Welt» näheren Mönchen hielt. Kleider machen Leute, d. h. sie bestimmen auch den Lebensstil, dessen Ausdruck sie sind. Ein Mönch in einer um die Taille eng geschnittenen Kukulle mit flatternden Ärmeln, aus teurem Stoff, «gleicht von rückwärts eher den Dirnen»; was braucht er Schnabelschuhe, vom Dienstpersonal spiegelnd geputzt[46]? Er signalisiert damit seine innere Zugehörigkeit zu den Weltleuten und wird sich auch wie sie benehmen.

Dasselbe gilt vom «Ritualismus». Jeder Vertreter der Völkerkunde weiß, daß das Ritual neben anderen Funktionen auch diejenige hat, Gruppen gegen-

---

41 Wollasch (wie oben Anm. 29).

42 Hallinger, Gorze-Kluny 2, 704.

43 A. a. O. 719.

44 Richer III, 38, ed. Latouche 2, 46.

45 Odo, Collationes III, 22, Migne PL 133, 606. In Blau kleideten sich u. a. die Mönche von Tours, was als die Farbe der Narren bezeichnet wurde. Sackur, Cluniacenser 1, 22.

46 Richer III, 37, 39, ed. Latouche 2, 46.

einander abzugrenzen: Nur wer es kennt und übt, wird als Mitglied anerkannt. In ein Netz von Riten eingespannt zu sein, wird nicht als bedrückend empfunden; im Gegenteil, es beruhigt den Unsicheren, der gerne auf seine Freiheit verzichtet[47]. Unsicherheit herrscht vor allem dann, wenn die gewohnten Ordnungen zu wanken scheinen und die Welt neue Wege geht. Sicherlich hatten bedeutende Reformäbte den Hauptanteil an der Neuformung des Lebensstils; das Bedürfnis nach einer engmaschigeren Ausgestaltung der «consuetudo» mußte ihnen entgegenkommen, ansonsten vermochten sie wenig. Stets hat es umgekehrt Einzelne und ganze Gemeinschaften gegeben, die eine Reform ablehnten. Bequemlichkeit mochte dabei im Spiele sein, und auch der Gedanke, daß das gute Alte die beste Richtschnur war, Neuerungen eher Verwirrung stifteten. Als Otto III. in Rom das Kloster S. Paolo fuori le Mura aufheben und dort Kanoniker einsetzen wollte, erschien – so heißt es – der heilige Paulus dem Kaiser, um ihn zu warnen: «Es nützt überhaupt nichts, Art und Ziel (propositum) eines geistlichen Ordensstandes abzuschaffen oder zu verändern; das gilt auch dann, wenn dieser ‚ordo' zum Teil depraviert ist. Jedermann ist nämlich gemäß jenem ‚ordo' zu beurteilen, nach dem er einst sein Leben Gott geweiht hat»[48]. Immerhin fügte der Heilige eine kurze Bemerkung an, daß Verbesserungen erlaubt seien.

Man wird scheiden zwischen Reformen, die wirklichen Bedürfnissen der Religiosen oder wenigstens eines Teiles von ihnen entsprechen, und der mehr oder minder gewaltsamen, oft von oben herab befohlenen Umstellung auf einen ungewollten neuen Lebensstil. Nicht immer wird man den Standpunkt der Reformer übernehmen können, daß vor ihnen Chaos und Sittenlosigkeit herrschten. Manchmal ist das Bessere zum Feind des Guten geworden, tatsächlich oder wenigstens in den Augen jener, die man gegen ihren Willen einer neuen «consuetudo» verpflichten wollte. Manche sahen hier die Gefahr einer Überfremdung, wie etwa auch die Mönche von Fleury, als mit großem Gefolge Odo von Cluny hier einzog. Sie sollen sich mit Schwertern und Schilden bewaffnet und die Dächer der Klostergebäude besetzt haben, um sich gegen die Invasion zu verteidigen[49]. Mäßiger war die Reaktion eines Mannes wie Thietmar von Merseburg, der freilich nicht selbst dem militanten westlichen Reformertum ausgeliefert war: Der neue Lebensstil (nova conversatio), so meinte er, ist lobenswert, aber diese Leute sind nicht immer so, wie sie scheinen. Thietmars Ideal war die «mediocritas», das mittlere Maß des Gebrauches von Speise und

[47] Jean CAZENEUVE, La mentalité archaïque (Paris 1961) 75.

[48] Rodulfus Glaber, Hist. I, 5, ed. PROU 16 c. 14. Der Erzähler selbst wurde wegen seines Lebensstils aus seinem Kloster entfernt.

[49] Johannes, Vita Odonis III, 8, MIGNE PL 133, 81.

Trank, und dazu ein gutes Herz. Wem kam zugute, was man den fastenden Trägern doppelter Kutten (diploide indutis) entzog? Vielleicht dem eigenen Haus, vielleicht aber wurde «alles anderswohin (extrinsecus) getragen»[50] – doch wohl ein Hinweis auf die aus der Verbandsbildung resultierenden Verpflichtungen der Cluniazenser.

Zu allen Zeiten gibt es eine Majorität von Menschen, die sich mit den realen Gegebenheiten des Lebens, mit ihren eigenen Unvollkommenheiten und den Ärgernissen ihrer Zeit abfinden; und eine Minorität, die dagegen protestiert, gescholten als Weltverbesserer und weltfremde Idealisten. Die Haltung des «gegenweltlichen Protestes»[51] stand schon an der Wiege des Mönchtums; sie erneuerte sich innerhalb des Ordens, wenn klösterliche Gemeinschaften ganz in die Hände von Realisten geraten waren. Insofern war es richtig, daß man immer wieder betonte, man wolle nur den «früheren Zustand» wiederherstellen, den «Zustand nach der Regel» (Benedikts von Nursia)[52], obwohl jede derartige Bewegung ihr eigenes Gesetz in sich trug und unter anderen Voraussetzungen wirkte.

Zu Benedikt von Aniane gehören die allgemeinen Tendenzen, im fränkischen Staatswesen zu einer Ordnung und Gleichschaltung verschiedenartiger Elemente zu gelangen. Die Cluniazenser wurden gestützt durch Weltliche, die in einem königsfreien Raum lebend die äußere und die innere Ordnung suchten, als Gegengewicht gegen alle Umbrüche, die ihre Existenz veränderten[53]. Eiferer für geistliche Anliegen erhielten so freie Hand, fanden aber nicht immer Verständnis. «Und es begann», so schreibt Widukind von Corvey, «für die Mönche eine schwere Verfolgung, da einige Bischöfe behaupteten, sie erachteten es für besser, daß Wenige von rühmlichem Lebenswandel im Kloster seien,

---

[50] Thietmar VI, 21. TRILLMICH 265 übersetzt «diploide indutis» bloß mit «Kuttenträger».

[51] HALLINGER, Anfänge Klunys (oben Anm. 32) 114.

[52] BULST, Untersuchungen (oben Anm. 29) 20 f.

[53] Über die Schicksale der Grundherrschaften im Mâconnais und ihrer Besitzer vgl. DUBY, La société . . . Mâconnais (oben 117 Anm. 20) und jetzt ROSENWEIN, Rhinoceros (oben S. 5 Anm. 14). Anderswo waren große Herren im Sinne der Reform tätig. Für das Poitou vgl. GUILLOT, Le comte d'Anjou 1, 192. In Lothringen waren die Ardennergrafen am Werk, und Brun von Köln half kräftig mit, die Gorzer Reform durchzusetzen, indem er Klöster «teils nach ihrem Willen, teils mit Gewalt zu einem Leben nach der Regel verpflichtete». Ruotger, Vita Brunonis c. 10, ed. OTT 10. Im Dukat von Rom führte Alberich II., Sohn der Marozia, mit Hilfe Odos von Cluny seit 936 eine Klosterreform durch. Bernard HAMILTON, The Monastic Revival in Tenth Century Rome, in: HAMILTON, Monastic Reform (Reprint London 1979) II 47.

als viele Gleichgültige»[54]. Ganz ohne die Bischöfe ging es nur selten ab, und manche von ihnen haben zur Reform die Initiative ergriffen, wie etwa Wilhelm von Mainz und Adalbero I. von Metz. Oft kam es zur Austreibung jener Mönche, die bei ihrem bisherigen Lebensstil verbleiben wollten; erst spät versuchten Bischöfe, ein Zusammenleben beider Gruppen durchzusetzen: «Wir verurteilen jene Guten nicht, die gezwungenermaßen zwischen Pseudomönchen oder unter schlechten Vorgesetzten leben . . ., wie der heilige Gregor sagt: ‚Kein Guter ist jener, der sich weigert, Schlechte zu tolerieren.' Und umso mehr sind die Schlechten zu tolerieren, je mehr es von ihnen gibt . . .»[55].

Solche Worte hätte ein Odo von Cluny kaum verstehen und niemals billigen können. Für ihn lag die Welt völlig im Argen, alles hatte sich verwirrt, keine rechte Ordnung wurde mehr eingehalten[56]. Diesen Zustand konnte ein tatkräftiger Idealist nicht hinnehmen. Johannes von Gorze wollte am Beginn seiner Laufbahn in ein Kloster eintreten, aber «kein einziges Kloster diesseits der Alpen und kaum eines in Italien gab es, von dem man hörte, daß dort das Leben nach der Regel mit Eifer beachtet wurde»[57]. Vielleicht ist diese Aussage richtig, wenn man die Benediktsregel als absolutes Gesetz nimmt, an dem keinerlei Änderungen vorgenommen werden durften. Durch Jahrhunderte war es anders gewesen, hatte der Abt das Recht besessen, über die Lebensgewohnheiten seiner Gemeinschaft selbst zu bestimmen; man lebte nach einer «Mischregel» aus verschiedenen Quellen. Immer noch galt es als erlaubt, die Gebote Benedikts von Nursia den praktischen Gegebenheiten anzupassen; unter diese Gegebenheiten konnte man, wenn man wollte, auch die menschliche Schwäche rechnen, der allzu harte Anforderungen erspart bleiben sollten.

So schieden sich die Geister: Die einen hielten am Bestehenden fest, an dem Gesetz, nach dem sie in das Kloster eingetreten waren; die anderen beriefen sich auf den Willen des Ordensstifters und strebten eine völlige Gleichschaltung der Lebensgewohnheiten an. «Una consuetudo» wurde zum Kampfruf, ähnlich wie einst bei Benedikt von Aniane[58]. Man fühlte sich als eine «neue spirituelle Aristokratie»[59] und wertete die Vertreter der laxen Richtung zu Unwissenden

---

54 Widukind II, 37, ed. Bauer-Rau 121.

55 Synode von Limoges II (1031), Mansi, Sacrorum conciliorum . . . collectio 19, 538.

56 Hallinger, Anfänge Klunys (oben Anm. 32) 118.

57 Johannes von St. Arnulf in Metz, Vita Iohannis Gorziensis c. 20, MGH SS 4, 342.

58 Hallinger, Gorze-Kluny 1, 17.

59 Raffaello Morghen, Monastic Reform and Cluniac Spirituality, zuletzt in: Cluniac Monasticism ed. N. Hunt (London 1971) 15. Morghen vertritt die Ansicht, es bestehe ein fundamentaler Gegensatz zwischen Cluny und der Reform Benedikts von

und Sündern ab. Mit sozialen Spaltungen hat das nichts zu tun. Die nicht reformierten oder reformierbaren Mönche hat man teils als «feine und noble» Leute (subtiliores et nobiliores) gekennzeichnet[60], teils als «agrestes monachos», als bäurische und damit unwissende, ungeschliffene Gesellen[61]. Für die frühe Zeit des Klosters Cluny wurde ein relativ hoher Anteil von Mönchen freibäuerlicher Herkunft festgestellt, und erst im Laufe des 11. Jahrhunderts begannen Angehörige der Oberschichten zu dominieren[62]. Das Selbstbewußtsein des reformierten Mönchtums bedurfte dieser Stütze kaum; Anweisungen aus Cluny zeigen, daß gleich nach dem Namen des Königs Konrad (von Burgund, 937-993) jene von Cluniazensern im Totengedächtnis rezitiert werden sollten, und erst dann folgte der Herzog Heinrich (von Burgund, † 1002). Im Nekrolog sollten zuerst die an dem betreffenden Tag verstorbenen Mönche stehen, und erst dann kam der Jahrtag des toten Königs[63].

Wer sich ein höheres Ziel (propositum) als jenes der durchschnittlichen Religiosen gesetzt hatte, der konnte als Eremit leben, oder er konnte in die geläuterte Gemeinschaft eines Reformklosters eintreten. Unter dem Namen des strikten Lebens nach der Regel mochte es dabei auch zu Neuerungen kommen, die ihr entgegengesetzt waren: Papst Leo VII. hob für das durch Abt Odo (von Cluny) regierte Fleury die Pflicht der «stabilitas loci» auf, indem er erlaubte, daß Mönche ihr Kloster verließen, um zum Anführer der Mönche (ducem monachorum) zu fliehen. Dies durfte geschehen, wenn sie nicht die Möglichkeit erhielten, ein Leben in Armut zu führen[64]. Kaum stand hier das Armutsproblem im Mittelpunkt; der Papst zielte bloß auf jenen Punkt des laxen Lebensstils, der am auffälligsten war. Zugleich sollte Fleury volle Exemtion von der bischöflichen Gewalt erlangen und einen Abt erhalten, der von dem vernünftigeren Teil der Mönche gewählt wurde. Diese «pars sanioris consilii»

Aniane, a. a. O. 13, ähnlich ROSENWEIN, Rhinoceros (oben Anm. 53) 93. Wohl zu Unrecht, wenigstens was die Lebensform betrifft und nicht etwa die Verbandsbildung.

60 Martinian, Prologus in libros morales, MIGNE PL 131, 25.

61 Limoges II (oben Anm. 55) 538.

62 FECHTER, Cluny (oben 204 Anm. 79) 5 f.

63 WOLLASCH, Mönchtum (oben 318 Anm. 126) 70 f. Anm. 218. Es handelt sich bei dem im Liber tramitis gegebenen Beispiel um Mönche aus der Zeit des Abtes Odilo (seit 994). WOLLASCH a. a. O. Liber tramitis ed. DINTER 286 c. 208 (über Eintragung und Rezitation der Namen).

64 Joachim WOLLASCH, Königtum, Adel und Klöster im Berry während des 10. Jahrhunderts. In: Neue Forschungen über Cluny u. die Cluniazenser herausg. v. G. TELLENBACH (1959) 105. JAFFÉ-L. Reg. 3606, ZIMMERMANN Reg. 142 (938). MIGNE PL 132, 1077 Nr. 8.

gab es schon längst. Neu war, daß ihre Stimmen auch dann den Ausschlag geben sollten, wenn sie äußerst klein (minima) war. Eine Kampfansage, gemildert nur durch das Recht auf freien Abzug für jene, denen die neue Lebensordnung zu schwer (onerosa) schien. Worin die Schwierigkeiten und Lasten des neuen Stils bestanden, erfahren wir aus dieser Urkunde und anderen nicht, und selten aus den Chroniken der Zeit. Erst die Erforschung der «consuetudines» hat hier mehr Klarheit geschaffen.

In der Verfügung Leos VII. für Fleury wurde den laxen Mönchen die Möglichkeit gewährt, das Kloster zu verlassen, «damit sie nicht andere beunruhigen». Wahrscheinlich standen diese Mönche auf dem Standpunkt, daß die Unruhe durch die Reformer ins Haus gebracht worden war. Ihre Gegenwehr fiel oft recht kräftig aus. Wir erfahren von Schmähschriften gegen die Reformer und von «akephalen» Mönchen: Sie hatten ihren Abt vertrieben[65]. Anderswo zog der ganze Konvent aus der Stadt weg, und eine große Menge begleitete ihn unter Tränen eine Strecke weit; ein Verhandlungsangebot des reformfreudigen Abtgrafen wurde abgelehnt, die Mönche fanden in England eine neue Heimstätte[66]. Daß ein Kloster wirklich reformbedürftig war, erwies sich, wenn man dort Mordpläne gegen den Abt hegte, oder gegen die zur Reform abgeordneten Cluniazenser[67]. Manchmal mußten diese aus «besetzten» Klöstern wieder abziehen, oder einer Expedition gegen ein unbotmäßiges Kloster war von Anfang an kein Erfolg beschieden[68]. Wenn, wie im Falle von Vézelay, der Diözesanbischof auf der Gegenseite stand, herrschte bereits jene Spannung, die wir aus dem späteren Spottgedicht Adalberos von Laon über die militanten Reformmönche und ihren «König» Odilo kennen[69].

Ist das alles eher ein Abirren von der Regel des heiligen Benedikt als ihre Erfüllung? Die Frage ist nicht leicht zu beantworten. Autoritäre und repressive Züge finden sich in jeder geordneten kollektiven Lebensform; Cluny hat sie ausgeweitet und ins Große gewendet. Dem Abt unterstand bald ein Verband von Klöstern, mit all ihrer Dienerschaft und ihren wehrhaften Familiaren.

---

65 Abbo von Fleury an die Mönche von St.-Mesmin in Micy, Migne PL 139, 437 Nr. 11.

66 Folquin von Lobbes, Gesta abbatum Sithiensium c. 107, MGH SS 13, 629.

67 Von Mordplänen gegen Romuald in seinem Kloster S. Apollinare in Classe berichtet Petrus Damiani, Vita Romualdi c. 3, ed. Tabacco 19. Die nach Farfa gesandten Cluniazenser sollten nachts in ihren Betten ermordet werden: Hugo, Destructio Farfensis mon., MGH SS 11, 536 c. 7.

68 Hourlier, St. Odilon (oben 14 Anm. 15) 57 f. Wilhelm von St.-Bénigne in Dijon an Odilo, Migne 141, 871 f.

69 Siehe oben 15 f., 318.

Benediktinische Milde regierte in der Urzeit des Ordens nicht immer, sondern schon in der Regel gab es Körperstrafen. Sie waren beschränkt auf drei Gruppen: Kinder, Jünglinge «und jene, die weniger begreifen, wie groß die Strafe der Ausschließung aus der Gemeinschaft (excommunicatio) ist»[70]. Diese Dinge wurden nicht weiter ausgebildet, im Gegenteil erfahren wir aus Cluny recht spät von der Existenz einer Zuchtrute für Kinder[71]; aus altgorzischen «consuetudines» ist eine vier Finger breite Geißel als Strafinstrument für schwere Vergehen bekannt[72]. Die primitiven Zuchtmittel, die schon in der Regel neben den psychologischen nur subsidiär angewendet werden sollten, wurden weithin durch eine Schule des Gehorsams ersetzt, durch exaktes Funktionieren eines komplizierten Systems von Verhaltensweisen und Tätigkeiten. Der «Ritualismus» war das Kernstück dieses Systems.

Wie auch immer Benedikt von Nursia über seine cluniazensischen Jünger gedacht hätte – sie waren überzeugt davon, in ihrer Lebensweise den Schlüssel zum Paradies zu besitzen. Wer die «consuetudines» von Cluny befolgt, «dem wird das himmlische Geheimnis offenbar, er wird Gott wohlgefällig und den Menschen angenehm (dulcis). Wer sie jedoch bricht oder ganz verläßt, wird von Gott verlassen und verhaßt in der Welt»[73]. Schon Odo von Cluny hatte auf der einen Seite die Verwirrung der Zeitverhältnisse gesehen, auf der anderen ein Leben «über» der Welt propagiert für die «professores sublimis propositi», die Bekenner eines überirdischen Lebenszieles[74]. Ein derart inspiriertes Reformertum konnte nicht mit sich handeln lassen. Es mußte ermahnen, überreden und Widerstände mit Härte zu brechen suchen.

So kann man verstehen, wie schwierig, ja unmöglich das Nebeneinanderleben zweier Gruppen im Kloster sein mußte. Diejenigen, die ihrem alten «propositum» treu blieben und den verschärften Anforderungen nichts abgewinnen

---

70 Reg. 23, 4; 30, 2 f. Zum Verständnis des Begriffes «excommunicatio» führt am besten Reg. 44, 1: «... a mensa excommunicantur.» Regula ed. Hanslik 2. Aufl.) 86, 94, 121.

71 Teske, Laien, Laienmönche ... (oben 37 Anm. 136) 280 f.

72 Sandrat-Consuetudines, ed. Albers, Consuet. monast. 5, 16 c. 14, 17 f. c. 16 (nach 984). Zum Jahre 1006 meldet Hermann von Reichenau, der hier durch Heinrich II. eingesetzte Abt Immo von Gorze und Prüm sei ein «vir austerus» gewesen, der einige Reichenauer Mönche «ieiuniis, verberibus exilioque» schwer bedrückt habe. Manche verließen das Kloster freiwillig, einer («monachus nobilis et docte facetus») verfaßte in Prosa und Versen eine Schrift, die den Abstieg des Klosters beklagte; sie ist leider verloren. MGH SS 5, 118.

73 Liber tramitis (oben 37 Anm. 138) 5, Vorrede.

74 Hallinger, Anfänge Klunys 98 f.

konnten, waren ein stetes Ärgernis für die Strenggesinnten, sie störten deren innere Ruhe allein schon durch ihre Existenz. Sie setzten sich dem Vorwurf aus, immer noch ihrem eigenen Willen zu folgen und die «Arbeit des Gehorsams» gering zu achten, von der schon im Prolog der Benediktsregel die Rede ist. Freilich hatte dort der Gehorsam vor allem den Weisungen des Abtes gegolten, während es sich hier um ein sozusagen entpersonalisiertes Funktionieren gemäß einem objektiven Kanon des Verhaltens handelte. Daß auch in den Reformklöstern private Initiative und private Gebete möglich waren, wird man gerechterweise anmerken müssen; ihr Raum war beschränkt und diese Dinge waren für Ordensleute der strengen Richtung eher Nebensachen.

Der Intellektuelle unserer Tage befindet sich nur selten wohl in einer gleichartig denkenden, handelnden und lebenden Gruppe; er ist ein Nonkonformist. Eine ähnliche Haltung könnte man bei jenen Eremiten vermuten, die ihren eigenen Lebensstil suchten. Es fragt sich, ob für sie das Aufgeben der Gemeinschaft eine Form der Askese bedeutete, oder eine absolute Notwendigkeit angesichts eines als mangelhaft empfundenen Lebensstils oder Lebenszieles ihrer Genossen. Wenn wir statt im Schlafsaal in einem eigenen Zimmer schlafen können, ziehen wir letzteres vor, und wir sind auch nicht böse, wenn uns dorthin das Essen gebracht wird. In altgorzischen «consuetudines» war beides eine Strafe für schwerere Delikte, zusammen mit einem Stehen vor der Kirchentür während der Offizien. Diese Strafe war so hart, daß eigene «Tröster» (consolatores) durch den Abt bestimmt wurden, die dem aus der Gemeinschaft zeitweise Ausgeschlossenen beistehen mußten. Bewußt zog man die Parallele zur Exkommunikation durch den Bischof: Der Schuldige «wird von der Menge der Gläubigen getrennt»[75]. Ähnlich handelte man in den Cluniazenserklöstern[76], durchaus im Sinne der Benediktsregel.

Wo Alleinsein als Strafe galt, bedeutete Gemeinsamkeit ein positives Erlebnis, und je mehr es an gemeinsamem Leben gab, um so homogener wurde die Gruppe. Insofern handelt es sich um eine Steigerung dessen, was Benedikt von Nursia gewollt hatte, aber um eine Steigerung, die er wahrscheinlich als übertrieben empfunden hätte. Was in der monastischen Frühzeit neuartig war, bildete nunmehr das traditionelle Alte, und starke, enthusiastische Menschen konnten sich damit nicht zufrieden geben. Wenn sie keine Eremiten wurden, schlossen sie sich oft der eremitisch beeinflußten Gorzer Reform an. Sie konnten aber auch einen Lebensstil wählen, der dem Eremitentum entgegengesetzt und nur in einem verbunden war: Durch die Radikalität der Anforderungen war

---

75 Sandrat-Consuetudines, Consuet. monast. 5 ed. ALBERS 18 c. 16.

76 Liber tramitis ed. DINTER 216 ff. c. 151 ff. TESKE (oben Anm. 71) 300.

in Cluny ein sehr hohes Lebensziel gegeben. So könnte man, in starker Vereinfachung, vielleicht die Haupttendenzen im Religiosentum dieser Epoche zusammenfassen.

Viele haben sich dem neuen Stil angepaßt, und vielleicht haben gerade so manche von den kleineren Geistern an der monastischen Betriebsamkeit die positiven Seiten zu schätzen gelernt. Wahrscheinlich erfreuten sich einfache Gemüter an einem naiven und spielerischen Wesen, das im «Ritualismus» steckt und manchmal deutlich zum Ausdruck kommt: Etwa wenn an Festtagen Dutzende, ja Hunderte von Kerzen entzündet wurden, wenn der Kellermeister mit seinem Glöckchen läutete[77], oder wenn im Kapitelsaal an Schnüren die neuen Schuhe baumelten, streng «nach der Rangordnung» aufgereiht[78]. Anderseits steigerte es sicher das Ansehen, alle Kleinigkeiten der «consuetudines» zu kennen und die anderen zu belehren: Daß z. B. bei der Palmsonntagsprozession drei Teppiche aufgelegt werden mußten und die Kniebänke voneinander einen Fuß entfernt sein sollten; nachdem sich der Priester und die anderen Mitwirkenden auf die Teppiche niedergeworfen und wieder erhoben hatten, mußten die beiden seitlichen Teppiche sofort entfernt werden, der mittlere blieb liegen[79]. Musterhaftes Betragen fand seinen Lohn, wie der Prolog zum Liber tramitis verkündete[80]. Vielleicht konnte man es dadurch sogar zum Prior bringen, mit hoher Stellung in der Rangordnung und sehr kleinen Befugnissen[81]. Wer Freude daran empfand, andere zu beobachten und Inkorrektheiten zu registrieren, hatte hier ein reiches Feld der Betätigung, dank der Anzeigepflicht[82].

Die Betriebsamkeit der klösterlichen Existenz solcher Art macht es schwer, hier von einem «beschaulichen» Leben zu sprechen. Eher könnte man den modernen Ausdruck der «Leistungsgesellschaft» anwenden. Auch er trifft die Sache nicht ganz. Immerhin betont er das Moment des Wettbewerbs, das hier stark ausgebildet und ein Motor der Bemühungen war. Dazu sei an Rodulfus Glaber erinnert, der folgendes erzählt: Abt Odilo von Cluny pflegte darüber zu kla-

---

77 Sandrat-Consuetudines, Consuet. monast. 5, 22 c. 23.

78 Liber tramitis ed. Dinter 73 c. 55, 2.

79 Fruttuaria (= Cluny), Consuet. monast. 4, 45 c. 44, 61 f. c. 47.

80 «Quam consuetudinem si quis adimpleverit, in praesenti exaltabitur vita et post intra perhennem laetabitur pascuam.» Liber tramitis ed. Dinter 4.

81 Er durfte in Fruttuaria (und Cluny) z. B. die Erlaubnis dazu geben, daß ein Mönch dem anderen Nadel und Faden gab, einem Halbblinden die Nägel schnitt usw. Consuet. monast. 4, 136 c. 4, 146 c. 11, 156 c. 12.

82 Liber tramitis ed. Dinter 32 c. 21, 215 c. 150 usw., und für die «pueri» Consuet. monast. 4, 11 c. 3: «ut unusquisque dicat, si scit aliquid reprehensibile de alio».

gen, daß der Neid nicht nur unter den Weltlichen grassiere, sondern auch unter Mönchen eine Heimstatt habe. Als Rodulfus in seinem Kloster die Inschriften der Altäre erneuerte, war es vielleicht ein Mönch aus Cluny, der den Abt und einige der Brüder gegen das Werk und seinen Autor «mit dem Gift des Neides infizierte», so daß sie alles zerstörten[83]. Vielleicht fanden sie mit Recht die Arbeit stümperhaft, vielleicht durfte man nach cluniazensischer Anschauung etwas derartiges nicht ohne Erlaubnis des Abtes beginnen; dies ist das Wahrscheinlichere, denn Rodulfus berichtet nur von der Bitte der Mitbrüder an ihn. Er suchte sich auszuzeichnen und wurde schmählich enttäuscht. In einer so stark durchorganisierten Gruppe schätzte man die Erfüllung der vorgegebenen Normen; auf diesem Feld sollte der Wettbewerb stattfinden, und hier konnte es auch jene Haltung geben, die Odilo beklagte. Rodulfus Glaber meinte etwas anderes, den Neid auf ein geschaffenes Werk.

Gemeinsames Agieren band aneinander, und konnte durch «das Gift des Neides» gegen den Nebenmann wieder zur Spaltung führen. Das Experiment einer alternativen Lebensordnung hatte seine natürlichen Grenzen. Es schuf keinen neuen Menschen, immerhin gab es dem Strebenden Hilfen zur Erbauung einer christlich bestimmten Persönlichkeit. Nach Benedikt von Nursia und Benedikt von Aniane war die Reformbewegung des zehnten Jahrhunderts der dritte große Aufschwung, ein Ziel zu erreichen, dem man nur in gewissem Maß nahekommen konnte. Daß es im Kloster Parteiungen, Mißgunst und Ohrenbläserei gab, erfahren wir ausführlich durch Ekkehard IV. von St. Gallen; wir können daran zweifeln, daß der Alltag in einem Reformkloster so ganz anders geartet war. Aus ihm konnte man den «alten Adam» nicht völlig verbannen, und das ist auch späteren Reformen niemals möglich gewesen. Zu sagen, daß sie deshalb gescheitert sind, wäre falsch.

---

[83] Rodulfus Glaber ed. Prou 120 f. (V, 1, 8). Vgl. unten 347 f. Anm. 4.

II.

Klösterliche Lebensordnung

Nach dem Willen Benedikts von Nursia sollte das Kloster einen Ort der dauernden untrennbaren Lebensgemeinschaft darstellen; alle sollten ein Herz und eine Seele sein, wie es von den Gläubigen in der Apostelgeschichte berichtet wird. Die Realität sah zumeist anders aus, sowohl was die «stabilitas loci» betrifft, als auch durch die Scheidung von Gruppen mit verschiedenem Lebensweg. Und schließlich wird es um so schwieriger, eine innere Bindung zwischen Menschen herzustellen, je zahlreicher die Mitglieder einer Gruppe sind.

Der Burgunder Rodulfus Glaber wurde mit etwa zwölf Jahren in das Kloster St.-Léger in Champeaux aufgenommen, ging von dort nicht ganz freiwillig weg und fand in Moutier-St.-Jean in der Diözese Auxerre und dann im Kloster St.-Germain in dieser Stadt eine Zuflucht. Dort hatte er den schon erwähnten Konflikt wegen der Altarinschriften. Später treffen wir ihn im Kloster von Bèze, dann in der angesehenen Abtei St.-Bénigne in Dijon. Der dortige Abt Wilhelm nahm ihn auf eine Italienreise mit; nach dem Tode seines Gönners wechselte Rodulfus nach Cluny über, wo er auf Wunsch des Abtes Odilo sein Geschichtswerk beendete[1]. Wilhelm war ein bedeutender, in Cluny ausgebildeter Reformer[2]. Weder er noch Abt Odilo kann an dem unsteten Leben dieses Mannes Anstoß genommen haben. Man war daran gewöhnt, Mönche zu Zwecken der Reform in andere Klöster zu versetzen, und wir haben schon von dem päpstlichen Privileg für Fleury gehört, reformwillige Mönche auch ohne Bewilligung ihres Abtes aufzunehmen[3]. Rodulfus selbst berichtet, daß man in St.-Germain fremde Mönche stets ehrfürchtig aufgenommen habe[4].

---

[1] So Prou in der Einleitung zur Edition, p. V s. Margarete Vogelsang, Der cluniacensische Chronist Rodulfus Glaber. Studien u. Mitteilungen zur Gesch. d. Benediktinerordens 67 (1956) 27 f. meint, Rodulfus habe schon vor dem «kurzen Aufenthalt in Bèze» in St.-Bénigne gelebt.

[2] Bulst, Untersuchungen zu den Klosterreformen Wilhelms von Dijon (oben 334 Anm. 29). Rodulfus schrieb eine Vita domni Wilhelmi abbatis, herausg. v. N. Bulst im Deutschen Archiv 30 (1974) 462 ff.

[3] Oben 341. Ähnlich Johann XI. für Déols 931, Jaffé-L. Reg. 3585, Böhmer-Zimmermann Reg. 106.

[4] ed. Prou 121 (V, 1, 8): «Nam quidam a sui monasterii fratribus exosus discedens

Auch von dem Auszug ganzer Mönchsgemeinschaften wird berichtet, so etwa in Chartres zum Jahre 1004[5]. Aus den Lebensbeschreibungen heiligmäßiger Mönche ergibt sich oft «der Eindruck der Instabilität»[6]. Jenseits des Bereiches der Reformer hören wir z. B. aus St. Gallen von einem Mönch namens Tuotilo; er war «ein reiselustiger Mann, der Länder und Städte weit umher kannte» und z. B. nach Mainz zum Einkauf von Stoffen gesandt wurde[7].

Nach der Benediktsregel sollten alle bestraft werden, die nach der Rückkehr von einer Reise ihre Erlebnisse den Brüdern erzählten[8] – eine Bestimmung, die später keine Spuren hinterlassen hat und kaum mehr befolgt wurde. Benedikt von Nursia rechnete auch damit, daß reisende Mönche in seinem Kloster verweilten und hier «einen festen Standort haben» wollten, d. h. in die Gemeinschaft eintraten. Man durfte vorbildliche Fremde sogar dazu bereden, zu bleiben, «denn allerorts dient man einem einzigen Herrn, kämpft man für einen einzigen König»[9]. Dieser letzte Satz hätte auch den Wegzug von Mönchen gerechtfertigt; jedenfalls war die «stabilitas» schon damals kein eisern eingehaltenes Gesetz. Ein Wechsel der Gemeinschaft sollte wohl eine Ausnahme sein und nicht zu einem Fluktuieren des Personalbestandes führen.

Stärker machte sich im klösterlichen Alltag die Zweiheit von «aufgedienten» und «spätberufenen» Mönchen geltend, von «nutriti» und «conversi» (Konversen älteren Stils)[10]. Hier trafen einander Menschen, die stets eine behütete Existenz geführt hatten, gewohnt an die Leitung durch andere, und solche, deren Leben vor dem Eintritt das eines Weltlichen gewesen war; Mönche, die in der «inneren Schule» des Klosters ihre Ausbildung genossen hatten, und andere,

---

venit ad nostros, a quibus, ut mos illorum semper fuit, devote susceptus est.» Das Wort «sui» könnte sich, da vorher von Odilo die Rede ist, vielleicht auf ihn beziehen. Der bittere Beiklang der Worte erklärt sich aus dem Zwist mit diesem Mitbruder, oben 346 Anm. 83.

[5] Fulbert von Chartres an Abbo von Fleury, The Letters ... of Fulbert ed. Behrends 6 Nr. 1.

[6] J. Leclercq, Zitat nach Poulin, Sainteté (oben 26 Anm. 79) 39. Poulin hat auf die Bedeutung der eremitischen Komponente für das Ideal der Heiligkeit hingewiesen und darauf, daß Eremiten (wie Romuald auch) oft recht «instabil» lebten.

[7] Ekkehard IV. c. 40, ed. Haefele 91.

[8] Reg. 67, 5 f., ed. Hanslik (2. Aufl.) 173, mit der Begründung «quia plurima destructio est». In Benedikts Regel erscheint der Gegenbegriff der «aedificatio» hier das einzige Mal; im Gegensatz zur «Erbauung» ist er nicht in den Sprachschatz des geistlichen Lebens eingegangen. Vgl. unten 529 Anm. 10.

[9] Reg. 61, 5, 8-10, ed. Hanslik (2. Aufl.) 156.

[10] Vgl. die oben 38 Anm. 141 genannte Literatur, besonders: Grundmann, Adelsbekehrungen; Teske, Laien, Laienmönche ....

von denen man kaum Schreib- und Lateinkenntnisse erwarten konnte. Relativ wenige der großen Äbte, aber fast alle Geschichtsschreiber entstammen der ersten Gruppe. Im Alltag bildeten die «nutriti» anscheinend eine Kerngruppe, die den Spätgekommenen reserviert gegenüberstand. Der Gegensatz wird mehrfach deutlich, unter anderem auch aus den Reden eines der Gegner Ademars von Chabannes in der Martial-Frage[11]: Der Prior Benedikt des Klosters (S. Michele della) Chiusa (bei Susa, Piemont) sagte in seinem ungeschliffenen Latein, er sei der Neffe des dortigen Abtes und zu seiner Nachfolge bestimmt. Gäbe es keine schlechten Mönche, nämlich die Konversen mit ihrer bäurischen Art, wäre er schon längst Abt von Chiusa. Dieser Mann, der den Gelehrten hervorkehrte, wurde also von den Konversen seines Klosters abgelehnt. Daß unter ihnen einflußreiche Leute waren, ist wahrscheinlich.

Der Eintritt von Jungmönchen oder vielmehr die Darbringung (oblatio) erfolgte sehr früh: Rather (von Verona) wurde als kleiner Bub (puerulus) dem Kloster Lobbes bzw. dem heiligen Petrus «zusammen mit Brot und Wein als Opfergabe» dargebracht[12]. Den späteren Abt Wilhelm von Dijon haben seine Eltern im Alter von sieben Jahren einem Kloster bei Vercelli als Oblaten übergeben; dank seiner vornehmen Herkunft stand er unter der Obsorge einer Betreuerin, die in der Nähe des Klosters ihre Wohnung hatte, und dort durfte Wilhelm manchmal auch die Nacht verbringen[13]. Da man nicht immer schon als Kleinkind die Taufe empfing, konnte es vorkommen, daß ein ungetauftes Söhnchen durch den Vater einem Kloster «tradiert» wurde[14].

Für die betreffende Familie war es eine Beruhigung, eines ihrer Mitglieder als frommen Beter im Kloster zu wissen; das galt noch mehr für kränkliche Kinder, die so Gott näher und der Familie aus dem Wege waren. Gerald von Aurillac, der spätere Heilige, war in seiner Kindheit oft krank. So ließ man

---

[11] Oben 26 ff. Ademar, Epistola de apostolatu s. Martialis, Migne PL 141, 107.

[12] Rather, Dialogus confessionalis c. 11, Migne PL 136, 399. Die Symbolhandlung beschreibt der Liber tramitis ed. Dinter 227 c. 155: «... veniat puer ante altare vel ad gradus et detur in manus illius offertorium cum hostia et ampulla vini», worauf die Oblationsurkunde verlesen wurde.

[13] Rodulfus Glaber, Vita Willelmi abbatis. Deutsches Archiv 30 (1974) 465 c. 3 (5).

[14] Ein Mann namens Wilhelm (von Bellême) gab dem Kloster Fleury einen Besitz zurück und tradierte gleichzeitig seinen Sohn Benedikt, «nondum catecuminum», an das Kloster. Andreas von Fleury, Vita Gauzlini ed. Bautier-Labory (oben 71 Anm. 103) 48 c. 15. Zwar spendete Wilhelm (später?) auch silberne Leuchter an Fleury, doch wird das genannte Gut zum «Einkauf» des Söhnchens in das Kloster gedient haben, die Rückgabe erfolgte also nicht gratis. So erklärt sich wohl auch die sehr frühe Oblation des Knaben, die doch wohl ein Einzelfall gewesen sein dürfte.

ihn studieren: «Wenn er für weltliche Geschäfte weniger tauge, sei er doch für ein kirchliches Amt geeignet»[15]. Der heilige Adalbert von Prag[16] und andere sollen nach dem Eintritt in den Mönchsstand die Gesundheit wiedererlangt haben. In Cluny wurde im späten 11. Jahrhundert die Zahl der «pueri oblati» auf sechs beschränkt[17]. Damit sollte anscheinend der Mißbrauch beseitigt werden, daß aus kinderreichen Familien Blinde, Bucklige und Aussätzige dem Kloster offeriert wurden, «nicht um Gottes willen, sondern nur deshalb, damit sie sich ihrer Erziehung und ihres Unterhaltes entledigen»[18].

Während die später Eingetretenen, auch solche mit Weihegraden, eine Zeit des Noviziats absolvieren mußten, hat man in Cluny den Kindern sofort die Skapulierkukulle gegeben und sie damit zu Vollmitgliedern des Konvents gemacht[19]. Nach Erlangung der Volljährigkeit bzw. eines «geeigneten Alters», frühestens mit fünfzehn Jahren[20], hatte der junge Mönch durch Niederlegung der Profeßurkunde am Altar selbst zu bekunden, daß er dem Konvent angehören wollte. Für den Fall, daß ein Mönch zu diesem Zeitpunkt die Entlassung begehrte, war in den «consuetudines» nichts vorgesehen: es ist anscheinend kaum jemals so weit gekommen. Zu den Konsequenzen dieses Schrittes hätte eine für das Kloster unangenehme Rückforderung des Gutes gehört, das die Eltern bei der Oblation des Kindes zu schenken pflegten. Im neunten Jahrhundert hatte ein derartiger Fall, jener Gottschalks im Kloster Fulda, viel Staub aufgewirbelt. Während man ihm ohne weiteres die Freiheit, nicht aber sein Familiengut zurückgeben wollte, hat eine Synode von Ingelheim im Jahre 948 den Beschluß gefaßt, daß Kinder, die von ihren Eltern dem Kloster dargebracht worden waren, nicht mehr in den weltlichen Stand zurückkehren durften[21]. Natürlich war es gegen den Sinn der Regel, daß so die Versprechungen des Mönchs in der Profeßurkunde – «stabilitas loci», sittliche Lebensführung und Gehorsam – zu bloßen Formalakten wurden. Daß man sich an die Bestimmung gehalten hat,

---

[15] Odo von Cluny, Vita Geraldi comitis I, 4, Migne PL 133, 645.

[16] Brun von Querfurt, Vita II Adalberti ed. Karwasińska 4 c. 2.

[17] «Pueri autem qui sunt in conventu nostro, non ultra senarium protendunt.» Udalrich, Consuetudines III 8, Migne PL 149, 742. Vgl. Teske, Laien, Laienmönche ... (oben 38 Anm. 141) 279 mit Anm. 232.

[18] Udalrich, a. a. O. 635 f. Teske a. a. O. 282.

[19] Teske a. a. O.

[20] Udalrich III, 8, a. a. O. 742. Nach dem bei Burchard von Worms zitierten Konzilsbeschluß (Toledo XI, 6, 675) durften Eltern die Oblation ihres Kindes bis zum zwölften Jahr durchführen, später war es selbst um seinen Willen zu befragen. Migne PL 140, 791 f. (VIII, 1).

[21] MGH Constitutiones 1, 15 f. Nr. 6 (c. 20).

bezeugt eine Nachricht von der Frankfurter Synode des Jahres 1027. Hier wurde ein Mann namens Gebhard zum Rücktritt in den Mönchsstand verurteilt, da er als Kind aus einem Würzburger Kloster geflohen war. Es half Gebhard nichts, daß es sich bei ihm um einen Stiefbruder des Kaisers handelte[22], der bei dieser Versammlung anwesend war.

Neben kranken Kindern gab es im Kloster auch Greise, die dort ihr Ende im Mönchshabit erwarteten. Das konnte lange dauern, oder so rasch gehen wie bei jenem Grafen Odo I. von Chartres, der erkrankte, Mönch wurde und starb, was alles zusammen in vier Tagen geschah[23]. In dem entscheidenden Moment, wenn ein sündiger Mensch vor Gottes Gericht trat, brauchte er Helfer, und er fand sie, wenn er ein Mönch war: Nach gorzischem Brauch wurden sämtliche Glocken geläutet und alle eilten in die Kirche, um gemeinsam für den verstorbenen Mitbruder zu beten[24]. Gleiches sollte beim Tod des Königs oder anderer Großen gelten, vor allem aber dann, wenn jemand starb, der in die Gebetsgemeinschaft des Klosters aufgenommen worden war. Freilich dauerte es in solchen Fällen lange, bis im Kloster die Nachricht einlangte. Konnte dann nicht über das Seelenheil des Verstorbenen schon entschieden sein? Der Tod im Kloster brachte die Gewähr, daß die Fürbitten rechtzeitig erfolgten; hier konnte man ruhig sterben.

Nicht immer verlief dieses Sterben wunschgemäß. Graf Albert von Vermandois erkrankte, ließ sich tonsurieren und nahm die Kutte. Dann gesundete er wieder und mußte nun die Vorwürfe seiner Familie anhören, die der Meinung war, es sei eine Narretei gewesen, ins Kloster zu gehen. So «vertauschte er die Kutte mit dem Gewand des Kriegers» – was Gottes Strafe herausforderte: Der Graf erkrankte neuerlich und starb nun wirklich[25].

Für den Konvent war der Fall, daß ein Großer sein Leben im Kloster beenden wollte, aus materiellen Gründen erfreulich und deswegen, weil das Ansehen der Gemeinschaft erneut unter Beweis gestellt wurde. Für ihr geistliches Leben war die Präsenz eines frommen Außenseiters, auf dessen Rang man Rücksicht nehmen mußte, eher eine Belastung. Ein Beispiel: Herzog Wilhelm III. von Aquitanien, Graf von Poitou, dessen Tochter später die Gattin des Hugo Capet wurde, zog sich nach St.-Maixent, dann St. Cyprian in Poitiers zurück,

---

22 Wolfhere, Vita Godehardi I, MGH SS 11, 190 c. 31. Vita Meinwerci ed. F. Tenckhoff, Das Leben des Bischofs Meinwerk von Paderborn. MGH SS rerum German. (1921) 116 c. 200: «... et Gebehardus iuvenis, frater imperatoris, ibidem arma deponens clericalem tonsuram invitus accepit.»

23 Richer ed. Latouche 2, 302 (IV, 94).

24 Sandrat-Consuetudines ed. Albers, Consuet. 5, 50 f. c. 43.

25 Gesta episcoporum Cameracensium III, 23, MGH SS 7, 473.

wo er 963 verstarb[26]. War er dort wirklich als Mönch einer von vielen, oder wurde das Kloster zu einer Art geistlicher Hofhaltung für ihn? Es hätte wohl großer Willensstärke auf beiden Seiten bedurft, eine ideale, der Regel konforme Haltung des einstigen Herzogs zu erreichen. Sogar in dem asketisch strengen Kloster Gorze nahm man es nicht allzu genau, als ein reicher Mann edler Abstammung hier eintrat und «eine Last von Gold und Silber, und anderen Hausrat (supellectilem) in Menge mit sich führte»: Weil er eine gewichtige Persönlichkeit (ampla persona) war, wurde er sanfter als die anderen Mönche behandelt und mehr als sie geehrt[27].

Der Idealfall und ein wirklicher Gewinn für das Kloster war es, wenn jüngere Männer aus freiwilligem Entschluß und im vollen Bewußtsein seiner Tragweite der Gemeinschaft beitraten. So ging Romuald als Zwanzigjähriger zur Sühne für eine Bluttat seines Vaters ins Kloster, Odo von Cluny wurde mit dreißig Jahren Mönch. Beide sind für das Ordensleben von hoher Bedeutung geworden[28]. Für solche Menschen war es schwieriger als für die «pueri oblati», sich ganz von ihrer Familie zu trennen. Diese Beziehungen konnten in einzelnen Fällen dazu führen, daß ein Mönch seine Familie ins Kloster nachzog. Johannes, ein Sohn freier Eltern, trat in Gorze ein und bewog seine beiden Brüder, dasselbe zu tun. Die Mutter, Witwe und daher voll verfügungsberechtigt, zog später «mit einigen Leuten aus der ‚familia'» in die Nähe des Klosters und betätigte sich als Bedienstete (serviens) der Mönche; zusammen mit ihren Leuten sorgte sie für die Bekleidung des Gorzer Konvents[29]. Das war von Vorteil für Gorze, wurde aber von manchen Mönchen als bedenklich empfunden.

---

[26] Lot, Derniers Carolingiens 44. Auf das Sterben im Kloster geht kurz ein: Dietrich Poeck, Laienbegräbnisse in Cluny. Frühmittelalterliche Studien 15 (1981) 68 ff.

[27] Johannes von St. Arnulf in Metz, Vita Iohannis Gorziensis c. 57 f., MGH SS 4, 353. Man ließ sich auch gefallen, daß er die Brüder von oben herab behandelte (quasi de superiori loco sententiam ferre) und Vorgesetzten bittere Dinge sagte. A. a. O. 353 f. c. 59 ff. wird geschildert, wie dieser Mann nach einer Krise – er wollte das Kloster verlassen – seinen Stil änderte und nun an Askese alle anderen übertreffen wollte, «abiectionem sui et quaeque extrema semper appetiit». Damit hat er in anderer Form jene Anerkennung gesucht, ohne die mancher Angehörige der Oberschicht nicht existieren konnte. Wegen einer ähnlichen Haltung (senioribus non oboediens, coaequalibus molestus, iuvenioribus onerosus) wurde Rodulfus Glaber nach seinen eigenen Worten aus seinem Kloster verjagt. Diese «superbia» wird begreiflicher dadurch, daß Rodulfus mit zwölf Jahren durch seinen Onkel «mit Gewalt den Eitelkeiten des Weltlebens entrissen» worden war. Rodulfus Glaber ed. Prou 116 (V, 1, 3).

[28] Grundmann, Adelsbekehrungen. Ausg. Aufs. 1, 127 f., 131 f.

[29] Johannes v. St. Arnulf (oben 310 Anm. 83) c. 45, MGH SS 4, 350. Oben 309 f.

Überblickt man die hauptsächlichen Gruppen, aus denen sich ein Konvent zusammenzusetzen pflegte, so kann man die im Kloster aufgedienten Mönche als einen «Traditionskern» betrachten, im Vollbesitz geistlicher Erziehung, aber ohne Welterfahrung; man könnte daran denken, daß Leute wie Rather von Verona in ihrer Haltung gegenüber den Realitäten des Daseins durch diese Herkunft mitbestimmt wurden. Daneben gab es Zuzug aus anderen Klöstern: Reformmönche, öfter aber unruhige Geister mit disziplinären Schwierigkeiten; dazu echte Spätberufene, weltgängig und darum zur Übernahme leitender Positionen befähigt, wenn sie über die nötige Bildung verfügten. Sicherlich bedurfte es einer starken Hand, so verschiedenartige Menschen dem gemeinsamen Ziel zuzuführen. Eine Hilfe dabei war die volle Auslastung aller Beteiligten durch das vorgeschriebene Tagewerk.

Zu dieser Gruppenbildung kam anderes, das ein Zusammenspiel im täglichen Leben komplizierte. Schon Benedikts Regel hatte den Priestermönchen ein besonderes Kapitel gewidmet. Damals waren es wenige, die vom Abt ausgewählt wurden, und Benedikt hatte strenge Strafbestimmungen gegen solche Priester parat, die sich etwas Besonderes dünkten[30]. Jetzt war das anders: Die Priester bildeten eine starke Minorität oder schon die Majorität des Konvents, und dazu kamen zahlreiche Träger minderer Weihegrade[31]. Es lag nahe, daß sich die Priestermönche – ähnlich wie die einstigen «pueri oblati», mit denen sie wohl vielfach identisch waren – als die eigentlichen Honoratioren des Klosters fühlten, im Rahmen eines Prozesses der Intellektualisierung, der die schlichten Konversen immer mehr an den Rand drängte. Edle Herkunft mochte ein gewisses Gegengewicht gegen diese Elite bilden; wer ein «bäuerischer» Mönch war, vielleicht von Hörigen abstammte, die sich ins Kloster geflüchtet hatten[32], besaß dieses Ansehen nicht. In den «consuetudines» werden die Konversen, vielfach im Gegensatz zu den «cantores» und «pueri», mit Randfunktionen des

---

[30] Reg. ed. HANSLIK (2. Aufl.) 158 c. 62.

[31] In St. Gallen gab es unter Abtbischof Salomo (890-919) 42 Priester, 24 Diakone und 15 Subdiakone (wozu 20 «pueri» kamen). In Lorsch zählte man (951-972) 48 Mönche, von denen 14 Priester, 12 Diakone und 8 Subdiakone waren. Ursmer BERLIÈRE, Le nombre des moines dans les anciens monastères. Revue bénédictine 41 (1929) 260, 42 (1930) 22. Über die Schätzungen des prozentuellen Anteiles der Ordinierten in den Klöstern referiert Giles CONSTABLE, Monasteries, rural churches and the cura animarum in the early middle ages. In: Cristianizzazione ed organizzazione ecclesiastica . . ., Settimane . . . Spoleto 28/1 (1980, Spoleto 1982) 361 ff. Ebenda 376 ff. über die immer wieder verbotene, aber doch gelegentlich geübte Pfarrseelsorge des Ordensklerus.

[32] KOENIGER, Burchard I. von Worms (oben 23 Anm. 59) 103.

liturgischen Lebens betraut. Sie tragen Kerzenleuchter oder Weihwasserkessel und dürfen Weihrauchfässer schwingen[33]. Der Laienmönch nähert sich mit der Zeit dem Laienbruder ohne Profeß, der «kein Mönch ist, sondern ein tonsurierter Laie»[34].

Randexistenzen ganz anderer Art gab es auf Grund der Tatsache, daß das Kloster ein Refugium für Verbrecher sein konnte. Es war unbillig, sie abzuweisen, wenn sie mit den Zeichen reuiger Gesinnung um Asyl ansuchten. Kaum verwunderte man sich über die Erzählung Reginos, daß einstmals (746) Karlmann nach seiner Abdankung inkognito Montecassino aufsuchte, an die Klosterpforte klopfte und eine Unterredung mit dem Abt erbat. Vor ihm habe sich Karlmann als Totschläger bezeichnet und mit allen Zeichen der Reue gebeten, das Kloster als Ort der Buße wählen zu dürfen[35]. Die zweite Synode von Limoges (1031) mußte sich mit der Frage beschäftigen, ob jemand, der einen Mord begangen hatte und dann Mönch geworden war, Weihegrade erhalten dürfe. Man verwies dabei auf den konkreten Fall eines Klerikers, der einen Bischof ermordet hatte; da er nirgends aufgenommen wurde, gab man ihm in Cluny die Möglichkeit zur Buße. Abt Odilo fragte damals in Rom an, wie es mit dem Manne zu halten sei, und erhielt die Antwort, der Sünder dürfe weder Weihegrade noch auch die Kommunion empfangen[36]. Wir können nicht daran zweifeln, daß Abt Odilo diesen bußfertigen Verbrecher voll in der Mönchsgemeinschaft integriert sehen wollte. Ob dessen Gegenwart im Schlafsaal und bei den Mahlzeiten von manchen Mitbrüdern als unheimlich oder gar bedrohlich empfunden wurde, wissen wir nicht. Daß der Papst Einschränkungen machte, hat vielleicht verhindert, daß Cluny zur Zufluchtstätte für mehr geistliche Übeltäter wurde. Schon vorher gab es den Fall, daß Abt Odo dem Kloster Cluny einen «hochberühmten Räuber» (insignissimus latro) zuführte, der dort dem Kellermeister zur Dienstleistung zugeteilt wurde und mit einer Hand seine Dienste verrichtete, während er «in der anderen das Psalterium hielt». Damals war der junge Mann, nach einer Probezeit, bereits Mönch[37]. Er stammte allem

---

33 Fechter, Cluny (oben 204 Anm. 79) 16. Teske, Laien, Laienmönche ... 290.

34 Letald von St.-Mesmin in Micy, Miracula Maximini c. 37, Migne PL 137, 815.

35 Regino, Chronicon ed. Kurze 41.

36 Mansi, Sacrorum conciliorum ... collectio 19, 546. Als Grund für Odilos Gedanken, dem Mörder Weihen zukommen zu lassen, wird erwähnt, daß er «legere et cantare tamquam peritus clericus sciens» dazu geeignet sei. Soll man die Stelle so auffassen, daß nicht alle Mönche lesen konnten? Das ist die gängige Meinung. Unerklärt bleibt, auf welchem Wege sich ein Illiterat all die Psalmentexte aneignete, die er kennen mußte. Sie ihm vorzusagen, bis er sie auswendig kannte, war keine geringe Mühe. Für vornehme Laien wie Gerald von Aurillac veranstaltete man eine Art

Anschein nach aus guter Familie und könnte einer jener «jüngeren Söhne» gewesen sein, die nicht warten wollten oder konnten, bis sie aus der Herrschaft des Vaters entlassen wurden[38].

So kann man sagen, daß das Zusammenleben von Menschen so verschiedener Herkunft, Lebensart und Bildung Probleme aufwarf, über die wir wenig unterrichtet sind. Natürlich lag die Sache einfacher in kleinen Konventen als in großen. Wir sind gewohnt, uns das Mönchtum in großen Abteien vorzustellen und nicht in kleinen Filialklöstern (cellae, cellulae); diese schied man in solche mit einem Dutzend Mönchen und andere, die aus noch weniger Brüdern bestanden[39]. Im Gesamtdurchschnitt von großen Klöstern (monasteria), mittleren (coenobia) und kleinen (cellae, cellulae) mochte ein Kloster etwa 30 Mönche beherbergen[40]. Bei Neugründungen und Neubesiedlungen wurde diese Zahl tatsächlich gerne gewählt, oder auch eine Zwölfzahl der Mönche[41]. Wie es natürlich ist, gab es mehr kleine Klöster als mittlere und große. Dasselbe Bild

---

Grundkurs; er sollte «decurso psalterio» in jenen Gegenständen unterrichtet werden, die der Edle benötigte (Reiten, Falkenjagd usw.). Odo, Vita Geraldi I, 4, MIGNE PL 133, 645. Aus Klöstern ist derartiges nicht bekannt. Wenn in den «consuetudines» von «legere» die Rede ist, meint das eher die liturgische Art der «lectio», einen rezitativischen Sprechgesang im Gegensatz zur «gregorianischen» Monodie. Vgl. Heinrich FICHTENAU, Bemerkungen zur rezitativischen Prosa des Hochmittelalters. In: FICHTENAU, Beiträge zur Mediävistik 1 (1975) 145 ff. Ob und wie weit Konversen die Fähigkeit des Lesens im modernen Sinn beherrschten, geht aus derartigen Stellen kaum hervor. Die Frage bleibt offen, vgl. auch TESKE, Laien, Laienmönche ... 316: «Nichts spricht dafür, daß die zum Mönchtum kommenden Laien während ihres Noviziats in Cluny eine Lateinausbildung bekamen.» A. a. O. 318: «Vielleicht wurden den Laienmönchen auch Grundzüge des Lateinlesens beigebracht.»

37 Johannes, Vita Odonis c. 20, MIGNE PL 133, 71. GRUNDMANN, Adelsbekehrungen (oben 38 Anm. 141) 132 f. Dem jungen Mann wurde neben den Handlangerdiensten auch das «studium litterarum» aufgetragen, er lernte die Psalmen also aus dem Buch.

38 Siehe oben S. 156. Der Ausdruck «latro iuvenis» in der Erzählung paßt jedenfalls gut in diesen Zusammenhang.

39 Consuet. Fructuarienses, ed. ALBERS, Consuet. monast. 4, 185 c. 15.

40 Die Zahl der (in diese drei Gruppen eingeteilten) unter dem Einfluß Wilhelms von Dijon stehenden Klöster wird in seiner Vita ed. BULST, Deutsches Archiv 30 (1974) 480 c. 12 (24) mit etwa vierzig angegeben, die Gesamtzahl der dortigen Mönche mit über 1200.

41 LEBLOND, L'accession des Normands (oben 103 Anm. 147) 30 f., mit Verweis auf Mont-St.-Michel (966:30 Mönche) und Jumièges (934:12 Mönche). In Lüttich vermehrte Bischof Reginhard (seit 1025) die Zahl der Kanoniker des Bartholomäusstiftes von 12 auf 20 und erneuerte das Laurentiuskloster (1026), wo ein Abt und

zeigen die – methodisch freilich anfechtbaren – modernen Zusammenstellungen der Klöster des Verbandes bzw. der Reformrichtung von Cluny[42].

Die Kleinklöster waren disziplinär dem Abt eines größeren Klosters unterstellt und unterlagen damit zeitweisen Kontrollen. Der Lebensstil konnte streng sein, wie dies von den zwölf «Zellen» des Klosters St.-Bénigne Wilhelms von Dijon anzunehmen ist; das Zusammenleben einer so kleinen Gruppe mochte anderswo dazu führen, daß man es mit den Vorschriften nicht immer genau nahm. Solche «Zellen» wurden häufig auf kleineren Besitzungen eines Klosters begründet: Vielleicht, weil sich die Stifter des Besitzes ausgebeten hatten, daß Mönche hier für ihr Seelenheil beten sollten; vielleicht, um eine Garantie gegen Entfremdungen zu haben und die Nutzung dieses Gutes besser zu überwachen[43]. Wenn eines der großen Klöster zu viele Insassen hatte, ergab sich hier die Gelegenheit, den Personalstand zu verringern. Wahrscheinlich hat man manchmal eher die «bäurischen», mit der Landwirtschaft vertrauten Mönche in die «Zellen» entsandt, als jene, die für Liturgie und geistliches Niveau des Mutterklosters wichtig waren.

Auf der anderen Seite stehen die Großklöster. Einst hatten in Corbie und in Centula-St. Riquier je 300 Mönche gelebt, in St.-Denis 150, in St.-Germain-des-Prés 120[44]. Dreihundert Mönche gab es in Aniane unter dem großen Abt Benedikt[45], während nach seinem Weggang das Kloster bald bedeutungslos wurde. Centula verdankte seine Größe dem Abt Angilbert, Corbie dem Vetter Karls des Großen Wala; Benedikt von Aniane ließ an sein Kloster alle Konvente des aquitanischen Unterkönigreiches übertragen. Familiäre Beziehungen zu Karl und der Reichtum der obersten Oberschicht, oder höchster persönlicher Einfluß auf den jungen Monarchen haben diese außergewöhnliche Blüte hervorgebracht. Anderswo erreichte man kaum die Hälfte des Volkreichtums dieser Riesenklöster. Das lag nicht oder nicht immer an der Größe der Besitzungen, die bei St.-Germain-des-Prés etwa 30 000 Hektar betrug[46].

---

30 Mönche leben sollten. Anselm, Gesta episcoporum Leodiensium c. 37, MGH SS 7, 210.

[42] Vgl. etwa Böhmer-Zimmermann Reg. 826 und den dortigen Kommentar. Hourlier, Saint Odilon (oben 14 Anm. 15) 212 f. zählt auf: 6 abbatiae, 16 monasteria, 2 monasteriola, 32 cellae und 4 cellulae, also mehr als doppelt so viele «Zellen» als Klöster.

[43] Bulst, Untersuchungen (oben 334 f. Anm. 29) 212.

[44] Zahlenangaben für das 9. Jahrhundert bietet Pierre Riché, La vie quotidienne dans l'empire carolingien (Paris 1973) 54.

[45] Wollasch, Mönchtum 17.

[46] Riché a. a. O. 83.

In ottonischer Zeit fehlte diese Nähe zum Herrschertum, und auch die Wirtschaftsformen waren daran sich zu wandeln. An die Stelle riesiger Großherrschaften traten kleinere Einheiten. Das Protokoll über die Wahl des Abtes Odilo in Cluny (994) trägt die Namen von 76 Mönchen, und das dortige Dormitorium faßte höchstens 100 Betten, vielleicht sogar nur 64[47]. Diese zweite Zahl dürfte allerdings zu niedrig angesetzt sein. Auf dem karolingischen Klosterplan in St. Gallen sind im Dormitorium 77 Betten eingezeichnet[48]; dazu kommen acht im Haus des Abtes, fünf im Pfortengebäude, zwei in dem Wohnraum der äußeren Schule und drei für das Aufsichtspersonal im Hospiz. Zum Teil wird es sich um Dignitäre und Inhaber von Klosterämtern handeln, die hier angesiedelt waren, zum Teil vielleicht um ihre Diener und jene des Abtes. Zusammen mit einem Dutzend Novizen könnte das bis zu 110 Religiosen ergeben. Der Klosterplan kam allen Indizien nach von der Reichenau[49]; in diesem Kloster lebten um das Jahr 940, also etwa vier Generationen nach der Abschrift des Planes, der Abt und 95 Mönche[50]. Der Rückgang seit der Karolingerzeit war hier geringer als in vielen anderen Abteien.

Cluny war also im zehnten Jahrhundert kein außergewöhnlich großes Kloster; das ist sicher, auch wenn mit der oft zitierten Zahl von 64 Mönchen, die zur Fastenzeit hier Bücher empfingen, nicht sehr viel anzufangen ist[51]. In der Abtei Prüm im Eifelland sollen in der zweiten Hälfte des 10. Jahrhunderts 186 Religiosen, davon 100 Priester, gelebt haben[52]. Das ist außergewöhnlich, denn selbst ein Großkloster wie Farfa hatte nur halb so viel Mönche aufzu-

---

47 Jacques Hourlier, Das Kloster des hl. Odilo. In: Cluny (Wege d. Forschung 241, 1975) 16.

48 Horn u. Born, Plan of St. Gall (oben 102 Anm. 143) 1, 17 sowie die Abb. auf S. 80 Nr. 60 A. Über die Zahl der Mönche a. a. O. 342.

49 Bischoff, Entstehung des Klosterplanes (oben 172 Anm. 29) 45 f.

50 Faksimile eines Einlageblattes im Memorialbuch von Remiremont: MGH Libri memoriales I/2, A 1 r. Datierung ebenda I/1, 209. Eine andere Datierung gibt Franz Beyerle, Eine Reichenauer Konventsliste aus der Zeit Abt Ruodmans (972-985), Zeitschrift f. d. Gesch. d. Oberrheins N. F. 42 (1929) 393 (zum Jahre 958). Im Jahre 972 zählte der Konvent nur mehr 75 Mönche, a. a. O. 394. Um 880 hatte es auf der Reichenau noch 118 Mönchen gegeben, a. a. O. 390.

51 Liber tramitis ed. Dinter 261 ff. c. 190. Teske, Laien, Laienmönche ... 307 macht darauf aufmerksam, daß man «den Laienmönchen, die weder lesen noch schreiben konnten», sicher keine Bücher gegeben hat. Gehörten alle Laienmönche zu dieser Kategorie? Jedenfalls handelt es sich um mehr als 64 Personen, die den Konvent bildeten.

52 Berlière (oben Anm. 31), Revue bénédictine 42 (1930) 21.

weisen[53]. Abteien mit 300 Mönchen hat es im Gegensatz zur Karolingerzeit jetzt nirgends mehr gegeben. Die Oberschichten waren ärmer geworden, und für so manches Kloster galt, was der Chronist von St.-Géry in Cambrai berichtet: «Einst gab es (dort) eine größere Zahl von Brüdern, jetzt hat die Not die Zahl auf fünfzig herabsinken lassen . . .»[54]. Fallweise kam es zu einem katastrophalen Rückgang, wenn etwa in Hirsau 988 die Zahl der Mönche durch eine Seuche von 72 auf zwölf herabsank[55]. Das Kloster Bèze brannte im Jahre 937 zum fünftenmal ab, diesmal durch Brandstiftung ungarischer Heerscharen. Durch 51 Jahre war es unmöglich, den früheren Standard (statum) wiederherzustellen[56]. Auch ohne Zahlenangaben ist das ein eindrucksvolles Beispiel der Situation dieser Zeit. Kriege und Seuchen drohten nur zeitweise, die Brandgefahr bestand immer. Es war ein sozusagen alltäglicher Fall, wenn nachts eine brennende Kerze das Bettstroh in Flammen setzte – was auch Handwerkern passieren konnte, die untertags für das Kloster als Gießer beschäftigt waren und den Umgang mit dem Feuer gelernt hatten[57]. Im Schlafsaal der Mönche mußte nach dem Willen des Ordensstifters stets ein Licht brennen[58], was seinen praktischen Zweck hatte. Daneben gab es «ewige» Lichter aus religiösen Gründen, so brannten z. B. in Fleury Tag und Nacht drei Kerzen: eine im Kirchenraum, eine beim Grab des heiligen Benedikt, eine im Betraum der Krypta[59]. Dabei waren Kerzen die gefährlichste Form der Beleuchtung. Aber man hatte Wachs mehr als genug; Wachszins zu zahlen, war bei den Hörigen geistlicher Grundherrschaften im ganzen Mittelalter üblich. Am ärgsten war die Brandgefahr bei Kirchen; der Übergang zum Steinbau erfolgte aus diesem praktischen Grund zuerst im Kirchenbau, dann erst bei Burgen und Stadtmauern[60]. Aber auch steinerne Gotteshäuser boten keine völlige Sicherheit: Die Bischofskirche von Chartres brannte 962 ab, der Nachfolgebau 1020, und der Neubau wurde noch vor seiner Fertigstellung 1030 teilweise eingeäschert[61].

Man scheint auch im weltlichen Bereich die Brandgefahr als unvermeidliches

---

53 In Farfa unterzeichneten 1048 90 Mönche die Wahlurkunde. B. ALBERS in der Einleitung zu Consuet. monast. 1, p. XV.

54 Gesta episcoporum Cameracensium II, 4, MGH SS 7, 456.

55 BERLIÈRE, Rev. bénédictine 42, 27.

56 Chronicon Besuense bei Maurice CHAUME, Les origines du duché de Bourgogne 1 (1925) 429 Anm. 2.

57 Aimoin von Fleury, De miraculis s. Benedicti I, 9 (22), MIGNE PL 139, 815.

58 Reg. 22, 4, ed. HANSLIK (2. Aufl.) 84.

59 Aimoin a. a. O. I, 13 (27), col. 818.

60 Edith ENNEN, Frühgeschichte der europäischen Stadt (1953) 155.

61 The Letters . . . of Fulbert ed. BEHRENDS XX Anm. 15.

Risiko hingenommen zu haben, ohne alles zu tun, was sie verringern konnte. Zwar kannte man den gemauerten Kamin und auch die römische Fußbodenheizung war nicht ganz vergessen; im Normalfall war jedoch in der Mitte des zu heizenden Raumes ein Feuerplatz aufgemauert, auf dem die Holzscheite brannten. Der Rauch zog durch eine Öffnung im Dach ab, über der ein kleines Dächlein als Schutz gegen Regen und Schnee angebracht war. Diese Art der Heizung ist aus frühgeschichtlichen Funden bekannt, sie war in englischen Universitätskollegien noch am Ende des Mittelalters gebräuchlich und fand sich im bäuerlichen Bereich noch um 1770[62]. In Reichenau, wo man auch andere Heizungsformen verwendete, hat man den offenen Feuerplatz in der Raummitte sowohl für die Gebäude des Dienstpersonals verwendet als auch für die «äußere Schule» und für jenes Gästehaus, das Standespersonen aufnehmen sollte[63]. Wahrscheinlich wollte man, daß sich die Schüler und die vornehmen Gäste wie zu Hause fühlen sollten. Die Kosten des Heizmaterials bestanden in Nahrung und Kleidung für jene, die es herbeischafften und spielten somit kaum eine Rolle.

Wenn man sich gerne in einer Halle um das offene Feuer versammelte, so war für kleine Schlafräume der Kamin, in der Ecke des Raums und mit halbrundem steinernem Rauchabzug, die beliebteste Form der Heizung. Sie blieb in Reichenau dem Schlafraum des Abtes und den vornehmsten Gästen vorbehalten[64]. Der Nachteil dieser Art der Heizung war, wie man auch heute weiß, eine ungleichmäßige Erwärmung des Raumes; wohl aus diesem Grund stand das Bett des Abtes dem Kamin am nächsten[65]. Für Mönche und Novizen, die viele Stunden in der Kirche verbringen mußten, hatte man in Reichenau Wärmestuben mit einer Fußbodenheizung bereit. Über dem Wärmeraum der Mönche und wenigstens indirekt durch ihn mitgeheizt, lag ihr Schlafsaal[66]. Fußbodenheizungen gab es auch in anderen Klöstern und in Pfalzen, etwa in jener von Werla, erbaut zwischen 920 und 930[67].

Solcher Luxus dürfte in kleineren Klöstern und «Zellen» die Ausnahme ge-

---

62 Horn u. Born, Plan of St. Gall 2, 117 ff. (mit Abb.). Die Ausnehmung des Daches findet sich, als letzter Rest dieser einstigen Form des Heizens, noch heute bei amerikanischen Scheunen, a. a. O. 120 (Abb.).

63 A. a. O. 2, 117 Abb. 358 A und C, 160.

64 A. a. O. 124 ff. (mit Abb.). Von dieser Heizungsart kommt der Ausdruck «caminata» für das Schlafgemach. Übrigens gab es auch Kamine mit hölzerner Haube, a. a. O. 128.

65 A. a. O. I, 322.

66 A. a. O. 2, 131.

67 A. a. O. 1, 255.

wesen sein. Jedenfalls war es ein hartes Leben für kälteempfindliche Menschen, aber solche scheint es in erwachsenem Alter nicht oder nicht mehr gegeben zu haben. Im Vergleich zu den Knechten hatten es die Mönche immerhin besser: Sie trugen Unterwäsche und eine fast bis zum Boden reichende Kutte, es gab Pelze und neben dem normalen Schuhwerk im Winter solches für die Nacht[68], während der Bauer auf den Abbildungen der Zeit stets barfuß und im kurzen Hemd zu sehen ist. Er wußte sich mit Fußlappen schlecht und recht gegen Kälte zu schützen, und trotzdem fragt man sich, wie die Menschen eine solche Existenz dreißig oder gar vierzig Jahre lang aushalten konnten. Die Antwort ist einfach: Ihre Vorfahren hatten seit Urzeiten so gelebt, und noch weniger komfortabel als im zehnten Jahrhundert.

Von dem St. Galler Klosterplan führt eine starke, wohl durch die Reform Benedikts von Aniane vermittelte Tradition hinüber zu Cluny, wie es uns aus einer Beschreibung der Bauten und teilweise auch durch die Grabungen der Medieval Academy of America bekannt ist[69]. Die Beschreibung beginnt mit der Klosterkirche, was auch der zeitlichen Abfolge der beschriebenen Bauten entspricht. Die Kirche ist «Cluny II», der Bau des Abtes Majolus, geweiht im Jahre 981. Sein Nachfolger Odilo ersetzte die Holzdecke durch eine steinerne Wölbung, ein kühnes Werk, das die Feuerfestigkeit des Baues bedeutend erhöhte. Gleiches tat Wilhelm von Dijon mit seiner Kirche von St.-Bénigne, und man nimmt an, daß er lombardische Baugedanken – und wohl auch Fachleute – nach Burgund vermittelte. Die Beschreibung von Cluny II erwähnt nichts von dieser bedeutsamen Neuerung, sie behauptet dagegen, daß die Kirche 160 Glasfenster besessen habe. Das ist sicher übertrieben oder ein späterer Lesefehler. Aber auch falls es nur 60 waren, mußten sie Staunen erregen, als unerhört luxuriöse Ausstattung. Und es gab noch mehr derartige Fenster: 97 allein im Schlafsaal der Mönche, alle so hoch, wie ein Mann mit ausgestrecktem Arm, und zweieinhalb Fuß breit. Grundsätzlich war das keine Neuerung, denn schon in Kirchen des 9. Jahrhunderts, so z. B. auf der Reichenau, hat es gläserne Fenster,

---

[68] ZIMMERMANN, Ordensleben (oben 86 Anm. 57) 94. Vgl. etwa Liber tramitis ed. DINTER 47 c. 35: «unusquisque discaltiet se diurnales et induat nocturnales».

[69] Liber tramitis ed. DINTER 203 ff. c. 142. Andere Drucke: Joachim WOLLASCH, Cluny im 10. u. 11. Jahrhundert (Histor. Texte, Mittelalter 6, 1967) 44 ff. Nr. 13. HOURLIER, Kloster d. hl. Odilo (Wege d. Forschung 241) 3 ff. HORN u. BORN 2, 333 f. (mit engl. Übersetzung), usw. Über die Ausgrabungen vgl. die Berichte von Kenneth J. CONANT in Speculum (1929-1932) und den Abschlußbericht in Bd. 29 (1954) 1 ff.; dort ein Verzeichnis der früheren Arbeiten. Neuere Arbeiten Conants: HORN u. BORN 3, 174. Vgl. die Überschau: Cluny in the tenth century, in: Mediaevalia et humanistica 9 (1955) 23 ff.

sogar mit Glasmalerei, gegeben[70]. In einem armen Kloster bespannte man noch im späten 10. Jahrhundert die Fensteröffnungen mit Tüchern, durch die wenig Licht drang. Wir haben darauf hingewiesen, wie sehr man sich in Tegernsee über das «ungewöhnliche Werk» bemalter Glasfenster freute[71].

Aus dem St. Galler Klosterplan kann man bloß ersehen, daß die Schreibstube Fenster hatte. Für die meisten der anderen Gebäude begnügte man sich mit dem Licht, das der Rauchabzug über dem Dach einließ; es gab einige Fenster in Räumen für höhergestellte Persönlichkeiten[72]. Hier konnte der Neubau von Gebäuden durch Odilo «moderne» Verhältnisse schaffen, indem er Licht und Sonne den Zutritt gestattete. Modern mutet die Sorge um Bäder und Toiletten an. Man würde nicht erwarten, daß neben dem Gästehaus für vornehme Besucher, mit 70 Betten, 70 Toiletten installiert wurden, was anscheinend dem Stand höfischen Komforts entsprach[73]. Die Mönche des St. Galler Planes hatten sich insgesamt mit neun Toiletten neben dem Schlafraum begnügen müssen. In Cluny gab es an der gleichen Stelle 45 solche Anlagen, und hier hatte jede von ihnen ein eigenes Fenster. Man kann vermuten, daß es sich um je zwei Benutzer handelte, also insgesamt um 90 Mönche aus dem Schlafsaal des Klosters. Nicht ohne Stolz wird man diese Latrinenhäuser Fremden gezeigt haben. Zucht und Hygiene waren zwei Grundfesten cluniazensischen Ordenslebens.

Wenn Odilo ein Gästehaus für 70 Personen baute, so muß er an einen Herrscherbesuch gedacht haben. In zwei Sälen sollten hier 40 Männer und dort 30 Frauen untergebracht werden[73]. Weniger Komfort gab es für mitreisendes Dienstpersonal. Es sollte in einem «solarium» über den Pferdeställen schlafen und essen, d. h. im Freien, bloß durch ein Regendach geschützt. Hier hatten nur die Pferde separierte Boxen, ihre Wärter sollten sich selbst einrichten, wie sie wollten. Man muß dazu sagen, daß niemand ohne dringenden Grund im Winter zu reisen pflegte.

Es gab noch eine dritte Gruppe von Reisenden: Solche, die ohne Pferde kamen und – das war selbstverständlich – Speise und Trank als Almosen er-

---

70 Riché, Vie quotidienne 187.

71 Oben 105 mit Anm. 155. Ebenfalls in der Tegernseer Briefsammlung ist die Bitte des Abtes von Feuchtwangen an den Bischof von Augsburg um Leinentücher für die Fensteröffnungen erhalten; es soll damit verhindert werden, daß der Wind die Kerzen in der Kirche ausbläst und der Boden, weiß von Schnee, die liturgische «prostratio» erschwert. Tegernseer Briefsammlung ed. Strecker 6 f. Nr. 4. Der Erzbischof Adalbero von Reims gab seiner Kathedralkirche im Jahre 976 bemalte Glasfenster, Richer, Hist. III, 23, ed. Latouche 2, 30.

72 Horn u. Born 2, 132 f.

73 Horn u. Born 2, 302, Rekonstruktionsversuch des Gästehauses a. a. O. 277.

hielten. Die Beschreibung der Klostergebäude von Cluny gibt durchaus Übliches wieder, wenn sie auf der einen Seite Edle und «Gräfinnen», auf der anderen die schlichten Fußgänger nennt. Wer reiste, ohne sich Pferde und Diener leisten zu können, war bestenfalls ein Pilger, eher aber einer aus dem Heer der Landstreicher, die Krieg oder persönliche Schuld entwurzelt hatte. Die Grenzen zwischen den Gruppen verschwimmen: Pilger hatten oft eine Schuld zu büßen, Gesindel wanderte unter dem Deckmantel der Pilgerschaft.

Mit einer Angabe der Maße eines Hauses, dessen Zweck nicht genannt ist, bricht die Beschreibung ab. Wir hören nichts von vielen wichtigen Einrichtungen, etwa der äußeren Schule, nichts von den Räumen der Handwerker mit Ausnahme jener der Schneider, der Goldschmiede[74] und der Glaserzeuger. Vielleicht befand sich der ganze Komplex damals noch im Umbau; daß im zweiten Teil der Beschreibung der Optativ vorherrscht – «es soll gebaut werden» (construatur) – spricht stark für diese schon vor langer Zeit geäußerte Vermutung. Jedenfalls hat man sich an das Konzept der Beschreibung gehalten, denn die Ausgrabungen ergaben keine wesentlichen Differenzen zu ihm.

Jedes der großen Klöster stellte höchste Anforderungen an Organisationskunst der Oberen und Disziplin seiner Insassen. Es gab auch weltliche «Großbetriebe»; die Hofhaltung des Königs oder eines Großen war ganz nach außen gerichtet und gab fast ausschließlich materielle Probleme auf, während hier zwei Dinge zusammenkamen: Im mönchischen Bereich sollte Stille und Sammlung herrschen, von ihm waren weltliche Gäste und die Armenpflege im Hospiz zu trennen. Dazu kam, daß das Kloster Zentrum eines gegliederten landwirtschaftlichen Betriebes war, mit Mühle, Kelter und dem Personal, das auf dem Herrenland (terra indominicata) arbeitete. Und schließlich gab es Klöster, die als Zentren kultischer Verehrung eines Heiligen mit Volksmassen zu tun hatten. Im Kloster der heiligen Fides in Conques hielten Mönche «und gebildete Laien» nachts die Vigil; ihr Psalmengesang wurde gestört durch den Lärm und die Lieder bäuerlicher Wallfahrer. Man schloß die Kirchentür, die Wallfahrer schrien und polterten, man solle aufmachen. Als das geschah, füllten sie die Kirche so, daß die Mönche kaum Platz hatten[75].

---

74 «aurifices vel inclusores seu vitrei magistri», also neben den Goldschmieden im eigentlichen Sinn solche, die in Zellschmelztechnik (cloisonné) arbeiteten. Daß die Glashersteller als «Meister» tituliert werden, zeigt den hohen Anwert dieser Kunst. Bei allen drei Handwerken handelt es sich um wenig geräuschvolle Betriebe, die innerhalb der Umzäunung des Klosters untergebracht werden konnten. Der Außenbezirk, in dem auch die äußere Schule lag, wird nicht beschrieben. A. a. O. 334.

75 Liber miraculorum s. Fidei, zit. bei LESNE, Propriété ecclésiastique en France 6, 117 f.

Wenn vornehme Gäste kamen, wollten sie geselligen Umgang mit den Dignitären des Klosters pflegen. Das ist der Grund, warum es eine eigene Tafel und eine eigene Küche des Abtes gab. Auch die Armen wurden gesondert verpflegt. In Fleury hatte man, in Erinnerung an die alte Institution der «matricula»[76], ein eigenes Haus für die 12 Armen, die hier ständig beherbergt wurden; dazu gehörte eine eigene Bäckerei und eine Küche[77]. Einen gesonderten Lebenskreis bildete auch das Noviziat; in Cluny sollte jeder Novize im ersten Jahr seinen Betreuer oder Bewacher (custodia) haben und nur mit ihm sprechen[78]. Die Novizen hatten ihr eigenes Haus und gesonderte Verpflegung. Dasselbe galt von den Insassen des Spitals[79]. Meistens gab es, so wie im karolingischen Klosterplan von St. Gallen, verschiedene Küchen als Zeichen verschiedener Lebenskreise: Mönche, Abt (und Gäste), Novizen, Kranke, vornehme (berittene) Gäste, Arme und Pilger usw. Keine gesonderte Gruppe im Sinne einer eigenen Tafel bildete das weltliche Klosterpersonal, das sich wohl in den ihm zugewiesenen Häusern selbst verpflegte[80].

Benedikt von Nursia hatte seinen Mönchen eingeschärft, Fremden gegenüber gastfreundlich zu sein, wie wenn Christus selbst zu ihnen gekommen wäre, und ein besonderes Empfangszeremoniell vorgeschrieben[81]. Er hatte kaum daran gedacht, daß einst ganze Kavalkaden von Hochgestellten erscheinen würden, Männer und Frauen. Das ließ sich durch keine Reform ändern, nicht in Burgund und noch weniger in den Ländern königlicher Kirchenherrschaft. Gelegentlich seufzte man über die Lasten solcher Einquartierung; kaum hat man den Gedanken gefaßt, sie zu verweigern. Eher noch wagte man gelegentlich

---

76 Oben 61, 63.

77 Aimoin von Fleury, De miraculis s. Benedicti I, 9 (22), MIGNE PL 139, 815; I, 12 (26), 817. Diese Pfründen dienten der «rituellen» Armenpflege, neben der es eine informelle gab, vgl. etwa Arnold von St. Emmeram, De miraculis s. Emmerammi II, 16, MGH SS 4, 561: «in refectione cotidiana pauperum quinquaginta, exceptis duodecim et tribus, quibus fratres ministrabant, quinquagenariam excolens misericordiam, remissionem ... promereri satagebat» (sc. abbas: Ramwold, seit 975). Hier ist an die Trennung von Abt- und Konventgut zu denken.

78 Liber tramitis ed. DINTER 208 c. 143.

79 HORN u. BORN 1, 319. In den gorzischen Sandrat-Consuetudines sollten zur Essenszeit jedoch alle zusammenkommen «wie ein Mann, und auch die Greise mit ihren Stöcken, aus der Infirmarie, und wegen ihrer Schwäche sollen sie als Letzte sitzen». Consuet. monast. ed. ALBERS 5, 24 c. 26.

80 HORN u. BORN 1, 73 f.

81 c. 53, ed. HANSLIK (2. Aufl.) 135 ff.

über die Armenpflege zu murren, die nicht Sache der Mönche sondern jene der Weltlichen sei[82].

Daß es eine gesonderte Tafel des Abtes gab, geht auf die Benediktsregel zurück: Stets sollte der Abt mit den Gästen speisen; darum gab es für die Mönchstafel eigene Aufsichtsorgane. In Reichenau und in Cluny war es anders, Abt und Mönche speisten gemeinsam im Refektorium, das eigentlich kein Laie betreten sollte. In Cluny hat es kein Haus des Abtes gegeben, er schlief inmitten der Mönche[83]. Das war eine symbolische Rückkehr zum «familiären» Modell, ohne daß dadurch die sehr starke herrschaftliche Stellung rückgängig gemacht wurde, die gerade für die Äbte von Cluny kennzeichnend ist. Auch in kleinen Klöstern konnte der Abt kaum mehr viel Zeit auf die Rolle eines Vaters der Mönche verwenden, er war vor allem der oberste Funktionär einer komplizierten, vielseitigen Institution. Als der Mönch Wigo von Tegernsee zum Abtprovisor des Klosters Feuchtwangen bestellt wurde, schüttete er brieflich einem Eremiten sein Herz aus über die ungewollte Betriebsamkeit, die sein neues Amt mit sich brachte. Alle Brüder waren entweder kränklich oder bereits ausgelastet, so daß Wigo auch nicht einen Augenblick lang verschnaufen konnte. «Alle Schlüssel des Klosters klingeln an meinem Gürtel. Darüber hinaus muß ich sorgsam auf die Einhaltung der Regel achten, die Aufsicht über die Lebensmittel ausüben, Vorsteher der Köche sein, manchmal das Kommando im Speisesaal führen (als ‚refectorius'), stets muß ich allen ständig im Hause Wohnenden und allen durchreisenden Gästen zu Diensten sein»[84].

Wenn der Alltag so ablief, sollte man immer noch zufrieden sein. Es konnte auch bedeutende wirtschaftliche Sorgen geben, vor allem in Jahren der Mißernte, wenn ein Abt Bettelbriefe an Weltliche um Getreide schreiben mußte[85], oder wenn es Streitigkeiten um Klosterbesitz gab. Überlastet war anscheinend auch mancher der Inhaber von klösterlichen Ämtern. So erweiterte sich etwa die Wirksamkeit des Kellermeisters in einigen Klöstern auf die gesamten Vorratsmagazine, so daß er sogar für die Ausgabe von Schuhen zuständig war oder für die Ausschmückung des engeren Klosterbereiches an Festtagen[86]. Ebenso wie auf liturgischem Gebiet blieb ja nichts dem Zufall oder der Willkür überlassen. Man glaubte an die Wichtigkeit schriftlicher Regelungen, ein «moderner»

---

[82] Rather, Die Briefe ... ed. Weigle 23 Nr. 3: «Quid enim ad monachum vel reclausum de cura pertinet pauperum? Iniunctum est hoc sęcularibus, ut haberent, unde peccata sua redimere possent.»

[83] Horn u. Born 1, 280; 2, 338. Lesne, Hist. propr. eccl. 6, 85.

[84] Tegernseer Briefsammlung ed. Strecker 4 Nr. 2.

[85] A. a. O. 29 Nr. 26.

[86] Lesne, Hist. propr. eccl. 6, 324.

Zug; es gab in Cluny auch schon Anschlagtafeln mit Verlautbarungen über die Abfolge des Küchendienstes der Brüder, über die Zelebranten von Totenmessen usw.[87] Der Mönch hatte nach einem vorgegebenen Plan zu leben, mit genauer Zeiteinteilung, während die Laienbevölkerung nicht viel mehr als Tag und Nacht, Arbeits- und Ruhezeit unterschied.

Diese betriebsame Existenz war schwer mit der Forderung zu vereinen, daß der Mönch Stille für die geistliche Betrachtung brauchte, eine Stille, um derentwillen der Eremit in die Einsamkeit zog. Ein großes Schweigen umgab Gott – und den Gottkaiser – schon in der Spätantike[88], und schweigend mußte sich der Mensch Gott zu nähern suchen. Zugleich bildete es eine disziplinäre Übung, zeitweise den Mund zu halten; das war nicht leicht inmitten all der Geschäftigkeit, und so gab es allerhand Strafen, vom Entzug der Weinration bis zu Prügeln, für Übertretungen des zeitweisen Schweigegebotes[89]. Da man sich in diesen Stunden jedoch einer Art Taubstummensprache bedienen konnte[90], wurde auf diesem Gebiet eher die Form gewahrt als der eigentliche Zweck der Sache erreicht. Innere Sammlung war nicht die Stärke der damaligen Frömmigkeitsübung. Sie wurde unterstützt durch äußere Hilfen. Im Kreuzgang boten sich dem Mönch die Darstellungen der Kapitelle, eine steinerne Galerie von «Entscheidungssymbolen» mit eingeschlossen: Die Versuchung Christi durch den Teufel, Simsons Kampf mit dem Löwen (dem Symbol des Bösen), der Weltenbaum mit seinen zwei auseinanderstrebenden Ästen. Hier dürfte die geistige Heimstätte vor allem der Illiteraten gewesen sein[91], und hier fanden auch die Schriftkundigen Stille und Möglichkeiten geistlicher Betrachtung.

Betrachtung und Gebet sollten dem Mönch helfen, seine Seele zu retten. Aber die Drohung des Gerichts stand auch über den Verstorbenen, und so mußten alle zusammenhelfen, sich auf bestimmte Personen konzentrieren und so die Chancen des Erfolges erhöhen. Auch hier gab es einen Triumph der Organisation. Wenn wir Rodulfus Glaber glauben dürfen, war das der eigentliche Ruhm Clunys, der bis nach Afrika drang. Dort soll ein Kaufmann aus Marseille von einem Eremiten erfahren haben, daß auf dem Gebiet der Gebetshilfe dieses Kloster allen anderen Institutionen der römisch-christlichen Welt voraus sei.

---

[87] Liber tramitis ed. DINTER 53 c. 40.

[88] Kassius HALLINGER, The Spiritual Life of Cluny in the Early Days. In: Cluniac Monasticism ed. N. HUNT (London 1971) 39 f.

[89] In Gorze: Sandrat-Consuetudines ed. ALBERS, Consuet. monast. 5, 17 c. 15. Für Cluny vgl. Liber tramitis ed. DINTER, Index verborum s. v. «(non) loqui».

[90] Siehe oben 336 mit Anm. 33.

[91] Ingeborg TETZLAFF, Romanische Kapitelle (2. Aufl. 1977) 73, 91.

Kaum ein Tag vergehe, an dem nicht durch das Meßopfer in Cluny Seelen aus der Gewalt der bösen Geister befreit würden[92].

Gut war das Gebet aller Religiosen, am besten jenes der Priestermönche in der Messe. Vor allem darum war es wichtig, daß es solche im Kloster gab, viel mehr, als für den liturgischen «Eigenbedarf» hier gebraucht wurden. Die große Zahl der Priester war auch etwas, worauf ein Kloster hinweisen konnte, wenn man über Gebetsverbrüderungen mit anderen Institutionen verhandelte. So wuchs die Organisierung des Seelenheils ins Große; man hatte Hunderte verstorbener Christen ins Meßgebet einzuschließen, dann Tausende und schließlich alle. Cluny war es, wo das Allerseelenfest konzipiert wurde, als Verpflichtung jedes Priesters, an einem bestimmten Tag für alle Verstorbenen insgesamt die Messe zu zelebrieren. Bald hat man jene Brüder, mit denen man in einer «societas» verbunden war, dadurch gegenüber der Allgemeinheit bevorzugt, daß für sie viermal im Jahr Totenfeiern stattfanden, wie sie einem Mönch von Cluny zustanden[93]. Totengedenken gab es allüberall; nirgendwo hat man es so intensiv, so systematisch und mit solchen wirtschaftlichen Konsequenzen betrieben wie in Cluny und seinen Prioraten. Verstarb ein Mönch, wurde Name und Todestag in das Memorialbuch eingetragen; am Jahrestag seines Todes hatte man für ihn eine Verpflegungsration, wie sie einem Mönch zustand, einem Armen zuzuteilen, der für den Verstorbenen beten sollte. Dieser schöne Gedanke, mit Konsequenz durchgeführt, brachte den Klöstern steigende Lasten. Im 12. Jahrhundert kam es soweit, daß die Verpflegung für die Armen an den Jahrestagen der Toten ebenso viel ausmachte, wie jene der Mönche des betreffenden Klosters. Das hat zum Niedergang der Reformgemeinschaft beigetragen[94].

Wir haben schon oben[95] darauf hingewiesen, daß in Gorze und den Klöstern der Gorzer Reform die Brüder herbeieilen sollten, wenn einer von ihnen verstarb. Daß dabei alle Glocken läuteten, war ein Alarmzeichen wie das Sturmgeläut, sofort mit ganzer Macht einsetzend, und nicht in langsamer Steigerung wie vor dem Gottesdienst[96]. Den sofortigen «Einsatz» aller Mönche

---

92 ed. PROU 124 f. (V, 13).

93 In den Udalrich-Consuetudines III, 33. FECHTER, Cluny (oben 204 Anm. 79) 24. Über diese Bedeutung der Priestermönche vgl. Hartmut HOFFMANN in der Rezension des Buches von TOUBERT in: Quellen u. Forschungen aus ital. Archiven u. Bibl. 57 (1977) 21 f.

94 WOLLASCH, Neue Methoden (oben 88 Anm. 65) 562 f.

95 S. 351.

96 In den Consuet. Einsidlenses aus dem Umkreis der Gorzer Reform wird geschieden zwischen dem Einsetzen der Glocken «a minore ... usque ad maius, per ordinem» vor der Messe und dem Totengeläut «simul ... et producte». Consuet. monast. ed.

verlangte man auch in cluniazensischen Klöstern: So schnell sie konnten, sollten sie zu dem Sterbenden hinlaufen und gleichzeitig das «Credo» anstimmen; das galt auch dann, wenn sie gerade bei Tisch waren[97]. Reformmönche lebten nicht angenehm, aber sie starben wie Könige.

Durch ihre geistlichen Tätigkeiten waren schon die Mönche Benedikts von Nursia herausgehoben aus der sie umgebenden ländlichen Bevölkerung. Immerhin sollten sie auch zu körperlicher Arbeit verpflichtet sein. Als Mittel gegen den Müßiggang hatte im Sommerhalbjahr der Mönch täglich vier Stunden Handarbeit zu leisten. Das durfte auch auf den Feldern geschehen, jedoch nur dort, wo es nötig war, also bei armen Klöstern oder zur Erntezeit[98]. Tatsächlich handelte es sich zumeist um Küchendienste und Gartenarbeit, und nur selten hat ein besonders strenger Abt seine Mönche zur Feldarbeit angehalten, ja vielleicht sogar dabei selbst mitgeholfen[99]. Aus dem Osten stammt die Geschichte von dem Abt, dessen Versuch, ein Engel zu werden, scheiterte. Wir haben sie zitiert und können jetzt hinzufügen, daß er nach seiner Rückkehr beschämt zur Harke griff[100]. Eine wirkliche Notwendigkeit war körperliche Arbeit der Religiosen kaum noch; dafür hatte man jetzt fast immer das nötige Dienstpersonal.

So wurde auch in den Reformklöstern die Handarbeit zur traditionellen Geste. In den «consuetudines» der älteren Zeit wird über sie wenig berichtet, und wenn, dann unter «ritualistischen» Gesichtspunkten. Nach der Benediktsregel sollte die Arbeit der Brüder zur ersten Tagesstunde beginnen; in Cluny feierte man zuerst die Prim, dann standen sieben Psalmen und eine Litanei auf dem Programm und schließlich folgte die Frühmesse. Als man endlich zur Arbeit auszog, wurde sie durch Psalmengebete begleitet und durch die Lesung heiliger Texte, wozu man ein Buch ins Freie mitnahm[101]. Man könnte auch umgekehrt meinen, daß diese geistliche Tätigkeit von traditionellen Gesten, etwa dem Harken des Klostergartens, begleitet war. Zu der körperlichen Arbeit zählte man übrigens auch das Schreiben und die künstlerische Ausstattung von Büchern[102].

Albers 5, 74. Es handelt sich um ein Sturmgeläute: «dum aliquis ... infra monasterium sepelitur vel cum tempestas imminet, vel sedicio civium». A. a. O. 51 c. 43.

[97] Consuet. Fructuar., Consuet. monast. ed. Albers 4, 182 c. 14.

[98] Reg. c. 48, 1, 3, 7, ed. Hanslik (2. Aufl.) 125 ff. Semmler, Aachener Konzil (oben 298 Anm. 25) 30 ff.

[99] Berlière, Familia (oben 168 Anm. 11) 5. Lesne, Hist. propr. eccl. 6, 190.

[100] Oben 332 Anm. 20 (rastellum brachiis temptat movere languidis).

[101] Liber tramitis ed. Dinter 200 f., 213 c. 140, 149.

[102] Leblond, L'accession des Normands (oben 103 Anm. 147) 118. Kassius Hal-

Wenn Adalhard, Vetter Karls des Großen, den Mönchen edler Abkunft in Corbie das Arbeiten erspart hat[103], wird man keine prinzipielle Ablehnung der Arbeit daraus ableiten können. Theologisch wäre sie nicht zu rechtfertigen gewesen, denn als Frucht des Sündenfalles mußte sich Adam, der Urvater aller, im Schweiße seines Angesichtes plagen. «Dann sind sie wahrhaft Mönche, wenn sie von ihrer Hände Arbeit leben wie unsere Väter und die Apostel» – dieser Satz der Benediktsregel[104] ließ sich nicht widerlegen. Kaum bedarf es ideologischer oder sozialer Vorurteile, um Körperarbeit als unbequem anzusehen und durch Wichtigeres zu ersetzen. Das Anliegen, die Seele zu retten, wurde nicht durch Dienste in Küche und Garten erfüllt. So betrieb man diese Dinge als eine Art Traditionspflege nebenbei und mit Unterstützung durch das Dienstpersonal.

Wenig aus den Quellen zu belegen ist auch die Ansicht, daß die Mönche Arbeit als Buße verrichteten, so wie sie selbst vor allem Büßer gewesen seien[105]. Zur Buße diente bei persönlicher Schuld in der Benediktsregel ein System der Entziehung von Gemeinschaft und deren Leistungen; die Folgen der Erbschuld Adams ließen sich keineswegs auf diese Weise aufheben oder verringern. Im eremitischen Bereich und unter seinem Einfluß auch manchmal bei Weltgeistlichen gab es als Bußinstrumente eiserne Ketten, härene Hemden und ähnliches. Nichts davon findet sich in der Regel, nichts in den «consuetudines» jener Reformer, die jenseits des eremitischen Einflusses blieben[106].

Damit kommen wir zu der Frage nach der Einstellung des Mönchtums zu den leiblichen Dingen. Selbstverständliche Forderung war die Sexualaskese; sie wurde erleichtert dadurch, daß es in dieser Lebensordnung keine Frauen gab. Homosexuelle Anfechtungen werden gelegentlich berichtet. Einen gewissen Schutz bildete die Öffentlichkeit des Gemeinschaftslebens, in dem jeder jeden beobachtete. Im übrigen schrieb man manchmal, der älteren Patristik folgend, leibfeindliche Sätze nieder; man hatte gleichsam als Nachbarn jenes Eremitentum, das in seiner Haltung noch immer die Wüstenväter nachahmte, die gegen ihren Leib und den Teufel zugleich zu Feld gezogen waren. Benediktsregel und «consuetudines» zeigen kaum solche Tendenzen. Natürlich war es ein hartes Leben, das der Mönch führte, aber nicht härter als jenes des römischen Soldaten. Auch er mußte gleichsam willenlos Befehlen gehorchen, durfte nachts nicht immer schlafen, stand unter ständiger Kontrolle seines Verhaltens durch

---

LINGER, Consuetudo, in: Untersuchungen zu Kloster u. Stift (Veröff. d. M. Planck-Instituts f. Geschichte 68, 1980) 160.

103 Darauf wurde oft, u. a. von DUBY, Hommes et structures 385, hingewiesen.

104 Reg. 48, 8, ed. HANSLIK (2. Aufl.) 127.

105 Jacques LE GOFF, Pour un autre moyen âge (Bibl. des Histoires, Paris 1977) 119.

106 ZIMMERMANN, Ordensleben u. Lebensstandard (oben 86 Anm. 57) 98 f.

andere. Benedikt war nicht der Meinung, seinen Mönchen mit der Regel Schlimmes anzutun. «Eine Schule des Herrndienstes soll durch uns errichtet werden, von der wir hoffen, daß in ihr nichts Hartes, nichts Schweres von uns verordnet wird»[107].

Ähnlich wie im militärischen Bereich sollte auch «jener, der Christus, dem wahren König, dienen will» (militaturus)[108] alles zur Verfügung gestellt erhalten, was er brauchte, um gesund und leistungsfähig zu bleiben: Genug zu essen, die nötige Kleidung, ein Bad. Wir müssen uns daran erinnern, daß sehr viele Menschen das alles nicht oder nicht immer zur Verfügung hatten. Für Angehörige der Mittelschichten war es eher ein Beibehalten des bisherigen Standards, wenn man ins Kloster eintrat, als ein Herabsteigen auf eine tiefere Stufe. Man tauschte die Bindung an die Familie gegen jene an die klösterliche Gemeinschaft, die Aktivitäten im Diesseits und ihre Gefahren gegen einen nahezu sicheren Platz im Himmel. Schlimmer wäre es gewesen, als Einzelgänger jenseits der Ordnungen leben zu müssen. Was die Familie des Religiosen betraf, so fiel für sie Gebetshilfe und wohl auch eine Erhöhung des Ansehens ab, falls das Kloster angesehen war, in dem ihr Mitglied nun lebte.

Für den Mönch änderte sich natürlich vieles gegenüber dem weltlichen Leben. Es gab wenig Handlungsspielraum, man gehorchte der Regel und den «consuetudines», und dazu Befehlen des Abtes, solange sie vernünftig schienen. Mit dem Dasein an der frischen Luft war es nun aus und auch mit der Fleischkost. Hart waren die Fastenzeiten, reichlich die Festessen. Einst hatte das urzeitliche Jägertum den Wechsel zwischen Hunger und Übermaß an Fleisch aus der Beute gekannt, dann hatte die Landwirtschaft ein gewisses Gleichgewicht gebracht, das nur in Jahren des Mißwachses und in geringem Maß durch christliche Fastengebote gestört wurde. Für den Mönch waren die Fasten lang, und er freute sich auf ihr Ende. Begreiflich scheint ein Hang zur Freßsucht, der sich im Kloster gelegentlich feststellen ließ. Die Disziplin auf diesem Sektor hat anscheinend öfter als auf anderen Gebieten versagt. Gelegentlich wurde sogar der Katalog der sieben Hauptlaster um jene der Freß- und der Trunksucht vermehrt[109].

Das Verbot des Fleischgenusses, von Benedikt nicht näher begründet, erstreckte sich nicht auf Geflügel[110], das aber in der Ernährung höchstens bei

---

107 Reg. Prol. 45 f., ed. Hanslik (2. Aufl.) 9.

108 Prol. 3, a. a. O. 2.

109 Vgl. das Gedicht über Tugenden und Laster aus Montecassino, Anfang des 11. Jahrhunderts, MGH Poetae lat. 5/3, 649 ff. Nr. 6.

110 Benedikt sprach nur von dem Fleisch der Vierfüßler, das verboten wurde, und so galt zumeist das Essen von Geflügel als gestattet. Kranken war das Fleischessen erlaubt, Reg. Ben. c. 36, 9 u. 39, 11, ed. Hanslik (2. Aufl.) 105, 110. Später wurde

Kranken eine gewisse Rolle spielte. Der Bedarf an tierischem Eiweiß wurde vor allem durch Eier und Käse gedeckt; in der Fastenzeit trat an ihre Stelle der Fisch als einziger derartiger Eiweißspender[111]. Ein nicht sehr abwechslungsreiches Bild scheint der Speisezettel im Kloster Lobbes geboten zu haben. Wir besitzen Aufzeichnungen über die Leistungen eines Klostergutes, das einen Monat lang im Turnus den Konvent mit folgenden Nahrungsmitteln zu versorgen hatte: Montag und Donnerstag Fisch, Dienstag Käse und Eier, die übrigen Tage der Woche Käse oder Eier. Der Kellermeister des Klosters gab zusätzlich aus seinen Vorräten an vier Wochentagen Fische[112]. Dazu kamen Hülsenfrüchte, Gemüse und außerhalb der Fastenzeit auch Schweinefett. Es ist nicht ganz unverständlich, wenn es – wie Odo von Cluny berichtet – Mönche gab, deren Appetit auf Fleisch sie zu unheiligen Handlungen verführte[113].

Das Kloster Lobbes, von dessen Speisezettel wir eben sprachen, besaß zwölf Meierhöfe und war dadurch sehr wohlhabend. Hier konnte tierisches Eiweiß eine große Rolle spielen, wie dies einigermaßen dem Fleischkonsum der Weltlichen höheren Standes entsprach. Weltlichen Bräuchen einer «gehobenen» Kochkunst kam man in Lobbes auch mit dem Versuch nahe, die Eintönigkeit der Kost durch reichliche Verwendung von Gewürzen zu übewinden. Diese kamen keineswegs alle aus dem Küchengärtchen, sondern mußten zum Teil – wie etwa der überaus beliebte Pfeffer – um teures Geld von Händlern gekauft werden[114]. Ähnliches gilt für das Würzen der Weine. Auf diese Weise kehrte jener Gaumenkitzel wieder, den das Verbot des Fleischgenusses ausschalten wollte. Man könnte erwägen, ob nicht wenigstens im weltlichen Bereich auch Gründe der Repräsentation mitspielten: Wer aus der Menge herausgehoben war, konnte dies auf die verschiedenste Art erweisen, und wohl auch durch die lukullische Zubereitung der Speisen. Schon die «cibi pigmentati» am Hofe Karls des Großen wurden von einem seiner Dichter gerühmt[115]. Daß man nicht den

---

das Fleischverbot mit den «stimuli carnis» begründet, die durch den Geschmack des Fleisches angeregt würden. HORN u. BORN 1, 277. Geflügel wertete man manchmal wie Fische, mit denen sie am gleichen Tag von Gott geschaffen wurden (dazu ZIMMERMANN, Ordensleben 1, 61). Fische sah man gelegentlich als «Flußgemüse» (fluminum legumina) an; Aimoin, De miraculis s. Benedicti I, 18 (32), MIGNE PL 139, 821.

111 ZIMMERMANN, Ordensleben 1,60.

112 Am Monatsende hatte der Meier noch ein gepökeltes Schwein zu liefern, das für das weltliche Personal bestimmt war, und auch der Fettgewinnung diente. LESNE, Hist. propr. eccl. 6, 217 nach MGH SS 21, 320 f.

113 Odo von Cluny, Collationes III, 20, MIGNE PL 133, 605.

114 VIOLANTE, Società milanese (oben 258 Anm. 40) 31, mit Belegstellen.

115 Theodulf von Orléans, Ad Karolum regem. MGH Poetae lat. 1, 488. VIOLANTE a. a. O.

schlechten Wein pfefferte, sondern ausgezeichneten, scheint aus dem «Ruodlieb» hervorzugehen[116].

Neben wohlhabenden Klöstern gab es andere, in denen die Verpflegung sehr mager war. Als sich der Bischof von Orléans der meisten Güter des Klosters St.-Mesmin in Micy bemächtigt hatte, um sie seinen Vasallen zu geben, erhielten die dortigen Mönche täglich «ein kleines Brot und eine Handvoll Gemüse, selten Wein»[117]; in Tegernsee klagte man, daß auch an den höchsten Festtagen kein besseres Brot als Roggenbrot zur Stelle sei, «das den Bauch füllt und leer läßt». Hier hatten Truppen, die nach Ungarn ziehen sollten, fast alles aufgezehrt[118]. Wenn die wirtschaftliche Basis schmal war, bestand die Gefahr, daß eine Oberschicht von Mönchen für sich bessere Verhältnisse schuf, als sie anderen gewährte. Zeitweise war das sogar in St. Gallen der Fall; ein Teil der Brüder lebte von ihrer Hände Arbeit und milden Gaben der Verwandten, wobei alle Nahrungsmittel, also auch Fleisch, willkommen waren[119]. Die besondere Küche des Abtes konnte zum Stein des Anstoßes werden und so hat man es dem Abt Johannes von Gorze hoch angerechnet, daß er für sich nicht besser kochen ließ als für die Mönche, dasselbe Brot aß und keinen besseren Wein trank, als er ihnen vorsetzte[120]. Wenn derlei so sehr betont wurde, war es unüblich und vielleicht sogar gegen die Sitte, die dem Herrn – und auch dem Abt – als Ausdruck seiner Stellung eine «edlere» Kost zuwies.

Im Durchschnitt dürfte die klösterliche Kost reichlich gewesen sein, was jedoch eher die Quantität als die Qualität betraf. Für das neunte Jahrhundert hat man versucht, absolute Werte des Gewichtes der Nahrungsmittel in einigen Klöstern zu errechnen und ist auf anderthalb bis zwei Kilo Brot im Tag, 70 bis 110 Gramm Käse und 123-230 Gramm Hülsenfrüchte gekommen[121]. Das ist

---

116 Ruodlieb VII, 13, ed. FORD 67: «Potus ... praecipui vini piperati sive medonis», «das Getränk ... aus vortrefflichem Gewürzwein und Met», KNAPP 86. Es scheint, daß man zusammenmischte, was «gut und teuer» war, denn Met wird aus Honig und Wasser im Verhältnis von 1:1 bis 1:2 hergestellt. Nach den Sandrat-Consuetudines wird ein Becher Met an den christlichen Hochfesten getrunken; ZIMMERMANN, Ordensleben 2, 317 Nr. I/182.

117 Letald v. St. Mesmin, Miracula Maximini c. 23, MIGNE PL 137, 808.

118 Tegernseer Briefsammlung ed. STRECKER 141 Nr. 124.

119 Ekkehard, Casus s. Galli c. 100, ed. HAEFELE 202, 204. Hier werden die «idonei» als regierende Schicht gegen die «reliquos minus lingua (!) vel manu validos» kontrastiert. Fleischlos aß man im Refektorium, Fleisch gab es in einem eigenen Raum innerhalb der Klausur. Über diesen vgl. a. a. O. 212 c. 105.

120 Johannes von St. Arnulf in Metz, Vita Iohannis Gorziensis c. 94, MGH SS 4, 364.

121 Michel ROUCHE, La faim à l'époque carolingienne, Revue Historique 97 (250, 1973) 308.

mehr, als ein Mensch unserer Tage vertragen würde, und es mag sein, daß die Ziffern zu hoch angesetzt sind. Kennzeichnend ist der große Anteil von Brot und Hülsenfrüchten, der auch sonst immer wieder zu finden ist. Darin scheint sich die Kost der Geistlichen wenig von jener der klösterlichen «familia» unterschieden zu haben, die jedoch zusätzlich Fleisch oder Speck und vielleicht weniger Käse erhielt[122]. Wer den ganzen Tag körperlich arbeitete, mochte solche Rationen mühelos bewältigen; daß Mönche nicht immer eine asketisch schlanke Gestalt behielten, ist begreiflich. Man nahm derlei auch kaum übel[123].

Der Feldanbau von Bohnen und Erbsen soll nördlich der Alpen im 10. Jahrhundert eine Bevölkerungsexplosion mitverursacht haben[124]. Im späteren elften Jahrhundert – und wohl schon früher – gab es in Cluny täglich Bohnen zu essen, und eine Gemüsesuppe[125], oder ein Bohnen- und ein Gemüsegericht zur Auswahl[126]. Man hat sogar daran gedacht, daß das Wort «fabae» (Bohnen) zum Sammelbegriff für jedwedes Gemüse geworden sei, «denn es ist nicht anzunehmen, daß Tag für Tag Bohnen auf den Tisch kamen»[127].

Einst hatte man Klöster auch deshalb an Gewässern angelegt, weil die Mönche auf deren Fischreichtum angewiesen waren. Sogar an großen Seen waren diese Zeiten vorbei: In St. Gallen gab es kaum für die Tafel des Abtes genug Fische. Ihr Preis war so hoch, daß die Kosten einer einzigen Fischmahlzeit ebenso hoch waren wie jene der Verpflegung eines Mannes für eine ganze Woche[128]. Die Fischzucht in Teichen bot hier nur einen dürftigen Ersatz und scheint wenig verbreitet gewesen zu sein. Bei strengem Fasten waren übrigens selbst Fische verboten[129], nicht bloß Käse und Eier[130]; so blieben allein die

---

122 ROUCHE a. a. O. 311 Tafel 4.

123 Aimoin von Fleury, Vita Abbonis, MIGNE PL 139, 401 c. 11: «Nec vero ipsa eius pinguedo ullam ei ingerebat dehonestationis maculam.»

124 Lynn WHITE jr., The vitality of the tenth century. Mediaevalia et Humanistica 9 (1955) 27 f. und das unten 442 Anm. 32 genannte Buch. Zur Sache vgl. unten S. 452 f.

125 LESNE, Propriété eccl. 6, 383.

126 So ZIMMERMANN, Ordensleben 1, 56, vgl. 2, 280 (I/100). Vgl. 1, 57: «Daß die Hülsenfrüchte-Kost in ihrer Eintönigkeit bei den Cluniazensern nicht sehr beliebt war, ist verständlich.» Man verbesserte sie u. a. durch Beigabe von Salbei und Pfeffer und außerhalb der Fastenzeiten mit Fett.

127 ZIMMERMANN 1, 281 (mit Literaturangaben). Es gibt Benediktionen nicht nur von Trauben und Brot, sondern auch von (gekochten) Bohnen, a. a. O.

128 Ekkehard, Casus s. Galli c. 105, ed. HAEFELE 212.

129 Sandrat-Consuetudines, Cons. monasticae ed. ALBERS 5, 30 c. 36 und Einsiedeln, a. a. O. 103.

pflanzlichen Proteine der Hülsenfrüchte. Brot und Bohnen, das war die schlechteste Kost, die man in einem Kloster erhalten konnte, doch in St. Gallen hatte man nicht einmal diese beiden Grundnahrungsmittel in Notzeiten immer zur Stelle[131]. Im späteren 11. Jahrhundert erhielten die 18 «praebendarii» (Armenpfründner) in Cluny täglich ein Pfund Brot, dazu viermal in der Woche Bohnen und dreimal Gemüse; an 35 Festtagen des Jahres wurde ihnen statt Bohnen Fleisch gereicht[132]. Wein erhielten sie jedoch alle Tage, er galt als wichtiges Nahrungsmittel neben dem Brot.

Zum Glück hatte Benedikt von Nursia nur über das Fasten, nicht jedoch über die Feiertagskost geschrieben. Durch sie konnte man in den besser situierten Klöstern einen Ausgleich schaffen. Schon im Normalfall gab es dann zumeist drei warme Gerichte statt der von Benedikt angegebenen zwei[133]; dazu kamen immer mehr Tage, die man zu Festtagen erklärte, um eine zweite Mahlzeit einschieben zu dürfen. Benedikt hatte ja für die Fastenzeit vor Ostern und für das Winterhalbjahr nur eine einzige Mahlzeit täglich erlaubt. Zwischenmahlzeiten blieben verboten, doch konnte man jederzeit den von der Regel erlaubten Wein trinken; so bürgerte sich die Sitte ein, daß die Brüder im Refektorium zu einem Umtrunk zusammenkamen. Daß dabei nicht immer nur die normale Ration gereicht wurde, konnte man mit der Sitte des «caritas»-Trinkens entschuldigen, dem rituellen Umtrunk zur Ehre von Heiligen[134]. An besonders anstrengenden Tagen, etwa in der Karwoche, wurde neben solchen «caritas»-Gaben auch das «mixtum» gereicht, ursprünglich gewässerter Wein, jetzt ein spätes Frühstück von Brot und Wein, das auch Kranken, Alten und Kindern zustand[135]. Unsere Sitte, den Tag mit einem Frühstück zu beginnen, war ja im Mittelalter auch bei Weltlichen nicht üblich: man verbrachte die ersten Tagesstunden nüchtern.

Daß Kinder Wein zu trinken bekamen, so wie in romanischen Ländern noch heute, erfahren wir u. a. aus Cluny, wo sie ihre eigenen kleinen Gefäße (vascula) dafür hatten[136]. Das Maß der von Benedikt seinen Mönchen konze-

---

[130] Fruttuaria, Cons. monast. 4, 31 c. 32: «Dominica de Quinquagesima dimittant caseum et ova usque ad Pascha.»

[131] Bei Ekkehard, Casus s. Galli c. 14, ed. Haefele 41, sagt der Propst des Klosters zu Karl III.: «Ach, König, unser Unglück, daß du nicht den nächstfolgenden Tag abwarten wolltest! Morgen nämlich werden wir vielleicht Brot und enthülste Bohnen (fabas nudas; eher: ohne Fettzusatz) haben, doch heute nicht.»

[132] Teske, Laien, Laienmönche ... (oben 38 Anm. 141) 275.

[133] Zimmermann, Ordensleben 1, 45 ff.

[134] Zimmermann a. a. O. 42 ff. Zum kultischen Trinken vgl. oben 86 f., 206.

[135] A. a. O. 43 f.

[136] Liber tramitis ed. Dinter 52 c. 40: «apprehendant infantes iustitias (das zugemes-

dierten Weinration, die «hemina»[137], war und ist das Objekt vieler Diskussionen. In alter Zeit scheint sie kaum mehr als einen Viertelliter betragen zu haben; später vergrößerte sich das Maß, doch ist unklar, um wieviel. Man hat von einem halben Liter oder auch mehr gesprochen[138]. Trotzdem war der Durst der Brüder auf diese Weise nicht immer zu stillen. So hatte z. B. der Reformabt Gauzlin von Fleury bis in die Nacht hinein ein erbauliches Gespräch mit einem seiner Schutzbefohlenen. Dieser bekam davon Durst, und die beiden begaben sich zum verschlossenen Klosterkeller; ohne Schlüssel, nur durch die Macht des Gebetes öffnete Gauzlin die versperrte Tür, so daß der Mönch zufriedengestellt werden konnte[139]. Der Gedanke, daß unter Umständen auch Wasser dieselbe Wirkung tun kann, scheint den beiden ins Gespräch Vertieften nicht gekommen zu sein. In späteren «consuetudines» liest man Vorschriften über die Abhilfe gegen abendlichen Durst, so daß es sich hier um ein allgemeineres Problem zu handeln scheint[140].

In Weingegenden konnten auch Mönche strenger Observanz der ernsthaften Meinung sein, Wasser schade ihrer Gesundheit. Darüber klagten jedenfalls Mönche des Klosters Gorze ihrem Vorbild Johannes und bewunderten dessen asketische Fähigkeit, zwei Tage lang ohne Speise und Trank auszukommen. Johannes von Gorze selbst war an der Mosel geboren und hat dem Kloster «eine sehr schöne Menge von Weinbergen» geschenkt. Was Wunder, daß er in seinen früheren Tagen, wie er erzählte, vom Genuß des Wassers Leibweh bekam und ihm dieses Getränk verhaßt war «durch fortwährenden Weingenuß». Wenn er wirklich einmal einen Tag lang nur Wasser zur Verfügung hatte, dann verweigerte er jede Nahrung[141].

Es waren Geistliche, unter ihnen vor allem Mönche, die den Weinbau pflegten und in Gegenden einführten, die ihn früher nicht gekannt hatten. Man brauchte Meßwein, und man setzte zugleich eine Tradition des Römertums fort,

---

sene Weinmaß) et super ipsa vascula effundant vina». Das Diminutiv von «vas» wird allerdings auch für andere Gefäße gebraucht.

137 Reg. 40, 3, ed. Hanslik (2. Aufl.) 111.

138 So Horn u. Born, Plan of St. Gall 1, 299; 3, 154. Rouche, La faim (oben Anm. 121) 311 Tafel 4 berechnet für das 9. Jahrhundert die in einigen Klöstern gegebene Menge von Wein «oder Bier» auf etwa anderthalb Liter, doch wurde allzumeist die doppelte Menge Bier für den nicht vorhandenen Wein gegeben. Es ist kaum glaublich, daß die Kanoniker der Aachener Regel täglich über zwei Liter Wein erhielten, Rouche a. a. O. 309.

139 Vie de Gauzlin ed. Bautier-Labory 116, 118 c. 61.

140 Vgl. die Stellen bei Zimmermann, Ordensleben 2, 307 (I, 162).

141 Johannes von St. Arnulf in Metz, Vita Iohannis Gorziensis c. 27, 45, MGH SS 4, 344, 350.

das in gleicher Weise tätig gewesen war. Aus dem von Benedikt nur ungern bewilligten Weingenuß war ein integrierender Bestandteil des Klosterlebens geworden. Er tröstete die Schwachen über Härten hinweg und er konnte vom Abt auch als Erziehungsmittel eingesetzt werden: Entzug der Weinration war eine Strafe, der man sich ungern aussetzte. Wir sehen hier wie anderswo die Mittelposition zwischen Rigorismus und Permissivität, die für das Benediktinertum kennzeichnend ist. In Gegensatz dazu hat sich das Eremitentum gestellt, doch ohne viel Zustimmung zu finden, wo es auf Mönchsgemeinschaften einwirkte. Abt Johannes von Gorze, der vom freien Asketentum mitgeprägt war, wurde von seinen Mönchen bewundert, wenn er sich kasteite, aber man ahmte ihn nicht nach. Ebenso stand es mit der Gewohnheit dieses Abtes, daß er niemals außer nach einer schweren Krankheit zu baden pflegte[142]. Aus gorzischen «consuetudines» erfahren wir, daß an fünf Hochfesten des Jahres die Brüder ein Bad nehmen sollten[143]. Uns mag auch dies wenig scheinen, wahrscheinlich entsprach es jedoch dem, was bei Weltlichen freien Standes üblich war.

Hatte ein solches Mittelmaß an Schwere des Lebensstils nur den Sinn, breiteren Kreisen den Zugang zum Mönchtum zu erleichtern? Sicherlich spielte diese Erwägung mit im Konzept Benedikts und in den Bestimmungen der späteren Klostersitte. Der Hauptgedanke dürfte gewesen sein, nicht alle Energie der Brüder im Kampf gegen die Körperlichkeit zu verbrauchen. Es ist ein völlig undramatisches Konzept, das uns hier entgegentritt, und eines der kleinen Schritte auf dem Wege zur Rettung vor Gottes Gericht. An die Stelle geistlichen Athletentums tritt die «Erbauung» einer neuen Persönlichkeit, in steter Selbstkontrolle und Überwachung durch die anderen. Auch jene Brüder, die für den Beruf des Mönches nur eine mittelmäßige Begabung aufwiesen, konnten dabei einige Leistungen vollbringen. Hier gab es wenig Heilige, aber ein sehr großes Heer einfacher Soldaten Christi. Sie haben das Gesicht ihrer Zeit viel stärker geprägt als die geistlichen Einzelkämpfer östlicher Art.

---

142 Vita a. a. O. 359 c. 78.
143 Sandrat-Consuet., Consuet. monast. ed. ALBERS 5, 37 c. 41.

III.

Bildung und Schule im Kloster

Für uns ist Bildung eine Allgemeinbildung der Persönlichkeit, oder Vorbereitung auf einen Beruf. Klösterliche Bildung hatte als einzigen legitimen Zweck die «Erbauung», den Umbau der Psyche im Sinne dessen, was wir als Berufsbild bezeichnen. Der Mönch sollte «ein anderer Mensch» werden und das für diese Wandlung Nötige erlernen. Das geschah vor allem im Umgang mit Abt und Mitbrüdern und erst in zweiter Linie aus Büchern. Dem humanistischen Ideal steht dieses Prinzip durchaus fern; es begründete eine Art geistlicher Berufsschule: Die «innere Schule» der Klöster bildete Mönche, während die «äußere» – wo es sie gab – eine Art Grundkurs für Weltliche war, die hier etwas von der lateinischen Schriftlichkeit mitbekamen.

So sehr man die Aufgeschlossenheit des Mönchtums für kulturelle Dinge betont, so wenig läßt sich leugnen, daß keine Regel etwas über das Schulwesen enthält[1]. Der heilige Benedikt hatte es mit Leuten zu tun, deren Muttersprache immer noch Latein war und die lesen konnten. Später wurde es nötig, hier unterstützend einzugreifen. Die Schülerzahl war gering; in dem Klosterplan von St. Gallen sehen wir Schulräume für ein Dutzend Oblaten und Novizen der inneren Schule und wohl zwei Dutzend Teilnehmer der äußeren[2]. Später wurde in Cluny bestimmt, daß nicht mehr als sechs «pueri» dem Konvent gleichzeitig angehören durften, und daß für sie zwei Lehrer zu bestellen waren[3].

Bedenkt man, daß der Unterrichtsstoff gegenüber jenem unserer eigenen Zeit überaus bescheiden war, so scheint es sich für Lehrer und Schüler um ideale Verhältnisse gehandelt zu haben. Immerhin war es keine Idylle. Es ging darum, mit unzureichenden pädagogischen Mitteln das Lateinische so zu lehren, daß es

---

[1] Hallinger, Consuetudo (oben 106 Anm. 159) 142. Über den Fragenkomplex des Verhältnisses von antiker Bildung und Mönchtum zusammenfassend und mit reichen Literaturangaben: Friedrich Prinz, Askese und Kultur (1980).

[2] Horn u. Born (oben 102 Anm. 143) 2, 173.

[3] Udalrich-Consuetudines III, 8, Migne PL 149, 742. Riché, Les écoles (oben 284 Anm. 171) 196 f. Berühmte Domschulen wie Reims und Chartres hatten anscheinend ebenfalls kleine Schülerzahlen. Riché a. a. O.

die Grundlage der Lektüre und zugleich die Unterrichtssprache bildete[4]. Das war nötig, weil es kaum volkssprachliche Übersetzungen gab[5] und auch deshalb, weil viele Begriffe der christlich-antiken Bildung den Volkssprachen nicht geläufig waren. Diese Denkgymnastik sollte ihre Krönung dann im Studium der Dialektik finden, die sprachliche Fertigkeit durch jene der Rhetorik ergänzt werden.

Harter Drill und die Zuchtrute des Lehrers machten den Schulbesuch zu einer asketischen Leistung, die völlig eingebunden war in die gesamte Existenz des Klosterschülers. Der erlernte Wissensstoff blieb klein auch deswegen, weil es auf ihn weniger ankam als auf die Ausbildung von Eigenschaften und Denkweisen, deren der Mönch bedurfte. Auch das war eine Arbeit, die mit den Worten «lehren» und «lernen» (docere, studere) bezeichnet wurde[6]. Aus der antiken Pädagogik hatte man den hohen Wert persönlicher Vorbildlichkeit des Lehrers übernommen und den Gedanken der Nachahmung bedeutender Männer (imitatio maiorum). Er beherrschte in einer uns fast unverständlichen Art das moralische wie das intellektuelle Leben. Das ging so weit, daß Benedikt von Nursia die sehr folgenreiche Forderung aufstellte, der Mönch solle nichts tun, für das es nicht ein Vorbild entweder in der Regel oder bei «den Älteren» gebe[7]. Dieser Begriff der «maiores» umfaßte sowohl dienstältere Mitbrüder, als auch spirituelle oder literarische Vorbilder aus früherer Zeit. Schon in der römischen Republik hatte es berühmte «Tugendexempel» gegeben[8]; jetzt war es die Lesung von Heiligenviten, die derlei vor Augen stellte. Literarische Vorbildlichkeit fand man insbesondere bei den Kirchenvätern, wo sie sich mit der moralisch-spirituellen deckte, und leider auch bei heidnischen Autoren, doch davon später. Wesentlich waren aber vor allem die lebenden Beispiele, die man neben sich hatte.

---

[4] So galt in der Stiftsschule von Magdeburg der Grundsatz, daß der Lehrer Latein sprach und niemand in seiner Gegenwart die Volkssprache gebrauchen durfte. Brun von Querfurt, Vita altera Adalberti ed. KARWASIŃSKA 6 c. 5. Vgl. a. a. O. Anm. pp eine Umstellung des Textes mit der näheren Erklärung des Scherzwortes, Adalbert habe unter der Zuchtrute des Lehrers in drei Sprachen geschrien: lateinisch, sächsisch und slawisch.

[5] Um die Jahrtausendwende versuchte in St. Gallen Notker derartige Übersetzungen zu schaffen, von denen zwei (Martianus Capella, 1. und 2. Buch sowie Boethius De consol.) erhalten sind. Näheres bei Günther GLAUCHE, Schullektüre im Mittelalter (Münchener Beiträge 5, 1970) 84 f.

[6] Jean LECLERCQ, Pédagogie et formation spirituelle du VIe au IXe siècle, in: La scuola . . . Settimane . . . Spoleto 19/1 (1971, Spoleto 1972) 262.

[7] Reg. ed. HANSLIK (2. Aufl.) VII, 55 p. 54.

[8] Hildegard KORNHARDT, Exemplum (1936) 13 ff.

Der spätere Abt Abbo von Fleury begann im Kloster das Studium der «freien Künste», wobei er «an der Seite der Greise hing»; zu manchen Zeiten des Tages war er auch mit den Mitschülern beisammen, aber in den dafür bestimmten Stunden «kam er den Älteren näher»[9]. Hier wird ausführlicher erzählt, was man auch in den alten Topos vom «Jüngling als Greis» zusammenfassen konnte: Schon ein junger Mensch, wollte man damit sagen, konnte die sittliche Höhe Älterer erreichen[10]. In diesem allgemein akzeptierten Rahmen ist auch die in unserer Zeit so oft beklagte geistige Unselbständigkeit mittelalterlicher Autoren zu sehen. Es ging nicht um die Entfaltung einer eigenständigen Persönlichkeit, um die heute so genannte «Selbstverwirklichung», sondern um die Einfügung in die Generallinie der christlichen Autoren und das Nachvollziehen ihrer Gedanken; persönliche Zugaben waren nicht notwendig, und oft hegte man den Verdacht, daß sich der betreffende Autor damit einen Namen machen wollte. Es gibt so manche Beispiele dafür, wie man sich gegenüber dem Vorwurf der Neuerungssucht mit dem Hinweis darauf verteidigte, daß man nur die Alten nachgeschrieben habe[11]. Der Mönch Aimoin von Fleury-sur-Loire wandte sich im Widmungsschreiben seines Geschichtswerkes gegen mögliche Vorwürfe von Kritikern, er gebrauche die Worte seiner Vorgänger: «Das leugne ich nicht und ich schäme mich dessen auch nicht, ja ich will es auch in Zukunft so halten. Ich habe ja das Vorbild guter (Autoren) vor mir und glaube, daß ich tun darf, was jene taten»[12]. Immerhin geht aus solchen Worten hervor, daß die strenge Ausschaltung aller «privaten» Meinungsäußerungen nicht nach jedermanns Geschmack war. Auch in der Durchführung des mönchischen Lebensstils gab es ja verschiedene Auffassungen in den Klöstern, herrschte keineswegs überall Härte und Konsequenz. Noch freier waren die Anschau-

---

9 Aimoin von Fleury, Vita Abbonis, MIGNE PL 139, 390 c. 2. Nicht nur als «senior», sondern als «senex» konnte man schon nach der Vollendung des fünfzigsten Lebensjahres bezeichnet werden. Adolf HOFMEISTER, Puer, iuvenis, senex. In: Papsttum u. Kaisertum, Festschrift P. KEHR (1926) 316.

10 Hier nur zwei Beispiele: «moribus senex, diebus iuvenis»: Liutprand von Cremona, Antapodosis ed. BECKER V, 29, p. 148. «Iuvenis aetate, sed senior morum probitate»: Thangmar, Vita Bernwardi Hildesheim. c. 22, echter Teil, MGH SS 4, 769. KALLFELZ übersetzt das mit «noch jugendlichen Alters, seinem Lebenswandel nach aber ein gereifter Mann». Ausgew. Quellen ... 22, 317. Der Topos stammt aus der heidnischen Spätantike und hat sich bis ins 17. Jahrhundert literarisch erhalten. Ernst Robert CURTIUS, Europäische Literatur und lateinisches Mittelalter (2. Aufl. Bern 1954) 108 ff.

11 Johannes SPÖRL, Das Alte und das Neue im Mittelalter. Historisches Jahrbuch 50 (1930) 307.

12 Aimoin, Historia Francorum, MIGNE PL 139, 628.

ungen im Kreise des Erzbischofs Brun von Köln, des eigentlichen Trägers der «ottonischen Renaissance» diesseits der Alpen.

Während für den Mönch strenger Observanz «neue Gedanken» – also solche ohne Vorbild bei den Älteren – eher gefährlich schienen[13], heißt es in der Lebensbeschreibung Bruns: «Was immer Geschichtsschreiber, Redner, Dichter und Philosophen Neues und Wichtiges aufbrachten, untersuchte er aufs sorgsamste zusammen mit Gelehrten aller Sprachen ...»[14]. Die Aussage wird entschärft dadurch, daß sie den Alten nachgeschrieben ist: Neues zu hören oder zu erfinden galt als Vorliebe der Griechen[15]. Auch hatte «das Neue» wenigstens im Bereich der Politik, selbst bei Brun, den üblichen negativen Beiklang[16]. Im Kreise der Bischöfe scheint man also dem Neuen nicht überall und immer abgeneigt gewesen zu sein. Eine grundsätzliche Rechtfertigung dieser Haltung gab Bischof Adalbold von Utrecht: Man verehrt allgemein das Alte in der Literatur (in scriptis) und weist das Neue zurück. Aber auch das Alte war einmal neu, und darum geht das Neue dem Alten voran. Daher ist es dumm, das zu verachten, was vorangeht und anzunehmen was nachfolgt – ein dialektisches Spiel mit der zeitlichen und der rangmäßigen Bedeutung des Begriffes «praecedere». Adalbold beteuerte, er wolle sich nicht gegen das Alte wenden, sondern nur dem Neuen neben dem Alten einen gleichberechtigten Platz sichern[17].

Das war gewiß leichter gesagt als getan. Selbst ohne die bekannte Abneigung gegen unbekannte Gedanken und ohne die Überzeugung, die modernen Autoren seien Zwerge, die auf den Schultern von Riesen stehen, wäre es nicht möglich gewesen, das Neue genügend bekanntzumachen. Dafür gab es praktische Gründe. In unserer eigenen Zeit werden neue Bücher massenweise hergestellt und gelesen, die älteren stehen – gleichfalls massenweise – oft unbenützt in den Bibliotheken. Damals hatte man es im Normalfall mit Jahrzehnte oder auch Jahrhunderte alten Handschriften zu tun. Wer die Möglichkeit dazu

---

[13] Vita quinque fratrum c. 10, ed. H. KARWASIŃSKA, Mon. Pol. Hist. s. II, IV/3, 51: Auf den Rat seines Seelenführers hin sagt Brun von Querfurt zu neuartigen Gedanken, die ihm gekommen sind: «Non tibi credo».

[14] Ruotger, Vita Brunonis c. 5, übers. v. KALLFELZ a. a. O. 189.

[15] Ruotger a. a. O. 188 c. 7: «Greci ... quorum studium quondam fuisse dicitur aut audire semper aliquid novi aut invenire ...». Vgl. Act. Apost. 17, 21 f., wo es ähnlich von den Athenern heißt: «ad nihil aliud vacabant nisi aut dicere, aut audire aliquid novi».

[16] A. a. O. 203 c. 18: Brun von Köln nennt gegenüber Liudolf all das ein Unrecht gegenüber dem Vater, «was du da Neues gegen dieses Reich entgegen seinem (des Vaters) Willen ins Werk setzt».

[17] Vita Heinrici II imperatoris, MGH SS 4, 683 (praef.). Das Werk entstand zwischen 1024 und 1026 (Adalbolds Todesjahr).

hatte, konnte versuchen, auf dem Tauschweg von Kloster zu Kloster Schriften von Zeitgenossen zu erhalten und abzuschreiben; das kostete Mühe genug. Der andere Weg, Kauf von Büchern, war nur den Wohlhabenden möglich. Katalonien, ein Land mit reicher urkundlicher Überlieferung, bietet Vergleichswerte für den Preis von Handschriften. Im Jahre 1004 waren dort zwei liturgische Texte – ein (Teil-)Missale und ein Lektionar – soviel wert wie ein Pferd. 1011 entsprach ein Band durchschnittlich zwei Unzen Gold[18]. In Deutschland dürften Bücher noch größere Kostbarkeiten gewesen sein. Jedenfalls tauschte einer der Leute Liudolfs von Schwaben nach der Plünderung von Augsburg eine dort geraubte Handschrift gegen ein Pferd, «das ihm gut gefiel»[19]. Ein italienischer Gelehrter geistlichen Standes, der damit imponieren wollte, behauptete, nach Deutschland «fast hundert» Bücher mitgebracht zu haben[20], eine ganz außerordentlich hohe Zahl. Hinterließ doch z. B. der berühmte Abt Adso von Montierender im Jahre 993 bloß 23 Bände, die «Königstochter» Ida gab an Salzburg 13 Bände, eine Nonne aus königlichem Geschlecht schenkte der Abtei Benediktbeuern 20 Bücher. Im Jahre 984 fand ein Bischof von Cremona in seiner Dombibliothek 64 Handschriften vor und ergänzte sie durch 31 weitere aus seinem eigenen Besitz[21]. Auch in Katalonien mit seiner wachsenden wirtschaftlichen Prosperität blieben die Bestände bescheiden. Die Dombiliothek von Vich – über die es einige Angaben gibt – mußte Bücher an die Pfarrgeistlichkeit ausgeben, und man ließ sich von weltlichen Großen bedeutende Summen zum Ankauf des Nötigsten schenken. So brachte es diese Dombibliothek, die 908 nur zehn Handschriften zählte, im Jahre 971 immerhin auf 65 Stück[22].

In solchen Dimensionen muß man auch die durchschnittlichen Klosterbibliotheken dieser Epoche sehen. Es waren absolute Ausnahmen, wenn einzelne Großklöster fünfhundert oder mehr Bände besaßen[23]. Wissenschaft im moder-

---

[18] Bonnassie, La Catalogne (oben S. 2 Anm. 5) 1, 503, vgl. a. a. O. 397: Um 1010 entsprachen fünf Unzen Gold etwa dem Preis eines Pferdes und ebenso dem durchschnittlichen Lösegeld für einen Gefangenen.

[19] Gerhard, Vita Oudalrici c. 11, übers. v. Kallfelz (oben Anm. 10) 101.

[20] Gunzo, Epistola ad Augienses ed. K. Manitius, MGH Quellen zur Geistesgesch. d. MA. 2 (1958) 37 c. 9.

[21] Gustavus Becker, Catalogi bibliothecarum antiqui (1885) 63 ff. Nr. 41, 34, 30, 36. Ein Passauer Chorbischof übergab im Jahre 903 «totum apparatum suum», d. h. seine Bibliothek, dem Bischof, bestehend aus 56 Büchern. A. a. O. 61 f. Nr. 28 (freundlicher Hinweis von Winfried Stelzer).

[22] Bonnassie, La Catalogne 1, 501 f.

[23] So die Reichsabtei Lorsch mit 590 Bänden, Bobbio mit mehr als 666 (nach einem unvollständigen Verzeichnis). Becker a. a. O. 82 ff. Nr. 37, 64 ff. Nr. 32.

nen Sinne oder auch in jenem der Scholastik zu treiben, war unter solchen Verhältnissen ausgeschlossen. Derartiges zu verlangen, hatte auch dem heiligen Benedikt ferngelegen, zu dessen Lebzeiten es in Rom immerhin noch Buchhändler gab. Auch damals waren Bücher Kostbarkeiten für die Reichen, und das neue Mönchtum sollte unabhängig sein von den Gütern dieser Welt. So verordnete Benedikt seinen Schülern jene Haltung zur literarischen Kultur, die sich schon in christlichen Laienkreisen als intensives Studium der heiligen Schriften vorbereitet hatte: Nicht eine Vielzahl von Büchern, sondern ein einziges Buch im Jahr war die Pflichtlektüre des Mönchs[24]. So wurden z. B. in Cluny am Beginn der Fastenzeit die Bücher der Klosterbibliothek auf einem Teppich ausgestellt. Der Bibliothekar rief die Namen der einzelnen Brüder auf; jeder gab das Buch zurück, das er ein Jahr bei sich gehabt hatte, und erhielt dafür ein neues[25].

Natürlich war nicht jedes Buch zu einer derartig intensiven Lektüre geeignet. Was man brauchte, war wie gesagt eine «berufliche» Ausbildung; dabei konnte man mit Wenigem auskommen. Ein Beispiel für solche Beschränkung bietet die Lebensbeschreibung des bekannten Kanonisten und Bischofs von Worms, Burchard. Dieser Mann der Wissenschaft befahl seiner Schwester, der künftigen Äbtissin eines Kanonissenstiftes, folgende Schriften zu «lernen» (discere): Die Kanonissenregel, einen Festkalender (computus), Lebensbeschreibungen von Heiligen, die Dialoge Papst Gregors d. Gr. «und andere Bücher, die diesem Leben(sstil) entsprechen»[26]. Bei den Dialogen Gregors handelte es sich wiederum um Erbauungsschrifttum. Eine Äbtissin mußte den Tages- und Jahreslauf und seine Ordnung kennen, die strengen Normen ihrer Gemeinschaft beherrschen und den «Umbau» des Seelenlebens auf Gott hin in die Wege leiten, bei sich und bei ihren Untergebenen.

Ein solches Programm war an sich gewiß ungeeignet, das literarische Erbe der antiken Welt weiterzugeben und ihre Bildungswerte dem Abendland zu erhalten. Wir wissen, auf welch seltsamem Umweg dies trotzdem geschehen ist. Außerdem war auch ein minimales Maß an schriftlicher Bildung damals imstande, den Klerus vor einem Absinken in die Nichtschriftlichkeit zu bewahren. Es konnte ja eine nur religiöse Bildung jenseits des geschriebenen Wortes geben, ähnlich wie bei den Weltlichen, wo ein praktisches Wissen bei den Oberschichten die Hauptsache war, nicht Lesen und Schreiben, das man oft kaum beherrschte. Ein Krieger, ein Mann des öffentlichen Lebens und ein Herr über ausgedehnte Besitzungen mußte und wollte kein Federfuchser sein. Nur wenig

---

24 Reg. ed. Hanslik (2. Aufl.) 129 c. 48, 15 f.

25 Liber tramitis (oben 37 Anm. 138) 56 c. 42, 3.

26 (Ebbo,) Vita Burchardi episcopi c. 12, MGH SS 4, 838.

konnte er aus Büchern lernen. Das adelige Wesen der Zeit ähnelte in dieser Beziehung demjenigen des homerischen Griechentums.

Im Klerus gab es Ausfallserscheinungen, die in die gleiche Richtung wiesen. Abt Wilhelm von Dijon schuf in den ihm unterstellten Klöstern «äußere» Schulen, weil im ganzen Land die Kenntnis des Lesens und Psallierens, besonders bei der Pfarrgeistlichkeit, zurückging oder völlig fehlte[27]. Auf Synoden, so berichtet Abbo von Fleury, sah man kaum jemals ein aufgeschlagenes Buch[28]. In den Klöstern gab es Mönche, die «nicht schreiben» konnten; wenn sich diese Aussage auf die Kalligraphie bezog – die im griechischen Mönchtum und auch bei den Schülern des heiligen Nilus eine große Rolle spielte[29] –, war das nicht allzu schlimm. Aber so mancher Mönch konnte nicht einmal eine Unterschrift leisten[30] und mußte andere ersuchen, dies für ihn zu tun.

Der heilige Benedikt hatte von seinen Mönchen verlangt, daß sie Bücher lesen sollten; von dem Schreiben oder Abschreiben von Texten ist in seiner Regel keine Rede. In den folgenden Jahrhunderten war man darauf angewiesen, fast alle benötigten Texte im Kloster selbst herzustellen. Diese Arbeit ging nie zu Ende wegen der häufigen Katastrophen, von denen Klosterbibliotheken betroffen wurden. Auch in Friedenszeiten war die Brandgefahr groß; im Krieg ging manches als Bergungsgut zugrunde oder wurde als Beute verschleppt. Neben dem Abschreiben ganzer Codices gab es die Zusammenfassung ihrer wesentlichen Inhalte und das – mühevolle – Sammeln von markanten Aussagen verschiedener Quellen. So stellte Odo von Cluny Sentenzen von Kirchenvätern zusammen, auf Anregung eines Bischofs, der auf Reisen und Kriegszügen die Bücher entbehren mußte[31]. Auch in den Klosterbibliotheken bildeten

---

[27] Rodulfus Glaber, Vita Willelmi abbatis ed. Bulst, Deutsches Archiv 30 (1974) 472 c. 7 (14).

[28] Apologeticus, Migne PL 139, 468.

[29] Bernard Hamilton, The City of Rome and the Eastern Churches in the Tenth Century, in: Hamilton, Monastic Reform . . . (Reprint London 1979) I, 13 f.

[30] Bei Fulbert von Chartres findet sich ein Schreiben der Mönche des Klosters dieser Stadt über die Wahl ihres Abtes und die Liste ihrer Unterschriften; ein Teil davon war eigenhändig, andere «ließen unterschreiben» (subscribi fecerunt). The Letters and Poems of Fulbert ed. Behrends 6 Nr. 1. Nicht lesen und schreiben konnten vor allem Laienmönche aus der Gruppe spätberufener «conversi» im Gegensatz zu den «nutriti», den im Kloster Erzogenen. Nicht nur für diese, sondern auch für die «conversi» sollte eigentlich der Unterricht im Kloster stattfinden. – Ähnlich wie in Chartres gab es in der bedeutenden Abtei Fruttuaria bei einer Abtwahl schriftunkundige Mönche: «qui scribere nescierunt, rogaverunt alios, qui hoc in eorum vice fecerunt». Consuet. monast. ed. Albers 4, 127.

[31] Vorwort zu den Collationes Odos, Migne PL 133, 517.

Florilegien und Kurzfassungen von Texten früherer Zeit wichtige Bestände. Da man für den Lehrbetrieb Bücher selbst abschreiben mußte, war man frei in ihrer Bearbeitung, Kürzung oder Ergänzung. Das galt auch für berühmte Autoren und den oft kommentierten Text der Schulgrammatik von Donat[32]. Der Begriff des geistigen Eigentums wäre damals kaum verstanden worden. Etwas ähnliches gab es nur für heilige Texte; sie waren vor Bearbeitungen sicher.

Was die Grammatik betrifft, so hatte sich seit der Spätantike ihre Funktion sehr geändert: Sie lieferte jetzt – auch in den romanischen Ländern – nicht mehr Regeln für die Anwendung der Muttersprache, sondern wurde zum Lehrbuch einer Fremdsprache. Als solches waren die überlieferten Werke sehr wenig geeignet; sie hatten aber schon immer ihre Aufgabe nur mangelhaft erfüllt. Es war nicht gelungen, zu einer wirklichen Satzlehre zu gelangen, und die Stilistik mußte man sich schon gar aus der Lektüre von Autoren erarbeiten. In der Spätantike gab es den Pädagogen, der Lesen und Schreiben vermittelte, und den «grammaticus», der in der Form des Dialogs vor allem über die Wortlehre handelte und dann zur Lektüre klassischer Autoren überging[33]. An ihnen hatten die Dichter einen bedeutenden Anteil, denn sie waren für die Heiden ein heiliger Besitz, fast so wie für den Christen das Neue Testament.

Was sollten heidnische Autoren im Kloster? Die Frage wurde oft gestellt, doch konnten sich die negativen Tendenzen selten durchsetzen. Es blieb die Tatsache bestehen, daß die heilige Schrift, und damit auch der für den Mönch so wichtige Psalter, lateinisch geschrieben und Latein eine der drei heiligen Sprachen war. Man beugte sich der Notwendigkeit, lateinische Bücher abzuschreiben, und hat dies sogar als asketische Leistung betrachtet[34]. Wer schrieb, «lernte» das Geschriebene besser als jeder bloße Leser. Er erlernte daran vor allem lateinische Stilistik. Auch hier konnte man fragen: Warum sollte ein Mönch einen guten Stil schreiben? Genügte es nicht, wenn er sich in der Verkehrssprache Latein verständlich machen konnte?

---

[32] Fulbert von Chartres an einen seiner Vertrauten: «cum Donatum construxeris, nihil admisceas ineptae levitatis ...». The Letters ed. BEHRENDS 158 Nr. 88. Es handelt sich um grammatische Beispiele, die nicht zu leichtfertigen Gedanken anregen sollten.

[33] Darüber vgl. zuletzt Henri MARROU, L'école de l'antiquité tardive, in: La scuola ..., Settimane ... Spoleto 19/1 (1971, Spoleto 1972) 130 f.

[34] Viele Schreiberverse sammelte Wilhelm WATTENBACH, Das Schriftwesen im Mittelalter (3. Aufl. 1896), so 284 ff. über die Mühsal des Schreibens sowie die Bitte um Gebetshilfe für den Schreiber, «qui se scribendo castigat tempore crebro», a. a. O. 286 (Otloh von St. Emmeram in Regensburg).

Es genügte nicht ganz, denn er mußte bei der Lesung im Chor, Refektorium und Kapitelsaal lateinische Texte vortragen, von denen wenigstens ein Teil den geschliffenen Stil der römischen Intellektuellen aufwies. Man mußte diesen Stil, der schon in den Paulusbriefen begegnet, sich zu eigen gemacht haben, um harten Tadel zu vermeiden. Rühmend wird von dem späteren Bischof und Heiligen Udalrich erzählt, er habe in St. Gallen während seiner Ausbildungszeit tadellos die Tischlesung vorgetragen, obwohl es den älteren Mönchen schon als Kapitalverbrechen erschien, wenn man ein Interpunktionszeichen nicht beachtete[35]. Man hatte den Wert der lateinischen Sprache als Erziehungsmittel erkannt und baute sie in die mönchische Berufsausbildung ein. Der Novize mußte disziplinierbar (disciplinabilis) sein[36]; ob er es wirklich war, zeigte sich schon im Grammatikunterricht. Darum galt es nicht als bloße Schulfuchserei, wenn sogar Bischöfe persönlich in diesen Unterricht eingriffen[37]. Im Kloster Fleury meinte man, daß gegen die Laster des Fleisches mit verschiedenen Mitteln gekämpft werden müsse: Durch Gebet, Fasten, aber auch schriftlichen Unterricht, «besonders durch Diktatübungen» (dictandi exercitia)[38].

So bekam das spätantike Schulwesen wenigstens in seiner Unterstufe wiederum etwas von der Bedeutung zurück, die es einst – auf privater Basis[39] – besessen hatte. Damit wurden neben den sprachlichen Formen und Ausdrucksweisen auf weite Strecken auch die Inhalte der antiken und patristischen Werke rezipiert. Man «lernte» nicht bloß Bücher erbaulichen Inhalts, sondern auch solche, die antike Wissenschaft und Dichtung vermittelten. Übrigens wurde auch die Dichtkunst dem Bereich der Wissenschaft zugezählt, und gerade sie konnte wegen ihrer Schwierigkeiten besonders gut dem Zweck intellektuellen Trainings dienen. Den Apparat eines gelehrten Vielwissertums hatten schon christliche «Dichter» der Spätantike in das poetische Schrifttum eingebracht; in karolingischer und nachkarolingischer Zeit schrieb man in gleicher Art weiter. Gelehrtes mischte sich mit dem erbaulichen Zweck, und besonders junge Leute

---

35 Ekkehard IV, Casus s. Galli c. 57 ed. HAEFELE 124.

36 Ruotger, Vita Brunonis ed. OTT 5 c. 4: «cum ipse disciplinabiliter, utputa bonę indolis puer, ingenio sagaci proficeret . . .».

37 So befragte Bischof Wazo von Lüttich die Domschüler «de Donati vel Prisciani regulis». Anselm, Gesta episcoporum Leodiensium, MGH SS 7, 220 c. 52.

38 Aimoin von Fleury, Vita Abbonis, MIGNE PL 139, 393 c. 7. Wie das gemeint ist, zeigt der nächste Satz mit der Feststellung, daß Abbo keine Gelegenheit ausließ, zu lesen, (ab)zuschreiben oder zu «diktieren», also freie Sätze zu bilden (und niederzuschreiben).

39 Ob es in der Spätantike bischöfliche Schulen gegeben hat, ist umstritten. Von MARROU (oben Anm. 33) wird die Existenz solcher Schulen verneint.

konnten mit «dichterischen» Leistungen auf ihre Fähigkeiten aufmerksam machen. Derlei förderte das Ansehen oder stellte es wieder her. Letzteres traf für einen Mönch zu, der wegen eines Delikts gegen den Bischof von Eichstätt eingesperrt war. Im Kerker verfaßte er liturgische Rezitative über das Leben der heiligen Walpurg, sang sie mit lauter Stimme und wurde daraufhin freigelassen[40].

Das Dichten wollte in der Schule gelernt sein; wie fleißig man es übte, dafür sind z. B. die rund achtzig Schulgedichte ein Zeugnis, die Ekkehard IV. im Auftrag seines Lehrers Notker in St. Gallen abfassen mußte[41]. Daß das Wort «dictare» zum deutschen «dichten» wurde, ist begreiflich, wenn man etwa von dem jungen Otloh von St. Emmeram hört, er sei geübter im Abfassen von Gedichten als in der Prosa gewesen[42]. Ekkehard hat seine Gedichte gesammelt und zur Anleitung seiner eigenen Schüler verwendet. Man konnte sich in den Schulen aber nicht auf Eigenes beschränken, und begnügte sich auch nicht mit dem, was christliche Vorbilder boten. Die höchste, perfekte Form bewunderte man bei den heidnischen Dichtern. Man versuchte, sich an ihr zu bilden, ohne ihrem in manchem bedenklichen oder wenigstens dem Christen nicht förderlichen Inhalt zu erliegen. Von Brun, dem Kölner Erzbischof und Propagator der «ottonischen Renaissance», berichtet sein Biograph, er habe im Gegensatz zu anderen die Komödiendichter nur als Autoritäten «in der Zusammenstellung der Worte», nicht aber wegen ihres Inhaltes geachtet[43]. Daß Bedenken in dieser Richtung manchmal berechtigt waren, wird ab und zu deutlich. So hat man z. B. in der Domschule von Rouen um das Jahr 1000 eine «Satira contra Iezabel» gedichtet, deren Inhalt vom Anfang bis zum Ende durchaus obszön ist[44]. Hier standen die Erzählungen von den Amouren Juppiters Pate. Die Sache war noch eher verzeihlich als die Gesinnung eines Klerikers namens Vilgard, der die Dichter über alles Christliche stellte und durch den Erzbischof von Ravenna deshalb als Ketzer verurteilt wurde. Angeblich gab es in Italien noch mehr Leute seiner Art, die «durch Schwert und Feuer ihr Ende fanden»[45]. Begeisterte Altphilologen lebten damals anscheinend gefährlich.

So verwundert es nicht, daß man in Cluny vor den Dichtern warnte. Der

---

[40] Anonymus Haserensis, De episcopis Eichstetensibus, MGH SS 7, 257 c. 10.

[41] Peter STOTZ, Dichten als Schulfach – Aspekte mittelalterlicher Schuldichtung. Mittellateinisches Jahrbuch 16 (1981) 2.

[42] STOTZ a. a. O. 10 f.

[43] Ruotger, Vita Brunonis c. 8, ed. OTT 9.

[44] Text bei LEBLOND, L'accession des Normands (oben 103 Anm. 147) 283 ff.

[45] Rodulfus Glaber, Hist. II, 12 (23), ed. PROU 50.

große Abt Odo soll im Traum ein schönes Gefäß voll Schlangen gesehen haben. Das Gefäß bedeutete den «liber Virgilii», der Inhalt die «Lehre der Dichter» (doctrinam poetarum)[46]. Auch aus der Lebensbeschreibung des späteren Abtes Maiolus von Cluny erfahren wir, daß er die Lektüre der Dichter abgelehnt haben soll[47]. Das Kunststück, die Dichter formal auszubeuten und an ihnen den Stil zu schulen, ohne dem Zauber der antiken Welt zu erliegen, ging anscheinend über die Kraft mancher Mönche. Zumeist versuchte man, einen Mittelweg einzuschlagen: Man las die Klassiker, aber mit jenem Vorbehalt, der dem Mönch ziemte. Man ereiferte sich gegen die Lügen der Griechen, und zitierte dabei Iuvenal[48]. Wenn ein Autor gegen die heidnischen Texte ins Feld zog, sind wir nicht sicher, ob er das aus persönlicher Überzeugung tat, oder aber, um der geltenden Sitte seiner Standesgenossen zu folgen.

Die hohe Form der Dichtung und ebenso der Kunstprosa zu beherrschen, war ein schöner Lohn für all die Plage des Schulunterrichtes. Hier hatte der Mönch einen gewissen Freiraum zur persönlichen Entfaltung, hier gab es auch jene Heiterkeit, die jungen Menschen ein Bedürfnis ist. Ein spielerisches Element macht sich manchmal geltend, Stilistik wird zur Artistik. Man war stolz auf das Gelernte und stolz darauf, kunstvolle Satzgebilde zu verstehen. Daneben gab es Einfacheres: Im Anschluß an die Satiriker begannen Spruch- und Tierdichtung aufzublühen, und Hrotsvith von Gandersheim versuchte eine Art «Gegendichtung» gegen die Komödien des Terenz[49]. Daß der heidnische «praeses» Dulcitius christlichen Jungfrauen nachstellt, in die Küche gerät und – durch Gott verwirrt – Töpfe und Pfannen küßt[50], damit mochten junge Gandersheimer Kanonissen in harmloser Weise ihre Phantasie beschäftigen.

Man kann der Meinung sein, daß diese Dinge eine gewisse Entlastung bil-

---

[46] Iohannes, Vita Odonis Cluniacensis I, 12, MIGNE PL 133, 49.

[47] Vita I, 14, MIGNE PL 137, 752. Die weitergehende Ansicht, daß Maiolus anstößige Stellen der Texte ausradiert habe, beruht auf einer irrigen Interpretation der Stelle II, 4, a. a. O. 755. Das Gleichnis will sagen, daß er das Gute im Gedächtnis behielt und das Böse daraus verbannte.

[48] So etwa Rather von Verona an den Erzbischof Robert von Trier. Die Briefe Rathers ed. WEIGLE 30 Nr. 5, gegen die «mendax Graecia» und alle «poetica garrulitas». Ähnlich Rather an den Konvent von Lobbes, dem er selbst angehört hatte; hier werden die «sophismata philosophorum» und die «Ruten der Grammatiker» abfällig genannt. A. a. O. 28 Nr. 4. Gelobt wird hier die Einfachheit der (galiläischen) Fischer; von ihr zeigt Rathers Brief nichts, er ist voll von rhetorischen Elementen.

[49] GLAUCHE (oben Anm. 5) 97 f.

[50] Dulcitius IV, 1. Hrotsvith ed. HOMEYER 271 f.

deten gegenüber einer totalen Ausrichtung auf das geistliche Ziel; ein notwendiges Ventil und doch zugleich, wie jedes Spiel, eine Schulung der Fähigkeiten. Wenn es hier Gefahren gab, lagen sie weniger in dem weltlichen Geist der antiken Autoren als in der gelehrten Eitelkeit, zu der ihre Kenntnis verlocken konnte. Immer wieder hören wir, daß das literarische Wissen zu jener Dummheit anleite, die in eitler Ruhmsucht bestehe[51]; daß inhaltsleere Beredsamkeit und (heidnische) Philosophie zu Arroganz und Hochmut verführe[52] usw. Für Mönche war eine solche Haltung besonders schlimm, da sie nach Benedikts Willen doch alle Stufen der Demut erklimmen sollten. Man war sich des Fehlers wahrscheinlich nur selten bewußt, weil man glaubte, daß in der literarischen Sphäre eben andere Gesetze galten, ähnlich wie im Spiel, das zumeist ein Wettkampf war.

So konnte es geschehen, daß der Mönch Froumund in falscher Bescheidenheit sich selbst als demütig und unbegabt bezeichnete, um einem Würzburger Abt, «dem erfahrensten der Gelehrten» unangenehme Wahrheiten zu sagen: Dessen Brief könne nicht von ihm stammen, so voll von stilistischer Unbildung sei er. Derselbe Froumund schrieb ein Gedicht von vier Zeilen, in dem zehn griechische Fremdwörter stehen; um verstanden zu werden, hat er selbst ihre Übersetzung daruntergesetzt[53]. Das Prunken mit griechischen Brocken begegnet öfter, nicht nur bei reisegewohnten Italienern wie Liutprand von Cremona, sondern auch nördlich der Alpen[54]. Wie man da vorging, zeigt etwa ein Gedicht über Adam und Christus, dessen griechische Wörter allzumeist aus Glossaren und aus den Gedichten des Johannes Scotus entlehnt wurden[55]. «Gewöhne dich daran, deinen Stil mit stolzen Worten aufzuputzen!» hatte Ekkehard IV. seinem Bruder geraten und ihm eine versifizierte Anleitung dazu hinterlassen[56]. In vergröberter Form setzte sich hier fort, was schon im alten Rom begonnen hatte: Dort hatte man die Griechen nachgeahmt und dabei eher Künstliches als Spontanes geschaffen. Jetzt tat man so, als beherrsche man neben dem Lateinischen das

---

51 Anselm von Lüttich, Gesta episcoporum Leodiensium c. 40, MGH SS 7, 211.

52 Petrus Damiani, Vita Romualdi, Prolog, ed. Tabacco 9.

53 Tegernseer Briefsammlung ed. Strecker 5 Nr. 3, XII Nr. 1. Auch der Brief Froumunds enthält griechische Worte.

54 Näheres bei Percy E. Schramm, Beiträge zur allgemeinen Geschichte 3 (Kaiser, Könige u. Päpste 3, 1969) 228 f. Anm. 82. Bernhard Bischoff, Mittelalterliche Studien 2 (1967) 268 f.

55 MGH Poetae lat. V/3 ed. G. Silagi u. B. Bischoff (1979) 626 ff. Nr. 7.

56 MGH Poetae lat. V/2 ed. K Strecker u. N. Fickermann (1939) 532 f. Nr. 58. Beispiele: «Da viti gemmas, botros sibi dicito mammas. Fluctus da segeti, portum simulato quieti» usw.

Griechische, und womöglich auch Hebräisch, die dritte der biblischen und darum «heiligen» Sprachen[57].

So konnte man glauben, eine Art Elite des Geistes vor sich zu haben. Manchmal wurden daraus praktische Konsequenzen gezogen, erleichterte man wegen ihrer «Wissenschaft» solchen Leuten den Aufstieg zum Abt oder gar Bischof[58]. Jener Begriff meinte natürlich nicht nur den philologisch-literarischen Sektor, sondern ebenso und noch mehr das geistliche Fachwissen. Nicht zufällig pflegte man den Bischof mit Stab und Buch abzubilden, letzteres vielleicht als liturgisches Pontifikale oder als Kanonessammlung gedacht. Von dem Mönch Rather sagte man, er sei wegen seiner Frömmigkeit (religio) und der Kenntnis der sieben «freien Künste» Bischof von Verona geworden[59]. Er war mehr in der klassischen Literatur zu Hause als in der christlichen[60], und hatte wohl darum in Italien Erfolg am Hof König Hugos. Ähnlich war es nördlich der Alpen im Kreis um Brun von Köln; sein Biograph Ruotger verteidigte dessen Neigung zu den heidnischen Autoren, hatte selbst eine gute klassische Bildung und benutzte kaum die Kirchenväter[61].

Wenn einer dieser Männer sein Verhältnis zur Umgebung schilderte, tat er es mit nachsichtigem Spott. Rather erzählt, was in Verona die Meinung über ihn war: Wenn er könnte, säße er den ganzen Tag über seinen Büchern; er haßt die Menschenmenge, liebt die Einsamkeit, spielt nicht, ihm sind Jagdhunde und Falken gleichgültig[62]. Anselm von Besate, der «moderne» Satiriker, nennt den Haupteinwand gegen sein Werk: Es ist überflüssig, weil es doch schon so viele Bücher gibt, daß ihre Lektüre zur sehr großen Plage wird. Man weiß, daß Anselm die Einsamkeit liebt; da er aber kein Eremit ist, dürfte er ein Zauberer sein[63].

Der Geist scharfzüngigen Literatentums führte weg von den Bindungen des Mönchslebens, und das nicht immer nur in übertragenem Sinne. Denn die

---

57 Anonymus Haserensis, MGH SS 7, 257 c. 12: Bischof Reginold von Eichstätt (966-989) «carnali quidem nobilis prosapia, sed nobilior scientia, litteris non solum Latinis et Grecis, sed etiam Hebreis imbutus, . . .». Er soll kirchliche Gesänge in den drei Sprachen gedichtet haben.

58 «Chez les évêques et les abbés, la ‚nobilitas studiorum' peut exceptionellement suppléer à la noblesse du sang.» Michel Bur, La formation du comté de Champagne (Mémoires des Annales de l'Est 54, Nancy 1977) 419.

59 Liutprand von Cremona, Antapodosis III, 42, ed. Becker 95.

60 Max Manitius, Geschichte der lateinischen Literatur des Mittelalters 2 (1923) 35.

61 Irene Ott in dem Vorwort zur Ausgabe der Vita Brunonis, p. IX.

62 Rather, Qualitatis coniectura, Migne PL 136, 528 c. 5. Vgl. unten 568 Anm. 9.

63 Rhetorimachia ed. K. Manitius (oben 122 Anm. 38) 104. Anselm hatte sich in die Einsamkeit zurückgezogen, um ein Buch zu schreiben.

Klosterschule war weithin bloße «grammar school», und wer den Lehrgang der antiken Bildung – die «sieben freien Künste» – durchmessen wollte, der mußte auf Wanderschaft gehen. Wenn man einen verständnisvollen Abt hatte, gab er dazu die Möglichkeit und das Geld. Derlei kostete nicht wenig; in Limoges behauptete der Neffe des Abtes von Clusa, von dem wir schon hörten, sein Onkel habe bereits mehr als zweitausend Goldstücke für seinen Unterricht «an vielen Orten der Lombardei und Frankreichs» ausgegeben[64]. Hier handelte es sich natürlich um Aufschneiderei; mit dieser riesigen Summe hätte man damals auf ganz andere Weise eine kirchliche Laufbahn begründen können. Daß der Unterricht in der Fremde keineswegs billig war, wird auch anderswo berichtet. So mußte z. B. der junge Mönch Abbo von Fleury in Orléans bei einem Kleriker Musikunterricht nehmen «um viel Geld und heimlich, wegen der Neider». Vorher war er nach Paris und Reims gegangen, wo man Abbo in der Philosophie und – weniger, als er es gewünscht hätte – in der Astronomie unterrichtete[65]. So wurden Mönche auf der Suche nach Lehrern zu fahrenden Scholaren. Was wohl der heilige Benedikt davon gehalten hätte?

Dem Mönch Abbo haben seine Wanderjahre nicht geschadet; er wurde der bedeutendste Abt seines Klosters, und man verehrte ihn später als Heiligen. Wer etwas gelernt hatte, wurde zum Lehrer dort, wo man ihn gerne hörte, und auch Abbo kam als Magister bis nach England, bevor man ihm die Abtwürde in Fleury übertrug. Andere blieben in der Fremde wie Huothilbert, ein Mönch von Mettlach. Im frühen 10. Jahrhundert durchstreifte er «lernend und lehrend» Nordfrankreich, Aquitanien und das Baskenland, dann ließ er sich in Navarra nieder, umgeben von einer Schar von Schülern aus ganz Spanien[66]. Der erfolgreiche Lehrer brachte seinem Kloster Ansehen, Schüler und auch Geld ein, letzteres manchmal sogar recht reichlich. Als Abbo nach Fleury heimkehrte, schenkte er der Abtei «vielfältige Schätze»: Goldene Armillen und Halsreifen (torques), priesterliche Gewänder, einen goldenen Kelch und viel Silbergeld[67].

Während sich Benedikt gegen die umherschweifenden Mönche gewandt hatte, wurde durch das Magister- und Scholarentum die Bindung an das Kloster, die «stabilitas loci», in manchen Fällen sehr gelockert. Normalerweise hatte ein entlaufener Mönch wenig Chancen, in einem anderen Kloster unterzukommen. Wer über besondere Fähigkeiten verfügte, mit dem war es anders. Das machte

---

[64] Ademar von Chabannes, Epistola de apostolatu s. Martialis, MIGNE PL 141, 107. Vgl. oben 349.

[65] Aimoin von Fleury, Vita Abbonis, MIGNE PL 139, 390 c. 3.

[66] Miracula s. Liutwini, MGH SS 15/2, 1266 c. 18. Eugen EWIG, L'Aquitaine et les pays rhénans, in: EWIG, Spätantikes u. fränkisches Gallien 1 (1976) 572.

[67] Vita Abbonis c. 6, a. a. O. 393.

sich Rodulfus Glaber zunutze, der aus dem Kloster St.-Léger in Champeaux ausgeschlossen worden war. Seine Mitbrüder wußten, daß er wegen seiner literarischen Kenntnisse stets irgendeine Unterkunft haben werde, «und das hatte sich schon sehr oft als wahr erwiesen»[68]: Rodulfus pflegte die Klöster zu wechseln und war doch als Mitbruder – wenigstens anfänglich – in ihnen willkommen. Hier ist schon ein wenig von dem späteren frei schaffenden Literatentum zu finden, wie es ansonsten höchstens an Höfen möglich war. Bildung im humanistischen Sinne bekam ihren Eigenwert zurück, wenigstens innerhalb einer zahlenmäßig kleinen Gruppe von Geistlichen. Hier hatte die karolingische Renaissance Wege gebahnt, die auch in schwierigen Zeiten und angesichts rigoristischer Tendenzen nicht mehr verschüttet wurden. Andernfalls wäre die Lage im Abendland weitaus schlimmer gewesen, als in Byzanz mit seinem intransigenten Mönchtum: Im Osten lebte eine großstädtische Kultur weiter, die es im Westen bis tief in die Neuzeit hinein nicht geben konnte. Langsam und mit Unterbrechungen haben sich hier Kreise gebildet, denen eine Renaissance der Bildung am Herzen lag. So dürftig das Schulwesen des zehnten Jahrhunderts auch war, es hat doch eine Grundlage für diese Entwicklung gebildet.

Bei dem Lehrgang der «artes liberales», von denen wir in ihrer Gesamtheit noch nicht gesprochen haben, handelte es sich um Disziplinen, die des Freien auch deshalb würdig waren, weil sie kein Geld einbrachten; tief unter ihnen standen die «artes» des römischen Handwerkertums. Natürlich war die Beherrschung der lateinischen Kunstsprache, die Rhetorik und Dialektik in der Spätantike einer weltlichen Laufbahn sehr förderlich, und auch dem Bischof kam seine Redekunst zugute, wenn er vor Gebildeten predigte. Für einfache Mönche handelte es sich um ein rein intellektuelles Training ohne jeden praktischen Nutzen. Diese Ausbildung lenkte den Blick auf den hohen Wert der Form in einer zur Formlosigkeit tendierenden Zeit. Die «artes liberales» waren in hohem Grade Formalwissenschaften, sie ergänzten die «Erbauung» der christlichen Psyche damit auf das beste. Der Prozeß der Zivilisation hatte noch nicht gänzlich das «wilde» Denken gezähmt, es mußte in jedem Novizen aufs neue besiegt werden. Zivilisierung und Erbauung gingen Hand in Hand. So konnte Gerbert von Aurillac über die Geometrie schreiben, sie führe dazu, die Macht und die unsägliche Weisheit des Schöpfers zu bewundern, zu loben und ihr nachzusinnen; jenes Schöpfers, der alles durch Maß, Zahl und Gewicht geordnet hat[69].

Im übrigen scheint es, daß Gerberts Bedeutung für die Lehre der «artes»

---

[68] Histor. V, 1 (3) ed. PROU 166. Vgl. oben 347.

[69] Zitiert bei Carla FROVA, Le opere aritmetiche di Gerberto d'Aurillac. In: Studi sul medioevo cristiano (Festschrift R. MORGHEN 1, Rom 1974) 351. Vgl. unten Anm. 89.

überschätzt wurde. Wir besitzen darüber die ausführliche Schilderung durch seinen Schüler Richer; sie deckt sich in den wesentlichen Dingen mit dem, was aus etwas früherer Zeit von der Domschule von Speyer überliefert ist[70]. Es gehörte zu den erlaubten Mitteln der Rhetorik, eine Persönlichkeit dadurch ins Licht zu stellen, daß man ihre Vorgänger in Dunkel tauchte. So konnte Ruotger behaupten, Brun von Köln habe «die lange vergessenen sieben freien Künste wiederbelebt»[71], und in ähnlicher Weise verfuhr Richer: In Italien seien vor Gerbert Musik und Astronomie völlig unbekannt gewesen, und auch in Frankreich habe man nichts von der Musik gewußt, die Gerbert dann «überaus bekannt machte»[72]. Was beide Autoren sagen wollten, war, daß Brun und Gerbert, jeder auf seine Art, das Niveau des Unterrichtes bedeutend gehoben haben.

Beide haben z. B. darauf gehalten, daß man wirklich Latein sprach, und zwar ein gutes Latein[73]. Die antiken Autoren, traditionell mit dem Studium der Grammatik verbunden, wurden durch Gerbert in den Rhetorikkurs versetzt, und das nicht ganz zu Unrecht: Ebenso wie die Prosa machte die antike gebundene Rede von den rhetorischen Figuren und all den anderen Kunstmitteln Gebrauch, die der angehende Rhetor lernen sollte. Hier wird die große Distanz deutlich zwischen der antiken Existenzform, in aller Öffentlichkeit und ständiger Kommunikation mit einem Publikum, und dem mönchischen Lebensstil. In der Klosterschule mochte man nach alter Art Disputationen abhalten; später brauchte man eine korrekte, aber keineswegs kunstvolle Ausdrucksweise. Anders war es mit dem Geistlichen in der Stadt, solange dieser noch Leute fand, die seine Künste würdigen konnten. Niemand verstieg sich zu der Behauptung, durch die Kunst der Rhetorik habe ein Prediger Seelen gerettet; wozu dann diese Techniken bei dem städtischen Klerus?

Seit jeher, von Cicero über Marius Victorinus bis Alchvine und weiterhin betonte man die zivilisierende Wirkung der Kunstrede[74]. Zwischen einem

---

70 Glauche (oben Anm. 5) 75 ff.

71 Ruotger, Vita Brunonis c. 5, ed. Ott p. 7: «Obliteratas diu septem liberales artes ipse retexit.»

72 Richer III, 44 u. 49, ed. Latouche 2, 52, 58. Gemeint ist natürlich die «ars», nicht die praktische Kunstübung. Mit Recht sagt Alexander Murray, Reason and Society in the Middle Ages (Oxford 1978) 157 über diese Angaben: «There is flattery here.»

73 Über Gerbert (und Fulbert) vgl. Behrends in der Einleitung zu: The Letters and Poems of Fulbert, XXX. Für Brun vgl. Ruotger c. 8 über die «latialis eloquentia»: Der Erzbischof glänzte selbst darin und verbesserte sie bei vielen anderen.

74 Ausführlich handelt über die Aussagen zum Zweck der Rhetorik Carozzi in seiner Ausgabe des Carmen ad Rotbertum (oben 16 Anm. 24) LIV ff.

«richtigen» Leben und der «richtigen» Rede hatten christliche Autoren seit Gregor d. Gr. eine enge Verbindung hergestellt, und auch Gerbert sagte: «Mit dem Streben nach einem guten Leben habe ich stets das Streben nach einem guten Ausdruck der Rede (studium bene dicendi) verbunden»[75]. Das ist ganz in der Art Ciceros gesagt, dürfte aber doch Gerberts eigene Meinung wiedergeben. Das Gute bedurfte des Schönen, der Inhalt brauchte eine würdige Form, und beides zusammen bestimmte ein Menschenideal, das von Hellas bis in die Stube des Domscholasters von Reims reichte. Dort fühlte sich Gerbert freilich unter Barbaren – er war dem Mittelmeerkreis verhaftet und tat sich als Südländer leicht mit einer Disziplin, von der es hieß, man lerne sie entweder schnell oder gar nicht[76].

Manchmal gewann die schöne Form Eigenwert, man trieb «l'art pour l'art». In Lüttich lachten die Domherren, als eine in schlichtem Stil gehaltene Heiligenlegende vorgelesen wurde[77]. Ein Mönch in Soissons konnte einem Mönch in St.-Amand überschwängliche Komplimente über seinen Stil machen: es gebe nichts Lateinischeres, nichts Schöneres, nichts Süßeres als ihn. «Glückliches Gallien, das über einen solchen Gelehrten verfügt!»[78] Der Abt Gauzlin von Fleury hielt am Kapitol in Rom von einer «cathedra» aus eine Ansprache über die Kulturgeschichte der Stadt; er gebrauchte dabei «sophistische» Mittel, d. h. solche der Rhetorik und Dialektik[79].

Gerbert «durcheilte» in seinem Lehrgang die Dialektik, behandelte die Rhetorik und schickte seine Reimser Schüler dann zu einem «Sophisten». Im Streit der Worte sollten sie die beiden Künste anwenden lernen, aber so, daß man nicht merken durfte, welche Kunstfertigkeit angewandt wurde: das, sagt Richer, ist die größte Kunst des Redners[80]. Eine solche dialektische Kunstrede verlangte außerordentliche Konzentration und ein formal-logisches Denken,

---

75 Die Briefsammlung Gerberts ed. WEIGLE 73 Nr. 44, vgl. die dort Anm. 4 angeführten Stellen. Über Quintilians «vir bonus dicendi peritus as a civil savior of a decaying society» vgl. James J. MURPHY, Rhetoric in the Middle Ages (Berkeley 1974) 63.

76 Cicero De oratore, zitiert durch Augustinus, De doctrina Christiana IV, 3, 4, ed. I. MARTIN im Corpus Christianorum, ser. lat. 32, 118.

77 Bischof Stephan, Widmungsschreiben zu seiner Vita s. Lamberti, MIGNE PL 132, 643.

78 Odilo von St.-Médard an Hucbald von St.-Amand, MIGNE PL 132, 629.

79 Andreas von Fleury, Vita Gauzlini ed. BAUTIER-LABORY (oben 71 Anm. 103) 60 § 19 c. Die Veranstaltung hatte eine vornehme Zuhörerschaft (stipatus innumerabili multitudine dignitatis Romanę).

80 Richer III, 47 f., ed. LATOUCHE 2, 56.

das dem früheren Mittelalter weithin fremd war. Wenn zwei derart geschulte Geister miteinander disputierten, war das ein artistisches Vergnügen für sie und gebildete Zuhörer; Ungebildete wurden verwirrt und verunsichert. Es war ein Spiel, bei dem ausschied, wer die Regeln nicht kannte. Für die fortschreitende Intellektualisierung des Denkens bis hin zur Scholastik – die ja auf der dialektischen Methode fußte – wurde hier der Grundstein gelegt. So mancher Schüler blieb allerdings in Äußerlichkeiten stecken und lernte hier nichts als artistische Tricks, mit denen man einen Gegner verwirren konnte[81].

Es war schwierig, diese Kunstfertigkeit mit den Zielen des mönchischen Lebens zu vereinen. Das kämpferische Element, das der Dialektik innewohnte, stand im Gegensatz zu der brüderlichen Haltung und Demut, die von Mönchen verlangt wurde. Ansätze zu einer «erbaulichen» Nutzanwendung der Dialektik gab es immerhin. Wie man die Aufgabe anpacken konnte, darüber gibt ein langes Lehrgedicht Aufschluß: «Ich bin, was ich nicht war, was ich war, bin ich nicht ... Was ist der Mensch? Etwas Lächerliches» (risibile = er ist fähig zu lachen). «Verschieden sind die Qualitäten der Menschen, eine einzige haben sie gemeinsam: daß sie sterben müssen»[82].

Grammatik, Rhetorik und Dialektik sah Anselm von Besate als himmlische Wesen, die ihn umfingen und riefen: «Unser ist der junge Mann!»[83] Für ihn war mit dem «trivium» die Bildung abgeschlossen, und so war es auch sonst sehr oft. Der zweite Teil des Lehrganges, das «quadrivium», wurde nur an einzelnen Schulen und oft nur zum Teil gelehrt. Wie schon erwähnt, ist jedoch die Aussage unrichtig, zwei seiner Disziplinen seien in Italien vor der Ankunft Gerberts unbekannt gewesen[84]. Wer nach Unterrichtung in Arithmetik, Geometrie, Astronomie und Musik strebte, mußte die «Werkstätten der Weisheit» an verschiedenen Orten aufsuchen, wie dies etwa Abbo von Fleury getan hat. Er fand, daß man selbst in Paris und Reims wenig über die Musik (besser: Musikwissenschaft) lernen konnte, und begab sich darum nach Orléans[85].

Mehr noch als im Trivium trat im Quadrivium der abstrakte, auf Herstellung einer formalen Ordnung bedachte Charakter der «artes» hervor. Ein Durchdenken dieser Formen und Ordnungen disziplinierte den Lernenden und führte über die geistige Bewältigung des Stoffes hinaus. Die Harmonie des an-

---

[81] Von dem Erzbischof Ebulo von Reims hieß es, er habe nichts gelernt «preter pauca silogismorum argumenta ... quibus idiotas ac simplices quosque ludificari solebat». Gesta episcoporum Cameracensium III, 25, MGH SS 7, 473.

[82] MGH Poetae lat. V/3, 644 ff. Nr. 3.

[83] Rhetorimachia ed. Manitius 150 c. 4.

[84] Richer, oben Anm. 72.

[85] Oben 389 mit Anm. 65.

tiken Kosmos wurde deutlich und öffnete den Blick für dessen Schöpfer. Man hat die mathematischen Studien Gerberts von Aurillac aus seiner Sehnsucht nach Ordnung in einer «unordentlichen» Zeit erklärt[86]. Daneben hatten sie einen erbaulichen Sinn,sie führten zurück auf die vom Schöpfer bestimmten formalen Ordnungen[87].

Die theoretische Beschäftigung mit den Zahlen hieß Arithmetik, im Gegensatz zur praktischen Rechenlehre. Gerbert hat auch diese gepflegt und arabische Rechenmethoden erlernt, mit denen man schnell multiplizieren und dividieren konnte[88]. Aber das Wesentliche blieb doch die Zahlentheorie. Sie bot einen anderen, moderneren Weg der Einsichten in die Schöpfung als dies die Zahlensymbolik tat. Diese konnte sich zwar auf Bibel und Kirchenväter berufen, sie war aber uferlos und jeder subjektiven Deutung offen. Hier gab es Residuen «wilden» Denkens, die einem höheren Begriff von Wissenschaft widersprachen. Gerbert sah übrigens nicht als einziger die Verbindung zwischen Zahlentheorie und Religion. Hrotsvith von Gandersheim ließ in einem ihrer Theaterstücke die Weisheit (Sapientia) selbst auftreten und den heidnischen Kaiser Hadrian Grundbegriffe der Zahlentheorie lehren. Damit verwies sie ihn auf den Schöpfer, ebenfalls unter Gebrauch des Bibelzitats über Maß, Zahl und Gewicht als göttliche Ordnungsprinzipien[89].

Maß und Zahl bestimmten auch die Geometrie, die jetzt keinen praktischen Sinn mehr hatte: Auch wenn Gerbert geradezu Anweisungen zur Vermessung von Äckern zu geben scheint, sind das bloße Reminiszenzen an die Antike; im zehnten Jahrhundert hat man die Geodäsie nicht praktiziert[90]. Natürlich waren schon jene Söhne aus guter Familie, die in der Spätantike die «artes» erlernten, keine Praktiker solcher Techniken. Für sie war Geometrie eine Formalwissenschaft von allgemeinem Wert für das intellektuelle Training. Derlei konnte auch der Mönch brauchen; so wie im ganzen Quadrivium war hier auch nicht zu fürchten, daß die Lektüre der alten – und recht schwierigen – Texte zu unnützen Gedanken verführen könnte.

---

[86] Joseph V. Navari, The leitmotiv in the mathematical thought of Gerbert of Aurillac. Journal of medieval history 1 (1975) 139 ff., vgl. 148.

[87] Vgl. oben 390.

[88] Uta Lindgren, Gerbert von Aurillac und das Quadrivium (Beiheft 18 zu Sudhoffs Archiv, 1976) 11, 14.

[89] Sap. 11, 21: «omnia in mensura et numero et pondere disposuisti». Hrotsvith ed. Homeyer, Sapientia III, 13 ff., S. 361 ff. Der Kaiser widersteht dem «wissenschaftlichen» Bekehrungsversuch. – Zum Zitat vgl. oben 390 und Israel Peri, Die Auslegung von Weish. 11, 20 . . ., in: Mensura 1 (Miscellanea mediaev. 16/1, 1983) 1 ff.

[90] Lindgren a. a. O. 27.

Anders scheint das fürs erste bei der Astronomie gewesen zu sein, die ja in verdächtiger Nachbarschaft zur Astrologie stand. Sie hatte den praktischen Zweck, zur Berechnung der christlichen Feste die Grundlage zu liefern. Auch konnte man an den Sternen – sofern sie zu sehen waren – die Zeit für das nächtliche Gebet der Mönche ermessen. Tatsächlich wird das nur sehr selten geschehen sein, und die Berechnung der beweglichen Feste wurde überhaupt nicht im Kloster besorgt, sie galt für den ganzen Bereich der Christenheit. So stand auch hier das theoretische Element im Vordergrund. Hier bot sich ein reicheres Feld der Erbauung als bei jeder anderen Disziplin. Den Sternenhimmel zu bewundern, war einfachen Geistern genug; Gerbert versuchte, ihn mit Instrumenten zu «erforschen». Das war zugleich eine pädagogische Tätigkeit, die in hohem Maße das Interesse von Schülern fand: Richer berichtet voll Enthusiasmus über die Entdeckungen, die man mit dem Lehrer oder sogar ohne ihn anhand dieser Apparate machen konnte[91].

Wenn der Choralgesang eine Hauptbeschäftigung vieler Mönche war, scheint von hier aus das Interesse an einer Musiktheorie begreiflich[92]. Da man um Wert oder Unwert einer «neuen Musik» stritt – Konservative bezeichneten die neuen musikalischen Formen als Monstra und Barbarei[93] – hätten sich hier Argumente für oder gegen das Neue gewinnen lassen. «Musica», die Musiktheorie, und «cantus», die Musikübung, waren jedoch zwei von einander völlig verschiedene Dinge, die kaum in irgend einer Verbindung zueinander standen[94]. Sänger hatten nichts zu schaffen mit der dem Ohr nicht wahrnehmbaren Musik der Himmelssphären; die klanglichen Proportionen, die man am Monochord studierte, waren nur ein schwacher Abglanz dieser himmlisch-irdischen Sphärenharmonie. Was man hier lernen konnte, war eine Wissenschaft in Nähe zur Mathematik[95], und wiederum Erbauung, der Hinweis auf den göttlichen Ursprung dieser tönenden Ordnungen.

---

[91] Vgl. etwa über den Himmelsglobus Richer III, 53, ed. LATOUCHE 2, 62.

[92] Das hat Georges DUBY ausgeführt: L'an mil (Archives, 30, Paris 1967) 54.

[93] Letald von St.-Mesmin in Micy, Vita Iuliani, Widmungsschreiben c. 4, MIGNE PL 137, 784: «Non enim mihi placet quorundam musicorum novitas, qui tanta dissimilitudine utuntur, ut veteres sequi omnino dedignentur auctores ...» usw. Vgl. auch oben 379.

[94] LINDGREN a. a. O. 21. Wenn Gerbert als «musicus» bezeichnet wurde, meinte das seine theoretischen Kenntnisse.

[95] «Musica est disciplina quae de numeris loquitur qui ad aliquid sunt, id est, his qui inveniuntur in sonis.» Rabanus Maurus, De clericorum institutione III, 24, MIGNE PL 107, 401. Auf die Stelle machte RICHÉ, Ecoles et enseignement (oben 284 Anm. 171) 377 Nr. 43 aufmerksam.

Liest man die Texte, die sich mit den vier Disziplinen befassen, dann begreift man, daß das «quadrivium» nicht allen Schülern im Kloster angeboten (oder auferlegt) wurde. Dieses Schrifttum scheint fürs erste überaus trocken und auch schwer verständlich für jene, denen kein begeisterter Lehrer zur Seite stand. Nur dadurch, daß in der Spätantike aus Einzeldisziplinen ein Gesamtlehrgang gebildet wurde, und weiters deshalb, weil man diese Einheit nicht zu zerstören wagte, konnten diese Stoffe Eingang in das Schulwesen des Mittelalters finden. Die Mühe, die man sich machte, war groß, der praktische Ertrag gering; ob der erbauliche stets die Beschäftigung mit solchen Materien lohnte, mag zweifelhaft bleiben. Eines ist jedenfalls sicher: Die «artes» hielten die lateinische Schriftlichkeit am Leben und sie formten den Geist der Schüler, die ansonsten im Bereich des Abstrakten hilflos geblieben wären. Diese Bildung war alles andere als universal und sie förderte nicht etwaige Ansätze zu eigenem Denken. Letzlich handelte es sich um die «alexandrinische» Spätstufe antiker Gelehrsamkeit, und auch das in arger Verkürzung. Eigenes an die Stelle dieses Systems zu setzen, dazu war man im Abendland aber noch lange nicht fähig. Da die «artes» nur Sache einer dünnen Schicht von Geistlichen waren, haben sie auch ganz gewiß nicht die «Volksseele» oder den abendländischen Geist deformiert. Man lernte, man übte sich im Denken und im Ausdruck des Gedachten – diese Tatsache war wichtiger als der Inhalt des Bildungsstoffes. Noch einmal wollen wir daran erinnern, daß in Benedikts Regel nichts über das Schulwesen zu finden ist. In den Generationen nach ihm, bei sinkendem Bildungsniveau, war es durchaus nicht selbstverständlich, daß im Kloster Ersatz geschaffen wurde. Es hätte zu einem frommen Analphabetentum kommen können ähnlich jenem mancher Eremiten. Da war es doch wohl besser, daß es Klosterschulen und den Lehrgang der «artes» gegeben hat.

VULGUS

I.

Volksglaube

Von der großen Mehrzahl der Weltlichen des zehnten Jahrhunderts wissen wir nur, was Geistliche wissenswert fanden. Es handelt sich für den Historiker um eine «schweigende Mehrheit», denn die Zeitgenossen haben den Unterschichten nur gelegentlich Aufmerksamkeit geschenkt. Die Freien sollten Mitträger politischer Verantwortung sein, aber in dieser Gruppe zählte nur mehr, wer auch wirtschaftlich frei war und als Krieger in Frage kam. Die Knechte gehörten überhaupt nicht zum «Volk», sie waren Bestandteile des «Hauses» und grundsätzlich keine Entscheidungsträger. Wir erfahren darum kaum etwas von den Meinungen, wenig von Taten und mehr von den Leiden der Bevölkerung: Hungersnöten, Kriegsverwüstungen, ansteckenden Krankheiten. Nur in den Wunderberichten werden einzelne Leute handelnd vorgeführt, und als Objekt der geistlichen Betreuung würdigte man sie einer Aufzählung religiöser Anschauungen, Bräuche und Mißbräuche. Da die Zeit der großen «Polyptycha», zugleich mit dem Absinken der Großherrschaften, schon fast vorbei war, wird uns die wirtschaftliche Existenz der Landbevölkerung viel weniger deutlich, als wir es wünschten. Politische Geschichte als Geschichte der Oberschichten kann man schreiben, weil sie schon damals geschrieben wurde; was die «kleinen Leute» betrifft, muß man mühsam ein Mosaik zu rekonstruieren suchen, zu dem sehr viele Steinchen fehlen, andere ohne erkenntlichen Zusammenhang vorliegen. Wenn die Sozialgeschichte dieser Zeit im argen liegt, ist das viel weniger in den Anschauungen der Historiker begründet als in diesen Grundvoraussetzungen ihrer Tätigkeit.

In Worten wie «bäurisch» und «vulgär» schwingt noch die Distanz der Oberschichten von der großen Menge (vulgus) nach, dem Pöbel (populus), der weder die adelige Sitte kannte, noch militärisch und politisch zu brauchen war. Vor allem die Unfähigkeit zu diszipliniertem Kampf wog schwer in Notzeiten. Die unkriegerische Menge (inbelle vulgus) wird einmal geschildert, wie sie bei der Belagerung einer Stadt durch die Normannen nichts anderes tun kann als tierische Laute (mugitus, ein «Muhen») von sich geben und die Hände zum Himmel erheben[1]. Gewiß, auch die Geistlichkeit (oratores) zählte nicht zu den

[1] Es handelte sich um die Belagerung von St.-Omer (891). Miracula s. Bertini, MGH

Kriegern (bellatores), doch war ihre Unterstützung des Abwehrkampfes höchst wichtig. Ob der Sieg mehr ihren Gebeten, oder den Kämpfenden zuzuschreiben sei, wagte der Chronist nicht zu entscheiden.

Das «waffenlose Volk» (inerme vulgus) wird schon 826, also am Beginn der Normannengefahr, als solches bezeichnet; es findet sich z. B. auch bei Odo von Cluny[2]. Wozu die Mehrzahl der Menschen allein nützlich sein konnte, das war ihre körperliche Arbeit: Sie waren «laboratores», Arbeiter. «Arbeiten» hieß in manchen Quellen dasselbe wie «pflügen»[3], so sehr beherrschte die Landwirtschaft das Denken der Zeit. Der Waffendienst ging immer mehr an gut ausgestattete und gut trainierte Berufskrieger über, die sich gerne von dem gemeinen Volk distanzierten.

In der Antike hatte man sich von der Menge nicht durch militärische Qualitäten, sondern durch die Bildung unterschieden. Bäuerliche Art und Unbildung standen auf der einen Seite, auf der anderen sah man den vornehmen Mann, der sein ganzes Leben den Bildungszielen widmete. Das konnte sich jetzt niemand mehr leisten, und kaum jemand hatte Lust dazu angesichts der vielfältigen Aufgaben, die dem Herrn im eigenen Bereich wie im Königsdienst gestellt waren. Dazu bedurfte man auch der Bildung, doch war sie nichtschriftlicher Art, eine Summe vorwiegend praktischer Kenntnisse und Fertigkeiten. Damit war der Mächtige in einer ähnlichen Lage wie der Bauer, der ohne praktisches Wissen um die Landwirtschaft nicht auskam.

Was die religiöse Bildung der Laienschaft betraf, so konnte der Klerus angesichts des vorerst noch seltenen Auftretens von Häresien auf eine intensive Glaubenslehre verzichten. Wichtiger schien die Sittenlehre, eine Summe von Geboten und vor allem von Verboten. Das setzte die alttestamentarische Linie fort; auch die Zehn Gebote sind vor allem ja Verbote. Was Rather von Verona den Laien zu sagen hatte, war neben solchen Verboten ein Aufruf zur Gottesfurcht und zum Gebet, das sich an die Heiligen richten sollte. Darüber hinaus mußte der Christ seinen finanziellen Verpflichtungen an die Geistlichkeit und an die Armen nachkommen, er sollte also den Zehent entrichten und Almosen geben; im familiären Bereich ging es um die eheliche Liebe und Treue, um die Erziehung der Söhne (nicht: der Kinder überhaupt) und um christliche Werke wie Krankenbesuch, Bestattung Verstorbener usw. Von der christlichen Liebe

---

SS 15/1, 513 c. 7. Auf die Stelle machte Duby, Les trois ordres (oben 12 Anm. 5) 123 aufmerksam.

[2] Duby a. a. O. 122 (Ermoldus Nigellus), 124 ff. (Odo). Zu Abbo vgl. Martindale (oben 189 Anm. 21) 23 Anm. 77.

[3] Chiara Frugoni, Chiesa e lavori agricoli nei testi e nelle immagini dall'età tardoantica all'età romanica, in: Medioevo rurale (Bologna 1980) 332.

zu Gott und dem Nächsten ist nicht die Rede. Die Spiritualität war damals auch bei Geistlichen schwach ausgebildet, man hielt sich gerne an das Konkrete, in Gesetze Faßbare. Nicht ganz zu Unrecht hat man den Seelsorger dieser Zeit mit einem Gendarmen verglichen[4].

Die Volkspredigt wurde ergänzt und manchmal vielleicht auch ersetzt durch Bilder, die unmittelbar auf die Gläubigen einwirkten. Man denke an Bernwards berühmte Bronzetüren von St. Michael in Hildesheim, an die Statue der hl. Fides in Conques, an Wandmalereien wie jene der Georgskirche von Oberzell auf der Reichenau. Zyklen stellten die Heilsgeschichte vor Augen, oder die «historia» eines Heiligen; daß sich die Texte in Bilder auflösen ließen, bedeutete den Wegfall des optisch oder haptisch nicht Faßbaren und damit eines wesentlichen Teiles der heiligen Schriften. Die Bibel wurde zur «biblischen Geschichte» und diese zu einer Summe von Geschichten mit exemplarischem Charakter.

Es ist wahrscheinlich, daß häufiger als wir meinen dieses Bilderbuch-Christentum von Gesängen und Rezitationen jenseits des kirchlichen Bereiches begleitet wurde. In Frankreich gab es Spielleute, die «die Taten der Fürsten und das Leben der Heiligen» besangen und man hat die Möglichkeit erörtert, daß die «chanson de geste» von hier ausging, also etwa von einer Art Rolandslegende als erbaulichem Sprechgesang[5]. Studien der «oral poetry» haben ergeben, daß ein sehr großes Merkvermögen dort besteht, wo die Schriftlichkeit gering ist oder ganz fehlt. Es bedarf dabei keiner wörtlichen Wiedergabe von Texten, wichtig ist die Gestaltung ihrer Inhalte. Jede Wiedergabe ist eine Art Nachdichten[6]. Am besten eignen sich dazu gut vorstellbare Dinge, vor allem Abläufe von Ereignissen. Dem kam der Klerus so weit als möglich entgegen. Er konnte sich damit rechtfertigen, daß es ohne Umwege auch bei der Ersteigung eines Berges nicht abgeht[7].

Gewiß hat man hier und dort versucht, der sehr vordergründigen Pastorisierung etwas Tiefe zu geben. Ein Bischof hatte bei seiner Predigt Zuhörer,

---

4 Riché, Ecoles et enseignement (oben 284 Anm. 171) 325 (auch zum Folgenden).

5 Delaruelle, Culture religieuse (oben 67 Anm. 88) 563, 566.

6 Das reichte bis in den geistlichen Bereich hinein, wie u. a. eine Stelle bei Johannes von St. Arnulf in Metz, Vita Iohannis Gorziensis zeigt (MGH SS 4, 360 c. 83): Der Abt hat die «Moralia» Gregors des Großen oft gelesen; «pene cunctas ex eo continentias sententiarum ita memoriae commendavit, ut in communibus ex(h)ortationum sive locutionum confabulationibus omnis eius oratio ex eiusdem libris decurrere videretur».

7 Antwort des Erzbischofs von Reims auf die Frage nach den Methoden der Normannenbekehrung (911), Riché a. a. O. 319.

denen man wenigstens zum Teil etwas mehr zutrauen konnte. So hat Udalrich von Augsburg in seinen Predigten das himmlische Jerusalem geschildert, im Glanz seiner zwölf Ecksteine, die verschiedene Edelsteine sind, und ihre allegorische Bedeutung erklärt: «Der dritte Eckstein ist ein Chalzedon, er bedeutet das Feuer innerlicher Liebe ...» und so weiter[8]. Es ist unwahrscheinlich, daß hier Volkspredigten gemeint sind; eher handelt es sich um die lateinische Predigt für den Klerus. Dem Volk zu predigen, war vor allem eine Pflicht des Priesters, mit der Einschränkung, daß er das «nach Maßgabe seines Wissens» tun sollte. Dazu war die Meßfeier an Sonn- und Feiertagen in der Pfarre der geeignete Rahmen[9]. Solche Predigten wurden nicht aufgezeichnet, aber es ist anzunehmen, daß die Befolgung der Gebote allzumeist das Hauptthema bildete. Man durfte von diesen Geistlichen nicht erwarten, was oft auch Bischöfe nur in ungenügendem Maße leisten konnten.

Einseitig wäre es, die Unwissenheit von Klerus und Laien in schwarzen Farben zu malen. Wie das Ideal einer profanen Allgemeinbildung noch nicht bestand, so war auch die religiöse keine Lebensnotwendigkeit. Man begnügte sich gerne mit dem Wissen um die nötigen Leistungen und um die Grenzen des Erlaubten. Das galt nicht bloß für die abendländische Laienschaft, sondern auch für das um so viel mehr «gebildete» Byzanz: Man hat von der «Theologieferne» der Geschäftsleute, Großgrundbesitzer usw. vor allem in der byzantinischen Provinz gesprochen[10].

Darüber hinaus hat es auch Zeichen des Unglaubens in der Laienschaft gegeben. Sie sind selten, aber ihr Vorhandensein wirft immerhin die Frage auf, ob wir die mittelalterliche Gläubigkeit vielleicht differenzierter sehen sollten. Im 10. Jahrhundert gab es derlei sowohl im bäuerlichen wie im städtischen Bereich. Nach einer Niederlage des Bischofs Balderich von Lüttich sagte man in seiner Stadt, nicht die Vorsehung, sondern der Zufall regiere die Welt[11]. In der Diözese Utrecht ermahnte ein Priester die Leute eines Dorfes zum österlichen Sakramentenempfang und erhielt durch einen von ihnen die Antwort, ein Krug voll Bier sei ihm lieber als der Kelch des Herrn. Er sprach dabei als Dorfschulze für die Gesamtheit[12]. Soll man ein Weiterleben geheimen Hei-

---

[8] Gerhard, Vita Oudalrici c. 9, übers. v. KALLFELZ 95. Vgl. Gerhart B. LADNER, The symbolism of the biblical corner stone in the mediaeval West. In: LADNER, Images and Ideas in the Middle Ages 1 (Rom 1983) 171 ff.

[9] Vgl. etwa das durch R. POKORNY publizierte Bischofskapitulare, Deutsches Archiv 35 (1979) 494 c. 5.

[10] Hans-Georg BECK, Die Byzantiner und ihr Jenseits. Bayerische Akademie der Wissenschaften, phil.-hist. Kl., Sitzungsberichte 1979 H. 6, S. 10.

[11] Vita Balderici, MGH SS 4, 729 c. 11. Vgl. auch unten 519.

[12] Gesta episcoporum Cameracensium III, 22, MGH SS 7, 472.

dentums bei den Westfriesen annehmen, um diesen Satz zu erklären? Eher könnte man an jenen praktischen Unglauben denken, den wir als «modern» ansehen und der sich im Negativen erschöpft. In anderen Quellen ist es allerdings leicht, unter der dünnen Schicht eines aufgenötigten Christentums Heidnisches zu entdecken. Wir wissen, daß der eben getaufte Normannenherzog Rollo Gefangene den Göttern opferte[13]; daß die Leute der Gegend von Fallersleben Kirchen und Klerus mieden, Hausgötter verehrten und eine Art Wodanskult getrieben haben sollen[14], usw.

Atto von Vercelli scheint den Unglauben als eine Besonderheit von Angehörigen der unteren Schichten aufzufassen, wenn er folgendes ausführt: Der Teufel hat verschiedene Methoden entwickelt, die Menschen zu verführen. Er verführt die Mächtigen zum Raub, gibt den Schlauen den Betrug ein, verleitet die Starken zum Hochmut, den Dummen und Bäurischen (rusticis) stärkt er ihren Unglauben. Weiter heißt es, daß der Aberglaube (superstitiones) auf diese Weise verbreitet werde.[15]

So zeigt sich, was wir im einzelnen immer wieder begegnen: daß im zehnten Jahrhundert jene Epoche der Volksreligiosität nicht zu Ende war, als deren Kennzeichen man das Nachleben heidnischer Vorstellungen genannt hat[16]. Das gilt besonders für Italien und Südfrankreich; gewiß hat es auch eine germanische Kontinuität gegeben, doch war sie schwächer ausgebildet als jene in Nachfolge der Antike. Da auch nördliche Quellen Südliches nachschreiben, Antikes und Germanisches manchmal kaum zu trennen ist, wird man hier auf eine säuberliche Scheidung verzichten müssen. Dazu kommt noch etwas: Die Menschen und ihr Lebensstil hatten sich so wenig verändert, daß religiöse Denkgewohnheiten und Bedürfnisse einen ähnlichen Ausdruck wie einst finden konnten. Das ist eine Kontinuität allgemeiner Art und von sehr langer Dauer; man hat sogar von einer «vor-indoeuropäischen archaischen Mentalität» im Mittelalter gesprochen[17]. Neben den Zusammenhängen bis in Urzeiten zurück wird man jene mit der Denkart außereuropäischer Völker beachten und völkerkund-

---

[13] Ademar von Chabannes, Chronicon ed. Chavanon III, 20, p. 139.

[14] Thietmar, Chron. VII, 69, ed. Holtzmann-Trillmich 431 mit Anm. 243.

[15] Sermo 3, Migne PL 134, 837. Als «incredulitas» hat auch Burchard von Worms den Aberglauben bezeichnet, Decretum XIX, Migne PL 140, 962.

[16] Michel Mollat in: La piété populaire, Actes du Congrès ... Besançon 1974 (1977), vgl. S. Caroti, Archivio Storico Italiano 139 (1981) 525. Raoul Manselli, Resistenze dei culti antichi nella pratica religiosa dei laici nelle campagne. In: Cristianizzazione (Spoleto 1980, oben 353 Anm. 31) 1, 57 ff.

[17] So Raoul Manselli in der Diskussion der Tagung Simboli e simbolologia nell'alto medioevo (Spoleto 23/1, 1975; 1976) 337.

liche Vergleiche nicht scheuen, die noch vor einigen Jahrzehnten die Empörung mancher Fachgenossen hervorgerufen hätten. Übrigens hat auch die europäische Zivilisation nicht vermocht, ganz die Verbindung mit dem «wilden Denken» zu lösen. Seit Lévy-Bruhl pflegt man darauf hinzuweisen, daß auch in unserem Denken das logische Element neben Unlogischem (oder Prälogischem), Rationales neben Irrationalem steht; nur der Umfang der beiden Bereiche ist verschieden. Die affektiv erlebte Umwelt tritt jetzt zurück hinter der mit Vernunft betrachteten[18].

Die religiösen Vorstellungen der sogenannten Primitiven entsprechen ihrer Umwelt ebenso wie ihrem angeborenen Denken; die Lehre der Missionare hat nur selten die Kraft, diese vorgegebene Weltbetrachtung völlig zu verändern. Ebenso war es mit dem Volksglauben der Zeit, um die es hier geht. Christliche Anschauungen wurden eingebaut in das naturreligiöse Verständnis der Umwelt und beides vertrug sich recht gut, viel zu gut für den Geschmack des Klerus, der eine strenge Scheidung von Glaube und Aberglaube herbeizuführen suchte. Dabei handelte man im Geist der Zeit: Magische Praktiken wurden verboten, ihre Wirksamkeit hat man dabei nicht bestritten[19].

Was der Mensch damals noch sehr intensiv erlebte, waren Umweltphänomene, deren Zusammenhang und deren wahre Natur ihm verschlossen bleiben mußte. Hier stand nicht das für ihn Günstige und Angenehme obenan, sondern die unheimlichen, oft auch als bedrohlich empfundenen Erscheinungen überwogen. Es wäre «der Kirche» unmöglich gewesen, dem Volk Hölle und Teufel gleichsam zu suggerieren, hätte es da nicht einen breiten Deckungsbereich mit vorchristlichen Vorstellungen gegeben. Wenn der Klerus diese Dinge betonte – er tat es weniger, als man heute manchmal haben will –, stand dahinter einerseits ein pädagogischer Zweck, anderseits war man selbst von solchen uralten Anschauungen geprägt. Böse Geister hatte es immer gegeben, bloß unterstanden sie jetzt dem Teufel, den man sich als eine Herrschergestalt vorstellte, vor der sich die höllische Dienerschaft niederwarf[20].

Wenn man den Glauben an einen einzigen Gott angenommen hatte, so blieb auch hier das Element des Unheimlichen und Bedrohlichen bestehen. Mustert man die Themen kirchlicher Fresken des Hochmittelalters, so sind die Maiestas-

---

[18] Jean CAZENEUVE, La mentalité archaïque (Paris 1961) 16, 39. Vgl. unten 418.

[19] HARMENING, Superstitio (oben 49 Anm. 6) 43.

[20] Hrotsvith, Theophilus 99 ff. ed. HOMEYER 158 f.: Der «princeps iniquus» wird inmitten der «tartarei coloni» gezeigt, die weiß gekleidet sind und Kerzen in den Händen tragen (ein Abbild statt einem Gegenbild der Heiligen!). Die Proskynesis wird von einem Magier vollzogen (prostratus). Hrotsvith arbeitete nach einer Vorlage und gab anscheinend geläufige Vorstellungen wieder.

darstellungen die häufigsten; anders als in der Gotik hat «diese Ikonographie den Sinn eines Mysteriums von dem schrecklichen und verborgenen Gott»[21]. Ein gleichsam hieratisches Bild Gottes und des himmlischen Königs Christus entsprach dem Rangdenken der Zeit und hatte seine konkreten Vorbilder; viel schwieriger war es, die göttliche Liebe und Christus als Schmerzensmann den Menschen vertraut zu machen. Schon Odo von Cluny hat sich um letzteres bemüht[22].

Gott war der oberste Herr, und mit ihm hatte der Durchschnittsmensch ebenso selten persönlich zu tun, wie mit dem König; man wandte sich nicht gleich an die höchste Instanz, sondern an die lokalen Gewaltträger. In einem Prozessionshymnus aus Straßburg kommt die Meinung zum Ausdruck, daß niemand das Himmelstor passieren kann, und so wird Maria ersucht, die Bitten der Gläubigen «zum Sitz des Himmels» zu bringen[23]. Zumeist waren es aber die lokalen Heiligen, denen man diese Mittlertätigkeit anvertraute, sofern sie nicht selbst Wünsche erfüllten. Auch hier handelte es sich um hohe Herren, denen man in Ehrfurcht und mit Wahrung gewisser Formen nahen sollte. Neben dem Bild der göttlichen Majestät gibt es viele «majestätische» Kultbilder der Heiligen. Man sprach da von der «maiestas» oder, weil es sich um eine Statue mit Goldblechverkleidung handelte, «aurea maiestas». Bald nach der Jahrtausendwende fand in Rodez eine Synode statt, zu der aus Klöstern und Stiftern «die Heiligen» herbeigeholt wurden, Reliquiare oder Statuen mit Reliquieninhalt. Da gab es «die goldene Majestät des heiligen Marius» und jene des Amandus, den goldenen Schrein des heiligen Saturninus, das goldene Bild der Gottesmutter und schließlich «die goldene Majestät der heiligen Fides», die berühmte, heute noch erhaltene Ste.-Foy de Conques. Es war eine Art himmlischer Fürstentag, der im Freien unter Zelten abgehalten wurde[24].

Gott selbst erlebte man in seiner Weltregierung, einer fortwährenden direkten Einwirkung auf die menschliche Sphäre, in ihrer Art unerforschlich und unbeschränkt im Gegensatz zum irdischen Herrschertum. Für die Allgemeinheit war es wichtig, rechtzeitig die Ankündigung von Gottes Zorn zu erkennen. Das Menschengeschlecht, schreibt Rodulfus Glaber, wäre schon als Folge seiner Sündhaftigkeit längst untergegangen, hätte Gott nicht als Warnzeichen wun-

---

21 Delaruelle, Culture religieuse (oben 67 Anm. 88) 552 f.

22 Hallinger, Spiritual Life of Cluny (oben 365 Anm. 88) 42 mit Anm. 3: Dieser Prozeß scheint schon bei karolingischen Theologen begonnen zu haben.

23 MGH Poetae lat. V/3, 600 Nr. 3 Z. 5 f.

24 Liber miraculorum s. Fidis I c. 28, zit. nach Harald Keller, Zur Entstehung der sakralen Vollskulptur in der ottonischen Zeit. Festschrift H. Jantzen (1951) 80 mit Anm. 44. Über derartige Bildreliquiare vgl. unten 435 f.

derbare Dinge getan, gäbe es nicht die Vorbedeutung von Elementarereignissen und die Ermahnungen durch vorausblickende Menschen[25]. Als Vorzeichen konnte alles Ungewöhnliche gelten; ein Grund für die Warnung war immer gegeben, und die angekündigte Strafe konnte man leicht irgendwo im großen Umkreis menschlichen Ungemachs finden. Die Beziehung zwischen Gott und den Menschen war vor allem jene des höchsten Richters zu den Nachkommen Adams, die seit dessen Sündenfall immer wieder rückfällig wurden.

Dieses «alttestamentarische» Gottesverständnis war nicht das einzige, aber leichter faßlich als der Gedanke an die göttliche Liebe, zu der es keine irdische Parallele gab. Wer mit der Landwirtschaft zu tun hatte, war es gewohnt, auf himmlische Zeichen zu achten; da Gott sie sandte, mußte hinter ihnen auch ein Sinn stecken. Das Registrieren solcher Dinge und die Erklärung ihrer Bedeutung war eine beliebte Beschäftigung geistlicher Chronisten und wurde manchmal auch zur literarischen Manier. Wieder ist als Vertreter dieser Richtung besonders Rodulfus Glaber zu nennen. Alle Unglücksfälle, Krankheiten, Hungersnöte und auch das Sterben prominenter Persönlichkeiten in den Jahren vor der Jahrtausendwende hat dieser Mann zusammengetragen, um die Bedeutung jener Zeit ins rechte Licht zu stellen[26]. Richer kannte die Ursache der Eklipse des Mondes und hat trotzdem eine Mondesfinsternis zum Vorzeichen für eine Grippewelle erklärt[27]. In einem Kloster sieht man das Abbild des Gekreuzigten weinen, bald darauf läuft ein Wolf in die Domkirche – im nächsten Jahr (!) folgt ein Brand der Stadt[28]. Kaum hat man in der ganzen Zwischenzeit ängstlich auf das Eintreffen einer Katastrophe gewartet. Immerhin herrschte stets Unsicherheit über das Kommende, die Grundstimmung im Volk war eher pessimistisch; anderseits scheint man fast mit Gleichmut erwartet zu haben, was sich höchstens durch Bußetun hätte abwenden lassen. Daß jemand auf Grund von Vorzeichen kommenden Unheils seinen Lebensstil wirklich geändert hätte, ist nicht bezeugt. Zahlreich sind dagegen die Klagen geistlicher Geschichtsschreiber darüber, daß solchen Warnungen zum Trotz die Menschen in ihren Sünden verharrten.

---

25 Hist. I, 5 (26), ed. Prou 24.

26 Hist. II, 7-11 (14-23), S. 39-50.

27 Richer ed. Latouche 1, 102 (I, 52): «luna terrae obiectu obscurata . . . acies quoque igneae (wahrscheinlich Wolkengebilde) Remis in celo visae sunt. Quibus praesagientibus signis febrium ac tussicularum morbus e vestigio irrepsit». Der Text ist zusammengezogen aus Begebenheiten der Jahre 926 (Mondesfinsternis) und 927 (Seuche), von denen Flodoard, Annales ed. Lauer 34, 37 erzählt, ohne von Vorzeichen zu sprechen.

28 Rodulfus Glaber, Hist. II, 5 (8), ed. Prou 35.

Das galt für die gesamte christliche Gemeinde. Als Einzelner hatte man mit Gott nur selten zu tun: Zu Ostern durch den Empfang des Sakraments, und bei der Vorbereitung auf das Lebensende. In seltenen Fällen hatte man mit Gott auch bei Gericht zu tun, durch Eid und Gottesurteil. Den Eid nahm man nicht immer so ernst, wie man meinen könnte; wir werden sehen, wie das Schwören zur Unsitte wurde. Eine sehr ernste Sache war dagegen das Gottesurteil. Es war der letzte Ausweg zur Feststellung von Schuld oder Unschuld, wenn alle anderen Mittel versagten. Wo Aussage gegen Aussage stand, Eid und eidlicher Zeugenbeweis unmöglich waren, führte man bewußt eine Notsituation herbei: Duell, Feuer- oder Wasserprobe. Aus solcher Gefahr mußte Gott – da er ein gerechter Gott war – den Unschuldigen erretten und damit den Fall entscheiden. In dieser Weise gewährte Gott Rechtshilfe auch an Unfreie und «unehrliche Leute», bei denen ein Reinigungseid nicht in Frage kam[29]. Die Wasserprobe hat es schon im alten Babylon gegeben; hinter den Gottesurteilen stand ein vorchristlicher Glaube, vor allem jener an Elementargottheiten. Die Reinheit des Wassers, des Feuers und Eisens durfte nicht durch einen Schuldigen befleckt werden, die Elemente lehnten ihn gleichsam ab. Sie behielten auch später eine Art Vorzugsstellung: «Gott drückt seinen Willen durch Vorzeichen und durch die Elemente aus»[30].

Als man die Gattin Kaiser Karls III. des Ehebruches bezichtigte, erbot sie sich, ihre Unschuld in einem Zweikampf oder durch die Probe der glühenden Pflugscharen zu erweisen, «denn sie war eine fromme Frau»[31]. Während hier immerhin die Freiwilligkeit gewahrt blieb, wurden derartige Mittel oft auch zwangsweise angewandt[32]. Noch im Jahr 1694 hat man in der Champagne ein Ehepaar, das der Giftmischerei und Zauberei beschuldigt wurde, der Wasserprobe unterzogen, worauf das französische Parlament diesen ehrwürdigen Volksbrauch untersagte. In Holland hat es noch 1823, in Pommern 1836 ein «Hexenbad» gegeben[33].

Bei Elementarproben mochte es sein, daß der Unschuldige anders als ein

---

[29] Vgl. etwa das Hofrecht Burchards von Worms, MGH Constitutiones 1, 644 § 32. Jean Gaudemet, Les ordalies au Moyen Age. In: Gaudemet, La société ecclésiastique dans l'Occident médiéval (Reprint London 1980) XV.

[30] Gaudemet a. a. O. 101, 103.

[31] Regino ed. Kurze 127 (zu 887).

[32] So zitiert z. B. Regino, De synodalibus causis ed. Wasserschleben II, 303 p. 332 die Synode von Tribur (895), nach der auch der Edle, den man auf frischer Tat bei einem Diebstahl ergriff, «ferventi aqua et candenti ferro se expurget». Für «et» ist natürlich «vel» zu setzen.

[33] Gaudemet a. a. O. 134. Hermann Nottarp, Gottesurteile (1949) 138.

Schuldiger reagierte und so die Probe bestand[34]. Ähnliches sollte auch für den Zweikampf gelten, leider war das keineswegs immer der Fall. Mancher war nüchtern genug, diese Schwäche des Verfahrens zu erkennen. So schrieb etwa Atto von Vercelli: Oft werden, wie es scheint, Unschuldige besiegt und Schuldige sind die Sieger[35]. Auch andere Männer der Kirche liebten den Zweikampf nicht, der in den kanonischen Bestimmungen nicht vorgesehen war, wenigstens im römischen und romanischen Bereich[36]. Gott sozusagen zu zwingen, ein Urteil zu sprechen, war eine Art weißer Magie, und die Formeln der Elementarproben kann man im Zusammenhang mit magischen Sprüchen sehen[37]. Weltliche Kreise in Italien wollten jedenfalls auf dieses für sie bequeme Mittel der Wahrheitsfindung nicht verzichten. Es wurde auch auf Personen angewandt, denen man kämpferische Leistungen nicht zumuten konnte: Schwache und Kranke, aber auch Könige konnten sich beim Zweikampf vertreten lassen. Dabei war der Mächtige gegenüber dem Armen im Vorteil, denn dieser konnte sich keinen Berufskrieger als Stellvertreter leisten. Aufmerksam registrierte man die Fälle, in denen das Duell anders als erwartet ausging. Liutprand von Cremona berichtet, König Hugo von Italien habe einen kampferprobten Jüngling als Stellvertreter in einem Zweikampf nominiert, der jedoch zu seinen Ungunsten ausging. Gott ist der Gerechte und recht ist sein Richterspruch, zitiert Liutprand dazu den Psalmisten[38]. Otto I. ließ für Italien den gerichtlichen Zweikampf und die Vertretung dabei zu [39]. In Sachsen hat Otto schon viel früher eine erbrechtliche Frage «zwischen Gladiatoren austragen lassen», wie Widukind in seiner antikisierenden Art schreibt[40].

Wie der Glaube an den einen und wahren Gott die Vielfalt der Götter und Geister in den Hintergrund drängte, hat auch der Glaube an den Teufel als christliche Lehre das Bild der bösen Gewalten wenigstens zum Teil verändert. Gleichsam als negative Entsprechung zu Gott und den Heiligen gab es ein ausgedehntes Gefolge Satans, zu dem Naturgeister und Heidengötter gehörten. Wirklich vertraut waren sie den Menschen nur selten. Der Schar von Heiligen, von denen einige dem Christen besonders nahe standen, andere für bestimmte

---

34 Nottarp a. a. O. 15.

35 De pressuris ecclesiasticis I, Migne PL 134, 58 (nach Gregor d. Gr.). Gaudemet a. a. O. 111.

36 Carlrichard Brühl in der Diskussion der Tagung «Simboli e simbolologia», Settimane ... Spoleto 23, 1975 (1976) 1, 347 f. Gaudemet a. a. O. 111.

37 Raoul Manselli, Simbolismo e magia nell'alto medioevo, Spoleto 23, 323 f.

38 Antapodosis III, 47, ed. Becker, Die Werke Liudprands 99.

39 Verona 967, MGH Constitutiones 1, 28 f. Nr. 13.

40 Widukind, Res gestae Saxon. gentis II, 10, ed. Hirsch-Lohmann 74.

Sachbereiche zuständig waren, trat hier nichts Gleichwertiges gegenüber: die bösen Mächte blieben letztlich anonym. Die Hauptsache war ja auch, daß man wußte, wer sie gesandt hatte.

Selten erschien auch der Teufel persönlich den Menschen, am ehesten natürlich jenen frommen Männern, die sich auf den Kampf mit ihm konzentrierten. Berüchtigt war seine Verwandlungsfähigkeit ebenso wie die List, mit der er Gutgesinnte zu täuschen suchte. Das konnte freilich nur dann gelingen, wenn sie selbst Angriffspunkte boten. Ein Eremit in Niederaltaich namens Tammo, von Hochmut besessen, glaubte Christus zu erblicken, der ihm befahl, bei der Messe (Pontifikal-)Sandalen zu tragen[41]. Natürlich war es der Teufel, der die geheimen Wünsche des Eremiten kannte und für seine Zwecke ausnützte.

Wie schon gesagt, vor allem Einsiedlern sowie im Kloster erschien der Teufel persönlich. Dabei wirkten die Lebensbeschreibungen der Wüstenväter und Eremiten weiter, die den Satan im Nahkampf besiegt hatten[42]. Außerdem nahm man sich und seine psychische Arbeit wichtig, man brauchte dazu den bösen Widerpart. Einst wurde ein Mönch des Klosters Waulsort zum Küchendienst kommandiert; er verletzte sich dabei an der Hand, oder besser: der Teufel mischte sich ein und tat es[43]. Sehr oft blieb sein unheimliches Wesen dadurch gewahrt, daß er unsichtbar am Werk war. Der Teufel ist im Kloster der Brandleger schlechthin[44]. Man kennt seine äußere Erscheinung, wo er sich unverhüllt zeigt, als einen Ausbund von Häßlichkeit – da ist nichts mehr von der majestätischen Art des Höllenfürsten, den Hrotsvith schilderte. Er trägt schmutzige Kleider, hat Hundezähne und einen Ziegenbart[45] und wird damit noch nicht gerade lächerlich, aber etwas weniger schrecklich; man kann ihn verachten wie einen gesellschaftlichen Außenseiter.

Natürlich ist auch die Phantasie der Weltgeistlichen mit dieser Vorstellung konfrontiert worden. Häufiger war für sie der Teufel jedoch die keineswegs

---

41 Arnold von St. Emmeram, Miracula s. Emmerammi II, Migne PL 141, 1074, 1076 (fehlt in MGH SS 4). Es handelt sich um ein Kennzeichen der Missionsbischöfe und im vorliegenden Fall um ein Wunschbild, das ein Priester aus Sachsen sehr wohl vor sich haben konnte.

42 Unter dem Bild des klassischen Ringkampfes sieht Rather die Mühen des Gottesstreiters (athleta dei), der sich salbt und von Zuschauern unterstützt wird: sie sollen den Gegner anschreien und mit Gegenständen bewerfen. Praeloquia (praefatio), Migne PL 136, 145 f.

43 Vita Cadroe abbatis III, 22, Acta Sanctorum Bollandiana, Mart. I, 478.

44 Oft begegnen Wendungen wie «temptator antiquus ... ignium sparsit faculam». Andreas von Fleury, Vita Gauzlini abbatis II, 57 a, ed. Bautier-Labory 104.

45 Rodulfus Glaber V, 1 (2), ed. Prou 115.

anthropomorph gestaltete zerstörerische Macht. Flodoard schildert, wie der heilige Remigius sich einem Stadtbrand in Reims entgegenwarf (se flammis obiecit), den Namen Christi anrief und das Kreuz schlug. Darauf begann das Feuer «sozusagen zu fliehen»; der Heilige verfolgte es, bis es durch das offene Stadttor entwich[46]. Eine neue Methode der Brandbekämpfung entwickelten einige Priester in Deutschland, die das «corporale», ein Tüchlein, auf dem die konsekrierte Hostie deponiert wird, in die Flammen zu werfen pflegten. Eine Synode von Seligenstadt hat das verboten und die «überaus dummen Priester» mit dem Anathem bedroht[47]. Man konnte auch nicht immer wissen, ob es sich um den Satan persönlich handelte, etwa wenn Arnold von St. Emmeram vor einem Gewitter über der pannonischen Tiefebene ein drachenartiges Wolkengebilde sah. Dieser «ungeheure Feind», dem freilich Flügel und Beine im Gegensatz zu den Darstellungen der Maler fehlten, war entweder der Teufel selbst «oder einer seiner Freunde»[48]. Wir erinnern uns der Bedeutung des Wortes im Sinne einer erweiterten Sippengemeinschaft[49].

Schon den Wüstenheiligen war der Teufel nicht immer allein erschienen. Seine Helfer nahmen häufig Tiergestalt an, wie das bei Eremiten naheliegt, und gingen ans Werk, den heiligen Mann von seinem Wege abzubringen. Raben und Geier in häßlicher Gestalt saßen oft bei dem heiligen Romuald von Ravenna in seiner Zelle. Es waren böse Geister (iniqui spiritus), die ja überhaupt dazu neigen, verschiedenartige Gestalt anzunehmen, etwa auch jene eines Äthiopiers. Der Heilige hielt ihnen Reden[50], natürlich ohne einen von ihnen bekehren zu können. Auch Weltliche waren vor solchen Erscheinungen nicht gefeit. König Ludwig IV. («der Überseeische») ritt einmal von Laon nach Reims; ein Dämon in Gestalt eines Wolfes lief vor ihm her. Der König verfolgte ihn, stürzte vom Pferd und starb an den dabei erlittenen Verletzungen[51].

War das «Volksglaube»? Zumeist handelt es sich um Aussagen über Geistliche, immer um solche, die Geistliche formuliert haben. Wir können mit einiger Wahrscheinlichkeit die Frage bejahen, wenn wir den Zusammenhang mit der Spätantike, mit der Bibel und mit Tatsachen der Völkerkunde berücksichtigen. Die Wüstenheiligen mochten zum Teil Intellektuelle sein, jedenfalls waren sie äußerst populäre Erscheinungen. Ihr Christentum war nicht jenes der philosophisch beeinflußten Kirchenväter. Altes und Neues Testament und ebenso die

---

46 Historia Remensis ecclesiae I, 12, MGH SS 13, 423.

47 MGH Constitutiones 1, 637 Nr. 437 c. 6 (1023).

48 Arnold v. St. Emmeram (Miracula) de s. Emmerammo II c. 22, MGH SS 4, 563 f.

49 Oben 63, 119 f.

50 Petrus Damiani, Vita Romualdi c. 17, ed. TABACCO 41.

51 Flodoard, Annales ed. LAUER 138 (zu 954).

sogenannten Naturvölker kennen böse Geister und ihre Austreibung. Jeder Christ wurde bei der Aufnahme in die Kirche gefragt, ob er dem Teufel widersage, seinen Werken und seinem Hofstaat (pompis); selbst oder durch den Paten antwortete er: «Ich widersage»[52]. Der Dialog, der im Bedarfsfall in der Volkssprache stattfand, wird seinen Eindruck auf die Anwesenden nicht verfehlt haben. Es war mehr die Bestätigung dessen, was selbstverständlich schien, als eine echte «Herrenwahl». Kaum handelte es sich um die Konfrontation mit einem Schreckbild, von dem man in heidnischer Zeit nichts gewußt hätte. Neu war sein Name und seine Stellung über den anderen bösen Geistern; beides mochten die Katechumenen ohne Erstaunen zur Kenntnis nehmen.

Gebete und Benediktionen dienten bei der Taufe und anderswo dazu, gleichsam vorbeugend zu wirken, also den Satan beziehungsweise die bösen Geister[53] lahmzulegen, bevor sie ihr Werk durchführen konnten. Einen sehr bedeutenden Raum nehmen diese Dinge im liturgischen Bereich nicht ein; häufig ist es das Positive, das hervorgehoben wird: Der heilige Geist wird sehr viel öfter zitiert als die bösen Geister. Einen Sonderfall bildet natürlich die Besessenheit und ihre Heilung, durchaus in biblischer Tradition. Man hat sich viel liturgische Mühe gegeben, das «daemonium» zu beschwören und den «unreinen Geist» vom Haupt, den Haaren, den Schultern und allen einzelnen Körperteilen des Besessenen zu entfernen; die wichtigsten dieser Teile wurden dann einzeln gesegnet. Als Nachbehandlung und Vorsichtsmaßnahme gegen neuerlichen Kontakt mit dem Bösen mußte der Geheilte fasten, er durfte sich nur mit geweihtem Wasser waschen, er sollte keinem Totschlag zusehen – gab es sie so häufig? – und keinen Leichnam anschauen[54]. Der Apparat, der da aufgeboten wurde, mochte ebenso wie der Glaube an die heilsame Wirkung dazu beitragen, daß Symptome psychischer Störungen verschwanden. Manchmal ging es auch einfacher. Während der heilige Ursmar an einer Nonne in Maubeuge einen formgerechten Exorzismus vornehmen mußte – und zwar nach einem Hinweis des bösen Geistes selbst –, genügten bei einem Mädchen weltlichen Standes drei Schläge mit dem Bischofsstab[55].

---

[52] Pontificale Romano-Germanicum ed. VOGEL, ELZE 2, 155 Nr. 107. Im Denken der Zeit kam wenig zum Ausdruck, daß – wie die Kirche lehrte – das Böse Gottes Zulassung zu seiner Wirksamkeit benötigte; man sah die Feindschaft der beiden Mächte und stand damit in der Nähe des Dualismus. Was Wunder, daß dieser bei Ketzern begegnet. Dazu Monika BLÖCKER, Wetterzauber. Francia 9 (1981) 130.

[53] Georg MANZ, Ausdrucksformen der lat. Liturgiesprache bis ins 11. Jh. (Texte u. Arbeiten . . ., Beuron, I. Abt. Beiheft 1, 1941) 470 s. v. «spiritus iniqui».

[54] VOGEL, ELZE a. a. O. 2, 217 ff. Nr. 119 ff.

[55] Rather von Verona, Vita s. Ursmari c. 6, MIGNE PL 136, 349; c. 7, 351.

Ebenso selten, wie der Teufel als Person auftritt, hören wir etwas über die Hölle als Ort ewiger Qualen. Adso von Montierender, der auch vom Antichrist Kunde gab, hat diesen Ort näher beschrieben, angeblich nach dem Bericht eines heidnischen Königssohnes, der durch einen Heiligen wieder zum Leben erweckt wurde. Man könnte einen südlichen Typus der Hölle von einem nördlichen scheiden; bei Adso findet sich beides vereint, feurige Hitze und Schlangen einerseits, und auf der anderen Seite ewige Kälte[56], eine Schreckvorstellung nördlicher Völker.

Was das Fegefeuer betrifft, so ist es erst im 12. Jahrhundert als Ort konkretisiert worden[57]. Eine vorübergehende Strafe Verstorbener, die auf Erden abgebüßt werden mußte, kennt Arnold von St. Emmeram (in Regensburg): Er erzählt von zwei solchen Büßern, die in einer Höhle Steine zu klopfen hatten. Einer von ihnen hatte unrechtmäßig Besitz erworben; seine Erben gaben diesen auf seine Bitte hin zurück, und er wurde erlöst[58].

Unheimliche Orte anderer Art gab es mehr als genug. Wenn wir den Umkreis christlicher Vorstellungen verlassen und uns dem Vorchristlichen zuwenden, dann sind da etwa die «Gräber», d. h. Kultorte, einstiger Gottheiten zu nennen. Die heidnischen Götter, ihres ursprünglichen Wesens entkleidet, existierten noch immer. So waren nach Anschauung Attos von Vercelli Mars und Janus «perverse und unglückliche Menschen», in deren Statuen wegen ihrer Verbrechen Dämonen wohnen[59]. Zumeist blieben die Heidengötter übermenschlich, sie waren selbst Dämonen, wie schon in der Zeit der Apologeten[60]. Was die Heiden opfern, so sagt schon Paulus, opfern sie Dämonen, und nicht Gott[61]. Während fromme Menschen die Heiligen anriefen, konnten umgekehrt Bösewichte die Hilfe solcher einstiger Götter erflehen; das zu tun, traute man sogar einem Papst zu. Niemand scheint es unglaubwürdig gefunden zu haben, als im Prozeß gegen Johann XII. Zeugen auftraten, die behaupteten, dieser habe beim Würfelspiel «Juppiter, Venus und die übrigen Dämonen» um Hilfe angefleht[62].

---

56 Adso, Vita Mansueti I, 9, Migne PL 137, 627.

57 Jacques Le Goff, La naissance du Purgatoire (Bibliothèque des Histoires, Paris 1981) 177 ff.

58 Miracula s. Emmerammi II, Migne PL 141, 1086 ff.

59 Atto, Sermo III, Migne PL 134, 836.

60 Der Typus des Märtyrers, der nicht den Göttern opfern will, weil sie Dämonen sind, findet sich weiterhin literarisch vertreten, vgl. etwa Hucbald von St. Amand, Passio Quirici et Iulittae, Migne PL 132, 853. Hier sagt Iulitta: «Ego immundis non sacrifico daemoniis.» Ähnliches findet sich u. a. bei Hrotsvith.

61 1 Cor. 10, 20.

62 Liutprand, Hist. Ottonis c. 10, ed. Becker, Opera 167. Vielleicht handelte es sich um einen gewagten Scherz des jugendlichen Papstes, den man als Waffe gegen ihn

Ähnlich war es mit den germanischen Gottheiten. Im sächsischen Taufgelöbnis widersagt der Täufling sowohl dem Teufel als auch Donar, Wotan und Saxnot (Thuner ende Uuôden ende Saxnôte)[63]. Daß es tatsächlich zu einem Synkretismus kommen konnte, dafür gibt es das Zeugnis Widukinds. Er berichtet, die Dänen seien seit alter Zeit Christen gewesen, und fügt hinzu, daß sie außer Christus noch ihre alten Heidengötter verehren[64]. Auch bei den Franken fehlte es nicht ganz an Erinnerungen an die heidnische Zeit. Als im Jahre 944 ein Unwetter die Kirche und die Weinberge am Montmartre bei Paris verwüstete, glaubte man, das sei den Hufen von Geisterpferden zuzuschreiben. Man sah nämlich «Dämonen, die als Reiter erschienen»[65] – ein deutlicher Hinweis auf die «wilde Jagd», Wotans Geisterheer. Nicht unbedingt germanisch ist der Glaube, daß ein Wolf oder Wölfe den Mond verschlingen und so Finsternisse oder auch bloß sein Abnehmen herbeiführen[66]. Denn derlei gibt es bei den verschiedensten Völkerschaften[67].

Am ehesten lebten Naturgottheiten namenlos in Lokalkulten weiter, als Baum- oder Waldgeister. Wenn die Quellen von ihnen sprechen, zitieren sie häufig alte Synodalbestimmungen aus der Mittelmeerwelt. Hätte es nicht die entsprechende Anschauung im Umkreis eines Regino von Prüm oder Burchard von Worms gegeben, dann wären diese Stellen in ihren Sammlungen höchst wahrscheinlich weggeblieben[68]. Außerdem sind verstreute Äußerungen über

---

verwendete. Über Götter im Mittelalter vgl. allgemein Jean SEZNEC, The Survival of the Pagan Gods (New York 1953) und Friedrich VON BEZOLD, Das Fortleben der antiken Götter im mittelalterlichen Humanismus (1922).

63 Zitat nach KOENIGER, Burchard I. von Worms (oben 23 Anm. 59) 230 Anm. 1.

64 Martin LINTZEL, Die politische Haltung Widukinds von Korvei, in: LINTZEL, Ausgewählte Schriften 2 (1961) 329, mit Verweis auf Widukind III, 65, ed. HIRSCH-LOHMANN 140.

65 Flodoard ed. LAUER 94 (zu 944). Eine weibliche Parallele dazu bildete Holda (Hulda) mit ihrem Gefolge. Bei Burchard von Worms XIX, 5 steht die Frage nach dem Glauben an Frauen, die mit einem weiblichen Dämon, «quam vulgaris stultitia Holdam vocat», in bestimmten Nächten auf Tieren daherreiten. MIGNE PL 140, 962. Der Text ist z. T. übernommen aus Regino, De synodalibus causis ed. WASSERSCHLEBEN 355 (II, 371), doch hat Burchard dort den Namen «Diana» gefunden und ihn durch «Holda» ersetzt, wie es mitteldeutschem Volksglauben entsprach.

66 KOENIGER, Burchard 233, mit Belegen.

67 Aufgezählt im Handwörterbuch des deutschen Aberglaubens 2 (1929/30) 1511.

68 Zur Frage nach den Quellen vgl. HARMENING, Superstitio (oben 49 Anm. 6) und die Rezension seines Buches durch W(ilfried) H(ARTMANN) im Deutschen Archiv 35 (1979) 696: Die Verwendung älterer Texte wertet den Inhalt einer Aussage nicht ab. – Das Schrifttum über den Problemkreis ist reichlich, meist ohne neue Gesichts-

solche Kulte in erzählenden Quellen zu finden. Auch die Volkskunde kennt Baumkulte; es gab sie z. B. noch im vorigen Jahrhundert in Livland: In heiligen Eichen wohnten tote Ahnen oder (nach einem Blitzschlag) der Donnergott[69].

Es wird also seine Richtigkeit haben, wenn etwa Burchard in sein Decretum folgende Schilderung aufnahm: Bei Bäumen, Quellen und Steinen pflegen Leute zu beten, Lichter oder Fackeln zu opfern, Brot und andere «Oblationen» – ein Ausdruck aus dem christlichen Kultbereich – zu geben[70]. Arnold von St. Emmeram berichtet über Bauern, die in ihrer Dummheit glaubten, es sei sündhaft, Bäume zu fällen, «bei denen die Heiden die Wahrsagerei pflegten» (auguriari solebant)[71]. Hier finden wir nur mehr ein halbes Wissen um Bräuche, die der Vergangenheit angehören. Besser unterrichtet war Adso von Montierender; er schildert eine Klostergründung der merowingischen Zeit so, als gäbe es keinerlei Konflikt zwischen dem Volksglauben und der christlichen Lehre. Im tiefen Wald fragt der Heilige Hirten nach einem «günstigen» Ort und sie verweisen auf eine Buche, unter der sie häufig Lichter sahen, die nicht von Menschenhand angezündet wurden: «Wir glauben, daß da etwas Göttliches sei»[72]. Noch weiter geht die Verchristlichung der Sache in einem der wenigen Zeugnisse aus Laienmund dieser Epoche, den Visionen der Flothilde. Ein Greis führte sie auf eine Ebene mit einem «sehr schönen Baum» und sagte ihr, das sei «der Ort des heiligen Mauritius». Er befahl dem Mädchen, hier zu beten[73]. Der Unlogik von Fieberträumen entspricht es, daß die Gebete an zwei andere Heilige gerichtet werden sollten.

Neben den Naturgeistern stehen sozusagen gleichberechtigt die Geister verstorbener Menschen, auch sie allzumeist an einen Ort gebunden, den Ort ihres Begräbnisses. Unheimlich sind sie, ihr Wirken ist mit der Nacht verbunden, aber es muß nicht böse sein. Der christliche Bischof Thietmar von Merseburg hat uns eine ganze Anzahl von Gespenstergeschichten hinterlassen, angeblich um die Auferstehung der Toten damit glaubhaft zu machen[74]. Am Friedhof

---

punkte zu bieten. Vgl. zuletzt Oronzo Giordano, Religiosità popolare nell'alto medioevo (Bari 1979), bes. 81.

69 Jakob Ozols, Zur Frage der heiligen Wälder im östlichen Ostseegebiet. Zeitschrift f. Ostforschung 26 (1977) 671 ff. (mit zwei Abbildungen).

70 Decretum XIX, 5, Migne PL 140, 961.

71 Arnold von St. Emmeram an Abt Burchard, MGH SS 4, 547.

72 Vita s. Bercharii, Migne PL 137, 682 c. 16: «divini aliquid fore suspicamur».

73 Visions de Flothilde, herausg. von Philippe Lauer als Anhang zu seiner Flodoard-Ausgabe (Les annales de Flodoard, appendice II) 171.

74 Thietmar ed. Holtzmann 16 ff. (I, 11-13 auch zum Folgenden, und weitere Stellen).

zu nächtlicher Stunde feiern die Toten eine Art Gottesdienst, man sieht sie Gaben darbringen, hört sie singen. Wenn sie ein Sterblicher stört, können sie ihn hinauswerfen oder gar zu Asche verbrennen. Mancher, der Geister gesehen hat, stirbt bald darauf, oder es ereignen sich andere sehr schlimme Dinge. Vielfach hört man nur nächtliche Geräusche: Holzhacken, Gespräche oder Lärm anderer Art. Meist steckt dahinter der böse Feind. Man kann ihm mit Gebeten, Weihwasser und dem Zeichen des Kreuzes beikommen[75]. Dies zu erzählen, muß Thietmar ein Bedürfnis gewesen sein und man wird ihm die erbaulichen Gründe, die er zur Rechtfertigung anführt, kaum glauben. Derartiges gehörte zum Weltbild dieses Mannes, wie es zu jenem seiner heidnischen Vorfahren gehört hatte.

Die Vorstellung, daß der Tote zwar im Normalfall im Grabe «ruht», aber eigentlich lebendig ist, war weit verbreitet und beeinflußte auch die Rechtsvorstellungen. Das Ahnengrab spielte z. B. eine Rolle in Südfrankreich, wo man eine Freilassung entweder in einer Kirche oder aber «vor dem Körper des nächstverwandten Verstorbenen» durchführen konnte[76]. Es war ein in seiner Art logischer Gedanke, irgendwelche Aktionen des «lebenden Leichnams» dadurch auszuschalten, daß man ihn verbrannte. Das war die richtige Todesart für Zauberer und Ketzer, gelegentlich auch für geweihte Personen, die man aus dem Wege räumte. So tat z. B. Otto III. einen Mann in die Acht, weil er den Bischof Peter von Vercelli umgebracht und seine Leiche verbrannt hatte[77]. Man konnte einen Toten anderseits aus dem Grab holen, ihn anreden und ihm seine Verbrechen vorhalten. Das hat nach dem Bericht Liutprands ein Papst bei dem bekannten Leichengericht über seinen Vorgänger Formosus getan. Man warf schließlich den Leichnam in die Stadtkloake, den Tiber[78]. Es war ein Schandbegräbnis und keine Vorsichtsmaßnahme. Vorgeworfen wurde dem Papst Formosus die angebliche Usurpation des päpstlichen Thrones, er zählte also nicht zu den geheiligten Personen.

Die Meinung, daß der Tote im Grab präsent und damit handlungsfähig sei, ist für den Heiligen- und Reliquienkult wichtig geworden. Ebenso wichtig war es, daß es Heilige als Träger von «Heil» gab, das sie zu den besten Kämpfern gegen alles Unheil machte. Wenn von Heilsvorstellungen die Rede ist, meinen die Historiker zumeist das «Königsheil», manchmal auch das umstrittene «Sippenheil». Das sind sehr kleine Ausschnitte aus einer viel allgemeineren Art des Denkens,

---

75 A. a. O. 482 (VII, 68 f.).

76 Synode von Limoges II (1031), Mansi, Sacrorum conciliorum ... collectio 19, 544.

77 DO. III. 323.

78 Antapodosis I, 30, ed. Becker, Opera 23 f. Der Leichenprozeß wurde arrangiert, um die Geistlichkeit zu zwingen, ihre unter Formosus erhaltenen Weihen erneuern (sich reordinieren) zu lassen.

das meint, daß das Leben des Menschen von Kräften bestimmt wird, die auf ihn einwirken. Auch Dinge können mit solcher Kraft versehen sein; in unserem Fall handelt es sich primär um Menschen, sekundär um die Überbleibsel ihrer irdischen Existenz, die Reliquien. Man ist den wirkenden Kräften nicht rein passiv ausgeliefert, sondern kann sie zu beeinflussen suchen, die Kraft der Heiligen durch Gebet und fromme Stiftungen auf sich und seine Anliegen lenken. Ein gottgefälliges Leben, das wurde vom Klerus betont, ist dafür unabdingbar. Die Bosheit der Menschen ruft Gottes Zorn und damit Kriege, Seuchen und Mißwachs hervor. Gutes Verhalten wird durch Frieden und Fruchtbarkeit der Äcker belohnt. Rodulfus Glaber meinte darum, die Friedensbewegung des Jahres 1033 habe zu einer so guten Ernte geführt, daß Getreide fast nichts kostete[79].

Im Volk suchte man die Wurzel des Unheils nur ungern bei der Gesamtheit und ihrem Verhalten, viel lieber machte man einzelne Personen oder Personengruppen dafür verantwortlich. Das war oft der ungerechte Herrscher[80], und schon damals konnten es auch die Juden sein[81], deren kultischen Praktiken man sehr mißtraute. Vor allem mußte man sich vor Zauberern hüten und ging damit konform mit den Warnungen des Klerus, keinesfalls schwarze Magie zu betreiben oder durch Kundige betreiben zu lassen. Sogar ein Eremit aus dem Osten, der Trierer Rekluse Simeon, geriet in dieser Hinsicht in Verdacht. Man gab ihm die Schuld an heftigen Regengüssen, allerdings sollte er sie nicht selbst herbeigezaubert haben: Durch die Verbrechen dieses Mannes drohe der Welt die göttliche Strafe einer Überschwemmung. So hat man dem ansonsten sehr Verehrten die Fenster eingeworfen und ihn steinigen wollen[82].

Wenn man von Unerklärtem und Wunderbarem auf Schritt und Tritt umgeben war, konnte es als ein Zeichen nüchternen Denkens gelten, diese Dinge bloß zu registrieren; das haben viele Chronisten getan. Anderseits war es auch ihre Aufgabe, erbaulich zu wirken. Ihren Lebensidealen entsprach es, stets auf Gott und das Übernatürliche zurückzukommen. In einem Kloster der Stadt Capua bildete sich auf dem Marmor Feuchtigkeit, eine Erscheinung, die man auch anderswo hätte beobachten können. Da es sich um den Hauptaltar der Kirche handelte, schien die Sache aber auf jeden Fall bedeutsam als «wunder-

---

[79] Rodulfus Glaber IV, 5 (16), ed. Prou 105.

[80] Oben 239.

[81] So erzählt etwa Ademar von Chabannes folgende unglaubliche, aber damals doch wohl als glaubwürdig empfundene Geschichte: In Rom gab es ein Erdbeben und einen Sturm; ein Jude enthüllte dem Papst, daß in den Synagogen mit Kruzifixen Spott getrieben wurde. Darauf ließ Benedikt (VIII.) die Schuldigen enthaupten, «und die Gewalt des Windes erlosch». Chronicon III, 52 ed. Chavanon 175.

[82] Eberwin von Trier, Miracula Symeonis, MGH SS 8, 210.

bares Zeichen»[83]. Der Ort des Wunderbaren schlechthin war natürlich der Himmel mit seinen Wolkengebilden, Sonnen- und Mondesfinsternissen, Nordlichtern usw. Hier war nichts unmöglich, und so konnte am Firmament auch der weinende gekreuzigte Christus erscheinen[84]. Ein Mönch muß nachts auf einen Kahn warten, der ihn über einen Fluß setzt. Da betrachtet er den Himmel und sieht ein Gestirn, das seinen Ort verläßt und aufwärts wandert, innehält, und wiederum zu seinem Ausgangsort zurückkehrt[85]. Das geschieht durch «göttliche Kraft», eine Erklärung, die für die damalige Zeit gewiß die beste war. Ungute Phänomene hatten dagegen irgendwie mit dem Bösen zu tun. Während Sternschnuppen harmlos schienen, waren Meteoriten «so hart und abscheulich», daß man glaubte, sie stammten von Orten der Unterwelt (de infernalibus locis) her[86]. Flodoard behauptet, in Deutschland seien im Jahre 944 Feuerkugeln durch die Luft geflogen, die Häuser in Brand setzten. Man konnte sie mit Weihwasser, Kreuzen und bischöflichen Benediktionen verscheuchen[87].

Dem erbaulichen Zweck ist die Nutzanwendung des Erzählten gewidmet. Gott gibt dem Mönch, der den Himmel betrachtet, durch das Auf- und Absteigen des Sternes ein Zeichen, daß seine Reise gut ausgehen wird; höllische Phänomene werden durch die Kraft des Exorzismus vertrieben. Das ist christlich, und doch steht im Hintergrund vorchristliches Wesen. Schon im alten Orient suchte man am Himmel nach Vorzeichen für irdische Ereignisse. Die Feuerkugeln wurden durch Kulthandlungen «zurückgeschlagen» (repellebantur), sie waren also keine Gegenstände, sondern Wesen dämonischer Art. Naturbetrachtung mag in aufgeklärten Zeiten eine Sache des Gemüts und Gefühles sein; wo man die Mechanik der Erscheinungen nicht kennt und sich ihnen ausgeliefert weiß, herrscht die Angst vor Unheil. Dazu kommt, daß in dieser frühen Zeit die Emotionsfähigkeit weitaus größer als heute war. In unserer von Reizen überfluteten Epoche wird nur selten ein Sinneseindruck zum wirklichen Erlebnis. Wir wandern ungerührt durch Ausstellungen kirchlicher Kunst; damals «erlebte» man jedes einzelne Stück. So konnte ein Meßgewand, anscheinend mit Darstellungen des Todes bestickt, bei allen Betrachtern «unglaublichen Schrecken» hervorrufen, so daß sie einige Tage lang «nicht ohne Gedanken an

---

83 Leo Marsicanus, Chronik von Montecassino I, 53, MGH SS 34, 138.

84 Ademar von Chabannes, Chronicon III, 46 ed. CHAVANON 168 f.; III, 56, a. a. O. 181: Am Himmel erscheint der Stab eines Heiligen.

85 Odorannus von Sens, Chronicon ed. BAUTIER-GILLES 104.

86 Benedikt vom Monte Soratte, Chronicon ed. G. ZUCCHETTI, Fonti per la storia d'Italia 55 (Rom 1920) 162 f.

87 Annales ed. LAUER 93.

den Tod sein konnten»[88]. In der Völkerkunde hat man von einer doppelten Realität gesprochen, jener, die unsere «normale» Welt bietet, und einer davon verschiedenen, die Affekte in Bewegung setzt, also mehr gefühlt und erlebt als einfach zur Kenntnis genommen wird. Diese zweite Realität ist besonders dem Übernatürlichen zugeordnet[89]. Das Geheimnisvolle, Schreckhafte dieser Sphäre begegnet immer wieder dem sogenannten Naturmenschen, es begegnet in der Gottesvorstellung des Alten Testaments und auf den Fresken, die der Laie in Kirchen betrachten konnte, bis die Gotik daneben andere Akzente stark betonte[90].

Zwischen beiden Sphären ist die Geschichtsschreibung angesiedelt. Hexen können keine Sonnenfinsternisse hervorrufen, so belehrt uns Thietmar von Merseburg: Der Mond ist die Ursache dieses Phänomens. Aber die Finsternis des Jahres 990, von der er hier spricht, setzt er doch in Beziehung zu dem Tod der Kaiserin Theophanu[91]. Ob ein Komet ein neuer Stern ist oder ein bestehender, dem Gott mehr Licht zuteilt, weiß nur Er selbst in seiner Weisheit. Überaus wahrscheinlich ist es jedoch, so fährt Rodulfus Glaber fort, daß bald nach dem Erscheinen eines solchen Zeichens «etwas Wunderbares und Schreckliches» geschieht[92]. Auch sonst ragen solche Anschauungen tief in die Sphäre der Schriftlichkeit hinein. Es gibt lateinische Abhandlungen über die Vorbedeutung von Gewittern, die sogenannten Donnerprognostiken. Solche «libri tonitruales» kennt man schon aus der Zeit der alten Etrusker[93]. Nach einem Blutregen fragte König Robert bei Gelehrten über die Bedeutung dieses Phänomens an[94]; zwei Gutachten sind erhalten, die durch den Abt von Fleury, Gauzlin, und durch Bischof Fulbert von Chartres erstellt wurden. Der Bischof referierte, bei welchen Autoren er Nachrichten von einem derartigen Phänomen gefunden hatte, und sah ein öffentliches Unglück kommen, das aber durch Bekehrung der Sünder abgewendet werden könnte[95]. Der Abt wurde konkreter: Blutregen bedeutet Krieg oder Bürgerkrieg[96]. Es scheint sich um eine wirkliche Zeit-

---

[88] Hugo, Destructio monasterii Farfensis, MGH SS 11, 533 c. 2.

[89] Seit Lucien Lévy-Bruhl, wobei der Ausdruck «expérience mystique» nicht glücklich gewählt erscheint. Cazeneuve, Mentalité archaïque 39. Vgl. auch oben 404.

[90] Vgl. oben 404 f.

[91] Chronicon IV, 15 ed. Holtzmann 148.

[92] Hist. III, 3, ed. Prou 60 § 9.

[93] Harmening, Superstitio 118 ff.

[94] Der Brief Roberts beginnt mit dem Ausdruck seiner inneren Bewegung über das wunderbare Ereignis. Vita Gauzlini ed. Bautier-Labory 136 ff. c. 68 a. Ein zweiter (verlorener) Brief ging an Fulbert von Chartres.

[95] The Letters of Fulbert . . . ed. Behrends 224 ff. Nr. 125.

[96] Vita Gauzlini ed. Bautier-Labory 138 ff. c. 38 b. Vgl. 159 ff., Appendice II.

anschauung gehandelt zu haben, unabhängig von Stand und Bildung; sie kommt schon im Brief des Königs zum Ausdruck, der in den Antworten bestätigt erhielt, was sicherlich auch am Hof geglaubt wurde.

Die Zukunft zu kennen, vor allem um sich gegenüber kommendem Unheil abzusichern, ist ein überall und immer vorhandener Wunsch. Es gab zu seiner Erfüllung auch kirchlich erlaubte Möglichkeiten: Beachtung wunderbarer Erscheinungen im eigenen Lebenskreis oder als Elementarzeichen (portentuosa elementorum signa), und die Aussagen «sehr weiser Männer»[97]. Diese ließen sich anscheinend eher von Prominenten befragen als von kleinen Leuten. Berichtet wird z. B. eine Zukunftsschau, die dem Bischof Udalrich von Augsburg eine Rekluse gab, und sogar ein Papst soll ihm die Zukunft geweissagt haben[98]. Im Volk mußte man auf andere Art das Nötige zu erfahren trachten, etwa durch die – vom Klerus untersagten – heidnischen «auguria». Dazu setzte man sich z. B. auf das Dach seiner Hütte oder an einen Kreuzweg[99]. Prodigien werden von antiken Schriftstellern berichtet[100] und derartiges findet sich im Mittelalter ebenso in der Historiographie wie in Heiligenviten. Hier stand man auf anscheinend christlichem Boden, ohne Gefahr eines Verbotes. Da hat man z. B. aus dem Flug einer weißen Taube den günstigen Ort für eine Klostergründung erschlossen[101]. Stets handelt es sich um Ereignisse, bei denen Gott «freiwillig» ein Zeichen sendet; man soll es nicht herbeizwingen wollen, denn das zählt zu den zauberischen Praktiken. Der Mann, der in der Neujahrsnacht auf dem Hüttendach sitzt, übt gegen die Dämonen Gewalt und muß sich vor ihnen dadurch schützen, daß er mit seinem Schwert oder Messer einen magischen Kreis um sich zieht. Kreuzwege sind der Ort der bösen Geister, die man befragen kann, vor denen man sich jedoch zu hüten hat[102].

---

[97] Rodulfus Glaber I, 5 (26), ed. Prou 24.

[98] Gerhard, Vita Oudalrici c. 1, MGH SS 4, 386 f. Daß der Papst bei Gerhard Marinus († 884) heißt, ist in diesem Zusammenhang unwichtig. Die Rekluse Wiborada († 926) war dagegen wirklich eine Zeitgenossin Udalrichs. Ihre Gespräche mit Udalrich in St. Gallen erwähnt auch Ekkehard IV., ed. Haefele 126 c. 57.

[99] Auf diese Stelle in Burchards Decretum macht Harmening, Superstitio 129 f. mit Recht aufmerksam, weil es sich um einen Zusatz des Bischofs handelt, der sicher aus aktuellem Anlaß erfolgte. Migne, PL 140, 960 f. c. 19.

[100] Helmut Gugel, Studien zur biographischen Technik Suetons (Wiener Studien, Beiheft 7, 1977) 24 ff., dort Anm. 4 weitere Literaturangaben. Wenn Einhard für die Prodigien des Todes Karls d. Gr. Sueton zum Muster nahm, so haben doch andere ohne solche literarische Kenntnis aus einer lebendigen Tradition geschöpft.

[101] Vita Bercharii c. 10, Migne PL 137, 676 f.

[102] So, unter Bezug auf die Aussage Burchards, Weiser im Handwörterbuch des dt. Aberglaubens 2, 121 § 3a. Harmening a. a. O. übersetzt die Stelle «ense tuo cir-

Auch Bischöfe konnten nicht immer auf Vorzeichen und Weissagungen warten, wenn es darum ging, verborgene Dinge zu erfahren. Ein Mann wie Thietmar kannte die Kanones zu gut, um es mit verbotenen Riten zu versuchen. Er betete zu Gott, seine Zukunft möge ihm offenbar werden. Und siehe, ihm erschien im Traum der Propst von Walbeck, der in Form eines Buchorakels auf die Zahl fünf verwies. Sollte das Tage, Wochen oder Monate bedeuten? Thietmar erfuhr es fünf Monate später, als er Bischof wurde[103]. So hat eine Traumgestalt den Wunsch erfüllt und das getan, was sich der Christ versagen mußte.

Weiße und schwarze Magie waren im Mittelmeerkreis und auch bei den Germanen so fest verankert, daß es ein Wunder wäre, hätten diese Dinge nicht Spuren in christlichen Bräuchen hinterlassen. Das ist ein weites Feld; hier können nur wenige Beispiele gegeben werden. In einem offiziellen liturgischen Handbuch findet sich, neben Teufels- und Geisterbeschwörungen, für den Bischof eine Methode verzeichnet, einen Dieb zu entlarven: Ein Gerstenbrot, das trocken sein muß, und ein ebenfalls trockener Ziegenkäse wird mit der Inschrift «Pater noster» versehen. Weiters läßt der Bischof eine Aufschreibung über das gestohlene Gut und die möglichen Diebe verfassen. Dann folgt in Gegenwart der eventuellen Schuldigen ein Exorzismus und eine Benediktion: Der Exorzismus verscheucht die bösen Gewalten, die in dem Brotlaib und dem Käse wohnen können; die Benediktion soll verhindern, daß ein Dieb etwas von beidem zu schlucken vermag[104]. Man kann sich denken, daß nach all den Vorbereitungen und angesichts der umständlichen lateinischen Formeln das schlechte Gewissen den Hals des Diebes zuschnürte, wenn er vor aller Augen ein Stück trockenes Brot mit trockenem Käse hinunterwürgen sollte.

Handelt es sich um einen psychologisch geschickten Lügentest, zu dem in fast zynischer Weise die Liturgie mobilisiert wurde? Wir sind geneigt, dies anzunehmen. Die geistlichen Erfinder dieser Probe hätten da wahrscheinlich heftig widersprochen und beteuert, daß es sich um ein echtes Gottesurteil handelte, in einer völlig unschädlichen Form. Gott beschützt den Unschuldigen und gibt ihm die Kraft, die Probe zu bestehen. Natürlich war es leichter, Brot und Käse zu essen, als von glühenden Pflugscharen nicht verletzt zu werden. In außereuro-

---

cumsignatus» wohl unrichtig mit «mit deinem Schwert umgürtet». Am Kreuzweg befragte man die Geister auf einer Stierhaut sitzend, wie Burchard schreibt. Sollte sie die Dämonen anlocken? Decretum c. 19, wie oben Anm. 99.

103 Chronicon VI, 47, ed. Holtzmann 332 und dazu Burchard, Decretum X, 26, Migne PL 140, 836 f.: «In tabulis vel codicibus sorte futura non sunt requirenda ...» usw.

104 Pontificale Romano-Germanicum ed. Vogel, Elze 2, 394 ff. Nr. 249.

päischen Ländern soll es jedoch auch heute Menschen geben, die in religiöser Verzückung vor den Wirkungen der Glut gefeit sind.

Ein Gottesurteil war, auch in harmloser Form, für die beteiligten Laien ein Schauspiel, das in seiner Unverständlichkeit und anscheinenden Gefährlichkeit an magische Riten erinnerte. Von daher hat es seine Wirkung bezogen; die Sache wurde in die Sphäre der zweiten, der «affektiven» Realität gerückt, von der wir kurz gesprochen haben. Diese Sphäre kam in der Liturgie in paraliturgischen Gebräuchen und im sogenannten Aberglauben zur Geltung. Zu diesem zählte alles, was als überflüssig und schädlich gebrandmarkt wurde. Vieles davon war älter als das Christentum, ja gehörte zu den ältesten Arten von Religiosität. Einiges durfte weiterleben, weil man es als Nebensache ansah, oder als alte Sitte, die man nicht ändern wollte. Um einen Schutzzauber gegen Dämonen handelt es sich z. B., wenn noch im «Ruodlieb» die Herren Bandgamaschen tragen, die mit Glöckchen behängt sind[105]. Derlei hat nichts mit «Herrschaftszeichen» und auch nichts mit dem Gewandsaum des Hohenpriesters zu tun. Es handelt sich gewiß um einen Brauch, der sehr allgemein war und auch ohne biblische Reminiszenzen verstanden wurde. Man wird sie auch nicht unbedingt für die Erklärung jener Glöckchen brauchen, die an den Gewändern von Päpsten und Kaisern hingen. Sie sind schon für den Papst Sergius III. (904-911) bezeugt, auch die Ottonen besaßen derartige Stücke[106]. Deutlich ist der apotropäische Charakter der Sache im cluniazensischen Bereich: Bei den Bittprozessionen um gute Ernte trug man Fahnen mit, die mit Schellen behängt waren[107].

Die Dämonenabwehr wurde oft ergänzt durch Handlungen, hinter denen ein positiver Zauber steckte, der die Fruchtbarkeit mehren sollte. Man trug vor allem «die Heiligen» über die Felder. In einer Prozessionsordnung aus dem Jahre 940 wird das Umhertragen des Schutzpatrons als Ersatz der römischen Arvalprozession bezeichnet[108]. Das ist eine gelehrte Lesefrucht, denn im Teutoburger Wald hat es niemals Arvalbrüder gegeben. Aber die allgemeine Tendenz, Heidnisches durch ähnlich gestaltetes Christliches zu ersetzen, ist hier richtig gekennzeichnet.

---

105 Hauck, Speisegemeinschaft (oben 83 Anm. 40) 617, zu Ruodlieb X (XIII) 122.

106 Schramm, Herrschaftszeichen (oben 71 Anm. 102) 2, 554 ff. Eine gewisse Verbreitung des Brauches schon vor dem 11. Jahrhundert zeigt die Tatsache, daß nach der Lechfeldschlacht ein Graf «tintinnabula in imis vestium pendentia» spendete, Schramm a. a. O. 557.

107 Consuetudines Fruttuarienses (= Cluny). Cons. monast. ed. Albers 4, 85 c. 56. Es werden zwölf bis fünfzehn Fahnen erwähnt, jede von ihnen trug eine bis zwei Schellen. Der Lärm war also nicht gering.

108 Es handelt sich um Schildesche bei Bielefeld. Die Äbtissin dieses Klosters vertraute

Verdächtiger als dieser verchristlichte Fruchtbarkeitskult auf den Äckern war manches Brauchtum der Hirten. Sie bewahrten eine, wenn man das Wort hier einmal gebrauchen darf, archaische Lebensform, mit alten Traditionen darüber, wie man Vieh heilen oder vor Schaden schützen, Pflanzen «segnen» und damit Riten ausüben konnte, die dem Klerus ein Greuel waren. Man hat derlei Sprüche ohne weiteres zu den «teuflischen Gesängen» gerechnet[109]. Es handelte sich jedoch immer noch um «weiße» Magie, denn die «schwarze» war dem Schadenstiften gewidmet oder diente sonstigen gottlosen Zwecken. Schon der römische Staat hatte in der Zauberei ein Verbrechen gesehen; trotzdem hat sich im mediterranen Bereich ein Zeremonien- und Formelwesen erhalten, das nicht aus Lesefrüchten erklärbar ist. Man hat sogar von «einer Art Liturgie» gesprochen[110], bei der auch das Rauchfaß eine Rolle spielte. Eigentlich ist es schade, daß sich die ausführlichste Schilderung zauberischer Praktiken in einem Traktat findet, der hohes intellektuelles Niveau mit Spott und Hohn gegen einen persönlichen Feind verbindet. Der Autor, Anselm von Besate, konnte sein Ziel nur dann erreichen, wenn die Zeitgenossen seine Schilderungen als immerhin möglich ansahen[111]. Es gibt andere Quellen, die weit jenseits des Verdachtes stehen, magische Riten der Antike zu referieren, ohne daß es sie damals noch gab. So kennen wir etwa aus einem hebräischen Text die zentrale Rolle, die bei einem Prozeß in Le Mans (992) eine «Rachepuppe» spielte. Ein konvertierter Jude «fand» in der dortigen Synagoge das vergrabene Wachsabbild des Grafen Hugo III. von Maine. Er gab an, daß seine früheren Glaubensgenossen die Wachspuppe immer wieder durchbohrt hätten in der Hoffnung, damit den Grafen ums Leben zu bringen. Dieser ordnete einen gerichtlichen Zweikampf an, um die Wahrheit der Anschuldigung zu prüfen[112]. Man nahm also die Sache ernst und hat sie nicht als völlig außergewöhnlich empfunden. Daß noch

---

darauf, daß durch den Umzug mit den Reliquien des Klosterpatrons «terrae semina uberius proveniant et variae aeris inclementiae cessent». Text bei FRANZ, Kirchliche Benediktionen (oben 87 Anm. 59) 2, 9 Anm. 1.

[109] KUCHENBUCH, Prüm (oben 115 Anm. 11) 288 f. (nach Regino).

[110] Marie-Thérése D'ALVERNY in der Diskussion zum Vortrag MANSELLI, Simbolismo e magia (Spoleto 1975, oben Anm. 37) 1, 341.

[111] Anselm von Besate, Rhetorimachia (oben 122 Anm. 38) und dazu Karl MANITIUS, Magie und Rhetorik bei A. v. B., Deutsches Archiv 12 (1956) 52 ff., besonders 71 mit Anm. 121.

[112] Robert CHAZAN, Medieval Jewry in Northern France (Baltimore 1973) 12. In Deutschland ist der erste Fall der Verwendung von «Rachepuppen» zum Jahre 1066 bezeugt, doch gilt allgemein der Satz: «Unverändert erhält sich dieser Schadenzauber durch die Jahrtausende auf dem ganzen Erdkreis.» MÜLLER-BERGSTRÖM im Handwörterbuch des dt. Aberglaubens 7 (1935/36) 459 f.

in der ersten Hälfte des 11. Jahrhunderts ein eigener Traktat gegen die Nigromantie entstand[113], hatte wohl seine praktischen Gründe. Man war auch rasch mit dem Verdacht der Zauberei zur Stelle, etwa wenn sich ein ungewöhnlicher Todesfall ereignete[114]. Diese Vorliebe der Volksmeinung hat man anscheinend zu politischen Zwecken zu benutzen verstanden; so wurde z. B. der Führer der Mönchspartei am französischen Königshof, Abt Abbo von Fleury, der Magie geziehen und er hat den beiden Königen Hugo und Robert beteuert, in dieser Kunst gänzlich unerfahren zu sein[115].

Daß sich Geistliche dem Teufel verschrieben, um zaubern zu können, wird in den von Geistlichen geschriebenen Quellen nicht behauptet. Immerhin waren die Grenzen zwischen weißer und schwarzer Magie nicht völlig klar abgesteckt und so konnte man auf den Gedanken kommen, die alten Riten und Mittel zu positiven Zwecken zu gebrauchen. Einerseits taten dies Wetterzauberer, die unter dem Namen «defensores» (Vögte, Verteidiger) bekannt waren. Sie forderten Abgaben dafür ein, daß sie der Gemeinde ihren «Schutz» zukommen ließen[116], d. h. wohl, daß sie darauf verzichteten, hier Schaden zu stiften. Man konnte anderseits Geistliche bemühen und sie einen kräftigen Wettersegen sprechen lassen. Er enthielt z. B. eine gesprochene Teufelsbeschwörung, man schlug über die Wolken des Himmels das Kreuzeszeichen, man gebrauchte die letzten Worte Christi am Kreuz als Zauberspruch und beschwor einen jüdischen Wetterdämon mit dem Namen Mermeunt[117]. Da Geistliche nicht immer rechtzeitig zur Stelle sein konnten, gab es speziell gegen Teufelsmacht und böse Geister sowie gegen Gewitter gesegnetes Salz und Wasser[118].

---

113 Bern von Reichenau, De nigromantia vel divinatione daemonorum contemnenda. Die Schrift ist leider verloren. Die Briefe des Abtes Bern von Reichenau ed. F.-J. SCHMALE (1961) 53 Nr. 21.

114 Vgl. etwa Ademar von Chabannes, Chronicon III, 66, ed. CHAVANON 190 f. und dazu Monica BLÖCKER, Ein Zaubereiprozeß im Jahre 1028. Schweizerische Zeitschrift f. Geschichte 29 (1979) 533 ff. Auch hier verwendete man Rachepuppen (imagines ex limo et cera confectas ... sepelisse ...). A. a. O. 549 Anm. 82. Vgl. auch oben 146.

115 Apologeticus, MIGNE PL 139, 468: «Vere fateor me magicam ignorare, nec aliquid malarum artium didicisse.»

116 FRANZ, Benediktionen 2,31, und das Rather-Zitat a. a. O. 30 Anm. 4.

117 Texte bei FRANZ a. a. O. 74 ff., nach einer Hs. des 10. Jahrhunderts aus Schäftlarn. Über Mermeunt, dessen Name aus apokryphen Märtyrerakten in die Wettersegen eingegangen ist, vgl. a. a. O. 56 f. Zum Wetterzauber des Frühmittelalters vgl. BLÖCKER (oben Anm. 52) 117 ff.

118 Pontificale Rom.-Germ. ed. VOGEL, ELZE 2, 351 Nr. 185: «Exorcismus salis et aquae contra fulgora.»

Ein beliebter Stoff für Segenzauber war das Chrisam, jene Mischung aus Balsam und Olivenöl, die in der katholischen Liturgie bei Weiheakten eine Rolle spielt. Ein Bischof von Kolberg (Kolobrzeg) «reinigte das von Dämonen bewohnte Meer, indem er vier mit heiligem Öl (crismate) gesalbte Steine hineinwarf und Weihwasser aussprengte»[119]. Das Chrisam wurde vom Bischof geweiht und an der Bischofskirche verwahrt, gelangte aber doch in die Hände anderer, die damit vielerlei anzufangen wußten. Man konnte es z. B. vor einem Gottesurteil trinken, um dieses «abzuwenden», d. h. trotz seiner Schuld zu bestehen[120]. Rodulfus Glaber berichtet treuherzig, wie bei verschiedenen Anlässen Chrisam seine Wirkung tat, vorausgesetzt, daß der Glaube dessen, der es anwendete, außer Zweifel stand. Man «erhob» es z. B. gegen die Feuersbrunst – das Feuer erlosch oder wurde zurückgetrieben, brannte aber anderswo weiter. Kranke wurden durch das heilige Salböl gesund, usw.[121].

Geistliche und Weltliche lebten inmitten von Nöten und Gefahren; es war für sie beruhigend, gegen sie sofort wirksame Mittel zu besitzen, ohne den Umweg über das Hilfegebet zu Gott und den Heiligen. Daher auch der häufige Gebrauch von Amuletten, die in verchristlichter Gestalt im Volk und bei weltlichen wie geistlichen Großen in Gebrauch waren. Das bekannteste Beispiel ist der Talisman Karls des Großen, zwei Scheiben von Bergkristall, die eine Kreuzpartikel bargen[122]. Man trug derlei um den Hals; so konnte es geschehen, daß einem Geistlichen, der sich aus einem Boot beugte, das Amulett mit dem Kreuzesspan ins Wasser fiel, was auch seine Gefährten mit Trauer erfüllte; bisher hatten sie sich vor allen Widrigkeiten sicher gefühlt, jetzt kehrte die Angst zurück[123].

Zuversicht war vor allem im Kampf nötig, um eine ruhige Hand zu haben und seine Überlebenschancen zu verbessern. Als die Leute von Argenton ins Feld zogen, reichte man ihnen die – auch sonst häufig genannten – «Eulogien»: Brot und Wein, über die ein Segen gesprochen worden war. Die Männer wurden dadurch so zuversichtlich, daß sie glaubten, «zweifellos durch jene Nahrung, infolge der Verdienste des ruhmwürdigen Bekenners Benedikt, im Kampfe zu siegen und gegen den Tod ‚immun' zu sein. Und ihre Hoffnung trog sie nicht»[124].

---

[119] Thietmar, Chronicon VII, 72, Übersetzung nach Trillmich 435.

[120] Burchard, Decretum XIX, 5, Migne PL 140, 973, dazu Franz a. a. O. 329.

[121] Hist. V, 1 (12), ed. Prou 123 f.

[122] Schramm, Herrschaftszeichen (oben 71 Anm. 102) 1, 309 ff.

[123] Widerich von St.-Èvre, Vita Gerhardi episcopi (von Toul). Acta Sanctorum Boll. Apr. III, 210 CD c. 21.

[124] Aimoin von Fleury, De miraculis s. Benedicti I, 16 (30), Migne PL 139, 820. Die Austeilung von Eulogien, meist Brot allein, war dem Klerus erlaubt und stellte einen

Hier wirkten mehrere Faktoren zusammen: Die Kraft des geweihten Gegenstandes, ähnlich jener des Salböls; die Nähe zum Empfang des österlichen Abendmahls, und schließlich der Schutzheilige der Gemeinde. Auch handelte es sich hier um Gegenständliches, Nahes und darum jedem Faßbares. Noch besser schien es wohl, Reliquien mit sich zu führen, doch nicht jedermann besaß ein Brustreliquiar; die Eulogien boten in etwa dafür Ersatz.

Reliquien waren in erster Linie die Gebeine der Heiligen, in zweiter andere Überbleibsel ihrer Existenz, in dritter jeder Gegenstand, der mit einem Stück der ersten beiden Kategorien in Berührung gekommen war. Nur durch eine solche Erweiterung des Umkreises konnte der sehr große Bedarf an solchen Gegenständen einigermaßen gedeckt werden. Er begann schon während der Lebenszeit eines heiligen Mannes; dieser tat gut daran, das zu berücksichtigen.

Der große Eremit Romuald gab seinen Schülern, die in die Ferne zogen, als «Benediktionen» kleine Geschenke mit, etwa einen Apfel, und diese Dinge bargen in sich die Kraft, Krankheiten zu heilen. Ja, selbst das Waschwasser Romualds gab Kranken die Gesundheit wieder[125]. Es ist verständlich, daß man bald darauf aus war, von diesem Heiligen Reliquien im eigentlichen und engsten Sinn zu erlangen. Als Romuald aus Gallien wegzog, sollen die Einwohner des Landes erwogen haben, ihn umzubringen, um seinen Leichnam «zum Schutz des Landes» bei sich zu behalten[126].

Was man mit Knochen alles anfangen konnte, dafür gaben jene des heiligen Hugo von Anzy-le-Duc († 930) ein Beispiel: Man badete sie in Wein und Balsam und gab den von weither gekommenen Kranken die Mischung zu trinken. Nach zwei oder drei Tagen waren sie gesund[127].

Man sage nicht, das seien Erfindungen der Vitenschreiber und darum nicht würdig, beachtet zu werden. Natürlich wird man all den wunderbaren Heilungen höchst kritisch gegenüberstehen, unter Beachtung der Tatsache, daß so manche Symptome durch den Glauben der Patienten verschwanden, zeitweise oder sogar ganz. Die Praktiken, die zu einem solchen Erfolg führten, mögen im Einzelfall erfunden sein, aber sie bewegten sich – im Gesamtzusammenhang des durch die Jahrhunderte währenden Volksglaubens gesehen – in einer den Lesern durchaus bekannten Sphäre. Da hat sich seit Gregor von Tours nicht sehr viel geändert. Daß dieser Volksglaube auch bei Geistlichen, selbst bei Bischöfen,

---

Ersatz der Kommunion für Laien dar. Im Pontificale Romano-Germanicum (ed. VOGEL, ELZE 2, 370 Nr. 225) findet sich eine «benedictio panis ad eulogias dandi».

125 Petrus Damiani, Vita Romualdi c. 59, ed. TABACCO 102. Ein solches Vorgehen war durchaus gebräuchlich, vgl. POULIN, Sainteté (oben 26 Anm. 79) 86 Anm. 24.

126 A. a. O. 35 c. 13.

127 Vita c. 26, Zitat bei FRANZ, Benediktionen 2, 453 Anm. 4.

zu finden war, dafür könnte man verschiedene Gründe geltend machen. Einen davon mag man in der Tatsache sehen, daß von Seite der Glaubensdoktrin her keine klar umschriebene und allgemein bekannte Grenze zwischen Erlaubtem und Verbotenem bestand. Erst durch Reformation und Aufklärung wurde so manches zum Aberglauben gestempelt, das vorher als Teil der Volkssitte passieren durfte.

Unscharf blieb auch die Grenze, die der Verehrung von Heiligen gezogen war. Man hat unter Karl dem Großen die Scheidung zwischen den beiden Arten der Verehrung betont, einer nur Gott allein zustehenden und jener, die den Heiligen erwiesen werden durfte; mit diesem gelehrten Unterschied war in der Praxis wenig anzufangen. Wichtiger wäre es gewesen, wenn die Bischöfe den Wildwuchs der Kulte einer stärkeren Kontrolle unterworfen hätten. Als heilig galt ja, wer als heilig von den Gläubigen einer Gegend verehrt wurde; es gab lebende Heilige und verstorbene, die beide durch ihre heilende, wundertätige Kraft zu ihrem Ruf in der Bevölkerung kamen. Erst im Rahmen einer sehr starken Verrechtlichung kirchlicher Institutionen war der Kanonisationsprozeß möglich, das Gerichtsverfahren über die Summe aus Glaube, Leben und Ruf (fides, mores, fama sanctitatis) des als heilig Verehrten[128]. Erst jetzt konnte es – wenigstens als Ausnahmefall – den Heiligen ohne Wunder geben.

Daß man bis dahin so großzügig mit den Heiligenkulten verfuhr, war nicht nur in dem Mangel einer kirchenrechtlichen Regelung begründet. Eingriffe hätten in den betroffenen Gemeinden einen Sturm der Entrüstung hervorgerufen und den Kultort auch materiell geschädigt. Die Bevölkerung lebte in einer Vielzahl von Kultverbänden, ähnlich der heidnischen Zeit, mit dem Unterschied, daß jetzt eine Art Dachverband existierte, die Christenheit. Diese schwer vorstellbare Größe spielte im Volksdenken gegenüber den lokalen Bindungen nur eine geringe Rolle; erst die Kreuzzüge schufen da einen gewissen Wandel. Es scheint auch, daß die innere Bindung an den unvorstellbaren dreieinigen Gott eher in Respekt oder Furcht, als in wirklicher Zuwendung bestand; diese galt dem Heiligen des Bezirkes. So verlangte auch Rather von Verona vom Volk einerseits Gottesfurcht und anderseits das Gebet zu den Heiligen[129]. Gott war überall zugegen, vor allem in der Messe, doch scheute man seine sakramentale Präsenz und begnügte sich lieber mit Eulogien. Der Herr des Himmels sollte nicht durch den Niedrigen mit seinen Anliegen belästigt

---

[128] Eine gute Übersicht bietet André VAUCHEZ in: Fonti medioevali e problematica storiografica (Atti del congresso ... 1973) 2 (Rom 1977) 54 ff., unter Hinweis auf die Bedeutung der Sache für die Mentalitätenforschung.

[129] Praeloquia I, 1, MIGNE PL 136, 149 c. 2: «Vis esse Christianus ...? Time deum, sanctos precare, ecclesiam frequenta ...» usw.

werden; viel leichter vertraute er sie «seinem» Heiligen an, dessen Überreste ihm nahe waren. Reliquienlose Heiligenkulte gab es, aber selbst Maria oder Petrus hatten es im Volk nicht immer leicht. Einen Ausgleich boten hier die biblischen Erzählungen mit ihren sehr persönlichen Zügen.

In Visionen und wohl auch sonst stellte man sich den Himmel als den Ort vor, an dem die Heiligen zugegen waren. Zugleich – und auch dafür ließen sich biblische Zeugnisse anführen – lagen die Verstorbenen, ob heilig oder nicht, in ihren Gräbern und warteten auf den Tag des allgemeinen Gerichtes. Daß der Tote im Grab ruht, war die ältere und zumeist stärkere Vorstellung, denn sie bot etwas Lokales und Greifbares. Geborgen fühlte man sich in der Nähe des Schutzherrn; das galt auch dann, wenn er im Grabe lag. Denn der Heilige »ruhte» dort wie ein Lebender, der jederzeit auf Anruf aktiv tätig werden kann. Romuald von Ravenna soll gesehen haben, wie in der dortigen Apollinariskirche der Titelheilige eines Nachts aus der Krypta heraufstieg, in der er begraben war. Angetan mit priesterlichen Gewändern, ein goldenes Rauchfaß in der Hand, inzensierte er die Altäre, «und als er das getan hatte, kehrte er dorthin zurück, wo er hergekommen war»[130]. Wenn Adelheid, die Mutter des Königs Robert, einer Kirche liturgische Gewänder schenkte, waren das Gaben an die Titelheiligen: «Sie machte für den heiligen Bischof Martin eine Kasel ... Ihrem – nach Gott dem Herrn – besten Freund, nämlich dem heiligen Dionysius, schenkte sie eine Kasel von gleicher Art ...»[131]. Zwar trug bei der Messe ein Priester die den Heiligen geschenkten Gewänder, aber sie gehörten zu deren Garderobe.

Verwesung ist ein Fluch der Sünde; der Heilige wird auch daran erkannt, daß man seinen Leichnam bei einer Öffnung des Grabes in gut konserviertem Zustand vorfindet. Darüber hinaus soll seine Begnadung daraus deutlich werden, daß sein Leichnam Wohlgerüche verströmt. Dieses Detail findet man so oft erwähnt, daß es nahezu als fester Bestandteil solcher Berichte gelten kann. Es gibt auch eine Tradition der Darstellung des Vorganges, etwa mit der Schilderung, wie süß dieser Geruch den Umstehenden erschien, und daß sie zur Meinung kamen, es müsse sich dabei um etwas Himmlisches handeln[132]. Auch

---

[130] Petrus Damiani, Vita Romualdi c. 2, ed. TABACCO 17.

[131] Vie de Robert le Pieux ed. BAUTIER-LABORY 82 c. 14.

[132] Den Kontrast gegenüber dem Geruch eines anderen, bloß zehn Tage in der Kirche aufgebahrten Leichnams schildert Odilo von St.-Médard in Soissons, Translatio ss. Sebastiani et Gregorii c. 13, MIGNE PL 132, 592 f. Der «fetor exsecrabilis» des gewöhnlichen Verstorbenen steht dem «aromaticum ... mortalibus insuetum et incognitum» gegenüber, das «non humanae ... compositionis, sed coelestis gratiae» ist.

wenn Heilige in einer Vision erscheinen, kann es sein, daß nach ihrem Verschwinden ein «sehr angenehmer Geruch» zurückbleibt[133]. Damit ist erwiesen, daß es sich um keinen Traum gehandelt hat, und auch nicht um eine Gaukelei der Dämonen. Diese könnten höchstens unangenehme Gerüche hinterlassen, vor allem natürlich Schwefelgestank.

Daß die Leiber der Heiligen keine bloßen Leichname waren, schien eine Grundvoraussetzung für ihre Einbeziehung in die Sphäre menschlicher Aktivitäten. Das galt u. a. für die Rechtssphäre: «Der Heilige, über dessen Reliquien und auf dessen Altar geschworen wurde, war selbst Rechtssubjekt. Er lebte und war rechtsfähig im Sinne des Zivilrechts»[134]. In Rom schenkte oder verpflichtete sich ein Herrscher nicht dem Papst, sondern dem heiligen Petrus, der die Schenkung oder das Versprechen an seinen irdischen Vikar weiterleitete[135]. Daß man Land nicht an einen Bischof oder Abt, ein Kapitel oder einen Konvent übergab, sondern an den Titelheiligen, war von Vorteil für beide Seiten: «Das Land des Heiligen» (terra sancti N.) stand unter seinem übernatürlichen Schutz, und er mußte dem Schenker gewogen sein. Nirgends findet sich ein Hinweis auf die Schwäche solcher Vorstellungen: Wenn z. B. im einstigen Gallien und besonders in Burgund Petruspatrozinien häufig waren[136], hätten sie eigentlich dem «patrimonium Petri» zugerechnet werden sollen, das der Papst verwaltete. Und wie war es mit den Doppelpatrozinien bestellt? Fromme Laien dachten nicht an solche Probleme, und der Klerus blieb bei der Verwaltung der Güter stets realistisch. Eine Schwierigkeit mag eher darin bestanden haben, Patrozinien populär zu machen, für die man keine Reliquien hatte. Da halfen die Nebenpatrozinien aus, meist von «kleineren» Heiligen, deren Überreste vorhanden waren.

Daß der Heilige die an ihn geschenkten Güter beschützen mußte, haben wir schon kennengelernt[137]. Deren Schicksal ging den himmlischen Patron einer

---

[133] So etwa in der Vita des Bischofs Radbod von Utrecht († 917), MIGNE PL 132, 546 c. 13 (nicht in der Teilausgabe MGH SS 15).

[134] Hans HATTENHAUER, Das Recht der Heiligen (Schriften zur Rechtsgesch. 12, 1976) 69.

[135] Vgl. etwa das Pactum Ottonianum, DO. I. 235.

[136] Beispiele bei André DÉLÉAGE, La vie rurale en Bourgogne jusqu'au début du onzième siècle (Mâcon 1941) 1, 197 f. Über sehr alte, anfangs wohl noch reliquienlose Kirchen mit Petrus- (und Paulus-)Patrozinien in Gallien vgl. Eugen EWIG, Spätantikes und fränkisches Gallien 2 (Beihefte d. Francia 3/2, 1979) 260 ff. (Kathedralpatrozinien), 318 ff. (Klöster). Reliquien der Apostelfürsten waren allzumeist «Berührungsreliquien».

[137] Oben 321 mit Anm. 139. Im Streit mit dem Bischof von Orléans mobilisierte der

Bischofsstadt an und jeder Belagerer hatte mit dieser Tatsache zu rechnen. Wahrscheinlich wäre im Jahre 955 Poitiers durch Hugo d. Gr. eingenommen worden, hätte nicht ein Sturm arge Schäden in seinem Lager angerichtet. Man glaubte, der heilige Hilarius habe auf diese Weise seinen Zorn bekundet; die Belagerung wurde aufgehoben[138]. Oft hat man die Reliquiare der belagerten Stadt auf oder an die Mauern getragen und mit ihnen eine Art Zauberkreis gezogen, den die Feinde nicht überwinden sollten. Schon im Jahre 885 geschah das bei der Belagerung von Paris durch die Normannen. Daß man die Rettung der Stadt den Heiligen Germanus und Genoveva zuschrieb, konnte nicht anders sein. Schon vorher soll ein Normannenführer seinem König berichtet haben, bei den Franken seien Tote tüchtiger als die Lebenden[139]. Er spielte damit auf den Stadtpatron an, der ihn mit dem Stock geprügelt haben soll. Prügelnde Heilige waren auch sonst nicht ungewöhnlich[140].

Der Heilige war der Herr und pflegte sich nach Herrenart zu betragen. Im Gegensatz zum irdischen Herrentum konnte er den Schuldigen auch mit plötzlichem Tod bestrafen. Zu allen Zeiten haftetete den Überirdischen eine gewisse Unberechenbarkeit an, und wer sie sah, riskierte es, sehr bald zu sterben. So nahte man dem Heiligen mit Furcht, hat aber den nötigen Respekt dann fehlen lassen, wenn er seine Pflicht gegenüber den Gläubigen nicht erfüllte. Als ein Handwerker bei Arbeiten am Turm des Marienklosters von Cambrai abstürzte, schnaubten seine Genossen vor Zorn gegen die Kirchen-

---

Abt von Fleury eine Reliquienprozession; auf die Frage, was das zu bedeuten habe, kam die Antwort «sanctum ... Benedictum ad suburbana Aurelianensium ob suarum defensionem transire vinearum». Aimoin von Fleury, De miraculis s. Benedicti I, 19 (33), MIGNE PL 139, 823 f.

[138] LOT, Derniers Carolingiens 14 gibt rationale Begründungen: «la mauvaise saison approchait», was damals im August aber wohl noch nicht dringlich war.

[139] Albert D'HAENENS, Les invasions normandes, une catastrophe? (Questions d'histoire 16, Paris 1970) 69, 60. Miracula s. Germani c. 30, MGH SS 15/1, 16 c. 30 (auch zum Folgenden).

[140] Nach Regino schlug ein Heiliger namens Maurilius († 427; nicht Mauritus) den Bretonenherrscher Nominoe mit dem Bischofsstab, worauf dieser starb. Regino ed. KURZE 80 (zu 862). Selbst die Karolingerdynastie blieb von derlei nicht verschont; nach Flodoard Historia eccl. Remensis I, 20, MGH SS 13, 435 prügelte der heilige Remigius wegen einer Grundstücksangelegenheit Pippin, den Vater Karls d. Gr., so sehr, daß man die Spuren an seinem Körper sah. Geprügelt konnten auch Geistliche werden: Ein Bischof von Lyon, der die Translation des heiligen Sebastian bezweifelt hatte; weiters ein Priester, der den Auftrag nicht erfüllt hatte, für die Erhebung der Gebeine des hl. Ionatus zu sorgen. Odilo, Translatio s. Sebastiani c. 37, MGH SS 15/1, 386. De s. Jonato lectio IV c. 22, MIGNE PL 132, 902.

patronin und sagten: «Warum sollen wir ihr Gefolgschaft (obsequium) leisten, wenn sie ihren Diener abstürzen läßt?»[141]

Wenn schon «kleine Leute» so redeten, konnte es mit den Großen im Falle getäuschten Vertrauens nicht anders sein. Als Fulco Nerra von Anjou im Jahre 1025 die Stadt Saumur einnahm und verbrannte, rief er dem dortigen Heiligen zu: «Heiliger Florentius, laß dich verbrennen, ich werde dir in Angers ein besseres Wohnhaus bauen.» Als aber die Reliquien des Heiligen dorthin gebracht werden sollten, machte der Transport die Loire flußabwärts unerwartete Schwierigkeiten. Worauf Fulco den Heiligen einen unfrommen Bauerntölpel nannte, der nicht in die große Stadt kommen wolle, und die Reliquien wieder nach Saumur zurückschaffte[142].

Durch eine Beschimpfung wird das Ansehen des Beschimpften in Frage gestellt; der Heilige kann durch sie angespornt werden, das Gewünschte zu tun. Es gab aber auch eine «Erniedrigung der Heiligen» im wörtlichen Sinn, bei der man die Reliquiare unter Gebeten auf die Erde stellte[143]. Das konnte tatsächlich eine wirksame Waffe sein: Als der Vogt eines Klosters in Noyon dessen «villa» so bedrückte, daß die Leute von dort wegziehen wollten, kam er nicht nur in den bischöflichen Bann, sondern er wurde auch von den Mönchen verflucht; «ja sie nahmen sogar die Körper der Heiligen von ihren Sitzen (den Altären) und stellten sie herab auf die Erde.» Dadurch erschreckt (perterritus), gab der Vogt nach und es kam zu einem Ausgleich[144].

So war der Heilige im Denken der Zeit eine aktiv handelnde, mit menschlichen Zügen ausgestattete und doch übernatürliche Persönlichkeit. Die Bindung an ihn war stark wegen der Kraft, die er zu Heil oder Unheil der Menschen im Diesseits und im Jenseits einsetzen konnte. Auf die Frage, wem er unterstehe, hätte ein Bauer damals kaum den «Grundherrn» oder den König in erster Linie genannt, sondern den oder die Heiligen, denn sie bestimmten am stärksten sein Schicksal. Daneben darf man eine andere Komponente der Reliquienverehrung nicht vergessen, die man als ihre «Entpersönlichung» oder

---

141 Gesta episcoporum Cameracensium II, 1, MGH SS 7, 455.

142 Pfister, Robert le Pieux (oben 19 Anm. 36) 244, nach einer Historia monasterii s. Florentii Salmurensis.

143 Liber tramitis ed. Dinter 245 c. 174. Patrick Geary, L'humiliation des saints. Annales E. S. C. 1979, 27 ff. Über eine Züchtigung des Altars bzw. der in ihm deponierten Reliquien vgl. Geary, La coercition des saints dans la pratique religieuse médiévale. In: La culture populaire au moyen âge (Montreal 1979) 153 ff. Zur Motivation eines derartigen Vorgehens vgl. auch Fichtenau, Zum Reliquienwesen des früheren Mittelalters. In: Fichtenau, Beiträge zur Mediävistik 1 (1975) 118.

144 Flach, Origines 2 (oben S. 2 Anm. 3) 117 f. mit Anm. 1.

Verdinglichung bezeichnen könnte. Der Leichnam eines Heiligen oder auch ein kleiner Teil davon repräsentierte den himmlischen Patron und «war» dieser selbst; anderseits blieben Reliquien Sachen, die sich durch besondere Wirkungen auszeichneten. Sie vertraten nicht bloß den Heiligen, sie konnten ihn in manchem ersetzen. Wo das persönliche Moment zurücktrat, hat man oft die Wirkkraft von Reliquien durch ihre Anhäufung zu steigern gesucht.

«So soll mir Gott helfen und diese heiligen Reliquien!» Als König Karl III. «der Einfältige» am Rhein seinen Schwur an den deutschen König Heinrich I. leistete[145], ging es um eine Bekräftigung und nicht um die Anrufung der Hilfe eines Heiligen. Man hätte dazu auch die Evangelien benützen können. Wahrscheinlich war eine Mehrzahl transportabler Reliquiare zur Stelle. Der Gedanke, daß die Vielzahl der Reliquien ihre Wirkung und das Ansehen der Kirche erhöhte, in der sie verwahrt wurden, läßt sich vielfach belegen. Dabei konnte es sich natürlich allzumeist nur um Teil- oder Berührungsreliquien handeln. Für die acht Altäre des Bamberger Doms waren z. B. nicht bloß acht Reliquien, sondern 132 zur Stelle: ein Stück der Petersketten, Blut des heiligen Paulus, ein Teil vom Schweißtuch des Herrn, das Haupt des heiligen Damian sowie ganze Gerippe oder einzelne Knochen vieler anderer[146].

So war der Bamberger Dom eine Art Reliquienmuseum, und nicht nur er. Wie schon in der Karolingerzeit, dann besonders im Spätmittelalter und bis tief in die Neuzeit hinein waren Reliquien ein beliebter Gegenstand des Sammlertums hochgestellter Funktionäre, und man war darauf bedacht, besonders seltene und für Besucher eindrucksvolle Stücke zu erwerben[147]. Ähnlich wie dann in St. Michael in Hildesheim wurden in die Kapitelle des Magdeburger Domes – so berichtet Thietmar von Merseburg[148] – Reliquien eingeschlossen. Derlei erhöhte sicherlich Ruhm und Ansehen einer Kirche und die Sakralität ihres Innenraumes. Es war etwas anderes, ob er einige Altäre mit Reliquien umschloß, oder ob diese in einer Vielzahl über den Gläubigen schwebten und gleichsam auf sie herabstrahlten. Vielleicht wird der Mensch unserer Tage am

---

145 MGH Constitutiones 1, 1 Nr. 1 § 2.

146 Monumenta Bambergensia ed. Ph. Jaffé (Bibliotheca rerum Germanicarum 5, 1869) 479 ff. Nr. 3.

147 So sollte z. B. eine neue Kirche auf der Reichenau «aliquo raro sanctarum reliquiarum ornatu» geschmückt werden, wozu der Abt Bern brieflich ein Stück erbat. Die Briefe ... (oben 64 Anm. 74) 39 Nr. 12.

148 II, 17 (11), ed. Holtzmann 58. Vgl. Harald Keller, Reliquien, in Architekturteilen beigesetzt. In: Beiträge zur Kunst des Mittelalters, Festschrift H. Wentzke (1975) 105 ff., auch über die Hildesheimer Kapitelle.

leichtesten den damaligen Vorstellungen nahekommen, wenn er die uns vertrauten kernphysikalischen Prozesse als Analogie heranzieht. In geringer Dosis konnten solche Strahlen Heilkraft entfalten; das soll z. B. von dem Boden gegolten haben, auf dem der Körper eines Heiligen bei einer Überführung seiner Gebeine vorübergehend geruht hatte[149]. Ein zu starkes Ausmaß solcher Kräfte konnte aber auch den Tod bringen[150].

Meistens mischte sich die persönliche und die unpersönliche Komponente von Heiligenkult und Reliquienverehrung im Denken und Handeln der Gläubigen. Wer einen Talisman trug, vertraute auf den Heiligen als Schutzherrn und auf die apotropäische Kraft der hierin eingeschlossenen Reliquie. Als die fromme Geliebte des Grafen Lantbert von Lüttich erfuhr, daß er in die Schlacht ziehen mußte, band sie an die Spange, die sein Hemd zusammenhielt, kostbare Reliquien, «damit er durch deren Verdienste (per earum merita) heil die Gefahren des Kampfes überstehe». Er war tatsächlich so lange unverwundbar, bis sich in der Hitze des Gefechtes die Reliquien lösten, die in ein weißes Tüchlein eingeschlagen waren. «Sofort verlor der Graf seine Kraft» (viribus destitutus), er wurde verwundet und erlag seinen Verletzungen[151]. Natürlich handelt es sich um eine abgekürzte Ausdrucksweise, denn nur Heilige können Verdienste haben und durch sie anderen Menschen helfen. Immerhin trat die Wirkung sozusagen automatisch ein, und sie hörte ebenso automatisch wieder auf, als das Päckchen zur Erde fiel. Kein Heiliger wird genannt, dessen Kraft die zeitweise Unverwundbarkeit zuzuschreiben war. Man kann sich die Verwirrung vorstellen, die den Grafen befiel, als er seinen Talisman verlor – eine solche Schrecksekunde konnte genügen, ihm den Tod zu bringen.

Vor allem waren Reliquien Anziehungspunkte für Gläubige und wurden damit zu einem Faktor wirtschaftlicher Prosperität. Etwa seit dem Ende des 7. Jahrhunderts nahm die Teilung von Körperreliquien sehr zu; man nannte

---

[149] Letald von St.-Mesmin in Micy, Delatio corporis s. Juliani c. 3 (um 938), MIGNE PL 137, 825 f.

[150] Ein Bischof sieht der Übertragung von Gebeinen eines Heiligen nur aus der Ferne zu und wagt nicht, näherzukommen. Er hat richtig gehandelt, denn die Leute, die in seinem Auftrag Hand angelegt haben, sterben binnen Jahresfrist. Anonymus Haserensis c. 4, MGH SS 7, 255. Hier handelt es sich nicht um das persönliche Wirken des Heiligen – er könnte nicht Unschuldige bestrafen –, sondern um eine automatisch wirksame Kraft. Dafür gibt es viele Beispiele. So meinte z. B. Odo von Cluny von einem Stück des Kreuzesholzes Christi, «ut ... si quis illud equitando portet, equus in brevi moriatur». Das soll durch die «virtus» der Kreuzpartikel tatsächlich eingetroffen sein. Vita Geraldi comitis IV, 8, MIGNE PL 133, 700.

[151] Gesta episcoporum Cameracensium III, 12, MGH SS 7, 469.

auch kleinste Partikel «den Körper» des Heiligen und glaubte, daß hier seine ganze Kraft zugegen sei[152]. Auf dieser Basis vermehrten sich ständig die Kultorte und wurden zur Einnahmequelle. Flodoard erzählt, daß Reimser Kanoniker durch eine Hungersnot gezwungen wurden, auf ein ihnen gehöriges Gut am Rhein zu übersiedeln. Sie hatten Reliquien mitgebracht und bald begannen die Leute aus der Umgebung des Landgutes dorthin zu pilgern, wobei sie Geschenke mitbrachten. Der Abt von Bonn erhob gegen diese Praktiken Einspruch beim Kölner Erzbischof[153], wahrscheinlich deshalb, weil auf diese Weise Spenden von seinem eigenen Haus abgezogen wurden. Leicht konnte sich hier ein Wallfahrtsort mit Wunderheilungen entwickeln, wie dies so oft auch in kleinsten Kommunitäten der Fall war. Als man z. B. in der Prioratskirche von Juziers im Vexin behauptete, Barthaare des Apostels Petrus zu besitzen, sollen dort über 170 Blinde und Lahme geheilt worden sein, und weiter sämtliche Besessenen, die man dorthin brachte[154]. Sicherlich waren nicht alle von ihnen arm und so werden die Heilungen dem Priorat sehr zum Nutzen gewesen sein.

Neben kleinen ländlichen Wallfahrten von Gesunden und Kranken konnten ebenso schnell große Pilgerzentren mit übernationaler Bedeutung entstehen. Der Erzbischof von Sens behauptete, in der dortigen Stephanskirche seien «die Insignien alter Heiligtümer» gefunden worden, darunter ein Teil der Rute, mit der Moses Wasser aus dem Felsen schlug. Hier war es leicht, den «Entdeckungen» weite Publizität zu geben. Bald kamen Pilger nicht nur aus Frankreich, sondern auch aus Italien und England. Die Stadt Sens wurde dadurch sehr reich[155].

Reliquienschwindel und Reliquiendiebstahl[156] führten zu keiner grundsätzlichen Abwendung von diesem Gebiet religiöser Devotion. Öfters hat man, wie dies auch der oben erwähnte Abt von Bonn tat, die Echtheit von Reliquien bestritten. Sehr ungehalten sagte ein Vasall des oberitalienischen Grafen Samson, als zum Protest gegen seine Haltung in einer Besitzfrage der Abt von Bobbio «die Heiligen» seines Klosters an den Königshof von Pavia sandte (um 930): Das seien alles Pferde- und Eselsknochen[157]. Materielle Interessen konnten die Gläubigkeit stark mindern. Die Wunderheilungen als solche hat

---

[152] Heinzelmann, Translationsberichte (oben 77 Anm. 14) 20 f., 95.

[153] Flodoard, Historia Remensis ecclesiae IV, 41, MGH SS 13, 592.

[154] Flodoard, Annales ed. Lauer 11 (zu 922).

[155] Rodulfus Glaber, Hist. III, 6, ed. Prou 68 f. § 19.

[156] Zusammenfassend darüber Patrick J. Geary, Furta sacra (Princeton 1978).

[157] Miracula s. Columbani, MGH SS 30/2, 1008 c. 22, zitiert durch H. Keller, Adelsherrschaft (oben 46 Anm. 169) 338.

man kaum angezweifelt, fallweise jedoch bösen Geistern zugeschrieben, die damit Menschen in Versuchung führen[158].

Auf einer höheren intellektuellen Ebene haben Geistliche versucht, in vorsichtiger Form den Blick der Gläubigen auf Wesentliches zu lenken. Nicht der Heilige wirkt Wunder, sondern Gott, der sich dazu eines Menschen bedienen kann[159]. Der Altar ist der Ort, an dem sich das Mysterium der Wandlung von Christi Leib und Blut vollzieht; kein Heiliger hat da etwas zu suchen, d. h. die Reliquiare sollten von dort verschwinden[160]. Wunder waren nötig für die Ungläubigen zur Zeit der Urkirche; welche Notwendigkeit besteht für sie jetzt, da es kein Volk, keinen Berg, kein Tal, ja nicht einmal eine entfernte Insel gibt, wo der Glaube an Christus nicht verbreitet ist[161]? Vom heiligen Johannes dem Täufer sagte Christus, es gebe keinen Größeren unter den Menschen als ihn; und doch liest man von Johannes keine Wunder. Ein Heiliger, der ein «wunderbares» Leben führt, ist nicht weniger zu verehren als ein Wundertäter[162].

Solche Aussprüche haben wenig bewirkt. Im Zentrum des Volksglaubens standen nun einmal die Heiligen und ihre Wunder, nicht Christus und ein vorbildliches Menschentum. Gleichsam den Normalfall dieser Art von Frömmigkeit zeigen die Klagen über einen Brand der Martinsbasilika von Tours. Einige, so heißt es, wurden damals schwankend im Glauben – es war nicht der Gottesglaube, sondern jener an den Heiligen: Früher habe dieser viele Wunder getan, und jetzt versage er[163]. Es mag entschuldbar sein, daß der Klerus so oft den Glauben der Volksmenge unterstützte, statt jene Vorsicht zu predigen, die

---

[158] Rodulfus Glaber IV, 3 (6), ed. Prou 96 f., mit einer kritischen Anmerkung über die Volksfrömmigkeit: «Mox quoque vulgus, ut se in talibus habere solet . . . totum ad hanc famam confluit; penitet insuper si non est sibi morbus, quo curari deposcat.» Erhöhte eine wunderbare Heilung das Ansehen bei den Nachbarn?

[159] Letald von St.-Mesmin, Vita Juliani, Migne PL 137, 782 (Widmungsbrief c. 2).

[160] Odo von Cluny, Collationes II, 28, Migne PL 133, 573 berichtet von einer Kirche, in der die heilige Walpurg Wunder tat. Als man ihre Reliquien auf den Altar stellte, hörten die Wunder auf und die Heilige erschien einem Kranken, um ihm zu sagen: «Idcirco non sanamini, quia reliquiae meae sunt super altare domini, ubi maiestas divini mysterii debet solummodo celebrari.» Zitiert von Geary, Furta sacra 28 f.

[161] Alpert von St. Symphorian in Metz, De diversitate temporum I, 15, MGH SS 4, 708. Vgl. 1 Cor. 14, 22.

[162] Petrus Damiani, Vita s. Romualdi, Prolog, ed. Tabacco 11.

[163] Odo v. Cluny, Sermo IV de combustione basilicae b. Martini, Migne PL 133, 730, 745.

schon bei den Kirchenvätern zum Aussdruck kommt[164]. Wo es sich dabei um irdische Interessen handelte, müssen es nicht immer materielle gewesen sein. In der Bevölkerung herrschte ebenso wie in ihrem Klerus sehr oft ein Lokalpatriotismus, der das Eigene höher als alles Fremde stellte, so auch dem eigenen Schutzpatron gegenüber den anderen Heiligen eine Vorzugsstellung sichern wollte. Man freute sich z. B. sehr, daß der heilige Remigius in Reims ein Mädchen heilte, das vergebens eine Wallfahrt zum Petersgrab in Rom unternommen hatte[165]. Es gibt viele Geschichten mit ähnlicher Tendenz[166].

Volkstümliche Vorstellungen hat es auch in Klerus und Nobilität gegeben, vor allem natürlich bei Weltlichen bis hinauf zu den Königen. Auf Befehl des Königs Boso wurde in Vienne zwischen den Jahren 879 und 887 ein vollplastisches Bild des heiligen Mauritius angefertigt, das in seinem Inneren Reliquien dieses Heiligen barg[167]. Es dürfte nicht das älteste «anthropomorphe Reliquiar» gewesen sein; auch die bis heute erhaltene berühmte Statue der heiligen Fides (Ste. Foy) von Conques dürfte in ihren ältesten Bestandteilen auf diese Zeit zurückgehen. In jenen Teilen des karolingischen Westreiches, die am wenigsten unter den Invasionen gelitten hatten, gab es derartige Statuen, für die um einen Holzkörper Gold- oder Silberblech gelegt wurde; im Falle der Ste. Foy hat man sogar die Goldmaske eines spätantiken Imperators verwendet, um ihr ein Gesicht zu geben[168]. Im zehnten Jahrhundert griff diese Bildmode auch nach Fulda (um 979) und Essen (um 1000) über, und auch nach Südengland.

Der Eindruck solcher Prunkstatuen mit ihrem kostbaren Inhalt war groß

---

164 Eberhard Demm, Zur Rolle des Wunders in der Heiligkeitskonzeption des Mittelalters. Archiv f. Kulturgeschichte 57 (1975) 304 f.

165 Flodoard, Historia Remensis ecclesiae II, 12, MGH SS 13, 423.

166 Zum Teil hängt dies auch mit der «Spezialisierung» von Heiligen zusammen. In der Vita Verenae c. 8 f., Acta SS. Boll., Sept. I, 169 betet eine Frau zur heiligen Odilia um Kinder; dreimal wird die Bitte erhört, immer kommen Mädchen zur Welt. Da erbarmt sich die Heilige der Unglücklichen und sagt ihr: «Quod a me petisti, feci, prout potui. Sed si vis habere filios, pete sanctam venerandamque virginem Verenam: ipsa enim, non ego, habet gratiam donandi filios et filias . . .».

167 Die folgende Darstellung hauptsächlich nach Jean und Marie Clotilde Hubert, Piété chrétienne ou paganisme? Les statues-reliquiaires de l'Europe carolingienne. In: Cristianizzazione . . . (Spoleto 1980, oben 353 Anm. 31) 1, 235 ff. Vgl. Keller, Vollskulptur (oben Anm. 24) 71 ff. Christian Beutler, Statua (1982) behauptet im Gegensatz zu Keller eine Kontinuität der Vollskulpturen seit der karolingischen Renaissance, zusammenfassend a. a. O. 248 ff. Vorsichtig Hubert a. a. O. 246 ff.

168 Abgebildet bei Hubert a. a. O. fig. 7.

und förderte das Pilgerwesen. Vereinzelt blieben die negativen Stimmen, die überliefert sind: Ein arabischer Gesandter, den es nach Fulda verschlug, sprach – wie könnte es anders sein – von einem «silbernen Götzenbild», und der Domscholaster Bernhard von Angers konnte sich mit der Sache anfangs gar nicht befreunden. Er fand, derlei sei ein Aberglaube (superstitiosum), eine Verehrung antiker Götter bzw. Dämonen, eine perverse und dem Christentum völlig konträre Sache[169]. Es wird berichtet, daß die Reliquienbüste des heiligen Mauritius, die König Boso gestiftet hatte, einst «rundum goldene Glöckchen trug»[170]. Sie kamen nur dann zur Wirkung, wenn die Reliquienbüste von ihrem Standort entfernt und herumgetragen wurde. Wir haben bereits gehört, daß etliche dieser «Majestäten» einander in einer kirchlichen Versammlung getroffen haben[171]. Der Weg dahin wurde sicherlich dazu benützt, die Heiligen dem Volk vor Augen zu führen. Man war seit je daran gewöhnt, daß Reliquiare in einer Prozession erschienen; es war eine Art Herrscher-«adventus» von hoher Feierlichkeit[172]. Von den Schellen an cluniazensischen Prozessionsfahnen werden sich die Glöckchen der Mauritiusstatue durch ihren feinen Klang vorteilhaft unterschieden haben. Hier konnte man Gold, das herrscherliche Metall, sowohl sehen wie auch hören.

In der Gotik wurden die massiven Reliquiare unmodern, man ersetzte sie durch solche, in denen man die Reliquien betrachten konnte. Neben ihnen steht schon die Monstranz, die den Leib des Herrn in die Schaudevotion einbezieht. Der vermenschlichte, kindliche oder leidende Christus rückte in jene Nähe der Gläubigen, die sie brauchten, um mit Überirdischem wirklichen Kontakt zu haben.

Man kann über den Heiligenkult mit seinen Auswüchsen denken wie man will – er erfüllte in Zeiten einer sehr oberflächlichen Christianisierung eine bedeutende Funktion. Hätte es nur Gott im Himmel, und auf Erden neben den Menschen den Teufel gegeben, wäre das harte Leben von damals noch weitaus härter gewesen. Was man brauchte, war die helfende Nähe der Heiligen. Gerne vertraute man lokalen Patronen, die der kleinen Welt bäuerlicher Existenz gleichsam selbst zugehörten.

---

[169] Keller a. a. O. 87, Hubert a. a. O. 236.

[170] Zuletzt zitiert von Hubert a. a. O. 261 Anm. 55. Über Glöckchen und Schellen als Dämonenabwehr vgl. oben 421.

[171] Oben 405 mit Anm. 24.

[172] Hier ist auch an die Palmsonntagprozession zu denken. In der Diskussion um die kirchliche Vollplastik des 9. und 10. Jahrhunderts wurde das Zeugnis von Gerhard, Vita Oudalrici c. 4 nicht beachtet: Die Geistlichkeit zog mit «dem Bild des auf einem Esel sitzenden Herrn» aus, ein Brauch, der sich in Bayern z. T. bis in unsere Tage erhalten hat. Es handelt sich – wohl seit je – um eine Statue ohne Reliquieninhalt. MGH SS 4, 391 Z. 28.

II.

Bäuerliche Existenz

Wie die bäuerliche Bevölkerung ihr Dasein verbrachte, davon hat man in den lateinischen Quellen dieser Zeit nur selten Notiz genommen. Aus Abbildungen kennen wir den Mann, der im Hemd und barfuß auf dem Acker steht und ihn bearbeitet. Was tat er im Winter? Da trat die Hacke an die Stelle von Harke und Pflug, denn es gab viel Holzarbeit zu leisten: Man brauchte immer wieder Brennstoff, Zäune waren zu erneuern, vielleicht mußte das Dach der Holzhütte repariert werden, in der das Vieh untergebracht war, oder es gab in der Wohnhütte ähnliche Arbeiten. Diese Wohnung bestand aus einem einzigen Raum oder doch Wohnraum[1], fensterlos, mit hohem Dach, in den eine überdachte Öffnung etwas Licht einließ und den Rauch der offenen Feuerstelle nach außen ableiten sollte. Daß dies nicht ganz gelang, dafür sprechen die Gegebenheiten in der alpenländischen «Rauchkuchl» der Neuzeit und eigentlich besagt es schon ihr Name. Aus dem Gedicht vom «Unibos», dem armen Bauern, der nur ein einziges Rind sein eigen nannte, erfahren wir, daß er in einem «raucherfüllten Haus» lebte[2]. Im Lauf der Erzählung verkriecht sich ihr Held in das Stroh, das hier aufgeschüttet liegt[3]. Wahrscheinlich pflegte er dort zu schlafen, denn Betten brauchten Bettzeug, und das konnte er nicht in seinem Haushalt herstellen.

Auf dem Herrenhof und den Gutshöfen betrieb man die Textilienerzeugung, es gab dort aber kaum mehr Komfort für das Dienstpersonal. Am besten scheint es schon in karolingischer Zeit auf königlichen Domänen und kirchlichen Großherrschaften versorgt worden zu sein: In Annappes baute man 17 Häuschen

---

[1] Einige Ausgrabungen sprechen dafür, daß vom Innenraum des Häuschens eine oder zwei Kammern abgeteilt waren, anscheinend lichtlos und für Vorräte bestimmt. Für den Bereich von Prüm ist es «unsicher, ob die Unterteilung des Innenraumes schon die Regel war». KUCHENBUCH, Prüm (oben 115 Anm. 11) 62. Einen großen Nachteil für die Beurteilung solcher Fragen stellt das Fehlen von Ausgrabungen in Frankreich dar; die meisten Funde stammen aus England, Skandinavien und Norddeutschland bzw. Nordholland. HORN u. BORN (oben 102 Anm. 143) 2, 77. Vgl. die Abbildungen ebenda 74.

[2] Karl LANGOSCH, Waltharius, Unibos, Märchenepen (3. Aufl. 1967) 256 Str. 24.

[3] «... qui quaeritur sub stipulis». A. a. O. 292 Str. 162.

«innerhalb des Hofes, mit ebensovielen Gemächern (cameris) und gut instande gehaltenen Nebenräumen» (appendiciis)[4]. In Centula (St.-Riquier) gab es neben dem «Dorf» der Handwerker ein solches für die allgemeine Dienerschaft[5]. Diese Art der Unterbringung war kostspielig und man hatte die Leute nicht immer zur Hand. Im 10. Jahrhundert gab es Häuschen von Knechten im engeren Klosterbereich, viel häufiger war jedoch das Massenquartier[6]. Auch hier gab es Stroh, das eine Kerze in Flammen setzen konnte, also wohl keine Betten, wie sie Mönche hatten[7].

Was das Material betrifft, so bot sich das Holz wegen seiner leichten Bearbeitung von selbst an. Wenn es an den Rändern des Mittelmeeres schon damals steinerne Bauernhäuser gab, so lag das kaum an größerer Wohlhabenheit, sondern eher am Holzmangel dieser Länder. Holz zu verwenden hatte übrigens einen Vorteil, der immerhin ab und zu genützt wurde: Holzhütten können wandern[8] wie jene im russischen Märchen von Baba Jaga.

Zum Haus gehörten die Haustiere. Sie waren gleichsam ein Teil der Familie, unterstanden der Sorge und dem Schutz des Hausvaters und erhielten manchmal Namen, wie Menschen sie trugen. Es gab eine Art Rangordnung der Gattungen, wahrscheinlich nach dem Wert, den sie verkörperten[9]. Individuelle Züge treten auf, wenigstens in einer etwas gehobenen Sphäre: Im «Ruodlieb» gibt es den intelligenten Hund und die sprechende Dohle[10]; in den Cambridger Liedern ruft sterbend die «treue» Eselin ihre Herrin[11]. Das ist die eine Seite, Folge der engen Symbiose von Mensch und Tieren; die andere, aus heidnischen Zeiten herkommend, kann man in deren Verwendung für Orakel sehen. Zur

---

[4] MGH Capitularia 1, 254 (um 810).

[5] Lesne, Propriété ecclésiastique 6, 419.

[6] Siehe oben S. 172.

[7] Oben 358 mit Anm. 57.

[8] Paolo Delogu, Lucia Travaini, Aspetti degli abitati medievali nella regione sublacense. Archivio della Società Romana di Storia Patria 101 (1978) 23 mit Anm. 19.

[9] Vgl. die Synode von Charroux 989, emendierter Text bei Huberti, Gottesfrieden (oben 319 Anm. 131) 35, mit der Reihenfolge Schaf, (Zug-)Ochse, Esel, Kuh, Ziege, Ziegenbock, Schweine. Daß das Schaf zuoberst steht, erklärt sich wohl aus der Wichtigkeit und vielleicht aus dem Preis der Wolle sowie der Kleinheit der damaligen Rinderrassen.

[10] Ruodlieb X (XIII), 66 ed. Knapp 106 f. ein «Hund als Verräter jeden Diebstahls»; XII (X) 70 ff. die redende Dohle, die gesprochene Befehle ausführt, a. a. O. 120 f. Ed. Ford 77, 85. Sie ist die Tischgenossin der Herrin, oben 90.

[11] Cambridger Lieder ed. Strecker 60 f. Nr. 20. Eine redende Eselin gab es schon im Alten Testament, Num. 22, 28.

Zeit Thietmars gab es bei den Liutizen noch heilige Pferde und Pferdeorakel[12]. Während derlei im 8. Jahrhundert noch unter den verschiedenen Formen des Aberglaubens aufscheint, fehlt es später, war also im fränkischen Gebiet nicht mehr aktuell. Dafür rückten Tiere jetzt in die christliche Sphäre: Das Bauernmädchen Flothilde sah ein «sehr weißes» Pferd, das die Dämonen im Stadtgraben von Reims unter seinen Hufen zermalmte[13]. Nachdem sie in einem ihrer Fieberträume Bewaffneten entronnen war, erblickte sie einen schweifwedelnden weißen Hund, fürchtete sich aber vor ihm und ging weiter[14]. In den Heiligenviten treten vor allem Waldtiere auf, die Eremiten zulaufen[15]. Wo diese leben, herrscht der Friede des Paradieses. Es gibt aber auch andere fromme Männer, die gleichsam ihre Heiligkeit auf das Reittier übertragen, das ihnen zu Diensten ist[16]. Oder eine Heilige macht ein totes Maultier wieder lebendig, das daraufhin vor der Kirche durch Wiehern seinen Dank an Gott kundgibt[17].

Das Pferd spielte zwar in der Phantasie bäuerlicher Kreise, wie wir gesehen haben, eine gewisse Rolle, war für den durchschnittlichen Agrarbetrieb jedoch unerschwinglich. Man hat zu errechnen versucht, wieviele Tagewerke Arbeit oder wieviel Schweine dem Preis eines Pferdes entsprachen und ist zu sehr hohen Zahlen gekommen[18]. Pferde wurden vor allem zum Kriegsdienst gebraucht und sollten dann «feurig» sein, keine müden Ackergäule. Dazu bedurfte es der Fütterung mit Hafer. Dieser konnte nur auf bestimmten Böden mit Erfolg angebaut werden; das waren z. B. in der Picardie Felder, die Angehörigen der Oberschicht gehörten[19]. Von hier aus gesehen mag der hohe Preis verständlich sein. In zweiter Linie waren Pferde Reittiere für Boten und Aufseher der großen Herrschaften, dazu Packtiere für jene, die auf den Märkten im Namen ihres Herrn einkauften oder Waren verkauften. Auch hier spielte

---

[12] Thietmar VI, 24, ed. HOLTZMANN 302 ff. Anton MAYER, Das mantische Pferd in lateinischen Texten des Mittelalters. In: Liber floridus, Festschrift P. LEHMANN (1950) 139 f.

[13] Anhang zu Flodoard, Annales ed. LAUER 174.

[14] A. a. O. 172.

[15] Beispiele bei ZOEPF, Heiligen-Leben (oben 205 Anm. 85) 223 ff.

[16] Ein Beispiel bei A. MAYER, Das mantische Pferd 134 f. (Vita Folquini, MGH SS 15/1, 429).

[17] Liber de miraculis s. Fidis, MIGNE PL 141, 137 c. 2. Im folgenden Kapitel werden drei ähnliche Wunder mit Maultieren erzählt.

[18] Nach DÉLÉAGE, Bourgogne (oben 428 Anm. 136) 1, 187 kostete in der Gegend von Cluny ein Pferd soviel wie 240-600 Tagwerke, in der Picardie nach FOSSIER (oben 115 Anm. 9) soviel wie 120 Schweine. Picardie 1, 234 Anm. 176.

[19] FOSSIER a. a. O. 333.

der Preis der Tiere keine sehr große Rolle. Ein Bauer mußte wohl recht begütert sein, um sich ein Pferd halten zu können. Daß er auf ihm nicht reiten sollte, außer im Herrendienst, war klar.

Es gilt als ausgemacht, daß Pferde damals nicht zur Arbeit auf dem Acker verwendet wurden[20]. Das erscheint unsicher im Licht zweier literarischer Quellen, die merkwürdigerweise beide von Stuten sprechen. Im «Ruodlieb» wird der Rat erteilt, keine trächtige Stute zum Eggen (ad occandum) an den Nachbarn zu verleihen, denn sie könnte ihr Fohlen verlieren[21]. Und in dem Gedicht von dem schlauen Bauern Unibos wird einmal von seiner Stute (equa) gesagt, daß sie das Ackern gewohnt war[22]. Die Sache ist nicht ganz klar, denn zumeist wird von einem «iumentum» gesprochen, was ein Lasttier und vor allem das Maultier bezeichnet[23]. Bis zum Tod seines einzigen Ochsen hatte der Mann mit dem Spitznamen Unibos nur diesen einen hinter den Pflug spannen können[24]. Verwendete man Stuten allgemein nur zur leichten Arbeit des Eggens, und als Zuchttiere?

Im Süden, wo Wiesengründe selten und teuer waren, konnte das Maultier die Funktion des Kriegspferdes übernehmen und war diesem in gebirgigem Gelände sogar überlegen[25]. Esel, Maulesel und Maultiere ersetzten hier vielfach auch die sonstigen Funktionen des Pferdes. Seit dem 6. Jahrhundert gab es in Italien auch Büffel, die besser das Klima der heißen Ebenen an den Küsten Italiens vertrugen als Rinder[26]. Auch hier konnte man aber auf Ochsen als Zugtiere, vor allem für den Pflug, nicht verzichten. Daß sie dafür allzumeist paarweise eingesetzt wurden, hatte seinen Grund in der geringen Leistungskraft dieser Tiere. Das hing auch mit ihrer Kleinheit zusammen, wurden sie

---

20 KUCHENBUCH, Prüm (oben 115 Anm. 11) 72 f.: «Das Pferd erscheint als Reit- und Lasttier, so gut wie nie aber als Zugtier; entsprechende Beobachtungen lassen sich auch an anderen Registern machen.» Für England, dessen Bodenfunde gut erfaßt sind, vgl. Juliet CLUTTON-BROCK in: David M. WILSON, The Archaeology of Anglo-Saxon England (London 1976) 383: «There is no evidence that horses were used for ploughing during Saxon times; this was the prerogative of the ox.»

21 Ruodlieb V, 468 ff., ed. KNAPP 68, FORD 57.

22 Unibos ed. LANGOSCH (siehe oben Anm. 2) Str. 144, S. 286: «Illa (= equa) putans ad aratrum Deduci sibi cognitum . . .».

23 So hat es LANGOSCH zweimal übersetzt: Str. 16 und 20, S. 255, 257.

24 Str. 8, S. 252: «Sequax unius fit bovis, Excoriatis reliquis.» Er war ein «pauper homo», hatte Ochsen zum Pflügen gekauft, verlor sie aber durch einen Schicksalsschlag bis auf den einen. Str. 5, 7 f., a. a. O.

25 BONNASSIE, La Catalogne 1, 296.

26 TOUBERT, Latium (oben S. 2 Anm. 5) 1, 268 f.

doch kaum mehr als einen Meter hoch und noch bis in die Neuzeit hinein kaum schwerer als zur gleichen Zeit die – ebenfalls nicht sehr gut ernährten – Schweine[27]. Während in der Gegend von Cluny vor dem Zweiten Weltkrieg ein Hektar Land zehnmal teurer als ein Rind war, kostete ein gutes Rind in der gleichen Gegend tausend Jahre früher fast soviel wie ein Hektar des damals noch reichlich vorhandenen Bodens[28]. Trotz geringerer Qualität war Großvieh also sehr kostbar angesichts der überaus geringen Kaufkraft der landbebauenden Bevölkerung. Man hat es darum, und wegen des Fehlens einer systematischen Wiesenkultur, auch nicht zur Fleischgewinnung gezüchtet.

Wer es sich leisten konnte, ackerte mit Ochsen und hat vielleicht schon damals vier oder gar sechs vor den Pflug gespannt[29], wo schwere Böden zu bearbeiten waren. Wer keine Ochsen kaufen konnte, und das waren viele, der mußte zur Feldhacke greifen[30] und hat mit ihr natürlich noch geringere Erträge als mit den Pflügen seiner Zeit erzielt. Die uralte, bis in die Steinzeit zurückgehende Arbeitsform des Hackbaues stand weiterhin neben dem Pflugbau und es bestand manchmal die Gefahr, daß dieser in einer Gegend ganz aufgegeben wurde. Nach einer der häufigen Mißernten gab der Bischof Wazo von Lüttich den ärmeren unter seinen Bauern Geld, damit sie der Versuchung widerstanden, ihre Rinder zu verkaufen und damit die Landbestellung zu gefährden[31].

Was den Pflug oder vielmehr die verschiedenen Typen von Pflügen betrifft, sind wir viel weniger unterrichtet, als es wünschenswert wäre. Grundsätzlich

---

27 Albrecht Timm, Die Waldnutzung in Nordwestdeutschland im Spiegel der Weistümer (1960) 50 Anm. 1.

28 Déléage, Bourgogne 1, 189. Man hat für Norditalien ein Ansteigen der Bodenpreise in der zweiten Hälfte des 10. Jahrhunderts festgestellt, das sich im elften fortsetzte. Für Bergamo und Mailand vgl. Jarnut, Bergamo (oben 296 Anm. 20) 232, 236. Das betraf aber eher die Stadtgebiete als das flache Land und hing mit dem besonders starken Aufschwung dieses Gebietes zusammen.

29 So geschah es in der Gegend von Cluny im 12. Jahrhundert; aus früherer Zeit fehlen Nachrichten über diese Sache. Déléage, Bourgogne 1, 152.

30 Déléage a. a. O. 151 f. Fossier, Picardie 1, 233 f., der aus dem Mangel an Viehzucht die hohen Viehpreise ableitet. Umgekehrt konnten nur große Herren oder Klöster Viehzucht treiben, d. h. Kühe füttern, die zur Arbeit nichts taugten. Anders war das in den Grünlandgebieten, unten Anm. 55.

31 André Vauchez, La pauvreté dans les textes hagiographiques, in: Etudes sur l'histoire de la pauvreté 1 (oben 61 Anm. 61) 155, nach Anselm von Lüttich, Gesta episcoporum Traiectensium et Leodiensium c. 53, MGH SS 7, 221: Ohne die wöchentlichen Zahlungen des Bischofs hätten die «mansionarii» betteln oder «cum omni domo» elend zugrundegehen müssen.

hat man zwei Typen zu unterscheiden, den Schälpflug, der sozusagen die Erde nur ritzt und sich für leichte Böden eignet, und den schweren Pflug, am besten auf Rädern. Er hat drei verschiedene Teile, die auf den Boden einwirken: Ein senkrecht stehendes Messer (Sech), die waagrecht schneidende Pflugschar, und das Streichblech, das die herausgelöste Scholle zur Seite schiebt. Hier bedarf es großer Kraft, doch wird so auch ein schwerer Boden zum Ackerland. Es bleibt noch die Aufgabe, die Scholle zu wenden; ihr dient ein Kippen des Schälpfluges, besser aber die asymmetrische Bauart des schweren Pfluges[32].

Das eigentliche Problem lag nicht in der Erfindung oder Verbesserung des technischen Geräts, sondern in den Voraussetzungen seiner Anfertigung und Verwendung. Für den schweren Pflug auf schweren Böden brauchte man mehr als zwei Ochsen; man brauchte hier aber noch nötiger als beim primitiven Schälpflug Eisen, und zwar gleich in drei Stücken. Und daran mangelte es sehr[33]. Ähnlich scheint es z. B. mit den Hufeisen gewesen zu sein. Vielleicht ist es kein Zufall, daß der anscheinend älteste Beleg für sie aus dem Waltharilied stammt[34], also aus der Sphäre der Oberschicht, die sich das leisten konnte. Denn für die allermeisten Menschen hatte die Eisenzeit noch nicht begonnen.

Man sollte nicht aus dem Schweigen der Quellen allzu sichere Aussagen ableiten; immerhin ist es kaum ein Zufall, daß aus der gesamten Zeit vom Beginn des 10. Jahrhunderts bis etwa 1060 für den ganzen europäischen Raum bloß fünf Urkunden, zwei Chroniken und ein Einkünfteverzeichnis aufgetrie-

---

[32] Lynn WHITE jr., Medieval Technology and Social Change (Oxford 1962, Reprints 1963, 1965) 41 ff., deutsch: Die mittelalterliche Technik und der Wandel der Gesellschaft (1968) 42 ff. Seither erschien: Bertrand GILLE, Recherches sur les instruments du labour au moyen âge. Bibliothèque de l'Ecole des Chartes 120 (1963) 5 ff., eine außerordentlich gewissenhafte Arbeit, die Wege weiterer Forschung auf diesem Gebiet zeigt, aber sehr zur Vorsicht mahnt: «On voit ... combien notre documentation est faible et fragile et n'autorise que des conclusions à la fois vagues et souvent sujettes à caution.»

[33] Das hat Pierre RICHÉ richtig gesehen, der (Vie quotidienne, oben 356 Anm. 44, 162) auf eine Stelle bei Ermoldus Nigellus verweist: Man solle die dänischen Götzenbilder einschmelzen und daraus Wendepflüge machen.

[34] WHITE, Technik 55 setzt das Lied ins letzte Jahrzehnt des 9. Jahrhunderts. Eher ist es um 930 in St. Gallen durch Ekkehard I. († 973) geschrieben worden. LANGOSCH, Waltharius (oben Anm. 2) 364. Whites zweiter Beleg betrifft eine Dame aus Burgund, die mit Dienern nach Augsburg zum Grab des heiligen Udalrich († 973) reist. Zu ihrem Gefolge gehört ein Almosenier (elemosynarius), dessen Pferd Hufeisen erhalten soll, «sicut mos est pergentibus». Jedenfalls begab sich auch diese Sache in Kreisen, bei denen Geld kaum eine Rolle spielte. Gerhard, Miracula s. Oudalrici, MGH SS 4, 424 c. 29.

ben werden konnten, die Hinweise auf Eisenproduktion enthalten[35]. Aber auch Eisenwaren werden im landwirtschaftlichen Umkreis selten bezeugt. Berühmt ist aus dem frühen 9. Jahrhundert das Inventar des königlichen «fiscus» Annappes, der rund 2500 Hektoliter Feldfrüchte lieferte. Dort standen an Metallwerkzeugen zur Verfügung: Ein Beil, zwei Äxte, zwei Schaufeln, zwei Sensen und zwei Sicheln[36]. Alle anderen Werkzeuge waren aus Holz. Auch der ältere, aus dem Hakenpflug entwickelte Schälpflug war ein derartiges Holzwerkzeug, eventuell mit einem blechernen Mantel verstärkt. Diese Situation müssen wir bedenken, wenn wir von extrem niedrigen Ernteerträgen hören. Wir können auch ermessen, wie teuer schon damals das Kriegführen kam, wenn jede Pfeilspitze ein Wertgegenstand war, und noch am Ende des 11. Jahrhunderts ein Pferd mit Hufbeschlag doppelt so hoch eingeschätzt wurde wie ein unbeschlagenes[37].

Im Zeitalter der Massenproduktion von Eisen und Eisenwaren kann man nicht mehr verstehen, warum das Finden eines Hufeisens einstmals ein Glücksfall gewesen ist. Man kann sich aber auch nur schwer vorstellen, wie einst das Eisen gewonnen und bearbeitet wurde. In sächsischen Königspfalzen wurde ein einziges Grubenhaus, von 3,8 zu 4,1 Metern Seitenlänge, gefunden, in dem Überreste schmiedbaren Eisens (Luppe) auf einen Schmied im Königsdienst aus der Zeit der Jahrtausendwende deuten[38]. Einem solchen Kleinstbetrieb des verarbeitenden Gewerbes entspricht die damalige «Eisenhütte» mit einem Schmelzöfchen von höchstens 40 cm Durchmesser: Bei größeren Öfen konnte man die Belüftungsprobleme noch nicht meistern. Auch benötigte man zur Gewinnung von 700 Gramm Eisen 10 kg Eisenerz und 20 kg Holzkohle, mit denen der kaum mehr als mannshohe Ofen gefüllt wurde[39]. Weder der Bergmann noch der Köhler konnte mit Zugtieren viel anfangen, es bedurfte der Menschenkraft; vielleicht hat man Holzkohle und Eisenerz, irgendwo droben im Gebirge, auf dem Rücken zu dem nächsten Schmelzofen getragen. Eisenprodukte zu erhalten, war nur auf herrschaftlicher Basis möglich, und diente vor allem dem Eigenbedarf der landwirtschaftlichen Großbetriebe. Wer keine

---

[35] Rolf SPRANDEL, Das Eisengewerbe im Mittelalter (1968) 43.

[36] FOSSIER, Picardie 1, 236 und MGH Capitularia 1, 254 c. 25. «L'extrème rareté du fer, et de tout autre métal d'ailleurs, est la tare fondamentale de l'économie carolingienne.» FOSSIER a. a. O.

[37] In einem Zolltarif aus der Gegend von Angers. DUBY, Guerriers et paysans (oben 60 Anm. 55) 221.

[38] Deutsche Königspfalzen 2 (Veröffentlichungen des M. Planck-Instituts f. Geschichte 11/2, 1965) 293. Es handelt sich um die Pfalz Tilleda in der Nähe des Kyffhäuser.

[39] J.-P. FINÓ, Forteresses de la France médiévale (3. Aufl. Paris 1977) 80 f.

Fundstätte in seiner Nähe hatte, mußte den kostbaren Rohstoff von weither, mit sicherlich großem Aufpreis, besorgen. Das Schmiedehandwerk wurde übrigens mit der Landwirtschaft gekoppelt, etwa in Prüm[40], wo der Schmied seine Hufe zu bebauen hatte. Davon konnte er satt werden, auch wenn kein Eisen zur Stelle war.

Wenn der Bauer von seinem Ackergerät und der Zugkraft seiner Tiere abhängig machen mußte, welche Äcker er bestellte, dann galt das natürlich noch mehr von der Art des Bodens selbst. Auf die Qualität der Krume kam es ebenso an wie darauf, daß es sich um möglichst ebene Flächen handelte. Bergiges Terrain blieb nördlich der Alpen zumeist bewaldet; im Mittelmeerbereich war es schon damals oft durch Raubbau zum Buschland geworden, das von Schafen weiter verwüstet wurde. Die Großviehhaltung war allzumeist mehr als bescheiden, es dominierten Schafe und Schweine. Im Verzeichnis des Klosters S. Giulia in Brescia vom Anfang des 10. Jahrhunderts bildeten Schafe die Hälfte des gesamten Viehbestandes, es folgten Schweine (30 %), Kühe (8 %), Ziegen (4 %). Im Bergamasker Land, das gebirgiger ist, machten Schafe 74 % und Schweine nur 21 % aus, Kühe (3 %) und Ziegen (2 %) spielten wiederum eine untergeordnete Rolle[41]. Daß im Waldland Schweine zur Mast getrieben wurden, wird noch zu erwähnen sein. Wenig erfahren wir über das Geflügel. In urbarialen Aufzeichnungen hat man es nicht gezählt, sondern nur vermerkt, wieviel Gänse und Hühner bzw. Eier der Herrschaft jeweils zustanden. Aus Heiligenlegenden ergibt sich, daß die «aves domesticae», diese Haustiere des armen Mannes, ihren Eigentümern manchmal geraubt oder gestohlen wurden[42].

Wir sind gewöhnt, von «Ackerbau und Viehzucht» zu sprechen, obwohl es Länder gibt, in denen auch heute die Viehhaltung dominiert, der Acker bloß zusätzliche Nahrungsmittel liefert. In unseren Breiten ist derartiges fast nur mehr im Bergland zu finden, und wir denken bei dem Begriff «Landwirtschaft» vor allem an den Getreidebau. Einst gab es auch im Flachland, etwa der Poebene, Herrschaften, deren Zentrum die Waldweide des Herrenlandes bildete, während man den Getreidebau als Nebensache betrachtete und den untertänigen Bauern überließ[43]. Für Italien wurde die These von einem Wandel

---

40 Kuchenbuch, Prüm (oben 115 Anm. 11) 291.

41 Jarnut, Bergamo (oben 296 Anm. 20) 212 f.

42 Der Ausdruck findet sich bei Odilo von Cluny, Epitaphium Adelheidae, ed. H. Paulhart in den Mitteilungen des Instituts f. österr. Geschichtsforschung Erg.-Bd. 20/2 (1962) 50 c. 6: ein «temerarius eques» ist bei einem «pauper» einquartiert; «aves domesticas occidit alienaque substantia fecit sibi parari cibaria».

43 Zu den folgenden Ausführungen vgl. Heinrich Fichtenau, Wald und Waldnutzung im 10. Jahrhundert. Festschrift F. Posch (Veröffentlichungen des Steiermärkischen Landesarchivs 12, 1981) 13 ff.

im 11. und 12. Jahrhundert aufgestellt: Vorher gab es ein Gleichgewicht zwischen Wald- und Weidewirtschaft auf der einen, Feldbau auf der anderen Seite; nachher senkte sich die Waagschale zugunsten des letzteren[44]. Denkt man an die Rodungsbewegung, wird ähnliches für den Bereich nördlich der Alpen erwägenswert. Dazu kommt der Gartenbau als dritte Nahrungsquelle; wir werden sehen, daß einige Gelehrte seinen Anteil an der Versorgung der bäuerlichen Bevölkerung sehr hoch einschätzen. Auch das gilt vorerst für Italien, doch gibt es dafür im Norden einige Symptome. So ist es z. B. merkwürdig, daß in Gorze zwischen «mansus» und «sors» unterschieden wurde[45], wobei man den ersten Begriff auf das umzäunte Land gedeutet hat, im Gegensatz zu den Weiden, dem Brachland usw. Das, was wir üblicherweise als gesamte Wirtschaftsgrundlage des Bauern betrachten, seine Hufe, wäre dann begriffsgleich mit dem am intensivsten bebauten und also wohl wichtigsten Teil der bäuerlichen Wirtschaft. Sei dem wie immer, die Forschung wird diesen Problemen mit gutem Grund mehr Aufmerksamkeit zuwenden, als dies bisher oftmals, auch in Handbüchern[46], geschehen ist.

Vor der großen Rodungsbewegung in weiten Teilen Europas spielten Weide und Wald eine Rolle, die später weitaus geringer war. Bei dieser Feststellung wird man sich nicht beruhigen können. Offen bleibt ja die Frage, warum nicht schon früher eine Rodungsbewegung begonnen hat. Einen zureichenden Grund bietet weder der Mangel an Menschen, noch das Fehlen technischer Behelfe. Auf beiden Gebieten hat sich die Lage zwischen dem 10. und dem 12. Jahrhundert gebessert, ohne daß sich eine dramatische Wende zu einem bestimmten Zeitpunkt erkennen läßt. Irgendwann, von Landschaft zu Landschaft verschieden, scheint die Stunde gekommen zu sein, da es besser war, Land zu roden, als es so wie gewohnt zu nützen. Wieder einen Schritt weiter ging der Wandel bäuerlicher Existenz, im Rahmen einer Entwicklung von überaus langer Dauer. Es war der Weg vom Jäger- und Sammlertum der Urzeit bis zur modernen Farmwirtschaft.

---

[44] Massimo MONTANARI, Mutamenti economico-sociali e trasformazione del regime alimentare dei ceti rurali nel passaggio dall'alto al pieno Medioevo. In: Medioevo rurale ed. V. FUMAGALLI, G. ROSSETTI (Bologna 1980) 82.

[45] KUCHENBUCH, Prüm 63.

[46] So hat der beste Kenner karolingischer Zustände, François-Louis GANSHOF, im Handbuch der europäischen Wirtschafts- und Sozialgeschichte herausg. v. H. KELLENBENZ 2 (1980) 157 ff. unter der Überschrift «Die Landwirtschaft» fast ausschließlich über den Ackerbau gehandelt. Als Gegenbeispiel sei der im gleichen Handbuch erschienene Beitrag von Ildebrando IMBERCIADORI über die Landwirtschaft Italiens seit dem 11. Jahrhundert genannt, der (S. 445 ff.) unter den «wichtigsten Gewächsen» das Getreide erst an vierter Stelle nennt.

Acker- und Gartenbau sind die intensivsten Formen der Bodennutzung, doch keineswegs die bequemsten. Das weidende Vieh verpflegt sich selbst, der Hirte hat es nur zusammenzuhalten und vor Raubtieren zu schützen. Das Wild fängt sich selbst in der Schlinge, die Bienen sammeln Honig, manche Bäume des Waldes geben eßbare Früchte – warum sollte man auf derlei verzichten und den Wald roden, solange man aus ihm satt wird? Gewiß, die Fragestellung wurde hier stark vereinfacht; Jäger und Hirten führen nur in der bukolischen Dichtung ein ideales Leben. Wild, Honig, Obst und Pilze ergeben eine abwechslungsreiche Kost, die aber doch wenigstens als Ergänzung der Feldfrüchte bedarf. Wo keine Not herrschte, konnte sich da ein natürliches Gleichgewicht einstellen. Auch Waldgänger und Hirten waren in ein landwirtschaftliches System eingebunden und keine bloßen Einzelgänger; entweder hatten sie eine Hufe zur Bebauung übernommen, oder sie wurden für ihre Jäger- und Hirtendienste von einer Herrschaft wenigstens teilweise verpflegt.

Was der Wald dem Bauern bot, war vor allem Viehfutter und Holz. Man hat errechnet, daß in Deutschland im Gegensatz zu späterer Zeit etwa 32 % Eichen und 36 % Rotbuchen standen, das Laubholz insgesamt 81 % des Waldes ausmachte[47]. Das Laub gab Streu für die Winterhaltung des Viehs, die auch in Deutschland kurz war; mit Eicheln und Bucheckern fütterte man die Schweine. Im Herbst fraßen sie sich im Wald fett, vorher lebten sie dort von jungen Trieben, Waldobst, Pilzen usw.; Dezember war der Schlachtmonat. Großherrschaften verfügten über riesige Schweineherden, mit vielen tausend Stück; aber auch der kleine Mann hatte hier eine wichtige Nahrungsquelle. Ähnlich war es im Süden mit den Schafen und Schweinen, die die Macchia durchstreiften.

Holz brauchte der Landmann am wenigsten für Hütte und Stall, viel mehr für die Zäune, die meist Felder und Gartenkulturen vor dem Weidevieh schützten, und für die Feuerstelle seiner Behausung. Auch hier hat man es sich, soweit es anging, bequem gemacht: Um die Transportwege kurz zu halten und die Schwerarbeit des Fällens von Bäumen zu vermeiden wo es anging, hat man Laubholz «auf den Stock gesetzt», d. h. auf Schulterhöhe zurückgeschnitten und das anfallende Knüppelholz nach Hause geführt. Wenn man nach etwa sieben Jahren wiederkam, hatte der Baum neue Zweige ausgetrieben, die neuerlich Nutzholz ergaben. Allerdings mußte auch dieser «Niederwald» umzäunt werden, um nicht dem Zubiß des Weideviehs zu erliegen.

Neben dem Feldbau existierte also eine Art Waldbau in einer Form, die heute fast nur mehr an den restlichen Baumbeständen südlicher Landschaften zu sehen ist. Sie hätte wahrscheinlich für den bäuerlichen Holzbedarf noch lange

---

[47] Zitate, auch für das Folgende, in dem oben Anm. 43 zitierten Aufsatz.

genügt; daneben gab es jedoch in Städten, Klöstern und weltlichen Herrschaften Großverbraucher, die an die Substanz gingen. Allein die Abtei Prüm benötigte jährlich 96 Fuhren Bauholz, 25 000 Schindeln, 17 600 Pfähle und etwa 15 000 Fuhren Brennholz. Denkt man daran, daß auch die im Westen so zahlreichen Burgen ganz oder zum größeren Teil aus Bauholz errichtet wurden, so nimmt es nicht wunder, daß schon um 1100 in der Picardie Schutzmaßnahmen gegen übermäßige Schlägerungen getroffen werden mußten. Am Anfang des 12. Jahrhunderts suchte man in Frankreich auch die bäuerliche Jagd einzudämmen, es begann das Zeitalter der «Forestierung»: für die Zwecke adeliger Jagd wurden Bannforste geschaffen.

Um diese Zeit hatte schon die Rodungswelle begonnen. Wenn es weniger Wald, weniger Wild und mehr Menschen gab, mußte man die schwerste aller bäuerlichen Arbeiten angehen, die nicht im Abbrennen des Waldes, sondern in dem Ausgraben der Wurzelstöcke und Entfernen der Steine bestand. Im 10. Jahrhundert war man noch selten auf derartiges angewiesen, obwohl stellenweise vielleicht Bevölkerungswachstum oder Erschöpfung des Ackerbodens zur Rodung zwangen. Daneben gab es, vor allem in südlichen Landschaften, etwas, das man als «schleichende Rodung» bezeichnen könnte: Man entfernte aus dem Wald das unnütze Gehölz und beließ die Nutzbäume, zu denen in erster Linie die Früchte tragenden Bäume und in zweiter alle Laubbäume gehörten. Brauchte man das Laub nicht zum Einstreuen usw., beließ man nur mehr die erste Gruppe; die «silva fructuosa» war entstanden. Hier konnte man weiter auswählen, etwa nur die Waldobstbäume oder – im Süden – die Kastanienbäume belassen. Aus dem Wald war ein Obstgarten oder ein Kastanienhain (castanetum) geworden, in den man zusätzliche Kulturpflanzen einführen konnte.

Wenn in den Quellen häufig die Waldgröße nach der Anzahl der Schweine gemessen wurde, die hier Nahrung finden konnten (silva ad CCCC porcos)[48], so betrachtete man den Wald als landwirtschaftliche Nutzfläche und nicht als «Unland» im Gegensatz zum (bebauten) Land. Mit dem alten römischen Gegensatz von «ager» und «saltus», der sich noch in modernen Kartenwerken spiegelt, läßt sich heute nicht mehr viel anfangen. Wo der Wald dort durch grüne Farbe gekennzeichnet ist, müßte man fragen, ob es sich um Hochwald oder Niederwald, Weidewald oder Waldgärten in dem gekennzeichneten Sinne handelt. Selten ließen sich solche Fragen beantworten und so mag es bei dem einheitlichen Grün verbleiben. Man darf bloß nicht darauf vergessen, daß die Wirklichkeit differenzierter war, als es die Karte ist. Will man umgekehrt das

---

[48] Charles Higounet, Paysages et villages neufs du moyen âge (Etudes et documents d'Aquitaine 2, Bordeaux 1975) 41. Déléage, Bourgogne 162: Das Domkapitel von Autun besaß in Champdôtre (im Dijonnais) sogar einen Wald für 2000 Schweine.

Siedelland kennzeichnen, müßte ein Teil der Wälder zum kultivierten Gebiet gerechnet werden. Anstelle der schmalen, schlauchartigen Gebilde, die in Mitteleuropa oft das Kartenbild bestimmen, wird man sich wesentlich breitere Kulturzonen vorzustellen haben.

Weidewälder kann man als «extensive Kulturfläche»[49] ansehen im Gegensatz zu der intensiven des Feld- und Gartenbaues. Die Rodung solcher Wälder mußte die Viehhaltung ungünstig beeinflussen: Brot und Hülsenfrüchte nahmen zu, der Schweinebraten wurde magerer. Auch hier wäre es eine Vereinfachung, zu glauben, daß Wald- oder Buschland zusammen mit Äckern und Gärten die gesamte Bodenfläche bedeckten. Es gab noch immer Leerzonen auch im Flachland, neben ziemlich dicht besiedelten Gebieten[50]. Die Gründe dafür dürften nur teilweise materieller Natur gewesen sein. Aus dem 9. Jahrhundert und der Pariser Gegend besitzen wir den Bericht über Aussagen von Hörigen eines Klosters, die auf Neuland umgesiedelt werden sollten. Sie sagten, sie seien dazu zu arm an Vieh und Werkzeugen[51]. Gewiß hat hier die familiäre Bindung mitgespielt. Im einzelnen läßt sich kaum nachprüfen, warum manche Gegenden und ihre Böden so wenig attraktiv wirkten. Auf der anderen Seite hat es schon im 9. Jahrhundert, also lange vor der «großen» Rodungszeit, einzelne Landschaften gegeben, in denen gerodet wurde; sie waren so verschiedener Art wie Katalonien und das spätere Österreich[52].

Nach den Invasionen und Fluchtbewegungen im Westen begann zusammen mit der Wiederbesiedlung eine langsame, oft kaum faßbare Zunahme des Feldbaues auf Kosten von Wäldern und Brachland. Man sieht den Grund dafür in einer gewissen Vermehrung der Bevölkerung[53]. Die Lage bedurfte organisatorischer Maßnahmen, die nur von oben kommen konnten. Einen wichtigen Anteil hatten dabei sicherlich weltliche Herren, die nach neuen Hilfsquellen für ihre angeschlagene wirtschaftliche Stellung suchten[54]. Auch in Deutschland gab

---

[49] Der Ausdruck stammt von Hans MORTENSEN, Die mittelalterliche Kulturlandschaft und ihr Verhältnis zur Gegenwart. Vierteljahrschrift f. Sozial- u. Wirtschaftsgesch. 45 (1958) 27 ff. Vgl. TIMM, Waldnutzung (oben Anm. 27) 84: «Im Mittelalter und vielleicht auch schon in der Frühzeit haben weite Teile des Waldes als zum bäuerlichen Wirtschaftsraum gehörig zu gelten.»

[50] Das hat z. B. für die Picardie FOSSIER (1, 206) festgestellt.

[51] RICHÉ, Vie quotidienne 125 nach Charles E. PERRIN, Annales ESC 1945, 39 ff. Vgl. DUBY, Guerriers et paysans (oben 60 Anm. 55) 95.

[52] FICHTENAU, Waldnutzung 13, 19 Anm. 2.

[53] DUBY, Guerriers et paysans 234.

[54] DUBY, Société ... Mâconnais 73. MAGNOU-NORTIER, Narbonne (oben 12 Anm. 3) 202. Für das «domaine royal» und die Normandie PFISTER, Robert le Pieux 95 ff.,

es wenigstens nach der Jahrtausendwende wieder Rodungen, und dazu mehrten sich Viehhöfe (Schwaigen) in den Grünlandgebieten Nordwest- und Süddeutschlands[55]. Daneben stand die Urbarmachung von Moor- und Sumpfboden; Entwässerung und Bewässerung waren die Hauptprobleme in Italien. Auch in der Poebene gab es noch Wälder ebenso wie in Katalonien: Eine kontinuierliche Fruchtbarmachung von Neuland, begonnen schon in karolingischer Zeit, richtete sich hier nicht gegen den Wald, sondern bestand vor allem in Bewässerung und Terrassierung des Landes[56]. In Katalonien gab es volles Eigentum der Bauern an dem bebauten Boden; so konnte sich ein sozusagen berufsmäßiges Neubauerntum entwickeln. Man kultivierte Land, verkaufte es zu höherem Preis und wiederholte dies anderswo[57]. Nirgends sonst dürfte eine so geschäftsmännische Art des Landbaues bestanden haben. Es war ein «frontier»-Gebiet, mit allen Möglichkeiten und Gefahren.

Das mühsame Werk der Urbarmachung konnte anderswo durch die Grundherren damit gefördert werden, daß sie auf Neuland weniger Abgaben und Dienste verlangten als üblich. Allzu sehr durfte man den Bauern überhaupt nicht belasten, sonst zog er weg, ohne sich um Verbote zu kümmern. Das war schon zur Zeit des Edikts von Pîtres (862) ein Problem gewesen, und es hat sich in den folgenden Generationen durch die Zeitumstände noch vergrößert. Polizeimaßnahmen gegen Landflüchtige nützten ebensowenig wie Verbote der Aufnahme in anderen Gegenden. Gerne hat man durch landfremde «Gäste» (hospites) dort roden lassen, wo es Einheimische nicht tun konnten oder wollten[58].

Mit der Verstärkung des Feldbaues und geringeren Bedeutung der Wälder als Nahrungsquelle schien sich eine Zeit vorzubereiten, in der Brot und Hülsen-

---

101: Ein Bischof läßt roden, sein Neffe vertreibt die Neusiedler wegen der Herrenjagd.

55 Wilhelm Abel, Landwirtschaft und ländliche Gesellschaft. In: Agricoltura e mondo rurale, Settimane ... Spoleto 13, 1965 (1966) 171 f.

56 Bonnassie, La Catalogne 1, 435 ff.

57 A. a. O. 232.

58 Pfister, Robert le Pieux (oben 19 Anm. 36) 95 und unten 480. Auch das geschwächte Königtum bediente sich jetzt dieser Unterstützung: Auf der Domäne der Pfalz von Verberie saßen 53 «hospites», a. a. O. 96. Als die Bretagne nach den Normannenjahren durch den Herzog Alanus (seit 937) zurückerobert wurde, soll er vom westfränkischen König die Erlaubnis erwirkt haben, daß Knechte und «colliberti», die nach der Bretagne zogen, dort dauernd von Knechtschaft frei sein sollten; dies sei geschehen, weil er das Land wiederbevölkern wollte, um es besser gegen die Barbaren zu verteidigen. Chronicon Namnetense (Nantes) ed. R. Merlet (Paris 1896) 102 c. 34.

früchte die Hauptnahrungsmittel bildeten. Wir haben Zeugnisse für eine zentrale Rolle des Brotes, etwa im «Ruodlieb»: Der Bauer gibt seinem Knecht als gerechten Lohn morgens und abends einen Viertellaib Brot; Ruodlieb will die Qualität des Brotes verbessern und daneben Speisen aus Mehl und solche aus Kräutern bereiten, wozu er etwas Milch, Schmalz und Salz braucht. Es ist ein Versprechen, ohne bedeutende Aufwendungen die Eintönigkeit der Kost zu mildern; von Fleisch, Obst, Honig usw. ist nicht die Rede. Sogar ein fremdländischer König gibt dem Ruodlieb als Dank für geleistete Dienste Brote mit auf die Reise, die sich später freilich als Schatzbehälter entpuppen[59]. Zum Brot gehörte stets der Wein oder, wo er nicht gedieh, das Bier als Volksnahrungsmittel. Für Katalonien – und nicht nur für dieses Land – gilt die Feststellung, daß Mangel an Wein einer Hungersnot gleichgehalten wurde. Als man sich vor der maurischen Bedrohung ins Gebirge zurückziehen mußte, hat man auf den Höhen oberhalb von Andorra Getreide und in Llès (Seehöhe 1470 Meter) Wein angebaut[60]. In der Umgebung der Stadt Bergamo gab es als landwirtschaftliche Nutzflächen fast ein Drittel Weinberge[61]. Bei solchen Angaben ist insofern Vorsicht geboten, als Mischkulturen häufig waren, Weinreben sich wie Efeu auf Obstbäumen rankten und ringsum der Boden mit Pflanzen bebaut werden konnte, deren Wurzeln nicht in die Tiefe drangen[62]. Der Weinbau schädigte nicht den Ackerbau, denn es handelte sich allzumeist um Ländereien, die für Getreide nicht oder nicht in erster Linie in Frage kamen[63].

Kann man von einer «Zivilisation von Brot und Wein» sprechen, «in der die Menge der Nahrung die Qualität und die Vielfalt ersetzt»[64]? In dieser Allgemeinheit ausgesprochen, sind diese Worte sicherlich unrichtig. Für sie las-

---

59 Knapp, Ruodlieb VI, 68, S. 83 übersetzt «quadrans» mit «Viertelpfund», was gewiß zu wenig wäre. Ruodlieb bricht das Brot, «um es unter die (ihm nachgeordneten) Knechte zu verteilen», a. a. O. v. 90. Brote des Königs: V, 308 ff., S. 58. Ed. Ford 64 f., 52.

60 Bonnassie, La Catalogne 1, 94 f. Ähnlich in Méranges (1450 m), a. a. O. 450. Im Aostatal reichte der Weinbau bis in 1359 m Höhe. Ildebrando Imberciadori, Vita e vigna nell'alto medioevo. Settimane . . . Spoleto 13, 1965 (1966) 312 Anm. 8.

61 Die Felder machten dagegen nur 21 und die Kastanienhaine immerhin 12 % aus. Jarnut, Bergamo 211.

62 Toubert, Latium 1, 258; zur Mischung «Wald und Wein» a. a. O. 260.

63 Vgl. die Rezension des Buches von R. Dion, Histoire de la vigne et du vin en France (Paris 1959) durch Louis Gaillard in der Revue d'Histoire ecclésiastique 54 (1959) 933 ff.

64 Michel Rouche, La faim à l'époque carolingienne. Revue Historique 250 (1973) 313. A. a. O. 319 f. wird von dem «deséquilibre interne des rations» gesprochen, das kein Hungergefühl aufkommen läßt, aber «la psychose de la famine» fördert.

sen sich viele Beispiele anführen, und andere gegen sie. Es ist unnötig, darauf zu verweisen, daß oftmals «das tägliche Brot» der täglichen Nahrung gleichgesetzt wurde und daß man die Nahrungsqualität in der Qualität des Brotes ausdrückte. Wir haben schon gehört, daß man sich in Tegernsee beschwerte, selbst an Festtagen Roggenbrot vorgesetzt zu bekommen[65]. Freilich dürfte ein extrem hoher Anteil des Brotes an der Gesamtnahrung nur dort erreicht worden sein, wo es eine größere Menge von Menschen gemeinsam zu verpflegen galt. Der Bauer auf seiner Hufe konnte sich jedenfalls allerhand Zukost besorgen, die nicht für Viele ausgereicht hätte.

Vor allem hatten Brot und Wein auch den Vorteil, daß sie sich leicht portionieren ließen. Sie ergaben damit Grundeinheiten der Kost, die «eiserne Ration», zu der im Normalfall anderes gekommen ist. Auch im bäuerlichen Bereich brauchte man solche Einheiten, wie wir aus dem «Ruodlieb» entnehmen konnten. Dort wird jedoch kein Speisezettel der «familia» gegeben und etwas derartiges scheint auch anderswo nicht überliefert zu sein. Mengenmäßig wird die Zukost jedenfalls geringer gewesen sein, als die Brotration, von der im «Ruodlieb» die Rede ist.

Daß man auf billige Weise den Magen nicht nur mit Brot, sondern auch mit Hülsenfrüchten füllte, wurde schon bei der Beschreibung der Klosterkost gesagt. Müßte man also von einer «Zivilisation von Brot, Wein und Bohnen» sprechen? Die Hülsenfrüchte sind sehr in den Vordergrund der Betrachtungen gerückt, seit sie – zusammen mit der Dreifelderwirtschaft – als Gegenstände einer «landwirtschaftlichen Revolution» gesehen wurden[66]. Die Einführung des schweren Pfluges und der Dreifelderwirtschaft nördlich der Alpen sei «das wichtigste Ereignis in der Geschichte Europas im frühen Mittelalter» gewesen[67]; das neue Landwirtschaftssystem bewirkte, «daß sich das Zentrum der europäischen Kultur von den Küsten des Mittelmeers in die großen Ebenen des Nordens verlagerte, wo es seither geblieben ist»[68]. Die Dreifelderwirtschaft ermöglichte den Feldanbau von Hülsenfrüchten, und diese gaben zur Getreide-

---

[65] Oben 371 Anm. 118. Roggen konnte man auf Böden bauen, die weder für Weizen noch für Hafer geeignet waren. Der Roggenbau war vor allem im Norden und Osten Deutschlands zu finden, Weizen in Westeuropa und im Süden. Wilhelm ABEL im Handbuch der deutschen Wirtschafts- u. Sozialgeschichte herausg. v. H. AUBIN u. W. ZORN 1 (1971) 180 f.

[66] Bei WHITE, Mittelalterliche Technik (oben Anm. 32) trägt das zweite Kapitel die Überschrift «Die landwirtschaftliche Revolution des frühen Mittelalters», S. 39.

[67] L. WHITE jr. in: Europäische Wirtschaftsgeschichte. Mittelalter, herausg. v. C. CIPOLLA u. K. BORCHARDT (Stuttgart-New York 1978) 93.

[68] A. a. O.

nahrung die als Ergänzung notwendigen Proteine. Die Menge der Feldfrüchte, die mit den neuen Methoden erzeugt werden konnten, und die Ergänzung durch die Proteine führte zu einer weitgehenden Erklärung folgender Phänomene: Bevölkerungsvermehrung diesseits der Alpen, Wachstum und Vermehrung der Städte, Ansteigen der Industrieproduktion und ein neuer geistiger Aufschwung[69].

Allerdings hat sich die Dreifelderwirtschaft nicht in ganz Europa nördlich der Alpen durchgesetzt; wir finden sie seit dem 9. Jahrhundert auf Herrenland angewendet, besonders auf königlichen und kirchlichen Großherrschaften des Pariser Beckens, Nordgalliens und des Rheinlandes[70]. Für andere Herrschaften und vor allem für das an Bauern ausgetane Land versagen die Quellen. Man kann nur vermuten, daß es eine breite Palette verschiedener Anbausysteme gab[71], ebenso wie in Oberitalien[72]. Wahrscheinlich hat es auch in Prüm, einer der Großherrschaften, teilweise Zweifelderwirtschaft gegeben[73]. Was die Erträge betrifft, so werden wir noch sehen, wie überaus bescheiden sie zu sein scheinen, ein ungelöstes Forschungsproblem.

Der Feldbau von Hülsenfrüchten war im Rahmen der Dreifelderwirtschaft möglich, neben Frühjahrsgetreide, also vor allem Gerste; wie weit man von dieser Möglichkeit Gebrauch machte, können wir nur vermuten. In armen Klöstern ohne bedeutende Meierhöfe war, wie wir sahen[74], damals das Leben wirklich «voll Bohnen». Von hier ist gewiß nicht eine Bevölkerungsvermeh-

---

69 Lynn White jr. auf dem Symposion über das 10. Jahrhundert in Washington 1952, Mediaevalia et Humanistica 9 (1955) 28: «It was not merely the new quantity of food produced by improved agricultural methods but the new type of food supply which goes far towards explaining, for Northern Europe at least, the startling expansion of population, the growth and multiplication of cities, the rise of industrial production, the outreach of Western commerce, and the new exuberance of spirits which enlivened that age. In the full sense of the American vernacular, the tenth century was full of beans.»

70 Ganshof in dem oben Anm. 46 genannten Handbuch Bd. 2, 160. Auf «Land von großer natürlicher Fruchtbarkeit» schränkt White (oben Anm. 67) 95 die Dreifelderwirtschaft ein.

71 Riché, Vie quotidienne 163 (nach G. Duby).

72 Massimo Montanari, L'alimentazione contadina nell'Alto Medioevo. Studi medievali, III serie 17 (1976) 145, vgl. Anm. 79 die Stellungnahme zu Whites These. Vgl. auch oben 116 Anm. 16.

73 Kuchenbuch, Prüm 101. In den Polyptycha gibt es einen einzigen Beleg über Abgaben von Trockenbohnen, a. a. O. 107 Anm. 36.

74 Siehe oben 373.

rung ausgegangen, und das Wachstum der Städte erfolgte vor allem in Italien, dem Land ohne Dreifelderwirtschaft. Die ganze Sache muß also völlig ungewiß bleiben.

Hülsenfrüchte wurden seit jeher im Garten angepflanzt, der für die bäuerliche Wirtschaft eine nicht unbedeutende, aber schwer erfaßbare Rolle spielte: Die Erzeugnisse der Gartenkultur erscheinen kaum jemals unter den bäuerlichen Abgaben. Überhaupt sind wir über das bäuerliche Wirtschaften noch weniger unterrichtet, als über das herrschaftliche. So ist auch das Material, das für eine Untersuchung der Frage nach den landwirtschaftlichen Erträgen zur Verfügung steht, beschränkt auf wenige, vor allem geistliche, Großherrschaften. Während für deren Inhaber wirtschaftliche Erträgnisse nicht die Hauptsache waren, konnte der Bauer nur leben, wenn er für sich und die Seinen genug produzierte. Zahlen gibt es aber, wie gesagt, nur über den Großgrundbesitz, und hier wieder steht der Getreidebau im Vordergrund.

Die Ertragsziffern, die man errechnete, sind seltsam genug. Georges Duby kam bei dieser Rechnung zu deprimierenden Ergebnissen, die sich in den Satz zusammenfassen ließen, daß das Wirtschaften ein ständiger Kampf ums Überleben gewesen sei[75]. Karl der Große hatte sich um die Verbesserung landwirtschaftlicher Verhältnisse bemüht; was sollte man aber dazu sagen, daß in der königlichen Domäne Annappes das Verhältnis zwischen Saatgetreide und Ernteertrag von 1:1,8 bis 1:1 schwankte[76]? Wenn man fast so viel säen mußte, wie man erntete, wie konnte da die Bevölkerung am Leben bleiben? Andere Quellen, etwa jene der Abtei S. Giulia (Brescia) schienen den Befund zu bestätigen, ja hier gab es sogar negative Ergebnisse, also solche, die unter 1:1 lagen[77].

Duby selbst vermutete, daß es sich zufällig um schlechte Erntejahre handelte[78]. Mißernten waren ja häufig, und wir erfahren von Ernten, die einen Bruchteil jener Getreidemenge erbrachten, die gesät worden war[79]. Es ist möglich, daß zu den Ertragsziffern von Annappes und S. Giulia noch die Nahrung für das landwirtschaftliche Personal hinzuzurechnen ist, so daß es sich sozusagen

---

75 Guerriers et paysans (oben 60 Anm. 55) 13.

76 Duby, Hommes et structures (oben S. 3 Anm. 10) 250.

77 Duby, Economie rurale (oben 157 Anm. 113) 1,86.

78 Ebenda 85 f.

79 Rodulfus Glaber, Hist. IV 4 (10), ed. Prou p. 100. Vgl. auch B. H. Slicher van Bath, Le climat et les récoltes en Haut Moyen Age. Settimane ... Spoleto 13, 1965 (1966) 420, der zu Recht auf eine mögliche Ungenauigkeit der Zahlen in den Quellen verweist. In früheren Arbeiten hatte der Verfasser erwogen, daß die Nahrung des Wirtschaftspersonals von den Mengen schon abgezogen sei; Kuchenbuch, Prüm 104 Anm. 28.

um Reinerträge der Herrschaft gehandelt hätte[80]. Man hat weiter daran gedacht, daß uns die Zahlen insoferne in die Irre führen, als es sich um Erträge von Herrenland handelt, während die Bauern auf ihren Hufen für sich selbst mehr erzielt haben dürften[81]: Frondienste waren seit jeher eine extensive Form der Arbeit. Duby selbst hat auf die Wichtigkeit einer Ergänzung der Getreideproduktion durch anderes, besonders die Viehzucht, hingewiesen[82]. Ein wenig wurde das spärliche Quellenmaterial ergänzt durch ein Verzeichnis des Thomasklosters von Reggio Emilia: Hier finden sich, lokal verschieden, Erträge zwischen 1:1,7 und 1:3,3[83]. Es wurde auch versucht, den Getreideverzehr pro Kopf und Jahr auszurechnen, und dabei ergaben sich Ziffern zwischen 70 und 118 kg[84]. Das ist wohl allzu wenig auch für ein Land wie Italien, wo sicherlich der Gartenbau bedeutende Erträge lieferte. So ergeben sich Fragezeichen überall dort, wo man zu konkreten Angaben gelangen möchte. Hätten wir über wirtschaftliche Dinge dieser Zeit auch nur einen geringen Bruchteil der Menge von Nachrichten, die wir über die politische Geschichte besitzen, wäre das eine große Erleichterung für den Versuch, zu gesicherten Ergebnissen zu gelangen.

Generelle Aussagen sind darum kaum möglich, ob sie nun den Kampf ums Überleben oder die herausragende Stellung von Brot und Wein betreffen. Überhaupt steht hier die Wissenschaft auf sehr unsicherem Boden, und das betrifft schon die Terminologie. Was ist z. B. «Wald», «Feld», «Weide»? Man wird mit dem modernen Verständnis dieser Begriffe nur schwer Aussagen von Quellen abstimmen können wie die folgende: «Ein Wald zur Mast für 30 Schweine, und aus ihm kommt ein Zins von 40 Scheffeln Hafer»[85]. Immerhin besser sind wir über die Organisation der Großherrschaften unterrichtet, obwohl auch hier nicht alles durchaus klar ist.

Die königliche oder kirchliche Großherrschaft der Karolingerzeit in den Ländern nördlich der Alpen war – in der Theorie – ein rationales und organisatorisch perfektes Gebilde, in Nachfolge römischer Verwaltungskunst. Ein solcher «fiscus» hatte als Zentrum den Herrenhof und eine Anzahl von Meierhöfen, die der Lokalverwaltung dienten und wirtschaftliche Funktionen dele-

---

80 Vito Fumagalli, Storia agraria e luoghi comuni. Studi medievali ser. III, 9/2 (1968) 952 f. Fossier, Picardie 1, 237.

81 Kuchenbuch, Prüm 106.

82 Georges Duby, Le problème des techniques agricoles. In: Agricoltura e mondo rurale . . ., Settimane . . . Spoleto 13, 1965 (1966) 271, vgl. 445.

83 Fumagalli a. a. O. 953 f. Montanari, Alimentazione (oben Anm. 72) 124 f.

84 Montanari a. a. O. 141. Anderswo, in S. Giulia (Brescia) und Corbie hat Montanari «exzessiv hohe» Werte festgestellt, bis zu 579 kg. A. a. O. 160.

85 So im Prümer Urbar c. 46, Kuchenbuch 100 Anm. 13.

giert erhielten. Diese «villae» waren wie der Herrenhof umgeben von Herrenland, auf dem Knechte arbeiteten, die hier verpflegt und untergebracht waren. Um das Herrenland erstreckte sich – alles im Idealfall – das Land der bäuerlichen Hufen; in der Regel war die Hufe soviel Land, wie eine Bauernfamilie zu ihrer Ernährung brauchte. Hufen konnten Freie, Halbfreie oder auch Knechte innehaben, eventuell mit eigenem Dienstpersonal. Neben seiner selbständigen Arbeit hatte der Inhaber einer Hufe zumeist Robotdienste zu verrichten, d. h. besonders in der Erntezeit auf dem Herrenland mit Hand anzulegen; er hatte ferner Abgaben an den Meier zu leisten, oder direkt an den Herrenhof. Die Naturalabgaben wurden allzumeist von dem zahlreichen Personal am Herrenhof verbraucht; was in Kornspeichern und Speckkammern übrigblieb, war eine Reserve für Notzeiten, zu denen auch ein Besuch des Königs oder des Bischofs mit seinem Gefolge zählte. War ein klösterlicher Konvent zahlreich, konnten die «villae» turnusweise zu seiner Verpflegung herangezogen werden. Obwohl der Handel mit landwirtschaftlichen Massengütern nördlich der Alpen nur eine sehr geringe Rolle spielte, waren die Herrschaften weder autark noch völlig von wirtschaftlichen Momenten bestimmt. Der König, ein Edelmann, der Heilige und sein irdischer Vertreter mußten das ökonomische Moment hinter dem politischen, dem religiösen und – wenigstens in Zeiten der Hungersnot – der sozialen Fürsorge zurücktreten lassen.

In grober Verkürzung wurden einige Grundzüge der fränkischen «Villikationsverfassung» aufgezeigt, neben der weiterhin Kleinbetriebe bestanden, über die wir mangels schriftlicher Aufzeichnungen sehr wenig wissen[86]. Sie hatten es keineswegs leicht, etwa in Notjahren nicht in den Sog der Großherrschaften zu geraten; wenn der Besitzer von einigen Hektar Grund sein Saatgetreide aufgegessen hatte, mochte ein «fiscus» wie Jumièges mit 4800 oder Annappes mit 2000 Hektar (und dazu drei Meierhöfen von 200-300 ha)[87] immer noch soviel besitzen, daß man dort aushalf – zumeist gegen den Preis einer Unterstellung unter die Großherrschaft.

Wie jeder Konzentrationsprozeß hatte auch dieser seine Grenzen. Das System war, wie der karolingische Staat, schwerfällig und nicht so effizient, wie es hätte sein können. Riesige Flächen, mangelhaft bevölkert und bestellt, eine rudimentäre Verwaltung, und enorme politische Aufgaben haben zu diesem Zustand beigetragen. Während in der Ile-de-France die Großherrschaften fast «aus einem Stück» waren, gab es anderswo, besonders in Deutschland und Ita-

---

86 So hat Fossier für die Picardie sogar ein Vorwalten bäuerlichen Allods vermutet, Picardie 1, 210 f., dazu Bonnassie, La Catalogne 1, 215.

87 Boutruche, Seigneurie et féodalité 1 (oben 210 Anm. 111) 73 f.

lien, weithin Streubesitz[88], der wirtschaftlich schwer nutzbar und kaum zu überwachen war, immer in Gefahr der Entfremdung. Umgekehrt konnte auf dem Herrenland zuviel Personal sitzen, das die Großherrschaften kopflastig machte und die Überschüsse verbrauchte[89]. Jenseits der organisatorischen und wirtschaftlichen Ebene lagen Gefahren allein schon in der Tatsache begründet, daß die Großherrschaften für politische Aufgaben in steigendem Maß herangezogen wurden und unter der allgemeinen Unruhe der Zeit litten. Damit wurden auch die Bauern indirekt oder direkt immer stärker belastet, sie waren aktiv und passiv von Kriegsereignissen betroffen. Das wirkte jenseits der Rechtssphäre im Sinne einer tatsächlichen Differenzierung, ähnlich wie die Bevölkerungsvermehrung; die Hufe konnte jetzt übergroß oder allzu klein für die Ernährung einer Familie sein, es gab in der bäuerlichen Sphäre «Reiche» und Arme[90]. Dazu kam für den Herrn die Notwendigkeit, seine politisch-militärische Anhängerschaft zu belohnen und zu stärken, indem er Besitz verschenkte oder zu so günstigen Leiheformen ausgab, daß dies einer tatsächlichen Entfremdung gleichkam. Hier verschoben sich die Perspektiven: Der Boden gehörte weiterhin dem Herrn, die Einkünfte erzielte ein anderer, die Gerichtsrechte wurden vielleicht von einem Dritten besorgt; an der Großherrschaft interessierte, wenn man so sagen will, ihr «militärischer Ertrag» mehr als der wirtschaftliche. Auf die Vasallen kam es an, nicht auf das Getreide oder den Wein. In so manchen Fällen verlor das Herrenland an Bedeutung, die mehr oder minder selbständig wirtschaftenden Bauern wurden wichtiger als die Scharen von Knechten, die überwacht und dirigiert werden mußten.

Was man im fränkischen Bereich als den Verfall des Villikationssystems bezeichnet hat, war in Italien schon eine vorgegebene Situation. Oft gab es relativ wenig Herrenland, und dieses nicht als Block, sondern zerstreut und zerstückelt; man hatte sich oft abgewöhnt, Robotdienste zu leisten[91]. Unter den Gründen dafür hat man Bevölkerungsvermehrung, politische Wirren, stärkere Bedeutung der Städte und der Märkte genannt[92]: Der Bauer, wenig kontrolliert, brachte seine Produkte auf den nächsten Markt und nicht in die Vorratslager

---

88 A. a. O. 74 f.

89 So in der Gegend von Cluny. Duby, Société ... Mâconnais 81.

90 Duby, Guerriers et paysans 99.

91 Pierre Toubert, L'Italie rurale aux VIIIe-IXe siècles, in: Toubert, Etudes sur l'Italie médiévale (Reprint London 1976) II 112. Für Bergamo hat Jarnut a. a. O. 217 festgestellt, daß Fronarbeiten am Beginn des 10. Jahrhunderts seltene Ausnahme waren und die Knechte auf Herrenland schon im 9. Jahrhundert immer weniger geworden sind.

92 Violante, Cristianità (oben 109 Anm. 172) 350 f. Jarnut, Bergamo 218.

des Herrenhofes. Rückgang der Unfreiheit, größere Mobilität von Gütern und Personen, Verschwinden von Leistungen an den Herrn – das alles hätte eine wirtschaftliche Blüte herbeiführen können, wie sie sich schöner nicht denken ließ. Außerwirtschaftliche Momente haben sie verhindert; die allgemeine Lage war schlimm in den Zeiten der Ungarninvasionen und der wechselnden Machtverhältnisse des sogenannten Nationalkönigtums. Auch unter den ottonischen Kaisern herrschte nur zeitweise jener Friede, den die großen Herrschaften so dringend brauchten. Wo das Herrentum zurücktrat, begann statt der Freiheit oft neue Bedrückung. Es ist auch nicht gesagt, daß jene Vasallen und sonstigen kleineren Gewalten, die an die Stelle der großen traten, soviel milder mit ihren Bauern umgingen. Im Gegenteil dürfte sich der alte Spruch bewährt haben, daß ein ferner Herr ein guter ist und nicht jener, der aus der Nähe alles regelt und überwacht. Im einzelnen derlei nachzuweisen, wird angesichts der Quellenlage nicht leicht sein. Die Erforschung der italienischen Agrargeschichte ist lange hinter jener der Kommunen zurückgestanden, und sie hat auch jetzt noch einiges aufzuholen. Dazu werden erfreuliche Anstrengungen gemacht.

Den Niedergang des Villikationssystems und der Großherrschaften in Nordfrankreich und den angrenzenden Gebieten setzt man für gewöhnlich ins 10. und 11. Jahrhundert[93]. Es wäre merkwürdig, wenn nicht schon Wirren und Katastrophen des neunten hier ihre Spuren hinterlassen hätten. Tatsächlich konnten genauere Untersuchungen zeigen, daß schon unter Ludwig dem Frommen Auflösungserscheinungen zu erkennen sind: In der Picardie war im Bereich des Sitzes des zuständigen Grafen alles in Ordnung, in den Randgebieten gab es wenig Kontrolle oder auch Interesse an geordneten Zuständen. Doch wirkte die alte Ordnung bis gegen Ende des 10. Jahrhunderts weiter. Besonders in Vermandois dürfte die Nähe des Königtums und seiner Stadt Laon bestimmend gewesen sein[94]. Stets wird man landschaftlich differenzieren müssen und sich auch bewußt bleiben, daß schon gesetzliche Maßnahmen des 9. Jahrhunderts einen Kampf gegen den beginnenden Verfall erkennen lassen[95].

In Deutschland waren die äußeren und inneren Erschütterungen geringer als im Westen und Süden, und so konnte karolingisches Wesen auch auf dem Gebiet der Agrarverfassung stärkeren Bestand haben. Die Nachrichten sind hier so spärlich, daß man auf Quellen späterer Jahrhunderte angewiesen ist. So hat in Bayern das Villikationssystem mit einigen Änderungen bis zum Anfang des 12. Jahrhunderts bestanden[96]. Für Prüm konnte dank einer kommen-

[93] So Boutruche, Seigneurie et feodalité 1, 105 ff.

[94] Fossier, Picardie 2, 440 ff.

[95] Duby, Guerriers et paysans 111.

[96] Dollinger, Classes rurales (oben 168 Anm. 17) 111.

tierten Abschrift des Verzeichnisses von 893 aus dem 13. Jahrhundert festgestellt werden: «Die Klosterökonomie beruhte 1222 im wesentlichen auf den gleichen Wirtschaftsobjekten und Herrschaftszentren, die der Abtei im 8. und 9. Jahrhundert ... übertragen worden waren ... Von einer Auflösung der alten Villikationsverfassung kann ... nicht gesprochen werden», eventuell von ihrer Modifizierung[97]. Was die Menschenzahl fränkischer Herrschaften betrifft, so berichtet Widukind, daß die Ungarn von den «familiae» eines gewissen Ernst «über tausend» fingen[98], was bei der Annahme einer Kopfzahl von nur vier Personen mehr als 4000 Leute ergäbe. Man weiß freilich, wie wenig man solchen Zahlenangaben trauen kann. Über das Wirtschaften des halb oder ganz unabhängigen Bauerntums dieser Zeit wird aus Mitteleuropa wenig berichtet, obwohl es besonders in Sachsen stark vertreten war.

Von kleinbäuerlichen Betrieben erfahren wir hier und anderswo am ehesten dann, wenn sie mit geistlichen Herrschaften zu tun hatten. So wird z. B. beteuert, der Abt von Gorze habe keinen Wucher getrieben, sondern stets nur zurückverlangt, was er gegeben hatte. Es muß sich dabei um wirtschaftlich schwache, jenseits der klösterlichen «familia» stehende Besitzer gehandelt haben. Was sie vom Abt erhielten, war Getreide, Wein, Salz, Bekleidung und auch Silber, das an eine Münzstätte weitergegeben wurde[99] und den Einkauf von Bedarfsartikeln auf Märkten ermöglichte. Es mag sein, daß eine engere Bindung solcher Leute an das Kloster auch für dieses von Vorteil war, etwa zu Schenkungen von Besitz führte. Der außerordentliche Umfang der kirchlichen Güter[100] hatte natürlich die verschiedensten Gründe, und es läßt sich auch nicht mehr feststellen, wie weit als Motive von Schenkungen neben den rein

---

[97] Dieter Hägermann, Eine Grundherrschaft des 13. Jahrhunderts im Spiegel des Frühmittelalters. Rheinische Vierteljahrsblätter 45 (1981) 16 f., 21.

[98] Widukind III, 30 ed. Hirsch-Lohmann 118. Bauer, Rau übersetzen die Worte «sui iuris familias supra millesimum numerum (captivassent)» mit «von seinen hörigen Leuten mehr als tausend«, was wohl falsch ist. Ausgewählte Quellen (Frh. vom Stein-Gedächtnisausg. 8, 1977) 145.

[99] Johannes von St. Arnulf in Metz, Vita Iohannis Gorziensis, MGH SS 4, 362 c. 87 f.

[100] Zeitgenossen meinten, das Kirchengut überwiege bei weitem, vgl. etwa eine Urkunde des Bischofs Rainald von Angers für seine Domkanoniker von 1001, zitiert bei Guillot, Anjou (oben 266 Anm. 81) 1, 213 Anm. 78: Durch fromme Schenkungen «factum est ut maxima pars huius seculi in hereditatem sanctis dei sit tradita», doch kam es durch pflichtvergessene Obere zu Verkäufen usw. Tatsächlich dürfte das Kirchengut im weitesten Umfang, einschließlich der an Weltliche verliehenen Ländereien und des Privatbesitzes der Bischöfe etwa ein Drittel bis die Hälfte des bebauten Landes im Dijonnais und im Mâconnais betragen haben; Déléage, Bourgogne (oben 428 Anm. 136) 1, 194.

religiösen Gründen andere in Frage kommen. Daß es sie gab, ist sicher. Scharf pointiert hat man das Kloster Cluny als «Versorgungsinstitut für verarmte Bauern» bezeichnet.

Wenn Erbteilungen eines Gutes seine Bewirtschaftung unrentabel machten, hat man es dem Kloster übergeben gegen die Verpflichtung, für den Unterhalt der Schenkgeber zu sorgen. Hier und anderswo gab es Selbsttraditionen, etwa von Witwen, die ihren Grundbesitz dem Kloster einbrachten und alle wirtschaftlichen Schwierigkeiten damit loswurden[101]. Leute, die ihren Besitz gegen eine Naturalrente – Lebensmittel, Wein, Kleidung – einem Kloster übergeben hatten, wohnten entweder dort in einem Gästehaus oder einer eigenen Hütte; manche siedelten sich auf einem Meierhof oder im Umkreis einer «cella» an[102]. Man kann sich denken, daß bäuerliche Menschen die Betriebsamkeit eines größeren Klosters nicht liebten und sich im kleinen Rahmen auch eher nützlich machen konnten, als zwischen den Scharen der Knechte, den Handwerkern und dem Kommen und Gehen von Gästen im Zentrum eines klösterlichen Großbetriebes. Natürlich gab es gute Gründe dafür, sich einem wohlhabenden und angesehenen Kloster anzuvertrauen. Reiche Konvente mochten darum noch reicher an Grundbesitz werden, arme immer unbedeutend bleiben. Jedenfalls hatte der Schenkgeber ein Interesse daran, daß im Kloster oder Stift geordnete Zustände herrschten und nicht seine Auflösung zu befürchten war. All das wäre in seinen Zusammenhängen noch näher zu studieren, soweit es die Quellenlage gestattet. Das wird am ehesten dort der Fall sein, wo eine Fülle von «Privaturkunden» die erzählenden Quellen begleitet. In Deutschland fehlen sie zumeist, und anderswo stehen eher die Veränderungen der Herrschaftsstrukturen im Vordergrund der Betrachtung, als der schlichte Alltag sozialer Beziehungen.

Es gab ja solche Veränderungen, die ganz aus der Sphäre religiöser Motivationen herausfallen. Sie zeigen, daß ein allzu statisches Bild des Ordnungsgefüges falsch wäre. Wir haben über Forschungen zu referieren, die um das «incastellamento» kreisen, einen bisher unübersetzten Fachbegriff, und um die französische Bannherrschaft (seigneurie banale). Beides hat große Bedeutung für die Geschichte des Herrentums und ebenso für jene der untertänigen Bevölkerung. Nur über diese zweite Seite der beiden Institutionen wird hier kurz zu berichten sein.

Wir beginnen mit einer Landschaft, über die eine ausgezeichnete Monographie vorliegt[103]. Es ist das südliche und östliche Latium, besser bekannt als

---

101 Fechter, Cluny (oben 204 Anm. 79) 47 f., das obenstehende Zitat a. a. O. 48.

102 Lesne, Propriété ecclésiastique 6, 138, 141.

103 Pierre Toubert, Les structures du Latium médiéval. Le Latium méridional et la Sabine du IXe siècle à la fin du XIIe siècle, 2 Bde. (Rom 1973).

römische Campagna, Maritima und Sabina. Hier könnte man das «incastellamento» vielleicht als «Begründung von Kleinherrschaften auf der Basis von Burgdörfern» bezeichnen, als extreme Ausformung dessen, was anderswo oft im Anschluß an historische Bestände ebenfalls zu kleineren und intensiven Herrschaftsformen führte. Es handelt sich dabei vor allem um Oberitalien, aber auch um das griechische Süditalien; in beiden Bereichen ist die Forschung jetzt stark in Fluß geraten und hat zu unerwarteten Ergebnissen geführt[104].

Bisher wies man darauf hin, daß in Frankreich und Italien seit der späteren Karolingerzeit ein Netz von Befestigungen entstand, deren Erbauung man zumeist auf die Nöte der Einfälle fremder Völkerschaften zurückführte; «nach dem Aufhören der Gefahr ... beschützten sie (die Burgen) Feudalherren gegen ihre Nachbarn und gegen ihren Fürsten»[105]. Die Burg wurde zum Instrument einer Änderung der Herrschaftsverwaltung: Durch ihre militärische Funktion wurden neue Verwaltungsbezirke begründet, die an die Stelle der karolingischen Organisationen traten[106].

Anders stellt sich die Sache heute der Forschung besonders in Mittelitalien dar. Hier kam es im 10. Jahrhundert zur Anlage neuer Befestigungen in Höhenlage, die keine Burgen waren, sondern mit Mauern umgebene Dörfer, deren Zentrum ein Turm oder festes Haus (rocca castri, domus maior castri) war[107]. Dort wohnte der Herr oder sein Beauftragter, vielleicht auch ein weltlicher Usurpator von Kirchenland. Als «castrum» bezeichnete man also nicht eine Burg, sondern das Burgdorf; zumeist war es ein neuer Wohnsitz der ländlichen

---

104 Vgl. TOUBERT, Le Moyen Age 89 (1983) 121, und: Occident et Orient au Xe siècle. Actes du IXe Congrès ... Enseignement Superieur, Dijon 1978 (Publ. de l'Université de Dijon 57, Paris 1979), insbesondere Jean-Marie MARTIN, L'incastellamento: Mutation de l'habitat dans l'Italie du Xe siècle, a. a. O. 235 ff. Über das Verhältnis von «incastellamento» und Pfarrorganisation vgl. die Zusammenfassung durch Cinzio VIOLANTE, Le strutture organizzative della cura d'anime nelle campagne ..., in: Cristianizzazione ... Settimane ... Spoleto 28/2, 1980 (ersch. 1982) 1152 f.

105 Godefroid KURTH, Notger de Liège 1 (1905) 25.

106 Paolo VACCARI, La territorialità come base dell'ordinamento giuridico del contado (Pavia 1921), vgl. den Forschungsbericht von Giovanni TABACCO, La dissoluzione medievale dello stato nella recente storiografia. Studi medievali ser. III, 1 (1960) 406 f.

107 TOUBERT, Latium 1, 314 Anm. 1. Religiöser Mittelpunkt war die «ecclesia castri», a.a. O. 334 Anm. 1, oftmals älter als das Burgdorf und eventuell im Zusammenhang mit einer «plebs» (pieve rurale), d. h. dem Kirchspiel und Versammlungsort der ländlichen Gemeinde. Über diese vgl. CASTAGNETTI (unten Anm. 120) und TOUBERT a. a. O. 2, 855 ff.

Bevölkerung, daneben wurden auch bestehende Dörfer ummauert. Den Anstoß dazu gab wohl immer ein Herr; Siedlungsgemeinschaften spielten in diesem Zusammenhang keine erkennbare Rolle. Das Burgdorf lag im Normalfall auf einem Höhenrücken, eventuell um eine bestehende Kirche. Man wohnte in engen Holz- oder Steinhäusern[108], die so wie die Mauern nach dem Willen des – geistlichen oder weltlichen – Herrn von den Dorfbewohnern erbaut wurden. Da es sich um freie Leute handelte, war die Gebotsgewalt der Herren vorerst begrenzt; wie weit indirekter Druck zum Gelingen der Umsiedlung und Umstrukturierung der Besitzrechte beitrug, muß dahingestellt bleiben. Immerhin wurden über die Gründung von Burgdörfern Urkunden ausgestellt, in denen von vornherein die Bedingungen der Ansiedlung festgelegt waren. Bei den neuen Zentren entstanden intensiv kultivierte Gebiete, man rodete nach Anweisung innerhalb der neuen Burgbezirke, deren Grenzen und Binnenstrukturierung vom Herrn bestimmt wurden[109]. Seit etwa 1010 übten Herren in ihren Burgdörfern auch Gerichtsrechte aus und verstärkten damit ihre Gebotsgewalt, auch wenn diese formal von einem geistlichen Oberherrn ausging.

Soweit die Hauptpunkte dessen, was man als «révolution castrale» in Latium bezeichnet hat[110]: Die Sammlung der weithin zerstreuten Landbevölkerung in befestigten Siedlungsmittelpunkten unter dem Kommando eines Herrn, der dort seinen Wehrturm besaß. Eine solche Evolution läßt sich – wenigstens in dieser Landschaft – nicht aus dem Zwang der Invasionen erklären. Toubert konnte darauf hinweisen, daß die Sarazenengefahr nach der Schlacht am Garigliano (915) vorbei war, und erst seit den zwanziger Jahren das «incastellamento» belegt ist. Den Anfang machten große Familien wie jene des Theophylakt und geistliche Herren, von denen «nach dem Aufhören der Verwüstung und Verfolgung», wie ein Chronist schreibt, die Neugestaltung der Verhältnisse ausging[111]. Die späteren Ungarneinfälle (927, 937, 942) hatten keinen tiefer gehenden Einfluß auf diesen Prozeß, für den es schon einige Vorzeichen in karolingischer Zeit gab. Kurzum, eine äußere Bedrohung war nicht der Grund für das Neue, das seit 920 hier zu finden ist[112].

---

108 Die Baulose in dem Subiaco gehörenden Castel S. Angelo (Castel Madama) betrugen etwa dreieinhalb zu sechs Meter. Delogu u. Travaini, Aspetti degli abitati (oben Anm. 8) 23.

109 Toubert 1, 347, 349 und passim.

110 Bonnassie in der Besprechung von Touberts Werk in der Revue Historique 259 (1978) 492; vgl. schon Toubert 1, 87.

111 Toubert 2, 973 f., das Zitat (Johannes von S. Vincenzo am Volturno) ebenda Anm. 3.

112 Toubert 1, 311 ff.

An dem eindrucksvollen Werk Touberts wird nicht zu rütteln sein. Es fragt sich aber, ob es einer absoluten Frontstellung gegen die «herrschende Lehre» bedarf. Sieht man auf Oberitalien, wo häufig um bestehende Befestigungen ähnliche Neukonzentrationen erfolgten, so wird die militärische Seite des «incastellamento» auch für Latium wohl eine gewisse Rolle gespielt haben. Auf einem Höhenrücken der Sabinerberge Steinhäuser, Mauern und Zisternen zu bauen oder bis zum Grundwasserspiegel Brunnen zu graben, stellte eine gewaltige Arbeit dar, die weit über das Maß der Frondienste nach den Pachtverträgen hinausging. Allein durch Zwang von oben ließ sich das kaum schaffen. In friedlichen Zeiten entsprach es auch nicht dem Interesse des Landpächters; wahrscheinlich lebte er freier inmitten des zerfallenden karolingischen Systems, als unter der Kontrolle aus allernächster Nähe in einem Burgdorf. Anders war es, wenn allgemeine Unsicherheit herrschte, in Kriegszeiten oder unter dem Eindruck der Verwüstungen, die immer noch zu sehen und zu spüren waren. Nach 915 konnte im Kreis des Bauerntums niemand beurteilen, ob die Sarazenen wiederkommen würden; gewiß gab es Nachrichten von der Verheerung der Toskana durch die Ungarn und über die Auswirkungen der Thronkämpfe, die wahrscheinlich bis in lokale Parteiungen und Fehden hinein spürbar waren. Es ist also wahrscheinlich, daß nicht die militärische Realität der Invasionen, aber doch das durch sie und den Zerfall des Karolingerreichs geschaffene Klima ein maßgeblicher Faktor dafür war, daß sich die Bevölkerung zur Umsiedlung bereitfand[113].

Dazu kamen andere Faktoren, so etwa die von Toubert angenommene Vermehrung der Bevölkerung. Voraussetzung des «incastellamento» war eine weitgehende Vereinheitlichung des Rechtsstandes der bäuerlichen Bevölkerung: Die alte Unfreiheit, schon länger im Rückgang, hatte keinen oder fast keinen Platz mehr in der Phase des Wiederaufbaues. Man konnte in die verwüsteten Gebiete nicht Sklaven schicken, sondern mußte auf freiwillige Mitarbeit von Pächtern rechnen, die günstige Verträge erhielten. Es gab da Leute, die nicht wie in karolingischer Zeit die Hälfte der Getreideerträge, sondern bloß ein Siebtel als Pachtzins leisten mußten und vom Wein nur ein Drittel[114]. Weiters scheint es, daß die alte Ordnung unwirtschaftlich geworden war durch immer

---

[113] Ähnlich Hartmut HOFFMANN in der Rezension von Touberts Werk in den Quellen u. Forschungen aus italienischen Archiven u. Bibliotheken 57 (1977) 6: «Den unmittelbaren Anlaß zum incastellamento haben gewiß die Sarazenen- und Ungarnstürme gegeben.» Hoffmann verweist auf die Unsicherheit auch dann, «wenn kein äußerer Feind das Land bedrohte, weil man vor dem benachbarten Grafen nicht weniger auf der Hut sein mußte als vor jenem . . .».

[114] HOFFMANN a. a. O. 12 f.

neue Landteilungen, so daß ein Konzentrationsprozeß und der Verzicht auf weitab liegende Grundstücke durchaus im Interesse des Bauern lag[115]. Es war eine einfachere, überschaubarere Welt, in die er eintrat, wenn er «inkastelliert» wurde. Nachbarschaftshilfe und gemeinsame wirtschaftliche Aktionen wurden erleichtert, eine «consuetudo loci» regelte das Zusammenleben auf engem Raum. Man konnte sich nach außen sicher fühlen und wohl auch gegenüber unberechtigten Forderungen des Herrn aneinander Halt finden. Dafür hatte man das Risiko von Fehlgründungen[116] zu tragen, man mußte Wachdienste leisten und die Mauern instandhalten[117]. Man ging eine Bindung ein, deren Folgen für die Zukunft sich kaum abschätzen ließen.

In einem allgemeineren Zusammenhang gesehen, kann man die Zersplitterung in Kleinherrschaften jenseits der allgemeinen Staatlichkeit beklagen, oder die Intensivierung des Ordnungsgefüges auf lokaler Ebene loben, die zu einer neuen Epoche hinüberführte[118]. In Latium sind früh und intensiv Änderungen eingetreten, die es in ähnlicher Art etwas später auch anderswo gegeben hat.

Anzeichen dieses Prozesses sind u. a. die Vermehrung der Burgen und die Bildung kleiner Gerichtsbezirke anstelle der gräflichen, wobei beide Vorgänge keineswegs gleichlaufen müssen, die Burgen nicht immer Zentren der Gerichtsherrschaft sind. Burgdörfer wie in Latium waren in Oberitalien selten, obwohl es auch dort Ansiedlungen auf Höhenrücken gab; sie sind kaum ummauert worden[119]. Hier boten schon in der Zeit der Invasionen Städte und Burgen Zuflucht; neue Befestigungen, die bei alten Zentren von Land- und Pfarrgemeinden angelegt wurden, sind wohl oft unter dem Druck der Furcht vor Kriegswirren entstanden. Rechtstitel spielten dabei eine geringe Rolle, in Zeiten, da man froh war, wen immer als Beschützer zu haben[120]. Königsurkunden

---

[115] Cinzio VIOLANTE, Structures familiales en Lombardie, Emilie et Toscane aux XIe et XIIe siècles. In: Famille et parenté (oben 113 Anm. 1) 106 f.

[116] TOUBERT 1, 349.

[117] «... et faciant sibi omnia, sicuti alii castellarii faciunt de guaita et de laborare ad ipsum castellum» (1018), zitiert von HOFFMANN a. a. O. 11.

[118] Die beiden Seiten dieser allgemeinen Entwicklung hat schon Giorgio FALCO gesehen, La crisi dell'autorità e lo sforzo della riconstruzione in Italia. Settimane ... Spoleto 2, 1954 (Spoleto 1955) 43: «potremo forse parlare di particolarismo e, indiscibilmente da esso, di potenziamento locale».

[119] MARTIN, Incastellamento (oben Anm. 104) 242.

[120] MARTIN a. a. O. 241 ff. Cinzio VIOLANTE in der Diskussion über den Vortrag von TOUBERT, L'Italie rurale (oben Anm. 91) II 202. Gabriella ROSSETTI, Formazione e caratteri delle signorie di castello e dei poteri territoriali dei vescovi sulle città nella Langobardia del secolo X, in: Forme di potere e struttura sociale in Italia ... ed.

nannten die Einfälle der Heiden und jene der «bösen Christen» (mali christiani) in einem Atem; als jene aufhörten, gab es weiterhin Bürgerkriege und Fehden. Es blieben die Frondienste jener, die ein Recht auf Zuflucht in den Befestigungen hatten[121]. Zum Frondienst kam der Wachdienst; man hat in ihm eine Aufstiegsmöglichkeit für kleine Leute gesehen, die als Wachpersonal zur Berufskriegertruppe (milites castrenses) wurden[122]. Nicht immer herrschten rein ländliche Verhältnisse; im Bereich größerer Siedlungen konnten Handel und Geldgeschäfte die soziale Stellung heben, oder das freie Handwerkertum. Das Wort «burgus», einst für das römische Kleinkastell gebraucht, wurde in den germanischen Sprachen zu «Burg», in den romanischen bedeutete es zumeist die unbefestigte Siedlung neben einer Befestigungsanlage oder abseits von ihr[123].

Man hat den Begriff des «incastellamento» auf Oberitalien ausgedehnt, muß sich aber bewußt bleiben, daß es hier anderes bedeutete als in Latium. Wenn in einer Gegend die meisten Burgen durch Ummauerung von Meierhofsiedlungen (curtes) entstanden[124], war das gewiß keine «Revolution». Neue Formen konnten schrittweise die alten ergänzen und ersetzen; die Kleinherrschaften nisteten in alten Großherrschaften, und erst im Lauf des 11. Jahrhunderts haben neue Herren die zersplitterten Rechte über die bäuerliche Bevölkerung so weit aufgesammelt, daß man von einer Ortsherrschaft sprechen kann[125]. Die alten, aus «öffentlichen» Rechten abgeleiteten großen Einheiten konnten durchaus in Frieden mit den neuen, aus ihrem Grundbesitz gebildeten «de facto»-Herrschaften leben; ein alter Herrenhof oder ummauerter Meierhof wurde zum Mittelpunkt einer neuen Grundherrschaft[126]. Daneben konnten Bauern winzige Anteile von Burgen besitzen, so etwa um Bergamo. Dabei handelte es sich wahr-

---

G. Rossetti (Bologna 1977) 118. Wie sehr auch die Pfarrorganisation damals in Bewegung kam, schildert Andrea Castagnetti, La pieve rurale nell'Italia padana (Italia sacra 23, Rom 1976) bes. 63 f. Die Pfarren wurden von den neuen Bildungen von Kleinherrschaften erfaßt, in manchem eine Parallele zu Vorgängen in Latium.

121 Rossetti a. a. O. 121 f.

122 Philippe Contamine in der Conclusion générale der Tagung Structures féodales (oben 189 Anm. 21) 761.

123 Darüber zuletzt Aldo A. Settia, Lo sviluppo degli abitati rurali in alta Italia. In: Medioevo rurale ed. V. Fumagalli u. G. Rossetti (Bologna 1980) 173.

124 Jarnut, Bergamo 97, mit Verweis auf frühere Arbeiten (Vaccari, Territorialità, oben Anm. 106), über den allgemeinen Zusammenhang zwischen «curtis» und «castrum».

125 Keller, Adelsherrschaft (oben 46 Anm. 169) 156.

126 Gina Fasoli, Castelli e signorie rurali. In: Fasoli, Scritti di storia medievale (Bologna 1974) 60 f.

scheinlich um genossenschaftliche Gründungen in bedrängten Zeiten[127]. Was in allen Fällen die oberitalienischen Verhältnisse mit jenen in den Sabinerbergen verbindet, ist die Tatsache, daß es sich nicht primär um militärische Objekte handelte, in denen Herren oder ihre Wächter wohnten, sondern ummauerte Dörfer, «curtes» und auch Fluchtburgen[128] dienten in erster Linie der Bevölkerung und rein defensiven Zwecken. Auf die Tatsache, daß die Burgbezirke erst im Werden waren, haben wir bereits hingewiesen.

Was Frankreich betrifft, wird man zwischen jenen Gebieten zu unterscheiden haben, in denen es gleitende Übergänge zwischen den alten und den neuen Herrschaftsformen gab, und weithin verwüsteten Landstrichen mit dem Erfordernis völliger Neuorganisation. Sie kam in der Provence nach Vertreibung der Sarazenen unter dem Grafen Wilhelm I. zustande, indem er die Ländereien unter seine militärischen Helfer aufteilte. Aus Grenoble hören wir, daß der dortige Bischof die Reorganisation durchführte, nachdem er nur «wenige Einwohner» in seiner Diözese vorgefunden hatte. Er gab Burgen und Ländereien an fremde Kriegsleute, die dort in seinem Namen Abgaben und Frondienste nach der Art von Herren entgegennahmen[129]. In den meisten Fällen blieb, soweit sich sehen läßt, immerhin der Anschluß an frühere Einheiten erhalten. So waren etwa in der Picardie im wesentlichen Grafen und Bischöfe die Burgenbauer, während Versuche kleinerer Herren, es ihnen gleichzutun, oft scheiterten. Auch hier haben sich Kleinherrschaften von Kastellanen gebildet, und zwar in Zusammenarbeit mit den Grafen[130]. In Poitou begegnet der Fall, daß Mönche eine Burg innehatten und verwalteten; der Graf bestätigte dies später unter dem Vorbehalt, daß es sich um ein gräfliches Lehen handle[131]. Es ist einer der vielen Fälle einer Legalisierung von Fakten; durch sie blieb eine gewisse Kontinuität gewahrt. Für die bäuerliche Bevölkerung war es ziemlich gleichgültig, ob die Gewalt ihres Herrn aus einer «öffentlich-rechtlichen» abgeleitet werden konnte. Wichtig war, ob es zu einer Neuverteilung des Bodens kam. Ob es sich dabei um Usurpation handelte oder nicht, interessierte erst viele Jahrhunderte später die gelehrte Forschung.

Ungeschmälert hat sich die Herrschaft von Bischöfen und Grafen kaum ir-

---

127 Jarnut, Bergamo 96.

128 Jarnut, Bergamo 95.

129 Flach, Origines (oben S. 2 Anm. 3) 2, 78; 1, 398, 402 f.

130 Fossier, Picardie (oben 115 Anm. 9) 2, 490 ff.

131 Guillot, Comte d'Anjou (oben 266 Anm. 81) 1, 303. Einen Überblick über die Rolle der Grafen beim Burgenbau bzw. die «Usurpation» derartiger Rechte in den französischen Landschaften gibt R. Aubenas, Les châteaux-forts des Xe et XIe siècles. Revue historique de Droit français et étranger, IVe série 17 (1938) 563 ff.

gendwo erhalten. In der alten Grafschaft des Mâconnais war jetzt der Graf auf die Stadt Mâcon und ihren Umkreis beschränkt; seit der Spätzeit des 10. Jahrhunderts kamen dazu fünf oder sechs Burgherrschaften, die von dem Gebot des Grafen bald unabhängig waren und vererbt werden konnten. Auch in Maine wuchsen solche Burgen empor, mit eigenen kleinen Hofhaltungen und Vasallen. In Poitou gab es Vizegrafen und Kastellane als neue Schicht, mit «souveränen» Herrschaftsrechten[132].

Man hat von einer Zersplitterung der Herrschaften, von «einer gewissen Konfusion» und einer Verzettelung der Autorität gesprochen[133]. Es scheint, daß man auch die positive Seite der Sache sehen soll. Da war die Intensivierung der wirtschaftlichen und sozialen Zusammengehörigkeit im kleinen Kreis sowie eine gewisse «Modernisierung» und vielleicht Rationalisierung gegenüber karolingischen Zuständen, die sich überlebt hatten; kurzum, man war auf dem Weg zur spätmittelalterlichen Agrargesellschaft.

Sicherlich ist der Vorwurf der Verzettelung und Konfusion nicht unbegründet. Die neuen Kräfte mußten erst ihr Wesen und ihr Gleichgewicht finden, die Kleinherrschaften hatten kaum Zeit, sich zu konsolidieren inmitten einer politisch unstabilen Umwelt. Vizegrafen und Kastellane versuchten ihren Platz gegenüber dem Grafen und gegenüber den eigenen Nachbarn zu behaupten, zugleich waren sie als Parteigänger und Vasallen größerer Gruppierungen in ein kompliziertes Spiel der Kräfte verwickelt.

Das hatte seine praktischen Auswirkungen auf die bäuerliche Bevölkerung. Es gab Schanzarbeiten zur Errichtung neuer Befestigungen, im Notfall weit über die gewohnheitsmäßigen Verpflichtungen zu Handdiensten hinaus. Das ganze wurde etwas erleichtert durch die Techniken, die man anwandte. Eine Burg aus Steinen zu errichten, die man womöglich von weit herschaffen mußte, wäre über die praktischen Möglichkeiten vielfach hinausgegangen und hätte wohl auch zu lange gedauert. Man arbeitete mit Holz und Erde, und in stei-

---

[132] So Jean-François LEMARIGNIER, Structures monastiques et structures politiques dans la France de la fin du Xe ... siècle. Settimane ... Spoleto 4, 1956 (Spoleto 1957) 371, vgl. die Übersicht über die französischen Landschaften 370 ff. Die Quellenlage gestattet nicht immer Aussagen über die Zustände des 10. Jahrhunderts. So beginnen z. B. die Cartularien der Gascogne erst ab der Mitte des 11. Jahrhunderts für diesen Problemkreis fruchtbar zu werden; hier gab es das «casted» oder die «villa clausata», zumeist aber in gräflicher Hand. Eine Tendenz zur Neugruppierung der bäuerlichen Bevölkerung um die Burgen gibt es erst um die Mitte des 12. Jahrhunderts. Benoit CURSENTE, Les castelnaux de la Gascogne médiévale (Gascogne gersoise). Etudes et documents d'Aquitaine 5 (Bordeaux 1980) 58, 65.

[133] LEMARIGNIER a. a. O. 371, 373.

gendem Maß nach einem Konzept, das seit der Mitte des 10. Jahrhunderts, ja vielleicht schon seit dem neunten bekannt war. Es handelt sich um die «motte» (agger, dunio), einen Turm auf einem aufgeschütteten Hügel, umzäunt mit Palisaden und durch einen Graben geschützt. Daß ein hölzerner Turm in Krieg und Frieden vom Feuer bedroht war, nahm man dabei in Kauf. Manchmal hat man auch bereits bestehende Steintürme durch Aufschüttung und Bewehrung des künstlichen Hügels militärisch verstärkt[134].

Wieviel Zeit und wieviel Leute brauchte man, um eine hölzerne Motte zu errichten? Zur Beantwortung dieser Frage hat man die Berechnungen französischer Militärtechniker aus der Zeit um 1900 herangezogen. Dabei bleibt zu bedenken, daß man damals mit modernen Eisenwerkzeugen arbeitete. Eine Motte von 12-15 Metern Höhe auf einem Erdhügel von 30 Metern Durchmesser, umgeben von einem vier Meter breiten und drei Meter tiefen Graben konnte danach auf gutem Terrain von 100 Leuten in 20 Tagen erbaut werden. Dazu kam ein Palisadenzaun, für den man viel weniger Zeit und Leute brauchte: Vier Mann konnten im Tag 40 Pfähle zurichten, drei Mann im Tag 12 Meter Zaun bauen[135].

Auch wenn neunhundert Jahre früher die Arbeit langsamer vor sich ging, sind diese Zahlen wertvoll. Sie lassen erkennen, daß der Burgenbau die landwirtschaftliche Arbeit nicht ernsthaft und auf Dauer gestört haben dürfte. Wahrscheinlich gab er den Beteiligten ein Gefühl der Sicherheit, das allerdings trügerisch sein konnte: Befestigte man einen Stützpunkt, so tat der potentielle oder aktuelle Gegner wahrscheinlich auf seinem Gebiet dasselbe, und die Gefahr nahm zu, statt geringer zu werden. Mit Burgen und «Gegenburgen» trieb man eine Art Burgenpolitik, und der Handstreich auf vorgeschobene Stützpunkte des feindlichen Nachbarn konnte zur militärischen Notwendigkeit werden. Als Besatzung solcher Wehrtürme hatte man zumeist Berufskrieger. Das Landvolk litt unter den Kriegsereignissen vor allem wirtschaftlich, durch das «Schadenstiften», von dem noch zu reden sein wird. Da Wehrtürme immer wieder durch Brand vernichtet wurden, hat man seit dem Ende des 10. Jahrhunderts einige steinerne «donjons» erbaut; erst im 12. Jahrhundert verdrängte der steinerne Wehrbau den hölzernen ganz[136].

Was jene Burgen betrifft, die eine länger dauernde Rolle spielten, so ist ihre Zahl nicht ganz so groß, wie man meinen könnte. Das gilt auch für das klassische «Burgenland» Frankreich. Im Mâconnais um 1000 waren es 16, womit der Höchststand bis in das 12. Jahrhundert hinein fast erreicht war. In

---

134 Finó, Forteresses (oben Anm. 39) 107 ff.

135 A. a. O. 107.

136 Aubenas, Châteaux-forts (oben Anm. 131) 559 f.

Maine gab es um 1050 erst 11, fünfzig Jahre später allerdings schon 62 – die Entwicklung ist unterschiedlich, doch überwiegen Landschaften mit steigender Burgenzahl, wie dies den Erbteilungen der Besitzerfamilien und dem Landesausbau entspricht[137]. Den Übergang zu den andersartigen Verhältnissen Deutschlands zeigt Lothringen, wo bis zum Jahre 1000 Burgen kaum eine Rolle spielten; die weltlichen Funktionäre saßen in diesem Land, dessen wesentliche Positionen von mächtigen Familien beherrscht wurden[138], nach gut karolingischer Art in Pfalzen oder «villae»[139].

Für den ostfränkisch-deutschen Bereich ist in den letzten vierzig Jahren eine Fülle burgengeschichtlicher Arbeiten entstanden[140], und auch die Archäologie erstreckt sich stärker als anderswo auf dieses Forschungsgebiet. Man ist Formen und Funktion der Burgen ebenso wie den Verbindungen mit dem Problemkreis der Entstehung von Städten und Territorien nachgegangen, meist freilich ohne den Umkreis der landeskundlichen Forschung zu überschreiten. Wenig hat man europäische Zusammenhänge ins Auge gefaßt, wie dies etwa für die Frage der Burgen Heinrichs I. geschehen ist[141]. Für die ältere Zeit fällt die Tatsache schwer ins Gewicht, daß die Quellen gegenüber jenen aus manchen Landschaften Italiens und Frankreichs überaus dürftig sind. So besitzen wir etwa über das Burgensystem Heinrichs I. einige literarische Nachrichten, aber es lassen sich fast keine Urkunden und Bodenfunde auf sie beziehen; daß die ostdeutschen Burgwarde auf Heinrich zurückgehen, bleibt eine Vermutung einiger Verfassungshistoriker – sicherlich «ein betrübliches Ergebnis»[142]. Für die Beantwortung der Frage, wie weit das Burgenwesen auf die Lebensform der bäuerlichen Bevölkerung einwirkte, sind die Voraussetzungen also nicht günstig.

---

[137] Zahlen bei Philippe CONTAMINE, La guerre au moyen âge (Nouvelle Clio 24, Paris 1980) 131.

[138] Vgl. oben 255 f.

[139] PARISSE, Noblesse lorraine 1 (oben 255 Anm. 31) 133 f.

[140] Ausführliche Überblicke über das Geleistete finden sich in: Die Burgen im deutschen Sprachraum (Vorträge u. Forschungen 19, Bd. 1 und 2, 1976).

[141] So hat Walter SCHLESINGER nach möglichen Zusammenhängen mit England gefragt, Burgen und Burgbezirke, zuletzt gedruckt in: SCHLESINGER, Mitteldeutsche Beiträge zur deutschen Verfassungsgeschichte des Mittelalters (1961) 183, und Kurt-Ulrich JÄSCHKE, Burgenbau und Landesverteidigung um 900 (Vorträge u. Forschungen, Sonderbd. 16, 1975) ist dieser Frage ausführlich nachgegangen.

[142] SCHLESINGER a. a. O. 175, vgl. sein Nachwort a. a. O. 475: «Es bleibt dabei, daß wir die Burgen weder archäologisch noch verfassungsgeschichtlich nachweisen können.» Auf die methodische Schwäche jedes Versuches einer Zusammenschau macht auch Fred SCHWIND aufmerksam: Verfassung und Bedeutung der Reichsburgen, in: Die Burgen (oben Anm. 140) 1, 93 mit Anm. 48.

Am ehesten sagen darüber die viel zitierten, verschiedenartig interpretierten Sätze Widukinds von Corvey aus. Er spricht von bäuerlichen Kriegsdienstpflichtigen (agrarii milites); jeden neunten von ihnen habe Heinrich I. – in seiner sogenannten Burgenordnung – zum Aufenthalt in einer der «Burgen» (urbes) verpflichtet; dort sollte er Unterkünfte für die anderen acht schaffen und ein Drittel der Ernte einlagern. Versammlungen und Gastmähler sollten in den Burgen stattfinden, an denen Tag und Nacht gebaut wurde, um gegen die Feinde (Ungarn) gerüstet zu sein[143].

War das ein «incastellamento»? Sicher nicht. Es lohnt sich jedoch, bei allen Verschiedenheiten auch die Dinge zu betrachten, die in die Nähe eines solchen Vorganges hätten führen können. Widukind sagt, daß die Leute in der Zeit des Friedens lernen sollten, was sie gegen die Feinde in Notzeiten tun mußten. Das bezieht sich auf die Schanzarbeiten, man kann es aber auch als Motto für eine Zusammenziehung der Bevölkerung in den befestigten Orten auffassen. Dann wohnten auch die acht bäuerlichen Krieger zusammen mit dem neunten, für den sie bisher gesorgt hatten, in dem befestigten Lager, und man nährte sich von den dort angelegten Vorräten. Was aber, wenn die Ungarn immer wieder erschienen? Es konnte eine Zeit kommen, in der es geraten war, möglichst viele Menschen im Lager wohnen zu lassen und draußen, so gut es eben anging, dennoch die Felder zu bestellen. Ein solcher Dauerzustand hätte wahrscheinlich auch eine Umstrukturierung der Besitzverhältnisse mit sich gebracht, durch Verzicht auf fern liegende Güter und intensive Bebauung der «Burg» nahe gelegener Gebiete. Aus Fluchtburgen wären dann zeitweise Siedlungen hervorgegangen, die auch nach dem Aufhören der Gefahr fortbestehen mochten.

Im Gegensatz zu Italien war es hier immer das Königtum, von dem die Planung ausging. Durch den König wurde die Burg und spätere Stadt Meißen gegründet, die Pfalz Werla erhielt ähnlich wie die Abteien Corvey und Hersfeld großzügige Befestigungen, die einer Volksmenge Schutz bieten konnten[144].

---

143 Widukind I, 35, ed. HIRSCH-LOHMANN 48 f. Vgl. Carl ERDMANN, Die Burgenordnung Heinrichs I. Deutsches Archiv 6 (1943) 59 ff. und zuletzt JÄSCHKE a. a. O. 18 ff. Über die Deutungen der «agrarii milites» referiert ausführlich Gerhard BAAKEN, Königtum, Burgen und Königsfreie (Vortr. u. Forschungen 6, 1961) 14 ff. – In einem Wunderbericht aus dem Kloster Hersfeld heißt es, daß dort die «familia» tägliche Burgwerkdienste zu leisten hatte, um (anscheinend schon bestehende) Versammlungsorte «ehrbarer Männer und Frauen» zu befestigen. Miracula s. Wigberti, Text bei JÄSCHKE a. a. O. 18 Anm. 77 und ERDMANN, Burgenordnung 65.

144 Meißen: Thietmar I, 16, ed. HOLTZMANN 22 f. Werla, Corvey, Hersfeld: vgl. etwa JÄSCHKE a. a. O. (passim) und vorher etwa Rafael VON USLAR, Frühgeschichtliche Befestigungen zwischen Alpen u. Nordsee. Blätter f. deutsche Landesgeschichte 94

Theoretisch war in Deutschland das königliche Alleinrecht des Burgenbaues überall gültig, doch gab es «Adelslandschaften», in denen die nachgeordneten Gewalten ohne Königsgebot Befestigungen errichteten. Auf diese Weise entstanden z. B. in Ostfranken Burgen der Grafen von Schweinfurt, und ebensolche im bayerischen Nordgau[145]. Obwohl die Grafen Amtsträger des Königs waren, erhoben sie sich gegen Heinrich II.; der Aufstand endete 1003 mit der Verbrennung einer Burg durch ihren Besitzer, und die Hauptburg Schweinfurt entging nur knapp demselben Schicksal[146]. Auch bei Grafenburgen konnten also Holz und Erde die hauptsächlichen Baumaterialien sein. Übrigens hatte eine der vier Hauptburgen der Schweinfurter, Creußen, eine beträchtliche Ausdehnung (130 zu 140 Meter); sie konnte also eine erhebliche Zahl von Menschen aufnehmen. Zu der Burg gehörten Burgmannen, die im äußeren Wehrbezirk ihre Häuser hatten, und zehn Burgmannengüter, später im Besitz von Angehörigen des niederen Adels. Man kann an die «milites castri (castrenses)» in Oberitalien und Frankreich denken und meinen, hier hätten Freie die Chance erhalten, sich über den Durchschnitt des Bauerntums zu erheben und kleine «Herren» zu werden. Vorgelagert waren der Burg Creußen kleine Warten oder Wächterburgen, von denen noch neun nachweisbar sind. Doch hatte das Burgensystem sicherlich keinen Einfluß auf die Herrschaftsstruktur; alles verblieb in karolingischen Bahnen, als Großherrschaft mit ausgedehntem Salland um die Herrenburg.

Die Wächterburgen hatten hier und in ganz Oberfranken und seinen Nachbarlandschaften die Form des Hügels mit aufgesetztem Turm. Solche künstliche Hügel fanden sich in Tallagen, auf Bergrücken und Hängen; es waren «Motten» mit einem oder zwei Ringwällen. Auch sie waren Vorläufer kleiner Herrenhöfe, mit ausgedehntem landwirtschaftlichem Areal und einem Wirtschaftshof. «Die Besitzer dieser Turmhügel waren zu Kriegsdienst verpflichtet, ihr Aufstieg in den niederen Adel war ebenso möglich wie das Absinken in das Bauerntum»[147], dem diese Familien wohl von Anbeginn zugehörten.

In der «Mottenforschung» ist vieles kontrovers. Die Form findet sich in verschiedenen Landschaften, besonders auch etwa am Niederrhein und könnte von hier in den Osten gelangt sein; freilich führen die sicheren Zeugnisse nur bis in

---

(1958) 88. Hermann SCHROLLER in: Deutsche Königspfalzen 2 (oben Anm. 38) 140 ff.

145 Zum Folgenden vgl. Thietmar V, 32 ff., der ein Verwandter der Grafen war, und Rudolf ENDRES, Zur Burgenverfassung in Franken. Die Burgen (oben Anm. 140) 2, 300 ff.

146 Thietmar V, 38, ed. HOLTZMANN 262 ff.

147 ENDRES a. a. O. 300.

das 11. Jahrhundert zurück[148]. Kleinburgen in Form von Rundwällen hat es schon im 9. Jahrhundert in Sachsen gegeben, und es ist unklar, ob und wie weit sie in Zusammenhang mit Herren- oder Grafensitzen errichtet wurden[149]. Daß sie Mittelpunkte von adeligen Kleinherrschaften gewesen seien, die durch Erbteilungen zustandekamen[150], läßt sich nicht erweisen. Die ottonischen Burgwarde in Ostelbien mit ihren Bannbezirken dienten militärischen Zwecken des Königtums, nicht dem Ausbau adeliger Herrschaften. Da stand vor allem das sächsische Erbrecht im Wege, das zur Zersplitterung der Besitzrechte führte. In der unsicheren Atmosphäre gegenseitiger Rivalitäten des Kleinadels konnten die Freien weiter bestehen, bei denen der Zusammenhalt der Familien anscheinend weit größer gewesen ist[151].

Mit einigen wenigen Hinweisen sollte gezeigt werden, wie vielfältig gerade in Deutschland die Geschichte von Burgen und Herrschaften mit jener der bäuerlichen Bevölkerung verknüpft ist. Es gibt hier kaum große durchgehende Linien ähnlich jenen im Bereich des «incastellamento» und der französischen Bannherrschaften. Auch mit der Vorstellung, in Mitteleuropa sei man eben noch ganz karolingisch geblieben, während anderswo der Fortschritt zu Hause war, ist hier wenig getan. Es bleibt die Hoffnung auf die mittelalterliche Archäologie. Bisher hat sich allerdings gezeigt, daß diese Disziplin überfordert ist, wenn sie das Fehlen schriftlicher Quellen wettmachen soll.

[148] Wilhelm Janssen, Burg und Territorium am Niederrhein im späten Mittelalter. In: Die Burgen ... (oben Anm. 140) 1, 293. Die sicherlich am nächsten liegende Ableitung der Form aus den Bedürfnissen der Normannenabwehr ist nicht unbestritten, ihre Überprüfung wird gefordert durch Janssen a. a. O. 284 Anm. 2 und andere, was zu einem eventuellen jüngeren Ansatz führen könnte. Bei dem Fehlen von Urkunden kann nur die Keramik zu Datierungszwecken herangezogen werden, a. a. O.

[149] Herbert Jankuhn, Sächsische Burgen der karolingischen Zeit, in: Die Burgen ... (oben Anm. 140) 1, 369.

[150] Sabine Krüger, Studien zur sächsischen Grafschaftsverfassung im 9. Jahrhundert (Veröff. d. Histor. Kommission f. Hannover ... 19, 1950) 39.

[151] Leyser, Rule and Conflict (oben 128 Anm. 59) 10 f.

III.

Schichtung und Mobilität

Bisher wurde der Begriff «Bauer» in unserer Darstellung unreflektiert gebraucht; als Sammelbezeichnung für die landbebauende Bevölkerung mag er weiterhin dienen, doch wird es Zeit, hier stärker zu differenzieren. Es wurde bereits darauf hingewiesen, daß sich erst im 11. Jahrhundert ein Bauernstand, bestehend aus Freien und Unfreien, von den anderen Großgruppen und vor allem dem Berufskriegertum (bellatores) abzuheben begann[1]. Vorher bedeutete das Wort den Siedlungsgenossen auch nichtbäuerlicher Art. In unserer heutigen Bedeutung war es damals fast überflüssig[2]. Selten kam es ja auf die landwirtschaftliche Tätigkeit an, viel eher auf Freiheit und Waffenfähigkeit oder ihr Gegenteil. Sicherlich hat eine gewisse Nivellierung der Unterschichten, besonders in Italien[3], und die stärkere Distanz zu der Oberschicht zu dieser Wandlung beigetragen. Auch eine stärkere Bindung an den Boden durch Intensivierung der Landwirtschaft auf Kosten der Viehzucht wurde für die Wendung in Anspruch genommen: dem Bauern sei nicht mehr Zeit für das Kriegshandwerk geblieben[4]. Die alten Begriffe von Freiheit und Unfreiheit wurden immer schillernder und bedeuteten oft nur mehr wenig. Es gab da eine Zwischenzone, die von den Zeitgenossen anerkannt, aber nicht definiert wurde[5].

In Zeiten der Not und des Wiederaufbaues fragte man weniger nach der Rechtsstellung der Person, als nach ihrem wirtschaftlichen Status. Die persön-

---

[1] Siehe oben 12 f. Reinhard WENSKUS, «Bauer» – Begriff und historische Wirklichkeit. In: Wort u. Begriff Bauer (oben 13 Anm. 7) 7.

[2] Gerhard KÖBLER, «Bauer» (agricola, colonus, rusticus) im Frühmittelalter, ebenda 240. In der neuen Bedeutung ist nach KÖBLER a. a. O. 243 der Begriff seit 989 in Frankreich und seit 1030 in Deutschland belegt. Vor dieser Zeit scheint er besonders von Gelehrten (Rabanus Maurus, Mittellat. Wörterbuch 1, 1967, 409 Z. 48) verwendet worden zu sein.

[3] Karl BOSL, Gesellschaftsgeschichte Italiens im Mittelalter (Monographien zur Gesch. d. Mittelalters 26, 1982) 76. Pierre TOUBERT fand die Anfänge einer Verschmelzung von freien und unfreien Inhabern der «casae coloniciae» des Klosters Farfa zu einer Schicht von «rustici» schon in den Jahren 760-780. L'Italie rurale (oben 456 Anm. 91) II, 119.

[4] WENSKUS a. a. O. 19 (nach Max Weber).

[5] BOUTRUCHE, Seigneurie et féodalité (oben 210 Anm. 111) 127.

lichen Rechte und Pflichten hatten gleichsam auf Grund und Boden abgefärbt: Wenn in karolingischer Zeit ein Unfreier auf einer Hufe gesessen war, dann blieb diese Hufe «unfrei» (mansus servilis, casa colonicia), und ihr Inhaber hatte die entsprechenden Dienste und Abgaben weiterhin zu entrichten – auch dann, wenn sie jetzt ein Freier besiedelte. Umgekehrt konnte eine «freie» Hufe einen unfreien Inhaber bekommen. Der Weg zum gemeinsamen Begriff «Bauer» war von hier aus gesehen nicht mehr weit. Um Bergamo und anderswo gab es landbebauende Leute, «massarii», von denen viele unfrei, andere jedoch Vollfreie waren[6].

In der Bewertung dieser ländlichen Bevölkerung durch die Angehörigen der Oberschicht läßt sich eine gewisse Unsicherheit erkennen. Man distanzierte sich von ihr und konnte doch nicht umhin, auch Positives anzumerken. Das entsprach zwei gegenläufigen Haltungen der Spätantike, der adelsstolzen und «romtreuen» auf der einen Seite, dem Lob des Landmannes im Gegensatz zur verrotteten städtischen Zivilisation auf der anderen. Beides war in die christliche Literatur eingegangen, vermehrt um erbauliche Ermahnungen, nicht auf Abstammung und Reichtum, sondern auf schlichtes Wesen und Einfalt des Herzens komme es an. In den Lebensbeschreibungen konnte man durchaus auf bäuerliche Ahnen des hervorragenden Mannes hinweisen, sofern es sich um eine freie Herkunft handelte. Die beginnende Entwertung dieses Begriffes durch wirtschaftliche Gegebenheiten spiegelt sich in der Voranstellung der Berufsangabe, wenn es etwa heißt, der heilige Maximin sei Sohn eines Mannes gewesen, der zwar Bauer (rusticus) war, aber dennoch (tamen) aus freier Familie stammte[7].

Hier spielt, wohl unbewußt, die Distanzierung der Oberschichten von dem bäurischen Wesen eine Rolle. Ganz stark hat diese Distanz Adalbero von Laon betont, wenn er schrieb, der Bauer sei faul, ungestalt (deformis) und häßlich (turpis)[8]. Anderswo lobte er die bäuerliche Arbeit: Unter Mühen ernährt der Knecht seinen Herrn[9]. Hier ist vom freien Bauerntum überhaupt nicht mehr die Rede; der Gegensatz zwischen Hoch und Niedrig, König und Bischöfe einerseits, dem Knecht auf der anderen Seite, wird sehr deutlich. Nicht alltäglich ist es, daß Adalbero sein Mitleid mit den geplagten Unterschichten betont,

---

6 Jarnut, Bergamo (oben 296 Anm. 20) 159. Vgl. das Register bei Bosl, Gesellschaftsgeschichte 254 s. v. «massarius (servus, liber)».

7 Letald von St.-Mesmin in Micy, Miracula s. Maximini c. 54, Migne PL 137, 821.

8 Hückel übersetzt hier «couvert de honte», Carozzi «vil». Carmen ad Rotbertum ed. Carozzi 4 f. v. 37. Als Gegensatz wird im nächsten Vers angeführt, daß der «rusticus» eine «pulchra corona» tragen soll.

9 Carmen v. 285 ff., ed. Carozzi 22.

und vor allem hat man kaum anderswo so sehr wie hier die positive Funktion des Bauerntums für die Existenz der Herren hervorgehoben. Darauf wurde in den letzten Jahren mehrfach hingewiesen[10]. Christliches Erbarmen und reine Objektivität passen freilich kaum in das Bild, das wir ansonsten von diesem Bischof besitzen. Teilweise kann man solche Züge aus dem Charakter des Gedichtes erklären: Breiten Raum nimmt das Paradoxon ein; man bekommt ganz anderes zu hören als man erwartet und wird damit zum Nachdenken angeregt. Die scharfe Kritik am Cluniazensertum ist eingebettet in allgemeine Zeitkritik, und dazu gehört auch ein Wort gegen den Hochmut der Führenden. König und Bischöfe sollen sich der Bedingtheit ihrer Stellung bewußt bleiben.

Eine Bevölkerungsgruppe, die erst in Bildung begriffen war, konnte keine einheitliche Bewertung durch die Zeitgenossen erfahren. Einerseits war «rusticus» fast ein Schimpfwort, anderseits konnte man sagen, daß «alle Vasallen (milites) und Landleute (rustici)» eines Bistums zusammenkommen sollten, um den Bischof zu beraten[11]. Man kann sich unter ihnen nicht nur freie Bauern, sondern auch «behauste Knechte» (servi casati) vorstellen.

Die in der Landwirtschaft Beschäftigten waren der Großteil der Bevölkerung und darum besagte der Begriff «rusticus» in wertneutraler Verwendung recht wenig. Dem täglichen Leben näher stand eine andere Begriffsbildung für Mittel- und Unterschichten, die grundsätzlich nicht nur das Bauerntum betraf, es aber allzumeist meinte: Man sprach von «Armen» (pauperes), wobei der Ausdruck nicht nur materielle Armut meint, sondern auch einen Mangel an Herrenrechten bedeuten kann[12]. Der Mächtige steht nie allein, er ist vor Unbilden sicher, die ihm andere antun könnten. Vor allem daraus bezieht er sein Sozialprestige. Natürlich tragen zu diesem Hilfsquellen materieller Art bei, ohne die man keine Gefolgsleute und Freunde hat. Als «Arme» werden seltener Knechte bezeichnet als Freie[13]. Während Knechte im öffentlichen Leben überhaupt keinen Platz haben, erwartet man von den Freien aktive Beteiligung an seinen Aufgaben. Vollen Waffendienst können nur Begüterte leisten, in den Krieg vor allem dann ziehen, wenn daheim die Felder durch Untergeordnete bestellt werden. Der Arme ist mittellos (inops) vor allem dann, wenn er nicht

---

10 Zuletzt von OEXLE, Die «Wirklichkeit» u. das «Wissen», in: Historische Zeitschrift 232 (1981) 83.

11 Synode von Le Puy, GUILHIERMOZ, Noblesse en France (oben 56 Anm. 36) 375 Anm. 20, ebendort viele weitere Quellenstellen über den Gebrauch von «rusticus» seit dem 11. Jahrhundert.

12 BOSL, Potens und Pauper (oben 197 Anm. 52).

13 Franz IRSIGLER, Divites und pauperes in der Vita Meinwerci. Vierteljahrschrift für Sozial- und Wirtschaftsgeschichte 57 (1970) 450.

genug Boden und Bedarfsgüter – Nahrung, Kleidung, Geräte, Waffen – für sich selbst besitzt, oder doch zu wenig, um mit ihnen andere in seinen Dienst stellen zu können. «Arm» und «allein» sind schon im Alten Testament miteinander verwandte Begriffe[14].

Dabei kann es sich um keine absoluten Werte handeln. Wie bei allen Versuchen des Mittelalters, sozialen Tatbeständen durch Kontrastbegriffe in Paarform beizukommen[15], dürfen solche Bezeichnungen nicht überfordert werden. Sie kennzeichnen den oberen und den unteren Rand einer sozialen Skala, von deren Mitte nicht die Rede ist. Weiters ist «arm» stets ein relativer Begriff. In der überhöhten Wirklichkeit des «Ruodlieb» wird eine dörfliche Gemeinschaft geschildert, deren Wohlhabenheit hervorgehoben werden soll. Wenn ein Graf, so heißt es da, mit hundert Bewaffneten in das Dorf käme, würde er in geziemender Weise aufgenommen (und bewirtet) werden. Die Frage, ob es hier einen Reichen gebe, der Ruodlieb und seinen Gefährten aufnehmen könne, wird zurückgewiesen: Ein Armer wäre derjenige, der nicht beiden samt ihren Pferden ausreichende Gastlichkeit gewähren könnte[16].

Aus der Sicht der Mächtigen wären auch wohlhabende Bauern wahrscheinlich «Arme» gewesen. Von hier aus gesehen, gab es «arme» Edelleute[17], obwohl sie gewiß mehr besaßen als einer der im «Ruodlieb» geschilderten Bauern. «Arm» oder «reich» (bzw. «mächtig») ist man vor allem im Vergleich zu den anderen Angehörigen seiner sozialen Gruppe[18]. «Armut» bedeutete einen Mangel an Prestige innerhalb dieser Schicht; in ihr gab es «diejenigen von einiger Bedeutung (alicuius momenti)»[19] und andere, über die man hinwegsehen konnte. Sie waren eher als die Größeren Anfechtungen ausgesetzt, wenn sie sich keinem Herrn unterstellten. «Arm» in diesem Sinne waren kleine Grundbesitzer ebenso wie alleinstehende Frauen, Waisen, ihrer Freiheit Beraubte und Reisende ohne Gefolge[20]. Man konnte aber auch alle Angehörigen einer gan-

---

14 Ps. 24, 16. Zu «pauper et inops» vgl. Ps. 73, 21 und 85, 1. Eine lange Liste von Begriffen, mit denen sich «pauper» verbinden konnte, gibt Michel MOLLAT, Les pauvres au moyen âge (Paris 1978) 11 f., wobei «unicus» fehlt.

15 Vgl. etwa die binären Schemata «magnae et parvae personae», «superior» und «inferior ordo rei publicae» in Urkunden; BOSL, Gesellschaftsgeschichte Italiens 83.

16 Ruodlieb VI, 13 ff., ed. KNAPP 78, FORD 62.

17 Die Briefsammlung Gerberts ed. WEIGLE 43 Nr. 20: «quorundam nobilium pauperum cęca cupiditas».

18 Michel MOLLAT im Vorwort zu: Etudes sur l'histoire de la pauvreté 1, 12, 15.

19 Wipo, Gesta c. 4 ed. BRESSLAU 24: «ingenui omnes, si alicuius momenti sint, regibus fidem faciant». Dazu KELLER, Adelsherrschaft (oben 46 Anm. 169) 289 f.

20 Carlo Guido MOR, Sui poteri civili, in: I poteri temporali dei vescovi in Italia e in

zen Großgruppe ohne Unterschied mit dem Sammelbegriff bedenken: Für den Klerus der Synode von Charroux (989) waren die Armen identisch mit den Bauern insgesamt[21]. Hier zeigt sich die Vielfalt von Bedeutungen eines echten «Popularbegriffes».

Wir haben früher darauf hingewiesen, daß das Prestige des Edlen von verschiedenen Faktoren abhing, unter denen Reichtum wichtig war, aber nicht die Hauptsache bildete. Bei den Unterschichten war dies anders schon deshalb, weil sehr oft echte Not drohte, in Kriegszeiten ebenso wie in Jahren der Mißernte. Der Arme wurde sehr rasch zum Bedürftigen (egenus), dieser zum wandernden Bettler. Daß es ein Sozialprestige der Oberschichten, aber keines der «kleinen Leute» gab, ist eine Irrmeinung[22]. Von diesen hat man überhaupt selten Notiz genommen, und so gibt es nur wenige direkte Hinweise auf die Bewertung, die innerhalb der Unterschichten ihren Angehörigen zuteil wurde. Sicherlich kam es auch hier auf die persönliche Leistung an, die sich jedoch vor allem im Materiellen ausdrückte: Wer gut wirtschaftete, war angesehen und konnte vielleicht «reich» werden, wie jene Bauern, die im «Ruodlieb» genannt werden. Den «Einochs» verspottete man, weil er nicht die zum Ackern nötigen zwei Rinder besaß. Aus dem Kloster St.-Maur-des-Fossés wird berichtet, daß es dort «Kärrnerhufen» (mansus carroperarii) und Hufen von Leuten gab, die kein Gefährt besaßen (m. manoperarii); es ist anzunehmen, daß der Besitz eines Karrens das soziale Ansehen hob, vor allem dann, wenn er von Pferden gezogen wurde (mansi paraveredorum in St.-Germain-des-Prés)[23]. Noch stärker war wohl die Stellung des Bauern, der Knechte und Mägde beschäftigte, von derjenigen abgehoben, die man dem Familienbetrieb zumaß. Auch ein Unfreier konnte solches Dienstpersonal halten, das wiederum in seinem eigenen Kreis sozialen Unterscheidungen zugänglich gewesen sein dürfte. Auf alpenländischen Bauernhöfen gilt bis heute die Kuhmagd mehr als die Schweinemagd, diese mehr als das «Mädchen» für die Kleintierhaltung (Kuhdirn, Saudirn, Heanamensch). Alle haben den ihnen geziemenden Platz bei Tisch, sofern es heute noch gemeinsame Mahlzeiten gibt.

Soziale Aufwertung brachte innerhalb der Grundherrschaft die Verwendung als Inhaber eines Amtes mit sich. Diese Ur-Ministerialen übten ihren Dienst

---

Germania nel Medioevo ed. C. G. Mor u. H. Schmidinger (Annali dell'Istituto storico italo-germanico 3, Bologna 1979) 12.

21 «pauperes, id est agricultores». Darauf hat Mollat, Les pauvres (oben Anm. 14) 71 aufmerksam gemacht. Hier bestand ein Interesse, die Gesamtheit der Bauernschaft als arm und damit schutzbedürftig hinzustellen.

22 So etwa Elias, Zivilisation (oben S. 4 Anm. 11) 2. Aufl. 2, 342 f.

23 Kuchenbuch, Prüm (oben 115 Anm. 11) 75 f.

vielfach nebenbei aus, d. h. sie hatten eine Hufe zu bebauen und daneben Schmiedearbeiten, Mühlendienst oder ähnliches zu besorgen. Überwog die Tätigkeit in einem dieser Sonderdienste, wurde der Bauer zum Schmied (des Klosters usw.) oder zum Müller, der mit der anfallenden Kleie Schweine fütterte; einige von ihnen hatte er als Abgabe an den Herrn zu liefern. Voll beschäftigt war auf großen Herrschaften der Meier, Verwalter einer «villa» und Sammler der Naturalabgaben – sie konnten ihn und seine Familie ernähren, und er brauchte darum keine Hufe zu bebauen. Der Meier erhob sich über die Sphäre, aus der er stammte: er zog zu Pferde umher, und ebenso war es mit Berittenen, die über Land Botendienste verrichteten. Konkrete Nachrichten über eine soziale Staffelung dieser Leute fehlen, immerhin hat man eine Rangordnung vermutet: Voran der Meier, dann der Müller, der Schmied, Förster, Hirte[24]. Daß es «Oberhirten» gab, zeigt eine Darstellung, auf die wir schon verwiesen haben[25].

Man konnte als Unfreier ein Meier sein und durch dieses Amt wahrscheinlich mehr gelten als so mancher Freie, der in wirtschaftliche Abhängigkeit von der Grundherrschaft und ihren Funktionären geraten war. Es ginge aber nicht an, die alte Scheidung in Freie und Unfreie zu vernachlässigen für eine Zeit, die weniger als die frühere Epoche in diesen Kategorien dachte. Wir müssen uns auch der Tatsache bewußt bleiben, daß die Quellen des 9. und des 10. Jahrhunderts zumeist von Großherrschaften handeln, und daß die ländliche Kleinwirtschaft unabhängiger Leute, ein «gewichtiger Sektor der Landwirtschaft» gewesen sein dürfte, der fast ganz im Schatten liegt[26]. Das landschaftliche Moment spielt ebenfalls eine bedeutende Rolle: In Sachsen scheint es mehr Freie, in Bayern mehr Unfreie gegeben zu haben[27]; im Gegensatz zu den westfränkischen Großherrschaften lag im Süden Frankreichs viel kleiner und mittlerer Allodialbesitz. In der Region von Narbonne waren die Dienste der abhängigen Bauern weitaus geringer als im Norden, und es hat hier nach der Jahrtausendwende keine Sklaven mehr gegeben[28]. Es mag sein, daß die Natur des Landes eine Rolle gespielt hat bei der Erhaltung des Eigenbesitzes im Süden und seiner Neugewinnung. Neues Allod gab es etwa durch den «Halbbau» (complant) in Katalonien: Auf dem Grund eines anderen rodete und pflanzte man und erhielt nach einer gewissen Frist die Hälfte des bebauten Landes als Eigentum.

[24] Kuchenbuch a. a. O. 292 vgl. 288.

[25] Oben 54 mit Anm. 23. Daß die Hirten zu den «unehrlichen Leuten» gezählt hätten, wie Kuchenbuch a. a. O. 289 vermutet, dürfte nicht richtig sein.

[26] Duby, Guerriers et paysans 105.

[27] Dollinger, Classes rurales 232.

[28] Magnou-Nortier, Société ... Narbonne 223.

Das betraf vor allem den Weinbau[29]; hier brauchte man kaum die Dinge, über die im Norden vor allem die Grundherren verfügten: Saatgut, Ochsen und Pflüge. Weinbau und Gartenwirtschaft waren ein Rückhalt für Unabhängige, für die Abhängigen minderen Grades anscheinend ein gewisser Schutz gegen weiteren Abstieg.

In Italien wurden Unfreie, Halbfreie und Freie im Bereich einer Herrschaft nicht mehr unterschieden, sondern allesamt als Hintersassen (manentes) bezeichnet. Das läßt auf eine gewisse Nivellierung schließen[30], die nicht nach «unten» erfolgen mußte. Sie konnte den Unfreien eine Besserstellung bringen, die zur Freiheit führen mochte. Wir wissen, daß in den Zeiten des Wiederaufbaues die Eigeninitiative gebraucht wurde, die Zahl der Knechte und Sklaven sehr stark zurückging[31].

Der freie Erbbesitz war im zehnten Jahrhundert weniger als im neunten in Gefahr, in den Sog von Großherrschaften zu geraten. Schlimm konnte es anderseits werden, wenn das Erbrecht «Egalteilungen» vorsah. Sie haben z. B. im Mâconnais um 980 begonnen und zu einer Umgestaltung der Soziallandschaft geführt[32]. Aussagen über Allod sind manchmal schwierig dadurch, daß als solches auch ein nicht völlig von Leistungen freier Besitz bezeichnet wurde. Man wollte damit betonen, daß er schon lange in der Familie war und keine Neuerwerbung darstellte[33]. Den Gegensatz zwischen Leihegut und Erbgut allzusehr zu betonen, geht wahrscheinlich in vielen Fällen an der Wirklichkeit vorbei: Wo das Gut reichlich, die Summe der Leistungen an den Herrn nicht allzu groß war, lebte man oft besser als auf einem zu kleinen oder zu klein gewordenen Allod. Man hatte allen Grund, in diesem zweiten Fall das Moment der Freiheit zu betonen, nicht den wirtschaftlichen Standard[34]. Rechtsgeschichtlich und sozialgeschichtlich gesehen ist der Verlust der Freiheit ein Abstieg; vom wirtschaftlichen Standpunkt aus konnte mit ihm eine Besserstellung

---

29 Bonnassie, La Catalogne 1, 230 für Katalonien, vgl. 231: «Dans tout le Midi, le développement de la viticulture a contribué puissamment à la sauvegarde de la petite propriété ...».

30 Bosl, Gesellschaftsgeschichte Italiens 82.

31 Unten 488 f.

32 Duby, Société ... Mâconnais 56. Fechter, Cluny 4.

33 Dieser nicht unwichtige Hinweis wurde von Flach, Origines 1, 190 Anm. 1 gegeben. Auf der höheren Stufe des freien Erbbesitzes war nach gängiger Anschauung seine Verwandlung in Lehengut üblich; nach Flach a. a. O. 125 Anm. 1 war eher das Gegenteil der Fall – auch dies ein Gedanke, der an versteckter Stelle ausgesprochen und wenig beachtet wurde.

34 Jarnut, Bergamo 162.

verbunden sein. Von der großen Herrschaft ging nicht nur ein Druck auf die kleinen Eigentümer aus, sondern sie konnte auch attraktiv wirken. Unter dem Krummstab war gut wohnen, wie das Sprichwort besagte. Es meint gewiß den Schutz, den man hier genoß, daneben aber auch Materielles.

Ein Kompromiß war es, wenn man neben dem Allod Leihbesitz innehatte, also ein Freier blieb, der zugleich von dem Leihgeber abhängig war[35]. Dieser Freie war ein «Mann» (homo) – das Wort klingt wie «Lehensmann» –, den man als Minderfreien zu bezeichnen pflegt[36]. Man konnte eine «freie» Hufe geliehen erhalten, oder auch eine «unfreie» (mansus servilis) und wurde damit wenigstens indirekt dem Stand der Knechte nähergebracht. Freie und Unfreie wohnten nebeneinander im gleichen Dorf[37] – die Siedlungsgemeinschaft hatte keinen Einfluß auf den rechtlichen Stand und half doch mit, diesen Stand zu entwerten, andere Momente wichtiger erscheinen zu lassen als die herkömmlichen Begriffe. Es hat auch, etwa in Oberitalien, Gemeindebildungen von Freien gegeben, die ohne gemeinsam zu siedeln ihre Interessen wahrnahmen. Man versammelte sich im Vorhof der Kirche und schloß Verträge, beriet über gemeinsames Weideland usw.; es war oft ein Zusammenschluß gegen Großherrschaften, die dem Kleinbesitz gefährlich werden konnten. In der Poebene trat z. B. eine bäuerliche Gemeinde dieser Art gegen ein Eigenkloster der Grafen von Canossa auf, S. Benedetto di Polirone[38].

Von den verschiedenen Formen der Leihe sei hier nur eine erwähnt, die für viele Landschaften Italiens große Bedeutung erlangte. Wir sprechen von dem «Libellarkontrakt», einem grundsätzlich befristeten, tatsächlich aber über eine oder mehrere Generationen erstreckten Pachtvertrag. Während in Deutschland und Frankreich die lebenslangen Leihen vorherrschten, handelte es sich bei vielen Libellen tatsächlich um Erbpacht, die oft in ein Eigentum der Pächterfamilie überging. Die Zahl der Libellarkontrakte aus dem zehnten Jahrhundert ist so groß, daß sie sich nicht völlig überblicken läßt. In diese Form goß man Verschiedenes, große Gütertransaktionen der Oberschicht und kleine bäuerliche Pachtleihen, direkte und indirekte Leihen, d. h. auch Städter konnten auf diese Art Güter pachten und sie durch andere, zumeist in der Form des (Sub-)Libells, bebauen lassen.

Fast immer scheint es um Kirchengut gegangen zu sein, und man kann nicht nur das Vorherrschen kirchlicher Quellen für diese Tatsache verantwortlich

---

[35] Vgl. etwa DÉLÉAGE, Bourgogne (oben 428 Anm. 136) 1, 569.

[36] BOSL, Gesellschaftsgeschichte Italiens 84.

[37] BOUTRUCHE, Seigneurie et féodalité (oben 210 Anm. 111) 126 f.

[38] FUMAGALLI, Terra e società (oben 117 Anm. 20) 34.

machen. Kirchen und Klöster hatten reichen Grundbesitz, der vielfach erst der Rodung oder Entwässerung bedurfte; der Pächter sollte einen Anteil der gewonnenen Produkte abliefern. Am ehesten kam er dabei wohl in Ausbaugebieten auf seine Rechnung, mit Jagd und Sammelwirtschaft[39]. Es scheint, daß – nicht nur in diesen Gebieten – vielfach eine Kontrolle durch den Eigentümer fehlte. Die Leistungen an ihn mögen oft «auf dem Pergament» geblieben sein, galten auch kaum als das Wichtigste nach den Verwüstungen des frühen zehnten Jahrhunderts. Da war man anscheinend froh, überhaupt jemanden zu finden, der die brachliegenden Gebiete bestellte; man fragte nicht viel, ob es Freie waren oder Knechte, die Notzeiten schufen ein neues Recht. In Friaul war man dabei auch mit Slawen zufrieden[40]. Es ging einerseits darum, in diesen Gegenden später wieder Einkünfte zu haben, anderseits mußte fast jedes Mittel gut sein, um ein wildes Siedlertum zu verhindern und die Besitzrechte von einst in der Gegenwart zu erneuern. Leo Marsicanus meldet, der Abt von Montecassino habe viele Libellarkontrakte vergeben, um das von den Sarazenen zerstörte Tochterkloster Villetta Barrea mit den dadurch erlösten Geldern wieder aufbauen zu können und für die Zukunft festzuhalten, welche Besitzungen dem Kloster unterstanden[41]. Hier ging es um sofort zahlbare Beträge.

Wenn ein Abt liquide Mittel für größere Investitionen benötigte, bot sich jene Form des Libellarkontraktes an, die eine große Geldsumme als Einstand und einen geringen Anerkennungszins für die Zeit der Vertragsdauer vorsah; derartiges hat vielleicht auch bei dem Vorgang des «incastellamento» eine Rolle gespielt[42]. Das kam dem – verbotenen – Verkauf von Kirchengut nahe, besonders dann, wenn es sich um Großlibellare handelte, die bald den gepachteten Besitz mit dem Familiengut verschmolzen. Auf der bäuerlichen Ebene war ein geringer Zins, der dauernd bezahlt wurde, für den kirchlichen Grundherrn die bessere Wahlmöglichkeit gegenüber der anderen, daß Weltliche die Wiederbesiedlung in die Hand nahmen und die Siedler von sich abhängig machten. Übrigens gab es Landschaften, in denen die Libellarkontrakte nur eine sehr geringe Rolle spielten. Dazu gehörte z. B. die Gegend von Bergamo, wo die Ungarn nicht gehaust hatten[43].

Wer für das geliehene Gut nur Geldzahlungen leistete, keine Naturalabgaben und Dienste, trat gewissermaßen aus dem Verband der Grundherrschaft

---

39 Fumagalli, Storia agraria (oben 454 Anm. 80) 961 f.

40 Carlo Guido Mor, La cultura aquileiese nei secoli IX-XII, in: Storia della cultura veneta dalle origini al Trecento (1977?) 287.

41 Chronica monasterii Casinensis II, 8, MGH SS 34, 183.

42 Toubert, Latium 1, 521 f., der 517 ff. eine Übersicht über den Problemkreis gibt.

43 Jarnut, Bergamo (oben 296 Anm. 20) 158 f.

heraus, gehörte zu einer «frei schwebenden» Schicht ähnlich den kleinen Besitzern von Eigengut (possessores)[44]. Dies um so mehr, je stärker die fortschreitende Geldentwertung den gezahlten Betrag verminderte. So kamen – bei indirekten Kontrakten – Handwerker, Kaufleute, Priester und städtische Richter zu Grundbesitz[45]. Vor allem gegen diese Art der Veräußerung von Kirchengut wendeten sich kirchliche Verbote: Der Pächter sollte selbst das Land bewirtschaften, oder es zu Lehen nehmen mit allen damit verbundenen Pflichten[46]. Auch letzteres konnte zu Entfremdungen führen, ja einem getarnten Verkauf gleichkommen. In Deutschland wandte sich eine Synode dagegen, daß Freie mit Äckern investiert wurden, die als Seelgerät einer Kirche gestiftet worden waren und jetzt dieser verlorengingen[47].

Im ganzen wird man sagen können, daß das 10. Jahrhundert eine Zeit verschiedenartiger und zum Teil gegenläufiger Entwicklungen innerhalb der Mittelschichten war; günstigen Landleihen, besonders in Italien, standen Verschärfungen der Lage – etwa im Mâconnais – gegenüber. Vom dortigen Erbrecht haben wir schon gesprochen[48]. Dazu kam eine Verschlechterung der rechtlichen Situation und die Egalisierung von Frei und Unfrei vor den Gerichten, unter Einfluß der neuen Herrschaftsbildungen und der Friedensbewegung[49]. Die von der Forschung so genannten Minderfreien, die vielfältige Zwischenschicht irgendwie abhängiger Leute, faßte auch dort Fuß, wo man bisher eher konservativ geblieben war wie in Bayern. Da gab es jetzt, so wie schon länger anderswo, die Schicht der Zinsleute (censuales); teils waren es Arme, die sich dem Schutz und der Fürsorge geistlicher Herren unterstellt hatten, teils Wohlhabende, die zu ihrem Eigengut noch kirchliche Ländereien empfingen[50]. Dem Zins – in Geld oder Naturalien – entsprach hier und da auch eine Frondienstleistung, die gewiß nur den ganz armen Freien betraf. «Und es gibt einen Freien, der sich kommendiert hat, der zwei Tage in der Woche (Ar-

---

44 Bosl, Gesellschaftsgeschichte 139.

45 Violante, Società milanese 144.

46 Keller, Adelsherrschaft (oben 46 Anm. 169) 337.

47 Tribur 1036, MGH Constitutiones 1, 89 c. 7.

48 Oben 478 mit Anm. 32. Das Tempo des Zerfalls in Zwergbesitz wurde dadurch gesteigert, daß nicht ganze Landlose zu verteilen waren, sondern jeder Erbe ein Stück Gartenland, einen Anteil an den Weinbergen, dem Ackerland, den Weiden usw. bekommen mußte. Das gilt auch für italienische Verhältnisse, worauf (auf Grund von Ravennater Urkunden) Andrea Castagnetti hingewiesen hat: Continuità e discontinuità . . ., in: Medioevo rurale (oben 464 Anm. 123) 208.

49 Duby, Société . . . Mâconnais 205.

50 Vgl. etwa Dollinger, Classes rurales 359 ff., 490 f. Dieser Kopfzins galt in Bayern noch lange als Zeichen der Freiheit, a. a. O. 261.

beit) tut»[51]. Daß wir fast nur über die kirchlichen Zinsleute unterrichtet sind, liegt an dem Überwiegen der Quellen aus geistlichen Besitzungen, und daneben wohl auch an der besseren «Lebensqualität» in diesem klerikalen Herrschaftsbereich.

Fühlte man sich im Schutz solcher Institutionen sicherer, die über geistliche Waffen verfügten? War man dem Himmel näher, wenn man sich selbst einer Kirche tradierte, wie dies vor allem alleinstehende Frauen getan haben? Man wird auch die Kornspeicher nicht vergessen dürfen, die in Notzeiten gerade der Klerus den Armen öffnen mußte. Bittere Not konnte jede Mißernte den kleinen Grundbesitzern und unabhängigen Bauern bringen. Wie oft es im zehnten Jahrhundert tatsächlich größere Hungersnöte gab, ist schwer abzuschätzen, da die Quellen dürftig sind und auch gerne übertreiben[52]. Schon die stets gegebene Möglichkeit, Hunger leiden zu müssen, konnte Menschen dazu veranlassen, ihre Selbständigkeit aufzugeben. Man braucht nicht unbedingt «fortdauernden Hunger» anzunehmen und Rodulfus Glaber zu glauben, der von Menschenfresserei spricht[53], und kann doch verstehen, daß das Denken ängstlicher Gemüter von der Vorstellung künftiger Not bestimmt wurde.

Natürlich sind viele Leute durch Kriege oder Mißwuchs zu Bettlern geworden und deshalb, weil in so schlimmen Zeiten niemand da war, der sie als Zinsleute oder auch als Knechte haben wollte. Auf den Straßen zogen Freie und Unfreie umher, in einer Freiheit, die sie gerne mit einer abhängigen Stellung vertauscht hätten. Es mußten nicht immer große Katastrophen sein, auch lokale Faktoren konnten sich hart auf die Betroffenen auswirken. Aus dem bayrischen Kloster Tegernsee, das recht arm war, erfahren wir von einer Fläche von 60 Joch Grund, deren Saat durch Kälte und Reif nicht aufging; die klösterliche «familia» dieser Gegend zerstreute sich «und zog wandernd von Ort zu Ort» auf der Suche nach Nahrung, die man ihr auch im Kloster nicht bieten

---

[51] S. Giulia in Brescia, Inventari ... (Fonti per la storia d'Italia 104) 91 Z. 22 f. Ebenda Z. 11 f. nennt das Verzeichnis «libellarios et liberos commendatos et aldiones» ohne weitere Unterscheidung summarisch. Über Aldionen vgl. zuletzt Bosl, Gesellschaftsgeschichte Italiens passim (vgl. das Register s. v. «Aldien»).

[52] Fritz Curschmann, Hungersnöte im Mittelalter (Leipziger Studien VI/1, 1900) 35. Eine arge Hungersnot war jene des Jahres 1005, die aus Bayern, dem Rheinland, Frankreich (Rodulfus Glaber) und England bezeugt ist. A. a. O. 108. Sicherlich hat Pfister, Etudes sur le règne de Robert 113 recht, wenn er auf den rhetorischen Charakter der Schilderungen bei Andreas von Fleury und Rodulfus Glaber hinweist; er geht aber doch zu weit, wenn er den berichteten Tatsachen völlig die Glaubwürdigkeit abspricht.

[53] Duby, Guerriers et paysans 181. Vgl. unten 563.

konnte. Denn dort verlangten die Handwerker Lebensmittel und Kleider; unmöglich war es, Gäste aufzunehmen[54].

Schlimm war es, wenn sich Leute, die bessere Zeiten gesehen hatten, innerlich nicht mit der neuen Lage abfinden konnten. Aus der städtischen Gesellschaft Italiens berichtet Rather von Armen, deren Hochmut den der Reichen übertraf[55]. Man wird zweierlei Arme unterscheiden müssen: Jene, die weiterhin in dem gewohnten Umkreis ihrer Familie lebten und von ihr unterstützt wurden, und das fahrende Volk[56]. Ein stolzer Bettler konnte man sein, wenn man inmitten von Begüterten lebte, also eher in der Stadt als auf dem Land, vor allem in Notzeiten. Zwischen Freien mochte man ein Freier bleiben, auch wenn man nicht arbeiten wollte oder dazu unfähig war. Wer aus dieser Umgebung heraustrat und umherzog, war schutzlos und wurde zum Rechtlosen. Etwas ähnliches wie unser Begriff der Menschenrechte war unbekannt. Wer einen Freien oder Halbfreien gegen dessen Willen zum Knecht machte, sollte bestraft werden[57]; der Einsatz geistlicher Mittel war dabei nicht vorgesehen. Über die Wirksamkeit solcher Gebote sind wir nicht unterrichtet.

Die Haltung der Geistlichen gegenüber jener – vielleicht ein Zehntel der Bevölkerung umfassenden[58] – Schicht, die sie als Arme bezeichneten, war nicht ganz einheitlich. Sie reichte von einer Art Enthusiasmus bis zu unterschwelliger Ablehnung. Odilo von Cluny berichtet von der Kaiserin Adelheid, diese habe nach dem Beispiel des Patriarchen Abraham nicht daran gezweifelt, daß Gott zwischen den Armen wohnte, «und sie betete sie in Demut an» (humiliter adoravit)[59]. Anderseits sprach Thietmar von Merseburg von der Frechheit der

---

[54] Tegernseer Briefsammlung ed. STRECKER 38 f. Nr. 34.

[55] Praeloquia I, 19 (33), MIGNE PL 136, 186 f.

[56] Michel MOLLAT, Les pauvres et la société mediévale (XIIIe Congrès International des Sciences Historiques, Moskau 1970) 10.

[57] Flodoard, Historia Remensis ecclesiae II, 5, MGH SS 13, 453 zitiert eine Synode aus merowingischer Zeit: Verknechtung wird mit einer Geldstrafe wie (als?) Verleumdung geahndet. Regino bringt ein weltliches Verbot der Bedrückung der Flüchtlinge vor den Normannen von 853, ed. WASSERSCHLEBEN 382 (II, 433), dazu (aus unbekannter Quelle) eine Aufforderung an die Geistlichkeit, gegen die Verknechtung von Flüchtigen aufzutreten; a. a. O. 383 (II, 434).

[58] Mit Vorbehalten gibt diese Zahl, nach den Erwähnungen in Heiligenviten des 11. und 12. Jahrhunderts, Pierre A. SIGAL wieder: Pauvreté et charité aux XIe et XIIe siècles d'après quelques textes hagiographiques, in: Etudes sur l'hist. de la pauvreté 1, 141.

[59] Epitaphium Adelheidae ed. PAULHART, MIÖG Erg.-Bd. 20/2, 43 c. 20. Nach Gen. 18, 2 adorierte Abraham drei Männer (die Engel waren), und nicht die Armen.

Knechte, und erwähnte eine Frau, die arm «und dennoch gut» war[60]. Wenn es um den Gegensatz von Großen und Kleinen, Reichen und Armen ging, ergriffen die kirchlichen Autoren zumeist die Partei der letzteren. Typisch ist die Erzählung von dem Streit eines «edlen und reichen Mannes» mit armen Besitzern von kleinen Bauernäckern: Er wollte das Land unter den Pflug nehmen lassen, die Geschädigten riefen den Heiligen ihres Klosters an, und dieser erzeugte einen solchen Sturm, daß die Rinder statt die Pflüge zu ziehen durch die Luft gewirbelt wurden[61].

Hier handelte es sich um eine klösterliche «villa», die der Reiche innehatte; er wollte das Herrenland auf Kosten der Bauernhufen vergrößern. Wenn dem kleinen Mann offenes Unrecht geschah, hatte er – vor allem auf Klostergrund – den oder die Heiligen als Beschützer. Die Versammlung und das gemeinsame Gebet auf dem üblichen Eßplatz, wie sie in dem erwähnten Fall geschildert werden, waren eine Bekundung der «öffentlichen Meinung», die allein schon wirkungsvoll sein konnte. Solche Kundgebungen durften auch Herrscher nicht mißachten. Als König Heinrich II. die Besitzungen des Herzogs Hermann von Schwaben verwüsten ließ, mußte er die Aktion abbrechen «besiegt durch das Geschrei der Armen» und nach Franken zurückkehren[62].

Man wird sich bei solchen Aussagen weniger ein gefühlvolles Wehklagen vorzustellen haben, als einen Protest gegen den Bruch des Rechtes. Ob es sich bei den Armen um Knechte, Halbfreie oder Freie handelte, sie hatten die Pflicht und das Recht, ihrer Arbeit in dem engen Rahmen der gottgewollten Existenz in Frieden nachzugehen. Knechte hatten nichts zu sagen in der staatlichen Ordnung, aber sie hatten in der christlichen Ordnung ihren Platz. Das Wort «Knecht» war kein Schimpfwort, sondern eine Standesbezeichnung, und jeder Stand hatte von Gott sein Recht erhalten. So konnte z. B. Bischof Ekkehard von Schleswig nach der Flucht aus seiner von «Barbaren» verwüsteten Diözese schwören; «Da ich keinen Bischofssitz habe, erkläre ich mich zum Knecht der heiligen Maria und der Kirche von Hildesheim und werde soviel ich kann diesem heiligen Ort nützlich sein»[63]. Eine «Selbstübergabe», wie sie seit dem

---

60 «servili presumptione» handeln die «plebeii», die 1004 in Pavia Heinrich II. Widerstand leisten. VI, 7, ed. Holtzmann 282. Die Mutter des Erzbischofs Willigis von Mainz war «quamvis paupercula, tamen, ut in sequentibus apparet, bona», a. a. O. 102 (III, 5).

61 Sigehard v. St. Maximin (Trier), Miracula s. Maximini c. 15, Migne PL 133, 975 f.

62 Thietmar V, 13, ed. Holtzmann 236 f. Der «clamor pauperum» findet sich, aus der Antike kommend, schon bei Gregor von Tours. «,Clamor' signifie complainte légale.» Little (oben 27 Anm. 84) 56 (über die «origines de la clameur»).

63 Thangmar, Vita Bernwardi c. 20, ed. Kallfelz 311, der hier «servus» mit «Diener» übersetzt.

10. Jahrhundert besonders in Flandern bei freien Frauen üblich war[64], konnte keine Schande sein. Gewiß, sie erfolgte nicht an einen weltlichen Herrn, sondern an den Heiligen.

Wenn sich auf diese Weise eine Freie einem Kloster tradierte, hatte sie mit Einschränkungen zu rechnen, sie bedurfte z. B. der Heiratserlaubnis. Wirtschaftlich war es keine drückende Last, einen geringen Kopfzins und andere Abgaben an den Schutzherrn zu bezahlen. Ganz anders der unbehauste Knecht, der seine volle Arbeitskraft in den Dienst des Herrn stellen mußte, selbst dann, wenn dieser Herr ein behauster Unfreier (servus casatus) war. Die Arbeitsverpflichtung wurde von kirchlicher Seite voll akzeptiert und bildete eine der Grundfesten kirchlicher Herrschaften. In den Beichtfragen wurde dem Herrn auf den Zahn gefühlt, ob er seine Untergebenen «liebe», und dem Knecht, ob er dem Herrn treu sei und «soviel er es vermag» für ihn arbeite[65].

Die eigentliche Scheidelinie zwischen Besitz und Besitzlosigkeit, in Grenzen freiem Handeln und völliger Unterstellung unter eine Kommandogewalt, hatte keinen Namen; sie verlief inmitten des Knechttums dort, wo die Wohngemeinschaft der Familie aufhörte und ein Schlafsaal oder die Werkstatt das Quartier war. Zweifellos brauchte die damalige Form der Landwirtschaft frei einsetzbare Kräfte, über die Robotleistungen hinaus, man brauchte Handwerker und Handwerkerinnen, diese vor allem für die Weberei. Ebenso zweifellos konnten nicht alle Kinder der behausten Knechte Bauernstellen erhalten; sie kamen auf den Gutshof zu freier Verwendung durch den Herrn oder Meier. Wenn man mit einem modernen Begriff hier von einem Proletariat sprechen wollte, müßte man hinzufügen, daß es nicht als eigene Schicht oder Klasse empfunden wurde. Zahlenmäßig dürfte es eher gering gewesen sein in Zeiten des Zerfalles der alten Großherrschaften. Schon im 9. Jahrhundert war in den Großklöstern die Anzahl solcher Personen nicht allzu bedeutend: In St.-Bertin (877) gab es 112, in Corbie waren – bei einer «Gesamtbevölkerung» von 450 Personen – unbehauste Leute und geistlicher Nachwuchs (clerici, pulsantes) zusammen etwa 150 Menschen[66].

---

[64] Charles-Edmond PERRIN, Le servage en France et en Allemagne. In: Relations du Xe Congrès international des Sciences Historiques 3 (Florenz 1955) 222.

[65] Pontificale Romano-Germanicum ed. VOGEL, ELZE 2, 240 f. (über «peccata minora»). Wo diese Liebespflicht des Herrn auf Unverständnis stieß, hatte man die Erklärung parat: «si non amat, iam odium est»; ein solches Naheverhältnis konnte nicht auf Gleichgültigkeit begründet sein.

[66] LESNE, Propriété ecclésiastique 6, 192. Die Gesamtzahl der «servi» (casati und non casati) schätzt BOUTRUCHE, Seigneurie et féodalité 1, 130 f. für Frankreich im 9.

Diese landwirtschaftliche und handwerkliche Arbeiterschaft unterschied sich von der modernen mehr als von den Sklaven der Antike und den Kaufsklaven des Mittelalters. Die Begriffe «Knecht» und «Sklave» zu vermischen, wie dies leider oft geschieht, geht trotzdem nicht an. Die Verpflichtungen des behausten Knechtes waren, wenigstens seit dem 10. Jahrhundert, im Normalfall durch Gewohnheitsrecht fixiert; er konnte innerhalb seiner Herrschaft Besitz vererben, erscheint in Urkunden mancher Länder als Gerichtszeuge, ja er konnte den Herrn sogar verklagen, wie dies etwa in Burgund geschehen ist[67]. Das war dem Kaufsklaven unmöglich. In Bayern, wo im Gegensatz zu anderen Ländern im 10. Jahrhundert die Zahl der Knechte eher zunahm, gab es «servi proprii», leibeigene Knechte, die nicht nur Urkundenzeugen waren, sondern den Rechtsgeschäften ihres Bischofs zustimmten[68]. Bruchlos geht dieses gehobene Dienertum im 11. Jahrhundert in jenes der Ministerialen über[69]. Wir dürfen uns durch das Verschwimmen der Begriffe nicht täuschen lassen und nicht durch die Tatsache, daß Knechte und Mägde verschenkt oder auch verkauft werden konnten. Schenkungen an Kirchen erfolgten zumeist zusammen mit einer Übereignung der Hufe, auf der die Bauernfamilie saß; es änderte sich in diesem Fall nur der Empfänger der geschuldeten Dienste und Abgaben, nicht die Existenz dieser Familie. Bei den Schenkungen und Verkäufen unbehauster Leute war dies anders. Sie lebten in der Nähe der Sklaverei, oder auch in dieser selbst[70].

Normaltypus des Kaufsklaven war der Kriegsgefangene oder von Sklaven-

---

und 10. Jahrhundert auf 10-20 Prozent der Landbevölkerung, während sie in Deutschland und Italien höher gewesen sein dürfte.

67 Déléage, La vie rurale en Bourgogne (oben 428 Anm. 136) 1, 580. Vgl. auch E. R. Labande in seiner Besprechung des Buches von Duby, L'économie rurale, in den Cahiers de civilisation médiévale 10 (1967) 33 ff. Toubert, Latium 1, 475 teilt die «esclaves» ein in «servi manuales, residentes, familiares» usw. und schreibt weiter: «Tous ont pu, par des voies différentes, échapper à la condition servile.»

68 Günther Flohrschütz, Die Freisinger Dienstmannen im 10. und 11. Jahrhundert (Beiträge zur altbayerischen Kirchengesch. 25, 1967) 21.

69 Flohrschütz a. a. O. 25 f.

70 Das ist der Standpunkt von Verlinden, L'esclavage (z. B. 2, 99; oben 172 Anm. 30), dem sicherlich beizupflichten ist. Vgl. a. a. O. 101 (nach G. Luzzatto): «Les diverses nuances du servage ‚chasé' s'opposent clairement à l'esclavage personnel.» Eben deshalb ist es aber unrichtig, wenn Verlinden den Verkauf von Klostergütern «mit Knechten und Mägden» (in Farfa unter dem berüchtigten Abt Campo) als Fall der Sklaverei ansieht; diese dient hier als Vergleich (sicut proprios servos, «wie wenn es sich um seine eigenen Knechte gehandelt hätte», und nicht diejenigen des Klosters). A. a. O. 99.

händlern aus den Randgebieten Europas Verschleppte, vorerst ein Mohammedaner oder Heide, der erst langsam einen Ort in der christlichen Gesellschaft finden konnte. Formal wurde die Integration durch den Übertritt zum Christentum bewirkt, tatsächlich war der Fremdländer, der nicht wie die Juden unter Königsschutz stand, die Person mindesten Rechtes. Es gab keine ausschließlich für ihn geltende Bezeichnung, denn «mancipium» konnten auch Knechte besserer Position genannt werden, und «servus» war jeder Unfreie. Um Kaufsklavinnen dürfte es sich z. B. dort handeln, wo von einer Magd namens Maura («die Mohrin») berichtet wird und von einer anderen namens Christina («die Christin») «oder wie sie sonst heißen mag»[71]. Nach ihrer Konversion mochte sie in die immer noch sklavenähnliche, aber doch bessere Position der unfreien Dienerin übergehen, als Teil der «familia» des Klosters und darum nicht völlig rechtlos. Daß der Hausdienerschaft die klösterliche Ministerialität entnommen wurde, zeigt an, wie wenig es sich bei diesen Leuten um «Sklaven» handelte[72].

Kirchliche Herrschaften konnten sich nicht von bloß ökonomischen Grundsätzen leiten lassen. Es war verboten, den Besitz – der ja dem Heiligen gehörte – zu verkaufen oder sonstwie zu entfremden. Wenn Leute der Dienerschaft verkauft wurden, was oft genug vorkam, kam das ebenfalls einer Veräußerung von Betriebsmitteln gleich. Wenigstens hin und wieder hat man sich nicht mit bloßen Verboten dieses Menschenhandels begnügt, sondern moralische Bedenken geäußert, Menschen derart wie das liebe Vieh zu behandeln. Nur der Tausch – Güter um Güter, Personen um Personen – war gestattet[73]. Selbstverständlich war auch die Tötung von Sklaven oder Knechten verboten, sie war ein «homicidium», womit Mord und Totschlag zusammengefaßt wur-

---

71 Jarnut, Bergamo (oben 296 Anm. 20) 155. Der Zusatz «sive ipsa alio nomine nuncupatur» erinnert an antike Kaufverträge, etwa an jenen des Sklaven Eutyches (166 n. Chr.): «emit puerum ... nomine Abban, quem Eutychen, sive quo alio nomine vocatur ...». Die Urkunde ist bekannt durch die Abbildung bei Franz Steffens, Lateinische Paläographie (2. Aufl. 1929) Nr. 9.

72 Verlinden a. a. O. 100 vermutet, daß sowohl die «homines infra casam» als auch die «mancipia» Sklaven gewesen seien, obwohl nach dem Reg. Farfense unter ihnen Handwerker begegnen wie etwa ein Schmied. Es kommt eher auf das Prestige an, das ein «officium» gab, als auf die formale Zuordnung zu einer Kategorie. Meist hatten die Inhaber klösterlicher «ministeria» Grundstücke erhalten und sie gehörten nicht mehr den unbehausten Knechten an.

73 Konrad II. über den Verkauf von «mancipia» des Bistums Verden, MGH Constitutiones 1, 85 Nr. 39: «ceu bruta animalia». Der Bischof sollte die erlösten Summen zurückzahlen und die Knechte wieder übernehmen; von Huldverlust ist nur für den Fall der Nichtbeachtung der Bestimmungen die Rede.

den. Man scheint sich dieses Tatbestandes allerdings nicht überall sicher gewesen zu sein[74]. Anderswo wurde sogar der Verkauf eines christlichen «mancipium» dem Verbrechen der Tötung gleichgesetzt[75].

Der Kauf von Sklaven bedurfte bedeutender Mittel und rentierte sich nur bei starker Nachfrage nach Arbeitskräften. Beides war am ehesten in Italien gegeben, wo Genua, Venedig und Bari eine besondere Rolle in diesem Handelszweig spielten. Im byzantinischen Apulien konnte der Abt eines Klosters (S. Benedetto di Conversano) von der Oberbehörde in Bari das dauernde Recht erlangen, bei Einkäufen von Sklaven von der Umsatzsteuer (pretium commercii) befreit zu werden[76]. Wahrscheinlich führte er bei seinem Gesuch die schlimme Lage des Klosters nach der Sarazenenzeit an. Selten bekam ja eine Kirche Sklaven geschenkt, am ehesten dann, wenn es sich um Kriegsgefangene handelte, die den Schenker nichts kosteten. Nachdem die Bürger von Narbonne einen Überfall der Sarazenen erfolgreich abgewehrt hatten, konnten sie sich reichlich mit menschlicher Ware eindecken; einen Teil «ließen sie (sich) dienen», andere wurden verkauft, und zwanzig ausgesuchte Leute «von riesigem Körperbau» sandte man als Geschenk an den heiligen Martial nach Limoges[77].

Wenn in einem Teil Italiens menschliche Arbeitskraft eine Mangelware bildete, konnte man sie durch Sklavenkauf, durch Ansiedlung von Slawen, vor allem aber durch Gewährung günstiger Landleihen vermehren, d. h. die unselbständige Arbeit möglichst durch selbständige, die ungemessene Leistung durch festgesetzte Abgaben und Dienste ersetzen. Die Forscher sind sich nicht einig darüber, ob die Herren ein Interesse daran hatten, unbehauste Knechte zu halbfreien Kolonen zu machen, oder ob sich diese Entwicklung gegen ihren Willen vollzog[78]. Auch in Katalonien brachte die Wiedereroberung und Wiederbesiedlung ähnliche Probleme mit sich; man versprach hier flüchtigen Sklaven (oder Knechten) die Freiheit, auch wenn es sich um Flüchtlinge aus anderen Herrschaften im Land handelte. Kein Wunder, daß es in der zweiten Hälfte des zehnten Jahrhunderts hier nur ganz wenige dieser Leute gab, die kaum schwere Arbeit leisteten, sondern eher als Kammerdiener und Stuben-

---

[74] «Fecisti homicidium ... vel facere voluisti et non fecisti, vel servum occidisti?» Beichtfrage im Pontificale Romano-Germanicum ed. VOGEL, ELZE 2, 237 Nr. 13.

[75] Die Synode von Koblenz (922) beantwortete die Frage, was in solchen Fällen zu geschehen habe, einhellig, «homicidii reatum ipsum hominem sibi contrahere». MGH Constitutiones 1, 630 c. 7.

[76] VERLINDEN, L'esclavage 2, 102.

[77] Ademar von Chabannes, Chronicon III, 52 ed. CHAVANON 175.

[78] So FUMAGALLI, Terra e società 140 f., gegen Violante.

mädchen verwendet wurden[79]. Schon damals begann also «der Mohr» zum besten Stück des Gefolges dienstbarer Geister zu werden, mit dem sich große Herren bis zum Ende des «ancien régime» zu umgeben pflegten.

Im innereuropäischen Bereich dürfte trotz der Normannen und Ungarn die Nachfrage auf dem Arbeitsmarkt nie so groß gewesen sein, daß sie mit Kaufsklaven und Flüchtlingen befriedigt werden mußte. Wahrscheinlich nahm mit der Bedeutung der Großherrschaften allgemein die Zahl der unbehausten Knechte ab; der Bedarf ließ sich aus den Reihen der jüngeren Söhne von Behausten und ihren Töchtern decken. Gewiß hat es auch gegenläufige Entwicklungen gegeben. Jedenfalls konnte man es sich leisten, Unfreie freizulassen – im Nachvollzug gegebener wirtschaftlicher Tatsachen, aber oft sicherlich auch aus religiösen Gründen[80]. Man wird die Bedeutung der Freilassungen nicht überschätzen[81]; wichtiger waren wohl die langsamen und stetigen Veränderungen, die von den ungemessenen Diensten zu gewohnheitsrechtlich fixierten, von der völligen Besitzlosigkeit über die Bebauung eines Landstückes im Herrenland zur eigenen Bauernstelle hinüberführten. Derartige Vorgänge können die Forscher oft nur erahnen, nicht aus dem lückenhaften Material belegen.

Bisher war von behausten und unbehausten Leuten die Rede, wie wenn es da keine Übergangszonen gegeben hätte. Vor allem dürfen wir uns nicht vorstellen, daß die Erlangung einer Hufe wirtschaftliche Sicherheit für eine Familie bedeuten mußte: an die Stelle der «ungemessenen» Armut trat oft eine «gemessene». Nicht immer wird auch der Herren- oder Meierhof Obdach und Nahrung für die zahlreicher werdende Kinderschar geboten haben. Das war wohl einer der Hauptgründe dafür, daß es auch jenseits der Kriegszonen wandernde Landarbeiter gegeben hat. Die Chroniken nehmen von ihnen kaum Notiz, eher sind sie in Wunderberichten zu treffen: etwa wenn einer von ihnen auch an einem Feiertag arbeitet und dafür durch den Heiligen bestraft wird[82]. Im «Ruodlieb» kommt ein gesitteter junger Mann zu einem Bauern, bittet ihn um Brot und macht sich bei ihm nützlich, bis er als Knecht aufgenommen wird[83]. War er seinem Herrn entlaufen? Das paßt hier nicht ins Bild. Vor allem in Zeiten geringer Ernten wird man es zugelassen haben, daß Leute aus der «familia» auf Wanderschaft gingen. Manche sind in den Städten zu Arbeit ge-

---

79 Bonnassie, La Catalogne 1, 299 f.

80 Für Italien Bosl, Gesellschaftsgeschichte 86; Toubert, Latium 1, 475 Anm. 1 (gegen G. Luzzatto).

81 Davor warnt u. a. Duby, Société ... Mâconnais 250.

82 Letald von St.-Mesmin in Micy, Miracula s. Maximini c. 34, Migne PL 137, 813.

83 VI, 42 ff., ed. Ford 63: «Suavis is huc veniens iuvenis nudus vel egenus ... panem mendicat ab illo.»

kommen, nicht bloß in Italien[84], andere durch das «incastellamento» und durch den Aufstieg von Bauern zu Großbauern, die sich jetzt Knechte leisten konnten.

Man hat von einer «Aristokratie von Unfreien» gesprochen, die sich etwa im Mâconnais des elften Jahrhunderts herausbildete und Schenkungen aus ihrem Besitz an das Kloster Cluny vornahm[85]. Im Jahre 1022 wandten sich Heinrich II. und Papst Benedikt VIII. auf einer Synode in Pavia gegen den Mißbrauch, daß Unfreie kirchlicher Herrschaften «durch die Hand eines Freien» auf dem Wege von Urkunden (scriptiones) Güter erlangten[86]. Offensichtlich handelt es sich hier um Libellarkontrakte, von deren günstiger Leiheform auch unfreie Bauern profitieren wollten. Wer ein derartiges Gut in der Hand hatte, war von seinem kirchlichen Herrn fast unabhängig und wohl nicht immer bereit, von ihm Anweisungen entgegenzunehmen. Seiner tatsächlichen Stellung nach war er ein Pächter mit geringen Verpflichtungen wie es die meisten Freien waren. Das alles natürlich nur dann, wenn der «Strohmann» im Hintergrund blieb.

Daß Kriegszeiten und ihre Verwüstungen dazu beitrugen, die alten Herrschaftsverhältnisse in Vergessenheit geraten zu lassen, haben wir schon gesagt. Nicht nur in Italien wurden entlaufene oder vertriebene Knechte für den Wiederaufbau des Landes als Freie verpflichtet. In Einzelfällen konnten solche Flüchtlinge noch höher steigen: Wenn wir einem Bericht aus Fleury glauben dürfen, gelang es einem einstigen Knecht, der nach Burgund geflohen war, dort zum Kriegsmann mit adeliger Lebensweise – Reitpferden, Jagdhunden, Falken – aufzusteigen. Schließlich wurde er entdeckt, verlor den gerichtlichen Zweikampf und mußte in die Knechtschaft zurückkehren[87].

Ein zweiter Weg eröffnete sich für Knechte, auf vorerst legale Art, ihre soziale Stellung zu verbessern: Auf geistlichen Herrschaften konnten sie ihre Freilassung erreichen. Wir haben schon davon gesprochen, daß in Zeiten des Zurücktretens der Großherrschaften derlei den Interessen beider Teile entspre-

---

[84] Richer, Hist. III, 8 ed. LATOUCHE 2, 16 berichtet aus Mons (Belgien), daß dort ärmliche Bauarbeiter (lapidum caementique portitores, habitu paupertino) im Hause des Grafen verpflegt wurden und ihren Lohn erhielten. Tatsächlich handelte es sich um auswärtige Spione. Es gab also «Pendler», die in der Stadt arbeiteten, ohne daß man viel nach ihrer Herkunft fragte. Vgl. oben 150 Anm. 80.

[85] DUBY, Société ... Mâconnais 122, zitiert von TESKE, Laien, Laienmönche ... (oben 38 Anm. 141) 264, mit Beispielen.

[86] MGH Constitutiones 1, 77 Nr. 34 c. 5, 76 c. 5. Die grundsätzliche Möglichkeit, daß Knechte Besitz erwarben, sollte dabei gewahrt werden, a. a. O. c. 4 (solange es sich um «Inwärtseigen» handelte, was bei indirekten Libellarkontrakten nicht der Fall war).

[87] PFISTER, Robert le Pieux 92.

chen mochte. Otto III. hat dem Klerus solche Freilassungen ausdrücklich verboten; Knechte, die keinen Kopfzins als Anerkennung der Abhängigkeit zahlten, sollten die Hälfte ihrer Güter verlieren[88]. Wieso es zu den Freilassungen kam, erklärt die Präambel der Verfügung, unter Schonung des Klerus, mit Rechtsunsicherheit bei Fehlen von Beweisen oder Vernachlässigung der Zinszahlung. Später ist Otto III. jedoch deutlicher geworden: In krimineller Weise (pro adulterio, das geistliche Band zwischen Bischof und Kirche verletzend) hatte Bischof Ingo von Vercelli Kirchengut samt Knechten und Mägden seinem Bistum entfremdet; alle derartigen «Tauschverträge» sollten nichtig sein, die in verbotener Weise zur Freiheit gekommenen Knechte in ihren früheren Stand zurückgeführt werden[89]. Verfasser der Kaiserurkunde ist Bischof Leo von Vercelli, Berater und «Logothet» Ottos III., ein Mann, dessen Bistum schwer geschädigt worden war und der auch sonst für Recht und Ordnung sorgen wollte. Leo hat das Diktat jener Synodalverfügungen Heinrichs II. und Benedikts VIII. in Pavia 1022 geliefert, die dem Güterkauf durch Unfreie einen Riegel vorschieben sollten[90].

Man kann daran zweifeln, daß Verbote dieser Art wirklich die Lage änderten. Vielleicht wurde ihretwegen das Freiheitsstreben besser getarnt. Anfangs war man da noch recht plump, etwa wenn Leute des Klosters S. Ambrogio in Mailand auf einem Gerichtstag vor dem König Berengar schlicht und einfach behaupteten, sie seien Minderfreie (aldii); sie wurden gerichtlich zu Knechten des Klosters erklärt[91]. Später bedurfte es der Tricks (ingenium)[92]: Die Knechte wurden z. B. im Wege eines Tauschvertrages aus der kirchlichen Herrschaft entlassen, sie entzogen sich ihr über Libellarkontrakte, oder sie suchten wenigstens ihren Söhnen die Freiheit zu sichern, durch Heirat mit einer freien Frau oder über das Priestertum. Aber auch die simplen Freilassungen gingen weiter, etwa für die Zwecke des «incastellamento»[93].

---

[88] MGH Constitutiones 1, 47 Nr. 21 c. 4: «... omnium bonorum suorum medietate mulctetur ...», eine indirekte Anerkennung der Besitzrechte. Die Adressaten solcher Normen waren «keine Proletarier, sondern Menschen im Aufstieg zur Freiheit», Bosl, Gesellschaftsgesch. Italiens 146. Toubert, L'Italie rurale (456 Anm. 91) 132 spricht mit Recht von dem «climat de liberté, de mobilité ascensionelle des hommes».

[89] DO. III. 383.

[90] Oben Anm. 86. Hermann Bloch, Beiträge zur Geschichte des Bischofs Leo von Vercelli und seiner Zeit. Neues Archiv 22 (1897) 61 ff.

[91] I placiti del «Regnum Italiae» ed. C. Manaresi (Fonti per la storia d'Italia 92/1, Rom 1955) 456 ff. Nr. 122. Bosl, Gesellschaftsgesch. Italiens 66.

[92] Die oben Anm. 88 zitierte Verfügung wendet sich gegen «liberos quolibet ingenio factos». Zu dem Begriff «ingenium» vgl. unten 531 f.

[93] Für die «Untertanen» der Burgbezirke war die (neue) «consuetudo loci» maßge-

Priester durfte nach kanonischem Recht nur ein Freier sein, der Kleriker sollte vor dem Empfang der Weihen freigelassen werden. Auf die Einhaltung dieser Bestimmungen hat man sich nicht immer verlassen können; es lag im Interesse mancher Herren, für ihre Eigenkirche einen «Eigenpriester» unter ihrer Gebotsgewalt zu haben. Es gab Angehörige des höheren Klerus, die geistliche Eigenleute hatten[94], und das nicht nur fern von den kirchlichen «Zentralorten». Papst Benedikt VIII. erließ auf jener Synode von Pavia 1022, von der bereits gesprochen wurde, Bestimmungen über die Söhne von Geistlichen aller Weihegrade, die zur «familia» einer Kirche gehörten. «Weil sie Knechte sind und bleiben, sollen sie niemals aus der Knechtschaft der (betreffenden) Kirche entlassen werden»[95]. Auch Leo von Vercelli, der Redaktor oder Mitredaktor dieses Textes, hat hier nicht versucht, dem kanonischen Recht zu praktischer Anwendung zu verhelfen.

In Einzelfällen konnte man ohne Freilassung sogar Bischof werden. Als Heinrich II. in der Frage der Bamberger Diözesangrenzen auf den Widerstand des Bischofs von Eichstätt gestoßen war, benützte er dessen Tod, um den Kustos der Bamberger Kirche, Gunzo, und damit einen an der Sache Interessierten zum Bischof von Eichstätt zu machen. Gunzo war ein Dienstbote (servilis persona), und auch sein Nachfolger Walter gehörte diesem Personenkreis an[96]. Konnte man gleichzeitig Herr einer Kirche und ihr Knecht sein? Man mochte daran erinnern, daß eigentlich der Heilige hier die oberste Gewalt hatte und der Bischof sein Diener war. In einem anderen Fall ließ sich das Problem so nicht lösen: Bischof Durandus von Lüttich war der Leibeigene des ihm unterstellten Dompropstes. Es kam zu einer Zeremonie, bei der beide einander den Willen bekundeten, dem anderen zu gehorchen[97].

---

bend; hier erhielten freigelassene Knechte Libellarkontrakte. Toubert, Latium 1, 532 f. Derselbe, L'Italie rurale 132, 197.

94 Der Archipresbyter Enirhart tradierte um das Jahr 1000 «suum proprium clericum nomine Adalhun» an das Kloster Weltenburg (an der Donau, Diözese Regensburg). Die Traditionen ... des Klosters Weltenburg bearb. v. M. Thiel (Quellen u. Erörterungen zur bayerischen Gesch. N. F. 14, 1958) 8 Nr. 8. Bischof Udalrich von Augsburg hatte «seine» Geistlichen (clericos suos) «ex familia, vel liberos mediocres, vel nobiliores». Gerhard, Vita Oudalrici c. 3, ed. Kallfelz 66.

95 MGH Const. 1, 77 Nr. 34 c. 3.

96 Anonymus Haserensis, MGH SS 7, 260 f. c. 25 f.

97 Anselm, Gesta episcoporum Leodiensium c. 36, MGH SS 7, 209. Der unlösbare Widerspruch fand auch in der Gestik Ausdruck: Als der Dompropst seine Hände in jene des Bischofs legen wollte, blieb dieser nicht auf seiner «cathedra» sitzen, sondern er erhob sich vor dem Dompropst. Er erläuterte den Vorgang «asserens se pocius servum domino suo debitam servitutem exhibiturum». Die Stelle ist auch inter-

Wenn Unfreie in eine Sphäre aufstiegen, die im Normalfall den Edlen vorbehalten war, haben sich geistliche Geschichtsschreiber darüber gerne entrüstet. Bei einem Bischof, der sein Amt dem Willen des Königs verdankte, mußten deutsche Historiographen vorsichtiger sein. Man kam über die Sache am besten mit dem Gemeinplatz hinweg, daß wahrer Adel jener der Tugend sei. Das hat sich auch bewährt, als der Sohn eines unfreien Ministerialen aus der Altaicher «familia» Bischof von Hildesheim wurde. Nirgends ist von seiner Freilassung die Rede, wo von diesem Bischof Godehard berichtet wird[98].

Das sachliche Problem blieb bestehen, daß für das Priestertum ein wesentliches Element seine Freiheit von weltlichem Zwang war. Bei Regino wird eine spanische Synode zitiert, die festsetzte, daß bei der Freilassung für den geistlichen Dienst der einstige Herr keinerlei Anspruch aufrechterhalten dürfe; andernfalls genüge die übliche Symbolhandlung (manumissio) nicht dazu, die Voraussetzungen für eine Zulassung zum geistlichen Stand zu schaffen[99]. So gut und richtig das sein mochte, ließ sich doch auf diese Weise kaum das nötige geistliche Personal gewinnen. Darum hat der deutsche Klerus auf der Synode von Hohenaltheim (916) eine realistische Linie verfolgt: Wenn ein Herr seinem Knecht die Möglichkeit zu schriftlicher Bildung gibt, ihn freiläßt, dem Bischof zum Priestertum vorschlägt und dem Geweihten weiterhin Nahrung und Kleidung zukommen läßt, dann soll sich dieser Mann nicht auf seine Freiheit gegenüber dem Herrn berufen und Dienstleistungen verweigern. Tut er dies, wird er aus der kirchlichen Gemeinschaft ausgeschlossen, bis er seine störrische Haltung aufgegeben hat. Bleibt er verstockt, soll er vor dem Bischof angeklagt und seines geistlichen Standes entkleidet werden, um weiterhin als Knecht bei seinem früheren Herrn zu dienen. Wer einem solchen Übeltäter Unterschlupf gewährt, verfällt der Exkommunikation, auch wenn es sich um einen Bischof oder Grafen handelt[100].

Damit war das Problem nicht aus der Welt geschafft. Um einen solchen

---

essant als Zeichen andauernden Bewußtseins der «servilen» Grundlagen der Vasallität. SCHULTE, Der Adel u. die deutsche Kirche 71 meinte, es handle sich um den «geistlichen Gehorsam». Lehenseide der Geistlichkeit an den Bischof kennen wir z. B. aus dem Reimser Bistumsstreit. Vgl. oben 295.

[98] SCHULTE a. a. O. Wolfhere, Vita Godehardi episcopi prior, MGH SS 11, 170 c. 1, über die «vanae nobilitatis arroganti superbia elatiores», denen Godehard weit überlegen war. «Nemo enim nobilis nisi quem virtus nobilitat.» Vgl. oben 188 Anm. 16. Ähnlich heißt es über einen Bischof von Lüttich: «ex humili genere servorum ... sed admodum pollens nobilitate ingenii.» MGH SS 7, 209 c. 36. Vgl. auch oben S. 187.

[99] De synodalibus causis ed. WASSERSCHLEBEN 184 (I, 406).

[100] MGH Constitutiones 1, 626 f. c. 38. Dem Wortlaut nach «macht» der Herr seinen Knecht durch Intervention beim Bischof zum Priester.

Fall aufrollen zu können, bedurfte es der Klage durch den Herrn. Konnte dieser den Aufenthaltsort seines Geistlichen nicht feststellen oder wollte er mit dessen Beschützer nicht Streit haben, blieb alles wie es war. Welche Unsicherheit der praktischen Haltung gegenüber solchen Klagen weiterhin herrschte, zeigt eine Goslarer Synode des Jahres 1019. Ihr legte Bischof Bernward von Hildesheim, anscheinend ohne auf einen konkreten Fall zu verweisen, die Frage vor, was mit einem Knecht geschehen solle, der für den Priesterberuf bestimmt wurde und als Geistlicher eine Freie heiratete, um zu Nachkommenschaft zu gelangen, die dem Herrn nicht mehr unterstellt war. Man war sich über die Sache uneins, bis der Kaiser eingriff und den Spruch herbeiführte, daß dieser Mann und seine Kinder «dem Joch der Knechtschaft unterliegen» sollten[101]. Wenn eine Freie einen Knecht heiratete, folgte sie «der schlechteren Hand» samt ihren Kindern, sie wurde Teil der «familia». Nicht darin bestand das Problem, sondern in dem freien Stand des Priesters, der zugleich ein Knecht seines Herrn war. Hier lag eine echte Aporie vor, solange das Eigenkirchenwesen bestehen blieb und Ehen des Pfarrklerus nicht völlig unmöglich gemacht wurden.

Es läßt sich schwer abschätzen, ob es sich bei solchem Vorgehen um die Abwehr einer wirklichen Gefahr für Personalstand und Güter kirchlicher Herrschaften handelte, oder um Einzelfälle, die hochgespielt wurden. Der «Vorspruch des Papstes Benedikt» zu den Beschlüssen von Pavia, anscheinend verfaßt durch Leo von Vercelli, bedient sich rhetorischer Mittel und ist deshalb mit Vorsicht zu bewerten. Immerhin wird hier behauptet, daß alle Söhne von Knechten geistlicher Herrschaften danach trachteten, auf dem Weg über den Klerikat die Freiheit zu erlangen; daß auf diese Weise «einige Kirchen arm an dienendem Personal sind (pauperes sunt in familiis)», so daß man schon Lohnarbeiter (pretio servientes) verpflichten müsse, und dadurch in finanzielle Schwierigkeiten geraten sei. Was konnte einen Bischof oder Abt bewegen, derlei zuzulassen? Brauchte man so viele Landgeistliche, oder wollte man ihnen aus Gründen der Frömmigkeit den Wunsch nach dem geistlichen Beruf nicht abschlagen? Wenn wir den Bericht ernst nehmen wollen, scheint er einen Fingerzeig in eine andere Richtung zu geben: Da liest man, daß die Priester ihren Söhnen nicht nur Kirchengüter zuschanzten, sondern auch darauf sahen, daß diese Söhne, «damit sie nicht als unrechtmäßige Freie erscheinen», «milites» von

[101] MGH Constit. 1, 63 Nr. 31. Drei Jahre später, in Pavia 1022, erging die gemeinsame Verordnung Heinrichs II. und Benedikts VIII., «ut filii clericorum, servorum ecclesiae, servi sint ecclesiae cum omnibus adquisitis», bzw. «ut filiis clericorum, servorum ecclesiae, nullus iudex libertatem promittat (bzw.: audeat iudicare)». A. a. O. 75 und 77 c. 3 f.

Edlen wurden[102]. Es kann sein, daß derartiges manchmal dem betreffenden Bischof oder Abt nicht unlieb war, wenn es sich um seine Parteigänger in unsicheren Zeiten, oder wenn es sich um Verwandte handelte. Selbst Verpflichtungen bischöflicher Vasallen zum Reichsdienst könnten hier mitgespielt haben. Das alles muß freilich ganz unsicher bleiben.

Einfacher als der Weg über den geistlichen Stand war der Aufstieg durch ein «ministerium» innerhalb der Herrschaft. Diese frühe unfreie Ministerialenschaft wurde natürlich nur in beschränkter Zahl gebraucht, als Handwerker, Boten, Güterverwalter, und manchmal auch als «milites»[103]. Schon das Handwerkertum hob das Ansehen, und wenn ein Knecht hoch zu Roß daherkam – als berittener Bote, Begleiter von Warensendungen, vor allem aber als Meier, der von der «familia» Abgaben einforderte – wuchs er schon über seinen Stand hinaus. In St. Gallen gab es «maiores locorum», die es im Auftreten den waffenfähigen Männern, ja den Edlen gleichtaten. Sie hielten Hunde zur Großjagd, kümmerten sich nur mehr um diese und ihre (bäuerlichen) Lehen, führten polierte Schilde und sonstige Waffen und «lernten die Hörner mit anderem Klang als die übrigen Bauern (villani) zu blasen»[104]. Man scheint in alledem Herrenart und Herrenrechte gesehen zu haben, die von diesen frühen Vorfahren des «Meiers Helmbrecht» usurpiert wurden.

Solches Benehmen war wohl ein Ausnahmefall, begünstigt durch die schwache Amtsführung des damaligen Abtes. Auch brachte eine Nachahmung von Lebensformen kaum jemals die tatsächliche Aufnahme in die Oberschicht mit sich; der Meier ist nicht zum Herrn geworden. Ein solcher Aufstieg dauerte mehrere Generationen, und dabei empfahl sich – wenigstens in manchen Gegenden Europas – der Umweg über die städtische Lebensform. Rather von Verona hat gelegentlich den imaginären Stammbaum eines Grafensohnes aufgestellt, dessen Ur-Urgroßvater ein «miles» war. «Wer war der Vater jenes ‚miles'? Ob er ein Wahrsager oder ein Bäcker, ein Masseur oder ein Vogelsteller, ein Fischverkäufer oder ein Töpfer, ein Schneider oder ein Geflügelhändler, ein Mauleseltreiber oder ein Führer von Lastpferden, schließlich ein Reiter (eques)

---

[102] A. a. O. 71.

[103] Näheres darüber bei FICHTENAU, Soziale Mobilität in Quellen des 10. und frühen 11. Jahrhunderts (oben 97 Anm. 118).

[104] Ekkehard IV., Casus s. Galli ed. HAEFELE 109 f. c. 48. Der Glanz der Waffen, «splendor armorum» war ein Schreckmittel in der Schlacht und ging in die Topik des Kriegertums schon in der Antike ein. Herwig WOLFRAM, Splendor imperii (Mitteilungen d. Instituts f. österr. Geschichtsforschung Erg.-Bd. 20/3, 1963) 137 ff. Vgl. oben 196 f. Anm. 51.

oder ein Bauer (agricola), ein Knecht oder ein Freier war, wer erinnert sich daran?»[105]

Die Aufzählung bringt eine Reihe von wenig angesehenen städtischen Gewerben; als Alternativen folgen Berufe, die mit Reit- und Lasttieren zu tun haben, und schließlich das Bauerntum. Die rechtliche Stellung dieser Leute wird offen gelassen, sie war im städtischen Bereich nicht sehr wichtig. Der Inhaber eines Libellarkontraktes konnte in die Stadt ziehen und die Bebauung des Landes einem Sublibellar überlassen. Ein Knecht konnte seinem Herrn entlaufen und in der Stadt aufgenommen werden, oder er kam im Auftrag dieses Herrn als Ministeriale dorthin. Wir können uns gut vorstellen, daß Bischof Rather selbst Boten und Fuhrleute bäuerlicher Herkunft zu seinen Untergebenen zählte. Söhne dieser Leute, in der Stadt und damit im Klima der Freiheit lebend, konnten mit dem Geld des Vaters die nötige Ausrüstung besorgen und in den Militärdienst eintreten, mit allen Chancen, die sich hier für den weiteren Aufstieg boten.

«Als Adam grub und Eva spann, wo war denn da der Edelmann?» Noch lange nach Rather pflegten Kritiker der Nobilität auf Landbau und Handwerk als Ausgangspunkte der großen Familien hinzuweisen. Langsam füllten sich die Begriffe «Knechtschaft» und «Freiheit» mit revolutionärem Pathos. Sie wandelten ihren Sinn; geknechtet fühlten sich Mitglieder des Untertanenverbandes, der doch einstige Unfreie und Freie umfaßte. Freiheit wurde zu einem Katalog politischer Freiheitsrechte, oder zum Wunschbegriff des Freiseins von jeder Herrschaft, der Anarchie. Das alles war den Menschen des 10. Jahrhunderts durchaus fremd. Nicht die Unterschichten rüttelten an den Grundlagen der Gesellschaft, die auflösenden Momente waren anderer Art; von ihnen wird im nächsten Kapitel zu sprechen sein. Wer die Schranken seines Standes zu durchbrechen, häufiger aber zu umgehen suchte, war kein Revolutionär. Manchmal handelte es sich um einen Gescheiterten ohne positives politisches Konzept, zumeist jedoch um den Typus des sozialen Aufsteigers. Er blieb durchaus innerhalb der Bindungen seiner Epoche, suchte sie aber für sich selbst zu vermindern. Das gelang am besten in den Städten, in denen sich langsam das Bürgertum formierte. Viel später ist es zur eigentlichen Oberschicht geworden, als Erbe der alten Nobilität.

---

[105] Praeloquia I, 10 (über die Edlen), MIGNE PL 136, 167. Zur Emendation des Textes vgl. FICHTENAU a. a. O. 20 Anm. 46, zum Inhalt Hagen KELLER, Militia. Quellen u. Forschungen aus italienischen Archiven u. Bibliotheken 62 (1982) 87 mit Anm. 88 und KELLER, Adelsherrschaft (oben 46 Anm. 169) 346 f. Vgl. auch oben 199 Anm. 61.

CONFUSIO

I.

Unordnung und öffentliche Zwangsmittel

Äußere und innere Konflikte, die Schicksale der Völker und die widerstreitenden Antriebe im Inneren des Menschen sah der Christ als Kampf zwischen Gut und Böse, oder – theologisch richtiger – als den Willen Gottes, der auch das Böse zuläßt. Nicht Gottes Gnade und Güte und nicht die Bosheit des Teufels stand dabei im Vordergrund des Denkens; es war vor allem das Moment der Ordnung, in dem Gott und sein menschliches Ebenbild begriffen wurde. Wirkte hier die antike Lehre vom Makrokosmos und dem Mikrokosmos der Seele nach? Wohl nur nebenbei. Eher handelte es sich um eine Parallele zu jenen strengen Prinzipien, in denen viele frühe Zivilisationen Halt und Sicherheit fanden.

So waren also Ordnung und Unordnung wesentliche Themen für den Menschen und die Gesellschaft. Sie wurden ähnlich wie Gut und Böse in großen Zügen durch die Religion festgelegt, im einzelnen blieb breiter Raum für eine eigene Interpretation. Gut ist im Denken der Historiographen oft das, was ihren Erwartungen oder ihrem Parteistandpunkt entspricht, oder was nicht die Ruhe stört wie etwa eine Reform des geistlichen Lebensstils. Ordnung heißt Bewahrung des Alten, oder seine Verdammung im Kampf für ein Neues, das als Rückkehr zur ursprünglichen Norm aufgefaßt wird. Unordnung und Verwirrung stiftet der politische Gegner und sein Bundesgenosse, der Teufel; der Krieg oder die Fehde der eigenen Partei ist ein Kampf ums Recht und Gott wohlgefällig.

Darin waren sich alle einig: Ordnung muß herrschen und ein festes Gesetz für die Menschen. Später hat das am einfachsten Thomas von Aquino formuliert: «Wo es eine Vielheit ohne Ordnung gibt, herrscht Verwirrung»[1]. Satan hieß auch Belial, und dieser Name wurde gedeutet als «ohne Joch». Daran erinnert Rather von Verona und schreibt weiter, jeder Stand habe sein Joch, d. h. sein Gesetz zu tragen: Die Laien, die Weltgeistlichen, die Mönche[2]. Hüter von Recht und Gesetz sind Fürsten und Weltklerus, sie müssen vor Gott Rechenschaft über ihr Handeln ablegen. Aber was geschieht tatsächlich? Ein Ire sagt

---

1 «Ubicumque est pluralitas sine ordine, ibi est confusio.» Zitat nach Hermann Krings, Ordo (1941) 136 Anm. 6.

2 Dialogus confessionalis c. 25, Migne PL 136, 417.

es einem fränkischen Bischof sehr deutlich: Bei euch wird durch die Fürsten und Priester das Recht verwirrt (confunditur), das Gesetz zunichte gemacht (abrogatur), sie vertauschen Recht und Unrecht miteinander[3]. Schon im Jahre 909 hatten die Bischöfe der Synode von Trosly über die Unterdrückung der Schwachen, Raub und Verwüstung geklagt: Wie die Raubfische des Meeres sind Menschen, die ihresgleichen nur als Beute ansehen. Jeder tut, was ihm paßt, statt auf die Vorschriften zu achten. So ist die – politische, soziale, moralische, religiöse – Ordnung (ordo) verwirrt und entheiligt[4]. Daß das Chaos in der Welt die Folge einer Unordnung in der menschlichen Seele ist, davon waren vor allem Mönche überzeugt. Betrug, Raub und aller nur mögliche Frevel herrschen in der ganzen Welt; davon kommt das Wüten des Schwertes, darauf gehen Seuche und Hunger zurück. Doch die Menschen ändern sich nicht. Gottes Güte hat den Gerichtstag noch hinausgeschoben, nur deswegen konnte die Hölle noch nicht die Menschheit verschlingen[5].

Ist das bloße Topik der Zeitklage, wie man sie von altersher kannte und wie sie geistlichen Autoren wohl anstand? Als Nichtkombattanten sahen sie nur die Folgen gewaltsamer Auseinandersetzungen, ohne durch sie gewinnen zu können. Die patristische Literatur, weithin als Stilmuster gebraucht, gab auch ein Muster negativer Einstellung zu den jeweils bestehenden Zuständen. Bis zum Weltgericht schien es nicht weit, eine Überzeugung, die schon seit vielen Generationen sogar in Urkunden wiedergegeben wurde[6]. Wer derartiges

---

[3] Theophilus (der Ire Malcalanus) sagt das zu Eutitius (dem Bischof Rorico von Laon) im Dialogus de statu sanctae ecclesiae, ed. H. Löwe im Deutschen Archiv 17 (1961) 76. Alles wurde so durcheinandergebracht (ita omnia permixta sunt), daß es keine andere Möglichkeit als Gottes Gericht gibt. A. a. O. Die Formulierungen gehen z. T. zurück auf Flodoards Schilderung des westfränkischen Bürgerkrieges, Historia Remensis ecclesiae IV, 53, MGH SS 13, 599: «confusum erat fasque nefas, nusquam dei aut humanarum timor legum, sed vi et potentia universa constabant». Ähnlich Die Briefsammlung Gerberts ed. Weigle 157 Nr. 130: «. . . dira ac miseranda tempora fas verterunt in nefas».

[4] Mansi, Sacrorum conciliorum . . . collectio 18 A, 266 (praef.).

[5] Rodulfus Glaber, Hist. III, 9 (Schlußgedicht), ed. Prou 90.

[6] Die Arenga «Mundi termino appropinquante . . .», die vor allem in cluniazensischen Urkunden auftaucht, hat ihr Vorbild in Stücken des 9. Jahrhunderts, die wieder auf Marculf II, 3 fußen: «Mundi terminum ruinis crebriscentibus adpropinquantem indicia certa manifestantur.» MGH Formulae (1886) 74. Heinrich Fichtenau, Arenga (Mitt. d. Instituts f. österr. Geschichtsforschung Erg.-Bd. 18, 1957) 128 Nr. 261 f. und die Beispiele bei Flach, Origines (oben S. 2 Anm. 3) 1, 139 f. Anm. 2. Über Weltende und Antichrist im 10. Jahrhundert (auch vor und neben

schrieb, bewegte sich im Rahmen des «common sense» und lieferte den Nachweis seiner christlichen Einstellung. Wie weit er von den Dingen innerlich ergriffen war, ist eine andere Frage. Gäbe es für den Historiker eine beweisbare Antwort, würde sie wohl von Fall zu Fall verschieden aussehen.

Eine Feststellung läßt sich immerhin treffen: Man war rasch bei der Hand, einzelne Ereignisse zum Anlaß allgemeiner Aussagen zu nehmen, das häufige Auftreten schlimmer Lagen und Handlungen zu weltweiten Katastrophen und durchgehender Bosheit der Menschen hinaufzustilisieren. Ein Beispiel: Man ist heute der Meinung, daß die Einfälle der Ungarn und der Normannen sozusagen Straßen der Verheerung durch die betroffenen Länder zogen, neben denen man – abgesehen von der durch sie ausgelösten Wanderungsbewegung – ziemlich glimpflich davonkam. Manche Landschaften blieben überhaupt von aller Verwüstung frei[7]. In der Diktion der Synodalakten von Trosly liest sich das so: «Entvölkert sind die Städte, zerstört oder verbrannt die Klöster, die Äcker sind zur Einöde geworden»[8]. Das ist Rhetorik, und doch mehr als nur diese: Echte Erschütterung über die Kriegsfurie konnte in den alten Formen zum Ausdruck kommen; man lebte mitten in aufregenden Ereignissen und fand keine Ruhe zu jener abgeklärten Betrachtung, die tausend Jahre später nicht schwierig ist.

Wo Emotionen vorwalten, kommt es zu einer Schwarz-Weiß-Zeichnung ohne Zwischentöne, wie wir sie aus der damaligen Historiographie kennen. Hier und in den Urkunden begegnen wir immer wieder «schlechten» oder «perversen» Menschen, «bösen Christen», die gegen Verfügungen zugunsten von Kirchen List und Gewalt gebrauchen[9]. Diese Leute konnten Räuber, aber auch

---

Adso von Montierender): Robert KONRAD, De ortu et tempore Antichristi (Münchener Histor. Studien Abt. Mittelalter 1, 1964) 62, 68 ff.

7 FOSSIER, Picardie 1, 242 ff. TOUBERT, Latium 1, 313. Pierre RICHÉ, Conséquences des invasions normandes sur la culture monastique . . ., zuletzt in: RICHÉ, Instruction et vie religieuse au moyen âge (Reprint London 1981) XX, 718 f.

8 MANSI (oben Anm. 4) 265.

9 Als Beispiel einer Herrscherurkunde sei DO. II. 206 für den Kanzler Gerbert (979) genannt: Die Kirche von Tortona, «rabida malorum direptione atrociter . . . laceratam atque curtatam», setzt der Kaiser wieder in den Besitz ihrer Güter und auch einer Abtei, von der es heißt, sie sei «a perversis quibusdam hominibus nimis diruta(m)». Wer «diabolico instinctu seductus» gegen die Bestimmungen der Urkunde handelt, soll 100 Pfund Gold als Strafe zahlen. – Über die Verwüstung des Bistums Turin sagt der Bischof anläßlich der Gründung des Klosters Cavour (1037), sie sei «non solum a paganis, verum etiam a perfidis christianis nec tantum ab extraneis sed, quod deterius est, a conpatriotis» geschehen. Text bei Carlo E. PATRUCCO, I Sara-

weltliche Inhaber von Rechten oder Ansprüchen sein, die dem Autor nicht paßten. Sehr bald sah man eine allgemeine Verwirrung über die Christenheit hereinbrechen, wenn Neuartiges den eigenen Standpunkt und die eigene Ruhe gefährdete. Für den Bischof Gerhard von Cambrai war etwas derartiges die Gottesfriedensbewegung: Sache der Könige ist es, Aufstände zu unterdrücken; nehmen sich Geistliche darum an, wird die christliche Weltordnung verwirrt[10]. Als das Kloster St. Gallen reformiert werden sollte, war das für den Mönch Ekkehard IV. eine «perturbatio»[11].

Die Mittel des Bösen für sein zerstörerisches Werk waren schon durch ihren ambivalenten Charakter geeignet, die Konfusion zu steigern. Man verwandte hier dieselben Begriffe für Positives und Negatives. Als Beispiel sei Schlauheit und List genannt: Noch heute gilt eine Kriegslist als erlaubt, dieselbe Handlung würde im Frieden als Betrug gewertet. Gewalt ist ein legitimes Mittel der Regierung, erst in der Hand der Bösen wird sie verabscheuungswürdig. Für schlichte Gemüter war damals, wie wir schon sagten, Betrug und Gewalt, was der Gegner tat. Freilich, wer etwas tiefer dachte, dem kam eine Ahnung davon, daß in unsicheren Zeiten das System der Werte fragwürdig wurde und die Gesetze von beiden Parteien mißbraucht werden konnten. Aus diesem Denken sollten Emotionen ausgeklammert bleiben; das war in der Praxis nicht leicht. «Sich am öffentlichen Leben zu beteiligen», schreibt Gerbert von Aurillac, «ist gegenwärtig eine Verrücktkeit. Denn göttliches und menschliches Recht wird durcheinandergebracht wegen der ungeheuren Habsucht überaus schlechter Menschen und allein das gilt als Recht, was Leidenschaft und Gewalt nach Art der Tiere (den Mitmenschen) abnötigen (extorserint)»[12]. Gerbert hatte eben seine Abtei Bobbio aufgeben müssen, es war die Flucht aus einer ausweglosen politischen und juridischen Situation. Andere hatten im Besitz ihrer Stellung

---

ceni nelle Alpi Occidentali, in: Studi sulla storia del Piemonte (Biblioteca della Società storica subalpina 32, Pinerolo 1908) 362.

[10] Gesta episcoporum Cameracensium III, 27, MGH SS 7, 474: «Hoc etiam modo sanctae ecclesiae statum confundi ...» usw.

[11] So Ekkehard in einer Randglosse einer Handschrift (cod. 176) der Klosterbibliothek. Sackur, Cluniacenser 2, 253 Anm. 5. – Für Adso von Montierender ist jeder Laie, Kanoniker oder Mönch, der gegen die Gebote seines Standes (ordinis sui regulam) ankämpft, ungerecht lebt und das Gute schmäht, ein Antichrist und Teufelsdiener; es gibt also zu seiner Zeit viele Antichristen, neben dem kommenden einen. Solche Feststellungen konnten sowohl Konservative wie Reformer in ihrem Sinne gebrauchen. Adso, De ortu et tempore Antichristi ed. D. Verhelst (Corpus Christianorum cont. mediaevalis 45, 1976) 22.

[12] Die Briefsammlung Gerberts ed. Weigle 121 Nr. 92.

ähnliche Gedanken, ebenso bitter, aber vielleicht aus Gründen politischer Art in ein ansprechendes Gewand gekleidet. Adalbero von Laon zeichnete eine verkehrte Welt: Die Ordnung ist nicht bloß verwirrt, sie hat sich auf den Kopf gestellt. Adalbero bemerkt, daß die alten Normen nicht mehr «greifen», eine neue Zeit bricht an. «Die Gesetze lösen sich auf, aller Friede verfließt, es ändern sich die Sitten der Menschen, es ändert sich auch die Ordnung»[13]. Mochten oberflächliche Hörer bei Hofe über die Unsinnigkeiten lachen, die in dem Gedicht beschrieben wurden; den Trägern politischer Verantwortung sollte das Grausen kommen angesichts dieser Bilder. Nur einmal ist derart schwarzer Humor noch in die Öffentlichkeit getreten, als man einen abgesetzten Papst durch die Stadt führte, verkehrt auf einem Esel reitend, das Innere seiner Gewänder nach außen gekehrt. Auch hier überwog das Grausige: Man hatte dem Delinquenten die Zunge herausgerissen und die Augen ausgestochen[14]. Es war ein wilder Racheakt in Form einer gerichtlichen Sühne, und insofern selbst Ausdruck einer «verkehrten Welt».

Eine Generation früher hatte Bischof Atto von Vercelli eine Art Mechanik des Bösen in der Geschichte entwickelt. Das geschah in einem bis zur Unverständlichkeit verschlüsselten Latein, denn die Zeiten waren gefährlich, nicht jeder sollte Attos Gedanken über das ephemere italienische Königtum und seine Helfer kennen. Grund all der politischen Verwirrung ist die Usurpation der Macht; wer sie so erworben hat, gerät in einen Teufelskreis. Was immer er tut, es schlägt zum Schlimmen aus, und wer ihm die Macht entreißt, erleidet dasselbe Schicksal. Man hat die Schrift als einen Spiegel des öffentlichen Lebens der Epoche bezeichnet und als einen frühen Vorläufer von Machiavellis «Principe». Im Gegensatz zu diesem hat sich Bischof Atto nicht mit den Gegebenheiten seiner Zeit innerlich abgefunden[15]. Obwohl auch er in das große poli-

---

[13] Carmen ad Rotbertum regem ed. CAROZZI 22 v. 302 ff.

[14] BÖHMER-ZIMMERMANN Reg. 817, 819 (998). Abt Nilus von Rossano ließ damals dem Kaiser und seinem Vetter Brun (Papst Gregor V.) ausrichten, Gott werde sich ihrer einst ebensowenig erbarmen, wie sie gegenüber dem (Gegenpapst) Johannes (XVI.) Erbarmen gezeigt hätten. Johannes lebte wahrscheinlich noch drei Jahre als Gefangener. B.-Z. Reg. 820, 952. Vgl. auch Ruth MELLINKOFF, Riding backwards. Viator 4 (1973) 154 f. Hier wird der Vorgang nur als Zeichen der Demütigung aufgefaßt, nicht als Symbol der Verwirrung der Ordnung. Bei Adalbero von Laon zieht das Heer der Cluniazenser gegen die Sarazenen aus, die Jungen auf Wagen, die Alten zu zweit auf Eseln reitend, und zu zehnt auf Kamelen: Carmen ed. CAROZZI 10 v. 140 ff.

[15] Atto von Vercelli, Polypticum ed. G. GOETZ, Attonis qui fertur Polipticum quod appellatur Perpendiculum, in: Abhandlungen der Sächsischen Akademie, phil.-hist. Kl. 37 Nr. 2 (1922). SCHRAMM, Kaiser, Könige u. Päpste 3 (1969) 26 ff.

tische Spiel verstrickt war, hat Atto den christlichen Normen die Treue gehalten. Sein Werk spiegelt den inneren Konflikt zwischen Sein und Sollen, der ihm unauflösbar schien.

Solche Beispiele besonderer Empfindlichkeit gegenüber den Leiden der Epoche besagen an sich nicht viel; es hat stets auch «dickfellige» Menschen gegeben. Ganz im allgemeinen kann man sich jedoch der Feststellung nicht entziehen, daß die «Emotivität» jener Zeit auch in diesem Bereich hoch war und man sich mehr zu erregen pflegte, als wir es gewohnt sind. Als Grund dafür wurden die ungesicherten Lebensbedingungen in einer noch kaum bezwungenen Natur genannt[16]. Das sollte am ehesten für das Bauerntum gelten, das sich um diese Zeit noch kaum artikuliert hat; Bischöfe waren von derlei wenig betroffen. Man wird bei noch allgemeineren Vermutungen bleiben müssen, etwa jener über die ungefestigte, sozusagen jugendlich-pubertäre Art des Menschentums[17]. Dazu kommt die mangelhafte Institutionalisierung der weltlichen Gewalt, begleitet von Unsicherheiten im kirchlichen Bereich. Allzumeist war die Sicherheit des einzelnen auf zwei Augen gestellt, und das Menschenleben war damals sehr kurz. Man begreift die Intensität des Lebens und Erlebens in dieser Epoche und die kaum überlegte Hast mancher Aktionen.

Was gemeint ist, wird am besten durch Beispiele deutlich. Der Abt von Cluny übte eine hierarchische Gewalt über reformierte Klöster, doch war sie persönlicher Art und nicht rechtlich festgelegt. So konnte es kommen, daß nach dem Tode des Maiolus (994) eine Abfallbewegung begann: man glaubte sich frei von der Bindung an das Mutterkloster[18]. Wir haben schon gehört, daß es immer wieder zu Plünderungen kam, wenn ein Bischof verstarb[19], und derlei konnte es auch in Klöstern geben[20]. Berühmt ist die Zerstörung der Pfalz von Pavia nach dem Tode Heinrichs II.; nach Wipo erfolgte sie «so wie es Brauch der Leute ist, bei einer neuen Lage stets ohne Maß zu handeln»[21]. Heißt das, daß man eine normale Plünderung hingenommen hätte, die Pavesen aber den

---

16 Paul Rousset, Recherches sur l'émotivité à l'epoque romane. In: Cahiers de civilisation médiévale 2 (1959) 53 ff.

17 A. a. O. 67 spricht, im Anschluß an Marc Bloch, Rousset von der «nature encore fruste, primitive, . . .» und einer «domination des éléments irrationnels».

18 Hourlier, St. Odilon (oben 14 Anm. 15) 58 f.

19 Oben 289 f.

20 Noch 1058 verbot Papst Stephan IX. diesen Brauch für Montecassino, was der Chronist des Klosters ohne Kommentar verzeichnete. Chronica monasterii Casinensis ed. H. Hoffmann II 93, MGH SS 34, 352.

21 Wipo, Gesta Chuonradi c. 7, MGH SS rerum German. ed. H. Bresslau 30. Vgl. oben 234.

Bogen überspannten, als sie sogar «bis zum untersten Fundamentstein» die Baumaterialien wegschleppten? Sie beriefen sich bekanntlich darauf, daß sie dem Kaiser bis zuletzt treu gedient hätten und daß es unrecht sei, sie nach Heinrichs Tod anzuklagen, weil sie «sein Haus» abtrugen. Sie erhielten die berühmte Metapher von der Unsinkbarkeit des Staatsschiffes zur Antwort. Sie wird so manchem nicht eingeleuchtet haben. Wie wir wissen, hängt an der Frage nach dem persönlichen oder überpersönlichen Charakter des Königsgutes der personale oder transpersonale Staatsbegriff[22], der eine rationale Abstraktion an die Stelle des Sichtbaren und Greifbaren setzt.

«Aus den Augen, aus dem Sinn.» An diesen Spruch erinnert Wipo, wenn er seinen Herrscher ermahnt, sich in einer Landschaft zu zeigen[23]. Herrschaft hatte noch ihre «familiäre» Seite und bedurfte des Augenkontakts, sie wurde mehr gefühlt als vom Verstand als Faktum registriert. Daher auch die arge Enttäuschung, wenn ein Herr ungerecht handelte, und die außerordentliche Betroffenheit über Unklarheiten in der Staatslenkung. Wo ein führender Kopf fehlte, herrschte Kopflosigkeit bei den Geführten. Immer wieder ist es zu Panikreaktionen innerhalb eines Heeres gekommen, auch wenn es aus erfahrenen und tapferen Kriegern bestand. Die Niederlage eines Reichsheeres gegen die Friesen im Jahre 1018 wurde ausschließlich auf psychische Verunsicherung zurückgeführt: Man verlud Leute, die gewohnt waren, zu Pferd zu kämpfen, auf Schiffe; die vorrückende Schlachtreihe sollte umkehren, weil man zu spät bemerkt hatte, daß das Gelände von Gräben durchzogen war, und sich weiter rückwärts neu formieren. Im hintersten Glied begann jemand zu rufen, der Anführer des Heeres sei auf der Flucht, «rette sich wer kann!» «Alle flohen und waren so sehr von Furcht ergriffen, daß sie sich ohne feindlichen Druck (nemine urgente) in den Fluß stürzten», um zu den Schiffen zu gelangen. Viele ertranken dabei, Schiffe schlugen voll, am Land zurückgebliebene Krieger erstarrten vor Schrecken «wie unbewegliche Felsen» und wurden mühelos von den Friesen erschlagen[24].

Tapferkeit und Neigung zur Panik schlossen einander nicht aus, und auch die Religiosität half nicht viel in Situationen ungewohnter Art. Im Dom von Regensburg entstand eine Panik, als ein Sturm am Kirchendach rüttelte und eine Staubentwicklung im Inneren herbeiführte. «Das Volk war erschreckt und

---

22 Beumann, Entwicklung transpersonaler Staatsvorstellungen (oben 232 Anm. 74) 138.

23 Wipo, Tetralogus v. 206 f.: «Funditus est verum veterano tempore dictum: Quicquid abest oculis, removetur lumine cordis.» Opera a. a. O. 82.

24 Alpert von St. Symphorian in Metz, De diversitate temporum. MGH SS 4, 719 f. (II, 21).

sogar, was schlimmer ist, im Geiste verwirrt»; Gerüchte gingen um von einem Großbrand oder gar einem Aufstand in der Stadt. Fast alle drängten aus der Kirche hinaus und ließen den Bischof Wolfgang, der gerade predigte, mit wenigen Vernünftigen (sensati) dort zurück[25]. Neben solchen realistisch anmutenden Berichten gibt es natürlich auch andere, die jedenfalls zeigen, was man für möglich hielt. So wird berichtet, daß im Jahre 968 eine Sonnenfinsternis Angehörige des deutschen Heerbannes in Kalabrien derart in Schrecken versetzte, daß sich die einen unter Weinfässern, andere unter umgestürzten Karren oder Kisten versteckten. Der Bischof von Lüttich habe der Truppe den natürlichen Charakter der Finsternis zu erklären versucht und sich über die Unvernunft so vieler tapferer Krieger beklagt: Menschen, die sich so sehr fürchten, werden nicht von den Feinden gefürchtet, in deren Mitte sie sich befinden[26].

Alle drei Fälle zeigen eine Fehlbewertung der eingetretenen ungewohnten Situation. Wenn der Anführer sein Pferd wendet, dann will er fliehen; wenn in der Kirche der Sturm hörbar ist, wird das mit einem Volkstumult verwechselt; wenn sich die Sonne verfinstert, droht Unheil von oben, ähnlich wie man einst dachte, ein Drache wolle die Sonne verschlingen. Zu alledem gehört eine starke Einbildungskraft, so stark, daß sie die Schranken des rationalen Denkens überwindet. Mag es Vernünftige geben, ist ihnen in einer solchen Paniksituation doch die Kontrolle der Mitmenschen entglitten. Panikreaktionen sind Produkte momentaner Furcht im Gegensatz zur Feigheit, dem dauernden Willen, sich keinerlei Gefahr auszusetzen. Die Flucht aus einer augenblicklichen und übertrieben vorgestellten Gefahr steht einer anderen Erscheinung nahe, die man gerne als Gegenteil der Panik sieht: dem furiosen Angriff. Auch hier gab es eine emotionale Furcht, vor der Macht des Feindes oder vor dem eigenen Versagen, die zur Anspannung aller Kräfte führte. Wie auf dem zivilen Sektor Wunder und Spuk das Denken beherrschten, haben wir schon gesehen.

So wurde auch die Reflexion über Zeiterscheinungen sehr oft geprägt von dem Entsetzen über die Bosheit der Welt und gewann die Sehnsucht nach Ordnung einen höheren Stellenwert als in einer «vernünftigen» Epoche. Es gibt auch ein emotional mitbedingtes Streben nach Ordnung, vor allem in Zeiten,

---

[25] Arnold von St. Emmeram, Miracula s. Emmerami II, MIGNE PL 141, 1025 f. Daß Arnold dem Teufel die Schuld an der ganzen Verwirrung gibt, braucht kaum erwähnt zu werden.

[26] Anselm von Lüttich, Gesta episcoporum Leodiensium, MGH SS 7, 202 c. 24. Anselm beruft sich auf eine Erzählung des Bischofs Wazo, die er selbst von ihm gehört habe. Bei dieser Versicherung kann es sich auch um einen Topos handeln. – Über die «Psychologie des Kriegers» vgl. zuletzt Leopold AUER, Mittelalterliche Kriegsgeschichte als Forschungsproblem. Francia 10 (1982) 461.

in denen Antichrist und Weltgericht vor der Tür zu stehen scheinen. Aus der Sehnsucht nach Herstellung des gottgewollten Zustandes kann der Versuch seiner aggressiven Durchsetzung werden, aus gerechter Strafe grausame Vergeltung. Auch im politischen Bereich hat es stets die Flucht nach vorne gegeben, jenseits rationaler Erwägungen. Man kann anderseits verstehen, welch tiefe Befriedigung es für aufgestörte Gemüter gewesen sein muß, einen Raum zu finden, in dem es «ordentlich» zuging wie etwa bei den Cluniazensern. Die Überbetonung der rituellen Elemente hatte ihren Sinn. Vielleicht war auch im Lehenswesen das Ordnungsprinzip neben anderen Dingen attraktiver, als sich die übliche Vorstellung von «feudaler Anarchie» träumen läßt. Wo keine königliche Gewalt hinreichte, hat mancher Weltliche hier seinen festen Standort gefunden, Beruhigung vor der Angst, im Getriebe der Zeit unter die Räder zu kommen.

Ein Ordnungsfaktor ersten Ranges war das Kirchenrecht, oder sollte es wenigstens sein. Wir haben schon mehrfach von der Kluft gehört, die auf verschiedenen Gebieten zwischen kanonischen Geboten und der Wirklichkeit herrschte. Sie wurde von manchen Autoren lebhaft beklagt, ohne nach den Motiven zu fragen, die diesen Zustand bedingten. Sie reichten von Macht- und Familienpolitik bis zur Abwendung materieller Not, vom Spiel der Mächtigen bis zu den «Armen» im geistlichen Gewand. Da gab es den Erzbischof, der entgegen den Kanones zugleich vier Bistümer innehatte[27] und Priester oder Diakone Kataloniens, die als Geldleiher auftraten[28]. Handelten sie aus Besitzgier, oder fehlten ihnen andere Einkünfte für ihr tägliches Leben? Dazu kam, daß auch die kanonischen Gebote keineswegs einheitlich waren und man hier zwischen Echt und Falsch nicht unterscheiden konnte. So mancher Kirchenmann dürfte bemerkt haben, was Abbo von Fleury auszusprechen wagte: «Was auf der einen Kirchenversammlung vorgeschrieben wird, wird auf einer anderen verboten»[29].

Es gab eine Grauzone im Kirchenrecht auch abseits der Fälschungen. Ein

---

[27] Von dem Erzbischof Manasse von Arles, der dann Erzbischof von Mailand wurde, sagt Rather: «Cui vero quinque licet episcopiis praeesse nullique prodesse, quid poterit non licere?» Die Briefe des Bischofs Rather ed. Weigle 39 Nr. 7 mit Anm. 7. Liutprand von Cremona, Werke ed. Becker 105 (Antapodosis IV, 6), schildert, wie der Erzbischof «ambitionis spiritu» zum Erwerb einer oberitalienischen Machtbasis im Dienste seines Verwandten König Hugo nach Italien ging.

[28] Bonnassie, La Catalogne 1, 400.

[29] Collectio canonum c. 8, Migne PL 139, 481. In «moderner» Weise machte Abbo die Verschiedenheit der Länder und Sitten für solche Differenzen verantwortlich und zeigte er den Weg, sie auszuschalten: Es kam auf den Richterspruch (iudicium) des Papstes an.

durchaus seriöser Autor wie Burchard von Worms machte bewußt falsche Angaben über die Provenienz nicht nur weltlicher Rechtstexte, sondern er gab Festsetzungen einzelner Bischöfe als Konzilsbeschlüsse und Papstdekrete aus; Texte karolingischer Autoren erscheinen bei ihm unter dem Namen des Augustinus oder des Basilius. Das waren Mittel, «mit Hilfe einer Rechtskorrektur die Wiederherstellung der alten Ordnung anzustreben»[30]. Entweder entsprach dieses Alte tatsächlich dem, was als Idealzustand angesehen wurde, oder man verlegte den Sollzustand in die alte Zeit und zu den alten Autoren mit gewichtigen Namen zurück. Die juridische Version der literarischen Zeitklage prangerte Versuche an, neue Gesetze zu begründen und bejammerte den geringen Wert, den moderne Autoren den alten zumessen wollten[31].

Das «gute Alte» kam dem ersehnten Zustand oftmals deswegen näher als alles «Moderne», weil Probleme der neuen Zeit einst noch nicht oder nur am Rande bestanden hatten. Das galt vor allem von den weltlichen Pflichten und Tätigkeiten des Klerus und den Einwirkungen von Laien auf ihn. Außenseiter wie der Mönch Rodulfus Glaber konnten vereinfachend diese gemischte Sphäre als Tummelplatz der Habsucht und Korruption von Königen und Prälaten ansehen[32]. Ähnlich redeten jene, die überall Simonie am Werk sahen und eine Entflechtung der beiden Bereiche anstrebten. Niemand wird leugnen, daß bei den Großen sehr irdische Antriebe mitspielten; kein Historiker unserer Tage wird anderseits bloß unreflektierte und unwiderstehliche Gier nach Art «des Kindes oder des Wilden»[33] konstatieren, wo es sich durchaus um komplexe Motivationen gehandelt hat.

Weltliches und kirchliches Recht, beide mangelhaft im Sinne moderner Ansprüche, überkreuzten einander so, daß niemand beiden immer genügen konnte. Gewohnheitsrecht und Sitte (consuetudo) waren die weithin bestimmenden Faktoren in der Existenz des Weltlichen und vielfach auch des Weltgeistlichen, seine Lebensform, an der kirchliche Gebote ihre Grenzen fanden. Niemand in der Christenheit, sagt Rather, schert sich um die Kanones, vom Geringsten bis zum Größten, vom Dümmsten bis zu jenem, der sich gerne den Weisesten nennen läßt, vom Laien bis zum Papst selbst[34]. Und das in einem Zeitalter, dessen Religiosität stets hervorgehoben wird! Wenigstens in einem Teil der Fälle wird

---

[30] Kerner, Studien zum Dekret Burchards (oben 179 Anm. 55) 143 f.

[31] Abbo von Fleury, Apologeticus, Migne 139, 469 f.: «O tempora, o mores! ... nituntur condere leges novas ...». Vgl. Abbo an den Klerus von St.-Martin in Tours, Migne PL 139, 424 Nr. 5.

[32] Historiae II, 6 (10), ed. Prou 37 ff.

[33] Lot, Les derniers Carolingiens (oben 58 Anm. 46) 169.

[34] Rather, De contemptu canonum I, 6, Migne PL 136, 494.

es sich um echte Aporien gehandelt haben, verstärkt durch den Wandel der Zeit und natürlich auch durch ihre Unruhe. «Die Gesetze schweigen inmitten der Waffen», sagte Gerbert von Aurillac in seiner Verteidigungsrede vor dem Nationalkonzil von Mouzon (995). «Wenn man vielleicht von den heiligen Kanones ein wenig abgewichen ist, geschah das nicht aus Bosheit, sondern aus der Not der Zeit»[35]. In dieser Spannung lebte die gesamte Bevölkerung, so wie Rather festgestellt hatte, und bei Großen wie Kleinen konnte es zu arger Unsicherheit darüber kommen, was nun wirklich Rechtens sei. Natürlich fiel dabei die Wahl eher auf das Bequeme oder Gewinnbringende, als auf die Erfüllung harter Forderungen.

In der Diözese Vercelli feierten die Bauern den Freitag, den Tag des Todes Christi, als Feiertag. So brauchten sie an zwei Tagen der Woche nicht zu arbeiten, wogegen sich Bischof Atto mit harten Worten wandte: Arbeiten ist besser als dazusitzen und dummes Zeug zu schwätzen[36]. Anderseits war der Freitag ein Fasttag und, nach Attos eigenen Worten, ein Trauertag. Vertrugen sich Fasten und Trauern mit schwerer körperlicher Arbeit? Die ländliche Sitte sprach wahrscheinlich dagegen.

Auf einer höheren Ebene, der des Mönchtums, standen die Gebote der Regel der Sorge für die eigene Familie gegenüber. Wenn diese Sorge eine Tugend war[37], warum sollte für den Mönch anderes gelten? Wenn es zum Wesen des Mannes gehörte, daß er kein Junggeselle blieb, sondern eine Familie gründete, stand dann dieses Gebot nicht höher als jenes des längst verstorbenen Ordensstifters? Wenn der Weltklerus Besitz haben durfte und das byzantinische Mönchtum immerhin ein gewisses Verfügungsrecht an liegendem Gut behielt[38], war dann die völlige Besitzlosigkeit nicht eine übertriebene Forderung? Die Mönche des Klosters Farfa, die mit ihren Frauen auf Klostergut lebten[39], haben über solche Fragen gewiß nicht philosophiert. Was vom Standpunkt der Streng-gesinnten gesehen eine «Schandwirtschaft» war[40], könnte man auch als Rück-

---

35 Richer, Hist. IV, 104 ed. LATOUCHE 2, 324.

36 Atto von Vercelli, Briefe, MIGNE PL 134, 105 f. Nr. 4.

37 Oben 120 mit Anm. 31.

38 André GUILLOU, La classe dei monaci-proprietari nell'Italia bizantina (sec. X-XI). In: Bullettino dell'Istituto Storico Italiano per il Medioevo 82 (1970) 165: Nach einer Bestimmung des Kaisers Leon VI. (886-912) hatte der Mönch die Verfügungsberechtigung über anfallendes Erbe, und zwar über zwei Drittel, wenn er dem Kloster keine Güter geschenkt hatte, und über alles, wenn eine solche Schenkung erfolgt war.

39 Oben 160 mit Anm. 126.

40 SACKUR, Die Cluniacenser 1, 104.

fall in die Lebensordnung der Weltlichen auffassen, die immerhin eine Ordnung war. Hier stießen verschiedenartige Normensysteme aufeinander.

Man wählte dabei den leichteren Weg und nicht den steinigen Pfad monastischer Tugenden. Umgekehrt konnte es auch sein, daß Menschen Schwieriges, ja Gefährliches auf sich nahmen, um alten Forderungen der Sitte zu gehorchen, die im Gegensatz zu ihren offiziellen Pflichten standen. Bei deutschen Bischöfen fand der Kriegsdienst als geschuldeter Herrendienst und Erweis der Treue kaum Widerstand. Noch härter war die Befolgung «vorstaatlicher», von der geistlichen wie der weltlichen Führungsgewalt abgelehnter Rechtsnormen, vor allem die Rachepflicht der Sippenangehörigen bei Tötung eines ihrer Mitglieder. Derlei hatte es im karolingischen Hochklerus noch spurenweise gegeben; im 10. Jahrhundert lebte die Rachepflicht im Volk fort. Zu den Fragen des Beichtigers gehörte weiterhin jene nach einer Tötung «aus Rache für Verwandte»[41]. Noch Burchard von Worms hat seiner «familia» die Blutrache grundsätzlich zugestanden, er wollte sie bloß auf den nächsten Kreis der Verwandten beschränkt sehen[42]. Bei den Angehörigen der Oberschicht galt die Rachepflicht nicht mehr allgemein, vereinzelt finden sich aber immer noch Belege für ein solches Denken und Handeln.

Was das Denken betrifft, so gibt Liutprand von Cremona eine Geschichte wieder, die er für glaubhaft gehalten haben muß: Daß König Lambert von Italien der Blutrache durch einen Grafensohn zum Opfer gefallen sei[43]. Der Großvater des Reformabtes Wilhelm von Dijon, ein schwäbischer Kriegsmann, übte tatsächlich Rache und mußte nach Italien auswandern, was Rodulfus Glaber kommentarlos wiedergibt[44]. Hier handelte es sich wohl um die eigene Ehre, deren Befleckung mit Blut abgewaschen werden mußte; eine Anschauung, die es noch am Beginn unseres Jahrhunderts im Adel und vor allem in Offizierskreisen Europas gegeben hat. Die Standesehre verlangte, was staatlich verboten war. Verfeinert hat sich in der Zwischenzeit die Art, in der die Rachepflicht ausgeübt wurde: Das Duell war bis ins letzte Detail «ritualisiert».

«Auch Rache und Fehde dienen der Wiederherstellung verletzten Rechtes

---

[41] Pontificale Romano-Germanicum ed. Vogel, Elze 2, 237 Nr. 13: «Fecisti homicidium aut casu aut volens, sive pro vindicta parentum ...?» – Über den Bluträcher Bischof Gewilib von Mainz, den Bonifatius absetzen ließ (745), vgl. Albert Hauck, Kirchengeschichte Deutschlands 1 (8. Aufl. 1954) 521 f. Vgl. auch oben 124.

[42] Darauf verweist Koeniger, Burchard 224.

[43] Antapodosis I, 42; Opera ed. Becker 31.

[44] Vita domni Willelmi abbatis, Deutsches Archiv 30, 463 c. 2. Der Wortlaut «ob inimicitiarum ultionem» spricht eher für eine Tötung in einem Ehrenhandel, kaum in einer Fehde, die ja nicht Grund des Exils hätte sein können.

und sind so Elemente der objektiven Rechtsordnung. Daher die Rachepflicht, die Pflicht zum Kampf ums Recht»[45]. Das Fehderecht hat sich im königsfreien Raum durchaus bewahrt, und man konnte nur an seine Einschränkung denken. Rache und Fehde konnten ineinander übergehen, sie waren ja oft zwei Seiten derselben Sache. Seit 1006 gab es am Niederrhein arge Fehden zwischen zwei Grafengeschlechtern und ihren Anhängern. Als der Führer der einen Partei, der Billunger Graf Wichmann, heimtückisch ermordet wurde, rief der Bischof von Münster die Landsleute und Nachbarn (conprovinciales et affines) auf, «diese Dinge zu rächen» und belagerte mit ihnen eine Burg, deren Umgebung mit Feuer und Schwert verwüstet wurde[46].

Das gerichtliche Urteil mochte sachlich und human sein, es befriedigte gerade darum nicht die Leidenschaften so, wie es Rache und Fehde taten. In den Oberschichten war man vor Körperstrafen und der Hinrichtung im Normalfall sicher, erst später kam es zu einer neuerlichen Anwendung der Blutgerichtsbarkeit. Der «kleine Mann» wurde zu einer Prügelstrafe verurteilt, zum Scheren des Haupthaares oder er wurde durch ein Brandmal als Missetäter gezeichnet. Derlei minderte nicht die Arbeitskraft, die der Herr weiterhin benötigte. Im kirchlichen Bereich hatte man überhaupt nur gewaltlose Mittel zur Hand – es war kein Wunder, daß sie den aufgebrachten Verwandten eines Ermordeten nicht immer genügten. Als gerecht empfand man das Talionsprinzip («Aug' um Auge, Zahn um Zahn»); seine Anwendung auf absichtliche Tötungen hat noch Immanuel Kant verteidigt. Daß Wohlhabende bei den weltlichen Gerichten mit Bußen davonkamen und auch die Strafen kirchlicher Instanzen in Geld ablösbar waren, verletzte das Gerechtigkeitsgefühl. Immerhin konnten Ärmere die Ablösesummen weigstens teilweise durch Psalmenbeten usw. ersetzen. Wo Friede herrschte, mochte man mit solchen Mitteln einigermaßen die Ordnung wahren, nicht aber inmitten rivalisierender und miteinander verfehdeter Verwandtschafts- und Interessenverbände. Das betrifft besonders den königsfreien Raum Frankreichs, wo ein bezeichnender Fall Talionsprinzip und Rachepflicht gleichzeitig illustriert: Der Bischof von Limoges, Eblus, mußte erfahren, daß jener Chorbischof Benedikt, den er als Nachfolger haben wollte, deshalb durch den Grafen Elias I. von Périgord geblendet und somit amtsunfähig gemacht wurde. «Und deshalb wurde Eblus von sehr großem und unerträglichem Schmerz erfüllt bis zum Tage seines Todes.» Der Graf von Poitiers riet, dem Übeltäter Elias das Augenlicht zu rauben; dieser entkam, ging als

---

45 Heinrich MITTEIS, Formen der Adelsherrschaft im Mittelalter. In: MITTEIS, Die Rechtsidee in der Geschichte (1957) 643.

46 Thietmar von Merseburg, Chronicon VII, 47 f., ed. HOLTZMANN 546. Vgl. unten 551.

Pilger nach Rom und starb bald darauf. Damit hätte die Sache abgetan sein können, doch verlangten die aufgestauten Affekte ein anderes Opfer. Der Graf von Poitiers, Wilhelm, ließ sich den in Gefangenschaft geratenen Bruder des Elias ausliefern und «als Rache (in ultionem) für den Chorbischof Benedikt» blenden[47]. Der Mann war persönlich sicher unschuldig, aber als Sippengenosse des Täters ein geeignetes Opfer für die Erfüllung der Rachepflicht. Wo niemand für die staatliche Ordnung ausreichend sorgte, lebten vorstaatliche Bräuche wieder auf.

In solchen Gegenden mußte der Klerus versuchen, als Ordnungsmacht zu wirken; keine leichte Aufgabe, da er oft selbst in die Gruppenkämpfe hineingezogen war und einen Teil rivalisierender Parteien bildete. Wenn die Weltlichen mit Raub und Brand gegeneinander wüten, so hören wir, kann das nur geschehen, weil die Bischöfe uneins sind, weil für den einen gut ist, was dem anderen an Schaden zustößt; wen der eine Bischof zurückstößt, den nimmt der andere auf[48]. Das Mönchtum hatte über Laien überhaupt keine geistliche Gewalt und mußte sich auf eindrucksvolle, aber juridisch nicht relevante Riten beschränken: Man konnte die Bösen verfluchen, aber nicht exkommunizieren, dem Volk den Zutritt zur Kirche verweigern, aber nicht das Interdikt über einen Ort aussprechen. Die Kanoniker von Tours legten Dornen auf den Sarg des heiligen Martin, versperrten mit ihnen alle Kirchentüren bis auf eine, stellten Reliquiare auf den Fußboden usw., um dem Volk ihre Not zu zeigen und den Heiligen zur Hilfeleistung zu zwingen[49].

Geistliche Strafen waren immer auf die Mitwirkung des Delinquenten oder des Kirchenvolkes angewiesen. Die persönliche Buße, vor allem Fasten bei Wasser und Brot oder eine Wallfahrt, konnte in sehr laxer Weise durchgeführt werden. Öffentlich begangene Sünden sollten jedoch durch eine öffentliche Strafe gesühnt werden und damit der Kontrolle durch die Gemeinde unterliegen; sie waren nicht in Geld ablösbar. Derartige Strafen waren in erster Linie Schandstrafen, sie sollten das Sozialprestige des Täters mindern. Jedermann sah es, wenn der Sünder vor der Kirchentür stand und als Letzter in den Rangordnungen aufschien. Wo das nicht half, wurde die Gemeinde zur Mitwirkung aufgerufen durch Boykott des der Exkommunikation verfallenen Täters. Da man von den Sakramenten im allgemeinen nur selten Gebrauch machte, war der

---

47 Ademar von Chabannes, Chronicon III c. 25, 28, ed. CHAVANON 147, 150.

48 Dialogus de statu sanctae Ecclesiae ed. H. LÖWE, Deutsches Archiv 17 (1961) 83.

49 GEARY, L'humiliation des saints (oben 430 Anm. 143) 29 f. Die «Erniedrigung» der Heiligen konnte Hand in Hand gehen mit der Verfluchung der Bedrücker des Klosters; dabei haben manchmal Mönche Exkommunikationsformeln nachgesprochen. LITTLE, Malédictions (oben 27 Anm. 84) 51 f., 54 f.

Ausschluß von ihnen keine so harte Buße wie dieser Ausschluß aus der Gemeinschaft des Kirchenvolkes. Durch ihn wurde der Sünder auf sich selbst gestellt, ohne «Freundschaft» und Nachbarschaftshilfe. Dieses Mittel «griff» wirklich, und es ist kein Wunder, daß es mehr und mehr angewendet wurde.

Die einfache Exkommunikation konnte zur feierlichen, dem Anathem, gesteigert werden. Eine solche aufwendige und rituell durchgeführte Verstoßung von Gemeindemitgliedern wurde in alter Zeit fast nur gegenüber Ketzern geübt. Sie hatten sich selbst von der Kirche getrennt, und diese Tatsache sollte allen klar werden, um eine Art «cordon sanitaire» gegen sie zu bilden. Wurden sie weiterhin von ihrer Umgebung geduldet und unterstützt, oder auch dann, wenn es zu öffentlichem Ungehorsam einer Gemeinde gegen die geistliche Obrigkeit kam, blieb als letzte Möglichkeit das Interdikt. Wenn eine Kirche, ein Ort oder sogar eine ganze Diözese ohne Gottesdienst und Sakramentenspendung blieb, wurden davon Unschuldige betroffen oder wenigstens mitbetroffen. Sie sollten Druck auf die Schuldigen ausüben, um bei diesen ein Umdenken und die Aufhebung der Strafe herbeizuführen.

Was als Selbstreinigung der Gemeinde von Abtrünnigen und sonstigen Sündern gedacht war, wurde immer mehr für verschiedene Zwecke der öffentlichen Gewalten verwendet. Dem engen Zusammenhalt zwischen Thron und Altar entsprach es, wenn Karl der Kahle verordnete, daß einem Münzfälscher neben der weltlichen Strafe – Abschlagen der Hand – auch eine öffentliche Kirchenbuße durch die Bischöfe gebühre, da er «ein Kirchenräuber (sacrilegus) und Berauber der Armen» sei[50]. In Deutschland wurde später der Kirchenbann zur Folge der Reichsacht. Die Banngewalt des Königs und seines Vertreters, des Grafen, rückte in die Nähe der bischöflichen: beide Male wurde unter Strafe ein Gebot ausgesprochen, beides hat einander ergänzt[51]. In Frankreich diente die Exkommunikation als wichtigstes Mittel zur Durchsetzung der bischöflichen Herrschaft, nicht nur gegen Bedrohung von außen, sondern auch gegenüber den eigenen Vasallen. So schrieb Bischof Fulbert von Chartres an seine Vasallen in Vendôme: «Ich rufe euch auf ... im Namen Gottes, der heiligen Maria und in unserem eigenen Namen, daß ihr in der kommenden Osterzeit zu uns kommt, um uns entweder Dienste zu leisten oder über eure Lehen richtig Rechnung zu legen. Wenn ihr das nicht tut, werde ich euch wegen eures

---

50 Edikt von Pîtres (864), MGH Capitularia 2, 315 c. 13.

51 Eduard EICHMANN, Acht und Bann im Reichsrecht des Mittelalters (1909) 27 f. macht auf die Stelle bei Wipo, Gesta Chuonradi c. 25 (Opera ed. BRESSLAU 43 f.) aufmerksam: Ernst von Schwaben wurde zum Reichsfeind erklärt und der Kaiser ließ ihn auf Rat der Fürsten mitsamt seinen Anhängern durch die Bischöfe (des Reiches) exkommunizieren.

Ungehorsams exkommunizieren. Ich werde euch verbieten, die Messe zu hören, die Kommunion zu empfangen und ein (christliches) Begräbnis zu erhalten. Ja, ich werde auch die Burg Vendôme und ihr Gebiet unter das Anathem stellen, daß dort keine Messe gelesen wird und niemand begraben werden darf ... Gott bekehre euch, meine Söhne»[52].

Später schrieb derselbe Bischof Fulbert an König Robert von Frankreich einen Beschwerdebrief über den Vizegrafen Gottfried: Dieser zeigt immer wieder, daß er weder Gott noch den König fürchtet; jüngst hat er eine durch Robert zerstörte Burg wieder aufgebaut. So groß ist der Schmerz des Bischofs über diese Handlungsweise, daß er den Gottesdienst anstatt mit lautem Jubel mit leiser Stimme feiern läßt. Der König soll die Burg zerstören lassen; tut er es nicht, dann zwingt «die dauernde Verwirrung (confusio) in unserer Stadt» – die durch den Bau der Burg bedroht wurde – Fulbert dazu, für seine ganze Diözese die Feier von Gottesdiensten zu verbieten. Möge er, schreibt der Bischof schließlich, niemals in die Lage kommen, als Flüchtling verkünden zu müssen, daß der König ihn nicht schützen konnte[53].

Wir neigen dazu, die Vermischung politisch-militärischer Interessen mit salbungsvollen Redensarten für den Ausdruck einer zynischen, nur auf Wirkung bedachten Geisteshaltung zu nehmen. Derartiges mußte keineswegs der Fall sein. Nach dem Zeugnis des Apostels kam alle Gewalt von Gott, jeder Mensch war einem ihrer Träger unterworfen; wer einem von ihnen Widerstand leistete, widerstand Gott selbst[54]. Wenn das schon für weltliche Obere galt, um wieviel mehr für einen Bischof! Aus der Geschichte des Investiturproblems wissen wir, wie unbeholfen man lange Zeit der Aufgabe einer Scheidung der Begriffe von geistlichem und nichtgeistlichem Amtsauftrag des Bischofs gegenüberstand. Sein Wort war Gottes Wort nicht nur in Glaubens- und Sittenangelegenheiten. Ungehorsam blieb Ungehorsam, auch wenn es um Lehenssachen ging, und konnte mit geistlichen Mitteln geahndet werden.

Gelegentlich gab es Widerstände gegen die Anwendung der Exkommunikation als Strafe, vor allem dann, wenn man von ihr selbst betroffen werden konnte. Im Reimser Bistumsstreit schrieb Gerbert von Aurillac, wenn man den, der sich selbst oder einem anderen das Leben nimmt, einen Mörder nenne, könne das auch für jenen gelten, der einem Mitmenschen das ewige Leben wegnehme

---

52 The Letters of Fulbert ed. BEHRENDS 22 Nr. 10. Was hier als Anathem bezeichnet wird, gilt im späteren Sprachgebrauch als Interdikt; umgekehrt konnte es einst ein «persönliches Interdikt» geben. Henri MAISONNEUVE, L'interdit dans le droit classique de l'Eglise, in: Mélanges L. HALPHEN (Paris 1951) 466.

53 A. a. O. 180 ff. Nr. 99 f.

54 Rom. 13, 1 f.

– womit in diesem Fall eine Exkommunikation durch den Papst gemeint war[55]. Ein gewisses Notrecht war dem Klerus zuzubilligen angesichts der geringen Wirksamkeit der üblichen Buß- und Bußengerichtsbarkeit und einer oft völlig ungesicherten Lage. Auch Bischof Fulbert von Chartres sah sich im Geiste schon als Exulant. Brach die bischöfliche Herrschaft in der Stadt zusammen, wurde das Bischofsgut zerstreut, mußte das auch eine Krise in geistlicher Hinsicht bringen.

Dies alles zugegeben, blieb doch das Bedenken, daß hier ein letztes und äußerstes Mittel der Repression und Disziplinierung für die Tagesbedürfnisse gebraucht und damit immer weniger wirksam wurde. Wenn z. B. Kirchengut von Laien usurpiert war, genügte es nicht, die Delinquenten zu exkommunizieren, ja selbst eine päpstliche Exkommunikation verlor ihre Wirkung: «Weil diese Dinge öfter geschehen, werden sie von dem Verstockten gering geachtet. Sie legen die Gottesfurcht ab und wenden sich an weltliche Gerichte, suchen Schutzherren, bauen Burgen und werden durch das (geistliche) Zuchtmittel schlechter ...», statt sich zu bessern[56].

Selbst bei offensichtlichem Mißbrauch der Exkommunikation sollte die Gehorsamspflicht der Betroffenen weiterbestehen. Auf der zweiten Synode von Limoges (1031) wurde die Frage gestellt, ob ein ungerechtfertigt und ohne Schuld Gebannter sich an die Sentenz halten müsse. Die Antwort fiel positiv aus, gemäß einer Entscheidung Gregors des Großen: Gerecht oder ungerecht, mit oder ohne Schuld, die Exkommunikation ist gültig[57] – wobei nicht berücksichtigt wurde, daß sich der Gebrauch dieses Zuchtmittels sehr erweitert hatte. Einstmals wäre es kaum geschehen, daß ein Pfarrer seiner Gemeinde befahl, am Sonntag statt einer Messe deren zwei zu hören, und einen Arzt, der sich darüber beschwerte, exkommunizierte. Zusammen mit dem Bericht über diese Sache lesen wir Klagen über abartige Kerle (degeneres homunciones), die glauben, eine Exkommunikation geringschätzen zu können[58].

Es gab Härtefälle, die zum allgemeinen Skandal wurden wie jener des Kastellans Walter von Cambrai. Wegen seines Vorgehens gegen den Bischof der Stadt, Gerhard, war er gebannt worden. Man ermordete ihn, während er vor der Tür der Domkirche betete, die er nicht betreten durfte. Sterbend zeigte Walter Reue und den Willen zur Wiedergutmachung, doch der Bischof verweigerte seinem toten Gegner ein kirchliches Begräbnis – formal im Recht, die Exkommunikation war ja nicht aufgehoben worden. Walters Witwe ließ dar-

---

55 Die Briefsammlung Gerberts ed. Weigle 232 Nr. 192.
56 Dialogus (oben Anm. 48) a. a. O. 83.
57 Mansi, Sacrorum conciliorum ... collectio 19, 540.
58 Odo von Cluny, Collationes I, 22 f., Migne PL 133, 534 f.

aufhin die Umgebung von Cambrai brandschatzen. Schließlich erwirkte der Graf von Flandern zusammen mit dem Erzbischof von Reims, daß die Leiche des Kastellans in das Kloster St.-Amand überführt und nach Absolution des Toten dort begraben wurde[59].

Unter den Laien mußte es umso mehr Unmut über das Vorgehen von Bischöfen geben, je weniger diese selbst den kanonischen Vorschriften genügten. «Deshalb», so schreibt Rather[60], «scheren sie sich wenig um unsere Exkommunikationen und Absolutionen, weil sie wissen – soweit sie es verstehen können –, daß auch wir durch die heiligen Kanones exkommuniziert sind, und sie begreifen, daß niemand, der selbst gebunden ist, andere aus Eigenem binden oder absolvieren kann.» In einer Stadt wie Verona mochte das Wissen um diese Schwäche der bischöflichen Position größer sein als in vorwiegend ländlichen Diözesen nördlich der Alpen; aber auch hier gab es Fälle, wie etwa in dem schon erwähnten Bistum Cambrai, wo jedermann sehen konnte, wie das Kirchenrecht durch seine Vertreter behandelt wurde. Bischof Gerhard exkommunizierte «räuberische» Laien, und die Archidiakone des Bistums Lüttich absolvierten sie gegen Geld oder Landschenkungen. In seinem langen Beschwerdeschreiben darüber spielt der Bischof darauf an, man rechtfertige sich für dieses Vorgehen mit der Notwendigkeit von Investitionen[61].

Je öfter eine Bannsentenz ausgesprochen wurde, umso mehr Menschen wurden gegen ihren Willen in ein unkanonisches Verhalten hineingezogen. Man sollte ja die Gemeinschaft mit dem Gebannten meiden, und das war im städtischen Raum vielfach unmöglich. Die automatische Exkommunikation bedrohte jeden, der an einem Gastmahl oder einer Versammlung – selbst zu höchst friedlichen Zwecken – teilnahm, wo ein Gebannter zugegen war. Das stellte Abbo von Fleury seinen Königen Hugo und Robert vor Augen, wenn er sie beschwor: «Reinigt euer Reich von dem Übel der Exkommunikation!» Kaum einen gebe es ja im Königreich, der nicht aus diesem Grund exkommuniziert sei[62].

---

59 Annales Elnonenses, in: Les annales de St.-Pierre de Gand et de St.-Amand ed. Ph. Grierson (Brüssel 1937) 155 (zu 1041). Während sich andere Quellen gegen Walters Haltung wenden, heißt es hier, daß Bischof Gerhard «coactus . . . eum iuste absolvit, quem iniuste ligavit».

60 Die Briefe Rathers ed. Weigle 97 Nr. 16.

61 «. . . ex huiusmodi rebus palatia stare, aecclesias instaurari.» Gesta episcoporum Cameracensium III, 28, MGH SS 7, 476.

62 Apologeticus, Migne PL 139, 470. Abbo war das Haupt der «Mönchspartei» und wollte den Bischöfen ihre wichtigste Waffe nehmen, die auch das Mönchtum bedrohte.

Wenn die Bindung an Familie, Nachbarn und Freunde gelöst und der Boykott Wirklichkeit werden sollte, war ein einfacher Befehl des kirchlichen Vorgesetzten zu wenig. Ähnliches zeigte sich übrigens auch im kleinen Kreis der jüdischen Gemeinden, wo es Leute gab, die mit Ausgeschlossenen tafelten und Geschäfte abwickelten[63]. So holte man alte Fluchformeln gegen Ketzer wieder hervor und erfand man neue, die dem Volk Schrecken einjagen mußten. Von den Mördern des Erzbischofs Fulco von Reims (900) hieß es etwa: «Verflucht seien sie in der Stadt, verflucht auf dem Acker, verflucht sei ihr Getreidespeicher, seien ihre Überreste, die Frucht ihres Leibes und die ihrer Felder, ihre Rinder- und Schafherden; verflucht seien jene, die bei ihnen ein- und ausgehen ... Sie sollen auf der Latrine ihre Eingeweide von sich geben wie der perfide Arius ...». Auf die Schreckbilder aus der bäuerlichen Welt und der Ketzergeschichte folgen Hinweise auf Verfluchungen durch Moses, auf Apostel und Kirchenväter. Dem verbalen Anathem durch die versammelten Bischöfe folgte eine höchst eindrucksvolle Zeremonie: Sie hielten Lichter in den Händen, die gelöscht wurden mit den erklärenden Worten: «Und so wie diese Lichter aus unseren Händen auf die Erde fallen und ausgelöscht werden, so soll ihr Licht in alle Ewigkeit erlöschen»[64].

Wenn sich der Sünder bekehrte, wurde das feierliche Anathem ebenso feierlich wieder aufgehoben. Da genügte nicht immer der Spruch einer Synode; es gibt Fälle, in denen jede Verfluchung, vielleicht auf besonderen Wunsch der Betroffenen, durch einen gegenteiligen Segenswunsch annulliert wurde: «Seid gesegnet in der Stadt und gesegnet auf dem Acker, gesegnet sei die Frucht eures Leibes und die Frucht eures Landes und eurer Weinberge ...» und so fort[65]. Segen oder Fluch, das waren die Alternativen für ein labiles Menschentum in Zeiten voll Aufregungen und Gefahren. Die Sprache der Geistlichkeit kam ohne Drohungen und Verfluchungen nicht aus auch dort, wo sie kaum angebracht waren. Eine Gebetsbruderschaft von römischen Geistlichen diente dem Zweck, für verstorbene Mitglieder Messen lesen zu lassen. «Wer dies nicht befolgt, sei durch die Fessel des Anathems gebunden, und getrennt von dem Reich Gottes» – so verkündeten Marmortafeln in römischen Kirchen diesen Vertrag[66]. Der Fidelitätsrevers des Erzbischofs Arnulf von Reims an die Könige Hugo und Robert enthielt die Worte: «Wenn ich aber ... von diesem (Versprechen) abweiche, soll all mein Segen in eine Verfluchung verkehrt werden, und meine Tage sollen verkürzt werden und mein Bistum soll ein anderer über-

---

63 Robert CHAZAN, Medieval Jewry in Northern France (Baltimore, London 1973) 23.

64 Synode von Reims 900, MANSI, Sacrorum conciliorum ... collectio 18 A, 183 f.

65 Synode von Jonquières 909, ebenda 261 f. Vgl. oben 40.

66 MEERSSEMAN, Ordo fraternitatis (oben 159 Anm. 120) 1, 13.

nehmen. Meine Freunde sollen von mir weichen und sollen auf ewig meine Feinde sein . . .»[67].

In Urkunden, die doch vor allem einem rationalen rechtlichen Zweck dienen, hat man die Höllenstrafen im Rahmen der «geistlichen Poenformel» ausgemalt, mit einer Freude am schaurigen Detail, wie sie die Volksphantasie liebte; Urkunden wurden ja in der Kirche verlesen, oft auch während des Gottesdienstes. Häufig hat man dabei übertrieben, so auch in einer Urkunde auf den Namen Papst Johanns XIII. für Arles, die noch dazu eine Fälschung ist[68]. Hier wird das Anathem gegen alle ausgesprochen, die dem päpstlichen Willen nicht gehorchen. Wie Dathan und Abiron (im Alten Testament) soll sie die Erde verschlingen, wie Judas sollen sie Höllenqualen erleiden durch das ewige Feuer und durch Würmer, die niemals sterben. Gott soll ihnen die Pest schicken, Not, Fieber, Kälte und Hitze, Geschwüre, Räude, Tollheit, Blindheit und wiederum die Todeskrankheit des Arius. Verflucht seien sie im Schlaf und im Wachen, bei Essen und Trinken, Hunger und Durst – diese Aufzählung könnte noch fortgesetzt werden. Der Autor wußte nichts von der Regel der Rhetorik, daß man nicht zu lange pathetisch reden darf, weil dadurch das Gegenteil der erhofften Wirkung erzielt wird.

Wenn das Anathem nicht über eine bestimmte Person, sondern über eine unbestimmte Personengruppe ausgesprochen wird, die vielleicht einmal eine unrechte Handlung begehen könnte, verliert es einiges von dem Schrecken, den es hervorrufen soll. Man gewöhnt sich bis zu einem gewissen Grad an solche Formeln, wie man sich auch an das – in steigendem Ausmaß seit dem späten 10. Jahrhundert verwendete[69] – Interdikt gewöhnt zu haben scheint. Der Bischof von Orléans hatte die Stadt mit dem Interdikt belegt, trotzdem berief 1024 für Weihnachten König Robert einen Hoftag dorthin ein. Das war ein Schachzug gegen den Bischof, mit dem der fromme König gerade Streit hatte. Fulbert von Chartres, der seinen Mitbischof unterstützen mußte, schrieb an Robert, es gehe nicht an, daß zu einer solchen Festzeit der Königshof ohne Gottesdienst bleiben sollte. Für sich selbst hatte Fulbert jedoch bereits eine elegante Lösung des Problems zur Hand: Wenn der Herrscher seine Meinung nicht ändere, wollte sich Fulbert in einem Kloster nahe bei Orléans einquartieren

---

67 Erhalten im Synodalprotokoll von St.-Basle c. 8, MGH SS 3, 661. Psalm 108 v. 8 lautet: «Fiant dies eius pauci, et episcopatum eius accipiat alter.» Vgl. unten 541.

68 Böhmer-Zimmermann Reg. † 465, Jaffé-Löwenfeld Reg. † 3743, Migne PL 135, 998 ff. Nr. 33, vgl. oben 23 Anm. 61: Es handelt sich um den Platz von Arles in der kirchlichen Rangordnung.

69 Huberti, Gottesfrieden (oben 319 Anm. 131) 215 f. Hoffmann, Gottesfriede (oben 27 Anm. 86) 29, 34.

und dort Weihnachten feiern[70]. Was mögen sich die Bürger von Orléans über die Wirksamkeit des Interdikts gedacht haben, das von den höchsten Gewalten umgangen oder ignoriert wurde?

Es liegt auf der Hand, daß antiklerikale Äußerungen selten Eingang in die kirchliche Historiographie fanden. Doch berichtet Thietmar folgendes von dem Kriegszug Ottos II. gegen die Dänen: «Auf diesem Zuge wurden die ersten Äußerungen bösen Spottes gegen die Geistlichen laut; übles Volk gebraucht sie heute noch ... Meinen auch viele ihren Spott nicht ernst, so bleibt er doch immer eine häßliche Sünde»[71]. Das Bauernmädchen Flothilde hatte von kirchlichen Dignitären eine gute Meinung; in einer Vision sah sie viele Menschen, die in die Hölle geschickt wurden, mehr noch sah sie, die draußen bleiben durften. Darunter befanden sich die «Höheren» (maiores): Archidiakone, Pröpste, Richter, Meier (maiores) und Dekane. Aber dasselbe Mädchen redete auch Dinge nach, die sie sicherlich von ihrer Umgebung gehört hatte: Daß Priester mit Frauen zusammen wohnten und nicht würdig seien, die Reliquien der Heiligen anzurühren; nicht einmal die Buchstaben kannten sie, die sie (beim Gottesdienst) vorlasen[72]. Im Dorf hatte man wahrscheinlich eine gute Meinung von jenen Höheren, die man nur ab und zu sah, während die Pfarrgeistlichkeit sehr genau beobachtet wurde.

Wenn Kriegsleute über die mitziehenden Geistlichen spotteten und wenn Bauern mit ihrem Pfarrer nicht zufrieden waren, besagte das nicht allzu viel. Schlimmer waren die Fälle, in denen Weltliche dadurch in Konflikt mit Geistlichen gerieten, daß sie taten, was sie für ihre Pflicht hielten. Bischof Gerhard von Cambrai, der unbeugsame Verfechter seiner Amtsinteressen, behauptete, es gebe Menschen, die von frühester Kindheit bis zum Lebensende gegen die Kirchen wüten, wobei auch die Exkommunikation nichts nütze[73]. Es mochte eine wirkliche Verbitterung über den Klerus geben, die unter dem Eindruck von Schicksalsschlägen zu halbem oder ganzem Unglauben führen konnte. Wir haben schon auf jene Bürger von Lüttich hingewiesen, die nach einer Niederlage ihres bischöflichen Stadtherrn die göttliche Weltregierung leugneten: Durch Zufall sei alles bedingt[74]. Über den Grafen Ansfried von Brabant, der dann zum Bischof ernannt wurde und ein asketisch strenges Leben führte, lästerten Viele; einer von ihnen erweiterte die Kritik auf Glaubensfragen und wagte im Wirts-

---

[70] The letters of Fulbert ed. BEHRENDS 170 Nr. 94.

[71] Chronicon III, 6, ed. HOLTZMANN-TRILLMICH 91.

[72] Visions de Flothilde ed. LAUER, Les annales de Flodoard 175, 173 f.

[73] Gesta episcoporum Cameracensium III, 28, MGH SS 7, 474.

[74] Oben 402 mit Anm. 11.

haus die Behauptung, die menschliche Seele sei nichts und verschwinde mit dem letzten Atemhauch[75].

Noch weiter geht eine Äußerung, von der Rather behauptet, er habe sie vor kurzem selbst gehört, und zwar aus dem Munde eines Bischofs: Alle Schriftstellen über die Verheißung von Höllenstrafen seien hinfällig; die Evangelien seien auf Schafshaut geschrieben, und man lese derartiges also in einer Schafshaut. Das klang «so, wie wenn im Evangelium Wahres ebenso wie Falsches berichtet werden könnte»[76]. Ein Bischof konnte sich damals in Oberitalien gewiß nur dann behaupten, wenn er Sünden beging. Rather selbst war von ihnen nicht völlig frei, liebte es aber, anderen ihre Schlechtigkeit vorzuhalten. Wollte ihn sein Gesprächspartner mit dieser Antwort nur verblüffen und damit zum Verstummen bringen, oder hatte sich dieser Bischof seine eigene Version des Christentums zurechtgelegt?

Vor dem Hintergrund solcher Aussprüche wird man das, was über das Walten der Fortuna öfter zu lesen ist, vielleicht nicht immer als bloßes «rhetorisches Element» oder als Weiterwirken germanischen Denkens ansehen. Auffällig ist die Zahl solcher Stellen bei Gerbert von Aurillac[77]. Für ihre Bewertung scheint eine von ihnen wichtig, weil sie das Verhältnis der Schicksalsvorstellung zum Gottesglauben betrifft: Ein Teil der Dinge geschieht durch den Willen Gottes, ein anderer «durch die blinde Fortuna»[78]. Gott ist hier nicht der absolute Herr und Lenker der Welt, sondern «das göttliche Wesen» (divinitas). Er hat sich die Weltregierung gleichsam mit der unpersönlich waltenden Kraft des Geschickes geteilt, wobei man annehmen darf, daß die unbegreiflichen, mit Gottes Güte nicht vereinbar scheinenden Schläge von dieser Kraft ausgehen. Durch die Freigebigkeit des Kaisers hat Gerbert die Abtei Bobbio erhalten, doch Fortuna hat es anders gewollt und er mußte ihr weichen[79]. Daß Hugo Capet zum Herrn des Landes wurde, sollte man eigentlich für den Willen Gottes halten – Gerbert schreibt jedoch, daß die Fortuna ihn den Franken als

---

75 Alpert von St. Symphorian in Metz, De diversitate temporum I, 17, MGH SS 4, 709. Der Bericht ist stark rhetorisch gefärbt, scheint aber eine mindestens als möglich empfundene Meinung wiederzugeben.

76 Die Briefe Rathers ed. WEIGLE 82 Nr. 16.

77 Gesammelt von Hans F. HAEFELE, Fortuna Heinrici IV. imperatoris (Veröff. d. Instituts f. österr. Geschichtsforschung 15, 1954) 78 ff.

78 «Aliis quippe rebus divinitas necessitatem imponit, aliis caeca fortuna interstrepit.» Die Briefsammlung Gerberts ed. WEIGLE 85 Nr. 55, einer der «ex persona»-Briefe (nomineller Autor: Adalbero von Reims).

79 A. a. O. 35 Nr. 12, 39 Nr. 16 («Cessimus ergo fortunę . . .»).

Vorgesetzten gegeben habe[80]. Derlei ist sicherlich wohlbedacht und eine sublime Stellungnahme zu dem Heraufkommen einer neuen Dynastie.

Über die religiösen Anschauungen des byzantinischen Geschichtsschreibers Prokopios, des Zeitgenossen Justinians, hat man den Satz geschrieben: «Daß die antike Tyche sich mit dem Christentum nicht verträgt, ließ er unbemerkt oder wenigstens unbeachtet.» Prokopios hat bald von Gott, bald von dem göttlichen Wesen («theion»; Gerbert schreibt «divinitas»!), bald von der Schicksalsgöttin Tyche gesprochen[81]. An diese distanzierte Haltung eines Intellektuellen des Ostreiches wird man bei Gerbert erinnert, ohne daß ein literarischer Zusammenhang besteht. Die heidnische Antike spielt bei ihm sonst kaum eine Rolle als Vorbild an sich – Gerbert entnahm ihr das, was seinem Denken entgegenkam. Erzbischof Adalbero von Reims, in dessen Namen Gerbert Briefe schrieb, muß seine Äußerungen gebilligt haben. Sie stehen keineswegs allein; von der trügerischen Fortuna und ihrem Glücksrad spricht z. B. an mehreren Stellen der Priester Gerhard in seinem Brief an Erzbischof Friedrich von Mainz[82]. Thietmar von Merseburg berichtet, den unentschiedenen Ausgang eines Gefechtes zwischen Dänen und Angeln hätten beide Parteien dem Zufall zugeschrieben. Wozu der Bischof anmerkt: «Uns aber verbietet die heilige Schrift, zu glauben, etwas sei Schicksal oder Zufall»[83]. Thietmar sagt nicht, eine solche Meinung sei unsinnig; er beugt sich der Autorität in einer Sache, über die er sich anscheinend Gedanken machte. Er hätte auch auf Hieronymus und Augustinus verweisen können, die es als nötig empfanden, gegen den Fortuna-Glauben ihrer Zeitgenossen vorzugehen[84].

Solche Beispiele scheinen darauf hinzudeuten, daß im Mittelalter keine bloß literarische Tradition weitergeführt wurde, wenn man über «fortuna» schrieb, sondern daß wenigstens zum Teil hinter ihr eine zeitlose Denkmöglichkeit stand: Man konnte auf Gott vertrauen, oder an einem Sinn der Geschehnisse zweifeln, auch in dem so christlichen Mittelalter. In sehr seltenen Fällen hat nicht nur der Zweifel, sondern die Verzweiflung von Menschen Besitz ergriffen und zu extremem Handeln geführt[85].

---

80 A. a. O. 70 Nr. 41, «ex persona» (Adalberos von Reims?).

81 Karl Krumbacher, Geschichte der byzantinischen Literatur (1891) 44.

82 Lotter, Der Brief des Priesters Gerhard (oben 264 Anm. 68) 126 ff.

83 Chronicon VII, 41, ed. Holtzmann 448. Haefele a. a. O. 80.

84 Haefele a. a. O. 51 f.

85 Berühmt ist die Erzählung Ekkehards über den Grafensohn Wolo, der im Kloster von Heimweh ergriffen wurde und «impulsu ut creditur Satanae» vom Glockenturm sprang oder stürzte. Ekkehard IV. von St. Gallen ed. Haefele 96 ff. c. 43. Hans F. Haefele, Wolo cecidit. Deutsches Archiv 35 (1979) 30 f. denkt an Selbstmord.

Noch waren die meisten Quellen zu wortkarg, als daß sie Einblicke in das Seelenleben unsicher gewordener Menschen eröffnen würden. Gerbert beschränkt sich auf Andeutungen, und Rathers Selbstentblößung in seinem Beichtdialog entbehrt nicht der Schauspielerei: Man sollte sehen, von welcher Gewissenhaftigkeit auch kleinsten Vergehen gegenüber der Autor beseelt war, und wie er sämtliche in der Geistlichkeit kursierenden Übel auf sich bezog. Grüblerisch veranlagt war er kaum, aber von lebhafter Phantasie, und so können wir ihm glauben, wenn er sagt, nicht Himmelssehnsucht, sondern Höllenfurcht habe seine Taten bestimmt[86]. Die Verzweiflung (desperatio) kommt in seinem Sündenkatalog nur am Rande vor; sie wird neben ihrem Gegenteil, dem frevelhaften Gottesvertrauen und anderem aufgezählt[87]. Eine wirklich unverfälschte Schilderung von Zweifeln an der Existenz eines allgewaltigen Gottes und an der Richtigkeit der biblischen Aussagen findet sich erst jenseits des Zeitraumes, dem diese Untersuchung gilt. Ihr Verfasser ist der Mönch Otloh von St. Emmeram in Regensburg, der etwa in der Zeit zwischen 1010 und 1070 lebte. Er bemerkte, daß zwischen frommen Reden und unfrommen Handlungen seiner Zeitgenossen ein Widerspruch bestand und übertrug ihn auf die Autoren der biblischen Bücher: Konnte nicht alles Lug und Trug sein, was da über Gott und die christliche Religion zu finden war? Wenn die Aussagen der Bibel, wie man lehrte, neben und hinter dem Wortsinn noch einen tieferen geistlichen Sinn hatten, konnte man sie dann noch wörtlich nehmen? Paulus hatte geschrieben: Der Buchstabe tötet, der Geist «und das ist der Sinn» macht lebendig[88].

Es ist durchaus möglich, ja wahrscheinlich, daß es schon eine oder zwei Generationen vorher Menschen gab, die ähnlich selbständige Gedanken hatten, freilich ohne sie niederzuschreiben. Otloh tat es, weil er seine Zweifel später

---

Vgl. auch oben 309 mit Anm. 79. Wolo stand im Konflikt mit seinen Oberen; ähnliches wird von einem Manne berichtet, der den Bischof Ansfried von Utrecht – den einstigen Grafen – zu schmähen pflegte, was er in der Beichte bekannte. Einige Tage später erhängte er sich, während die anderen schliefen. Alpert von St. Symphorian in Metz, De diversitate temporum I, 15, MGH SS 4, 708. Zum Problem des Selbstmordes vgl. Fritz Peter Knapp, Der Selbstmord in der abendländischen Epik des Hochmittelalters (Germanische Bibliothek, 3. Reihe, 1979) und die Rezension des Buches in den Mitteilungen des Instituts f. österr. Geschichtsforschung 87 (1979) 507 f.

86 Rather, Excerptum ex dialogo confessionali, Migne PL 136, 410 c. 21 f.

87 A. a. O. 411.

88 Otloh, Liber de temptationibus suis I, Migne PL 146, 32 f. Vgl. auch Fichtenau, Beiträge zur Mediävistik 1 (1975) 49 ff.

überwunden hat – nur so konnte seine Schrift erhalten bleiben, als erbauliche Lektüre für Mitbrüder. Hätte dieser Mönch seine Thesen ausgebaut und anderen mitgeteilt, wäre er als Häretiker in die Kirchengeschichte eingegangen.

Durch viele Jahrhunderte hatte es in Europa nur ganz vereinzelt Ketzer gegeben. Etwa seit der Jahrtausendwende werden die Zeugnisse zahlreicher, und es ist in der Forschung strittig, wie weit es sich um östlichen Import und wie weit um originäre, aus eigenem Nachdenken hervorgegangene Aussagen handelt. Eines ist sicher: Nicht nur die politische Unruhe der Zeit, sondern auch die Kluft zwischen Sein und Sollen und die Konkurrenz zwischen verschiedenen Normensystemen mußte dazu beitragen, daß Menschen kirchliche Lehren kritisch betrachteten und sich von ihnen unabhängig machten. Bei den Soziologen gibt es den Begriff der Anomie, der erst jüngst in das historische Schrifttum eingeführt wurde[89]: Alte Ordnungen verloren an Lebenskraft, neue waren nicht in Sicht, und so entstand ein Freiraum für ein «wildes» Denken und Handeln.

Eine Art Übergangszone zum Ketzertum bildete die Anlehnung an die jüdische Glaubensgemeinschaft. Hier gab es Gelehrte, die alternative Antworten auf Zweifelsfragen von Geistlichen geben konnten, und dazu einen gleichfalls alternativen, von einer streng festgelegten Gesetzlichkeit getragenen Lebenskreis. Die Beziehungen des Klerus zu ihm reichten von Fällen miteinander abgewickelter Geschäfte[90] bis zu theologischen Disputationen. Ein jüdischer Arzt und Fachmann für das Alte Testament, am Hofe Konrads II. wohl angesehen, soll dem Bischof Wazo von Lüttich in einer solchen Disputation unterlegen sein[91].

---

89 Durch ROSENWEIN (oben S. 5 Anm. 14) 102 ff. (nach Emile DURKHEIM und Robert MERTON).

90 Der abgesetzte Abt von St. Vaast in Arras, Fulrad, fand in Reims Zuflucht; «in ipsa urbe turpem conversationem agebat et cum Iudeis negotia exercebat». Gesta episcoporum Cameracensium I, 116, MGH SS 7, 453.

91 Anselm von Lüttich, Gesta episcoporum Leodiensium c. 44, MGH SS 7, 216. Am Königshof soll das sehr zum Ruhme Wazos beigetragen haben, a. a. O. Den Juden sehr freundlich gesinnt war Bischof Adalbero II. von Metz, was als positiver Charakterzug hervorgehoben wird durch Konstantin von St. Symphorian, Vita Adalberonis c. 9, MGH SS 4, 661. Es gab auch Verfechter einer härteren Behandlung im Hochklerus, vor allem den EB. Friedrich von Mainz, der die Juden taufen lassen wollte. Gegen Gewaltanwendung dabei wendete sich der Priester Gerhard, vgl. LOTTER (oben 264 Anm. 68) 52 ff. Zur zwiespältigen, doch eher liberalen Haltung des Papsttums dieser Zeit vgl. Salo BARON, A Social and Religious History of the Jews 4 (2. Aufl. New York 1957) 6 f., 17, 57.

Schon im 9. Jahrhundert hatte es den aufsehenerregenden Fall der Konversion eines Hofgeistlichen Ludwigs des Frommen zum Judentum gegeben; daneben klagte Agobard von Lyon über Judaisierende, die, ohne den Übertritt zu wagen, doch lieber die Rabbiner hörten als christliche Prediger, die jüdischen Fastengebote einhielten und den Sabbat heiligten[92]. Unter Heinrich II., wahrscheinlich im Jahre 1012, bekannte sich ein Geistlicher, der zum Gefolge des Herzogs Konrad (von Kärnten?) gehört hatte, offen zum jüdischen Glauben. Die Folge war eine kurze Vertreibung der größten deutschen Judengemeinde, jener von Mainz[93]. Auch von Judaisierenden haben wir – allerdings unsichere – Nachrichten. So wie es zu den Waffen politischer Propaganda gehörte, den Gegner moralisch zu verunglimpfen, konnte man ihn auch der Ketzerei im engeren oder weiteren Sinn verdächtigen, und ebenso der Hinneigung zum jüdischen Glauben[94].

Das eigentliche Ketzertum ist uns nur aus Nachrichten seiner Gegner bekannt, die unpräzis und dazu manchmal phantasievoll ausgeschmückt sind. So besagt es auch wenig, wenn in einem Fall, dem von Monteforte, eine Verbindungslinie zum jüdischen Glauben gezogen wurde[95]. Zum Wesen aller dieser religiösen Versuche gehörte es, daß sie sich nicht an eine feste bereits bestehende Gemeinde Andersgläubiger anschlossen, sondern einen spontanen Charakter hatten – was eine «Erweckung» durch fremde Sendboten nicht ausschließt.

Man wollte in diesem Ketzertum eine ökonomisch-soziale Bewegung auf-

---

92 Darüber zuletzt Riché, Les écoles (oben 284 Anm. 171) 96.

93 Alpert von St. Symphorian, De diversitate temporum I, 7, MGH SS 4, 704, wo am Ende des Werkes ein angeblicher Brief Wezelins mit Zügen einer Stilübung zu finden ist, 720 ff. (II, 23). Zum Datum vgl. Baron a. a. O. 66 mit Anm. 85. Die Verfügung Heinrichs II. wurde 1013 widerrufen, Zwangsgetaufte konnten zu ihrem Glauben zurückkehren.

94 In dem zwischen Erzbischof und Graf, Capetingern und Anhängern der alten Dynastie hart umkämpften Sens erhob man gegen den Erzbischof den Vorwurf häretischer christologischer Anschauungen, man fand ihn «de Domino non bene sentiens». Helgaud v. Fleury, ed. Bautier-Labory 64 f. c. 6 mit Anm. 6 sowie in: Odorannus von Sens, Opera (oben 30 Anm. 105) Bautiers Einleitung p. 14. Umgekehrt behauptete Rodulfus Glaber, Robert, Graf von Sens, sei durch den König abgesetzt worden, weil seine judaisierende Art Schaden hätte anrichten können. Historiae ed. Prou 71 (III, 6, 23). Über Zweifel an der Glaubwürdigkeit der Stelle zuletzt Chazan, Medieval Jewry (oben 422 Anm. 112) 14 Anm. 18.

95 Rodulfus Glaber IV, 2 (5), ed. Prou 94: «Colebant enim idola more paganorum ac cum Iudeis inepta sacrificia litare nitebantur.»

96 Ernst Werner, Häresie und Gesellschaft im 11. Jahrhundert. Sitzungsberichte d. Sächsischen Akademie d. Wiss., phil.-hist. Kl. 117/5 (1975). Ein «antifeudales»

strebender Schichten sehen[96]; tatsächlich betreffen die Nachrichten Angehörige der verschiedenen Standesgruppen, Hoch und Niedrig, Geistliche und Weltliche. Die zeitlich erste Nachricht betrifft einen Bauern aus der Champagne namens Leutard, der andere Landbewohner belehrte, «so wie eben die Bauern leichtgläubig sind»[97]. Wenig später lesen wir bei dem gleichen Autor von einer Häresie in Orléans, deren Anführer zwei «durch Herkunft und Wissenschaft im Klerus angesehene» Geistliche waren. Die Verhöre dieser Gruppe fanden vor dem König statt[98], und dies nicht ohne Grund: Unter den Mitgliedern der Sekte, die schon einige Zeit existiert hatte und bis nach Rouen Mission trieb, war ein Vertrauter Roberts des Frommen und der Beichtvater seiner Gattin Konstanze[99]. Daß gelehrte Theologen so hohen Ranges «von einem Bauern (rustico) getäuscht wurden, der behauptete, Wunder zu tun» und ein Pulver aus den Knochen getöteter Knaben herumreichte[100], ist doch wohl eine Verwechslung zweier verschiedener Fälle. Bei einer Visitation in Arras wurde 1025 eine Gruppe entdeckt, die dem Evangelium gemäß von ihrer Hände Arbeit leben wollte und sich auf einen Mann aus Italien berief, der zusammen mit anderen – als Handwerker? – in diese Gegenden gekommen war. Latein verstanden diese Leute nicht, denn man mußte ihnen den Text ihrer Exkommunikation in die Volkssprache übersetzen[101]. Auf der schon genannten Burg Monteforte in Ligurien versammelten sich, zusammen mit der Gräfin, etwa dreißig Edelleute im Geiste spiritueller Erneuerung[102]. Ein buntes Bild also, das zeigt, daß es sich um eine allgemeine Erscheinung handelte und nicht nur um Probleme einer sozialen Gruppe.

Die Aussagen über Lehren und Leben solcher Ketzervereinigungen sind kaum auf einen Nenner zu bringen, obwohl man sie hin und her gewendet hat, um Verbindungslinien zwischen ihnen und mit dem Bogumilentum im Osten zu finden. Gemeinsam ist das Negative, die Ablehnung mancher Kirchenlehren und Beibehaltung anderer, sowie ein stark asketischer Zug. Die Spiritualisierung der Frommigkeit und eine freie Gruppenbildung am Rande der Hierarchie

---

Element betont Giorgio CRACCO, Le eresie del Mille: un fenomeno di rigetto delle strutture feudali? In: Structures féodales (oben 189 Anm. 21) 345 ff.

97 Rodulfus Glaber II, 11 (22), ed. PROU p. 49.

98 A. a. O. III, 8 (26 ff.), p. 74 ff.

99 Quellennachweise bei Arno BORST, Die Katharer (Schriften der MGH 12, 1953) 75 Anm. 10. Dazu weiters Andreas von Fleury c. 56, ed. BAUTIER-LABORY 96, 98 und der Brief ebenda Anhang 180 Nr. 4.

100 Ademar von Chabannes, Chronicon ed. CHAVANON III, 59 p. 184.

101 Synode von Arras bei MANSI, Sacrorum conciliorum . . . collectio 19, 460 c. 17.

102 Rodulfus Glaber IV, 2 (5) p. 94 und weitere Stellen bei BORST a. a. O. 77 Anm. 18.

erinnert ein wenig an das Eremitentum. Wenn man bereit war, für eine solche «reine Lehre» den Scheiterhaufen zu besteigen, mußte sie die Kraft einer Lebensmacht besitzen. Ketzer und Eremiten distanzierten sich von den Wirrnissen des Lebens in dieser Welt, an denen empfindliche Geister immer gelitten haben. Eremiten suchten die Einsamkeit auf, während die meisten Ketzer inmitten der Welt eine neue Grundlage ihrer geistigen Existenz fanden.

II.

Lüge und Betrug

Was ist Wahrheit? Nicht immer das, was wir darunter verstehen, galt als wahr im Bereich der Dichtung, der erbaulichen Literatur oder auch rechtlich-historischer Aufzeichnungen. Adalbero von Laon läßt seinen König sagen: «Es ist unrecht, wahr zu nennen, was nicht wahr ist: Die Fabel kommt nicht der Wahrheit gleich und gibt nicht vor, wahr zu sein.» Worauf der Bischof antwortet: «Sieh, ich habe Wahres gesagt; du weißt, daß die Wahrheit nicht überschritten wurde ... Wisse, daß die Dinge nicht so geschehen sind (wie ich sie beschrieben habe), aber daß sich alles so hätte abspielen können»[1]. Wir würden hier von einer Nähe zur Realität sprechen, oder von der «inneren Wahrheit» einer Dichtung. Als wahr schlechthin gilt, was der Wirklichkeit entspricht – ein Satz, den man vor tausend Jahren bejaht hätte unter der den Theologen geläufigen Voraussetzung, daß es mehrere Arten oder Schichten der Wirklichkeit gibt. Höchste Realität ist Gott, am wenigsten real ist der äußere Anschein der Dinge. Nicht nur die biblischen Bücher haben einen «sensus anagogicus», einen zu Gott hinaufführenden Sinn neben dem wörtlichen und dem symbolischen. Wahr ist, was zur Wirklichkeit hinführt; «manche Fälscher haben tatsächlich dem Himmel gedient»[2] und ebenso die Schreiber von Heiligenviten, wenn sie Wundersames berichteten, ohne dafür gute Zeugen zu haben. Daneben war man oft streng gegenüber Fälschung und Lüge, heute Unvereinbares vereinend. Wie bei den Rechtsnormen und anderswo hatte im Denken der Menschen Widersprüchliches Platz, zumeist ohne daß man darüber meditierte.

Letald von St.-Mesmin in Micy schrieb über das Leben des heiligen Julian auf Grund von Vorlagen, über die er berichtet: «Vieles steht in den Acta des obengenannten Vaters, das man in demselben Sinne und fast mit denselben Worten in den Märtyrerakten der Heiligen Clemens und Dionysius sowie in jenen des heiligen Bekenners Furcaeus geschrieben findet.» Dies veranlaßte ihn keineswegs zum Nachdenken über den Wert solcher Quellen im allgemeinen. Welche der Viten mehr Glauben verdient, sehe er nicht klar, so schreibt Letald dazu, aber sicher glaube er an die Verdienste des heiligen Julian. Nur die Wahrheit ist Gott wohlgefällig; Leute, die durch lügnerische Erfindungen dem

---

[1] Carmen ad Rotbertum regem ed. Carozzi 28 v. 350 ff.

[2] Fuhrmann, Pseudoisidorische Fälschungen (oben 20 Anm. 46) 1, 97.

Ruhm eines Heiligen dienen wollen, lehnt Letald durchaus ab: So wie die Heiligen selbst keine Lügner sein konnten, hat man auch ohne Lügen über sie zu berichten[3].

Man wird die Redlichkeit dieses Autors nicht bezweifeln, obwohl die Versicherung, Wahres und nur Wahres zu bringen, ein alter Topos ist. Zwielichtiger erscheint der Eifer eines anderen Mannes, einen angeblichen Apostel in das hellste Licht zu stellen: Wir haben schon von dem heiligen Martial in Limoges gehört und von seinem Propagator Ademar von Chabannes. Was er behauptete, ging über erbauliche Erfindungen hinaus. Seine Streitschrift[4] wollte glaubhaft machen, von der Vita Martials gebe es zahlreiche Handschriften in Gallien, Spanien, England und Italien – in Wirklichkeit existierte nur eine einzige, die kaum eine Generation alt war. Wenn die Texte so verbreitet waren, «welcher Teufel hätte es gewagt, eine Lüge» – über den Apostelrang des Heiligen – «zu schreiben»? Wer hätte sie geglaubt? Es handle sich eben um die Wahrheit, und er, Ademar, glaube an die Vita wie an die heiligen Evangelien. Solches Pathos verrät doch wohl ein schlechtes Gewissen.

Ein anderer Zwischenbereich war jener der Scherzlüge, die dem Klugen als solche erkennbar ist, während ihr die Dummen zum Opfer fallen, damit ihre geringe Denkfähigkeit erweisend. Derlei war in der Welt der Spielleute zu Hause, die damit ihre Zuhörer amüsierten. Aber auch in der geistlichen Schule hat man derartiges den «pueruli» – den Zwölf- oder Vierzehnjährigen – auf lateinisch vorgesetzt. Wenn ein kluger Alemanne in dem ältesten erhaltenen Gedicht dieser Art sogar den König «hereinlegt»[5], wird die Heiterkeit groß gewesen sein. Gröber, oft in der Nähe der Zote, sind andere, für Erwachsene bestimmte Verse. Der «modus Liebinc» bringt die Notlüge einer Frau, der Schnee habe sie schwanger gemacht, und die Gegenlüge des Gatten, ihr Söhnchen sei an der Sonne zerschmolzen – er hatte es als Sklaven verkauft[6]. In diesen Zusammenhang gehört auch das schon mehrfach erwähnte Gedicht vom «Unibos», dem lügenhaft schlauen Bäuerlein[7]. Daß all das lateinisch überliefert ist, zeigt die Beliebtheit des Genres auch in Kreisen schriftlich Gebildeter.

---

[3] Vita s. Iuliani (von Le Mans), MIGNE PL 137, 782 c. 2. Insofern hat Letald doch Quellenkritik geübt, als er einiges wegließ, das ihm «weniger wahrscheinlich» vorkam, a. a. O. 784 c. 4.

[4] Epistola de s. Martiali, MIGNE PL 141, 96. Über die Aktion zugunsten des «Apostels» Martial vgl. oben 27.

[5] Cambridger Lieder ed. STRECKER (oben 45 Anm. 165) 44 ff. Nr. 15 (modus florum), «das älteste Lügenmärchen Deutschlands».

[6] A. a. O. 41 ff. Nr. 14.

[7] Oben 437 mit Anm. 2.

Vom «Unibos» wird in der zweiten Strophe berichtet, daß das Gedicht «an der Tafel eines großen Fürsten» vorgetragen worden sei. Da der Pfarrklerus verspottet wird, mag es sich um junge «clerks» gehandelt haben, die hier das Lob der Schlauheit sangen. Das war eine Eigenschaft, die man am Hofe besonders nötig hatte[8].

Nasführen und genasführt werden, das hatte eine alte Tradition schon im römischen Mimus und in der Komödie. Bedenken, solche Dinge den Gandersheimer Kanonissen vorzuführen, bestanden nicht, wenn es sich bei dem Genasführten um einen bösen Heiden handelte. Die gottgeweihte Prinzessin Constantia konnte sogar selbst das Manöver ersinnen, mit dem der Feldherr Gallicanus um den Lohn seiner Dienste – ihre Hand – gebracht werden sollte[9]. Daß die Komödie am Kaiserhof spielte und es in diesem Bereich in ottonischer Zeit manche weibliche Intrige gab, mochte die Wirkung des Stückes erhöhen. Auch in Gandersheim lernte man nicht bloß für die Schule, sondern für das spätere Leben im Konvent oder am Hof oder anderswo.

Der spielerische Umgang mit Lüge und Betrug trug zur Klugheit – oder Gerissenheit – im Lebenskampf bei. Nicht ohne Grund hatte der heilige Benedikt den Wunsch ausgesprochen, daß Mönche, die von einer Reise ins Kloster zurückkehrten, nichts von dem in der «Welt» Erlebten preisgeben sollten. Denn damit werde das Gegenteil der Erbauung bewirkt, eine Zerstörung (destructio)[10] in geistlicher Hinsicht. Trotzdem ist die klösterliche Geschichtsschreibung voll von Anekdoten und Berichten über weltkluges Verhalten, Perfidie und Intriganten. Viele Autoren werden aus Erzählungen von Mitbrüdern ihre Kenntnis geschöpft haben. Ein Ausdruck der – dem Mönch sehr wohl anstehenden – Entrüstung fehlt dabei allzumeist.

Bei Ekkehard IV. von St. Gallen erfahren wir z. B. über das Freundespaar Salomo von Konstanz und Hatto von Mainz: «Da nun beide sehr gewitzt waren, so galt in ihrem Freundschaftsbund eine wunderbare Satzung: Ein jeder pflegte es darauf anzulegen, den anderen durch List in Wort und Tat, wo er nur konnte, zu düpieren.» Erzbischof Hatto erschwindelte sich so aus dem Besitz des Freundes ein goldenes Trinkgefäß, dieser benützte die Abwesenheit

---

8 Vgl. v. 119 über die «calliditas Unibovis, plena multis ingeniis». Über «ingenium» vgl. unten 531 f.

9 Hrotsvith, Gallicanus I, I 5, Opera ed. Homeyer 247: «Simula prudenter, peracta expeditione ipsius votis te satisfacturum esse ...». Dazu Schütze-Pflugk (oben 179 Anm. 56) 43: «ein Spiel der Lüge und der Täuschung ...».

10 «Nec praesumat quisquam referre alio, quaecumque foris monasterium viderit aut audierit, quia plurima destructio est.» Reg. c. 67, 5, ed. Hanslik (2. Aufl.) 173. Vgl. oben 348.

Hattos, um das Gerücht von dessen Tod ausstreuen zu lassen – so konnte er mit dessen Eigentum schalten und walten und ließ das Gefäß für einen Reliquienschrein umschmelzen[11]. Der Reiz dieser und anderer Anekdoten lag für die Zeitgenossen wohl vor allem darin, daß der Urheber der Täuschung rein formal gesehen im Recht war. So hatte der Getäuschte zum Schaden noch den Spott, bis er sich auf ähnliche Weise rächte.

Was hier ein Spiel, ein Messen der Kräfte mit einem Blick auf das Publikum war, konnte in sehr ernste und folgenreiche Aktionen übergehen. Von jenem Erzbischof Hatto von Mainz wußte noch Otto von Freising eine Handlung dieser Art zu berichten, von der er nicht nur gelesen hatte, sondern «die nach einer Überlieferung durch das ungelehrte Volk in Raststätten und an Höfen bis heute noch zu hören ist»: Hatto lockte den Babenberger Adalbert mit dem Versprechen sicheren Geleites aus seiner Burg, überredete ihn nach einem kurzen gemeinsamen Ritt zur Rückkehr, um zu frühstücken – womit das Geleitversprechen formal erfüllt war – und lieferte dann den nichtsahnenden Babenberger dem König aus. «Jener erinnert den Bischof an das gegebene Treueversprechen, dieser antwortete, er habe das Versprechen gehalten, ihn heil und unversehrt zu seiner Burg zurückzugeleiten.» Adalbert war, so schreibt Otto, einfachen Gemütes, nach Art der Großen früherer Zeit. Zu spät merkte er darum den Betrug (dolum)[12]. Er wurde hingerichtet (906).

Früh scheint man bemüht gewesen zu sein, König und Erzbischof von dieser Schuld reinzuwaschen. Dem diente die Behauptung, Adalbert habe sich ergeben mit der hinterlistigen Absicht, nach dem Abrücken des königlichen Heeres neuerlich einen Aufstand zu versuchen. Deswegen sei er enthauptet worden[13]. Dem Betrogenen wurde Hinterlist unterstellt, aus der angeblichen Absicht ein Verbrechen postuliert und mit der Todesstrafe geahndet, bevor es begangen wurde. Diese Version der Sache hat sich nicht durchgesetzt; Adalbert blieb als Opfer schändlichen Handelns im Volksdenken lebendig.

---

[11] Casus s. Galli c. 22, tw. in der Übersetzung von HAEFELE 57. Daß Bischöfe an derlei Freude hatten, wird anscheinend auch durch die Geschichte vom Schneekind belegt, deren Dichter Bischof Heribert von Eichstätt sein dürfte: Volker SCHUPP, Der Dichter des «Modus Liebinc». Mittellateinisches Jahrbuch 5 (1968) 29 ff.

[12] Otto, Chronica ed. A. HOFMEISTER (MGH SS rerum German. 2. Aufl. 1912) 274 f. (VI, 15), nach Frutolf, mit eigenem Zusatz über die Tradierung der Erzählung. Der Hergang wird schon bei Widukind I, 22 (der Fassung B) berichtet, ed. HIRSCH-LOHMANN 32 f., mit der ambivalenten Wertung: «Hac igitur perfidia quid nequius? Attamen uno capite caeso multorum capita populorum salvantur.» Vgl. unten 533 über Hatto.

[13] Regino von Prüm, Chronicon ed. KURZE 152, wo fast alle Fachworte der Intrige auf den Fall angewendet werden: «callidus, ingenium, ars, dolus, fraus».

Wo war die Grenze zwischen erlaubter, ja bewunderter List und schmählichem Betrug? Auch der Begriff der Kriegslist deckte nicht alles Böse, das man dem Gegner antat; dafür ist der eben erzählte Fall ein Beweis. Anderseits brachten die Nöte der Zeit immer wieder Situationen, in denen Lug und Trug der einzige Ausweg schienen. Jede Aussage konnte einen Hintersinn haben, jede Handlung in betrügerischer Absicht durchgeführt werden. Bei wichtigen Angelegenheiten bedurfte es daher eines Mittels, die Ehrlichkeit der Erklärung zu sichern. Es bestand in dem verbalen Verzicht auf hinterlistiges Handeln. Aus dem unmoralischen, aber formal korrekten Vorgehen wurde damit Wortbruch und schlichter Betrug. Auf diesen Ausweg war man schon früh verfallen, und er wurde besonders im Bereich der Verträge praktiziert. Der Fidelitätseid eines Grafen an den Bischof von Gerona (1034) mag als Beispiel dienen: «Von jetzt ab werde ich, Roger, dir, Bischof Petrus, treu sein mit rechter Treue, ohne Betrug (oder: List), so wie ein Mann seinem Senior es sein soll, ohne alle wissentliche Täuschung (des Herrn)»[14].

Mit positivem Sinn ist fast immer das Wort «Schlauheit» (calliditas) verwendet worden. Der Sachse Thietmar wird bei Widukind von Corvey wegen seiner guten Ratschläge gelobt und deswegen, «weil er durch angeborene Schlauheit viele Sterbliche übertraf»[15]. Ähnlich steht es mit dem unübersetzbaren Wort «ingenium», das ja nicht das Geniale oder den Genius meint, sondern die angeborene Art des Menschen, etwa in bezug auf einzelne Tugenden: Charakterstärke, Geisteskraft, und natürlich auch Schlauheit. Hier beginnt eine verschiedenartige Bewertung. Otto III. drückte in seinem bekannten Schreiben an den Lehrer Gerbert den Wunsch aus, dieser solle in ihm das «ingenium» der Griechen erwecken[16], womit dem Zusammenhang der Stelle nach besonders der Sinn für die Wissenschaft gemeint war. Zugleich liest man in verschiedenen Verfügungen, auch solchen Ottos III., eine Stellungnahme gegen das «(malum) ingenium» jener, die Gesetze und Verfügungen umgehen. Freilassungen werden z. B. widerrufen, durch welchen Trick auch immer sie zustandegekommen sind[17]. Das Wort bedeutet im Provenzalischen sowohl «Klugheit» und «List»

---

[14] «De ista ora in antea fidel serai ego Rotgarius, filius Garsen, a te Petrone episcopo, filio Adalaiz, per rectam fidem, sine ingan, sicut omo debet esse ad seniorem suum, sine nulla sua deceptione me sciente.» Zitat nach GANSHOF, Relations féodo-vassaliques (oben 211 Anm. 114) 77.

[15] Widukind, Res gestae Saxonicae gentis I, 24, ed. HIRSCH-LOHMANN 36 f.

[16] Die Briefsammlung Gerberts ed. WEIGLE 222 Nr. 186.

[17] «liberos quolibet ingenio factos», MGH Constitutiones 1, 48 Nr. 21. Vgl. oben 491 mit Anm. 92.

wie auch «Kriegsmaschine», wovon sich der Ingenieur als Erbauer solcher Maschinen ableitet[18].

Auf geistliche Autoren wirkte dieser Zwischenbereich zwischen Gut und Böse zum Teil recht attraktiv. Von Ekkehard IV. haben wir schon gesprochen; wir fügen hinzu, daß er von einem Rezept berichtet, das König Konrad von Burgund zur gleichzeitigen Vernichtung der Sarazenen und der Ungarn ausgedacht haben soll: Voll «edler Schlauheit (nobili astutia)» habe er die beiden Völkerschaften gegeneinander aufgehetzt, mit dem Versprechen an beide, ihnen militärische Hilfe zu leisten. Lustvoll wird ausgemalt, wie «Satans ausgewählteste Krieger und Söhne» aufeinander einschlugen, der Rest wurde von den Burgundern aufgerieben und in die Sklaverei verkauft – ein begreiflicher Wunschtraum, doch ohne historische Grundlage[19]. Thietmar von Merseburg ebenso wie Richer von St.-Remi schildern gerne die Täuschung des Gegners durch Verkleidungen; ihrer bedient sich der Edle ebenso wie es Spione und Teilnehmer eines Stoßtruppunternehmens tun[20]. Rodulfus Glaber berichtet genau, wie die Bretonen vor der Schlacht gegen die Leute des Grafen Fulco Nerra von Anjou heimlich einen Graben ausheben, ihn mit Zweigen zudecken und während des Kampfes den Gegner durch eine simulierte Flucht in die Falle locken. Das war «sehr schlau» von den Bretonen, diesem «schlauen Volksstamm», ausgedacht, aber doch ein schmählicher Betrug[21], denn sie standen auf der Gegenseite.

Daß Geistlichen ein listenreiches Vorgehen nicht zustand, dessen war man sich oft bewußt. Wenn das kriegerische Schachspiel in Einsiedeln betrieben wurde, hat man das damit gerechtfertigt, daß kein Betrug und keine Hinterlist dabei zu finden sei[22] – man hielt die Regeln des Spieles ein, innerhalb deren man allerdings dem Gegner, nach bretonischer Art, manche Falle stellen kann. Bei der Schilderung von Bischöfen fällt auf, daß das Fehlen von Doppelzüngigkeit und Hinterhältigkeit öfter betont wird[23], also nicht selbstverständlich war.

---

18 W. Meyer-Lübke, Romanisches etymologisches Wörterbuch (3. Aufl. 1935) 363 Nr. 4419.

19 Casus s. Galli c. 65, ed. Haefele 138 ff.

20 Thietmar, Chronicon V, 21, ed. Holtzmann 247; Richer II, 88 f., ed. Latouche 1, 276 ff.; III, 8 (Latouche 2, 16); III, 88 (2, 112).

21 Historiae II, 3 (4), ed. Prou 31.

22 MGH Poetae lat. V/3 653 v. 5 ff. Vgl. oben 294.

23 Ruotger, Vita Brunonis ed. Ott 16 c. 17: «... nec duplici corde nec labiis dolosis cuiquam occasionem praebens aut dissimulare, quod vellet, aut simulare, quod nollet. Ita neque alium fallere animum induxit, neque ab alio se falli ipse consensit.» Anonymus Haserensis c. 18, MGH SS 7, 258 über Bischof Megingaud von Eichstätt: «Ille enim per duplicitatem nihil egit ...» usw.

Daß bei der Kriegführung die offene, nicht auf Listen bedachte Kampfesweise als korrekt empfunden wurde, ist klar[24]. Bei militärischen Auseinandersetzungen sollte ja eigentlich Gott entscheiden, nicht menschliche Schlauheit. Wenn Kriegslist bzw. Betrug im Spiele war, rechtfertigte man das z. T. mit dem Fehlen der notwendigen militärischen Stärke[25].

Erfahrenheit im Kriegshandwerk zählte an sich zu den «guten Künsten» ebenso wie die Redekunst und die Kunst des Ratgebens[26]. Auch diese hatte eine positive und eine negative Seite. Wiederum muß hier der Erzbischof Hatto von Mainz genannt werden: Nach Widukind war er von scharfem Verstand, und es ließ sich schwer entscheiden, was größer war, die Qualität seiner Ratschläge oder ihre Unmoral[27]. Das hier und anderswo immer wieder verwendete Wort «consilium» bedeutet mehr als den Rat an andere; es umfaßt auch die Linie des diplomatisch-politischen Vorgehens, das Programm der Intrige. Denn Widukind verknüpft die zitierten Worte mit einem Hinweis auf den Trick, der Adalbert das Leben kostete. Sogleich wird eine andere Geschichte erzählt, wie Hatto «mit seiner gewohnten Kunst (arte solita)» nach dem Tod des Herzogs Heinrich strebte: Dieser wurde gewarnt, erschien nicht zu dem Gastmahl, bei dem der Mordanschlag ausgeführt werden sollte, und Hatto «sah, daß seinen Schlaumeiereien (calliditatibus) ein Ende gesetzt war». Hatto starb bald, traurig und krank, und es gab Leute, die behaupteten, er sei vom Blitz erschlagen worden[28]. So vorsichtig verhielt sich Widukind gegenüber jener moralischen Verurteilung der erzählten Fakten, die man von dem Geschichtsschreiber erwarten würde. Er war nicht der einzige, der dies tat.

Es gab auch Historiker, die das unchristliche Treiben der Großen mit scharfem Tadel bedachten: Jene, die höchste Würden innehaben, handeln so sehr gegen die christliche Gerechtigkeit, daß nicht einmal das niedere Volk an

---

[24] Otto II. 978 (nach dem Überfall König Lothars auf Aachen) «legationem dirigere festinavit, aperte videlicet denuntians, quod propter ultionem suae tantae perfidiae nullos ei dolos aut insidias innecteret, non fraude subriperet, sed sublatis omnibus fraudulentiis ... procederet». Gesta episcoporum Cameracensium, MGH SS 7, 440 c. 97.

[25] Als Fulco von Anjou den Grafen Heribert von Le Mans «manifeste superare nequiret», lockte er ihn in die Stadtburg von Saintes unter der Vorspiegelung, er werde ihm die Stadt zu Lehen geben (1029). Ademar von Chabannes, Chronicon ed. CHAVANON 189 (III, 64).

[26] Widukind III, 54, ed. HIRSCH-LOHMANN 133.

[27] Widukind I, 22 (Fassung B).

[28] A. a. O. I, 22 (C), p. 33 ff. Auf diese und andere Stellen einer Verwendung des Wortes «ars» bei Widukind macht BEUMANN aufmerksam, Imperator Romanorum (oben 226 Anm. 42) 224 Anm. 67.

derlei denken könnte; die guten Sitten sind in ihr Gegenteil verkehrt, nicht Treu und Glauben regieren, sondern die Sucht nach Ehre und Macht herrscht überall. Vergessen ist alle Menschlichkeit und Güte[29]. Ähnlich wie einst Tacitus die Germanen seinen Zeitgenossen als moralisches Vorbild pries, lobt Rodulfus Glaber die Normannen: ihre Treue, die Friedenswahrung durch die Großen, die Redlichkeit im Geschäftsverkehr[30]. Zeitkritik war dann eindrucksvoll, wenn ein Gegenbeispiel geboten werden konnte, entweder «die gute alte Zeit» oder besser noch eines aus der Gegenwart. Einen dritten Weg wählte der Autor des «Ruodlieb». Ihm erklärt ein Angehöriger des Zwergenreiches, daß es dort keinen Betrug gebe. Wäre dies anders, «wären wir nicht so alt und gesund. Unter euch redet man nur mit Trug im Herzen, und deshalb erreicht ihr kein reifes Alter. Der Treue eines jeden entspricht seine Lebenszeit»[31].

«Nusquam tuta fides» – dieses Vergilzitat verwendete Gerbert zur Rechtfertigung dafür, daß er nur schriftlich und nicht auf einer Tagung (colloquium) mit dem Bischof von Pavia über strittiges Gut des Klosters Bobbio verhandeln wollte[32]. Das war nicht die übliche Zeitklage, sondern eine Feststellung mit praktischen Konsequenzen. Wer sich und den anderen das Verhandeln so erschwerte, hatte dazu wohl einen wirklichen Grund. In unruhigen und unsicheren Zeiten bedurfte es höchster Vorsicht auch gegenüber Angehörigen des Klerus. Sogar der große Reformabt Abbo von Fleury wurde durch einen königlichen Schreiber bezichtigt, er «habe die Wahrheit verloren». Abbo leugnete das, mit einem merkwürdigen Nachsatz: Nur Gott allein ist gut, alles Geschöpfliche ist wandelbar, und darum auch das Wort, das Geschöpfe sprechen[33]. Hier ist die Form des Syllogismus gewählt, um etwas auszudrücken, das eine Meinungsänderung oder auch Ärgeres rechtfertigen will.

Bei den Weltlichen, vor allem in den Gebieten politischer Unruhe, konnte man sich Aufrichtigkeit und Treue nur selten leisten. Man lese etwa Dudo von St.-Quentin, dessen Normannengeschichte immer wieder von Verrätereien, Hinterhalten und Vertragsbrüchen berichtet, deren Opfer zumeist Normannen, und vor allem deren Herzog, gewesen seien. Liutprand von Cremona klagt über ähnliches im Mittelmeerbereich und führt einen griechischen Satz an, der über den Markgrafen von Ivrea umging: Die Länge seines Schwertes stehe in

---

[29] Alpert von St. Symphorian in Metz, De diversitate temporum II, 9, MGH SS 4, 713.

[30] Historiae I, 5 (21), ed. Prou p. 20.

[31] Ruodlieb XVIII, 18, Knapp 153, Ford 103.

[32] Die Briefsammlung Gerberts ed. Weigle 28 Nr. 5.

[33] Migne PL 139, 424 f. Nr. 6 (an König Robert).

[34] Antapodosis II, 34, Opera ed. Becker 53.

umgekehrtem Verhältnis zu seiner Treue[34]. Durch Atto von Vercelli, der ebenso Realist wie Moralist war, wird die Unterminierung der Treuebindung als Mittel der politischen Intrige und ebenso der Karrieremacherei aufgezeigt[35]. Aus Sachsen berichten Widukind und Thietmar von schmutzigen Tricks im Kampf nicht nur gegen äußere Feinde, sondern auch gegen adelige Rivalen[36]. Daß man den Byzantinern jede Schlechtigkeit zutraute, ist klar; nach Liutprand sei der Kaiser Nikephoros Phokas wegen seiner Meineide und Lügen dem Odysseus zu vergleichen[37]. Was gewiß nicht der schlimmste Vergleich ist; in der Bibel hätte man Kräftigeres gefunden.

Das Leben und Überleben in einer solchen Umgebung war gewiß nicht leicht, weder für die Großen, noch für die Schar ihrer Helfer und Ratgeber. Ein hochgebildeter, der Wissenschaft zugewandter Mensch wie Gerbert von Aurillac gerät in ein moralisches Zwielicht, wenn man die Briefe liest, die er für andere stilisierte. Für den Herzog Karl von Niederlothringen verfaßte Gerbert ein polemisches Schreiben an Bischof Dietrich von Metz; an denselben Bischof schrieb er gleichzeitig eine Lobeshymne und nannte ihn eine «Zierde des Römischen Reiches». Er habe aus Zuneigung zu dem Bischof durch ungenaues Übersetzen den kränkenden Brief Karls entschärft[38]. Daß sich Gerbert in einer unguten Lage befand, ist klar. Daß er auf Karls Schreiben nur einen abschwächenden Einfluß nahm, bleibt jedoch zweifelhaft angesichts der formalen Kunstfertigkeit, die hier zu finden ist. Wahrscheinlich hat Gerbert selbst seine Briefe gesammelt, und vielleicht überwog die Freude an der artistischen Leistung etwaige Bedenken, man könne seinen Charakter nach der Lektüre weniger hoch einschätzen.

Von den in der Briefsammlung erhaltenen Stücken sind mehr als achtzig, also etwa die Hälfte, im Auftrag und unter der Maske (ex persona) anderer verfaßt. Dazu kommen jene, in denen Gerbert als Absender zeichnet, die aber im Interesse des Erzbischofs von Reims oder anderer Großer geschrieben sind[39]. Diese dem Schauspielertum verwandte Tätigkeit führte nicht dazu, daß der eigene Charakter verloren ging, aber die Konzessionen, die Gerbert jeweils machen mußte, waren groß. Man wird es dem Manne, der als Habenichts aus Aquitanien gekommen war, nicht verdenken, daß er sich materiell abzusichern

---

35 Polypticum (oben 86 Anm. 56) 29 und WEMPLE, Atto (oben 161 Anm. 128) 86.

36 Etwa Widukind II, 20, 28 ed. HIRSCH-LOHMANN 84, 91 f. LEYSER, Rule and Conflict (oben 128 Anm. 59) 99.

37 Legatio c. 3, Opera ed. BECKER 177.

38 Die Briefsammlung Gerberts ed. WEIGLE 57 ff. Nr. 32 und 60 f. Nr. 33, dazu WEIGLES Anm. 8, S. 61.

39 WEIGLE a. a. O. 3.

suchte. Er besaß in Reims Häuser, die er selbst hatte erbauen lassen, mit ihrem Hausrat, er hatte Kirchen zum Geschenk erhalten, war der Träger erzbischöflicher Lehen und hatte nach dem Rückzug aus Bobbio «den besten Teil seines Hausrates» in Italien verwahren lassen[40]. Das alles war ständig durch politische Wechselfälle bedroht. Trotzdem kann man von einer durchgehenden politischen Linie sprechen, die Gerbert verfolgte, sei es aus Überzeugung, aus Dankbarkeit für den Kaiser, der ihm einst Bobbio gegeben hatte, oder aus politischer Klugheit. Alles hatte seine natürlichen Grenzen: Von den Kaiserlichen allein gelassen, erinnerte Gerbert an seine bisherige Treue und kündigte an, daß er diese Haltung möglicherweise werde aufgeben müssen. Bobbio habe er verloren und dafür nicht einen einzigen kleinen Meierhof als Ersatz erhalten. «Wie lange glaubt ihr, soll ich noch (dem Kaiser) die Treue halten?»[41]

Die Frage war im Sinne geltender lehenrechtlicher Anschauungen durchaus berechtigt. Einer Antwort auf sie war man bald überhoben: Karl von Niederlothringen nahm Reims ein, die Feinde Gerberts in der Stadt beherrschten das Feld, und es gab für ihn nur die Möglichkeiten der Flucht oder des Abfalls von den Kaiserlichen. «Wir konnten der flüchtigen Fortuna nicht Widerstand leisten, und die Gottheit sagte mir nicht, in welchem Hafen sie mir Zuflucht bieten würde»[42]. So huldigte Gerbert dem Karolinger.

Man hat diese Tatsache als «den am meisten rätselhaften Punkt in Gerberts Leben» bezeichnet[43], und er selbst hat sich deshalb arge Vorwürfe gemacht. Für glücklich, so schrieb er, halten mich die Menschen – wohl deshalb, weil er den Machtwechsel überstanden hatte –, ich selbst halte mich für einen Unglücklichen. Ich suche die weltlichen Dinge, finde sie, vollende sie und bin sozusagen ein Anführer bei verbrecherischen Taten[44]. Schon bald vollzog er einen neuen Parteiwechsel, der seiner früheren Linie näherkam: er ging zu Hugo und Robert an den Königshof nach Senlis. Warum Gerbert das nicht sofort getan hatte, darauf gibt der oben zitierte Satz vom Mangel eines sicheren Zufluchtsortes Aufschluß. Wahrscheinlich machten ihm die Könige erst jetzt ein materielles Angebot, das ihm erlaubte, seinem Gewissen zu folgen. Nun war alles gut, und beruhigt konnte Gerbert jetzt Cicero zitieren: Seine Gedanken

---

[40] Briefsammlung 205 Nr. 178, 191 f. Nr. 163. Die dort erwähnten Orgeln waren eigentlich für Aurillac bestimmt, also nicht Gerberts Eigentum, vgl. 101 Nr. 70. Über Gerberts Dienerschaft (familia), die er aus Reims nach Bobbio gebracht hatte, vgl. 33 Nr. 11, und die Anm. 4.

[41] A. a. O. 188 Nr. 159, vgl. 187 Nr. 158.

[42] A. a. O. 192 Nr. 163.

[43] LOT, Les derniers Carolingiens 258.

[44] A. a. O. 196 Nr. 167, ähnlich 199 Nr. 172.

hätten sich dem Nützlichen und Ehrbaren (utile et honestum) zugewandt und er sei eine große Sorge los[45].

Wir haben hier den einzigen Fall vor uns, in dem ausführliche Erwägungen eines Mannes erhalten sind, der mit dem Problem der politischen Untreue konfrontiert war. Gerbert gehörte zu den empfindsameren Naturen, doch kann man wohl den allermeisten Lehensleuten zutrauen, daß ihnen Konfliktsituationen ernste Bedenken bereiteten. Dabei hatte es Gerbert immer noch leichter als die meisten von ihnen. Er war ein Einzelgänger und hatte nicht die Interessen der Familie gegen diejenigen des Lehensherrn abzuwägen. In Zeiten der Spannung zwischen Ost und West und des latenten oder offenen Bürgerkrieges war diese Aufgabe besonders schwierig zu lösen.

Ein schönes Beispiel bieten Briefe, die Gerbert stilisiert hat. Sein Gönner, Erzbischof Adalbero von Reims, wurde von König Lothar der Untreue und des Verrates angeklagt. Der Grund dafür war, daß Adalberos Neffe das Bistum Verdun aus der Hand Ottos III. empfangen und der Erzbischof ihm Weihen erteilt hatte, ohne die königliche Erlaubnis zu erbitten[46]. Es handelt sich bei den beiden um Mitglieder der Familie der Ardennergrafen, die im Kampf um Lothringen auf der ottonischen Seite stand. Sollte sich der Erzbischof von seiner Familie lossagen, um dem König von Frankreich die geforderte Treue zu wahren? Er beteuerte, daß er letzteres durchaus tun wolle, aber Gottes Gebot voranstellen müsse. «Weil nur wenige Menschen in diesen Zeitläufen vorausgesehen haben, was Gottes (Wille) ist, werden wir der Treulosigkeit oder eines anderen Verbrechens geziehen, wenn wir dem Gesetz des Herrn nacheifern. So kommt es, daß wir sozusagen zwischen Hammer und Amboß geraten sind, mit wenig Hoffnung, ohne Schaden an Leib und Seele davonzukommen[47].»

Wir können dem Erzbischof glauben, daß hier ein wirklicher Gewissenskonflikt vorlag. Solche Fälle scheinen auf Verständnis bei den Zeitgenossen gestoßen zu sein, während der Treubruch aus Eigennutz oder subjektiven Interessen stärker verurteilt wurde. Das gilt wenigstens für Lothringen, wo sich ein Verwandter Adalberos von Reims, Bischof Dietrich von Metz, aus Aversion gegenüber der Kaiserin Theophanu nach dem Tode Ottos II. dem Herzog Heinrich (dem Zänker) von Bayern zuwandte. Vom Höchsten bis zum Niedersten sollen alle, bei denen sich die Nachricht über den Verrat verbreitete, ein solches Verbrechen verabscheut haben; daß Dietrich aus Kummer über seine Tat gestorben sei, ist eine naive Zutat des Chronisten[48].

---

45 A. a. O. 198 Nr. 170. Cicero nennt das «utile» an zweiter Stelle.

46 A. a. O. 87 Nr. 57.

47 A. a. O. 84 Nr. 54.

48 Alpert von St. Symphorian in Metz, De episcopis Mettensibus, MGH SS 4, 699 c. 1.

Wo die Machtverhältnisse zwischen den Parteien der alten und der heraufkommenden Dynastie so labil waren wie in der zweiten Hälfte des zehnten Jahrhunderts in Frankreich, war es am besten, mit beiden Gruppen gut zu stehen. Dazu bot sich die Doppelvasallität als Hilfe an. Als Graf von Troyes oder von Chartres konnte man nur bestehen, wenn man sowohl Lehensmann des Königs Lothar, als auch ein solcher seines Gegners Herzog Hugo Capet war[49]. Sicherlich ist die Doppelvasallität zumeist aus anderen als aus politischen Gründen entstanden und im Westen gebräuchlich geworden. Indirekt hängt sie auf alle Fälle mit den Nöten und Parteiungen in diesem Raum zusammen: Man brauchte Lehensleute, ohne sie zureichend ausstatten zu können; die Lehensleute brauchten einen zweiten Herrn, um genug zu leben zu haben, und leisteten beiden nur begrenzte Dienste. Das ideelle Moment der Treue wurde geschwächt, ein Phänomen, das große und kleine Lehensträger erfaßte[50] und ihnen politischen Spielraum gab. Nach Liutprand wollte man in Italien immer zwei Lehensherren haben, «um den einen durch Furcht vor dem andern in Zaum zu halten»[51]. Das Treueverhältnis wird – auch ohne Doppelvasallität – zum rational kalkulierten Faktor der politischen und militärischen Tageskämpfe. Aus einer Summe von Tauschhändeln – Lehen gegen Lehenspflichten – erwächst die Partei, mit der man anderen Parteien gegenübertreten kann.

Damit verliert der Lehenseid viel von seinem sakralen Charakter. Man darf nicht vergessen, daß der Eid «eine bedingte Selbstverfluchung» ist: «Der Schwörende setzte für die Wahrheit seines Wortes sein Heil ... ein»[52]. In einer Bußordnung unter dem Namen des Bischofs Fulbert von Chartres ist die geistliche Strafe für den Eidbruch ebenso hoch wie jene für Mord oder für Sodomie[53]. Für Geistliche setzte die Sammlung Reginos von Prüm eine Exkommunikation von zwei Jahren fest[54], was einem Berufsverbot für diese Zeit gleichkam. «Wenn ich Eidbrüchigen die gesetzlich vorgeschriebene Buße aufgeben würde,

---

[49] Lot, Hugues Capet 245.

[50] Lot a. a. O. 244 f.

[51] Antapodosis I, 37, Opera ed Becker 27. Keller, Stadtkommunen (oben 289 Anm. 192) 177.

[52] Heinrich Brunner, Deutsche Rechtsgeschichte 1 (2. Aufl. 1906) 257. Neben dem christlichen Eid gab es weiterhin den unchristlichen, der als solcher abgelehnt wurde. Dabei wurde ein hohes Gut als Pfand gesetzt, die Ehre («bei meinem Schwert!») oder das Leben («bei meinem Hals!»). So schwört bei Hrotsvith ein hochmütiger Mann, fällt aber dann im Kampf, «quia plus iusto deliquit inania fando». Hrotsvith, Opera ed. Homeyer 463 (Primordia coenobii Gandersheimensis 349. 357).

[53] Migne PL 141, 339. Ähnlich Burchard von Worms, Migne PL 140, 951, 956, jedoch schon mit der Möglichkeit teilweisen Loskaufes.

[54] Regino II, 326, ed. Wasserschleben 340.

wem von euch könnte ich dann gestatten, die Messe zu lesen?» So fragte Rather von Verona den Klerus seiner Stadt[55]. Er berichtet von Äußerungen eben dieses Klerus, seine Mitglieder wüßten sehr wohl, daß sie vieles geschworen hätten, das sie niemals zu erfüllen imstande seien[56]. Der Eid war zur kleinen Münze des Alltags geworden, bei den Geistlichen und noch mehr bei den Weltlichen vom Höchsten bis zum Geringsten herab. Was allgemein geschieht, wird zumeist unbedenklich getan, so wie es auch heute Gegenden gibt, in denen der Meineid mehr oder minder toleriert wird.

Als Herzog Hugo von Franzien zwei einander widersprechende Eide geschworen hatte, beauftragte er einen in Winkelzügen bewanderten Großen, dieser solle ihn durch ein formales Kunststück (aliquo sophismate) aus der Zwangslage befreien[57]; es wird nicht berichtet, daß ihn dabei das Gewissen plagte. Bekannt für ihre fortwährenden Meineide waren die Kaufleute, die den Englandhandel besorgten[58]. Hier handelte es sich um eine Art Berufsgewohnheit. Aber auch bei Bauern gehörten Eide zum täglichen Leben. Das Bauernmädchen Flothilde erhielt in ihren Fieberträumen von Petrus und Maria den Auftrag, dem für ihre Gegend zuständigen Grafen auszurichten, er solle den Leuten die allzu häufigen Eide verbieten, und vor allem das Schwören bei Gottes Liebe untersagen[59].

Man setzte immer wieder sein Seelenheil zum Pfand oder andere hohe Güter; auf der Synode von Trosly erscholl die Klage darüber, daß die Leute ohne Furcht bei Gott und allen Heiligen schwören, bei den Reliquien der Heiligen, bei ihrer Seele oder jener der Eltern und Freunde. Man mache sich also nicht viel aus dem eigenen Heil und dem seiner Lieben[60]. Es handelte sich um eine schlechte Gewohnheit, anderseits auch um erzwungene Eide. Für diese letzteren setzte die Synode von Hohenaltheim die Kirchenbuße des Meineids herab: Statt sieben Jahre Pönitenz gab es nur drei, wenn «aus irgendeiner Notwendigkeit» ein Meineid geschworen wurde[61]. Wie die Synode von Trosly

---

55 Itinerarium c. 5, MIGNE PL 136, 586.

56 Die Briefe Rathers ed. WEIGLE 167 Nr. 29.

57 Dudo von St.-Quentin, De moribus et actis primorum Normanniae ducum IV, 80, Zitat nach August NITSCHKE, Beobachtungen zur normannischen Erziehung im 11. Jahrhundert. Archiv f. Kulturgeschichte 43 (1961) 270 Anm. 20.

58 Alpert von St. Symphorian in Metz, De diversitate temporum II, 20, MGH SS 4, 718 f.: Wenn einer dieser Leute in seiner Faust eine Sache verbirgt, wird er mit der anderen Hand schwören, sie nicht zu besitzen.

59 Les annales de Flodoard ed. LAUER, Appendice II. 173 f.

60 MANSI, Sacrorum conciliorum ... collectio 18 A, 295 c. 11.

61 MGH Constitutiones 1, 624 c. 25.

wandte sich auch Abbo gegen den Irrtum, daß falsche Schwüre keine oder eine geringe Sünde seien. Er unterschied jedoch scharf zwischen freiwilligem und erzwungenem Eid und verglich diesen mit der Zwangstaufe: In Glaubensdingen darf es keinen äußeren Zwang geben. Eher wird verdammt, wer zum Eid zwingt, als der meineidige zum Eid Gezwungene[62].

Erzwungen waren vor allem gerichtliche Eide, das gängige Mittel der Wahrheitsfindung. Später hat Heinrich III. wenigstens den Geistlichen das Schwören vor Gericht verboten, wovon ihre sonstigen Eide an geistliche und weltliche Vorgesetzte nicht betroffen waren[63]. Schon im Jahre 967 baten die Großen Italiens den Kaiser, den Rechtsbrauch ihres Landes so zu ändern, daß der Betrug durch Meineide vor Gericht ausgeschaltet würde. Hier handelte es sich um den konkreten Fall der Anfechtung von Urkunden, deren Echtheit durch Eide bestätigt wurde. Wenn ein Fälscher diese Echtheit beschwor, erlangte er das strittige Gut, «eine verabscheuungswürdige Sitte», durch die der Übeltäter materiellen Gewinn habe und ewigen Schaden an seinem Seelenheil nehme. Es wurde beschlossen, der anfechtenden Partei die Wahl zwischen dem Eid des Gegners und einem gerichtlichen Zweikampf zu überlassen[64]. Auch sonst, etwa bei Burchard von Worms, begann der gerichtliche Zweikampf in immer stärkerem Ausmaß das Schwören zu verdrängen[65]. Ein vom modernen Standpunkt aus gesehen irrationales Beweismittel wurde durch ein noch irrationaleres ersetzt. Während die Scheu vor dem Verlust des Seelenheiles wenigstens in einem Teil der Fälle dazu anleitete, die Wahrheit zu sagen, wurde jetzt Gott allein die Entscheidung überlassen aus der Vermutung heraus, daß Gott dem Unschuldigen helfen müsse. Es mag sein, daß der Schuldlose im Kampf ruhiger und richtiger agierte, doch kam es da vor allem auf körperliche Fähigkeiten und Übung an. Oft wurde auch ein Stellvertreter mit dem Waffengang betraut[66].

Der Entwertung des Eides suchte man fallweise dadurch entgegenzuwirken, daß die Selbstschädigung des Meineidigen in dessen eigenen Worten besonders deutlich herausgestellt wurde. So kam es zu den verschiedenen Formen potentieller Selbstverfluchung, freiwillig oder unter mehr oder minder starkem Zwang. Als z. B. der Karolinger Arnulf Erzbischof von Reims werden wollte,

---

62 Abbo von Fleury, Schreiben an einen ungenannten Bischof, MIGNE PL 139, 436 Nr. 10.

63 MGH Constitutiones 1, 96 f. Nr. 50. MINNINGER, Wormser Konkordat (oben 55 Anm. 26) 93.

64 MGH Constitutiones 1, 29 Nr. 13 c. 1.

65 KRAUSE, Königtum und Rechtsordnung (oben S. 4 Anm. 12) 45 f.

66 Über solche Gottesurteile der ottonischen Zeit unterrichtet Hermann NOTTARP, Gottesurteile (1949) 96 ff.

verlangte der neue König Hugo von ihm eine schriftliche Erklärung über «das Anathem der Verfluchung» gegen sich selbst im Falle der Untreue: Glück soll sich zur Schmach wenden, das Heil zum Verderben, Ehre zu Verachtung, alles Gute zu allem Schlimmen geraten. Die Bischöfe verlangten außerdem von Arnulf, daß er bei der Messe den Leib des Herrn zu sich nehmen und dabei Treueschwur und Selbstverfluchung wiederholen sollte.

Einige Bischöfe hatten hier allerdings Bedenken: Es sei gegen den Glauben, jemandem die Kommunion und einen solchen Schwur aufzuzwingen. Die Sache endete im Sinne jener, die zur Vorsicht geraten hatten. Truppen der karolingischen Partei marschierten in Reims ein, und Richer behauptet, daß das im Einverständnis mit dem neuen Erzbischof geschah. Er habe befohlen, die unter seinem Kopfkissen verwahrten Schlüssel der Stadttore zu stehlen und diese den Leuten Karls von Niederlothringen zu öffnen[67] – so war er formal unschuldig an dem Treubruch gegenüber dem König.

Was uns als perfektes Schurkenstück erscheint, dürfte für die Parteigänger der karolingischen Sache der verzweifelte Versuch gewesen sein, mit allen Mitteln den Usurpator Hugo Capet aus der angemaßten Herrschaft zu verdrängen und die gottgewollte Regierung der legitimen Dynastie wiederherzustellen. Wenn erzwungene Eide gegen das Recht waren, brauchte man sie auch nicht zu halten. Daß es unter solchen Umständen kaum mehr eine Möglichkeit gab, sich auf die Redlichkeit von Mitmenschen zu verlassen und daß damit weite Bereiche des Sozialgefüges am Auseinanderbrechen waren, hat man beklagt, ohne es ändern zu können.

Wenn in Zeiten des Bürgerkrieges oder einer schwachen Regentschaft staatliche Hilfen versagten, sollte wenigstens die Sippe und «Freundschaft» einen festen Zusammenhalt bieten. Es scheint, daß man tatsächlich einen Unterschied machte zwischen Betrug an Fremden und jenem an Mitgliedern dieses Kreises[68]. Treubruch zwischen Verwandten wird als solcher öfter vermerkt[69]. Als die Gattin eines Grafen heimlich dem Bischof Wazo von Lüttich ausrichten ließ, er solle mit Bewaffneten kommen und ihren Mann fangen, soll Wazo geant-

---

[67] Richer, Hist. IV, 29 ff., ed. LATOUCHE 2, 190 ff. Vgl. oben 276, 517.

[68] So lobt z. B. Rodulfus Glaber die Normannen, daß alle Einwohner ihres Herrschaftsgebietes einträchtig und ohne Treubruch lebten, «wie wenn sie ein einziges Haus oder eine einzige Familie von Verwandten wären». Historiae ed. PROU I, 5 (oben Anm. 30). «Glaubet dem Schwur eines Freundes!» schreibt Erzbischof Adalbero von Reims einem Bischof, fügt allerdings hinzu, wenn das nicht genug sei, wolle er Geiseln stellen. Die Briefsammlung Gerberts ed. WEIGLE 97 Nr. 66.

[69] So Gerbert a. a. O. 55 Nr. 31: «Karolo sanguine nepoti, sed fidei impudentissimo violatori», usw.

wortet haben, noch niemals habe eine Frau ihren Gatten ungestraft verraten; derlei widerspreche völlig dem menschlichen Wesen. Die Frau hatte angegeben, durch ihr Handeln einen Eidbruch des Grafen verhindern zu wollen, der Lehensmann des Kaisers war, aber mit einem von dessen Feinden einen beschworenen Vertrag geschlossen hatte[70]. Wir haben hier gleichsam eine Momentaufnahme des politischen Intrigenspieles vor uns, in das die Großen so häufig verwickelt waren. Die Antwort des Bischofs geht auf die Möglichkeit ein, daß die Gräfin den Verrat an ihrem Gatten nur vortäuschte – wollte er auf diese Weise den Verpflichtungen seinem Vertragspartner gegenüber entgehen und dem Kaiser treu bleiben?

Lüge und Verrat haben in vielen Fällen, besonders bei Erbstreitigkeiten, das Verhältnis zwischen engsten Familienmitgliedern vergiftet. Ein besonders arger Fall wird durch Ademar von Chabannes berichtet: Zwei Brüder stritten mit dem dritten Bruder um den Besitz einer Burg. Der Graf Wilhelm von Angoulême zwang sie, auf die Reliquien des heiligen Eparchius Frieden zu schwören. Trotzdem luden sie den dritten Bruder zu einem Mahl ein, überfielen nachher den Schlafenden, blendeten ihn und schnitten ihm die Zunge ab. Der Graf erkannte ihnen bloß ihre Lehen ab, nachdem er ihre Burg belagert und zerstört hatte[71]. Die Sache wird in dem nüchternen Stil des Chronisten erzählt, immerhin mit dem Zusatz, daß die Untat in der Osterwoche geschah. Das mußte den Unwillen des geistlichen Lesers bedeutend steigern.

Daß es manchen Zwist in der ottonischen Familie gab, ist bekannt. Öfter kam es hier zu einem Aufbegehren, als zu fein gesponnenen Intrigen. Thietmar von Merseburg, zwei Generationen später, berichtet von Vorbereitungen zur Entmachtung Ottos I., die nicht glaubhaft sind und doch zeigen, was man für möglich hielt: Trotz seiner Weisheit habe sich Brun von Köln durch schlimme Ratgeber verleiten lassen, seinem königlichen Bruder Gutes mit Bösem zu vergelten. Uneingedenk der Blutsverwandtschaft und des Eides an Otto I. habe der Erzbischof dem (Herzog) Hugo (von Franzien), der jenem «sehr untreu» war, «das Reich» übertragen wollen. Er habe eine Krone anfertigen lassen und Insignien und Gewänder (instrumentis regalibus) vorbereitet, um ihn während des Osterfestes zu krönen. Dann habe er sich anders besonnen, aber doch sein Versprechen halten wollen. Ein guter Ratgeber habe den Ausweg gefunden: Er werde bei der Krönung, ein ungeschicktes Ausgleiten vortäuschend, die Krone «zerbrechen». Gesagt, getan; der Herzog sei ungekrönt abgezogen[72].

Vielleicht handelt es sich um eine Wanderanekdote, wie es deren so manche

---

[70] Anselm von Lüttich, Gesta episcoporum Leodiensium c. 59, MGH SS 7, 224.
[71] Chronicon ed. CHAVANON 186 (III, 60).
[72] Thietmar, Chronicon II, 23, ed. HOLTZMANN 66 ff.

gibt, ein Exempel schlauen Rates, wie man formal sein Versprechen wahrt und tatsächlich doch nicht einlösen muß. Daß ein Erzbischof von Köln einen ungewählten Landfremden nicht zum König krönen konnte, ist ebenso klar, wie es schwierig ist, einen Kronreif zu zerbrechen. Jüngst wurde behauptet, die Erzählung habe einen echten Kern[73]. Dann könnte es sich eher um den Versuch der Erhebung eines französischen Gegenkönigs auf lothringischem Boden handeln, oder um eine Aktion des Herzogs Giselbert von Lothringen, des Schwiegersohnes Ottos I., zugunsten Ludwigs IV. von Frankreich[74]. Auch wenn das ganze eine Fabel ist, bleibt bestehen, was mit einem Blick auf die eigene Familie ein Sohn Ottos d. Gr. in die Worte faßte[75]: «Unsäglich und nicht ohne Tränen zu erzählen ist jene Zwietracht, in der der Vater dem Sohn Fallen stellt, der Sohn dem Vater, ein Bruder dem anderen Bruder, so wie Kain dem Abel, und jeder Verwandte dem anderen auflauert. Alle Ordnung und jede Verwandtschaft wird verachtet – omnis ordo omnisque cognatio detestatur.»

---

[73] «Mir scheint ... das Verhalten Bruns gut in die historische Situation zu passen. Mußte nicht in der Stunde der Not, als Heidentum und innerer Aufstand das Regnum zerrütteten, die gebotene defensio ecclesiae nach einem tüchtigen Vollstrekker suchen, mochte er auch ein Franzose sein?» Reinhart STAATS, Politische Theologie in Thietmars Chronik II, 23. Theologische Zeitschrift 30 (1974) 25.

[74] So SCHNEIDMÜLLER, Karolingische Tradition (oben 227 Anm. 48) 151.

[75] Erzbischof Willhelm von Mainz an Papst Agapet II. (955), BÖHMER-ZIMMERMANN Reg. 249, Philipp JAFFÉ, Monumenta Moguntina (Bibliotheca rerum Germanicarum 3, 1866) 348 Nr. 18. Vgl. oben 276 mit Anm. 128.

III.

Unrechte Gewalt

Rechtmäßige Gewalt galt als natürliches Mittel zur Wiederherstellung der Ordnung dort, wo andere Mittel versagten. Sie reichte von der Prügelstrafe in Familie und Schule über Rad und Galgen bis zum gerechten Krieg, über dessen Problematik man sich wenig den Kopf zerbrach. Wo es um ein ordnendes Eingreifen ging, sollte die Legitimität dieser Gewalt zum Ausdruck kommen. Wenn irgend möglich, wurde ihre Ausübung zum öffentlichen Schauspiel; man sah so, daß alles richtig zuging und wurde von ordnungswidrigem Verhalten abgemahnt. Man zelebrierte sozusagen die Wiederkehr des gottgewollten Zustandes. Rituelle Elemente finden sich nicht nur in der Justiz, sondern auch im Kriegswesen. Wenigstens in Einzelfällen ging die Analogie zur Rechtsübung so weit, daß die Eröffnung der Feindseligkeiten wie ein Gerichtstag angekündigt oder das Schlachtfeld nach Übereinkunft bestimmt wurde[1].

Der Hauptsache nach war und blieb der Krieg Aggression, in Formen, wie sie auch der Einzelmensch übte. Nach urtümlichem Brauch, und in der Art einer Wirtshausrauferei, konnte die Auseinandersetzung mit der verbalen Abwertung des Gegners und dem Lob der eigenen Qualitäten beginnen; Prahlerei und Verspottung der Feinde gab es auch vor der Schlacht[2]. Es entsprach der Sitte, erst mit Worten die Leidenschaften anzustacheln. Dann, wenn man genügend in Stimmung war, begannen die Tätlichkeiten, angekündigt von einem «schrecklichen» Kriegsgeschrei[3]. Der Aggressionsstau entlud sich, immer sollte das Heer

---

[1] Oben 533 Anm. 24. Bei einer lothringischen Fehde bestimmten die Gegner «einen Tag, an dem sie mit ihren Freunden durch das unwiderrufliche Urteil des Kampfes eine Entscheidung herbeiführen wollten. Am 27. August trafen sie auf einem hierzu ausersehenen grünen Wiesenplan aufeinander». Thietmar von Merseburg, Chron. VII, 62, übers. von TRILLMICH 423.

[2] Nach Regino, Chronicon ed. KURZE 137 (891) wurde so die Schlacht an der Dyle (bei Löwen) eröffnet: Die Normannen «cachinnis et exprobrationibus agmina lacessunt, ingeminantes cum insultatione et derisu, ut memorarentur Guliae (Niederlage am Bach Geule) ...» usw. Widukind III, 2 berichtet zu den Kämpfen von 946 Großsprecherei des Herzogs Hugo von Franzien und die gebührende Antwort Ottos I., er werde ihm so viele Strohhüte (Kopfbedeckungen der Sachsen) zeigen, wie er noch nie gesehen habe. Res gestae Sax. gentis ed. HIRSCH-LOHMANN 104 f.

[3] «Deinde ... clamor in caelum tollitur, pugna committitur» oder ähnlich heißt es

aber «geordnet» kämpfen und nicht bloß wild dreinschlagen. Die Balance zwischen Zucht und Leidenschaft zu halten, war schwierig und zeichnete den erfahrenen Krieger vor der großen Menge des Volkes aus.

Die Ritualisierung des Krieges kam über solche Ansätze zumeist nicht hinaus. Kriegserklärungen sind so selten in dieser Zeit, daß man sagen konnte, sie seien nicht gebräuchlich gewesen[4]. Es ist richtig, daß in vielen Fällen die Kriegsvorbereitungen dem Gegner bekannt werden mußten und eine Ankündigung des Kriegszustandes ersetzten. Praktische Gründe mögen mitgespielt haben: Eine repräsentative Gesandtschaft zum Gegner zu senden barg die Gefahr in sich, daß er sie gefangennahm. Die Friedensbewegung hat – im kleinen Bereich des Fehdewesens – die Ordnungselemente ausgebaut und eine gewisse Eingrenzung der Feindseligkeiten erreicht. Das modern anmutende Prinzip des Schutzes der Nichtkombattanten ist hier zu finden, als Immunität von Personen und teilweiser Verzicht auf das Kriegsmittel des Schadenstiftens. Von der Pflicht zur Ankündigung der Fehde oder einer Übereinkunft über den Ort der kriegerischen Auseinandersetzung war nicht die Rede. Weiterhin gab es Friedensorte, also vor allem Kirchen und Klöster.

Was den Unterschied zwischen Krieg und Fehde betrifft, so sollte man die moderne Vorstellung vergessen, daß die Kriegführung Sache von souveränen Staaten ist, die Fehde jedoch eine feudale Unsitte war. Realistisch gesehen handelt es sich um den Unterschied von Größenordnungen, der auch unterschiedliche Verhaltensweisen bedingte: Wer eine Schlacht wagte, setzte alles auf eine Karte; die kleinen Scharmützel entsprachen vor allem den geringen Kräften Fehdeführender ebenso wie das Schadenstiften. Beides ließ die Möglichkeit eines Friedens ohne entscheidenden Sieg oder völlige Niederlage offen. Was Bauernhaufen oder Trupps von Berittenen leisten konnten, war eine Fortsetzung politischen Drucks mit anderen Mitteln und vielfach eine Ermüdungsstrategie. Es ging um die Zerstörung von Sachwerten, nicht so sehr um die Tötung von Personen. Das gab es natürlich nicht nur bei feudalen Gewalten; als etwa König Ludwig IV. im Mai 945 Reims belagerte, wurden in der Umgebung der Stadt systematisch die Saaten verwüstet, Siedlungen zerstört «und teilweise verbrannt», ja auch Kirchen nahmen Schaden. Wahrscheinlich hatte der Entschluß des Königs, Normannen für diese Aktionen anzuwerben, Einfluß auf die Schwere der Schäden[5].

---

oft. Widukind a. a. O., vgl. das Waltharilied v. 182 f., ed. STRECKER MGH Poetae VI/1, 31.

4 Kurt-Georg CRAM, Judicium belli (Beihefte zum Archiv f. Kulturgesch. 5, 1955) 112.

5 LAUER, Le règne de Louis IV, 127. Flodoard, Hist. Rem. eccl. IV, 31, MGH SS 13, 583.

Hrotsvith von Gandersheim hat richtig bemerkt, daß der Bürgerkrieg zwischen Otto I. und seinem Bruder das Volk (plebem) schlimmer schädigte als die (äußeren) Kriege[6]. Diese betrafen, sofern sie sich in fremden Ländern abspielten, eher Mittel- und Oberschichten. Bürgerkrieg und Fehde konnten zu allgemeiner Verarmung und Hungersnöten führen: Als Heinrich II. im Kampf gegen seine luxemburgischen Verwandten die Gegend von Metz verheerte, zogen «wegen des Hungers und anderer Not» 800 Leute der «familia» des Domstiftes ohne Erlaubnis weg, anderen wurde von den Güterpröpsten der Weggang gestattet[7].

Ludwig IV. verwendete als Hilfstruppen «christliche» Normannen, während Heinrich II. gegen den Bischof von Metz, seinen Schwager, heidnische Liutizen einsetzte. Sie verwüsteten nicht nur die Umgebung der Stadt, sondern auch eine dort gelegene Abtei. Deartiges wurde für die Zukunft verboten, und der Herrscher ersetzte aus seinem Eigengut den Schaden[8]. Auch hier wird man den hohen Grad der Zerstörungen den Ausländern zuschreiben können. Übrigens hatte schon Lothar I. im Krieg gegen seine Brüder Heiden eingesetzt. Kirchen zu verwüsten war keine Besonderheit der Nichtchristen. Nach der Königswahl Heinrichs II., die in Schwaben nicht anerkannt wurde, «drang eine Schar verfluchter Alemannen, stets zu Räubereien bereit, ohne Wissen des Herzogs ... in den Mariendom (von Straßburg) ein, raubte den ganzen Kirchenschatz und – was das allergrößte Verbrechen war – verbrannte das Gotteshaus»[9]. Auch das ist ein Kriegsmittel und nicht bloße Räuberei: In Notzeiten war der Kirchenschatz die Kriegskasse, ein Bischof ohne sie wenig aktionsfähig. Auf Jahre hinaus mußte er große Teile der Finanzkraft des Bistums der Beseitigung der Schäden zuwenden.

Natürlich spielte neben den militärischen Momenten der Eigennutz eine bedeutende Rolle. Zerstört wurde, was man nicht mitnehmen konnte. Leicht transportabel waren kostbare Geräte ebenso wie Menschen, die man gegen Lösegeld später freilassen konnte. Für angeworbene Truppen gab es damals nur selten Sold, sie verpflichteten sich gegen Garantie der Kriegsbeute. Das gilt höchst wahrscheinlich auch für die Normannen[10], die durch französische Könige und Große in schlimmen Situationen zu Hilfe gerufen wurden. Sold und

---

6 Gesta Ottonis v. 170 f., ed. Homeyer 412.

7 Thietmar von Merseburg, Chron. VI, 51, ed. Holtzmann 338, gibt an, eine Liste mit den Namen der 800 Leute gesehen zu haben.

8 Thietmar VI, 51, ed. Holtzmann 338 f.

9 A. a. O. V, 12, 234. Anders übersetzt Trillmich 207.

10 Jacques Boussard, Services féodaux, milices et mercenaires ..., in: Ordinamenti militari ... (Settimane Spoleto 15/1, 1967, Spoleto 1968) 143.

Beute waren reichlich, als im islamischen Spanien der General einer Bürgerkriegspartei Katalanen anwarb, die 1010 Cordoba plünderten. Bald darauf wurden sie von berberischen Hilfstruppen geschlagen; viele von ihnen ertranken im Fluß Guadiaro, weil sie zu sehr mit Beute beladen waren[11]. Doch blieb genug von dem in Cordoba erworbenen Reichtum zurück, daß Ermengol I., Graf von Urgel, an St. Peter in Rom hundert Unzen Gold schenken konnte, in damaliger Zeit eine fabelhafte Summe[12].

Wenn Christen in islamische Dienste traten, heidnische Slawen gegen Christen verwendet wurden, trat das Moment des «gerechten Krieges» ganz zurück. Es handelte sich um eine Fortsetzung der Machtpolitik oder um eine wirtschaftliche Spekulation. Sie bedeutete ein großes Risiko und mußte darum eine hohe Rendite ergeben. So dachten die Ungarn und – vielfach auch nach der Landnahme – die Normannen. Da man höchstens in Bischofsstädten und einigen Abteien größere Sachwerte vorfand, lag vielfach das Schwergewicht auf der personellen Seite. Als die Ungarn die Gegend von Capua verwüsteten (937), «nahmen sie viele von unseren Leuten gefangen. Für ihre Auslösung haben wir viel Geld ausgegeben», notierte der Chronist von Montecassino[13]. Solche Berichte gibt es viele.

Schön wäre es, hätten nur Ungarn und Normannen Menschenraub getrieben. Nach Widukind sollen die Sachsen nach einer gewonnenen Schlacht gegen die Thüringer alle erwachsenen Gefangenen getötet, die noch nicht erwachsenen (inpuberes) als Beute verwahrt haben[14]. In christlicher Zeit handelte Heinrich I. – und nicht nur er – in alter Stammestradition, wenn er im Slawenland ähnliches befahl[15]. Heiden hatten keinen Anteil an der christlichen Ordnung, sie konnten behandelt werden wie in der Antike die außerhalb der gesitteten Welt lebenden «Barbaren». Noch Konrad II. hat «eine sehr große Menge gefangener Heiden» blenden und verstümmeln lassen, weil sie angeblich (fertur) eine Christusstatue der Augen und Gliedmaßen beraubt hatten[16]. Nicht nur byzantinische, auch abendländische Feldherren in Italien ließen Gefangene ver-

---

11 Bonnassie, La Catalogne 1, 350. Die Katalanen kämpften für die «Slawenpartei», die Nachkommen islamisierter slawischer Kaufsklaven, die es zu Posten im Dienste des Kalifats gebracht hatten. A. a. O.

12 A. a. O. 396.

13 Leo Marsicanus, Chronica, MGH SS 34, 140 f. (I, 55). Es folgt eine Liste der kostbaren Objekte, die für diesen Zweck verwendet wurden.

14 Res gestae Sax. I, 11, ed. Hirsch-Lohmann 19 (nach einer Sallustsstelle).

15 Widukind I, 35, a. a. O. 50: «Preda urbis militibus tradita, puberes omnes interfecti, pueri ac puellae captivitati servatae.»

16 Wipo, Gesta Chuonradi c. 33, Die Werke Wipos ed. Bresslau 53. Wipo sagt, deshalb werde der Kaiser «Rächer des Glaubens» (ultor fidei) genannt.

stümmeln, obwohl es sich dabei um Christen handelte[17]. Das waren Racheakte, die zugleich Furcht auslösen und den Gegner einschüchtern sollten. Daß damit Gegenaktionen ähnlicher Art ausgelöst werden konnten, nahm man so wie bei der Blutrache in Kauf.

Solche schon im alten Orient übliche Grausamkeiten hatten dort quasirituellen Charakter besessen; im mehr oder minder christlichen Abendland sind sie nicht heimisch geworden. Wenn von ihnen berichtet wird, sind das Einzelfälle, die man gerne dem Wüten einer Soldateska und nicht Befehlen der Maßgebenden zuschreiben möchte. Es fragt sich, wie weit es sich dabei um ein Nachgeben gegenüber Wünschen einer Truppe handelte, die das innere Gleichgewicht von Disziplin und Emotionen eingebüßt hatte. Schon die Tötung von Feinden im Kampf widersprach christlichen Forderungen – wenn man sie auf Gefangene ausdehnte, hatte man diese Grenze längst überschritten.

Neben solchen Randerscheinungen gab es inmitten der Christenheit Auflösungstendenzen, Zucht und Ordnung waren manchmal gering. Liutprand schildert die Uneinigkeit in dem Heer, das den Ungarn in Oberitalien gegenübertrat: Manche wünschten den Tod ihrer Nächsten und standen ihnen in der Schlacht deshalb nicht bei; so gingen sie zusammen mit ihnen unter[18]. «Nächster» war der Nebenmann in der Schlachtreihe und zugleich der Sippengenosse, denn Liutprand meint, Grund solchen Handelns sei der Wille gewesen, allein zu herrschen. Schlimmer noch mußte es in Bürgerkriegen mit einem Heeresaufgebot stehen, das auf Beziehungen zur Gegenpartei nicht Rücksicht nahm. Vielleicht hat deshalb Hugo Capet die Entscheidungsschlacht vermieden, als er mit überlegenen Kräften dem Heerbann Karls von Niederlothringen gegenüberstand (990). Richer meldet, den König hätten Gewissensbisse wegen der mangelnden Gerechtigkeit seiner Sache geplagt[19]. Eher dürfte die Stimmung der Truppe nicht danach angetan gewesen sein, dem letzten Karolinger nach der Aussicht auf das Königtum noch Leben und Besitz zu nehmen. So standen die

---

17 Markgraf Tedbald, ein Verwandter des Königs Hugo, ließ gefangenen Byzantinern in Benevent die Geschlechtsteile abschneiden und sandte sie mit einem «witzigen» Schreiben an den Basileus. Liutprand, Antapodosis IV, 9. Die Werke Liutprands ed. BECKER 108. Zwei sächsische Grafen wurden nach einer Niederlage Ottos I. nach Kalabrien gesandt, so berichtet Widukind, und sollen dort unzählige Griechen töten und den Gefangenen die Nasen haben abschneiden lassen; so seien sie nach Konstantinopel geschickt worden. Res gestae III, 72, ed. HIRSCH-LOHMANN 149. Widukind hatte nur eine unbestimmte Kunde von den Ereignissen, hielt sie aber für möglich oder wahrscheinlich. Zur Sache vgl. BÖHMER-OTTENTHAL-KAMINSKY, Regesta Imperii II/1 (1967) 223 Nr. 501 a. Thietmar II, 15 schreibt Widukind aus.

18 Antapodosis II, 15 ed. BECKER 44 f.

19 Richer Hist. IV, 39, ed. LATOUCHE 2, 202. LOT, Derniers Carolingiens 270 f.

beiden Heere eine Weile einander gegenüber, dann befahl Hugo den Rückzug, Karl verschanzte sich in Laon. Zum drittenmal wurde er hier durch Hugo belagert; erneut litt die Bevölkerung der Umgebung durch das «Schadenstiften» der Belagerer.

Wenn das Bauernmädchen Flothilde einige Jahrzehnte früher immer wieder von der Angst gepackt wurde, daß Bewaffnete sie verfolgten und in einen Brunnen werfen wollten[20], mag das eine allgemeine Stimmung in Kriegszeiten widergespiegelt haben. Jedenfalls handelte es sich um eine einfache Methode, Brunnen unbrauchbar zu machen. Häuser und Felder (zur Erntezeit) bereiteten ebenfalls wenig Mühe, wenn man ein Feuerzeug bei sich hatte. Nach den Worten Adalberos von Laon trugen es berittene Krieger am Gürtel, bestehend aus Feuerstein, Feuereisen und Eichenmoder[21]. Derlei war schlimm genug, doch hatte das Schadenstiften seine natürlichen Grenzen. Die Aktionsfähigkeit einer Reitertruppe hing davon ab, ob die Pferde Grünfutter fanden, denn auf das Fouragieren durfte man sich nicht überall verlassen[22]. In den Wintermonaten konnte die geplagte Bevölkerung Atem schöpfen und ihre Hütten wieder aufbauen. Es wurde als Ausnahmefall besonders vermerkt, wenn in dieser Jahreszeit Kampfhandlungen stattfanden[23]. Weiters scheinen die Truppen, denen man die Verwüstung eines Landstriches befahl, nicht immer bis an die Grenze des Möglichen gegangen zu sein; vielfach entstammten sie selbst den mit der Landwirtschaft verbundenen Bevölkerungsschichten, manchmal wenigstens wird ihr Herz nicht ganz bei einem solchen Vernichtungswerk gewesen sein. Man hat in diesem Zusammenhang davon gesprochen, daß die Zerstörungen «avec plus d'ostentation que d'efficacité» ausgeführt wurden[24]. Weinstöcke und Obstbäume zu vernichten, war eine harte Arbeit und bedurfte der nötigen Werkzeuge; in den südlichen Ländern gar Steinbauten abzutragen, statt sie bloß anzuzünden, wäre eine noch größere Aufgabe gewesen. Krieger haben sich selten

---

[20] Visions de Flothilde ed. Lauer, Annales de Flodoard 171 f.

[21] Carmen ad Rotbertum ed. Carozzi 8 v. 102. Daß die Schilderung allegorisch zu verstehen sei als Zeichen der Verderbtheit der zu Reiterkriegern gewordenen Cluniazenser, meint Eckhard Hegener, Politik und Heilsgeschichte: «Carmen ad Robertum regem». Mittellateinisches Jahrbuch 9 (1973) 36 f.

[22] So rechtfertigt Flodoard die Tatsache, daß ein gegen die Normannen kämpfender Graf nur wenige Krieger bei sich hatte, damit, daß «parum adhuc herbae inveniebatur equis». Les annales ed. Lauer 30 (zu 925).

[23] Es handelte sich um beschränkte lokale Unternehmungen, etwa die Belagerung einer Burg. Vgl. etwa Ademar von Chabannes, Chronicon III, 42, ed. Chavanon 165 f.: «tempore durioris hiemis». Der Sieger in diesen Kämpfen wurde hinterrücks ermordet, worauf man die Gefangenen umbrachte.

[24] Toubert, Latium 1, 357 f.

als Arbeitsleute gefühlt, Reiter liebten ein schnelles Auftauchen und Verschwinden. Sie hatten einen Auftrag zu erfüllen, ihre Interessen lagen aber zum Teil anderswo: Bei dem Vieh, das sie wegtrieben und verkauften[25], bei Wertgegenständen und jenen Gefangenen, von denen wir schon gesprochen haben. Im Verlauf der großen rheinischen Adelsfehde beklagte man die Tatsache, daß die kriegführende Truppe der einen Partei häufig ausrücken müsse und für ihre Strapazen nur wenig «Lohn erlangte», womit wohl in erster Linie Beute gemeint war. Das habe der gerechten Sache dieser Partei zum Nachteil gereicht[26].

Gewiß konnte man auch deswegen kämpfen, weil man von seinem Recht überzeugt war, und nicht bloß aus kommerziellen Erwägungen. Dieses Recht wurde häufig nicht als objektive Norm abstrakter Natur gesehen, sondern gefühlsmäßig als Verletzung subjektiver Rechte erlebt; Subjekt konnte die eigene Person, ein Familienmitglied, der Herr oder die «familia» samt Freunden und Nachbarn sein. Es bedurfte kaum der alteingewurzelten Vorstellung von einer Rachepflicht, um jenen Haß zu erzeugen, der dem kriegerischen Vorgehen neue Impulse zuführte. Wenn es um Rachezüge ging, dann blieb wirklich kein Weinstock und kein Obstbaum unversehrt, dann gab es Quälereien, Verstümmelungen und Morde an der «feindlichen» Landbevölkerung. Das Schadenstiften und der Terror gegen Unschuldige hatte seinen Grund hin und wieder auch in dem Versuch der schwächeren Partei, sich mit äußersten Mitteln bei den Gegnern Respekt zu verschaffen. So ging z. B. ein Bischof von Como vor, den Berengar II. eingesetzt hatte. Liutprand zählt in diesem Zusammenhang auf: Entvölkerung des Landes, Abhacken von Weinstöcken, Abschneiden von Bäumen, Blendung vieler Menschen, immer wiederkehrende Feindseligkeiten[27]. Demselben Bischof warf Atto von Vercelli vor, er verteidige sich mit Waffengewalt, räche sich durch Raubzüge und Verwüstungen, bereichere sich durch Beutemachen, schaffe Furcht durch Mord und Verstümmelung. So zu handeln sei eher die Sache böser Geister als jene christlicher Bischöfe[28].

Je ungerechter und grausamer solche Aktionen waren, um so mehr for-

---

[25] Chazan, Medieval Jewry (oben 422 Anm. 112) 16 f. zitiert ein «responsum» des frühen 11. Jahrhunderts über einen jüdischen Kaufmann, der solche Beute aufkaufte und sich deshalb den Zorn der Geschädigten zuzog. Sie machten geltend, daß seine Bereitschaft zu solchen Geschäften ihre Feinde zu Raubzügen reizte.

[26] Alpert von St. Symphorian in Metz, De diversitate temporum II, 9, MGH SS 4, 714: «quamvis Baldrico causae iustiores in hac ... lite existerent, tamen in hoc inferiorari, quod milites sui crebris expeditionibus defatigati, pro tanto labore parva praemia consecuti sunt ...».

[27] Antapodosis V, 29, ed. Becker 148.

[28] Zitiert von Becker a. a. O. Anm. 3.

derten sie ähnliche Gegenaktionen heraus. Da ging es nicht mehr um Aktivitäten berittener Trupps allein, sondern um den Zorn der Landbevölkerung, unter dem Kommando ihrer geistlichen oder weltlichen Obrigkeit. Derlei durfte – wenigstens dort, wo kein Richter zur Stelle war – wiederum nicht ungerächt bleiben, wobei sich der Kreis der Beteiligten meist vergrößerte[29]. Eine Eskalation der Gewalt hatte begonnen, die nicht nur Wochen und Monate, sondern viele Jahre dauern konnte. In großem Maßstab bekämpften einander z. B. unter Heinrich II. die Faktionen des Wichmann, mit Schwerpunkt im rechtsrheinischen Gebiet, und der linksrheinischen Balderich-Sippe[30]. Hier kann sogar eine Art Landesbewußtsein, «Gallia» gegen «Germania», mitgespielt haben. Viel bescheidener waren im Normalfall die Auseinandersetzungen um ein bestimmtes Streitobjekt, etwa in der Bourgogne die Kämpfe um den Besitz einer klösterlichen «villa» zwischen einer Burgherrensippe und den «milites» von Auxerre. Was anscheinend als Rechtshandel begonnen hatte, wurde zur Zeit der Weinlese zum «Krieg» mit vielen Toten auf beiden Seiten; elf Söhne und Neffen des Burgherrn fielen dabei. Es folgten «durch dreißig Jahre und länger unzählige Tötungen» – mag der Chronist auch übertrieben haben, eine Vendetta von Generation zu Generation konnte es sicherlich geben. Von ihr war die «familia» des Burgherrn betroffen, also Angehörige, Bauern und Hausgesinde, und diese «familia» übte Vergeltung durch «die Tötung von Feinden»[31].

Das war nicht Anarchie, hier lebten vorstaatliche Rechtsordnungen und

---

29 So schreibt Fulbert von Chartres an König Robert, die Leute seiner Stadt hätten den Königlichen Schaden gestiftet, einige von diesen wiederum «qui ab eisdem malefactoribus iniuriam passi sunt ... iram suam retorquent in terram sanctae ... dominae nostrae, diripientes fruges et cetera bona nostra quae in vicinia sua sunt», d. h. das Bistumsgut wurde in die Auseinandersetzung hineingezogen. The letters of Fulbert ed. Behrends 102 Nr. 59. Der nächste Satz lautet: «Nos vero haec inulta (andere Hss.: multa) patimur propter te, expectantes et deprecantes iustitiam tuam.» Andere Bischöfe haben in solchen Fällen nicht zugewartet. Ein oder zwei Jahre später (1023) begann z. B. eine Fehde zwischen dem Erzbischof Hugo von Tours und dem Bischof Hubert von Angers, hinter dem Graf Fulco Nerra von Anjou stand. The letters of Fulbert a. a. O. 120 Nr. 71: «Nam te (Hubert) in furorem versum et ex presule ducem tot armatorum factum, totam nostram patriam (die Erzdiözese Tours) crudeliter vastare cernens», exkommuniziert der Erzbischof den Bischof.

30 Alpert von St. Symphorian in Metz, De div. temporum II, 1, MGH SS 4, 710 mit der Motivation «cum neuter alterum sibi superiorem esse pateretur». Machtkämpfe wurden sehr oft als Rangkämpfe verstanden. Balderich hatte über seinem Stand geheiratet, es ging (auch) um seine Aufnahme in den Kreis gräflicher Familien. Vgl. auch oben 198, 511, unten 553, 557.

31 Rodulfus Glaber, Hist. II, 10 (21), ed. Prou 48.

Pflichten der Gemeinschaft weiter. Es ist erstaunlich, wie leicht sich Geistliche die Terminologie der Blutrache zu eigen machten; erstaunlich für den modernen Leser, weniger für eine Zeit, in der die Begriffe für Rache, Vergeltung und Bestrafung mit denselben Worten ausgedrückt werden konnten. Wir sprechen von Krieg im staatlichen Bereich, von einer Fehde im adeligen der Vergangenheit, von Blutrache als Randerscheinung südeuropäischer Unterschichten. Damals war die Fehde der Krieg einer Personengruppe gegen eine andere, wobei das Racheprinzip Geltung hatte. Wo im allgemeinen Friede herrschte, wird man nicht von Anarchie sprechen. Weder «Privatkriege» noch Pflichtenkonflikte zwischen verschiedenen Ordnungssystemen sind auf das sogenannte Feudalzeitalter beschränkt, und so sollte der betagte Ausdruck «anarchie féodale» endlich verschwinden[32].

Fehden konnte es theoretisch nur im Fall der Rechtloslassung geben. Wenn gerichtliche Sühne nicht zu erwarten war – vor allem in jenen Landschaften, in denen eine Zentralgewalt fehlte –, griff man von vornherein zur Selbsthilfe. Und nicht nur dort; noch heute besteht in der Bevölkerung vieler Länder eine Abneigung gegen alles, was mit Gerichten zu tun hat. Man trägt die Sache miteinander aus, ohne die Obrigkeit zu bemühen. Oft kommt es dabei zu einer eindeutigen Entscheidung; wenn sie vom Unterlegenen akzeptiert wird, ist der Fall erledigt. Wenn das Bewußtsein, im Recht zu sein oder auch ein Prestigedenken das verbietet, beginnt eine dauernde Feindschaft. Vielleicht manifestiert sie sich nicht sofort. Eine günstige Gelegenheit wird abgewartet, die erlittene Schmach heimzuzahlen.

Man sollte meinen, daß nur Weltliche so dachten, die Männer der Kirche aber der Gewaltlosigkeit das Wort redeten. Gegenteilige Fälle haben wir schon aufgezählt. Nur eine merkwürdige Äußerung soll noch angefügt werden, weil sie von einem Manne stammt, den wir als eine intellektuell bestimmte Persönlichkeit zu sehen gewohnt sind. Gerbert von Aurillac schrieb im Reimser Bistumsstreit, während er auf die Entscheidung über seinen Fall wartete: «Erträglicher ist der Kampf mit den Waffen als ein Rechtsstreit.» Schon vorher hatte er von jenen gesprochen, die auf dem Rechtsweg (legibus) rächen (ulcisci) wollen, was sie nicht mit Gewalt erreichen können. Eine solche Reihung der Mittel schrieb Gerbert seinen Feinden zu, und bejahte sie im folgenden Satz für sich selbst[33].

---

[32] Gegen diese «idée préconçue» der französischen Forschung wandte sich schon 1938 AUBENAS, Les châteaux-forts (oben 465 Anm. 131) 549 ff. Daß es nicht angeht, mangelnde Koordination verschiedener «giurisdizioni e poteri» als Anarchie zu bezeichnen, erkannte Giovanni TABACCO, La dissoluzione medievale dello stato nella recente storiografia. Studi medievali ser. III 1 (1960) 410.

[33] Die Briefsammlung Gerberts ed. WEIGLE 236 Nr. 194. Der Brief ging nach Aurillac und enthält gewiß Gerberts wahre Meinung.

Einen Rechtshandel «auszufechten», war also auch Gerbert bereit. Im ganzen Mittelalter und bis tief in die Neuzeit hinein hat es im Bereich der Oberschichten die «rechte Fehde» gegeben[34] und sie war insoferne mit der christlichen Lehre vereinbar, als sie der Wiederherstellung des gottgewollten Rechtes diente, ja selbst eine Art Gottesurteil herausforderte. Daß dabei niemand getötet werden sollte und angerichtete Schäden zu ersetzen waren, blieb reine Theorie und gehörte zu den Widersprüchen des Daseins, an die man sich längst gewöhnt hatte. Auch gab es keine Instanz, die darüber entschied, daß es sich wirklich um eine «rechte» Sache handelte. Man glaubte sich wohl allzumeist im Recht, auch wenn es um eine Ausdehnung der Besitzungen, Gewinnung neuer Vasallen und Erhöhung des eigenen Ansehens ging.

Oft war dieses Recht bloß formaler Natur und trieb man unter dem Anschein der Legalität Machtpolitik, die zur offenen Auseinandersetzung führen mußte. Dazu war ein gutes Mittel vor allem der Burgenbau auf eigenem Grund, aber in einer strategischen Position, die dem Gegner gefährlich werden konnte. So baute der Bischof Balderich von Lüttich (1008-1018) auf seinem Allod die Burg Huguard (bei Tirlemont), nur 20 km von Löwen entfernt. Kein Wunder, daß der dortige Graf in dem Bau einen Grund zur Fehde sah. Er wurde exkommuniziert; bald kam es zur Schlacht, in der die Leute des Bischofs geschlagen wurden[35]. Hier ging es um eine dauernde Bedrohung der Stadt, die dem Handel und damit der Existenz der Bürger schaden mußte. Anderswo standen Prestigefragen im Vordergrund; wie sie gelöst wurden, wirkte sich auch im materiellen Bereich aus. In der Auseinandersetzung am Niederrhein, von der wir schon sprachen, baute Wichmann eine Burg gegen die Partei Balderichs und deshalb, weil «der Ort geeignet dazu war, das Grafenamt zu erlangen». Jener meinte dagegen, er werde durch den Bau sehr viel von seiner Würde und seiner Macht einbüßen[36]. Selbst Cluny wurde zeitweise bedroht durch eine Burg, die einer der Grafen von Mâcon «gegen das Kloster erbaute»[37].

---

34 Der Ausdruck wurde von Otto Brunner, Land und Herrschaft (5. Aufl. 1965) in das Schrifttum eingeführt. Seine Auffassungen über Krieg, Fehde und Rache, an spätmittelalterlichen und frühneuzeitlichen Quellen erarbeitet, werden durch diejenigen des 10. Jahrhunderts durchaus bestätigt.

35 Vita Balderici, MGH SS 4, 727 c. 7: Der Bischof habe den Bau zum Schutz der ihm anvertrauten Kirchen geplant, während der Graf dem entgegenhielt, «illud castrum quod intendebat construere (episcopus), multum oppido suo officere».

36 So wird man vielleicht am besten die Worte übersetzen «maximum suae dignitatis honorem se amissurum non dubitabat». Alpert, De div. temp. II, 2, MGH SS 4, 710. «Honor» bedeutet sowohl die Ehre als auch ihre materielle Grundlage, wozu Lehensleute und Freunde gehörten. Oben 193 f.

37 Ademar von Chabannes, Chronicon III, 50 ed. Chavanon 173. Es ging dabei

Man hat von defensiven und offensiven Burgen gesprochen, die beide Mittel der «Burgenpolitik» darstellten[38]. Für Offensivburgen gibt es zahlreiche Beispiele, die man nicht auf «Legenden» einer sensationslustigen Historiographie zurückführen sollte[39]. Es klingt recht wahrscheinlich, wenn wir z. B. erfahren, daß ein Grafensohn gegen die Stadt Cambrai eine Burg errichtete, von der aus er Streifzüge unternahm, um die Bevölkerung des Umlandes und auch die Bürger zur Leistung von Abgaben zu veranlassen. Eine zweite, noch näher an Cambrai herangeschobene Burg sollte den Druck weiter verstärken; der Bischof zerstörte sie, als sie schon fast fertiggebaut war[40]. Bei dem Aufstand, den 1024 Ernst von Schwaben, der Stiefsohn Konrads II., mit einem «Heer von Jünglingen» unternahm, versuchte er in der Nähe von Solothurn Befestigungen zu errichten und wiederholte dies oberhalb Zürich[41]. Sicherlich sollte auf diese Weise Druck ausgeübt und eine Unterwerfung der Einwohner vorbereitet werden.

Beide Fälle unterscheiden sich von der Lage in Cambrai dadurch, daß dort der Schein der Legitimität gewahrt blieb, der Burgenbau auf eigenem Grund erfolgte[42]. Im Krieg dagegen, oder bei einem kriegerischen Gefolgschaftsunternehmen, fragte man nach derlei nicht. Vielleicht war es die Kunst bewaffneter Politik, den Ausbruch direkter Feindseligkeiten zu vermeiden dadurch, daß ein Schein des Rechtes erhalten blieb. Es war ein Spiel mit hohem Einsatz, der durch eine militärische Gegenaktion verloren gehen konnte. Denn das Ansehen des Bischofs oder Grafen, der eine Offensivburg brach, stieg anscheinend sehr, und er wurde mit hohem Lob bedacht. Daß das Prestige des Verlierers zurückging, wird man annehmen dürfen.

---

eigentlich gegen den Bischof von Auxerre und Grafen von Chalon (propter superandum Hugonem comitem).

[38] Vgl. etwa den Überblick von Herwig Ebner, Die Burg in historiographischen Werken des Mittelalters. Festschrift F. Hausmann (1977) 129 f.

[39] Nach Aubenas, Châteaux-forts (oben 465 Anm. 131) handelte es sich um vereinzelte Mißbräuche, «grossis et deformés par les légendes».

[40] Gesta episcoporum Cameracensium I, 93, MGH SS 7, 439; I, 103, a. a. O. 443. An der Erstürmung beteiligten sich die Bürger und die Bauern (rustici), die unter den Erpressungen zu leiden hatten.

[41] Wipo, Gesta Chuonradi c. 19, ed. Bresslau 39. Vgl. oben 156.

[42] Wobei es sich um eine Art Beschlagnahme «presumpta vendicatione» (!) handeln sollte, MGH SS 7, 440 c. 96. Nicht auf die Stichhaltigkeit des Rechtsgrundes kam es an, sondern darauf, daß überhaupt ein Grund, wir würden sagen, Vorwand, angeführt werden konnte. Ähnlich war es mit der Überlistung bzw. dem Betrug in Fällen, da die Form gewahrt wurde. Der hochgradige Formalismus des Rechts ermöglichte solche Äußerungen des «(malum) ingenium». Vgl. oben 531 f.

Was man «Burgenpolitik» nennt, war bestimmt von dem Gedanken der Festigung bestehender Herrschaftsrechte, oder sie diente der Expansion mit gerade noch friedlichen Mitteln. Richer berichtet, daß ein Graf von Troyes unbedingt die Herrschaft über die königliche Burg Dijon erlangen wollte. Er tat dies «deshalb, weil er glaubte, wenn er durch ihn (den König) die Burg bekäme, könne der beste Teil Burgunds unter seine Gewalt geraten»[43]. Die Territorialgeschichte war schon um diese Zeit manchmal ein Ringen um Burgen. Es ist der Hauptinhalt eines mühsamen Ausgleichs zwischen hohen Herren in Aquitanien[44], es ist der rote Faden in den Erzählungen des Abtes Hugo von Farfa über seine Bemühungen um eine Revindikation des Klosterbesitzes[45]. Verschärft wurde dieses Ringen durch das Aufkommen neuer Bauformen, die eine Erstürmung sehr erschwerten: Wer nicht nur über Erd- und Palisadenwälle verfügte, sondern über einen steinernen Turm, konnte dort lange Widerstand leisten. Den Schaden trugen in doppelter Weise die Bauern. Sie mußten Steine herbeikarren und bearbeiten, und ihre Felder litten stärker durch eine lange Belagerung; man verheerte alle Hilfsquellen, «damit sie nicht den Burgleuten zum Nutzen wären»[46]. Schlimm war es auch, wenn innerhalb einer Stadt Feindseligkeiten sozusagen von Turm zu Turm ausbrachen; sie konnten sich lange hinziehen, besonders wenn es sich um den in Frankreich häufigen Fall von Streitigkeiten zwischen Bischof und Graf handelte. In Amiens wurde der Capetinger Hugo (d. Gr.) 950 mit seinem Heer «in den Turm, den der Bischof Reinbald hielt, eingelassen. Den anderen Turm, den die Leute des Grafen Arnulf bewachten, belagerte er»[47].

Fehden und Bürgerkrieg griffen in Frankreich ineinander; beides konnte ein Kampf um das Recht sein, das eine Partei oder ein Einzelner zu haben glaubte. Mit gerichtlichen Mitteln war da nichts zu machen. Anders sollte es unter der Regierung eines anscheinend starken Königtums sein, wie es Otto I. in Deutschland verkörperte. Trotzdem gab es hier Fehden auch in seinem eng-

---

43 Richer, Hist. III, 11, ed. LATOUCHE 2, 18.

44 Conventum inter Guillelmum Aquitanorum comes (!) et Hugonem Chiliarchum. Ed. J. MARTINDALE in The English Historical Review 84 (1969) 538 ff. Oben 194 Anm. 40, 211.

45 MGH SS 11, 540 ff.

46 In der niederrheinischen Fehde zwischen Wichmann und Balderich, MGH SS 4, 710 (II, 2). Hier handelte es sich um eine «Defensivburg», die nach dem Verlust einer anderen Burg als Rückhalt gegen überlegene Kräfte begründet wurde. Die Formulierung «aggere et turribus» kann sich natürlich auch auf Holzbauten beziehen, doch heißt es, daß diese hochgelegene Burg nur durch Belagerung eingenommen werden konnte.

47 Flodoard, Annales (950), ed. LAUER 127.

sten Herrschaftsbereich, in Sachsen. Der sächsische Adel hat sich dieses gute alte Recht nicht nehmen lassen, als der Herrscher versuchte, es abzuschaffen. Im Jahre 938 auf einem Hoftag in der Pfalz Steele (bei Essen) «wurden auch Friedensstörer als solche überführt, die bis dahin behaupteten, nichts gegen die königliche Gewalt unternommen zu haben, sondern sie hätten nur Unrecht gerächt, das ihren Genossen widerfahren sei». Man erkannte auf Mißachtung des Königsgebotes – die Beklagten waren nicht erschienen –, der König verschob jedoch eine Exekution der Sache und verzieh dann den Übeltätern. «Aber dieses Hinziehen verleitete viele zu noch verderblicherem Handeln; daneben wurden viele unrechte Taten von Aufrührern begangen: Tötungen, Meineide, Entvölkerung, Brandstiftung. Zwischen Recht und Unrecht, Heiligkeit (des Eides) und Meineid machte man in jenen Tagen wenig Unterschied»[48]. Widukinds Worte deuten darauf hin, daß das später besser wurde. Zu einer grundsätzlichen Entscheidung ist es jedoch nicht gekommen.

In der «rechten Fehde» erlaubte die Sitte den Weltlichen ebenso Tötungen wie bei einem Feldzug des Königs (bellum publicum). Im offenen Kampf einen Gegner zu töten, war ehrenhafter, als ihn in einen Hinterhalt und damit in eine militärisch ungünstige Position zu locken. Das war immerhin noch ein Kriegsmittel, von dem bei Fehden oft berichtet wird. Letztes und radikalstes Mittel war die stille Beseitigung des Gegners. Wir nennen sie Mord, während damals der Sammelbegriff «homicidium» für Mord, Totschlag und ungewollte Tötung eines Menschen galt. Für all dies wurde der Freie im Normalfall mit Vermögensstrafen bedacht, erst später kam es zur Ausdehnung des «peinlichen» Gerichts auf Mittel- und Oberschichten[49]. Auch Unfreie hat man keineswegs immer mit der Todesstrafe konfrontiert, was vor allem für Rachefälle gilt.

Daß Mord und Totschlag trotzdem nicht alltäglich waren, wird man nur zum Teil der christlichen Religion zuschreiben und den kirchlichen Bußen. Der Täter und seine Verwandten hatten mit der Rache der Sippe des Ermordeten zu rechnen; auch wenn sie ausblieb, gab es eine «öffentliche Meinung», die ein Urteil sprach. Fiel es vernichtend aus, brachte das unter Umständen den Ruin der gesellschaftlichen Existenz mit sich, der Täter mußte die Flucht ergreifen und verlor dadurch sein Besitztum. War man von der Gerechtigkeit der Tat überzeugt, weil sie die gewohnte Ordnung wiederherstellte, galten mildere Bedingungen. So war es z. B. offensichtlich wider das Recht, daß der Markgraf Borrell von Barcelona zur Festigung seiner Landesherrschaft in Rom die Wiedererrichtung des Erzbistums Tarragona durchsetzte. Zugleich sollte dem neuen

---

48 Widukind II, 10, ed. Hirsch-Lohmann 74.

49 Hans Hirsch, Die hohe Gerichtsbarkeit im deutschen Mittelalter (2. Aufl. 1958) 37 f.

Erzbischof das Bistum Gerona zur Verwaltung übergeben werden, das ein Gegner des Markgrafen innehatte[50]. Die katalanischen Bischöfe, bisher nur nominell von dem Erzbistum Narbonne abhängig, bekamen damit einen Herrn, doch nicht für lange Zeit: Noch im selben Jahr wurde der Erzbischof ermordet[51]. Damit war der frühere Zustand wiederhergestellt, was keine Fehde vermocht hätte.

Während sich über diese Sache kaum jemand gebührend erregt haben dürfte, war dies anders, als in der schon genannten niederrheinischen Fehde das Haupt der einen Partei, Graf Balderich, allgemein verdächtigt wurde, bei der Rückkehr von einem Gastmahl seinen Gegner Wichmann ermordet zu haben. «Alle stimmten darin überein, daß sie ihn haßten.» Balderich konnte einem Racheunternehmen mit knapper Not entgehen[52]. Empört pflegte man stets über Mönche zu sein, die ihren Abt umbrachten, auch wenn auf diese Weise die Frage einer Reform des Klosters gelöst werden sollte. Als Abbo von Fleury auf einer Reformexpedition in die Gascogne im Kloster St.-Réole an einem Lanzenstich zugrunde ging – die Sache blieb ungeklärt –, beeilte man sich in Fleury, ein Rundschreiben zu verfassen: Durch die Schwerter der Basken sei Abbo, dieser Glückliche, zum Gefährten der heiligen Märtyrer geworden[53]. Mordtaten an geistlichen wie weltlichen Großen wurden selten durch ihre Hauptgegner, sondern zumeist durch Nachgeordnete vollbracht, so daß die Schuld fraglich blieb. Das war bei dem Tode Wichmanns ebenso der Fall wie bei der Ermordung des Erzbischofs Fulco von Reims durch einen Gefolgsmann des Grafen Balduin von Flandern[54] und in vielen anderen Fällen. Schwer nachweisen ließen sich Giftmorde, die deshalb häufig als Todesursache angenommen wurden.

«Die sittliche Verwilderung, die sich in solchen blutigen Thaten kund-

---

50 Böhmer-Zimmermann Reg. 478-480 (971).

51 Bonnassie, La Catalogne 1, 177.

52 Alpert, De div. temp. II, 12 f., MGH SS 4, 715 f. Über den angeblichen Sohnesmord von Balderichs Gattin Adela vgl. Siegfried Hirsch, Jahrbücher des Deutschen Reichs unter Heinrich II. 3 (1875) 311 ff. (Exkurs II).

53 Migne PL 139, 417 f. und die Schilderung des Herganges in der Vita Abbonis c. 20, ebenda 410 f.

54 Regino, Chronicon ed. Kurze 149 f. (zu 903) behauptet, daß der Graf bei dem Überfall persönlich anwesend gewesen sei. Vgl. aber Ernst Dümmler, Geschichte des Ostfränkischen Reiches 3 (2. Aufl. 1888) 519. Bei der kirchlichen Verurteilung berief sich der Attentäter darauf, er habe aus Lehenstreue (pro senioris sui fidelitate) gehandelt, und änderte seinen Standpunkt auch später nicht, a. a. O. Anm. 2. Der Graf hatte sich wegen der Sache nicht zu verantworten.

gibt»[55], wird gewiß anzuprangern sein; doch genügt diese Feststellung nicht. Eine Tat, für die man ewige Höllenstrafen riskierte, hat nur selten jemand leichtfertig begangen. Es ging um die Ehre, oder um einen Besitz, auf den man ein Anrecht zu haben glaubte, selten um bloße Habsucht oder Rauflust, wenigstens bei den Mittel- und Oberschichten. Zu ihnen wird man auch Mönche zählen, die ihr Leben nicht gewaltsam reformieren lassen wollten oder die von ihrem Abt beleidigt worden waren[56].

Mord und Totschlag im Kloster galten als besonders schlimm, denn hier sollten alle ihr Sinnen und Trachten unirdischen Dingen zuwenden. Wenigstens bei einem Teil der «öffentlichen Meinung» und unter kirchlichem Einfluß hat man aber auch über das Treiben der Weltlichen harte Urteile gefällt und sie nach ihrem Tod in die Hölle – oder das Fegefeuer – verwiesen. Um 900, vielleicht in der Provence, wurde ein Visionsbericht verfaßt, der politischen Zielen diente, daneben einer sehr negativen Meinung über den Hochklerus und die Großen des spätkarolingischen Reiches Ausdruck gab: Erzbischöfe und Bischöfe stecken in Teichen voll brennendem Pech, Schwefel und Blei, weil sie auf Erden Zwietracht säten, Tötungen und Raub «liebten». Auf feurigen Bergen büßen «unzähligen Seelen von Lehensleuten (hominum) und Großen (principum)» der spätkarolingischen Herrscherfamilie, die sich zusammen mit dem Kaiser Karl (III.) «aus irdischer Habgier» an Kämpfen, Tötungen und Raub beteiligten. Man ruft dem Höllenwanderer die Sentenz zu, die ein Sprichwort dieser Zeit sein könnte: «Die Mächtigen werden mächtige Qualen erleiden»[57].

Hier wird es sich auch um das kirchliche Tötungsverbot im Krieg handeln. Was die Räubereien betrifft, so sind wir gewohnt, sie in Kriegszeiten anders zu benennen. Auch mutet uns die Aussage, Erzbischöfe und Bischöfe hätten Räubereien «geliebt», recht ungewöhnlich an. Es handelt sich dabei um keinen Einzelfall; immer wieder erfahren wir, daß Edle einer solchen Beschäftigung

[55] Dümmler a. a. O. 518.

[56] Adso von Montierender, Vita Bercharii c. 19 f. berichtet, daß dieser Abt von einem Mönch, den er hart angefahren hatte, mit einem Tischmesser ermordet wurde, Migne PL 137, 684 f. Die Geschichte spielt zur Zeit der Gründung des Klosters, war aber jedenfalls für das Mönchtum des 10. Jahrhunderts glaublich. Adso betont, die Tat sei eine ungerechtfertigte Tötung.

[57] «Potentes potenter tormenta patientur.» Die Vision findet sich in zwei anscheinend voneinander unabhängigen Überlieferungen: Wilhelm von Malmesbury († bald nach 1142), Gesta regum Anglorum II, 111, MGH SS 10, 458 und Hariulf von St.-Riquier († 1143), Chronicon Centulense III, 21 (dazu M. Manitius, Gesch. d. lat. Literatur d. MA. 3, 544). Peter Dinzelbacher, Vision u. Visionsliteratur im MA. (Monographien zur Gesch. d. Mittelalters 23, 1981) geht auf die Vision als unecht nicht näher ein.

nachgingen[58]. Man hat die Frage gestellt: «Ist es vielleicht mönchischer Sprachgebrauch, Gewalttäter, die nicht nur gelegentlich raubten, ‚latrones' zu nennen und ihre eigenmächtige Besitzmehrung ‚latrocinium'?»[59] Es gibt Fälle, in denen eine «unrechte» Fehde so bezeichnet wurde. Zweimal erfahren wir bei Richer von Befestigungen, die der König belagern und zerstören ließ, weil von ihnen aus Raubzüge und Plünderungen verübt wurden. Im ersten Fall entließ man die «Kleineren» unter den besiegten Gegnern und führte nur den Räuberhauptmann (latronum principem) dem König vor. Der Mann sollte enthauptet werden – Gesindel pflegte man zu hängen – und erlangte auf Bitten des Erzbischofs von Reims die königliche Gnade wieder, gegen ein eidliches Versprechen, «von nun an nicht mehr zu rauben». Auch im zweiten Fall genügte ein solcher Schwur[60], den man in Deutschland später vielleicht als Urfehde bezeichnet hätte.

Es gibt gute Quellen, die in diesem Punkt den Leser durchaus in die Irre führen. Einer der eindrucksvollsten Fälle findet sich in der Lebensbeschreibung des Bischofs Burchard von Worms durch einen seiner Kleriker[61]. Herzog Otto, heißt es hier, und sein Sohn Konrad hatten innerhalb der Stadt Worms eine Befestigungsanlage mit Türmen, und in diesem festen Haus fanden Räuber und Diebe sowie alle jene eine Zuflucht, die sich gegen den Bischof vergingen. So kam es zu Vestümmelungen und Tötungen «auf beiden Seiten». Schon vorher haben wir erfahren, wie Worms aussah, als Burchard dort Bischof wurde: Nicht für menschliche Wohnstätten war die Stadt geeignet, sondern für wilde Tiere, hauptsächlich Wölfe. Wall und Graben waren eingeebnet, und so konnten solche Tiere eindringen ebenso wie Räuber, die den Ort als höchst geeignet für ihre Untaten priesen. Wer von den Bürgern nicht ihren Willen tat, den überfielen

---

58 Als Otto, Sohn des Grafen von Vermandois, gegen Cambrai eine Burg baute, tat er es «cum aliis quoque multis raptoribus» – es handelte sich um die Karolingerpartei (partes Karlensium). Gesta episcoporum Cameracensium I, 96, MGH SS 7, 440, vgl. oben Anm. 40. – Am Anfang seiner Regierung mußte Heinrich I. für die Friedenswahrung sorgen, «multi enim illis temporibus etiam nobiles latrociniis insudabant». Cont. Reginonis zu 920, ed. KURZE, Regino, Chronicon 156.

59 GRUNDMANN, Adelsbekehrungen (oben 38 Anm. 141) 133 f.

60 Richer, Hist. II, 8 und II, 100, ed. LATOUCHE 1, 138 ff., 290 ff. Im zweiten Fall handelt es sich um eine neugebaute «munitio», Brienne-le-Château, die ausgehungert werden mußte. Zur Begnadigung schrieb FLACH, Origines (oben Einl. Anm. 3) 1, 169 Anm. 2: «Avouons que la garantie était minime et la précaution naïve.» Lauer wollte die Sache überhaupt als Erfindung Richers abtun, LATOUCHE a. a. O. 292 Anm. 2. Wahrscheinlich schien Schonung dieser «Raubritter» geboten, um ihre Verwandtschaft nicht zu Gegengewalt herauszufordern.

61 Vita Burchardi c. 7, MGH SS 4, 835 f. A. a. O. 835, c. 6.

sie bei Nacht, schleppten alles weg und ließen ihn tot oder halbtot zurück. Darum zogen die Bürger aus der Stadt weg und verschanzten sich außerhalb, solange bis Burchard eine neue Mauer erbaut hatte.

Diese nicht ganz glaubliche Geschichte dient dazu, noch stärker zu begründen, was der Leser wohl schon erwartete: Daß die Fehde innerhalb einer Stadt nur dann mit Erfolg geführt werden konnte, wenn beide Parteien darin ihr «festes Haus» besaßen. In der Wormser Stadtburg saßen die Konradiner, das spätere Herrscherhaus, und sie hatten als Grafen des Wormsgaues auch das Umland in ihrer Hand. Ihr Anführer war Otto, Herzog von Kärnten, ein Enkel Ottos I. und Sohn Herzog Konrads (des Roten) von Lothringen. Schon daraus ersah man, wie die Sache mit den Räubern und Dieben gemeint war. Ähnlich wie es in Frankreich so oft Fehden zwischen Bischof und Graf gab, die mit der Zeit zu einer Teilung in «ville comtale» und «ville épiscopale« führen konnten, war es auch in Worms. Burchard hat dann die Wahl Heinrichs II. unterstützt und dafür als Gegenleistung die Wormser Stadtburg verlangt und erhalten. Er ließ sie zerstören und war nun alleiniger Stadtherr[62].

Im modernen Recht wird das Delikt «Raub» durch Gesetze definiert, und im Einzelfall entscheiden Gerichte darüber, ob es begangen wurde. Im Mittelalter war «Raub» einer jener Popularbegriffe, die inhaltsreicher und weniger differenziert sind als die unseren. Das Wort «Räuber» bezeichnete sowohl den Berufsverbrecher, wie auch jeden Menschen, selbst einen hochgestellten, der sich einer ungerechtfertigten und gewaltsamen Wegnahme von Gütern schuldig machte. Daß es sich dabei um Unrecht handelte, mußte nicht objektiv festgestellt sein; die subjektive Meinung genügte. Ihr gaben die geistlichen Geschichtsschreiber Ausdruck, und man verstand richtig: Otto von Kärnten und seine Nachkommen, darunter der jüngere Konrad, Gegenkandidat Konrads II. bei seiner Wahl, vertraten eine schlechte Sache, der Bischof und sein Schützling, der spätere König, die gute. Was die Wölfe betrifft, so gehörten sie zu jener «coloratio», der erlaubten Ausschmückung eines Berichtes, die man im rhetorischen Schulunterricht lernte.

An wirklichen Räubern und Räuberbanden war daneben kein Mangel. Man kann sie nicht scharf abgrenzen von der bisher beschriebenen Gruppe von Übeltätern. Wer waren jene kriegstüchtigen und tapferen «Diebe und Räuber», die Heinrich I. bewaffnete und zu «Räubereien» gegen die Slawen aufforderte[63]? Man hat an kleinere Vasallen des Königs und andere Freie gedacht[64], während

---

[62] A. a. O. 836 f., c. 9.

[63] Widukind II, 3, ed. HIRSCH-LOHMANN 69.

[64] BAAKEN, Königtum (oben 469 Anm. 143) 67 f.

früher von einem «Verbrecherheer» gesprochen wurde[65]. Noch im Jahre 1017 machte man sich in Sachsen die Mühe, Berufskrieger im Zweikampf gegen Räuber antreten zu lassen und erst, nachdem sie besiegt waren, diese Leute zu hängen[66]. Jedenfalls handelte es sich um Freie oder um Leute, die angaben, freien Standes zu sein[67].

In Italien gab Berengar I. den Burgenbau gegen Ungarn und «böse Christen» (mali christiani) frei, in denen man entweder lokale Funktionäre mit ihren Bewaffneten[68] oder sogar «die durch königlichen Machtanspruch nicht mehr in Zaum gehaltenen Großen und ihre Helfer»[69] sieht. Von «christlichen kleinen Räubern» (latrunculi christiani) spricht die Klostergeschichte von Farfa; aus Not (inopie causa) hätten sie ihre Taten begangen. So schreibt man ihnen ein «endemisches Banditentum» zu, im Gegensatz zu professionellem Verbrechertum[70]. Derartige Begriffsbildungen sind ein sehr kurzer Ausdruck der tiefen Krise des Landes im frühen 10. Jahrhundert. Handelte es sich um «eine Antwort der Landbevölkerung auf die Kämpfe zwischen den Großen und die mangelnde Wirksamkeit der königlichen Regierung»[71]? Man kann die Frage stellen, aber kaum positiv beantworten.

Bauernaufstände hat es anderswo gegeben, so in der Normandie unter Herzog Richard II.; es ging um die Herrenrechte über Wälder und Gewässer[72]. In Friesland kam es zu einem Auszug eines Teiles der Bevölkerung in ein Waldgebiet, wo man neue Wohnsitze errichtete. Diese Kolonisten «verbanden sich mit Räubern und fügten den Händlern schwere Schäden zu. Später wurden sie von den Räubern unterjocht, und diese teilten den einzelnen (Bauern)

---

65 So Robert HOLTZMANN, zitiert bei GRUNDMANN (oben Anm. 59) 133 Anm. 19.

66 Thietmar von Merseburg, Chron. VII, 51, ed. HOLTZMANN 460 f. Es handelte sich wiederum um die Gegend von Merseburg, wo einst Heinrich I. seine Räuberschar angesiedelt hatte.

67 Thietmar VII, 52: «Conveniunt ibidem fures iussu imperatoris et a congredientibus devicti laqueo traduntur» übersetzt TRILLMICH 413 mit «im Zweikampf besiegt, verfielen sie dem Strick». Es scheint sich aber hier um ein anderes Verfahren, jenes gegen landschädliche Leute zu handeln: Hier genügte es, daß Freie zusammenkamen (congredientibus) und die Verbrecher beschuldigten.

68 SETTIA, Lo sviluppo (oben 464 Anm. 123) 170.

69 H. KELLER, Adelsherrschaft (oben 46 Anm. 169) 152, nach Gabriella ROSSETTI.

70 TOUBERT, Latium 2, 971. Hugo, Destructio Farfensis monasterii c. 3, MGH SS 11, 533. Es handelte sich nicht um völlig Entwurzelte, denn die «latrunculi fuerunt de oppido quod nuncupatur Catino», a. a. O.

71 SETTIA (wie Anm. 68).

72 PFISTER, Robert le Pieux (oben 19 Anm. 36) 102.

... Land zur Rodung zu»[73]. Kaum haben sich hier Räuber als Lokatoren betätigt. Eher erwuchs aus der Kolonistengemeinde eine neue Obrigkeit, die für die Verteidigung, Bodenverteilung, Rechtsprechung und Einhebung von «Zöllen» sorgte. Daß es sich um eine Neubildung jenseits der legalen Herrschaften handelte, wurde durch die Verwendung des alten Popularbegriffes deutlich.

Auch mit wirklichen Räubern hatten Bauern manchmal zu tun, wenn sie auf Wanderschaft gingen. Odo von Cluny berichtet von einem, der «aus Furcht» Mitglied einer Bande wurde, die einen Wald unsicher machte. Vasallen des Grafen Gerald von Aurillac fingen und blendeten alle, auch diesen Bauern, der unschuldig war. Später wanderte er weiter in die Gegend von Toulouse und wurde hier durch den frommen Grafen unterstützt[74]. Es mag sein, daß Hungrige von solchen Strauchrittern Nahrung erhielten und – freiwillig oder gezwungen – bei ihnen blieben. Daß Räuber in Wäldern zu hausen pflegten, führte zur gedanklichen Verbindung beider Begriffe. Auch eine Schlucht konnte als Versteck dienen, wie das Waltharilied bezeugt[75]. Es war gut, solche Gegenden in Gruppen zu passieren, möglichst mit Waffen versehen. Als ein St. Gallener Mönch durch einen Wald ritt, «der für Räuber günstig war», hatte er zwei Knechte mit, von denen einer Schild und Lanze trug. Zu dritt schlugen sie zwei «sehr kühne» Räuber in die Flucht[76].

Die beiden wollten sich, da bei einem Mönch kaum viel zu holen war, anscheinend der Pferde bemächtigen. Daß man Leute überfiel, um sie zu zerteilen und zu verzehren, berichtet Rodulfus Glaber als «selten gehörte» Tatsache im Zusammenhang mit einer Hungersnot[77]. Hier gilt es allerdings vorsichtig zu sein: Es handelt sich um die Schrecken des Jahres 1033, also das von einigen gefürchtete Millennium nach der Passion Christi, und der Chronist tut, was er kann, um grausige Details wiederzugeben. Wir erfahren, daß man wandernden Leuten Nachtquartiere bot, sie dort erwürgte und aufaß; daß man zu dem gleichen Zweck Kinder an sich lockte, denen man einen Apfel zeigte; daß im Gau von Mâcon, also in der Gegend von Cluny, in einem Wald bei einem verlassenen Kirchlein ein Mann hauste, der dort die abgeschnittenen Köpfe der Verspeisten aufbewahrte, zusammen 49 Stück. Das erinnert sehr an Hänsel und Gretel und die Knusperhexe. So wie diese wurde der Mann verbrannt, nachdem ein von ihm eingesperrtes Paar die Sache verraten hatte[78]. Auch der

---

[73] Alpert von St. Symphorian, De diversitate temporum II, 20, MGH SS 4, 718.

[74] Odo, Vita Geraldi comitis I, 18, MIGNE PL 133, 654.

[75] «Apta quidem statio latronibus illa cruentis ...», v. 496, ed. LANGOSCH 30.

[76] Ekkehard, Casus s. Galli c. 40, ed. HAEFELE 92.

[77] Hist. IV, 4 (10), ed. PROU 100.

[78] A. a. O. 101 (11).

gleichfalls phantasiebegabte Ademar von Chabannes, Vorkämpfer des Martial-Kultes und angeblicher oder wirklicher Visionär, berichtet von Menschenfresserei während einer Hungersnot[79]. Das soll um 915 geschehen sein, also ein Jahrhundert vor der Abfassung des Werkes. Sicherlich ist die Möglichkeit nicht auszuschließen, daß in Notzeiten derlei gesechehen ist; was im Volk lebendig war und von den beiden Chronisten wiedergegeben wurde, scheint aber vor allem der Befriedigung des Sensationsbedürfnisses gedient zu haben. Wer zu den Gutgesinnten gehörte, erbaute sich gerne an den Taten der Frevler und deren bitterem Ende.

Es war der ewige Kampf zwischen Ordnung und Unordnung, Räubern und Gendarmen, dessen spannende Wechselfälle man genoß, solange man nicht selbst zum Leidtragenden solcher Geschehnisse wurde. Aufregenden Taten folgten eindrucksvolle Bestrafungen, wenigstens im Bereich der Unterschichten. Jemanden hängen zu sehen, war jedenfalls eine Erinnerung fürs Leben; daß man dabei statt der Verbrecher einen unschuldigen alten Mann umbrachte, konnte vorkommen[80], ohne allzu sehr die Gemüter zu erregen. Von der abschreckenden Wirkung solcher Strafen war man trotzdem überzeugt. Dudo von St.-Quentin behauptete, der eben getaufte Herzog Rollo habe ein Diebespaar aufhängen lassen, und seither habe niemand in der Normandie mehr gewagt, Diebstähle oder Räubereien zu begehen. «Und so lag das Land still da, befreit von Dieben und Räubern, und schwieg, frei von Aufständen»[81].

Ruhe und Friede ließen sich nur sehr unvollkommen durch exemplarische Bestrafung erzwingen. Diese Aktionen, ausgeführt von untergeordneten Organen, mochten als Willkürakte empfunden werden und Gegenaktionen auslösen[82]. Wo der König selbst richtete, konnte es vereinzelt zu sehr harten Strafen für Untaten von Angehörigen der oberen Schichten kommen; statt der üblichen Geldbußen gab es hier Todesstrafen[83]. Während des Überganges von

---

79 Chronicon III, 23, ed. Chavanon 144.

80 Rodulfus Glaber, Hist. III, 6, ed. Prou 70 § 22.

81 Dudo, Gesta Normanniae ducum II, Migne PL 141, 653.

82 Thietmar IV, 73 ed. Holtzmann 214 ff. berichtet: Leute des Markgrafen von Meißen begingen einen Diebstahl und wurden durch die Leute des Bischofs Thietmar nach einem «kurzen Prozeß» aufgehängt, obwohl sie dem Markgrafen zur Aburteilung hätten übergeben werden müssen. Dieser ließ alle Männer des betreffenden Dorfes fangen und ihre Habe beschlagnahmen. Das war eine relativ maßvolle Reaktion; unter anderen Umständen hätte es zu einer Fehde zwischen Markgraf und Bischof kommen können.

83 So hat Konrad II. in der Gegend von Fermo den «tyrannus Thasselgart» hängen lassen, der von edler Abkunft war und mehrere Burgen besaß. Wipo, Gesta Chuonradi c. 18 mit der Bemerkung, daß dieser Mann seine Räubereien schon unter Hein-

den alten karolingischen zu moderneren Formen, und vor allem in Gegenden, in denen das Königsgebot wenig galt, bedurfte es neuer Mittel der Friedenswahrung.

Wer den Schutz seiner subjektiven Rechte, ja des Rechtes überhaupt in seine eigenen Hände nehmen durfte, mußte dazu gebracht werden, diese Befugnisse nicht bis zum äußersten auszunützen. Von Fall zu Fall mußte festgestellt werden, was «rechte» Fehde war, aber es gab kein Forum, das darüber eine objektive Entscheidung fällen konnte. So sollte das Recht auf Gewaltübung generell beschränkt und die Aufsicht darüber statt durch den König durch den Hochklerus ausgeübt werden. Man hat hier von einer «Ritualisierung der Aggression»[84] gesprochen, die besonders das Schadenstiften betraf. Im Jahre 975 verlangte der Bischof Wido von Le Puy von den «milites» und Bauern seiner Diözese das Gelöbnis, Frieden zu halten, das Gut der Kirche und jenes der «Armen» zu respektieren, vor allem Geraubtes wieder zurückzugeben. Der Verzicht auf das, was man als sein Recht ansah, erfolgte unter militärischem Druck: ein Heer stand bereit, gegen jene einzuschreiten, die Schwur und Geiselstellung verweigerten[85].

Es ist hier nicht nötig, die Geschichte der Gottesfrieden zu erzählen, die dann durch den zeitweisen Stillstand der Waffen (treuga dei) ergänzt wurden. Beides hat man religiös motiviert und gesichert, jedoch nicht bloß negativ durch Fluchformeln und Exkommunikation. Die Heiligen, körperlich anwesend in ihren Reliquien, sollten über den Frieden wachen, der als eine Art Vertrag mit Gott aufgefaßt wurde. Der waffentragende Christ sollte in der Fastenzeit und an Sonntagen nur mehr Christ und damit waffenlos sein. Die Einengung der erlaubten Fehden hat den Heidenkrieg und die Kreuzzugsidee gefördert[86].

Die Schwächen der neuen Ordnungen wurden durch den deutschen Reichsbischof Gerhard von Cambrai gekennzeichnet. Friedenswahrung sei Königsrecht, das sich Bischöfe nicht aneignen könnten, ohne Verwirrung in der Christenheit zu verursachen (aecclesiae statum confundi). Weiters seien erzwungene Eide eine neue Quelle der Sünde (durch Meineid und Eidbruch) – wir haben gehört, wie sehr sich derartiges eingebürgert hatte. Was ihn wohl am meisten bewegte, sagte Bischof Gerhard nicht: er war gerade daran, Kirchengut zurück-

---

rich II. ungestraft getrieben hatte. Opera ed. Bresslau 37 f. mit Anm. 5: Die Söhne des Hingerichteten behielten «einen ansehnlichen Besitz».

[84] Rosenwein, Feudal War (oben 286 Anm. 181) 154, wo neben der Friedensbewegung auch die «Gebetskriege» der Cluniazenser unter diesem Begriff verstanden werden; dies wohl mit weniger Recht.

[85] H. Hoffmann, Gottesfriede (oben 27 Anm. 86) 17.

[86] Duby, Hommes et structures 237.

zuholen, das ihm der Vogt und Burgvogt von Cambrai entzogen hatte. Gewaltlosigkeit bedeutete hier den Verzicht auf kirchliche Gerechtsame. Diesen Verzicht mußte der Bischof schließlich leisten, um nicht als Friedensfeind angeprangert zu werden[87].

Als Positivum hat man zumeist gewertet, daß von der Geistlichkeit ein neues Mittel zur Durchsetzung des Friedens eingesetzt wurde: Erregung und Steuerung von Emotionen der Masse. Wenn wir Rodulfus Glaber trauen dürfen, so «wurden alle von solchem Feuer ergriffen, daß sie durch die Hand der Bischöfe den (Bischofs)stab himmelwärts streckten, die Hände zu Gott erhoben und einmütig ‚Friede! Friede!' riefen. Das sollte das Zeichen eines ewigen Bundes sein, den sie mit Gott geschlossen hatten»[88]. Denkt man an die späteren Massenphänomene der Kreuzzüge, wird die Sache doch wohl glaubwürdig. Alle Sonderinteressen wurden überlagert durch die gemeinsame Willensbildung, die durch die Bischöfe herbeigeführt und symbolisch ausgedrückt wurde. Es war eine Art Massenschwur, den der Chronist in die Nähe des biblischen Bundes zwischen Gott und Gottesvolk stellt. Von einer solchen Stimmung des Volkes mochte ein gewisser moralischer Druck auf die Mächtigen ausgehen; er hat jedoch nicht genügt, die unrechte Gewalt auf gewaltlosem Wege zu beseitigen. Bald hat man in neuer Form Gewalt gegen Gewalt gestellt. Wir sprechen von den sogenannten «Pax-Milizen»[89]. Hier setzte man begeistertes Volk gegen kriegsgeübte Mittelschichten ein, zum Teil mit katastrophalen Folgen.

Auch die Friedensbewegung konnte nicht die Antinomien aufheben, die einen Teil der Epoche bildeten. Die Bewegung wirkte trotz ihrer Unvollkommenheiten weiter. An ihren Prinzipien hat sich hier und dort das Landrecht späterer Zeiten orientiert, vor allem finden sich ihre Spuren in städtischen

---

[87] Gesta episcoporum Cameracensium III, 27; III, 52 f., MGH SS 7, 474, 485 ff., wo der Burgvogt als Hauptvertreter der «Friedenspropaganda» hingestellt wird, «ut praeteritae vitae rapinis et caedibus, quibus pastus fuerat, silentium daretur». A. a. O. 487. Vgl. Hoffmann, Gottesfriede 57 ff. Duby, Les trois ordres (oben 12 Anm. 5) 173. Duby, Hommes et structures 231 betont die Konfrontation zwischen Bischöfen und weltlicher Gewalt von Herzogen und Grafen, «mouvement annociateur des attitudes grégoriennes»; Magnou-Nortier, Société . . . Narbonne (oben 12 Anm. 3) 292 ff. weist darauf hin, daß es sich um Konflikte des Hochklerus mit seinen eigenen Funktionären gehandelt habe. Das stimmt für den Fall Cambrai, wird aber als generelle Aussage außerhalb des Gebietes von Narbonne noch überprüft werden müssen.

[88] Rodulfus Glaber, Hist. IV, 5, vgl. oben 52 mit Anm. 15. Hoffmann, Gottesfriede 54. Huberti, Gottesfrieden u. Landfrieden (oben 319 Anm. 131) 204.

[89] Vgl. die im Register bei Hoffmann, Gottesfriede 276 angeführten Stellen, besonders Kapitel VII, 104 ff.

Rechtssatzungen Frankreichs[90]. In der Stadt lebten Viele auf engstem Raum zusammen, hier hätten Fehde und Blutrache eine schaurige Wirkung entfalten können, bis hin zu wirklicher Anarchie. In der ländlichen Gesellschaft hat dagegen trotz allem was besprochen werden mußte die Mehrzahl der Menschen ein relativ ruhiges Dasein geführt. Man soll den Chronisten nicht allzu sehr trauen. Viel lieber schildern sie Sensationelles, also vor allem Gewalt und Unglück, als ein friedliches Dahinleben, das der Darstellung nicht würdig erscheint.

[90] HUBERTI, Gottesfrieden 361 ff. Über das Weiterwirken im gelehrten Recht vgl. HOFFMANN, Gottesfriede 195 ff.

AUSBLICK

Um die Mitte des elften Jahrhunderts hat sich vieles gewandelt. Es war kein Bruch mit der Tradition, sondern eine Verschiebung der Akzente, und sie hat nicht alle Länder gleichzeitig und gleichmäßig betroffen. Das Phänomen selbst ist von den Gelehrten immer wieder neu entdeckt worden, es handelt sich also um kein Nachschreiben einer Schulmeinung.

Am bekanntesten ist die Geschichte der Reformbewegung, die zum Gregorianismus hinüberführte. «Die neuere Forschung sieht in der Mitte des 11. Jahrhunderts etwa einen geistigen Umbruch. Einflußreiche Mönchskreise beginnen um diese Zeit an der laikalen Kirchenhoheit Kritik zu üben»[1]. In der zweiten Hälfte dieses Jahrhunderts begann man viele Angelegenheiten, mit denen sich bis dahin die Bischöfe Italiens befaßt hatten, vor den päpstlichen Stuhl zu bringen[2]. Für Frankreich hat Marc Bloch in den Jahrzehnten nach 1050 den Beginn des «zweiten Feudalzeitalters» angesetzt und auf das Wachsen der Bevölkerung hingewiesen; es führte zu einer Rodungsbewegung seit der Jahrhundertmitte, zu einer Belebung von städtischem Wesen, Handel und Gewerbe[3]. Seither hat man weitergehende Beobachtungen in dieser Richtung gemacht, bis hin zu einem Einschnitt, der um 1050 in den ästhetischen Idealen zu finden sei[4]. In Anjou, und wohl auch anderswo, schwindet um 1060 der Respekt vor den alten karolingischen Institutionen; der Graf kann die Burgherrschaften nicht mehr sich unterordnen[5]. Viele solcher Einzelergebnisse legen es nahe, aus ihnen allgemeinere Aussagen abzuleiten[6].

Man wird diese Beobachtungen nicht dramatisieren. Der Strom der Geschichte fließt manchmal langsam, dann kommen Stromschnellen, aber sehr selten ist es ein gewaltsamer Abbruch, in dem alles versinkt. Die Behauptung, im Mittelalter habe es keine Revolutionen geben können, ist richtig, wenn man den

---

1 HALLINGER, Anfänge Clunys (oben 335 Anm. 32) 117.

2 VIOLANTE, Studi sulla cristianità (oben 109 Anm. 172) 13 f.

3 La société féodale 1, 111; 2, 214, vgl. Henri BERR ebenda 1, XIII f.

4 Jacques LE GOFF, Das Hochmittelalter (Fischer Weltgeschichte 11, 1965) 14 ff.

5 GUILLOT, Le comte d'Anjou 1, 366 f., vgl. 300 f.

6 Karl BOSL, Die Grundlagen der modernen Gesellschaft im Mittelalter (Monographien zur Geschichte des Mittelalters 4/1, 1972) 163 setzt mit 1050 den Beginn einer «Epoche des Aufbruchs» an. Vgl. Horst FUHRMANN, Deutsche Geschichte im hohen Mittelalter (Deutsche Gesch. 2, 1978) 39 f.

Begriff in seiner modernen Gestalt gebraucht. Einst bedeutete das Wort eine Rückführung in den gottgewollten Zustand[7], und dasselbe wollte jede «Reform». Natürlich konnte es sich niemals um ein bloßes Zurückschalten handeln; im «Alten», wie man es sah, war immer auch Neues verborgen.

Es ist heute nicht mehr möglich, mit Marc Bloch zu behaupten, es habe eine «wirtschaftliche Revolution des zweiten Feudalzeitalters» gegeben, sondern eine gewisse Wandlung wird deutlich, die dann etwa im Mâconnais in den Jahrzehnten vor und nach dem Jahre 1200 zu einer Wende wurde[8]. Ebenso wenig revolutionär war es, eine kanonische Abtwahl zu verlangen oder die Geistlichen von den Laien zu separieren und ihnen überzuordnen: das war schon längst verlangt worden, und man hat es darum als Rückkehr zu einem ursprünglichen Zustand aufgefaßt. Bei alledem sind aber doch starke Akzentverschiebungen zu erkennen. Was man früher für utopische Forderungen hielt, wurde nun sehr wichtig genommen, und man war bereit, dafür zu streiten. Was vielen als innere Angelegenheit des Klerus erschienen war, fand jetzt Widerhall in Teilen der Laienschaft.

Man hat die Akzente anders gesetzt, und zwar in einer «moderneren» Art – ein Prozeß, der sich durch das ganze Mittelalter fortsetzen sollte. Noch ist nichts von dem Begriffspurismus der Scholastik zu spüren, nichts von wirklichem Intellektualismus, aber dorthin weist die Richtung der Entwicklung. Noch waren Leute wie Rather von Verona, der sich selbst als Narren (phreneticus) bezeichnete, selten, und doch mehrte sich die Zahl jener, die weniger für den Alltag und eher für die Buchgelehrsamkeit Sinn hatten. Er fliehe, schrieb Rather, zu den Büchern und Bibliotheksschränken und zu den «Urteilen der Vorväter» (priscorum iudicia), statt zusammen mit den Zeitgenossen dem Geld nachzulaufen und eine Menge von Freunden zu erwerben[9]. Zu diesen Urteilen gehörten an erster Stelle die Kanones, deren Verletzung Rather seinen Zeitgenossen so sehr zum Vorwurf machte.

Praktiker des Lebens und Ideologen, Anhänger der geltenden Sitte und Verfechter des geschriebenen Rechts von einst – sie konnten einander immer weniger verstehen und klagten über die «verkehrte Welt». Erst waren es ein-

---

[7] Am Beginn der Alleinregierung Ottos II. nach dem Tode des Vaters betete ein Dichter, ein Heiliger solle dem Herrscher zu Hilfe kommen, «Mundus ut antiquam revolutus in ordine formam Principiumque sui noscat et omne bonum». MGH Poetae lat. V/3, 633.

[8] Bloch 1, 111 (Kapitelüberschrift). Duby, Société ... Mâconnais 643.

[9] Die Briefe ... ed. Weigle 57 f. Nr. 11. Dort Anm. 10 ein ähnlicher Satz aus Rathers «Phrenesis» c. 10: «... phreneticus vester ad auxilium elegit confugisse librorum, dum illi ad arma, iste ad armaria, illi ad copiam amicorum, iste ad iudicium praeceps ruit priscorum». Vgl. oben 388 und Anm. 62.

zelne Bischöfe, die über solche Klagen hinausgingen und das einleiteten, was man als «bischöfliche Reform» bezeichnet hat; dann einten sich Bischöfe und gelehrte Mönche, das Papsttum auf den rechten Weg zu bringen. Über die «lothringischen Reformer» führte der Weg zum Gregorianismus.

Dabei wurden die Grenzen des tatsächlich Möglichen bald überschritten. Neben die Beschwerden über die unkanonische Besetzung von Kirchenstellen trat bei Humbert von Silva Candida die Behauptung, dieses Handeln sei einem falschen Denken über den Heiligen Geist entsprungen und daher Häresie. Das war nicht ganz neu und seit Gregor d. Gr. gelegentlich geäußert worden[10]; jetzt beharrte man auf dieser Intellektualisierung eines alten Themas und zog aus ihr praktische Konsequenzen: Der Simonist folgte nicht einer alten Unsitte, er war ein Häretiker und konnte als solcher sein Amt nicht ausüben. Alle von Simonisten erteilten Weihen waren nichtig und zu wiederholen[11]. Damals hat man das als «Wahnsinn» bezeichnet[12], denn die ganze Christenheit wurde in Verwirrung gestürzt, wenn jedermann den Verdacht äußern konnte, Amtshandlungen dieses oder jenes Geistlichen seien ungültig. Damit war eine gefährliche Waffe gegen den Klerus geschaffen. So hat man das Problem bald zu entschärfen gesucht: Simonie ist praktische Häresie, und diese Sünde mindert nicht die Weihegewalt oder die empfangene Weihe. Das war eine Lösung, die auf den Boden der Realität zurückführte, wie dann später jene des Investiturproblems im Wormser Konkordat. Auch in Worms siegte der Geist der Unterscheidung, jenes distinguierende Denken, dem die Zukunft gehören sollte.

Zu den Momenten einer geistigen Veränderung traten solche der Sozialsphäre, weniger deutlich und nur unvollkommen durch die Quellen bezeugt. Bei den von Marc Bloch herausgestellten Phänomenen von Bevölkerungsvermehrung und Rodung handelt es sich um die Verwertung von Einzelbeobachtungen, aus denen man eine Gesamtentwicklung mehr erahnen als beweisen kann. Es ist nicht einmal völlig sicher, daß Rodung auf ein Bevölkerungswachstum zurückgehen muß, und auch das stärkere Aufkommen städtischen Wesens kann andere Gründe als dieses haben. Da die Quellen so dürftig sind, wird man kaum jemals zu einer «Nahsicht» und damit zu einem komplexeren Bild gelangen; so mögen die alten Generalisierungen weiterhin Geltung haben. Im städtischen Bereich ist noch nicht der Bürger im Vollsinn mit seinen Freiheiten, sondern eine Mischung von Verschiedenartigem zu finden: Etwa in Augsburg[13],

---

10 Jean Leclercq, «Simoniaca heresis». Studi Gregoriani 1 (1947) 525 ff.

11 Alois Schebler, Die «Reordination» in der «altkatholischen» Kirche (Kanonistische Studien u. Texte 10, 1936) 218 ff.

12 Petrus Damiani, nach Schebler a. a. O. 219.

13 Detlev Schröder, Stadt Augsburg (Historischer Atlas von Bayern, Teil Schwaben, H. 10, 1975) 52 f.

und ähnlich in italienischen Städten, wohnten nebeneinander edle Herren mit ihren Vasallen, Kaufleute – Freie oder freizügige Unfreie – und schollenpflichtige Knechte; die Stadt stand in engster Verbindung mit ihrem agrarischen Umland und war keineswegs eine Welt für sich. Erst mit der Zeit wurde sie zum Schmelztiegel ständischer Unterschiede. Noch lange hieß jedoch «bürgerlich» nicht «antifeudal», war die Symbiose innerhalb der Mauern stärker als der Gegensatz zwischen «Adel» und «Volk» etwa italienischer Städte[14].

Eine gewisse Differenzierung gab es bald zwischen angesehenen Männern aus edler Familie und reichen Händlern oder Gewerbetreibenden, deren Ansehen stetig wuchs. Schon im zehnten Jahrhundert soll es in einer italienischen Stadt einen Fleischermeister gegeben haben, der seine volle Freiheit einer Lehennahme vorzog[15]. Stadtadel und Patriziat saßen in denselben Gremien, während der Edle auf seiner Burg ein wirkliches Herrenleben nach alter Art führen konnte. Im elften Jahrhundert entwickelten sich Stadt und «Gebieterburg» auseinander[16], und die Zwischenform der «incastellamento»-Burg hatte bald ihren Höhepunkt überschritten. Schon Notker von St. Gallen kannte um die Jahrtausendwende den Unterschied von Stadtgemeinde (purclich) und Landgemeinde (gebûrlich)[17]. Daß in Italien, Katalonien und anderswo seit dem 11. Jahrhundert immer mehr Adelige dauernd in der Stadt leben wollten, hatte wahrscheinlich vor allem wirtschaftliche Gründe: Man konnte hier sein Vermögen besser mehren als in rein ländlicher Umgebung.

Die Stadtgemeinde war wehrhaft, erst durch die hier lebenden bischöflichen und gräflichen Vasallen, dann immer mehr aus eigener Kraft. In Oberitalien begannen sich auch auf diesem Gebiet die Akzente zu verschieben; bald hat man weniger von einem bischöflichen Vasallen (miles episcopi) als von einem städtischen (miles Novariensis usw.) gesprochen, und es konnte der Bischofspalast zum «Haus der Stadt» (domus civitatis) werden[18]. Wenn es darauf ankam, haben auch Händler und Gewerbetreibende wacker gefochten[19] – vielleicht mit dem Willen, gegenüber dem Berufskriegertum nicht zurückzustehen. In einem Fall wird ihre ritterliche Bewaffnung hervorgehoben; Händler und

---

14 H. Keller, Adelsherrschaft (oben 46 Anm. 169) 6 ff.

15 Robert S. Lopez, Some tenth century towns. Mediaevalia et Humanistica 9 (1955) 5.

16 Edith Ennen in: Das erste Jahrtausend 2 (1964) 814.

17 Darüber zuletzt Hermann Jakobs, Vescovi e città in Germania, in: I poteri temporali (oben 475 f. Anm. 20) 296.

18 H. Keller, Entstehung d. Stadtkommunen (oben 289 Anm. 192) 186.

19 Vgl. die Beispiele bei Jacques Boussard, Services féodaux, milices et mercenaires, in: Ordinamenti militari ... (Settimane ... Spoleto 15/1, 1967, ersch. 1968) 159.

Handwerksmeister konnten sich teure Waffen sicherlich leisten, vielleicht eher als mancher ländliche kleine «Gutsbesitzer».

Solche Gelegenheitskrieger waren keine «milites». Wir haben das Wort im Verlauf unserer Darstellung zumeist mit «Vasallen» übersetzt und müssen hier darauf aufmerksam machen, daß es sich um einen der weiträumigen, unbestimmten Begriffe handelt, die Großgruppen zusammenfassen können. Man wertet den Menschen jetzt weniger nach seiner Freiheit oder Unfreiheit und mehr nach der Tätigkeit. Die einen bebauen das Land und sind deshalb Bauern, die anderen schützen mit bewaffneter Hand den Frieden und sind «milites», Krieger. Dieser Beruf, vom Klerus so lange Zeit mit scheelen Augen betrachtet, wird im Laufe des 11. Jahrhunderts aufgewertet, schon vor der Kreuzzugsbewegung. Es gibt die «militia christiana», einen Begriff, der später das christliche Rittertum bezeichnet. Vorerst ist es kein Stand, und noch weniger ein spezieller Personenkreis innerhalb der Nobilität. Die Differenzierung der Begriffe geht im gesellschaftlichen Bereich langsamer vor sich als im juridischen.

Der Reiter überragt den Fußsoldaten an Schlagkraft und Ansehen; ein Araber berichtete von dem Polenfürsten Mieszko I., jeder seiner Gepanzerten (Reiter) wiege hundert andere, also wohl Fußsoldaten, auf[20]. So hat man seit dem 12. Jahrhundert – und vielleicht schon früher – das Wort «miles» mit dem prestigegeladenen Begriff «Ritter» übersetzt[21], während der unspezifische Ausdruck «Reiter» (eques, reitman) den «gewöhnlichen» Berittenen mit oder ohne Waffen bezeichnete. Auch solche unedle und wenig angesehene, der «familia» angehörige Leute haben eine Rolle etwa als Begleiter von Warentransporten gespielt; wenn Not am Mann war, konnte man diese Reisigen für den Militärdienst einsetzen. In den romanischen Ländern gab es in ähnlicher Weise den «cabalarius», und es ist merkwürdig, daß man später von hierher (chevalier, cavaliere) die Bezeichnung für den Angehörigen des Ritterstandes nahm. Das Gemeinsame bei Ritter und Reiter war der Gedanke des Dienstes für einen Herrn. Der einfache Mann aus dem Volke leistete seinen Dienst, weil er mußte; dem Edlen war der Herrendienst des Vasallen eine moralische Verpflichtung,

---

[20] Ibrâhîm ibn Ja'qûb (um 960-992) in der Wiedergabe durch Abû 'Obaid 'Abdallâh al-Bekrî († 1094), übersetzt bei Georg Jacob, Arabische Reiseberichte (Quellen zur deutschen Volkskunde 1, 1927) 13 f.

[21] Joachim Bumke, Studien zum Ritterbegriff im 12. und 13. Jahrhundert (Beihefte zum Euphorion 1, 2. Aufl. 1977) 21 meint, «daß das Wort in Deutschland kaum älter sein dürfte als die ältesten Belege». In Oberitalien hat sich ein ritterliches Selbstbewußtsein seit dem Lehengesetz Konrads II. zu konstituieren begonnen und um 1070/80 kann man einen eigenen ritterlichen Stand als vorhanden annehmen. Hagen Keller, Militia (oben 496 Anm. 105) 111, 117 f.

und noch mehr der Dienst für die christliche Sache, oder besser: für Christus, unseren Herrn.

Vor fünfzig Jahren wurde der Gedanke geäußert, nach der Reform des Mönchtums und jener des Papsttums sei «auch das laikale Rittertum reformiert» worden[22]. In dieser Form ist die Aussage nicht haltbar, aber sie verdient bedacht zu werden. Der Edle begann sich zum christlichen Adeligen zu konkretisieren, mit einer breiten Basis im Rittertum, ähnlich wie die Reformmönche eine Kerntruppe des Klerus bildeten. Ihr Einfluß auf die päpstliche Reform ist umstritten, und die durch Adalbero von Laon behauptete[23] Querverbindung zwischen Cluny und dem berittenen Kriegertum hat sich nicht verwirklicht. Wohl aber hat der Mönch Hildebrand als Papst Gregor VII. den Versuch gemacht, ein Rittertum des heiligen Petrus (militia s. Petri) um sich zu scharen[24], das in der Mitte zwischen einer spirituellen Gefolgschaft und einer militärischen Einsatztruppe angesiedelt war. Wenn Gregor in ganz Europa Lehensverhältnisse zum Heiligen Stuhl begründet sehen wollte, lag das auf der gleichen Linie. Wenn jeder Bischof in seiner Diözese Vasallen hatte, warum sollte das universale Papsttum im Abendland auf sie verzichten?

Die Bäume der päpstlichen Reform sind nicht in den Himmel gewachsen, und auch das christliche Rittertum blieb ein mangelhaft verwirklichtes Ideal. Neuartig war der Aufschwung aller Kräfte, eine Art geistiger Rodungsbewegung nach langen Zeiten der Stagnation und Bewahrung traditioneller Denkweisen. Darum haben sich die Historiker mit dem späteren elften und dem zwölften Jahrhundert weitaus mehr beschäftigt als mit dem zehnten und frühen elften. Hochfliegende Programme und dramatische Aktionen der Vergangenheit sind für den Leser interessanter als der Alltag von einst mit seinen Schranken, die schlichte Existenz innerhalb mangelhaft wirksamer Ordnungen. Wesentlicher vom Ganzen der Geschichte her gesehen dürfte aber doch dieser Wurzelgrund sein, aus dem das historische Geschehen erwachsen ist.

---

22 Carl Erdmann, Die Entstehung des Kreuzzugsgedankens (1935), zitiert bei Joachim Bumke, Der adlige Ritter, in: Das Rittertum im Mittelalter (Wege d. Forschung 349, 1976) 285.

23 Oben 158.

24 Erdmann a. a. O. 188 ff.

REGISTER

NAMENVERZEICHNIS

Weitere Namen finden sich im Wort- und Sachverzeichnis unter den Stichworten «Altes Testament», «Götter und Dämonen», «Handschriften» und «Heilige».
Autoren wurden nur aufgenommen, soweit sie im Textzusammenhang genannt sind.
Abkürzungen: A. = Anmerkung, B. = Bischof, EB. = Erzbischof, Fl. = Fluß, Gf. = Graf, Hzg. = Herzog, Kg. = König, Kl. = Kloster, Mgf. = Markgraf, s. = siehe.

Aachen 50, 219-221, 223, 298 f., 302, 533 (Synode 816) 298
Abbo B. v. Soissons 257
Abbo, Abt d. Kl. Fleury 13 A. 8, 30, 81, 268, 295, 315, 318, 321, 378, 382, 384 A. 38, 389, 393, 423, 507, 516 m. A. 62, 534, 540, 557
Adalbero EB. v. Reims 294 A. 8, 298, 361 A. 71, 526, 537, 541 A. 68
Adalbero EB. v. Trier 263 A. 66
Adalbero B. v. Augsburg 205
Adalbero B. von Laon 14-16, 44, 97, 99, 123, 158, 227, 250, 255, 266, 318, 342, 473 f., 503, 527, 549, 572
Adalbero I. B. v. Metz 164, 252, 271 f., 282, 298, 299 A. 33, 340
Adalbero II. B. v. Metz 85 f., 164, 251, 255 f., 278, 291, 523 A. 91, (vorher B. v. Verdun) 267
Adalbero III. B. v. Metz 255, 260
Adalbero B. v. Verdun 255
Adalbert, Kg. v. Italien, Sohn Berengars II. 71, 127
Adalbert hl., B. v. Prag 95, 98 A. 111, 261, 269
Adalbert Mgf. v. Ivrea 94
Adalbert (Atto) Gf. u. Mgf. v. (Tuszien-)Canossa 47, 213 f.
Adalbert II. Mgf. v. Tuszien 82
Adalbert, Gf., Babenberger 530, 533
Adalbold B. v. Utrecht 379
Adalhard Abt d. Kl. Corbie 368
Adela, Gattin d. Grafen Balderich 557 A. 52
Adelheid, Kaiserin 89, 123, 126, 228, 242 f., 245 f., 483
Adelheid, Mutter Kg. Roberts II. v. Frankreich 427
Ademar v. Chabannes, Mönch, Autor 26 A. 80 82 83, 27, 106, 123, 193, 268, 349, 416, 528, 542, 563
Adso, Abt d. Kl. Montierender 25 A. 75, 77, 380, 412, 414, 501 A. 6, 502 A. 11, 558 A. 56
Aetheldag EB. v. Bremen 214, A. 132
Afrika (Nordafrika) 205, 365
Agapet II., Papst, 121 A. 32, 276, 543 A. 75
Agobard B. v. Lyon 524
Aimoin, Mönch d. Kl. Fleury 268, 378
Aimoin, Räuberhauptmann 204
Alanus, Bretonenherzog 449 A. 58
Alberich I., patricius d. Römer 81
Alberich II., patricius d. Römer 339 A. 53
Albert I. Gf. v. Vermandois 351
Alchvine (Alkuin), Hofgelehrter Karls d. Gr. 391
Aldo, «Räuber» 317
Alemannen 528, 546
Alexander d. Gr. 202
Alexander I., Papst 48 A. 2
Alexander II., Papst 29
Alsleben, Frauenstift 305 A. 65
Altenbeichlingen, Burg 152
Amiens 555
Ancenis, Burg 151 A. 81
Andorra 450
Andreas, Mönch d. Kl. Fleury, Autor 71 A. 103, 103, 482 A. 52

Angeln, Angelsachsen 199, 521
Angers 430, 458 A. 100
Angilbert, Laienabt d. Kl. St.-Riquier 107, 170 A. 21, 313, 335, 356
Angoulême 29 A. 96
Aniane, Kl. 356
Anjou (Landschaft) 567, (Grafen v.) 258, 313 f.
Annappes, kgl. Domäne 437, 443, 453, 455
Ansegis EB. v. Sens 23
Anselm, Dekan am Domstift Lüttich, Autor 506 A. 26
Anselm v. Besate, Autor 122 f., 388, 393, 422
Ansfried Gf. v. Brabant, dann B. v. Utrecht 259, 519, 522 A. 85
Antichrist 412, 500 A. 6, 502 A. 11, 507
Aostatal 450 A. 60
Apulien 488
Aquileja 23, 35, 79
Aquitanien 26 f., 92, 152, 156, 203, 215, 356, 389, 535, 555
Araber 436, 571
Arcidiaconi (Familie in Pistoia) 162
Ardennen 115
Ardennergrafen 255, 260, 291, 295 A. 7, 339 A. 53, 537
Arezzo 162
Argenton 424
Argonnen 331
Aribo EB. v. Mainz 33 f.
Ariccia (dux v.) 251
Arius 517
Arles 23, 518 m. A. 68
Arnold, Mönch d. Kl. St. Emmeram in Regensburg, Autor 102, 412, 414, 506 A. 25
Arnulf EB. v. Reims 212, 260 A. 55, 261, 276 f., 517, 540 f.
Arnulf EB. v. Tours 160
Arnulf B. v. Orléans 321
Arnulf («d. Böse»), Bayernherzog 218
Arnulf, bayerischer Pfalzgraf 218 f.
Arnulf Gf. v. Amiens 555
Arras 290, 525
Artold EB. v. Reims 275
Aschaffenburg, Stift 300-303, 308, (Synode 976) 301, 303
Attila (im Waltharilied) 156, 175
Atto B. v. Vercelli 16, 86, 121, 145, 160 f., 163, 202 A. 70, 289, 296, 403, 408, 412, 503 f., 509, 535, 550
Atto s. Adalbert (Canossa)
Augsburg 72, 78, 219, 233, 361 A. 71, 380, 442 A. 34, 569 f., (B. v.) 33
(Octavianus) Augustus, Kaiser 228, 238
Aurillac, Kl., s. St.-Gérald in A.
Autun (B. v.) 258, (Domkap.) 447 A. 48
Auxerre, Bistum 551
Avenay a. d. Marne, Kl. 14

Babenberger 198, s. Adalbert
Balderich B. v. Lüttich 269, 279, 300 A. 34, 402, 503
Balderich, Gf. 551 A. 30, 555 A. 46, 557 m. A. 52
Balderich-Sippe 551, 553, s. Niederrhein
Balduin Gf. v. Flandern 34, 557
Bamberg 274, 431, (B. v.) 33, (Bistum) 56, 70, 293, 492, (Domkap.) 299, 492, (Synode) 31 A. 111, 34 A. 125
Barcelona (B. v.) 160, 280, (Gf. v.) 260
Bari 488
Basken 557
Baume, Kl. 336 A. 33
Bayern 114, 119, 155, 157 A. 114, 219, 316, 330, 436 A. 172, 457, 470, 477, 481 m. A. 50, 482 m. A. 52, 486
Beatrix Herzogin v. Oberlothringen 239 f. A. 114, 246, 267
Beaulieu-en-Corrrèze, Kl. 315 A. 110
(Gallia) Belgica I, röm. Provinz, 19; Belgica II: 18 f.
Benedikt v. Aniane, hl. 304, 308, 334, 339 f., 346, 356, 360
Benedikt v. Nursia, hl. 29, 59, 87, 97, 104, 304, 308, 318, 320-322, 330 f., 333-335, 337, 339 f., 342-344, 346 f., 358, 363, 369, 373, 375 f., 381 f., 387, 389, 424, 529
Benedikt V., Papst 68
Benedikt VII., Papst 22
Benedikt VIII., Papst 28 A. 94, 34 A. 125, 160, 416 A. 81, 490-492, 494
Benedikt, Chorbischof v. Limoges 511 f.
Benedikt, Prior d. Kl. S. Michele della Chiusa 349, 389

Benediktbeuern, Kl. 380
Benevent 548 A. 17
Berber 547
Bercharius, Abt d. Kl. Hautvillers u. Montierender 558 A. 56
Berengar I., Kg. v. Italien 561
Berengar II., Kg. v. Italien 71, 76 f., 127, 244, 266, 491, 550
Berengar B. v. Cambrai 280 f.
Bergamo, Landschaft v. (Bergamasker Land) 444, 450, 456, 464, 473, 480
Bern, Abt d. Kl. Reichenau 200 A. 65, 431 A. 147
Bernhard, Abt d. Kl. Beaulieu 81
Bernhard v. Clairvaux, hl. 109
Bernhard, Domscholaster v. Angers 436
Bernhard Wilhelm, Baskenherzog 146 A. 64
Bernward B. v. Hildesheim 70, 277, 284, 494
Berry, Landschaft 317
Berta, zweite Gattin Kg. Roberts II. 131, 229
Berta, Tochter Kg. Lothars v. Italien 244
Bertold, Pfalzgraf 151
Besalù, Grafen v. 258 f.
Bèze, Kl. 79, 347, 358
Billunger 511
Bleidenstadt, Kl. 34
Bloch, Marc 113 f., 186, 189, 222, 567-569
Bobbio, Kl. 250, 317, 380 A. 23, 433, 502, 520, 534, 536 m. A. 40
Bodensee 75
Bogumilen 525
Boleslav, böhmischer Hzg. 88
Bonifatius, hl. 30, 180, 510 A. 41
Bonifaz v. Canossa, Mgf. v. Tuszien 149, 223
Bonn (Abt) 433, (Vertrag 921) 43
Borrell, Mgf. v. Barcelona 556
Boso (v. Vienne), Kg. (Burgund, Provence) 258, 435 f.
Boso Mgf. v. Tuszien 93
Bourges (EB. v.) 131, 315 A. 110, 321, (Synode 1031) 130
Bourgogne 551, (Hzg.) 258
Brabant 86
Brantôme, Kl. 29 A. 96
Bremen (EB. v.) 207, (Domkap.) 299
Bretagne 449 A. 58
Bretonen 233, 532
Brienne-le-Château 559 A. 60
Brugéron, Grafschaft 277 A. 135
Brun EB. v. Köln, Hzg. v. Lothringen 48, 69 A. 96, 88, 126, 201, 203, 267, 271, 276, 281, 288, 291, 330, 339, 379, 385, 388, 391, 542 f.
Brun v. Querfurt, Autor 214 A. 130, 237, 261, 379 A. 13
Brun s. Gregor V.
Brunner, Otto 553 A. 34
Bruno B. v. Augsburg 33
Burchard III. EB. v. Lyon 160
Burchard B. v. Worms, Kanonist 23 f., 84 f., 87, 100, 124, 130, 144, 182 A. 67, 195, 268, 272, 300, 350 A. 20, 381, 413 f., 419 f. m. A. 102, 508, 510, 540, 559 f.
Burchard Hzg. v. Schwaben 254 f.
Burgund 127, 156, 258, 428, 442 A. 34, 486, 490, 532, 555 (Hzg. v.: s. Bourgogne), (Gf., später Pfalzgraf v.) 127
Byzanz, Byzantiner 17 f., 99, 181, 220, 223, 332, 390, 402, 488, 509, 521, 535, 547, 548 A. 17

Cambrai 32, 51, 196, 275 A. 123, 290, 316, 516, 554, 559 A. 58, (B. v.) 51, 321
Campagna, röm. 460
Campo, Abt d. Kl. Farfa 486 A. 79
Canossa (Burg) 122, (Grafen v.) 128 A. 62, 479
Capua 416, (Gegend v.) 547
Carcassonne 269, (Domkap.) 303 A. 51
Castel S. Angelo (Castel Madama) 461 A. 108
Cavour, Kl. 501 A. 9
Centula s. St.-Riquier
Cerdaña, Gf. d. 258 f.
Chalon-sur-Saône (Synode 813) 270 A. 102
Châlons-sur-Marne 18
Champagne 194, 525
Champdôtre 447 A. 48
Charroux (Synode 989) 438 A. 9, 476
Chartres 77, 358, (B. v.) 106, (Bistum) 250, (Domschule) 376 A. 13, (Domkl.)

314, 382 A. 30, (Gf. v.) 77, 314, 538
Château-Thierry, Burg 244 A. 140
Chlodwig, fränk. Kg. 231
Cicero, M. Tullius 391 f., 536
Clemens II., Papst 23 A. 60
Cluniazenser 12, 15, 37, 49, 51, 59, 97 f., 100, 158, 309, 314, 318, 327, 334, 336 f., 339, 341, 343 f., 421, 436, 474, 500 A. 6, 503 A. 14, 507, 549, 564 A. 84
Cluny, Kl. 32, 36, 61 A. 62, 85 A. 50, 87 m. A. 65, 97 f., 101, 106 f., 205-207, 294, 311, 314, 318, 322, 327, 334, 336, 340 A. 59, 341, 347, 350, 356 f., 360, 366, 372 f., 376, 381, 385, 439 A. 18, 441, 459, 490, 553, 562, (Abt v.) 504, 572
Clusa, Kl., s. S. Michele della Chiusa
Como (B. v.) 550
Conques, Kl., s. Ste.-Foy
Corbie, Kl. 356, 368, 485
Cordoba (Stadt) 332 A. 19, 547, (Kalif v.) 191 A. 30
Corvey, Kl. 469
Cotrone (Schlacht 982) 71, 127
Cremona 289
Creußen, Burg 470

Dänen 413, 442 A. 33, 519, 521
Dhuoda, Autorin, 141 A. 34, 218
Dietpald, Gf. (später: v. Dillingen) 254
Dietrich EB. v. Trier 22
Dietrich B. v. Metz 127, 535, 537
Dietrich II., B. v. Orléans 107
Dietrich Hzg. v. Oberlothringen 255
Dijon 555, (Gegend v.) 458 A. 100
Dillingen, Burg 254
Dölger, Franz 181
Dortmund (Synode 1005) 62, 131, 176, 207
Duby, Georges 173, 188, 453 f.
Dudo, Dekan v. St.-Quentin, Autor 56, 200, 202, 221 A. 18, 534, 563
Durandus B. v. Lüttich 492
Dyle, Fl. 544 A. 2

Eadgyfu, Witwe d. westfränk. Kgs. Karl III. 152 A. 87
Eberhard, Hzg. v. Franken 190
Ebersberg, Kl. 130 A. 65
Eblus B. v. Limoges 511 f.
Ebulo EB. v. Reims 393 A. 81
Eichstätt (B. v.) 385, 492, (Bistum) 274
Einhard, Hofgelehrter Karls d. Gr. 228 A. 53, 419 A. 100
Einhart, Archipresbyter 492 A. 94
Einsiedeln, Kl. 294 A. 7, 319, 532
Ekkard, Sohn Liudolfs 192
Ekkehard B. v. Schleswig 484
Ekkehard IV., Mönch d. Kl. St. Gallen, Autor 56 A. 34, 60, 75, 309, 346, 385, 387, 502, 521 A. 85, 529, 532
Ekkehard I. Mgf. v. Meißen 42
Elias I. Gf. v. Périgord 511
Elne (Synode 1027) 319, (Domkap.) 303 A. 51
Emma, Gattin d. westfränk. Kgs. Rudolf 244
Engelbert, Abt d. Kl. St. Gallen 317
England 131, 147 A 67, 342, 389, 433, 435, 437 A. 1, 468 A. 141, 482 A. 52, 518, 539
Epiphanios EB. v. Zypern 18
Erchanger, Pfalzgraf 151, 224
Erfurt (Synode 932) 31 A. 111
Erluin B. v. Cambrai 290
Erluin Abt d. Kl. Lobbes 320
Erluin, Gf. 76
Ermengol I. Gf. v. Urgel 547
Ermoldus Nigellus, Autor 442, A. 33
Ernst II. Hzg. v. Schwaben, Stiefsohn Konrads II. 156, 513 A. 51, 554
Essen, Kl. 435, 556
Eugenia, Märtyrerin (923) 332 A. 19
«Eutitius» s. Rorico v. Laon
Ezzo, Pfalzgraf 307

Fallersleben 403
Farfa, Kl. 137 f., 160-162, 173, 318, 342, 357, 358 A. 53, 472 A. 3, 486 A. 70, 509, 561
Fermo 563 A. 83
Feuchtwangen, Kl. 361 A. 71
Fides, hl. (Ste.-Foy de Conques) 189, 401, 405, 435
Flach, Jacques 2 A. 3
Flandern 485, (Gf. v.) 76, 516
Fleury-sur-Loire, Kl. 15, 29 f., 52, 87, 103 f.,

107, 277 A. 132, 317 f., 320-322, 338, 341 f., 347, 349 A. 14, 358, 363, 384, 490, 557
Flodoard, Domkanoniker in Reims, Autor 20, 25, 43 A. 157, 147, 234, 256, 295, 417, 433, 500 A. 3, 549 A. 22
Flothilde, Hörige, Visionärin 14, 414, 439, 519, 539, 549
Folquin B. v. Thérouanne 206
Folquin Mönch d. Kl. St.-Bertin 206
Folquin (Bruder: Regenwala) 206
Forcone, Gutshof d. Kl. Farfa 172-174
Formosus, Papst 415
Francia, Franzien 237
Franken 155, 202, 429, 470, 484
Frankfurt (Synode 1027) 31 A. 111, 32 A. 117 u. 119, 33-35, 37 A. 140, 82, 351
Friaul 480
Friedrich EB. v. Mainz 23, 101 A. 141, 521
Friedrich Hzg. v. Oberlothringen 240 A. 114, 255
Friesen 505, 561
Froumund, Mönch d. Kl. Tegernsee 387
Fruttuaria, Kl. 59 f., 65, 336, 382
Fulbert B. v. Chartres 18, 194 A. 41, 211 f., 250, 260, 322, 382 A. 30, 418, 513–515, 518, 538, 551 A. 29
Fulco EB. v. Reims 517, 557
Fulco I. Gf. v. Anjou 311
Fulco II. Gf. v. Anjou 302
Fulco III. (Nerra, «d. Schwarze») Gf. v. Anjou 311, 430, 532, 533 A. 25, 551 A. 29
Fulda, Kl. 30-32, 34 m. A. 125, 229, 350, 435 f.
Fulrad, Abt d. Kl. St. Vaast in Arras 523 A. 90

Gallia, Gallien (Auswahl): (Begriff) 20 m. A. 42, (röm.) 203, 254, (kirchl.) 21, 23, 25, 30-32
Gandersheim, Frauenstift 33, 42, 70, 82, 306-308, 386, 529
Garda, Burg 163
Garigliano, Berg (Schlacht 915) 461
Gascogne 389, 466 A. 132, 557
Gauzlin, Abt d. Kl. Fleury, dann EB. v. Bourges 320-322, 374, 392, 418
Gebhard B. v. Eichstätt, dann Papst Viktor II. 45 A. 167
Gebhard, Mönch (Würzburg), Stiefbruder K. Konrads II., später B. v. Regensburg 351
Genua 276, 488
Gerald B. v. Cambrai 131, 151
Gerald, Abt d. Kl. St.-Gérald in Aurillac 99
Gerald Gf. v. Aurillac, Hl. 47 A. 17, 89, 94, 153, 203, 333, 349, 562
Gerberga, Schwester K. Ottos d. Gr. 126, 129, 146
Gerbert v. Aurillac, Abt d. Kl. Bobbio, dann EB., 29, 85, 99, 104, 151 A. 81, 230, 250, 300, 317, 319, 390-392, 394 f., 502, 509, 514, 520-522, 531, 534-537, 552 f., s. Silvester II.
Gerbert, Kanzler Ottos II., 501 A. 9
Gerburg, Äbtissin d. Frauenstifts Gandersheim 306
Gerhard B. v. Cambrai 502, 515 f., 519, 564
Gerhard, Dompropst v. Augsburg, Autor 436 A. 172
Gerhard, Priester, Autor 101 A. 141, 521, 523 A. 91
Germanen, germanisch 191, 199, 420, 520, 534
Germania 20 f., 23, 30-32, 551
Gero EB. v. Köln 221 A. 21
Gerona 280, 557
Geule, Bach 544 A. 2
Gewilib B. v. Mainz 510 A. 41
Giebichenstein, Burg 63
Gisela, Kaiserin, 60, 64, 241, 242 A. 126
Giselbert Hzg. v. Lothringen 146, 312, 543
Giselher EB. v. Magdeburg 22
Gisulf I. Hzg. v. Salerno 81
Gnesen 65
Godehard B. v. Hildesheim 82, 307, 493
Goderic B. v. Auxerre 79
Gorze, Kl. 38, 52, 60, 97, 164, 272, 282, 287 f., 293, 309 f., 334, 344, 351 f., 366, 374 f., 445, 458
Goslar (Synode 1019) 494
Gottfried Hzg. v. Niederlothringen 279
Gottfried (Gauzfried) I. (Grisegonelle, «Graumantel») Gf. v. Anjou 302, 312 f.

Gottfried (Gauzfried, Gozfridus) II. (Martell, «d. Hammer») Gf. v. Anjou 72
Gottfried Gf. v. Verdun 151 A. 81
Gottfried, Vizegraf 514
Gottschalk, Mönch d. Kl. Fulda 350
Gratian, röm. Kaiser 197 A. 51
Gregor I. (d. Gr.), Papst 13 m. A. 8, 14, 54, 131, 381, 392, 401 A. 6
Gregor IV., Papst 29 A. 102
Gregor V., Papst 290, 321, 503 A. 14
Gregor VII., Papst 22, 572
Gregor B. v. Tours, Autor 26, 425, 484 A. 62
Grenoble 465
Griechen 379, 382, 386 f., 531, 548 A. 17
Grimald, Erzkapellan 98
Guadiaro, Fl. 280, 547
Guerech Gf. v. Nantes 197 A. 51
Gunter (d. Eremit), Gf. v. Käfernburg-Schwarzburg 330
Gunzo B. v. Eichstätt 293, 492

Hadrian, röm. Kaiser 394
Hagano, Günstling Kg. Karls III. (d. Einf.) 46, 237
Hagen (im Waltharilied) 175
Halberstadt (B. v.) 33, 197, (Bistum) 263 A. 67
Haller, Johannes 50
Hathui, Tochter d. dt. Kgs. Heinrich I. 229
Hatto EB. v. Mainz 529 f., 533
Heimerad (Heimo), Eremit 331
Heinrich I., dt. Kg. 43, 83, 108, 125, 197, 216, 229, 236, 241, 254, 264 A. 69, 431, 468 f., 547, 559 A. 58, 560, 561 A. 66, s. Heinrich, Sachsenherzog
Heinrich II., Kaiser 41, 53, 56, 59 A. 48, 62 A. 66, 71, 73 A. 113, 78, 106, 131, 152, 176, 207, 241, 243, 245, 248, 251 f., 256, 262, 265 f., 272, 279, 289, 299, 315, 494 A. 101, 504 f., 524 m. A. 93, 546, 551, 560, 563 f. A. 83
Heinrich III., Kaiser 64, 122, 127 f., 200 A. 65, 236, 258, 540, 546
Heinrich I. Kg. v. Frankreich 246
Heinrich, Sohn d. westfränk. Kgs. Ludwig IV. 129
Heinrich B. v. Würzburg 70
Heinrich, Sachsenherzog (später Kg. Heinrich I.) 533
Heinrich I. Hzg. v. Bayern 218 f., 234, 239, 244, 546
Heinrich II. («d. Zänker») Hzg. v. Bayern 156, 219, 246, 537
Heinrich Hzg. v. Burgund (Bourgogne) 127, 341
Heinrich Gf. v. Stade 41
Helgaud, Mönch d. Kl. Fleury, Autor 60 f., 106, 203, 222, 226, 228-230
«Helmbrecht, Meier», Titelfigur d. Verserzählung v. Werner dem Gärtner 495
Hemma, Gattin d. westfränk. Kgs. Lothar II. 123 f., 241, 243, 245 f.
Hennegau, Gf. des 150 A. 80
Herford, Frauenkl. 305 A. 60
Heribert EB. v. Köln, Kanzler Ottos III. 53, 69, 265 f.
Heribert B. v. Auxerre 275
Heribert B. v. Eichstätt 274, 303, 530 A. 11
Heribert Gf. v. Le Mans 533 A. 25
Heribert Gf. v. Trécon 275
Heribert II. Gf. v. Vermandois 55 A. 28, 152 A. 87, 256 f.
Heribertiner (Vermandois) 257 A. 38
Heriger EB. v. Mainz 45
Heriveus EB. v. Reims 271, 278 f.
Hermann EB. v. Köln 264 A. 69
Hermann, Mönch d. Kl. Reichenau (Herimannus Contractus), Autor 343 A. 72
Hermann II. Hzg. v. Schwaben 132, 484
Hermann (Billung), sächsischer Mgf. u. Hzg. 41 f., 76, 192, 198 A. 86
Hermengard, Markgräfin v. Ivrea 245
Hersfeld, Kl. 34 m. A. 125, 229, 469 A. 143
Herward, kgl. Kapellan, Stiftsscholaster in Aschaffenburg 300 f.
Hildebrand s. Gregor VII.
Hildeprand, Abt d. Kl. Farfa 161
Hildesheim 277, (B. v.) 33, 42 A. 152, 56, 82, (Bistum) 306 f., 484, (Domkap.) 299
Hilduin, Abt d. Kl. St.-Denis 14 A. 13
Hincmar EB. v. Reims 13 f., 16, 19, 80, 87, 95

Hirsau, Kl. 358
Hohenaltheim (Synode 916) 224, 232, 493, 539
Holland, Grafschaft 279, s. Niederlande
Hrotsvith, Kanonisse d. Stiftes Gandersheim 88, 147, 179, 191, 201 A. 68, 208, 386, 394, 409, 538 A. 52, 546
Hubert B. v. Angers 551 A. 29
Hucbald, Mönch d. Kl. St.-Amand 392
Hugo Capet, Hzg., Kg. v. Frankreich 40, 50, 58, 61, 126, 212, 217, 218 A. 6, 234, 240 A. 114, 256, 277, 423, 516 f., 520, 536, 538, 541, 548 f.
Hugo, Sohn Kg. Roberts II. v. Frankreich 155
Hugo EB. v. Tours 551 A. 29
Hugo B. v. Auxerre, Gf. v. Chalon 554 A. 37
Hugo Mgf. d. Provence, Kg. v. Italien 147, 230 f., 388, 408, 507 A. 27, 548 A. 17
Hugo, Abt d. Kl. Cluny 37 A. 136
Hugo (v. Vermandois), erwählter EB. v. Reims 256 f.
Hugo B. v. Auxerre, Gf. v. Chalon-sur-Saône 275
Hugo, Abt d. Kl. Farfa 334 A. 27, 555
Hugo, hl., Prior d. Kl. Anzy-le-Duc 425
Hugo (d. Gr.), Hzg. v. Franzien (dux Francorum) 76, 126, 223, 234 f., 237, 244, 255, 313, 429, 539, 542, 544 A. 2, 555
Hugo III. Gf. v. Maine 422
Hugo Chiliarchus v. Lusignan 153, 211
Huguard, Burg 553
Humbert v. Silva Candida, Kardinalbischof 569
Huntfried EB. v. Magdeburg 33
Huothilbert, Mönch d. Kl. Mettlach 389
Huy, Grafschaft 277

Ida, Königstochter 380
Ile-de-France 455
Immo, Abt d. Kl. Gorze u. Prüm 343 A. 72
Inga, Frau des Abtes Hildeprand v. Farfa 161
Ingelheim (Pfalz) 60, (Synode 948) 31 A. 111, 43, 350
Ingo B. v. Vercelli 491
Irland, Iren 308, 499
Isidor EB. v. Sevilla 13, 154, 199 f.
Isidor s. Pseudo-Isidor (Wort- u. Sachverzeichnis)
Ivrea, Mgf. v. 534

Jerusalem 78, 200, 331
Johann VIII., Papst 23
Johann IX., Papst 180 A. 58
Johann X., Papst 257 A. 37, 280
Johann XII., Papst 81, 180, 196 A. 51, 281, 412
Johann XIII., Papst 20, 23 A. 61, 30 f., 518
Johann XV., Papst 31, 251
Johann XVI., Gegenpapst 503 m. A. 14
Johann XIX., Papst 28 A. 94
Johannes, Abt d. Kl. Farfa 161
Johannes I., Abt d. Kl. Gorze 38, 89, 288, 309 f., 340, 352, 371, 374 f.
Johannes Kolobos, Abt 332
Johannes Scotus (oder Eriugena), Autor 387
Johannes, Mönch d. Kl. St. Arnulf in Metz 401 A. 6
Jonas B. v. Orleans 144
Jonquières (Synode 909) 40
Judas 518
Judentum 487, 523 f., 550 A. 26
Judith, Gattin Hzg. Heinrichs I. v. Bayern 239
Jumièges, Kl. 355 A. 41, 455
Justinian I., Kaiser 178, 521
Juvenal (Decimus Iunius Iuvenalis) 125, 386
Juziers (Vexin), Priorat 433

Kalabrien 506, 548 A. 17
Karl d. Gr., Kaiser 67, 94, 126, 170 A. 21, 176, 210, 214, 216, 223, 226, 242, 248, 356, 368, 370, 419 A. 100, 424, 429 A. 140, 453
Karl (II.) d. Kahle, Kaiser 210, II 513
Karl (III.) d. Dicke, Kaiser 42, 407, 558
Karl (III.) «d. Einfältige», westfränk. Kg. 43, 46, 67, 231, 234 f., 237, 239, 264 A. 69, 275, 431
Karl Hzg. v. Niederlothringen 40, 129, 290, 535, 541, 548 f.

Karlmann, westfränk. Kg. 228 A. 53
Karlmann, Hausmeier 354
Karolinger 129, 181, 218, 221, 225, 234 f., 254, 256, 261, 267, 278, 313 f. usw.
Kartäuser 100
Kastilien 128
Katalonien 93, 106, 130, 149, 158, 160, 189, 196, 215, 259, 310, 380, 448-450, 477, 488, 507, 547 m. A. 11, 557, 570
Koblenz (Synode 922) 130, 296, 488 A. 75
Köln 34, 291 A. 199, (EB. v.) 59 A. 48, 198, 263 A. 64, (Erzbistum) 22, 34, 63, 69
Kolberg, B. v. 424
Konrad I., ostfränk. Kg. 89
Konrad II., Kaiser 33 f., 60, 66, 68, 217, 236, 241, 245, 272, 310, 351, 487 A. 73, 513 A. 51, 523, 547, 554, 560, 563 A. 83, 571 A. 21, (als Thronbewerber) 121 A. 34, 560
Konrad, Kg. v. Burgund 341, 532
Konrad I. Hzg. v. Kärnten 132, 559
Konrad, Hzg. (v. Kärnten?) 524
Konrad («d. Rote») Hzg. v. Lothringen 191 A. 31
Konrad (d. Jüngere), Thronbewerber 560
Konrad, Gf. 71
Konradiner (Mainfranken) 198, 272, 560
Konstantin d. Gr., Kaiser 143 A. 42
Konstantin VII. Porphyrogennetos, byzantin. Kaiser 18
Konstantin, Abt d. Kl. St. Symphorian in Metz, Autor 291, 523 A. 91
Konstantinopel 17, 90, 548 A. 17
Konstanz, B. v. 98
Konstanze, dritte Gattin Kg. Roberts II. v. Frankreich 92, 108, 131, 147 A. 66, 242, 245 f., 525
Kunibert Gf. v. Lomello 209 f.
Kunigunde, Gattin Kaiser Heinrichs II. 176, 241, 243, 245, 256, 263 A. 66, 304

La Fère-sur Oise, Burg 280 A. 147
Lambert, Kg. v. Italien 510
Lampert, Eremit 331
Landerich Gf. v. Nevers 127
Langres, B. v. 127
Lantbert Gf. v. Lüttich 432
Laon 222, 244, 457, (B. v.) 280 A. 147
Latium 81, 116, 459, 462-464
Lechfeld (Schlacht 955) 219, 233, 254, 421 A. 104
Le Mans (B. v.) I 258, (Bistum) 25
Leon VI., byzantin. Kaiser 143, 509 A. 38
Leo I. d. Gr., Papst 16
Leo IV., Papst 145, 341 f.
Leo VII., Papst 23 A. 65
Leo VIII., Papst 55
Leo IX., Papst 180 A. 59
Leo B. v. Vercelli 265, 491 f., 494
Leo Marsicanus, Mönch d. Kl. Montecassino, dann Kardinalbischof, Autor 480
Le Puy, B. v. 275
Le Roy Ladurie, Emmanuel 117
Letald, Mönch d. Kl. St.-Mesmin in Micy, Autor 527 f.
Leut(h)ard, Ketzer 525
Lévy-Bruhl, Lucien 404
Lievizo EB. v. Bremen 214 A. 132
Ligurien 525
Limoges 27, 29 A. 96, 77, 528, (B. v.) 77, 100, 261, (Bistum) 26, 28, (Domstift) I 29, (Synode 994) 27, (Synode 1031) 28, 40, 82, 98 A. 123, 99, 354, 515
Limousin 29, 261
Liudolf Hzg. v. Schwaben 155, 219, 301, 379 A. 16, 380
Liudolfinger 208, 306
Liutizen 330, 439, 546
Liutprand B. v. Cremona, Autor 17, 67, 84, 90, 93, 97, 146, 220, 223, 230 f., 233 f., 244 f., 281, 387, 408, 415, 507 A. 27, 510, 534 f., 538, 548, 550
Livland 414
Llès, Ort 450
Lobbes, Kl. 320, 370, 386
Löwen 544 A. 2, 553, (Gf. v.) 553
Loire, Fl. 75, 215, 259, 430
Lombardei 119, 360, 389
Lorsch, Kl. 353 A. 31, 380 A. 23
Lothar I., Kaiser 546
Lothar II., westfränk. Kg. 64, 126, 129, 146, 243, 245 f., 267, 290, 295 A. 8, 313, 533 A. 24, 537 f.
Lothar, Kg. v. Italien 244
Lothringen, Lothringer 119, 232, 235, 238,

260, 264, A. 69, 281, 298, 305, 339 A. 53, 468, 537, 543, 544 A. 1, 569
Lucca, Bistum 297
Ludwig d. Fr., Kaiser 176, 203, 228 A. 53, 237, 249, 298, 457, 524
Ludwig (I.) d. Deutsche, ostfränk. Kg. 231
Ludwig (III.) das Kind, ostfränk. Kg. 530
Ludwig (II.) d. Stammler, westfränk. Kg. 231
Ludwig III., westfränk. Kg. 235
Ludwig IV. d. Überseeische, westfränk. Kg. 43 f., 129, 152 A. 87, 222, 229, 232, 237, 275, 543, 545 f.
Ludwig V., westfränk. Kg. († 987) 146, 152 A. 87, 238, 245 f.
Ludwig III. d. Blinde, Kg. v. Italien 82
Lüttich 274, 277, 300 A. 34, 392, 402, (B. v.) 277, 493 A. 98, 506, (Domkap.) I 298, (Archidiakone) 516
Luxemburg, Grafen v. 256, 260, 546
Lyon (EB. v.) 429 A. 140, (Erzbistum) 25

Machiavelli Niccolò 503
Mâcon, Gf. v. 466, 553
Mâconnais 19, 128, 148, 154, 173, 188, 213, 458 A. 100, 466 f., 478, 481, 490, 562, 568
Magdeburg 34, 226, (Dom) 431, (EB. v.) 41, 69, 76, 262, (Erzbistum) 22 f., 34, (Domkap.) 51, 85, 176, 262 f., 377 A. 4
Mailand (Erzbistum) 23, 257
Maine, Landschaft 468
Mainz 34, 307 f., 348, 524, (EB. v.) 55 f., 180, (Erzbistum) 22 f., 30, 34, 306, 524
Maiolus, Abt d. Kl. Cluny 14, 360, 386, 504
Makedonen, byzantin. Dynastie 126
Malcalanus («Theophilus»), Ire, Abt d. Kl. St.-Michel-en-Thiérache 252 f., 500 A. 3
Manasse, EB. v. Arles, dann Mailand 507 A. 27
Mantua, B. v. 34
Marculf s. Formulae Marculfi (Wort- u. Sachverzeichnis)
Marinus (Martin III.?), Papst 419 A. 98
Marius Victorinus, Autor 391
Marmoutier, Kl. 313
Marozia (Maria), Tochter d. röm. Senators Theophylakt 147, 339 A. 53
Marseille 365
Martialis, angebl. Bischof von Limoges 26-28, 349, 528, 563
Maternus, B. v. Köln 26 A. 81, 69 A. 96
Mathilde, Gattin d. dt. Königs Heinrich I. 62, 83, 89 f., 122, 125 f., 190, 241, 243 f., 305 A. 60
Mathilde, Schwester Kaiser Ottos III. 307
Mathilde, Tochter d. westfränk. Königs Ludwig IV. 129
Maubeuge, Kl. 411
Mauren s. Sarazenen
Meaux, B. v. 261
Megingaud B. v. Eichstätt 41, 284, 532 A. 23
Meinwerk B. v. Paderborn 252, 331
Meißen II 469, (B. v.) 69, (Mgf. v.) 563 A. 82
Merowinger 129, 248
Merseburg 151, 208, 561 A. 66, (Bistum) 251
Mettlach, Kl. 79
Metz 246, 291, 546, (B. v.) 52, 84, 546, (Bistum) I 272, (Domkap.) 255
Mieszko I., Polenherzog 55 A. 30, 223, 571
Mieszko II., Polenherzog 151
Milo Gf. v. Carcassonne 316
Modena 177
Mons 150 A. 80, 490 A. 84, (Gf. v.) 317, 490 A. 84
Montaillou 117
Montecassino, Kl. 29, 354, 547, (Abt) 480
Monteforte, Burg 525
Montmartre 413
Mont-Nôtre-Dame, Kl. 178
Mont-St.-Michel, Kl. 355 A. 41
Morienval, Kl. 313
Mosel, Fl. 374
Moutier-St.-Jean, Kl. 347
Mouzon 78, 281, (Nationalkonzil 995) 509
Münster, B. v. 511
Mundburg 277

Napoleon III., Kaiser d. Franzosen 181
Narbonne 488, (Erzbistum) 310 A. 87, 557, 565 A. 87, (Region v.) 477
Navarra 317, 389
Nevers, Gf. v. 314
Niederaltaich, Kl. 114, 409, 493
Niederlande 279, 407, 437 A. 1
Niederrhein 128, 198, 470, 511, 550, 553, 557
Nikephoros II. Phokas, byzantin. Kaiser 90, 535
Nikolaus I., Zar 181
Nikolaus I., Papst 142
Nikolaus II., Papst 29
Nilus v. Rossano, hl. 382, 503 A. 14
Nîmes (Domkap.) 303 A. 51
Nominoe, Bretonenherrscher 429 A. 140
Normandie 561, 563
Normannen 72, 151, 191, 200, 202, 234 f., 239, 314, 399 f., 401 A. 7, 429, 471 A. 148, 483 A. 57, 489, 501, 534, 541 A. 1, 545-547, 549
Notker B. v. Lüttich 273, 277, 284
Notker («d. Abt»), Abt d. Kl. St. Gallen 57
Notker («d. Deutsche»), Mönch d. Kl. St. Gallen 377 A. 5, 385, 570
Noyon 430, (B. v.) 275

Oberlothringen, Hzg. v. 164
Obermünster, Kl. in Regensburg 68
Odalrich, Abt d. Kl. St.-Martial in Limoges 40
Odilo, Abt d. Kl. Cluny 29, 107, 206 A. 88, 269, 310, 318, 336, 341 A. 63, 345-347, 354, 357, 361, 444 A. 42, 483
Odilo, Abt d. Kl. Novalese (Breme) 310
Odilo, Mönch d. Kl. St.-Médard in Soissons 392
Odo (Gf. v. Paris), westfränk. Kg. 84
Odo, Abt d. Kl. Cluny 96 f., 109, 167 A. 8, 203 f., 305 A. 63, 318, 333, 338, 339 A. 53, 340 f., 343, 352, 354, 370, 382, 386, 400, 405, 432, 562
Odo Gf. v. Chartres 351
Odysseus (Ulixes) 535
Ohtric, Domscholaster in Magdeburg 230 A. 62, 264
Oldenburg, B. v. 34
Orléans 389, 393, 518 f., 525, (B. v.) 70 A. 99, 270, 277 A. 132, 371, 428 A. 137, 518
Otloh, Mönch d. Kl. St. Emmeram in Regensburg, Autor 383 A. 34, 385, 522 f.
Otto I. d. Gr., Kaiser 22, 25, 41, 43 f., 55, 57, 62 A. 67, 67, 71, 76, 87 f. m. A. 66, 92, 126, 129, 142, 147 A. 67, 155, 161, 163, 180, 197 A. 51, 198 A. 56, 216, 219, 221, 226, 227 A. 46 f., 228-230, 233 f., 243-245, 266, 276, 298, 299 A. 33, 300, 408, 542 f., 544 A. 2, 546, 548 A. 17, 555
Otto II., Kaiser 50 f., 56 A. 34, 126, 127 A. 56, 230, 235, 237, 240, 249, 262, 267, 277, 290, 300, 317, 501 A. 9, 519, 540, 568 A. 7
Otto III., Kaiser 19, 42, 51, 54, 65, 68, 144 A. 51, 198, 203, 209, 220, 236, 242, 256, 259, 262, 277, 302, 306, 330, 338, 415, 491, 520, 531, 536 f.
Otto B. v. Freising 530
Otto Hzg. v. Kärnten 559 f.
Otto Gf. v. Hammerstein 131 f.
Otto, Sohn d. Grafen Albert v. Vermandois 559 A. 58
Otto-Wilhelm Gf. v. Mâcon u. Burgund 127
Ottonen 181, 208, 214, 218, 223, 225-227, 266, 421, 471

Paderborn (B. v.) 33, (Bistum) 252
Paris 276, 389, 393, 429, 448, 452, (Bistum) 27
Passau 380 A. 21
Pavia 276, 433, 484 A. 60, (Pfalz) 223, 234, 504 f., (B. v.) 534, (Synode 850) 182 A. 67, (Synode 1022) 490-492, 494, (Synode 1046) 35, (Stadtgraf) 209
Périgord, Gf. des 218 A. 6
Périgueux, Bistum 26
Perugia, B. v. 295 A. 11, 322
Peter B. v. Vercelli 415
Petrus Damiani, Kardinalbischof, Autor 17, 330, 342 A. 67
Petrus B. v. Gerona 531
Philipp I. Kg. v. Frankreich 222
Philipp II. August, Kg. v. Frankreich 228
Picardie 115 f., 213, 439, 447, 448 A. 50, 457, 465

Pilgrim EB. v. Köln 33
Pippin (Hausmeier, fränk. Kg.) 55, 429 A. 140
Pistoia, Archidiakonat 162
Pîtres (Edikt 862) 449
Poebene 327, 444, 449
Poitiers 429
Poitou 465 f.
Ponthion, Pfalz 50
Prag, Bistum 95
Prokopios v. Kaisareia, Autor 521
Provence 213 A. 122, 465, 558, (Gf.) 127
Prüm, Kl. 105, 115 A. 11, 153 A. 90, 168, 191, 357, 444, 447, 452, 457 f.
(Pseudo-)Cyprian, Autor 239
Pseudo-Dionysius Areopagita 14 m. A. 13
Pseudo-Isidor (Dekretalensammlung) s. Wort- u. Sachverzeichnis
Pyrenäen 258

Quintilianus, M. Fabius, Autor 392 A. 75

Rabanus Maurus, Abt d. Kl. Fulda, Autor 472 A. 2
Rainald Gf. v. Marsia 68
Ramwold, Abt d. Kl. St. Emmeram in Regensburg 102, 363 A. 77
Rather B. v. Verona (vorher Lüttich), Autor 13, 15, 47, 92, 95, 145, 148, 160, 163, 194 A. 41, 198, 199 A. 61, 265 f., 268, 271, 276, 282 f., 297 f., 309, 386 A. 48, 388, 400, 409 A. 42, 483, 495 f., 499, 507-509, 516, 520, 522, 539, 568
Ravenna 66, 481 A. 48, (EB. v.) 71, 73, 385, (Erzbistum) 23
Regensburg 87, 219, 505
Regenwala (a. d. Folquin-Sippe) 206
Reginhard B. v. Lüttich 355 A. 41
Regino Abt d. Kl. Prüm, Autor 42, 85 A. 50, 87, 140, 228, 230, 296, 354, 413, 483 A. 57, 493, 538
Reginold B. v. Eichstätt 388 A. 57
Reichneau, Kl. 172 A. 29, 207, 357, 359 f., 364, 401, 431 A. 147
Reichenhall 114
Reims 19 f., 389, 392 f., 435, 493 A. 97, 536 m. A. 40, 541, 545, 552, (EB. v.) 99, 178, 222, 250, 295, 327, 401 A. 7, 439, 535, 559, (Erzbistum) 18-23, 25, 30, 40, 43, 85, 178, 237 A. 102, 252 A. 20, 261, 276 f., 280, 514, 517, 523 A. 90, (Domkap.) 300, (Domschule) 250, 376 A. 3, (Zusammenkunft v. Äbten, zw. 973 u. 983) 337, (Kanoniker) 433
Reinbald B. v. Amiens 555
Rein(h)ilda, Burgherrin 152
Remigius, Mönch d. Kl. St.-Germain in Auxerre, Autor 198 A. 55
Remiremont, Kl. 357 A. 50
Rhein, Fl. 43, 215, 233, 431, 433, vgl. Niederrhein
Rheinland 452, 482 A. 52
Richard I., Normannenherzog 56, 128 A. 61, 221 A. 18
Richard II., Normannenherzog 56, 127, 128, A. 61, 561
Richer, Mönch d. Kl. St.-Remi in Reims, Autor 30 A. 106, 40, 50, 58, 67, 222, 234, 238, 281, 391, 395, 406, 532, 541, 548, 555, 559 m. A. 60
Richwin, Gf. (später: v. Dillingen) 254, 289
Robert I., westfränk. Kg. 123, 234 f., 238
Robert II. («d. Fromme») Kg. v. Frankreich 40, 60 f., 63, 78, 94, 103 f., 107 f., 126 f., 131, 141, 147 A. 66, 155, 212, 217, 218 A. 6, 219 f., 222, 226-228, 232, 234, 236 f., 242, 245, 250, 256, 266, 277 A. 132, 322, 418, 423, 427, 514, 516-518, 524 A. 94, 525, 527, 536, 551 A. 29
Robert, Sohn Kg. Roberts II. v. Frankreich 246
Robert EB. v. Rouen 160
Robert EB. v. Trier 386
Robert, Abt d. Kl. Molesmes 193 A. 37
Robert Gf. v. Sens 524 A. 94
Roda, Bistum 259
Rodez (Synode) 405
Rodulfus Glaber, Mönch, Autor 25, 52, 72, 92, 127, 143 A. 42, 147 A. 66, 175, 188, 234, 236, 250, 274, 295 A. 10, 345-347, 352 A. 27, 365, 390, 405 f., 416, 418, 424, 482 m. A. 52, 508, 510, 524 A. 94, 532, 534, 541, 562, 565
Römisches Reich 51, 422
Rollo, Normannenherzog 403, 563

Rom 19 f., 66, 81, 180, 195, 244, 251, 285 f., 306, 331, 338, 416, 428, 517, (Antike) 229, (Kapitol) 392, (Apostelgräber) 233 A. 76, 236, 435, (Mutterkirche) 179, (St. Peter) 547, (Papsttum) s. Wort- u. Sachverzeichnis; (4. Laterankonzil 1215) 130 A. 70, (Kaiserpfalz) 180, (Adel) 146 f., (Dukat) 339 A. 53
Romuald v. Ravenna, hl., Eremit 329 f., 336, 342 A. 67, 348 A. 6, 352, 425, 427
Rorico B. v. Laon («Eutitius») 252 f., 500 A. 3
Rossano 127
Rouen 525, (Domschule) 385
Rudolf (v. Burgund), westfränk. Kg. 75, 227 A. 48, 235, 275
Rudolf I., Kg. v. Burgund 258
Rudolfinger (Burgund) 181
Ruodlieb, Titelfigur d. gleichnamigen Lehrgedichtes, s. Wort- u. Sachverzeichnis
Ruotger, Diakon in Köln, Autor 69 A. 96, 201, 388, 391

Sabina, Sabinerberge 460, 462, 465
Sachsen 95 A. 108, 126, 128, 140, 144, 151, 152 A. 86, 155, 157, 180, 185 A. 2, 202, 205, 215, 218, 305, 408, 409 A. 41, 413, 458, 477, 535, 544 A. 2, 547, 548 A. 17, 556, 561, (Mgf.) 197, (Hzg.) 176
Säulenkap (Capo delle Colonne) s. Cotrone
St.-Aignan, Kl. in Orléans 107 f., 313
St.-Amand, Kl. 313, 392, 516
St.-Aubin, Kl. in Angers 311-314
St.-Bénigne, Kl. in Dijon 60, 103, 347, 356, 360
St.-Bertin, Kl. 311, 485
St.-Cyprien, Kl. in Poitiers 351
St.-Denis, Kl. 228, 311, 313, 356
St.-Gérald, Kl. in Aurillac 99, 179, 251, 536 A. 40, 552 A. 33
St.-Germain, Kl. in Auxerre 313, 347
St.-Germain-des-Prés, Kl. bei Paris, 116 A. 11, 313, 356, 476
St.-Géry, Kl. in Cambrai 358
St.-Julien, Kl. in Brioude 311
St.-Julien, Kl. in Tours 337 A. 45
St.-Léger, Kl. in Champeaux 347, 390
St.-Maixent, Kl. 351
St.-Martial, Kl. in Limoges 26-28, 77, 82, 123, 286 A. 179, 313, 488
St.-Martin, Stift in Tours 72, 313, 434, 512
St.-Maur-des-Fossés, Kl. 313, 476
St.-Maurice-d'Agaune, Kl. 335 A. 30
St.-Médard, Kl. in Soissons 392
St.-Mesmin, Kl. in Micy 70 A. 99, 371
St.-Omer, Stadt 399
St.-Pierre-le-Vif, Kl. in Sens 30
St.-Réole, Kl. 557
St.-Riquier (Centula), Kl. 101 A. 143, 107, 313, 335, 356
St.-Vaast, Kl. in Arras 313, 321
St.-Valéry, Kl. 313
Ste.-Foy, Kl. in Conques 362, 401, 435
Saintes 533
Salomo III. B. v. Konstanz, Abt d. Kl. St. Gallen 75, 98, 151, 224, 353 A. 31, 529
Salzburg, Erzbistum 23, 214, 380
S. Ambrogio, Kl. in Mailand 491
S. Andrea, Kl. in Exalada 316
S. Andrea del Soratte, Kl. 318 A. 127
S. Apollinare in Classe, Kl. bei Ravenna 330, 342 A. 67, 427
S. Benedetto di Conversano, Kl. 488
S. Benedetto di Polirone, Kl. 479
S. Giulia, Kl. in Brescia 137, 168 A. 21, 444, 453
S. Michele della Chiusa, Kl. 349, 389
S. Paolo fuori le Mura, Kl. bei Rom 338
S. Tommaso, Kl. in Reggio Emilia 454
S. Vincenzo al (Fl.) Volturno, Kl. 68
Sancho II. Kg. v. Navarra 317
St. Arnulf, Stift in Metz 299 A. 33
St. Bartolomäus, Stift in Lüttich 355 A. 41
St. Emmeram, Kl. in Regensburg 102
St. Gallen, Kl. 57, 76, 89, 98, 101 A. 143, 196 A. 51, 317, 336, 348, 357, 360 f., 363, 371, 373, 376, 377 A. 5, 384 f., 495, 502, 562
St. Jakob, Kl. in Lüttich 279 A. 143
St. Laurentius, Kl. in Lüttich 355 A. 41
St. Mauritius, Kl. in Magdeburg 226
St. Maximin, Kl. in Trier 137
St. Michael, Kl. in Hildesheim 401, 431
Sarazenen 71, 223, 234, 257, 280, 318, 450, 461 f., 465, 480, 503 A. 14, 532

Saumur 430
Schildesche, Kl. 421 A. 108
Schleswig, B. v. 34
Schulte, Aloys 248
Schwaben, Herzogtum 510, 546
Schwabmünchen, Burg 254, 281 A. 156
Schwarzach a. Rh., Kl. 34
Schweinfurt 470
Seguin EB. v. Sens 30
Senlis 536
Sens 433, (EB. v.) 433, 524 A. 94, (Erzbistum) 22 f., 25, 30
Sergius III., Papst 421
Seulf EB. v. Reims 256
Silvester I., Papst 26 A. 81
Silvester II., Papst 22, 31, 69 f., s. Gerbert v. Aurillac
Simeon, hl., Rekluse in Trier 416
Slawen 236, 290, 377 A. 4, 480, 488, 547 m. A. 11, 560
Slawnikinger 261
Soissons (Bistum) 18, (Schlacht 923) 234
Solothurn 554
Sophie, Schwester Ottos III., später Äbtissin v. Gandersheim 42, 306 f.
Soratte s. S. Andrea del S.
Spanien 107, 234, 389, 528, 547
Spengler, Oswald 13
Speyer 78, (Domschule) 391
Steele, Pfalz 556
Stephan d. Hl., Kg. v. Ungarn 330
Stephan II., Papst 50, 55
Stephan IX. (X.), Papst 504 A. 20
Stephan B. v. Lüttich 124 m. A. 44
Straßburg 405, 546
Subiaco (S. Scholastica), Kl. 461 A. 108
Suetonius, G. Tranquillus, 419 A. 100
Suger, Abt d. Kl. St.-Denis 105 A. 156
Sulpicius Severus, Autor 281
Supponiden (Oberitalien) 308

Tacitus, P. Cornelius 80, 534
Tammo, Eremit 409
Tarragona, Erzbistum 556 f.
Tedbald Mgf. v. Spoleto u. Camerino 548 A. 17
Tegernsee, Kl. 242, 316, 361, 371, 451, 482, (Abt) 104
Terenz (P. Terentius Afer) 386
Terracina 81
Teutoburger Wald 421
Thangmar, Sohn Kg. Heinrichs I. 94
Thangmar, Scholaster in Hildesheim, Autor 42, 70, 156, 248 f., 254, 306
Thasselgart, «Tyrann» 563 f. A. 83
Theobald Gf. v. Chartres u. Blois 280 A. 147
Theodora, Gattin d. röm. Senators Theophylakt 244 f.
Theodulf B. v. Orléans I 145 f.
Theophanius 240 s. Theophanu
Theophanu, Kaiserin 51, 123, 126 f. m. A. 55, 237, 239 f., 245 f., 418, 537
«Theophilus» s. Malcalanus
Theophylakt, röm. Senator 147, 461
Thiedlach B. v. Worms 273
Thietmar B. v. Merseburg 41 f., 50 f., 53, 63, 69, 71, 85, 123, 125, 140, 144 A. 51, 152, 176, 207 f., 221, 226, 236, 251, 263, 269, 274, 310, 336, 338, 414 f., 418, 420, 431, 439, 483, 519, 521, 532, 535, 542, 563 A. 82
Thietmar B. v. Prag 261
Thietmar, Sachse (wohl Gf. im Nordthüringgau) 531
Thomas v. Aquino, hl. 229, 499
Thüringer 547
Tiber, Fl. 281, 415
Tilleda, Pfalz 443 A. 38
Tirlemont 553
Tivoli 65 f.
Toledo (1. Konzil, 400) 143 A. 42, (11. Konzil, 675) 350 A. 20
Tortona, Bistum 501 A. 9
Toskana 462
Toubert, Pierre 461 f.
Toulouse, Gegend v. 562
Tournus, Kl. 79
Tours 72, 218 A. 6, (Erzbistum) 551 A. 29, (Domkap.) 284 A. 168
Toxandrien Gf. v. 259
Tribur (Synode, 895) 65, 140 A. 32, 407
Trier 23, 79, (Leg.) 19, 25, 26 A. 81, 69 A. 96, (EB. v.) 73, (Erzbistum) 19, 22 f., 25, 31, (Domkap.) 299
Troja, Trojaner 202

Trosly (Synode 909) 48, 132, 237 A. 102, 238 f., 289, 320, 500 f., 539
Troyes, Gf. v. 261, 538, 555
Tschechen 330
Tuotilo, Mönch d. Kl. St. Gallen 348
Turin (B. v., Bistum) 501 A. 9

Udalrich, hl., B. v. Augsburg 83, 143, 166, 197, 205, 254 f., 268, 281, 284 f., 289, 333, 336, 384, 402, 419, 442 A. 34, 492 A. 94
Ulrich B. v. Aix 257
Ungarn 94, 108, 117, 219, 235, 276, 278, 280, 293, 317 f., 358, 457 f., 461 f., 469, 489, 501, 532, 547 f., 561
«Unibos», Titelfigur d. gleichnamigen Gedichtes 160, 437, 440, 476, 528 f.
Urgel, B. v. 280
Uta, Nichte d. Kaiserin Kunigunde 304
Utrecht 65, (B. v.) 65 f., (Bistum) 402

Vendôme (Burg) 513 f., (Kl.) 168 A. 11, 169 A. 20
Venedig 488
Verberie (Pfalz) 449 A. 58, (Synode 753) 171
Vercelli II 349, (Bistum) 509
Verden (B. v.) 33, (Bistum) 487 A. 73
Verdun 267, 295 A. 7, (B. v.) 34, 537
Vergil (P. Vergilius Maro) 386, 534
Vermandois 457
Verona 276, 283, 297, 516, 539, (B. v.) 35, 76, 78, (Domkap.) 282, 298
Vézelay, Kl. 314, 342
Vich (B. v.) 280, (Dombibliothek) 380
Vienne 435
Vilgard, Kleriker 385
Villetta Barrea, Kl. 480
Visé, Marktort 277
Vlaardingen 279

Wala, Abt d. Kl. Corbie 356
Walahfrid (Strabo), Abt d. Kl. Reichenau, Autor 223
Walbeck, Stift 310, 420, (Grafen v.) 85, 123
Walpoto, B. v. Lüttich 166 A. 7, 285, 287
Walter B. v. Eichstätt 492
Walter, Vogt d. Burg u. Stadt Cambrai 196, 290, 515 f., 565 m. A. 87
Walthard EB. v. Magdeburg 63
Walthari, Titelheld d. gleichnamigen Liedes 156, s. Wort- u. Sachverzeichnis
Waulsort, Kl. 409
Wazo B. v. Lüttich 279, 283, 287, 302 A. 47, 303 A. 52, 304, 384 A. 38, 441, 506 A. 26, 523, 541 f.
Weber, Max 3
Weltenburg, Kl. 492 A. 94
Werden a. d. Ruhr, Kl. 136
Werla, Pfalz 42, 359, 469
Werner B. v. Straßburg 33
Westfriesland 279, 403
Wiborada, Rekluse in St. Gallen 419 A. 98
Wichmann, Gf. (Billunger) 511, 551, 553, 555 A. 46, 557
Wido B. v. Le Puy 319, 564
Wido Hzg. v. Spoleto, westfränk. Gegenkönig (später Kg. v. Italien) 84
Wido Gf. v. Anjou 312
Widukind, Sachsenherzog 126
Widukind, Mönch d. Kl. Corvey, Autor 62, 92, 108, 122, 190, 216, 221, 223, 227 A. 46, 229, 232, 336, 339, 408, 413, 458, 469, 531, 533 m. A. 28, 535, 547, 548 A. 17, 556
Wigerich, Gf. (Ardennergrafen) 255
Wilhelm EB. v. Mainz 276, 340, 543 A. 75
Wilhelm v. Volpiano, Abt d. Kl. St.-Bénigne in Dijon 60, 103, 347, 349, 355 A. 40, 356, 360, 382, 510
Wilhelm I. Hzg. (richtig: Mgf.) v. Aquitanien 311
Wilhelm II., Hzg. (richtig: Mgf.) v. Aquitanien 75
Wilhelm III., Hzg. (richtig: Mgf.) v. Aquitanien, Gf. v. Poitiers (Poitou) 351 f., 511 f.
Wilhelm V., Hzg. v. Aquitanien, Gf. v. Poitiers 27, 47 A. 171, 77, 127, 152, 211 f., 261
Wilhelm I. («Langschwert»), Normannenherzog 43 f., 76, 93
Wilhelm II. (III.) (d. Eroberer), Hzg. d. Normandie 143 A. 42, 163
Wilhelm Gf. v. Angoulême 77, 146, 542
Wilhelm Gf. v. Poitiers s. Wilhelm III. v. Aquitanien

Wilhelm I. Gf. d. Provence 465
Wilhelm Vicecomes v. Béziers 260
Wilhelm v. Bellême 349 A. 14
Willa, Gattin Kg. Berengars II. v. Italien 244
Willigis EB. v. Mainz 22, 42 A. 152, 70, 249, 250 A. 9, 300 A. 34, 306, 484 A. 60
Wipo, kgl. Kapellan, Autor 236, 242 A. 126, 245, 504 f., 513 A. 51, 547 A. 16
Wolfgang, hl., B. v. Regensburg 506
Wolo, Grafensohn 309 A. 79, 521 f. A. 85
Worms 275 A. 123, 559 f., (B. v.) 33, (Konkordat) 248
Wormsgau 272
Würzburg (B. v.) 33, (Kl.) 34, 387

Zisterzienser 100
Zürich 554
Zwentibold, lothring. Kg. 238

WORT- UND SACHVERZEICHNIS

Aachener Regel (Kanoniker) 175, 298-300, 302-304, 308, 374 A. 138, 376, (Frauen) 304 f., 308, 381
abbatissa (Wort) 165 f.
Abendmahl s. Kommunion
Aberglaube 6, 404, 421, 426, 436, 439
Abt 166 f., 178, 182, 364 usw., s. Erzabt, Laienabt
Abtei s. Großkloster
Abtgraf (abbicomes) 310 f.
Abtgut 315, 342
Abtprimat 29-32
Abtprovisor 364
Abtstab 37, 314, 317, 330
Abttafel 363 f., 372
Abtwahl 313 f., 322, 357, 382 A. 30
Ackerbau 192, 445 f., 448, 450
Ackerboden 444
Adel (Begriff) 5, 185 f., 188, (nobilitas carnis) 199-201, (edle Geburt) 187, 190, (senatorischer A.) 203, (karolingischer A.) 185, (sächsischer A.) 185 A. 2, (König) 216, (geistiger A.) 187, 493, s. Edler, nobilis
Adelsforschung 185
Adelsopposition 219
adventus 77 f., 436
Aggression, aggressiv 249, 286, 507, 544, 564
Agnaten, agnatisch 118 f., bes. 119 A. 25, 123, 128 f., 135
agrarii milites 469
agricola 13 A. 8, vgl. Bauer, rusticus
Ahnen 121-123, 199 f., 202, 228, 268, 473, s. Herkunft
Ahnengrab 204, 415
album (altrömisch) 17
Aldionen s. Minderfreie
Alleinsein (als Strafe) 182, 328, 344
Allerseelenfest 206 A. 88, 366
Allod (Eigengut) 118, 129, 148, 152, 193 f., 197, 214 f., 243 A. 135, 251, 269, 302, 455 A. 86, 477-479
Almosen 400, vgl. elemosynarius
Alphabet 101, 286
Altar 103, 105, 107, 145, 204, 295, 315, 346, 428, 430 f., 434, vgl. Züchtigung
Altarlegung 94
Altersversorgung (Kl.) 168, 174 A. 30
Altes Testament 100, 140, 145, 148, 221, 400, 406, 410, 418, 438 A. 11, 475, 518, 523, s. Psalmen. Einzelne Namen: Abel 543, Abiron 518, Abraham 483, Amalekiter 233, Belial 95 A. 104, 499, Dathan 518, Eva 145, Isaias 223, Jakob 143 A. 42, Kain 543, Makkabäer 320 f., Moses 103, 233, 517, Michael (Erzengel) 87, Satan 321, 409, 499, 521 A. 85, 532, s. Teufel; vgl. Schöpfung, Sündenfall
Altes und Neues (im Schrifttum) 379
amici s. Freunde
Amt (weltliches) 193 f., s. Hofämter, vgl. Erblichkeit; (im Kl.) s. Ministerialen; vgl. Prior, Kantor, Kustos, Ökonom, refectorius, Scholaster
Amtstracht 92 f., s. Kleidung, Meßgewand
Amtszeichen, kirchl. 69, s. Bischofsmütze, Bischofsring, Bischofsstab, Pontifikalsandalen, Abtstab, Manipel, Stola
Amulett 424, 432
Anarchie 225, «feudale A.» 507, 551 f.
Anathem (bischöfl.) 232, 410, 513, 514 A. 52, 517 f., 541
ancilla s. Magd
Anekdote 244, 529, s. Lehranekdote, Wanderanekdote
Anomie 523
Anredeformen 167
Anschlagtafel (im Kl.) 365
Ansippung 129
Antependium 107 f.
Antichrist s. Namenverzeichnis

Antifeminismus 145-147
antiklerikale Äußerungen 519
Antithesen (im Herrscherlob) 232 A. 70
Anzeigepflicht (im Kl.) 345
Apokalypse (Johannis) 101
Apostel(-begriff) 25, 27 f., (-schüler) 25, 26 A. 81, 27, (-sitze) 28, (-mission) 24, s. Apostolizität; Namen: s. Heilige
Apostelgeschichte 23 f.
Apostolizität 24-29
apparatus 81 A. 29, 94, 96, 109, vgl. Aufwand
Appellationsrecht (d. Klerus) 264 f.
Arbeit (Handarbeit, s. labor) 193, 473, 509, (Mann, Frau) 153, (Eremiten) 330, (Mönche) 337, 367 f., s. Gartenarbeit, Küchendienst, Schreiben, (Bauern) s. Bauer, Frondienste usw.
Arbeiter s. Bauarbeiter, Landarbeiter, Tagelöhner, Textilarbeiterinnen
Arbeitspflicht d. Unfreien 485
Archäologie 468, 471
archaisch 3 A. 8
Archidiakon, Archidiakonat 159, 162, 256, s. Arcidiaconi (Namenverzeichnis)
Archilogothet 265
archimandrita 30, 32 A. 115
Areligiosität s. Unglaube
Arithmetik 393 f.
Arme 60, 174, 195, 238, 249-251, 253, 297, 304, 316, 400, 408, 456, 474-476, 481, 483 f., 489, 513, 564
Armenfürsorge 60-63, 89, 109, 230, 282 f., 287, 298, 315, 362 f., (rituelle) 61 f., s. Armenpfründen, Armenspeisung
Armenpfründen 373 vgl. matricula
Armenpfründner 61, 63, s. Schreibbrüder
Armenspeisung 61 f., 176, 207, 366
Armreif (armilla) 94, 243, 311, 389
Armut, freiwillige 109, 293, 302, 341, 509
artes (liberales) 388-396, s. trivium, quadrivium, (a. bonae) 533, (böse Künste) s. Magie, Zauberei, Giftmord
Arvalbrüder (altröm.) 421
asceti domestici 159 m. A. 120
Askese, Asket, asketisch 65, 109, 287, 333, 336, 344, 352 A. 27. 374 f., 377, 383, 525, vgl. asceti domestici, Eremiten, Bußgewand, Fasten, Geißel
Astrologie 395
Astronomie 389, 391, 393, 395
Aufgebot 278, s. Kriegsdienst, Panzerreiter, Landesaufgebot
aufgediente Mönche s. nutriti
Aufstieg, sozialer 249, 490-496
Aufwand 74, 84, 92, 96, 103, 149, 160, 194, 241, vgl. apparatus
augurium 419, vgl. Pferdeorakel
Augusta (Titel) 240
Augustustitel 227 f., 240
Ausbildung (des Niederklerus) 296, vgl. Schule
Ausschluß a. d. Gemeinschaft s. excommunicatio
Autoren (heidnische) 383-387 f., 391, (christliche) s. Kirchenväter u. Namenverzeichnis
Autotradition s. Selbstübergabe

Backofen 193
baculus (pastoralis) s. Bischofsstab, ferula, Petersstab, vgl. Abtstab
Baden (im Kl.) 375
Baderaum 361, 369
Bäcker, Bäckerei (Kl.) 363, (Stadt) 199 A. 61, 495
Bahre 64 A. 73, s. Leichenzug
Bandgamaschen 421
Bann (kgl., bischöfl.) 513
Bannbezirk 471
Bannforst 447
Bannherrschaft 119, 459, s. Burgherrschaft
Barbaren 449 A. 58, 484, 547
Barfußgehen 53 m. A. 17, 54, 64-66, 437
Bart, Bartlosigkeit 92, 99 f., 336, s. Rasur
Basileus s. Kaiser, Byzanz
Bastard 163, 173, 321, 331
Bauarbeiten (Burg) 467, vgl. Frondienste
Bauarbeiter 150 A. 80, 490 A. 84
Bauer 6, 12, 40, 49, 95, 118, 136, 211, 400, 403, 414, 430, 449, 451, 453 f., 456-459, 472-476, 482, 496, 504, 525 usw., (Begriff) 472, (Kleidung) 360, s. agricola, rusticus

Bauernhütte 437
Baumgeister 413 f.
Bauten (d. Kaisers) 226, (d. Bischofs) 273
Becher 89, 91, 311, 529
Befestigung s. Burgenbau, (B. d. Königsherrschaft) 245
Begräbnis (kirchliches) 204, 515, s. Leichenzug
Beichte 522 m. A. 85
Beichtfragen 145, 485
Belehnung 70 f., (Doppelbelehnung) 148, vgl. Lehen
Beleuchtung (Innenräume) 104 f., 358, 437, s. Kerze, Lampe, Leuchter
bellatores s. Dreiteilung
Benediktion 285, 372 A. 127, 411, 417, 420, 425
Benediktsregel 36, 38, 54 f., 59 f., 100, 166, 177, (für Kanoniker 299), 312, 322, 327, 339 f., 342-344, 348, 350, 353, 364, 367-369, 373, 376 f., 396, 509, vgl. Mischregel
Berater s. Ratgeber, Rat u. Hilfe
Besessenheit 411
Besitzlosigkeit s. Armut
Besitzverzeichnisse 170-172, s. Polyptychon
Betreuer d. Novizen (custodia) 363
Betrug 210, 403, 502, 529-532, 534, 540 f., 554 A. 42
Bett (König) 41, (Herzogin) 290, (Bischof) 95, (Geistliche) 96 A. 111, 342 A. 67, 359, (Handwerker, Bauer) s. Bettstroh
Bettler 53, 483
Bettschuhe 360
Bettstroh 358, 437
Bevölkerungswachstum 448, 452, 456, 462, 567, 569
Bewässerung 449
Bibel 401, 410, (u. Herrscher) 132, 220 f., 223 f., 238, 565, (Sinnschichten) 522, 527; s. Altes Testament, Neues T., Apostelgeschichte, Apokalypse
Bibliothek 379-383, 568
Bibliothekar 381
Bier 287, 302, 305, 374 A. 138, 402, 450
Bildpredigt 401
Bildung (Geistliche) 5, 376-396, 400, (Laien) 6, 192 f., 400, vgl. Bildungsziele, Ausbildung (Niederklerus)
Bildungsziele 376, 381 f., 396
Bischof 14 f. m. A. 23, 84, 165, 198, 248-292 usw., (Byzanz) 90, (B. u. Kl.) 322, (Heiligung) 333
Bischofseinsetzung 260, 262, vgl. Bischofswahl
Bischofshof 269
Bischofsmütze (Mitra) 99
Bischofsring 179
Bischofsstab 52, 68 f., 70, 77, 100 f., 254, 262, 286, 388, 411, 429 A. 140, 565, s. ferula
Bischofswahl 51, 260-263, 295, (Wahlprivileg) 263, (kgl. Konsens) 261, vgl. Bischofseinsetzung, Ernennungsrecht
Bischofsweihe 59 m. A. 52, 263 A. 64
Bistümer, kgl. (Frankreich) 266, (Deutschland) s. Reichskirche
Bistumsgut 51, 96, 253, 257 A. 36, 260, 289, 322, 551 A. 29
Blendung 503, 511 f., 542, 547, 550, 562
Blutgericht 54
Blutrache 120, 124, 272, 510, 548, 552, 556, 566, vgl. Rachepflicht
Blutregen 418
Blutsverwandtschaft 120, 131, s. Verwandtschaft
Bogumilen 525
Bohnen 372 f., 451 f.
Boot 417, 424, vgl. Schiff
Bote 75, 495 f., (Botendienste) 137, 168, 439, 477
Brand, Brandgefahr 103, 358, 382, usw.
Brandbekämpfung (geistliche) 410, 424
Brandmarkung 511
Brandstiftung 358, 409, 467, 545 f., 549, 556
Brauchtum 50 f. usw.
Brot 83, 304, 371, 414, 420, 424, 444, 449-451, 454, 489
Bruder (übertragen) 165 f., 180 f., 309
Bruderschaft 159 A. 120, 177 f., 208, s. Gebetsverbrüderung, Gilde
Brüdergemeinschaft s. Erbengemeinschaft
Brunnen 462, 549
Buch 357, 376, 379-382, 388, (als Zeichen) 51 f., (als Ersatzgeld) 109, s. Evangelienbuch, Handschriften

Buchhändler 381
Buchorakel 420
Bücherpreise 380
Bücherverbrennung 331
Büffel 440
Bürger(tum) 66 f., 496, 569 f., (Neuzeit) 50, 67
Bürgerkrieg 218, 234, 239, 252, 254, 281, 314, 418, 464, 500 A. 3, 537, 541, 546, 548
Burg 189, 196, 358, 447, 463-470 usw., s. Fluchtburg, Gebieterburg, Gegenburg, Burgenbau, vgl. Burgdörfer, Burgenpolitik
Burgbezirk 461, 465, 491 A. 93
Burgdörfer (Latium) 81, 116, 460-462, 570, (Fehlgründungen) 81, 463, s. incastellamento, consuetudo
Burgenbau 151, 273 f., 280, 314, 317, 465-467, 553 f., 561
Burgenordnung (Heinrichs I.) 469
Burgenpolitik 256, 467, 554 f., s. Gegenburgen
Burgherrschaft (seigneurie castrale) 119, 186, 567, s. Bannherrschaft, Kastellan(ie)
Burgmannen 470
burgus 464
Burgvogt 148, 149 A. 73, 244, s. Kastellan(ie)
Burgward 468, 471
Burgwerk 469 A. 143, vgl. Mauerbau
Buße (kirchl.) s. Kirchenbuße, (weltl.) 279; vgl. Bußgerichtsbarkeit usw.
Bußgerichtsbarkeit 511, 563
Bußgewand (cilicium) 287
Bußordnung 538
Bußritual 64, 236

cabalarius (chevalier) 571
calliditas s. Schlauheit
Cambridger Lieder 175, 438
cantores (im Kl.) 38, 353
cardo 179
caritas in refectorio 59, 86 f., 176, 206, 373
cathedra 32 f., 392, 492 A. 97
cella (Filialkloster) 68, 243 A. 135, 355 f., 359, 458
censuales (Zinsleute) 106, 481 f., vgl. Zins
chanson de geste 192, 401
Chiliasmus (Endzeitglaube) 6, 274, 406, 562
Chorbischof 380 A. 21
Chorgebet 36, 89, 287, 302 f., 384
Chrisam 424 f.
«Christen, böse» 501, 561
Christenheit 426, 564
christus domini 224
civitas (röm.) 19, vgl. episcopus civitatis
clamor pauperum 484 m. A. 62
claritas 195, vgl. Glanz
clementia 228, 238, 273
cliens 124
cognati, cognatio s. Kognaten
colliberti 449 A. 58
comitatus (Güter u. Rechte) 259, 276 f., vgl. episcopatus
companio 83
compater, commater s. Taufpate
compositio 124
confrater 176
confusio, confuse 24, 514, vgl. Unordnung
coniuratio s. Einung
consilium (Bedeutung) 533
consilium et auxilium s. Rat u. Hilfe
consolator (im Kl.) 344
consors regni s. Mitregentin
consortium 177 A. 46
consuetudo, consuetudines (Landesbrauch) 48 f. 160, 263, 540, (d. Burgdörfer) 463, 491 A. 93, (im Kl.) 51, 334, 338, 340, 342-345, 350, 353, 355 A. 36, 368 f., 374 f.; s. Sitte
contemptus 40 f., 44, 279, 556
contubernium 170, 171 A. 23
conversatio 338
conversi, Konversen (älteren Stils) 37 A. 138, 38 m. A. 141, 204, 348-350, 353, 382 A. 30
corona s. Tonsur, (Radleuchter) s. Leuchter
corporale 410
corroboratio s. Befestigung d. Königsherrschaft
coseigneurie s. Erbengemeinschaft
custos (kirchl. Amt) 162

Dämonen 412 f., 424, 428, 436, 439

Dämonenabwehr 333, 421, 424
daemonium s. Besessenheit
Damenkult, ritterlicher 149
Damensattel (Reitart) 51
defensores 423 vgl. Zauberer, Wetterzauber
degener (nequam) 201, 202 A. 70, 239, 515
degradare 36
Demut 38, 53 f., 60, 98, 236 f., 250, 302, 320, 333, 387, 393, 483
Diakon 37, 98, 304
destructio (geistlich) 529
Dialektik 253, 377, 390, 392 f.
Dichtung 384 f., (heidnische) 385 f.
dictare, Diktatübungen 384 f. m. A. 38
Diebe, Diebstahl 60, 242, 420, 559, 563
Differenzierung, soziale, (Oberschichten) 213, (Bauerntum) 456
Disputation(en) (im Kl.) 391, 393, (Ravenna 980) 230
Diwan s. Ruhebett
Dohle 90, 438
dolus (malus) 198 A. 58, 530 A. 13
Domäne, kgl. 437, 443, 453, 455
Domherr s. Domkapitel
Domherrenpfründe 257
domina 150, 152, 239, 312
dominatus 45
dominus (Lehensherr) 214, 239, (Laienabt) 310, (Ehegatte) 141 A. 34, 214 m. A. 130
Domkapitel 198, 205, 261 f., 270, 285, 287, 298, 299 A. 33, 303
Domkloster 299 A. 33
Domscholaster 392, 436
domus (= Aufenthaltsraum ?) 172 A. 29, s. Haus
Domweihe 274
donjon 467
Donnerprognostiken 418
Doppelbelehnung s. Belehnung
Doppelstädte (Bischof, Graf) 275 m. A. 123, 555, 560
Dorf 461, 475, 479, s. Burgdörfer
Dormitorium s. Schlafsaal
dos (eheliche) 142 f., 160, 170, vgl. Heiratsgut, (d. ecclesiae) s. Dotationsgut
Dotationsgut (Kirchen, Kl.) 205, 315
Drachenbanner 72 m. A. 110
Draperien 335, s. Wandbehang
Dreifelderwirtschaft 451-453
Dreiteilung d. Gesellschaft 12 f. m. A. 5, 399 f.
Duell s. Zweikampf

Ebenbürtigkeit (b. Heiraten) 40 f.
Edelsteine, edle Steine (oft Halbedelsteine) 93 f., 106-108, 150 A. 78, 402
Edler, Edelmann 5, 74, 81 f., 169, 185-203, 249, 329, 493, 495, 532, 570, (Tugenden) bes. 191, 209, 228, (als Bischof) 248-292, vgl. nobilis
Eggen 440
Ehe s. die folgenden Stichworte, (geistliche Ehe) 179, 491, (Ehe v. Geistlichen) s. Priesterehe; vgl. Heirat, Treupflicht, Friedelehe
Ehebruch 140, 146 f., 160, (übertragen) 179
Ehehindernisse s. Heiratsverbote
Eheprozeß 407
Ehering 140 A. 30, (geistl.) 179
Ehescheidung 131, 141
Eheschließung s. Heirat
Ehre 17, 76, 186, 194, 198, 510, 541, 558
Eid 224, 285, 407, 431, 538-540, 564, s. Eidbruch, Lehenseid, Meineid, Reichseid, Reinigungseid, Treueid
Eidbruch 224, 538, 542, 564, vgl. Meineid
Eier 370, 372, 444
Eigenkirche 53, 193, 204 f., 215, 262, 296, 300, 492, 494
Eigenkloster 119, 308, 310, 479
«Eigenpriester» 296, II 492
Eigenstift 310
Eigentum, geistiges 383
Einfalt s. Schlichtheit
Einsiedler s. Eremit
Einstaatung d. Kirche 264
Einung (coniuratio) 85, 177, vgl. Gilde
Einzelkämpfer, geistlicher 318 A. 124, 328, 331, 375
Einzug s. adventus
Eisen 442-444
Eisengewinnung 443 f.
Eisenwerkzeuge 443
elegantia 228 vgl. Schönheit

Elementarproben 407 f., s. Feuerprobe, Wasserprobe
elemosynarius 442 A. 34
eminentia (d. Königs) 197 A. 51
Emotion, Emotivität 417, 501 f., 504, 554 f., 548, 565
Endogamie 132
Engel 14, 332, 483 A. 59
Entführung s. Frauenraub
Entgegenkommen 76 f.
Enthauptung s. Todesstrafe
Entwässerung 449, 480
Episkopalismus I 22, 24
episcopatus (Güter u. Rechte) 257, 259 f., vgl. comitatus
episcopus civitatis 35, 262
Epitaph s. Grabschrift
Epochenteilung 3 A. 8
eques s. Reiter
Erbarmen (d. Königs) 210
Erbauung 333, 346, 348, 375 f., 384, 390, 393, 395, 415, 529
Erbbesitz s. Allod
Erbengemeinschaft 116 m. A. 11, 118, 128, 157 m. A. 114 f.
Erbfolge (Oberschichten) 214
Erblichkeit (weltlicher Ämter) 119, 217, 275, (kirchlicher Ämter) 162, 254, (Bauernhufe) 116 f., 157, vgl. Erbrecht, Inwärtseigen
Erbmahl 83
Erbrecht 408, 471, 478, 481 m. A. 48, vgl. Erblichkeit
Erbsen 372
Erbstreitigkeiten 128, 542
Erbteilungen 115, 117, 128, 157, 465
Eremiten 14, 38, 74, 159, 205, 327-333, 341, 344, 348 A. 6, 364 f., 368, 375, 388, 409 f., 416, 425, 439, 526, (Eremitengemeinde) 328, (E. u. Waldtiere) 439
Ernährung s. Nahrung
Ernennungsrecht, kgl. (Bischof) 262-264
Erniedrigung 54-56, 58 A. 46, 74, 98, (des Hl.) 430, 512
Ernteerträge 453 f.
Erzabt (archiabbas) 310 f.
Erzguß 103, vgl. Gießer, Glocke
Erziehung (im Kl.) 5, 376-396, vgl. Ausbildung, Schule
Esel 433, 438, 440, 503 m. A. 14, vgl. Maulesel, Palmesel; (übertragen) 231
Essen s. Nahrung, Speisegemeinschaft
Ethnologie s. Völkerkunde
Eulogien 424-426
Evangelienbuch 64 A. 73, 76 f., 431, 520
excommunicatio 343 f., s. Exkommunikation
Exemtion (Kl.) 15, 229, 300 A. 34, 321, 341, (Frauenstift) 306
Exkommunikation 79, 141, 143 A. 42, 164, 493, 512-517, 519, 525, 538, 553, 564, vgl. Anathem
Exogamie 132
Exorzismus 411, 420
Exspektanz (Bistum) 256

Fackeln 414
Fahne(nlanze) 71 f., 282, (Kirchenfahne) 72, 421, s. fano
Fahnenträger 282, (übertragen) 318
familia (Begriff) 134 f., vgl. familiäres Denken; 4, 39, 63, 134 f., 166-175, 194, 225, 264, 280, 296, 310, 352, 451, 469 A. 143, 482, 487, 489, 492-495, 510, 546, 550, 571, (familiae) 135 f., 458, 494
familiäres Denken 56 f., 85, 165-181, 207, 214, 217, 364, 448, 505, 541 A. 68, s. familia, Familiaren, Familie d. Könige
Familiaren (päpstliche) 180, (bischöfliche) 254, 280, 291, (klösterliche) 169, 342, (weltliche) 144 A. 51
familiaritas 180, 181 A. 61
Familie 113-164 (Begriff: 135, 139), 188, 214 f., 249, 251, 253, 256, 268 f., 293, 297-299, 301, 304, s. Großfamilie, Kleinfamilie, Familiengründung, familia
Familie d. Könige 126, 181
Familienbündnis 120 f., 128 A. 60
Familiengründung 137, 144, 153, 156, 169 f., 172 f., 193, (Klerus) 297-299, s. Pfarrersfrau, Priesterehe
Familienkloster s. Eigenkloster
Familienstiftung 316
fano 71 f.
Fasten 285, 333, 339, 369, 384, (Fasttage) 509, 512, (jüdische Fastengebote) II 524; s. Fastenzeit

Fastenzeit 287, 357, 369 f., 373, 381, 564
Fechtplatz 312
Fegefeuer 412, 558
Fehde 15, 85, 121, 125, 139, 155, 198, 499, 510 f., 545 f., 552 f., 555 f., 560, 564, 566
Feldhacke s. Hacke
Feldherr 226, 233 f.
Feldzeichen 233, s. Drachenbanner, Fahne, fano
Fenster 102-105, 360 f.
ferula (päpstliche) 68, 69 A. 96, 70
Festkrönung 78, 219, 224
festuca s. Zweig
Feuer s. Brand, Höllenstrafen
Feuerkugeln 417
Feuerprobe 407
Feuerstelle 359, 437, vgl. Herdstelle
Feuerzeug 549
Fibel 94, 99, 432
Fidelität 210 f., 213 A. 122, s. fides, Lehenseid, Treueid
fides, fidelis (Doppelbedeutung) 209, 232, s. Treue, Fidelität
Filialkloster s. cella
Firmung 285
Fische 330, 370, 372
Fischer 199
Fischverkäufer 199 A. 61, 495
fiscus s. Domäne
Fleischer 570
Fleischkost 369-373
Florileg 383
Fluchformeln 27 A. 84, 40, 517 f., 541, 564, vgl. Verfluchung, Segensformeln
Fluchtburg 465, 469
Flüchtling(e): (Bischof) 257, (Bauern) 482-484, 488-490, 514
Förster 477
Forestierung 447
Formulae Marculfi 500 A. 6
fortuna 188, s. Fortuna (Namenverzeichnis), Glück
Frau 123, 129, 137, 142-153, 171-174, 177 A. 46, 214, 239, 303, 309, 363, 368, 475, 482, 484 f., 509, 542, (Mitbestimmung) 148 f., s. Aachener Frauenregel, Damenkult, Ehe-..., Frauenraub, Hausfrau, Heirat, Mitregentin usw.
Frauenraub 142, 144 f. A. 51, 152, 155
Frauenregel s. Aachener Frauenregel
Freie 12, 166, 172 A. 30, 185 A. 2, 241, 249, 341, 399, 455, 458, 461, 471, 473, 477-479, 485, 490, 492-494, 496, 561, 570, vgl. Freigelassene, Freilassung, Halbfreie, Minderfreie
freie Künste s. artes liberales
Freigebigkeit 62 A. 67, 194, 209, 225, 230, 268, 270, 283, s. largitas
Freigelassener 114 A. 3, 175, 248, s. Freilassung
Freilassung 28, 117, 168, 249, 415, 489-493, 531
Fresken s. Wandmalereien
«Freunde», «Freundschaft» (erweiterte Verwandtschaft) 41, 63, 81 A. 31, 118, 120, 123-125, 156, 208-210, 212, 217, 229 f., 232, 280, 309, 410, 474, 513, 541, 568, (d. Königs) 230, vgl. 181; vgl. Schwurfreundschaft
Freßsucht 287, 369
Friedelehe 142 f.
Friedensbewegung 481, 502, 545, s. Gottesfrieden, treuga dei
Friedenskuß 59 s. pax
Friedensorte s. Immunität
Friedenswahrung 217, 225, 256, 258, 281, 564
Frondienste 454-456, 462, 464-466, 481, 485, 489
Fruchtbarkeitszauber 421
Frühstück 60, 89, 373, 530
Fürstenspiegel 203, 228, 231
Fuhrleute 495 f.
Fußbodenheizung 359
Fußfall 55 f.
Fußkuß 58
Fußwaschung 61

Gärtner 172
Gäste (d. Edlen) 197, (im Kl.) 361-364, 483, (landfremde Bauern) 449, s. Gastungspflicht, Gastungsrecht, Königsgastung
Gästehaus (Kl.) 359, 361, 459
Gartenbau 367, 445 f., 448, 453 f., 478
Gastmahl 290, 307, 469, 533, 542, vgl. Gelage

Gastungspflicht (Bischof) 282-284, (Kl.) 363, s. Gäste, Gastungsrecht, Königsgastung
Gastungsrecht 242, s. Königsgastung
Gastwirt 86, 296
Gebärden s. Gesten
Gebet (Gebetsgeste) 52, 63, (Herrscher) 233, (Mönch) 365 f., (zu den Heiligen) 400, 405; s. Gebetshilfe, Psalmengebet, Sterbegebete
Gebetshilfe 159, 204 f., 302, 341, 356, 365, 383 A. 34, vgl. Gebetsverbrüderung
Gebetsverbrüderung 62, 176 f., 207, 220, 351, 366, 517, vgl. Totengedenken
Gebieterburg 570
gebücktes Stehen s. Stehen
Gedächtnis s. memoria
Gedenkbücher 118-120, 208, 366, vgl. memoria, Nekrolog
Geflügel 369, 370 A. 110, 444
Geflügelzüchter 199 A. 61, 495
Gefolge 80-83, 85, 194, 197, 269, 275, 474 f., 489, (liturgisches G.) 82, (G. d. Teufels) 408
Gegenburgen 280, 467, s. Burgenpolitik
Gehorsam (Geistliche) 302, 318, 334, 343 f., 350
Geier 410
Geiselstellung 541 A. 68, 564
Geißel, Geißelung 287, 343
Geister (böse) 328, 404, 410 f., 418, 421-423, 434, 550, (Naturgeister) 408, 413 f., vgl. Geisterbeschwörung, Gespenstergeschichten
Geisterbeschwörung 420
Gelage 84-86, 121, 143, 176, vgl. Gastmahl
Geld (Münzgeld) 84, 107, 163, 177 f., 195 f., 251, 261, 268, 370, 389 f., 441, 458, 464, 480 f., 483 A. 57, 496, 511 f., 516, 563, 568
Geldentwertung 481
Geldleihe 507
Geldwirtschaft 195
Gemüse 371-373
genus, generatio 124, (bei Isidor) 200 f., s. Sippe
Geodäsie 394
Geometrie 390, 393 f.
Gerechtigkeit 238, 272 f.
Gericht (Gerichtsrechte) 140, 213, 276, 407, 456, 461, 481, 491, 515, 540, 552, 555 f., s. Blutgericht, Bußgerichtsbarkeit, Grafengericht
Gericht (göttliches): (jüngstes) s. Weltgericht, (besonderes) 351
Gerichtsbezirke 463
Germanenrechte 148, 151, 154 f.
Germanisierung d. Kirche 254
Gerste 452
Geruch d. Heiligkeit 427 f.
Gesandter, Gesandtschaft 436
Geschenke 60, 241, 250, 260, 267 A. 83, 270 f., 285, 314, 433
Geschichtsschreibung 418 f., 499, 501, 529, 533, 554, 560
Geschlecht (Edle) 118, 130
Geschlechtsvormundschaft 245
Gesetz 315, 320, 499 f., 503, 508, 531, 537
Gesichtsausdruck (d. Herrschers) 53, 88, s. hilaris, gravis, vgl. Gnade, Ungnade
Gespenstergeschichten 414 f.
Gesten 48-73 usw., vgl. Zeichensprache
Getreide 83 A. 45, 272, 416, 445 A. 46, 450, 453, 458, 462, s. Weizen, Gerste, Hafer, Roggen
Getreidespeicher 109, 195, 271, 289, 455, 482, 517
Getreue 41, vgl. Fidelität, fides (fidelis), Treue
Gewalt 502, 544-566
Gewand s. Kleidung, Meßgewand
Gewandsaum 60, 94, 242
Gewerbe, städtische 567, 570, (Aufzählung) 495 f.
Gewitter 414, 418, 423
Gewölbe, Wölbung 360
Gewohnheitsrecht 508, vgl. consuetudo
Gewürze 370, s. Pfeffer
Gießer 358, vgl. Erzguß, Glocke
Giftmord 146, 256, 407
Gilde 86, 177
Glanz 107 f., (d. Waffen) 196 A. 51, 495 A. 104
Glaserzeuger 362
Glasfenster s. Fenster
Glasmalerei 105 m. A. 155, 361
Glaubenszweifel 521 f., vgl. Unglaube
Gleichheit s. Ranggleichheit

Gliederung, soziale, s. Rangordnung, Dreiteilung
Glocke 51, 76, 100, 105, 351, 366, vgl. Glöckchen, Sturmgeläute
Glockenturm 521 A. 85
Glöckchen 105, 345, 421, 436
Glossar 387
Glück 202, 216, 221 A. 20, 222, 541, s. fortuna, Kriegsglück
Glücksrad 521
Gnade (herrscherliche) 53, 209, 217, 230, 274, 279, 559, (bischöfliche) 322
Götter u. Dämonen, heidnische 408, 412 f., 436, s. Hausgötter, Götzenbild; im einzelnen: Diana 413 A. 65, Donar 413, Donnergott (Livland) 414, Fortuna (Tyche) s. Namenverzeichnis, Holda (Hulda) 413 A. 65, Janus, Juppiter, Mars 412, Mermeunt (Wetterdämon) 423, Saxnot 413, Venus 412, Wotan 403, 413
Götzenbild 436, 442 A. 33, vgl. Hausgötter
Gold (u. Silber) 60, 93 f., 96, 99, 105, 107, 150 A. 78, 195, 242 f., 260, 271, 352, 389, 405, 435 f., 458, 529, 547
Goldschmied(earbeiten) 109, 362
Gotik II 418, 436, «gotischer Teppich» 95
Gottesfrieden 27, 52, 319, 416, 481, 502, 545, 564 f.
Gottesfurcht 426
Gottesgnadentum 220, 222, 224, 236, 312
Gottesurteil 407, 420 f., 424, 553, s. Elementarproben, Pflugschar, Zweikampf
Gottesvorstellung, populäre 405-407
Grab 415, 427, (antiker Götter) 412, s. Ahnengrab, Grabschrift
Grabschrift 209, 232
Grafenamt 217
Grafengericht 285
Grafenrechte v. Bischöfen 258, 275-277
grammaticus 383
Grammatik, (-unterricht) 383 f., 393
gravis, gravitas 88
Gregorianismus 267, 565 A. 87, 567
Greis 249, 351, 378, 414
Grenzsteine 139
Griechische Sprache 387 f., 534
Großbauern 490
Großfamilie 114-116, 138, vgl. Kleinfamilie
Großherrschaft 6, 196, 357, 399, 437, 439, 444, 452 f., 456 f., 464, 470, 477-479, 485, 490, (Aufbau) 454 f.
Großjährigkeit 154
Großkloster (abbatia, monasterium) 355 f., 380, 459, 485, vgl. Kleinkloster, cella
Grundherrschaft 81, 136 usw., s. Großherrschaft, Kleinherrschaft
Gruppenbildung im Kloster 353, s. conversi, nutriti, Priestermönche
Grußordnung 17, 36, 75
Gürtel (d. Vornehmen) 94, (d. Funktionärs im Kl.) 364, (d. Edlen) s. Wehrgehänge
Güterpropst 312, 546

Haarschur als Strafe 511
Haartracht 67, s. corona
Habsucht 502, 508, 558
Hackbau 441
Hacke 437, 441
Händler s. Kaufleute
Hängen s. Todesstrafe
Häretiker, Häresie 400, 523, 524 A. 94, 569, s. Ketzer
Hafer 439, 451 A. 65, 454
Hagestolz (hagustaldus) 172
Halbfreie 455, 478, 483 f., s. Minderfreie
Halsschmuck s. torquis; (f. Pferde) 95
Handarbeit s. Arbeit
Handel 106, 455, 464, 567, s. Kaufleute
Handgang 54-56, 492 A. 97
Handkuß 60
Handschriften s. Bücher; im einzelnen: Liuthar-Evangeliar (Aachen) 220, Lothar-Evangeliar (Paris) 94 A. 102, Evangeliar Ottos III. (München) 20, Mainzer Pontifikale 236, Registrum Gregorii (I.), (Trier) 54, Merseburger Totenbuch 208, Perikopenbuch Heinrichs III. (aus Reichenau) 54 A. 23, Vita Martialis 528
Handwerker 168, 172, 193, 362, 390, 429, 438, 459, 464, 481, 483, 485, 487 A. 72, 495 f., 525, 571
Harke, Harken 367, 437
Haus, Haushalt(ung) 114, 130 A. 65, 134-144, 156 f., 159, 399, (Begriff) 138-140, (festes H. = Burg) 152, 559 f., (Burg-

dörfer) 461, (Kanoniker) 300, 302, (Bauern) s. Bauernhütte, (ein Haus führen) 161, 171, 192 f.
Hausdienerschaft, Hausgesinde 166, 170-173, 192, 438, (Kg.) 241, 243, 487; s. Knecht, Magd, Kaufsklave, Kaufsklavin
Hausfrau 91, 135, 140, 144, 148 f., 159, 161, 239, 241
Hausgenossenschaft s. familiaritas
Hausgötter 403
Hausherrschaft 138 f., 148, 156, 158, 210, s. Hausvater, Hausfrau
«Hausmönche» s. asceti domestici
Hausnonnen 158 f.
Haustiere 135, 438
Hausvater 91, 117, 134 f., 158, 169, (übertragen: Abt) 166
Hebräisch 388, 422
Heeresdienst s. Kriegsdienst
Heiden(tum) 403, 546 f.
Heidenkrieg 318, 547, 564
Heil 202, 222, 415 f., s. Königsheil, Sippenheil, vgl. Glück
Heilige 87, 190 A. 25, 205 f., 400, 408, 412, 416, (Patron) 28, 78, 80, 87, 166 f. usw., vgl. Stadtpatron; (weibliche) 145, 147 usw., (Spezialisierung d. Wunderkraft) 435 A. 166, s. Heiligenverehrung, vgl. Heiligenlegende. Im einzelnen: Adalbert (u. andere Heilige d. 10. Jh.) s. Namenverz., Amandus 405, Ambrosius 87, Andreas 24 f., Antonius (d. Einsiedler) 327, Apollinaris 427, Augustinus 508, Bartholomäus 24, Basilius (d. Gr.) 508, Benedikt s. Namenverzeichnis, Bernhard v. Clairvaux s. Namenverzeichnis, Bonifatius s. Namenverzeichnis, Clemens 527, Dionysius 427, 527, Emmeram 87, Eparchius 542, Felicitas 179 f., Fides (Ste.-Foy) s. Namenverzeichnis, Florentius 430, Furcaeus 527, Genoveva 429, Gerald v. Aurillac s. Namenverzeichnis, Germanus 429, Hieronymus 146, 283, Hilarius 429, Hugo v. Anzy-le-Duc s. Namenverzeichnis, Ionatus 429 A. 140, Jakobus (d. Ä.) 24, Jakobus (d. J.) 24, Johannes (d. Täufer) 434, (Apostel) 24, 26, Judas (Thaddäus) 24, Judas (Cyriacus, Quiriacus) 26 A. 81, Julian 527, Lukas 28, Maria 14, 405, 427, 484, 513, 539, Marius 405, Markus 28, Martialis s. Namenverzeichnis, Martin 281, 427, Matthäus 24, Matthias 28, Maurilius 429 A. 140, Mauritius 414, 435 f., Maximin 473, Nilus s. Namenverzeichnis, Odilia 205, 435 A. 166, Paulus 13, 24 f., 28, 338, 428 A. 136, 431, 522, Petrus 14, 19 f., 24-26, 28, 69 A. 96, 99, 107, 214 A. 130, 349, 427 f., 433, 539, 572, Philippus 24, Remigius 429, 435, Romuald s. Namenverzeichnis, Saturninus 405, Savinian 242, Sebastian 429, Servatius 26 A. 81, Simeon s. Namenverzeichnis, Simon (Apostel) 24, Sixtus 20, 25, Stephanus 28, Stephan v. Ungarn s. Namenverzeichnis, Thomas (Apostel) 24, Thomas v. Aquino s. Namenverzeichnis, Udalrich s. Namenverzeichnis, Ursmar 411, Verena 435 A. 166, Walpurg 385, 434 A. 160, Wenzel 87 f., Wolfgang s. Namenverzeichnis
«heilige Sprachen» 387 f.
Heiligenlegende 26, 195, 392, 401, 409, 419, 425, 439, 444, 527, (f. Kg. Robert II.) 220, 222, (Bildlegende) 401, vgl. Rolandslegende
Heiligenverehrung 14, 87, 201, 206, 332 f., 405, 426 f., 432, 436
Heiligkeit (Begriff) 332, (d. Herrschers) 220 f., 224, (geheuchelte) 332
Heilkraft d. Königs 222
Heiligsprechung s. Kanonisation
Heirat (Oberschichten) 121, 123, 128, 130, 141-144, 157, 212, 229, 305, s. dos, Ebenbürtigkeit, Familiengründung, Friedelehe, Heiratsbeschränkungen, Heiratspolitik, Heiratsverbote, Konsens; (Geistliche) 160 f., 494, s. Priesterehe, vgl. Pfarrersfrau, Priestersöhne; (Knechte) 169-171, 491, 494, s. dos, Familiengründung, Heiratsverbote, Konsens; (sakramentale Eheschließung) 163
Heiratsbeschränkungen (weltliche) 173 f., 485, s. jüngere Söhne; vgl. Heiratsverbote
Heiratsgut (Mitgift d. Frau) 125, 141, 148, 161, 243, vgl. dos
Heiratspolitik 125-128, 131

Heiratsverbote, kanonische 130-132, 141, 161, 163, 178, vgl. Endogamie
heiteres Wesen 88, 190, s. hilaris; heiteres Wetter s. serenitas
Heldentum 191 f., 200
Hemd 54, 432, 437
hemina s. Weinmaß
Helm 281
Herabsetzung 41, s. Zurücksetzung
Herdstelle 116 A. 11, vgl. Feuerstelle
hereditarii 63
herilitas (staturae) 254
Herkunft, alte 20, s. Ahnen
Herrenhof 454 f., 457, 489
Herrenland 362, 452, 454-456, 484, 489
Herrin s. Hausfrau, domina, Damenkult
Herrschaft (Begriff) 185 f., 188
Herrschaftspropaganda 61, 220, 223
Herrschaftszeichen 51, 421, vgl. Insignien
Herrscher (gerechter) s. rex iustus, (ungerechter) s. tyrannus
Herrscherempfang s. adventus
Herrscherhof 39, 51, 80 m. A. 29, 83, 218, 362, 433
Herrscherornat s. Kleidung
hilaris, hilaritas 53, 85, 88 A. 66
Hilfepflicht s. Rat u. Hilfe
Himmel (astronomisch) 417, 423, (christlich) 14-16, 32, 45, 178 f., 207, 427, 522 usw., vgl. 393
Himmelserscheinungen 11, s. Himmel (astron.), Blutregen, Feuerkugeln, Komet, Meteoriten, Sonnenfinsternis, Gewitter
himmlisches Jerusalem 328, 402
Hintersassen 478
Hirte 54, 65, 93, 169, 172, 199, 414, 422, 444, 446, 477, (übertragen) 175
Historia Augusta 42
Hochmut (Stolz) 36, 198, 237, 250, 268, 320 f., 387, 403, 483, s. superbia
Hochsitz (des Herrn) 45, 90, vgl. Thron, cathedra
Hölle 404, 412, 500, 519, 522, 558
Höllenstrafen 518, 520, 558
Hofämter 84, 241 f., s. Kämmerer, Marschall, Mundschenk, Seneschall, (Bischofshof) 269
Hofbischof 265
Hofdienste 175, 254, 265
Hofhaltung s. Herrscherhof, Hofstaat, Hofverwaltung, Bischofshof
Hofkapelle s. Kapellan
Hofrecht (Worms) 272
Hofstaat (d. Königin) 242, (d. Teufels) 411
Hofverwaltung 241, s. Hofämter
Holz 68, 438, 446, 466, 470
homicidium s. Mord u. Totschlag
homo 169 A. 19, 479, 558
Homosexualität 329, 368
honestas 51, (palatii) 241
honor 17, 33, 95 A. 111, 156, 210, 260, 272, (Bedeutungen) 193 f., 553 A. 36
Hose 99, s. Reithose
hospites s. Gäste
Hülsenfrüchte 370-373, 448 f., 451 f., s. Bohnen, Erbsen
Hufbeschlag 442 f.
Hufe 115, 137, 144, 153, (Begriff) 445, 455, 473, 476 f., 484, 486
Huldigung 66 A. 64, 77, (Bischof) 270
Huldverlust (kgl. Huld) 487 A. 73, (bischöfl.) 295, 322, vgl. Ungnade
humilitas (Bedeutung) 237, s. Demut
Hund 438 f., s. Jagdhunde
Hunger 450 A. 64, 482, 500, 518, 562
Hungersnöte 11, 62, 80, 109, 195, 283, 399, 406, 433, 450, 455, 482, 546, 562 f.
Hungertuch 104

Idoneitätsprüfung (Bischof) 261
Illiteraten (im Klerus) 354 A. 36, 365, 381 f.
imitatio maiorum 377 f.
Immunität (räumliche) 281, 286, 545, (persönliche) 545
imperator (Bedeutungen) 227, vgl. 226, (Theophanu als i.) 126, s. Kaiser(tum)
imperialis 227 A. 47
incastellamento 116, 459-464, 469, 480, 490 f., 570, vgl. Burgdörfer
inferiores 189
ingenium 231, 491, 530 A. 13, 531 f., 554 A. 42
Insignien, kgl. 64, 70 f., 73, 93, 245, vgl. Herrschaftszeichen

Instabilität (Mönche) 347 f., 390, s. Schüler, fahrende, (Weltliche) s. Flüchtlinge, Wanderschaft
Interdikt 164, 512-514, 518
Intervenienten 151, 159, (Königin) 240 f., 244, 250, (himmlische) 207
Investitur 69 A. 94, 100, 315, 514, (Bischof) 260, 264, 266, (Abt) I 314
Inwärtseigen 490 A. 86
Italienpolitik d. Kaisers 226
iustitia s. Gerechtigkeit
iuvenis 154-156, vgl. Jungmannschaft

Jäger 446
Jagd 74, 196 f., 293 f., 480, (wilde) 413
Jagdfalke 198, 282, 293 f., 312, 388, 490
Jagdhorn 196 A. 51, 495
Jagdhunde 197 A. 51, 282, 293 f., 312, 388, 490, 495
Jagdverbote 197
Judaisierende 523 f.
Juden s. Namenverzeichnis
Junggeselle 155 f., 169, s. Hagestolz, vgl. Hausdienerschaft, puer
Jungmannschaft 155 f., 192, s. Söhne, jüngere

Kämmerer (kgl.) 241 f., (bischöfl.) 288 f.
Käse 336, 370-372, 420
Kaiser(tum): (antik) 228, 236, 262, (Byzanz) 67, 90, 97, 223, (Abendland) 23, 44, 220, 226 f., 421, 457
Kaiserbilder 51 f.
Kamel 223, 503 A. 14
Kamin 359
Kammerboten, kgl. 75
Kammerdiener 488
Kanones, kanonisches (kirchliches) Recht 22, 163, 507 f., 516, 568 f., (Einzelbestimmungen:) über Bischöfe 179, 255 f., 260, 262, 270, 295, 507; Bistumsgut 298; defectus natalium 164 A. 143, 296, 492; dos ecclesiae 205; Ehegesetzgebung 126, 130 f., 173, (Scheidung) 141, (Priesterehe) 161; Kloster 312, 322; Kriegsdienst d. Klerus 281; Meßgewand 98; Niederkirchen 295; Weihealter 35; Weissagung 420; Zweikampf 408
Kanonessammlungen 24, 89, 388, 413, s. die Autoren (Namenverzeichnis)
Kanonikatspfründen 297-300, 302-304, 308
Kanoniker 159, 175 usw., s. Königskanonikat
Kanonikerregel s. Aachener Regel
Kanonikerstift 252, 300-304, 338
Kanonisation 332, 426
Kanonissen(stift) 151, 179, 304-308, 381, 386
Kantor 60, 71, 106, 301 f.
Kapellan (kgl.) 34 A. 124, 98, 122, 124, 266 f., 300, (nichtkgl.) 38, 82, 214
Kapitelle 365, (mit Reliquien) 431
Kapitelsaal 384
Kapitularien, karolingische 315
Karren 280, 476, 503 A. 14
Kasel 98
Kastanien 330, 447, 450 A. 61
Kastellan(ie) 151, 215 A. 136, 465 f., 567
Kaufleute 86, 296, 365, 370, 481, 539, 550, 570, vgl. Handel
Kaufsklave 462, 478, 486-489, 528, 547 A. 11, s. Sklavenkauf
Kaufsklavin 487
Kelch (Meßkelch) 76, 106 f., 145, 296, 311, 389
Kellermeister 354, 364
Kerze 77, 178, 345, 358, 404 A. 20, 438
Ketzer 6, 109 A. 176, 385, 400, 411 A. 52, 415, 513, 517, 523-526, s. Bogumilen, Häretiker
Kinder (v. Mägden) 171-173, (im Kl.) 343 s. nutriti, pueri oblati
Kinderzimmer (Grafenfamilie) 150 A. 80
Kirchenbann s. Exkommunikation, Anathem, Interdikt
Kirchenbau 74, 273 f., 282 f., 298
Kirchenbuße 64 f., 144, 362, 406, 513, 515, 538 f., (Bußsummen) 195 m. A. 47
Kirchendach 108, 505
Kirchengebäude 85 A. 50, 100-106, 358, 360, s. Altar, Fenster, Glocken, Kirchendach, Krypta, Säulen, Symbolik, Triumphbogen, Turm
Kirchengut 48, 479 f., 491, 494, 515, 564, (Umfang) 458 A. 100, (u. Laien) 257 f., 265, 295, 297, 315, s. Bistumsgut, Klostergut
Kirchenpacht 296

Kirchenrecht s. Kanones
Kirchenschatz 109, 546, (Byzanz) 84, s. Schatz, kgl.
Kirchenväter 238, 377, 382, 388, 394, 410, 435, 500, 517
Kirchweihe 101, 285 f.
Kissen 91, 95
Klagen, öffentliches 209, s. Schreibrüder
Klausur 98, 307, 309, 311, 317, II 371 A. 119
Kleidung 92, (Herrscher) 60, 67, 92-94, 106, 216, 220, 238, 243, 421, (Herrscherin) 243, (Weltklerus) 98 f., s. Meßgewand, (Kanoniker) 302, (Kanonissen) 305, (Mönche) 97-100, 332, 334, 336 f., 360, s. Kukulle, (Stiftsschüler) 301, (Edle) I 94, 243, 293, (Bauern) 360, (Hirten) 54, (Büßer) 65 vgl. Bußgewand, (Kleiderluxus) 94, vgl. Mode, Stoffe
Kleinbauern 458, 477
Kleinfamilie 114, 116, 138 f.
Kleinherrschaft 460, 463-465, 471, vgl. Großherrschaft
Kleinkloster (coenobium) 355 f., 359, vgl. Großkloster, cella
Kleinstkloster s. cella
Kloster s. Kloster-, Mönchtum
Klosterbibliothek s. Bibliothek
Klostergarten 367
Klostergebäude 359-362
Klostergründung 414, 419
Klostergut 315 usw., s. Abtgut, Konventgut
Klosterkost s. Nahrung
Klosterplan (aus St. Gallen; wohl Reichenau) 172, 182, 357, 359-361, 363
Knabe s. puer
Knecht 12 f., 39, 124, 134, 144, 149, 169-171, 186, 193, 210, 214, 249, 285, 296, 360, 399, 438, 449 A. 58, 450, 455 f., 459, 474, 476, 478 f., 482-494, 562, 570, (behaust) 136 usw., (unbehaust) 136, 154 usw., s. Hausdienerschaft; (übertragen) 310, 484; vgl. Unfreie, Verknechtung
Kniefall 54 f., 334, 336
Kniekuß 58 f., 244
Knien 40, 58
König(tum) 22, 41, 44, 57, 59 f., 67, 71, 101, 125, 154 A. 98, 159, 180, 194, 198, 202, 210, 213, 216-247, 256, 258-260, 262, 264, 312, 315, 322, 449 A. 58, 457, (Heiligkeit) 220, s. Bibel, Herrscher-, Königs-, rex iustus, tyrannus
Königin 151, 239-247 usw.
Königsboten 242
Königsdienst 118 s. Hofdienst, Kriegsdienst, Reichsdienst
Königserhebung (Deutschland) 21, 23, 25, 219, 221, (Lothringen ?) 542 f., (Frankreich) 222, 236, 246 A. 150, vgl. Krönungs-, Befestigung, Königsumritt
Königsgastung 455, s. Gastungsrecht, -pflicht
Königsgebot 224
Königshalle 83
Königsheil 221, 224, 415
Königshof s. Herrscherhof
Königskanonikat 220, 302
Königsmystik 222, 228
Königsnähe 34, 218, 264
Königspfalz s. Pfalz
Königsschutz 152, 266, 487
Königsspiegel, hellenistische 238, vgl. Fürstenspiegel
Königsumritt 216
Königtum s. König
Körperhaltung 53, s. Fußfall, gebücktes Stehen, Kniefall, Knien, prostratio, Proskynese
Kognaten, kognatisch 118 f., 119 A. 25, 121-124, 135, vgl. Agnaten
Kolonen (Italien) 488, s. Halbfreie, Minderfreie
Komet 418
Kommendation 50, 54 f., 58, 266, 481, s. Vasallität, Selbstübergabe
Kommune (comune) s. Stadt (Oberitalien)
Kommunion 402, 407, 425, 541
Komödie 529, s. Terenz, Hrotsvith (Namenverzeichnis)
Kompaternität s. Taufpate
Konkubinat 142–144, 160, 171
Konsens (Ehe) 142, 177 A. 67, (kgl.) s. Bischofswahl
Kontinuität (antike, germanische) 6, 403
Konventgut (Kl.) 315, vgl. Abtgut
Konversen s. conversi
Kopfbinde 99

Kopfzins 481 A. 50, 485, 491, s. censuales, Zins
Kornspeicher s. Getreidespeicher
Kranke 173, 349 f., 363, 369 A. 110, 370, 424 f., 433 f., s. Krankenpflege
Krankenhaus s. Spital
Krankenpflege 62 A. 67, 89, 172, s. Kranke
Kreuz (Kruzifix) 64 A. 73, 79, 106 f., s. Pfarrkreuz, Vortragekreuz
Kreuzeszeichen 286, 415, 423
Kreuzgang 365
Kreuzpartikel 424, 432
Kreuzweg (Wegekreuzung) 419
Kreuzzüge 318, 426, 564 f.
Krieg 46, 191 f., 416, 418, 424, 456, 462 f., 544 f., 547, 552, s. Heidenkrieg, vgl. Schachspiel
Kriegsbeute 546 f., 550
Kriegsdienst (Geistliche) 18, 163, 265 f., 271, 274, 277 m. A. 132, 281 f., 294, 317, 510, (fromme Laien) 333, (Bauern, Sachsen) 469; (übertragen) s. militia
Kriegserklärung 75, 533 A. 24, 545
Kriegsgefangene 488, 546 f., 550
Kriegsglück 221, s. Glück
Kriegshandwerk (disciplina militaris) 191, 281
Kriegslist 502, 531, 533, s. List
Kriegstüchtigkeit (d. Herrschers) 233, s. virtus
Kristall 106, 108
Kritik, historische 26 A. 81, 527, 528 A. 3
Krönung s. Königserhebung, Festkrönung u. die folgenden Stichworte
Krönungseid (Frankreich) 222
Krönungsmahl 83
Krönungsrecht 21, 23, s. Königserhebung
Krone 67, 93, 106, 228, 473 A. 8, 542
Krypta 103, 358, 427
Küche 150, 363
Küchendienst (Kl.) 365, 367, 409
Künste s. artes
Kuh s. Rind
Kukulle 96-98, 309, 317, 334, 337, 339, 350, 360
Kulturgeschichte 6 f., 92
Kupfer 107
Kurznamen s. Namengebung
Kuß 58 s. Fußkuß, Handkuß, Kniekuß, Lehenskuß, pax
Kustos (Stift) 301 f.
Kustodenpfründen 162
Kutte s. Kukulle

labor (Bedeutung) 193 f., 400, s. Arbeit
laboratores 193, s. Arbeiter, Dreiteilung
Lachen 190, 393
Laien (als Heilige) 333, (Bildung) s. Bildung, vgl. die folgenden Stichworte
Laienabt 310-314
Laienbruder 354
Laienethik 203
Laienmönche 36 f., 354 f. m. A. 36, 357 A. 51, 382 A. 30
Lampe (Kirche) 105, vgl. Kerze, Leuchter
Landarbeiter 193, (Neuzeit) 173; s. Hausdienerschaft, Tagelöhner, Wanderschaft
Landesaufgebot 191
Landflucht 449, vgl. Wanderschaft
Landgemeinde 479, 570
Landleihe 488, (Formen d. L.) 479, (Leihegut) 478, s. Libellarkontrakt, Prekarievertrag, Pacht, vgl. Lehen
Lanze 71, 242, 280 f., 319, 557, 562, (heilige L.) 72 f. m. A. 113, 220, 232; s. Fahnenlanze, vgl. Spieß
largitas 62, s. Freigebigkeit
Latein 284, 376 f., 383 f., 387, 390 f., 503, 525, 528
Latrinenhaus 361
laus perennis 335 m. A. 32
Lebensbeschreibungen s. Viten, Heiligenlegende
Lehen 148, 157, 253, 257 usw.
Lehengesetz Konrads II. 571 A. 21
Lehenrecht 264, 282, 315, 536
Lehenseid 121, 161, 211 f., 244, 267 A. 83, 269, 295, 322, 493 A. 97, 531, 538, vgl. Treueid, Fidelität
Lehensfolge 212
Lehensherr 125, 141, 154 usw., s. senior, dominus
Lehenshuldigung 47
Lehenskuß 57, 58 A. 42
Lehensleute s. Vasallen

Lehenspflichten 118, 210 f., 277, 513 f., s. Königsdienst
Lehenstreue 57, 211 m. A. 114, 557 A. 54, vgl. fides
Lehenswesen 46 f., 54 f., 213 usw., s. Versachlichung
Lehranekdote 50, 180
Leibfeindlichkeit 368, 375
Leichenbegängnis s. Begräbnis, Leichenzug
Leichengericht (Formosus) 415
Leichenverbrennung 415
Leichenzug 63 f.
Leichnam, lebender 415
Leinen(kleidung) 94, 98 f., 243, 302, 305
Leitnamen s. Namengebung
Lesen (im Kl.) 354 f. A. 36, 376, 381 f.
Lesung, geistliche 284, 303, 336, 355 A. 36, 367, 384
Lettner 107
Leuchter 105, 242, 349 A. 14, 354, vgl. Lampe, Kerze
Leutseligkeit 190
Lex Salica 155
Libellarkontrakt 253, 479 f., 490 m. A. 86, 491 f. A. 93, 496
libri feudorum 68
libri memoriales s. Gedenkbücher
Lichter (Lichterscheinungen) 414
Liebe (eheliche) 400, (kindliche) 57, (christliche) 400 f., 405 f., 485 m. A. 65, 539
Linie (genealog.) 117 f., 123, 130
List 145, 209, 232, 502, 529-533, 554 A. 42, vgl. ingenium, Kriegslist
Litanei 28
litterati (im Kl.) 38, s. Lesen
Liturgie 285 f., 335, 337, 364, 420-422, 424, (liturg. Steigerungen) 335
Lösegeld 380 A. 18, 546
Löwen 105, 223, vgl. Tiergärten
Lokalpatriotismus 435
Lüge 527-529, 531, 535, 542, s. Scherzlüge, Lügenmärchen
Lügenmärchen 528 A. 5
Lynchjustiz 329 f.

Märtyrer, Martyrium 179, 332, 412 A. 60
Magd 124, 149 f., 171 A. 23, 172 f. usw.
Magie 404, 416, (weiße) 408, 420 f., 423, (schwarze) 146, 420-423, vgl. Zauberei
Magier 404 A. 20, vgl. defensores, Zauberer
magnanimitas 229
Mahlzeiten (Kl.) 373, (weltl.) s. Frühstück, Tafel
maiestas-Darstellungen 403-405, 436
maiores (Oberschichten) 189, (Autoren) 377 f., (Meier) s. diese
Makrokosmos, Mikrokosmos 499
Malerei 103, (Glasmalerei) 105 m. A. 155
mancipium 487 f., s. Knecht, Magd, Kaufsklave, Kaufsklavin
Mandorla 220
Manipel 98
Mannesstamm s. Agnaten
mansus s. Hufe, massa
Mantel 94, 99, 301
manumissio (Symbolhandlung) 493, s. Freilassung
Markt 439, 456
Marschall 242
massa, massutus 268
Masseur 199 A. 61, 495
Maßhalten (mâze) 190, 191 A. 29, 302, 332, 338, 375
matricula 61, 63, 363, s. Armenpfründen, Schreipfründner
Mauerbau 273, 462-464, s. Stadtmauer
Maulesel 440
Mauleseltreiber 495, vgl. 199 A. 61
Maultier 439
mediocres 189, 284, s. Mittelschichten
mediocritas s. Maßhalten
Mehrfachvasallität 46, 215, 275, 333, 538
Meier (Güterverwalter) 196 A. 51, 296, 439, 455, 477, 495, 519
Meierhof 52, 68, 148, 149 A. 73, 168, 267, 370, 430, 452, 454 f., 459 f., 464, 477, 484, 489
Meineid 313, 535, 539 f., 556, 564
Meinung, öffentliche 484, 556, 558
meliores 168
memoria (weltlich) 201, 205, (geistlich) 107, 205-208, s. Gedenkbücher, Nekrolog; (literarisch) 209
Memorialbuch s. Gedenkbücher

Menschenfresserei 482, 562 f.
Menschenrechte 483
Mentalität 3, 113, (archaische) 338 A. 47, 403
Mentalitätenforschung 426 A. 128
Messer 419 s. Tischmesser
Meßgewand 73, 92, 98, 296, 389, 417, 427
Meßkännchen 106
Meßkelch s. Kelch
Met 371 A. 116
Meteoriten 417
Metropole, Metropolit 20 f., 260
Milde s. clementia
miles 16, 99 A. 131, 564, 570, vgl. Vasallen, Ritter, (castrensis) 464, 470
militia (christiana) 72, 312, 318, 328 f., 331, 369, 571, (s. Petri) 572
Minderfreie 137 A. 21, 479, 481, 482 A. 51, 491, s. Halbfreie
Ministerialen (bischöfl.) 39 A. 144, (Kl.) 169-174, 210, 357, 476 f., 486 f., 493, 495 f.
Minnetrinken s. caritas
minores, minimi 189, s. Unterschichten
Mischkultur (Landwirtschaft) 450
Mischregel 340, vgl. Benediktsregel
miseriae regum 236
Mißernte 195, 239, 364, 441, 453, 476, 482
Mitra s. Bischofsmütze
Mitregent 234 f.
Mitregentin 240
Mittelschichten 2, 6, 39, 236 f., 256, 268, 284, 297, 369, 481, 546, 556, 558, 565, s. mediocres, vgl. Oberschichten, Unterschichten
mixtum 373
Mobiliar s. Möbel
Mobilität 457, 472-496
Mode, wandernde 92, 95 A. 108
Möbel 81 A. 29, 104, 196
Mönchsgewohnheiten s. consuetudines
Mönchspartei (am Hof Roberts II.) 322, 516 A. 62
Mönchtum 5, 11, 13 A. 8, 15, 30, 236, 308-320, 333-396 usw., (Zahlenstärke) 355-357
Mondesfinsternis 406, 413
Monstranz 436
Mord u. Totschlag (homicidium) 44, 272, 354, 411, 425, 487 f., 511, 533, 538, 548, 550 f., 556-560, s. Giftmord
Motte (Burgentypus) 467, 470
Mühle, Müller 193, 362, 477
Münzer 135
Münzfälschung 513
Münzstätte 458
Mütze 67 f., 93, 97
Mundschenk 91, 242 f.
Musik (Musiktheorie) 389, 391, 393, 395, (Musikübung) 64, 86, 89, 105 f., 284, 395, (neue Musik) 395 m. A. 93; s. Rezitativ
Mutter (übertragen) 178 f.

Nachbenennung s. Namengebung
Nachtwachen 285, 334
Nahrung (Eremiten) 330, (Mönche) 370-373, (Kanoniker, Kanonissen) 302, 304, (Unterschichten) 446-448, 450, 453
Namengebung 128-130, 138, 149, (Leitnamen) 128, (Kurznamen) 155 f., (Nachbenennung) 218, (Bedeutung d. N.) 201 A. 68, (Haustiere) 438; s. nomen
Naturvölker 411
Nebenfrauen 143
Neid(er) 184, 198, 320, 346, 389
Nekrolog 208, vgl. Gedenkbücher
Nepotismus 120, 181, 217, 228 f., 251 f., 254 f., 310, vgl. pietas
Neues, Neuerungssucht 378 f.
Neues Testament 16 f., 23-25, 45 m. A. 163, 54, 83, 88 f., 101, 138, 165
Neulandgewinnung 449, s. Rodung, Entwässerung
Neuplatonismus 13 f.
Nibelungenlied 42
Niederkirchen 295-297, s. Pfarrorganisation, Taufkirche
Niederwald 446
Nigromantie s. Magie, schwarze
nobilis, nobilitas 5, 186-203 usw., vgl. Edler
nomen 82
Nonnen 68, 89, 159, 174, 304 f., 307 f., s. Hausnonnen
Nonnenkloster 159, 165, 205, 307
nonnus 167

Notitia Galliarum 18 f., 35
Novizen 168, 177, 337, 357, 359, 363, 376, 384, 390, 485
nutriti (im Kl.) 175, 348, 353, 382 A. 30

Oberschichten 47, 55, 92, 190, 195, 209, 213, 217 f., 249 f., 254, 260, 293, 297, 341, 356, 358, 399, 439, 473, 495, 510 f., 546, 553, 556, 558, 563, s. potens, princeps, proceres
Oblation (Oblaten im Kl.) s. pueri oblati, (Gaben) 414, s. Opfergaben
Obstbäume 447, 549 f.
occursus s. Entgegenkommen
Ochse 440 f., 478, s. Rind
Odyssee 135
Ökonom (bischöfl.) 269
Opfergaben (Messe) 79, 146, 162, 295, 306
oral poetry 401
oratores 204, s. Dreiteilung
Ordnung (göttliche) 224, 239, 281, 285, 393 f., 499 f., 503, (drei Ordnungen) s. Dreiteilung
ordo 11 f., 17, 29 f., 32, 37, 59, 89, 91, 338, 499 A. 1, 500, s. Ordnung
ordines (antik) 11, (christlich) 13 f., 36 f., 92, 322, (tres ordines) s. Dreiteilung
Orgel 536 A. 40
origo (gentis) 202 f.
ornamentum (regale) 241
Ornat (priesterlicher) s. Meßgewand
ornatus (Hofhaltung) 81 A. 29, vgl. apparatus
Ortsherrschaft 464
Ostkirche 100, 308, vgl. Bischof, Byzanz (Namenverzeichnis)

Pacht, Pächter 462, 479 f., s. Libellarkontrakt
Pachtzins 462
Pädagogik 377
Palisaden 273, 467
Pallium 92
Palmesel 436 A. 172
Panik 235, 505 f.
Panzerhemd 280 f., 317
Panzerreiter 277 f.
Papst, Papsttum 20, 23, 35, 50, 163, 180 f., 229, 251, 271, 293, 317, 347, 354, 419, 421, 428, 507 A. 29, 508, 515, 523 A. 91, 556, 567, 572
Papstabsetzung 68, 281, 503
Paradiesesidee 223, 439
pars sanioris consilii 341 f.
Patene 105
Patenschaft s. Taufpate
pater familias s. Hausvater
patrimonium Petri 428
Patristik s. Kirchenväter
Patron s. Heiliger
Patrozinien 428
pauper 197, s. Arme
pax (Friedenskuß) 36, 59 m. A. 52
Pax-Milizen 565
Pelz 99, 109, 301, 360, vgl. Schaffellrock
Pelzkappe 99
Pendler 490 A. 84
(ex) persona(-Briefe) 535
Personennamen s. Namengebung
Petersstab 25 f., 69
Pfalz 180, 223, 234, 241 f., 274, 283, 290, 359, 504 f., vgl. honestas
Pfalzgrafen(amt) 151, 219, 224
Pfarrersfrau 160, 297, 494, 519
Pfarrgeistlichkeit 145, 279, 285, 296, 303, 380, 382, 402, 529, vgl. «Eigenpriester»
Pfarrgemeinde, Italien 460 A. 107, 463, s. Pfarrorganisation
Pfarrkreuz 79
Pfarrorganisation, Italien 460 A. 104, 464 A. 120, s. Pfarrgemeinde
Pfeffer 370 f.
Pfeil 281
Pferd 51, 75, 80, 82, 84, 95, 158, 194, 196, 233, 241, 290, 293, 361, 439 f., 442 A. 34, 443, 476 f., 490, 495, 505 f., 549, 562, (Lastpferd) 495, (Pferdeknochen) 433, (Pferdeorakel) 439, (Geisterpferde) 413; s. Schimmel, Zelter, vgl. Hufbeschlag, Reitdecke, Sattel, Schimmel, Zaumzeug, Zelter
Pferdestall 361
Pflichtprozession 79
Pflügen 440
Pflug 153, 437, 442 f., 451, 478, 484, s. Pflugschar, Pflügen
Pflugschar 442, (im Gottesurteil) 407, 420

Pfründe s. Armenpfründen, Kanonikatspfründen, Kustodenpfründen, praebendarius
Philosophie, Philosoph 226, 230, 236, 389
pietas, Pietät 120 m. A. 31, 228 f., 235 f., 238
Pilger 65, 74, 80, 200, 363, 433, (übertragen) 52
Pilgerreise 236
Pilgerstab 285 f.
placitum 118
Plünderungsrecht (Königspfalz) 504, (Bistum) 289, 504
Polster 335
Polypticum s. Atto v. Vercelli (Namenverzeichnis)
Polyptychon 6, 116 A. 11, 153 A. 90, 399, 452 A. 73
Pontifikale 388
Pontifikalsandalen 409
Popularbegriff 139, 186, 189, 476, 560, 562
possessor 481
potens 46, 197
potentatus 198, vgl. principatus
praebendarius 171 A. 25, s. Knecht, Hausdienerschaft, vgl. Armenpfründner
Präzedenz s. Vortritt
Predigt 51, 284, 390, 401 f., 506, vgl. Bildpredigt, Volkspredigt
Preis (von Land) 441, (von Eisenprodukten) 443 f., (von Haustieren) 439 f., 441 A. 30
Prekarievertrag 171 A. 25, 253
presbiterissa s. Pfarrersfrau
Prestige (soziales) 4, 15, 75, 78, 80 f., 92, 119, 124, 159, 169, 171, 180, 193 f., 198, 241, 274, 304, 312, 369, 474-476, 487 A. 72, 512, 554
Priesterehe 145, 160-164, 494, s. Pfarrersfrau, vgl. Priestersöhne
Priestermönche 36 f., 353
Priestersöhne 163, 164 A. 143, 251, 494
Priesterstand (Freiheit) 296, 492-494, vgl. «Eigenpriester»
Priesterweihe 164
Primat 17, 20 A. 46, 21-25, 31, 35, s. Abtprimat, Weiheprimat
primates (Große) 237, 274
princeps 46, 217 usw.
principatus (Papst) 24, (über Oberitalien) 245, vgl. potentatus
Prior 345
proceres 46 usw.
prodigium s. Vorzeichen
Profeß (d. Mönchs) 35-38, 167, (Kanonisse) 305, 354
Profeßurkunde 350
propositum (geistliches) 204, 338, 341, 343
Proskynese 55 A. 31, 404 A. 20, vgl. prostratio
prostratio 56, 64, 236 m. A. 114, 336, vgl. Proskynese
Proteine 452
Prozession 37 f., 52, 65, 74, 77, 79, 106, 309, 321, 334, 345, 405, 420, 436, vgl. Pflichtprozession
Prozessionsstraße 78
Prügel 18, 329, 331, 365, 429, 511, 541
Prunk s. apparatus, Aufwand
Psalmen(gebet) 36, 176, 335, 355 A. 37, 382, 511
Psalterium 176, 354 A. 36, 383
Pseudoisidorische Dekretalen 19, 20 A. 46, 21, 130, 179
puella militunia 155, vgl. Magd
puer (Altersbezeichnung) 154, 528, (sozialer Rang) 154, (p. regius) 154 f., (pueri oblati) 38, 249 m. A. 14, 250, 349 f., 352 f., 373, 376

quadrivium 393-396, s. Arithmetik, Geometrie, Astronomie, Musik(theorie)
Quellenfälschungen 28 A. 94, 527 f., s. Urkunden(fälschung), Pseudoisidorische Dekretalen
Quellenkritik s. Kritik

Rabe 410
Rachepflicht 510-512, 550, vgl. 547 A. 16
Rachepuppen 422, 423 A. 114
Räuber 204, 290, 316 f., 319, 354 f., 501, 516, 546, 558-567, s. Raub
Räuberhauptmann 559
Rangdenken (Klerus) 15 f., 27 f., 167, 180, 405, (Unterschichten) 153 f., 171 A. 83, s. Rangordnung

Ranggleichheit, Problem d. 13, 16, 22, 42, 46, 126, 211, 227, 240, 304
Ranglisten (Städte, Kirchen) 18 f., s. Notitia Galliarum
Rangordnung 4, 11-48, 54, (Stämme) 19, (Sozialgruppen) 13 A. 8, (Binnengliederung) 16, 28, 33-38, 73, (Städte u. Bistümer) 18 f., (Bischöfe) 92, 307, (Kanoniker) 304, (Mönche) 345, s. Profeß; (Weltliche) 39-47, 90, 210, 230, 249, 315, II 476 f., (Unterschichten) 154, (Haustiere) II 438; vgl. Hoftafel, Rangstreitigkeiten, Sitzordnung
Rangstreitigkeiten 17 f., 21 f., 25-30, 40, 42
Rasur 99 f.
Rat u. Hilfe 120 f., 210-212, 237
Ratgeber 146 f., 148 A. 68, 190, 200, 217, 225, 230 A. 57, 231 f., 237, 245, 533, 542 f., (Königin) 240 f.
Raub 403, 558, s. Räuber
Rauchabzug (im Dach) 359, 361, 437
Rauchfaß 77, 106, 422
Rauchküche 437
Recht 4, 500, 502, 564, (Römisches) 140, 148, (kanonisches) s. Kanones, (weltliches) s. Germanenrechte, vgl. consuetudo
Rechtsfähigkeit 148
Rechtsformalismus 11, 530 f., 541, 554 A. 42 usw.
Rechtsstreit 552
refectorium, refectorius 364, 371 A. 119, 373, 384
Reform 5, 98, 159, 178, 253, 298 f., 300 A. 33, (Mönche) 310-312, 314 f., 334-348, 366, 375, 499, 502 m. A. 11, 504, 557, 567-569, 572
Reformer, lothringische 569
Regel s. Aachener Regel, Benediktsregel, Mischregel
Reichsapfel 106
Reichsbischöfe 176, 207 usw.
Reichsdienst (d. Klerus) 252, 297, 315, 495 usw.
Reichseid 210
Reichsinsignien s. Insignien
Reichskirche 55, 60, 262, 266 f., 274, 277, vgl. Bistümer, kgl. (Frankreich)
Reichsmönchtum 334
Reichtum 125, 188, 194 f., 197 f., 216, 221 A. 20, 248, 250-252, 267, 475 f.
Reinigungseid 407
Reisen (Geistliche) 97, 319, 347 f., 529, s. Instabilität, Schüler (fahrende); (Weltliche) s. Gäste, Pilgerreise, Wanderschaft
Reisetasche 285
Reitdecke 73, vgl. Sattel
Reitdienst 168
Reiter (eques) 495, 550, 571
Reithose 97, 99
Reitstiefel 53 A. 17, 58
Rekluse 329, 331, 416, 419 A. 98
Rekognition (d. Herrschaft) 77, 80 f.
religio (Mönchsleben) 204, 318, 327
religiosus 327
Reliquiar s. Reliquienbehälter
Reliquien 27, 32, 106, 109, 321, 415 f., 421 f., 425, 427 f., 430-432, 519, 539, 564, (Berührungsreliquien) 425, 431, (Teilreliquien) 431 f., s. Reliquienbehälter, Reliquienbüste, Reliquientranslation
Reliquienbehälter 32, 53, 242, 405, 429-431, 434-436, 512, 530
Reliquienbüste 401, 405, 435 f.
Reliquiendiebstahl 433
Reliquiensammlungen 431
Reliquienschrein s. Reliquienbehälter
Reliquienschwindel 433
Reliquientranslation 179 f., 429 A. 140, 430, 432 f.
Renaissance (karolingische) 227, 390, (ottonische) 379, 385
Reordination 425 A. 78, 569
Repräsentation 16, 74-109, 149, 159, 194, 200, 275, 370, s. Staatsrepräsentation
Repräsentationszeugen 39, 486
Reservatrechte (d. Königs) 76
Revolution 496, 567 f., (landwirtschaftliche) 451, (révolution castrale) 461
rex (iustus) 62, 218 m. A. 12, 219, 239, (superiorem non recognoscens) 44
Rezitativ, liturgisches 385
Rhetorik, rhetorisch(e Elemente) 201, 377, 386 A. 48, 390-393, 482 A. 52, 494, 501, 518, 520, 560
Rind 83 A. 45, 438 A. 9, 444, 484, 517, s. Ochse, Büffel

Ring s. Bischofsring, Ehering, vgl. Armreif, torquis
Ritter(tum), ritterlich 88, 91, 203, 570-572
Ritualisierung (d. Sterbens) 288, (d. Krieges) 544 f., (d. Aggression) 564, s. Ritualismus, rituelle Elemente
Ritualismus 36, 49, 53, 334 f., 337 f., 343, 345, 507
rituelle Elemente, ritualisiert (i. w. S.) 510, 544 f., 564
Robot s. Frondienste
Rodung 445-449, 480, 562, 567, 569, (schleichende R.) 447
Römerreich 387
Roggen, Roggenbrot 371, 451 m. A. 65
roi thaumaturge s. Heilkraft d. Königs
Rolandslegende 401
Ruf (Definition) 200 f., s. Ruhm
Ruhebett 43 f.
Ruhm 186, 188, 191 f., 196, 199-202, 229, 317 A. 121, 320, s. Ruf
Ruhmsucht 387
«Ruodlieb», Lehrgedicht 44 A. 160, 58, 90 f., 138, 140 f., 144, 167, 231, 371, 421, 438, 440, 450 f., 475, 489, 534
rusticus 40, 474 m. A. 11, vgl. agricola, Bauer
Rute 65 f., vgl. Zuchtrute (f. Kinder)

sacebaro 154 A. 98
Säulen (Kirche) 102 f., 107
sagum 99, s. Mantel
Salböl, liturgisches, s. Chrisam
Salz 458
Sandalen 53 A. 17, 65 A. 79, 73, 363 A. 79, s. Pontifikalsandalen
Sattel 95, vgl. Reitdecke
scara, scario s. Scharmannen
Schachspiel 294, 319, 532
Schadenstiften 146, 280, 467, 545, 549, 551 A. 29, 564
Schadenzauber 146, 422, s. Rachepuppen
Schaf 83 A. 45, 438 A. 9, 444, 446, 517, vgl. 520
Schaffell (Rock) 301, (Beschreibstoff) 520
Schandbegräbnis 415
Schandstrafen 512
Scharmannen 137 f., 168
Schatz (kgl.) 241, s. Kirchenschatz
Schatztruhe 84
Schaudevotion 436
Scheidung s. Ehescheidung
Schellen 421, 436
Schemel 95
Schenken 60, 62, 106 usw., s. Freigebigkeit
Schenkung (an Bischof) 277, (durch Bischof) 291, (an Bistum) 283, 297 f., (an Domherrn) 300, (an Stift) 304, (an Kl.) 159, 252, 269, 308, 313, 458 f., 486, 488, 509 A. 38
Scherzlüge 528
Schicksalsglaube s. fortuna, Fortuna (Namenverzeichnis)
Schiff 43, 233, 279, 505
Schiffsmetapher s. Staatsschiff
Schild 280 f., 319, 338, 495, 562
Schimmel (Pferd) 293 A. 2, 439
Schlacht 233 f., 432, 495 A. 104, 544 f., 548
Schlachtreihe 233, 505, 548, (übertragen) s. militia (christiana)
Schlafraum 182, (Bischof) 270, 290, (Abt) 359, 364, (Gräfin) 150 A. 80, s. Schlafsaal
Schlafsaal (Kl.) 172, 182, 320, 357-361, 364, (Frauenstift) 304, (Hausdienerschaft) 438, 485
Schlauheit 231, 502, 529, 531-533
Schlichtheit 231, 236
Schlüssel 69, 73, 89, 276, 364, 374, 541
Schmied 444, 477, 487 A. 72
«Schneekind» 528, 530 A. 11
Schneiderei 150, 153, 169, 362, 495
Schnürbänder 94
Schönheit (d. Edlen) 190, 228, 248
Schöpfung (d. Welt) 11
Scholaster 104, 300 f., s. Domscholaster
Scholastik 187, 381, 393, 568
Schreiben 367, 382, 383 A. 34, 384 A. 38
Schreiberverse 383 A. 34
Schreibrüder 63 s. Armenpfründner, vgl. Trauer
Schreibstube 361
Schüler, fahrende 389 f.
Schülerzahl (im Kl.) 376

Schuhe 60, 94, 301, 337, 345, 360, 364, s. Bettschuhe, Sandalen, Reitstiefel
Schule (innere) 528: (Stift) 300 f., 303, 305, (Kloster) 191, 319, 348, 376-396; (äußere) 359, 362, 376, vgl. Ausbildung
Schulmeister s. Scholaster
Schuster 169
Schutz, päpstlicher 314
Schutzzauber 421 f.
Schwägerschaft 131
Schweigegebot (Domkanoniker) 298, (Mönche) 309 A. 81, 336, 365
Schwein 83 A. 45, 438 A. 9, 439, 444, 447 f., 454, 477
Schweinemast 444, 446, 477
Schweinefett 370
Schwert (als Waffe) 95, 204, 280 f., 319, 338, 500, 537, 557, (Symbolik, bes. Gestik) 65, 67, 93, 140 A. 30, 259 A. 46, 419, 534, 538 A. 52
Schwertträger 50, 233
Schwurfreundschaft 85, 121, 230, vgl. «Freunde»
Schwurverband 177
secundus a rege 21, 44 A. 158, 45
Seelgerät 158, 176, 214, 291, 481
Segensformeln 40, vgl. Fluchformeln
Segenzauber 424
Seide 243
seigneurie banale s. Bannherrschaft
Selbstmord 521 f. A. 85
Selbstübergabe (von Freien) 172 A. 30, 459, 481, 484 f., s. Kommendation
Sendgericht, bischöfliches 284
Seneschall (kgl.) 84, 241, (bischöfl.) 269
senior 54, 169, 193, 196, 214, 378 A. 9, 531, 557 A. 54, (Ehegatte) 141 A. 34, 214 m. A. 130; s. Lehensherr
sententia 29
serenitas (aëris) 223
servus, servilis (Bedeutung: Vasall, vasallitisch) 214 m. A. 129, s. Knecht, Kaufsklave, Unfreie
Seuche 11, 239, 358, 416, 500, 518
Siedlungsgemeinschaft 461
Siegel 72 m. A. 112
Silber s. Gold
Simonie 569
simplicitas s. Schlichtheit
Sippe 118-123, 125, 129, 141 f., 157, 201 f., 208, 217, 512, 541, 548, 556
Sippenheil 415
Sitte 4 f., 39, 48-73 (bes. 51), 75, 85, 91, 138, 421, 426, 508-510, 534, 544, 556, (Formalismus) 48, s. consuetudo
Sitzen 279, vgl. Stehen
Sitzordnung 17 f., 23, 30-35, 37, 41, 44-46
Sklave s. Kaufsklave; (altrömisch) 134 f.
Sklavenhändler 487
Sklavenkauf, -verkauf 487 f., 528, 532, s. Kaufsklave, Sklavenhändler
Sklavin s. Kaufsklavin
Skrofeln 222
societas et fraternitas 177 f., s. Gebetsverbrüderung
Sodomie 538
Söhne 158, (Oberschichten) 152, 400, (v. Geistlichen) 492, (Unterschichten) 137, 158, 400, 491, 494, (jüngere S.) 153 f., 159, 186, 193, 204, 244, 297, 355, 485, 489, (illegitime S.) s. Bastard
solarium 361
Sold 546 f.
solium s. Hochsitz
Sonderrechtsbezirk 273, vgl. Immunität
Sonnenfinsternis 418, 506, vgl. Mondesf.
sophisma 539
Sophisten 392
Sozialprestige s. Prestige
Spätberufene s. conversi
Spange (Mantel) s. Fibel
Speck 372
Speckkammer 285, 455
Speisegemeinschaft 44, 83-87, 178, 207, 269 f., 284, 303, 309
Spielleute 401, 528
Spieß 280
Spione 150 A. 80, 490 A. 84, 532
Spital 169, 172, II 363, vgl. Kranke
Spitzenahn 203
splendor 78, 108
Staatsauffassung (personal) 234, (transpersonal) 216, 232, 245 A. 145, 505
Staatsräson 219, 233
Staatsrepräsentation 78
«Staatsschiff» 505, vgl. Staatsauffassung

Stab 25, 50, 67-73, (d. Kantors) 71, 106; s. Abtstab, Bischofsstab, ferula, vgl. Stock
stabilitas loci 330, 341, 348, 350, 389, vgl. Instabilität
Stadt 19 f., 35, 273, 391, 452, 456, 483, 490 A. 84, 495 f., 566 f., 569 f., (Oberitalien) 35, 46, 209, 299, 457, 463, 570 usw., (Rheinland) 273
Stadtgemeinde 570
Stadtgraben 349, vgl. Stadtmauer
Stadtherrschaft 244, 276 f., 280, 289 A. 192
Stadtmauer 358, s. Mauerbau, vgl. Stadtgraben
Stadtpatron, himmlischer, 428 f.
Stadttor 276, 280, 410, 541
Stamm (Abkunft) 202
Stammbaum 122 f., 199
Standestracht 96, s. Kleidung
Statue 103, 435 A. 167, 436 A. 172, 547, s. Reliquienbüste, Palmesel
Stehen (vor dem König) 55 A. 28, (vor d. Kirchentür) 344, 515, (gebücktes St.) 54
Steinbau 320, 358, 466 f., 549, 555, (gewölbter) 360
Sterbegebete 351
Sterben, öffentliches 288-291, 351
Stern, Sternschnuppen 417
Sticken 305 A. 60, 417
Stiftungen, fromme 204 f., s. Seelgerät
Stiftungsgut s. Dotationsgut
Stilistik, lateinische 383, 386
stirps 202, s. Sippe
Stock 26, 52, 67 f., 302, 429, vgl. Stab
Stoffe 348, s. Leinen, Wollstoff, Seide
Stoiker 288
Stola 97-99, 281
Stolz s. Hochmut, superbia
Strafe (Begriff) 11, (im Kl.) 272, 365, s. Alleinsein, (kirchliche) s. Kirchenbuße, Bußordnung, Exkommunikation, (weltliche) s. Bußgerichtsbarkeit, Schandstrafe, Todesstrafe usw.
Streubesitz 456
Strick 66 m. A. 84, (als Zaumzeug) 95
Stroh s. Bettstroh
Strohhut 544 A. 2
Strümpfe 94 A. 102, 301
Struktur 3 A. 8
Sturm 239, 429, 484, 505 f.
Sturmgeläute 366 f. A. 96
Subdiakon 37, 304
Sündenfall Adams 13
Sündenbekenntnis 53, 207, 522
superbia 237, 321, 352 A. 27, s. Hochmut
Syllogismus 534
Symbolik (kirchliche) s. Kirchweihe, Wasserweihe, Zahlensymbolik usw., (weltliche) s. Schwert, Zweig, Gesten, Knien, Sitzen, Stehen, Verneigung usw.
Synode 21, 31 f., 176, 239, 253 f., 253, 264, 382, 413 usw., s. Namenverzeichnis

tabula 104 A. 152
Tafel (d. Herrschers, Bischofs) 17, 35, 42, 44, 60, 83 f., 89 f. usw. (Graf) 89, s. Speisegemeinschaft, Abttafel, vgl. Tischsitte
Tafelgeschirr 241
Tagelöhner (Bauarbeiter) 150 A. 80, 490 A. 84, (bäuerliche) 153, 494
taktika (Byzanz) 17
Talionsprinzip 511
Talisman s. Amulett
Taube 419
Taufe 28 f., 349, 411, 413
Taufkirche 29, 297
Taufpate 121, 131, 178, 411
Tauschvertrag, fiktiver, 491
Teppich 42, 83, 95, 104, 241, 335, 345, 381
terror, terribilis 238
Testament 158, 160, 288
Teufel 205, 403 f., 408-412, 423, 436, 499, 506 A. 25, 528, (sein Hofstaat) 411; s. Altes Testament: Satan
Teufelsbeschwörung 420
Textilarbeiterinnen 148, 149 A. 73, 150, 172, vgl. Weben, Schneiderei, Sticken
Thron (d. Königs) 33 f., 53, (d. Bischofs) s. cathedra; vgl. Hochsitz
Tiergarten 223
Tierorakel 438 f., s. Pferdeorakel, augurium
tiro (domûs) 154
Tisch (Eßtisch) 44 A. 160, 51, 90, vgl. Tafel
Tischdame 90
Tischlesung 384

Tischmesser 89, 558 A. 56
Tischordnung s. Sitzordnung
Tischsitte 88-91
Tod (d. Herrschers) 234 f., 291, 351, (d. Bischofs) 295, s. Sterben
Todesstrafe 66, 140, 530, 559, 563
Töchter (Oberschichten) 157 f., 204, (überzählige) 307, (Unterschichten) I 173 f.
Töpfer 199 A. 61, 495
Toiletten 361
Tonsur 99 f., 204
Topos, Topik 63 f., 146, 147 A. 67, 175, 188, 201, 209, 222, 227 f. m. A. 46, 281, 283, 378 m. A. 10, 495 A. 104, 500, 506 A. 26
torquis 94, 389
Totengedenken (germanisch) 86 f., (christlich) 176, s. Gebetshilfe, Gebetsverbrüderung
Totenklage 63 f.
Totenmesse 365, s. Gebetsverbrüderung
transpersonal s. Staatsauffassung; Transpersonalität kirchlicher Institutionen 289 A. 192, 291
Tränen s. Weinen
Trauer, trauern 63 f., 190
Trauergewand 243
Treuebruch 537, 541 A. 68, vgl. Ehebruch, Eidbruch
Treue s. fides, Fidelität; (d. Königs) 230, (d. Knechts) 485, (Normannen) 534, (begrenzte Lehenstreue) 536-538, (eheliche) 57, 140 f.
Treueid (d. Familiaren) 254; s. Fidelität, Lehenseid
treuga dei 564
Trierer Legende s. Trier (Namenverzeichnis)
Trinken 70, 85 f., 256, 270, 282, 369, 518, s. Gelage
Triumphbogen (Kirche) 104
trivium 393 s. Grammatik, Rhetorik, Dialektik
Tugenden (altrömische) 203, 228, 238, 273, (d. Herrschers) 230-238, (d. Edlen) 190 f., 203 f., 209, 228, (d. Bischofs) I 267 f., (ritterliche) 203
Tugendexempel 377
Turm 100-103, 320, 460 f., 467, 470, 521 A. 85, 555, 559, s. donjon, Motte
tyrannus, Tyrannis 218 A. 12, 238 f., 314, 317, 416

Übersetzungen 377 A. 5
Übervölkerung 117, 157, vgl. 448
Umsatzsteuer (pretium commertii) 488
uneheliche Geburt 163, s. Bastard
unehrliche Leute 407
Unfreie, Unfreiheit 12, 39, 212 A. 119, 249, 473, 476-479, 481 f., 490, 493, 496, 556, 570, (Rückgang d. U.) 457, 462; s. Knecht, Magd, Kaufsklave, -sklavin, vgl. Freilassung
ungerechter Herrscher s. tyrannus
Unglaube 402 f., 519 f., vgl. fortuna, Fortuna (Namenverzeichnis)
Ungnade 53 usw., vgl. Gnade, Huldverlust, Zorn
«Unibos» s. Namenverzeichnis
Unland 327, 329, 447
Unordnung 6, 239, 499-509, 563, vgl. confusio
Unterschichten 3, 6, 14, 236 f., 250, 256, 297, 320, 331, 403, 473, 496 usw.
Untreue (politische) 537, 541, s. Treubruch, (eheliche) s. Ehebruch
Urfehde 559
Urkunde 2, 52, 68, 171, 188, 226, 475 A. 15, 481 A. 48, 501, (altrömisch) 487 A. 71, (Herrscherurk.) 193, 225, 227 A. 47 f., 240, 263 m. A. 67, 463 f., 491, («Privaturk.») 2, 459, 461, 490, (Papsturk.) s. Ausstellernamen (Namenverzeichnis); (Arenga) 191 A. 30, 224, 500, (Konsens) I 51, (Intervenientin) 241 A. 119, (Poen) 518, (Zeugennamen) 34 A. 125, 486, (Unterschriften) 214, s. Repräsentationszeugen; (Fälschung) 21 A. 50, 29 A. 102, 475 A. 15, 540, (Verlesung) 51; s. Profeß, Libellarkontrakt, consuetudines (Burgdörfer)
Usurpation v. Herrschaftsrechten 465 m. A. 131

Vasallen 56, 85, 121, 125, 151 f., 193, 196, 213, 315, 446, 456 f., 494 f., 553, 570-572, (kgl.) 47, 237, 241, 254, 256, 266, 278, 284, (bischöfl.) 66, 96, 196, 252, 257, 275, 279,

283, 290 f., 294 f., 297, 307, 315, 371, (Stift) 301, (Kl.) 150, 282, 312, 317, (herzogl.) 212, (gräfl.) 64, 85, 158, 197, 209, 433, vgl. 494 f.
Vasallität 46, 57, 169, 190, 214 f., 230, 269, 572, s. Kommendation, Lehenswesen, Mehrfachvasallität
Vater (Wort, Begriff) 138, s. Hausvater; (übertragen) 62 A. 66, 165-167, 175 f., 178, 180 f., 309, 311, 364
Verbandsbildung (Cluny) 29, 339, 341 A. 59, 342, 356
Verbrecher im Kloster 354
Verfluchung 51, 430, 512 m. A. 49, 540 f., s. Fluchformeln
Verhaltensforschung 57
«verkehrte Welt» 503 m. A. 14, 568
Verkleidung 532
Verknechtung 483
Verleumdung 483 A. 57
Verneigung 93, (Cluny) 334, 336
Verrat 537, 542
Versachlichung, Verdinglichung d. Lehensverhältnisses 47, 213
Verwandte, Verwandtschaft 114, 121, 124 f., 128-132, 138, 210, 212, 541, (König) 217 f., 229, 238, (Herrscher Neuzeit) 181, vgl. Familie d. Könige; (Bischof) 250 f., 252-255, 275, 495, (Domkapitel) 298, (Kanoniker) 304, 307, (Mönche) 204, 309, (Klerus allgemein) 131, 178 f.; s. Blutsverwandtschaft, Taufpate; (Verwandtschaftsmoral) 120 vgl. pietas, (himmlische V.) 206
Vetternwirtschaft s. Nepotismus
Vieh 437, 441 A. 30, s. Viehzucht, Rind, Pferd, Büffel, Schaf, Schwein, Ziege, vgl. Geflügel
Viehpreise s. Preis
Viehzucht 192, 302, 444, 449, 454, 472
Vikar(iat), päpstl. 23, 30, 35
villa s. Meierhof
Villikationsverfassung 454-458
virago 147
virga (aurea) s. Zepter, (pastoralis) 69 s. Bischofsstab, ferula, Petersstab
virtus, virtutes 188 A. 16, 191, 209, 238, s. Kriegstüchtigkeit, Tugenden
Visionen 14, 93 A. 91, 222, 414, 427 f., 558, 563, s. Flothilde (Namenverzeichnis)
Visitationsfragen 143, 285, 296
Visitationsreisen 285
Viten: (Kg.) 243, (Bischöfe) 203, 287, (Weltliche) 203; s. Heiligenlegende
Vizegraf 466
Völkerkunde 6, 91, 114, 132, 145, 403 f., 410, 418
Vogelsteller 199 A. 61, 495
Vogt, Vogtei 148, 258, 260, 272, 316 f., 430
Volksglaube 6, 404-436
Volksheilige 333, s. Heiligenverehrung
Volkskunde 414
Volkspredigt 402
Vorbilder (d. Mönchs) 377, (d. Autors) 378
Vorfahren s. Ahnen
Vorhänge 81 A. 29, s. Hungertuch
Vormund 151, s. Geschlechtsvormundschaft
Vorstreit 46, 233, 235
Vortragekreuz 23, 73
Vortritt 42
Vorzeichen 406, 417-419
vulgus 191, 399 f.

Wachdienst 463 f.
Wachs 79, 358, vgl. Kerze
Wachszins 106, 358
Wärmeraum (Kl.) 359
Wäscherei (Kl.) 168
Waffen 93 f., 194, 196, 293, 317, 319, 495, (übertr.) 318-320, 552, s. Helm, Lanze, Panzerhemd, Pfeil, Schild, Schwert, Spieß
Waffensammler 93
Wagen 503 A. 14, s. Karren
Wahlrecht s. Bischofswahl, Abtwahl, vgl. Königserhebung
Wahrhaftigkeit 209
Wahrsager(ei) 199 A. 61, 414, 495, vgl. Weissagung
Waisen 63, 173, 238, 475
Wald 414, 444, 446, 449, 561 f., s. Bannforst, Niederwald, Rodung, Waldgärten, Weidewald
Waldgärten 447
Waldgeister 413

Waldprodukte 446
Wallfahrten 79 f., 286, 331, 433, 512, s. Pflichtprozession
Waltharilied 156, 175, 192, 319, 442 m. A. 34, 562
Wandbehang 107 s. Draperien, Wandteppich
Wanderanekdote 70 A. 99, 560
Wanderschaft (Weltliche) 174, 489, 562, s. Flüchtlinge, (Geistliche) s. Instabilität, Schüler, fahrende
Wandmalereien 401, 404 f., 410, 418
Wandteppich s. Teppich
Wasser (als Getränk) 287, 374
Wasserprobe 407
Wasserweihe 286
Weben 305 A. 60, 312, 485
Webstuhl 312
Wehrgehänge 67, 93 f., 311
Wehrumgang (Kl.) 311
Weidewald 444, 448, 454
Weidewirtschaft 445 f.
Weihealter 33-35, s. Weiheprimat
Weihegewalt (Bischof) 308, 569
Weiheprimat 33
Weihrauchfaß 354
Weihwasser 411, 415, 417, 424
Weihwasserkessel 354
Wein 91, 189, 272, 287, 302, 304, 370 f., 373 f., 424 f., 450 f., 454, 458 f., 462
Weinbau 270, 374, 450, 478
Weinberge 321, 374, 413, 450
Weinen, öffentl. 63-66, 209, 288, 336, 342
Weinkeller 109, 168, 374
Weinkelter 193, 362
Weinmaß (hemina) 373 f.
Weinration 61 A. 62, 365, 374
Weinstöcke 549 f.
Weisheit d. Herrschers 231 f.
Weissagung 419 f., vgl. augurium, Buchorakel, Donnerprognostiken, Pferdeorakel, Tierorakel, Wahrsager
Weizen 451 A. 65
Weltenbaum 365
Weltgericht 500, 507
Wergeld 124
Werkzeuge 448, s. Eisenwerkzeuge
Wetterzauber 423, vgl. defensores
Wiese 440 f.
Wirtshaus 519 f., vgl. Gastwirt
Witwe 147, 152 f. A. 88, 167, 238, 251, 459, (Königin) 243
Wolf 309 A. 79, 327, 406, 410, 413, 559
Wollstoff (Kleidung) 94, 98, 302, 305, 337
Wucher 296, 458
Würfelspiel 294, 412
Wunder (Kritik) 434, (Heilungen) 222

Zahlensymbolik 61, 101-103, 394
Zahlentheorie 394
Zauberei 146, 407, 422 f., s. Magie, Fruchtbarkeitszauber, Schadenzauber, Schutzzauber, Segenzauber, Wetterzauber, vgl. Zauberer, Zaubersprüche
Zauberer 388, 415 f., 423, vgl. defensores
Zaubersprüche 422 f.
Zaumzeug 95, s. Strick
Zaun 437, 446, vgl. Palisaden
Zehent (bäuerlicher) 400
Zeichen (Definition) 49, (Erforschung) 92, s. Gesten, Herrschaftszeichen, Zeichensprache
Zeichensprache 56, 336, 365
Zeitklage 500, 508, 534
Zelle (Filialkloster, Kleinstkloster) s. cella, (Wohnraum) 329
Zellschmelztechnik 362 A. 74
Zelter (Paßgänger) 293
Zepter 68, 71, 106
Zeremoniell (Spätmittelalter, Neuzeit) 75
Ziege 438 A. 9, 444
Zins 270 f., 454-456, 480 f., 491, s. Pachtzins, Kopfzins, Wachszins, censuales
Zisterne 462
Zölibat 99, 160-162, s. Priesterehe
Zorn (Gottes) 405, 416, (d. Heiligen) 429, (über den Heiligen) 429 f., (d. Herrschers) 40 A. 148, 41, 60, 241
Zuchtrute (f. Kinder) 343, 377 A. 4, 386 A. 48, (übertragen) 218; vgl. Rute
Züchtigung (d. Altars) 430, (v. Menschen) s. Prügel, Zuchtrute
Zurücksetzung 18, 45 A. 163
Zweig 68
Zweikampf 407 f., 422, 490, 510, 540, 561
Zwergbesitz, bäuerlicher 481 A. 48
Zwergenreich 534
Zwieback 84